HAMBURGER
KUNSTHALLE

NG
P NATIONALGALERIE
PRAG

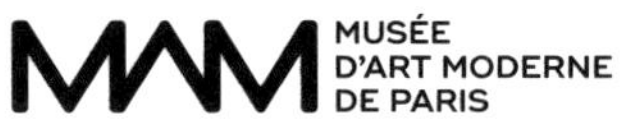

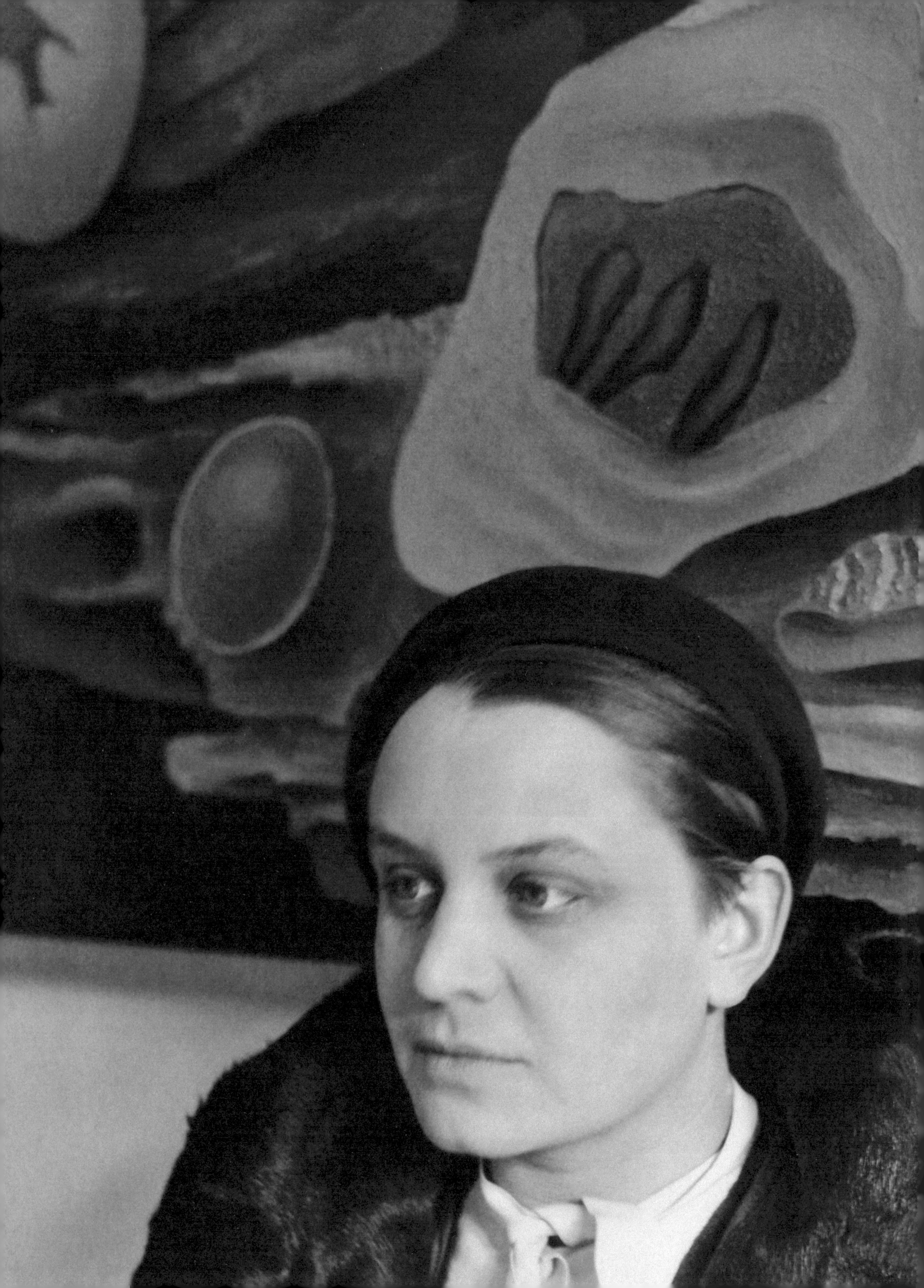

TOYEN
1902–1980

Herausgegeben von
Annabelle Görgen-Lammers,
Annie Le Brun, Anna Pravdová
für die Hamburger Kunsthalle

HIRMER

Inhalt

III. Verstecke dich, Krieg! 1939–1945

IV. Alle Elemente 1946–1969

V. Die neue Welt der Liebe 1970–1980

Leihgeber und Förderer

Wir danken herzlich allen Kolleginnen und Kollegen der leihgebenden Institutionen:

TSCHECHIEN
Alšova jihočeská galerie, Hluboká nad Vltavou / Aleš Südböhmische Galerie, Frauenberg an der Moldau – Aleš Seifert
COLLETT Prague | Munich / COLLETT Prag | München – Lucia Lettenmayerová, Karolína Langerová
European Arts Investments – Albert Trnka
Galerie hlavního města Prahy / Galerie der Hauptstadt Prag – Magdalena Juříková, Sandra Baborovská, Jakub Král
Galerie KODL – Martin Kodl, Jaroslav Kameník
Galerie Maldoror – Milan Mikuš
Galerie moderního umění v Hradec Králové / Galerie der Modernen Kunst, Königgrätz – František Zachoval, Petra Příkazská
Galerie moderního umění v Roudnici nad Labem / Galerie der Modernen Kunst, Raudnitz an der Elbe – Miroslav Divina, Petra Mazáčová
Galerie umění Karlovy Vary / Kunstgalerie Karlsbad – Jan Samec, Božena Vachudová
Galerie výtvarného umění v Chebu / Galerie der schönen Künste in Cheb – Marcel Fišer, Jiří Gordon
Galerie výtvarného umění v Ostravě / Galerie der schönen Künste in Ostrava – Jiří Jůza
Galerie Zlatá Husa – Vladimír Železný, Konstancie Železná
GASK – Galerie Středočeského kraje / GASK – Galerie der mittelböhmischen Region, Kuttenberg – Jana Šorfová, Richard Drury, Vanda Skálová
Krajská galerie výtvarného umění ve Zlíně / Regionalgalerie der schönen Künste, Zlín – Václav Mílek, Pavlína Pyšná
Kunsthalle Praha / Kunsthalle Prag – Ivana Goossen, Štefan Tóth
Moravská galerie v Brně / Mährische Galerie, Brünn – Jan Press
Muzeum umění Olomouc / Kunstmuseum Olmütz – Ondřej Zatloukal, Gina Renotière
Nadační fond 8SMIČKA, Humpolec / 8SMIČKA Stiftungsfonds, Humpoletz – Martina Hončíková
Národní galerie Praha / Nationalgalerie Prag – Alicja Knast, Veronika Hulíková, Michal Novotný, Anna Pravdová
Oblastní galerie Liberec / Regionalgalerie Liberec – Pavel Hlubuček
Památník národního písemnictví / Museum der tschechischen Literatur in Prag – Zdeněk Freisleben, Jan Bouček, Bronislava Rokytová
R2G Art Foundation – Vendula Vašátková
Retro Gallery – Jakub Sluka, Nina Machková
Západočeská galerie v Plzni / Die Westböhmische Galerie, Pilsen – Roman Musil, Petra Kočová

SLOWAKEI
Slovenská národná galéria, Bratislava / Slowakische Nationalgalerie, Bratislava – Alexandra Kusá

FRANKREICH
Centre Pompidou, Musée national d'art moderne – Centre de creation industrielle, Paris – Bernard Blistène, Camille Mathonat, Didier Ottinger
Galerie 1900–2000 – Marcel Fleiss
Galerie Natalie Seroussi – Natalie Seroussi
Musée d'art et d'histoire Paul Eluard, Saint Denis – Anne Yanover
Musée d'Art Moderne de Paris, Paris Musées – Fabrice Hergott, Julia Garimorth, Hélène Leroy

DEUTSCHLAND
Heinz Joachim Kummer-Stiftung – Heinz Joachim Kummer, Dagmar Smit
Kunstmuseum Bochum – Noor Mertens, Sepp Hiekisch-Picard
LEVY Galerie, Hamburg – Thomas Levy
Sammlung Ulla und Heiner Pietzsch – Ulla Pietzsch, Heiner Pietzsch, Francisca Cruz, Joachim Jäger, Dieter Scholz

GROSSBRITANNIEN
The Murray Family Collection (UK & USA) – Andrew Murray

SCHWEDEN
Moderna Museet, Stockholm – Gitte Ørskou

sowie zahlreichen internationalen Privatsammlerinnen und Privatsammlern, die ungenannt bleiben möchten.

Die Ausstellung der Hamburger Kunsthalle wird gefördert von

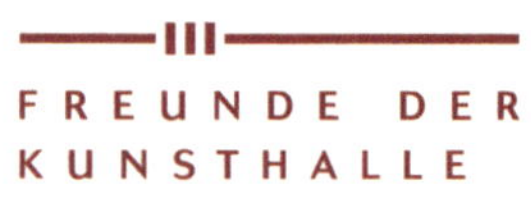

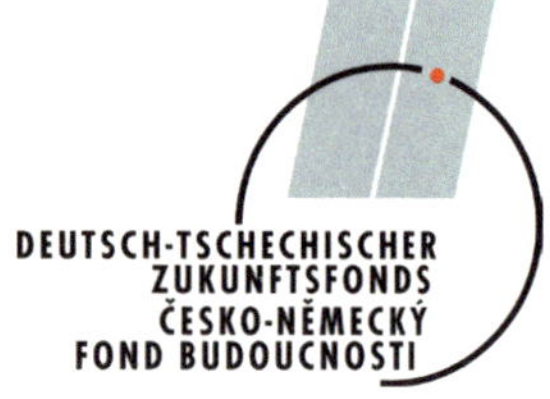

Hans Brökel Stiftung
für Wissenschaft und Kultur

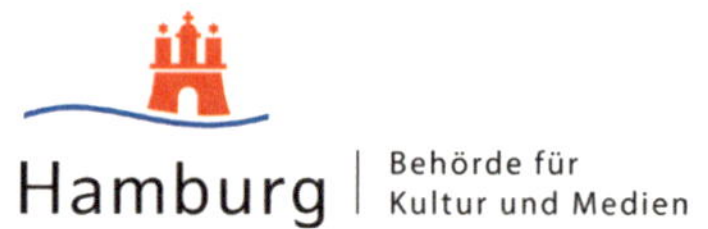

Sie steht unter der Schirmherrschaft von

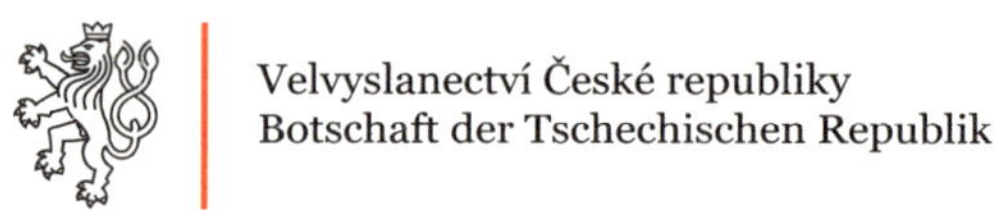

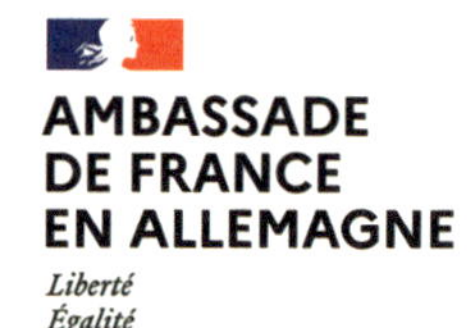

Grußworte

TOYEN ist nicht nur die erste Einzelausstellung zu dieser bemerkenswerten Künstlerin in Deutschland, sondern auch die Frucht einer wunderbaren deutsch-tschechisch-französischen Kooperation zwischen der Hamburger Kunsthalle, dem Musée d'Art Moderne de Paris, Paris Musées und der Nationalgalerie Prag, wie sich nicht zuletzt in der Qualität dieser Ausstellung zeigt. Dass mit TOYEN die Kunst einer Frau gewürdigt wird, ist besonders begrüßenswert. Und obwohl Marie Čermínová Tschechin gewesen war, hatte sie schon früh eine enge Verbindung zu Frankreich: 1923 legte sie ihren bürgerlichen Namen ab und wählte stattdessen mit Toyen einen Künstlernamen, der sich von dem französischen Citoyen (Bürger bzw. Bürgerin) ableitet. Von 1925 bis 1929 lebte sie in Paris, ab 1935 knüpfte sie lebenslang währende Freundschaften mit den Mitgliedern der surrealistischen Bewegung, die sie, ab 1947 wieder in Paris, bis zu deren Auflösung wesentlich prägte. Mit großem Vergnügen habe ich daher die Schirmherrschaft für die Ausstellung übernommen.

Wie kaum ein anderer Bereich hat der Kunstsektor unter den Folgen der durch Covid-19 verursachten Kontaktbeschränkungen gelitten. Deshalb haben die Regierungen Deutschlands und Frankreichs Maßnahmen ergriffen, um Künstler und Künstlerinnen sowie kulturelle Institutionen während dieser schweren Zeit finanziell zu unterstützen. Die Kunst hat eine unverzichtbare Funktion in unseren demokratischen Gesellschaften, denn sie ermöglicht Austausch, regt zum Nachdenken an und erweitert Horizonte. Dies ist von unschätzbarem Wert, schafft es doch die Voraussetzungen, um andere Menschen, Kulturen und Perspektiven besser kennenzulernen und zu verstehen.

Gerade Toyen ist vor diesem Hintergrund von besonderer Bedeutung: In den 1920er Jahren war die Künstlerin als einzige Frau aus der Tschechoslowakei Teil der surrealistischen Bewegung, die sich durch eine große Offenheit und Interdisziplinarität auszeichnete. Toyens Kunstwerke sind Zeitzeugenberichte aus einem dunklen Kapitel der europäischen Geschichte, in dem ihre Kunst als »entartet« galt und die Künstlerin in ständiger Todesangst lebte.

Toyen verschränkt in ihren Werken verschiedene Motive und Gegensätze, etwa Leben und Tod, Nacht und Traum, Illusion und Wirklichkeit. Sie entwirft Bilder, die trügerisch sind, oft erotisch. Ein konstantes Motiv ist die Frau, die sich als Objekt der Begierde gleichzeitig dem männlichen Blick entzieht. In ihren Werken vermittelt sie ein Bild der Frau als verführerische Hülle, in der sie völlig verschwunden ist.

Seit Toyen sich 1947 endgültig in Paris niedergelassen hatte, war sie eng mit der Stadt verbunden. 1982 würdigte das Centre Georges-Pompidou die zwei Jahre zuvor verstorbene und auf dem Pariser Cimetière de Batignolles bestattete Künstlerin mit einer Ausstellung.

Die Bedeutung der TOYEN-Ausstellung in der Hamburger Kunsthalle kann nicht hoch genug eingeschätzt werden: In der ersten Retrospektive in Deutschland wird einer bedeutenden Künstlerin des 20. Jahrhunderts und einer beeindruckenden Persönlichkeit, die in vielerlei Hinsicht als Pionierin gelten kann, die ihr gebührende Aufmerksamkeit zuteil.

Ich danke allen Beteiligten sehr herzlich für die großartige Zusammenarbeit, welche diese Ausstellung ermöglicht hat, und wünsche allen Besuchern und Besucherinnen ein anregendes und lehrreiches Verweilen und Entdecken.

I. E. Anne-Marie Descôtes
Botschafterin Frankreichs in Deutschland

Wir leben in Zeiten, in denen nicht selten bedeutsamen Dingen Ähnliches widerfährt wie in einer der berühmtesten Sentenzen von Oscar Wilde dem Leben: Er sah es bekanntlich als zu wichtig an, um es ernst zu nehmen. Die Kunst ist eines jener Phänomene, denen es zumeist ähnlich ergeht. Manch spitzfindiger Kommentator ist gerne bereit, Oscar Wilde nachzueifern und der Kunst ihre Ernsthaftigkeit abzustreiten. Das wäre allerdings noch nicht so schlimm. Viel schlimmer ist, dass der gegenwärtige Zeitgeist allgemein in diese Richtung tendiert. Man mag sich darüber streiten, ob das noch amüsant ist; fest steht aber, dass es alles andere als vergnüglich ist, in einer Welt zu leben, welche die Kunst nicht ernst nimmt oder sie gar ignoriert!

Ich bin daher so dankbar wie begeistert, dass man aufgrund des unermüdlichen Einsatzes von Kulturschaffenden sowie Kulturinstitutionen wunderbaren Projekten und Werken begegnen kann, die sehr wohl imstande sind, dem spöttischen Zeitgeist ein Schnippchen zu schlagen. Eines dieser großartigen Projekte ist die umfassende Retrospektive zum Werk Toyens, einer tschechisch-französischen Künstlerin und Verfechterin des Surrealismus. Für diese Ausstellung arbeiteten die Hamburger Kunsthalle, die Nationalgalerie Prag und das Musée d'Art Moderne de Paris, Paris Musées zusammen. Ihnen sind wir zweifellos zu größtem Dank verpflichtet. Sie haben - zumal in komplizierten Covid-19-Zeiten - etwas Unglaubliches geleistet!

Ebenso groß ist auch meine Dankbarkeit gegenüber allen Förderern und Mitwirkenden, deren generöse Unterstützung es ermöglicht, dass man beim Anblick der überwältigenden Gemälde von Toyen, beim Einblick in die Welt ihrer Phantasie in ganz Europa wieder staunen und Außergewöhnliches erleben kann. Vor dem Hintergrund der Pandemie, die leider die Macht hat, uns um nahezu alle Errungenschaften eines lebendigen gesellschaftlichen Lebens zu bringen, wird umso deutlicher, wie sehr Kunst nötig ist, um uns Menschen das Gefühl zu vermitteln, dass unsere Existenz auch etwas Höheres, etwas Verspieltes braucht, damit wir mit uns ins Reine kommen.

Toyen und ihr Werk sind wunderbare Verbündete im verblüffenden Prozess traumhaften Staunens und Trachtens nach dem höheren Sinn des Lebens. Dabei denke ich an dasselbe Leben, das gerne von den spitzfindigen Kritikern und Nachahmern Oscar Wildes als so wichtig erachtet wird, dass man es nicht ernst zu nehmen brauche. Wenn uns bei Befolgung dieses Ratschlags von Wilde gute, provokante wie auch inspirierende Kunst beisteht, kann diese Aufgabe uns allen so glücken, dass sogar dieser beeindruckende Poet mit seinen höchsten ästhetischen Ansprüchen an uns Gefallen finden würde. Denn die großartige Kunst ist so wichtig, dass man es sich leisten kann, Oscar Wilde ausnahmsweise ernst zu nehmen!

Ich wünsche allen Besucherinnen und Besuchern dieser bedeutenden Ausstellung zu Toyen in der Hamburger Kunsthalle viel Freude und produktives Staunen!

S. E. Tomáš Kafka
Botschafter der Tschechischen Republik in Berlin

»Je ne suis pas peintre«, ich bin kein Maler, keine Malerin, hat die tschechische Künstlerin Toyen betont. Gemalt hat sie trotzdem. Sie kümmerte sich auch sonst wenig um Konventionen, sondern ging immer eigensinnig ihren eigenen Weg. Marie Čermínová, die unter dem Künstlernamen Toyen lebte und arbeitete, ist eine echte Entdeckung, und ich freue mich sehr, dass hier in Hamburg ihre erste Einzelausstellung in Deutschland zu sehen ist.

In Tschechien ist ihr eindrucksvolles Œuvre bestens bekannt, sie selbst längst eine Ikone. Doch außerhalb Tschechiens und insbesondere in Deutschland ist Toyen sogar in Fachkreisen kaum bekannt. Das soll sich nun ändern. Die Hamburger Kunsthalle präsentiert erstmals eine ausschließlich Toyen gewidmete Ausstellung – und konnte dafür als Kooperationspartner die renommierte Nationalgalerie Prag sowie das Musée d'Art Moderne de Paris, Paris Musées gewinnen.

Diese beiden Städte sind zugleich Toyens Lebensstationen: Eine Wanderin zwischen den Welten war sie nämlich nicht nur künstlerisch, sondern auch ganz konkret. Als Pionierin in der Prager Kunstszene bereits bekannt, zog sie 1925 nach Paris und kehrte 1929 nach Prag zurück, von hier aus pflegte sie ab 1935 einen intensiven Austausch mit den französischen Surrealisten und war Mitbegründerin der surrealistischen Gruppe in der Tschechoslowakei. Sie musste aber nach der Okkupation ihrer Heimat durch das nationalsozialistische Deutschland im Verborgenen arbeiten, da ihre Werke als »entartet« galten. 1947 wiederum emigrierte sie als überzeugte Antistalinistin, die jede Art des diktatorischen Regimes ablehnte, mit Beginn der Einparteienherrschaft in der Tschechoslowakei ins Pariser Exil, wo André Breton sie als bedeutende Vertreterin des alten Prags rühmte, der »magischen Hauptstadt Europas«.

Ein bewegtes Leben, in dem die Künstlerin der ideologischen Repression ihre gedankliche Freiheit entgegensetzte, den Nationalismen ihre transnationalen Projekte, der monströsen Realität ihre poetischen Traumvisionen. Kompromisslos und schöpferisch schuf sie ihre magischen Welten.

Die Kooperation der Museen in Prag, Paris und Hamburg reiht sich ein in eine Serie von Initiativen und Ausstellungen der Hamburger Kunsthalle, die Pionierarbeit leisten, indem sie das Werk bedeutender Künstlerinnen und Künstler für ein großes Publikum (wieder)entdecken. Da dieses Projekt zudem ambitionierte Forschungsansätze verfolgte und umfangreiches neues Material zutage fördern konnte, begeisterten sich auch internationale Toyen-Expertinnen und -Experten in Prag, Paris und den USA für das Vorhaben.

In die entscheidende Vorbereitungsphase der Ausstellung fiel das 30-jährige Jubiläum der Städtepartnerschaft zwischen Prag und Hamburg im Jahr 2020. Durch die Pandemie entwickelte sich das große Kooperationsprojekt zu einer nicht mehr nur wissenschaftlichen Herausforderung. Dass dieses groß angelegte, internationale, für die Entdeckung und Erforschung einer einzigartigen Künstlerin so wichtige Vorhaben trotz aller Widrigkeiten gemeinsam gestemmt wurde, verdient Anerkennung und Dank. Es ist ein verlässlicher Gradmesser für die exzellenten partnerschaftlichen Beziehungen – zwischen den Städten, den Institutionen und nicht zuletzt den verantwortlichen Kuratorinnen. Ich danke allen Beteiligten für ihr großartiges Engagement!

Dank dieses Engagements können die Bürgerinnen und Bürger von Hamburg, Prag und Paris nun die Kunst von Toyen – ein Name, der dem französischen Wort »Citoyen«, Bürger, entlehnt ist – erleben und kennenlernen. Ihre Werke geben Anlass zur Auseinandersetzung: über Freiheit und Grenzen, über politische, sexuelle und künstlerische Identität und über die Verletzlichkeit unseres Seins. Surreale Kunst für surreale Zeiten – das kann nicht verkehrt sein. Möge sie uns Inspiration und Ideen geben.

Dr. Carsten Brosda
Senator für Kultur und Medien der Freien und Hansestadt Hamburg

Mit TOYEN ist es der Hamburger Kunsthalle ein weiteres Mal gelungen, für ein großes Ausstellungsprojekt nicht nur mit bedeutenden europäischen Museen zusammenzuarbeiten, sondern das Projekt auch selbst zu initiieren sowie neue Kooperationspartner zu gewinnen und zusammenzuführen. Hierzu möchte ich der Kuratorin Annabelle Görgen-Lammers und dem Direktor Alexander Klar im Namen der »Freunde der Kunsthalle« herzlich gratulieren.

Zusammenarbeit in ihren unterschiedlichen Spielarten hat an der Hamburger Kunsthalle Tradition. Sei es die 2007 ebenfalls von der Kunsthalle initiierte und entwickelte Ausstellung zu der finnischen Künstlerin Helene Schjerfbeck, die im Anschluss im Gemeente Museum Den Haag und dem Musée d'Art Moderne de Paris, Paris Musées zu sehen war, seien es die *Surrealen Begegnungen* (2016/2017) oder *De Chirico. Magische Wirklichkeit* (2021) – für sie alle sind große internationale Partnerinstitutionen ins Boot geholt worden, und sie belegen eindrucksvoll, wie inspirierend und ertragreich der europaweite Austausch von Museen untereinander sein kann.

Die hier vorgestellte Ausstellung knüpft unter anderem an die genannte Partnerschaft mit dem Musée d'Art Moderne de Paris, Paris Musées an, und es konnte erstmals – als drittes Museum im Bunde – die renommierte Nationalgalerie Prag als institutioneller Partner gewonnen werden. Folgerichtig erscheint der Katalog in drei Sprachversionen und einer zusätzlichen englischen Ausgabe.

Diese Internationalität ist nicht nur für den Austausch wissenschaftlicher Forschung oder wertvoller Leihgaben von Bedeutung. Wie im Fall der damals weitgehend unbekannten Helene Schjerfbeck dürfte die Reichweite der Ausstellung auch bei Toyen dazu beitragen, eine Künstlerin, die in Deutschland bislang selbst in Fachkreisen kaum bekannt war, in den Blick einer europaweiten Öffentlichkeit zu rücken.

Dass Toyens Bedeutung als Vertreterin der tschechischen Avantgarde und des europäischen Surrealismus in der Hamburger Kunsthalle auch anhand von Vergleichen aus der eigenen Sammlung herausgearbeitet werden kann – darunter Werke von Max Ernst, Paul Klee, Yves Tanguy, Man Ray und Salvador Dalí –, ist ein weiterer Beleg dafür, dass in Kooperation entwickelte Sonderausstellungen maßgeblich dazu beitragen können, die eigenen Sammlungen neu zu sehen und im aktuellen Ausstellungsgeschehen lebendig zu präsentieren.

Dr. Ekkehard Nümann
Vorsitzender des Vorstands
Freunde der Kunsthalle e. V.

Vorwort

Von jenem Prag, das Apollinaire besungen hat, und von seiner wunderbaren Brücke mit den Spalier bildenden Statuen, der Brücke, die vom Vergangenen ins Ewige führte […], von den sprudelnden Ideen und Hoffnungen, die dort intensiver als irgendwo anders aufschäumten, von jenem leidenschaftlichen Austausch im Stil von Menschen, die nur die Verschmelzung von Poesie und Revolution suchen, während die Möwen die Moldau in alle Richtungen schaumig schlugen, um Sterne daraus aufsteigen zu lassen – was bleibt uns von all dem? Es bleibt uns Toyen.[1]

André Breton, 1953

Einzigartig – so wie die Künstlerin ist ihr Werk. Toyen gilt heute als eine der bedeutendsten tschechischen Künstlerpersönlichkeiten des 20. Jahrhunderts. In 60 Jahren ununterbrochener künstlerischer Aktivität und in immer engem Austausch mit den führenden Dichtern und Denkern ihrer Zeit entwickelte Marie Čermínová ein so facettenreiches wie wegweisendes Œuvre: in ihrer Heimatstadt Prag als einflussreiches Mitglied der tschechischen Avantgarde, in Paris während ihres langen Arbeitsaufenthalts ab Mitte der 1920er Jahre, dann in der Gründungszeit der surrealistischen Bewegung Anfang der 1930er Jahre sowie unter der deutschen Okkupation während der Kriegszeit in Prag und schließlich wieder in Paris in ihrem Exil ab 1947. Nahm die Tschechoslowakei ohnehin auf der Landkarte des internationalen Surrealismus einen besonderen Platz ein, feierte André Breton Toyen im Besonderen als entscheidende Vertreterin Prags als der »magischen Hauptstadt Europas« vor dem Zweiten Weltkrieg. Nach der offiziellen Auflösung der surrealistischen Gruppe 1969 suchte Toyen weiter den kreativen Austausch mit der jüngeren Generation von Künstlerinnen und Künstlern und entwickelte ihr Werk in Malerei, Zeichnung, Collage und Illustration konsequent und vielfältig weiter.

Toyen feierte früh Erfolge und hatte bis in die 1960er Jahre hinein Galerieausstellungen in Prag, Brünn und Paris. Sie geriet jedoch in den letzten 20 Jahren ihres Lebens in Vergessenheit und verstarb 1980 in Paris fast unbemerkt. Seit einer Schau ihrer Werke in Verbindung mit denen von Jindřich Štyrský und Jindřich Heisler 1982 in Paris wurden dort wie auch in Deutschland höchstens einzelne Arbeiten in Gruppenausstellungen präsentiert. Die Künstlerin ist in Deutschland selbst vielen Fachleuten unbekannt. Als Prag Toyen im Jahr 2000 erstmals eine große Retrospektive widmete,[2] wurde die Bandbreite und Qualität ihres Œuvres sichtbar. Unser Ausstellungsprojekt in Hamburg, Prag und Paris kann noch einmal weitere Quellen, Sichtweisen und Facetten ihres Schaffens erschließen und bietet viele neue Informationen zum Leben und Werk. Damit wollen wir ein neues Interesse an der Künstlerin wecken, denn die existenziellen Fragen, die sich Toyen stellten und die sie künstlerisch thematisierte, sind auch heute besonders relevant: Fragen nach Freiheit, nach gesellschaftlicher, politischer, sexueller und künstlerischer Identität und das ihr eigene Ausloten von gesellschaftlich vorgegebenen Grenzen.

Einzigartig ist auch die hierzu entwickelte europäische Zusammenarbeit unserer drei Institutionen:

Die Idee und Initiative von Annabelle Görgen-Lammers für diese neue Kooperation sowie für die erste Einzelausstellung Toyens in Deutschland überhaupt führen eine Folge von internationalen (Wieder-)Entdeckungen von Künstlerinnen durch die Hamburger Kunsthalle ebenso fort wie ihre Ausstellungen zu Aspekten des Surrealismus. Es war ein großes Glück, dass sie Annie Le Brun, Poetin und späte Weggefährtin Toyens, als Unterstützerin der Initiative und zudem als Kuratorin für die Ausstellung in Paris gewinnen konnte. Durch Annie Le Bruns unvergleichlich umfassende Kenntnis des Œuvres und einzigartige Erinnerung an die Künstlerin können vielzählige neue Aspekte dargelegt werden, die auch denen, die Toyen gut zu kennen meinten, bislang unbekannt waren. Die Kooperationsbereitschaft der Nationalgalerie Prag schließlich, welche über große Bestände der Künstlerin verfügt, das Engagement ihrer Kuratorin Anna Pravdová und ihre Bereitschaft, Netzwerke tschechischer Sammler zu teilen, ebneten weiter den Weg, zusammen einen neuen, europäischen Blick auf die Künstlerin in Ausstellung und Katalog zu erarbeiten.

Mit dem vorliegenden Buch wird der erste umfassende, reich illustrierte Katalog seiner Art zur Künstlerin auf Deutsch, Englisch, Tschechisch und Französisch vorgelegt. Er enthält vielfältiges, auch bislang unpubliziertes Material und neueste Forschungsergebnisse zu Toyens Leben und Werk sowie zu dessen Kontext, so zu ihrem Werdegang und ihrer Rolle im internationalen Surrealismus. Wir danken allen Autorinnen und Autoren aus den USA, Tschechien, Frankreich und Deutschland herzlich für ihre Beiträge.

Besonderer Dank gebührt den verantwortlichen Kuratorinnen, Dr. Annabelle Görgen-Lammers, Annie Le Brun und Dr. Anna Pravdová. Sie haben nicht nur die internationale Bedeutung von Toyen, ihr Œuvre und Leben gemeinsam erforscht, sondern zudem drei Ausstellungen konzipiert, die jeweils in Auswahl, Kontextualisierung und Präsentation spezifisch auf die Belange des eigenen Publikums abgestimmt sind. Die Realisierung dieses ambitionierten europäischen Projektes wäre ohne ihren unermüdlichen Einsatz nicht möglich gewesen. Ihr Engagement wurde unterstützt von der gesamten Belegschaft der beteiligten Häuser, der Hamburger Kunsthalle, der Nationalgalerie Prag, deren Abteilungen große Teile der Organisation übernommen haben, und des Musée d'Art Moderne de Paris, Paris Musées. Wir freuen uns sehr über diese erstmalige Partnerschaft unserer Häuser und sind uns sicher, dass sie nicht einmalig bleiben sollte.

Schließlich möchten wir den öffentlichen und vielzähligen privaten Leihgeberinnen und Leihgebern aufrichtig danken, die sich für die Dauer der Ausstellungen von ihren Werken getrennt und sie der Öffentlichkeit in Hamburg, Prag und Paris zur Verfügung gestellt haben. Der abschließende Dank gilt den Förderinnen und Förderern, die uns unterstützt haben.

Prof. Dr. Alexander Klar, Direktor der Hamburger Kunsthalle
Alicja Knast, Direktorin der Nationalgalerie Prag
Fabrice Hergott, Direktor des Musée d'Art Moderne de Paris, Paris Musées

1 André Breton, Introduction à l'œuvre de Toyen, in: André Breton, Jindřich Heisler, Benjamin Péret, *Toyen*, Paris 1953.
2 *Toyen*, Ausstellung der Galerie der Stadt Prag, kuratiert von Karel Srp, Prag 2000.

Einführung

Die Zeit ist reif für die vertiefte Erforschung von Toyens Werk und für eine neue Bewertung seiner Bedeutung in der Kunstgeschichte, ebenso gilt es, die Künstlerin einem großen, internationalen Publikum bekannt zu machen. Diese feste Überzeugung führte zu der Hamburger Initiative, drei große europäische Museen zusammenzubringen, zu der Ausstellungskooperation zu bewegen und gemeinsam all jene für Beiträge zu gewinnen, die eine erste internationale monographische Ausstellung zu Toyen ebenfalls als überfällige Herausforderung und große Chance betrachten - in Hamburg, Paris und Prag und weit darüber hinaus.

Auch wenn die Künstlerin in Deutschland, Frankreich und in der Tschechischen Republik einen ganz unterschiedlichen Bekanntheitsgrad besitzt und wir - auch methodisch - aus verschiedenen Richtungen und vor unterschiedlichen Hintergründen auf ihr Œuvre schauen, entwickelten wir doch eine gemeinsame Vision für die thematischen Schwerpunkte und realisierten zusammen das umfassende Projekt. Die Erarbeitung neuer Forschungsergebnisse zum Werk und Leben erfolgte in dem Bestreben, die Besonderheit dieses Œuvres und den Verlauf einer in vielerlei Hinsicht bemerkenswerten künstlerischen Reise zu vergegenwärtigen.

Unsere Ausstellungen und die begleitenden Kataloge präsentieren Toyen als eine der herausragenden Künstlerinnen des 20. Jahrhunderts. Sie war 60 Jahre lang schöpferisch aktiv: Zunächst arbeitete sie in ihrer Heimatstadt Prag, wo sie schon innerhalb der tschechischen Avantgarde eine zentrale Stellung innehatte und als Pionierin wirkte. Sie war 1934 Gründungsmitglied der tschechoslowakischen Surrealisten-Gruppe und wurde von den französischen Surrealisten ausnahmslos anerkannt, ab 1935 war sie auf allen internationalen Ausstellungen der Bewegung vertreten. Toyen trug zur Stärkung der künstlerischen und kulturellen Verbindungen zwischen der Tschechoslowakei und Frankreich bei. Während des Krieges, unter der deutschen Besatzung Prags, schuf sie ein einzigartiges Werk von außergewöhnlicher Kraft. Ab 1947 entwickelte sie ihren künstlerischen Ansatz konsequent im Pariser Exil weiter und hatte monographische Galerieausstellungen in ihrem Heimatland wie in Paris bis in die 1960er Jahre hinein. Bis zu ihrem Tod 1980 blieb Toyen als Künstlerin in der französischen Hauptstadt aktiv, in den letzten Jahren zwar zurückgezogen lebend, doch hoch geschätzt von ihren Maler- und Dichterfreunden auch aus der jüngeren Surrealisten-Generation. Dennoch gab es erstaunlicherweise noch keine Museumsausstellung zu ihrem Werk in Paris, ebenso wenig in Deutschland, wo Toyen bis heute selbst in Fachkreisen wenig bekannt ist.

Unser Projekt setzt sich nicht nur zum Ziel, den »Kosmos Toyen« durch eine umfassende Präsentation ihres Œuvres vorzustellen und zu entfalten, sondern will auch weitreichende Einblicke in die innovativsten Aspekte ihrer Werkentwicklung geben, in denen die Künstlerin Fragen stellt, die bis heute relevant sind.

Wir haben uns zum einen für einen chronologisch aufgebauten Katalog entschieden, um zu zeigen, wie stark Toyens vielfältiges Werk mit ihrem Leben verwoben war, beides entwickelte sich mit einer fast organischen Stringenz.
Die einzelnen Etappen, die wir in der Entwicklung ausmachen konnten, sind nach einem wegweisenden Werk aus dem jeweiligen Zeitraum benannt. Zum anderen haben wir bestimmte Themen hervorgehoben und dazu Schwerpunkte im Buch gesetzt - Revolte, Erotik, Fragen der Repräsentation, Erscheinung, Analogie und Alchemie. Diese Themen ziehen sich durch Toyens gesamtes Schaffen wie Kraftlinien, an denen sich ihr Leben und ihre schöpferischen Ideen treffen und die, Meeresströmungen gleich, die Richtung ihres Weges bestimmen. Sie führen sie zu immer neuen Inseln, auf denen entscheidende Begegnungen stattfinden und verborgene Beweggründe ins Sichtbare treten.

Auch die Autorinnen und Autoren kommen aus unterschiedlichen, sich wechselseitig bereichernden Forschungsgebieten, seien sie Dichter, Wegbegleiter,

Zeitzeugen, Wissenschaftler verschiedener Disziplinen sowie Kunsthistoriker. Durch die Vielfalt der Perspektiven und auf Grundlage der ausgewählten künstlerischen Werke, ergänzt durch zum Teil erstmals publiziertes Archivmaterial, möchten wir eine neue, polyphone, differenzierte internationale Rezeption des Werkes von Toyen anregen.

Die Ausstellungen in Hamburg, Prag und Paris haben ihren verschiedenen Publika, Sammlungs-, Ausstellungs- und Landeskontexten entsprechend unterschiedliche Formen, Umfänge, Schwerpunkte und Gestaltungen. Doch sie alle resultieren aus einer inspirierten Zusammenarbeit, die sich in der Projektentwicklung immer mehr vertiefte.

Dieses große gemeinsame Unternehmen wäre nicht möglich gewesen ohne die öffentlichen und privaten Leihgeberinnen und Leihgeber, die Kolleginnen und Kollegen in den Institutionen sowie eine Vielzahl von Menschen, die zu unterschiedlichen Phasen des Projektes entscheidend zu seinem Gelingen beigetragen haben. Ihnen möchten wir hier von Herzen danken.

Dr. Annabelle Görgen-Lammers
Annie Le Brun
Dr. Anna Pravdová
Ausstellungskuratorinnen
Hamburger Kunsthalle
Musée d'Art Moderne de Paris, Paris Musées
Nationalgalerie Prag

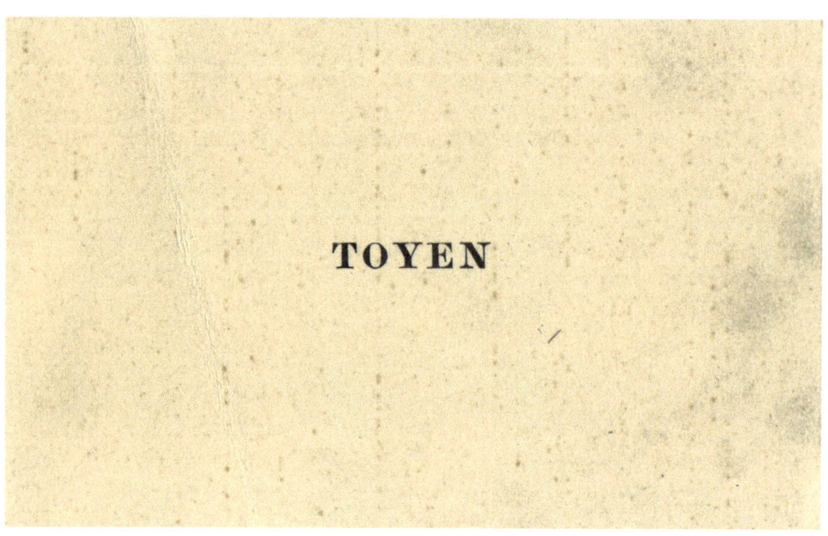

Abb. 1 Visitenkarte von Toyen
Archiv Nationalgalerie Prag

Dank

Zusätzlich zu den genannten leihgebenden Institutionen und Personen danken wir herzlich:

Žaneta Adamová (Kunsthalle Praha), Lydia Ahrens (Galerie LEVY), Jiří Anderle, Gérard Audinet (Musée Victor Hugo), Ambroise Audoin, Helena Bajzíková (Oblastní galerie Liberec), Katrin Bakes, Zbyněk Baladrán, Barbora Bartůňková, Raphaele Bianchi (Centre Pompidou, Musée national d'art moderne – CCI, Paris), Desirée Blomberg (Moderna Museet, Stockholm), Jiří Böhm, Catherine Bourgarel (Musée d'art et d'histoire Paul Eluard, Saint Denis), Adam Boxer (Ubu Gallery, New York), Lenka Bydžovská, Françoise Caille, Margarita Camacho-Gruger, Zuzana Chřištofová, Veronika Chromá (Archiv bezpečnostních složek), Francisca Cruz (Sammlung Ulla und Heiner Pietzsch), Henri Dausset, Julia Drost, Nurgül Dursun (mIWaA), Pauline Elie (Musée d'art et d'histoire Paul Eluard, Saint Denis), Aube Elléouët-Breton, Patrick Elliott (Scottish National Gallery of Art), Krysztof Fijalkowski, Lukas Fischer, Meghan Forbes, Christina Frankenberg, Petr Gába (Galerie výtvarného umění v Ostravě), Géraldine Galateau, Hubertus Gaßner, Pavel Gelnar, Hans Günther Golinski, Peter Grassinger (Hirmer), Matthias Günther (Thalia Theater Hamburg), Cyrille de Gunzburg, Anna Habánová, Jan Haken, Youri Hamache, Jana Hamplová (Památník národního písemnictví), Milan Havel (Galerie KODL), Martin Hořák (Deutsch- Tschechischer Zukunftsfonds), Daniela Hrabovská, Martin Hudec, Jiří Hůla (Archiv výtvarného umění), Rado Ištok, Alain Kahn-Sriber, Lucie Kasíková, Elisa Klapheck, Markus Klinger, Iva Knobloch (Uměleckoprůmyslové museum v Praze), Kristina von Knorring, Helena Koenigsmarková (Uměleckoprůmyslové museum v Praze), Lucie Kölbersberger (Uměleckoprůmyslové museum v Praze), Ondřej Krásný, Claas-Hinrich Lammers, Petra Lange-Berndt (Universität Hamburg), Jean-Jacques Lebel, Irena Lehkoživová (Archiv výtvarného umění), Eva Lockl, Kerstin Ludolph (Hirmer), Petr Málek (Universität Hamburg), Karel Malý (Muzeum Vysočiny Jihlava), Antoine Marès, Karolína Matušková, Veronika Mědílková (Uměleckoprůmyslové museum v Praze), Kirstie Meehan, Jochen Messer (mIWaA), Milan Mikuš, Camille Morando (Centre Pompidou, Musée national d'art moderne – CCI, Paris), Christiane Mörlins-Oksaar (Senatskanzlei Hamburg), Alena Nádvorníková, Chantal Nauleau, Laurianne Nehlig (Centre Pompidou, Bibliothèque Kandinsky), Ivana Yael Nepalová (Knihovna Ústavu dějin umění AV ČR), Robert V. Novák, Robert R. Novotný (Státní okresní archiv Kladno), Pavla Obrovská (Moravská galerie v Brně), Jan Oravec, Didier Ottinger (Centre Pompidou, Musée national d'art moderne – CCI, Paris), Ute Pauly, Jürgen Pech (Max Ernst Museum), Sará Pernecká (Slovenská národná galéria, Bratislava), Věra Pinnoy (GASK – Galerie Středočeského kraje), Sylva Pospíchalová (Muzeum Vysočiny Jihlava), Vladimír Pospíšil (Muzeum umění Olomouc), Iva Prokešová (Památník národního písemnictví), Lukáš Prokop (Památník národního písemnictví), Sandra Průša (Museum Kampa – Nadace Jana a Medy Mládkových, Praha), Dominique Rabourdin, Xavier Renart, Insgard Rhein (Kulturbehörde Hamburg), Jan Salava (Knihovna Ústavu dějin umění AV ČR), Claire Sarti (Succession Paul Eluard), Estelle Scali, Steffen Schleiermacher, Bertrand Schmitt, Didier Schulmann (Centre Pompidou, Bibliothèque Kandinsky), Ursula Schulz, Marcela Sedláčková (Krajská galerie výtvarného umění ve Zlíně), Mathias Seiffert, Thomas Sello, Rodica Sibleyras (Galerie 1900–2000), Jan Smetana (Museum Kampa – Nadace Jana a Medy Mládkových, Praha), Noemi Smolik, Reinhard Spieler (Sprengel Museum Hannover), Karel Srp, Bettina Steinbrügge (Kunstverein Hamburg), Reimar Stielow, Marcela Straková, Anna Strnadlová (Galerie KODL), Alexandra Šlosarčíková, Zuzana Štefančíková (Slovenská národná galéria, Bratislava), František Štverák (Národní archiv ČR), Nicholas Tammens (Kunstverein Hamburg), Sylvain Tanquerel, Anja Tippner (Universität Hamburg), Jindřich Toman, Gabriela Váchová (Alšova jihočeská galerie, Hluboká nad Vltavou), Markéta Vinglerová, Verena Westermann (Behörde für Kultur und Medien Hamburg), Kyllikki Zacharias (Sammlung Scharf-Gerstenberg, Berlin).

Wir danken für die Zusammenarbeit an dem vorliegenden deutschen Katalog allen Beteiligten, ganz besonders Diethelm Kaiser und Peter Nils Dorén sowie Ursula Fethke, Kristina Kallert und Bernadette Ott.

Schließlich sind wir allen Kolleginnen und Kollegen der beteiligten Partnermuseen zu großem Dank verpflichtet, insbesondere:

HAMBURGER KUNSTHALLE:
Elisabeth Lutz-Bachmann, Ifee Tack, Alexandra Pietroch, Greta Molkewehrum sowie Petra Bassen, Marion Blicke, Florian Britsch, Meike Cattarius, Sjusanna Eremjan, Kathrin Erggelet, Ursula Fischer, Mira Forte, Martina Gschwilm, Matthias Heine, Katharina Hoins, Gesa-Thorid Huget, Martina Ingold, Christoph Irrgang, Norbert Kölle, Jan Metzler, Petra Roettig, Oliver Scheid, Karin Schick, Anna Schröder, Oliver Schweers, Ursula Sdunnus, Andreas Stolzenburg, Ralf Suerbaum, Ursula Trieloff, Franka Vögel, Meike Wenck, Andrea Weniger, Monika Wildner, Lea Ziegler, Sabine Zorn, Nicoline Zornikau, Anja Zuschke.

MUSÉE D'ART MODERNE DE PARIS, PARIS MUSÉES:
Nathalie Bec, Julie Bertrand, Claire Böhm, Annabelle Constant, Fanny Hollman, Sonia Legros, Hélène Leroy, Nelly Pontier, Muriel Rausch, Claire Schillinger, Laurie Szulc.

NATIONALGALERIE PRAG:
Eva Balaštíková, Andrea Bartáková, Barbora Bartyzalová, Marie Bergmanová, Zuzana Bolerazská, Barbora Bumanová, Jana Dřevíkovská, Ivan Hartmann, Veronika Hulíková, Tomáš Hylmar, Dagmar Konvalinková, Elizabet Kovačeva, Zuzana Löbling, Martin Musílek, Ruth Peterová, Adam Pokorný, Ondřej Ruml, Pavlína Schneider, David Stecker, Lucie Šafaříková, Adriana Šmejkalová, Jana Šmídmajerová, Alena Štěrbová, Klára Velíšková.

Annie Le Brun

Toyen, die absolute Abweichung

Prag 1919. Eine Jugendliche? Ein Kind? Die Fotografie (Kat. 2) zeugt in verblüffender Weise zugleich von Unschuld und Entschlossenheit, sie versichert uns, dass sich dem Traum, der plötzlich an »der Brüstung Europas, dem alten Verhau«,[1] auftaucht, endlich Möglichkeiten eröffnen. Prag, von dem es heißt, man habe es von hier etwa gleich weit nach Paris, Wien, Moskau und Berlin, bildet damals den Mittelpunkt eines ganzen Strahlenkranzes von Perspektiven, die gerade wiederentdeckt oder neu erfunden werden, sei es in der Architektur, Malerei, Literatur, im Theater, in der Poesie, Psychoanalyse, Politik oder Linguistik ... Toyen ist eben erst siebzehn geworden. Sie trägt noch nicht den Namen, den sie bald für sich wählen wird, in Erinnerung an die Französische Revolution und deren freie und gleiche Bürger, die *citoyens*. Ein Jahr zuvor hat sie ihre Familie verlassen, um sich Anarchistenkreisen anzuschließen. Sie arbeitet irgendwo in einer Paketfabrik und besucht gleichzeitig die Prager Kunstgewerbeschule.

Doch es genügt, ihrem Blick nur ein wenig Aufmerksamkeit zu widmen, um zu erahnen, dass sie bei aller Nähe zur aufkommenden Moderne gleichzeitig noch anderswo ist. Sie weiß bereits, dass die Nacht, der Wind und das Licht ihre zuverlässigsten Verbündeten sind und sein werden. Mit sicherem Instinkt wird sie immer die Wege einschlagen, die sie ins Freie und Offene führen, dorthin, wo das Herz alles Lebendigen schlägt. Nichts leichter für sie als das, nichts unfassbarer für all jene, die nur schwer begreifen können, dass es ihr dabei um nichts anderes ging, als sich nie aufhalten und festlegen zu lassen, auf kein Genre, keine Rolle, kein Metier, keine Pose ... Oft genug wiederholte Toyen, dass sie keine Malerin sei, erst recht nicht mit der Betonung auf Maler*in*. Mehr hineinzulegen, wie es gegenwärtig ideologisch in Mode ist, käme einer Verfälschung gleich. Womit dazu auch alles gesagt wäre.

Ein wenig so, wie Rimbaud der Literatur den Rücken kehrte – man denke an: »Die Hand, die die Feder führt, ist nicht besser als die Hand am Pfluge. – Was für ein Jahrhundert von Handlangern! – Nie wird meine Hand zu etwas taugen.«[2] –, verließ auch Toyen alle ausgetretenen Pfade. In diesem Sinne hat niemand so sehr wie sie die von Charles Fourier beschworene »absolute Abweichung« verkörpert: »Um zu einem anderen Kontinent, einer neuen Welt zu gelangen, befolgte Kolumbus die Regel der ABSOLUTEN ABWEICHUNG; er hielt sich fern aller bekannten Wege und steuerte auf den unberührten Ozean hinaus, ohne sich um die Schreckgespenster seines Zeitalters zu kümmern; tun wir es ihm nach, folgen wir dem Prinzip der absoluten Abweichung.«[3]

Für Toyen ergab sich daraus eine Reise ohne jedes Beispiel, in deren Verlauf die Malerei für sie vor allem als Vorwand dienen sollte, sich in die unaufhörlich sich verändernden Gefilde der Repräsentation vorzuwagen, allein zu dem Zweck, dort jene Strömungen ausfindig zu machen, die uns über all das, was für wirklich gehalten wird, hinaustreiben. Nicht umsonst war Robert Louis Stevensons *Die Schatzinsel* ihr Lieblingsbuch in der Kindheit.

Das Meer und der Traum vermischen sich in jenen Gefilden – und mehr brauchte es für Toyen nicht, um das Unendliche in ihr Leben treten zu lassen, als phantastische Negierung der Wirklichkeit eines Mitteleuropas, in dem sich damals alles zwischen der Stadt und dem Wald abgespielt zu haben scheint. Nicht dass Toyen gleichgültig gegenüber deren Reizen gewesen wäre. Ganz im Gegenteil. Aber wie alles andere betrachtete sie Stadt und Wald lediglich im Lichte dessen, ob sie die Möglichkeit

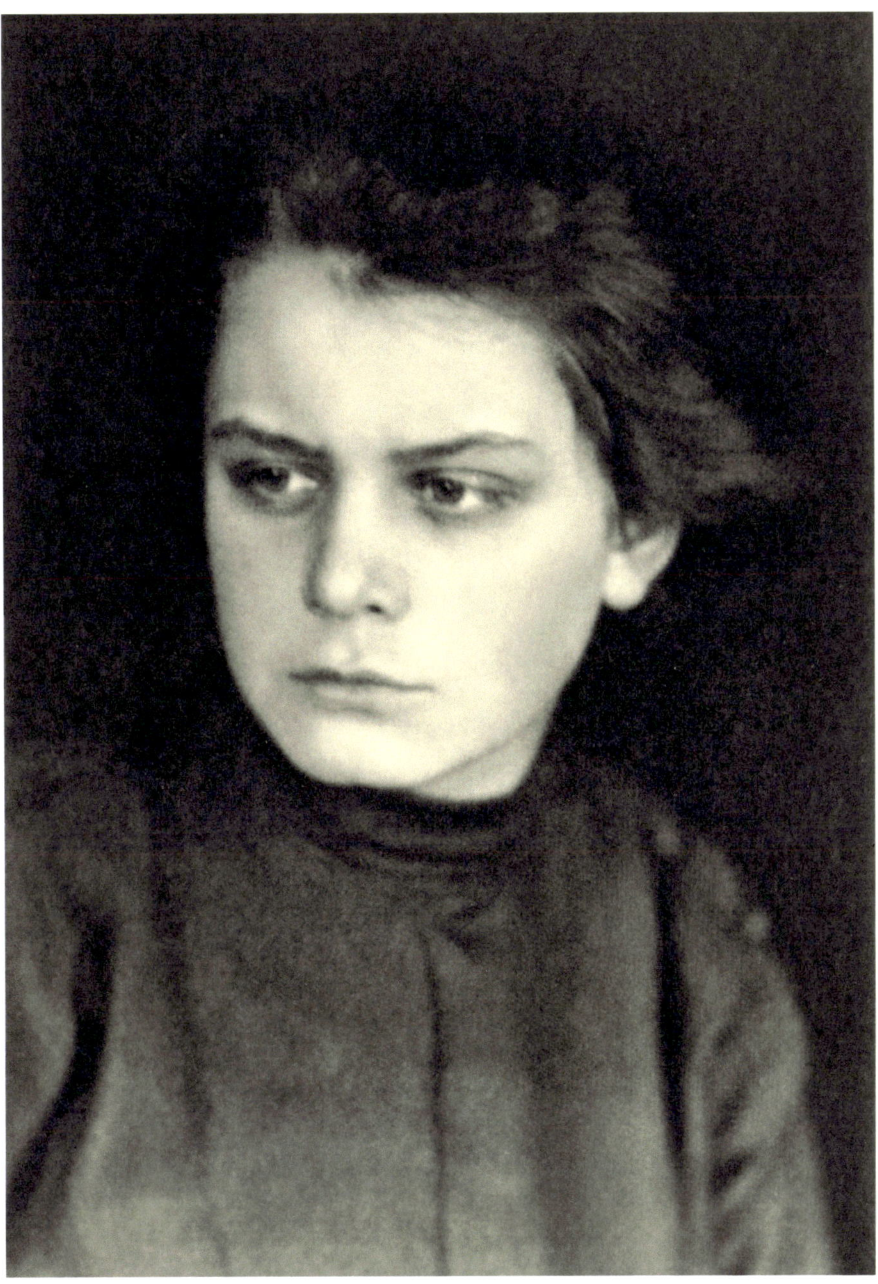

Kat. 2 Marie Čermínová, 1919

boten, von dort aus in die Ferne zu schweifen. Ähnlich wie Victor Hugo, für den »die Wolken exakt sind«, war Toyen in ihrer Faszination für das in der böhmischen Landschaft abwesende Meer auf der Suche nach der Exaktheit der Wellen, oder anders ausgedrückt: nach der Freiheit und Strenge, die sich in der »absoluten Abweichung« einfinden und sie dahin führen sollen, zu sehen und für andere sichtbar zu machen, welche Unendlichkeit den Lebewesen und Dingen innewohnt.

Und weil das Leben manchmal sehr heftig gerade dem recht gibt, was dem Verstand am stärksten zu widerstreben scheint, muss ich an dieser Stelle von der Flaschenpost berichten, die der Kunstkritiker Charles Estienne – besonders empfänglich für Toyens »große bildliche Poesie« – am 5. September 1959 auf der Île de Sein ins Meer warf, mit der Bitte, wer auch immer sie fände, möge den Inhalt »Madame Toyen, Malerin, Hôtel de la Paix, quai d'Anjou, Paris« zukommen lassen. Und im Lauf des Sommers 1964 erhielt diese dann, mit Nachsendeauftrag an die Adresse von André Breton in Saint-Cirq-Lapopie, einen Umschlag zugeschickt, darin das Gedicht *Chant de route (Lied vom Unterwegssein)*, das Estienne ihr fünf Jahre zuvor gewidmet hatte. Verwirrende Bestätigung oder faszinierende Metapher: Die Einzigartigkeit von Toyens großer Fahrt besteht darin, dass Strömungen in ihr genauso viel zählen wie die Inseln und Ufer, an denen sie anlegte.

Zweifellos ist dies auch der Grund dafür, weshalb es mir schwerfällt zu sagen, am Ufer welcher Insel wir uns angenähert oder welcher Strömung wir dies genau zu verdanken haben; sicher ist nur, dass es geschah, ohne dass wir uns jemals verabredet hätten, ohne jemals darüber zu sprechen und ohne dass die vierzig Jahre, die zwischen uns lagen, jemals eine Rolle gespielt hätten. Dieses Geschenk des Lebens, das mir seltsamerweise damals ganz natürlich erschien, verdankte ich weder allein Toyens Großherzigkeit noch der Tatsache, dass ich zu jener Zeit begann, mit Radovan Ivšić, einem ihrer engsten Freunde, zusammenzuleben. Doch das erkannte ich damals noch nicht. Ich war zwanzig und wusste nur eines mit Sicherheit, nämlich was ich nicht wollte. Was alles andere betraf, ließ ich mich treiben, vertraute mich dem Hin und Her an in dem, was sich zwischen den Wörtern und Bildern abspielt und mir einen Aufbruch zu neuen Horizonten versprach. Unerwartete Perspektiven, mal dunkel, mal strahlend hell, zitternd oder schäumend, schienen unbekannte Gefühle und Empfindungen in mir auszulösen. Es wundert mich nicht, dass für ein solches Aufeinandertreffen verschiedener Bewegungen niemand ein feineres Gespür hatte als Toyen. Wenngleich in jenen schönfärberischen Zeiten der 1960er Jahre, die sich eines künstlerischen, philosophischen oder kritischen Geistes rühmten, ohnehin nur wenige in der Lage waren, diese Geheimnisse des Lebens wahrzunehmen. Intuitiv fühlte ich dennoch, wie wichtig es war, ihnen nachzuspüren, in aller Einsamkeit und mit allem Mut, den jemand aufbringen konnte. Es war offenkundig, dass Toyen etwas sah, das die anderen nicht sahen, und dass sie sich deshalb aufs offene Meer all dessen hinauswagte, das immer noch und immer wieder neu zu erfinden ist.

Viel später erst, als ich mich erneut mit dem Text beschäftigte, den Benjamin Péret ihr 1953 gewidmet hatte, blieb ich an dessen Titel hängen: »Haus zur Neuen Welt – gegründet von Toyen«.[4] Für diese »neue Welt«, auf die Péret mit dem Humor anspielte, der seine Freundschaft mit Toyen charakterisierte, setzte diese alles in Bewegung, um sie Wirklichkeit werden zu lassen. Ihre Reisen, ihre Freundschaften, die Landschaften, die Bühnenspektakel, die Straßen, die Stadt ... es gibt nichts, was nicht Anteil an dieser Suche gehabt hätte, die sich zwischen dem nicht Wahrnehmbaren und dem Unveränderlichen, dem Hohen und Niedrigen, dem Lachen und dem Erhabenen bewegte ... Sie hatte recht, sie war nie eine Malerin gewesen, auch wenn sie sich besser als alle anderen mit Linien, Farben, Figuren und Raumkörpern auskannte. Doch was sie tat, war genau hinzusehen und nochmals genau hinzusehen, und indem sie genau hinsah, schaute sie. Es hat seinen Grund, warum sie auf die Frontispize ihrer winzigen privaten Fotoalben stets einen Ausschnitt klebte, auf dem nichts als ihr Auge zu sehen war. Das begnadete Auge der Späherin, die über die Grenzen eines Landes, eines Raums, einer Atmosphäre hinweg danach sucht, was ein Bild ausmacht, um uns in ein Reich jenseits dessen, was ist, mitzunehmen. Wenn Toyen die Formen mit ebenso großer Intensität wie Subtilität erforschte, dann um tiefer ins Rätsel der Lebewesen und der Dinge einzudringen, das zugleich auch das Rätsel eines Bildes ist.

Zu Beginn hätte man noch an ein stilles, heimliches Abenteuer in der Ferne glauben können, das von anderen üblicherweise ignoriert wird, damit sie es sich umso gemütlicher machen können. Gemeinsam mit Jindřich Štyrský fing Toyen an zu erforschen, was der Raum an Zeichen, Spuren, Abdrücken, Texturen oder Spiegelungen bereithält, die wir zu übersehen gelernt haben. Darum ging es beim *Artifizialismus*, dessen anfängliche Untersuchungen der unwahrscheinlichsten Gegebenheiten der Materie für Toyen zugleich zur Forschungsreise in die eigene Innenwelt wurden, die sich für sie nach und nach als ihre »neue Welt« offenbarte.

Jedes Gemälde Toyens legt Zeugnis von diesem Abenteuer ab, das sie unbeirrt verfolgte – einer Eroberung unzeitgemäßer Empfindungen, die zugleich die Rückeroberung verloren gegangener Fähigkeiten ist. Aber ob Toyen sich wirklich bewusst war, dass sie dabei einer der faszinierendsten Utopien Gestalt verlieh?

Einer Utopie, die ständig im Werden ist, sich als Archipel einer sich wandelnden Freiheit unablässig neu erschafft, gemäß den Inseln, aus denen dieser Archipel sich jeweils zusammensetzt, und den Strömungen, die ihn stets neu formen. Mir fällt in diesem Zusammenhang der junge Anarchist Joseph Déjacque ein, der Mitte des 19. Jahrhunderts feststellte, diesen »[n]icht realisierte[n], aber realisierbare[n] Traum« werde es immer geben.[5] Toyens Gemälde führen uns an den Saum dieses Traums, wo wir auf ein weiteres ihrer Hoheitsgebiete stoßen und entdecken, welch lange Schatten sie in ihrer Einzigartigkeit wirft. Noch nie zuvor war die Frage der Repräsentation wie der Utopie so radikal gestellt worden. Ruft man sich die beunruhigende Frage André Bretons aus dem Jahr 1924 in Erinnerung – »Hängt die Mittelmäßigkeit unseres Universums nicht wesentlich von unserem Ausdrucksvermögen ab?«[6] –, so gibt jedes Werk von Toyen darauf die Antwort auf der langen Reise, die mit ihrem Leben verschmilzt und bei der sie immer darum bemüht ist, über die Wellenkämme der Bilder hinaus den Horizont dessen, was ist und was nicht ist, zu sehen und sichtbar zu machen.

Und so wird Toyen, ihrer Intuition folgend, dass Utopie und Repräsentation sich wechselseitig bedingen, Gemälde für Gemälde auf die glanzvolle Möglichkeit einer ausstehenden Revolution verweisen. Einer empfindlichen Revolution in unmittelbarer Sichtweite, genauer: in der Reichweite jenes Augen-Blicks, der Mensch und Welt als die beiden reversiblen Pole eines universellen Magnetismus miteinander verbindet. Der zwangsläufig den Menschen und die Welt verändert, sodass mit einem Mal, durch die seltsamen Fügungen des Zufalls, sichtbar wird, wie die Wege die Formen bestimmen. Aber auch, dass die Formen, die uns prägen, möglicherweise aus dem Zusammenfluss von Strömungen entstehen, die uns mit sich forttragen.

Ich wüsste keinen anderen Grund zu nennen, wie es dazu kam, dass Toyen 1965 eines Tages beschloss, meine ersten Texte zu illustrieren, und mir so die Türen zu ihrer »neuen Welt« öffnete. Nach der Erinnerung, die ich daran behalten habe, war dies eine ganz eigene, besondere Epoche, über die Radovan Ivšić einmal schrieb, dass »Toyens Leidenschaft und ihr Humor diese Gemeinschaftsarbeit zugleich ernst und leicht erscheinen ließ, den Spaziergängen vergleichbar, die sie so gerne durch Paris machte, nur ein klein wenig abenteuerlicher, oder wie eine ihrer Reisen, bei denen für sie das eigentliche Ziel in deren zufälligen Begebenheiten lag«.[7] Immer wieder von Neuem faszinierte mich, wie Toyen einen Text nicht illustrierte, sondern seine verborgensten Möglichkeiten ans Licht brachte, was bis zur Wahl des Papiers und der Druckfarben reichen konnte. Und das tat sie alles, um das Buch zu verwirklichen, von dem wir träumten, unterstützt von Radovan Ivšić als unersetzlichem kritischen Begleiter und Realisator unseres Projekts. In Wirklichkeit spiegelte diese Sorgfalt, mit der sich Toyen um die bestmögliche Qualität der Dinge bemühte, die Aufmerksamkeit, die sie auch den Lebewesen entgegenbrachte. Selten war eine Freundschaft aufmerksamer als die, mit der Toyen alle beschenkte, die mit ihr die Leidenschaft für das weite, offene Meer teilten und den Willen, auf keinen Fall den rechten Moment zu verpassen, dorthin aufzubrechen.

An anderer Stelle erwähnte ich bereits, dass weder Štyrský noch Jindřich Heisler ihren Traum mit derselben Intensität verfolgt hätten, wäre nicht Toyen an ihrer Seite gewesen. Diesen Sinn für Freundschaft als Elixier aus ihrer »neuen Welt« fand Toyen auch im Surrealismus wieder, dessen außerordentlicher Reichtum weniger darin bestand, eine künstlerische Bewegung zu sein, als ein Ort, an dem die Freiheit der einen die Freiheit der anderen beflügelte. Niemand war sich dieser Tatsache stärker bewusst als Toyen, die in unverrückbarer Freundschaft André Breton, Benjamin Péret und Yves Tanguy zugetan war, was von diesen sehr geschätzt wurde. Ebenso verhielt es sich mit Paul Eluard, bevor er Stalinist wurde. Auch nach dem Krieg – Toyen schloss sich damals Robert Benayoun, Georges Goldfayn und Radovan Ivšić an – waren Freundschaften für sie so etwas wie die geheimen Orte für Piraten, welche diesen seit je als Treffpunkte dienten, um sich mit ihresgleichen zu treffen, oder als Schlupfwinkel, wenn ihre Freiheit bedroht war. Und so gesellten sich zu ihrem Kreis nach der Ankunft in Frankreich noch Elisa Breton, Victor Brauner, Jacques Hérold, Alain Joubert, Bernard Roger, Meret Oppenheim und Jean-Jacques Lebel hinzu ... Freundschaften waren für Toyen Bastionen der Revolte gegen alles, worauf Menschen sich berufen, um andere zu erniedrigen, zu unterdrücken, zu verstümmeln, zugrunde zu richten oder zu töten. Toyen schützte sich mit ihren Freundschaften davor und schützte die anderen – bereit, alles zu tun, um den Schatz in Sicherheit zu bringen, den solche Freundschaften bedeuten und ermöglichen. So wie sie die langen Jahre des Zweiten Weltkriegs hindurch den als Juden verfolgten jungen Dichter Jindřich Heisler bei sich versteckte. Gemeinsam schufen sie in dieser Zeit den schmalen Band *Z kasemat spánku* (*Aus den Kasematten des Schlafs*, 1941, Abb. 306)[8] mit »verwirklichten Gedichten«, die sich aus abfotografierten winzigen

Objekten und Texten zusammensetzen. Die Poesie dieses Bandes, die durch ihre Unverstelltheit und Klarheit zutiefst anrührt, lässt plötzlich das Herz von all jenen Dingen schlagen, die der Terror dieser Jahre auszulöschen versuchte.

Tatsächlich war es stets dieselbe »absolute Abweichung«, die Toyen half, die Zeiten zu überstehen - wie auch bei dem Zyklus von Zeichnungen, in denen sie, allem und jedem zum Trotz, in den Jahren von 1939 bis 1947 versuchte, den beiden Totalitarismen auf den Grund zu kommen, die damals das Leben im Würgegriff hielten (Kat. 323-329, 334-335, 340-345). Und obwohl sie sich unter diesen Umständen mit einer Situation auseinandersetzen musste, die immer tragischere Züge annahm, war sie eine der wenigen, die sämtlichen Fallen der *art engagé*, das heißt des Realismus, auszuweichen verstand. Die Strenge ihrer Zeichnungen erlaubte es ihr, eine schonungslose Chronik des Unheils jener Zeit zu erstellen. Das ganze Ausmaß der Verheerung, die die unschuldige Kreatur trifft, wird von ihr mit Bildern von brüllenden oder zerborstenen Skeletten vor Augen geführt. Bis hin zur totalen Aussichtslosigkeit, die uns Toyen mit den Überresten von Kinderspielzeug, mit der Zerstörung der frühesten Anlässe für Staunen und Entzücken, demonstriert - eine Szene, die stärker als jede andere die Schwere des begangenen Verbrechens zum Ausdruck bringt.

Toyens Arbeiten fesseln uns deshalb so sehr, weil sie sich nie von der wilden Klarsicht der Kindheit verabschiedet hat, die stets die Ressource ihrer Revolte blieb, egal wie widrig die Umstände später waren. Die Kraft ihrer »neuen Welt« erwächst aus Toyens in all den verschiedenen Facetten doch immer eindeutigen Ablehnung der alten Welt. Sie verweigerte sich allen Kompromissen. Was mich dabei jedoch am meisten beeindruckt, ist die einsame Entschlossenheit, mit der sie »die Wüsten der Liebe« durchquerte, getragen von der Gewissheit Rimbauds, dass »die Liebe neu erfunden werden muss«. Sie wusste, in diesem Punkt noch mehr als in anderen Hinsichten, dass alles wieder auf Anfang gestellt werden muss. Es gibt eine Dressur in der Kindheit, gegen die sie aus ihrem tiefsten Innern heraus aufbegehrte. Warum sonst hätte sie als erste Fotografie von sich das Bild des »mutterlos auf die Welt gekommenen Mädchens« aufbewahren sollen? Von der Person, die ihre Mutter gewesen sein musste, ist auf dem Foto nur die Hand zu sehen, den Rest hatte Toyen abgeschnitten (Abb. 6). Warum sonst rühmte sie sich, sonst so zurückhaltend in Bezug auf ihr Privatleben, vor einigen ihrer engsten Freunde damit, dass sie ihrer Jungfräulichkeit selbst ein Ende gesetzt habe? Und aufschlussreich ist nicht zuletzt, dass eines ihrer ersten Gemälde, *Polštář* (*Das Kissen*, 1922, Kat. 569), eine ausschweifende Bordellszene zeigt, wie sie keine andere junge Frau - Toyen war damals gerade zwanzig - zu malen gewagt hätte. Die Freiheit in der künstlerischen Ausführung entspricht dabei der Freiheit in der Wahl des Sujets und war überdies »im tschechischen Kontext jener Jahre einzigartig«, wie Karel Srp anmerkte.[9]

Es zeigt sich darin eine Unschuld des Blicks, die mit der Vielzahl kleiner erotischer Zeichnungen, die Toyen zur selben Zeit fertigte, noch größer und schöner wird (Kat. 543-556). Sie ist Ausdruck der irdischen Freude an der Feier körperlicher Lust. Aber auch der Freude an der Freiheit, sich allen kulturellen Konventionen zu widersetzen, ideologischen wie moralischen, ohne sich deswegen im Geringsten schuldig zu fühlen. Ganz als genügte die Wiedererlangung dieser ursprünglichen Freiheit, um die Welt zu dem zu machen, was sie sein könnte, ein verzauberter Ort. Für mich liegt darin der Ursprung von Toyens Poetik, in dieser unmittelbaren und gleichsam spielerischen Verknüpfung von Repräsentation und erotischer Repräsentation. Wenngleich die Reinheit des Lichts, das für Toyen ihr Leben lang darin erstrahlte, unlösbar mit einem Wissen um das Tragische verbunden war, ohne welches ihre »neue Welt« den schrecklichen Stürmen des Lebens, denen sie ausgesetzt war, Zensur, Krieg, Exil, Armut, nicht hätte standhalten können. Bewusstsein der Tragödie der Geschichte, aber auch der Unterströmungen, die das Schicksal der Menschen bestimmen, ohne dass die meisten sich davon Rechenschaft ablegen.

In diesen Gefilden, in denen stets Unbilden lauern, sind wir ihr noch nähergekommen, Radovan Ivšić und ich. Umso mehr, als ihr Ende der 1960er Jahre die Erotisierung der Welt, der sie sich verschrieben hatte, paradoxerweise notwendiger erschien als je zuvor. Während die sogenannte Sexplosion die schrankenlose Freiheit predigte, befand

Toyen sich wieder einmal in »absoluter Abweichung« von ihrer Epoche. Sie beschloss, sich den Nachtseiten zu widmen, nicht ohne einen erneuten Umweg über den Marquis de Sade. Nie vergaß sie nämlich, wie schwer im »unzerstörbaren Kern der *Nacht*«, als den André Breton das Begehren umschrieben hatte, die Schatten wiegen.[10]

Und so kehrte Toyen - in einem Augenblick, als alles leichter und zugänglicher zu sein schien, die Bilder wie die Lebewesen - zum großen Rätsel der Liebe zurück, das für sie stärker als je zuvor mit dem Rätsel der Repräsentation verknüpft war. Sie zählte damals zu den ganz wenigen, die spürten, wie sehr das eine wie das andere bedroht war und ist. Schlimmer noch, wie sehr das eine wie das andere manipuliert wird, um sich schließlich gegenseitig zu zerstören. Ich habe das Gefühl, dass sie sich nie so viel angesehen hat wie damals, Filme, Theaterstücke, Fotografien, Zeitungen, Magazine ... wohl weil sie die Gefahren einer neuen Zensur angesichts der sich ausbreitenden Übersteigerungen abschätzen wollte. Als versuchte sie, aus dem tiefsten Innern ihres lyrischen Aufbegehrens heraus, die Aura zu retten, von der Lebewesen und Bilder umhüllt sein können. Als wollte sie klarstellen, dass ihre »neue Welt« vor allem eine »neue Welt der leidenschaftlichen Liebe« war, die mächtigste Utopie, die einer Wirklichkeit noch entgegengesetzt werden kann, die den Zahlen ausgeliefert ist und in der Menschen und Dinge austauschbar geworden sind.

In ihrer Bezugnahme auf den Text von Charles Fourier, den seine Schüler mit Bedacht geheim gehalten hatten, bis er schließlich 1963 wiederentdeckt wurde,[11] ging es Toyen um das Irreduzible, das absolut Eigenständige der Leidenschaften. In den Collagen und Gemälden ihrer letzten Jahre hat dies zur Darstellung einer neuen Gewalt in der Erotik geführt. Stärker als zuvor sind bei ihr auch Tiere zu finden, und sei es, um uns mit ihrer natürlichen Souveränität an die Wildheit unseres eigenen Trieblebens zu erinnern. Toyen wusste, was sie dem inneren Aufbruch ins Unendliche schuldete, den uns manchmal das Bild und die Liebe ermöglichen.

Heute, da die körperlosen Bilder und die bilderlosen Körper sich vermehren, da inmitten endloser Recyclingkreisläufe die Phantasie tödlich bedroht ist, halte ich es für ein unverhofftes Glück, auf der Landkarte der eindrucksvollsten Reisen ins Offene endlich auch die Reise Toyens verzeichnet zu sehen.

1 Arthur Rimbaud, Le Bateau ivre. Das besoffene Schiff, zit. nach der Übersetzung von Theodor Däubler in: *Französische Dichtung*, Bd. 3, hg. von Friedhelm Kemp, München 2001, S. 129.

2 Arthur Rimbaud, *Sämtliche Dichtungen*. Französisch und Deutsch, hg. und übertragen von Walther Küchler, Heidelberg, 5., durchgesehene Auflage 1978, S. 267.

3 Charles Fourier, *La Fausse Industrie, morcelée, répugnante, mensongère*, Bd. 1, Paris 1835, S. 52.

4 Benjamin Péret, „Haus zur Neuen Welt - gegründet von Toyen", in: Rita Bischof, *Toyen. Das malerische Werk*, Frankfurt a. M. 1987, S. 141.

5 Joseph Déjacque, L'Humanisphère. Utopie anarchique, veröffentlicht in: *Le Libertaire. Journal du mouvement social*, Nr. 1 (1858). Zit. nach der Übersetzung in: Joseph Déjacque, *Utopie der Barrikaden*, Berlin 1980, S. 101.

6 André Breton, Introduction au discours sur le peu de réalité, in: *Point du jour*, Paris 1970, aufgenommen in: ders., *Œuvres complètes*, Paris 1992, Bd. 2, S. 276.

7 Radovan Ivšić, *Cascades*, Paris 2006, S. 230.

8 Jindřich Heisler und Toyen, *Z kasemat spánku*, Prag, Edice Surrealismu, 1941.

9 Karel Srp, *Toyen, une femme surréaliste*, Ausst.-Kat. Saint-Étienne, Musée d'Art moderne, Lyon 2002, S. 35.

10 André Breton, Introduction aux *Contes bizarres* d'Achim d'Arnim, in: Breton 1992 (wie in Anm. 6), S. 359.

11 Charles Fourier, *Le Nouveau Monde amoureux*, hg. von Simone Debout-Oleszkiewicz, Paris 1967.

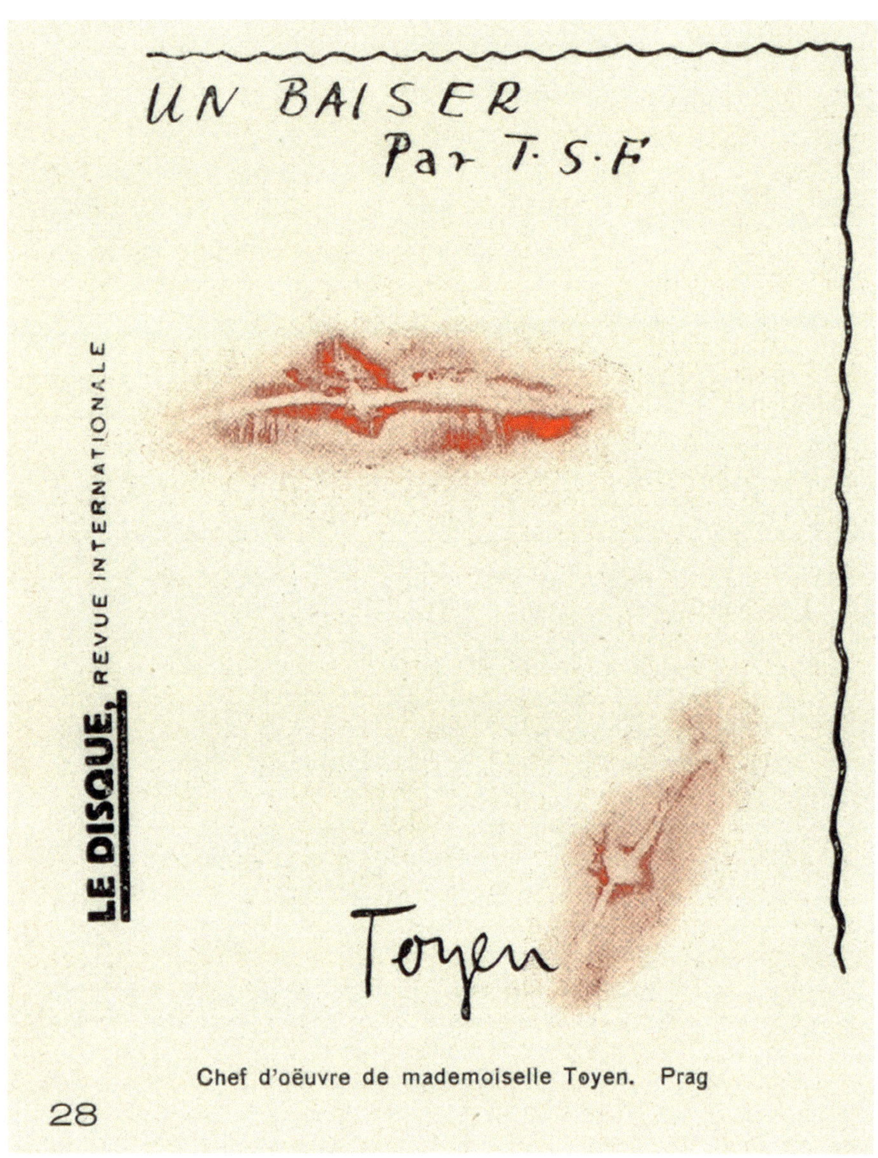

Kat. 3 ***Chef d'œuvre de mademoiselle Toyen. Prag /***
Meisterwerk von mademoiselle Toyen. Prag
Reproduziert in: *G. Material zur elementaren Gestaltung,* III, Juni 1924, S. 28

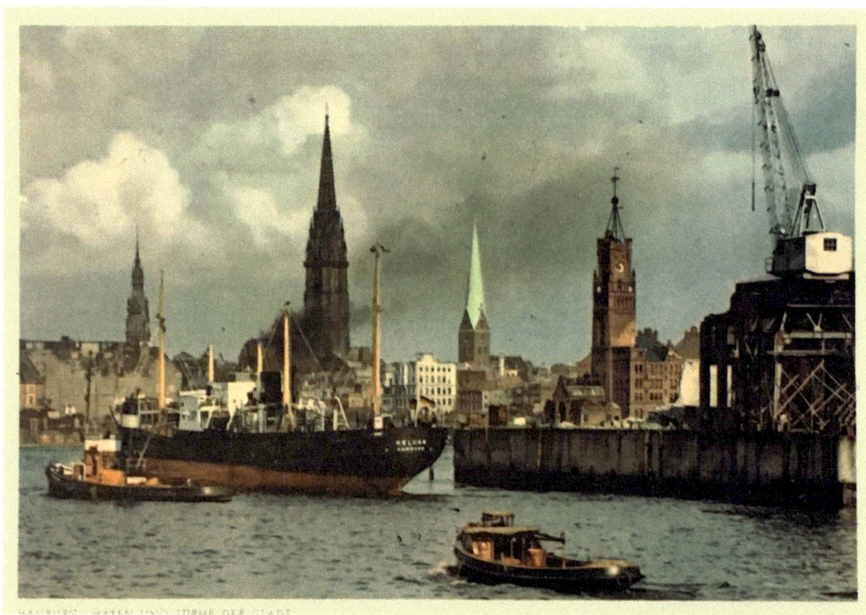

Abb. 4 Ansichtskarte »Hamburg Hafen und Türme der Stadt«, gesendet von Elisa Breton an Toyen, 12 rue des Fossés St., Paris (Quartier Latin), Frankreich, gestempelt: Hamburg 1, 27. August 1954
Privatsammlung, Paris

Annabelle Görgen-Lammers

Toyen, Hamburg, Deutschland – eine erste Spurensuche

»Meine liebe Toyen, wenn Du doch nur wüsstest, wie sehr ich Dich vermisse bei allem, was ich an Schönem sehe und gesehen habe! Meine Ferien sind prächtig, ich bin umgeben von Zuneigung und großzügigster Gastfreundschaft –. Die kleinen Fischerboote kommen nachts wie Motten aus dem Wasser –. Ich liebe die Häfen, Toyen, dieses Leben des Kommens und Gehens, wenn Du mich auf meinen Entdeckungsreisen doch nur begleiten könntest. Ich fahre vielleicht auf die Inseln nahe Dänemark, das ist schon sehr der Norden, mit all seiner Schönheit und seinem Geheimnis.«[1]

Aus Hamburg schrieb Elisa Breton, dritte Ehefrau von André Breton, diese Zeilen an ihre Freundin Toyen, auf einer Ansichtskarte vom Hafen (Abb. 4). Toyen hob die Karte bis zu ihrem Tod auf. Was mag die Begeisterung der Weggefährtin für den Norden Deutschlands, für die Hansestadt, ihre Fischerboote und Gastfreundschaft bei Toyen ausgelöst haben?

Es wird nicht möglich sein, das Bild zu erfassen, welches die Künstlerin von Deutschland hatte. Von einem Land, dessen Sprache und Literatur in ihrer Jugend selbstverständlicher Teil Böhmens war, dessen nationalsozialistisches Regime sie ab 1939 sieben Jahre lang in den Untergrund zwang, auf dessen Gräueltaten sie mit ihren Zeichnungszyklen reagierte – und für dessen Wehrmachtsoldaten sie 1944 mit ihrem jüdischen Landsmann Jindřich Heisler 40 Exemplare der illustrierten Gedichtsammlung *Nur die Turmfalken brunzen ruhig auf die 10 Gebote* (Abb. 301) in deutscher Sprache drucken ließ, anscheinend in der Hoffnung, durch die Verteilung an die deutschen Besatzer wieder das Menschliche in ihnen anzusprechen. Festhalten lassen sich hier nur einzelne weitere Berührungspunkte, besonders hinsichtlich der Rezeption ihres Werkes in Deutschland.

Eine erste Reaktion

Soweit wir heute wissen, hat Toyen, die ihr Leben lang viel reiste – durch Tschechien, Frankreich, Kroatien, Italien, Griechenland und England –, Deutschland nie besucht, weder vor noch nach dem Krieg. Doch gerade hier erfolgte die wahrscheinlich erste internationale Reaktion auf ihr Werk und ihre Person: Im Juni 1924 erwähnte der deutsche Dadaist, Maler und Filmemacher Hans Richter die damals 22-Jährige in der von ihm, Werner Graeff und Mies van der Rohe von 1923 bis 1926 herausgegebenen Zeitschrift *G. Material zur elementaren Gestaltung*, deren Programm darin bestand, »[d]ie allgemeine Situation der Kunst und des Lebens zu klären«.[2] In dem Bericht über seinen Besuch in Prag preist er die »schöpferisch aktive Atmosphäre« der Stadt, in welcher »jene Aktivität [wächst], die aus einem ›Glauben an das Leben‹ entsteht«. Er stellt die dort 1920 gebildete, Dichter, Schriftsteller, Maler, Gestalter und Architekten umfassende tschechoslowakische Avantgarde-Bewegung Devětsil (Pestwurz) vor. Ihren führenden Theoretiker, Karel Teige, beschreibt er als »americo romanisch orientiert, smart und sensitiv« und lobt ihn für die Publikation von »zeitgemäßen« Zeitschriften wie *Život* (*Das Leben*). Ein ganzes Drittel seines Beitrags widmet Richter allerdings einer anderen Person und dies in einem ganz anderen Ton: »Er und seine Kameraden, Zeitschriften, Gruppen und Energien werden absolutistisch regiert von der schönen T o y e n, die Pragerin von Geburt das Tschechoslovakische fließend beherrscht und mit dieser Sprache allein selbst in Paris auskam. Von Beruf Malerin. Wir haben allen ihren Bildern, die weder an Kraft noch Feinheit hinter denen ihrer männlichen Kollegen zurückbleiben dieses persönliche – inhaltlich und formal gleicherweise einwandfreie – Werk vorgezogen, das sie die Freundlichkeit hatte der Zeitschrift zur Verfügung zu stellen.«[3] Und er reproduziert mit *Un baiser par T.S.F.* (*Ein Kuss per drahtloser Telegraphie*), untertitelt »Chef-d'œuvre de mademoiselle Toyen. Prag«, zwei auf einem französischen Briefbogen der Devětsil-Zeitschrift *Le Disque*[4] befindliche und von Toyen groß signierte Lippenabdrücke (Kat. 3). Er unterstreicht also die Sonderstellung, Eigenständigkeit und Professionalität Toyens, die Qualität und »Gleichrangigkeit« ihrer Werke mit denen ihrer männlichen Kollegen, und zugleich präsentiert er sie mit einem, von ihr selbst dafür – offensichtlich ironisch – zur Verfügung gestellten Spiel mit einem bildlichen Zeugnis eines weiblichen Rollenklischees.

Fast 40 Jahre später meldete sich der 1940 in die USA ausgewanderte Richter von Connecticut aus bei Toyen in Paris postalisch zurück und gestand ihr: »[...] von Zeit zu Zeit betrachte ich Ihre Bücher, Ihre Mappen, mit einer Art Nostalgie«.[5]

Brückenbauer

Werke von damals in Deutschland tätigen Malern und Graphikern konnte Toyen spätestens 1925 im Original sehen, nämlich in der Sektion »Allemagne« der Pariser Ausstellung *L'art d'aujourd'hui* (Abb. 89), in der sie selbst vertreten war. Darunter waren Arbeiten von Willi Baumeister, Walter Dexel, Friedrich Vordemberge-Gildewart sowie Max Ernst und Paul Klee; die Werke Letzterer sollten auf ihr späteres Œuvre Einfluss nehmen.[6]

Über die Aufmerksamkeit, die buchgestalterischen Arbeiten in Deutschland geschenkt wurde, war Toyen, wahrscheinlich durch Teige, gut informiert. Mit ihrem damaligen Arbeitspartner Jindřich Štyrský reichte sie im Juni 1927 Gestaltungen zur *Internationalen Buchkunst-Ausstellung* in Leipzig ein, einer ersten Leistungsschau der Buchgestaltung und Graphik mit über 20.000 Werken von etwa 1.100 Künstlern aus 21 Ländern[7] – wohl vergebens, denn im

»Amtlichen Katalog« wird zwar Teige, doch weder Toyen noch Štyrský erwähnt. Spätestens ab Ende der 1930er Jahre jedoch sollten Toyens Illustrationen in einigen übersetzten Büchern auch in Deutschland greifbar sein (Kat. 577).[8]

Ab 1927 gab der an der Internationalisierung von Devětsil arbeitende Teige die mehrsprachige Zeitschrift *ReD* heraus, eine »internationale illustrierte Monatszeitschrift für moderne Gestaltung«,[9] in der auch die deutsche Avantgarde mit Dada und dem Bauhaus visuell präsent war und die zugleich von Anfang an Toyens Werke abbildete. Da die Künstlerin nach ihrer Rückkehr aus Paris im Januar 1929 ein Modeatelier mit Štyrský und Josef Háša in Prag betrieb, wird sie der intensive Austausch Teiges mit dem Bauhaus interessiert haben: Hatte dieser schon 1923 erste Kontakte hergestellt, kam es 1929 erneut zu einer engen Kommunikation und Zusammenarbeit. Der Direktor Hans Meyer, welcher seinerseits »die Brücke zur Tschechoslowakei schlagen wollte«,[10] kam im Dezember 1929 nach Prag,[11] und im März 1930 erschien ein Sonderheft von *ReD* zum zehnjährigen Jubiläum des Bauhauses.

Eine unerschütterliche Verbundenheit

In den 1930er Jahren konzentrierte sich Toyens künstlerischer Blick weiter auf Frankreich. In der Einschätzung Deutschlands wird sie vermutlich, parallel zur Haltung der französischen Surrealisten, immer dezidierter zwischen Vergangenheit und Gegenwart des Landes unterschieden haben: So unterzeichnete sie mit den anderen Mitgliedern der tschechoslowakischen Surrealisten-Gruppe ein im *Bulletin international du surréalisme* (Kat. 212) wiedergegebenes, am 14. April 1935 abgedrucktes Interview von Breton und Eluard. Auf die Frage nach der intellektuellen Situation in Deutschland betonten diese, nachdem sie mehrfach zu Hitler Stellung genommen hatten, zugleich »unsere unerschütterliche vertrauensvolle Verbundenheit mit dem deutschen Denken des letzten Jahrhunderts, das neben allem anderen noch lebendig ist, und unseren Glauben an die unverbrüchliche Kontinuität der kulturellen Linie, auf der die Namen Hegel, Feuerbach, Marx und Engels mit einzigartigem Glanz stehen. Alles Vertrauen [setzen wir] in das so aktive deutsche Denken von gestern, aus dem unbedingt der revolutionäre deutsche Gedanke von morgen resultieren muss«.[12]

Diese Bezugnahme ergänzt die anhaltende Verehrung der Surrealisten für die deutsche Romantik, die schon in Bretons hymnischer Beschwörung des Wunderbaren und des Traums im ersten *Manifest des Surrealismus* von 1924 zu erkennen war und die sich noch 1957 in der Einleitung seiner Schrift *L'Art magique*[13] zeigte. Auch sein Vortrag für den Ersten internationalen Schriftstellerkongress zur Verteidigung der Kultur in Paris, in dem sich Breton im Sommer 1935 gegen den französisch-sowjetischen Beistandspakt und die Doktrin vom sozialistischen Realismus wendet, belegt, dass er in Deutschland »immer noch in erster Linie den Geburtsort der Romantiker des 19. Jahrhunderts« sah.[14]

Toyen teilte diese Begeisterung. Sie schuf 1936 Collagen für den Sammelband über den tschechischen romantischen Dichter Karel Hynek Mácha (1810–1836, Kat. 594, Abb. 242), der von Teige und Vítězslav Nezval als Vertreter des »revolutionären Flügels« der Romantik vorgestellt und als Vorläufer des Surrealismus verstanden wurde.[15] Mit den tschechischen Surrealisten, besonders Teige,[16] entwickelte Toyen eine sich im Laufe kritischer Debatten immer weiter ausformende Idee einer revolutionären Romantik. Ihre Begeisterung für die Romantik scheint sich in vielfältiger Weise in ihrem gesamten Œuvre niedergeschlagen zu haben, nicht nur thematisch und motivisch,[17] sondern in vielen weiteren Aspekten ihrer Haltung, so auch in dem Ideal kollektiver Kunst, in ihrem Einsatz von Ironie sowie in ihrer Suche nach Identität, verstanden als Symbiose verschiedenster Rollen.

Erste Ausstellungsideen

Einem Briefwechsel zwischen Breton und Heisler von Anfang 1948 – Toyen und Heisler waren 1947 gemeinsam nach Paris übergesiedelt – ist zu entnehmen, dass eine Ausstellung in Berlin von und mit Rudolf Springer geplant war. Dieser war damals künstlerischer Leiter der Galerie Rosen, welche sich im August 1945 am Kurfürstendamm als erster Ausstellungsort für moderne und zeitgenössische Kunst im Nachkriegsberlin etabliert hatte.[18] Im Sommer 1948 musste Springer die Galerie verlassen und eröffnete im Dezember desselben Jahres seine eigene Galerie. Sein Vorhaben, im Februar 1948 in Paris Breton zu treffen, schlug fehl, da dieser schon nach Antibes abgefahren war. So schrieb Breton von dort am 3. Februar 1948 an Heisler, betonte, welches Wunder für ihn Toyens Zeichnungen darstellten, und bat ihn, sich in seiner Abwesenheit um »die Ausstellung von Berlin« zu kümmern, die, wie er hinzufügte, »Form annimmt. Herr Rudolf Springer, Direktor der Galerie Rosen, der gekommen ist, um mich in der Sache zu sehen [...], schreibt mir aus Paris, dass alles auf gutem Wege ist«.[19] Aus zwei weiteren Briefen an Heisler geht hervor, dass dieser den deutschen Galeristen tatsächlich kontaktiert hat.[20] Obgleich Springer ab 1950 Präsentationen mit französischen Künstlern, so Henri Laurence, veranstaltet hat, ist es letztlich dann doch nicht zu einer Ausstellung unter Beteiligung Toyens oder Heislers in Berlin gekommen.[21]

Eine erste »Manifestation der Avantgarde« in einer deutschsprachigen Zeitschrift

Die erste Abbildung eines Gemäldes von Toyen, nämlich *Spící* (*Schlafende*, 1937, Abb. 247), in einer deutschsprachigen Kunstpublikation nach dem Krieg erfolgte wahrscheinlich erst im April 1950, in dem ersten Heft der österreichischen Zeitschrift *Surrealistische Publikationen* (Kat. 5a).[22] Dieses warb damit, »[d]ie erste Manifestation der AVANTGARDE AUF GEISTIGEM UND SOZIALEM GEBIET in deutscher Sprache« zu sein, und kündigte an, »in freier Folge Texte und Bilder der Surrealisten aller Länder«[23] zu veröffentlichen. Im Zentrum stand der Surrealismus aus Frankreich mit Breton und seinem Kreis.[24] Initiiert und herausgegeben wurde die erste Ausgabe in Klagenfurt, zum einen von dem aus dem Saarland stammenden, unter anderem in Paris ausgebildeten Maler Edgar Jené. Im Jahr 1935 nach Wien emigriert und 1948 nach Paris zurückgekehrt, lernte er dort die Surrealisten-Gruppe kennen und stellte unter anderem, wie Toyen, in der Galerie Furstenberg von Simone Collinet aus. Aufgrund seiner guten Kontakte war der Deutsche der entscheidende Vermittler zur französischen Surrealisten-Gruppe, deren Mitglieder ihre Beiträge teils auch unentgeltlich zur Verfügung stellten. Zum anderen war der in Graz geborene Lyriker Max Hölzer Herausgeber der Zeitschrift, er gehörte in den 1950er Jahren zu den wenigen, die in deutscher Sprache surrealistische Prinzipien für ihre literarischen Werke fruchtbar machten; Toyen ließ er 1953 ein signiertes Exemplar des ersten Heftes mit der Widmung »A Toyen Peintre Poète« zukommen.[25]

Für das zweite und letzte, für 1952 geplante, doch erst 1954 in Paris gedruckte Heft, in dem nun verstärkt auch deutschsprachige Anhänger des Surrealismus zu Wort kamen, erteilte Heisler als Vertreter der Pariser Gruppe Hölzer die Erlaubnis, die Zeitschrift mit »Éditions Surréalistes Paris« zu zeichnen (Kat. 5b). Das Heft enthält Heislers erstmals auf Deutsch publiziertes Gedicht *Toyen*,[26] abgedruckt mit einer ihrer Zeichnungen aus dem Zyklus *Les Spectres du désert* (*Die Gespenster der Wüste*, Abb. 300, Kat. 386). Die Gestaltung des Umschlags nutzt eine weitere Zeichnung aus diesem Zyklus. Ursprünglich sollten allerdings andere Werke, vermutlich Gemälde, von Toyen abgebildet werden, wie einem Brief von Hölzer an Toyen vom 21. April 1954 zu entnehmen ist.[27] Darin bedankte er sich für ihre Zusendung der Publikation *Die Gespenster der Wüste* und für Bildvorlagen, die er gleichwohl, wegen des verwendeten Offsetdruck-Verfahrens, in, wie er hervorhebt, dieser Nummer nicht nutzen könne. Sein weiterer Wunsch, dass Toyen seine Anfrage zur Mitarbeit an dieser Nummer der Zeitschrift weiterleiten könnte an Max Ernst, Dorothea Tanning und Simon Hantaï, scheint in Teilen erfolgreich gewesen zu sein, finden sich in dem Heft doch Reproduktionen von je einer Zeichnung Tannings und Ernsts.

Eine letzte Bitte Hölzers bezieht sich schließlich auf die Möglichkeit einer Ausstellung, die er im Juni 1954 in Frankfurt in einer »befreundeten Galerie« organisieren möchte: Präsentiert werden sollen Zeichnungen und Lithographien von Mitgliedern der Surrealisten-Gruppe, begleitet von Vorträgen unter anderem über Breton. Er bittet Toyen, darüber mit der Gruppe zu sprechen und ihm die Antwort mitzuteilen. So wie die zweite Ausgabe der *Surrealistischen Publikationen* nie offiziell ausgeliefert wurde, kam wohl auch diese Ausstellung in Frankfurt in den 1950er Jahren nicht zustande.

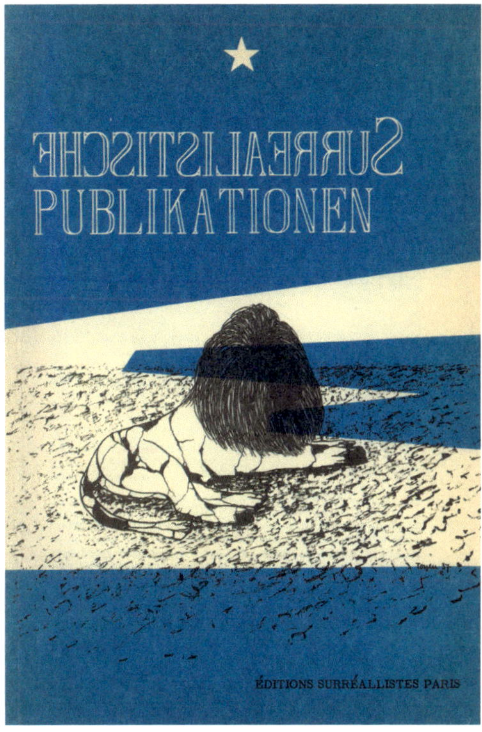

Kat. 5b *Surrealistische Publikationen*,
Éditions surréallistes [sic!], Paris 1954
Hg. von Edgar Jené und Max Hölzer,
Umschlagbild: Entwurf Franz Rogler nach einer Zeichnung von Toyen | Privatsammlung

Erste Ausstellungsteilnahme

Edgar Jené hingegen war es gelungen, in seiner Heimat die große, vom 14. Juni bis 6. Juli 1952 laufende Ausstellung *Surrealistische Malerei in Europa* zu initiieren und in Zusammenarbeit mit dem Interimsdirektor des Saarlandmuseums, Rudolf Bornschein, sowie im Einvernehmen mit Breton auch zu realisieren. Dieser und seine erste Frau, Simone Collinet, steuerten insgesamt ein Drittel der Exponate bei, ein weiterer beträchtlicher Teil kam direkt von den Künstlern selbst, so auch von Toyen: Unter den über 150 präsentierten Werken von 29 Künstlern aus 12 Nationen, sortiert nach »Künstlern, die zur surrealistischen Bewegung gehören oder gehörten« und »Künstlern mit surrealistischen Tendenzen außerhalb der Bewegung«, befanden sich vier neue Gemälde von Toyen (u.a. Kat. 429, 434) sowie der Zeichnungszyklus *Schovej se, válko!* (*Verstecke dich, Krieg!*, 1944, Kat. 341, 342). Damit waren erstmals originale Werke von Toyen im Nachkriegsdeutschland öffentlich zu sehen, im Katalog wurde das Gemälde *Sie erheben sich bei Tagesanbruch* reproduziert.

Diese beeindruckende Reihe von Künstlern und Werken ins Saarland holen zu können war Jenés hervorragenden Kontakten zu verdanken. Die Surrealisten wollten mit der Schau noch einmal die internationale Reichweite ihrer Bewegung demonstrieren und zudem ein Zeichen der französisch-deutschen Verständigung setzen. In seiner Einführung *Trait d'union* (*Bindestrich*) zum begleitenden zweisprachigen Katalog betonte Breton: »Die Surrealisten haben es immer beklagt, dass in der ersten Hälfte dieses Jahrhunderts die kulturellen Beziehungen zwischen Deutschland und Frankreich, die allein imstande sind, das Verständnis zu verstärken und Sympathie zwischen den zwei Völkern zu schaffen, bis zu dem Augenblick, da sie endgültig zerstört schienen, im Dunkel gelassen worden waren.«[28] Zugleich erhielt Jené in der Organisation und Finanzierung der Schau im teilautonomen Saarland mit enger Bindung an Frankreich Unterstützung von der französischen diplomatischen Vertretung, da mit diesem Projekt auch politische Ziele verfolgt wurden.[29]

Doch blieb die Besucherresonanz weit unter den Erwartungen der Organisatoren wie der Teilnehmenden, von denen einige extra ins Saarland gereist waren wie Hans Bellmer, Benjamin Péret und Man Ray. Das erstaunliche Schweigen der Presse, die mangelnde Aufmerksamkeit auch vonseiten der Sammlerszene mögen zum einen an den regionalen und historischen Umständen gelegen haben: Die Betonung des europäischen Charakters der surrealistischen Bewegung fiel in eine Zeit, als die »Saarfrage« noch ungelöst und Gegenstand heftiger Debatten zwischen Frankreich und Deutschland war. Zum anderen waren sie Zeichen des ebenfalls historisch bedingten, trotz solcher Einzelerscheinungen wie den Galerien Rosen und Springer grundsätzlich mangelnden Interesses am Surrealismus im Nachkriegsdeutschland.[30]

So scheint auch Toyens, in einer Auflage von 100 gedruckte Farblithografie von 1947, die innerhalb der Edition Brunidor erschien und über die Galerie Brunidor mit deutschem Begleitheft vertrieben wurde, hier auf keine große Nachfrage gestoßen zu sein. Herausgegeben hatte sie der aus einer hanseatischen, 1929 aus Hamburg emigrierten Bankierfamilie stammende Verleger Robert Altmann 1952 in New York.[31]

Der Austausch der Künstler

Vor diesem Hintergrund ist es wenig verwunderlich, dass es ein Künstler war, in dessen Sammlung vermutlich erstmals in Deutschland originale Werke Toyens Einzug hielten. Konrad Klapheck, der in Paris im Kreis um Breton mit Toyen Bekanntschaft geschlossen hatte, schrieb ihr im Sommer 1962 eine Postkarte, um sich für die Zusendung eines Ausstellungskatalogs zu bedanken – vermutlich handelte es sich um den Katalog zu ihrer im Juni bei Raymond Cordier präsentierten Ausstellung, da er ankündigt, Ende Juni nach Paris zu kommen, um ihre Gemälde dort noch sehen zu können. Schließlich bekennt er, dass er häufig die wunderbaren Zeichnungen des Zyklus *Verstecke dich, Krieg!* betrachte, die er kürzlich in Paris erworben habe (vermutlich Kat. 341b). Seine Wahl der Postkarte für seine Grußbotschaft an Toyen, welche die Künstlerin bis zu ihrem Tod aufhob, ist sprechend: Mit Caspar David Friedrichs *Gebirgslandschaft mit Regenbogen* (1809) aus der Sammlung des Museum Folkwang Essen[32] knüpfte er an das große Interesse der Surrealisten wie Toyens an der deutschen Romantik an.

Auch einem anderen deutschen Künstler blieb Toyen – und die enge Verbindung der Surrealisten zur Romantik – nachhaltig im Gedächtnis. So schildert Karl Otto Götz, der Ende der 1950er

Jahre über Edouard Jaguer in Kontakt zur Surrealisten-Gruppe kam: »Im Café traf ich auch die von mir so hoch geschätzte surrealistische Malerin Toyen wieder. Ich erzählte ihr, dass mein Freund Erich Mueller-Kraus [ein deutscher Graphiker] 1938 das Buch über ihre Malerei und die von Jindrich Styrsky aus Prag mitgebracht hatte, ein Buch, das mich stark beeindruckte. [...] Beim nächsten Treffen brachte Toyen eine Kollektion ihrer schönsten Kataloge mit und schenkte sie mir. [...] Als Toyen mir die Kataloge überreichte, errötete sie wie ein junges Mädchen. [...]. Ich unterhielt mich mit Breton über die Dichtung der deutschen Romantik. Dabei betonte ich, daß man uns in der Schule einen falschen Begriff von der Romantik beigebracht habe. [...] Das Bizarre, Unheimliche und Absonderliche der Frühromantik wurde bewußt ausgeklammert [...]. Bei diesem Punkt angelangt, taute Breton auf und meinte, daß die Franzosen denselben Fehler machten. [...] Als ich Breton fragte, warum es ihm nicht gelungen sei, den Surrealismus in Deutschland einzuführen, sagte er: ›Wir haben den richtigen Zeitpunkt verpaßt. Gerade die Deutschen mit ihrer Frühromantik in Dichtung und Malerei, oder viel später: die Kunst eines Böcklin, Paul Klee, Max Ernst, waren prädestiniert für den Surrealismus. Als aber Eluard und Aragon Anfang der 30er Jahre nach Deutschland fuhren, um die Lage zu sondieren, stellten sie fest, daß die politische Situation so ungünstig war wegen des heraufkommenden Nationalsozialismus, daß an eine Zellenbildung nicht zu denken war. Es war zu spät.‹ [...]«[33]

Eine Anfrage aus Hamburg

Ein Vorläufer der Romantik wurde mit Johann Heinrich Füssli an den Beginn der großen Ausstellung *Malerei des Surrealismus. Von den Anfängen bis heute* gesetzt, deretwegen Toyen im Januar 1969 wieder etwas aus Hamburg hörte, dieses Mal von dem Direktor des hiesigen Kunstvereins Hans Platte. Er organisierte mit seiner vom 12. April bis 26. Mai stattfindenden Gruppenausstellung die erste große, nicht von den Surrealisten selbst initiierte und konzipierte Schau in Deutschland, für die Toyen um Leihgaben angefragt wurde. Diese sollten »im Norden mit all [...] seinem Geheimnis« gezeigt werden neben 130 weiteren Exponaten von 60 Künstlern, »Vorläufern« wie Guiseppe Arcimboldi, John Martin und Gustave Moreau, »Anregern« wie Giorgio de Chirico oder Francis Picabia sowie weiteren Surrealisten von Hans Bellmer über Ernst, Dalí, Magritte, Miró bis Unica Zürn.[34]

Nachdem Platte am 22. Januar 1969 nach Paris geflogen war, um verschiedene Künstler und Sammler zu besuchen, empfing ihn Toyen, die er von Anfang an auf seiner Liste als Teilnehmerin führte, wahrscheinlich am 23. Januar in ihrem Atelier in der Rue Fontaine 22 und zeigte ihm Werke. Seine Notizen[35] legen nahe, dass er auf seiner Reise weitere Gemälde Toyens in Privatsammlungen sah, unter anderem bei Patrick Waldberg und Manou Pouderoux (Kat. 349, 437), und am Anfang überlegte, auch diese Werke in die Ausstellung zu integrieren. Schließlich konzentrierte er sich ganz auf die von der Künstlerin aus ihrem Besitz zur Verfügung gestellten Gemälde *Mýtus světla* (*Mythos des Lichts*, 1946) und *Minuit, l'heure blasonée* (*Mitternacht, die gewappnete Stunde*, 1961, Kat. 412, 455b). In Plattes vermutlich in Paris entstandener handschriftlicher Werkliste hatte er noch das Gemälde *L'Homme et Femme* (1934) von Štyrský als Leihgabe Toyens aufgeführt, einem Künstler, der vor seiner Abreise noch nicht auf seiner Wunschliste stand. Wahrscheinlich hatte Toyen ihn während seines Atelierbesuchs auf das Werk ihres früheren Künstlerpartners aufmerksam gemacht. Doch Platte beschränkte sich schließlich auf die zwei großen Gemälde Toyens: Bereits am 29. Januar schrieb er ihr einen Dankesbrief, fügte die Leihscheine bei und fragte Schwarz-Weiß-Fotos der Werke für den Katalog an. Toyen sandte ihm diese und die Leihscheine – unter anderem mit dem Eintrag von jeweils 40.000 Francs[36] Versicherungssumme für die beiden Bilder – am 11. Februar zurück. Zudem bat sie Platte kurzfristig am 4. März 1969, wahrscheinlich auf Wunsch der Galerie André François Petit, mit der sie seit 1966 zusammenarbeitete und welche für die Schau Leihgaben anderer Künstler zur Verfügung stellte, noch zu vermerken, dass sie zu den in dieser Galerie ausgestellten Künstlern zählt.[37] Da der begleitende Katalog schon im Druck war, bildete der Kunstverein beide Gemälde Toyens allein mit dem zuvor von ihr vorgegebenen Vermerk »aus dem Besitz der Künstlerin« ab.

Der Katalog enthält neben den alphabetisch nach Künstlern sortierten Exponaten ein Vorwort, das Verzeichnis der Leihgeber und eine vierseitige Einführung Plattes zum Surrealismus. Für weitere Ausführungen verwies er auf die 1965 publizierte deutsche Fassung des Buches *Der Surrealismus* von Patrick Waldberg;[38] in diesem fand sich bereits ein eigener Absatz zu Toyen. Der Hamburger Katalog wurde in einer damals sehr hohen Erstauflage von 3.000 Stück gedruckt, bereits am 7. Mai folgte eine 1.500 Exemplare umfassende zweite Auflage.[39] Der große Erfolg der Schau in Deutschland und darüber hinaus zeigte sich auch in den umfangreichen Reaktionen der überregionalen Presse. Toyens Werke wurden allerdings nur sporadisch erwähnt. So beschreibt der *Weser-Kurier Bremen* unter dem Titel *Die dunklen Götter unserer Ängste* den »vertrackt spaßigen Spuk in ›Mythos des Lichts‹ von Marie Cernisova [sic!] (Toyen)«.[40] Welche Bedeutung die Schau für Deutschland hatte, wird deutlich in der Einschätzung von *La Tribune d'Allemagne*, es sei »actuellement l'une des plus intéressantes que l'on puisse voir en Allemagne [eine der interessantesten, die man in Deutschland sehen kann]«.[41] Wie das Blatt wohl in einem Gespräch mit Platte erfuhr, war anfangs daran gedacht, auch Werke Caspar David Friedrichs und Arnold Böcklins zu zeigen. Dies war jedoch – obwohl kapitale Werke beider bereits Teile der Sammlung der unmittelbar angrenzenden Hamburger Kunsthalle waren – wohl aus konservatorischen oder versicherungstechnischen Gründen nicht möglich. Auch wenn der Autor das Fehlen weiterer Werke monierte, stellte er fest: »Mais, même incomplete, l'exposition n'en est pas moins imposant [Gleichwohl unvollständig, ist die Ausstellung nicht weniger imposant]«. Der *Tages-Anzeiger Zürich* schließlich war so beeindruckt von der Schau im Norden Deutschlands, dass er bedauerte, dass diese »Auswahl leider nicht in eine andere Stadt übernommen werden kann [...]«, und er betonte: »Es ist eine Ausstellung, von der man sagen kann: Für den Kunstfreund lohnt sich eine Reise.«[42]

Toyen konnte der Einladung zur Eröffnung, für die sie dem Direktor des Kunstvereins am 29. April dankte,[43] nicht folgen, bat aber um die Zusendung des Katalogs. Am 30. Mai 1969 wurden ihre Gemälde, unverkauft, von Hamburg zurück nach Paris transportiert. Das Werk *Mythos des Lichts* verblieb nur kurze Zeit in ihrem Atelier, vom 6. März bis 12. April 1970 wurde es mit weiteren ihrer Gemälde in der von den Künstlern und Kunsthistorikern Ragnar van Holten und José Pierre sowie Jean-Claude Silbermann und Hervé Télémaque kuratierten Austellung *Surrealism?* in Stockholm (Abb. 495) gezeigt und bald darauf vom Moderna Museet für seine Sammlung erworben.

Bekenntnisse zur Romantik

1971 war Toyen wieder auf einer Gruppenschau in Deutschland vertreten, ihre Werke *Seify* (*Safes*, 1946, Kat. 354), *Sillage dans un miroir* (*Kielspur im Spiegel*, 1959) und *Weit im Norden* (1965) wurden in der Kölner Baukunst-Ausstellung *Der Geist des Surrealismus* vom 4. Oktober bis 20. November 1971 präsentiert, das letztgenannte Gemälde zudem im zweisprachigen Katalog abgebildet. In dessen Einleitung hob José Pierre einen »der Beweggründe für die Vereinigung der in der Galerie Baukunst ausgestellten Werke« hervor: »Der Surrealismus hat nie aufgehört, sich zu dieser geistigen Dankespflicht gegenüber der Romantik im allgemeinen, der deutschen

Romantik im besonderen, zu bekennen und dafür durchs Feuer zu gehen. Deshalb ist er heute auch am besten dafür gerüstet, das ›romantische‹ Tun des Künstlers zu verteidigen, und zwar gegen den Zweifronten-Angriff des angelsächsischen Neopositivismus und des dogmatischen Neomarxismus [...].«[44]

Van Holten berichtete Toyen am 30. Dezember 1971 über die Kölner Schau, auf der er selbst mit der Collage *Hommage à Toyen et à Heisler* (1970) vertreten war, dass sie »sehr schön war, aber für meinen Geschmack zu groß«.[45] Dies schrieb er ihr auf einer von Dänemark aus abgesendeten Postkarte – mit einem Motiv aus der Hamburger Kunsthalle: dem Gemälde *Der Morgen* (1808) des Romantikers Philipp Otto Runge, einem Hauptwerk der bereits damals deutschlandweit berühmten und gerade erst um Caspar David Friedrichs *Wanderer über dem Nebelmeer* bereicherten Romantikabteilung der Hamburger Sammlung.

Im weiteren Verlauf der 1970er Jahre wurde Toyen kaum in deutschen Publikationen zum Surrealismus erwähnt, allerdings widmete Wieland Schmied ihren »Meisterwerken«, die immer wieder überraschen würden, 1973 in seiner Publikation *Zweihundert Jahre phantastische Malerei*[46] einen eigenen Absatz. Toyen war nun auf weiteren Gruppenausstellungen vertreten, so 1972 auf der von Patrick Waldberg und Ingrid Krause kuratierten Schau *Der Surrealismus 1922–1942* im Haus der Kunst in München mit drei Werken (Abb. 330, Kat. 349).[47]

In einer am 12. Februar 1976 gestellten Anfrage der Städtischen Kunsthalle in Recklinghausen[48] anlässlich der 30. Ruhrfestspiele wurde Toyen um ihr Einverständnis gebeten, ihr Werk *À une certaine heure* (*Zu einer bestimmten Stunde,* 1963, Kat. 474) in eine thematische Schau zu integrieren, welche von der Romantik ausging: *Einblicke – Ausblicke. Fensterbilder von der Romantik bis heute*. Offensichtlich überzeugt vom Konzept, scheint sie die Leihgabe des im Besitz von Guy Flandre befindlichen Werkes vermittelt zu haben; es wurde auch im Katalog abgebildet und von dem Kunsthistoriker Josef Adolf Schmoll gen. Eisenwerth interpretiert.

Ein Jahr später erschien anlässlich der im Berliner Schloss Charlottenburg vom 9. März bis 10. April 1977 stattfindenden Ausstellung *Künstlerinnen international: 1877–1977* in der Begleitpublikation ein Beitrag zu Toyen von Rita Bischof, welche 1987 auch die erste deutschsprachige Monographie zu ihr veröffentlicht.[49]

Der erste Ankauf

Am 5. Dezember 1977 schließlich wurde mit *Na pokraji* (*Am Waldrand*, 1945, Kat. 352) das erste Gemälde Toyens von einem deutschen Museum erworben. Diese Erweiterung der Sammlung des Museums Bochum durch dessen seit 1972 amtierenden Direktor Peter Spielmann, gebürtiger Tscheche und bis 1968 Assistent an der Nationalgalerie Prag, stand im Kontext zahlreicher anderer Erwerbungen von Werken tschechoslowakischer Künstler. Der Ankauf erfolgte nicht direkt bei der Künstlerin, sondern bei der Pariser Galerie de Seine und wahrscheinlich im Zuge der Vorbereitung der Gruppenausstellung *Imagination: Internationale Ausstellung Bildnerischer Poesie*.[50] Diese Schau in Bochum, die Werke von 71 noch lebenden imaginativen oder surrealistischen Künstlerinnen und Künstlern zusammentrug, wurde von dem tschechischen Künstler Milan Nápravnik und dem deutschen Publizisten Heribert Becker kuratiert, in Paris waren Edouard Jaguer und Petr Král wichtige Kooperationspartner. Der Katalog enthält den ins Deutsche übersetzten, von Toyen mitunterzeichneten Text *Der 17. März* von 1973 (vgl. Abb. 512).[51]

Das Museum Bochum war daher der richtige Partner, als 1990 Werke Toyens – nun zehn Jahre nach ihrem Tod, zu dem in Deutschland mit einmonatiger Verspätung in der *Frankfurter Allgemeinen Zeitung*[52] nur ein kurzer Nachruf erschien – ein weiteres Mal in Hamburg im Rahmen einer Gruppenausstellung präsentiert werden sollten: In der von dem deutsch-tschechischen Schriftsteller Zdenek Primus kuratierten Schau *Tschechische Avantgarde 1922–1940. Reflexe europäischer Kunst und Fotografie in der Buchgestaltung*[53] waren im Sommer im Kunstverein Hamburg und im Anschluss im Museum Bochum einzelne frühe buchgestalterische Arbeiten Toyens neben solchen von Štyrský und anderen zu sehen. Auf Toyen geht der Katalog nur mit wenigen kurzen Hinweisen ein, beispielsweise, dass ihre buchgestalterischen Werke mitunter »ironisch« seien.[54]

Vor diesem Hintergrund scheint es an der Zeit zu sein, das Werk und die von Toyen künstlerisch gestellten Fragen in einer ersten Einzelausstellung einem breiten Publikum nahezubringen.[55] Dies zumal im »Norden mit all seiner Schönheit und seinem Geheimnis« eines Landes, bei dem es Toyen, wenn sie mit ihren Freunden darüber sprach, weiterhin und bis in die späten Jahre ihres Lebens – trotz allem, was geschehen war – vor allem um seine Hervorbringung der deutschen Romantik ging.[56] Und dabei betonte sie angesichts der technologischen Entwicklung der Gesellschaft mehrfach, wie Radovan Ivšić sich erinnerte, »die Notwendigkeit der Rückkehr zu einer Romantik. Doch nicht zu einer ätherischen Art der Romantik, sondern zu einem, wie sie es humorvoll ausdrückte, ›romantisme avec des fesses [Romantik mit Pobacken]‹, um daran zu erinnern, dass der Körper und die Bedeutung seiner erotischen Dimensionen in der poetisch-künstlerischen Suche nie vergessen werden darf«.[57]

Ich danke herzlich Diethelm Kaiser für das wie immer so hilfreiche Lektorat sowie Monika Wildner, Ifee Tack, Estelle Scali und Francine Lammers für die Unterstützung bei der Literatursuche und den Transkriptionen.

1 »Ma chère Toyen, si tu savais seulement comme je te regrette dans tout ce que je vois de beau, et j'en ai vu! Mes vacances sont magnifiques entourée d'affection et invité dans le sens le plus large de l'hospitalité –. Les petits bateau [sic] de pêche sortent la nuit comme des papillons de nuit –. J'aime les ports Toyen, cette vie de va-et-viens, si seulement toi tu pouvais m'accompagner dans mes explorations. J'irai peut être sur des iles près du Danemark, c'est déjà très le nord avec tout ce qu'il a de beau et de mystérieux.« Der Brief schließt mit den Sätzen: »Dans le jardin de mon hotel il y a des corbeaux qui grincent comme de ›vieilles‹ portes. T'embrasse avec l'affection de toujours Ton Elisa« (»Im Garten meines Hotels gibt es Krähen, die krächzen wie alte Türen. Ich umarme Dich mit der Zuneigung wie immer, Deine Elisa«). (Übersetzung: die Autorin mit Dank an Bernadette Ott).

2 Hans Richter (Hg.), *G. Material zur elementaren Gestaltung*, 1923, Nr. 1, Juli, Titelblatt, in: Hans Richter (Hg.), *G. Material zur elementaren Gestaltung* 1923–1926, Reprint, hg. von Marion von Hofacker, München 1986, im Umschlag.

3 Hans Richter (Hg.), *G. Material zur elementaren Gestaltung*, 1924, Nr. 3, Juni, in: ebd., S. 38.

4 Die Avantgarde-Zeitschrift *Disk* wurde von Jaromír Krejcar, Jaroslav Seifert und Karel Teige in lediglich zwei Ausgaben, 1923 und 1925, in Prag herausgegeben.

5 »[...] je vous ai perdu complètement de contact. De temps à temps [sic] je regarde vos livres, vos albums avec une sorte de nostalgie ...«, Hans Richter, »Southbury, Conn. U.S.A.«, an Toyen, 17.9.1962, Privatsammlung, Paris.

6 Zu Toyens Teilnahme an der Schau s. den Beitrag von Anna Pravdová, S. 63ff., zu möglichen späteren Einflüssen der Werke von Klee und Ernst s. die Beiträge von Karel Srp sowie der Autorin im vorliegenden Katalog, S. 83ff., S. 139ff.

7 Die Schau ist auf Initiative des Vereins deutscher Buchkünstler zustande gekommen, Vorsitzender des Ausstellungspräsidiums war der böhmisch-deutsche Illustrator Hugo Steiner-Prag.

8 Zu diesen Büchern gehörte der erstmals 1924, dann 1929 mit elf Illustrationen und der Typographie von Toyen sowie einem Umschlag von Karel Teige in dritter Auflage in Prag erschienene lyrische Roman *Pekař Jan Marhoul* von Vladislav Vančura: 1937 erschien er, übersetzt von Julius Mader, mit dem Titel *Der Bäcker Marhoul* im Verlag Dr. Rolf Passer, Wien/Leipzig, mit fünf Illustrationen Toyens.

9 So die Selbstdarstellung der auf Tschechisch und Deutsch erscheinenden Ausgabe der Zeitschrift, Schriftleiter Karel Teige, Verlag Odeon (Jan Fromek), Prag.

10 Meyer schreibt an Teige am 5. September 1929: »es ist sehr schade, dass sie ihren plan ans bauhaus zu kommen

nicht verwirklicht haben, so muss ich versuchen, auf anderen wegen die brücke zur tschechoslowakei zu schlagen.«, Bauhaus-Archiv, Hans Meyer Archiv, zitiert nach der Dissertation von Meghan Forbes, *In the middle of it all: Prague, Brno, and the avant-garde networks on interwar europe*, University of Michigan 2016, https://deepblue.lib.umich.edu/bitstream/handle/2027.42/133350/mlforbes_1.pdf%3Fsequence=1&isAllowed=y [Aufruf: 22.7.2021], S. 176, Fußnote 361; zu der Korrespondenz Karel Teige - Hans Meyer insgesamt s. ebd., S. 174-186.

11 Meyer wollte sich damit seiner eigenen Aussage nach bei Teige für dessen vielfältige Unterstützung beim Bekanntmachen des Bauhauses bedanken. Ebd., S. 177-178, Fußnote 363.

12 Aus: Interview André Breton, Paul Eluard, publiziert am 14.4.1935 in: *Haló-noviny* (organe de l'unité ouvrière), auf Tschechisch und Französisch abgedruckt in: *Bulletin international du surréalisme*, Prag 1935, S. 8-9, hier S. 9.

13 André Breton, ›Sur l'art magique‹, in: *Le Surréalisme même*, Nr. 2, Paris 1957, S. 28-33; André Breton, Gérard Legrand, *L'Art magique*, réédition, Paris 1991, S. 21-25.

14 Mark Polizotti, *Revolution des Geistes. Das Leben André Bretons*, München/Wien 1996, S. 611.

15 *Ani labuť ani lůna. Sborník k stému vyroèi smrti K. H. Máchy* (*Weder Schwan noch Mond, Sammlung zum 100. Todestag von K. H. Mácha*), hg. von Vítězslav Nezval, Prag 1936, mit vier ganzseitigen Illustrationen von Toyen, sechs von Štyrský und einer von Hoffmeister, die Typographie stammt von Karel Teige ebenso wie der Aufsatz »Revoluční romantik K. H. Mácha«, S. 27.

16 Zum Vorwurf des Romantismus, den die Mitglieder von Devětsil bis Ende der 1920er Jahre gegen Breton erhoben, s. den Beitrag der Autorin S. 123ff.; zur weiteren Entwicklung der Sicht auf die Romantik vgl. unter anderem Karel Teige, Nová etapa surrealismu (Eine neue Etappe des Surrealismus), in: *Rozpravy Aventina*, Nr. 6, Prag 1931, S. 39-40.

17 S. hierzu ein Beispiel im Beitrag der Autorin, S. 152, 153.

18 Ihre Gründer waren der Buchhändler Gerd Rosen, Max Leon Flemming und Heinz Trökes, die Galerie bestand bis 1962. S. auch Markus Krause, *Die Galerie Gerd Rosen. Die Avantgarde in Berlin 1945-1950*, Berlin 1995; zu Springer vgl. Eckhard Gillen, Dieter Schmidt (Hg.), *Zone 5. Kunst in der Viersektorenstadt 1945 bis 1951*, Ausst.-Kat. Berlinische Galerie. Museumspädagogischer Dienst, Berlin, Berlin 1989, S. 160-168 sowie S. 206-207, hier S. 207.

19 »L'exposition de Berlin reprend forme. M. Rudolf Springer, directeur de la Galerie Rosen, qui était venu me voir à ce sujet mais qui est arrivé après mon départ, m'écrit de Paris que tout est en bonne voie. [...] je lui ai demandé de se mettre en rapports avec vous, lui disant qu'en mon absence c'est à vous que je déléguais le soin d'organiser à ma place l'exposition.« Breton an Jindřich Heisler, Antibes, 3. Februar 1948, Privatsammlung, Paris, Teilübersetzung der Autorin.

20 Am 13. Februar schrieb Breton: »Dites-moi, mon cher Ami, ce que vous avez pu décider avec Springer, puisqu'il m'écrit qu'il ne vient plus à Antibes.« Am 26. März 1948 teilte er Heisler und Toyen mit: »Très chers Amis [...] D'accord pour l'exposition de Berlin«. Alle Briefe: Privatsammlung, Paris.

21 Vgl. Gillen, Schmidt 1989 (wie in Anm. 18), S. 160-168.

22 *Surrealistische Publikationen*, Heft 1, Klagenfurt 1950.

23 Die Ankündigung stand auf dem Buchumschlag sowie auf der vorderen Umschlaginnenseite der *Surrealistischen Publikationen*, Heft 1.

24 Mit Max Hölzers *Ode an André Breton*, Ausschnitten aus Bretons Surrealismus-Manifesten von 1924 und 1930 sowie den Texten *Situation du Surréalisme entre les deux Guerres* (1948) und *Prolégomènes à un troisiéme Manifeste du Surréalisme ou non* (1942) war Breton rund ein Drittel des ersten Heftes eingeräumt.

25 Diese heute im Handel kursierende Ausgabe ist gestempelt mit »[D], annulation d'estampille pour annulation de la vente« von der Bibliothèque Doucet.

26 Siehe Abdruck im vorliegenden Katalog, S. 218, 219.

27 »[...] Comme j'ai décidé de les faire en procédé offset, je ne peux [sic] malheureusement pas réproduire [sic] dans ce numéro vos clichés, [...]. J'aimerais pour ce numéro reproduire un dessin du ›Spectres du Désert‹. [...] Vous m'obligeriez beaucoup en voulant bien transmettre ma demande de collaboration à ce no 2 à Max Ernst, Dorothea Tanning, Simon Hantai sous la forme que vous connaissiez, c.à.d. dessin, litho, reproduction ou photo. D'autre part, je voudrais organiser à Francfort dans une galérie amie une exposition de dessins, lithos, etc. des surréalistes du groupe conjointement avec des conférences sur André Breton, la poésie surréaliste etc. Ce serait pour le mois de juin. [...]«, Max Hölzer an Toyen, 21.4.1954, Privatsammlung, Paris, Teilübersetzung der Autorin.

28 Mission Diplomatique Française, Edgar Jené (Hg.), *Peinture surréaliste en Europe - Surrealistische Malerei in Europa*, Ausst.-Kat. Saarlandmuseum Saarbrücken, Paris 1952, S. 9.

29 Vgl. Martin Schieder, À la conquête de la Sarre. L'exposition »Peinture surréaliste en Europe«, 1952 à Sarrebruck, in: Julia Drost, Fabrice Flahutez, Martin Schieder (Hg.), *Le Surréalisme et l'argent*, Passage online, Bd. 4, Paris/Heidelberg 2021, S. 338-356.

30 Zur Rezeptionsgeschichte des Surrealismus in Deutschland s. Karina Schuller, Isabel Fischer, *Der Surrealismus in Deutschland. Interdisziplinäre Studien*, Münster 2017; vgl. auch Annabelle Görgen-Lammers, »Denken, Prüfen, sich entscheiden«. Leben mit Kunst - Die Sammlung von Ulla und Heiner Pietzsch im Kontext der Surrealismus-Rezeption in Deutschland, in: *Surreale Begegnungen aus den Sammlungen Roland Penrose, Edward James, Gabrielle Keiller, Ulla und Heiner Pietzsch*, Ausst.-Kat. Hamburger Kunsthalle, hg. von Annabelle Görgen, Hubertus Gaßner, München 2016, S. 253-268, hier S. 255-259.

31 Laut Begleitheft der Galerie Brunidor: »Original-Lithographie in 4 Farben, 1948, Auflage 100 nummerierte und signierte Exemplare, DM 250,-, Exklusiv Brunidor«. Sie war Teil der zweiten von insgesamt sieben erschienenen Künstlerportfolios zu Graphiken bedeutender Surrealisten.

32 »chère Toyen, quelle gentillesse de m'envoyer le beau catalogue de votre exposition. J'éspère [sic] pouvoir aller à Paris vers la fin de juin et voir vos tableaux chez R. Cordier. Je regarde très souvent les merveilleux dessins de ›Cache-toi guerre!‹ (acquis recemment [sic] à Paris) Croyez, chère Toyen, à l'expression de mes sentiments amicaux, votre Konrad Klapheck«, Postkarte: Caspar David Friedrich, *Gebirgslandschaft mit Regenbogen*, 1809, Museum Folkwang, Essen, Klapheck an Toyen, gestempelt in Düsseldorf [wahrscheinlich September] 1962, Privatsammlung, Paris, Teilübersetzung der Autorin.

33 Karl Otto Götz, *Erinnerungen und Werk*, Bde. 1a und 1b, Düsseldorf 1983, hier Bd. 1b, S. 940, 944.

34 *Malerei des Surrealismus*, Ausst.-Kat. Kunstverein in Hamburg, 12. April - 26. Mai 1969, Hamburg 1969.

35 Ich danke Bettina Steinbrügge und Nicholas Tammens vom Kunstverein in Hamburg für die Möglichkeit zur Einsicht und Reproduktion von Archivalien aus dem Archiv, Surrealismus II_A_Z_1969 »T«.

36 Dies entsprach etwa 1.200 DM und beläuft sich damit z.B. auf etwa ein Viertel der Versicherungssumme von Yves Tanguys annähernd gleich großem Gemälde *Plus nous sommes* (1929) und auf etwa das Doppelte der Versicherungssumme für *La decènte de la rue* (1968) von Dorothea Tanning, das ebenfalls ein ähnliches Format hatte.

37 »4./3.1969. Cher Monsieur, En complément au questionnaire que je vous ai envoyé dernièrement je vous prie de bien vouloir noter que je fais partie des peintres exposés à la galerie André-François Petit; Salutations distinguées. Toyen«, Archiv Kunstverein in Hamburg. Laut den Memoiren von Otakar Štorch-Marien begann Toyen 1966, mit der Galerie André François Petit zu arbeiten.

38 Patrick Waldberg, *Der Surrealismus*, Köln 1965. Zur ebenfalls von Toyen unterzeichneten Kritik der Surrealisten *Face aux liquidateurs* (*Gegen Liquidatoren*) in *Combat Art* an Waldbergs Schau in der Galerie Charpentier s. auch Anne Foucault, Patrick Waldberg, créateur d'un »surréalisme de salon«?, in: Drost, Flahutez, Schieder 2021 (wie in Anm. 29), S. 317-336.

39 Die Hans Christians Druckerei bestätigte Hans Platte am 7. Mai den Auftrag über den Nachdruck von 1.500 Katalogen; laut Korrespondenz mit der Druckerei Frank wurden am 9. April 1.400 Ausstellungsplakate geliefert, am 9. Mai weitere 1.000; Archiv Kunstverein in Hamburg.

40 Karl Bachler in: *Bergedorfer und Weser-Kurier Bremen*, 14.4.1969; weitere Erwähnungen der Künstlerin u. a. von Heinz Klunker in: *Deutsches Allgemeines Sonntagsblatt*, 27.4.1969; N.N. in: *Die Zeit*, Hamburg, 18.4.1969, in diesem Artikel heißt es, dass Mitläufer breit vorgeführt werden, »sie demonstrieren damit zugleich den Rang von Max Ernst, Dalí, Tanguy, Magritte, Brauner, Toyen«.

41 Rudolf Hänsel, *Kieler Nachrichten*, 14.4.1969, abgedruckt in: *La Tribune d'Allemagne*, 6.5.1969, S. 278, S. 6.

42 NP in: *Tages-Anzeiger*, Zürich, »›Malerei des Surrealismus von den Anfängen bis heute‹ in Hamburg«, 13.5.1969.

43 »29./4.1969. Cher Monsieur, J'ai bien reçu l'invitation pour l'exposition surréaliste. Je vous en remercie et je vous prierais de m'envoyer le catalogue. Recevez, Monsieur, mes salutations distinguées. Toyen«, Archiv Kunstverein in Hamburg.

44 José Pierre, Der Geist des Surrealismus, in: *Der Geist des Surrealismus*, Ausst.-Kat. Baukunst Köln, 4. Oktober - 20. November 1971, Köln 1971, S. 5-16, hier S. 8.

45 »L'exposition à Cologne a été très belle, mais trop grande, à mon avis.« Postkarte Ragnar von Holten an Toyen, datiert auf den 30.12.1971, gestempelt am 31.12.1971, 20 Uhr in Lyngsa, Dänemark, Ansicht auf der Vorderseite: Philipp Otto Runge, *Der Morgen* [handschriftlich dazu: »Le Matin. Bonne année!«], Hamburger Kunsthalle; Centre Pompidou/MNAM-CCI/Bibliothèque Kandinsky, Fonds Toyen 5858.1.

46 Wieland Schmied, *Zweihundert Jahre phantastische Malerei*, Berlin 1973, S. 345-346.

47 *Der Surrealismus 1922-1942*, Ausst.-Kat. Haus der Kunst, München, 11. März - 7. Mai 1972; Musée des Arts décoratifs, Paris, 9. Juni - 6. August 1972, München 1972. Ausgestellt und in Schwarz-Weiß im Katalog abgedruckt wurden Toyens »*Orangene Komposition*, 1927, Sammlung M. Fleiss, Paris; *Die gefährliche Stunde*, 1942, Privatsammlung; *Im Schloss La Coste*, 1946, Sammmlung Manou Pouderoux, Paris«, sowie, ohne Abbildung, eine Zeichnung, die 1948 für *Néon* entstanden war.

48 Verfasst von Prof. Th. Grochowiak, Hauptkonservator der Recklinghausener Stadtmuseen, und Dr. Anneliese Schröder, Konservatorin. Die Ausstellung fand statt vom 14. Mai bis 11. Juli 1976. Centre Pompidou/MNAM-CCI/Bibliothèque Kandinsky, Fonds Toyen 5855.43.

49 Rita Bischof, Marie Toyen, in: *Künstlerinnen international, 1877-1977*, zusammengestellt und hg. aus Anlass der Ausstellung im Schloss Charlottenburg von der Arbeitsgruppe Frauen in der Kunst [der] Neuen Gesellschaft für Bildende Kunst, Berlin 1977, S. 62-71; Rita Bischof, *Toyen. Das malerische Werk*, Frankfurt a. M. 1987, S. 39. Siehe auch *Souveränität und Subversion - Georges Batailles Theorie der Moderne*, hg. von Rita Bischof, München 1984.

50 Museum Bochum, 26. August - 8. Oktober 1978. Ich danke Sepp Hiekisch-Picard vom Museum Bochum herzlich für die Angaben zu Zeitpunkt und Art der Erwerbung sowie für die Auskunft, dass es zu diesem Ankauf keine weitere Korrespondenz mit der Künstlerin in den Archiven des Museums gibt.

51 Der Katalog umfasst zudem Werke und Texte weiterer ehemaliger Mitglieder der Pariser Surrealisten-Gruppe, der Bewegung Phases und der Situationistischen Internationale.

52 Toman/Brousek, Nachruf auf die Malerin Toyen. Surrealistin zwischen Prag und Paris, in: Frankfurter Allgemeine Zeitung, 12.12.1980.

53 *Tschechische Avantgarde 1922-1940. Reflexe europäischer Kunst und Fotografie in der Buchgestaltung*, Ausst.-Kat. Kunstverein in Hamburg, 1. Juni - 15. Juli 1990; Museum Bochum, 15.12.1990 - 27.1.1991, hg. von Zdenek Primus, Hamburg 1990.

54 Ebd., S. 121.

55 Werke von Toyen waren später zudem Teil der Gruppenausstellungen *Gegen jede Vernunft: Surrealismus Paris - Prag*, Wilhelm-Hack-Museum, Kunstverein Ludwigshafen, 14.11.2009-14.2.2010, sowie *Fantastische Frauen. Surreale Welten von Meret Oppenheim bis Frida Kahlo*, Schirn Frankfurt, 13.2.-24.5.2020.

56 Ich danke Annie Le Brun für das Gespräch am 29. Juli 2021.

57 Radovan Ivšić, Book against the wind and waves, in: Karel Srp, *Toyen*, Prag 2000, S. 344-347, hier S. 346.

I

1919–1929

Koralleninseln

1902

21. SEPTEMBER Marie Čermínová kommt als zweite Tochter von Václav Čermín und Marie Čermínová, geb. Jedličková, im Prager Stadtteil Smíchov zur Welt. Ihre Schwester Zdena ist sechs Jahre älter.

1918

Sie verlässt das Elternhaus und wohnt künftig in verschiedenen Prager Stadtteilen zur Miete.

Am 28. Oktober wird die erste tschechoslowakische Republik, der Vielvölkerstaat ČSR, gegründet, welcher die Gleichheit seiner Bürger unabhängig von Herkunft, Geschlecht und Profession proklamiert. Das bereits bestehende Nationalbewusstsein der einzelnen Volksgruppen lässt sich jedoch nur schwer mit der Idee eines einheitlichen tschechoslowakischen Staates vereinbaren.

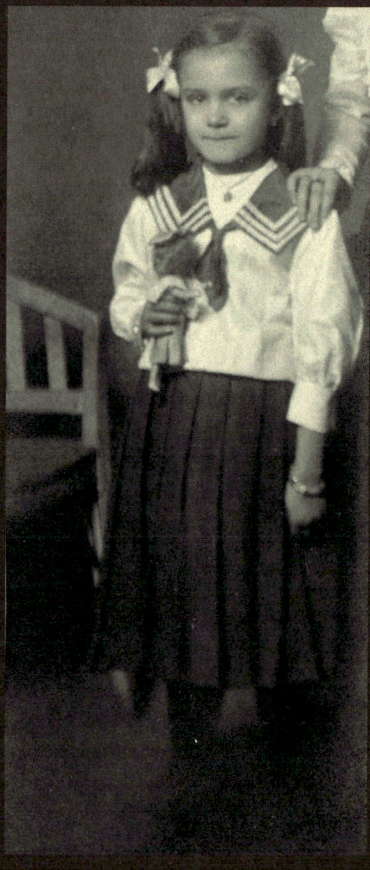

6 Das früheste bekannte Foto von Toyen. Den Teil mit der neben ihr stehenden Mutter hat die Künstlerin vermutlich abgeschnitten, es ist nur noch deren Hand zu erkennen.

1919–1922

Marie Čermínová studiert an der Prager Kunstgewerbeschule (Uměleckoprůmyslová škola, UMPRŮM) im Atelier von Emanuel Dítě und wohnt zunächst in der Prager Altstadt (in der Řetězová ulice, der Řetězová Straße), dann in Bubeneč (Malířská ulice) und in Vinohrady (Palackého). Zwischen 1922 und 1940 ist sie unter der Adresse ihrer Schwester Zdena Svobodová in Smíchov in der Nádražní ulice gemeldet.

1920 wird das Frauenwahlrecht eingeführt. Die ČSR, in der auch der Diskurs über Sexualität für die neue, moderne Identität grundlegend ist, gilt im Ausland zunehmend als »Paradies für moderne Frauen«.

Im selben Jahr wird der Künstlerbund *Umělecký svaz Devětsil* (*Künstlerverbund Pestwurz*) im Prager Café Union gegründet, erster Vorsitzender ist der Schriftsteller Vladislav Vančura (1891–1942), Sekretär wird der Maler und Karikaturist Adolf Hoffmeister (1902–1973); der theoretische Kopf der Vereinigung ist Karel Teige (1900–1951). Devětsil profiliert sich als bedeutendste tschechoslowakische Künstlergruppe der 1920er Jahre mit zeitweise rund 100 Mitgliedern.

Čermínová bewegt sich in den späten 1910er und frühen 1920er Jahren in anarchistischen und kommunistischen Kreisen in Prag. Laut Teige gehört sie zur ersten, 1921 gegründeten kommunistischen Zelle in der Tschechoslowakei.

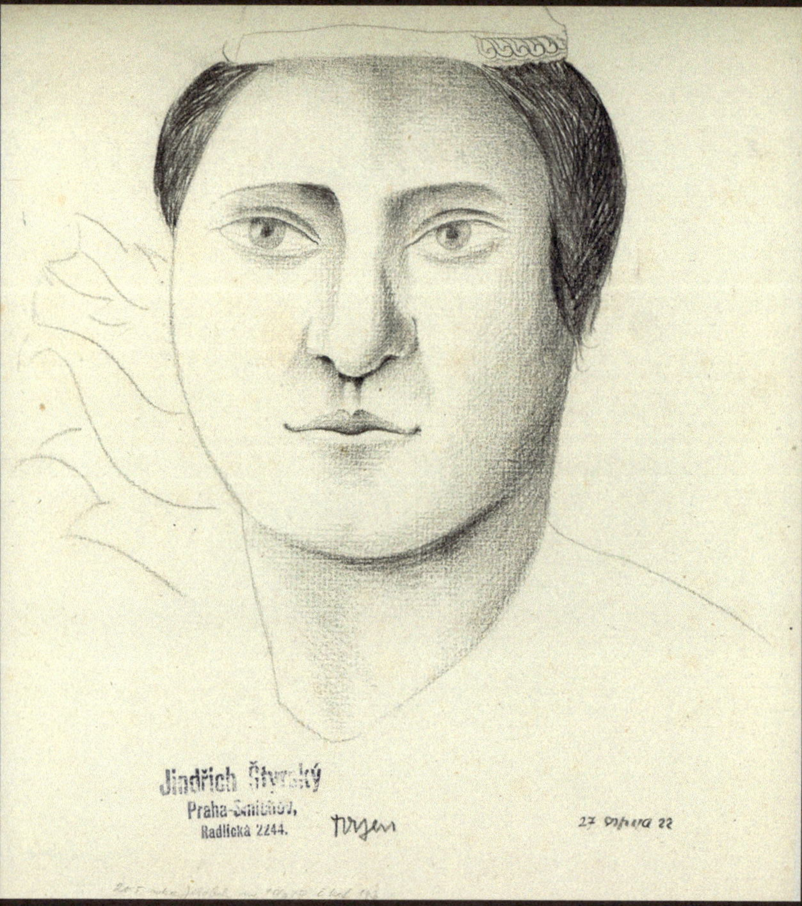

Kat. 7 Toyen, ***Studie ženské hlavy / Studie eines Frauenkopfes***, 1922
Bleistift auf Papier, 350 x 286 mm | Nationalgalerie Prag

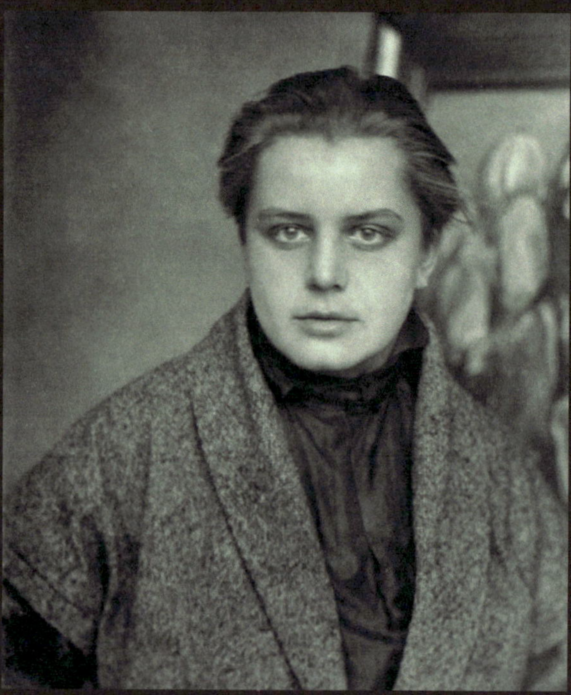

8 Prag, 1921

1921 lässt sich der Künstler Josef Šíma dauerhaft in Paris nieder, er stellt vielfältige Kontakte zwischen tschechischen und französischen Künstlern her.

1922

Im Sommer reist Čermínová nach Dalmatien, auf der Insel Korčula (heute Kroatien, ehemals Jugoslawien) lernt sie die tschechischen Maler Jindřich Štyrský (1899–1942) und Jiří Jelínek (genannt »Remo«, 1901–1941) kennen. Mit Štyrský wird sie bis zu dessen Tod eine lange Freundschaft und eine fruchtbare künstlerische Zusammenarbeit verbinden.

Teige lernt bei seinem Aufenthalt im Sommer in Paris Le Corbusier, Amédée Ozenfant, Man Ray, Tristan Tzara und andere Repräsentanten der künstlerischen Avantgarde kennen.

SEPTEMBER – OKTOBER Aus behördlichen Akten geht hervor, dass Toyen eine einmonatige Reise nach Ägypten (Alexandria) plant.

22. SEPTEMBER Sie reist (mit Visa des österreichischen, italienischen und jugoslawischen Konsulats) in Begleitung von Štyrský und dem Maler Miroslav Eliáš nach Triest.

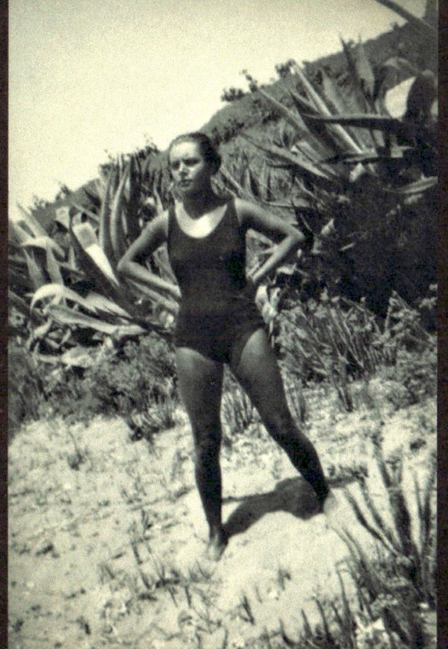

10 Auf der kroatischen Insel Korčula, Juli 1922

Im Dezember erscheint der 2. Jahrgang der von dem Architekten Jaromír Krejcar und Teige herausgegebenen Zeitschrift *Život, Sborník nové krásy* (*Leben, Sammelbuch der neuen Schönheit*), darin wird die neue internationale Orientierung des Devětsil vorgestellt.

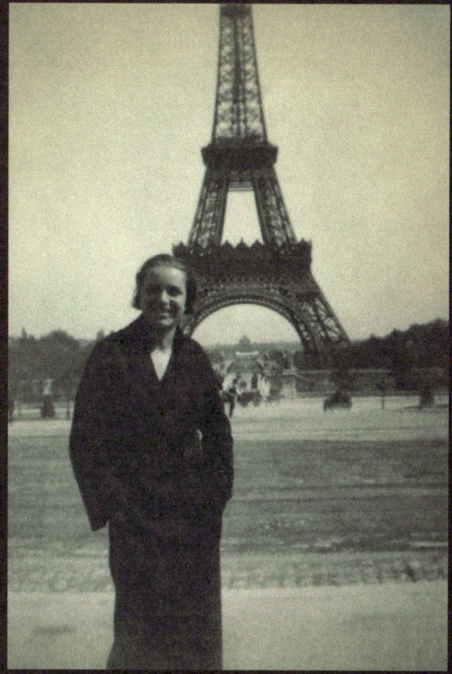

12 Paris, April 1923

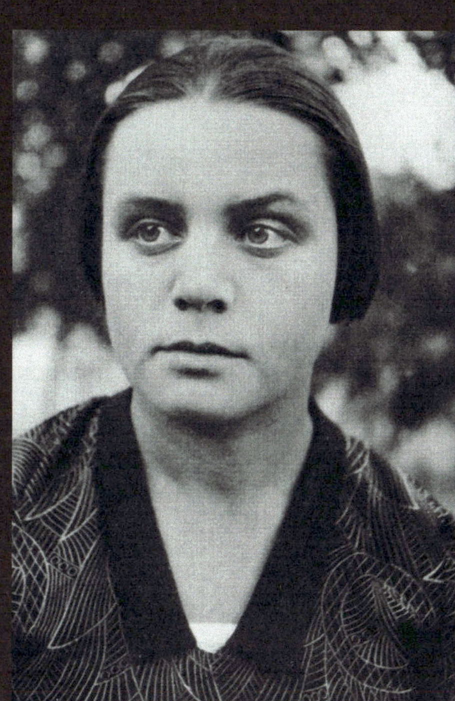

9 ca. 1922

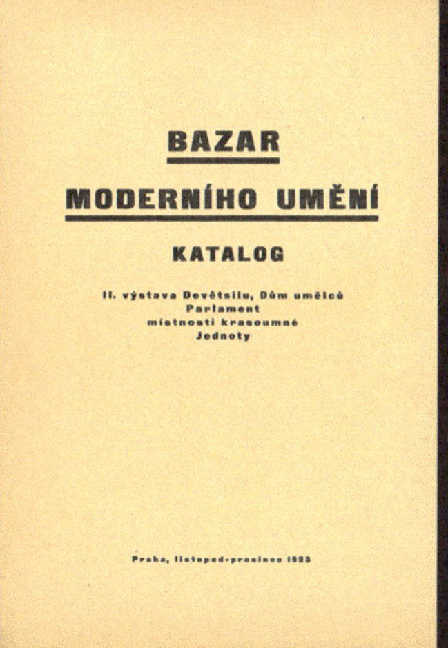

BAZAR

MODERNÍHO UMĚNÍ

KATALOG

II. výstava Devětsilu, Dům umělců
Parlament
místnosti krasoumné
Jednoty

Praha, listopad-prosinec 1923

11 Ausstellungskatalog *Bazar moderního umění / Basar der modernen Kunst*, 1923

1923

APRIL Čermínová und Štyrský werden Mitglieder der Künstlergruppe Devětsil. Am 20. des Monats beginnt Čermínová eine mehrmonatige Reise, die sie nach Frankreich (Paris, Marseille), dann nach Italien und Jugoslawien führt.

MAI Čermínová wird unter dem Namen »Toyen M. (Prag)« in der in Karel Honzíks Publikation *Ze života avantgardy* (*Aus dem Leben der Avantgarde*) abgedruckten Mitgliederliste von Devětsil geführt.

JULI – AUGUST Sie reist weiter in die Region Dubrovnik (Halbinsel Lapad, Gruž) und kehrt über Venedig nach Prag zurück.

NOVEMBER – DEZEMBER Čermínová und Štyrský beteiligen sich mit mehreren Gemälden am *Bazar moderního umění* (*Basar der modernen Kunst*) im Prager Künstlerhaus, es ist die zweite Gruppenausstellung von Devětsil, hier werden auch Rayographien und Objekte von Man Ray gezeigt.

Die Künstlerin beginnt, ihr Pseudonym »Toyen« zu verwenden, das sie ihrer eigenen Aussage nach von dem französischen Wort »Citoyen« abgeleitet hat.

13 Florenz, vor der Galleria degli Uffizi, Mai 1923

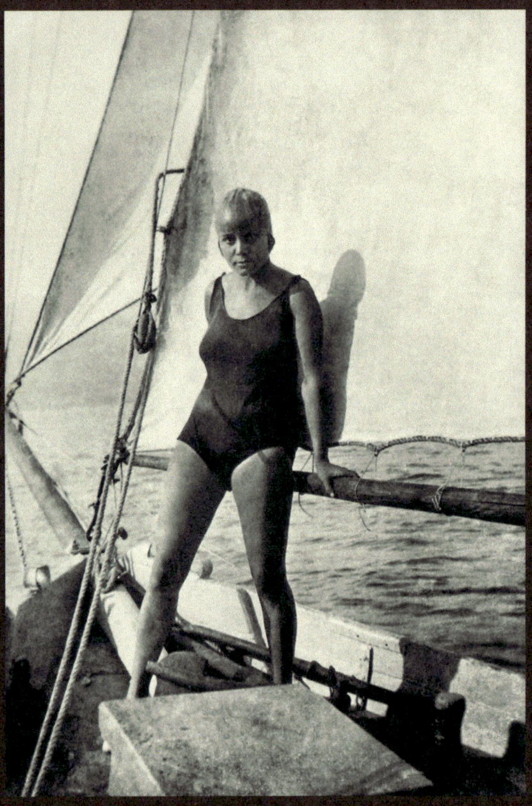

15 Lapad bei Dubrovnik, Juli 1923

1924

JANUAR Toyen ist auf der Brünner Station des *Basars der modernen Kunst* in der Galerie Barvič vertreten.

22. FEBRUAR Mit Štyrský reist sie erneut nach Italien (Sestri Levante, Genua, Rom), wo sich beide bis Ende März aufhalten.

MITTE MAI Toyen reist über Venedig nach Jugoslawien (Lapad, Dubrovnik, Gruž).

JUNI Als Ergänzung zu seinem kurzen Bericht über einen Besuch in Prag druckt der deutsche Maler, Graphiker und Filmkünstler Hans Richter (1888-1976) in der Zeitschrift *G. Zeitschrift für elementare Gestaltung* unter der handschriftlichen Widmung *Un baiser par T.S.F.* Toyens Lippenabdruck auf dem Kopfbogen der Zeitschrift *Le Disque*. Die Bildunterschrift lautet: »Chef d'œuvre de mademoiselle Toyen. Prag« (»Meisterwerk von Mlle Toyen. Prag«). □ 3

ENDE AUGUST Toyen kehrt über Triest in die Tschechoslowakei zurück.

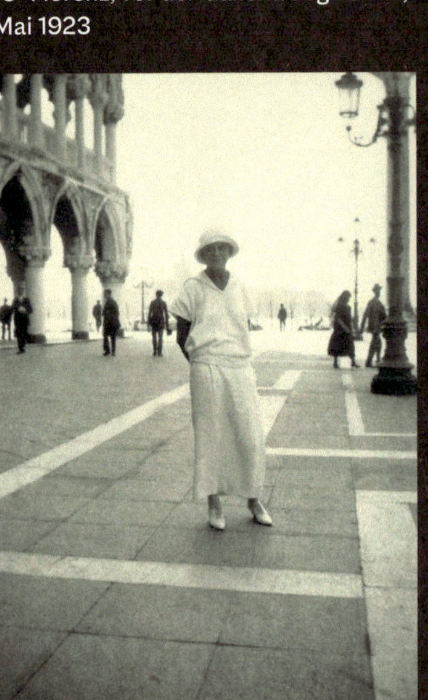

14 Venedig, August 1923

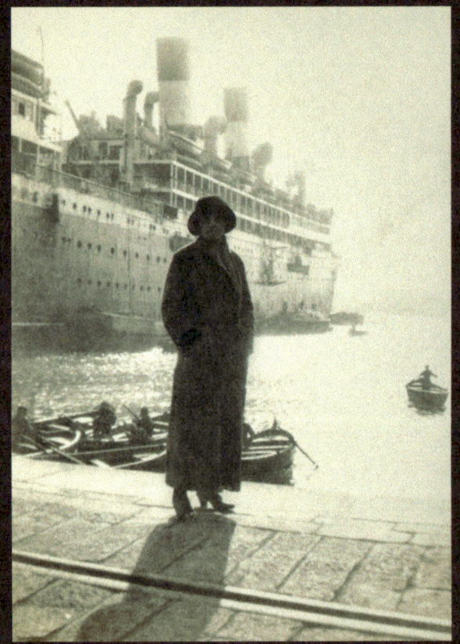

16 Genua, März 1924

18 Rom, März 1924

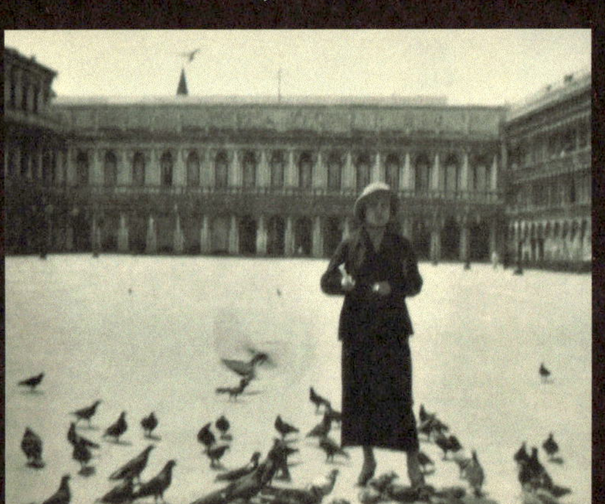

17 Venedig, Mai 1924

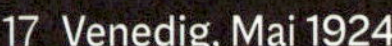

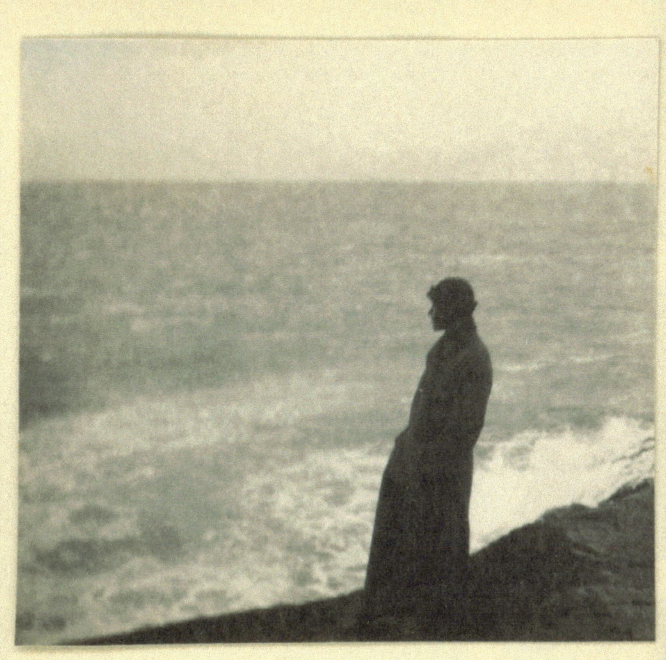

19 Sestri Levante, März 1924

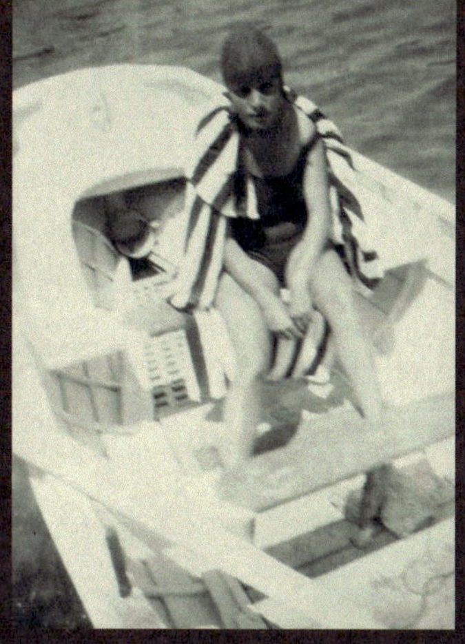

20 Lapad bei Dubrovnik, Juni 1924

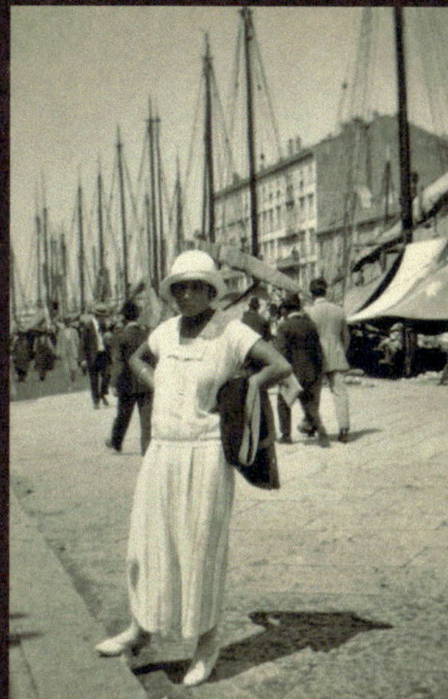

21 Triest, August 1924

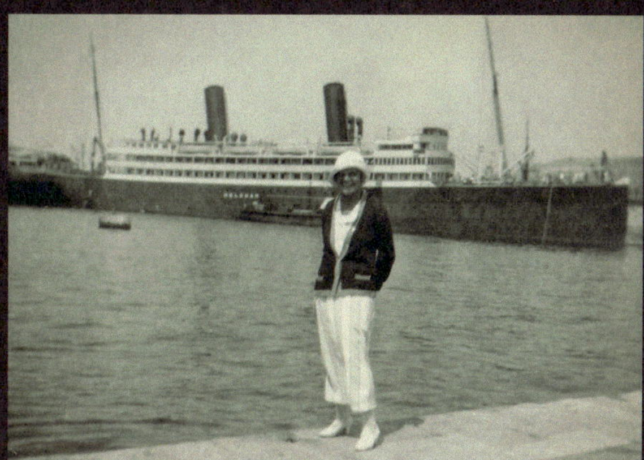

22 Triest, August 1924

STRASBURG 1924 Décembre 11./12.
MARSEILLE
SANARY
BANDOL
LA CIOTAT
TOULON 1925 Janvier
NICE COTE D'AZUR
MONACO
MONTE CARLO
PARIS 14. Janvier

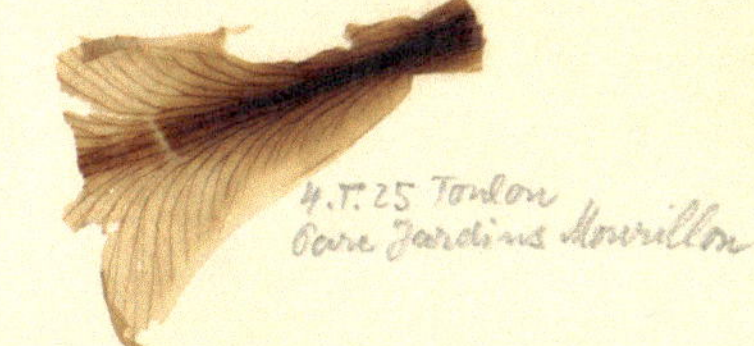

Kat. 23 Skizzenbuch von ihrer Reise durch Frankreich, 1924–1925

1925

JANUAR Toyen und Štyrský reisen weiter nach Monte Carlo und Nizza, dann nach Paris.

FEBRUAR - MÄRZ In Paris besuchen sie unter anderem den Tanzpalast Bal Bullier, den botanischen Garten und den Zirkus Medrano.

Einen Teil ihrer Sommerferien verbringt Toyen im ostböhmischen Dolní Čermná, dem Heimatdorf von Štyrský.

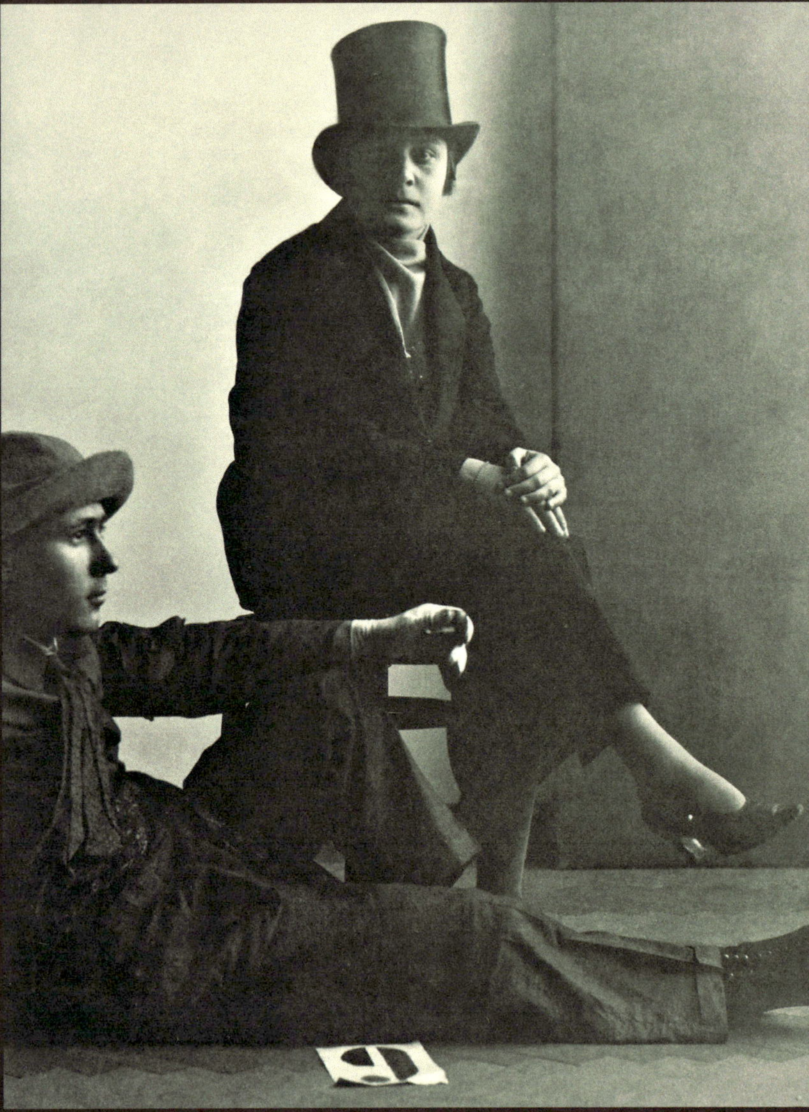

24 Mit Karel Teige, Prag 1924

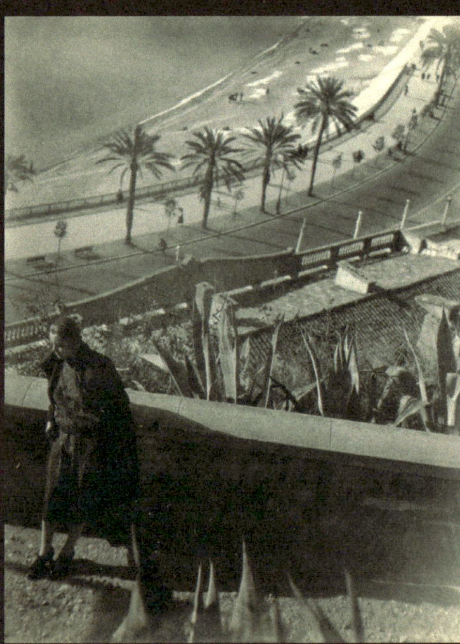

25 Nizza, Januar 1925

SEPTEMBER Der Dichter Vítězslav Nezval (1900–1958) widmet Toyen und Štyrský jeweils ein Gedicht.

OKTOBER Am 10. Oktober eröffnet in Paris das Bureau de recherches surréalistes (Büro für surrealistische Forschungen), die Zeitschrift *La Révolution surréaliste* wird gegründet, und André Breton publiziert am 15. des Monats sein erstes *Manifeste du surréalisme*. Gut eine Woche später veröffentlicht der in Paris lebende Schriftsteller und Kritiker Richard Weiner in der Zeitung *Lidové noviny* (*Volkszeitung*) darüber den ersten Bericht in tschechischer Sprache. Die von Benjamin Péret und Pierre Naville herausgegebene, bis 1929 erscheinende Zeitschrift *La Révolution surréaliste* wird in Paris gegründet.

10. DEZEMBER Nezval schreibt in der Prager Bar Moulin Rouge das Gedicht *Štyrský und Toyen*.

11. DEZEMBER Toyen unternimmt, wahrscheinlich in Begleitung von Štyrský, eine längere Reise durch Frankreich. Sie besucht unter anderem Straßburg, die Côte d'Azur, Marseille, Bandol, La Ciotat, Toulon, Nizza, Monte Carlo und Paris. Während dieser Reise hält sie in einem kleinen Notizbuch Straßenszenen, ihre Kabarett- und Zirkusbesuche fest. Die Skizzen dienen ihr teilweise als Grundlage für ihre scheinbar naiven Gemälde. Sie fertigt auch erotische Zeichnungen an, von denen einige Anfang der 1930er Jahre in der *Erotická Revue* veröffentlicht werden.
□ 23, 63–87, 543–556

Im Dezember verfasst der Literaturkritiker František Götz den Aufsatz *Nadrealismus* (*Überrealismus*) für die tschechischsprachige Zeitschrift *Host*, in dem er sich auch mit Bretons *Manifest des Surrealismus* befasst.
Teige und Nezval publizieren in der Monatszeitschrift *Host* die ersten Manifeste des Poetismus.

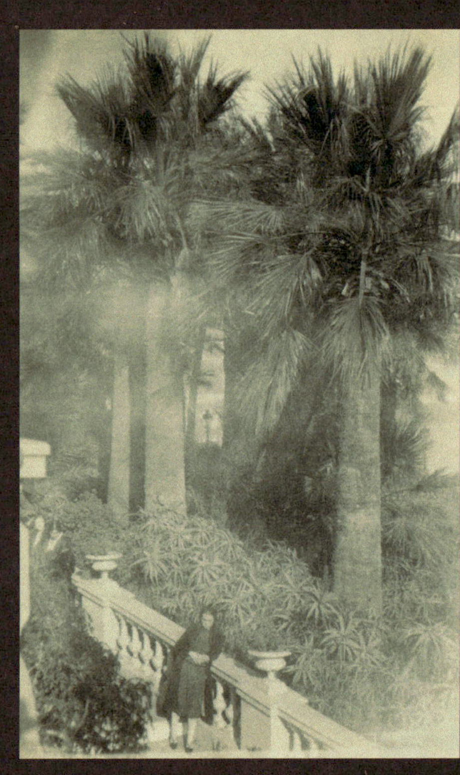

26 Monte Carlo, Januar 1925

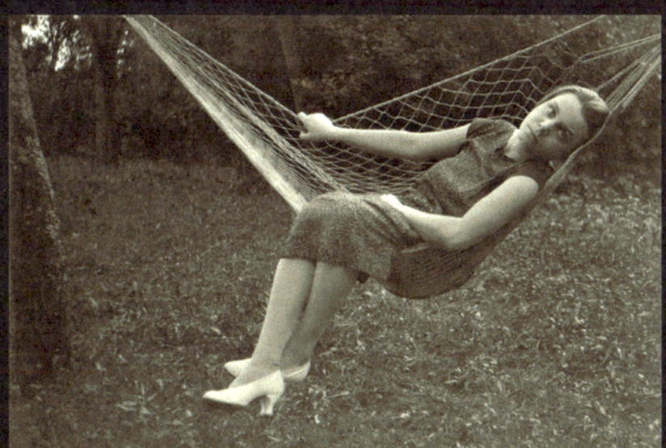

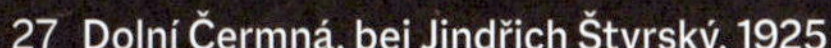
27 Dolní Čermná, bei Jindřich Štyrský, 1925

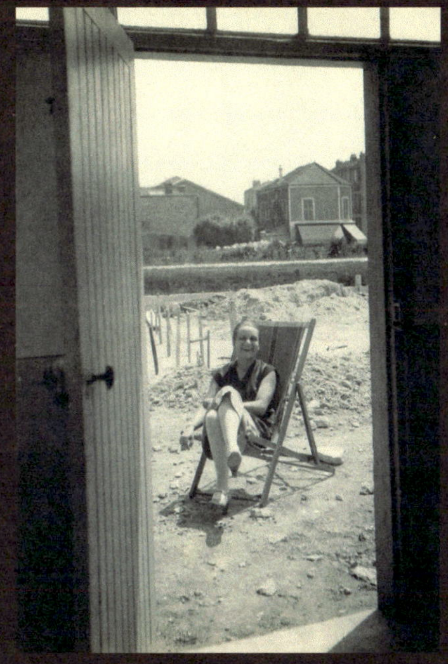

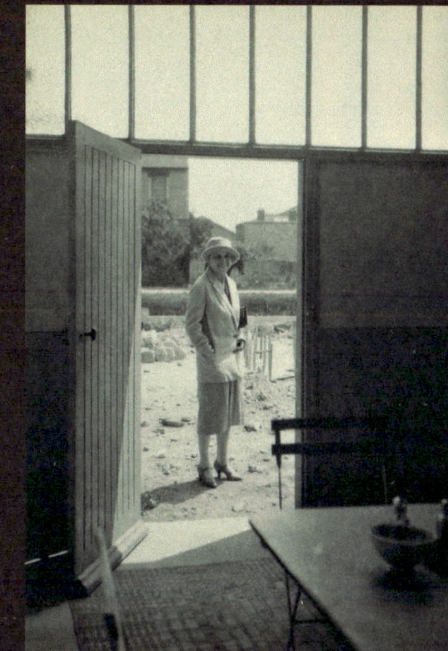

28a, 28b Montrouge, Juli 1926

SEPTEMBER Gemeinsam mit Štyrský geht Toyen für drei Jahre nach Paris; später gesellt sich Remo zu ihnen. Sie mieten ein Atelier im Stadtteil Montrouge, 51 rue Barbès. Štyrský und Toyen beginnen als Illustratoren und Buchgestalter zu arbeiten, besonders für den von Jan Fromek gegründeten Prager Verlag Odeon, der sich zwischen 1925 und 1931 zum Publikationsorgan von Devětsil entwickelt. □ 272, 273

DEZEMBER Toyen, Štyrský und Šíma sind als einzige Künstler aus der Tschechoslowakei auf der großen internationalen Ausstellung *L'Art d'aujourd'hui* vertreten, welche die neuesten Werke der Avantgarde-Künstler in Paris präsentiert. Toyen und Štyrský stellen jeweils zwei Gemälde aus. Je eines davon kauft der Surrealismus-Sammler Vicomte de Noailles.
Die erste Ausstellung der Surrealisten-Gruppe findet in der Galerie Pierre statt, Toyen und Štyrský besuchen sie. □ 89, 90

Štyrský beginnt in diesem Jahr damit, seine Träume aufzuzeichnen.

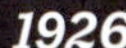

1926

MAI Im Prager Künstlerhaus wird das buchillustratorische Werk Toyens in der Schau *Svaz moderní kultury* (*Der Bund moderner Kultur*) *Devětsil* präsentiert. Als Gäste stellen hier auch Le Corbusier, Amédée Ozenfant und Man Ray aus.

AUGUST Mit Štyrský bereist sie die Normandie und die Bretagne (Le Havre, Cancale, Saint-Malo).

5.–20. OKTOBER Toyen und Štyrský organisieren in ihrem Atelier in Montrouge eine Ausstellung, mit der sie eine eigene Bewegung ins Leben rufen, die sie »Artificielisme« nennen; sie geben ein Flugblatt mit dem Manifest des Artifizialismus heraus. □ 34

27. NOVEMBER – 10. DEZEMBER *Exposition d'artificialisme de Styrsky et Toyen* – die erste Ausstellung der Werke von Toyen und Štyrský eröffnet in der Pariser Galerie d'Art contemporain (135 Boulevard Raspail). Dem Katalog zufolge werden 57 Werke, darunter 31 von Toyen präsentiert. Die meisten sind zwischen 1925 und 1926 in Paris entstanden, einige aus den Jahren 1923 und 1924 sind im Katalog rückdatiert auf 1920. □ 60, 88, 90–95

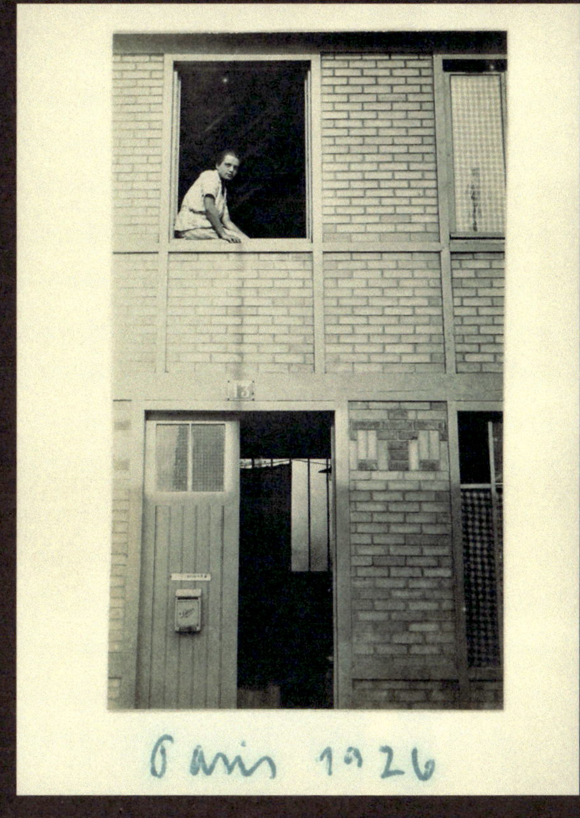

29 Montrouge, August 1926

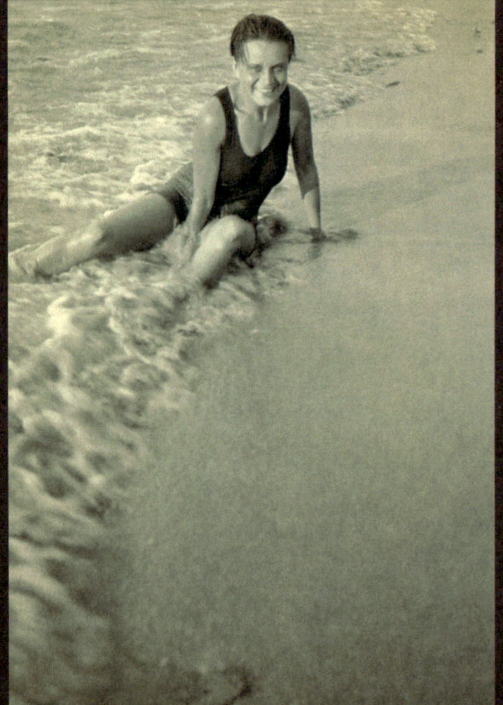

30 Saint-Malo, August 1926

STYRSKY
ET
TOYEN

EXPOSITION
DE PEINTURES
du 27 novembre
au 10 décembre 1926

GALERIE D'ART CONTEMPORAIN
135, Boulevard Raspail

Abb. 31 Katalog zur Ausstellung in der Galerie d'Art contemporain, Paris 1926

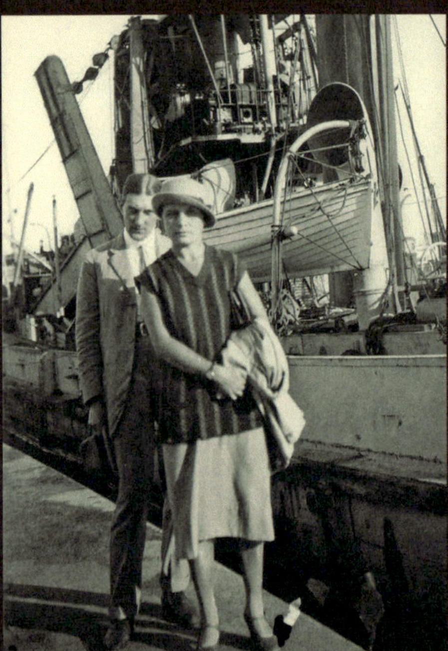

32 Mit Jindřich Štyrský in Saint-Malo, August 1926

styrsky les antipodes

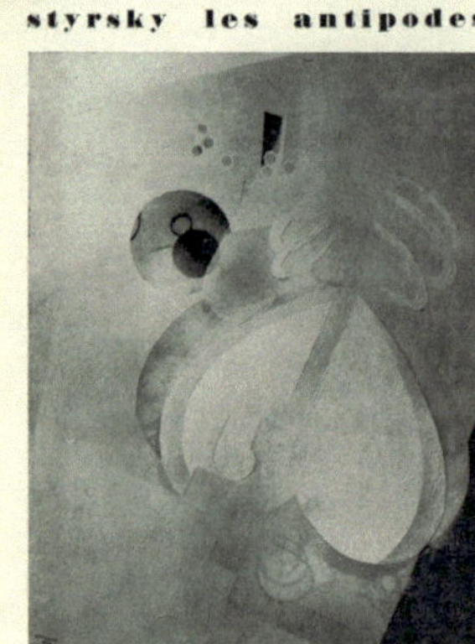

artificielisme

peintures d'artificielisme
51 rue barbès atelier nº 4 montrouge
(métro porte d'orléans) du 5 au 20
octobre 1926
lundi vendredi de 14-16 h mercredi
samedi de 10-12 h

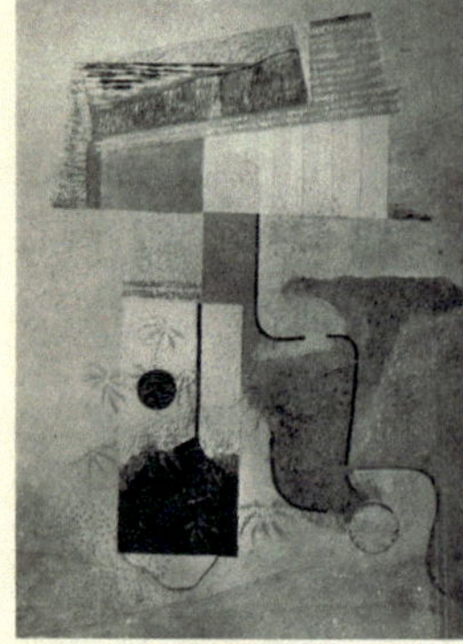

toyen le mirage

Abb. 34 Flugblatt *artificielisme*, 1926

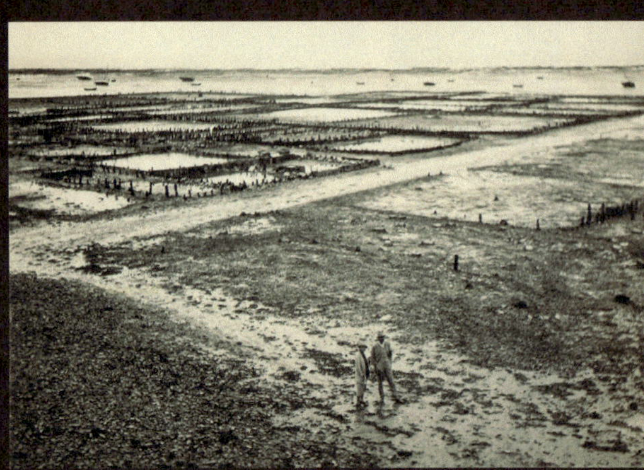

33 Cancale, August 1926

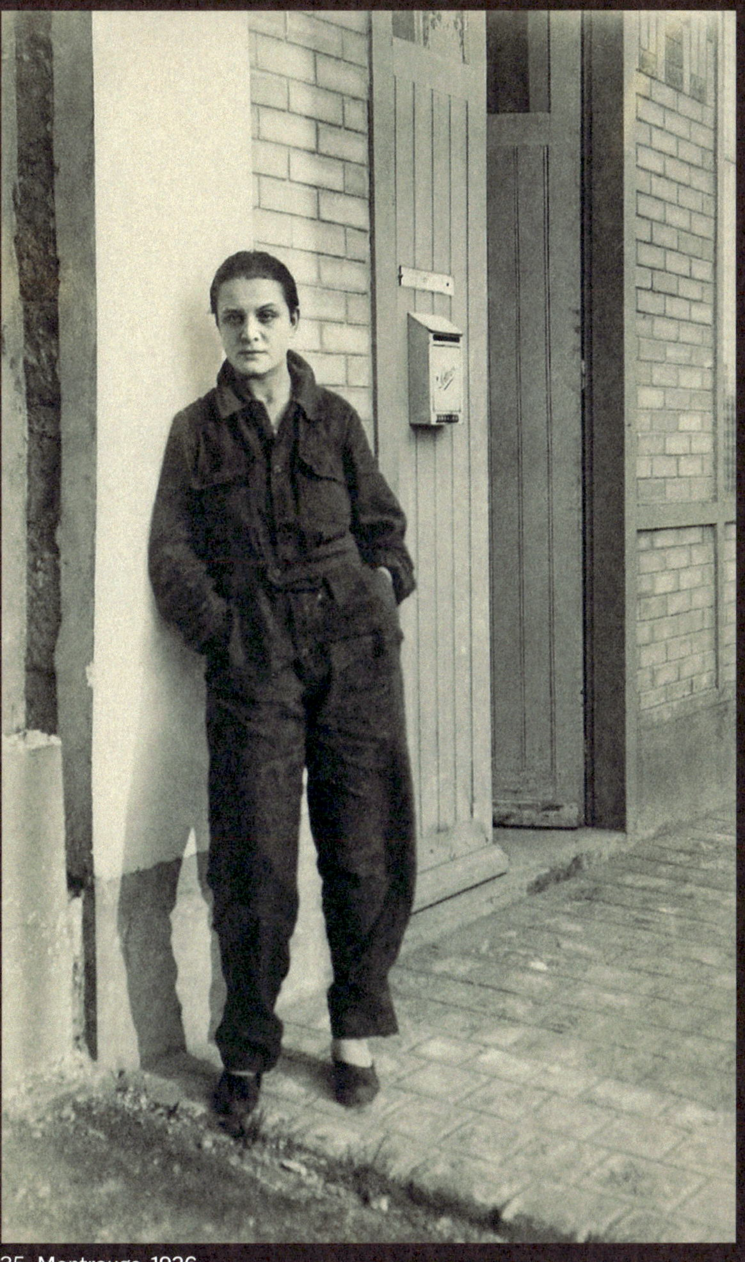

35 Montrouge, 1926

1927

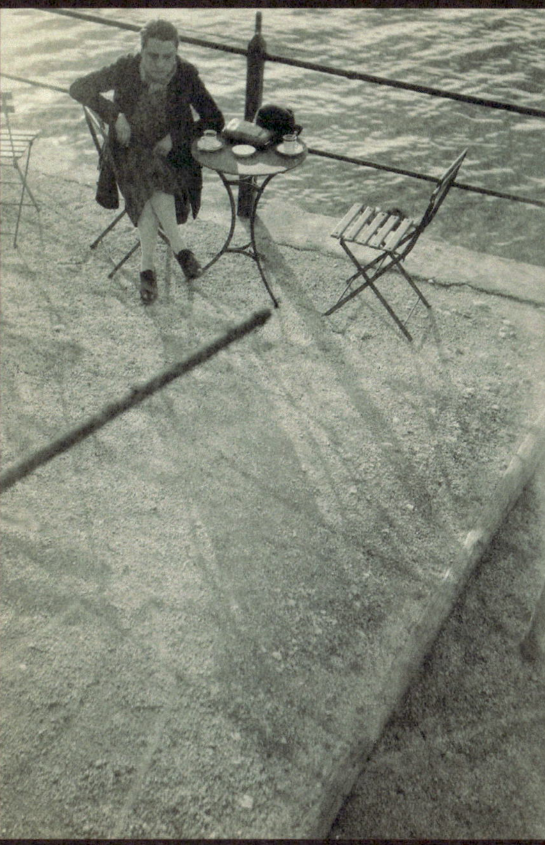

36 Marseille, Januar 1927

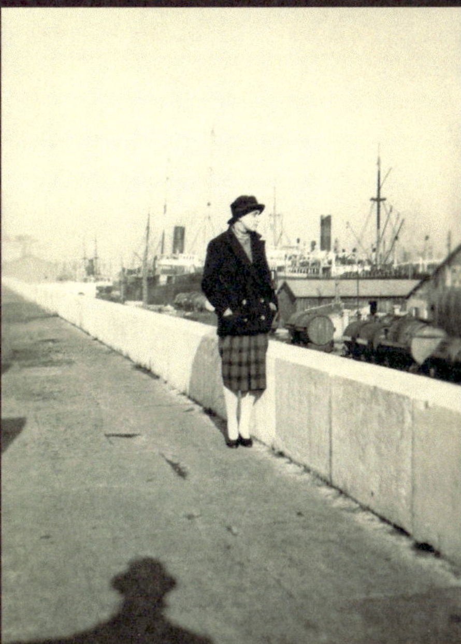

37 Marseille, Januar 1927

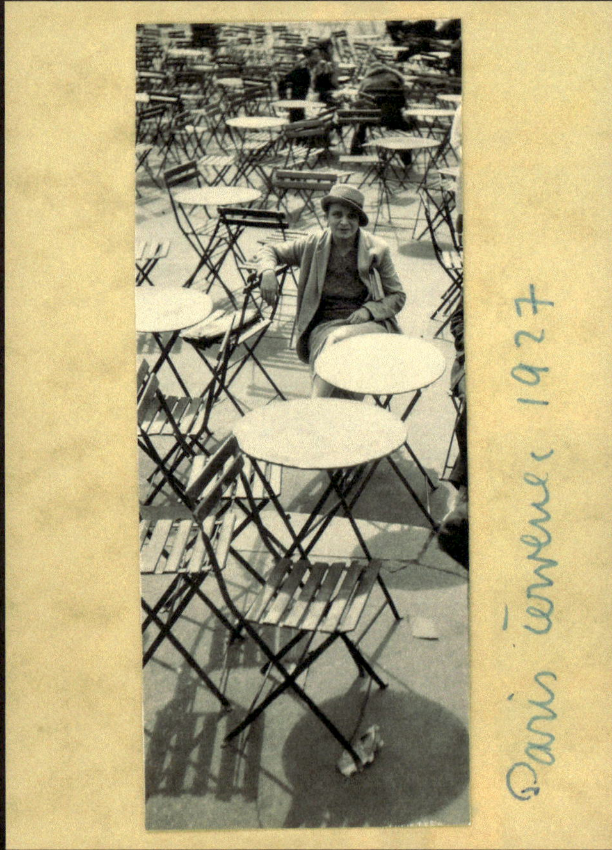

38 Paris, Juli 1927

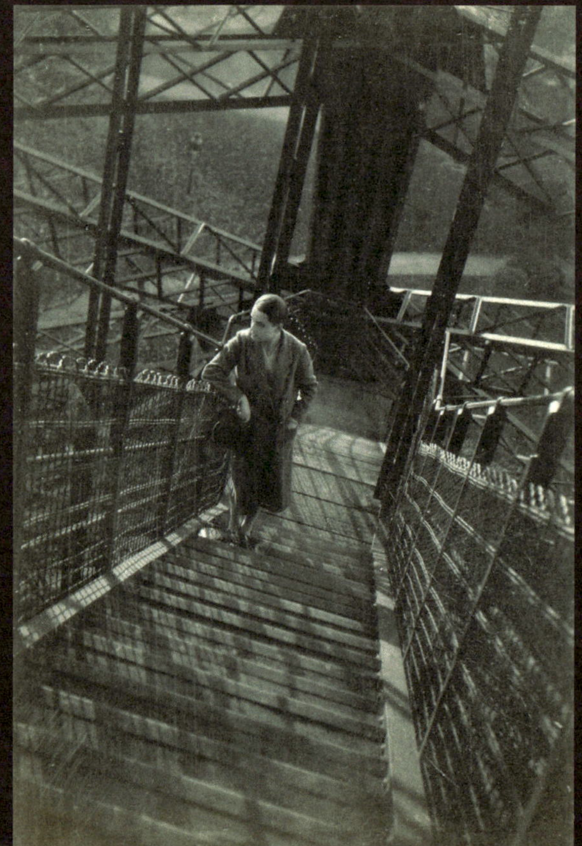

39 Auf dem Eiffelturm, Oktober 1927

1927

JANUAR Toyen und Štyrský reisen nach Marseille.

JUNI Neben ihrer Malerei arbeiten Toyen und Štyrský an weiteren Projekten, sie reichen typographische Arbeiten zur Internationalen Buchmesse in Leipzig ein.

OKTOBER In der ersten Ausgabe der von Mitgliedern des Devětsil publizierten Zeitschrift *ReD* (*Internationale Monatszeitschrift für moderne Gestaltung*) erscheint das von Toyen und Štyrský verfasste Manifest *Artificielisme*.

NOVEMBER Toyen reist mit Štyrsky nach Dieppe in der Normandie.

29. DEZEMBER Die Ausstellung *Styrsky et Toyen* eröffnet in der Pariser Galerie Vavin und läuft bis 12. Januar 1928. Das Vorwort zum Katalog, dem zufolge Toyen elf neuere Gemälde sowie mehrere artifizialistische Aquarelle ausstellt, verfasst der französische Dichter Philippe Soupault. Dieser hatte im April 1927 Prag besucht.
☐ 98, 101, 106–108

Im Winter erscheint im Verlag Odeon der Reiseführer *Průvodce Paříží a okolím* (*Reiseführer für Paris und Umgebung*), den Toyen mit Štyrský und dem tschechischen Schriftsteller Vincenc Nečas verfasst hat.
☐ 129, 131

STYRSKY
et
TOYEN
du 30 Décembre au
12 Janvier à la Galerie
Vavin, 28, rue Vavin

Abb. 40 Plakat zur Ausstellung *Štyrský und Toyen* in der Pariser Galerie Vavin, 1927

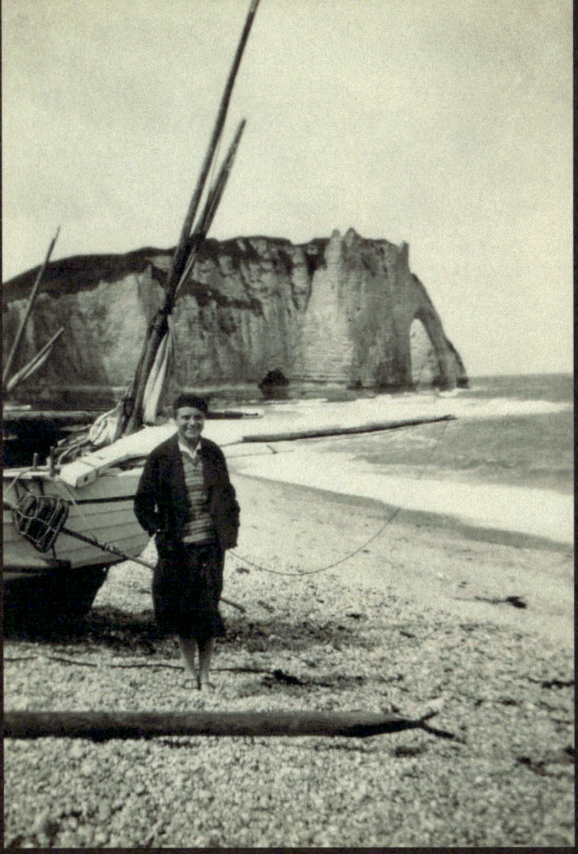

41 Étretat, 1928

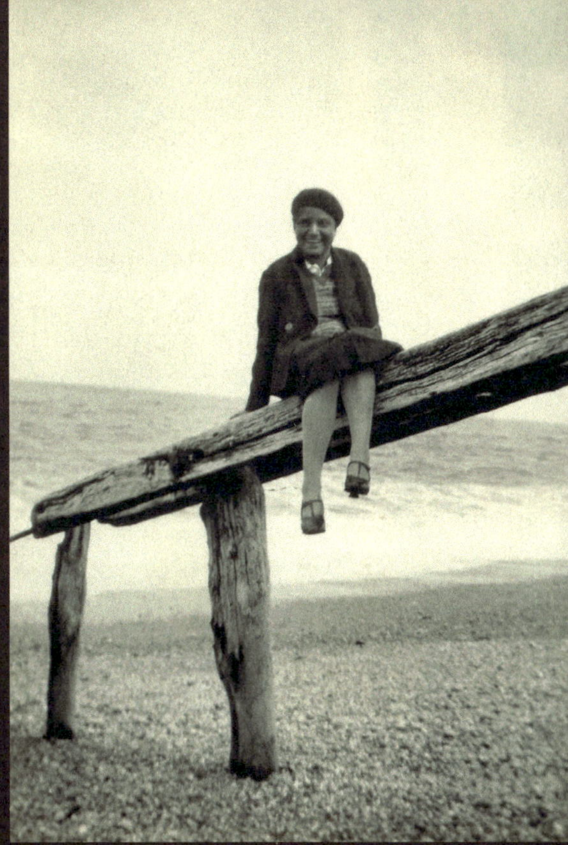

42 Étretat, 1928

1928

Toyen wohnt mit Štyrský in der Pariser Rue du Moulin vert 74 im 14. Arrondissement. Sie reisen zusammen in die Bretagne und Normandie (Étretat).

MÄRZ In der sechsten Ausgabe von *ReD* erscheint eine tschechische Übersetzung des Vorworts, das Soupault für den Katalog zu ihrer Pariser Ausstellung verfasst hat.

APRIL Sie kehrt mit Štyrský zurück nach Prag.

2. MAI Der tschechische Lyriker František Halas (1901–1949) schreibt folgende Widmung für Toyen in eine Kopie seines Gedichtbandes *Sepie*: »An Toyen, die aus einer magischen Gottespistole geschossen wurde, um Königin der Feuerschlucker an einer Traumküste zu werden [...]« (Karel Srp [Hg.], *Toyen*, Ausst.-Kat. Galerie hlavního města Prahy, Prag 2000, S. 301)

1. JUNI – 15. JULI Toyen zeigt 21 ihrer in Paris entstandenen artifizialistischen Gemälde in der *Výstava nových obrazů Štyrského a Toyen* (*Ausstellung der neuen Bilder von Štyrský und Toyen*) in der Prager Aventinská mansarda (Aventinum-Mansarde). Das Vorwort zum Katalog verfasst Karel Teige.

18. JUNI Sie reist für einige Monate allein nach Paris.

SEPTEMBER Teige rezensiert Bretons Roman *Nadja* für *ReD* und schreibt auch über dessen Buch *Le Surréalisme et la peinture*.

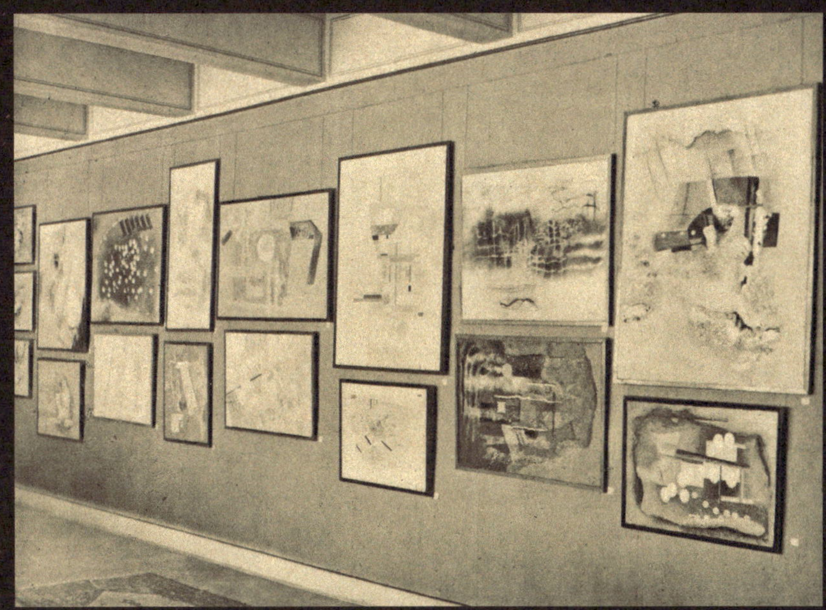

43 Blick in die Ausstellung von Jindřich Štyrský und Toyen in der Galerie Aventinská mansarda, Juni 1928 (abgedruckt in der Zeitschrift *Pestrý týden*, 23. Juni 1928)

1928

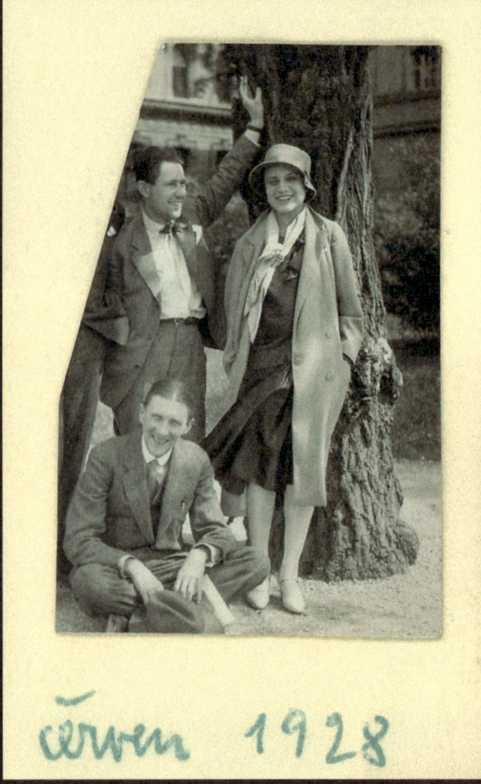

44 Mit Karl Teige und Jindřich Štyrský in Prag, Juni 1928

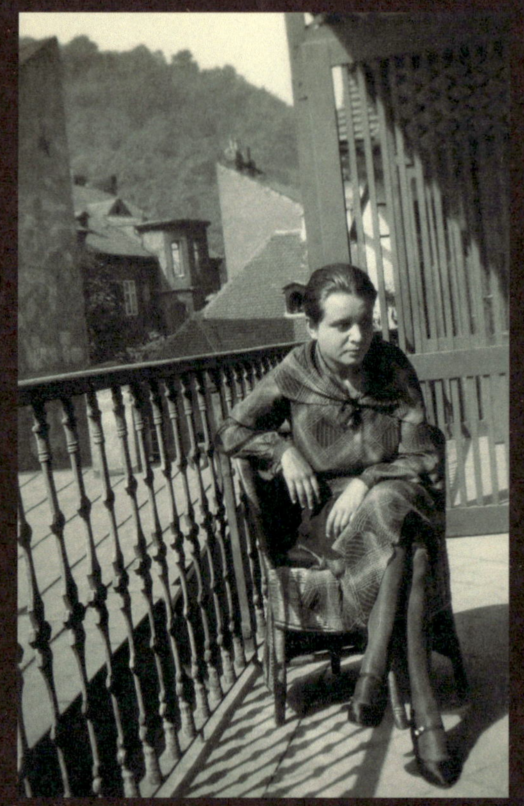

45 Prag, September 1929

1929

22. JANUAR Toyen kehrt nach Prag zurück.
Sie eröffnet mit Štyrský und Josef Háša in der Prager Passage U Nováků ein Modeatelier, sie gestalten Tücher, Krawatten, Dessous und weitere Textilien mithilfe von Sprühpistolen und DEKA-Farben im Stil ihrer artifizialistischen Gemälde. Die Idee zu dieser kommerziellen Tätigkeit kam Štyrský nach Beendigung seiner Arbeit als Dekorateur für das Avantgarde-Theater Osvobozené Divadlo (Das entfesselte Theater). Nezval erwähnt das kurzzeitige Interesse der beiden Künstler für diesen Gestaltungsbereich in seinem Buch *Z mého života* (*Aus meinem Leben*, Prag 1965).

APRIL Die tschechische Übersetzung der für die Surrealisten fundamentalen Schrift des Comte de Lautréamont *Les chants de Maldoror* erscheint mit einem Nachwort von Teige, der bereits in der ersten Ausgabe von *ReD* einen übersetzten Auszug aus Lautréamonts Werk veröffentlicht hat.
Die Publikation enthält zwölf Illustrationen von Štyrský und wird im Juli von der tschechoslowakischen Zensur konfisziert, was internationale Proteste auslöst.

18. OKTOBER Die Gruppe Levá Fronta (Linke Front), eine Organisation von linken Intellektuellen und Künstlern, wird gegründet. Mehrere Mitglieder von Devětsil, darunter Toyen, Teige, Štyrský und Nezval sowie der Dichter und spätere Nobelpreisträger Jaroslav Seifert, gehören zu ihren ersten Mitgliedern.

NOVEMBER Štyrský wird Redakteur des neuen Verlagsblattes *Literární kurýr Odeonu*. Seine kritischen Reflexionen über die »Generation auf zwei Stühlen« in dem Artikel *Koutek generace* (*Ecke für eine Generation*) lösen Diskussionen aus und tragen zu einem jahrelangen Zerwürfnis zwischen ihm und Teige bei.

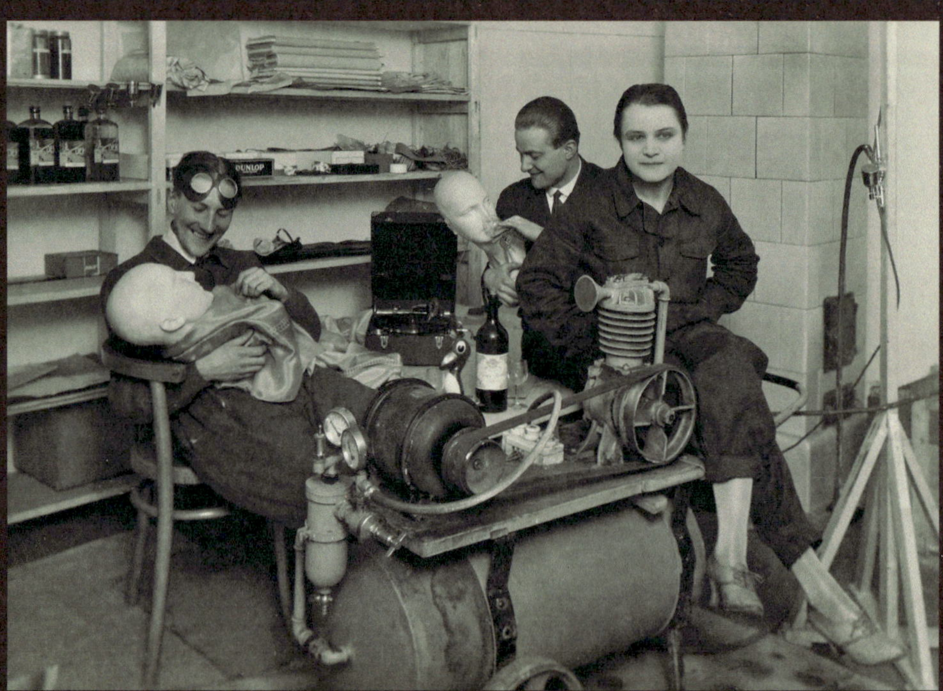

46 Jindřich Štyrský, Josef Háša und Toyen in ihrem Atelier in der Prager Passage U Nováků beim Bearbeiten von Textilien mit Farbspritzpistolen, 1929

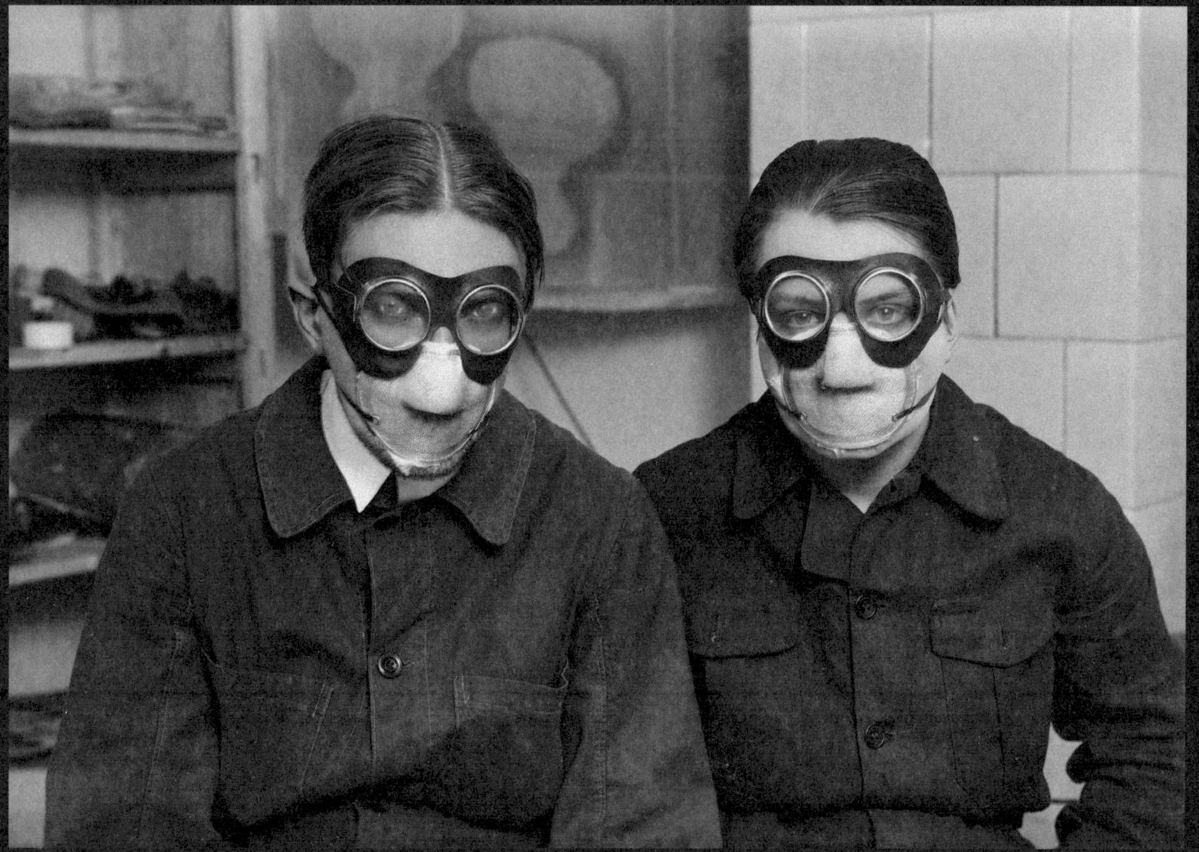

47 Jindřich Štyrský und Toyen bei der Arbeit mit toxischen Farben auf Seide, 1929

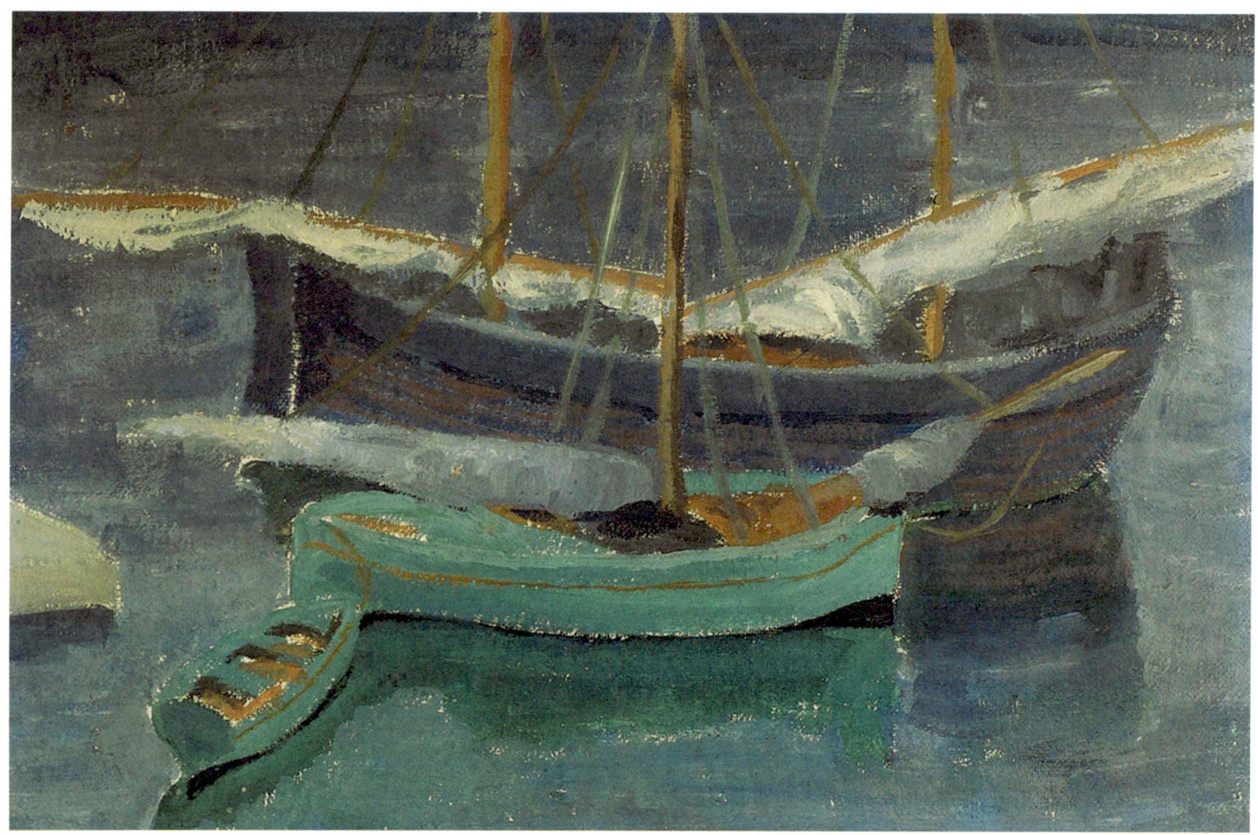

Kat. 48 ***Bárky v Dubrovníku, Čluny v přístavu | Schiffe im Hafen von Dubrovnik***, 1922
Öl auf Leinwand, 40 × 60 cm
Sammlung Dominique Rabourdin

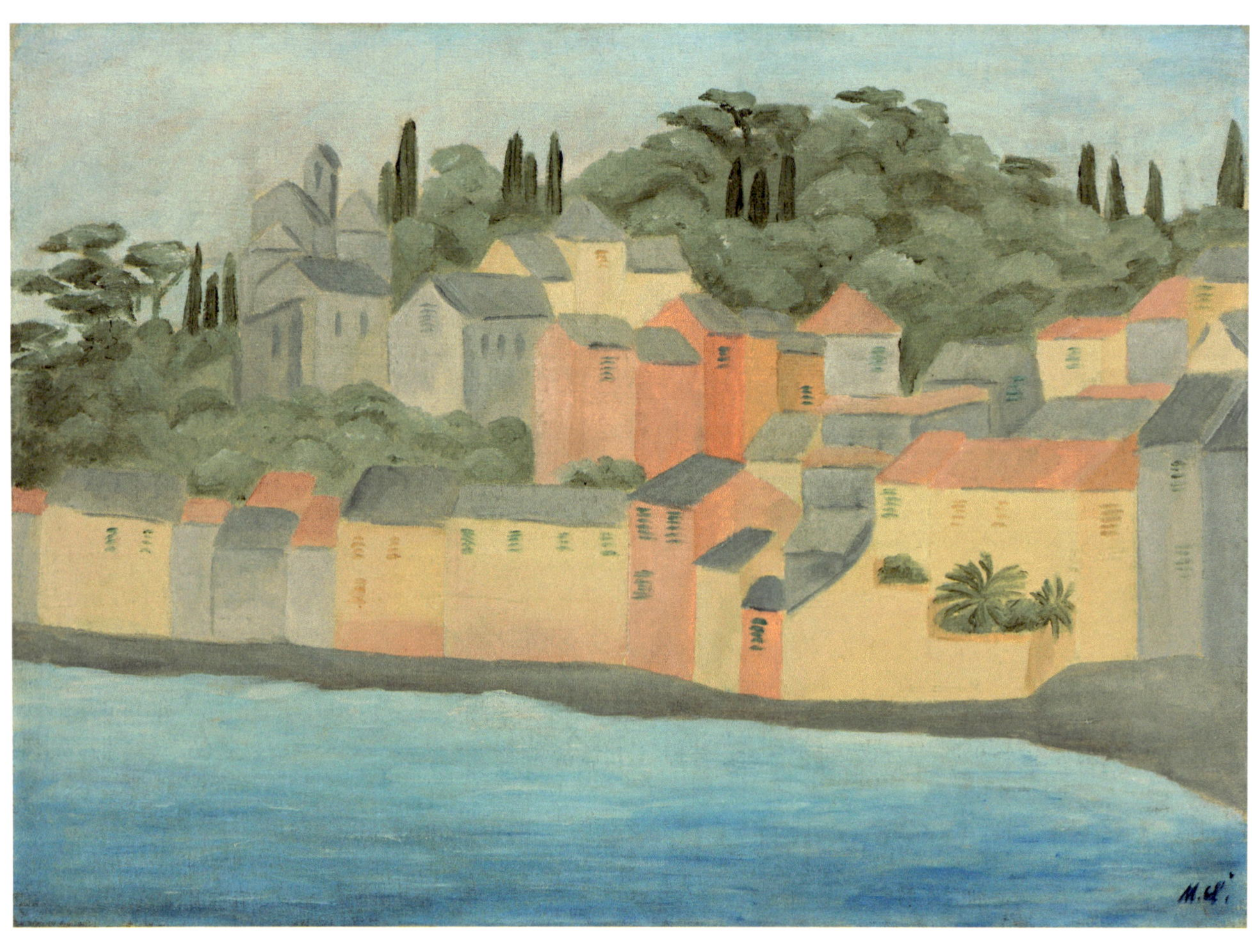

Abb. 49 ***Krajina z Dalmácie | Dalmatinische Landschaft***, um 1922
Öl auf Leinwand, 40 × 70 cm
Die Westböhmische Galerie, Pilsen

Karel Srp

Un Baiser par T.S.F. – ein Kuss per drahtloser Telegraphie

Die erste bedeutsame Erwähnung Toyens im Ausland stammt von Hans Richter. Er hatte noch vor dem Sommer 1924 Prag besucht und dort die Mitglieder der avantgardistischen Künstlergruppe Devětsil getroffen. Karel Teige, zu dem ein besonders enger Kontakt bestand, widmete ihm seinen 1922 erschienenen Schriftenband *Život II* (*Leben II,* 1922), dessen Umschlag Richter in der dritten Nummer seiner Zeitschrift *G* abdruckte. Tief beeindruckt war Richter von seiner Begegnung mit Toyen, die eine ganz eigene Macht ausstrahle: »Er [Teige] und seine Kameraden, Zeitschriften, Gruppen und Energien werden absolutistisch regiert von der schönen Toyen, die Pragerin von Geburt das Tschechoslovakische fließend beherrscht und mit dieser Sprache allein selbst in Paris auskam. Von Beruf Malerin. Wir haben allen ihren Bildern, die weder an Kraft noch Feinheit hinter denen ihrer männlichen Kollegen zurückbleiben dieses persönliche – inhaltlich und formal gleicherweise einwandfreie – Werk vorgezogen, das sie die Freundlichkeit hatte der Zeitschrift zur Verfügung zu stellen.«[1] Neben seinem Text druckte Richter eine Zeichnung Toyens ab: Auf dem Blatt mit der seitlich platzierten Kopfzeile der Zeitschrift *Le Disque* (Kat. 3) sind zwei Lippenpaare zu sehen, die an die Vulva ihrer späteren erotischen Zeichnungen für die *Erotická revue* (Abb. 284) und die *Edice 69* (Abb. 560) erinnern. Unter der *Un Baiser par T.S.F.* (*Ein Kuss per drahtloser Telegraphie*) betitelten Zeichnung findet sich – eine dadaistische Spielerei Richters – der Vermerk »Chef d'œuvre de mademoiselle Toyen. Prag« (*Meisterwerk von mademoiselle Toyen. Prag*). Die Lippenabdrücke, die auf das spätere Interesse der Artifizialisten und Surrealisten am Handabdruck vorausweisen, sind ein singuläres Motiv im Frühwerk Toyens und stehen in keinem Bezug zu ihrer damaligen Malerei. Richter hatte Toyens Bilder vermutlich auf dem von Devětsil organisierten *Bazar moderního umění* (*Basar der modernen Kunst,* Abb. 11) gesehen. Diese Ausstellung konfrontierte die tschechische Öffentlichkeit erstmals nach 1918 mit einem radikaleren avantgardistischen Ansatz und bezog somit Stellung gegen den damals verbreiteten Modernismus. Für Toyen war es die erste Beteiligung an einer Gruppenausstellung.

Beachtenswert ist Richters begeisterte Schilderung von Toyens großem Einfluss, den sie vom ersten Augenblick an auf die männlichen Mitglieder des Devětsil ausübte. Ihr Name erscheint am 18. April 1923 zum ersten Mal auf der Mitgliederliste; an diesem Tag trat sie gemeinsam mit ihren beiden Malerfreunden Jindřich Štyrský und Jiří Jelínek, genannt Remo, der Gruppe bei. Die beiden jungen Künstler – sie waren bereits 1922 auf der *Souborná výstava spolku mladých výtvarníků Preisler* (*Gemeinschaftsausstellung des Vereins junger Künstler Preisler*) vertreten gewesen – hatte Toyen angeblich im Sommer 1922 auf der dalmatinischen Insel Korčula kennengelernt (Abb. 10, Kat. 51).[2] Das berichtet Vítězslav Nezval in seiner Einführung zur Ausstellung Toyens und Štyrskýs in der Aventinum-Mansarde (Abb. 43): »Das Mädchen, das schon in Kinderjahren die Hausbewohner empört hatte, indem es schöne Köpfe auf den Wandputz zeichnete, beobachtet von ihrem Boot aus einen jungen Mann, der stundenlang das Heck einer Kirche am Meer malte.«[3] Nezval überliefert hiermit zugleich das vermutlich früheste Zeugnis einer künstlerischen Tätigkeit Toyens, die offenbar von klein auf ein außergewöhnliches Talent für die realistische Zeichnung besaß, ein Talent, das sie nach 1923 völlig vernachlässigte und erst Ende der 1920er Jahre wieder für sich entdeckte. Wie das befreundete Dreigespann auf seine Umgebung wirkte, erfahren wir von dem Architekten Karel Honzík und dem Dichter Nezval, beide ebenfalls Mitglieder der Devětsil-Gruppe. Sie schrieben ihre Erinnerungen freilich mit großem zeitlichem Abstand erst in der zweiten Hälfte der 1950er Jahre nieder; Honzík stützte sich dabei auf zeitgenössische Dokumente aus seinem Archiv, Nezval auf sein Gedächtnis.

Toyen und Štyrský waren dem Beitrittsdatum des 18. April 1923 zufolge wohl die letzten bedeutenden Mitglieder, die sich der Avantgarde-Gruppe nach ihrer Gründung am 5. Oktober 1920 anschlossen. Devětsil hatte sich während der zweieinhalb Jahre seines Bestehens radikal verändert, auch personell. So war einer der wichtigsten Vertreter seiner Generation, der Dichter Jiří Wolker, im Januar 1923 ausgetreten. Toyen, Štyrský und Jelínek waren sich bewusst, welcher Gruppierung sie sich anschlossen und welche Hoffnungen sich an ihre Mitgliedschaft knüpften. Offenbar hatten sie die früheren Ausstellungen von Devětsil gesehen und wussten auch von den Konflikten, die zwischen 1920 und 1922 in dieser sich dynamisch entwickelnden Gruppe aufgebrochen waren und schließlich zu ihrer Spaltung führten. Und sie kannten die beiden umfangreichen Bände *Devětsil* und *Život II*, die kurz nacheinander 1922 und 1923 erschienen waren und die neue Ausrichtung deutlich machten. Honzík beschreibt das Dreigespann mit folgenden Worten: »Einer von ihnen, der Maler Remo-Jelínek, erinnerte an einen Polynesier von Gauguin, allerdings trug er keinen Pareo, sondern war europäisch gekleidet. Der andere, der Maler Jindřich Štyrský, langes, schmales Gesicht, tiefe, blaue Augen, hatte einen ganz eigenen Ausdruck, etwas Visionäres, fast Ekstatisches. Sein engelsgleiches Lächeln entblößte ziemlich löchrige Zähne.«[4]
Der von dem Dreigespann faszinierte Honzík schenkte aber insbesondere Toyen seine Aufmerksamkeit: »Remo, Štyrský und Toyen bildeten ein unzertrennliches und sehr auffälliges Dreigespann.

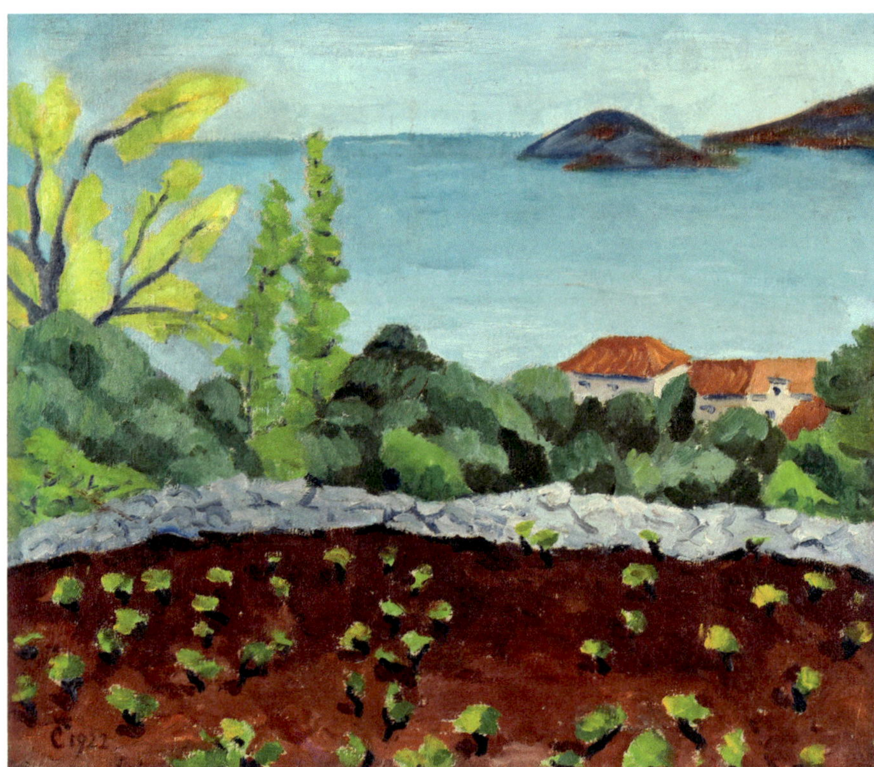

Kat. 50 ***Dalmácie / Dalmatien***, 1922
Öl auf Leinwand, 51 × 61 cm
Mährische Galerie, Brünn

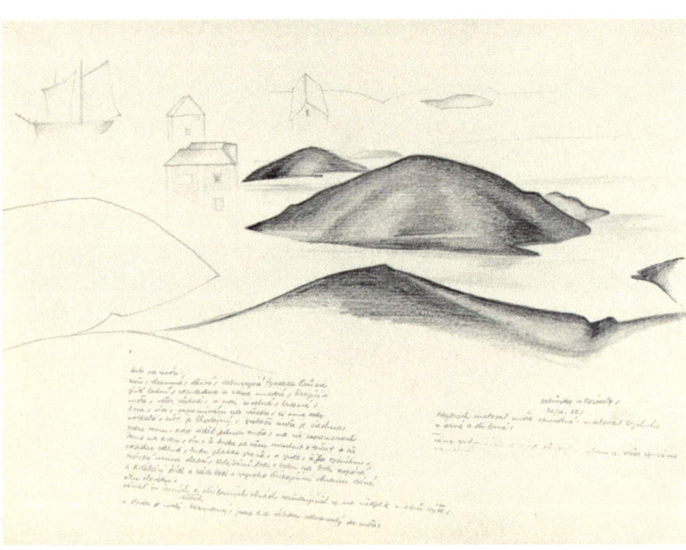

Kat. 51 Jindřich Štyrský (1899–1942),
Korčula, 1922
Bleistift auf Papier, 250 x 330 mm
Privatsammlung, Paris

Remo, hochgewachsen, mit kahl rasiertem Schädel und den scharf geschnittenen Zügen eines ozeanischen Maori, dazu einen feuerroten Schal um den Hals gewickelt. Štyrský mit Baskenmütze und überlangem Raglan, verträumtes Lächeln, azurener Blick. Toyen in einem Kostüm mit Herrensakko und Herrenhemd, auf dem Kopf eine Baskenmütze, die Hände meist in den Taschen vergraben, ab und an eine Zigarette im Mundwinkel. Ihr lässig wiegender Gang schien zu sagen: Was ihr von mir denkt, ist mir egal.«[5] So wird Toyen auch in den ersten Karikaturen von Adolf Hoffmeister und František Muzika aus den 1920er Jahren dargestellt. Aus Honzíks Aufzeichnungen geht hervor, dass Toyen in Bezug auf sich selbst männliche grammatische Endungen verwendete, etwa: »[...] byl jsem na vystavě [ich war in der Ausstellung], řekl jsem, že přijdu do kavárny [ich hab gesagt, dass ich ins Kaffeehaus komme].«[6] Auch Briefe hat sie gelegentlich in dieser maskulinen grammatischen Form verfasst. An Ähnliches erinnert sich Nezval, der in sehr viel engerem Kontakt zu den dreien stand als Honzík. Zu einer ersten Begegnung kam es vermutlich bereits im Frühjahr 1923: »Eines Tages besuchte mich ein schlaksiger junger Mann mit leicht negroiden Zügen und brachte mir einige Arbeiten von Jindřich Štyrský und von sich selbst.«[7] Nezval erkannte sofort das außergewöhnliche Talent Štyrskýs, schätzte jedoch alle drei: »Es war ein menschlich und künstlerisch erstaunliches Dreigespann. Štyrský war die Seele und das weibliche Element darin, denn Toyen, die sich eine Zeit lang kleidete wie ein Mann, lehnte es ab, wenn sie von sich sprach, eine weibliche Endung zu verwenden, um ihre menschliche und künstlerische Gleichberechtigung geltend zu machen. Sie sagte grundsätzlich ›já byl‹, sie war mutig, und ihr ging der Ruf voraus, sie habe einmal ein kommunistisches Dokument in Stücke gerissen und aufgegessen, als die Gefahr drohte, dass man es bei ihr finden würde. Anspielungen, dass zwischen ihr und Štyrský wohl mehr wäre als nur Freundschaft, konnte sie gar nicht vertragen und wies sie in hämischem Ton zurück.«[8] Nezval erwähnt in diesem Zusammenhang Dinge, auf die auch Jaroslav Seifert hingewiesen hat: Nach dessen Zeugnis war Toyen in einem kommunistischen Zirkel im Prager Stadtviertel Žižkov aktiv.

Honzík und Nezval ging es vor allem darum, ein persönliches Porträt Toyens zu liefern und ihren geradezu legendär gewordenen Habitus zu beschreiben, der freilich bis zu einem gewissen Grade auch eine bewusste Selbststilisierung war. Jelínek und Štyrský hatten Toyen noch unter ihrem eigentlichen Namen Marie Čermínová gekannt, als junges Mädchen, das frei und selbstständig in seinen Ansichten war, das sich von seiner Familie gelöst hatte und auf eigene Faust durchs Leben schlug. Mit ihrem Beitritt zu Devětsil erfanden sich Jelínek und Toyen gewissermaßen neu. Jelínek legte sich das Pseudonym Remo zu, aus Marie Čermínová wurde Toyen, und womöglich geschah die Umbenennung in einer gemeinsamen Aktion. Ursprung und Bedeutung des Pseudonyms Remo sind bis heute nicht geklärt, wohl auch deswegen, weil Jelínek es in der zweiten Hälfte der 1920er Jahre wieder abgelegt hat. Über das

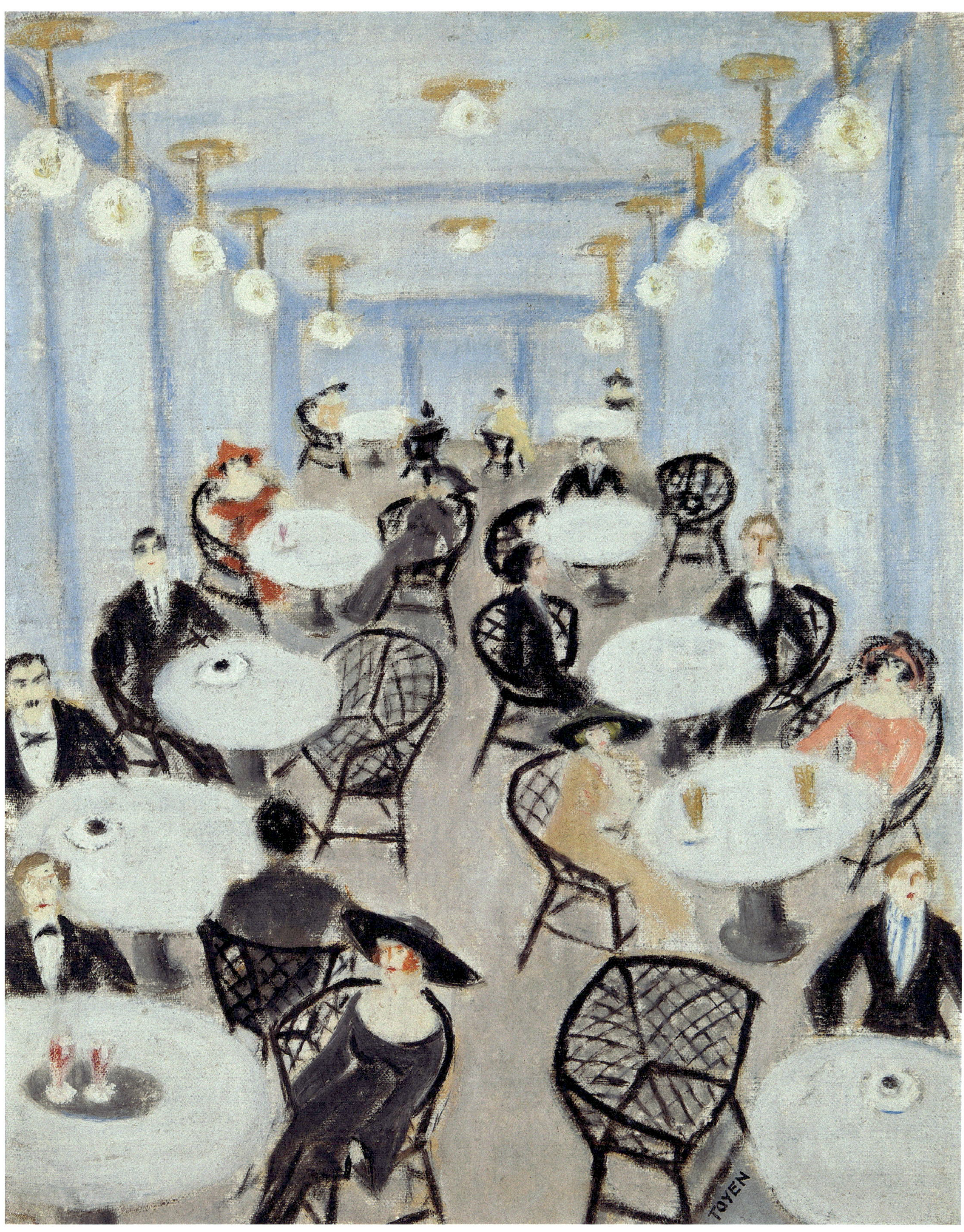

Kat. 52 ***Kavárna / Café***, um 1922
Öl auf Leinwand, 52 × 42 cm
Privatsammlung, Paris

Pseudonym Toyen lässt sich immerhin spekulieren – dank Jaroslav Seifert, der wie so mancher beim Devětsil damals in Toyen verliebt war. In seinen Memoiren aus den 1970er Jahren – Toyen lebte noch – heißt es: »Manka sollte bald ausstellen. Sie wollte es aber partout nicht unter ihrem eigentlichen Namen. Als sie kurz eine Zeitschrift holen ging, schrieb ich in Großbuchstaben TOYEN auf die Serviette.«[9] Die Umbenennung erfolgte angeblich im Prager Národní kavárna (Café National) auf der Národní třída (Nationalstraße), in dem die Devětsil-Mitglieder regelmäßig zusammenkamen. Seifert widersprach der verbreiteten These, dass »ihr Name auf das französische ›citoyen‹ zurückgehe. Das mag zwar plausibel klingen, aber es stimmt nicht«.[10] Toyen versuchte Seifert offenbar abzuschütteln: »Wir waren jung, schöne, elegante Fräuleins gefielen uns, und Toyen beteuerte immer wieder, auch ihr sei diese Sünde nicht fremd. Ich glaube aber, das war nur Spiel und gehörte zu der von ihr so gern betriebenen männlichen Selbststilisierung.«[11] Nezval und Teige hingegen äußern sich zum Ursprung des Pseudonyms Toyen merkwürdigerweise nicht; beide hätten reichlich Gelegenheit gehabt, das Geheimnis zu lüften. Seiferts Erklärung bleibt somit eine von vielen Möglichkeiten.

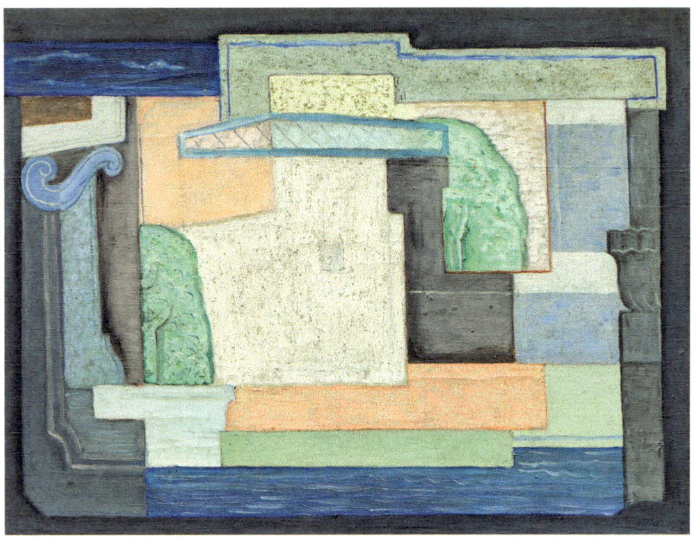

Abb. 53 Jiří Jelínek (Remo, 1901–1941), ***Nábřeží / Ufer,*** 1923
Öl auf Leinwand, 47 × 63 cm
Nationalgalerie Prag

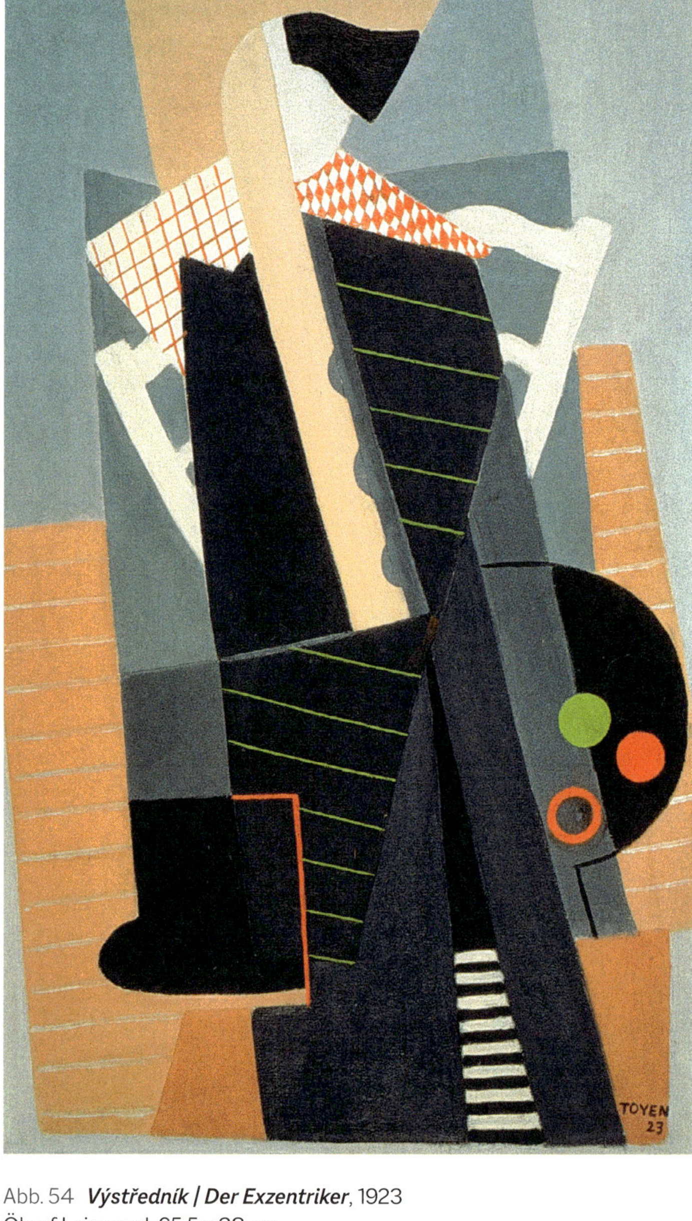

Abb. 54 ***Výstředník / Der Exzentriker***, 1923
Öl auf Leinwand, 65,5 × 38 cm
Privatsammlung

Im November 1923 fand der *Basar der modernen Kunst* statt, eine groß angelegte Ausstellung, auf der sich der Devětsil überwiegend zum Purismus bekannte. Der Kern seiner Mitglieder hatte sich konsolidiert und vereinigte die führenden Vertreter der jungen Generation, die der Gruppierung die gesamten1920er Jahre hindurch die Treue hielten. Toyen zeigte auf dem Basar ausschließlich Ölgemälde, wie aus dem Werkverzeichnis im Katalog hervorgeht. Von Anfang an also präsentierte sie sich als Malerin – anders als ihre Gefährten Štyrský und Remo. Diese schufen neben ihren Gemälden zahlreiche Collagen, Zeichnungen und Illustrationen, die Karel Teige unter dem programmatischen Begriff »Bildgedichte«[12] bekannt zu machen versuchte, im Glauben, die Zeit des Bildes, das man an die Wand hängt, sei vorbei. So konnte durchaus der Eindruck entstehen, dass neben der umfangreichen Kollektion von Werken Štyrskýs und Remos die Arbeiten Toyens untergingen. Welche Gemälde sie ausgewählt hatte, lässt sich nur teilweise rekonstruieren; nach den Angaben in der Werkliste des Katalogs handelte es sich um drei figurale Bilder,[13] zwei Landschaften[14] und zwei Stillleben.[15] Auch wenn die Bilder im Katalog nicht datiert sind, ist davon auszugehen, dass sie in den Jahren 1922 und 1923 entstanden; in den beiden Landschaften lassen sich Anklänge an Toyens Aufenthalt in Kroatien entdecken, und das Bild einer »männlichen Gestalt mit Grenadine« entsprach den damals beliebten Sujets, wie sie sich auch bei anderen jungen Malern und Bildhauern und in den Gedichten Vítězslav Nezvals finden. Die beiden Stillleben und das Bild *Výstředník* (*Der Exzentriker*, Abb. 54) waren zweifellos die in ihrer Gesamtkonzeption modernsten Arbeiten. Die Prinzipien des Purismus greift Toyen hier in sehr freier Weise auf. In einer Stellungnahme zu den Werken, die Toyen auf dem *Basar der modernen Kunst* ausgestellt hatte, grenzte Teige sie im Jahr 1938 scharfsichtig vom Kubismus ab: »Von einer lyrischen Warte aus kann man sie als kubistisch bezeichnen, genauer gefasst: Diese Bilder stehen an der äußersten Grenze des Kubismus, denn sie zielen auf anderes als auf die für den Kubismus in seiner Hochphase charakteristischen Probleme; es geht ihnen nicht um Analyse und neue Bezüge im Raum. Statt von kubistischer Konstruktion könnte man hier von einer Art mise-en-page sprechen: zarte, melancholische und leuchtende Farben, in Formen beschlossen, deren Geometrismus

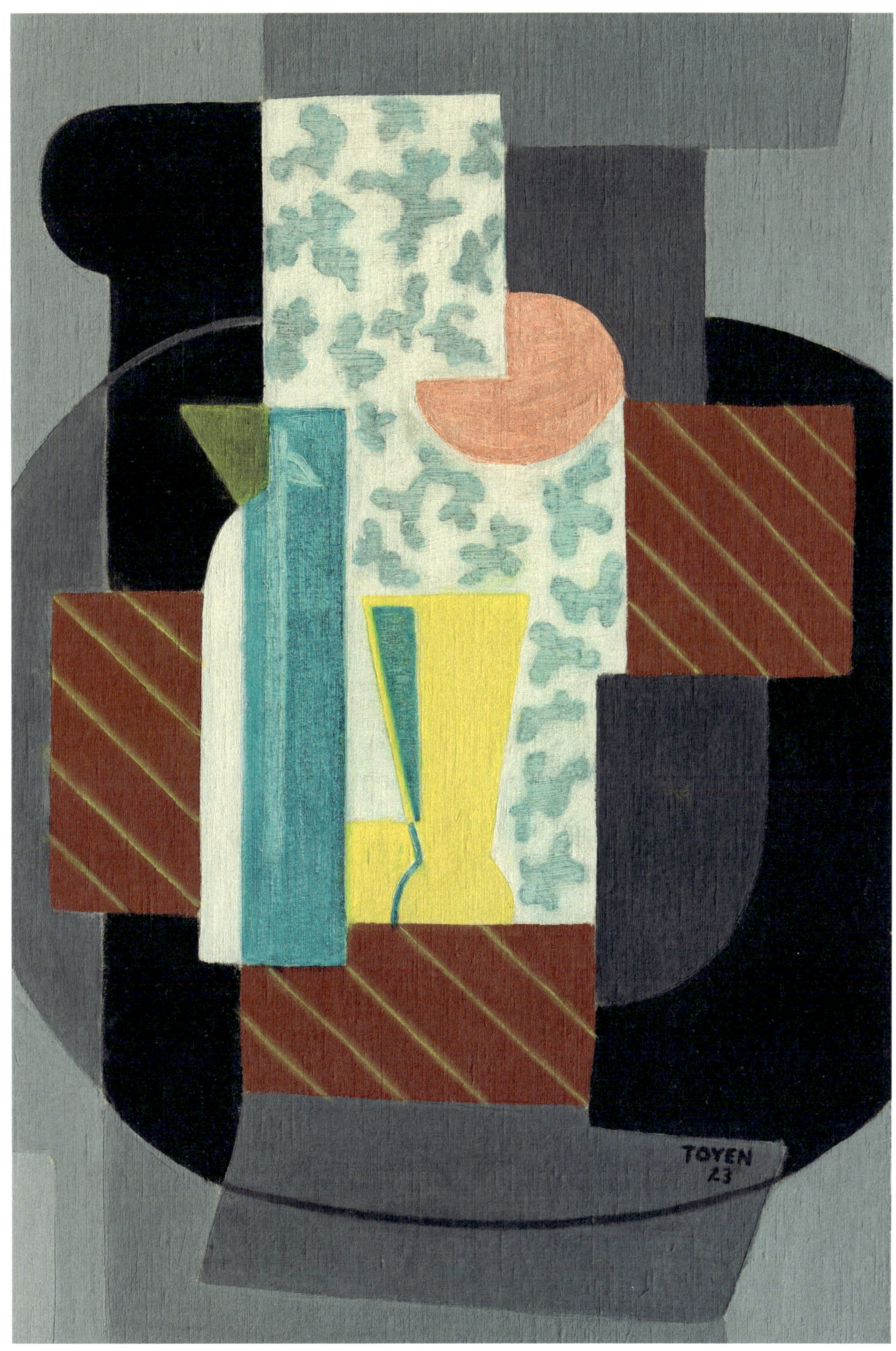

Kat. 55 ***Zátiší (Zmrzlina) | Stillleben (Eiscreme)***, 1923
Öl auf Leinwand, 57 × 40 cm
Privatsammlung, Courtesy Galerie KODL

unverkennbar aus dem Kubismus stammt, zugleich aber wird ihr räumlicher Aufbau – für ein rein kubistisches Bild so wesentlich – ganz und gar aufgegeben, ohne dass sie ins flächig Dekorative abgleiten.«[16]

Dieser Beschreibung entsprach sicherlich Toyens Gemälde *Der Exzentriker* (1923), das schon aufgrund seines Titels zu den interessantesten von Toyen auf dem Basar ausgestellten Bildern zählt. Dieser Titel bezieht sich nicht nur auf das Dargestellte, sondern auf das Bild selbst in seiner exzentrischen Verflechtung spitzwinkliger Flächen. Die stehende Figur wirkt, als hätte sie gerade noch auf dem Stuhl gesessen, dessen Lehne hinter ihr bricht, als hätte sie gerade noch das runde Kaffeehaustischchen vor sich gehabt, das nun parallel zur Bildfläche kippt. *Der Exzentriker* ist auch aus Genderperspektive ein Schlüsselbild: Es ist nicht klar, ob es sich um eine männliche oder weibliche Figur handelt, ob die Künstlerin mit ihr sich selbst meinte bzw. inwieweit sie sich mit ihr identifizierte. Von dieser Ambivalenz zeugt der weiße, ovale Kopf mit dem wehenden schwarzen Haar. Toyen führte schon früh in ihrem Werk einen ambivalenten Figurentypus ein, dessen Geschlecht nicht eindeutig zu bestimmen war. Jaroslav Seifert schrieb kurz nach der Ausstellungseröffnung ein Gedicht mit dem Titel *Exzentriker*, das er am 15. November 1923, also noch während der Ausstellung, in der Zeitung *Rudé právo* (*Rotes Recht*) veröffentlichte. Er ruft darin eine für die gesamte Devětsil-Generation zentrale Figur aus der Commedia dell'arte auf: »Gleich Pierrot halb Licht halb Dunkel das Gesicht«, um in den folgenden Versen konkreter zu adressieren: »Warum so traurig, abenteuerliche Dame, gläserne Trauer gebt in Männerhände [...] Ihr seid mein Zeuge in den Weinpokalen welke Rosenblätter [...] des Lachens Dreier-Maske, o Exzentriker, deckt kaltes Weinen.«[17] Die Anspielung auf Toyen ist hier nicht zu überhören. Nezval, der sich ebenfalls in Toyen verliebt hatte, erinnert sich an Seiferts erfolglose Bemühungen: »Einmal war er für kurze Zeit in Toyen verliebt, schrieb das Gedicht *Miss Gada Nigi*, und mit der Liebe war's vorbei.«[18] Das Gedicht *Miss Gada Nigi* hatte Seifert in der ersten Nummer der Zeitschrift *Disk* (1923) ohne explizite Widmung an Toyen veröffentlicht. Diese Nummer, die auch eine Zeichnung Toyens abdruckte, ihre vermutlich erste veröffentlichte Arbeit, erschien in Zusammenhang mit dem *Basar der modernen Kunst*. Seifert hat beide Gedichte – *Exzentriker* und *Miss Gada Nigi* – in seinen von Karel Teige 1925 typographisch sehr frei gestalteten Gedichtband *Na vlnách TSF* (*Auf den Wellen der drahtlosen Telegraphie*) aufgenommen. Die Titel von Toyens Zeichnung für die Zeitschrift *G* und von Seiferts drittem Gedichtband belegen, wie verbreitet die Abkürzung TSF für Télegraphie sans fils war. Toyen war mit ihrer Titelwahl Seifert sogar noch um ein paar Monate zuvorgekommen.

Der Kontakt zwischen bildenden Künstlern und Dichtern war im Übrigen so eng, dass ihre Arbeiten öfters gleichlautende Titel trugen: Auf dem *Basar der modernen Kunst* zeigte Štyrský die Collagen *Hotel de la Plage* und *Hotel Astoria*, Remo die Collage *Park Hotel*; Jaroslav Seifert schrieb auf seiner gemeinsamen Frankreichreise mit Karel Teige das Gedicht *Hôtel ›Côte d'Azur‹*, ebenfalls enthalten in seinem Gedichtband *Auf den Wellen der drahtlosen Telegraphie*. Auf dem Basar war von Štyrský das Bild *Černý pierot* (*Schwarzer Pierrot*, 1923) zu sehen, in Nezvals Gedichtsammlung *Menší růžová zahrada* (*Der kleinere Rosengarten*, 1926, Abb. 242) findet sich das Gedicht *Bílý pierot* (*Weißer Pierrot*, 1923). Dieser kreative Dialog zwischen Künstlern und Dichtern war ein grundlegendes Element des Devětsil, und er entwickelte sich noch intensiver, nachdem Teige in seinem Aufsatz *Malířství a poezie* (*Malerei und Poesie*), erschienen in der ersten Nummer von *Disk*, den für Artifizialismus und Poetismus fundamentalen Gedanken formuliert hatte, dass ein »Gedicht wie ein modernes Bild zu lesen ist. Ein modernes Bild wie ein Gedicht«.[19]

Nach dem *Basar der modernen Kunst* unterzog Toyen ihre malerischen Grundlagen einer Generalrevision. Keines der auf dem Basar gezeigten Bilder fand Eingang in ihre Monographie von 1938; an deren Anfang setzte Toyen vielmehr eine ihrer frühesten Arbeiten, *Zátiší* (*Stillleben*) von 1921: Dreizehn Fische, in einer ovalen Schale nebeneinander aufgereiht, ziehen mit ihren lebendigen Augen die Aufmerksamkeit sofort auf sich, ein Motiv, das an Francisco de Goya erinnert. Dieser maximalen Vereinfachung der Formen, aus der das damalige Interesse am Primitivismus spricht, folgen vier Bilder in naiver Formensprache aus dem Jahr 1925 – *Benátský karneval* (*Karneval in Venedig*), *Tři tanečnice* (*Drei Tänzerinnen*, Kat. 60), *Přístav* (*Hafen*, Abb. 90) und *Polykači nožů* (*Die Schwertschlucker*, Kat. 62). Sie zeigen uns, dass Toyen in ihrer künstlerischen Entwicklung für kurze Zeit zu den Ausdrucksformen der schon überwundenen Frühphase des Devětsil zurückkehrt, dass sie scheinbar einen Schritt zurück vor den Kubismus macht, in die Jahre 1920 bis 1922, zurück auch zu dem großen Vorbild der jungen

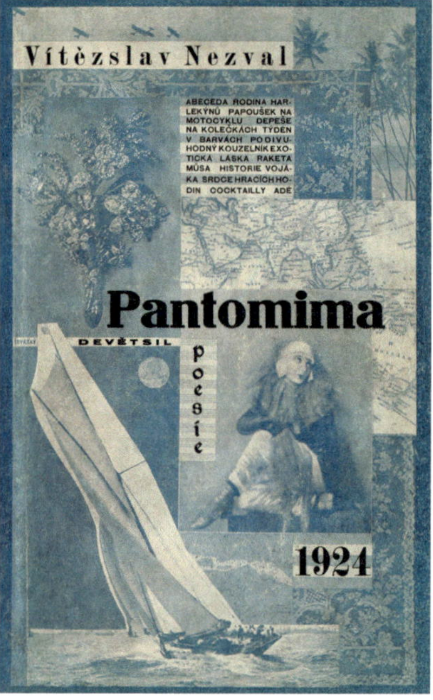

Abb. 56 Jindřich Štyrský, Buchumschlag für Vítězslav Nezval (1900–1958), *Pantomima / Pantomime*, Ústřední studentské knihkupectví a nakladatelství (Studentische Zentralbuchhandlung mit Verlag), Prag 1924
Museum der tschechischen Literatur in Prag

Generation, dem Zöllner Rousseau, dem wir auch in Nezvals Gedichtband *Pantomima* (*Pantomime*, Abb. 56) begegnen. Doch zwischen den Bildern Adolf Hoffmeisters und Karel Vaňkas, die zwischen 1920 und 1922 entstanden und für die Anfangsphase des Devětsil stehen, und den 1924 bis 1926 gemalten Bildern Toyens klafft geradezu ein Abgrund: Während der frühe Devětsil die naivisierenden Verfahren im Kontext der proletarischen Kunst erprobte, ist bei Toyen, wenn sie diese Malweise aufgreift, zugleich eine intellektuelle, aus dem Poetismus Teiges und Nezvals erwachsene Distanz zu spüren.

1924 war für sie ein Jahr der tiefgreifenden Wandlung. Sie verwarf das postkubistische Idiom, das allgemein als Kennzeichen moderner Malerei gilt, und suchte nach einer eigenen künstlerischen Sprache, die ihrem während der ersten längeren Frankreichreise vom Dezember 1924 bis Mai 1925 erwachten Interesse an verschiedenen Aspekten der zeitgenössischen Lebenswelt gerecht werden könnte. Die Reise führte Toyen über Straßburg an die Côte d'Azur, nach Marseille, Sanary, Bandol, La Ciotat, Toulon, Nizza, Monaco, Monte Carlo und schließlich nach Paris (Kat. 63–77). Eine Erklärung, wie es zu dieser Umorientierung kommen konnte, liefert Vítězslav Nezvals Gedichtband *Pantomime*, der im September 1924

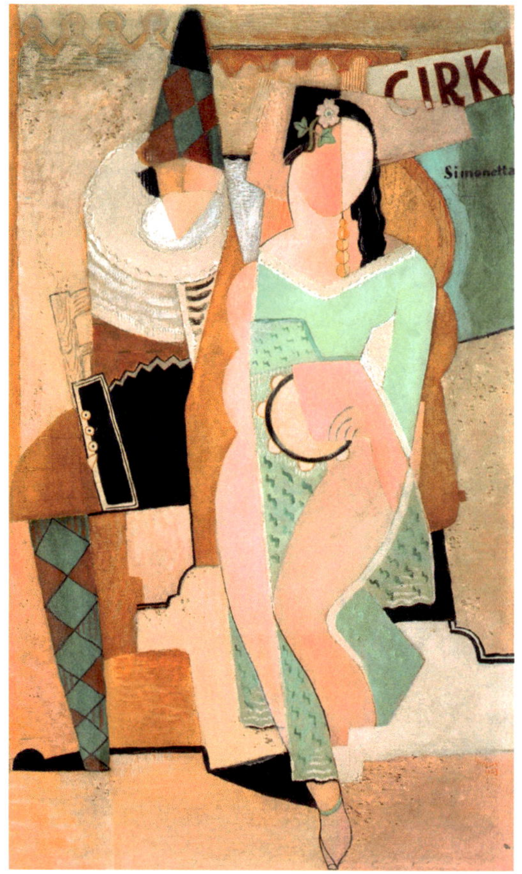

Abb. 57 Jindřich Štyrský,
Cirkus Simonetta, 1923
Öl auf Leinwand, 76 × 46 cm
Privatsammlung

mit einem Umschlag von Jindřich Štyrský und in der typographischen Gestaltung von Karel Teige erschienen war (Abb. 56).

Ein Aspekt des Poetismus, der von Teige und Nezval seit dem Herbst 1923 vehement propagiert wurde und die gesamte Devětsil-Generation so rasch wie möglich erfassen sollte, war die Lebensfreude. Teige erklärte im Juli 1924 in seinem Essay *Poetismus* unverblümt: »Der Poetismus will aus dem Leben einen großartigen Vergnügungsbetrieb machen. Einen exzentrischen Karneval, eine Harlekiniade der Gefühle und Imaginationen, einen filmhaften Rausch und ein Kaleidoskop der Wunder.«[20] Das beflügelte das Interesse der Poetisten an künstlerischen Darbietungen abseits der offiziellen Kultur der Theaterhäuser und staatlichen Galerien. In seinem Gedichtband *Pantomime* hat Nezval die vielfältigen Formen der Unterhaltung und die Stätten der Vergnügungen mit all ihrem Personal vorgeführt: Wandertheater, Panoptikum, Zauberer, Harlekin, Pierrot, Colombine und Komödiant, Zirkus, Varieté und Jahrmarkt, Tänzerin, Pantomime, Karneval, Seiltänzer, Jongleur, Vaudeville, Somnambule, Bauchredner, Krämer, Souffleur, Puppenspieler und Lunapark. Ähnliche Beispiele finden wir zur gleichen Zeit bei Teige. So führt er in seinem Schriftenband *Film* die »Freuden des elektrischen Jahrhunderts« auf: »[...] Zirkus, Varieté, Music Hall, Ballett, Pantomime, Melodram, Kaffehaus-Konzert, Kabarett, Lunapark, Volksfeste, Vorstadt-Dancing, Sport.«[21] Anregungen, so Teige, müsse man dort suchen, wo »Schauspiele geboten werden ohne und außerhalb der Literatur: bei Varieté-Stars, excentric girls, Jongleuren, Sketchen, Clowns, Äquilibristen«.[22] Nur dort »[...] lebt die wahre moderne Poesie, die geschmeidig, elektrisch und alles andere als naturalistisch ist«.[23] Teige fomulierte es noch schlichter, indem er über diese *magic city* erklärte, »sie wäre ganz einfach der Sitz eines unterhaltsamen Rowdytums.«[24]

Štyrský inspirierte Toyen zu ihrer Neuausrichtung nicht nur durch seinen Umschlag für *Pantomime*, sondern auch durch sein Gemälde *Cirkus Simonetta* (1923, Abb. 57). Es war das erste der in dem Gedichtband abgedruckten Bilder und außerdem auf dem *Basar der modernen Kunst* zu sehen gewesen. Štyrský hatte als Einziger des Dreigespanns an der *Pantomime* mitgearbeitet, einer Gedichtsammlung, die zugleich das gemeinschaftliche Bekenntnis einer Generation darstellte. Nezval widmete Toyen darin das Gedicht *Týden v barvách* (*Eine Woche in Farben*), Remo den *Pierot-cyklista* (*Pierrot als Radfahrer*). Die in *Pantomime* eingeklebten Repros erhellen die beginnende Wende in Toyens Schaffen. Vor allem drei Themenkreise sind es, die Einfluss ausgeübt haben auf Toyens neue Bildfindungen: erstens die Fotografien der drei Clowns aus dem Zirkus Medrano, der Brüder Paul, François und Albert Fratellini, die am Beginn der 1920er Jahre die Herzen der Pariser Intellektuellen im Sturm eroberten; zweitens zwei Vorkriegsbilder von Marie Laurencin (*Hotel de la Marine*, 1912, Abb. 58, und *Les sirènes* (*Sirenen*), 1920), einer Künstlerin, über die sich der Devětsil immer noch mit Guillaume Apollinaire verbunden wusste; drittens eine indische Miniatur, die in ihrer schematischen, umrisshaften Darstellung eines halbnackten Mädchenkörpers und den vereinfachten räumlichen Ebenen Toyen den Weg zu ihren Bildern aus den Jahren 1924 und 1925 wies. Auch wenn Toyen an dem Band *Pantomime* nicht mitgewirkt hatte, wie übrigens auch nicht an der dem Devěstil gewidmeten Mai-Nummer von *Veraikon*, so wurden ihre Arbeiten in thematischer Hinsicht von den Bildern Marie Laurencins vertreten: Das betraf zum einen die Namen beliebter Bars und Kaffeehäuser, die direkt ins Bild hineingeschrieben wurden – Toyen knüpfte 1925 mit ihrem *Přístav* (*Hafen* [*Café de la Marine*]) an Laurencins Werk *Hotel de la Marine* an –, zum anderen die Szenen lesbischer Erotik, zu denen Toyen durch Laurencins umfangreichen *Sirenen*-Zyklus angeregt worden war. Die Gedichtsammlung *Pantomime* wirkte also in dreifacher Hinsicht inspirierend auf Toyen; das zeigte sich während ihrer Parisreise zum Jahreswechsel 1924/25. Neu in ihrem Schaffen sind das Sujet der Volksvergnügungen, die vereinfachende Stilisierung, wie sie für indische und persische Miniaturen typisch ist, sowie die freizügigere Behandlung erotischer Themen.

Noch vor Toyens Abreise schrieb Nezval einen Lexikonartikel über sie für *Masarykův slovník naučný* (*Masaryks Gelehrten-Lexikon*), an dem er kurze Zeit als Redakteur mitwirkte. Der erste Band A–C erschien 1925. Toyen dürfte somit eine der ersten europäischen Avantgarde-Künstlerinnen sein, die in dieses bedeutende

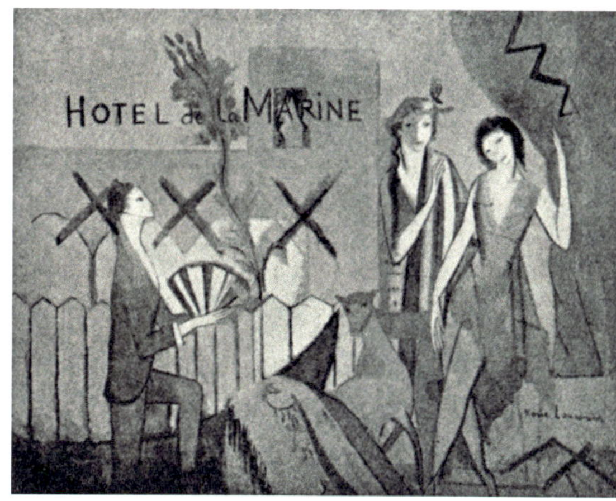

Abb. 58 Marie Laurencin (1883–1956),
Hotel de la Marine, 1912
Reproduziert in: Vítězslav Nezval, *Pantomima / Pantomime*, Prag 1924

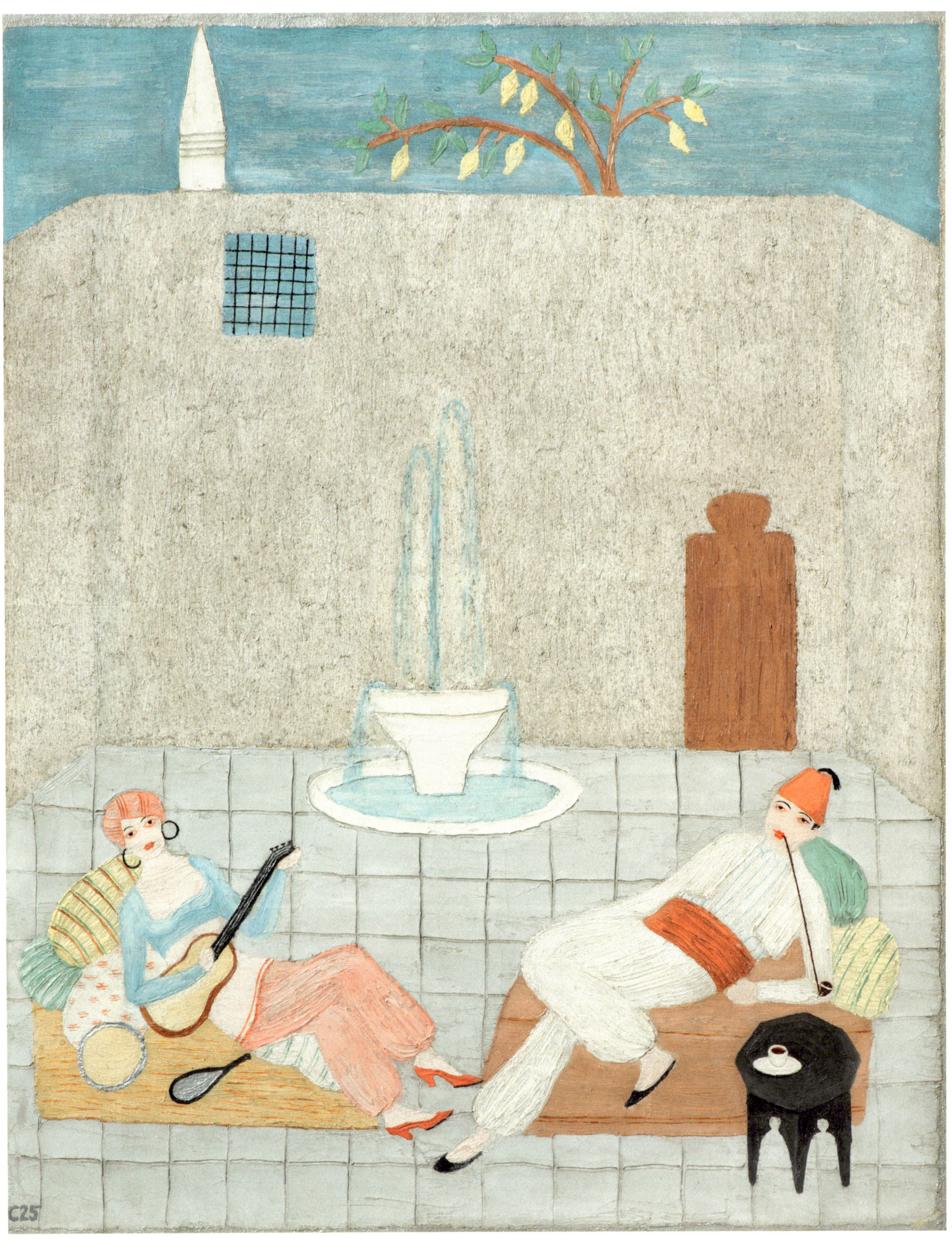

Abb. 59 ***Harém / Harem***, 1925
Öl auf Leinwand, 50,5 × 40,5 cm
Privatsammlung

Universallexikon der Zwischenkriegsjahre aufgenommen wurde, obwohl sie damals als Künstlerin noch unbekannt war und lediglich die Beteiligung an der in Brünn (Brno) und Prag gezeigten Devětsil-Ausstellung aufweisen konnte. Nezvals Lexikonartikel stellt, nach Richters Schilderungen, das zweite bedeutsame Zeugnis zu Toyen dar, in dem die Künstlerin noch unter ihrem eigentlichen Namen Marie Čermínová erscheint: »Čermínova, M., Pseud. Toyen, 21.9.1902, tschechische Malerin, Mitglied des Devětsil, einzige tschechische Nachkriegsmalerin, deren Modernismus jenseits des Kubismus europäischen Rang erlangt hat. Bei ihr verbinden sich Zartheit mit Exzentrik, raffinierter Zauber mit bizarrer Phantasie, die reine Form mit magischer Improvisation. Werke: *Der Exzentriker* (aus einer kurzen kubistischen Phase), *Pohřeb v Sorrentu* (*Begräbnis in Sorrento*), *Benátky* (*Venedig*), *Tři králové* (*Die drei Könige*), *Čínaňky* (*Chinesinnen*), *Babylonský král* (*Babylonischer König*).«[25] Als Nezval in seinem 1930 für die Zeitschrift *Eva* verfassten Artikel über Toyen auf seine kurze Mitarbeit an *Masaryks Gelehrten-Lexikon* zu sprechen kam, vergaß er nicht, seine zweifellos ungewöhnliche Tat hervorzuheben: »[Ich schrieb] den Eintrag und nutzte dafür so viele Zeilen, wie sie, wenn auch nicht Rembrandt, so doch immerhin Gauguin und Renoir zugestanden wurden. [...] Es kam zum Skandal. Die Presse hat mir meine Voreingenommenheit für die Freundin nicht verziehen. Mich hat das nicht bekümmert und heute bin ich gerechtfertigt.«[26] Nezval hatte kurz entschlossen gehandelt. Er konnte nicht warten, bis das Lexikon viele Jahre später beim Buchstaben T angelangt wäre, und führte Toyen unter ihrem richtigen Namen an, den sie freilich 1923 schon abgelegt hatte. Nezval wies in seinem Lexikoneintrag direkt auf die markante Wende in ihrem Werk hin, die Toyen selbst in keiner ihrer Ausstellungen in der Zwischenkriegszeit in Prag thematisierte.

Sein Eintrag ist in dreierlei Hinsicht bedeutsam: Er macht das Pseudonym öffentlich, das Toyen künftig beibehalten wird, auch wenn sie manche der gerade 1924 und 1925 entstandenen Bilder noch mit »M.C.« oder »C« signierte. Er beschreibt den stilistischen Umbruch in ihrer Malerei in Abgrenzung zum Kubismus; und er nennt Titel von Werken, die bis heute verschollen sind, und gibt uns auf diese Weise Einblick in ihre Sujets. In seiner Monographie von 1938 merkt Nezval an: »In den schönen opalenen Mädchen der frühen primitivistischen Bilder Toyens gewinnt die Erinnerung an den kindlichen Traum von China, Indien, Ägypten Gestalt, eine berauschende Erinnerung an den Traum von Tabakfeldern ...«[27] Viele dieser Bilder schuf Toyen zwischen Mitte 1924 und Mitte 1925. Während dieser Zeit verbrachte sie fünf Wochen in Italien (Abb. 13–22) und mehrere Monate in Frankreich und konzentrierte sich insbesondere auf einen Aspekt des poetistischen Programms: die Kunst zu leben und zu genießen. Das Themenspektrum in dieser Phase ist breit. Aus dem Jahr 1925 bekannt sind die Bilder *Die Schwertschlucker* (Kat. 62), *Svázaná – rozvázaná* (*Gefesselt – entfesselt*), *Die drei Könige* (Kat. 61), *Benátský karneval* (*Karneval in Venedig*), *Drei Tänzerinnen*, *Raj černochů* (*Paradies der Schwarzen*, Kat. 146), *Tanečnice* (*Tänzerinnen*), *Harém* (*Harem*, Abb. 59), *Hafen* (*Café de la Marine*), *Cirkus* (*Klauni*) (*Zirkus* [*Clowns*]). Weitere Titel nennt Nezval in seinem Lexikoneintrag, wie *Begräbnis in Sorrent*, *Chinesinnen* und *Babylonischer König*. Thematisch und formal wegweisend mochte für Toyen Štyrskýs *Loutkář* (*Puppenspieler*) von 1922 gewesen sein. Die meisten der genannten Werke präsentierte Toyen auf der gemeinsamen Pariser Ausstellung mit Štyrský in der Galerie d'Art contemporain, datierte sie allerdings auf das Jahr 1920[28] zurück und stellte sie somit chronologisch ihren artifizialistischen Werken voran und in die Anfangszeit ihres Schaffens, aus der so gut wie keine Bilder überliefert sind. Womöglich wollte sie verwischen, dass diese Werke ihren aktuellen Arbeiten unmittelbar vorausgegangen waren. Gemälde wie *Drei Tänzerinnen* oder *Karneval in Venedig* sind zentral für ihr Schaffen in der Mitte der 1920er Jahre. Toyen entzog sich, anders als ihre Devětsil-Kollegen Josef Šíma, Jindřich Štyrský und Remo, Teiges bilderstürmerischen Vorgaben. Sie hielt als Einzige am Bild fest, während die anderen Maler dem programmatischen Druck Teiges nachgaben und die Malerei zumindest für einige Wochen einstellten, um sich mit dem Bildgedicht zu beschäftigen und experimentell auszuloten, welche Möglichkeiten es noch gibt, Bilder zu erschaffen.

Toyens Werke aus dieser Schaffensphase als naivisierend zu bezeichnen oder sie dem Primitivismus zuzuordnen, wäre nicht zutreffend. Sie sind klar und übersichtlich gegliedert in ihrer Komposition und beruhen auf einem fest umrissenen Grundkonzept, dem zufolge sich realistische Details und Flächen verbinden. Gegensätzliche Verfahren verwebt Toyen zu einem organischen Ganzen. Mittels gebannter Blicke und leerer Stühle zieht sie den Betrachter unmerklich in die dargestellte Szene hinein, macht ihn gewissermaßen zu einem Mitakteur im Bildgeschehen, der drei halbnackte Tänzerinnen in einem Pariser Kabarett bestaunt oder sich inmitten von »Schauspielern« in einem venezianischen Palazzo oder in einer Gondel befindet.

In den ausgelassenen, witzigen Bildern aus den Jahren 1924 und 1925 greift Toyen die verschiedensten Formen öffentlicher Vergnügungen auf, etwa in den *Drei Tänzerinnen*: Das Gemälde ist inspiriert vom Pariser Kabarett mit seinen halbnackten Mädchen und von den Hauptdarstellern aus den Grotesken der Stummfilmzeit – Letztere finden wir als Verehrer mit Blumensträußen in der Hand auf kleinen Stühlen am unteren Bildrand platziert. Ein weiteres Beispiel ist *Karneval in Venedig* mit seinen zahllosen Masken, unter denen wir auch die Hauptfiguren der Commedia dell'arte entdecken. Sie behalten den Bildbetrachter von der Frontfassade eines venezianischen Palazzo aus im Blick, fahren in Gondeln vorüber, auch einer schwarzen Trauer-Gondel, eine Anspielung auf die Verbindung von Venedig und Tod, die bei den Dichtern des Devětsil immer wieder eine Rolle spielt. Im gleichen Jahr entstanden wie *Karneval in Venedig*, thematisiert auch Konstantin Biebls Gedicht *Šperk* (*Kleinod*), das am 8. Februar in der Zeitschrift *Národní osvobození* (*Die nationale Befreiung*) erschien, die Erinnerung an eine Tote vor der Kulisse Venedigs: »Ich streich euch mit der Hand durchs Haar / im Wehmutslicht des Mondes / das schwarze Haar aus Eben / Saiten zu Klang erweckt – der Sarg wiegt sich im Wellenschlag / ihn kränzt das Morgenrot mit Rosen.«[29] Auf einen spielerischen volkstümlichen Brauch verweisen *Die drei Könige*. Im oberen Teil des Bildes sehen wir die Geburt Christi, die Krippe gerahmt von kleinen Engeln mit weiblichen Brüsten, unter den Königen, gleichsam als bildgewordene Antithese, eine Geisha in einer Sänfte, umgeben von sehr markanten Figuren: einem Zeitungsverkäufer und einem Trommler links, einer nackten Tänzerin und einem Portier mit Gepäckstücken rechts; auf einen der Koffer hat Toyen ihre Signatur gesetzt. Manche der Bilder wurden überhaupt das erste Mal in der zweiten Hälfte der 1960er Jahre zusammen mit Werken von Jindřich Štyrský auf einer von Věra Linhartová und František Šmejkal kuratierten Ausstellung in Prag gezeigt. Wichtig für Toyens weitere Arbeiten ist die hier ausgeführte Konstellation der Formen, wie zum Beispiel die lichten Körper der drei Tänzerinnen oder die mit einer einfachen gezeichneten Linie geschaffenen Türöffnungen, die gelegentlich auch in ihrem Spätwerk noch erscheinen.

Die Frühphase des Devětsil war geprägt von einem großen Interesse an Asien, Afrika und Amerika. Štyrský hatte bereits auf dem *Basar der modernen Kunst* sein Gemälde *Čínská krajina* (*Chinesische Landschaft*) ausgestellt; von China angezogen fühlte sich ebenso Karel Schulz in seiner Erzählung *Muž se 100 tvařemi* (*Der Mann mit den 100 Gesichtern*): »In den engen Gassen brennen Lampions, beleuchten Scharen von Chinesen in blauen Blusen mit gläsernen Knöpfen.«[30] Auch Toyens *Die drei Könige* spielen auf den

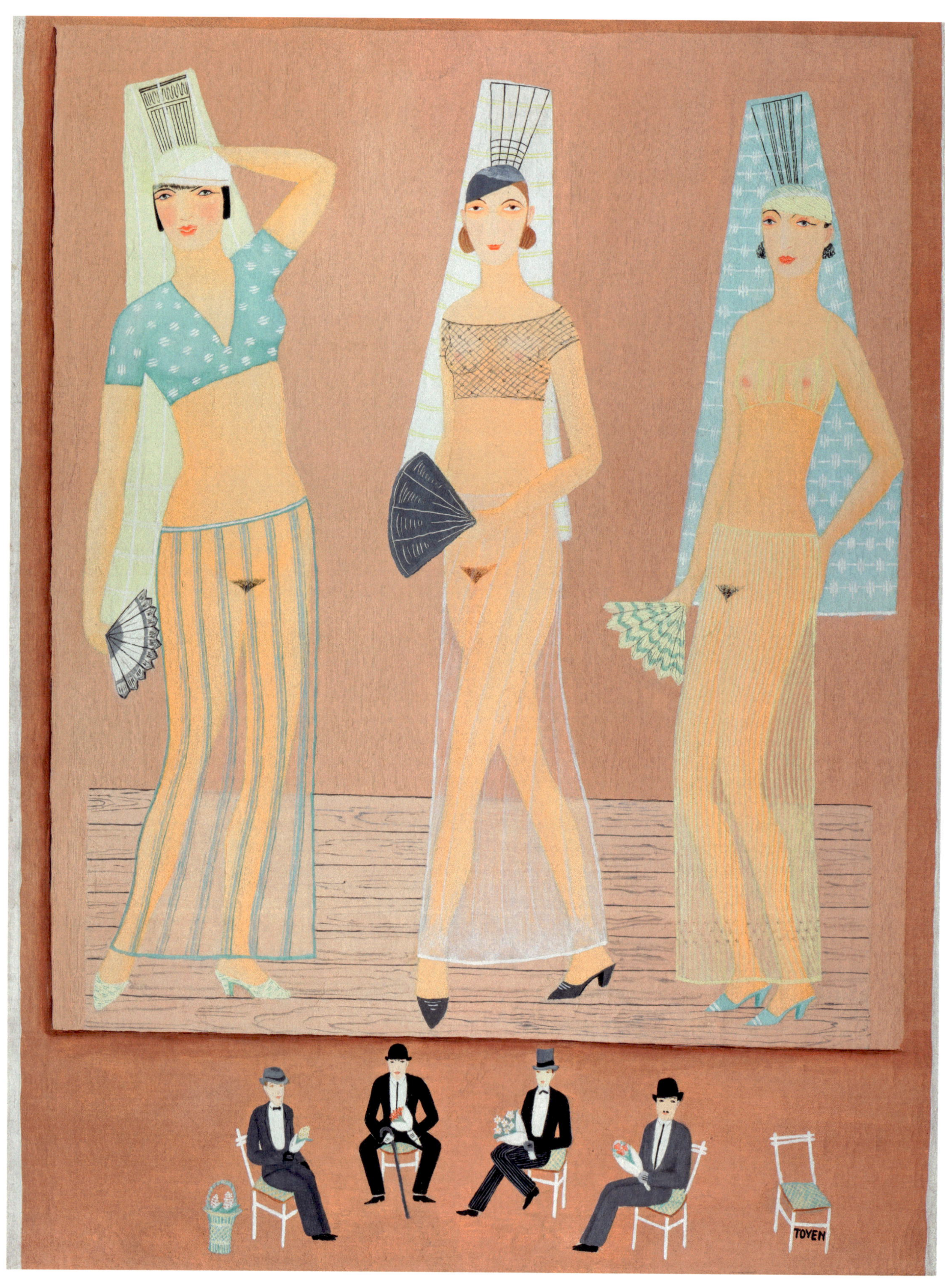

Kat. 60 ***Tři tanečnice / Drei Tänzerinnen***, 1925
Öl auf Leinwand, 77 × 69,5 cm
Nationalgalerie Prag

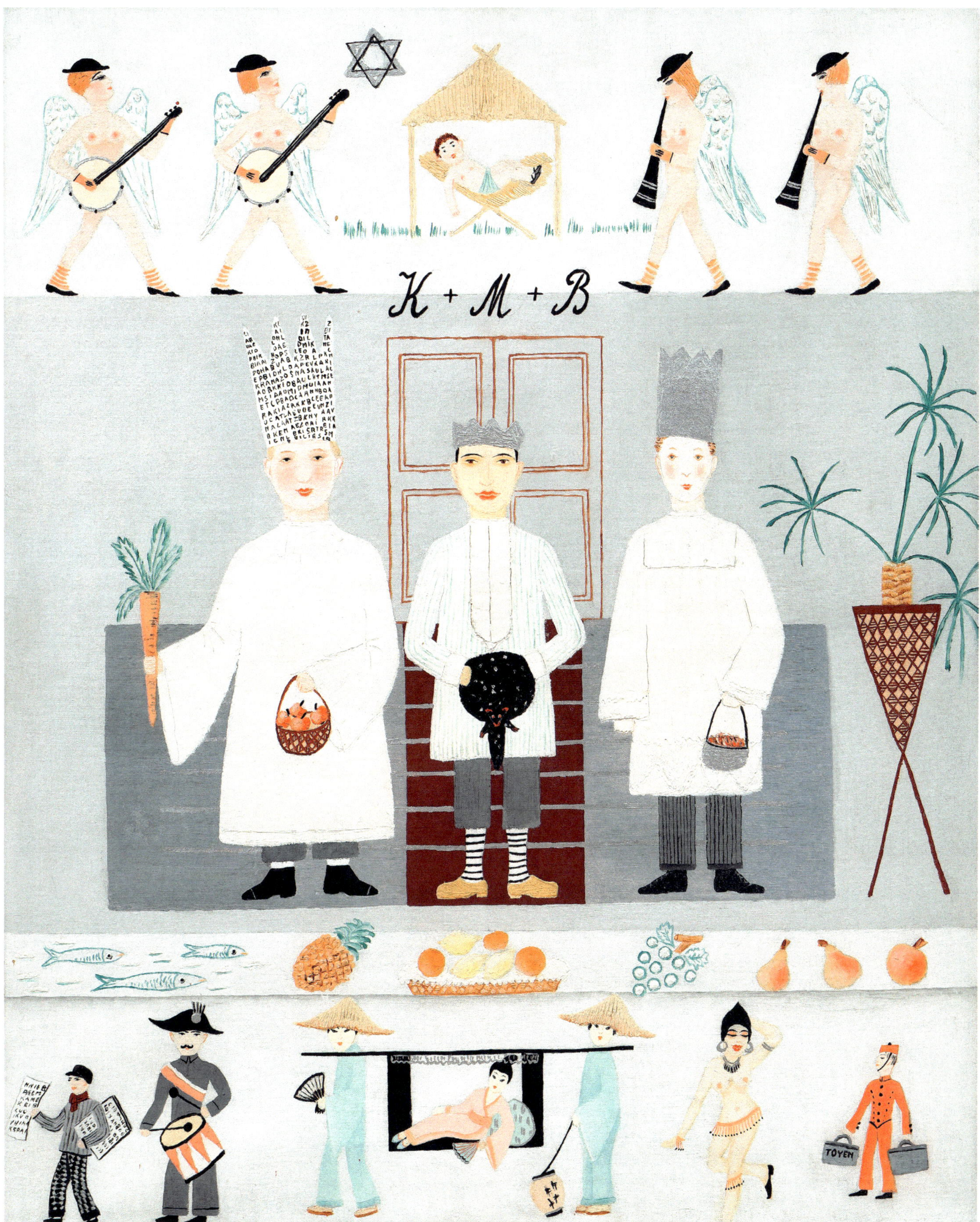

Kat. 61 ***Tři králové | Die drei Könige***, 1925
Öl auf Leinwand, 59 × 49 cm
Privatsammlung, Courtesy Galerie KODL

Orient an. Vermutlich hatten die Pariser Nachtlokale bei einigen Devětsil-Mitgliedern diese Vorliebe befördert. So heißt es bei František Halas in *Pathé Baby*: »Im Café de la Rotonde lockt mit schiefen Augen Fu-Sang / die Grisette Mimna auf schiefe Bahn / beflüstert sie erst, umarmt sie dann sacht / und sie lieben sich durch die ganze Nacht.«[31] Unter Toyens frühen Bildern finden wir mehrere erotische Gruppenszenen. So bezieht sich das 1925 entstandene Gemälde *Das Paradies der Schwarzen* auf einen afrikanischen Kult, der nach 1922 insbesondere von den Dichtern des Devětsil aufgegriffen wurde. Die freizügigen erotischen Szenen, die unter Palmen spielen und verschiedenste sexuelle Praktiken darstellen, überführten die imaginierten afrikanischen Schauplätze als Tableaux vivants in die Kulissen der Pariser Nachtlokale. Jaroslav Seifert erinnert sich in Bezug auf Toyen: »Solange sie noch in Prag lebte, war sie oft traurig / und wir alle haben sie geliebt. / Manchmal zeichnete sie mir mit Tusche / ausgelassene, nackige Afrikanerinnen / auf rosa Seide.«[32] Auch in ein spätes, Toyen gewidmetes Gedicht integriert Seifert das Afrika-Motiv: »Auf den Boulevards aber sah ich die Afrikanerinnen von Paris. / Sie glichen Sommernächten / die Sterne im Haar tragen. / Ihre Beine waren fest und lang / wie die Schäfte der Sonnenblumen.«[33] Ähnliche Erfahrungen im Pariser Ambiente spiegeln sich in den Gedichten von František Halas, der sich von Februar bis September 1925 in der französischen Metropole aufhielt und oft mit Štyrský und Toyen zusammenkam. In *Miluji černošku* (*Ich liebe eine Afrikanerin*) heißt es: »Ich liebe eine Afrikanerin / mit Brüsten fest und schwarz / wie der Probierstein des Goldschmieds / Küsse aus Liebe sind Küsse aus Gold / ihr Wert verfällt nicht und nicht einer ist falsch / hinter ihren dunklen Gipfeln träum ich / von einem tiefdunklen Sahara-Gebirge / Numbo – Num hat schwarze Brüste / Brüste schwarz wie des Goldschmieds Probierstein hat sie / o goldene Brüste dem schwarzen Samt treu / Küsse aus Liebe sind Küsse aus Gold.«[34]
In seinem Gedicht *Kosmopolitní květena* (*Kosmopolitische Flora*) besingt Halas eine Afrikanerin, eine Japanerin, eine Chinesin, eine Italienerin und eine Javanesin.

Die dritte Gruppenausstellung, an der Toyen sich beteiligte, fand in Paris statt. Es handelte sich um das groß angelegte internationale Projekt *L'Art d'aujourd'hui* (1925, Kat. 89), bei dem die Tschechoslowakei durch drei in Paris lebende Künstler vertreten war: Josef Šíma, Jindřich Štyrský und Toyen, die zwei Bilder einreichte: Kat.-Nr. 223 *Le Cirque* (*Zirkus*), dessen ursprünglicher Titel nach einem Vermerk auf dem Blindrahmen offenbar *Klauni* (*Clowns*) lautete, in der Monographie von 1938 war es dann umbenannt; und Kat.-Nr. 224 *Le Port* (*Hafen*). Das Gemälde *Hafen* nahm, anders als das ebenfalls 1925 entstandene Werk gleichen Titels, *Le Port* (*Café de la Marine*) (*Der Hafen* [*Café de la Marine*]), das Segelschiffe vor Anker und Überseedampfer zeigt, keinen Bezug mehr auf die Poesie der Ferne und die Bildgedichte. Es verschrieb sich schon ganz der postkubistischen Verschränkung abstrakter Flächen.
In *Zirkus* hatte Toyen noch einmal das vom Poetismus so sehr protegierte Thema der Volksvergnügungen aufgenommen – galt doch Karel Teiges Interesse weiterhin ungebrochen dem Clown als dem einzig wahren Künstler. Remo allerdings hatte bereits Anfang 1924 in seinem Essay *Situace na počátku roku 1924* (*Die Situation Anfang 1924*) dafür plädiert, zwischen einem Clown als Vorbild und einem echten Clown zu unterscheiden: »Einen Liebesbrief zu bekommen, ist schöner als – Gedichte zu lesen; ein Feuerwerk in einer venezianischen Nacht, Lichtreklame als – Bilder; Abenteuererlebnisse als – Kino; Tanzen als – dem Tanz zuzusehen; Pierrot sein im Karneval als – alle Pierrots von Picasso.«[35]

Die figuralen Formen und die abstrakten Flächen haben sich im Gemälde *Zirkus* bereits so weit verselbstständigt, dass Toyen zwischen beiden nur einige wenige unverzichtbare Verbindungen andeutet: Die kreisrunde Zirkusarena steht parallel zur Bildfläche, über die eine Linie mit einer fernöstlichen Seiltänzerin führt.
Als Form besteht sie fast für sich allein; die Artisten darin sind frei verteilt. In *Zirkus* reizt Toyen das Spielerisch-Ungebundene sichtlich aus, ähnlich wie Vladislav Vančura in seinem 1925 erschienenen Roman *Rozmarné léto* (*Ein launischer Sommer*).

Der Stilwandel, der sich bei Toyen 1925 vollzog, zeigt sich in *Hafen*, dem anderen der beiden Bilder, mit denen sie auf der *L'Art d'aujourd'hui* vertreten war. Mit *Zirkus* endet eine Schaffensphase, die neue Version des Hafen-Sujets hingegen kündigt einen Aufbruch in eine andere Richtung an. Das Charakteristische dieses Gemäldes besteht in seiner höchst durchdachten Verschränkung der Flächen – genau das wird für die kommenden Jahre wegweisend sein. Bei der Ausstellung *L'Art d'aujourd'hui* wurde Toyen offenbar eines bewusst: Damit sich ihre Arbeiten in der zeitgenössischen europäischen Malerei würden behaupten können, müsste sie eine eigene künstlerische Sprache entwickeln. Daran hat sie gemeinsam mit Jindřich Štyrský ab Anfang 1926 gearbeitet.

1 Hans Richter (Hg.), *G. Material zur elementaren Gestaltung*, 1924, Nr. 3, Juni, S. 28.

2 Toyen besuchte das ehemalige Jugoslawien auch 1923 und 1924 und blieb im Frühjahr und Sommer mehrere Monate dort.

3 Vítězslav Nezval, Zur Ausstellung von Štyrský und Toyen, zit. nach: ders., *Manifesty, eseje a kritické projevy z poetismu (1921–1930)* (*Manifeste, Essays und Kritiken aus der Zeit des Poetismus [1921–1930]*), hg. von Milan Blahynka, Prag 1967, S. 216. – »Dívka, která již v dětství pohoršuje obyvatele domu, na jehož čerstvou omítku kreslí krásné hlavy, pozoruje ze své lodičky jinocha, jenž celé hodiny maluje záď nějakého kostela u moře.«

4 Karel Honzík, *Ze života avantgardy*, Prag 1963, S. 48. – »Jeden z nich, malíř Remo-Jelínek, se podobal Polynésanu z Gauguinových obrazů, ovšem oděný nikoliv v pareo, ale v evropské šaty. Druhý, malíř Jindřich Štyrský, dlouhé tváře a hlubokých modrých očí, měl ve svém výrazu zvláštní vytržení, skoro vizionářské. Při andělském úsměvu odhaloval zle vykotlané zuby.«

5 Ebd., S. 50. – »Remo, Štyrský a Toyen tvořili nerozlučnou a velmi nápadnou trojici. Remo vysoké postavy, hlavu hladce oholenou, s ostře řezanými rysy oceánského Maora, nějakou rudou šálu omotanou kolem šíje. Štyrský v rádiovce a předlouhém raglánu, se zasněným úsměvem a blankytným pohledem. Toyen v kostýmku s mužským sakem, mužskou košilí, s rádiovkou na hlavě, zpravidla ruce v kapsách, případně i cigaretu v koutku úst. Její nedbalá, kolébavá chůze jako by říkala: Nezáleží mi na tom, co si o mně myslíte.«

6 Ebd. – Das Tschechische unterscheidet, wie alle slawischen Sprachen, im Partizip der Vergangenheitsform je nach Genus des Subjekts eine maskuline, feminine und neutrale Form. Toyen als Frau hätte eigentlich sagen müssen: byla jsem [in wörtlicher Übertragung: bin gewesene = ich war, ich bin gewesen], řekla jsem [bin gesagt habende = ich sagte, habe gesagt], Anm. d. Ü.

7 Vítězslav Nezval, *Z mého života* (*Aus meinem Leben*), Prag 1959, S. 130. – »Jednoho dne mě navštívil veliký hoch mírně negerského vzhledu a přinesl mi do bytu několik prací Jindřicha Štyrského a několik svých vlastních.«

8 Ebd. – »Byla to podivuhodná lidská i umělecká trojice. Štyrský byl její duší a jejím ženským prvkem, neboť Toyen, která se šatila po jistý čas jako kluk, odmítala, když mluvila o sobě, používat ženskou koncovku, aby tak manifestovala svou lidskou a uměleckou rovnoprávnost. Říkala ›já byl‹, byla statečná a předcházela ji pověst, že jednou roztrhala a snědla nějaký komunistický dokument, když hrozilo nebezpečí, že bude u ní nalezen. Nesnášela narážky, že by mezi ní a Štyrským mohly být jiné vztahy než kamarádské, a dovedla je posupným tónem odmítat.«

9 Jaroslav Seifert, Slečna Toyen (Fräulein Toyen), in: ders., *Všecky krásy světa* (*Alle Schönheiten der Welt*), Prag 1982, S. 343. – »Manka měla před výstavou. A nechtěla za nic vystavovat pod svým jménem. Když na chvíli odešla pro nějaký časopis, napsal jsem na ubrousek velkými písmeny TOYEN.«

10 Ebd. – »[…] její jméno vzniklo z francouzského ›citoyen‹. Zdá se to sice pravdě podobné, ale není tomu tak.«

11 Ebd., S. 346. – »Byli jsme mladí, líbily se nám krásné, elegantní slečny a Toyen nás ujišťovala, že má tentýž hřích. Myslím však, že to byla jen hra a část její mužské autostylizace, ve které si ráda libovala.«

12 Die von ihnen verwendeten Techniken gibt der Katalog mit »akv.[arel] + lep.[t]« an, also Aquarell und Radierung.

13 Kat.-Nr. 170 *Výstředník* (*Der Exzentriker*), Kat.-Nr. 172 *Žena* (*Frau*), Kat.-Nr. 173 *Muž s grenadinou* (*Mann mit Grenadine*).

14 Kat.-Nr. 168 und 169.

15 Kat.-Nr. 171 und 174.

16 Karel Teige, Doslov (Nachwort), zit. nach: ders., *Jindřich Štyrský a Toyen* (*Jindřich Štyrský und Toyen*), Prag 1938, S. 191. – »Z hlediska lyrického je lze označit jako kubistické: Přesně řečeno: tyto obrazy byly již na samé hranici kubismu, jsouce zacíleny jinam než k problémům, které jsou charakteristické pro zralou periodu kubismu. Problém rozboru a nové vazby prostoru se jich netýká. Místo o kubistické konstrukci mohli bychom u těchto obrazů mluvit o jisté mise-en-page: něžné, nyvé a svítící barvy, uzavřené ve formách, jejichž geometrismus je evidentně kubistického původu, kde však prostorová strojba, tak podstatná pro ryzí kubistické obrazy, byla již zcela opuštěna, aniž tu nastalo nebezpečí plošné dekorace.«

17 Jaroslav Seifert, *Výstředník* (*Der Exzentriker*), zit. nach: ders., *Na vlnách TSF* (*Auf den Wellen der TSF*), in: *Dílo Jaroslava Seiferta* (*Jaroslav Seifert – Werke*), Bd. 2, hg. von Jiří Brabec, Prag 2002, S. 29–30. – »Podoben pierotu půl tváře světlo půl tmy […] Proč jste tak smutná dobrodružná dámo, svůj smutek ze skla svěřte rukam může […] Vy jste mi svědkem v pohárech vína zvadlé lístky růže […] studený pláč pod trojí maskou smíchu ó výstředníku.«

18 Nezval 1959 (wie in Anm. 7), S. 110. – »Jednou se na krátký čas zamiloval do Toyen, napsal básničku Miss Gada Nigi a bylo po lásce.«

19 Karel Teige, *Malířství a poezie* (*Malerie und Poesie*) (1923), zit. nach: *Avantgarda známá a neznámá* (*Avantgarde – bekannt und unbekannt*), Bd. 1, hg. von Štěpán Vlašín, Prag 1971, S. 495. – »Báseň se čte jako moderní obraz. Moderní obraz se čte jako báseň.«

20 Karel Teige, *Poetismus* (*Poetismus*) (*1923*), zit. nach ebd., S. 557. – »Poetismus chce udělat ze života velkolepý zábavní podnik. Excentrický karneval, harlekynádu citů a představ, opilé filmové pásmo, zázračný kaleidoskop.«

21 Karel Teige, *Film*, Prag 1925, S. 25. – »[…] „radosti elektrického století«: »[…] cirkus, varieté, Music hall, balet, pantomima, melodrama, café-concert, kabaret, lunapark, lidové slavnosti, předměstský dancing, sport.«

22 Ebd., S. 27. – »[…] jsou podívanou bez literatury a mimo literaturu: varieté-stars, excentric-girls, jonglerie, sketches, clowns, ekvilibristé.«

23 Ebd., S. 25. – »[…] žije pravá moderní poesie, svižná, elektrická, krajně nenaturalistická.«

24 Karel Teige, *Svět, který se směje* (*Eine Welt, die lacht*), Prag 1928, S. 88. – »[…]bylo by prostě sídlem zábavného uličnictví«.

25 Vítězslav Nezval, Čermínová, M. (1924), zit. nach: ders. 1967 (wie in Anm. 3), S. 542. – »Čermínová, M., pseud. Toyen, 21. 9. 1902, česká malířka, členka Devětsilu, jediná z poválečných českých malířů, jež cestou mimo kubismus dosáhla evropského stupně modernosti. Spojuje křehkost s výstředností, rafinované kouzlo s bizarní fantazií, čirou formu s magickou improvizací. Díla: Výstředník (z krátkého kubistického období), Pohřeb v Sorrentu, Benátky, Tři králové, Číňanky, Babylonský král.«

26 Vítězslav Nezval, Toyen (1933), zit. nach: ders. 1967 (wie in Anm. 3), S. 233.

27 Karel Teige, Úvod (Einführung), zit. nach: ders. 1938 (wie in Anm. 16), S. 10. – »V krásných opálových dívkách dávných primitivistických obrázků Toyen je ztělesněna vzpomínka na dětské snění o Číně, o Indii, o Egyptě, omamná vzpomínka na snění o tabákových polích […]«

28 Kat.-Nr. 52 *Printemps*, Kat.-Nr. 53 *Clowns*, Kat.-Nr. 54 *Danseurs*, Kat.-Nr. 55 *Beer de port*, Kat.-Nr. 56 *Carnival*, Kat.-Nr. 57 *Serenade*.

29 Konstantin Biebl, *Básně* (*Gedichte*), hg. von Jiří Holý, Brno 2014, S. 336. – »Rukou vám vlasy rozhrnu / ve světle tklivé luny, / ty černé vlasy z ebenu / rozehrané struny – Rakev se kolébá v příboji / ružemi červanku věnčená.«

30 Karel Schulz, *Sever Jih Západ Východ* (*Norden Süden Westen Osten*), Prag 2012, S. 84. – »V úzkých ulicích planou lampióny, osvětlující hloučky Číňanů v modrých bluzách se skleněnými knoflíky.«

31 František Halas, *Pathé Baby*, in: ders., *Krásné neštěstí* (*Herrliches Unglück*), hg. von Ludvík Kundera, Prag 1968, S. 254. – »V Café de la Rotonde Fu-Sang šikmýma očima / grisetu Mimnu na šikmou plochu svádí, / napřed jí šepce a potom ji objímá / a celou noc mají se rádi.«

32 Jaroslav Seifert, *Sbohem, slečno Toyen!* (*Adieu, Fräulein Toyen*), in: ders., *Býti básníkem* (*Dichter sein*), Prag 1984, S. 56. – »Pokud žila ještě v Praze, bývala smutná / a všichni jsme ji milovali. / Někdy mi kreslila tuší / rozpustilé nahaté černošky / na růžové hedvábí.« Übersetzung und Redaktion haben sich entschlossen, hier und ebenso in dem folgenden Gedicht von Halas das tschechische historische Original »černoška« statt mit »Negerin« mit »Afrikanerin« zu übersetzen.

33 Ebd. – »Na bulvárech jsem však zahlédl / pařížské černošky. / Podobaly se letním nocím / které mají ve vlasech hvězdy. / Jejich nohy byly pevné a dlouhé / jako stvoly slunečnic.«

34 František Halas, *Krásné neštěstí*, hg. von Ludvík Kundera, Prag 1968, S. 517. – »Miluji černošku / s prsy tuhýma a černýma / jak zlatnický kámen zkušebný / polibky z lásky jsou polibky zlatýma / nesejdou není tu falešný / sním za jich temným vrcholem / o temnotemném pohoří na Saharě / Numbo – Num má prsy černé / černé prsy jak kámen zlatnický má / zlaté prsy vy černému sametu věrné / polibky z lásky polibky zlatýma:«

35 Jiří Jelínek (Remo), Situace na počátku roku 1924 (Die Situation Anfang 1924), in: *Veraikon* X, Nr. 3–5, S. 33. – »Jest krásnější: dostat milostný dopis, než – čísti báseň, ohňostroj benátské noci, světelná reklama, než – obrazy, zažíti dobrodružství, než – biograf, tančit, než přihlížet tanci, býti pierotem na karnevalu, než – Picassovi Pieroti.«

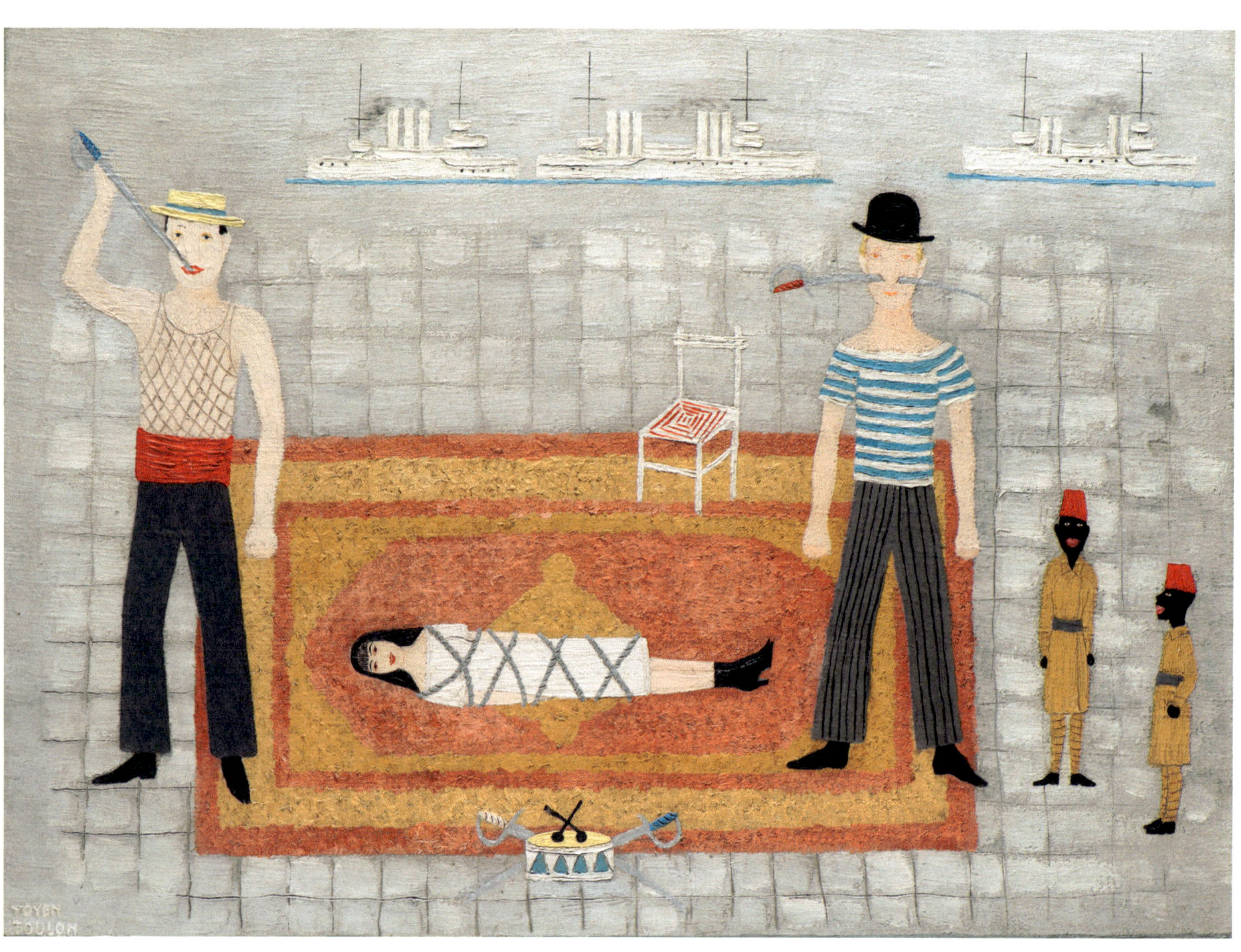

Kat. 62 ***Polykači mečů*** / ***Die Schwertschlucker***, 1925
Öl auf Leinwand, 44 x 61 cm | Galerie Zlatá Husa

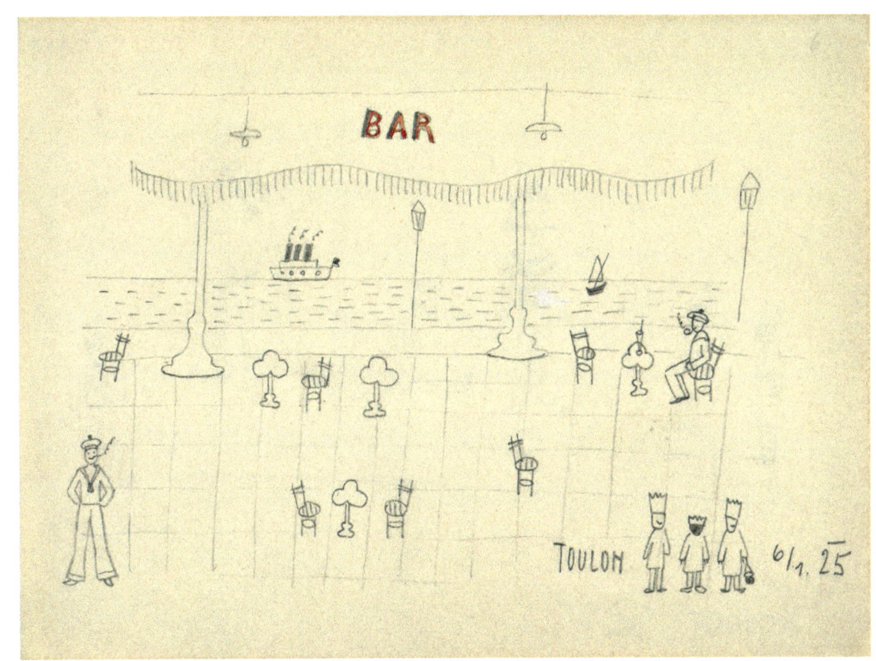

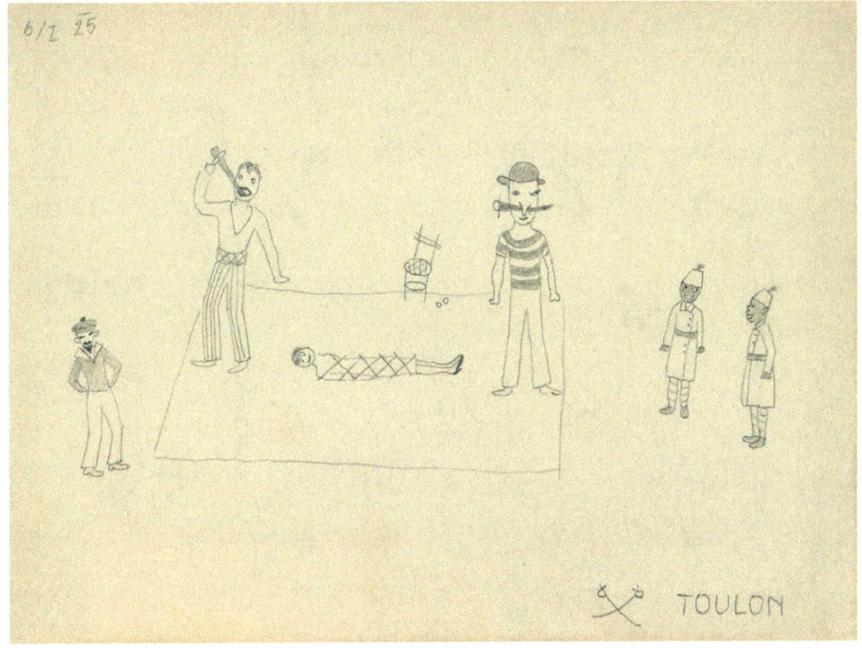

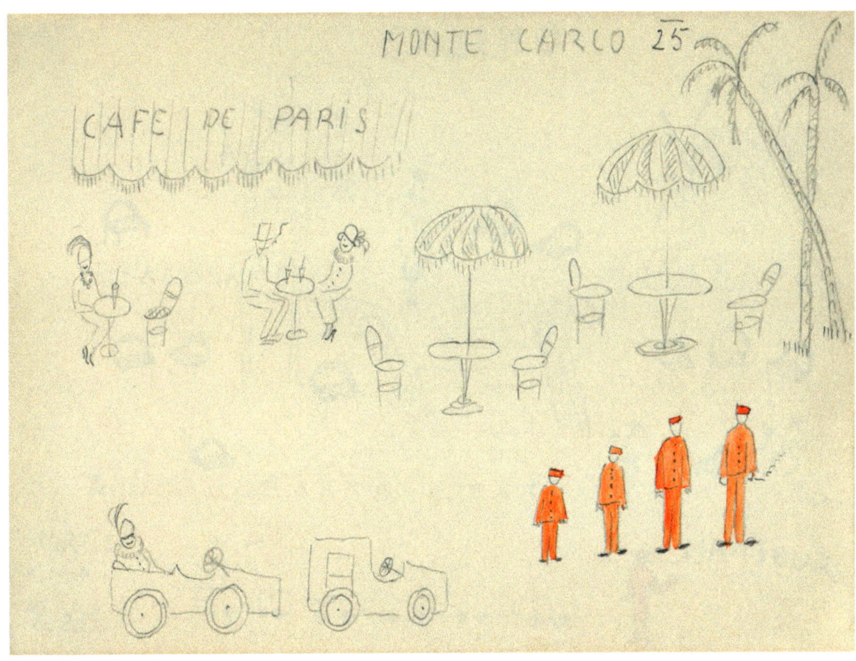

Kat. 63–65
Blätter aus einem Skizzenbuch, 1924–1925
Tusche, Bleistift und Aquarell auf Papier, 130 × 170 mm
Privatsammlung, Paris

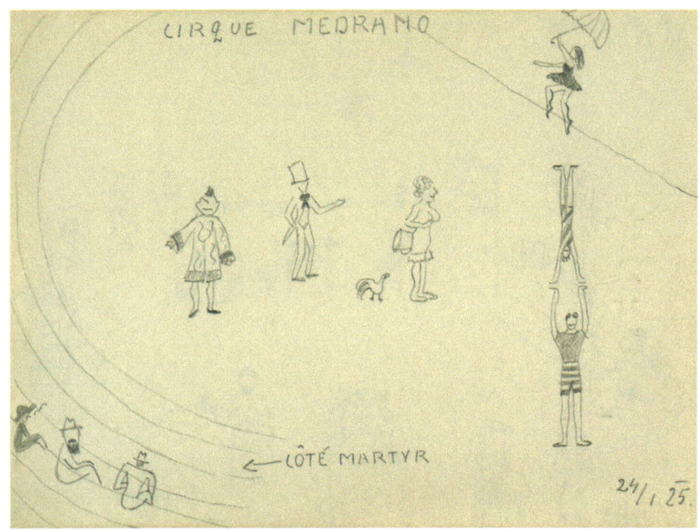

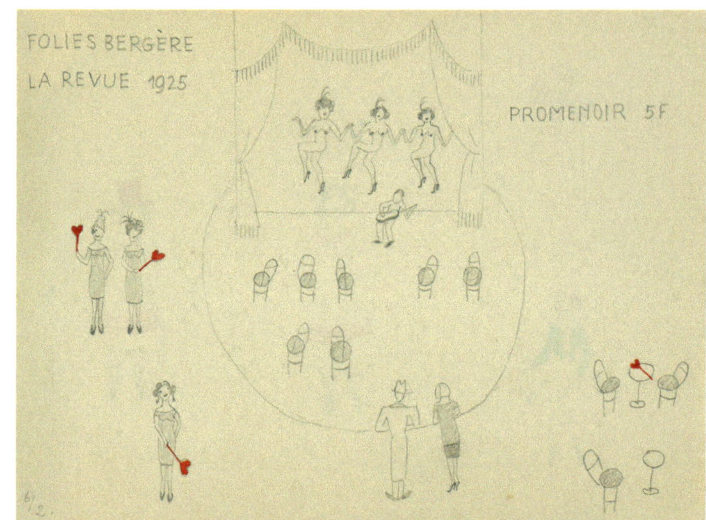

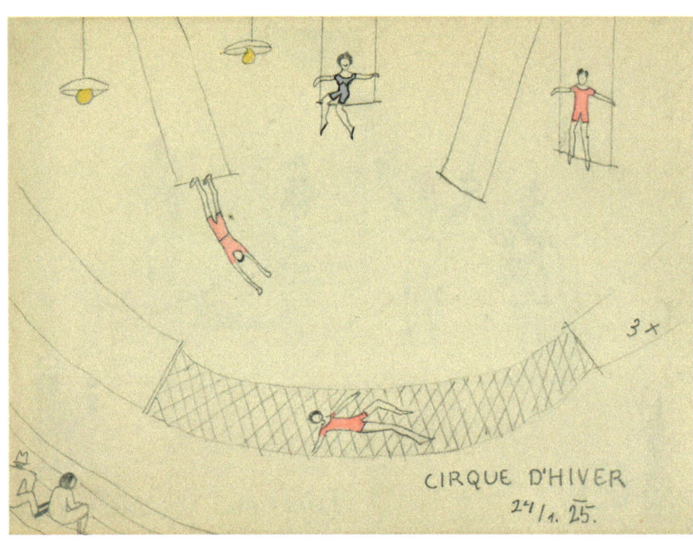

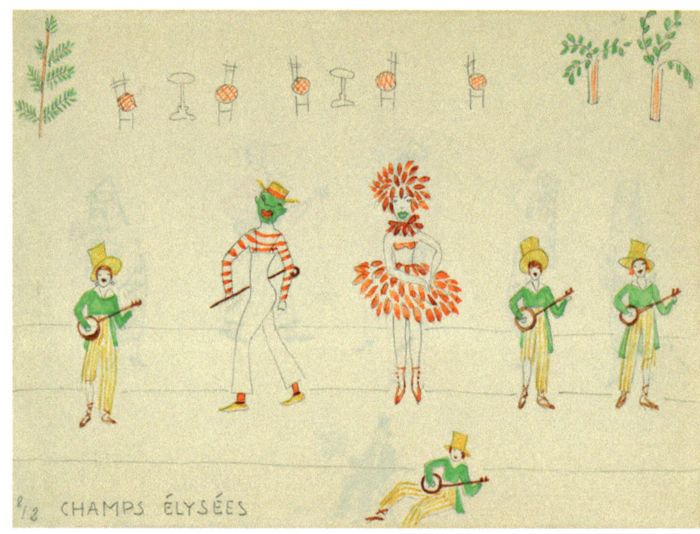

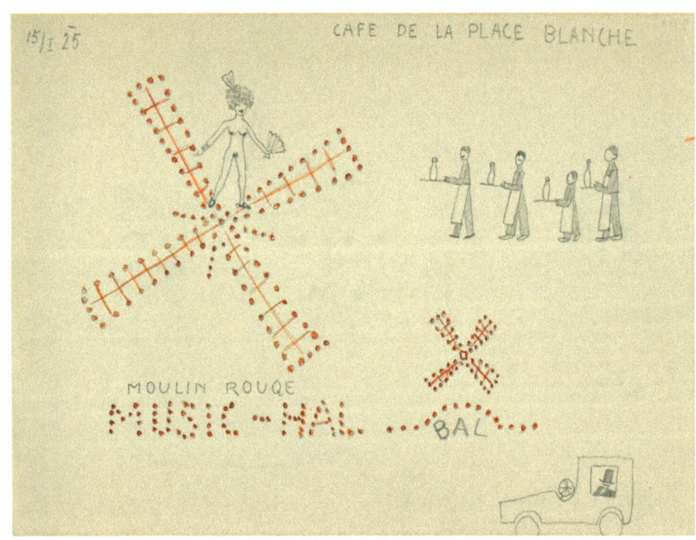

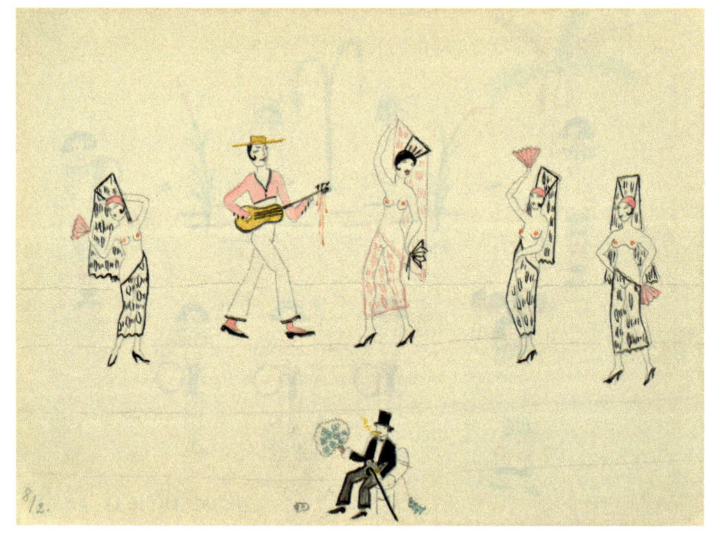

Kat. 66–77
Blätter aus einem Skizzenbuch, 1924–1925
Tusche, Bleistift und Aquarell auf Papier, 130 × 170 mm
Privatsammlung, Paris

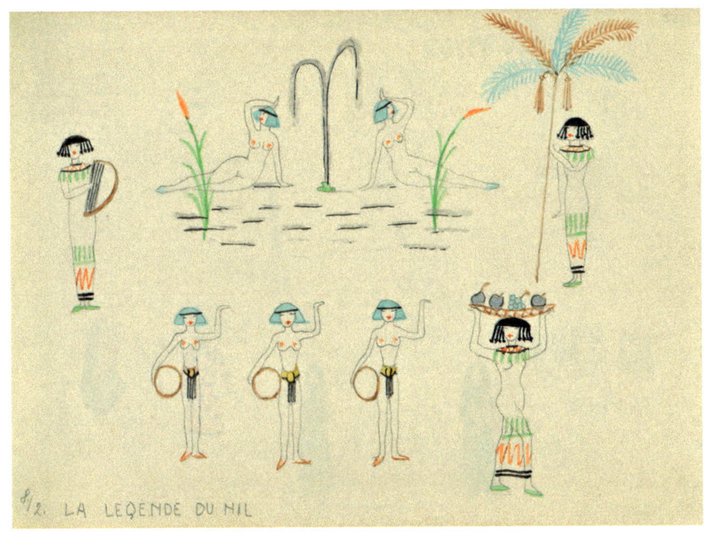
8/2. LA LEGENDE DU NIL

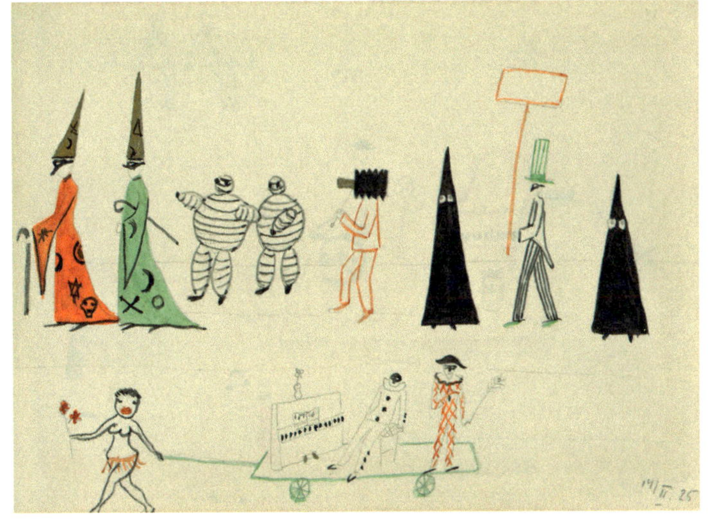
14/II. 25

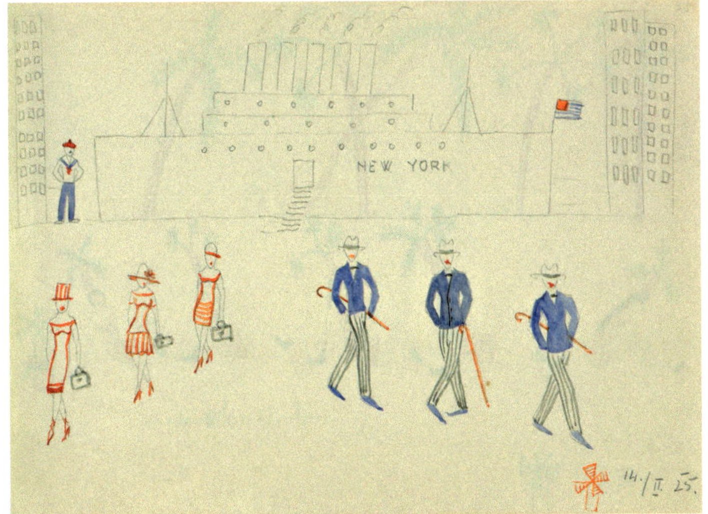
NEW YORK
14/II. 25.

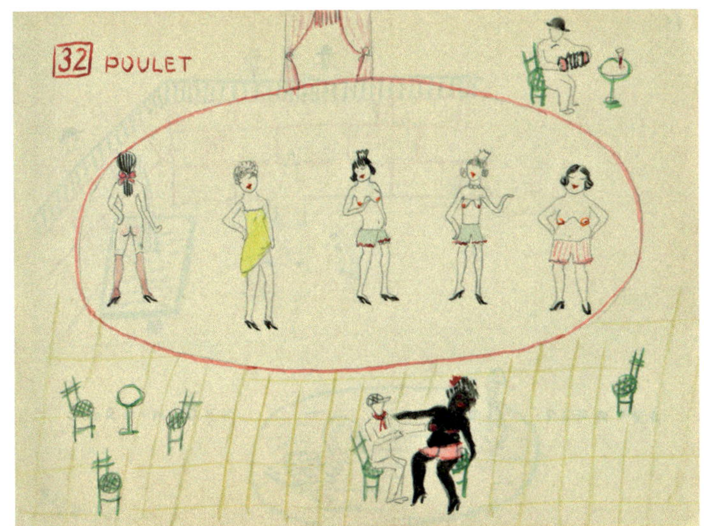
32 POULET

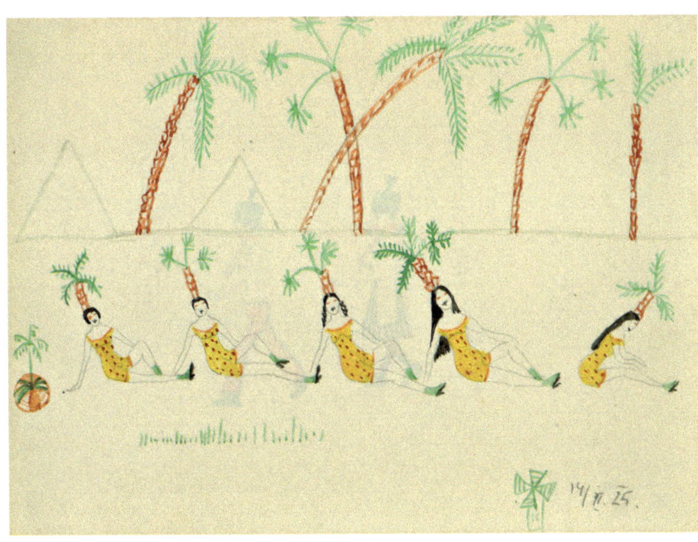
14/II. 25.

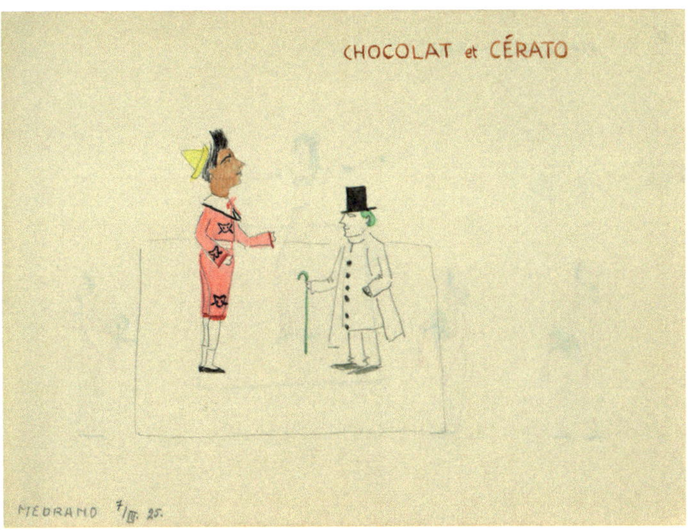
CHOCOLAT et CÉRATO
MEDRANO 7/III. 25.

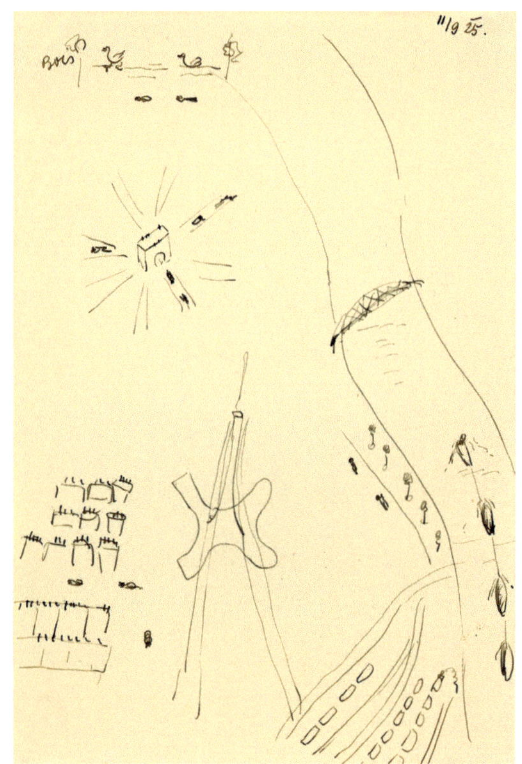

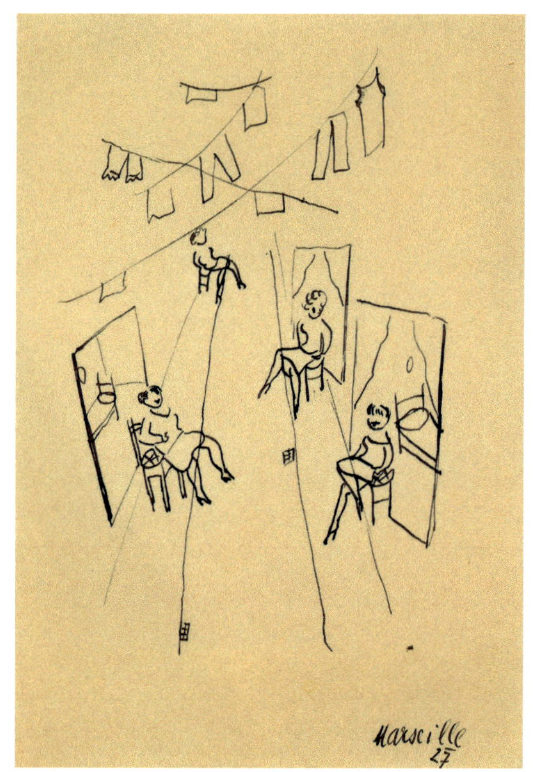

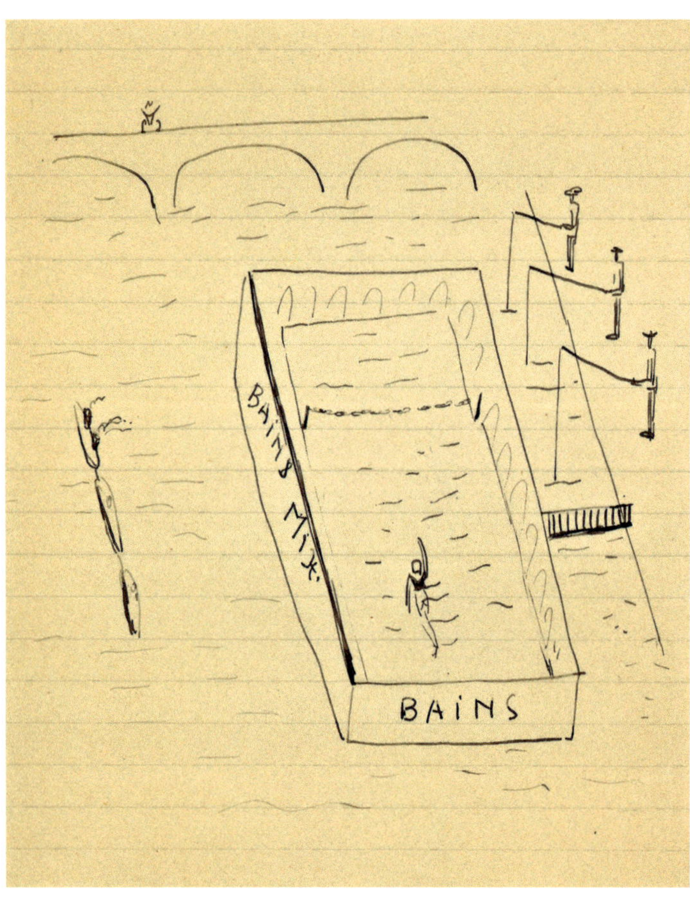

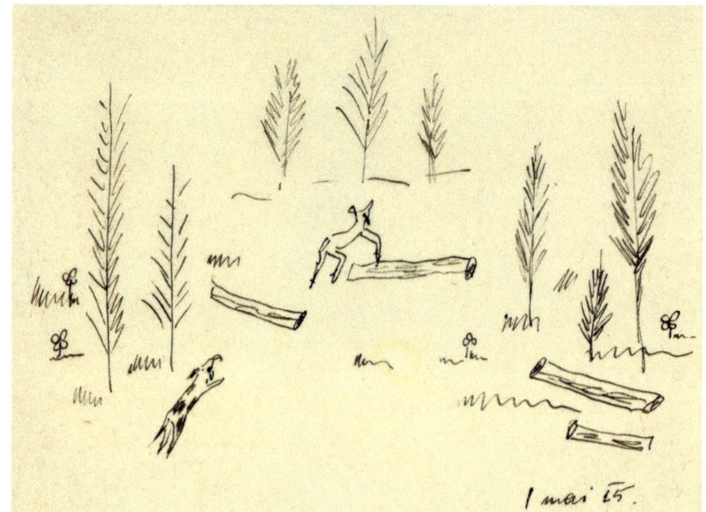

Kat. 78–87
Skizzen von einer Reise durch Frankreich, 1924–1925
Tusche und Bleistift auf Papier, max. 120 × 100 mm
Privatsammlung, Paris

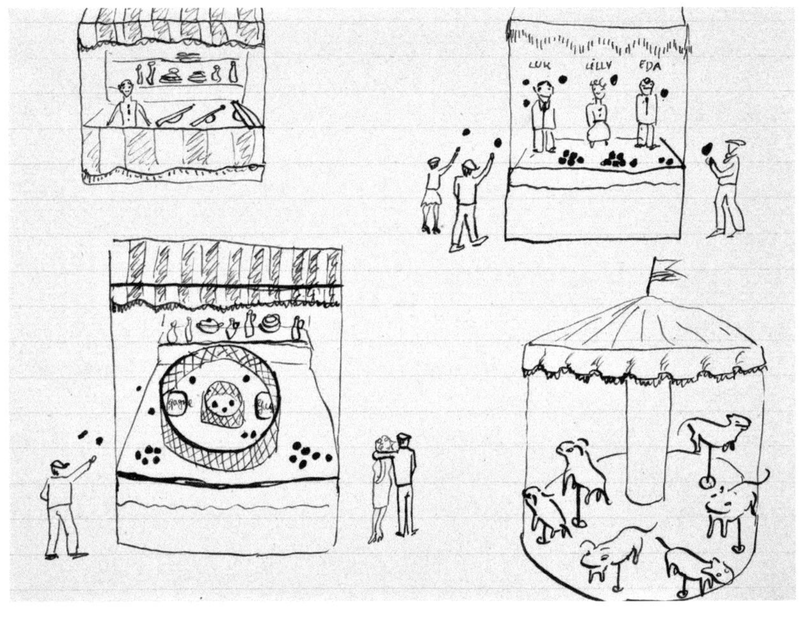
LUK
LILLY
EDA

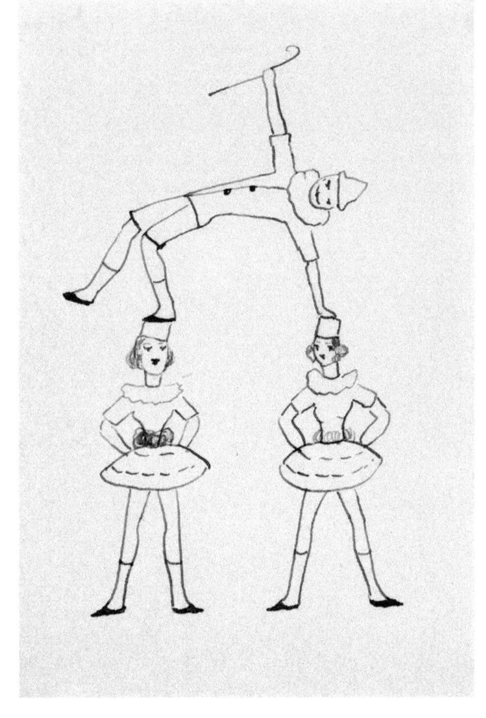

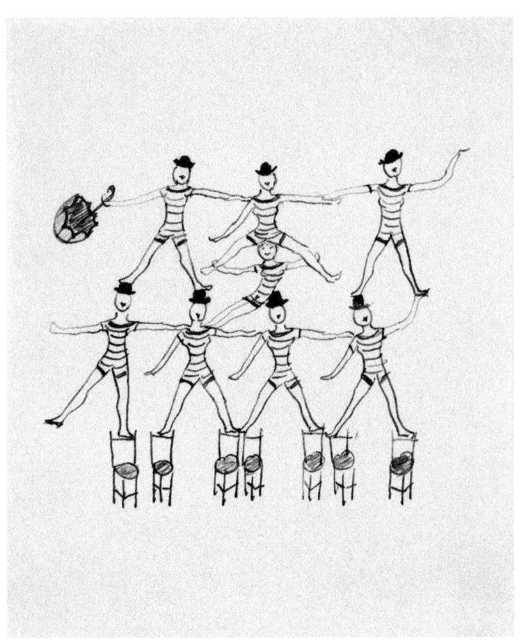

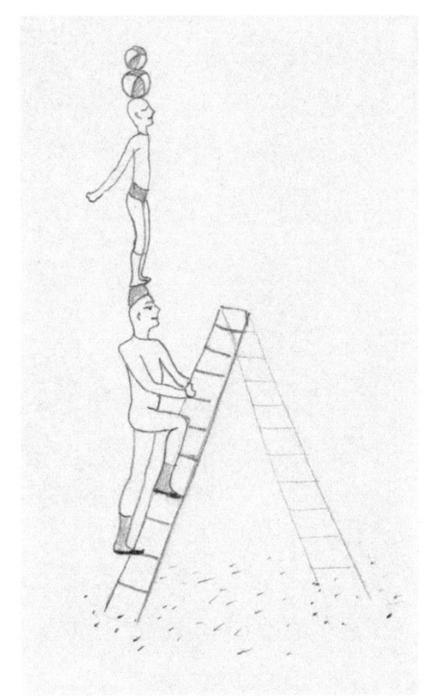

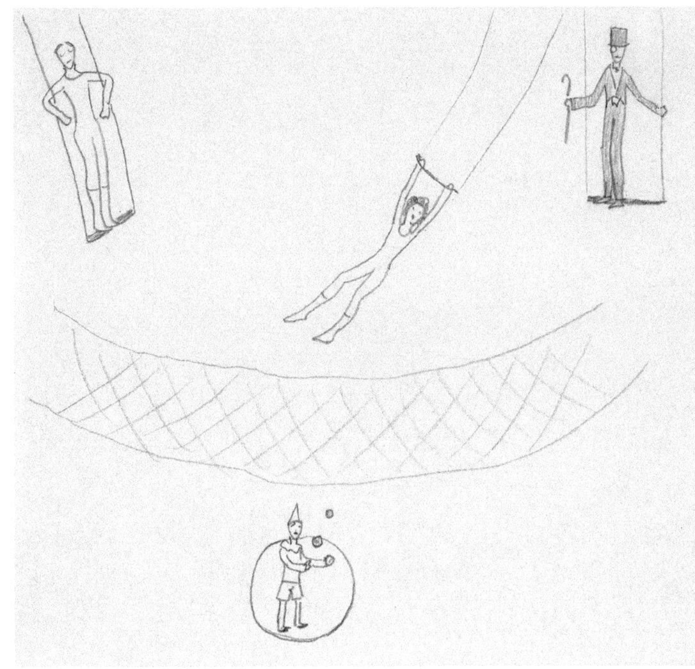

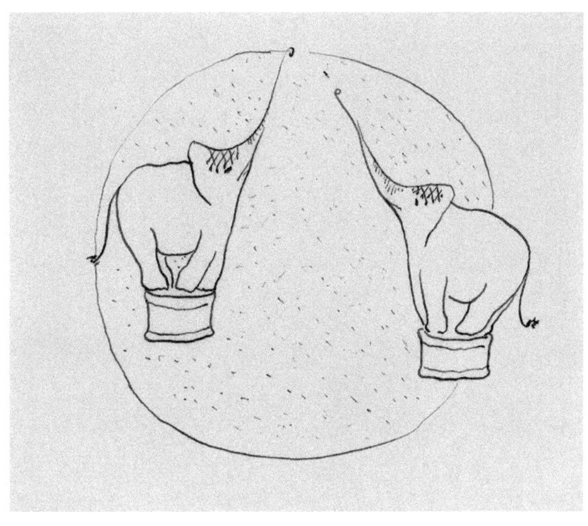

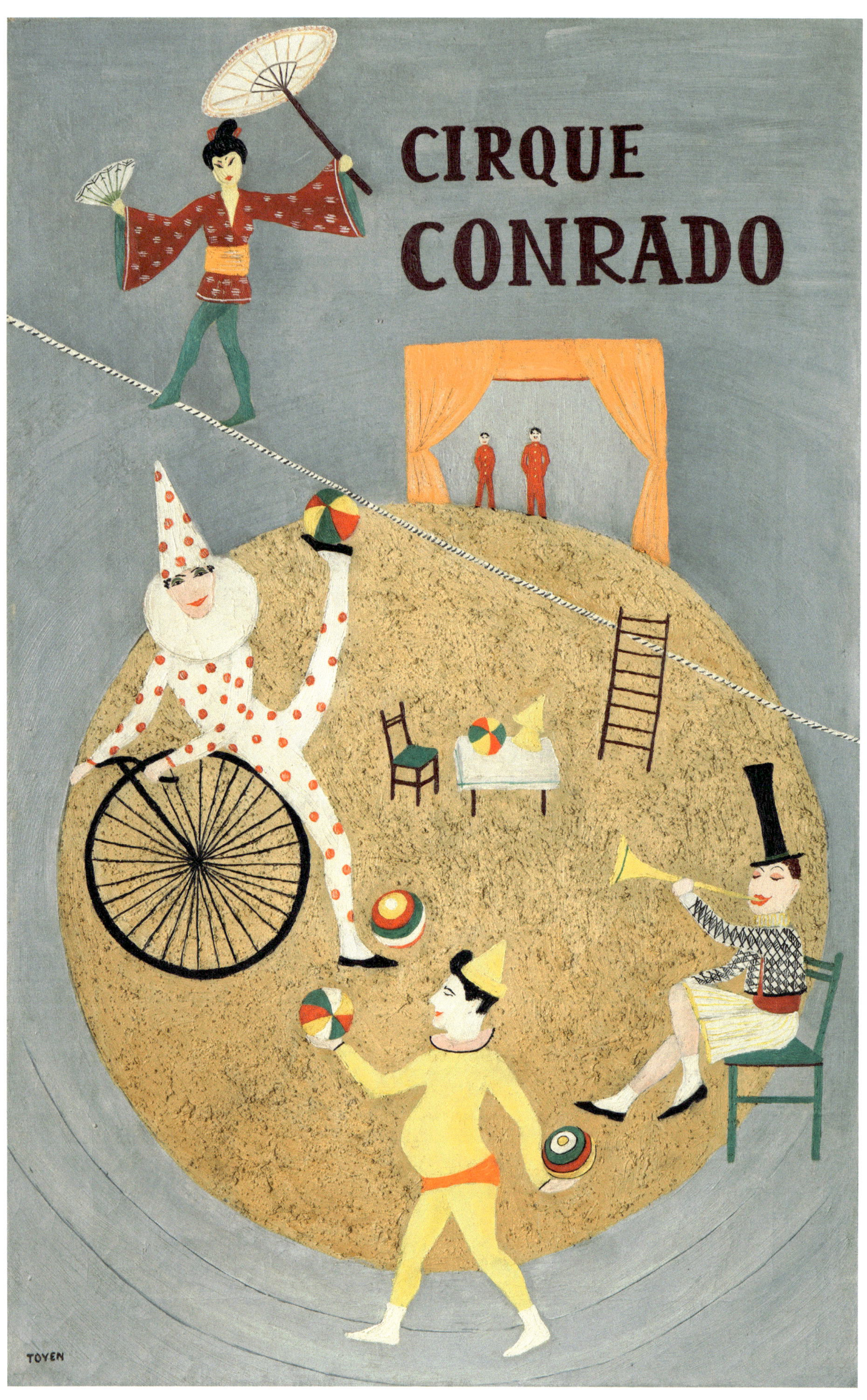

Kat. 88 ***Cirque Conrado / Zirkus Conrado***, 1925
Öl auf Leinwand, 70 × 45,5 cm
Privatsammlung; ausgestellt in der Schau *L'Art d'aujourd'hui,* 1925, und in der Galerie d'Art contemporain, 1926

Anna Pravdová

Zwischen Abstraktion und Surrealismus – Toyen und Štyrský von 1925 bis 1929

Im September 1925 reiste die 23-jährige Toyen in Begleitung von Jindřich Štyrksý bereits zum dritten Mal nach Paris.[1] Dieses Mal wollten sie mehrere Jahre bleiben, was nach dem Tod von Štyrskýs Vater durch dessen Erbe möglich wurde.[2] Kurz vor seiner zweiten Frankreichreise hatte Štyrský dem tschechischen Poetisten und Surrealisten Vítězslav Nezval vorgeworfen, dass er »seine Zeit in einer stupiden Institution« absitze, »statt dorthin zu fahren, wo die moderne Kunst tief verwurzelt ist, wo Guillaume Apollinaire die Ufer der Seine entlangspazierte und wo ich, mit ein bisschen Glück, Pablo Picasso begegnen kann«.[3] Es waren also nicht die ehemaligen Dadaisten, nicht André Breton und die Surrealisten, die Toyen und Štyrský nach Paris gelockt hatten, es waren vielmehr der Schatten des für die tschechische Avantgarde so wichtigen, wenn auch schon verstorbenen Dichters Apollinaire und natürlich Picasso, dessen Werk in Prag vor dem Ersten Weltkrieg großen Eindruck gemacht hatte. Somit wäre eigentlich zu erwarten gewesen, dass die beiden an die Kunst Picassos anknüpfen und sie in freier Auslegung fortführen würden, ähnlich wie in den Arbeiten, die sie auf dem *Bazar moderního umění* (*Basar der modernen Kunst*, Abb. 11) ausgestellt hatten. Stattdessen kam es in Toyens Werk zu einer grundlegenden Umorientierung. Für kurze Zeit konzentrierte sie sich auf die künstlerische Verarbeitung ihrer Eindrücke von einer um die Jahreswende unternommenen Reise durch Frankreich und nach Paris: Sie war von den dabei erlebten Straßenszenen, von den Auftritten in Kabaretts und im Zirkus so fasziniert gewesen, dass sie sie sofort in ihrem Skizzenbuch festgehalten hatte (Kat. 63–77). Dann aber gründete sie mit Jindřich Štyrský eine eigene Bewegung mit einem Baudelaire'schen Namen: *Artifizialismus*. Diese tief greifenden Veränderungen fanden innerhalb weniger Monate statt, und sie sind wohl auch nur vorstellbar in einem Kontext wie dem der französischen Metropole, die für einige Zeit ihr Zuhause sein sollte.

Für Künstler aus Mittel- und Osteuropa hatte Paris etwas Exotisches. Die Präsenz verschiedener Kulturen, Sprachen und Religionen, die buntgemischte Bevölkerung, die Bandbreite und Vielfalt des kulturellen Angebots auf verschiedensten Ebenen führten viele Künstler zu einer Neubewertung des eigenen Schaffens, auch Toyen und Štyrský. Die Eindrücke der Reise durch Südfrankreich klangen nach, Toyen gab das formstrenge, vom Intellekt gesteuerte Komponieren auf und experimentierte mit poetisch-naiv anmutenden Darstellungen von Volksvergnügungen und spontanen Begebenheiten. Mit diesen Arbeiten kehrte sie gewissermaßen zurück zu den Anfängen der Künstlergruppe Devětsil, deren Mitglieder sich für Kirmes, Karneval und Volksfeste aller Art begeisterten; zugleich zeigte sich Toyen interessiert am Werk des Zöllners Rousseau, dessen Selbstporträt sich seit 1923 im Besitz des tschechoslowakischen Staates befand. Aber bald wurde ihr klar, dass dieser Malstil in Paris längst überholt war. Vermutlich hat sie aus diesem Grund die mit einer naiven Bildauffassung spielenden Gemälde für ihre erste Pariser Ausstellung vordatiert.[4]

Die erste Ausstellung, an der sie sich in Paris beteiligte, war *L'Art d'aujourd'hui*, die Ende 1925 stattfand (Kat. 89). Hier bekannte sie sich zu den beiden damals ihre Malerei prägenden Stilen: mit dem Gemälde *Přístav* (*Hafen*, 1925, Abb. 90) zur geometrisch-kubistischen Richtung, mit *Cirkus* (*Zirkus*, 1925, Kat. 88) zur sich naiv gebenden Manier. Gerade *Zirkus* dürfte sich von den anderen Exponaten etwas abgehoben haben, denn die Ausstellung hatte sich mit ihrem Untertitel *Les Arts plastiques non imitatifs* eindeutig die nicht nachahmende Kunst auf die Fahnen geschrieben. Sie verstand sich als Gegenveranstaltung zur internationalen Ausstellung angewandter Kunst, deren Organisatoren eine Reihe moderner Maler ausgeschlossen und dafür überwiegend dekorative Werke

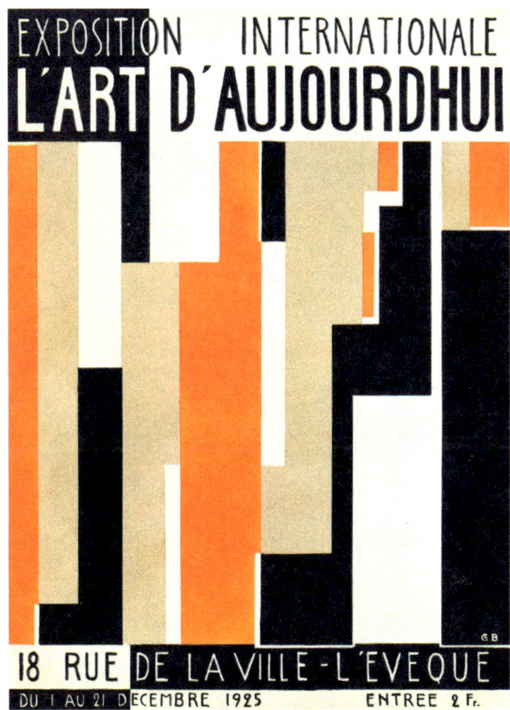

Abb. 89 ***L'Art d'aujourd'hui***, Ausstellungskatalog, Paris 1925

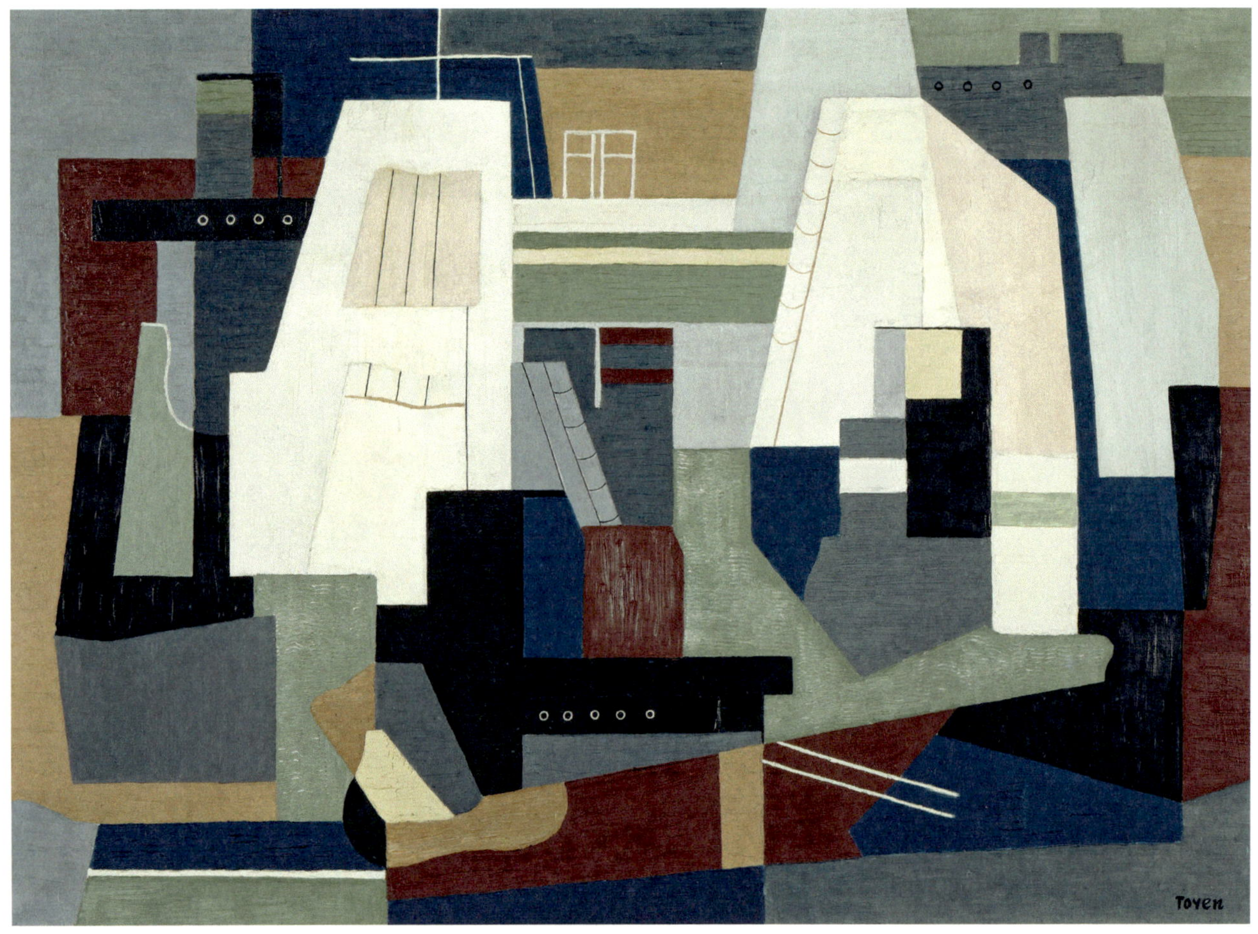

Abb. 90 ***Přístav / Hafen,*** 1925
Öl auf Leinwand, 65 × 90 cm | Centre Pompidou, Musée national d'art modern - Centre de création industrielle, Paris. Geschenk des Vicomte Charles de Noailles, 1971; ausgestellt in *L'Art d'aujourd'hui,* 1925

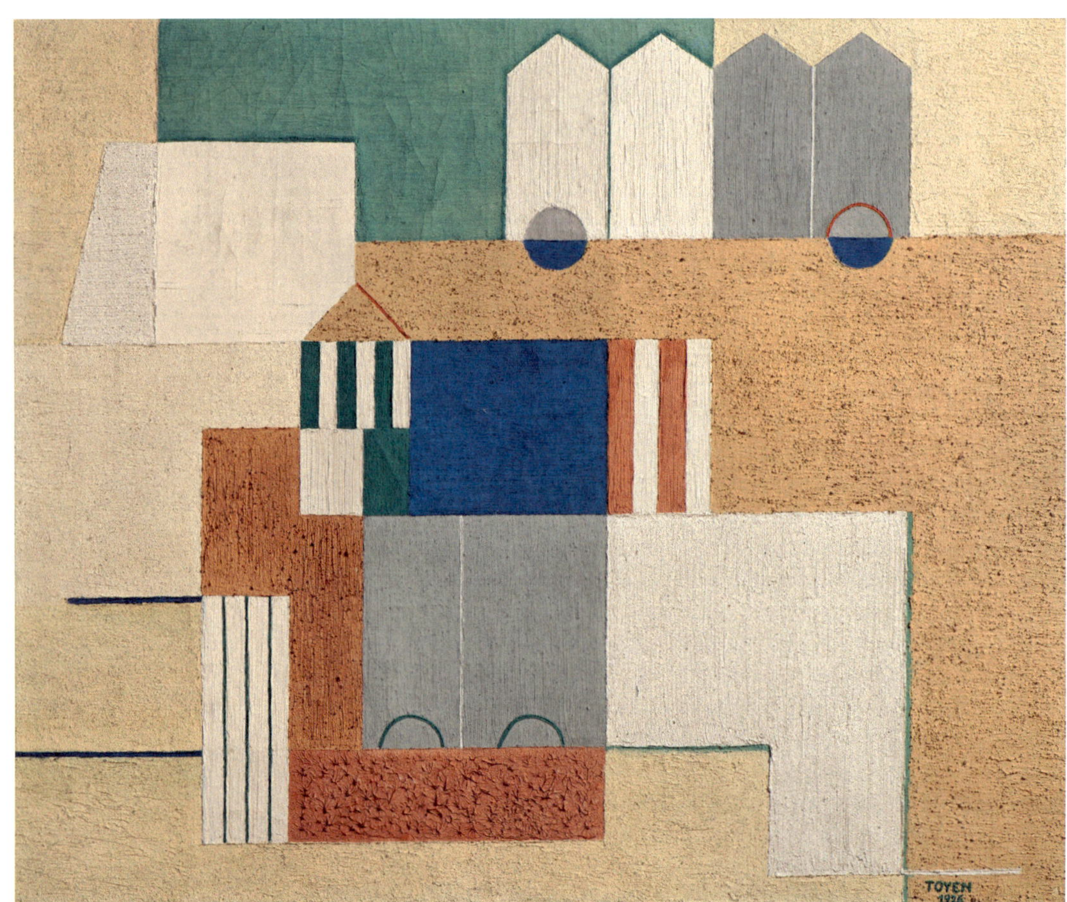

Kat. 91 ***Pláž / Strand,*** 1926
Öl auf Leinwand, 46,5 × 58 cm
GASK - Galerie der mittelböhmischen Region, Kuttenberg; ausgestellt in der Galerie d'Art contemporain, 1926

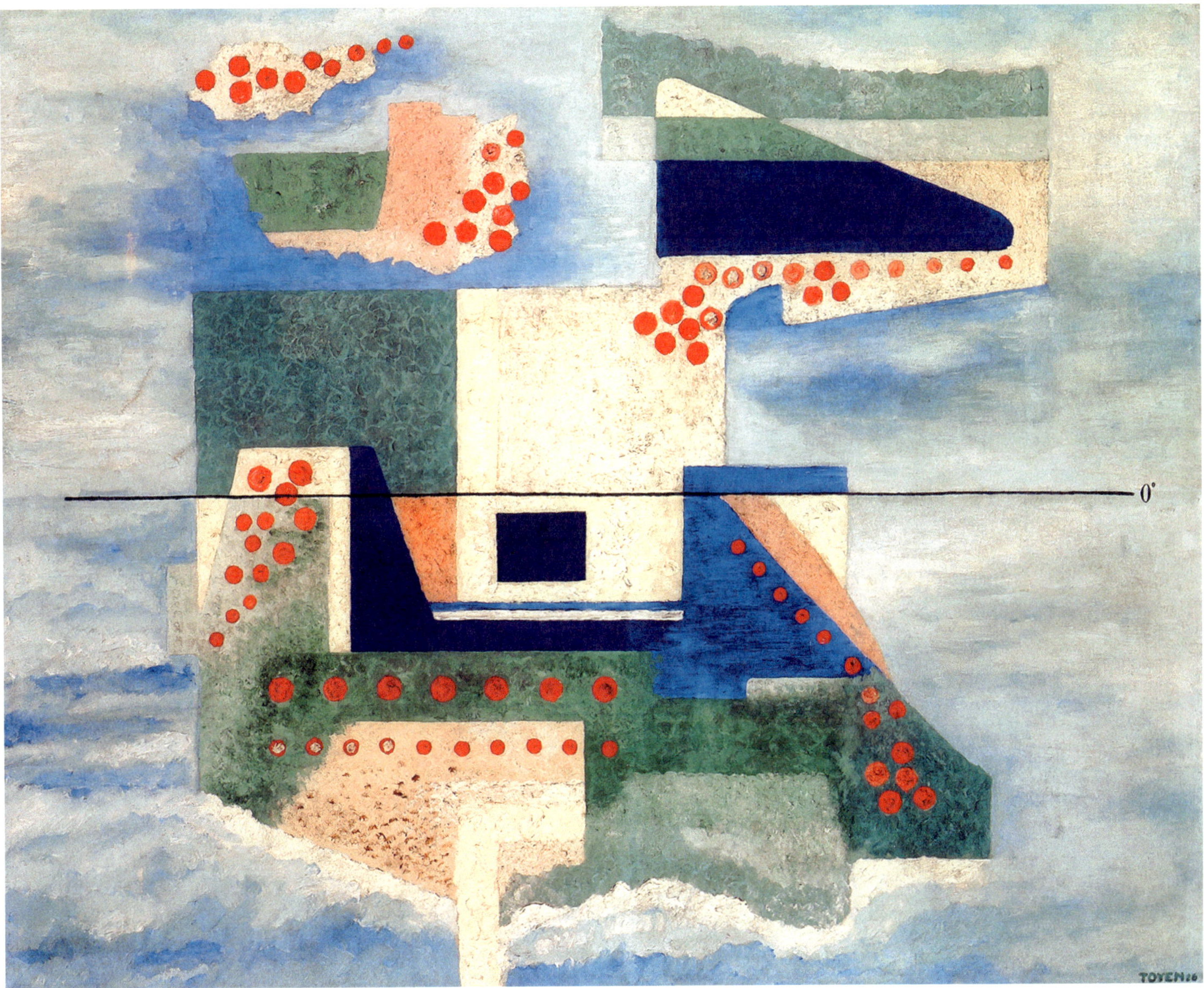

Abb. 92 ***Korálový ostrov / Koralleninsel***, 1926
Öl auf Leinwand, 80 × 100 cm
Privatsammlung; ausgestellt in der Galerie d'Art contemporain, 1926

mit historisierenden Elementen und eklektizistischen Zitaten aufgenommen hatten.[5] Die Avantgarde-Künstler verabredeten daraufhin eine gemeinsame Protestaktion. Theo van Doesburg und Karel Teige verfassten und unterzeichneten im Oktober 1924 in Prag, während eines Besuchs van Doesburgs, einen Aufruf zur Bildung eines »Vorbereitungskommitees«.[6] Teige vermittelte vermutlich auch die Teilnahme Toyens und Štyrkýs an der Ausstellung, die einer »antierzählerischen, dem modernen Geist adäquaten Kunst«[7] ein Forum bieten sollte, also modernen Strömungen vom synthetischen Kubismus über Dadaismus, Futurismus, Purismus, Bauhaus, Rayonismus und Konstruktivismus bis hin zur Gruppe De Stijl. Mehr als zwei Drittel der ausgestellten Werke waren abstrakt, die vertretenen Künstler bekannten sich ausnahmslos zur sogenannten »nicht nachahmenden Kunst«, die sich aus dem Kubismus ableitete. So formulierte es Victor Poznanski, der Hauptorganisator der Bilderschau, in seinem Vorwort zum Ausstellungskatalog. Das Ziel der Ausstellung sei, erklärte er, »ein möglichst vollständiges [...] Bild von den Vertretern der nicht-nachahmenden bildenden Kunst zu geben, deren mögliche Existenz sich im Kubismus ein erstes Mal angedeutet hat«. In Wirklichkeit war das Spektrum der gezeigten Werke viel breiter, und nicht nur Toyens *Zirkus Conrado* fiel aus der Reihe, sondern der gesamte erste Raum, der dem Surrealismus gewidmet war.[8] Außerdem vertreten waren hier Brancusi, Willi Baumeister, Fernand Léger, Robert und Sonia Delaunay, Michail Larionov, Natalia Gončarová, Hans Arp, Piet Mondrian, Theo van Doesburg, Georges Vantongerloo, Enrico Prampolini, László Moholy-Nagy, Paul Klee, Juan Gris, Pablo Picasso, Albert Gleizes, Amédée Ozenfant und Le Corbusier. Von den tschechischen Künstlern stellte Josef Šíma aus, nicht aber František Kupka, was überrascht, zumal Jacques Villon, sein Nachbar in Puteaux, ebenfalls vertreten war. Auf der *L'Art d'aujourd'hui* verzeichneten Toyen und Štyrský ihren ersten internationalen Erfolg: Der Vicomte de Noailles, ein namhafter Sammler moderner Kunst, kaufte aus dieser Ausstellung sieben Gemälde an, darunter, neben einem Mondrian, auch Štyrskýs *Šachová krajina* (*Schachlandschaft*) und *Hafen* von Toyen.[9]

L'Art d'aujourd'hui konfrontierte Štyrský und Toyen mit den neuesten konstruktivistischen und abstrakten Tendenzen, die sie aus unmittelbarer Anschauung bisher nicht kannten. Auch wenn sie sich theoretisch von der Abstraktion klar distanzierten, dürfte diese Begegnung die Hinwendung zu abstrahierenden und geometrisierenden Formen befördert haben, die sich in einigen Gemälden Toyens von 1926 zeigt, etwa in *Pláž* (*Strand*, Kat. 91), *Fata Morgana* (Kat. 95), *Tobogán* (Abb. 93) und *Geometrická kompozice* (*Geometrische Komposition*). Zugleich tauchen 1926

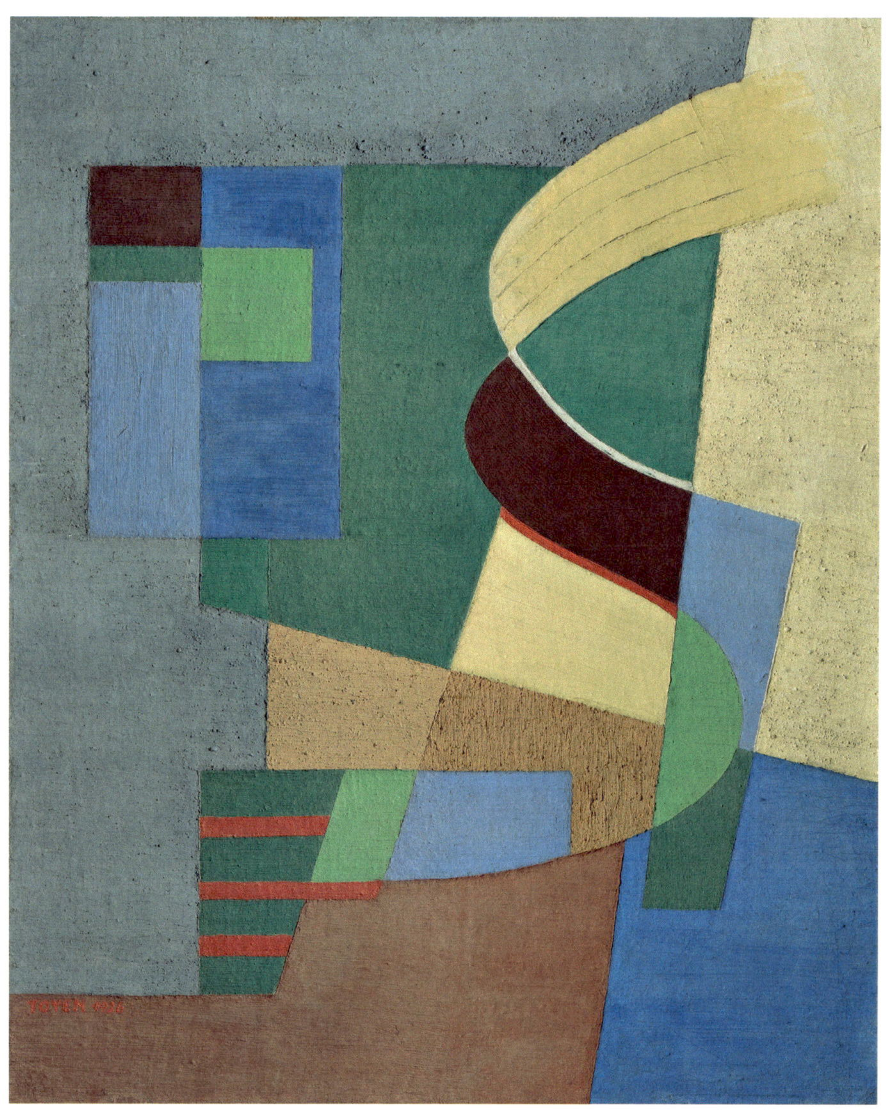

Abb. 93 ***Tobogán / Tobogan***, 1926
Öl auf Leinwand, 55 × 45,5 cm
Nationalgalerie Prag; ausgestellt in der Galerie d'Art contemporain, 1926

erstmals auch nichtfigurative Elemente mit unscharfen Konturen in ihren Arbeiten auf, gleichsam wie Vorboten der lyrischen Abstraktion. Die Bindung zur Realität hat Toyen allerdings nie völlig aufgegeben, im Unterschied zu jenen Künstlern, die in erster Linie die formalen Möglichkeiten der Malerei ausloten wollten oder über die exakten Wissenschaften zur Abstraktion gelangt sind. Bei ihr hatte die Imagination von Anbeginn an eine zentrale Rolle gespielt, und damit rückte sie in die Nähe einer anderen damals in Paris hochaktuellen Strömung: in die Nähe des Surrealismus.

Sicher ist, dass Toyen und Štyrský kurz vor der Bilderschau *L'Art d'aujourd'hui* die überhaupt erste surrealistische Ausstellung in der Galerie Pierre besuchten;[10] Nezval zufolge waren sie sogar bei der Vernissage am 13. November 1925 anwesend. Auf jeden Fall aber haben sie die Bilder, Fotografien und Plastiken von Hans Arp, Giorgio de Chirico, Max Ernst, Man Ray, André Masson, Juan Miró, Pablo Picasso, Pierre Roy und Paul Klee gesehen. Das eine oder andere Werk mochte ihnen bereits von einer Reproduktion bekannt gewesen sein, aber es war das erste Mal, dass sie sich eine solche Ansammlung von Originalen anschauen konnten. Die größte Nähe bestand wohl zu den Werken von Man Ray, Max Ernst und Paul Klee, Letzterer hatte fast gleichzeitig seine erste eigene Ausstellung in Paris.[11]

Die Airbrush-Technik von Man Rays *La Volière* (*Das Vogelhaus*, 1919), das eine Schneiderpuppe in einem New Yorker Fotoatelier zeigt, muss inspirierend auf Toyen und Štyrský gewirkt haben. Bei vielen ihrer artifizialistischen Werke griffen sie selbst zu Schablone und Spritzpistole. Max Ernst, der 1925 die Frottage entwickelt hatte, zeigte eine erste Walddarstellung in dieser Technik. Štyrský und Toyen wollten zu dieser Zeit weder den Surrealismus noch das Verfahren des psychologischen Automatismus für sich in Anspruch nehmen, doch die Vielfalt der eingesetzten Techniken, mit der sich die Spuren verschiedenster Objekte und Strukturen auf die Leinwand übertragen ließen, faszinierte sie. Ihre zwischen 1926 und 1928 entstandenen Werke zeugen von großer maltechnischer Experimentierfreude, Schablonen und andere Instrumente kommen zum Einsatz, mitunter arbeiten sie auf der Leinwand auch mit Sand. Etwas Verwandtes spürten sie bei Paul Klee; mit ihm teilten sie das Interesse an der organischen Welt und eine Vorliebe für eine Arbeitsweise, in der die Bildidee allererst im Malvorgang selbst ihre Form findet.

Langfristig gesehen stand Toyen das Werk von Max Ernst, der im März 1926 eine eigene Ausstellung in der Pariser Galerie Van Leer hatte, am nächsten. Toyens Arbeiten der 1930er Jahre weisen markante Parallelen zu seiner Serie von Vogelbildern auf, wie jener greift auch sie häufig das Thema des Waldes auf.

1926 eröffnete die Surrealistische Galerie von André Breton. In ihrem *Reiseführer für Paris und Umgebung* (*Průvodce Paříží a okolím*, Abb. 129), den Toyen und Štyrský im folgenden Jahr zusammen mit Vincenc Nečas verfassten, fügten sie den üblichen Informationen in diesem Fall ausnahmsweise hinzu: »sehr interessante Galerie«.[12] Die Eröffnungsausstellung war Man Ray gewidmet, seine Gemälde kombinierte Breton mit Masken von den Osterinseln und anderen südpazifischen Inseln; auch Rayographien wurden gezeigt. Diese Arbeitstechnik, die auf einem sukzessiven Sichtbarmachen

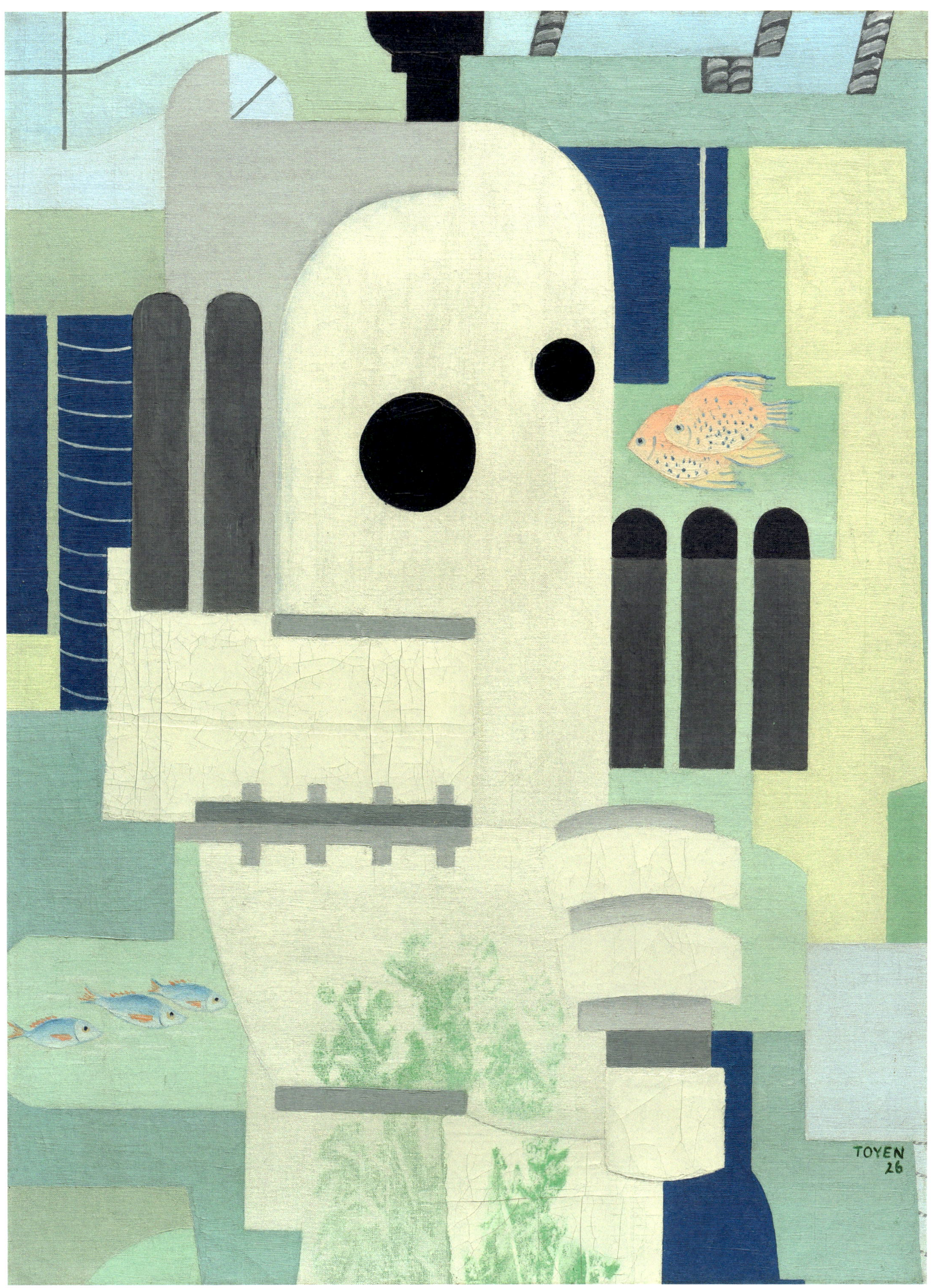

Kat. 94 ***Potápěč | Der Taucher***, 1926
Öl auf Leinwand, 86 × 64 cm
Kunsthalle Prag; ausgestellt in der Galerie d'Art contemporain, 1926

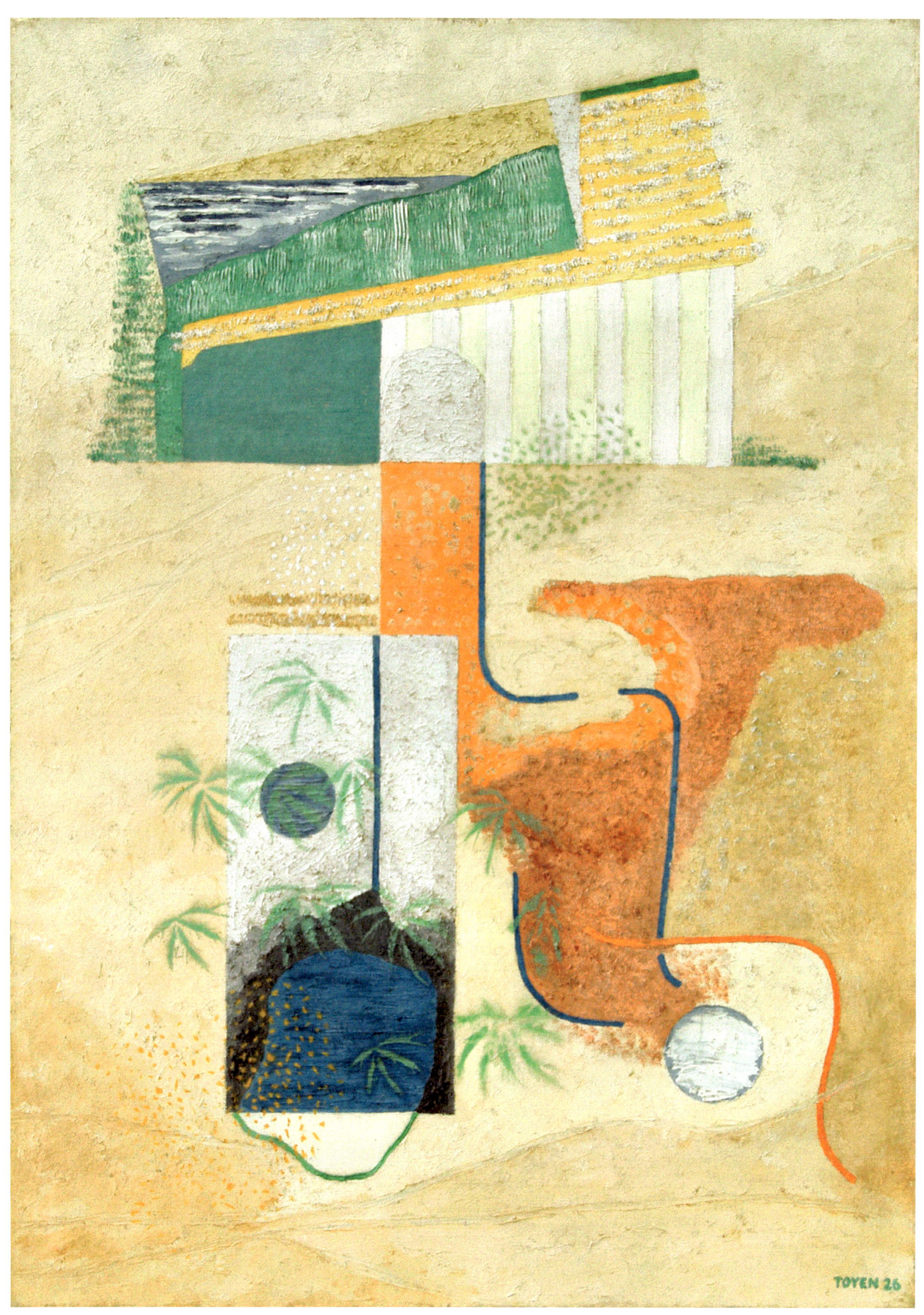

Kat. 95 ***Fata Morgana***, 1926
Öl auf Leinwand, 100 × 73 cm
Aleš Südböhmische Galerie, Frauenberg an der Moldau;
ausgestellt in der Galerie d'Art contemporain, 1926

von Szenen oder »Landschaften« im Entstehungsprozess beruht, hat ebenfalls manche Parallelen im Artifizialismus.

Obwohl Toyen und Štyrský sich klar vom Surrealismus abgrenzten, machen die angeführten Beispiele deutlich, dass sie sich lebhaft für die surrealistischen Verfahren zur Ergründung der Realität interessierten. So begann Štyrský 1925 auch mit der systematischen Aufzeichnung seiner Träume.

Dennoch waren sie entschlossen, sich von allen bestehenden Richtungen zu distanzieren, und gründeten eine eigene Bewegung,[13] deren zentrales Postulat die »Identität von Maler und Dichter« war. Dieser Schritt verdankte sich durchaus auch einem strategischen Kalkül: Man bleibt unabhängig und macht im turbulenten Pariser Kunstbetrieb dennoch auf sich aufmerksam. Wie ihre radikalen futuristischen Vorläufer gaben sie ein eigenes Manifest heraus und organisierten aus diesem Anlass eine Ausstellung in ihrem Pariser Vorstadt-Atelier. Štyrský hatte bereits drei Jahre zuvor ein bilderstürmerisches Manifest mit dem Titel *Obraz* (*Das Bild*) verfasst, in dem er, ähnlich wie die Futuristen, die Auffassung vom Bild als einem einzigartigen Original verabschiedet hatte. Den Sinn eines Bildes sah er vielmehr in seiner Reproduzierbarkeit: »[…] damit es die Aufgabe erfüllen kann, die in seiner Fläche beschlossen liegt, muss man es maschinell vervielfältigen, in 1.000, 10.000 Exemplaren. Reproduktion graphischer Kunst durch Flugblätter.«[14] In einem Vortrag im Frühjahr 1924 formulierte er seinen Standpunkt bereits weniger drastisch: »Wer weiß, gut möglich, dass wir am 1. Mai ein Manifest herausgeben und dass die Kunst wieder zur Kunst wird. […] Wir haben etwas Zeit gebraucht, um das Gepäck zu sichten, das man Kunst nennt und ohne das man nicht gut durchs Leben reist. Alte, unnötige Dinge haben wir über Bord geworfen, uns dafür aber mit vielen nötigen ausgestattet.«[15] Auch wenn Štyrský »unnötige Dinge über Bord geworfen« hatte, war sein Bildersturm nicht von einer solchen Radikalität wie der seiner dadaistischen Vorläufer, was angesichts der generellen Lage in der Nachkriegs-Tschechoslowakei auch nachvollziehbar ist. Die Tschechen waren stolz auf ihren autonomen Staat, den sie gemeinsam mit den Slowaken gegründet hatten, sie freuten sich über die lang ersehnte Unabhängigkeit von Österreich-Ungarn. Die Künstler hatten also keinen Anlass, traditionelle Werte radikal in Frage zu stellen. Im Gegenteil, viele wirkten aktiv am Aufbau der neuen Republik mit. Eine dem Dadaismus vergleichbare Bewegung konnte hier gar nicht entstehen, und erst Mitte der 1920er Jahre wurde diese in der Tschechoslowakei rezipiert, vor allem auf den Bühnen.[16] Der Literaturkritiker und Theoretiker Bedřich Václavek schrieb in diesem Zusammenhang: »Eine starke Dosis Dada hat bei uns nach dem Krieg gefehlt. […] wir waren ethisch, pädagogisch und wollen jetzt konstruktiv sein, aber es hat keinen Niedergang gegeben, keine gründliche Säuberung. Deshalb schnappen wir da und dort nachträglich nach einem Häppchen Dada. […] Wir haben aber seine Abrissarbeiten nicht durchgeführt, haben keinen jungfräulichen Boden bereitet für eine redliche Arbeit neuer Baumeister.«[17] Daher wendet sich der Artifizialismus, der sich in seinen theoretischen Aussagen von allen anderen Strömungen distanziert, auch nicht gegen die traditionelle Malerei, er stellt sich nicht gegen die anderen Strömungen, bildet vielmehr eine Art Synthese oder Schnittmenge. Vor allem aber geht es um die Poesie, wie Toyen und Štyrský in ihrem Manifest betonen: »Der Kubismus hat die Wirklichkeit nach allen Seiten gedreht und gewendet, statt die Imagination zu beflügeln. […] Der Artifizialismus geht von einer genau entgegengesetzten Sichtweise aus. Er lässt die Wirklichkeit in Ruhe und *strebt nach einem Maximum an Einfallsreichtum.* […] Er lehnt eine Malerei ab, die bloßes Spiel der Form ist oder eine gefällige Unterhaltung für das Auge (nichtgegenständliche Malerei). Er lehnt eine Malerei mit historisierenden Formen ab (Surrealismus). Sein Interesse gilt der POESIE, die die Lücken zwischen den realen Formen füllt, aus ihr strahlt Realität.«[18]

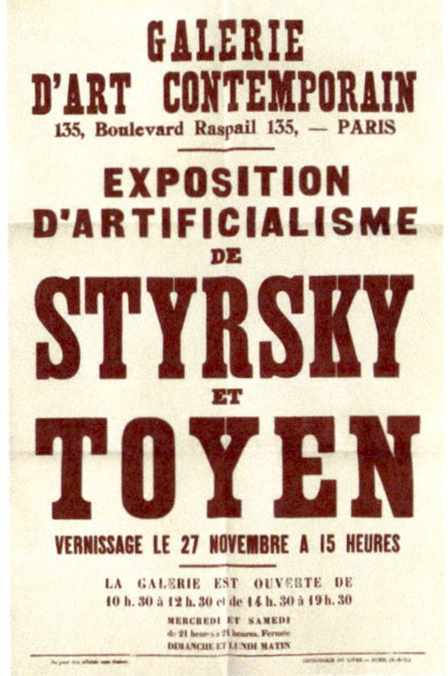

Abb. 96 Plakat der *Exposition d'Artificialisme de Styrsky et Toyen* | *Ausstellung Artifizialismus von Štyrský und Toyen* der Pariser Galerie d'Art contemporain, 1926

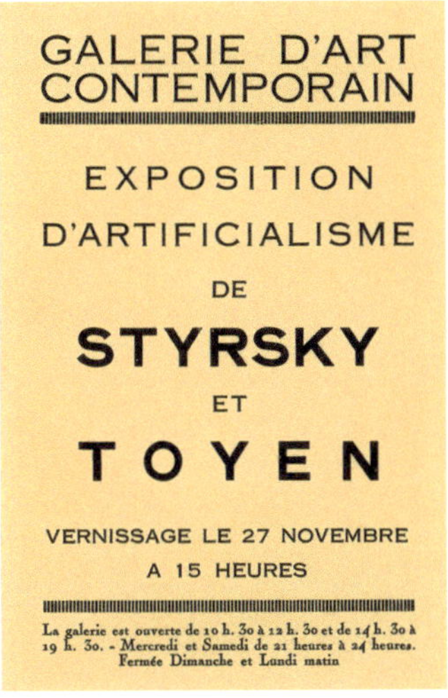

Abb. 97 Katalog der Ausstellung *Artifizialismus von Štyrský und Toyen* in der Pariser Galerie d'Art contemporain, 1926

Wie man den Artifizialismus in Paris aufnahm, ist am Presseecho auf die beiden Ausstellungen abzulesen. Die erste Ausstellung fand 1926 etwa ein Jahr nach der *L'art d'aujourd'hui* statt, in der Galerie d'Art contemporain, die damals in Paris zu den größten Privatgalerien zählte und als eine der wenigen auch der abstrakten Kunst ein Forum bot (Abb. 97, Kat. 91–95). Insgesamt stellten Toyen und Štyrský hier 50 Werke aus, von Toyen waren es 31. Anders als Štyrský präsentierte sie sich mit einem stilistisch weitgespannten Spektrum, von ihren naiv anmutenden, um fünf Jahre vordatierten Kabarettszenen bis hin zu den neuesten artifizialistischen Arbeiten.[19] Doch bleibt die Frage, ob sich die beiden Künstler wirklich von den bestehenden Richtungen absetzen konnten. Sie hatten für eine Perspektive plädiert, mit der sie sich gegen den Kubismus positionierten, und dennoch urteilte ein Rezensent, dass »der Kubismus in der Galerie d'Art contemporain sehr gut vertreten ist«.[20] Der Kunstkritiker Waldemar George verglich ihre Verfahren mit denen der Futuristen: »Die von Štyrský vertretenen Prinzipien kennen wir, zumindest teilweise, von Marinetti. Herr Štyrský gesteht dem Künstler das Recht zu, in Raum und Zeit zu malen, ohne die Regeln der Einheit zu wahren. So werden im Bewusstsein evozierte Orte simultan auf derselben Bildebene dargestellt, sie werden in groben Umrissen entworfen und mithilfe bestimmter Kennzeichen spezifiziert.«[21] Die Rezension im *Journal des Débats* charakterisierte Toyen und Štyrský als Nachfolger von Georges Papazov, einem bulgarischen, seit 1924 in Paris ansässigen Maler, der wie sie (und wie ab 1927 auch André Masson) auf der Leinwand mit Sand arbeitete.[22] Das Echo auf ihre zweite, intimere Pariser Ausstellung in der Galerie Vavin war in dieser Hinsicht keineswegs erfreulicher. Jetzt rückte man sie in die Nähe der anderen Richtung, von der sie sich distanziert hatten, der Abstraktion. Der Kritiker Georges Charensol urteilte in *L'Art vivant*, dass man »in der Abstraktion kaum weitergehen könne als Štyrský und Toyen«. Und er fragte, ob es »wirklich die Aufgabe des Malers ist, uns zum Träumen und zur Entdeckung innerer und äußerer Realitäten zu bewegen?«.[23] Was für Toyen und Štyrský Poesie war, war für Charensol lediglich ein Anlass zum Träumen. Das zeigt, wie wenig die poetische Dimension ihrer artifizialistischen Bilder in Paris verstanden wurde.

Durch ihre Distanzierung vom Surrealismus hatten sich Toyen und Štyrský paradoxerweise selbst um das Publikum in Paris gebracht, das sie am besten hätte verstehen können. Nicht zufällig

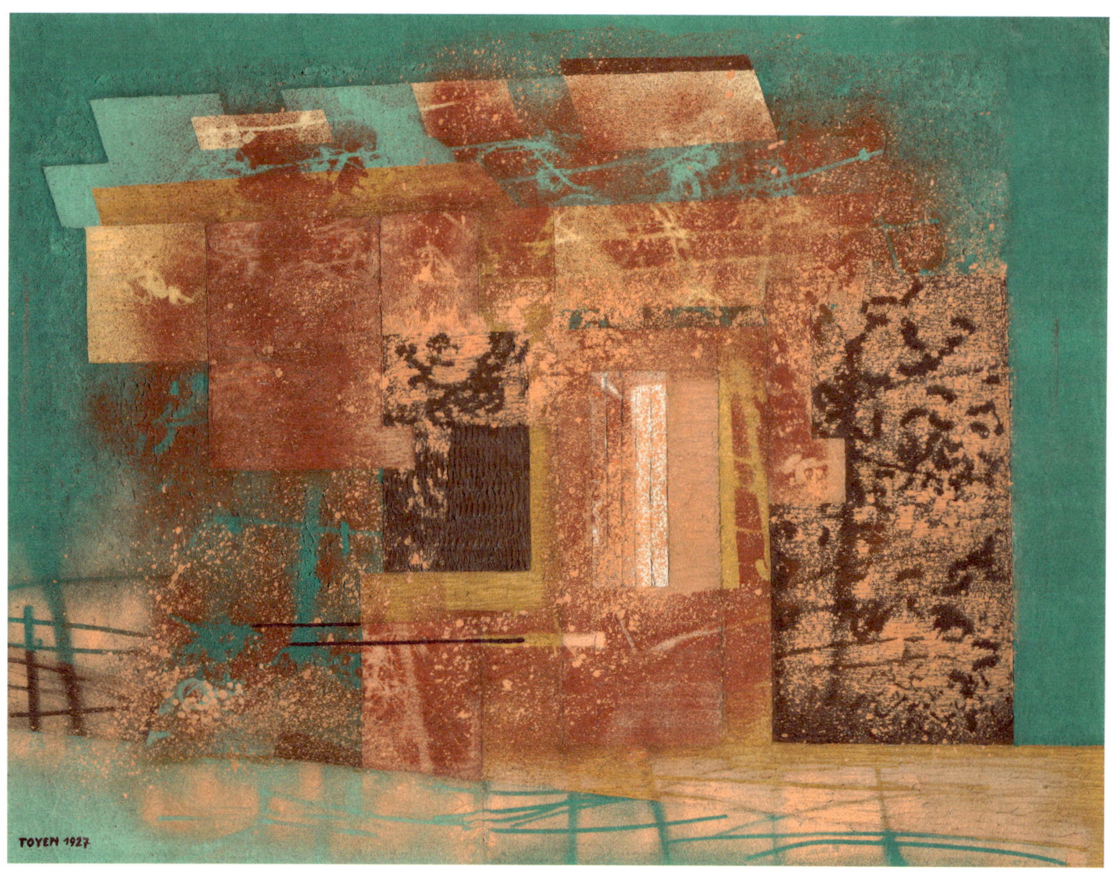

Abb. 98 ***Podzim (Krajina) | Herbst (Landschaft)***, 1927
Öl auf Leinwand, 46 × 61 cm
Nationalgalerie Prag; ausgestellt in der Pariser Galerie Vavin, 1927

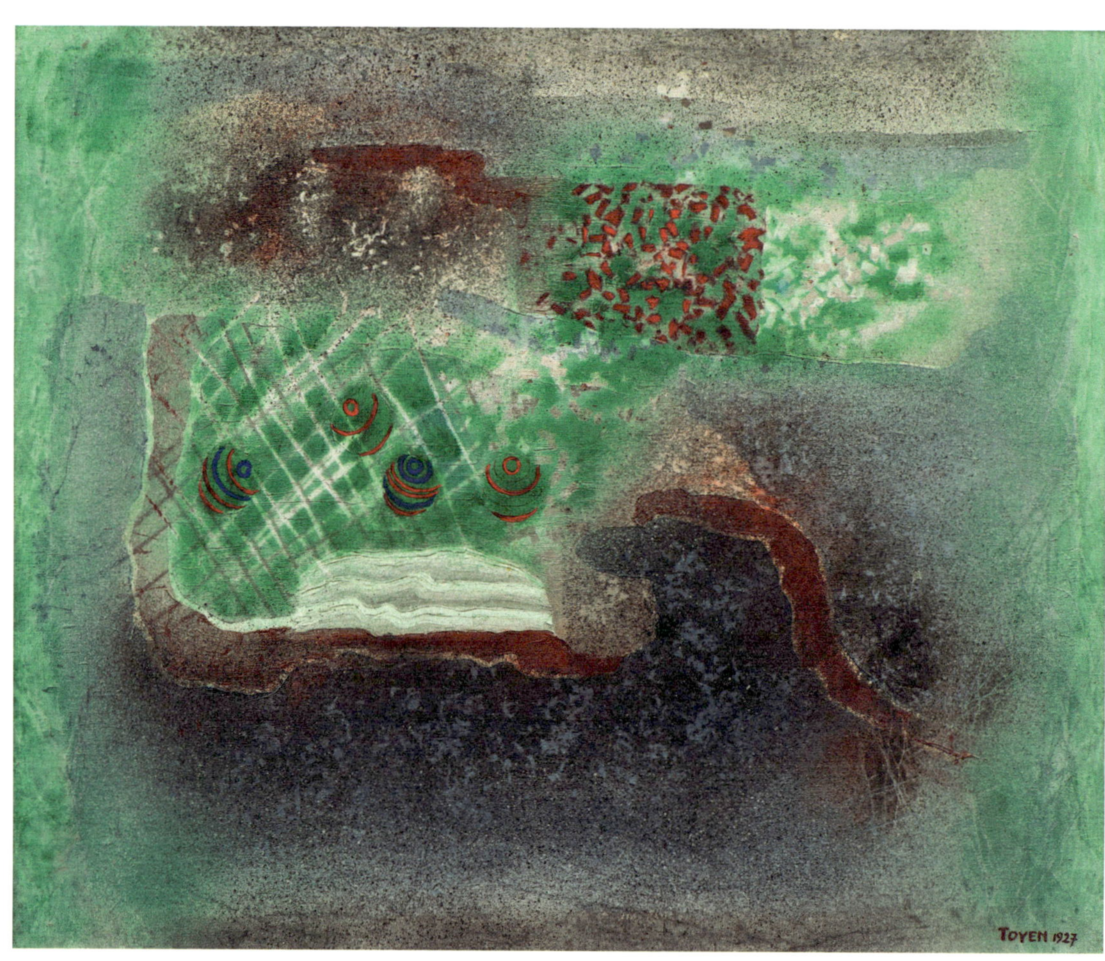

Abb. 99 ***Vinobraní | Weinlese***, 1927
Öl auf Leinwand, 48 × 59 cm | Privatsammlung

war es ein ehemaliger Surrealist, der Dichter Philippe Soupault, der sich ab 1927 für ihr Werk einsetzte, zunächst mit einem Vorwort für ihre zweite Pariser Ausstellung (Abb. 100). Soupault hatte zusammen mit Léon Pierre-Quint im Frühling 1927 Prag besucht und war voller Enthusiasmus zurückgekommen, wie wir seinem Text *Les poètes de Prague* (*Die Dichter von Prag*) entnehmen können: »Wenn ich an Prag denke, sehe ich in der nächtlichen Stadt die vertrauten Silhouetten vorübergehen. Da ist der kleine Schatten von Karel Teige, der runde Schatten von Vítězslav Nezval, der schlanke, schwarze Strich Štyrskýs, da ist Hoffmeister, da sind meine Freunde. Das größte Kompliment, das ich ihnen meines Erachtens erweisen kann, ist, dass es Menschen sind, welche die Poesie leidenschaftlich lieben. Wende ich mich an die Freunde in Prag, überkommt mich die Lust, in Versen zu sprechen.«[24] Und gerade die Poesie ist es, die nach der Einschätzung Soupaults die Arbeiten Štyrskýs und Toyens vom zeitgenössischen Schaffen unterscheidet, wie er in seinem Vorwort darzulegen versucht. Naheliegenderweise hatte er keine wissenschaftliche Analyse im Sinn, sondern eine poetische Einführung in ihr Werk: »Wer entschlossen ist, in jenem als künstlerisch bezeichneten Bereich mehr oder weniger zweckfreie Untersuchungen durchzuführen, verdient nicht nur unsere Bewunderung, sondern auch maßloses Erstaunen. Ende des Jahres 1927 leben in Paris zwei Maler, Toyen und Štyrský, die nicht an der Malerei verzweifelt sind, ja mehr noch, die uns hoffen lassen, daß man noch warten sollte, bevor man alles hinwirft. Sie wagen es gegenwärtig tatsächlich in dieser Stadt, in der die Malerei über den Rand fließt, ihre Zeit auf Bilder zu setzen.« Wie die Bilder der beiden auf ihn wirken, versucht er metaphorisch zu fassen: »Toyens Bilder und Aquarelle trüben das kalte Wasser und die Langeweile. Wunderbare Lichter und Töne einer anderen Welt ziehen vorüber, wobei sie sich in der mit Schrecken gesalzenen Luft vermählen. Es handelt sich, wohlverstanden, nicht um ein Erzittern, billig wie allzu süßliches Parfüm, es handelt sich nicht um rosa Tränen, die sentimentalen Romanzen gleichen. Gesichter in Blumenform und die netten Gesten von der Klarheit der Gebirgsbäche sind aus diesen augengerechten Landschaften verbannt. Toyen achtet weder den Zauber noch die Zärtlichkeit, noch jene Art von Geziertheit, die vergeht wie das Lächeln reifer Damen. Sie greift die Falten an, die einfachsten Linien des Lebens. Hinter diesen Zügen und Nuancen bewohnt ein Ernst, schwer wie Gebete, die gefalteten Hände. Toyen bleibt eine Malerin, die nicht quält und nicht bezaubert. Sie sucht in der Malerei eine evidentere Realität als die der Augen, die traurig und fröhlich mit der Uhrzeit sind.«[25] Soupault bezieht sich auf elf der von Toyen ausgestellten Bilder, überwiegend auf solche mit dem Thema Wasser wie *Tonoucí koráb* (*Sinkendes Schiff*) oder *Odliv* (*Ebbe*, Abb. 101). Dabei betont er die komplexe materielle Textur, die Vielschichtigkeit der Bedeutungen fern aller billigen Lyrik, eine Vielschichtigkeit voller Tiefe, aber auch eine beunruhigende Atmosphäre ausstrahlend.

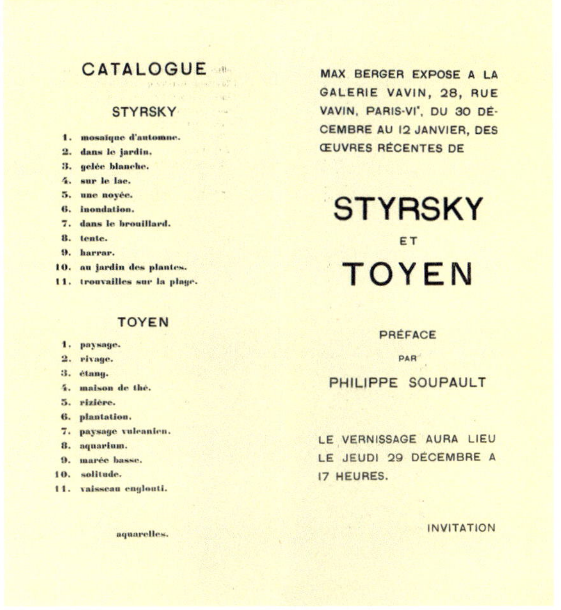

CATALOGUE

STYRSKY

1. mosaïque d'automne.
2. dans le jardin.
3. gelée blanche.
4. sur le lac.
5. une noyée.
6. inondation.
7. dans le brouillard.
8. tente.
9. harrar.
10. au jardin des plantes.
11. trouvailles sur la plage.

TOYEN

1. paysage.
2. rivage.
3. étang.
4. maison de thé.
5. rizière.
6. plantation.
7. paysage vulcanien.
8. aquarium.
9. marée basse.
10. solitude.
11. vaisseau englouti.

aquarelles.

MAX BERGER EXPOSE A LA GALERIE VAVIN, 28, RUE VAVIN, PARIS-VIe, DU 30 DÉCEMBRE AU 12 JANVIER, DES ŒUVRES RÉCENTES DE

STYRSKY

ET

TOYEN

PRÉFACE

PAR

PHILIPPE SOUPAULT

LE VERNISSAGE AURA LIEU LE JEUDI 29 DÉCEMBRE A 17 HEURES.

INVITATION

Abb. 100 Katalog zur Ausstellung *Štyrský und Toyen* in der Pariser Galerie Vavin, 1927

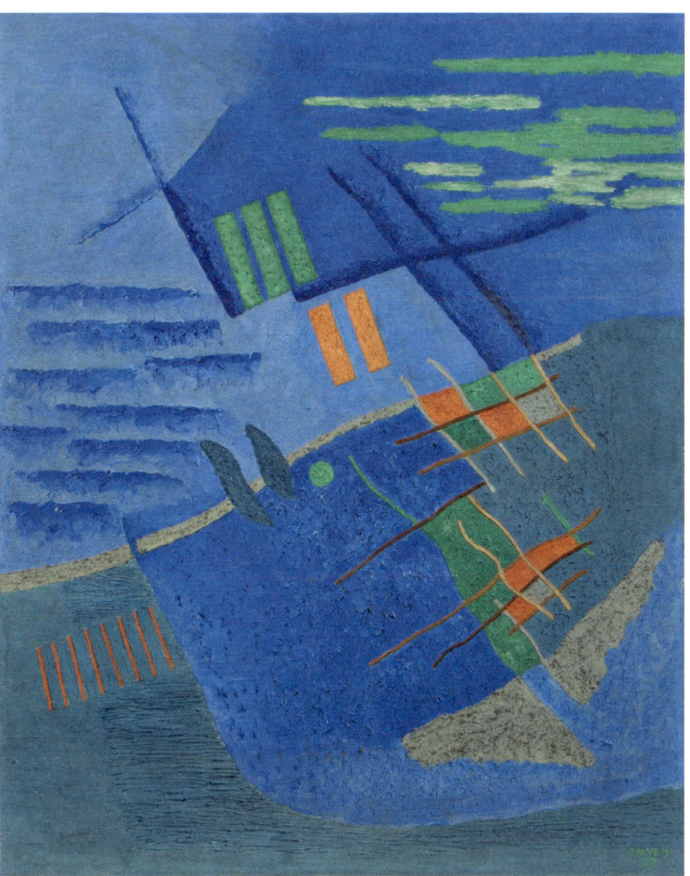

Abb. 101 ***Odliv / Ebbe***, 1927
Öl auf Leinwand, 54,5 × 45,5 cm
Regionalgalerie Liberec; ausgestellt in der Pariser Galerie Vavin, 1927

Soupaults Vorwort verschaffte der Ausstellung Aufmerksamkeit, das Hauptinteresse der Zeitung *Paris-Soir* galt allerdings seiner »virtuosen Feder«.[26] Doch nicht überall wurde die bilderreiche Sprache an der Grenze zur *écriture automatique* positiv aufgenommen, und Arsène Alexandre sparte in *Le Figaro* nicht mit Spott.[27]

Der Artifizialismus ist eine wichtige Etappe auf Toyens Weg zum Surrealismus; der Aufenthalt in Paris hat diese Entwicklung zweifellos befördert. Beide Künstler haben hier vielfältige Anregungen empfangen und auf je eigene Weise in ihrem Werk umgesetzt und fruchtbar gemacht: während ihrer Pariser Zeit und, nach der Rückkehr, während der 1930er Jahre in Prag. Ihr Anliegen war es, die beiden stärksten zeitgenössischen Strömungen – die Abstraktion und den Surrealismus – zu einer Synthese zu führen. Sehr deutlich belegt dies auch die Stellungnahme Toyens anlässlich einer Umfrage des Magazins *Médium-Communication surréaliste* von 1955. Auf die Frage von Charles Estienne, ob eine Annäherung zwischen lyrischer Abstraktion und Surrealismus denkbar sei, erwiderte Toyen, gerade darum, um lyrische Abstraktion sei es ihr und Štyrský damals, als die tschechische Avantgarde sich dem Surrealismus öffnete, gegangen.[28]

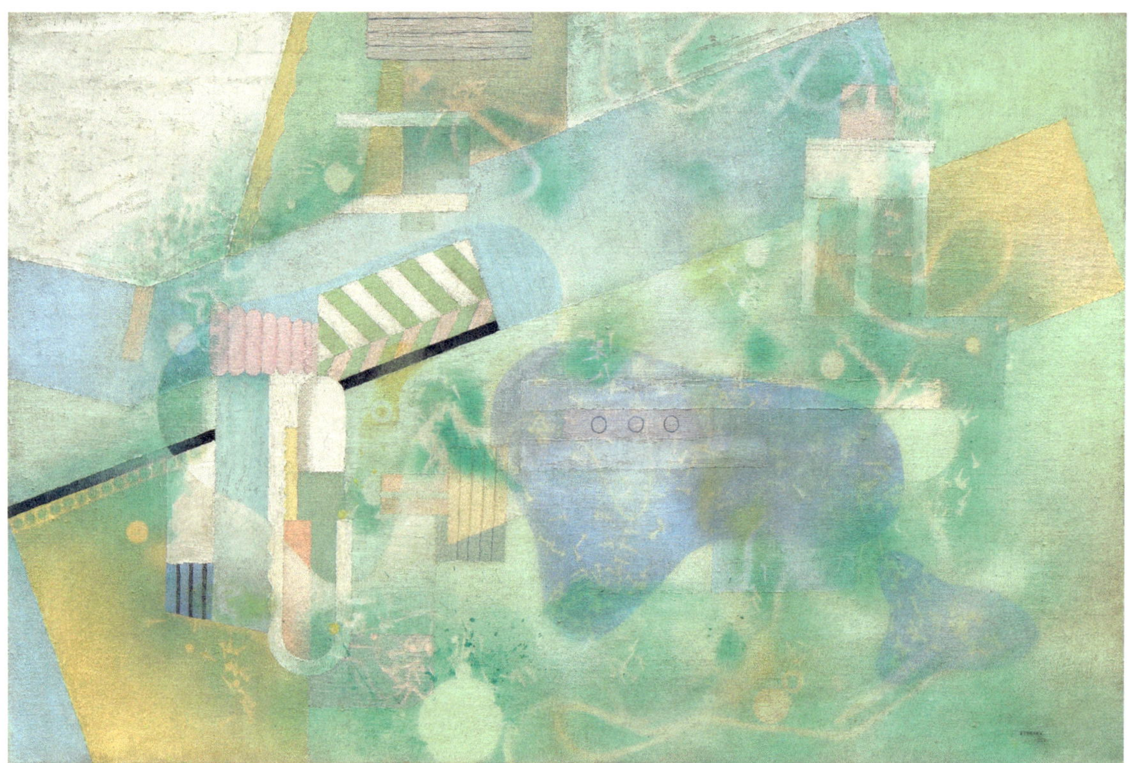

Kat. 102 Jindřich Štyrský (1899–1942), ***Akvárium / Aquarium***, 1927
Öl auf Leinwand, 61 × 91 cm
Kunsthalle Prag

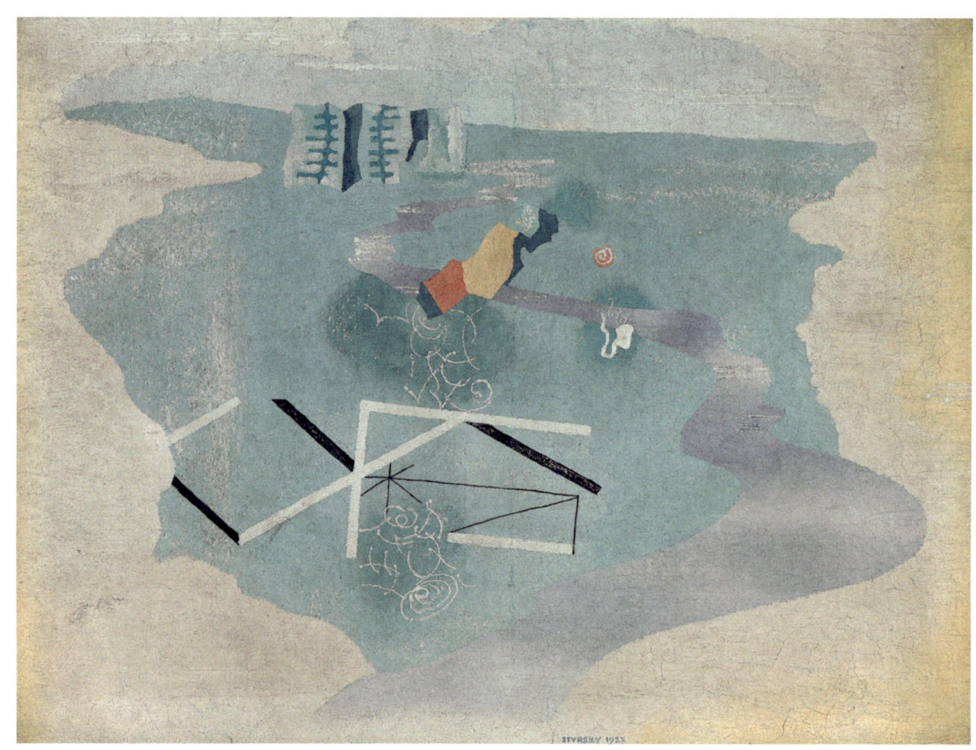

Abb. 103 Jindřich Štyrský, ***Nálezy na pláži / Funde am Strand***, 1927
Öl auf Leinwand, 56 x 75 cm
Kunstgalerie Karlsbad

1 Der Termin lässt sich einem Dokument des Einwohnermeldeamtes entnehmen in: Národní archiv / fond Policejní ředitelství Praha II, evidence obyvatelstva (Nationalarchiv / Fond Polizeidirektion Prag II, Einwohnermeldeamt).

2 Näheres s. Lenka Bydžovská, Karel Srp, *Jindřich Štyrský*, Prag 2007, S. 500–501.

3 Dieses Štyrský-Zitat überliefert Vítězslav Nezval in: ders., *Z mého života* (*Aus meinem Leben*), Prag 1959, S. 132.

4 S. dazu: Karel Srp, *Un Baiser par T.S.F. – Ein Kuss per drahtloser Telegraphie*, S. 43ff. in dieser Publikation.

5 So lehnte beispielsweise der holländische Pavillon eine Beteiligung der Gruppe De Stijl ab.

6 Abgedruckt wurde der Aufruf in der Zeitschrift *Pásmo* I, 1925, Nr. 7–8, Januar, S. 1. »Anlässlich der demonstrativen Ausstellung dekorativer Kunst im Frühjahr 1925 in Prag sehen sich die Konstruktivisten gezwungen, energisch zu protestieren, und zwar in Form eines KONGRESSES, einer GEGEN-AUSSTELLUNG, einer INTERNATIONALEN PUBLIKATION und MODERNER PRÄSENTATIONEN.«

7 Vgl. Vorwort zum Katalog *L'Art d'aujourd'hui*.

8 Peter Brook, Victor Poznanski and the exhibition L'Art d'aujourd'hui, http://www.peterbrooke.org/form-and-history/poznanski/ [Aufruf: 14.7.2020].

9 1926 kaufte er ein weiteres Bild von Štyrský mit dem Titel *Paul et Marie*.

10 Vítězslav Neval, *Řetěz štěstí* (*Glückskette*), Prag 1936, S. 8.

11 Sie fand in der Galerie Vavin statt, in der auch Toyen und Štyrský zwei Jahre später ausstellen sollten.

12 Jindřich Štyrský, Toyen, Vincenc Nečas, *Průvodce Paříží a okolím* (*Reiseführer für Paris und Umgebung*), Prag 1927, S. 255. Näheres zu diesem Reiseführer bei Meghan Forbes in der vorliegenden Publikation, S. 79ff.

13 S. hierzu den Beitrag von Karel Srp in diesem Band, S. 83ff.

14 *Obraz* (*Das Bild*) (Mai 1923), in: *Disk*, 1923, Dezember, S. 1–2.

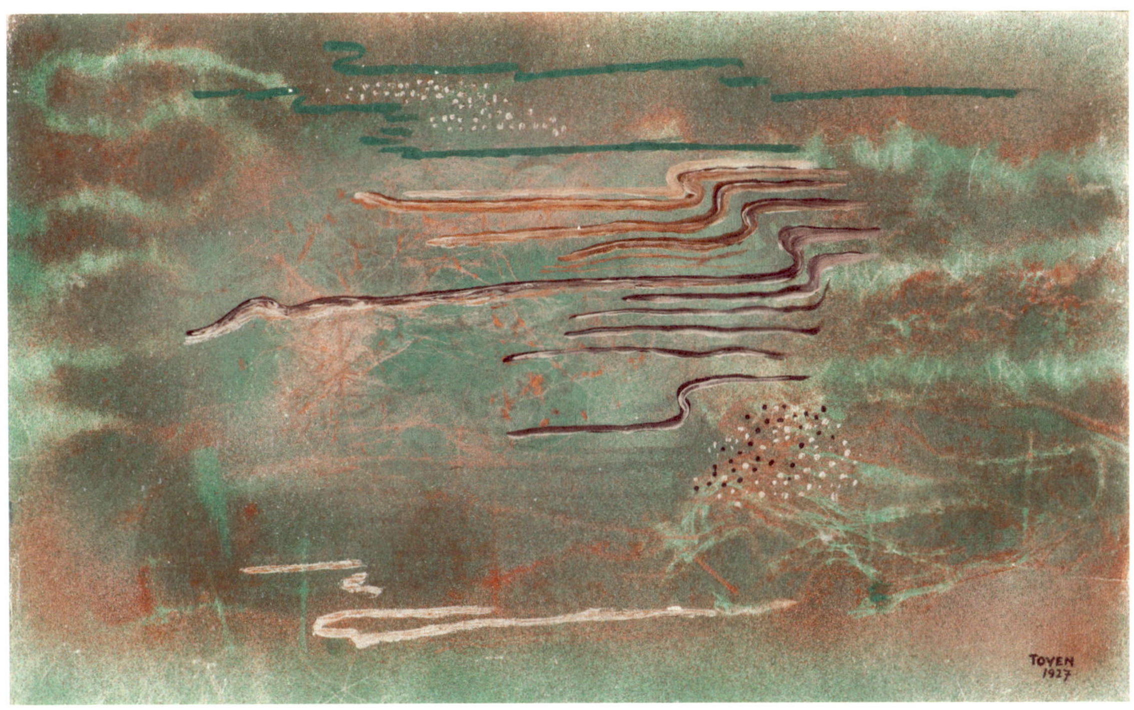

Kat. 104 ***Obraz* | *Gemälde***, 1927
Öl, Mischtechnik auf Leinwand, 35 x 65 cm
Galerie der Modernen Kunst, Raudnitz an der Elbe

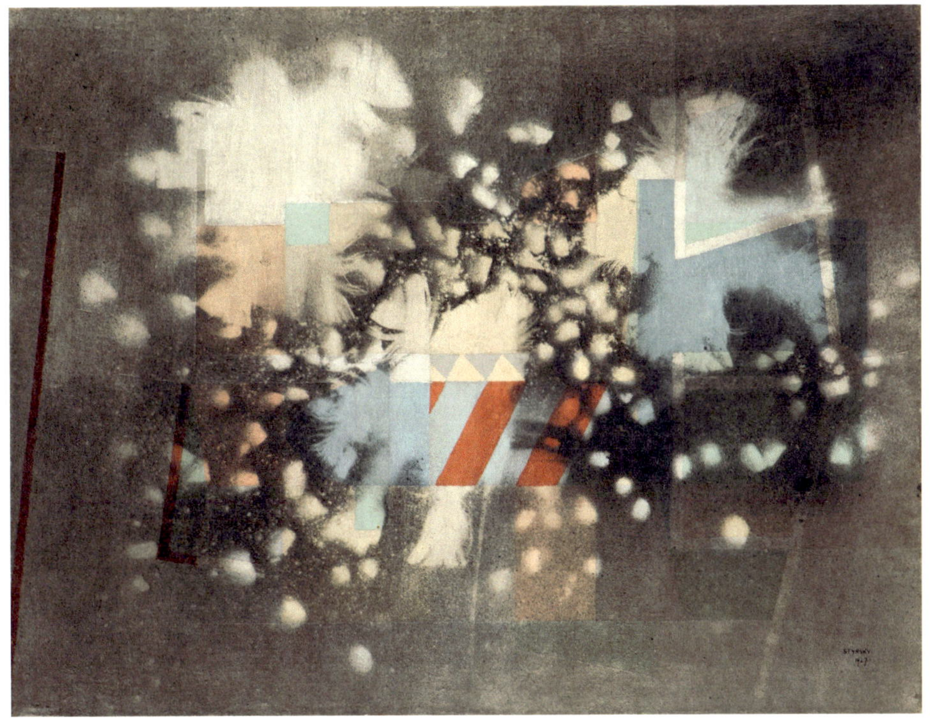

Abb. 105 Jindřich Štyrský,
Chrpy* | *Kornblumen, 1927
Öl auf Leinwand, 46 × 61 cm
Privatsammlung

15 Jindřich Štyrský, *Každý z nás stopuje svoji ropuchu. Texty 1923–1940* (*Jeder von uns ist seiner Kröte auf der Spur. Texte 1923–1940*), hg. von Karel Srp, Prag 1996, S. 14.
16 Auch die von 1920 bis 1921 von Richard Huelsenbeck, Raoul Hausmann und Kurt Schwitters veranstalteten dadaistischen Abende stießen auf keine größere Resonanz.
17 Bedřich Václavek, *Dada tvořívé* (*Kreativer Dada*), in: *Host* IV, 1925, Nr. 9–10, Juli, wieder abgedruckt in: Štěpán Vlašín u. a., *Avantgarda známa i neznáma II* (*Bekannte und unbekannte Avantgarde II*), Prag 1972, S. 148.
18 Jindřich Štyrský, Toyen, *Artificielisme*, in: *ReD I*, Nr. 1, S. 28–30.
19 Mit Ausnahme der Leihgaben aus der Sammlung des Vicomte de Noailles waren alle Bilder für den Verkauf bestimmt.
20 *À travers Musées, Galeries, Ateliers* (*Durch Museen, Galerien und Ateliers*), in: *La Semaine à Paris*, 1926, Nr. 12, 3.10.
21 Waldemar George, Chronique – L'Art d'aujourd'hui, in: *L'Amour de l'art*, 1926, Nr. 12, Dezember, S. 420.
22 *Journal des Débats*, 1928, 10.1.
23 Georges Charensol, in: *L'art vivant* (*Lebendige Kunst*), 1928, Nr. 74, 15.1., S. 76.
24 Philippe Soupault, *Les poètes de Prague* (*Die Dichter von Prag*), in: *La Revue nouvelle*, 1929, Nr. 51–52, Oktober – November.
25 Philippe Soupault, Vorwort zum Ausstellungskatalog *Štyrský et Toyen*, Galerie Vavin, Paris, 30.12.1927–12.1.1928, zit. nach: Rita Bischof, *Toyen. Das malerische Werk*, Frankfurt a. M. 1987, S. 122.
26 *Paris-Soir*, 1928, 3.1., Zeitungsausschnitt, Privatarchiv.
27 Arsène Alexandre, *Le Figaro*, 1928, 1.1., Zeitungsausschnitt, Privatarchiv.
28 José Pierre, Charles Estienne, Situation de la peinture en 1954, in: *Médium-Communication surréaliste*, Nr. 4, S. 49.

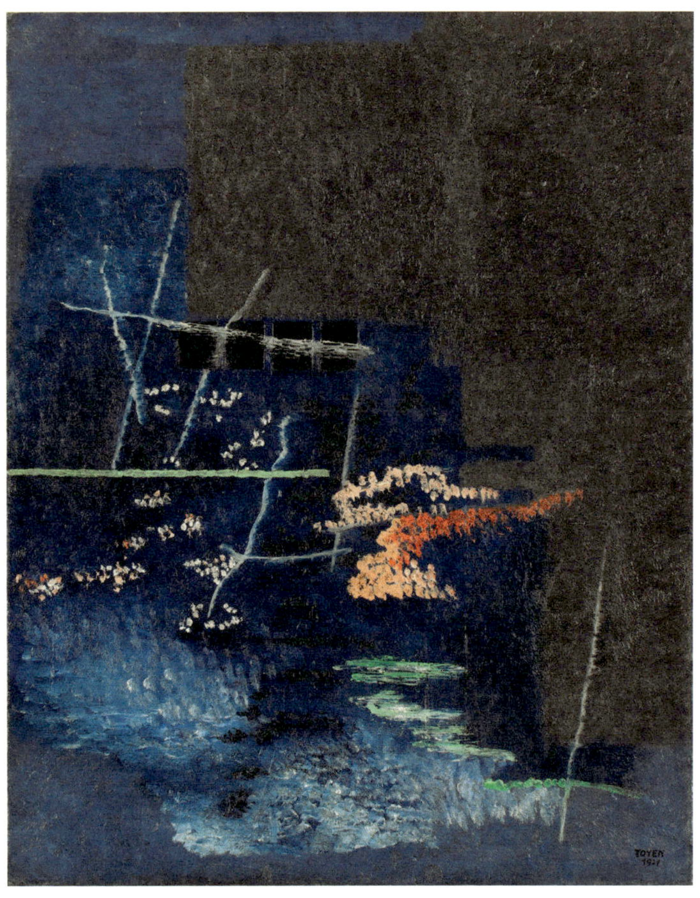

Abb. 106 ***Samota | Einsamkeit***, 1927
Öl und zerkleinertes Material auf Leinwand, 67,5 × 55 cm
Nationalgalerie Prag; ausgestellt in der Pariser Galerie Vavin, 1927

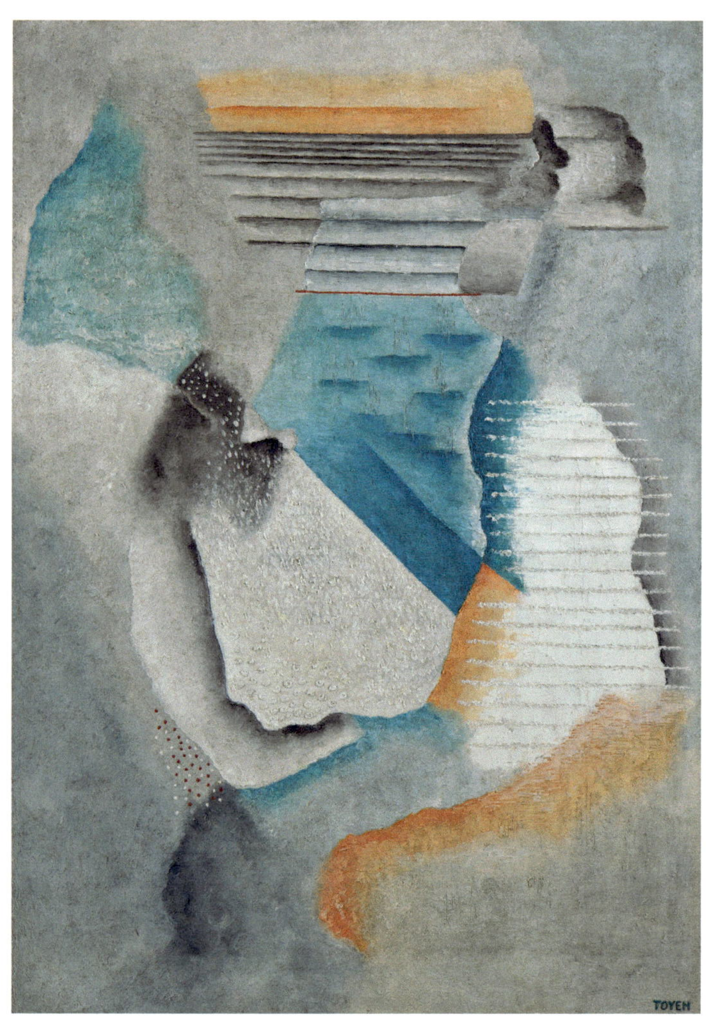

Abb. 107 ***Rýžové pole | Reisfeld***, 1927
Öl auf Leinwand, 73 × 54 cm
Galerie der Hauptstadt Prag; ausgestellt in der Pariser Galerie Vavin, 1927

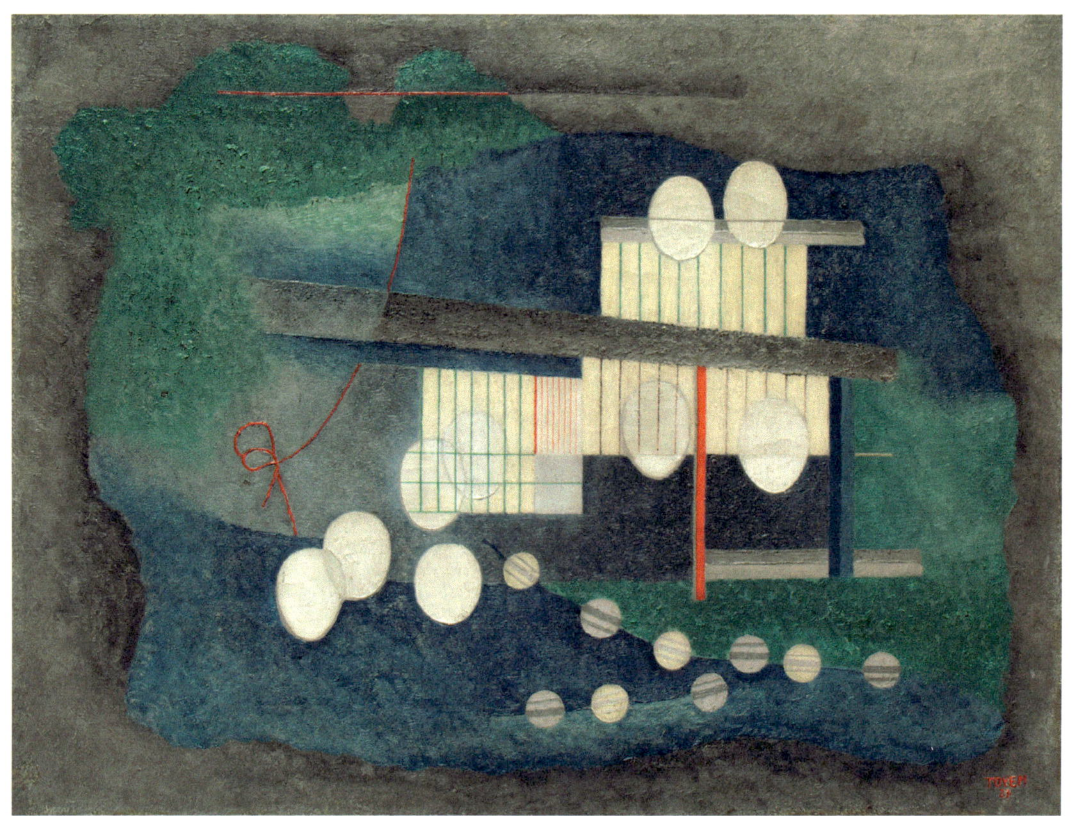

Kat. 108 ***Čínská čajovna | Chinesisches Teehaus***, 1927
Öl auf Leinwand, 54,5 × 73 cm |
Aleš Südböhmische Galerie, Frauenberg an der Moldau; ausgestellt in der Pariser Galerie Vavin, 1927

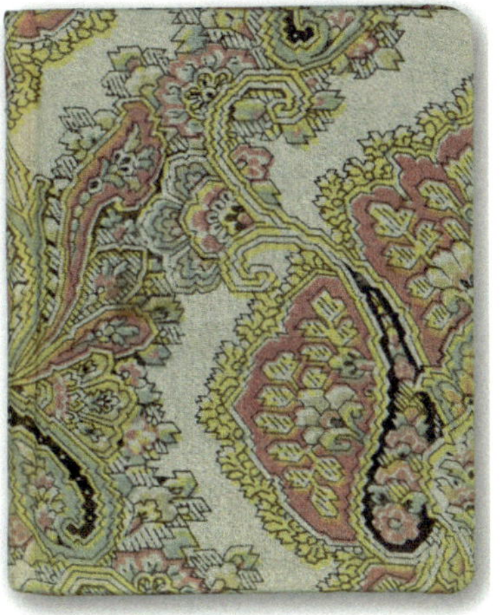

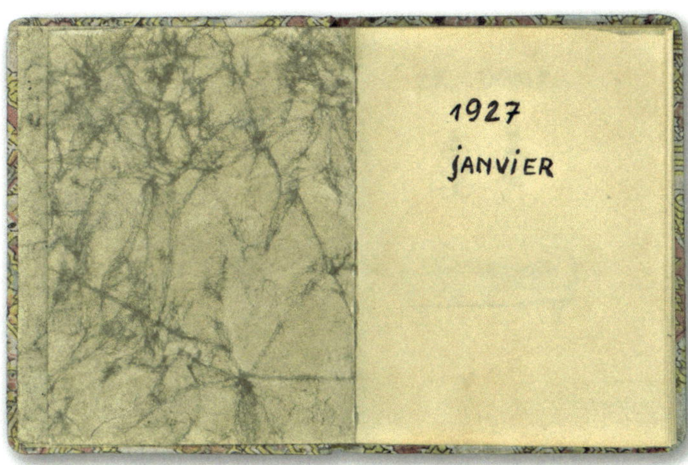

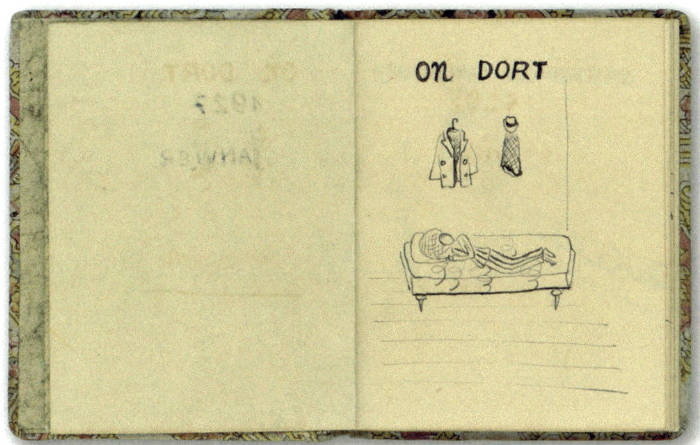

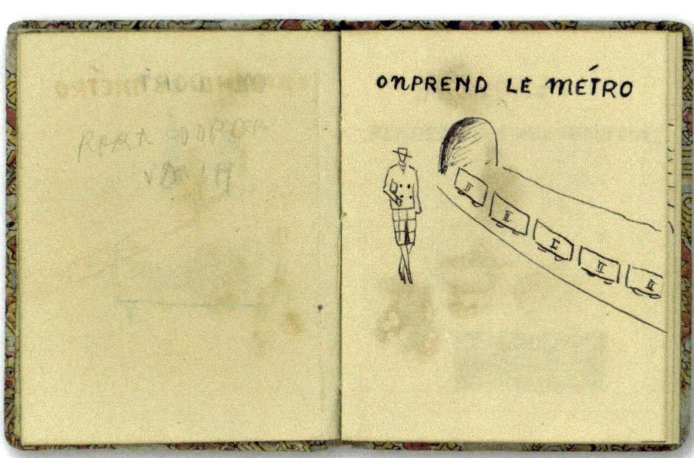

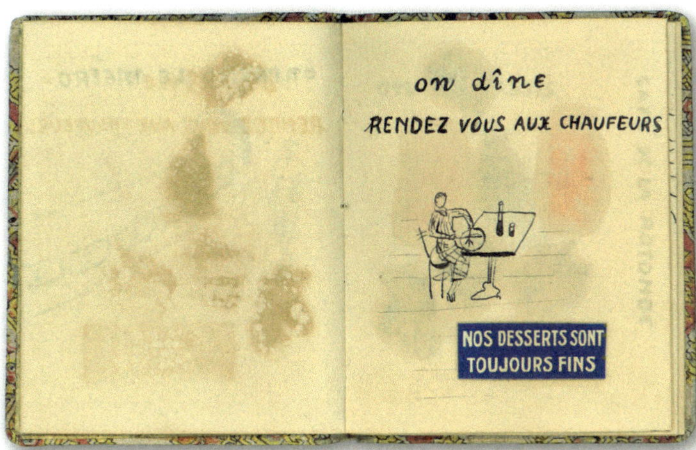

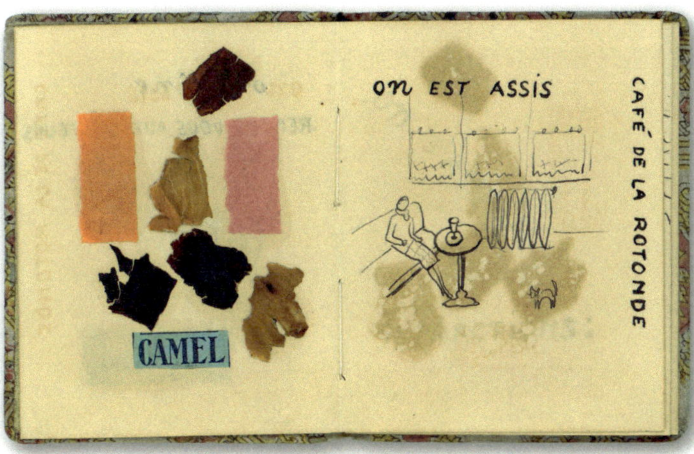

Kat. 109–113 Skizzenbuch, Januar 1927
On dort / Wir schlafen // On prend le métro / Wir nehmen die Metro //
On dîne Rendez vous aux chaufeurs [sic!] ***// Wir essen im Rendez-vous aux [des] chauffeurs //***
On est assis Café de la Rotonde / Wir sitzen im Café de la Rotonde
Tusche und Collage auf Papier, 105 × 150 mm
Privatsammlung, Paris

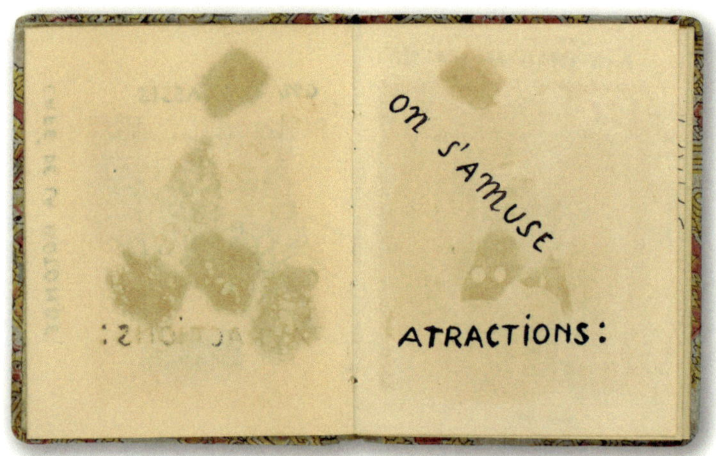

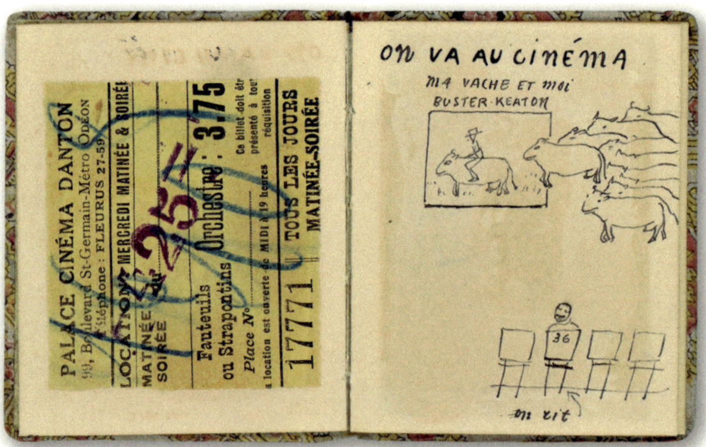

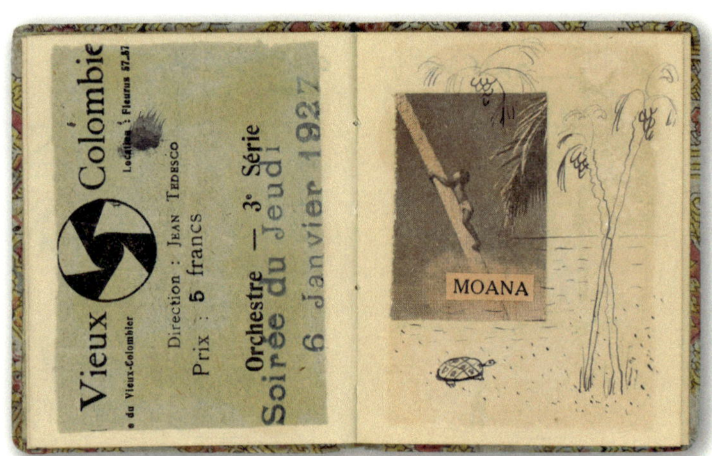

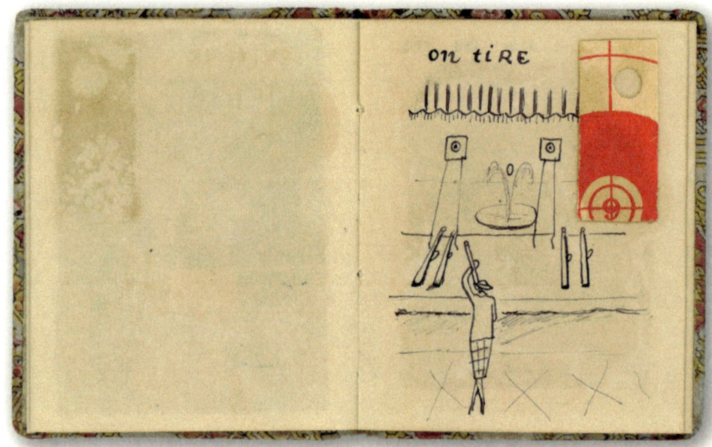

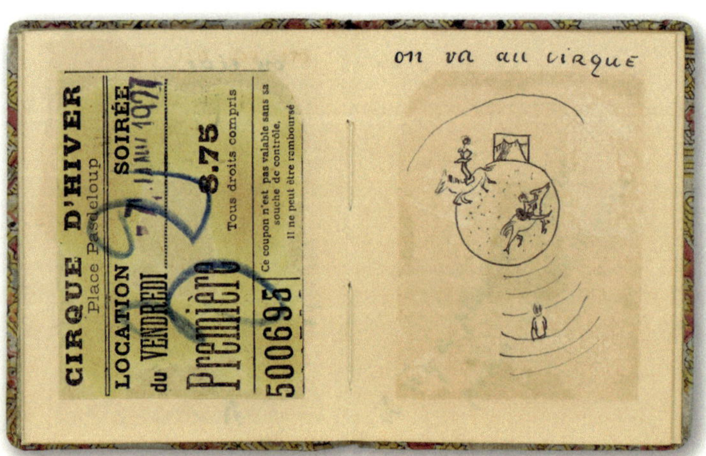

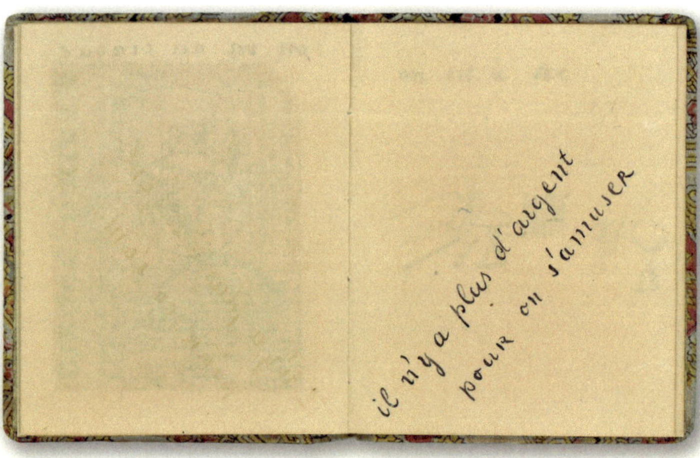

Kat. 114–124 Skizzenbuch, Januar 1927
On s'amuse. Atractions: [sic!] ***/ Wir amüsieren uns. Attraktionen: // On va au cinéma. Ma vache et moi, Buster Keaton - On rit / Wir gehen ins Kino. Go West, Buster Keaton - Wir lachen // On tire / Wir schießen // On va au cirque / Wir gehen in den Zirkus // Il n'y a plus d'argent pour en s'amuser / Es ist kein Geld mehr übrig, um sich zu amüsieren***
Tusche und Collage auf Papier, 105 x 150 mm
Privatsammlung, Paris

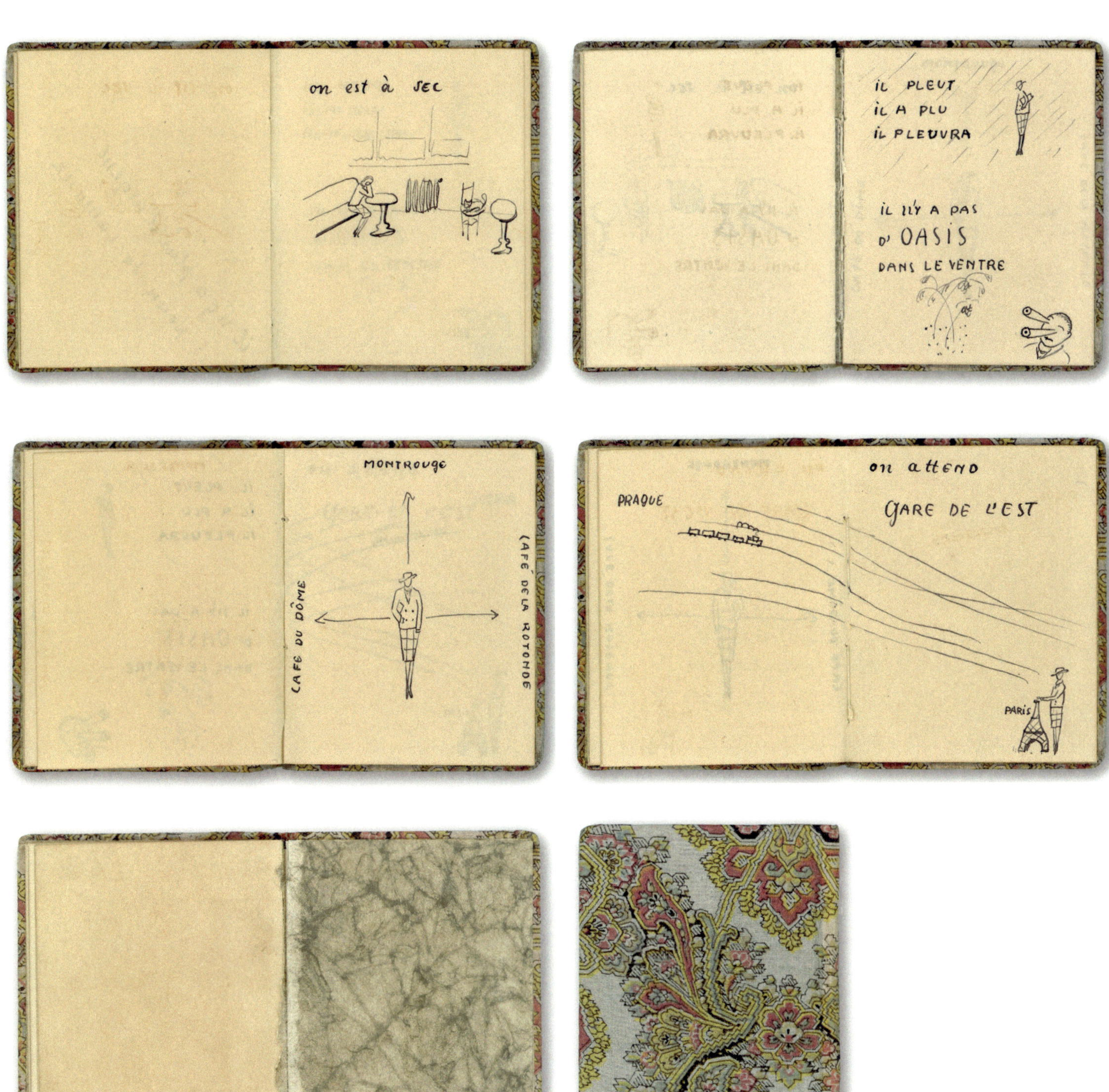

On est à sec / Wir sind abgebrannt // Il pleut. Il a plu. Il pleuvra. Il n'y a pas d'OASIS dans le ventre / Es regnet. Es hat geregnet. Es wird regnen. Es gibt keine OASE im Bauch // Café du dôme – Montrouge – Café de la Rotonde // Prague – Paris. On attend. Gare de l'est / Prag – Paris. Wir warten. Ostbahnhof

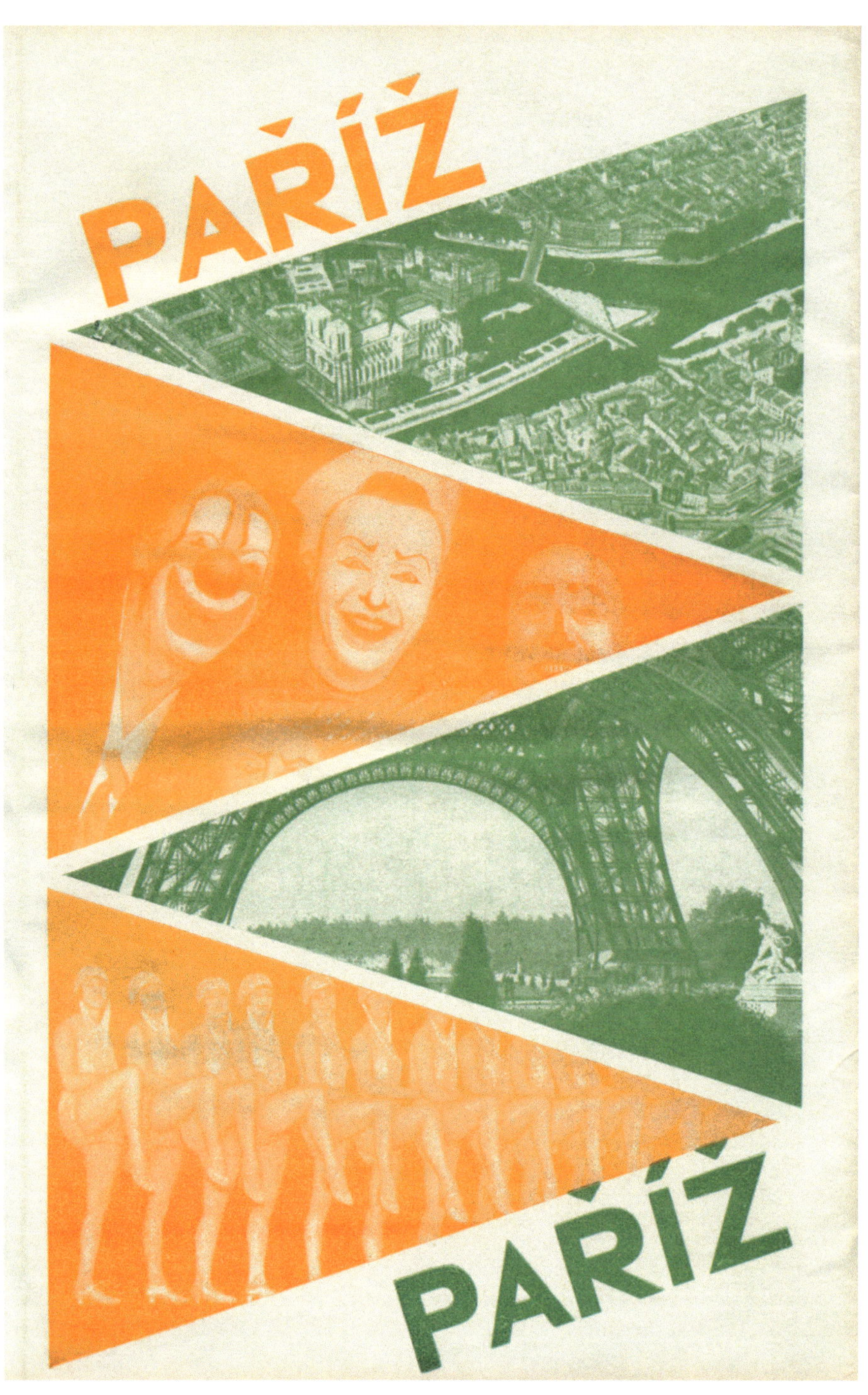

Abb. 129 Jindřich Štyrský (1899–1942), Toyen, Vincenc Nečas (1903–1972), ***Průvodce Paříží a okolím / Reiseführer für Paris und Umgebung,*** Odeon, Prag 1927

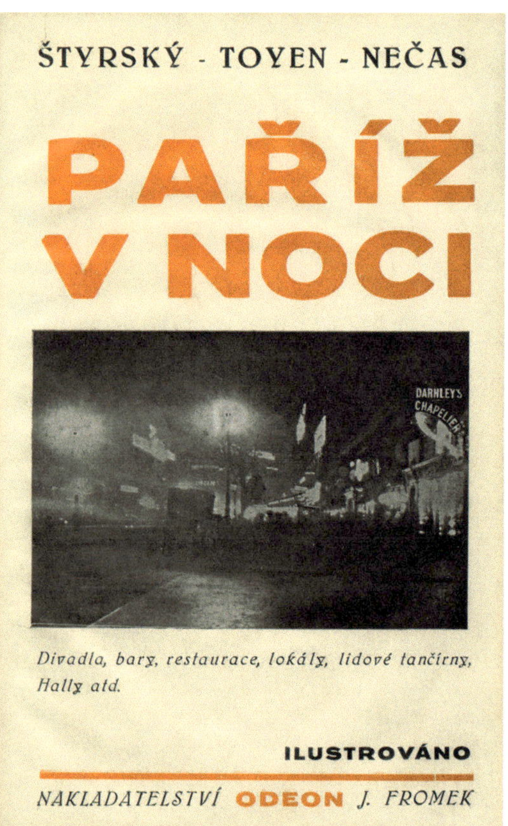

Abb. 130 Jindřich Štyrský, Toyen, Vincenc Nečas, ***Paříž v noci / Paris bei Nacht,*** Odeon, Prag 1927

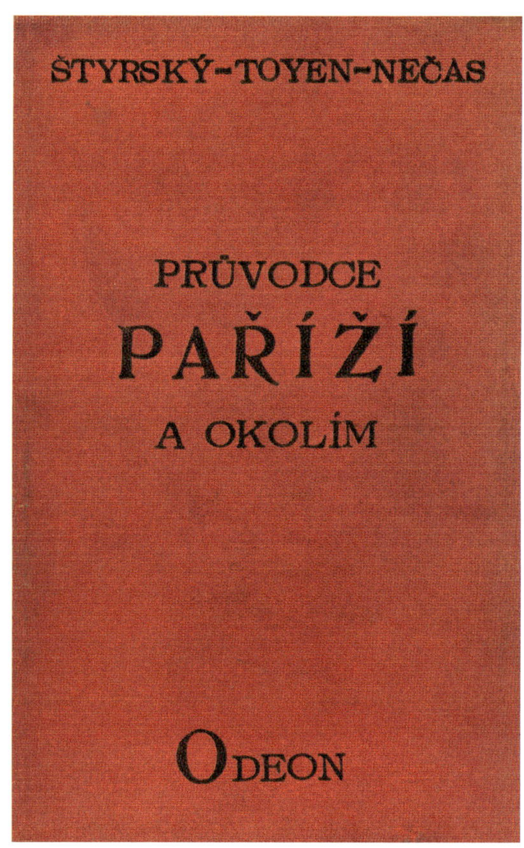

Abb. 131 Jindřich Štyrský, Toyen, Vincenc Nečas, ***Průvodce Paříží a okolím / Reiseführer für Paris und Umgebung,*** Odeon, Prag 1927

Meghan Forbes

Ein Reiseführer für Paris und Umgebung

Bei ihrem ersten längeren Paris-Aufenthalt absolvierten Toyen und Jindřich Štyrský nicht nur ein umfangreiches Ausstellungsprogramm,[1] sie arbeiteten auch gemeinsam mit dem Journalisten Vincenc Nečas an einem Reisehandbuch – dem *Průvodce Paříží a okolím* (*Reiseführer für Paris und Umgebung*, Abb. 129). Es erschien 1927 als sechster Band der Reihe *Malá edice* (*Kleine Edition*) in dem mit Devětsil eng verbundenen Verlag Odeon.[2] Der darauffolgende siebte Band, *Paříž v noci* (*Paris bei Nacht*, Abb. 130), kam noch im selben Jahr heraus und war lediglich ein speziell dem Pariser Nachtleben gewidmeter Auszug aus dem sechsten Band. Beide Titel wurden als unentbehrliche Führer für tschechische Reisende angepriesen, welche die Stadt der Lichter näher kennenlernen wollten. Auch wenn es sich keineswegs um Avantgarde-Publikationen handelte, waren sie doch von Mitgliedern der tschechischen Avantgarde verfasst worden und enthüllten auf unauffällige Weise mehr über das literarische und künstlerische Paris, als der durchschnittliche bürgerliche Tourist womöglich hatte wissen wollen.

Die Reisehandbücher nehmen unter den Devětsil-Publikationen nicht nur wegen der Textsorte eine außergewöhnliche Rolle ein, sondern auch deshalb, weil sie vermutlich die einzigen mit Toyen verbundenen Werke sind, die nicht direkt mit ihrer Rolle als Künstlerin und Illustratorin zu tun haben. Als solche war sie zwar im tschechischen Verlagswesen der Zwischenkriegszeit tätig, aber nur auf den Umschlagvorderseiten des *Reiseführers für Paris* und von *Paris bei Nacht* wird Toyen als Verfasserin genannt. Hinzu kommt, dass aus den Namen der aufgeführten Mitwirkenden ihrer als einziger weiblicher hervorsticht, was umso bemerkenswerter ist, als Toyen diese exklusive Stellung nicht nur im Bereich der Reiseführer innehatte, sondern auch im umfassenderen Kontext der nahezu ausschließlich von Männern geprägten Kulturszene, zu der sie gehörte.

Zur Entstehung des *Reiseführers* liegen nur wenige Berichte vor, es ist jedoch davon auszugehen, dass Toyen, Štyrský und Nečas einzeln recherchierten, um Material für die Publikation zu sammeln. Der Dichter Vítězslav Nezval berichtet in seinen Memoiren *Z mého života* (*Aus meinem Leben*), dass Štyrský die Aufgaben für den *Reiseführer* zuwies: »Štyrský teilte morgens immer die Arbeit unter seine Mitarbeiter auf, und abends begrüßte er sie gewöhnlich mit einer Schimpfkanonade, wenn sie ihren Plan nicht erfüllt hatten.«[3] Im Januar 1927 – zu Beginn desselben Jahres, in dem der Reiseführer herauskam – erstellte Toyen ein kleines Sammelalbum mit eingeklebten Eintrittskarten für Kino- und Zirkusvorstellungen sowie Zeichnungen, in denen sie eine sich allein an solchen Orten aufhaltende Frau skizzierte (Kat. 109–124).[4] Diese fährt außerdem mit der Metro, sitzt im Café, schießt auf Scheiben, läuft im Regen durch die Straßen, wartet am Bahnhof. Bei den Illustrationen stehen kurze, beschreibende Bildunterschriften in französischer Sprache, ein seltenes Beispiel für Textarbeiten von Toyen, die sie ausschließlich in dieser Zeit produzierte.

Es ist verlockend, in der auf den Skizzen dargestellten Person Toyen selbst zu sehen, doch der zurückhaltende, observierende Charakter der Zeichnungen, in denen die Figur stets in Umrisslinien erfasst ist und auf Abstand gehalten wird, spräche auch für die distanzierte Wiedergabe einer anderen Person. Allerdings trägt die Figur in allen Zeichnungen dieselbe Kleidung – einen in Kreuzschraffuren angelegten Bleistiftrock, einen Blazer zum Knöpfen und einen breitkrempigen Hut (all diese Kleidungsstücke hängen in einer Szene, in der die Person im Pyjama schläft, hinter einer Couch an der Wand, Kat. 110) –, was wiederum auf ein tagebuchartiges Selbstporträt hindeutet. Fest steht jedenfalls, dass wir in der gesamten Erzählung ein und derselben Person folgen, die (abgesehen von der Gesellschaft einer Katze in einem Café, Kat. 120) immer allein ist und beobachtet, was um sie herum passiert. Wenn es ein Erkennungsmerkmal des »flâneur« im benjaminschen Sinne ist, dass er ziellos und unbeachtet durch die Stadt streift, so begegnen wir in den menschenleeren urbanen Räumen von Toyens Skizzen vielleicht der »flâneuse«[5] – unbehelligt von jeder unerwünschten Aufmerksamkeit, da es außer der Künstlerin niemanden gibt, der sie beobachten könnte. Tatsächlich erscheint in der einzigen Zeichnung, in der sich eine männliche Figur ins Bild drängt, diese als ein kleiner Kopf in der unteren rechten Ecke, mit Augen, die wie Ferngläser hervortreten: ein befremdlicher und unwillkommener Voyeur.

Aufgrund ihrer Mitarbeit an dem Pariser Reiseführer könnte man Toyen selbst als eine »flâneuse« betrachten – eine Frau, die auf eigene Faust durch die Straßen von Paris spaziert und Material für ihr Buch sammelt. Unabhängig davon, ob es sich bei der in dem Einklebealbum dargestellten Figur nun um die Künstlerin handelt oder nicht, lassen sich den Skizzen Hinweise zu ihren damaligen Streifzügen durch Paris entnehmen, denn auch die Spaziergänge der gezeichneten Figur deuten auf ein zielloses Herumwandern in der Stadt hin – solange das Geld reicht.[6] Alle in den Bildunterschriften oder auf den Eintrittskarten genannten Orte – etwa das Café de la Rotonde, der Palace Cinéma Danton, der Cirque d'Hiver und das Vieux Colombier – finden im Reiseführer Erwähnung. Auch wenn die Aufteilung der Arbeit an dem Handbuch unklar ist, erlaubt Toyens Sammelalbum doch eine genaue Bestimmung der von ihr aufgesuchten Orte und zurückgelegten Wege, die sich dann in der standardisierten Form eines Touristenführers wiederfinden.

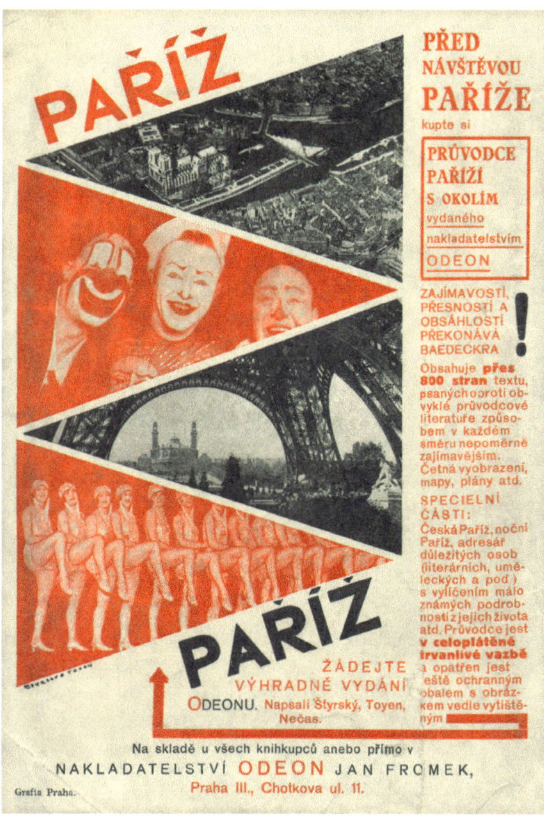

Abb. 132 Werbung für *Průvodce Paříží a okolím / Reiseführer für Paris und Umgebung* und *Plány Paříže / Stadtpläne von Paris*, Odeon, Prag 1927

In einer Besprechung des *Reiseführers für Paris*, die in der Literaturzeitschrift *Kmen* erschien, betont Josef Hoch, dass es sich bei den Verfassern um »in Paris lebende tschechische Künstler« handelt, und hebt zugleich den außerordentlichen Gebrauchswert des Buches hervor. Er fordert die Leserinnen und Leser auf, »nach Paris zu fahren, um sich das Leben dort anzuschauen, das Treiben auf den Boulevards zu verfolgen, die intensiven Freuden des Nachtlebens von Paris kennenzulernen«.[7] Wenn Hoch Vergleiche anstellt, dann nicht mit anderen Devětsil-Publikationen, sondern mit den beliebten Reisehandbüchern von Baedecker. Die allgegenwärtigen, in deutscher, französischer und englischer Sprache veröffentlichten, zwischen 1828 und 1945 in Leipzig gedruckten Baedecker-Bände setzten Maßstäbe, ihr Design mit dem roten Einband wurde zum Standardformat für andere Verlage.[8] Die 19. Auflage des Paris-Führers von Baedecker kam 1923 auf Deutsch heraus sowie 1924 auf Englisch und Französisch und war möglicherweise Vorbild für die tschechische Odeon-Ausgabe von 1927. Das im Titel des *Reiseführers* angegebene Zielgebiet (»Paris und Umgebung«) ist in allen Übersetzungen das gleiche, das Handbuch besitzt einen ähnlichen roten Einband und ist nur geringfügig größer im Format (dafür gut doppelt so dick). Die Ähnlichkeit mit den Baedecker-Reiseführern war vom Verlag Odeon auch ausdrücklich gewünscht. Auf der Rückseite des ebenfalls in der Reihe *Kleine Edition* erschienenen Titels *Plány Paříže* (*Stadtpläne von Paris*) wurde der *Reiseführer* mit dem Versprechen beworben, dass er »die Baedecker- Führer an Relevanz, Genauigkeit und Vollständigkeit übertrifft!«.[9]

In einer Hinsicht aber weicht die Aufmachung des *Reiseführers* deutlich von den Baedecker-Bänden ab (und »übertrifft« sie möglicherweise): in der Gestaltung des Schutzumschlags (Abb. 129).[10] Es ist zugleich eine Stelle, an der Toyens und Štyrskýs künstlerischer Beitrag unübersehbar ist. Ein Urheberrechtsnachweis für den Umschlag fehlt zwar im Führer selbst, doch die auf der Rückseite der Publikation *Stadtpläne von Paris* abgedruckte Werbeanzeige für ihn enthält das Titelbild mit den unten links deutlich erkennbaren Schriftzügen Toyens und Štyrskýs (Abb. 132).[11] Es zeigt dreieckig beschnittene und keilförmig ineinandergreifende Fotografien, die zwei Aspekte von Paris darstellen: das lärmende Treiben im Kabarett und Zirkus, in einem Farbton gehalten, und konträr dazu die Ordnung und geometrische Struktur des Eiffelturms und der Straßenzüge entlang der Seine in einer anderen Farbe (die Farbkombination variierte je nach Ausgabe).

Ein wichtiges Verkaufsargument für den *Reiseführer* war die große Anzahl von Fotografien, insgesamt 22, darunter auch Darstellungen des vom Marsfeld aus aufgenommenen Eiffelturms (sowohl auf dem Titelblatt von *Paris bei Nacht* als auch auf der Umschlagvorderseite von *Stadtpläne von Paris*), der Place de l'Opéra, von Montmartre und Saint-Michel. Ein Großteil dieser Fotos (ohne Urhebernennungen) waren anscheinend allgemein verfügbare Bilder der wichtigsten touristischen Sehenswürdigkeiten.[12] Dagegen entsprechen die Fotos auf der Vorderseite des inzwischen raren Umschlags vom *Reiseführer*, die Gesichter lachender Clowns sowie Beine von Revuetänzerinnen zeigen, eher dem bei Devětsil-Publikationen damals gängigen Bildstil. Die Fotos vom Eiffelturm, aufgenommen von unterhalb des Sockels, oder die aus der Vogelschau erfassten Straßenzüge verraten in ihren Perspektiven auch eine Faszination für die konstruktivistische Fotografie, etwa jene des Künstlers und Bauhaus-Lehrers László Moholy-Nagy, der 1925 für die Dezember-Ausgabe der Devětsil-Zeitschrift *Pásmo* eigene Aufnahmen des Eiffelturms beisteuerte. Die (ebenfalls nicht mit Urhebervermerk versehene) Umschlaggestaltung von *Paris bei Nacht* präsentiert ein weiteres fotografisches Genre, das regelmäßig in Devětsil-Publikationen auftauchte: das nächtliche Paris, erhellt von Leuchtreklame und Straßenlaternen. In diesen Titelmotiven orientierten sich die Reiseführer an der von Devětsil angestrebten modernen, technologischen »neuen Schönheit«.

In einer weiteren Hinsicht unterscheidet sich der *Reiseführer für Paris* deutlich vom Baedecker: in der ausführlichen Schilderung der zeitgenössischen Kunst. So gibt beispielsweise der englischsprachige Paris-Führer von Baedecker aus dem Jahr 1924 in einem einleitenden Textabschnitt nur einen kursorischen Überblick über die Kunst und behandelt dabei hauptsächlich die Zeit vom Mittelalter bis zum 19. Jahrhundert. Im Hinblick auf die zeitgenössische Kunst wird beklagt, dass sie sich in einer Stilkrise befinde, »hier und da Anregung bei den Werken früherer Epochen und Jahrhunderte sucht« und »durch die Standardisierung maschinell gefertigter Waren behindert wird«.[13] Eine ganz andere Sicht auf die französische Kunst dieser Zeit bietet der tschechische Reiseführer.

Das Trio Toyen, Štyrský und Nečas erstellte einen schließlich über 800 Seiten dicken Band, der neben den üblichen Zugfahrplänen, Metrostationen, Museen, Restaurants und Cafés auch Theater und Kinos, Ateliers und Galerien, sogar die Adressen von Schriftstellern und Künstlern enthielt. Angegeben waren etwa die Wohnungen von Persönlichkeiten wie Jean Cocteau, André Breton, Ivan Goll und Tristan Tzara sowie die Ateliers von Henri Matisse, André Lhote, Fernand Léger, Juan Gris, Man Ray, Ossip Zadkine, Constantin Brancusi, Picasso, Max Ernst, Juan Miró, Robert und Sonia Delaunay, Amédée Ozenfant, Theo van Doesburg, Piet

Mondrian, Natalja Gontscharowa, Charles-Édouard Jeanneret (Le Corbusier), Francis Picabia, Georges Braque und Tsuguharu Foujita sowie zwei tschechischen Künstlern: Štyrský selbst und Josef Šíma. Bemerkenswert ist, dass Toyen fehlt.[14]

Darüber hinaus gibt es in dem Reiseführer eine umfangreiche Auflistung privater Galerien, die das bekannte französische Nachschlagewerk *Le Collectionneur de peintures modernes* (*Der Sammler moderner Gemälde*) von 1930 vorwegnimmt und nahezu dieselben Adressen enthält.[15] In der Einleitung zu dem Abschnitt »Moderne Galerien« im *Reiseführer* wird der Anspruch erhoben, Paris sei »das künstlerische Zentrum der Welt«, nicht wegen seiner Museen oder Sammlungen (auch andere Städte wie London und New York seien in dieser Hinsicht eindrucksvoll, wie die Autoren anmerken), sondern wegen »der Atmosphäre des Kunstmarktes, von der Ausstellung von Gemälden auf dem Bürgersteig bis hin zu privaten Galerien und Salons«.[16] Das hier abgelegte Bekenntnis des *Reiseführers* zu einer Kunst, der der Betrachter buchstäblich auf der Straße begegnen konnte, steht im Einklang mit einem zentralen Anliegen der tschechischen Avantgarde generell: Sie wollte die Kunst aus Akademien und Museen herausholen und in einen Dialog mit dem realen Leben bringen – auch wenn natürlich die private Galerie und der Salon weder zu dieser Zeit noch überhaupt jemals ein demokratischer, öffentlicher Raum waren.

Das Format des Reiseführers bot Devětsil immerhin eine potenziell breitere Plattform. Die besondere Stärke des *Reiseführers für Paris und Umgebung* liegt darin, dass er eine Art von Infiltration avantgardistischer Ideen erlaubte, indem er in der Aufmachung eines handlichen Reiseführers unter der Hand die neuesten Trends in Kunst und Literatur durchbuchstabierte. Zudem gestattet er eine Kartierung der Wege, auf denen die Autoren in den 1920er Jahren die Stadt durchstreiften – bei genauem Hinsehen lassen sich dem *Reiseführer* deutliche Hinweise auf den von Toyen und Štyrský gepflegten Umgang und die von ihnen frequentierten Orte entnehmen, die die Beschreibungen in erhaltenen Briefen und Lebenserinnerungen ergänzen. Wir haben also mit dem publizierten Reiseführer und dem von Toyen im selben Jahr angefertigten Einklebealbum sowohl einen für die Öffentlichkeit aufbereiteten als auch einen intimen, privaten Bericht von den Erfahrungen der Künstlerin im Paris des Jahres 1927 vor uns.

Ich danke Barbora Bartůňková und Prajna Desai für ihre aufschlussreichen Anmerkungen zu einer früheren Fassung dieses Essays sowie meinen Kollegen im Leonard A. Lauder Research Center for Modern Art am Metropolitan Museum of Art, mit denen ich ebenfalls über das Thema diskutiert habe. Einzelne Abschnitte des Essays wurden erstmals 2018 bei dem Czech Studies Workshop der Columbia University und erneut 2020 auf der ASEEES (Association for Slavic, East European, and Eurasian Studies) Convention in San Francisco von mir vorgestellt.

1 Siehe die Chronik im vorliegenden Katalog, S. 30ff.
2 In derselben Reihe erschienen auch mehrere Bände über Theater und Film insbesondere im französischen, sowjetischen und tschechischen Kontext. Vor den Reiseführern war, als dritter Band der Reihe, im November 1926 eine tschechische Ausgabe von Jean Cocteaus Stück *Les mariés de la tour Eiffel / Svatebčané na Eiffelce* (*Die Hochzeit auf dem Eiffelturm*) herausgekommen.
3 Vítězslav Nezval, *Aus meinem Leben*. Aus dem Tschechischen übersetzt von Eckhard Thiele, Leipzig 1988, S. 173 (Originalausgabe: *Z mého života*, 3. Aufl. Prag 1965, S. 134).
4 Ich danke Barbora Bartůňková, die mich auf das Album aufmerksam machte.
5 Auf die breit geführte theoretische Debatte, ob es überhaupt möglich sei, eine »flâneuse« zu sein, kann hier nicht eingegangen werden. Janet Wolff wandte 1985 ein, dass es die »unsichtbare Flaneurin« eigentlich nicht geben könne, wenn der »flâneur« als ein Mann zu definieren sei, der »über die Freiheit verfügt, sich in der Stadt zu bewegen, zu beobachten und beobachtet zu werden, jedoch niemals mit anderen zu interagieren«. (Janet Wolff, The Invisible Flâneuse. Women and the Literature of Modernity, in: *Theory, Culture and Society* 2, 1985, H. 3, S. 40.) Seither wurde die Bedeutung von Hautfarbe und Ethnie, Sexualität, Fähigkeiten und Alter ebenso wie Geschlecht kritisch im Hinblick auf die Möglichkeit reflektiert, sicher und unbemerkt durch die Straßen einer Stadt zu laufen.
6 Auf eine Reihe von Seiten, die Toyens Protagonistin an verschiedenen Touristenattraktionen zeigen, folgt eine nahezu leere Seite, auf der nur der in zwei Zeilen gesetzte Satz steht: »Uns ist das Geld für Vergnügungen ausgegangen.« Auf der darauffolgenden Seite sitzt die Frau wieder im Café de la Rotonde, diesmal mit dem Kopf in den Händen vergraben und ohne Getränk vor sich. Nezval notierte, dass Toyen und Štyrský – obwohl sie mit Geld, das Letzterer geerbt hatte, nach Paris gekommen waren – sich Arbeit suchen mussten, um in der Stadt über die Runden zu kommen: »Sie hatten mit den verschiedensten Arbeiten täglich ein paar Francs zu verdienen versucht, und Geschirrwaschen im Hotel war nicht die schlechteste Arbeit, die sie sich wählten.« (Nezval 1988 [wie in Anm. 3], S. 160).
7 Josef Hoch, Cestovní literatura, in: *Kmen* 1, Juli 1927, H. 9, S. 225.
8 Für ein vollständiges Verzeichnis der Baedecker-Ausgaben in deutscher, englischer und französischer Sprache sowie für einen kurzen Überblick über ihre Bedeutung vgl. *Baedecker's Reisehandbücher 1828–1945*, hg. von Alex Hinrichsen, Holzminden 1979.
9 *Plány Paříže*, Prag 1927, Umschlagrückseite. Diese Ausgabe enthielt zwei ausfaltbare Stadtpläne und erschien ursprünglich als vierter Band der *Kleinen Edition* – also noch vor dem *Reiseführer für Paris und Umgebung* und *Paris bei Nacht* –, doch in einer Neuauflage wurden die anderen Reiseführer beworben, und seine beiden Stadtpläne fanden wiederum Aufnahme in den *Reiseführer*. Dem Werbetext auf der Umschlagrückseite begegnete man zudem an anderer Stelle, u. a. in *ReD*, der wichtigsten Devětsil-Zeitschrift, die ebenfalls bei Odeon ab dem Jahr erschien, in dem auch die Reiseführer herauskamen. Über mehrere Ausgaben hinweg druckte die Zeitschrift Werbeanzeigen für den *Reiseführer* und setzte sie teilweise neben Fotografien und Fotomontagen von Paris.
10 Der Werbeanzeige auf der Rückseite von *Stadtpläne für Paris* zufolge besaß die Originalausgabe des in rotes Leinen gebundenen Reiseführers einen Schutzumschlag, doch ist mir bislang kein Exemplar dieser Ausgabe mit erhaltenem Originalumschlag bekannt. In der Anzeige heißt es: »Der *Reiseführer* ist mit einem stabilen Ganzleineneinband ausgestattet und verfügt zusätzlich über einen Schutzumschlag mit dem nebenstehenden Titelbild.« (*Plány Paříže* [Prag 1927], Umschlagrückseite). Eine später erschienene Broschurausgabe ist nicht mehr in rotes Leinen gebunden, weist aber einen am Buchrücken festgeklebten Schutzumschlag auf.
Ich danke Jindřich Toman für den Hinweis auf die Publikation *Stadtpläne von Paris*. Er stellte mir verschiedene Ausgaben des *Reiseführers* zur Verfügung, die diese Beobachtungen zu bestätigen halfen.
11 Eine schmale Broschüre, die 1966 anlässlich der Ausstellung *Knižní grafika výtvarníků Devětsilu ve dvacátých letech* (*Die Buchgestaltung der Devětsil-Künstler in den 1920er Jahren*) von René Murat erstellt wurde, führt im bibliographischen Teil unter Toyens und Štyrskýs Werken auch die Umschlaggestaltung für den *Reiseführer für Paris und Umgebung* auf. Sie fehlt allerdings in der umfassenden Auflistung von Toyens buchillustratorischen Arbeiten in dem 2013 in Prag erschienenen Band *Knihy s Toyen* (*Bücher mit Toyen*) von Lenka Bydžovská und Karel Srp.
12 Štyrský nahm schließlich seine eigenen Fotografien von Paris auf, von denen eine ein Jahrzehnt später in Nezvals surrealistischem Pariser Reisebericht *Ulice Gît-le-cœur* (*Rue Gît-le-cœur*) abgedruckt wurde. S. Ian Walker, Jindřich Štyrský and Czech Surrealist Photography in the 1930s, in: *Surrealism and Photography in Czechoslovakia. On the Needles of Days*, hg. von Krzysztof Fijalkowski, Michael Richardson und Ian Walker, Burlington, VT 2013, S. 37–61.
13 Irma Richter, Introduction. VI. Historical Sketch of French Art, in: *Baedecker's Paris and its Environs*, Leipzig 1924, S. lvi.
14 Für eine vollständige Liste der Galerien und Ateliers s. *Reiseführer für Paris und Umgebung*, S. 251–262.
Ein im Archiv von Jindřich Honzl verwahrter Brief vom 14. Mai 1927, der offenbar von Jindřich Štyrský verfasst und von Toyen mitunterzeichnet wurde, nennt zwei verschiedene Adressen für die Künstler: 74 rue du Moulin vert für Štyrský – es ist dieselbe wie im *Reiseführer* – und 160 rue du Château für Toyen. Im selben Brief klagt Štyrský, dass sich Nečas bereits aus Paris abgesetzt und eine Schuldenspur hinterlassen habe. Vgl. Lenka Bydžovská und Karel Srp, Adresát Jindřich Honzl. Dopisy a scénické návrhy Jindřicha Štyrského z Honzlovy pozůstalosti, in: *Umění* 56, 2008, H. 6, S. 530.
15 Ich danke Giovanni Casini für den Hinweis auf die französische Quelle.
16 *Průvodce Paříží*, S. 249.

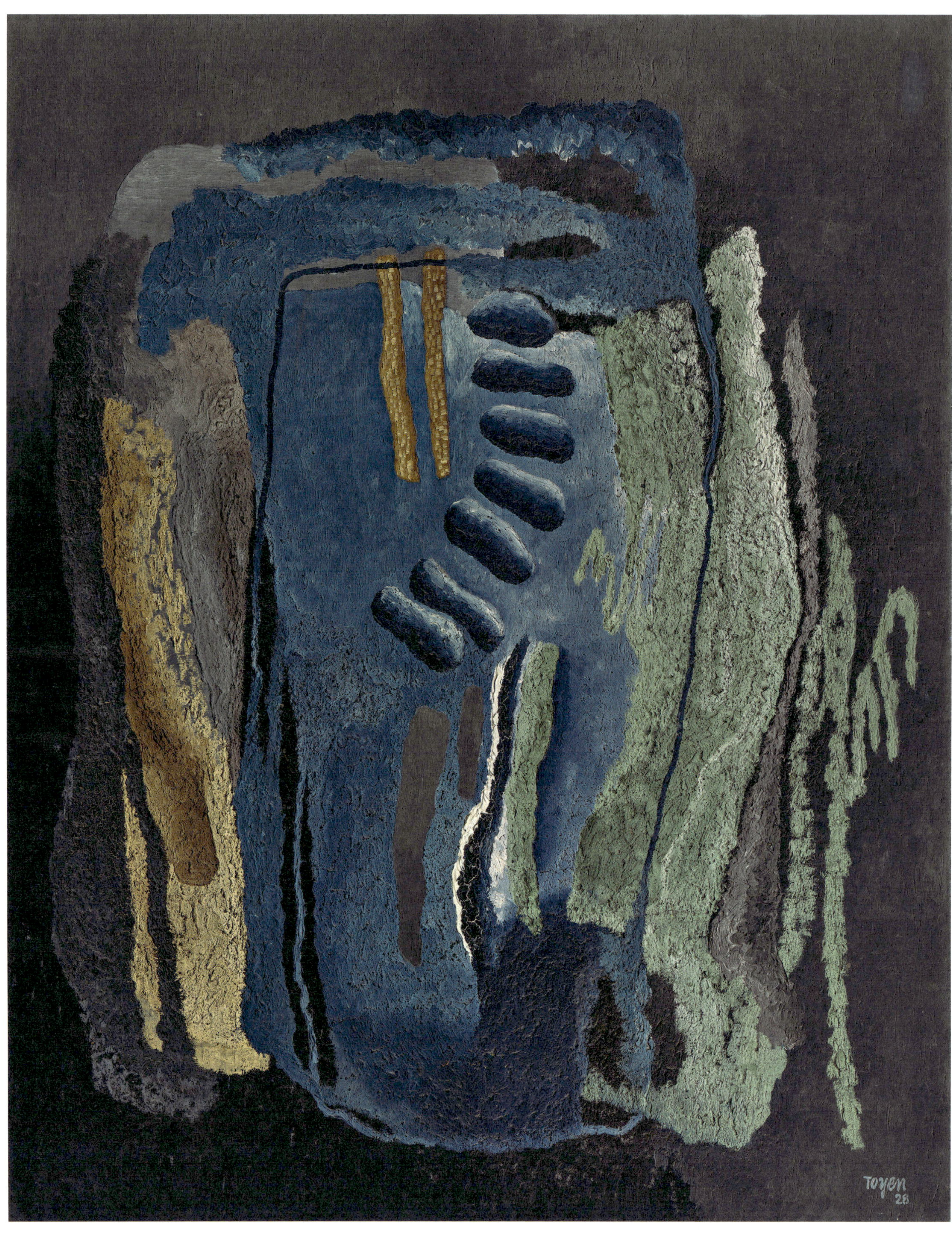

Kat. 133 ***Fjordy / Fjorde***, 1928
Öl auf Leinwand, 100 × 81 cm
Nationalgalerie Prag

Karel Srp

Schattierungen künstlicher Illuminationen – die artifizialistische Phase

Der offizielle Beginn des Artifizialismus, einer Bewegung, die Jindřich Štyrský und Toyen während ihres zweiten Pariser Aufenthalts gegründet hatten, datiert auf den 5. Oktober 1926. An diesem Tag eröffneten die beiden Künstler in ihrem Atelier in 51 rue Barbes (Studio 4) die erste artifizialistische Ausstellung. Zuvor hatten sie durch ein einfaches Flugblatt, auf dem jeder mit einem Gemälde vertreten war, auf die neue Kunstrichtung und die Ausstellung aufmerksam gemacht (Abb. 34). Diese wurde einer nicht belegten Aussage zufolge mit dem Satz eröffnet: »Der Artifizialismus ist die Identität von Dichter und Maler.« Die Ausstellung dauerte bis zum 20. Oktober 1926 und fand durchaus Resonanz. Unmittelbar danach, noch 1926, zeigte die Galerie d'Art contemporain auf dem Boulevard Raspail die zwischen 1925 und 1926 in Paris entstandenen Bilder und Zeichnungen von Štyrský und Toyen, die beide mit umfangreichen und eindrucksvollen Zyklen vertreten waren (Abb. 31). Eine dritte artifizialistische Ausstellung wurde ein Jahr später, Ende 1927, in der Galerie Vavin (Max Berger, Abb. 40) eröffnet. Das Prager Publikum musste noch bis zum 1. Juni 1928 warten, ehe es die von Štyrský und Toyen begründete neue Bewegung in der von Otakar Storch-Marien geführten Aventinum-Mansarde kennenlernen konnte (Abb. 43).

Dem kunstinteressierten Publikum waren artifizialistische Bilder seit 1927 in Reproduktionen bekannt, vor allem aus dem ersten Jahrgang der Zeitschrift *ReD* (1927–1928). Außerdem standen die von Štyrský verfassten und von Toyen mitunterzeichneten Texte und Deklarationen in gedruckter Form zur Verfügung, etwa *Populární uvedení do artificielismu* (*Eine populäre Einführung in den Artifizialismus*)[1] vom April 1927 sowie *Artificielisme*[2] und *Tři kapitoly z připravované knihy* (*Drei Kapitel aus einem Buch in Vorbereitung*)[3] vom Oktober 1927. Im Jahr darauf – der Artifizialismus war schon voll erblüht – erschienen Philippe Soupaults Vorwort zum Katalog der Ausstellung in der Galerie Vavin[4] in tschechischer Übersetzung sowie Jindřich Štyrskýs Vortrag anlässlich der Ausstellungseröffnung in der Aventinum-Mansarde.[5] Toyens artifizialistische Phase dauerte acht Jahre, in denen sie ein breites Spektrum von Werken schuf. Malstil und markante Einschnitte im Bereich der Kunst ermöglichen eine genaue zeitliche Bestimmung. 1926 war das Jahr der Anfänge, 1927 konnte sich der Artifizialismus allmählich etablieren, 1928 endgültig durchsetzen.

Der Artifizialismus als Kunstrichtung entstand in Paris, ohne direkte Verbindung zu der Prager Avantgarde-Gruppierung Devětsil und auf der Basis einer Art von Manifest, in dem es heißt, die Bewegung bestünde lediglich aus den Unterzeichneten. Die Begriffe, mit denen er üblicherweise beschrieben wird, waren für Devětsil ebenfalls lange Zeit von zentraler Bedeutung. So bezog sich der Artifizialismus ausdrücklich auf Baudelaires künstliche Paradiese, auf die Jindřich Honzl in seinem Nachwort zu Vítězslav Nezvals *Pantomima* (*Pantomime*, Abb. 56) eingeht: »Modernität äußert sich für den Dichter der *Pantomime* in der Funktion, nicht im Sujet: Das Sujet ist eine Frage der Vorliebe, die Form ist das Objekt einer allgemeinen Notwendigkeit [...] Alle Paradiese des Dichters sind letzten Endes Paradis artificiels. Mögen seine Werke in einem gewissen Sinn exotisch sein, fremd sind sie nicht.«[6]

Der Artifizialismus drehte sich im Grunde um zwei eng miteinander verknüpfte Bereiche: die sinnliche Wahrnehmung und die Empfindung. Sie boten, und genau darum ging es ihm, Möglichkeiten, die Grenzen der alltäglichen Realität zu überschreiten. Und noch ein Begriff von Devětsil finden wir im Vokabular des Artifizialismus wieder. In seiner Rezension zu Teiges Publikation *Film* schreibt Nezval im Mai 1925: »Wir haben geglaubt, dass die Kunst endet, wenn ›alle Wirklichkeiten ultraviolett sind‹, wenn die menschliche Sensibilität so artifizialistisch sein wird und die Organisation der Welt so vollkommen und so empfindungsreich, dass man keine Gedichte mehr schreiben muss; Dichter zu sein hieße dann, ein Cicerone durch diese Welt zu sein.«[7] Die Begriffe Artifizialismus und ultraviolett sind also eng miteinander verknüpft. 1928 erklärt Karel Teige, der Artifizialismus sei ultraviolett. Und bei Nezval lesen wir im Gedicht *Srdce hracích hodin* (*Das Herz der Spieluhr*), das er in die Sammlung *Pantomime* aufgenommen hat: »Einmal kommt es so weit, / wir streifen der alten Zivilisation die Kleider ab / und alle Wirklichkeiten sind ultraviolett.«[8] Wie der Begriff »artifizialistisch« stand ebenso »ultraviolett« für ein Überschreiten der unmittelbaren Sinneswahrnehmungen. Dementsprechend fasziniert waren die Dichter auch von der elektromagnetischen Strahlung, denn sie offenbarte Realitäten, die dem bloßem Auge verborgen waren; ihre Wellenlänge war kürzer als die des sichtbaren Lichts, aber länger als Röntgenstrahlen. Interessant war überhaupt alles, was sich der direkten Sinneswahrnehmung, die man für sehr begrenzt hielt, entzog.

Bei den tschechischen Künstlern fanden nicht zuletzt deshalb Man Rays Rayographien begeisterte Aufnahme. Man Ray hatte 1922 seine *Les Champs délicieux* (*Die köstlichen Felder*, 1922, Abb. 134) Karel Teige während dessen Besuch in Paris gewidmet. Teige zeigte die Rayographien dann im Herbst 1923 auf dem von ihm organisierten *Bazar moderního umení* (*Basar der modernen Kunst*, Abb. 11). Die lediglich durch den Einfall des Lichts entstehenden Schatten der Objekte auf dem Fotopapier waren eine der Inspirationsquellen des Artifizialismus, aber auch der Fotografen, die dem Devětsil angehörten oder mit ihm kooperierten.

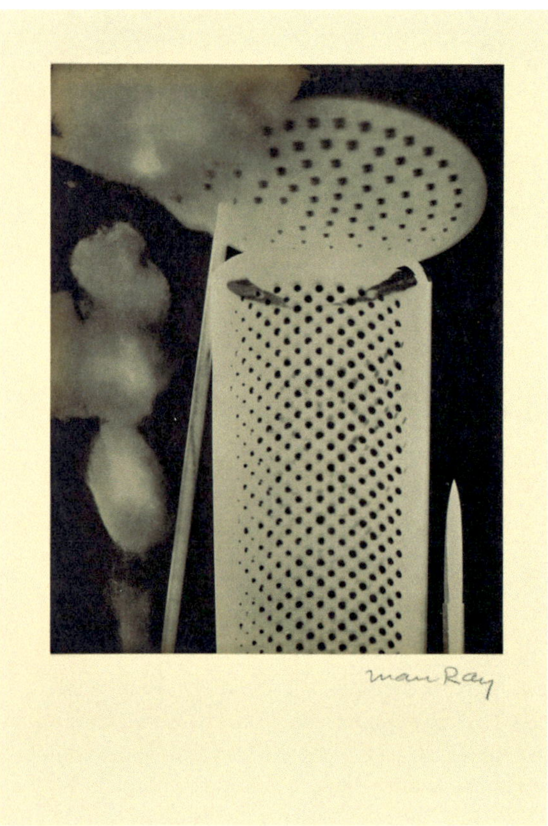

Abb. 134 Man Ray (1890–1976), ***Les Champs délicieux / Die köstlichen Gefilde***, Nr. 12, 1921–1922
Rayographie, 22,5 × 15,5 cm
Privatsammlung

In Toyens Schaffen kommt es Ende 1925 zu einer deutlich erkennbaren Wende. Das zeigt der Vergleich zweier Bilder mit Themen, die eindeutig dem Poetismus verpflichtet sind: *Cirkus* (*Zirkus*), das auf der *L'Art d'aujourd'hui* zu sehen war und am Ende der poetistischen Phase mit naiven Stilelementen steht, sowie *Jarmark* (*Jahrmarkt*), in dem sich bereits eine vereinfachte, geometrische Formensprache andeutet, die auf figurale Elemente und poetistische Verweise verzichtet. Der verspielte *Jahrmarkt* eröffnet eine Reihe von Bildern, in denen Toyen sich direkt mit dem Spiel befasst. Darin verwendet sie nicht nur Motive aus der Sphäre des Schachs, sondern schöpft aus dem gesamten breiten Spektrum an spielerischen Vergnügungen, wie sich in den 1926 entstandenen Werken *Piková dáma* (*Pik-Dame*), *Mah-jong*, *Monte-Carlo* oder *Tobogán* (*Tobogan*, Abb. 93) zeigt. Diese halb abstrakten, halb realistischen Arbeiten, die sich noch mit dem Verhältnis von Form und Fläche, von Zeichen und Feld auseinandersetzen, hat Toyen jedoch bald aufgegeben, um sich in ihrer artifizialistischen Phase landschaftsbezogenen Sujets zuzuwenden. Damit hat sie sich zweifellos freie Hand verschafft für das Experimentieren mit der eigenen Malerei, die mit traditioneller Landschaftsmalerei nichts zu tun hat.

Die acht Jahre, in denen Toyen und Štyrský den Artifizialismus systematisch entwickelten, fielen in eine atemberaubende Zeit. Die Imagination eroberte sich, allein aus ihrer schöpferischen Bildkraft heraus, geographisch ferne Zonen, wie es auch im Titel des 1923 erschienen Erzählbandes von Karel Schulz *Sever Jih Západ Východ* (*Norden Süden Westen Osten*) anklingt. Toyen musste für sinnliche Inspirationen Paris nicht verlassen. Sie bewegte sich frei zwischen Süd und Nord, zwischen Koralleninseln und Fjorden, entdeckte die geographischen Breiten in ihrer Vorstellungskraft und gab ihnen Gestalt. Fast war es, als würden ihre Bilder ein und dasselbe Thema immerzu neu komponieren. Wie rasant ihre Entwicklung voranging, lässt sich an den drei Prager Ausstellungen zu Beginn der 1930er Jahre ablesen: den Ausstellungen in der Aventinum-Mansarde (1.3.–30.3.1930; Abb. 150), in der Aleš-Halle (18.11.–4.12.1931) und der Gruppenausstellung *Poesie 1932* (28.10.–27.11.1932, Abb. 167).[9] Zwischen diesen Ausstellungen lagen Aufenthalte in Frankreich. Auf der Ausstellung *Poesie 1932* zeigte Toyen fünf Bilder mit dem Titel *Obraz* (*Gemälde*) sowie die 1933 entstandenen Werke *Jezerní zahrada* (*Seegarten*, Kat. 229) und *V mlze* (*Im Nebel*, Kat. 230). Die acht artifizialistischen Jahre wirken wie ein in sich geschlossener, frei variierender mächtiger Strom ihrer Imaginationskraft, die um natürliche Vorgänge kreist, um Wachstum und Zerfall, Geburt und Untergang. Erst mit der Rückkehr nach Prag versiegte dieser Strom, der eine Vielzahl von Gemälden hervorgebracht hatte, deren Titel sich wie die Stationen einer Reise durch die unterschiedlichsten Landschaften – unter anderem *Reisfeld*, *Plantage*, *Fjorde*, *Zwielicht im Urwald* – lesen.[10]

Keines ihrer späteren, zwischen 1929 und 1932 entstandenen artifizialistischen Werke hat Toyen in Paris ausgestellt. Der ganz für sich allein dahinfließende schöpferische Strom blieb offenbar völlig unberührt von den seit Herbst 1929 aufkommenden heftigen Auseinandersetzungen zwischen Karel Teige und Jindřich Štyrský. Sie führten schließlich zur Spaltung der Devětsil-Generation, die später so treffend als Generation auf zwei Stühlen bezeichnet wurde, und das hatte deutlich sichtbare Folgen. Ausgelöst hatte den Zwist Štyrský mit seinem Text *Koutek generace* (*Ecke für eine Generation*). Darin warf er der zeitgenössischen Kunst vor, sie biedere sich zu sehr dem bürgerlichen Geschmack an. Dieselben Tendenzen wollte er auch bei einigen Mitgliedern des Devětsil erkennen, bezeichnete deren Werke als Kitsch, kritisierte ebenso bei ihnen eine allzu starke Anpassung an den bürgerlichen Geschmack und beklagte vor allem mangelnde Individualität.
Und er formulierte den hellsichtigen Grundsatz: »Für den wahren Dichter gibt es heutzutage keinen anderen Platz als den am Pranger.«[11] Nach 1929 hatten sich also zwei wichtige Mitglieder des Devětsil für lange Jahre von Teige und der von ihm herausgegebenen Zeitschrift *ReD* getrennt und sich ein anderes Forum gesucht. Štyrský wurde Redakteur beim *Literární kurýr Odeonu* (*Odeon-Literaturkurier*) und gab seine eigenen Erotika-Reihen heraus: ab 1930 die *Erotická revue*, die *Edice 69* (*Edition 69*) folgte 1931. Reproduktionen der Werke Štyrskýs und Toyens erschienen in Otakar Storch-Mariens Zeitschrift *Musaion* (1929–1931). Auf den Vernissagen der beiden sprach zwischen 1930 und 1932 nur noch Nezval. Die Zwistigkeiten bezüglich der modernen Kunst, aus der laut Štyrský die ganze energetische Spannung verpufft war, gärten aber nicht nur unter den bildenden Künstlern, sondern auch unter den Dichtern. Einige von ihnen, so František Halas, Konstantin Biebl und Jaroslav Seifert, fühlten sich Toyen und Štyrský weiterhin verbunden, schrieben über sie und widmeten ihnen Gedichte.

Im Jahr 1927, mitten in der artifizialistischen Phase, reiste der Dichter Konstantin Biebl nach Java und versorgte die Tagespresse regelmäßig mit Feuilletons.[12] Die von ihm verfassten Reiseeindrücke korrespondieren mit den artifizialistischen Sujets. Biebl thematisiert ganz ähnliche sinnliche und natürliche Phänomene wie Toyen in ihren zwischen 1927 und 1929 entstandenen Bildern. Je weiter Biebl sich vom europäischen Festland entfernte, desto tiefer drang er ein in das Gebiet hinter den Grenzen der sinnlich wahrnehmbaren Realität. Zunächst genügte ihm eine Sonnenbrille, sie verwandelte die Umgebung in ein blaues, gelbes, grünes, weißes Feld. Sobald die Schiffsreisenden sich klar machten, dass sie eine Brille trugen, »[…] war der Zauber dahin, denn wir begriffen sofort und setzten die farbigen Brillen ab, die wir in Port Said bei der Firma Simon Artz gekauft hatten, in erster Linie, um die Augen vor der tropischen

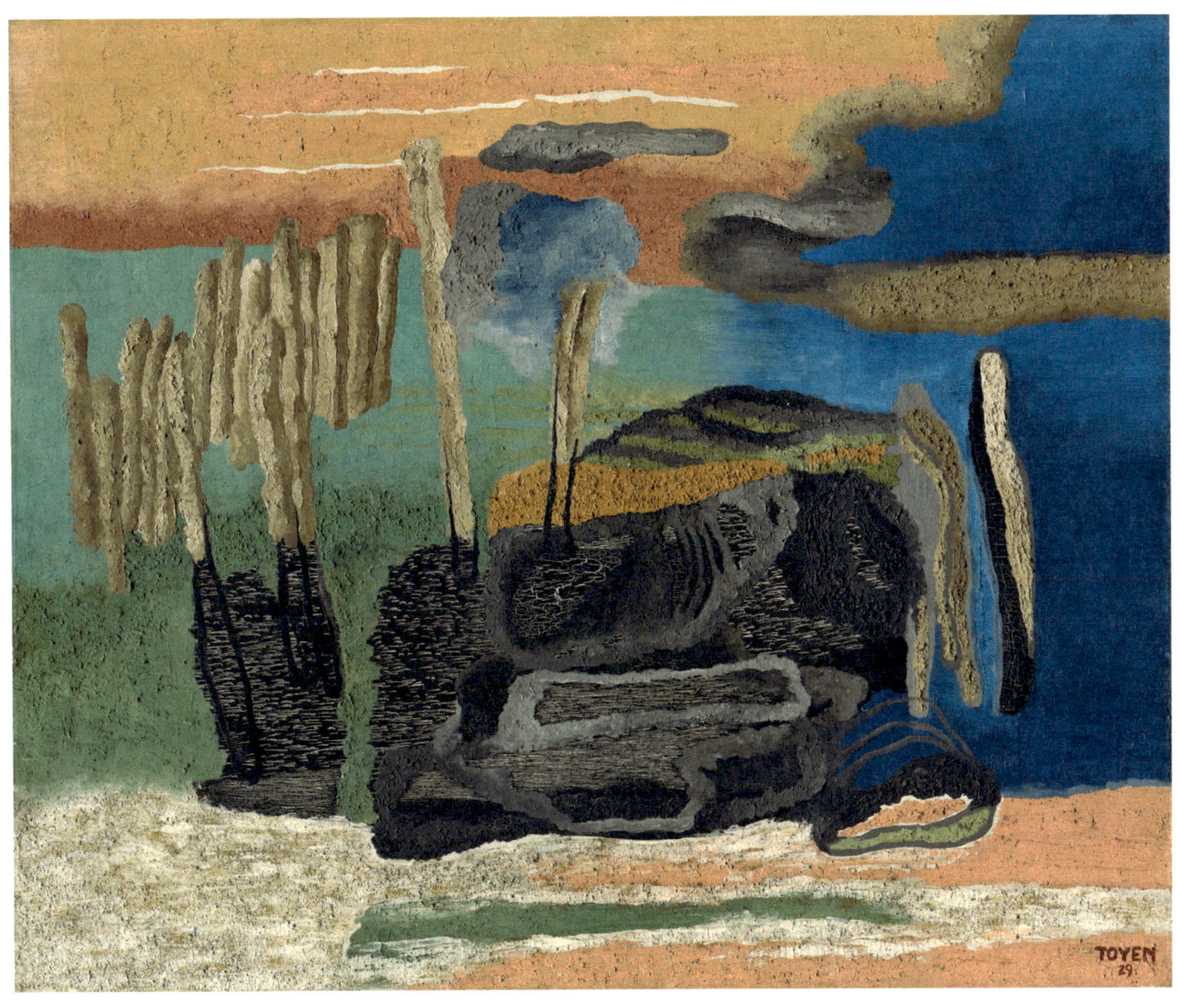

Kat. 135 ***Jezerní krajina / Seenlandschaft***, 1929
Öl auf Leinwand, 81 × 100 cm
Galerie der schönen Künste in Ostrava

Kat. 136 ***Oáza / Oase,*** 1929
Öl auf Leinwand, 65 × 92,5 cm
Privatsammlung

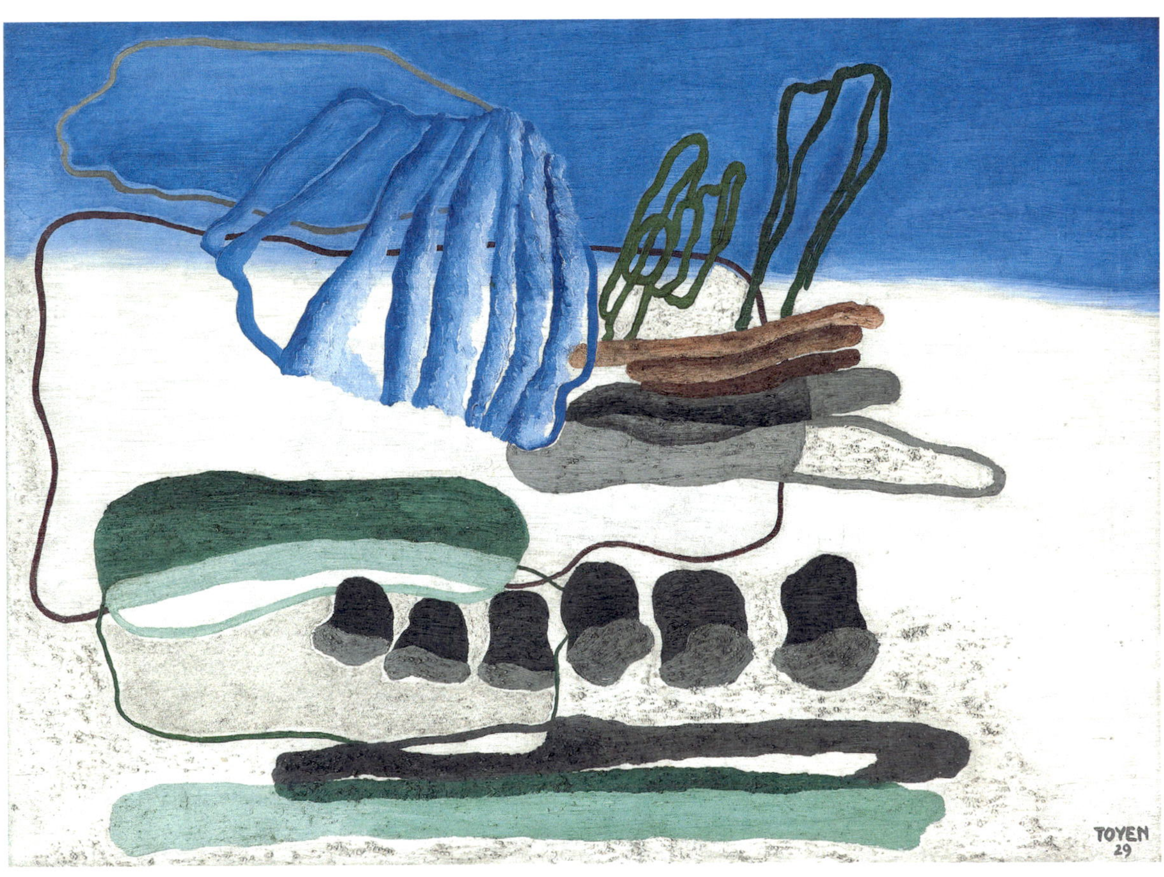

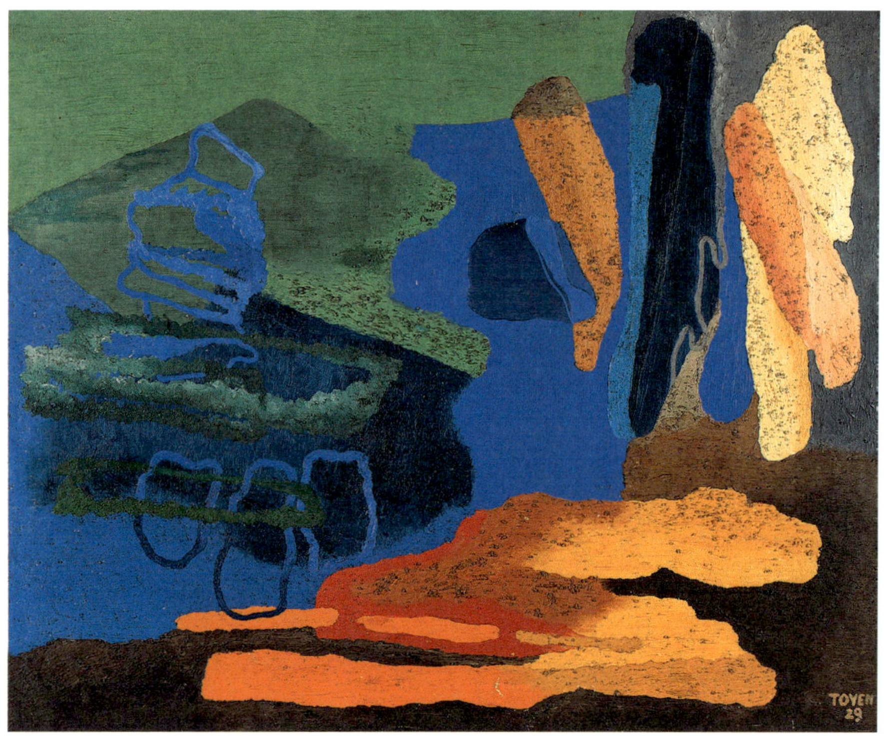

Kat. 137 ***Lago di Como / Comer See***, 1929
Öl auf Leinwand, 73 × 92 cm
Privatsammlung

Sonne schützen.«[13] Das freilich war erst der Beginn von Biebls artifizialistischer Reise, auf der Sumpflandschaften die Sonne verschlingen sollten (»Heute aber wagt keiner anders zu sprechen als flüsternd. Deshalb wohl, weil ein Grauen aus diesen Sümpfen steigt. Die Sonne rollt über das schwarze Moor und plötzlich Platsch! fällt sie hinein in den Sumpf. Geblieben ist eine Feuersäule, ein feuriges Loch – dort unten.«);[14] Reisfelder tauchen auf (»Vor meinen Fenster zeigen sich, selbst wenn ich liege, Reisfelder wie ein Spiegelthron, über den gegen Morgen die Toten herabsteigen auf ihrem Weg zum Vulkan Sindoro«).[15] Auch an einer nächtlichen Feier unter Palmen nahm Biebl teil, ein Lieblingsmotiv der Bildgedichte des Devětsil, das wir auch auf Toyens Umschlag zu Nezvals *Pantomime* finden (»Ist es nicht Gandarho, sind's nicht andre Walddämonen, so sind's gewiss diese Palmenhaine, die bis zur völligen Ermattung auf der nächtlichen Feier tanzen, mit der die Natur den Beginn der Regenzeit feiert.«).[16] Jeder dieser Stationen lässt sich ein Bild Toyens zuordnen.

Als der Artifizialismus aufkam, war der Poetismus bereits drei Jahre in vollem Gang und vollzog eine Wandlung, die mit der *ars una* zusammenhing, einer Kunst für alle Sinne, deren Programm Karel Teige ab 1927 theoretisch entwickelte. Der Artifizialismus entstand in Paris, ohne direkte Kontakte zur Szene in Prag, ohne dass Teige oder Nezval davon gewusst hätten. Im Mai 1924 hatte Teige in der Zeitschrift *Veraikon* geschrieben: »Der Poetismus ist der erste -ismus, der in Böhmen entstanden ist, und er ist auch kein -ismus in dem sonst üblichen Sinne einer künstlerischen Schule. Der Konstruktivismus ist eine Arbeitsmethode, die festen, rigorosen Gesetzen folgt, eine Kunst des Nutzens. Der Poetismus ist sein lebendig atmendes Komplement, er ist etwas Atmosphärisches, süß und lustvoll, der bon ton des Lebens, er ist die Kunst zu leben, sich zu freuen, zu lachen; eine Kunst des Genießens.«[17] Spinnt man Teiges Definition weiter, so ist der Artifizialismus der -ismus, der von tschechischen Künstlern in Paris begründet wurde. Štyrský und Toyen entwickelten ihn im direkten Dialog mit der europäischen Malerei, deren Zentrum Paris war. Seit 1926, insbesondere nach ihrer Beteiligung an der Schau *L'Art d'aujourd'hui* (Abb. 89), auf der sie mit den Hauptvertretern der zeitgenössischen Malerei in Kontakt kamen, führten sie ihn systematisch weiter. Sie wollten ihre Eigenständigkeit gegenüber den aktuellen künstlerisch-stilistischen Ansätzen behaupten – die Ähnlichkeit zwischen den Bildern von Toyen und Victor Servranckx ist bisweilen geradezu frappierend – und verliehen diesem Bestreben Nachdruck, indem sie 1926 eine eigene Richtung ausriefen.

Da Toyen und Štyrský im November 1925 bereits in Paris lebten, hatten sie Gelegenheit, die erste Pariser Ausstellung der Aquarelle Paul Klees in der von Alfred Daber und Max Eichenberger[18] begründeten Galerie Vavin-Raspail zu sehen, in der sie 1927 selber ausstellen sollten,[19] sowie in der Galerie Pierre die Ausstellung *La peinture surréaliste*. Teige musste sich den Artifizialismus also im Nachhinein aneignen und ihn in seine poetistischen Überlegungen einbeziehen, die in der zweiten Hälfte der 1920er Jahre gegenüber den Jahren 1923 bis 1925 weiter ausgriffen und an Tiefe gewannen. Unter den Texten, die er in Absprache mit Nezval für die neunte Nummer der Revue *ReD* vorsah, in deren Juliheft das Manifest des Poetismus erschienen war, befand sich auch seine Studie *Ultrafialové obrazy čili artificielismus* (*Die ultravioletten Bilder oder Der Artifizialimus*). Diese Auswahl begründete er in einer von ihm verfassten Erklärung der Redaktion so: »In die Reihe der Manifeste und Manifestationen des Poetismus fügen wir auch diesen Aufsatz über den Artifizialismus ein, wie Toyen und Štyrský ihre Poesie aus Linien und Farben nennen, denn wir halten die enge Verwandtschaft zwischen Artifizialismus und Poetismus für offenkundig, konkreter gesagt: Die Bilder von Toyen und Štyrský haben den gleichen Ausgangspunkt wie der Poetismus.«[20]

Ebenso verfuhr Teige mit den neuen Bildern von Josef Šíma, er rechnete sie dem Poetismus zu, obwohl Šíma, der seit 1927 der französischen Gruppierung Le Grand Jeu angehörte, genau wie Toyen und Štyrský künstlerisch bereits andere Wege eingeschlagen hatte. Die Bilder Toyens und Štyrskýs charakterisierte Teige als ultraviolett, Šímas Bilder als infrarot. Diese Begriffe dienten ihm dazu, sein Verständnis des Poetismus zu verbreiten, der inzwischen in der bildenden Kunst nicht nur eine theoretische Grundlage bildete, sondern auch in poetischen und künstlerischen Werken konkret greifbar war: »Der Poetismus«, schrieb er, sei zu bestimmen »als Synthese aus der infraroten Dramatik des Unterbewussten und der lyrisch-ultravioletten Harmonie des Überbewussten.«[21]

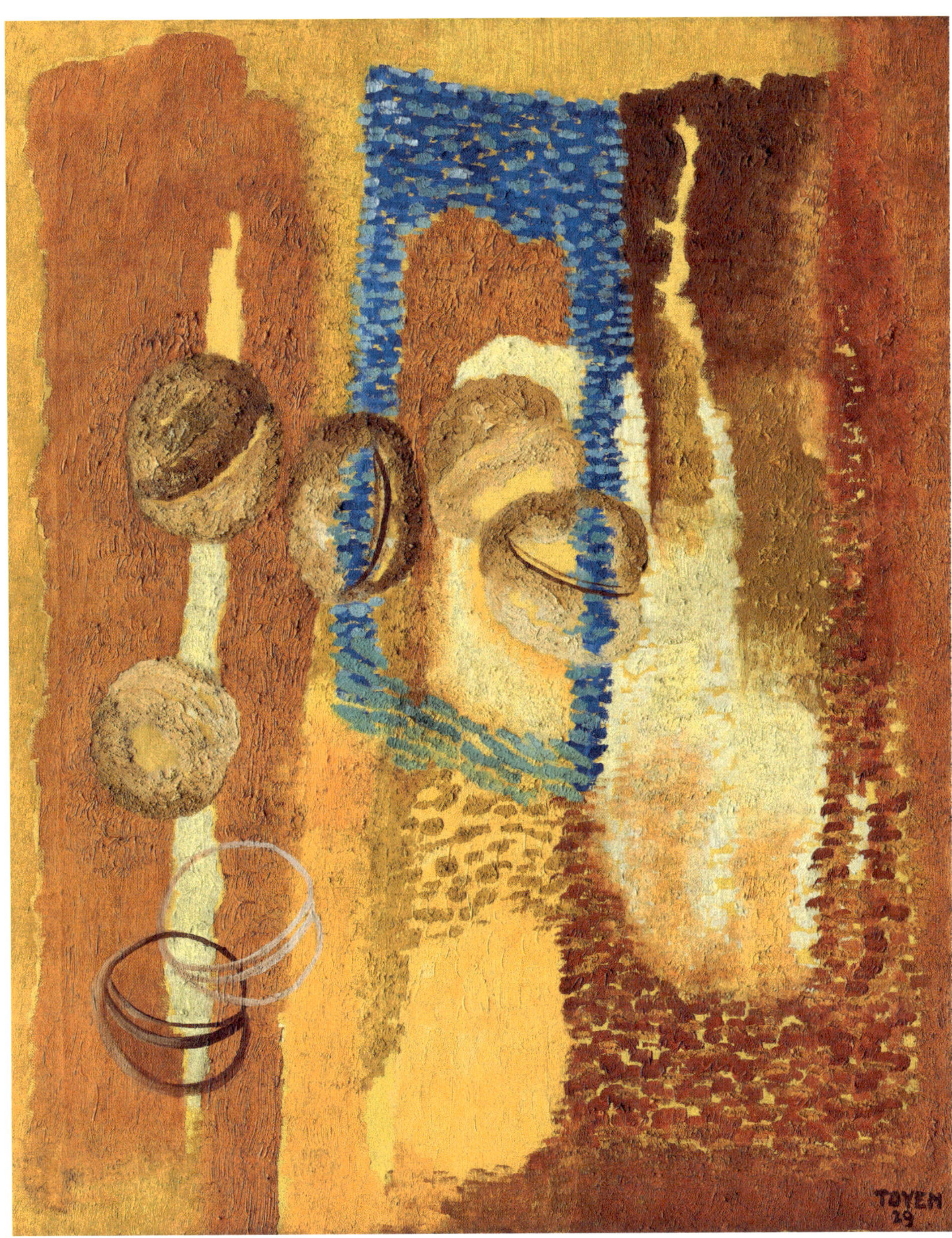

Abb. 138 ***Poledne / Mittagszeit***, 1929
Öl auf Leinwand, 79,5 x 64 cm
Privatsammlung, Courtesy Galerie KODL

Diese Definition galt zum einen dem Artifizialismus, zum anderen bezog Teige sie auf Le Grand Jeu, eine entgegengesetzte Kunstrichtung, die aus ganz anderen Quellen schöpfte. Teige musste sie aber unter den Begriff Poetismus subsumieren, damit er diesen zur *ars una* erklären konnte. Dabei berief er sich auf die ursprüngliche Bedeutung des griechischen Wortes ποίησις, für ihn der verbindende Oberbegriff aller Bereiche der Kunst und des Lebens, und argumentierte mit der »Hypothese von der einen schöpferischen Kraft des Menschen, der ›ars una‹, vom Allumfassenden der Poesie (poiesis = selbstbestimmtes, unabhängiges Schaffen) als höchstem Wert des menschlichen Lebens«.[22] Die »universale Poesie«, von der Teige spricht, »fordert ein vollkommenes Zusammenspiel aller Sinne und sucht sich daher ein ganz eigenes, ihr gemäßes Territorium, in dem sie ihr magisches Strahlen voll entfalten kann«.[23] Diesen Gedanken übertrug er direkt auf den Artifizialismus: »Das artifizialistische Bild ist ein Gedicht im ursprünglichen Sinn des griechischen Wortes poiesis, das heißt, es ist ein selbstbestimmtes, unabhängiges Werk. Farbe und Linie – sind sie ein eigenständiges und ganz eigenes Gedicht?, sind sie nicht Abbild eines von anderen anders geschaffenen Gedichts.«[24] Die Artifizialisten gehen nach Teiges *ars-una*-Verständnis weit über die Sinne hinaus: »Štyrský und Toyen wissen, dass die Tätigkeit des Auges ein ebenso komplexer Lebensprozess ist wie das Denken, dass das Sehen eine Funktion ist, die den ganzen Menschen fordert.«[25] Die Artifizialisten wollten das Spektrum der Wahrnehmungen erweitern, wie etwa, unabhängig von ihnen, auch der Komponist Alois Haba, der seit 1925 das Fach Mikrotonale Musik lehrte, Viertelton- und Sechston-Kompositionen schrieb und sich ein Vierteltonklavier bauen ließ, oder wie Zdeněk Pešánek, der sich zur selben Zeit mit der Konstruktion eines Farbenklaviers befasste: »Der Gesichtssinn verbindet sich mit den anderen Sinnesorganen zu einer neuen Einheit, auch mit den sogenannten niederen Sinnen oder unbekannten Sinnen – und der moderne Mensch erlebt die Welt durch ein neues Organ, durch den sechsten oder den x-ten Sinn, durch das Poetische.«[26] Das griechische Wort ποίησις bezeichnet die grundlegende Eigenschaft, die sich in den artifizialistischen Bildern realisiert.

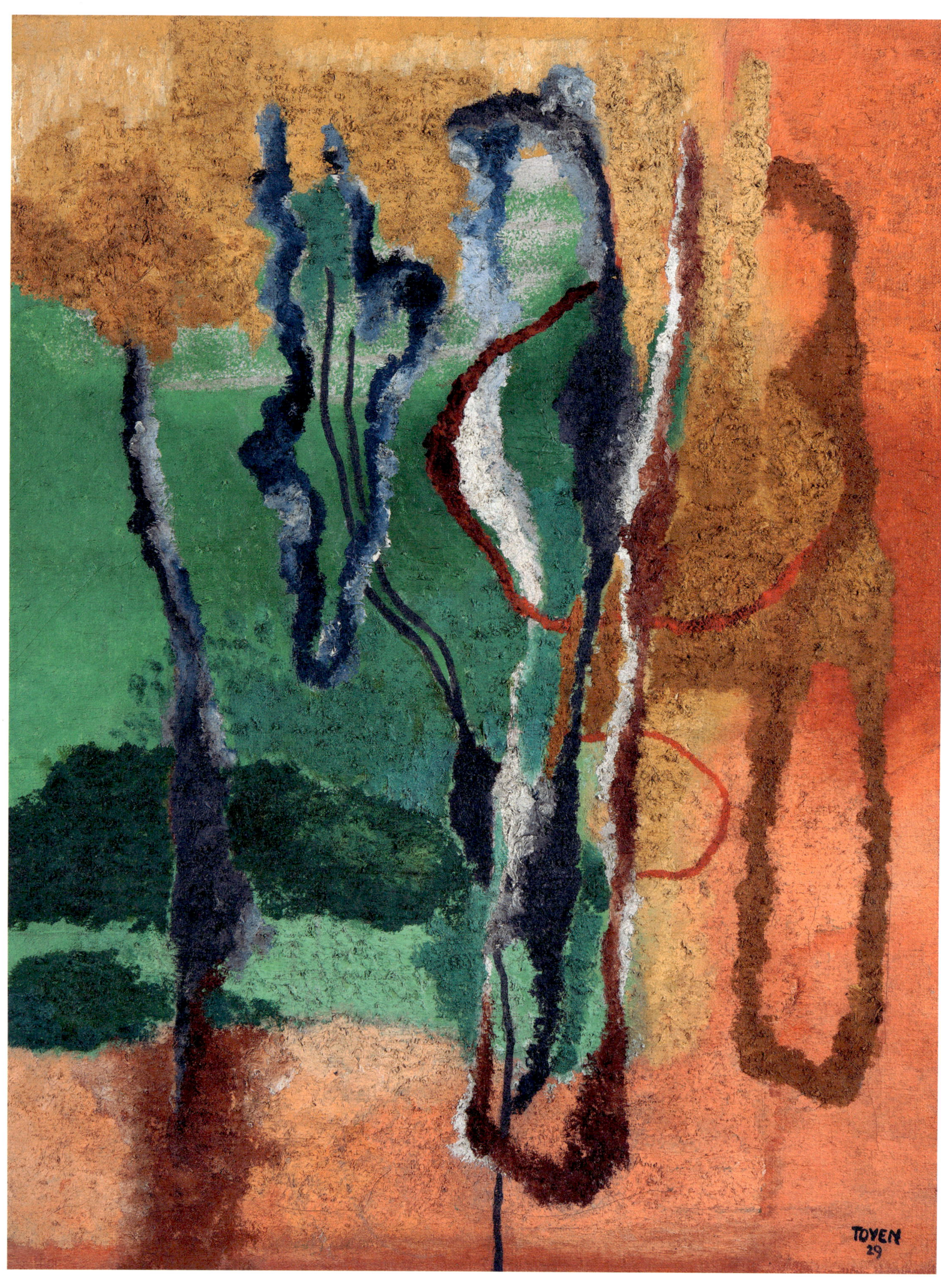

Kat. 139 ***V parku / Im Park***, 1929
Öl auf Leinwand, 81 × 65 cm
Galerie der Hauptstadt Prag

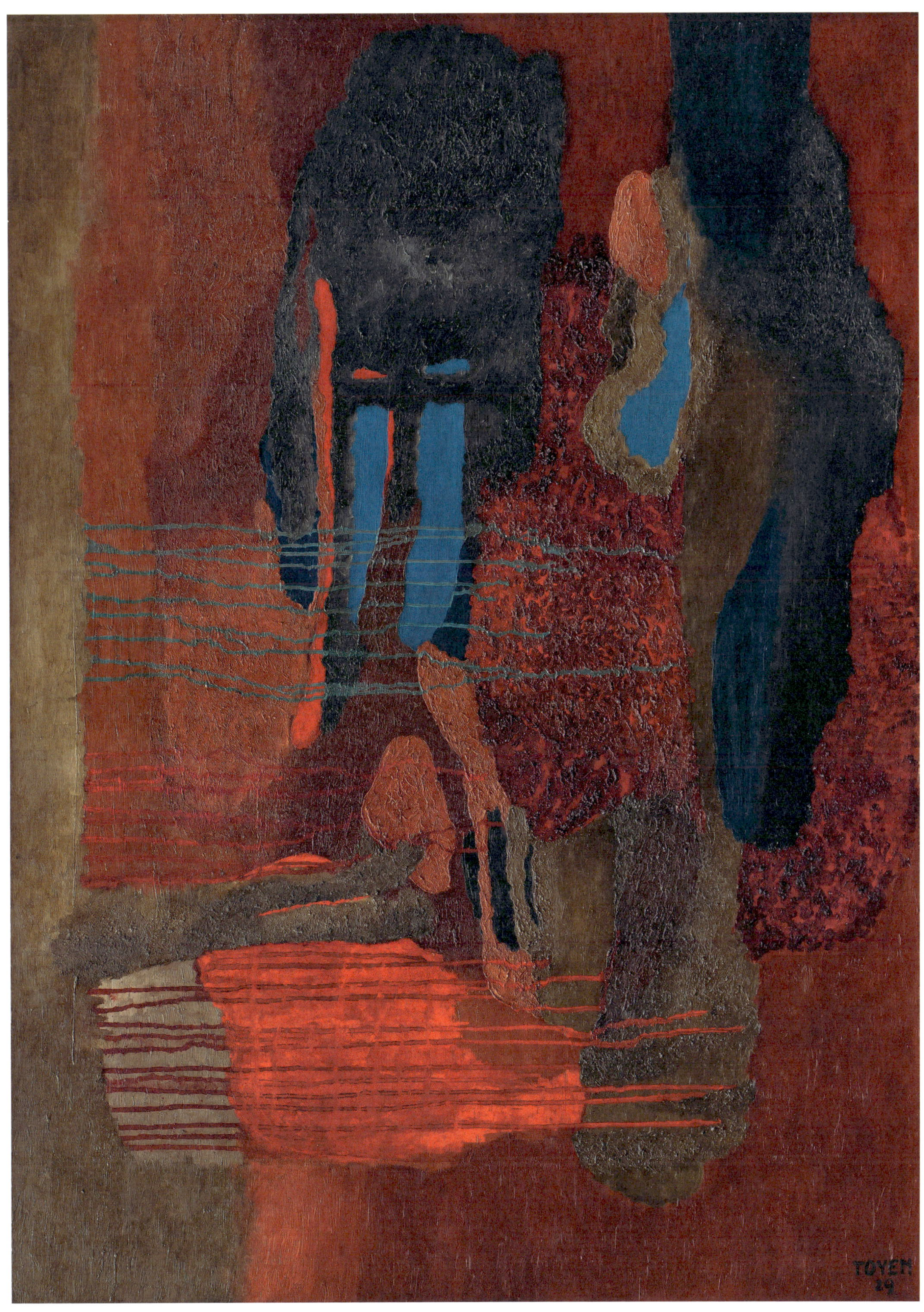

Kat. 140 ***Šero v pralese | Zwielicht im Urwald***, 1929
Öl auf Leinwand, 114 × 89 cm
Privatsammlung, Courtesy Galerie KODL

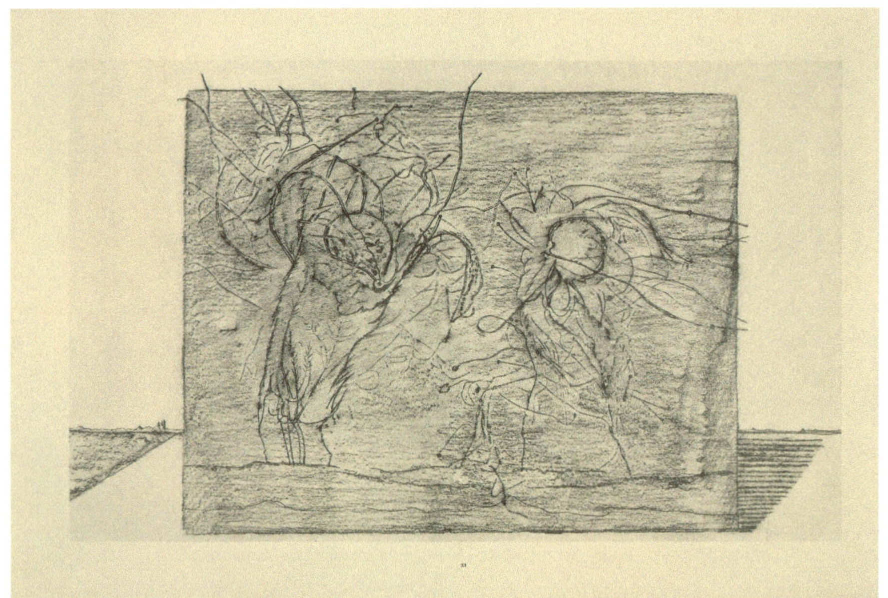

Kat. 141c Max Ernst (1891–1976), ***Les coups de fouet ou ficelles de lave / Peitschenhiebe oder Lavastränge*** aus *Histoire Naturelle / Naturgeschichte,* Bl. 11, 1925 (Editions Jeanne Bucher, Paris 1926)
Lichtdruck nach Bleistift-Frottage, 258 × 430 mm
Hamburger Kunsthalle, Kupferstichkabinett

In seinem Vorwort für den Katalog zu Štyrskýs und Toyens Ausstellung in der Aventinum-Mansarde (1928) bringt Teige deren künstlerische Entwicklung während der Pariser Jahre mit zwei wichtigen Begriffen auf den Punkt. Der eine ist das Infinitesimale: »Bilder sind es von einem unvergleichlichen farbigen Leuchten, von infinitesimalen Vibrationen und Nuancen, ein unendliches Wunderkaleidoskop tanzender Reflexe.«[27] Der andere Begriff ist das *desinteressement*: »Diese Bilder entstehen aus einem völligen Desinteresse an der Natur und der Wirklichkeit der Welt. Sie haben kein Modell und sind sich selbst Sujet.«[28] Infinitesimal meint dabei die kontinuierliche Steigerung und die Verdichtung sich überlagernder sinnlicher Reize, das *desinteressement* hingegen stellt eine Art Befreiung, ein Sich-Lösen aus der Bindung an die Natur dar, man bildet sie nicht mehr nach, mündet aber auch nicht ins Abstrakte. Toyen hatte gezeigt, dass die auf dem Bild neu erschaffene »zweite Natur« gehaltvoller ist als die äußere Wirklichkeit. Zu dieser »zweiten Natur« führte mitunter ein direkter Weg. 1926 erschien bei der Pariser Galerie Boucher ein Band mit 34 Kalotypien und Frottagen von Max Ernst unter dem Titel *Histoire naturelle* (*Naturgeschichte*, Kat. 141). Nach Man Rays *Die köstlichen Felder* handelte es sich hier um die zweiteinflussreichste Serie von Drucken, die in Bereiche jenseits der äußeren Wirklichkeit der Phänomene vordrang und das imaginative Element betonte. Als artifizialistisch ließe sich aber auch die Gestaltung des Grabes von Jiří Wolker bezeichnen, ausgeführt von dem Architekten Antonín Heythum zwischen März 1925 und Februar 1928. Er setzte gemäß einem zuvor entworfenen Bepflanzungsplan 28 verschiedenfarbige mehrjährige Pflanzen in das Rechteck des Grabes und schuf damit ein gleichsam artifizialistisches Gemälde, ein sich im Jahreslauf beständig wandelndes lebendiges Bild.[29]

Ein unstrittiges Novum war die künstlerische Sprache der artifizialistischen Bilder: Sie benennen Erfahrungen, die es vorher nicht gegeben hat, die erst durch sie erschaffen wurden. Teige hebt zwar hervor, dass die Artifizialisten ihre Motive erfunden und nie

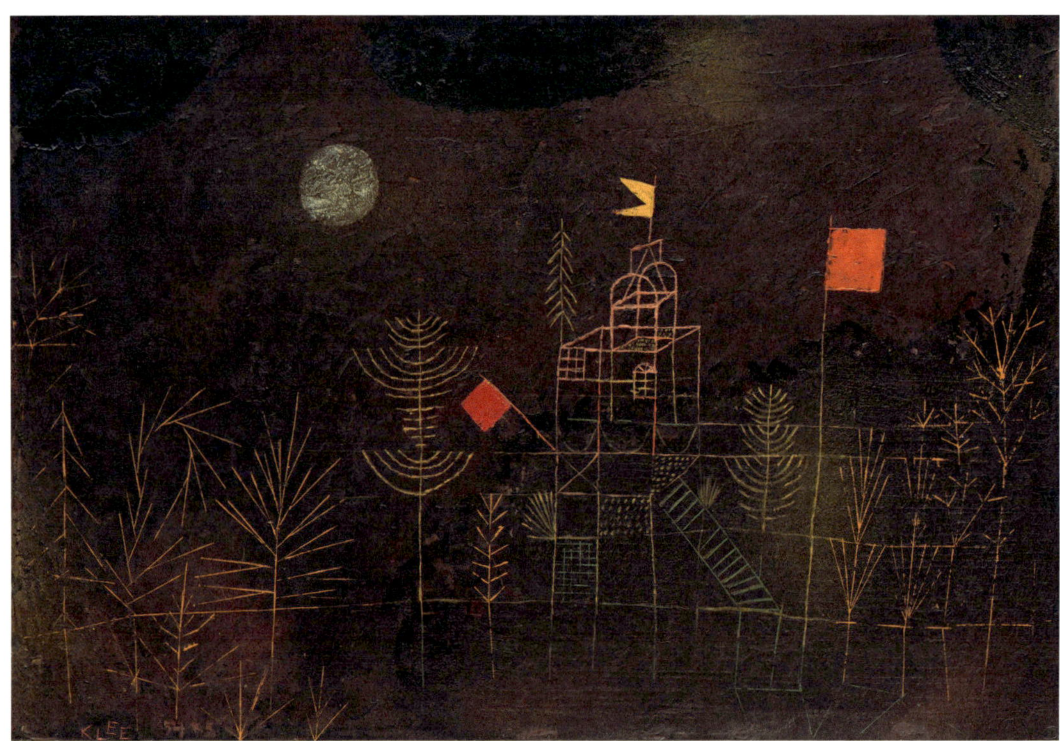

Abb. 142 Paul Klee (1879–1940), ***Beflaggter Pavillon***, 1927
Öl auf Holz, 39 × 60 cm
Sprengel Museum Hannover

etwas nachgeahmt hätten, dennoch wurden immer wieder direkte Parallelen zu Ansichten der bis dahin völlig unbekannten Unterwasserwelt festgestellt, wie nur die Kamera sie liefern konnte. Man bezog sich dabei auf wissenschaftliche Dokumentationen, die in den Kinos gezeigt und von denen unmittelbar danach Fotografien in *ReD* abgedruckt wurden, und zwar in der sechsten Nummer vom März 1928 mit dem Untertitel *Štyrský? Toyen? Ufafilm: »Wunderwelt des blauen Golfes«*. Es handelte sich um die Fotografien und Mikrofotografien der Unterwasserwelt, der *Calictes, Medusa, Argoargonautus*. Eine der Aufnahmen trug den Titel *Tiefsee-Landschaft* (Kat. 228).[30] Eine völlig eigene Welt zu erschaffen hieß auch, einen Namen für sie zu erfinden, wenn sie auf irgendeine Weise fassbar werden sollte. Die Benennung an sich war eines der Grundmotive des Poetismus. Artifizialistische Bilder zeigten eine neue Wirklichkeit, für die es noch keine Benennungen gab, die Phänomene, die sie zeigten, ließen sich nicht einfach mit einem bekannten Begriff belegen, neue mussten eingeführt werden, um ihren Sinn zu erfassen. Etwas Ähnliches erlebte Biebl, als er in den Urwald vordrang: »O Zauber neuer Dinge! [...] Hier weiß man von der Welt weniger als ein chinesisches Kind. Wahrlich, ein Kindermädchen, so eine schwarze Granny käme mir jetzt zugute, sie würde mich an der Hand von Tier zu Tier führen, von Blüte zu Blüte, von Baum zu Baum und würde sagen: ›Das ist eine Rambutan!‹«.[31] Insbesondere für einen Schriftsteller des Devětsil ging es bei der Benennung der Dinge um etwas Grundsätzliches.

Die Rolle des Wortes und die Möglichkeit der Benennung von Phänomenen beschäftigt auch den Astronomen in Karel Schulz' Erzählung *Dáma u vodotrysku* (*Die Dame am Springbrunnen*, Abb. 275), zu der Štyrský und Toyen den Umschlag entwarfen: »Ich will leben, um einen schönen Namen zu erfinden. Der Name ist ein Wort. Jedes Wort hat einen Kern, um den sich seine Bedeutungen legen. Aber ein Wort finden, das keine Bedeutungen hat, das ein Wort an und für sich ist, wie im Anfang, als nur das Wort war, aus dem die dichterische Sprache des Schöpfers erst geboren wurde.«[32] Die *lingua academica* gehörte zum artifizialistischen Fundament. Schulz spielt aber auch den gegenteiligen Fall durch, wenn Bekanntes mit einem Begriff benannt wird, den nur derjenige versteht, der ihn erfunden hat und verwendet. So führt er aus, dass »die Verrückten sich für die Dinge, die sie gebrauchen, eigene Namen ausdenken«, und fügt hinzu, er habe »einen gekannt, der nicht anders als in einer erfundenen Sprache redete«.[33] So wie die Artifizialisten die Gegenseite der Form nahm Schulz die Gegen-Bedeutung der Wörter wahr: »Wir müssen Verrückte sein [...] Das Wort von seinem Geheimnis befreien! Im Vorhinein schon seine Bedeutung kennen! Ich will ein unverständliches Wort hören, ich will es aus fremdem Gespräch übernehmen, aus dem Gespräch der Vorübergehenden. Ich will nicht erfinden, ich will ein Wort, das wirklich lebt, will nichts als sein geheimes Leben fassen und es krönen. Im Anfang war das Wort und im großen Ende allen Geschehens wird abermals das Wort sein. Das Wort ist Zeit.«[34]

Gedicht und Bild standen inzwischen in einem so intensiven Dialog, dass Nezval einige Gedichte seiner Sammlung *Hra v kostky* (*Würfelspiel*, 1928) direkt zu den Bildern Štyrskýs und Toyens schrieb, die er offenbar auch mit einem Titel versah. Mit der Schwierigkeit, ein artifizialistisches Bild zu betiteln, hat sich Nezval in *Lístek do katalogu* (*Zettel für den Katalog*) befasst, einer Einleitung zu Štyrskýs und Toyens zweiter Ausstellung in der Aventinum-Mansarde. In geradezu alchimistischer Manier formuliert er: »Bisher gibt es keine Wissenschaft, die uns eine Formel für die Bilder von Jindřich Štyrský und Toyen an die Hand gibt. Wir müssen, wie es scheint, unsere Bemühungen aufgeben, die Bemühungen um eine Definition ihrer Bilder, die selbst die erstaunlichsten Definitionen ihres Nicht-Sagbaren sind.«[35] Der Ursprung dieser und auch der dichterischen Bilder kann nicht benannt und nicht

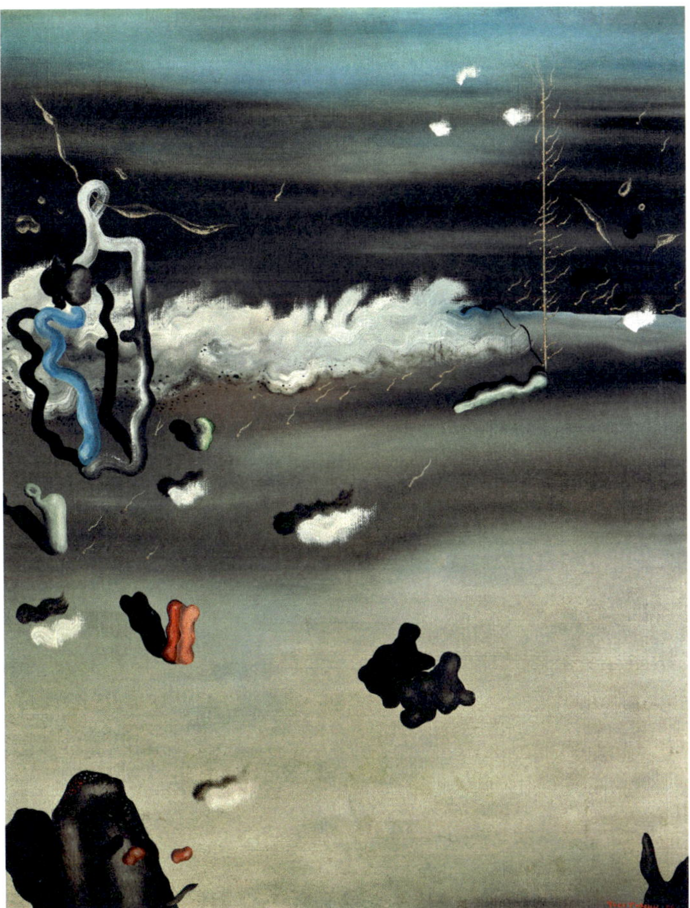

Abb. 143 Yves Tanguy (1900–1955), ***Apparitions / Erscheinungen,*** 1927
Öl auf Leinwand, 92,1 × 73 cm | Dallas Museum of Art

im Nachhinein verortet werden. Nezval deutet zugleich die Möglichkeit an, sich ihnen von anderer Seite zu nähern; diesen Gedanken führt er in Bezug auf eines der bedeutendsten Werke Toyens, *Zwielicht im Urwald* (Kat. 140), näher aus: »So hat das Zwielicht im Urwald Gestalt gewonnen, ohne die Eigenschaften von Urwald oder von Zwielicht, das Schwindelgefühl und das Wesen des Herbstes haben sich materialisiert, ohne die Requisiten und die Kulissengerüste des Herbstes.«[36] Entscheidend war die Analogie, nicht die direkte Benennung der empririschen Wirklichkeit: »Und so wie wir unter Wasser keine Richtungen unterscheiden können, gibt es auch in Bildern dieser Art keine Richtung. Auch nicht in einem so charakteristischen Bild wie *Zwielicht im Urwald*, und ohne allen Trug sind doch Zwielicht und Urwald geistig verwandt mit Höhle und Labyrinth.«[37] *Zwielicht im Urwald* war ein völliges Ausnahmebild, dessen innere Spannung Toyen nicht lange aushielt – in dieser verlockenden räumlichen Richtungslosigkeit ließ sich nicht lange verharren. Und Nezval schließt mit den Worten: »Andere Bilder Toyens, wie *Wüste* oder *Seenlandschaft,* erwachsen aus einem Gefühl der Analogie mit räumlichen Richtungen.«[38] (Kat. 135)

In ihren artifizialistischen Bildern hat Toyen offenkundig experimentiert. Zu der bisherigen Arbeit mit dem Pinsel kamen neue Verfahren, wie das Überspritzen von Gegenständen auf der Leinwand, die darauf immaterielle Umrisse hinterließen, das Gießen von Farbe, ein Vorläufer des späteren Drip Painting, das erst nach dem Zweiten Weltkrieg größere Verbreitung fand. Beide innovativen Techniken, die in der älteren Malerei nur vereinzelt anzutreffen sind, eröffneten neue Ausdrucksmöglichkeiten, neue Verfahren der Veranschaulichung, wie auch die von Toyen ebenfalls praktizierte Grattage und das Arbeiten mit Sand.

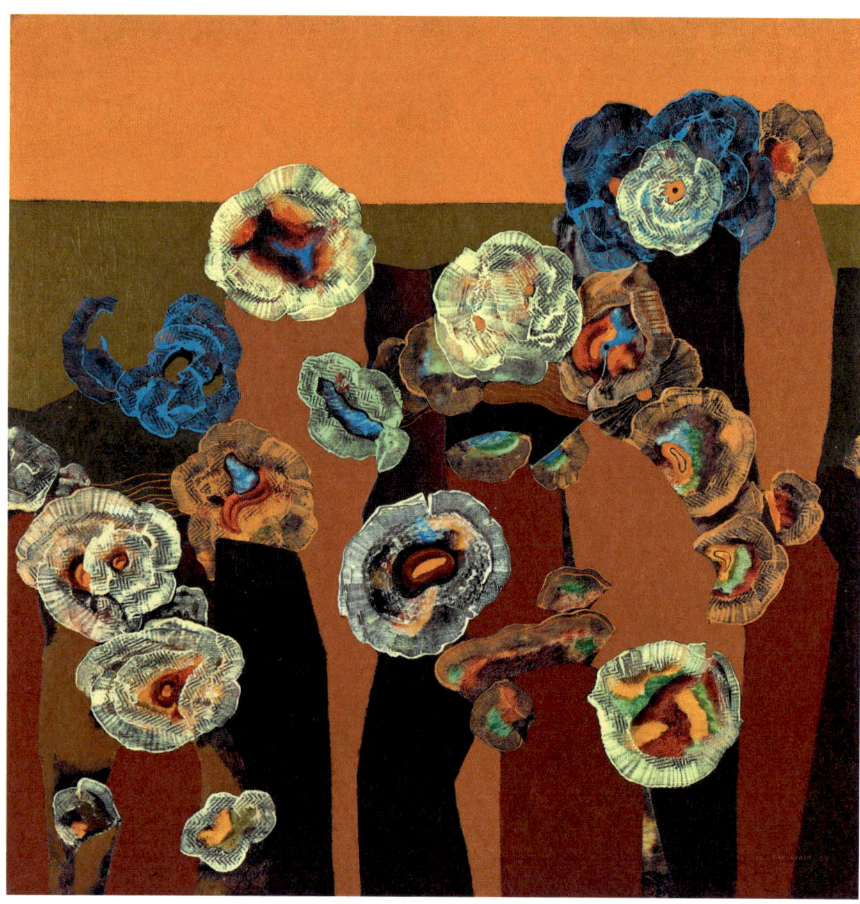

Abb. 144 Max Ernst, ***Fleurs de coquillages / Muschelblumen***, 1929
Öl auf Leinwand, 129 × 129 cm
Centre Pompidou, Musée national d'art modern – Centre de création industrielle, Paris

In die festen, flachen geometrischen Figuren schieben sich immer öfter geschmeidige organische Formen, die in nur angedeuteten Umrissen Räume innerhalb der geschlossenen Formen eröffnen, zu Kurven werden, allmählich an Umfang gewinnen. Der Strom der imaginierten Bilder konsolidiert sich plötzlich in deutlicheren, erkennbareren Kompositionselementen, die nach 1930 zunehmend benennbare Formen annehmen, ob es sich nun um menschliche Augen handelt, Kristalldrusen, Würfelzucker, Eier oder Spalten, die an weibliche Geschlechtsorgane und an Gehirnstrukturen erinnern. Als Toyen diese Bilder im Dezember 1931 öffentlich präsentierte, schrieb Nezval im Vorwort zum Katalog: »In ihrem [der Bilder] unbewussten Reproduzieren der Welt lassen sich Ansätze zur Gegenständlichkeit erkennen, einer zwar antirealistischen, aber doch einer Gegenständlichkeit. Die Ausrichtung auf das Gegenständliche ist nichts anderes als die Ausrichtung auf das Bewusste. Und die Ausrichtung auf das Bewusste wiederum verpflichtet dazu, sich über seine Position und Einstellung zum Realen Klarheit zu verschaffen, zum Realen als Ausdruck der gesellschaftlich-wirtschaftlichen Verhältnisse.«[39] Nezval bringt hier die Wende, die sich in den Landschaften Toyens zu Beginn der 1930er Jahre vollzog, auf den Punkt: Das Unbewusste spült Reste der Welt zufällig wie Strandgut an die Oberfläche der Leinwand. In Toyens Bildern erscheint plötzlich ein Horizont; 1926 thematisiert sie ihn erstmals in ihrem Gemälde *Korálový ostrov* (*Koralleninsel*, Abb. 92): als Linie, die ins Bildzentrum führt. Nach 1930 unterscheidet sie zwei Arten von Landschaft, auch sind die in ihnen vorkommenden Phänomene fest verankert. Vertikale Landschaften breiten sich zu endlosen Wüsten aus, Blau wird wieder zur Wasserfläche, Grün oder Braun zur Landschaft, die mitunter auch Spuren des Menschen aufweist. Das sich lyrisch wellende Feld, in der zweiten Hälfte der 1920er Jahre scheinbar von jeder Gravitation befreit, füllt sich zunehmend mit dramatischem Geschehen. Bereits 1931 hatte Nezval darauf hingewiesen, dass aus den Bildern Toyens und Štyrskýs neuerdings ein Sadismus spreche, als wollten diese Bilder zum revolutionären Umsturz aufrufen: »Eine verdeckte, in den Bildern vermummte Feindschaft wird zur offenen Feindschaft. Der maskierte Sadismus ist nahe daran, sich die Larve abzureißen.«[40] Seit Beginn der 1930er Jahre ist ein neuer inhaltlicher Aspekt in Toyens Bildern präsent: Grausamkeit, sichtbar zum Beispiel in zerhackten, mit eisernen Stangen beschwerten Fleischstücken. Hier bewegt Toyen sich an der Grenze zum Surrealismus.

1930, als die Polemik zwischen den Generationen an Schärfe und Vehemenz zunahm, schrieb Nezval in einem Artikel über Toyen für die Frauenzeitschrift *Eva*: »Ihre gemeinsamen [d. h. Toyens und Štyrskýs] Ausstellungen [...] ließen sie mit den delikatesten Geistern der internationalen Malerei konkurrieren.«[41] Das ist eine wichtige Aussage: Toyen stand in unmittelbarem Austausch mit der zeitgenössischen europäischen Malerei. Das verdeutlicht auch ein Vergleich mit den damals entstandenen Arbeiten von Paul Klee (Abb. 142), Yves Tanguy (Abb. 143) und Max Ernst (Abb. 144), deren Einzelausstellungen sie und Štyrský in ihrer Pariser Zeit sehen konnten.[42]

Obwohl Štyrský befürchtete, die moderne Kunst könnte durch die Anpassungszwänge innerhalb des offiziellen Kunstbetriebs auf der Strecke bleiben, traten er und Toyen der führenden Vereinigung S.[polek] V.[ýtvarných] U.[mělců] Mánes (Verein der bildenden Künstler Mánes) bei, und zwar am 22. Dezember 1932 nach ihrer Ausstellung *Poesie 1932*. Damit besiegelten sie eine organisatorische Zugehörigkeit, die bis in die 1940er Jahre Bestand haben sollte. Toyens Eintritt in diesen Verein, der eine schwierige Vergangenheit und mehrere Erneuerungsprozesse hinter sich hatte, feierte Jaroslav Seifert mit einem Aufsatz und dem Gedicht *Obrazy slečny Toyen* (*Die Bilder von Fräulein Toyen*). Beide Texte erschienen im Vereinsmagazin *Volné směry* (*Freie Richtungen*).[43]

1 Jindřich Štyrský - Toyen, Populární uvedení do artificielismu, in: *Fronta*, Brno, April 1927, S. 18.
2 Jindřich Štyrsky und Toyen, Artificielisme, in: *ReD I*, 1927, Nr. 1, Oktober, S. 28-30.
3 Jindřich Štyrský - Toyen, Tři kapitoly z připravované knihy, in: *Horizont* I, 1927-1928, Nr. 8, S. 134-135.
4 Philippe Soupault, Úvodní slovo (Vorwort), in: *ReD I*, 1928, März, S. 217-218.
5 Jindřich Štyrský und Toyen, Básník (Der Dichter), in: *Rozpravy Aventina* III, 1927-1928, Nr. 20, 6.6.1928, S. 241-242.
6 Jindřich Honzl, *K Pantomimě* (*Zu Pantomima*), zit. nach: Vitězslav Neval, *Pantomima*, Prag 1924, S. 139. - »Modernost je podle básníka Pantomimy ve funkci, nikoliv v námětu: námět je věcí záliby, tvar je předmět obecné potřeby [...] Všecky básníkovy ráje jsou nakonec paradis artificiels. Ačkoliv jsou takto jeho díla v jistém smyslu exotická, nejsou cizí.«
7 Vítězslav Nezval, *Teigova kniha o filmu* (*Teiges Buch über den Film*) (1925), zit. nach: ders., *Manifesty, eseje a kritické projevy poetismu (1921-1930)* (*Manifeste, Essays und kritische Schriften des Poetismus [1921-1930]*), hg. von Milan Blahynka, Prag 1967, S. 49. - »Věřili jsme, že umění skončí, až ›všechny skutečnosti budou ultrafialové‹, až lidská sensibilita bude tak artificiální a organizace světa tak dokonalá a emotivní, že nebude třeba psáti básní a že býti básníkem bude býti ciceronem tohoto světa.«
8 Vítězslav Nezval, *Srdce hracích hodin* (1924), zit. nach: ders., *Básně I* (*Gedichte I*), hg. von Milan Blahynka, Brünn 2011, S. 173. - »Jednou se přichází až tak daleko / že svlékáme starou civilizaci / a všecky skutečnosti jsou ultrafialové«.
9 S. den Beitrag von François Caille im vorliegenden Katalog: Toyens Weg zum Surrealismus - die Ausstellung *Poesie 1932*, S. 115ff.
10 1927 entstanden u. a. die Bilder *Rýžoviště* (*Reisfeld*, Abb. 107), *Plantáž* (*Plantage*), *Pobřeží* (*Küste*), *Odliv* (*Ebbe*, Abb. 101), *Tůně* (*Tümpel*), 1928 dann *Fjordy* (*Fjorde*, Kat. 133), *Lastury* (*Muscheln*), *Letní den* (*Sommertag*), *Bažina* (*Sumpf*), *Moře* (*Meer*), 1929 *Oáza* (*Oase*, Kat. 136), *Lago di Como (Comer See*, Kat. 137), *Šero v pralese* (*Zwielicht im Urwald*, Kat. 140), *Noční slavnost* (*Nächtliche Feier*), *Podzimní den* (*Herbsttag*), *Letní bouře* (*Gewittersturm im Sommer*), *Čedičové skály* (*Basaltfelsen*, Kat. 227), *Jezerní krajina* (*Seenlandschaft*, Kat. 135), *Na pasece* (*Auf der Lichtung*), *V parku* (*Im Park*, Kat. 139), *Zimní krajina* (*Winterlandschaft*). In die Jahre 1931 und 1932 fallen Werke wie *Noc v Oceánii* (*Eine Nacht in Ozeanien*, Kat. 200), *Jezerní krajina* (*Seenlandschaft*), *Jitro* (*Früher Morgen*, Kat. 201), *Půlnoc* (*Mitternacht*), *Z jižních moří* (*Aus südlichen Meeren*, Kat. 203), *Gobi*, *Krajina spánku* (*Landschaft des Schlafes*), *Močál* (*Moor*), *Severní krajina* (*Nördliche Landschaft*, Kat. 259), *Mořské sasanky* (*Seeanemonen*, Kat. 206), *Jezera coctailů* (*Cocktailseen*).
11 Jindřich Štyrský, *Koutek generace* (1929), zit. nach: ders., *Texty* (*Schriften*), hg. von Lenka Bydžovská, Karel Srp, Prag 2007, S. 42. - »Pro skutečného básníka není dnes jiného místa než na pranýři.«
12 Welche Bedeutung Devětsil der Reise Biebls beimaß, zeigen die Namen derer, die ihn auf dem Prager Wilson-Bahnhof, heute Hauptbahnhof, verabschiedet haben, darunter Karel Teige, Jaroslav Seifert, Vítězslav Nezval und Josef Hora.
13 Konstantin Biebl, *Cesta na Jávu* (*Reise nach Java*), Prag 1958, S. 55. - »[...] kouzlo zmizelo, neboť jsme všichni rázem pochopili a sejmuli barevné brýle, koupené v Port Seidu, u firmy Simon Artz, které jsme si prvně nasadili k ochraně zraku proti tropickému slunci.«
14 Ebd., S. 57. - »Dnes ale nikdo se neodváží mluvit jinak než šeptem. Snad proto, že hrůza jde z těch bažin. Slunce se kutálí po černém močále a najednou žbluňk! Propadlo se do bažiny. Zůstal po něm ohnivý sloup, ohnivá díra - tam dolů.«
15 Ebd., S. 113. - »Z mého okna, i když ležím, jsou vidět rýžová pole jako zrcadlový trůn, po kterém k ránu sestupují zemřelí, když se ubírají na sopku Sindoro.«
16 Ebd., S. 114. - »Není-li to Gandarho nebo jiní lesní démoni, jsou to jistě ty palmové háje, křepčící až do úplného vysílení na noční slavnosti, kterou pořádá příroda zahájením dešťů.«
17 Karel Teige, Obrazy (Bilder), in: *Veraikon* X, 1924, Nr. 3-5, S. 40. - »Poetismus je prvním -ismem, jenž v Čechách vznikl, a přece není jen obvyklým -ismem v dosavadním slova smyslu umělecké školy. Konstruktivismus je pracovní metodou o pevných rigorozních zákonech, uměním užitku. Poetismus, jeho živoucí doplněk, je životní atmosférou, libou a slastnou, jakýmsi životním bontonem, uměním žíti, radovati a smáti se; je uměním požitku.«
18 Vgl. *Paul Klee und die Surrealisten*, hg. von Michael Baumgartner, Nina Zimmer, Berlin 2016. Zur Rekonstruktion der ersten Pariser Ausstellung Paul Klees vgl. S. 22-23; zur Biographie der beiden Galeristen vgl. ebd., S. 365-366.
19 In der Galerie Vavin-Raspail fand auch Paul Klees zweite Ausstellung statt, auf der er 23 Aquarelle zeigte, 16.3.-31.3.1927.
20 Karel Teige, Ultrafialové obrazy čili artificielismus, in: *ReD I*, 1928, Juni, S. 315. - »Zařazujeme mezi manifesty a manifestace poetismu tuto stať o artificielismu, kterýmžto názvem označují Toyen a Štyrský svou poezii linií a barev, poněvadž hlubokou příbuznost artificielismu s poetismem pokládáme za zřejmou a poněvadž artificielismus, konkrétně řečeno obrazy Toyen a Štyrského, mají s poetismem společné východisko.«
21 Karel Teige, *Svět, který se směje* (*Eine Welt, die lacht*), Prag 1928, S. 88. - »Poetismus jako synthesa infrarudé dramatiky podvědomí a lyrické ultrafialové harmonie nadvědomí.«
22 Ebd., S. 90. - »[...] hypothesu o jednotnosti tvořivé síly člověka, o ›ars una‹. O všeobsáhlosti poesie (poiesis= svrchovaná a nezávislá tvorba), jakožto nejvyšší hodnoty lidského života«.
23 Ebd., S. 88. - »[univerzální poezie] žádá plnou kooperaci všech smyslů, a proto vyhledává vlastní vhodná prostředí, v nichž může rozvlnit všechny svá magická záření.«
24 Karel Teige, *Výstava artificielismu* (*Die Ausstellung des Artifzialismus*), Prag 1928, unpag. - »Artificielistický obraz je básní v původním řeckém smyslu slova poesie, poiesis, tj. svrchovaná a nezávislá tvorba. Je samostatnou a specifickou básní barva a linie?, není odrazem básně stvořené jinými a jinak.«
25 Ebd. - »Štyrský a Toyen chápou, že činnost zraku je právě tak komplexní životní proces jako myšlení, že vise je funkcí, na níž je účasten celý člověk.«
26 Ebd. - »Zrak spojuje se s ostatními smyslovými orgány v novou jednotu, i s tzv. nižšími smysly, i s neznámými smysly - a moderní člověk žije svět novým orgánem, šestým nebo xtým smyslem, básnivostí.«
27 Ebd. - »Jsou to obrazy vzácných barevných zásvitů, infinitesimálních vibrací a nuancí, nekonečný a zázračný kaleidoskop tančících reflexů.«
28 Ebd. - »Tyto obrazy vznikají v naprostém desinteressement k přírodě a ke skutečnosti světa. Nemají modelu a jsou samy sobě sujetem.«
29 Jaroslav Durych, *Antonín Heythum, Hrob Jiřího Wolkera* (*Antonín Heythum, Das Grab Jiří Wolkers*), Prag 1930, S. 14.
30 *ReD I*, 1928, Nr. 6. März, S. 215.
31 Biebl 1958 (wie in Anm. 13), S. 92. - »Ó kouzlo nových věcí! ... Člověk tu ví o světě míň než čínské dítě. Věru by mi prospěla taková chůva, taková černá babu, která by mne vodila za ruku od zvířete k zvířeti, od květiny ke květině, od stromu ke stromu, a říkala by: tohle je rambutan!«
32 Karel Schulz, *Dáma u vodotrysku*, Prag 2012, S. 162. - »Já chci žít proto, abych vynalezl krásné jméno. Jméno jest slovo. Každé slovo má jádro, kolem nějž se kupí jeho významy. Ale nalézti slovo, které by nemělo význam, které by bylo samo o sobě slovem, jako bylo na počátku, kdy bylo pouze Slovo, z něhož teprve později se zrodila básnická řeč Stvořitelova.«
33 Ebd. - »[...] že šílenci si sami tvoří jména pro věci, kterých užívají« [...] »znal [jsem] jednoho, který jinak nemluvil než vynalezenou řečí.«
34 Ebd. - »Musíme býti šílenci ... Zbaviti slovo jeho tajemství! Věděti předem jeho význam! Chci slyšeti nesrozumitelné slovo, chci je přejmouti z cizího hovoru, z hovoru kolemjdoucích. Nechci si vymýšleti, chci slovo, které by skutečně žilo, chci pouze zachytiti jeho tajemný život, korunovati je. Na počátku bylo Slovo a na velkém konci všech dějů bude opět Slovo. Slovo, toť čas.«
35 Vítězslav Nezval, *Lístek do katalogu*, Prag 1930, unpag. - »Není dosud vědy, která by dala formuli obrazům Jindřicha Štyrského a Toyen. Patrně se budeme musit vzdáti úsilí o definici jejich děl, která jsou nejúžasnějšími definicemi svého nevyslovitelna.«
36 Ebd. - »Tak je ztělesněno Šero v pralese bez přívlastků pralesa a šera, tak je zmaterializována závrať a podstata podzimu bez podzimních rekvizit a praktikáblů.«
37 Ebd. - »A jako, octneme-li se pod hladinou, nerozeznáváme směrů, není v obrazech tohoto druhu směrová orientace. Není jí ani v tak charakteristickém obraze, jako je Šero v pralese, a zcela neklamně, neboť šero a prales mají duchovou příbuznost s jeskyněmi a labyrintem.«
38 Ebd. - »Jiné obrazy Toyen Poušť nebo Jezerní krajina rostou z pocitu analogie s prostorovými směry.«
39 Vítězslav Nezval, *Předmluva k vystavě Štyrského a Toyen* (1931) (*Vorwort zur Ausstellung von Štyrský und Toyen*), zit. nach: ders., *Manifesty, eseje a kritické projevy poetismu z let 1931-1940*, *Dílo XXV* (*Manifeste, Essays und kritische Schriften des Poetismus aus den Jahren 1931-1940, Werke XXV*), hg. von Milan Blahynka, Prag 1974, S. 419 - »V jejich bezvědomém reprodukování světa nastává náskok k určité předmětnosti, k předmětnosti protirealistické, ale k předmětnosti. Orientace k předmětnosti není ničím jiným než orientací k vědomí. A orientace k vědomí je povinností uvědomiti si své místo a své stanovisko k reálnu jakožto k výrazu společensko-hospodářských vztahů.«
40 Ebd. - »Skryté nepřátelství, zakuklené v obrazech, se stane zřejmým nepřátelstvím. Sadismus maskovaný je blízek odhoditi škrabošku.«
41 Vítězslav Nezval, Toyen, in: *Eva*, 1930, S. 234. - »Jejich společná výstava[...] uvedla je do soupeřství s nejdelikátnějšími duchy světového malířství.«
42 Sicher wahrgenommen haben sie die eigene Ausstellung von Yves Tanguy (Galerie suréaliste, 27.5.-15.6.1927), vgl. Karin von Maur (Hg.), *Yves Tanguy und der Surrealismus*, Staatsgalerie Stuttgart, Ostfildern 2000, S. 242, sowie die beiden eigenen Ausstellungen von Max Ernst (Galerie Van Leer, 15.3.-3.4.1927, Galerie Bernheim, 1.-15.12.1928), vgl. Jürgen Pech, Max Ernst und die Inszenierung seiner Ausstellungen, in: Werner Spies, Julia Drost, *Max Ernst. Retrospektive*, Ostfildern 2013, S. 147-155.
43 Jaroslav Seifert, Obrazy Toyen, in: *Volné směry* 1933-1934, Jg. 30, 1933, Nr. 4, 4.7., S. 78-83.

Annie Le Brun

Theater der Aura – Toyen und das Spektakel

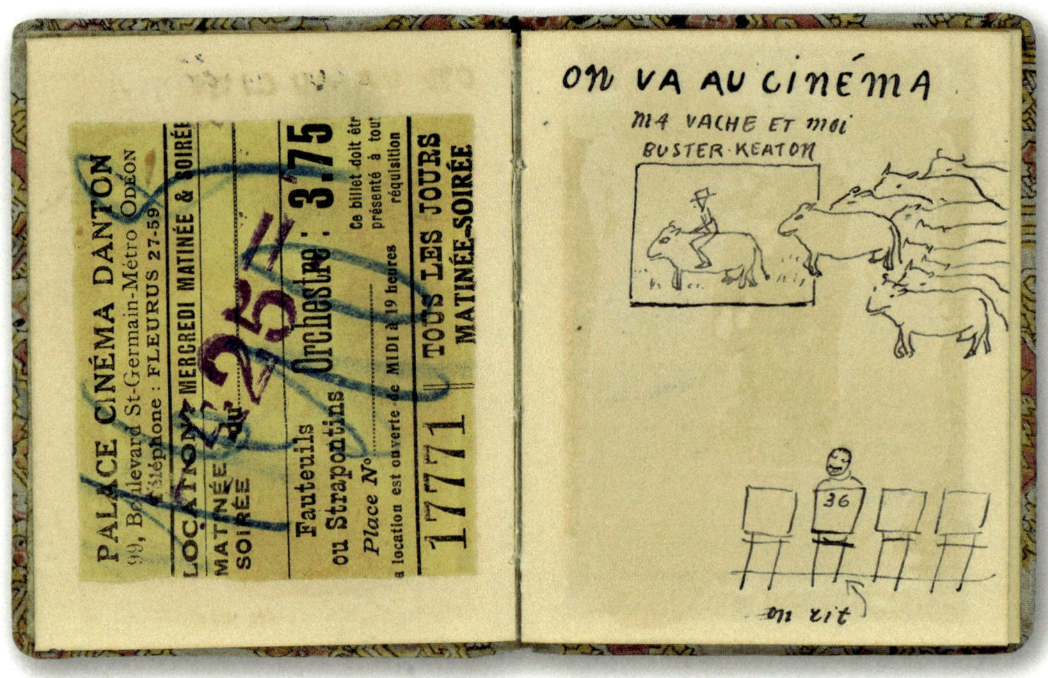

Kat. 115 Doppelseite aus einem Skizzenbuch, Januar 1927
On va au cinéma. Ma vache et moi. Buster Keaton. On rit / Wir gehen ins Kino. Go West. Buster Keaton. Wir lachen
Tusche und Collage auf Papier, 105 × 150 mm
Privatsammlung, Paris

In einem winzigen Skizzenheft – mit »Januar 1927« überschrieben und eingestreuten kurzen Einträgen auf Französisch versehen – führt Toyen Buch über einen Aufenthalt in Paris (Kat. 109–124). »Wir sind abgebrannt«, erfährt man dort, was sicherlich damit zu tun hat, dass die kleine Gruppe, die mit diesem »wir« gemeint ist, jeden Abend ausgeht. Toyen, Jindřich Štyrský und der Journalist Vincenc Nečas schreiben gemeinsam einen *Reiseführer für Paris und Umgebung (Průvodce Paříží a okolím*, Abb. 129), der im selben Jahr veröffentlich wird, sowie, ebenfalls 1927 publiziert, einen Führer *Paris bei Nacht (Paříž v noci*, Abb. 130). Auf einer der fünfzehn Seiten des Heftes ist eine Eintrittskarte des Palace Cinéma Dante eingeklebt; in der Zeichnung auf der gegenüberliegenden Seite sitzt eine kleine Silhouette vor einer Leinwand, auf der Buster Keaton als Cowboy in dem Film *Go West* (*Der Cowboy*, USA 1925) zu sehen ist, wie ihm eine riesengroße, leinwandfüllende Rinderherde hinterherjagt. »Man lacht«, natürlich, was sonst (Kat. 115).

Jenseits der Komik sehe ich darin eine Metapher. In diesem *no man's land* der Leinwand, das ständig von Träumen, Lachen und Stürmen aller Art erfüllt ist, hat Toyen ihren eigenen Weg gefunden. In den Raum, den ihr die Bilder dort eröffneten, wagte sie sich immer wieder vor. Ja, es könnte sogar sein, dass der von ihr selbst gefertigte Kompass dem vor Schreck weit aufgerissenen Auge Buster Keatons gleicht, dem stets aufs Neue etwas widerfährt, das völlig überraschend kommt. Hatte sie nicht kaum ein Jahr zuvor ein Dutzend Gemälde gemalt, in denen sie vollständig mit der kubistischen, um nicht zu sagen puristischen, Richtung gebrochen hatte, die sie eingeschlagen zu haben schien? Die Kunsthistoriker waren verwirrt und sprachen von einer naiven oder primitivistischen Phase. Umso verwirrter waren sie, als bald danach, als ob nichts gewesen wäre, Toyen sich mit Štyrský in den *Artifizialismus* stürzte, diese neue Vorstellung von einer Malerei, die thematisch das komplette Gegenteil von Werken zu sein scheint wie *Cirque Conrado* (*Zirkus Conrado*, 1925, Kat. 88) oder *Polykači mečů* (*Die Schwertschlucker*, 1925, Kat. 62) und weiteren Gemälden dieser Serie, die allesamt Szenen aus dem Repertoire volkstümlichen Spektakels schildern, wie Zirkus, Volksfeste, Varieté, Kino ... in denen jedoch, mehr oder weniger deutlich, immer ein erotischer Grundton mitschwingt. Unmöglich, dabei nicht an die Vielzahl kleiner erotischer Skizzen von derselben »Naivität« zu denken, die Toyen seit Langem mit großem Vergnügen anfertigte und die erkennbar die Vorlage für die waghalsigen Clowns und erotischen Seiltänzerinnen waren, die wenig später in ihrer ganzen Pracht unter den Illustrationen der *Erotická revue* auftauchten (Kat. 558, 559).

Und schließlich muss man wissen, dass diese Gemälde zahlreiche Zeichnungen aus einem weiteren Skizzenheft von 1925 aufgriffen und fortentwickelten, einem regelrechten Journal mit Alltagsszenen und Spektakeln, an denen Toyen während der im selben Jahr mit Štyrský unternommenen Frankreichreise ihre helle Freude hatte (Kat. 63–77, 145, 223). Doch während Štyrský, ebenfalls fasziniert von der Dekoration tschechischer Jahrmarktbuden, stets die Distanz wahrt, die ihm die Fotografie ermöglicht, scheint Toyen so nah wie möglich an das jeweilige Faszinosum heranrücken zu wollen, nicht um herauszufinden, was sich dahinter verbirgt, sondern um dem Glühfaden so nahe wie möglich zu sein, der die Entzückung mit dem verbindet, was das Entzücken auslöst.

Man erinnere sich an Baudelaire: »Den Kult der Bilder verherrlichen (meine große, meine einzige, meine ursprünglichste Leidenschaft).«[1] Ich kenne niemanden, der so sehr wie Toyen diese Leidenschaft für Bilder gelebt hat, im ständigen Begehren, sich ihnen zu nähern. Sie verherrlicht sie nicht nur, sondern sie gerät geradezu in Verzückung dabei und verfügt von Anfang an über die Fähigkeit, deren erotische Kraft in jeder Hinsicht richtig zu würdigen. Und es ist offensichtlich das Spektakel, das sich ihr, vermutlich aufgrund der Vielfalt möglicher Bildausschnitte, als ein Instrument von unschätzbarem Wert anbietet, um dafür Maß zu nehmen. Weshalb es auch ein Irrtum wäre, dieses Dutzend Bilder lediglich als Zwischenstadium zu betrachten. Im Humor ihrer Darstellung, der so frisch und unschuldig daherkommt, liegt ein erotischer Anteil verborgen, der ungeduldig nach Entfaltung drängt. Einen Einblick in die Welt, wie sie sich Toyen als Wunscherfüllung neu zusammensetzt, vermittelt die köstliche Utopie des *Ráj černochů* (*Das Paradies der Schwarzen*, 1925, Kat. 146). Wie eine Varieté-Szene aufgebaut, feiert das Gemälde die Freuden und die Ausgelassenheit der Erotik, übersteigert noch durch die üppige Naturkulisse, vor der sich alles abspielt. Und stellt uns damit deutlich Toyens Absicht vor Augen: bei jedem Bild nach dem Raum

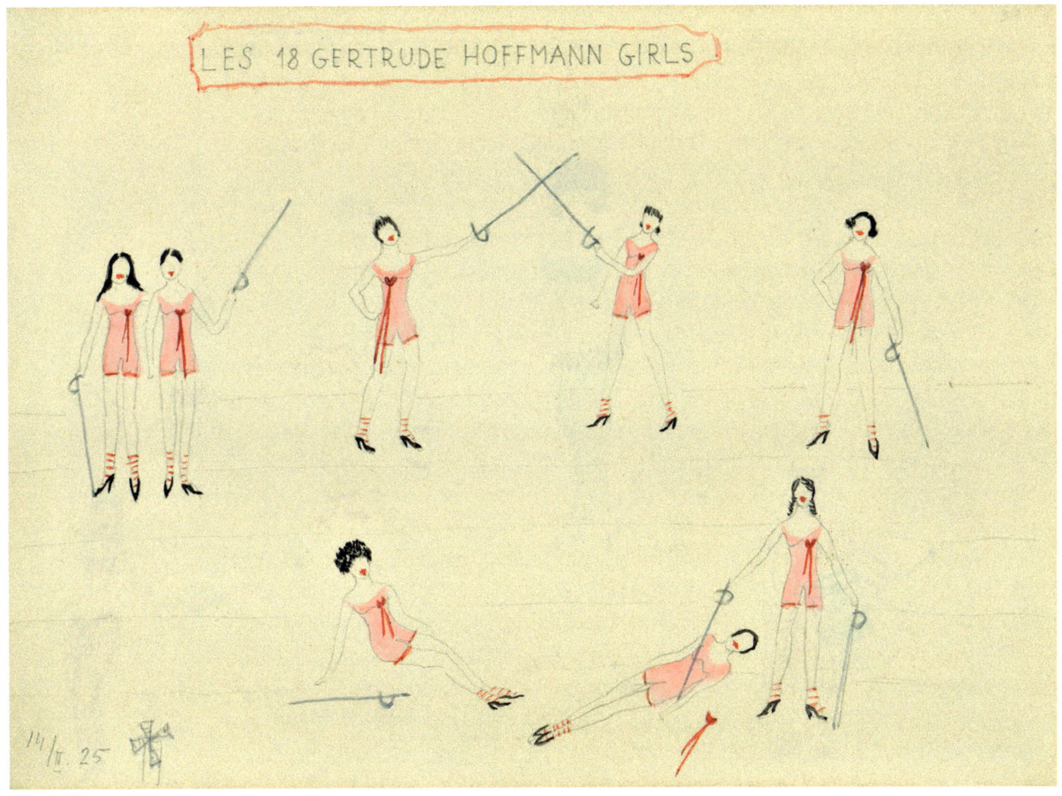

Kat. 145 ***Les 18 Gertrude Hoffmann Girls / Die 18 Gertrude Hoffmann Girls,*** 14. Februar 1925
Blatt aus einem Skizzenbuch, 1924–1925 | Tusche, Bleistift und Aquarell auf Papier, 130 × 170 mm
Privatsammlung, Paris

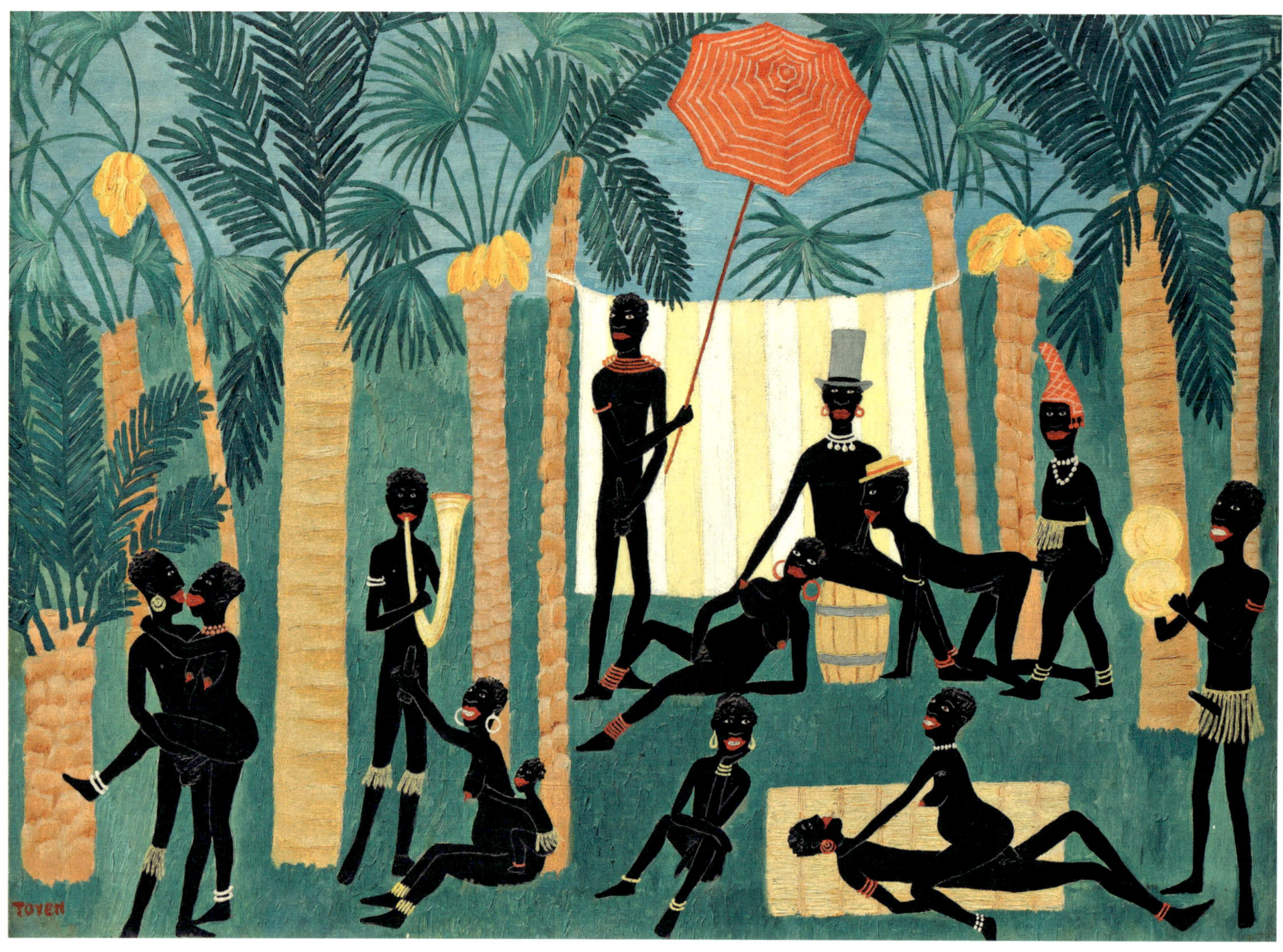

Kat. 146 ***Ráj černochů / Das Paradies der Schwarzen,*** 1925
Öl auf Leinwand, 49 × 69 cm
Privatsammlung, Courtesy Galerie KODL

zu suchen, in dem es Gestalt annehmen kann, so lange, bis sich darin eine unendliche Perspektive eröffnet. Was zur Frage führt, ob die Malerei ihr nicht vor allem und grundsätzlich genau dazu diente.

Wie hätte Toyen nicht leidenschaftlich das Kino lieben sollen, das gewissermaßen mit ihr das Licht der Welt erblickt hatte und dessen ständige Metamorphosen sie auch später nie gleichgültig ließen? Vermutlich erkannte sie sich selbst in dem wieder, was ihr Freund Štyrský 1933 schrieb: »Meinen Augen muss man immer neue Nahrung vorwerfen. Sie verschlingen alles mit unersättlicher Gier. Und in der Nacht, während des Schlafs, verdauen sie.«[2] Das Kino sollte für Toyen zeitlebens die unersetzliche Fähigkeit besitzen, aus seiner Nacht aufsteigen lassen zu können, was diese Gier befriedigte, und sei es nur für einen Moment und durch ein einziges Bild. Weshalb es kaum einen Tag gab – es sei denn, ein Spektakel ganz besonderer Art rief sie an einen anderen Ort –, an dem Toyen nicht ins Kino gegangen wäre.

Und so versteht sich von selbst, dass sie um 1950 an der Zeitschrift *L'Âge du cinéma* mitarbeitete, gegründet von jungen Surrealisten, darunter Georges Goldfayn und Robert Benayoun, die zu ihren engsten Freunden wurden. Sie nahm nicht nur an sämtlichen Redaktionssitzungen teil und befasste sich mit diversen Fragebögen und Umfragen, sondern illustrierte auch häufig Artikel mit eigenen Zeichnungen oder steuerte Standfotos aus verschollenen oder vergessenen Filmen bei, die sie seit eh und je gesammelt zu haben schien.

Diese Welt des Bildes, durch das Bild geschaffen und neue Bilder erschaffend, steht klar erkennbar in Bezug zur »Schatzinsel« ihrer Kindheit. Und zweifellos entstammt dieser Filmwelt auch der Bilderstreifen, den sie damals unter dem Titel *Confluence* (*Zusammenfluss*, 1951, Abb. 147) für die zweite Nummer von *L'Âge du cinéma* als Illustration zu einem Brief zeichnete, den Jacques Vaché am 14. November 1918 an André Breton schickte.[3] Darauf ist zu erkennen, wie das Bild alle Identitäten ins Unendliche fortträgt. Deshalb ist es keineswegs ein Zufall, dass Toyen 1976 noch einmal zu diesem Filmstreifen zurückkehrte, wie auf den Kamm einer Welle, diesmal jedoch, um das Gemeinschaftswerk *Objets d'identité* (*Objekte der Identität*)[4] zu illustrieren, in dem alle Beteiligten sich anhand verschiedener Objekte ihrer Identität zu vergewissern suchen (Kat. 501, Abb. 148). Sie selbst schreibt dazu: »Im dunklen Raum des Lebens betrachte ich die Leinwand meines Gehirns.«[5] Innerhalb von zwanzig Jahren hatte sich etwas verändert, der Film wird zu Zunge, das Abbild reizvoller Beine wird zur Beute von Vögeln mit furchterregendem Blick ... Als ob sich zwischen Spektakel und Bild etwas Ernstes und Beunruhigendes abspielen würde, auf das alles Geschehen zustrebt.

Natürlich darf in diesem Zusammenhang nicht das grauenhafte Theater des Krieges vergessen werden, das Toyen im Zeichnungszyklus *Střelnice* (*Der Schießplatz*, 1939/40, Kat. 324–328) thematisiert. In diesem Zyklus – der (Original-)Titel kann sowohl Schießbude als auch Schießplatz bedeuten – gelingt es Toyen, die sich stets wiederholende Zerstörungskraft des Krieges zu vergegenwärtigen, die jedes Mal aufs Neue das Fassungsvermögen übersteigt. Sie hat damit eines der bedrückendsten Zeugnisse des damals herrschenden Grauens geschaffen. Und es ist kein Zufall, dass sie sich 1945 erneut dem Theater zuwandte und für das Stück *Učitel a žák* (*Der Lehrer und der Schüler*) von Vladislav Vančura, einem ihrer Freunde, der zu den Mitbegründern der Künstlervereinigung Devětsil zählte und am 1. Juni 1942 als Widerstandskämpfer von den Nationalsozialisten in Prag erschossen wurde, das beeindruckende Bühnenbild entwarf. Als wollte sie so schnell wie möglich mit dem Glanz des Theaters auf leerem Hintergrund die tragische Wirklichkeit der Geschichte bannen. Und auch wenn Toyen sich, seit sie in Frankreich war, aufmerksamer als je zuvor den Kräften der Natur widmete, war sie nicht weniger beharrlich auf der Suche nach dem Feuer, von dem in der Tiefe unserer Nächte das Theater der Leidenschaften erleuchtet wird. So gelingt es ihr, trotz alledem auf die Fülle des Lebens setzend, mit *Minuit, l'heure blasonée* (*Mitternacht, die gewappnete Stunde,* 1961, Kat. 455b) zu sehen und uns sehen zu lassen, wie das Begehren sich noch von der prächtigsten Theaterillusion zu lösen weiß, um sich eine eigene imaginäre Realität zu erschaffen. Und dies aus dem verrückten Grund, wie Radovan Ivšić hervorhebt, dass »nichts wahrer ist als das besessene Glühen der Figur der Wollust, die alle Elemente des Gemäldes organisiert«[6] – und sei es auch nur, um uns die Tiefe dieses Theaters der Dunkelheit zu offenbaren und zu zeigen, wie viel es jener lustvollen Pracht verdankt. Das Theater der Erscheinungen, von Toyen wenige Jahre zuvor mit der Abfolge weiblich assoziierter Formen der Serie *Les 7 épées hors du fourreau* (*Die sieben gezogenen Schwerter*, 1957, Kat. 456–459)[7] zum Leben erweckt, entwickelt sich hier zu einem Phänomen, das sich als *erstes Theater der Aura* bezeichnen ließe.

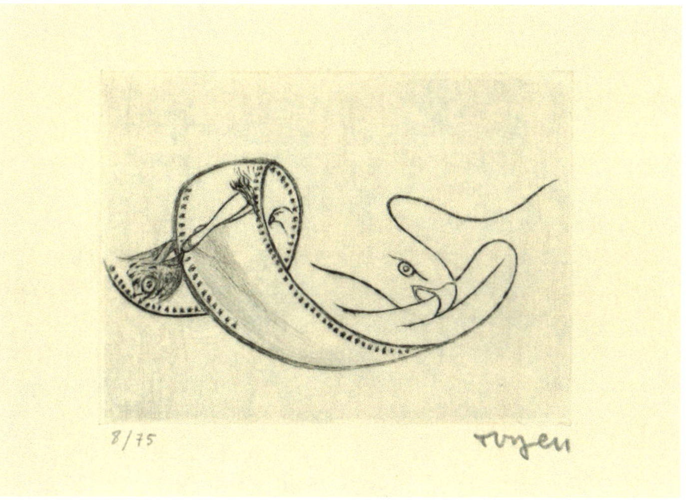

Abb. 148 Ohne Titel, Graphischer Druck für: *Objets d'identité / Objekte der Identität,* 1976
Radierung, 103 x 145 mm
Privatsammlung, Paris

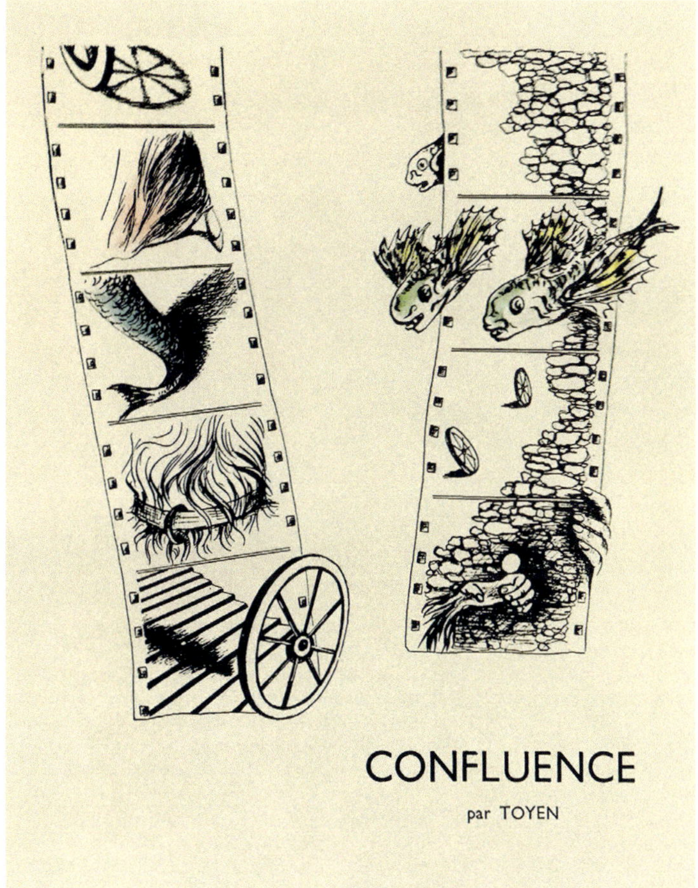

Abb. 147 ***Confluence / Zusammenfluss,***
Zeichnung für die dem Surrealismus gewidmete Sonderausgabe der Zeitschrift *L'Âge du cinéma,* 1951

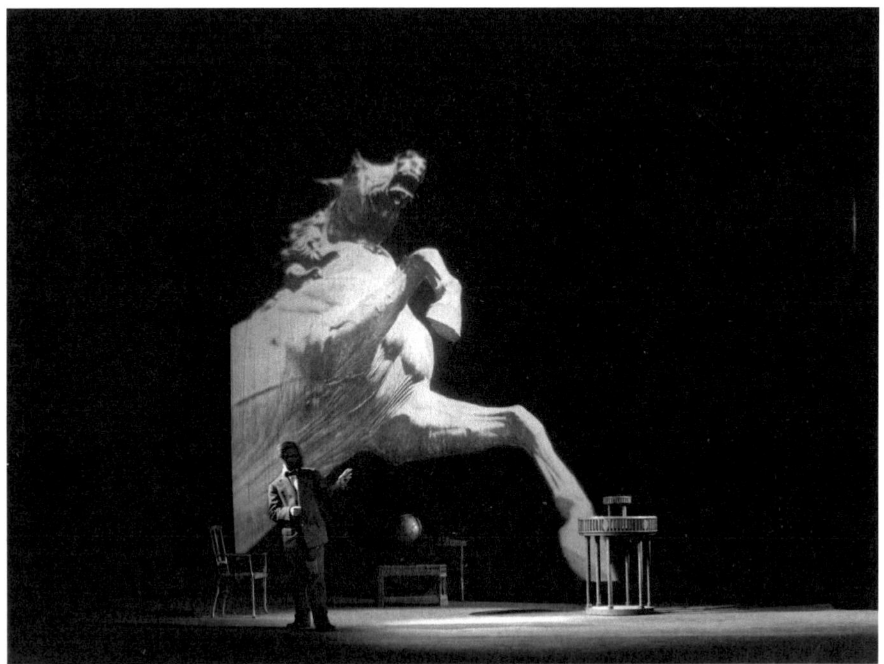

Abb. 149 Aufführung des szenischen Gedichts *Učitel a žák* (*Der Lehrer und der Schüler*) von Vladislav Vančura im Studio ND, 1945, Bühnenbild: Toyen, Regie: Jindřich Honzl

Auffällig ist, dass Toyen, kurz bevor Bild und Körper austauschbar zu werden beginnen, aus dem tiefsten Grund ihrer Einsamkeit heraus die lyrische Energie aufbringt, die Pracht dieser »anderen Bühne« zu feiern. Gut möglich aber auch, dass sie auf die neue Brise des Mai 1968 antwortete, indem sie daraus das Theater einer alles umstürzenden Leidenschaft machte, die schließlich in Gemälden wie *Éclipse* (*Finsternis,* 1968, Kat. 472) oder *Les Affinités électives* (*Die Wahlverwandtschaften*, 1970, Kat. 573) jeden Horizont verschiebt. Mit allergrößter Strenge widmete sie sich danach der Erforschung der noch nie dagewesenen Möglichkeiten dieses ganz anderen Theaters. So nutzte sie noch viel später, nämlich 1976, anlässlich einer geplanten Inszenierung von Radovan Ivšićs Theaterstück *Le Roi Gordogane* (*Der König Gordogan*), dessen französische Ausgabe sie bereits illustriert hatte,[8] die Gelegenheit, um auf den Kern des Theaters zurückzukommen - das heißt die Masken zu erfinden, die dazu dienen, alle Masken fallen zu lassen, wie ich bereits an anderer Stelle ausgeführt habe (Kat. 532–539).[9] Außergewöhnlich ist, dass sie dafür sowohl die Kunst des Porträts erneuert als auch die Geschichte der Collage fortschreibt. Sie spielt dabei in keinster Weise mit der Annäherung zweier unterschiedlicher Wirklichkeiten, sondern setzt ganz auf die Herausarbeitung oder genauer: auf die Inszenierung des Details, Mund, Feder, Auge, Seil, Haar ... Deren erotische Bedeutung war ihr seit je bewusst, sammelte sie doch von diesen Details im Laufe ihres Lebens Hunderte von Bildern.[10] Toyen wusste genau, welche Perspektivänderung sich daraus ergab, so dass aus elf flächigen Masken unverwechselbare Figuren entstehen konnten und zugleich eine eigene dramatische Kraft, die schlagartig davon befreit ist, das »Welttheater« wieder in Schwung zu bringen.

Vis-à-vis (1973, Kat. 514–525) lautet der Titel des letzten Zyklus, der von Toyen geschaffen wurde. Ein Zyklus aus Collagen, auf denen sie die Außenwelt auf der Bühne ihrer Innenwelt versammelt zu haben scheint. Als müsste sie sich in Erinnerung rufen, dass kein großes Spektakel ohne die Begegnung mit dem Bild möglich ist, mit einem Gegenüber, das uns stets an den Rand unseres inneren Abgrunds führt - um uns dann manchmal das Glück zuteilwerden zu lassen, dass plötzlich das Unendliche Form annimmt.

1 »Glorifier le culte des images (ma grande, mon unique, ma primitive passion).« Charles Baudelaire, *Mon cœur mis à nu*, in: *Œuvres complètes*, Paris 1951, S. 1219.
2 Jindřich Štyrský, Poesie und Malerei, in: Rita Bischof, *Toyen. Das malerische Werk*, Frankfurt a. M. 1987, S. 130.
3 *L'Âge du cinéma*, Nr. 2, Mai 1951, S. 15.
4 Adrien M. Dax, Georges Goldfayn, Georges Gronier, Radovan Ivšić, Annie Le Brun, Gérard Legrand, Fabio De Sanctis, Toyen, *Objets d'identité*, Paris 1976.
5 *Objets d'identité*, Éditions Maintenant, Paris 1976, unpag.
6 Radovan Ivšić, *Toyen*, Paris 1974, S. 65.
7 Siehe den Beitrag von Bertrand Schmitt, *Zauber der Nacht*, S. 283ff., im vorliegenden Band.
8 Radovan Ivšić, Toyen, *Le Roi Gordogane*, Paris, Éditions surréalistes, 1968.
9 Annie Le Brun, Toyen ou l'insurrection lyrique, in: *Toyen, 1902–1980*, Ausst.-Kat. Zagreb, Galerija Klovićeci dvori, 2002, S. 34 und in: Annie Le Brun, *Un espace inobjectif. Entre les mots et les images*, Paris 2019, S. 135.
10 An dieser Stelle möchte ich noch einmal betonen, wie von Radovan Ivšić, Georges Goldfayn und mir bereits mehrmals bezeugt wurde (*La Nouvelle Revue française*, Nr. 559, 2001; *Toyen, 1902–1980*, Ausst.-Kat. Zagreb, Galerija Klovićeci dvori, 2002; *Toyen, une femme surréaliste*, Ausst.-Kat. Saint-Étienne, Musée d'Art moderne, Lyon 2002), dass diese auf die Vorder- und Rückseiten zahlreicher Kartontafeln geklebte Sammlung keineswegs auf eine erneute Hinwendung Toyens zur Collage verweist, wie der Kunsthistoriker Karel Srp behauptet. Es handelt sich vielmehr um ein umfangreiches Reservoir an Bildern, die sie im Lauf der Jahre aus Zeitungen und Zeitschriften ausgeschnitten hatte, wie es Jindřich Štyrský vermutlich ebenfalls tat.

II

1930–1938

Die magnetische Frau

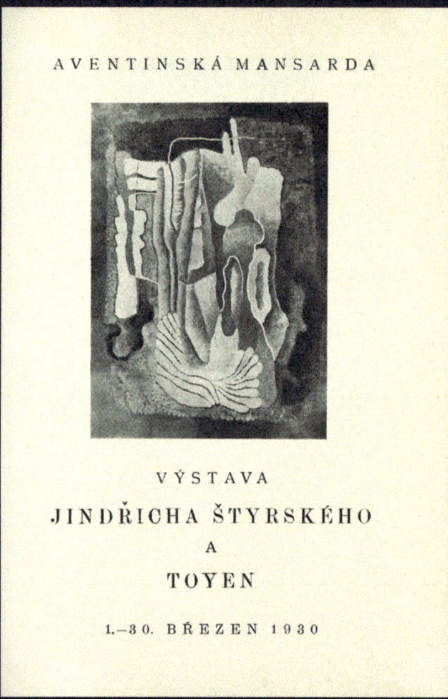

AVENTINSKÁ MANSARDA

VÝSTAVA

JINDŘICHA ŠTYRSKÉHO

A

TOYEN

1.–30. BŘEZEN 1930

Abb. 150 Katalog zur Ausstellung der Werke von Jindřich Štyrský und Toyen in der Aventinská mansarda, 1930

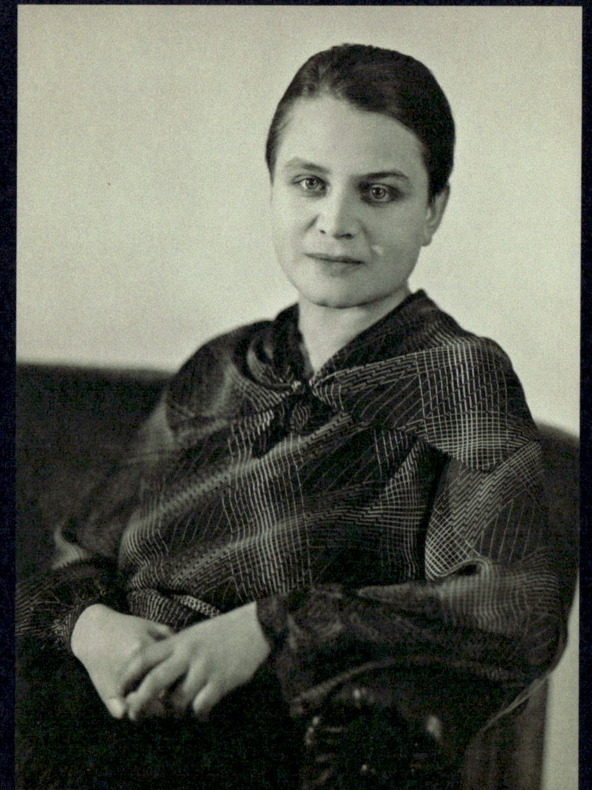

151 Prag, 1930

1930

Toyen zeichnet erotische Illustrationen für die tschechische Übersetzung des Romans von Aubrey Beardsley *The Story of Venus and Tannhäuser*.

Das *Second manifeste du surréalisme* (*Zweites Manifest des Surrealismus*) von André Breton erscheint. Er wird Herausgeber der neu gegründeten Zeitschrift *Le Surréalisme au service de la révolution* (erscheint bis 1933). □ 592

In der *Lidé noviny* (*Volkszeitung*) verteidigt der Dichter und Journalist Richard Weiner in dem Artikel *Prý mrtvola* (*Angeblich eine Leiche*) André Breton und regt die Übersetzung von dessen Schriften ins Tschechische an.

1.–30. MÄRZ In der *Ausstellung Výstava Štyrského a Toyen* (*Štyrský und Toyen*) in der Galerie Aventinská mansarda zeigt Toyen sechs Gemälde von 1928 und zwölf von 1929. Katalog-Vorwort und Einführung stammen von Vítězslav Nezval; seine Rede zur Eröffnung wird auch in der Zeitschrift *Rozpravy Aventina* publiziert (Nr. 24, 12.3.1930, S. 284).

1. MAI Nezval veröffentlicht einen Artikel über Toyen in der Zeitschrift *Eva* (2, Nr. 13, 1.5.1930, S. 26), die sich »an die moderne Frau« richtet.

JUNI Karel Teige publiziert die Studie *Nadrealismus a Vysoká hra* (*Der Überrealismus und Das große Spiel*) in der Zeitschrift *ReD*. Er reagiert damit auf Bretons *Zweites Manifest*, die anfängliche Ablehnung des Surrealismus durch die tschechische Avantgarde weicht einer vorsichtigen Annäherung.

21. JUNI Die Ausstellung *Štyrský und Toyen*, organisiert von der Studentenvereinigung Mílič, wird in der mährischen Stadt Kroměříž eröffnet.

SOMMER Toyen reist erneut nach Frankreich und verbringt die meiste Zeit in Paris und Boulogne-sur-Mer.

OKTOBER Štyrský beginnt mit der Publikation der *Erotická revue*, einer Zeitschrift zu erotischer Lyrik, Literatur und Kunst im

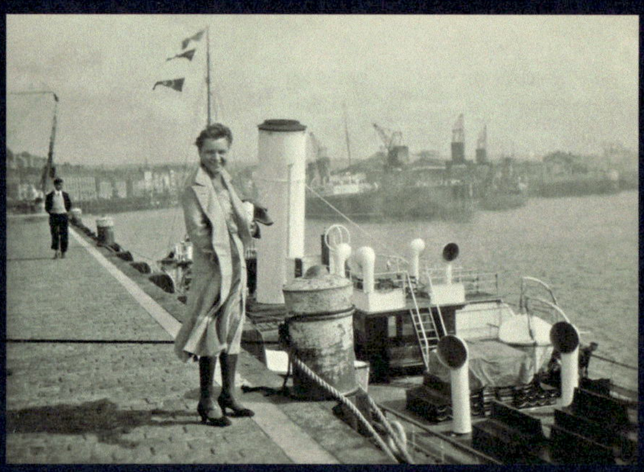

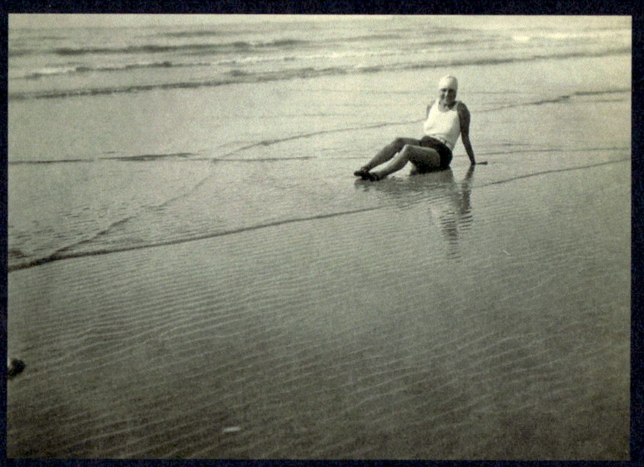

152, 153 Boulogne-sur-Mer, 1930

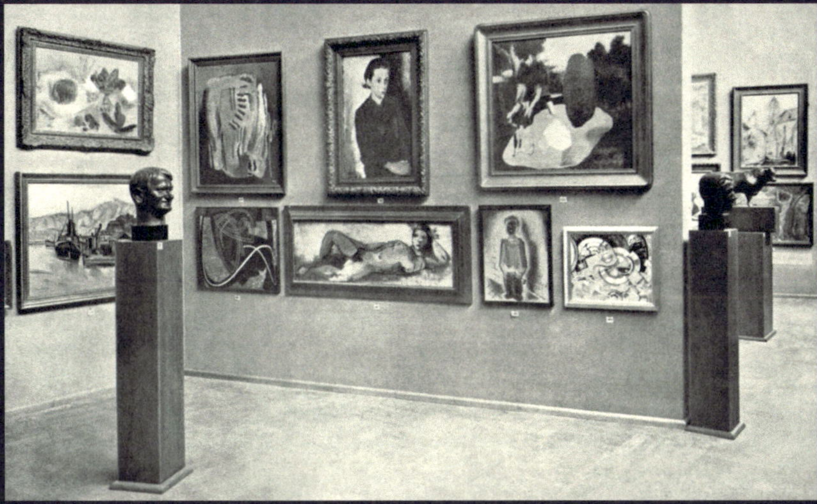

154 Teil der Schau *Hundert Jahre tschechische Kunst* im Ausstellungsraum des S.V.U. Mánes, 1930; Toyens Gemälde *Fjordy / Fjorde* hängt links über einem Werk von František Kupka.

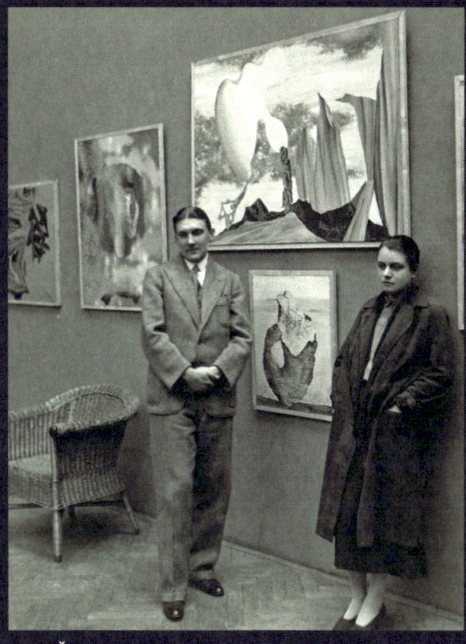

156 Štyrský und Toyen in der Aleš-Halle des Prager Kunstvereins, November 1931

Privatdruck. In der ersten Ausgabe veröffentlicht er übersetzte Gespräche französischer Surrealisten über Sexualität; Toyen steuert zu allen drei erschienenen Ausgaben (1930, 1932, 1933) Zeichnungen bei, signiert mit »T.« oder »XX«.

NOVEMBER - DEZEMBER Toyen zeigt das Gemälde *Fjordy* (*Fjorde*) auf der Ausstellung *Sto let českého umění* (*100 Jahre tschechische Kunst*) des Vereins bildender Künstler S.V.U. Mánes. Die erste von insgesamt zwei Ausgaben der Zeitschrift *Zvěrokruh* (*Tierkreis*, herausgegeben von Nezval) erscheint, Teiges Beiträge darin belegen die Hinwendung des Autors zum Surrealismus. □ 133

1931

MÄRZ - APRIL Auf der Schau *Umění současné Francie (Kunst des gegenwärtigen Frankreich)* des S.V.U. Manés sind unter anderem Werke von Fernand Léger und André Masson zu sehen.

Die vom Prager Kunstverein veranstaltete Ausstellung *L'École de Paris* präsentiert Werke von Hans Arp, Max Ernst, André Masson, Joan Miró, Francis Picabia, Yves Tanguy, Alberto Savinio und Giorgio de Chirico.

24. APRIL - 24. MAI Toyen und Štyrský sind auf der Gruppenausstellung *L'Art vivant en Europe* im Palais des Beaux-Arts in Brüssel vertreten.

MAI Werke von Toyen sind Teil einer Ausstellung moderner Möbel und Interieurs des Architekten Antonín Heythum im Dům umění (Haus der Kunst) von Ostrava.

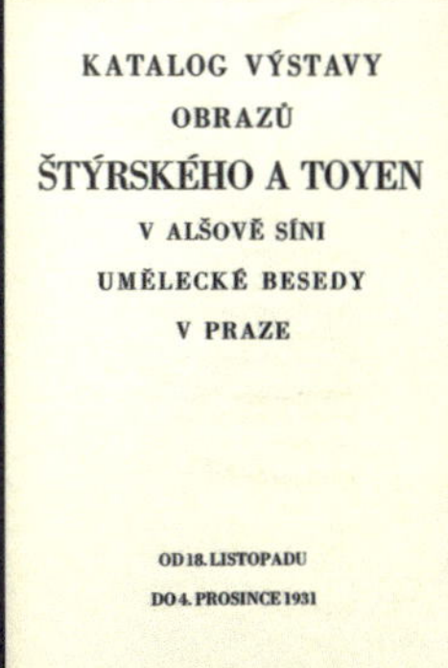

KATALOG VÝSTAVY
OBRAZŮ
ŠTÝRSKÉHO A TOYEN
V ALŠOVĚ SÍNI
UMĚLECKÉ BESEDY
V PRAZE

OD 18. LISTOPADU
DO 4. PROSINCE 1931

Abb. 155 Katalog zur Ausstellung von Štyrský und Toyen im Prager Kunstverein Umělecká beseda, November 1931

18. NOVEMBER - 4. DEZEMBER Toyen zeigt zwölf im Verlauf dieses Jahres geschaffene Gemälde in einer von Nezval eröffneten Ausstellung ihrer und Štyrskýs Werke in der Aleš-Halle des Prager Kunstvereins.

1932

Toyen illustriert die tschechischen Übersetzungen der Romane *Justine ou les malheurs de la vertu* (*Justine oder Vom Missgeschick der Tugend*) des Marquis de Sade und *Život kajícnic* (*Die sündigen Klosterschwestern*) von Pietro Aretino, welche in dem von Štyrský im Herbst 1931 gegründeten Verlag *Edice 69* erscheinen. Weitere erotische Zeichnungen entstehen für die Übersetzungen des *Heptameron* der Margarete, Königin von Navarra (publiziert von *Družstevní práce*), und *Pybrac* von Pierre Louÿs (publiziert in der Lotus Edition). □ 563-568

19. MÄRZ - 10. APRIL Toyen zeigt acht zwischen 1928 und 1931 entstandene Werke in der Gemeinschaftsausstellung mit Štyrský in der Brünner Galerie Vaněk.

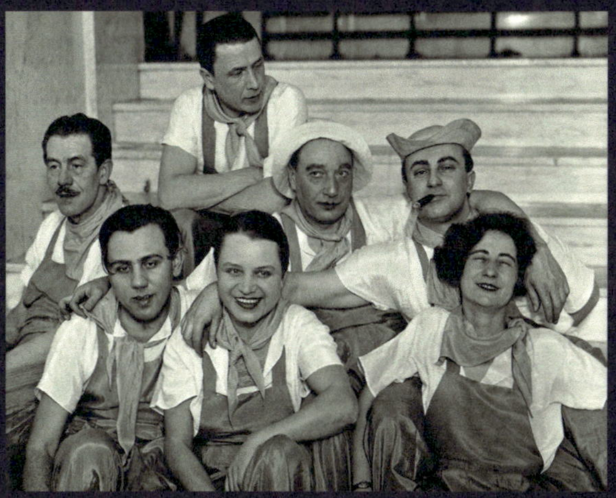

157 Maskenball des Prager Kunstvereins, 15. Februar 1932
Untere Reihe von links: Jaroslav Ježek, Toyen, Staša Jílovská
Obere Reihe von links: František Tichý, Otakar Švec, Emil Filla, Adolf Hoffmeister

1932

Skupina výtvarných umělců v Brně dovoluje si
Vás zváti na zahájení výstavy obrazů a kreseb

ŠTYRSKÉHO A TOYEN

Výstavu zahájí přednáškou J. B. Svrček v sobotu
19. března 1932 o 8. hodině večerní v galerii
Vaněk v Brně, Dominikánské náměstí číslo 2
Po zahájení společenský večer v sále YWCY

158 Einladungskarte für die Ausstellung von Štyrský und Toyen in der Galerie Vaněk in Brünn, 1932

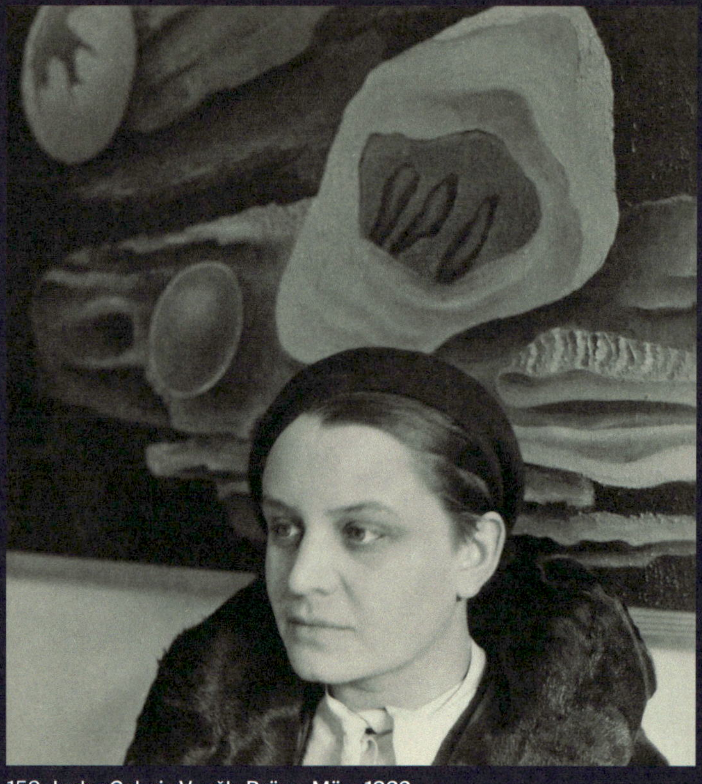

159 In der Galerie Vaněk, Brünn, März 1932

FRÜHLING Štyrský veröffentlicht einen Artikel über Toyens Illustrationen mit dem Titel *Radosti ilustrátora knih* (*Die Freuden des Buchillustrators*) im *Jarní Almanach Kmene. Jízdní řád literatury a poesie* (*Frühjahrs-Almanach des Kmen. Literatur- und Poesiefahrplan*).

JULI Toyen und Štyrský reisen nach Paris und in die Normandie (Le Tréport). Štyrský besucht die Ruinen des Schlosses Lacoste, der ehemaligen Residenz des Marquis de Sade im Vaucluse; hier entstehen Fotografien, welche Toyen später in ihrer Arbeit inspirieren. □348

AUGUST Weiterreise nach Österreich, Italien und Jugoslawien (Triest, Dalmatien, Mostar, Dubrovnik).

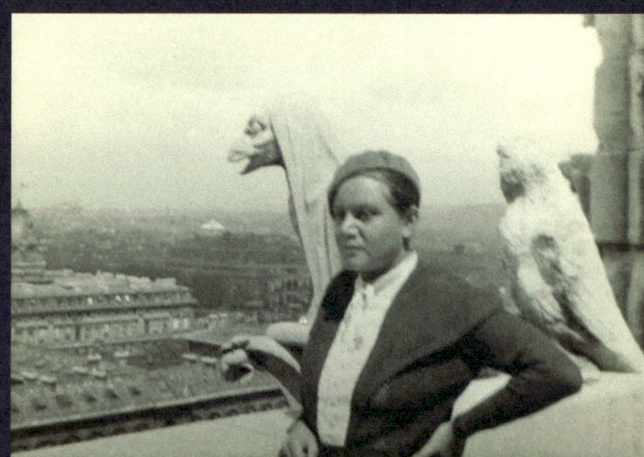

160 Paris, auf einem Turm der Kathedrale Notre-Dame, 1932

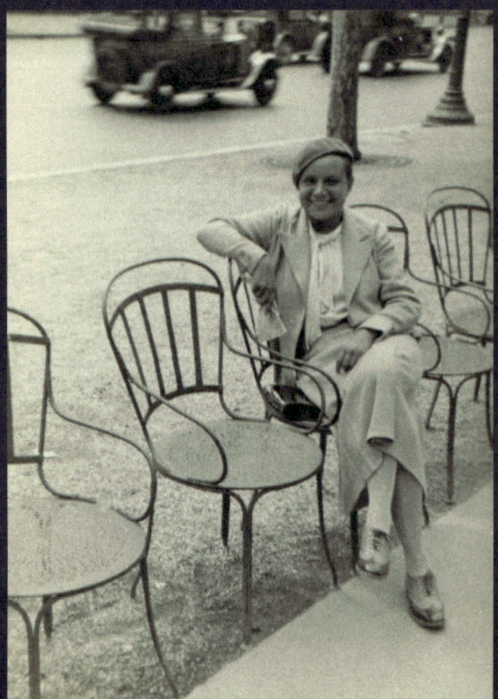

161 Paris, Juli 1932

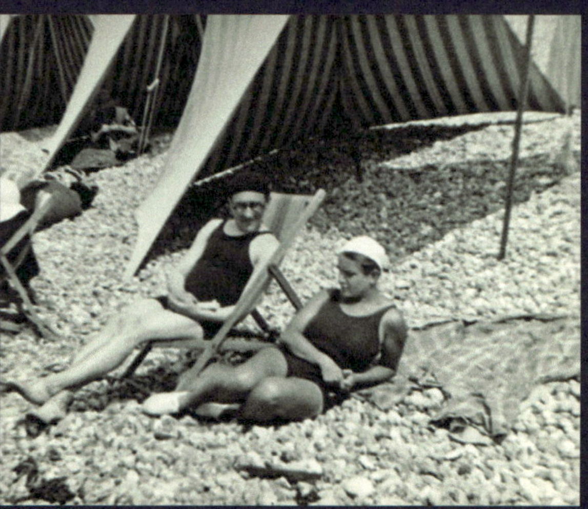

162 Štyrský und Toyen in Le Tréport, Juli 1932

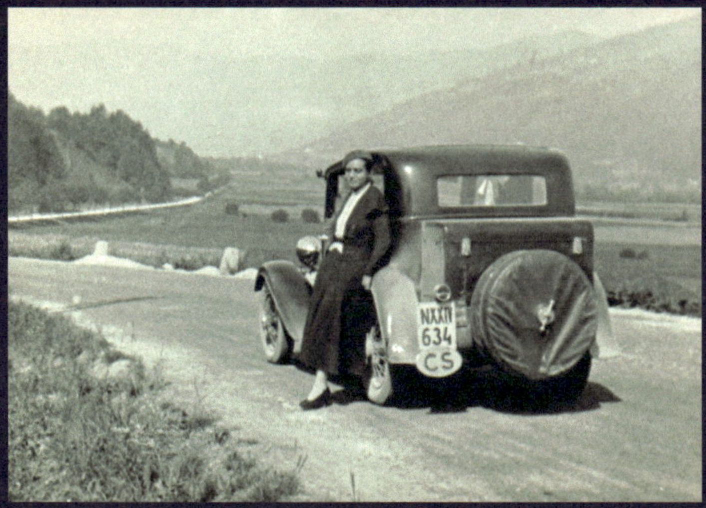

163 Österreich, August 1932

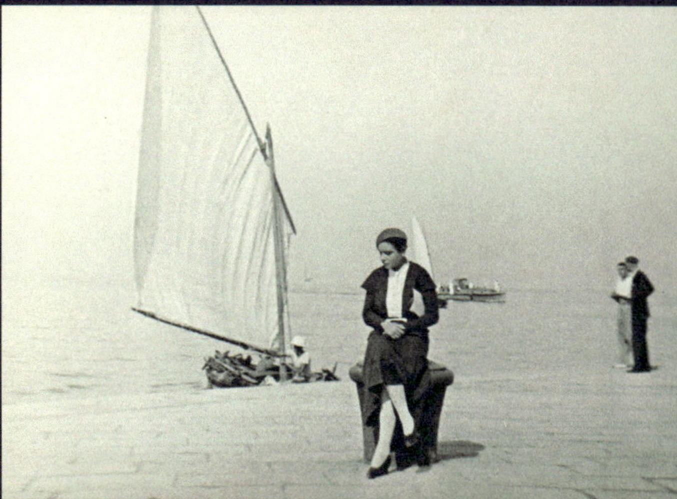

164 Triest, August 1932

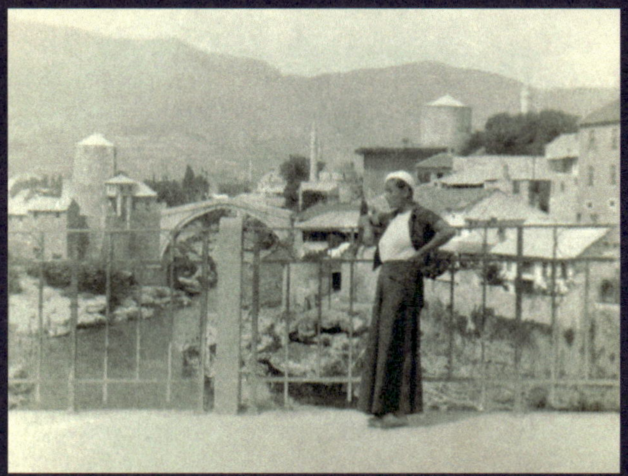

165 Mostar, August 1932

27. OKTOBER – 27. NOVEMBER Toyen präsentiert fünfzehn zwischen 1927 und 1932 entstandene Gemälde auf der internationalen Gruppenausstellung *Poesie 1932*, die vom S.V.U. Mánes in dessen neuen Räumen in Prag organisiert wird. Es ist die erste gemeinsame Ausstellung von Werken tschechischer und internationaler surrealistischer oder dem Surrealismus nahestehender Künstler (darunter Ernst, Tanguy, Dalí, Miró, Giacometti). □ 198–200, 202, 259

WINTER Štyrský schreibt über Toyen den Artikel *Inspirovaná ilustratorka* (*Die inspirierte Illustratorin*), er erscheint im *Almanach Kmene 1932–1933*.

22. DEZEMBER Nach ihrer Teilnahme an der Ausstellung *Poesie 1932* werden Toyen und Štyrský Mitglieder des S.V.U. Mánes.

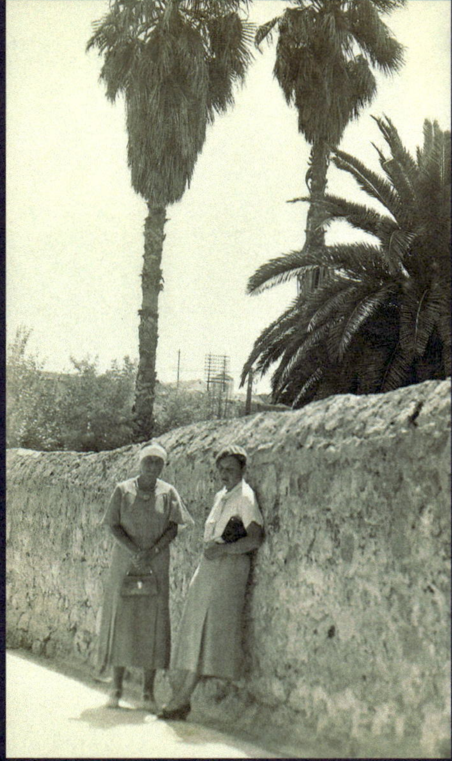

166 Dubrovnik, August 1932

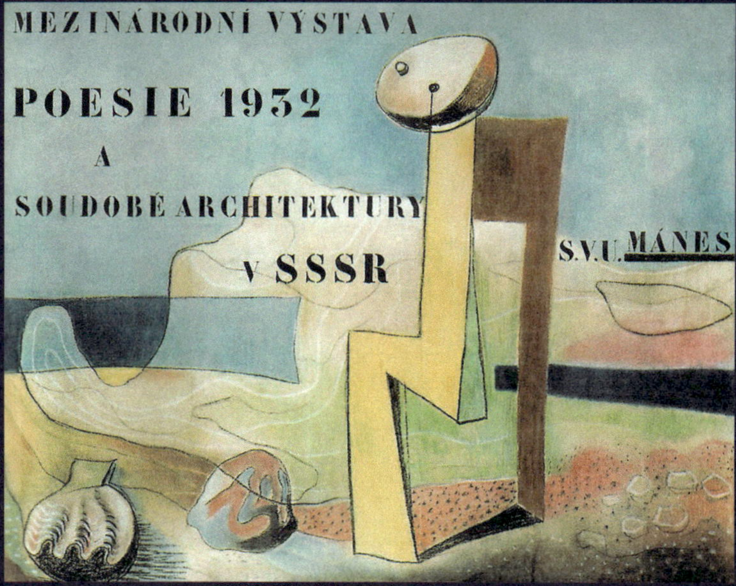

Abb. 167 Plakat für die Ausstellung *Poesie 1932*

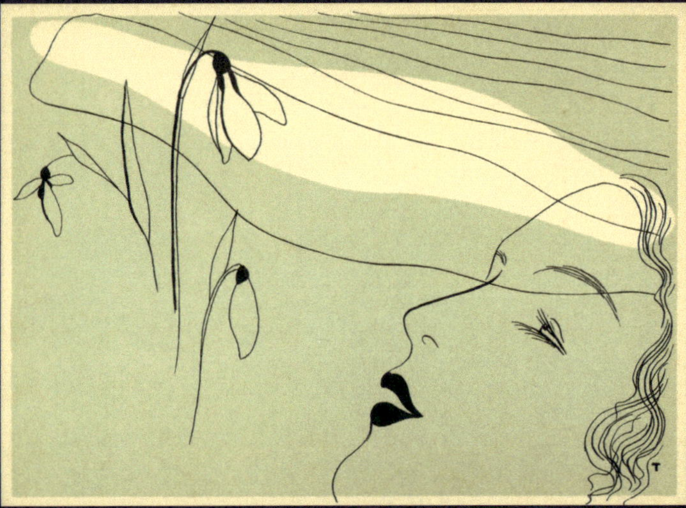

Abb. 168 Postkarte aus dem Zyklus *Jaro / Frühling*, Družstevní práce (Kooperatives Werk), Prag 1933

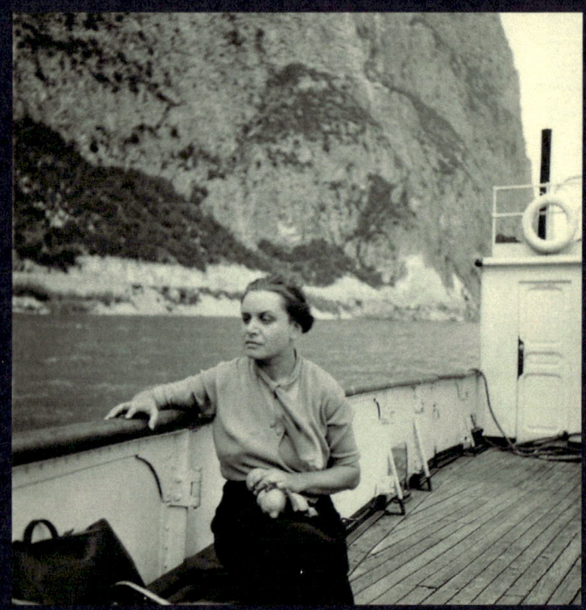

169 Auf dem Gardasee, 1933

1933

30. JANUAR 1933 Ernennung Adolf Hitlers zum Reichskanzler in Deutschland.

FRÜHJAHR Der Verlag Družstevní práce veröffentlicht eine von Toyen gestaltete Serie von zehn Postkarten mit dem Titel *Jaro* (*Frühling*), zuständig für die Typographie ist Ladislav Sutnar. □ 168

9. MAI Nezval und Honzl treffen in Paris zum ersten Mal Breton und Mitglieder der surrealistischen Gruppe. Im Anschluss formuliert Nezval einen von Teige mitunterzeichneten und später von Breton in *Le Surréalisme au service de la révolution* publizierten Brief der Gruppe Devětsil, der 1934 auch die Gründungsproklamation der Gruppe der Surrealisten in der Tschechoslowakei einleiten wird. In dem Brief stellt Nezval eine Zusammenarbeit der Prager Avantgarde mit der Pariser Surrealisten-Gruppe in Aussicht.

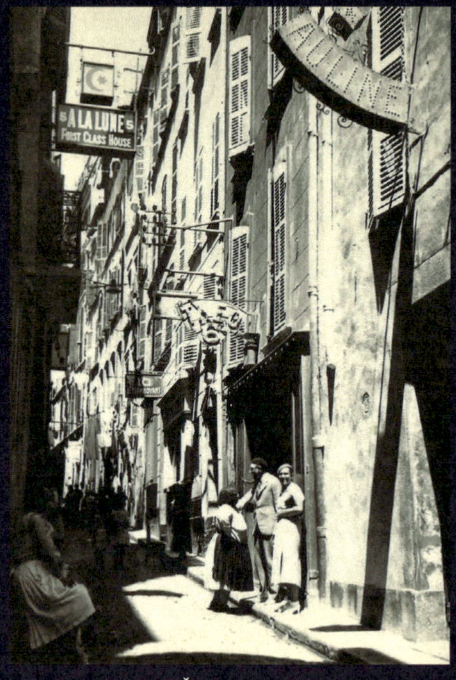

170 Marseille, mit Štyrský, Juli 1933

JULI Toyen reist mit Štyrský und dem Schriftsteller und Psychoanalytiker Bohuslav Brouk (1912–1978) nach Frankreich, Monaco und Italien; sie besuchen dabei Marseille, Cannes, Nizza, Monte Carlo, Mailand und den Gardasee.

19. OKTOBER - 26. NOVEMBER Toyen nimmt mit ihren Gemälden *Mořská zahrada* (*Meeresgarten*), *Noc na pláži* (*Nacht am Strand*) und *V mlze* (*Im Nebel*) an einer Gruppenausstellung des S.V.U. Mánes in Prag teil. □ 230

18. NOVEMBER - 22. DEZEMBER Die Prager Galerie Krásná jizba präsentiert Zeichnungen und Buchillustrationen von Toyen und Štyrský.

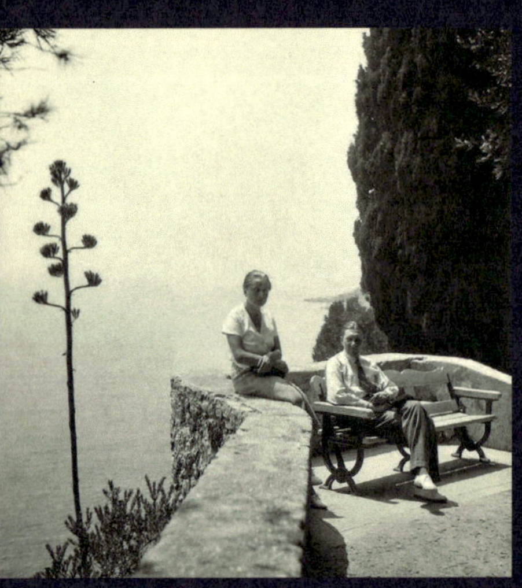

171 Monaco, mit Štyrský, Juli 1933

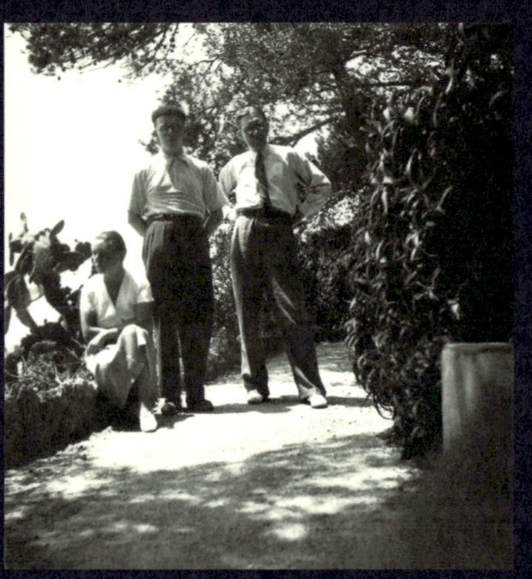

172 Monaco, mit Štyrský und Bohuslav Brouk, Juli 1933

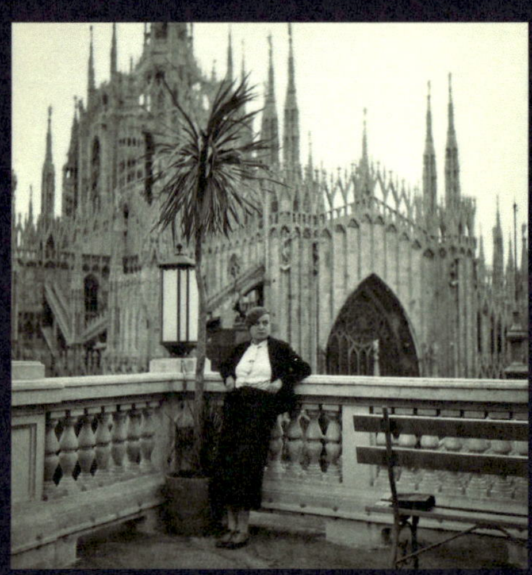

173 Mailand, 1933

Toyen beantragt den Eintrag ihres Pseudonyms in ihren Personalausweis. Ihr bürgerlicher Name ist fortan Marie Čermínová-Toyen.

Gründung der den Surrealisten nahestehenden Zeitschrift *Minotaure* durch Albert Skira und Eleftheriades Tériade in Paris (erscheint bis 1939). ☐ 252, 261

1934

12. MÄRZ Toyen nimmt an einer von Nezval initiierten Gruppendiskussion im Prager Café Métro über die Gründung einer Surrealisten-Gruppe in der Tschechoslowakei teil.

21. MÄRZ Sie ist Gründungsmitglied der Skupina surrealistů v ČSR (Gruppe der Surrealisten in der Tschechoslowakei). Die von Nezval formulierte Proklamation unterschreiben außer ihr Bohuslav Brouk, Konstantin Biebl, Imre Forbath, Jindřich Honzl, Jaroslav Ježek, Libuše Jíchová (alias Katy King), Josef Kunstadt, Vincenc Makovský, Nezval und Štyrský. Kurz danach wird auch Karel Teige Mitglied der Gruppe.

9. APRIL – 5. MAI Im Dům umění (Haus der Kunst) im ostböhmischen Ostrava findet eine Ausstellung mit Zeichnungen von Toyen und Štyrský statt.

APRIL – JUNI Toyen ist mit dem im Katalog auf Deutsch gelisteten Gemälde *Garten am Meeresgrund* (*Jezerní krajina*) auf der *55. Jahresausstellung und Moderne tschechoslowakische Kunst des Künstlerhauses Wien* vertreten.

11. MAI Beim ersten Vorlesungsabend der Surrealisten in der ČSR treten Teige, Nezval, Štyrsky, Brouk, Honzl und Biebl auf.

14. AUGUST Nezval reist zum *Ersten Kongress sowjetischer Schriftsteller* nach Moskau mit der Absicht, dort den Surrealismus zu verbreiten.

Herbst Toyen gestaltet mit einer Collage das Titelblatt für die tschechische Übersetzung von André Bretons *Les Vases communicants* (*Die kommunizierenden Röhren*), herausgegeben vom S.V.U. Mánes. ☐ 208

12. OKTOBER – 25. NOVEMBER Sie ist mit *Menhiry / Menhire* auf der *Výstava členská* (Mitglieder-Ausstellung) des S.V.U. Mánes vertreten. ☐ 293

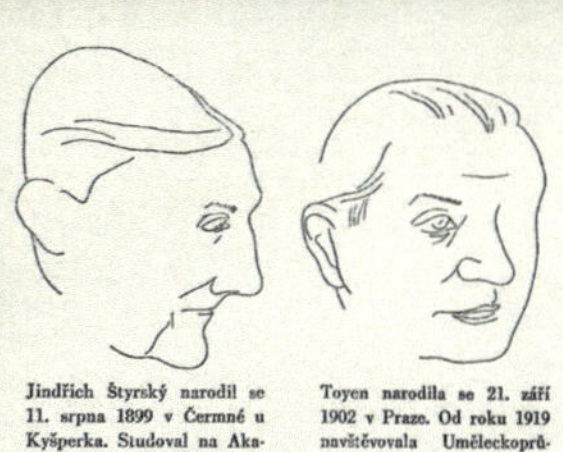

KRESBY
JINDŘICHA ŠTYRSKÉHO
A TOYEN

ZAHÁJENÍ V SOBOTU 18. LISTOPADU 1933 O 17. HODINĚ. ÚVODNÍ SLOVO: Dr. KAMIL NOVOTNÝ. - ZVEME VÁS I VAŠE PŘÁTELE. VÝSTAVA POTRVÁ DO 22. PROSINCE A JE MIMO NEDĚLE A SVÁTKY VOLNĚ PŘÍSTUPNÁ

Jindřich Štyrský narodil se 11. srpna 1899 v Čermné u Kyšperka. Studoval na Akademii výtvar. umění v Praze.

Toyen narodila se 21. září 1902 v Praze. Od roku 1919 navštěvovala Uměleckoprůmyslovou školu v Praze.

Roku 1923 společně vystavovali na výstavě Devětsilu v Praze. Od roku 1924 žili v Paříži, kde vystavovali roku 1925 na Mezinárodní výstavě moderního umění (L'Art d'Aujourdhui) a kde vydali téhož roku manifest artificielismu, identifikující malíře a básníka. Roku 1926 uspořádali v Paříži velkou soubornou výstavu svých prací v Galerii d'Art Contemporain a roku 1927 v Galerii Vavin-Raspail. Roku 1929 vrátili se do Prahy, kde každoročně vystavují buď souborně nebo na různých výstavách spolkových a odkud obesílají mezinárodní výstavy moderního umění. Nyní se připravují na soubornou výstavu svých prací v Paříži. — Oba věnují se také výzdobě knih a Štyrský je kromě toho činný i literárně.

KRÁSNÁ JIZBA, PRAHA I. ULICE U PRAŠNÉ BRÁNY 3

Abb. 174 Einladungskarte zu einer Ausstellung von Zeichnungen von Štyrský und Toyen in der Prager Galerie Krásná jizba, 1933

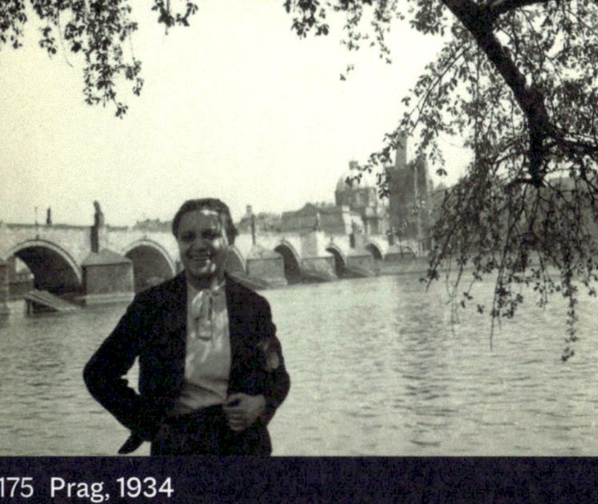

175 Prag, 1934

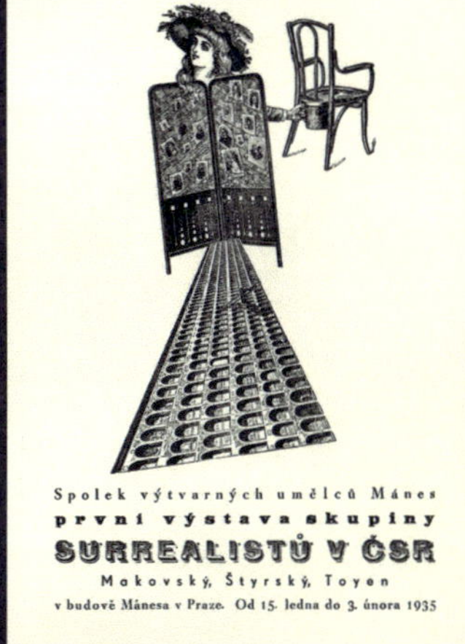

Abb. 176 Katalog der *První výstava skupiny surrealistů v ČSR / Ersten Ausstellung der Gruppe der Surrealisten in der Tschechoslowakei*, S.V.U. Mánes, 1935

1935

15. JANUAR – 3. FEBRUAR Toyen zeigt 24, ausschließlich aus dem Jahr 1934 stammende Werke auf der *Ersten Ausstellung der Gruppe der Surrealisten in der Tschechoslowakei* (*První výstava skupiny surrealistů v ČSR*). Die Schau in den Räumen des S.V.U. Mánes umfasst des Weiteren Werke von Štyrský und dem Bildhauer Vincenc Makovský (1900–1966). Teige und Nezval verfassen Beiträge für den Katalog.

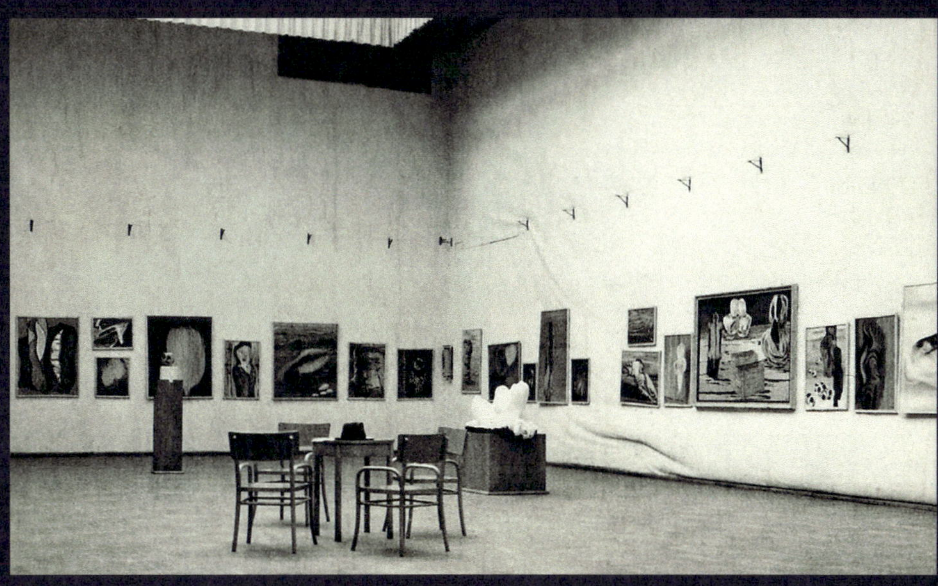

177 Ausstellungsansicht der *Ersten Ausstellung der Gruppe der Surrealisten in der Tschechoslowakei*, S.V.U. Mánes, 1935

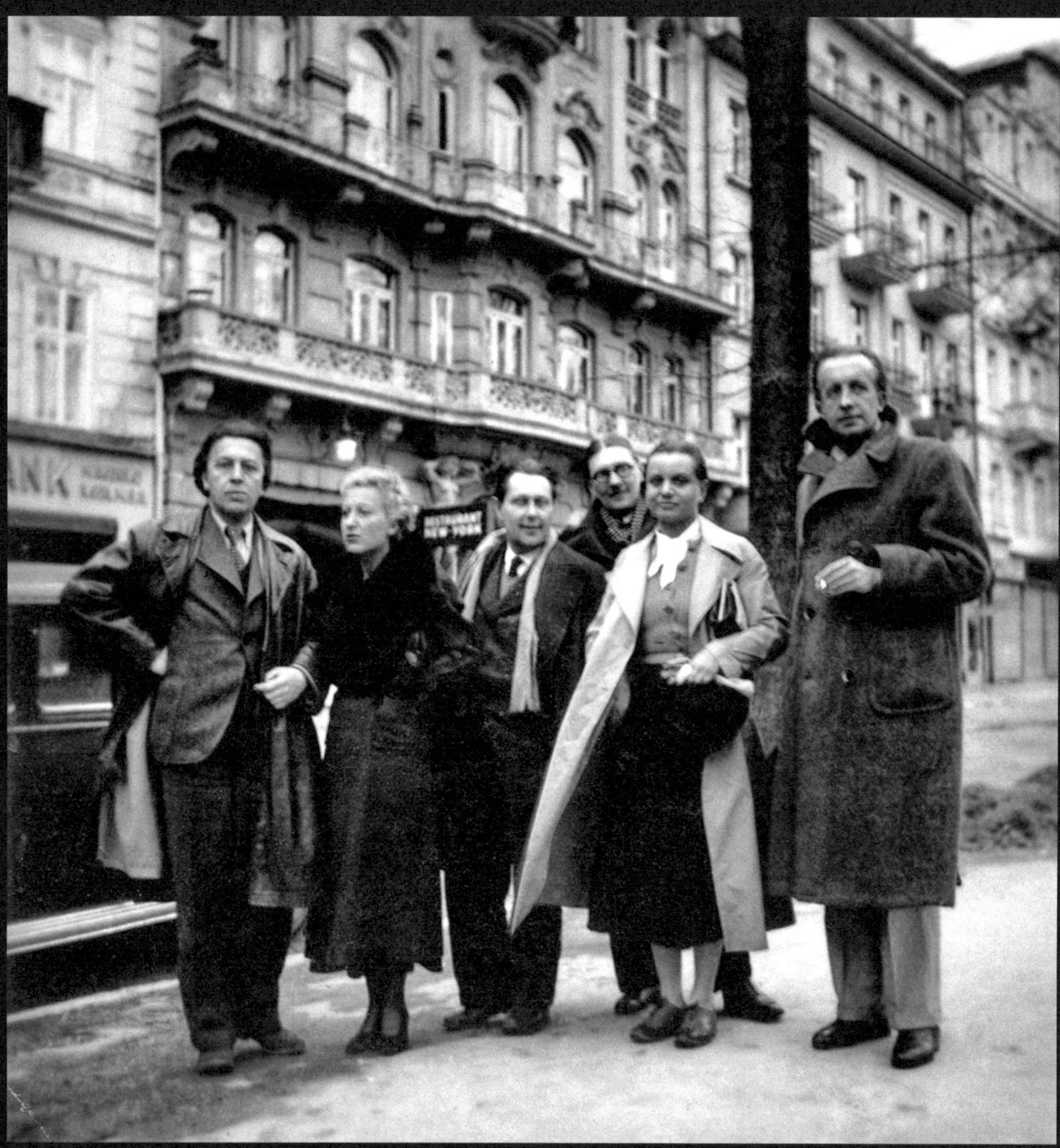

178 André und Jacqueline Breton, Karel Teige, Štyrský, Toyen und Paul Eluard vor dem Restaurant New York auf der Hlavní třída (Hauptstraße) in Marienbad, März 1935. Museum der tschechischen Literatur in Prag

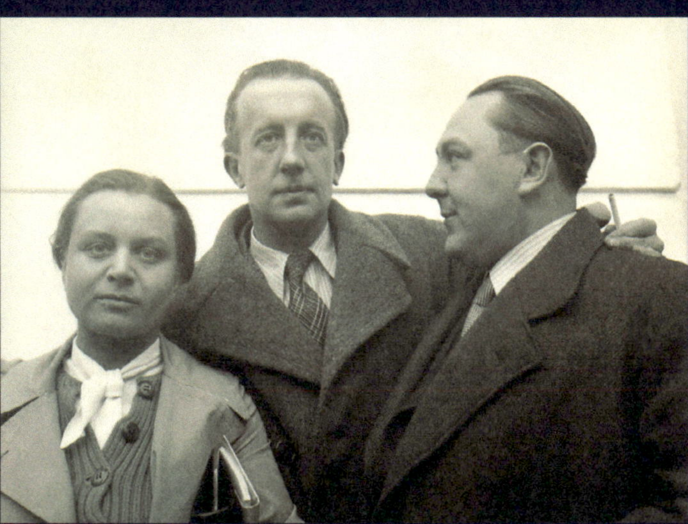

179 Toyen, Paul Eluard und Vítězslav Nezval in Marienbad, 31. März 1935

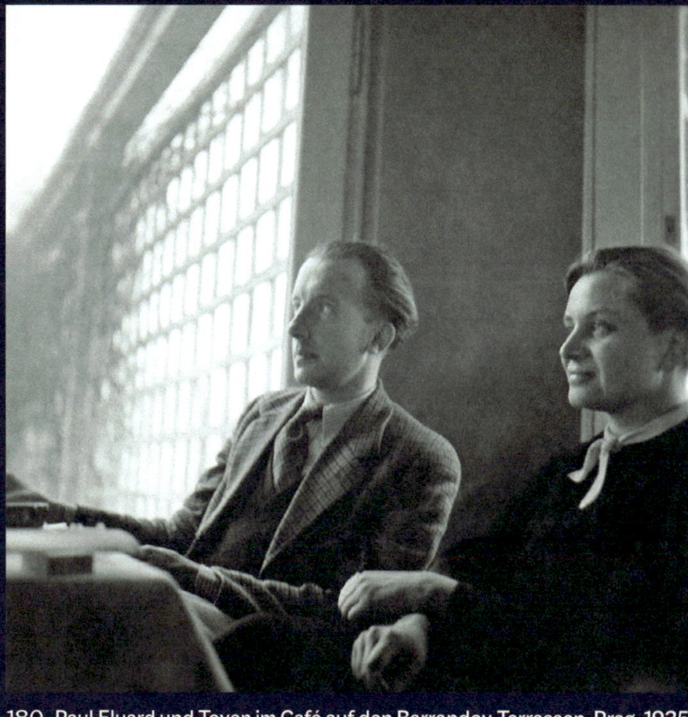

180 Paul Eluard und Toyen im Café auf den Barrandov-Terrassen, Prag, 1935

27. MÄRZ - 10. APRIL André Breton, Jacqueline Lamba-Breton und Paul Eluard besuchen auf Einladung der Surrealisten und des S.V.U. Mánes die Tschechoslowakei, um die Mitglieder der hiesigen Surrealisten-Gruppe zu treffen. Breton hält eine Reihe von Vorträgen. Toyen begleitet sie nach Karlsbad, Marienbad und führt sie durch Prag. Sie freundet sich mit Breton und Eluard an und schenkt Breton ihr Gemälde *Prometheus* (1934) und Eluard *Hlas lesa II* (*Stimme des Waldes II*, 1934). Mit diesen Werken wird sie fortan auf den großen internationalen Ausstellungen vertreten sein. □ 216, 236, 241

APRIL Die erste Ausgabe des *Bulletin international du surréalisme* (*Internationales Bulletin des Surrealismus*) erscheint, in ihr findet sich eine Reproduktion von Toyens Gemälde *Žlutý spektr* (*Gelbes Gespenst*, 1934). □ 212, 240

13. - 27. MAI Die Pariser Galerie Pierre (Pierre Loeb) zeigt eine Ausstellung mit Werken aus dem »Atelier 17«, der wichtigen Druckwerkstatt von Stanley William Hayter. Präsentiert werden Drucke von Max Ernst, Alberto Giacometti, Stanley William Hayter, Viera da Silva und Toyen.

14. MAI Nezval veröffentlicht seine Gedichte *Hlas lesa* (*Stimme des Waldes*) und *Kořeny* (*Wurzeln*) zusammen mit Reproduktionen der gleichnamigen Gemälde von Toyen und Štyrský in der Zeitschrift *Volné směry* (31, Nr. 8-9, S. 202-203).

14. JUNI - 24. JULI Toyen, Štyrský und Nezval reisen nach Paris zum Gegenbesuch bei den französischen Surrealisten anlässlich einer Einladung an Nezval, auf dem *Ersten internationalen Schriftstellerkongress zur Verteidigung der Kultur* als Vertreter der tschechischen Surrealisten zu sprechen. Wegen einer Streitigkeit zwischen Breton und dem russischen Schriftsteller Ilja Ehrenburg (1891-1967) wird den Surrealisten im Kongress jedoch das Wort entzogen. Bretons Beitrag darf lediglich von Eluard vorgetragen werden. Der Skandal ist vom Selbstmord des Dichters René Crevel (1900-1935) überschattet.

Die tschechischen Surrealisten treffen in Paris nicht nur Breton und Eluard wieder, sie lernen unter anderen auch Benjamin Péret, Yves Tanguy, Max Ernst, Salvador Dalí, Claude Cahun, Joan Miró und Man Ray kennen. Letzterer nimmt ein Porträtfoto von Toyen auf. Während des Aufenthalts muss Štyrský aufgrund einer Herzerkrankung ins Krankenhaus eingeliefert werden.

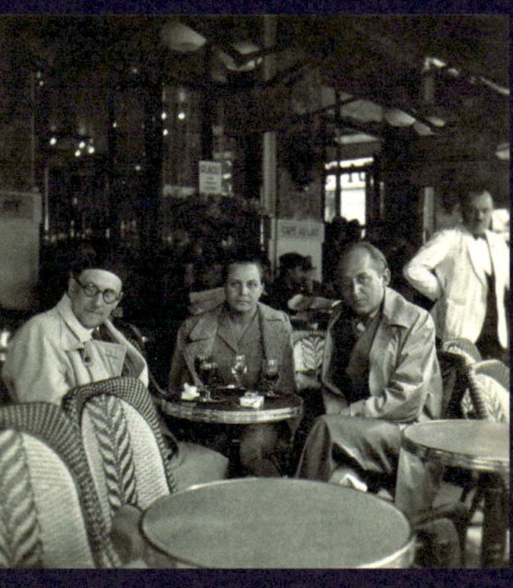

181 Štyrský, Toyen und Benjamin Péret in Paris am 18. Juni 1935; an dem Tag teilte Péret ihnen mit, dass der Dichter René Crevel Suizid begangen hat.

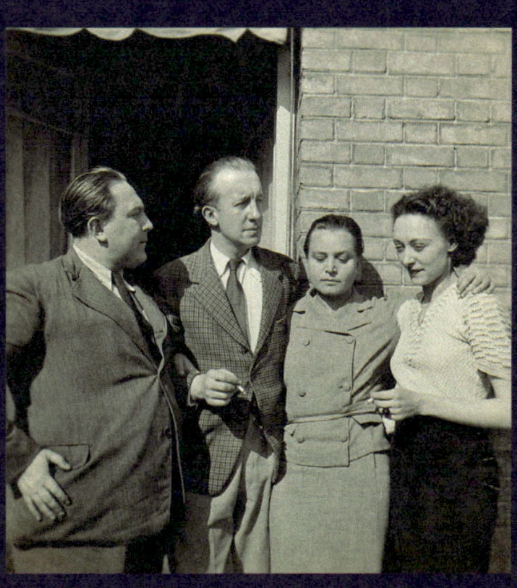

182 Vítězslav Nezval, Paul Eluard, Toyen und Nusch Eluard vor dem Haus der Eluards in Paris, 54 rue Legendre, Juni 1935

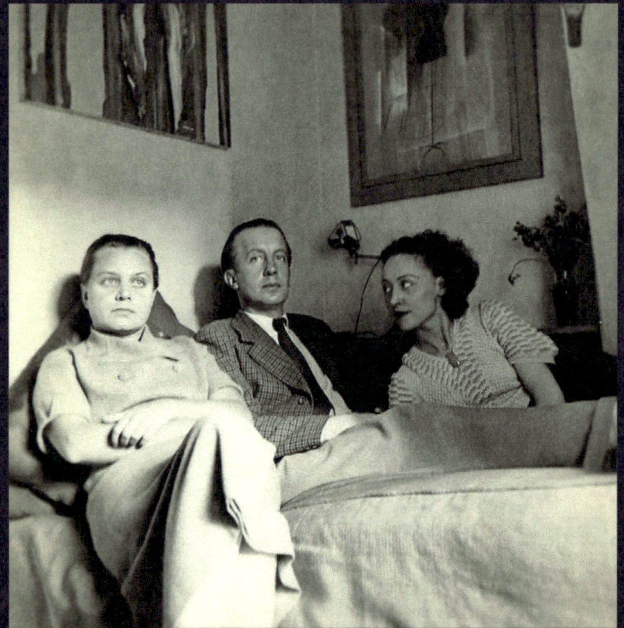

183 Toyen, Paul und Nusch Eluard bei den Eluards in Paris, Juni 1935 (Über Toyen hängt das Gemälde *Člověk krmený ledem / Der vom Eis genährte Mann*, welches Štyrský Eluard während seines Besuchs in Prag im Frühling 1935 gegeben hatte; über Nusch ist von Man Ray *La volière* von 1919 zu sehen.)

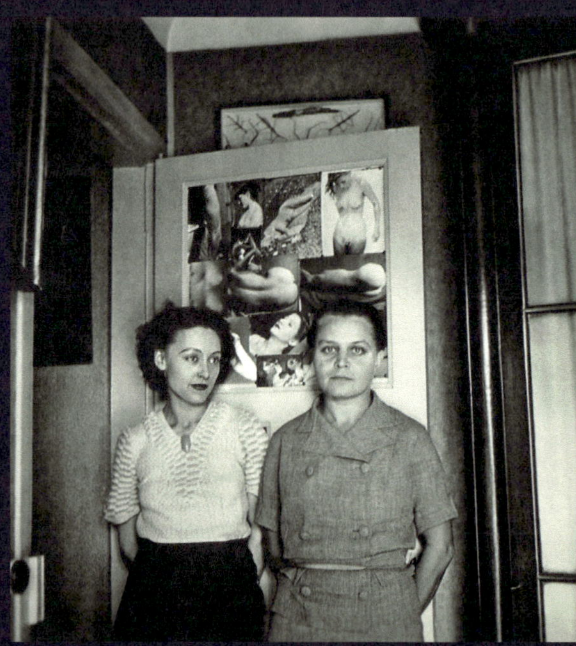

184 Nusch Eluard und Toyen bei den Eluards in Paris, Juni 1935

HERBST In den *Cahiers d'Art* (10, Nr. 5-6) sind zu Nezvals Artikel *Štyrský - Toyen* Werke beider reproduziert, so auch Toyens *Gelbes Gespenst*.

WINTER Družstevní práce veröffentlicht eine von Toyen gestaltete Serie von zehn Postkarten mit dem Titel *Zima* (*Winter*). František Halas äußert sich lobend darüber in seiner Rezension *Toyen přináší zimu* (*Toyen bringt den Winter*) in: *Panorama* 13, 1935, Nr. 10, Dezember, S. 156. ☐ 185

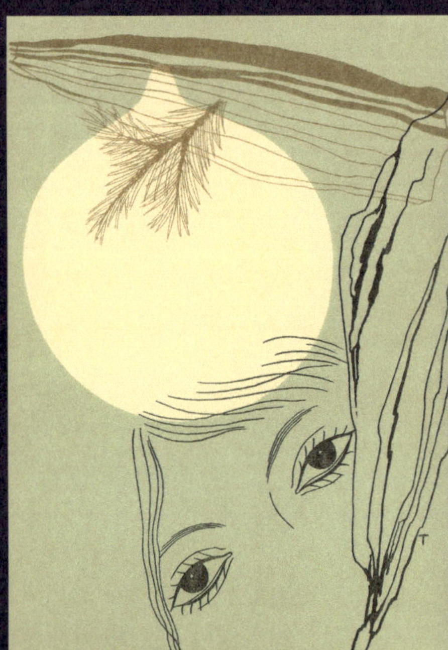

Abb. 185 Postkarte aus dem Zyklus *Zima / Winter*, Družstevní práce (Kooperatives Werk), Prag 1935

Im Dezember tritt T. G. Masaryk als Präsident zurück, Edvard Beneš wird sein Nachfolger.

13.-31. DEZEMBER Toyen ist auf der Pariser Gruppenausstellung *Dessins surréalistes* (*Surrealistische Zeichnungen*) der Galerie des Quatre Chemins (Boulevard Raspail) vertreten.

Im Laufe dieses Jahres entwirft Toyen Textilien für den Topič Salon, sie lehnt sich dabei stilistisch an ihre artifizialistische Periode an. Sie gestaltet zudem den Buchumschlag für die tschechische Ausgabe von Franz Kafkas *Zámek* (*Das Schloss*, S.V.U. Mánes, Prag 1935). ☐ 187

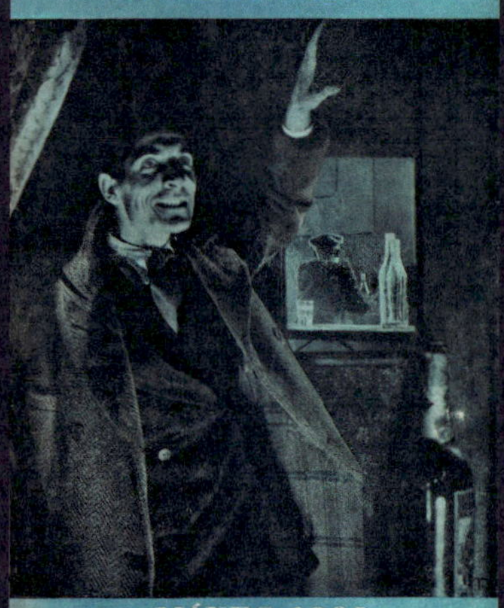

Abb. 187 Franz Kafka, *Das Schloss*, tschechische Ausgabe, S.V.U. Mánes, 1935. Buchumschlag von Toyen

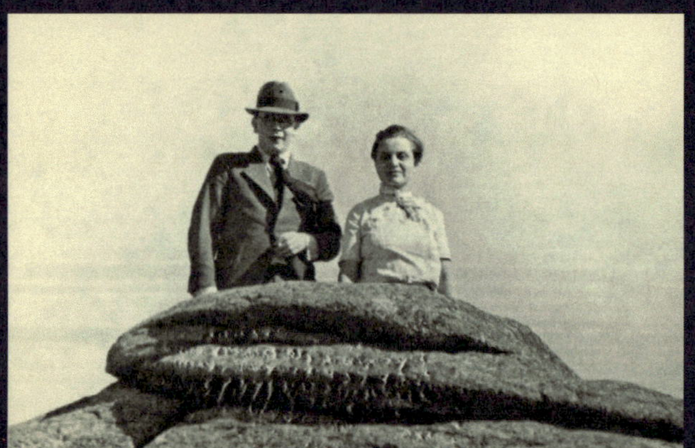

186 Bohuslav Brouk und Toyen im Riesengebirge, September 1935

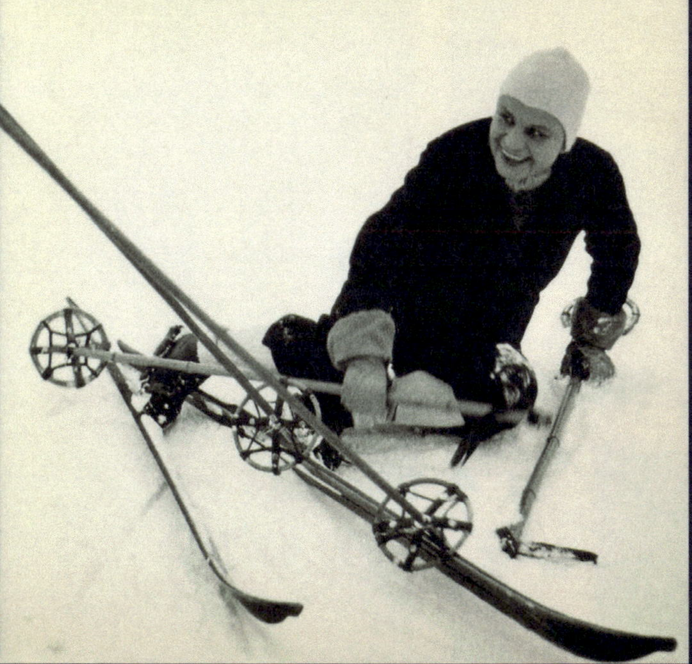

188 Im Riesengebirge, 1935

INTERNATIONAL

PICTURES

SCULPTURE

OBJECTS

LECTURES

FILMS

SURREALIST EXHIBITION

NEW BURLINGTON GALLERIES

BURLINGTON GARDENS

OPENING CEREMONY 3 p.m., THURSDAY, JUNE 11th, 1936

EXHIBITION OPEN JUNE 12th—JULY 4th, 10—5

ADMISSION 1/3 INCLUDING SATURDAYS

Kat. 189 Einladung zur Vernissage der *International Surrealist Exhibition* in den New Burlington Galleries in London, 1936

1936

JANUAR Eine Collage Toyens ziert den Umschlag von Nezvals Sammelband *Řetěz štěstí* (*Kette des Glücks*).

FEBRUAR Die illustrierte Beilage zur *Surrealist review* enthält mehrere Reproduktionen von Werken Toyens.

11. JUNI – 4. JULI Toyens Gemälde *Prometheus* und *Stimme des Waldes II* werden auf der *International Surrealist Exhibition* in den New Burlington Galleries London präsentiert. □ 216, 236, 241

JUNI Der Sammelband *Ani labuť ani lůna* (*Weder Schwan noch Mond*) erscheint anlässlich des 100. Todesjahres des tschechischen romantischen Dichters Karel Hynek Mácha (1810–1836). Die Hommage enthält zwei Collagen von Toyen sowie Beiträge von weiteren tschechischen Künstlern und Intellektuellen wie Konstantin Biebl, Brouk, Emil František Burian, Adolf Hoffmeister, Záviš Kalandra, Makovský, Jan Mukařovský, Nezval, Laco Novomeský, Štyrský und Teige. □ 242

JULI Die französische Übersetzung von Nezvals Werk *Antilyrique* (Verlag G.L.M., Guy Lévis Mano) erscheint mit einem Frontispiz von Toyen.

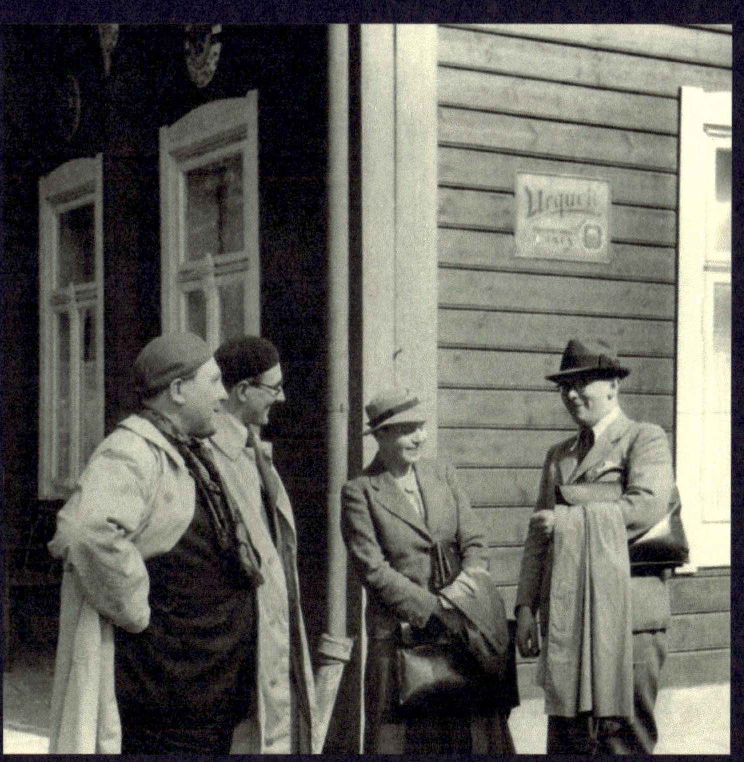

190 Vítězslav Nezval, Štyrský, Toyen und Bohuslav Brouk in dem Dorf Hamr na Jezeře, Mai 1936

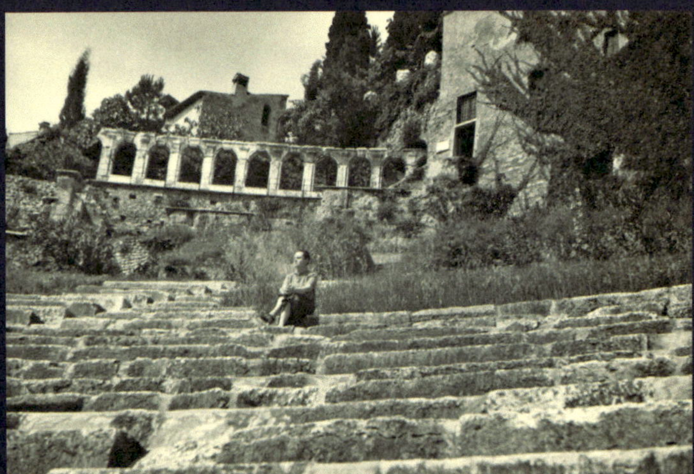

191 Verona, 1936

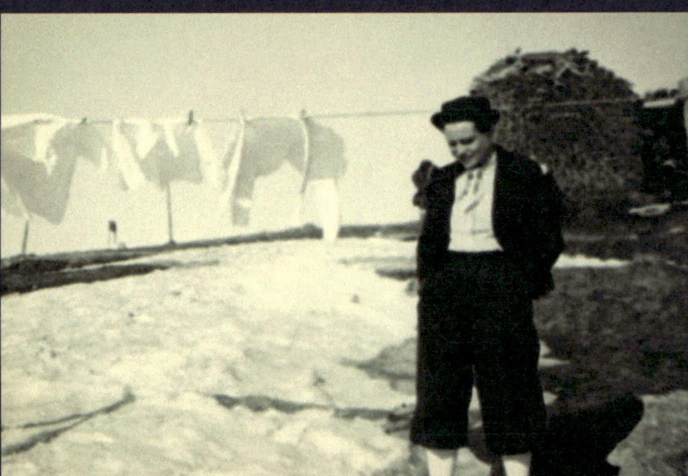

192 Bozen, 1936

JULI Toyen reist nach Italien (Verona, Bari, Bozen).

6. NOVEMBER – 8. DEZEMBER Toyen und Štyrský nehmen an einer Gruppenausstellung im Prager S.V.U. Mánes, Mánes-Saal, teil.

DEZEMBER Nezvals Kinderbuch *Anička skřítek a Slaměný Hubert* (*Annchen, das Heinzelmännchen und der Stroh-Hubert*) erscheint mit einem Umschlag und neun Zeichnungen Toyens. □ 576

Toyen steuert eine Zeichnung aus dem Zyklus *Fantomy* (*Phantome*) zur *Anthologie protifašistických umělců* (*Anthologie antifaschistischer Künstler*), publiziert von Bohumír Šmeral, bei. □ 295

Die einzige Nummer der von Nezval herausgegebenen Zeitschrift *Surrealismus*, die das literarische und künstlerische Schaffen der Prager und Pariser Surrealisten vorstellt, erscheint.

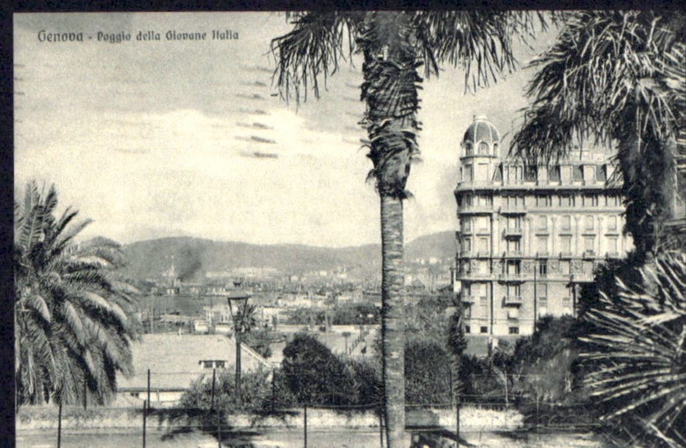

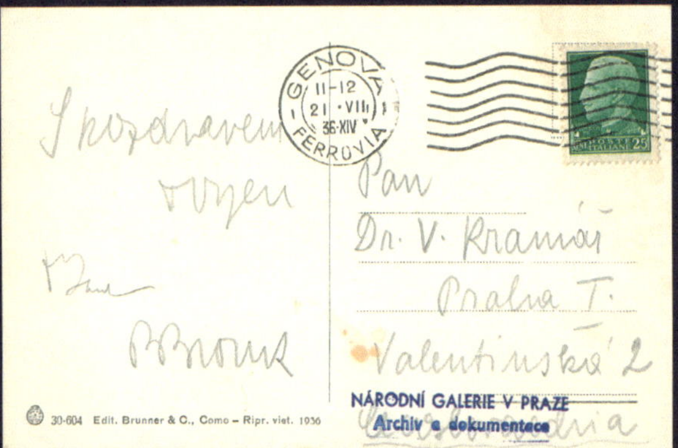
S pozdravem
Toyen
Brouk

GENOVA
11-12
21-VII
36-XIV
FERROVIA

Pan
Dr. V. Kramář
Praha I.
Valentinská 2

NÁRODNÍ GALERIE V PRAZE
Archiv a dokumentace

30-604 Edit. Brunner & C., Como – Ripr. viet. 1936

Abb. 193 Postkarte von Toyen, Bohuslav Brouk und Štyrský an Vincenc Kramář aus Genua, Juli 1936. Archiv der National-

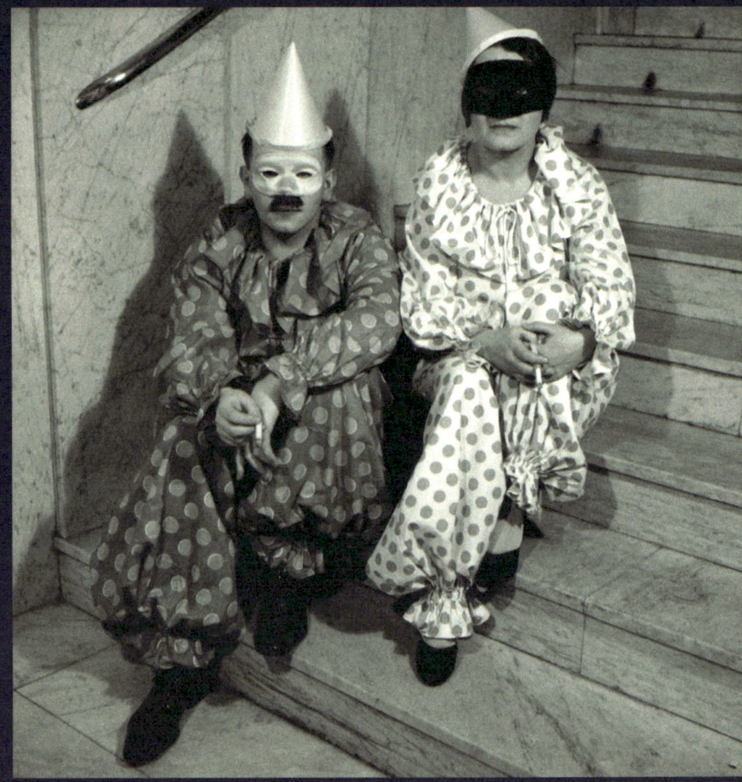

194 Mit Bohuslav Brouk auf dem Maskenball des Prager Kunstvereins, 1936

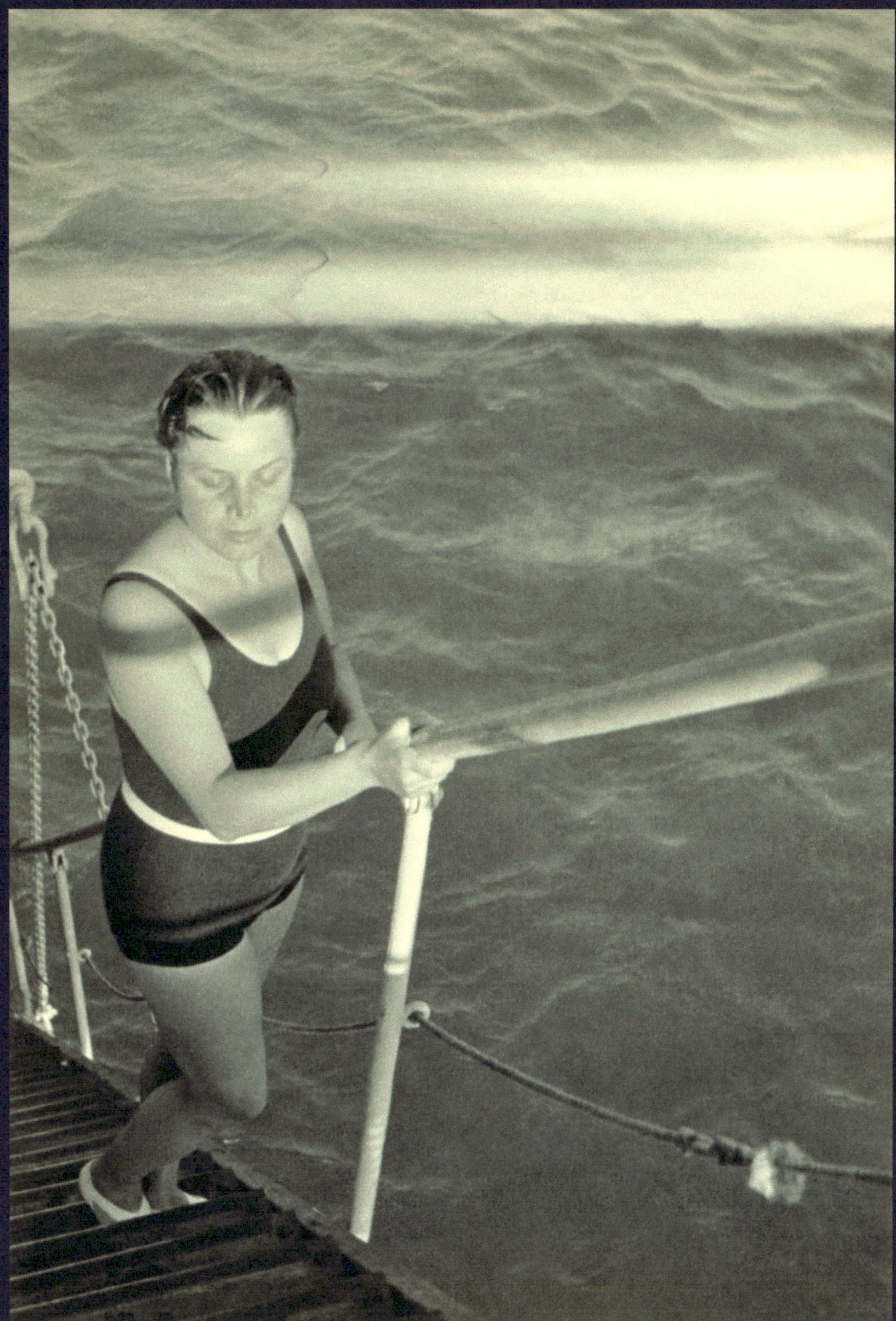

195 Bari, 1936

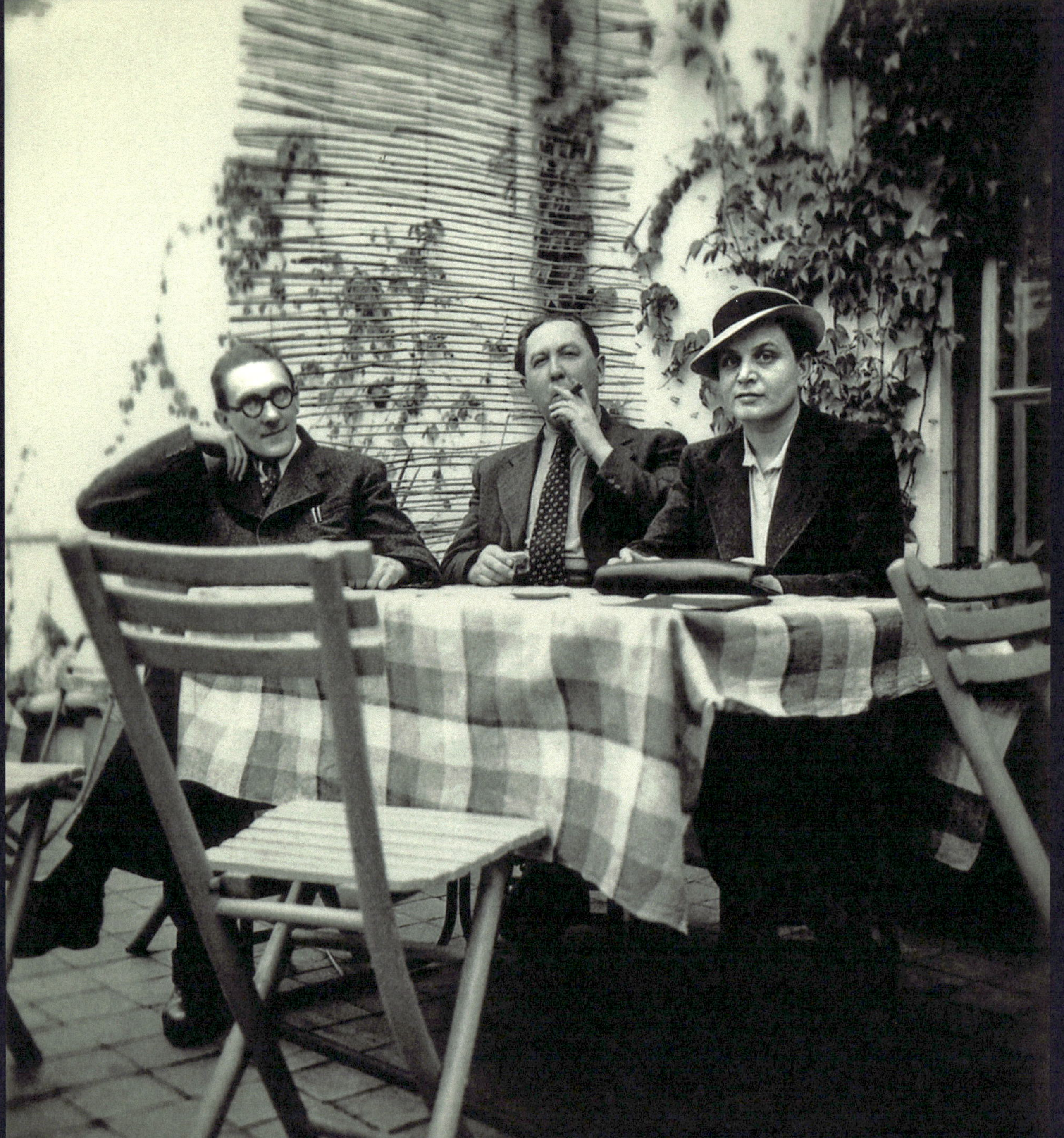

196 Štyrský, Vítězslav Nezval und Toyen auf der Terrasse des Prager Café Mánes, Juni 1937

1937

8.–27. MAI Toyen stellt im Rahmen einer Gruppenausstellung der tschechoslowakischen Avantgarde, welche E. F. Burians Theater D 37 in Zusammenarbeit mit Teige und Jan Vaněk organisiert, Zeichnungen und das Gemälde *Poselství lesa* (*Botschaft des Waldes,* 1936) im Prager Dům uměleckého průmyslu (Haus des Kunstgewerbes) aus. □ 238

9. MAI – 14. JUNI Toyens Gemälde *Touha* (*Verlangen*, 1934) ist auf der internationalen *Exhibition of Overseas Surrealist Works* zu sehen, die in Tokio, Kyoto, Osaka und Nagoya gastiert. Die Ausstellung wird von Shuzo Takiguchi und Tiroux Yamanaka in Zusammenarbeit mit Eluard, Georges Hugnet und Roland Penrose organisiert. □ 207

HERBST Toyen und Štyrský sind mit einigen Werken in der Moskauer Ausstellung *Sovremennoe čechoslvackoje iskusstvo* (*Zeitgenössische tschechoslowakische Kunstausstellung*) vertreten, diese werden jedoch auf Geheiß der Zensurbehörde aus der offiziellen Ausstellung entfernt und in gesonderten Räumen präsentiert, zu denen nur die internationale Presse Zugang erhält.

Während dieses Jahres unternimmt Toyen eine Reise in die Alpen.

Toyen beteiligt sich an *Španělsku* (*Spanien gewidmet*), einer Sammelpublikation des Výbor pro pomoc demokratickému Španělsku (Komitee zur Unterstützung des demokratischen Spanien). □ 294

ENDE JANUAR Die Doppelmonographie *Štyrský a Toyen* wird mit einem Vorwort und Gedichten von Nezval sowie einem Nachwort von Teige publiziert, sie enthält 76 Reproduktionen von Werken Toyens.

17. JANUAR – 24. FEBRUAR Die Gemälde *Prometheus* und *Stimme des Waldes II* sind in Paris auf der von Breton und Eluard organisierten *Exposition internationale du surréalisme* (*Internationale Ausstellung des Surrealismus*) in der Galerie des Beaux-Arts von Georges Wildenstein zu sehen (140 rue du Faubourg-Saint-Honoré). Die Schau wird in reduzierter Form von März bis Juni in der Galerie Robert in Amsterdam gezeigt (organisiert von Breton und Eluard sowie Georges Hugnet, E.L.T. Mesens, Penrose und Kristians Tonny); Toyen ist hier nur noch mit *Stimme des Waldes II* vertreten. Anlässlich der Ausstellung erscheint das *Dictionnaire abrégé du surréalisme* (*Kurzes Wörterbuch des Surrealismus*), in welchem *Žlutý spektr* (*Gelbes Gespenst*, 1934) und *Spící* (*Schlafende*, 1937) reproduziert sind. □ 236, 240, 241, 247

28. JANUAR – 2. FEBRUAR Im Prager Topič Salon werden Zeichnungen und Gemälde von Toyen und Štyrský aus den vorhergehenden zwei Jahren präsentiert; die Schau wird zudem im März im Umělecký kabinet (Kunstkabinett) in Bratislava und im April in der Galerie skupiny výtvarných umělců (Galerie der Gruppe bildender Künstler) in Brünn gezeigt. Teige verurteilt in seiner Einführung im Katalog den nationalsozialistischen Begriff »Entartete Kunst«.

7. MÄRZ Ein ernster Konflikt bricht aus zwischen Nezval, der sich der Linie der Tschechoslowakischen Kommunistischen Partei, KSČ, angenähert hat und die Moskauer Prozesse befürwortet, und anderen Mitgliedern der Surrealisten-Gruppe der Tschechoslowakei, darunter auch Toyen, welche die Unabhängigkeit der Kunstschaffenden verteidigen und Nezvals Stalinismus verurteilen.

11. MÄRZ Die tschechoslowakische Presse gibt bekannt, dass Nezval die Gruppe der Surrealisten in der Tschechoslowakei auflöst. Die anderen Mitglieder der Gruppe (Biebl, Brouk, Honzl, Ježek, Teige sowie Štyrský und Toyen) setzen Breton in einem Telegramm über den Streit und Nezvals Ausschluss aus der Gruppe in Kenntnis.

Am 14. März findet ohne Nezval ein Treffen der Gruppe der Surrealisten in der Tschechoslowakei statt. Im Frühjahr schließt sich ein anderer junger Dichter der Gruppe an, Jindřich Heisler (1914–1953), der von nun an eng mit Štyrský und Toyen zusammenarbeitet.

APRIL Breton reist nach Mexiko, wo er mit Leo Trotzki das Manifest *Pour un art révolutionnaire indépendant* (*Für eine unabhängige revolutionäre Kunst*) verfasst. Es kommt zum Bruch zwischen Breton und Eluard, der sich den Stalinisten annähert.

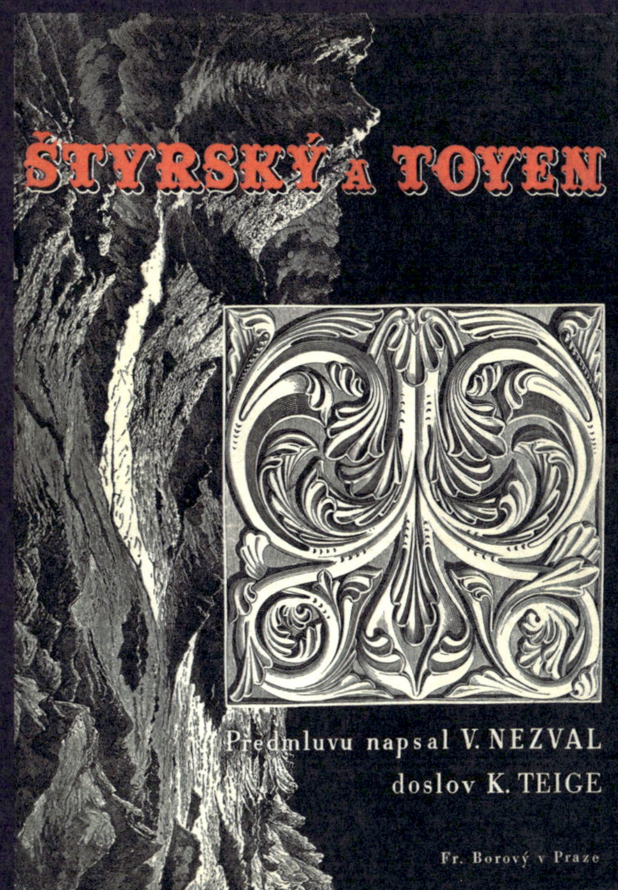

197 Umschlag für die Monographie *Štyrský a Toyen*, Fr. Borový, Prag 1938

30. SEPTEMBER Unterzeichnung des Münchner Abkommens durch Adolf Hitler, Benito Mussolini, Neville Chamberlain und Édouard Daladier: Das Sudetenland wird an das Deutsche Reich abgetreten.

Im Oktober tritt Beneš als Staatspräsident der Tschechoslowakei zurück, im November folgt ihm Emil Hácha in diesem Amt.

Toyen unterzeichnet wie Teige, Štyrský, Jaroslav Seifert, František Halas und viele andere Intellektuelle die Proklamation *Protestujeme!* (*Wir protestieren!*), welche die Moskauer Prozesse verurteilt.

17. DEZEMBER Der Privatdruck *Jednadvacet* (*Einundzwanzig*), ein Sammelband mit 21 erotischen Farbzeichnungen von Toyen, wird als Hochzeitsgeschenk Jaroslav Brouk, dem Bruder von Bohuslav Brouk, überreicht.

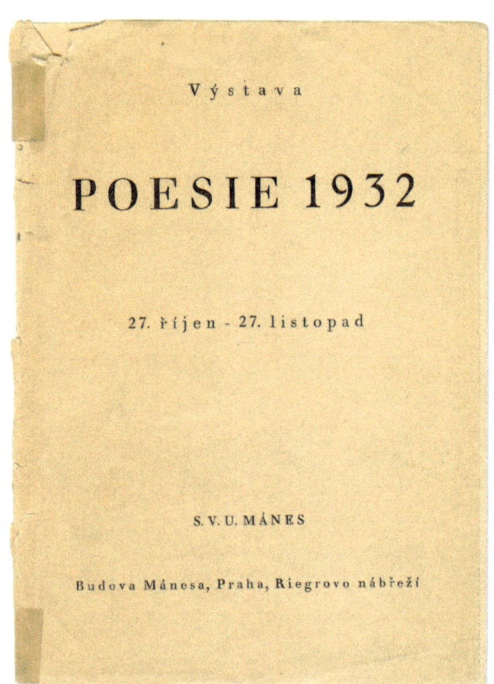

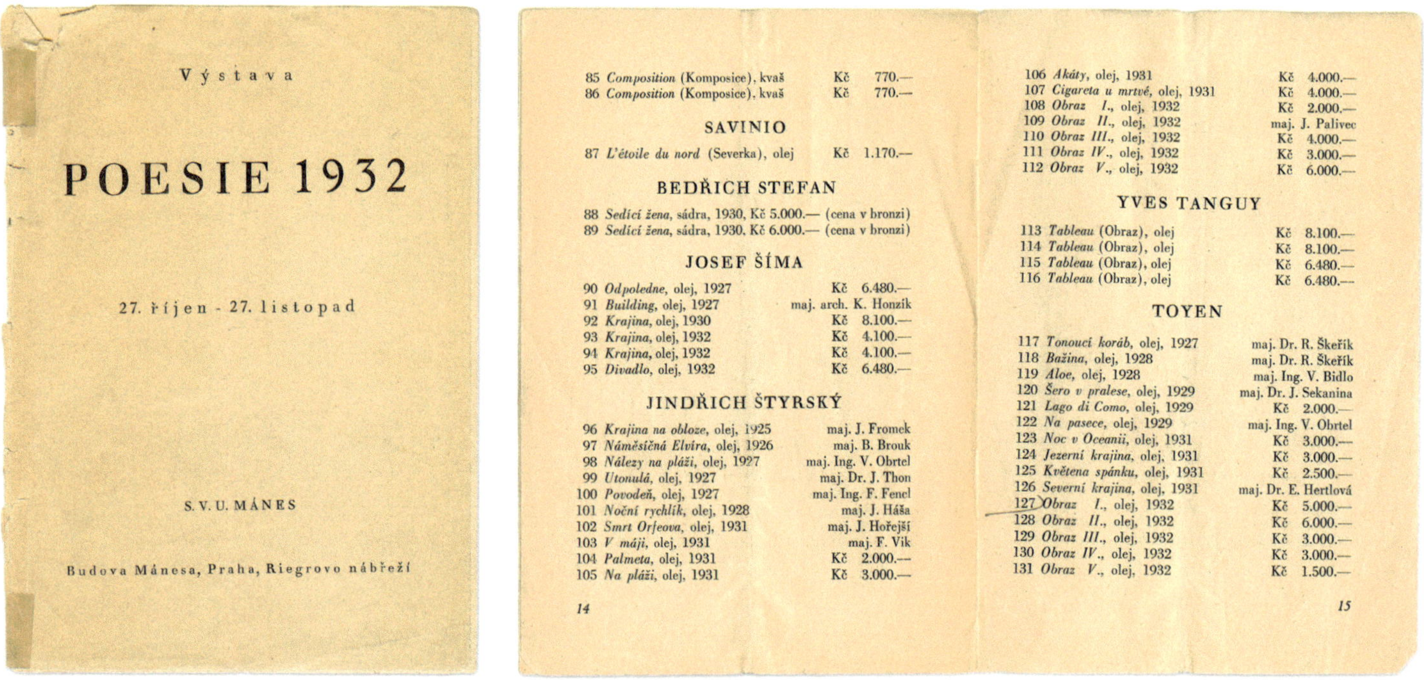

Výstava

POESIE 1932

27. říjen - 27. listopad

S. V. U. MÁNES

Budova Mánesa, Praha, Riegrovo nábřeží

85 *Composition* (Komposice), kvaš Kč 770.—
86 *Composition* (Komposice), kvaš Kč 770.—

SAVINIO

87 *L'étoile du nord* (Severka), olej Kč 1.170.—

BEDŘICH STEFAN

88 *Sedící žena*, sádra, 1930, Kč 5.000.— (cena v bronzi)
89 *Sedící žena*, sádra, 1930, Kč 6.000.— (cena v bronzi)

JOSEF ŠÍMA

90 *Odpoledne*, olej, 1927 Kč 6.480.—
91 *Building*, olej, 1927 maj. arch. K. Honzík
92 *Krajina*, olej, 1930 Kč 8.100.—
93 *Krajina*, olej, 1932 Kč 4.100.—
94 *Krajina*, olej, 1932 Kč 4.100.—
95 *Divadlo*, olej, 1932 Kč 6.480.—

JINDŘICH ŠTYRSKÝ

96 *Krajina na obloze*, olej, 1925 maj. J. Fromek
97 *Náměsíčná Elvira*, olej, 1926 maj. B. Brouk
98 *Nálezy na pláži*, olej, 1927 maj. Ing. V. Obrtel
99 *Utonulá*, olej, 1927 maj. Dr. J. Thon
100 *Povodeň*, olej, 1927 maj. Ing. F. Fencl
101 *Noční rychlík*, olej, 1928 maj. J. Háša
102 *Smrt Orfeova*, olej, 1931 maj. J. Hořejší
103 *V máji*, olej, 1931 maj. F. Vik
104 *Palmeta*, olej, 1931 Kč 2.000.—
105 *Na pláži*, olej, 1931 Kč 3.000.—

14

106 *Akáty*, olej, 1931 Kč 4.000.—
107 *Cigareta u mrtvé*, olej, 1931 Kč 4.000.—
108 *Obraz I.*, olej, 1932 Kč 2.000.—
109 *Obraz II.*, olej, 1932 maj. J. Palivec
110 *Obraz III.*, olej, 1932 Kč 4.000.—
111 *Obraz IV.*, olej, 1932 Kč 3.000.—
112 *Obraz V.*, olej, 1932 Kč 6.000.—

YVES TANGUY

113 *Tableau* (Obraz), olej Kč 8.100.—
114 *Tableau* (Obraz), olej Kč 8.100.—
115 *Tableau* (Obraz), olej Kč 6.480.—
116 *Tableau* (Obraz), olej Kč 6.480.—

TOYEN

117 *Tonoucí koráb*, olej, 1927 maj. Dr. R. Škeřík
118 *Bažina*, olej, 1928 maj. Dr. R. Škeřík
119 *Aloe*, olej, 1928 maj. Ing. V. Bidlo
120 *Šero v pralese*, olej, 1929 maj. Dr. J. Sekanina
121 *Lago di Como*, olej, 1929 Kč 2.000.—
122 *Na pasece*, olej, 1929 maj. Ing. V. Obrtel
123 *Noc v Oceanii*, olej, 1931 Kč 3.000.—
124 *Jezerní krajina*, olej, 1931 Kč 3.000.—
125 *Květena spánku*, olej, 1931 Kč 2.500.—
126 *Severní krajina*, olej, 1931 maj. Dr. E. Hertlová
127 *Obraz I.*, olej, 1932 Kč 5.000.—
128 *Obraz II.*, olej, 1932 Kč 6.000.—
129 *Obraz III.*, olej, 1932 Kč 3.000.—
130 *Obraz IV.*, olej, 1932 Kč 3.000.—
131 *Obraz V.*, olej, 1932 Kč 1.500.—

15

Abb. 198 ***Poesie 1932***, Ausstellungskatalog

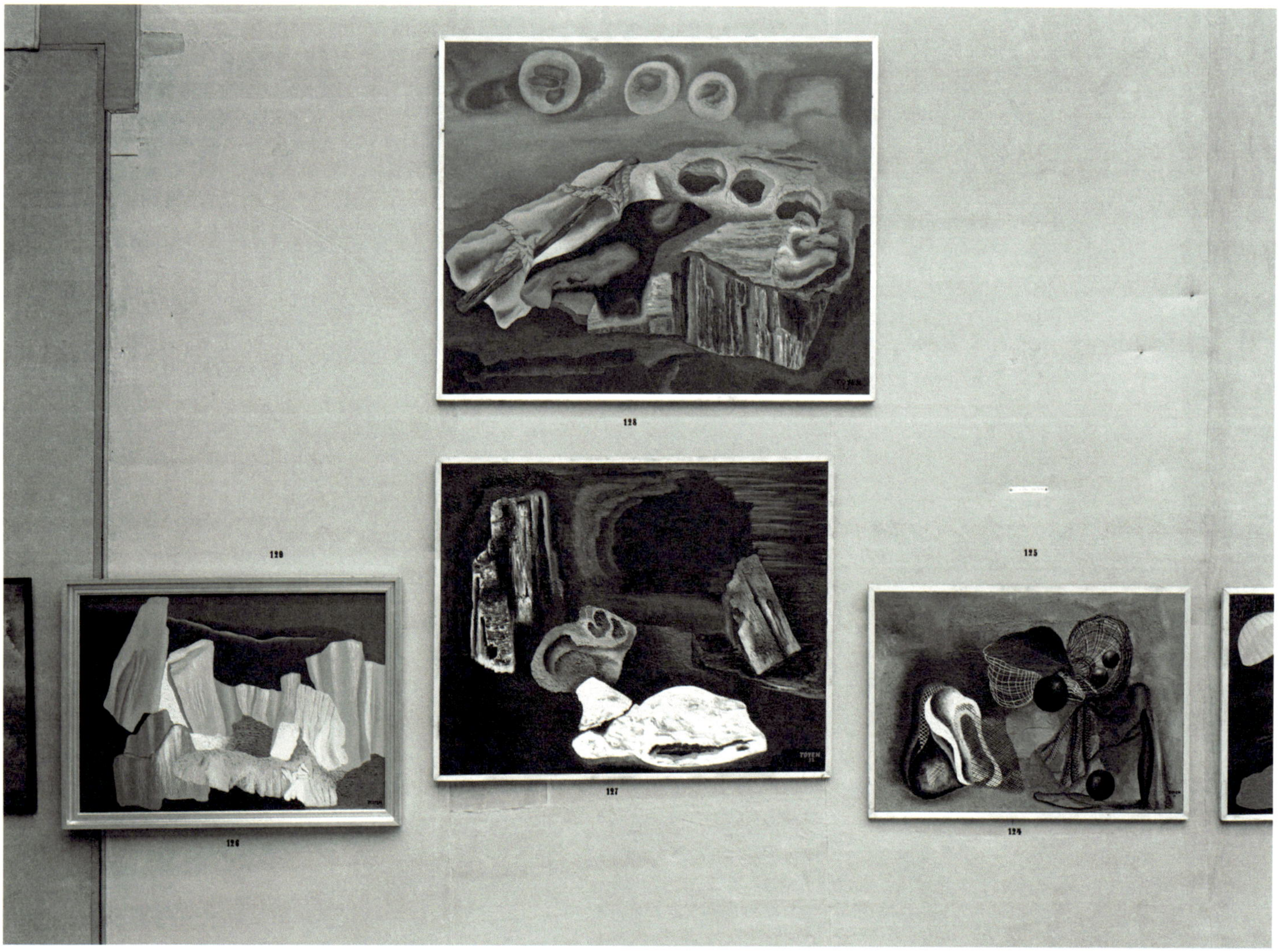

Abb. 199 Installationsansicht ***Poesie 1932***, Ausstellungsraum des S.V.U. (Spolek výtvarných umělců, Verein der bildenden Künstler) Mánes, 1932, Toyens Werke (von links nach rechts): *Severní krajina / Nördliche Landschaft*, 1931; *Obraz / Gemälde*, 1932; *Obraz / Gemälde*, 1932; *Jezerní krajina / Seenlandschaft*, 1931 (Fotograf: Josef Sudek)

Françoise Caille

Toyens Weg zum Surrealismus – die Ausstellung Poesie 1932

Vom 27. Oktober bis zum 27. November 1932 nahm Toyen an der internationalen Ausstellung *Poesie 1932* (Abb. 199) teil, die als wichtiger Meilenstein auf ihrem Weg zum Surrealismus gilt. Veranstaltet wurde die Schau vom 1887 in Prag gegründeten S.[polek] V.[ýtvarných] U.[mělců] Mánes (Verein der bildenden Künstler Mánes). In den 1920er Jahren hatte Toyen der Avantgarde-Künstlergruppe Devětsil angehört, deren Mitbegründer Karel Teige das Konzept des Poetismus in radikalem Gegensatz zum Surrealismus entwickelte. Zu den wichtigsten bildenden Künstlern der Gruppe zählten Toyen und Jindřich Štyrský, die damals Teiges Position teilten, insbesondere die Kritik am psychischen Automatismus. Doch zu Beginn des folgenden Jahrzehnts führten interne Spannungen dazu, dass Devětsil sich auflöste. Im Stil und in den Tätigkeiten von Toyen und Štyrský begannen sich daraufhin Übereinstimmungen mit dem Surrealismus abzuzeichnen.

Die Ausstellung in den Räumlichkeiten des S.V.U. Mánes fand in einem Kontext statt, der sich durch eine größere Offenheit für den Surrealismus auszeichnete. Elf bedeutende Künstlerinnen und Künstler der tschechoslowakischen Avantgarde nahmen an der Ausstellung teil (Abb. 198), neben Toyen waren es die Maler Adolf Hoffmeister, František Muzika, Josef Šíma, Jindřich Štyrský und Alois Wachsman, die beiden Bildhauer Bedřich Stefan und Vincenc Makovský sowie die Bildhauerin Hana Wichterlová, die zuvor alle der Gruppe Devětsil angehört hatten. Vertreten waren außerdem noch die Maler František Janoušek und Emil Filla. Dass auch Filla, die führende Figur der tschechischen Kubisten in den 1910er Jahren, zu den ausgestellten Künstlern zählte, ist aus heutiger Sicht etwas überraschend, doch darf man nicht vergessen, dass diese in *Poesie 1932* vertretene junge Künstlergeneration in ihren Anfängen stark vom Kubismus geprägt wurde, wie es auch bei Toyen der Fall war. In Paris wurde Picasso, der Begründer des Kubismus, von den Surrealisten wegen seines Sinns für das Imaginäre, für Grenzüberschreitungen und den Zufall bewundert.

Neben den teilnehmenden tschechoslowakischen Künstlern waren zu *Poesie 1932* noch zwölf Künstler aus dem Ausland eingeladen – Hans Arp, Salvador Dalí, Max Ernst, Alberto Giacometti, Giorgio de Chirico, Paul Klee, André Masson, Joan Miró, Wolfgang Paalen, Gaston-Louis Roux, Alberto Savinio und Yves Tanguy. Außerdem wurden mehrere Masken von der Elfenbeinküste präsentiert. Erwähnenswert ist, dass Toyen und Hana Wichterlová die einzigen Frauen unter 21 Männern waren – was Toyen, die sich in einem männlich geprägten Milieu wohl fühlte,[1] nicht im Geringsten zu stören schien.

Adolf Hoffmeister, Schriftsteller, Maler und Karikaturist, ehemaliges Mitglied von Devětsil und ebenfalls dem S.V.U. Mánes angehörend, stand als Initiator hinter dem Ausstellungsprojekt.[2] Am 7. Januar 1932 begannen die Vorbereitungen zur Ausstellung. Der Künstler Alois Wachsmann war für die Organisation zuständig, Toyen wurde zur Kuratorin für die tschechische Abteilung ernannt, mit Muzika und Makovský an ihrer Seite.

Šíma, der seit 1922 in Paris wohnte, in Prag aber durch seine Zeitungsartikel und durch seine Ausstellungen weiterhin präsent blieb, kümmerte sich um die Einladung ausländischer Künstler, deren Werke aus Pariser Galerien, von einem Berliner Galeristen sowie aus Privatsammlungen entliehen wurden.[3] In dieser Eigenschaft wurde Šíma auch, gemeinsam mit Bedřich Stefan und Adolf Hoffmeister, zum Kurator für den ausländischen Teil bestimmt. Die ausländischen Künstler standen zwar alle in mehr oder weniger direkter Verbindung zum französischen Surrealismus, aber vermutlich war die Gruppe um André Breton in die Vorbereitung nicht einbezogen. Die surrealistischen Zeitschriften jedenfalls erwähnten die Ausstellung mit keinem Wort.[4]

Der symbolische Wert der Poesie

Poesie 1932 ist ein zugkräftiger Ausstellungstitel und in mehreren Sprachen zu verstehen, darunter in Tschechisch und Französisch. Zudem handelt es sich um einen weit genug gefassten Begriff, der mehrere Bedeutungsebenen aufweist und nicht nur semantische, sondern auch künstlerische Grenzen niederreißt. Unter dem Banner der Poesie lassen sich die Pariser Surrealisten, ihnen nahestehende Künstler (wie Giorgio de Chirico, von dem in der Ausstellung Werke gezeigt wurden, die nicht mehr seiner von den Surrealisten gepriesenen metaphysischen Periode angehören) und aus dem Poetismus der 1920er Jahre hervorgegangene Künstlerinnen und Künstler vereinen, die weiterhin – manchmal heftig geäußerte – Vorbehalte gegenüber der französischen Bewegung hegten.

Die Bewegungen der Poetisten und der Surrealisten, die beide 1924 ihr erstes Manifest formulierten, vertraten unterschiedliche theoretische Konzepte, teilten aber einen umfassenden Poesiebegriff, der weit über das literarische Genre hinausreicht. Für Poetisten wie Surrealisten bezeichnete er eine Lebensphilosophie, die sich im Alltäglichen verkörpert. Im *Zweiten Manifest des Poetismus* von 1928 verkündete Karel Teige: »Der Poetismus ist die Methode, die es erlaubt, die Welt so wahrzunehmen, dass aus ihr Poesie wird.«[5] Breton, für den die Poesie »irgendwo hinführen muß«,[6] schrieb im *Manifeste du surréalisme* (*Manifest des Surrealismus*, 1924): »Man gebe sich doch nur die Mühe, die Poesie zu

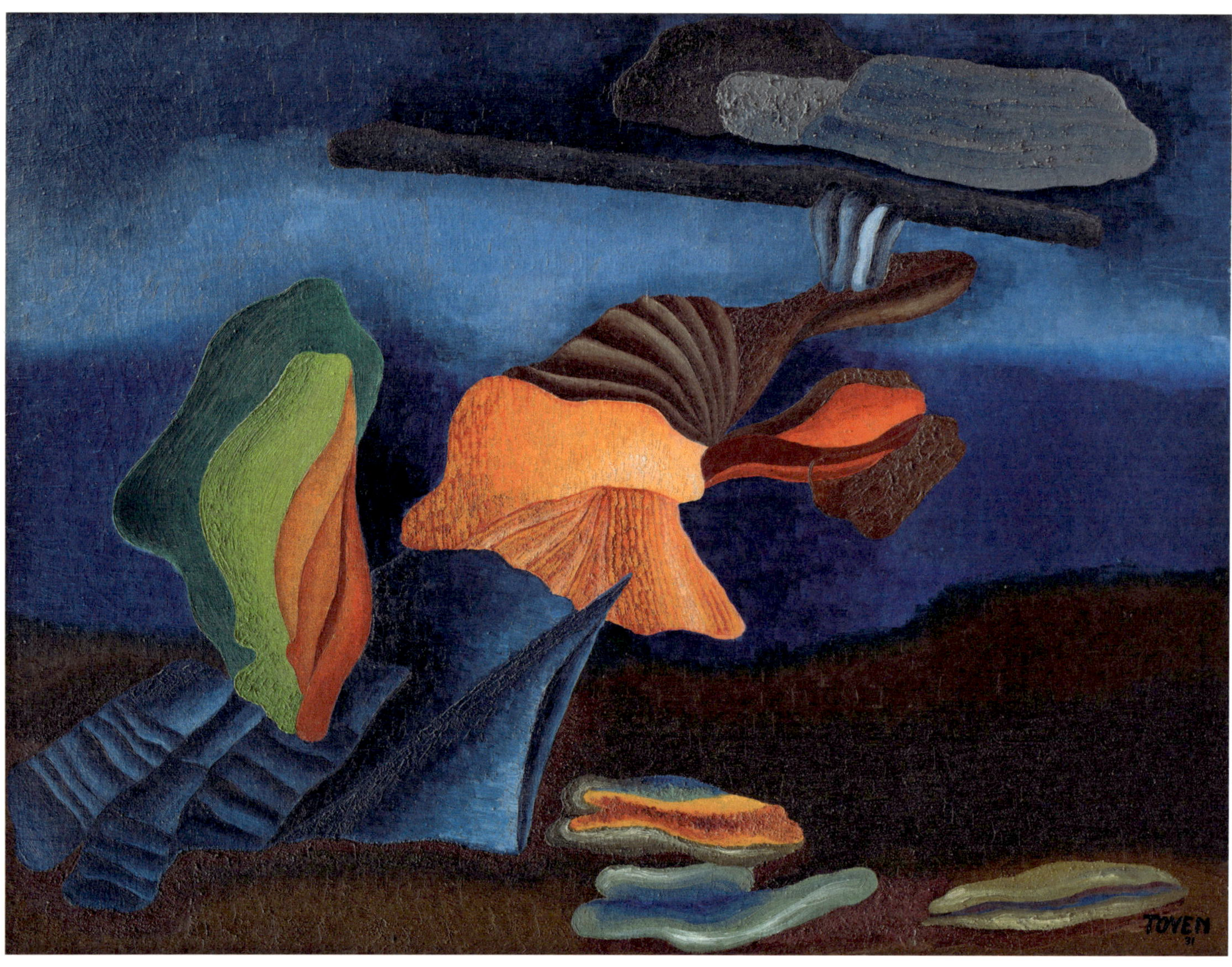

Kat. 200 ***Noc v Oceánii / Eine Nacht in Ozeanien***, 1931
Öl auf Leinwand, 86,5 × 129,5 cm
Regionalgalerie der schönen Künste, Zlín

praktizieren«,[7] und erinnerte mit Lautréamont daran, »die Poesie muß von allen gemacht werden«.[8]

Für Toyen spielte der Begriff »Poesie« ebenfalls eine wichtige Rolle, nicht nur weil sie eine überzeugte Anhängerin des Poetismus war, sondern auch, und auf andere Weise, im Hinblick auf den Artifizialismus, den sie gemeinsam mit Štyrský 1926 in Paris entwickelte. In einem manifestartigen Text, den beide in jenem Jahr für die Vernissage ihrer ersten artifizialistischen Ausstellung verfassten, verkündeten sie: »Der Artifizialismus ist die Identifikation des Malers mit dem Poeten. [...] Sein Interesse gilt der Poesie, welche die Lücken zwischen den realen Formen füllt und dabei der Wirklichkeit selbst entstammt. Auf die Poesie, die den realen Formen innewohnt, antwortet er mit beständiger bejahender Bereitschaft. Das Äußere wird durch eine poetische Wahrnehmung der Erinnerungen bestimmt.«[9]

Mit dem Surrealismus identifizierten sich Toyen und Štyrský 1926 noch nicht; ihr Projekt kreiste vielmehr um eine Vision der Malerei, die auf die Erinnerung gegründet ist, auf das Gedächtnis, aber auch auf die Poesie, die den Zwischenräumen der Dinge entströmt. Diese Vorstellung stimmt interessanterweise mit dem Gedanken Bretons überein, dass die Poesie zwischen den Wörtern entsteht.[10]

Anlässlich eines Vortrags über den Artifizialismus verkündete Štyrský: »Der moderne Maler muss gleichzeitig Dichter sein.«[11]

Vom Artifizialismus zum Surrealismus – Toyens künstlerischer Weg

Der Katalog der Ausstellung *Poesie 1932* ist schlicht, eine Broschüre von sechzehn Seiten, ohne Abbildungen (Abb. 198). Er enthält eine Liste der 155 ausgestellten Werke, davon 106 von tschechoslowakischen Künstlern, und führt auch zehn Skulpturen aus der Elfenbeinküste auf. Auffällig ist, dass die Prager Künstler mehrheitlich Werke aus jüngster Zeit ausgewählt haben, geschaffen in den Jahren 1930 bis 1932, Toyen, Štyrský und Šíma jedoch auch ältere Arbeiten ausstellten. Toyen zeigte insgesamt fünfzehn Gemälde aus den Jahren 1927 bis 1932, die ihren Weg vom Artifizialismus zum Surrealismus nachzeichnen.

Sechs ihrer Gemälde sind Leihgaben aus Privatbesitz, die anderen werden mit Preisen zwischen 1.500 und 6.000 tschechischen Kronen zum Kauf angeboten, was der Preisspanne der meisten anderen ausgestellten Werke (unterschiedlichster Herkunft) entspricht. Lediglich bei den Werken von Filla, Max Ernst und Klee sind einige mit Preisen über 20.000 Kronen angegeben.

Das früheste der ausgestellten Gemälde von Toyen, *Tonoucí koráb* (*Versunkenes Schiff*, 1927), weist eine noch fließende Fasson auf, mit Stellen, in denen die Farben ineinanderfließen, mit durchscheinenden Partien, Andeutungen geometrischer Formen und einem geschichteten Raum – allesamt typische Merkmale für ihre erste artifizialistische Periode. Die Gemälde von 1929, die ihrer zweiten Werkphase angehören, wirken dagegen starrer. Ein pastoser Farbauftrag ist zu erkennen, etwa in *Šero v pralese* (*Zwielicht im Urwald*, Kat. 140). Ihre Kompositionen sind weniger spielerisch, in der materialen Anmutung schwerer, die Farbgebung ist düsterer. Anfang der 1930er Jahre deutet sich in ihren Arbeiten eine Rückkehr zur konkreten Wirklichkeit an. Es tauchen darin Motive auf, die Ähnlichkeit mit bekannten Objekten besitzen (Muscheln, Felsen, Sonnenschirme, Taue ...), vermischt mit irrationalen Strukturen, die einem Traum entsprungen zu sein scheinen. Die Poesie ist weniger »leicht«. Die Flächigkeit des Raums wird verabschiedet, die Bildelemente sind vor einen mehr oder weniger tiefen Hintergrund gestellt. Manche Landschaften, wenngleich sehr individuell konzipiert, weisen eine große Nähe zu den Universen von Tanguy[12] und Max Ernst (Kat. 141, Abb. 143, 144) auf.

Bei den Prager Künstlern, die sich ins Feld der Abstraktion vorgewagt hatten, wie es bei Toyen und Štyrský der Fall war, lässt sich in dieser Zeit eine zunehmende Abkehr von der Arbeit an der reinen Form und eine erneute Hinwendung zu figürlichen Elementen beobachten. Mit manchen ihrer Sujets rückten sie in die Nähe der Surrealisten. Bei Toyen findet die Nacht – als Thema häufig in der düsteren Atmosphäre ihrer Werke dieser Periode präsent – in *Noc v Oceánii* (*Eine Nacht in Ozeanien*, 1931, Kat. 200) bereits im Titel Erwähnung. Von den neun Gemälden Max Ernsts, die in der Ausstellung gezeigt wurden, enthalten drei im Titel ebenfalls einen Bezug auf die Nacht: *Nuit d'amour* (*Liebesnacht*, 1927), *Pietà ou la révolution la nuit* (*Pietà oder die Revolution bei Nacht*) und *La Nuit* (*Die Nacht*). Auch Hoffmeister und Janoušek reichten beide jeweils ein Gemälde mit dem Titel *Die Nacht* ein.

Die Surrealisten waren eifrige Nachtschwärmer und hatten überhaupt eine besondere Beziehung zur Nacht, sodass es für sie naheliegend war, auch die Bereiche des Traums und des Unbewussten zu erforschen. Auf den Traum, eines der wichtigsten surrealistischen Sujets, wird metaphorisch angespielt in Toyens Gemälde *Květena spánku* (*Schlaf-Flora*, 1931, Kat. 202), auf dem an Gehirnhälften erinnernde Formen eine Verbindung zu dem mentalen Aspekt von Traumbildern herstellen. In der engen Zusammenarbeit mit Štyrský wurde Toyen sehr früh sensibilisiert für diesen Bereich, denn ihr Künstlerfreund befasste sich ab 1925 eingehend damit und hielt seine eigenen Träume in Aufzeichnungen fest, die er später als Inspirationsquelle für seine Zeichnungen und Gemälde nutzte. Dieses Verfahren, das Breton schon 1922 als Erster praktiziert hatte (seine Traumprotokolle wurden im selben Jahr in der Zeitschrift *Littérature* veröffentlicht), zielte insbesondere auf die poetische Dimension der Traumbilder ab, Štyrský interessierte jedoch auch ihr Reichtum, ihre Freiheit und ihre »uns in die Fremde schickende« Kraft.

Kat. 201 ***Jitro / Früher Morgen***, 1931
Öl auf Leinwand, 89 × 116 cm
Mährische Galerie, Brünn

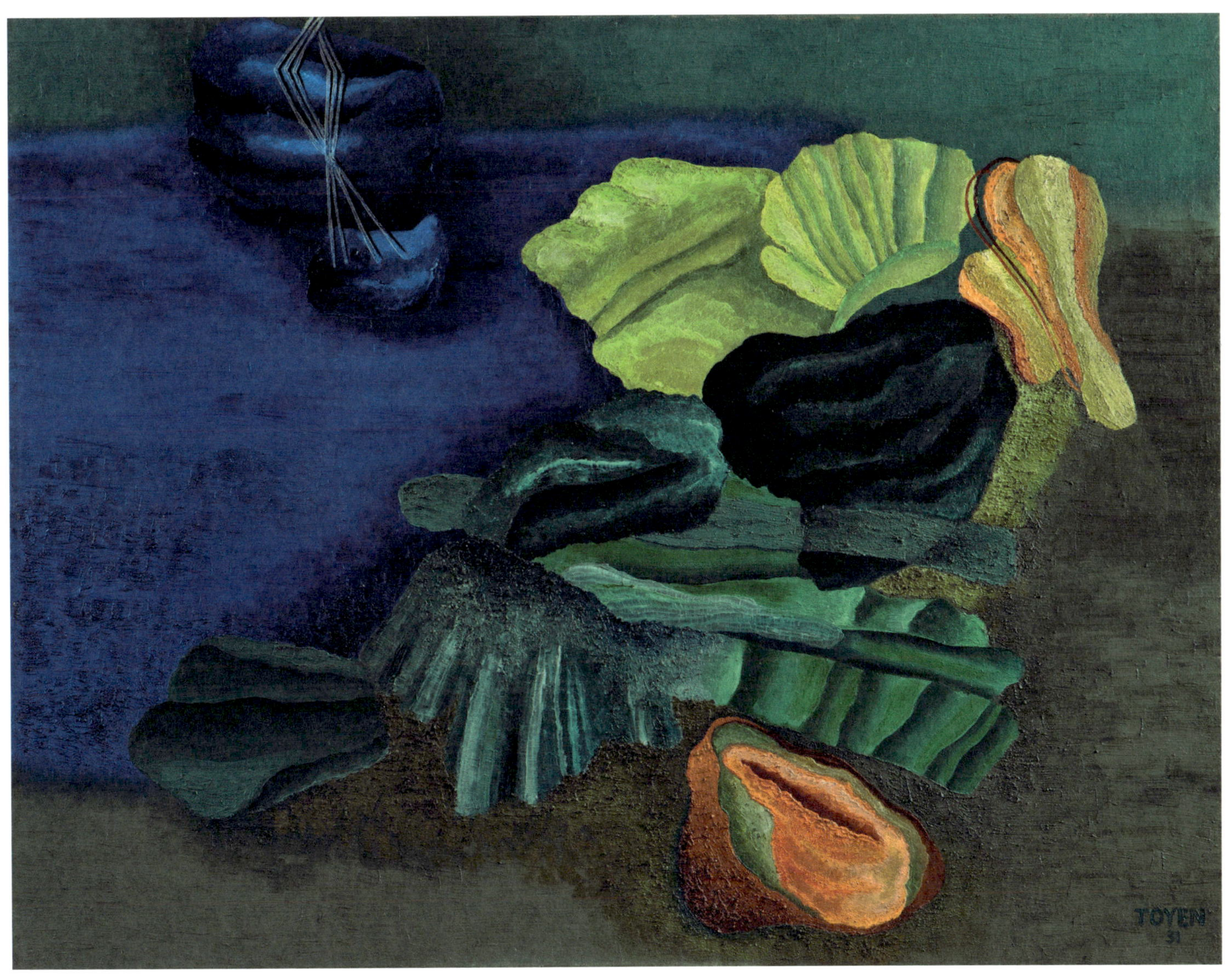

▷
Kat. 203 ***Z jižních moří / Aus südlichen Meeren***, 1931
Öl auf Leinwand, 79 × 98,5 cm
GASK - Galerie der mittelböhmischen Region, Kuttenberg

Kat. 204 ***Léto / Sommer***, 1931
Öl auf Leinwand, 73 × 100 cm
Nationalgalerie Prag

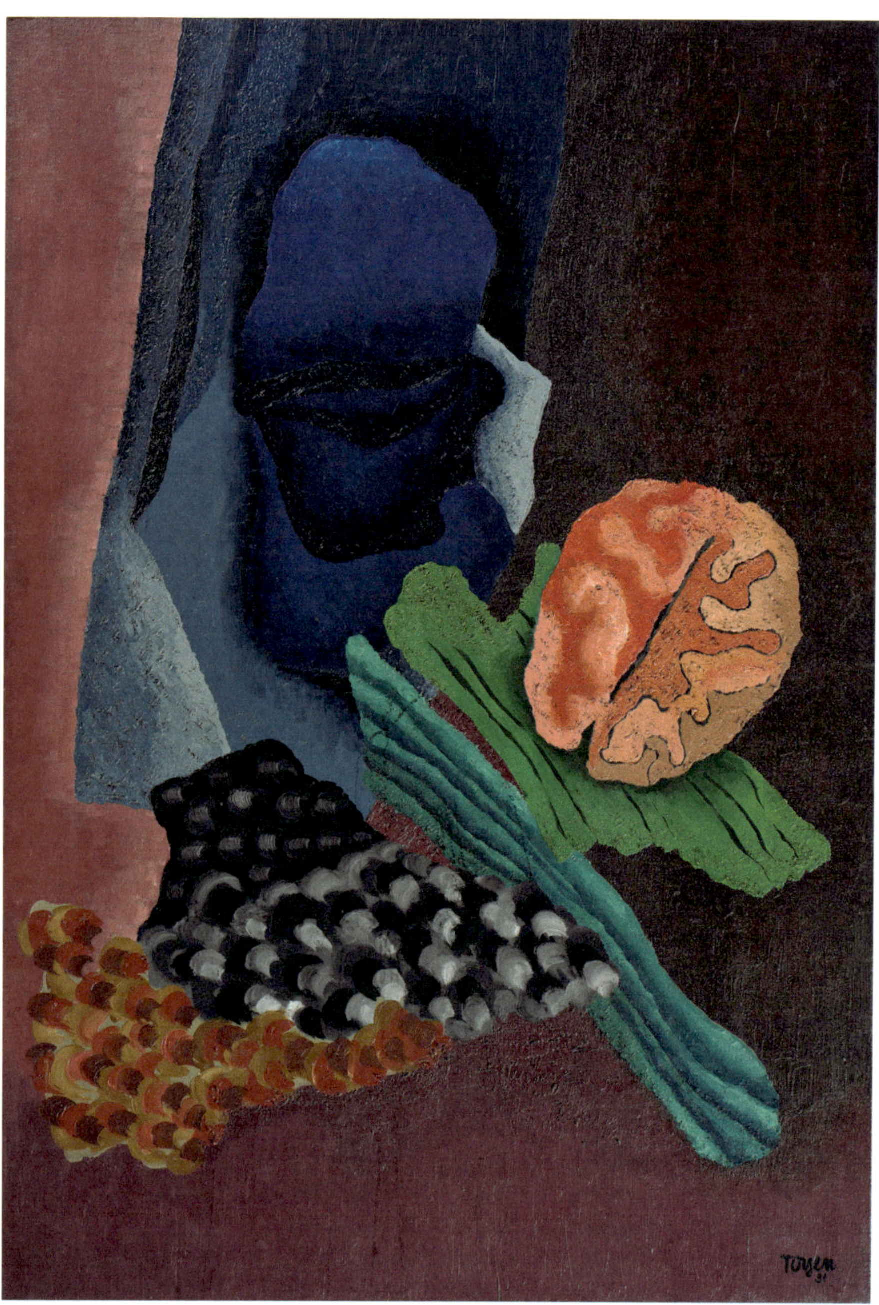

Kat. 202 ***Květena spánku / Schlaf-Flora***, 1931
Öl auf Leinwand, 116 × 81 cm
Kunstmuseum Olmütz

Eine »poetische« Vernissage

Zur Eröffnung von *Poesie 1932* hielt der Dichter Vítězslav Nezval, eine dominierende Gestalt des Poetismus, eine Rede unter dem Titel *Was ist Poesie?*,[13] in der er an die Ursprünge der Ausstellung *Poesie 1932* erinnert. Die Generation der in der Ausstellung präsenten Künstler stellt er in eine Traditionslinie, die von Picasso und dem Kubismus herkommt. Guillaume Apollinaire wird als Vorläufer des Surrealismus erwähnt (während man sich in Paris von ihm eher zu distanzieren versuchte). Daraufhin erweist Nezval »einem weiteren Surrealisten«, André Breton, die Reverenz: Er habe die theoretischen Grundlagen gelegt und »die Freiheit in der Kunst errichtet«.

Die Poesie, als literarische Gattung, war am Eröffnungsabend durch die Rezitation einiger Gedichte von Tristan Tzara, Adolf Hoffmeister, Josef Frič und Nezval selbst vertreten. Auch Musik wurde aufgeführt, vor allem Stücke des Komponisten Jaroslav Ježek, Mitglied von Devětsil und bald auch der Prager Surrealisten-Gruppe.

Begleitend zur Ausstellung wird im Katalog eine Reihe von Vorträgen mit unterschiedlichen Themen angekündigt: *Was ist Poesie?* (Roman Jakobson und Vítězslav Nezval), *Was ist Malerei?* (Kamil Novotný, Schriftsteller, Kunsthistoriker und Verfasser des Vorworts zum Katalog), *Kritik der Kritik* (Adolf Hoffmeister), *Menschen in ihren Städten und Häusern* (Karel Teige und Josef Havlíček), *Was ist Bildhauerei?* (Jaromír Pečírka), *Über die moderne Musik* (František Pujman) und *Theater und Bühne* (Jindřich Honzl und Bedřich Feuerstein). Alle wichtigen Kunstformen waren in den Vorträgen vertreten, entsprechend der Idee einer *ars una*, die Teige als »Poesie für die fünf Sinne« definierte.

Toyen, Štyrský und Šíma - die einzigen authentischen Surrealisten?

Bei der Vernissage waren zahlreiche Journalisten anwesend, und in der Prager Presse wurde die Ausstellung ausführlich besprochen, manchmal auch in einem polemischen Tonfall. So konnte man etwa in den Kritiken lesen, die Besucher zählten »zur Elite einer Bourgeoisie, die mit dem Kommunismus kokettiert«.[14] Von einem falsch verstandenen Begriff von künstlerischer Kreativität war die Rede und von einer »im Dekorativen verbleibenden Bildsprache«.[15] Insgesamt jedoch, und vor allem in Künstlerkreisen, wurde die

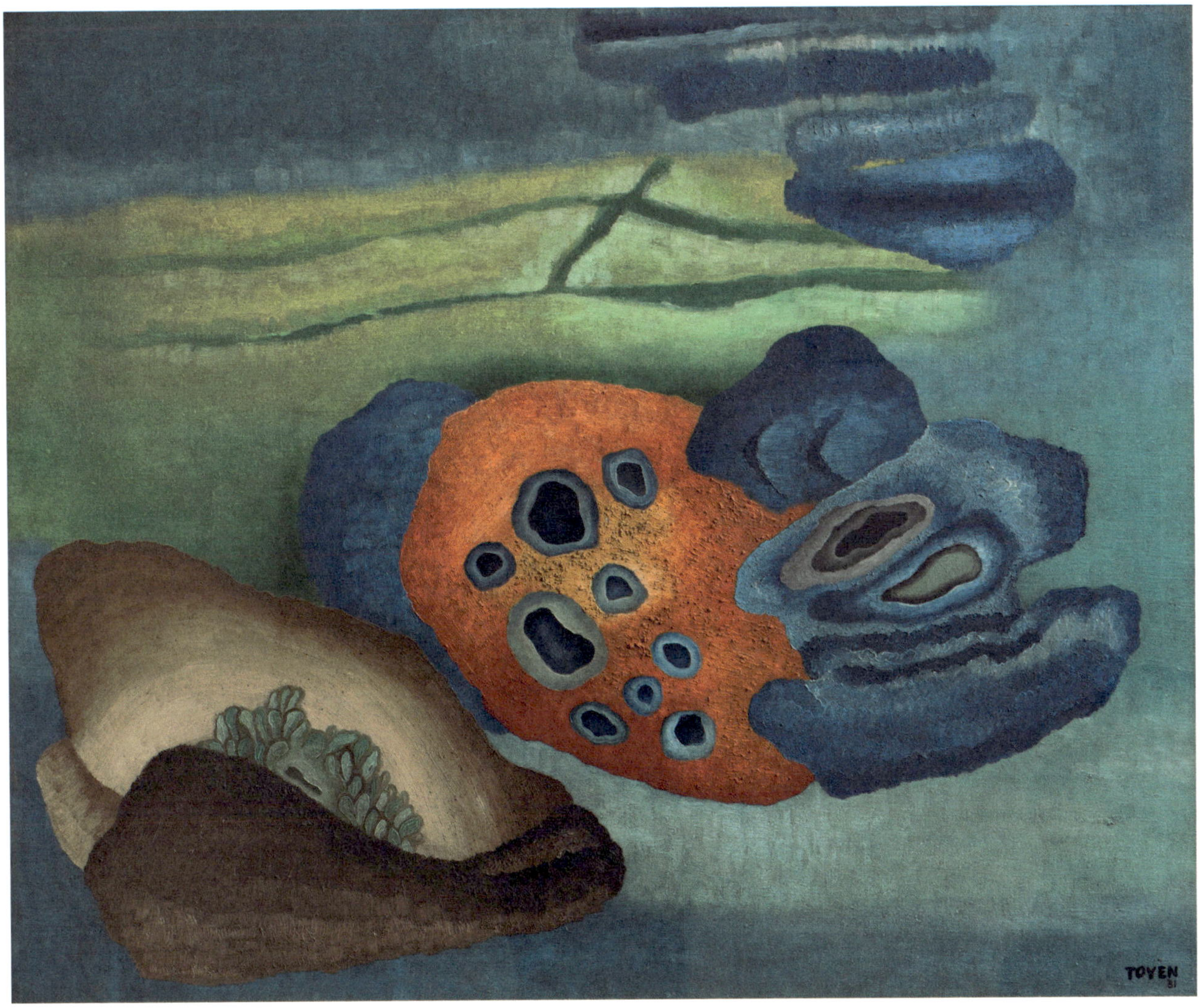

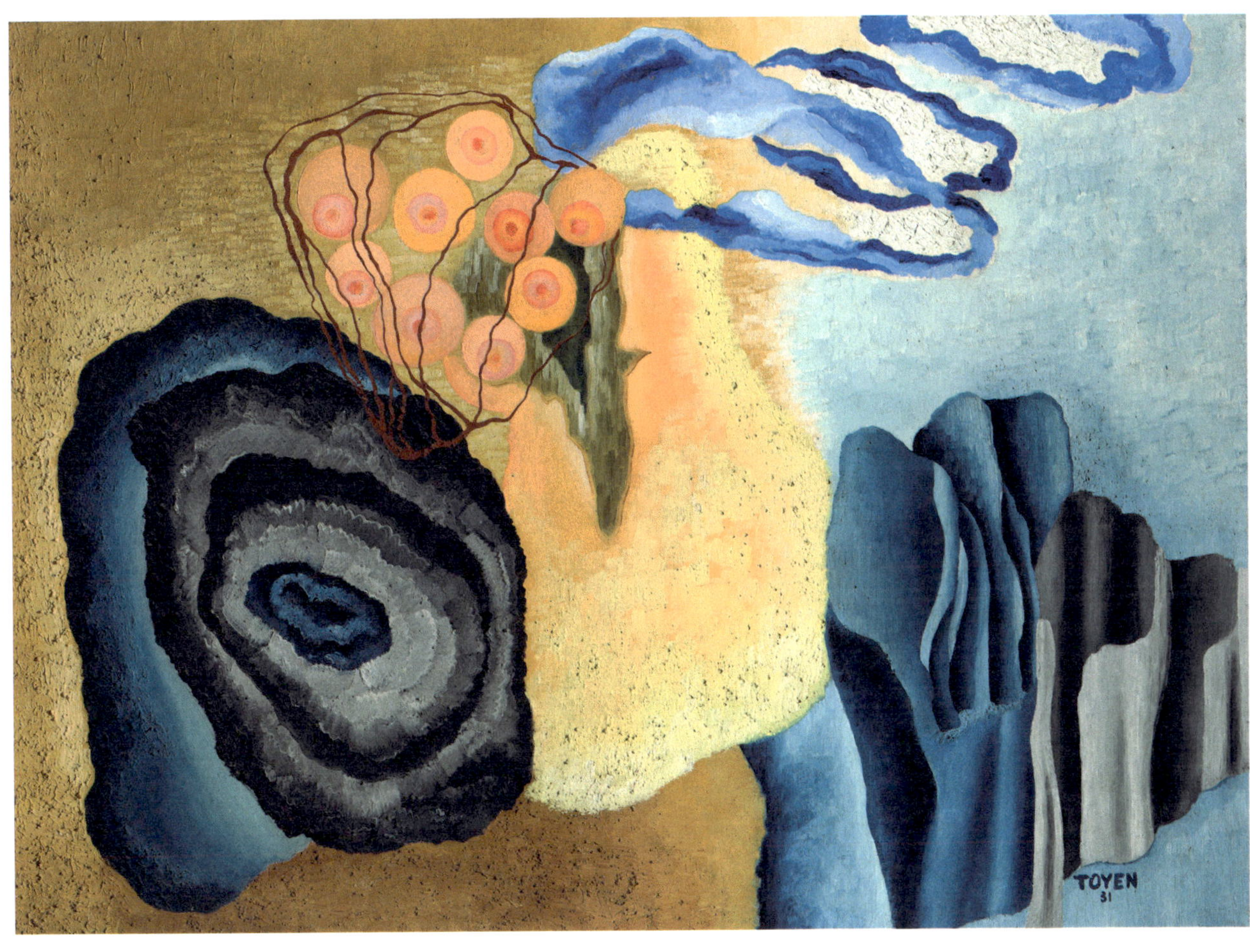
TOYEN
51

surrealistische Ausrichtung der Ausstellung begrüßt und gewürdigt. In einem in der Tageszeitung *Lidové Noviny* (*Volksblatt*) veröffentlichten Artikel verkündete Josef Čapek, ein dem Kubismus der 1910er Jahre nahestehender Schriftsteller: »Die Ausstellung ist nahezu ein surrealistisches Manifest« und fügte hinzu, dass der Surrealismus aus dem Kubismus hervorgegangen sei und eine »organische und geläuterte Variante des zweiten Kubismus« darstelle.[16]

In der Zeitschrift *Čin*[17] bezeichnete Jindřich Chalupecký, der später zum Theoretiker der nächsten Künstlergeneration werden sollte, Toyen, Štyrský und Šíma als die einzigen wahren Surrealisten unter den tschechischen Künstlern. Šíma, der Breton in Paris kennengelernt hatte und zu jener Zeit Werke schuf, die dem Umfeld des Surrealismus zugerechnet werden können, wahrte in der Folge allerdings Abstand zur surrealistischen Bewegung. Toyen und Štyrský hingegen befassten sich Anfang der 1930er Jahre mit bildnerischen Praktiken und Experimenten, in denen ihre Nähe zum Surrealismus sehr deutlich wurde; dies zeigte sich allein schon darin, dass Štyrský die *Erotická revue* herausgab und die *Edice 69* (*Edition 69*) gründete, zu der Toyen erotische Zeichnungen beisteuerte (Abb. 560, Kat. 284).

Toyen, Mitgründerin der Prager Surrealisten-Gruppe

In künstlerischer Hinsicht wie auch in ihren Verlautbarungen steht die Ausstellung zwischen Poetismus und Surrealismus, auch wenn Nezvals Vorwort im Katalog und seine Eröffnungsrede den Stellenwert des Poetismus, der diese Künstlergeneration zutiefst geprägt hat, nicht genügend würdigen. In einem 1936 in der Zeitschrift *Surrealismus* veröffentlichten Artikel leistet er dafür gewissermaßen Wiedergutmachung, indem er im letzten Satz betont: »Der Poetismus ist nicht in Vergessenheit geraten. Er ist in neuer und höherer Form wiedererstanden, auf der Ebene des Surrealismus.«[18]

Poesie 1932 wird als surrealistische Ausstellung wahrgenommen, obwohl eine tschechoslowakische Surrealismus-Gruppe damals noch gar nicht existierte. Doch die Ausstellung war ein erster, wichtiger Schritt dahin. Wenige Monate später, im Frühjahr 1933, unternahmen Nezval und der Regisseur Jindřich Honzl eine Reise nach Paris. Am 9. Mai begegneten sie Breton aufgrund einer Art von »objektivem Zufall« im Café an der Place Blanche. Am Tag darauf schrieb Nezval im Namen seiner poetistischen Freunde an Breton einen Brief, der ihr Einverständnis und das Versprechen einer Zusammenarbeit besiegelte. Der Brief wurde in Heft 5 der Zeitschrift *Le Surréalisme au service de la révolution* (*Der Surrealismus im Dienst der Revolution*) veröffentlicht.

Ein reger Briefverkehr zwischen Paris und Prag schloss sich an, und am 21. März 1934 wurde offiziell die tschechoslowakische Gruppe gegründet. Ein Flugblatt, auf dem Nezvals Brief abgedruckt ist, sowie ein Manifest mit dem Titel *Surrealismus v ČSR* (*Der Surrealismus in der Tschechoslowakei*) verkündeten die Neuigkeit. Unter den elf Erstunterzeichnern des Manifests finden sich nur drei bildende Künstler, nämlich Toyen, Štyrský und Makovský. Selbstverständlich waren auch Nezval und Honzl mit von der Partie, außerdem Jaroslav Ježek, der Psychoanalytiker Bohuslav Brouk, der Dichter Konstantin Biebl, Josef Kunstadt und Imre Forbath. Obwohl Karel Teige in diesem Stadium der neuen Gruppierung noch nicht angehörte, reklamierte der Anführer der tschechischen Avantgarde der 1920er Jahre deren Urheberschaft indirekt für sich: Der Prager Surrealismus sei »eine Rippe aus der Seite des Poetismus«, schrieb er im April 1934 in der Zeitschrift *Doba* (*Die Zeit*). Štyrský erwähnte in derselben Nummer den Poetismus nicht; für ihn stellte der Artifizialismus, den er gemeinsam mit Toyen begründet hatte, »das Band zwischen Kubismus und Surrealismus« dar.

Am 15. Januar 1935 wurde die erste offizielle Ausstellung der tschechoslowakischen Surrealisten eröffnet, mit Werken der drei bildenden Künstler der Gruppe – Toyen, Štyrský und Makovský (Abb. 209).[19] Von Toyen sind 33 Gemälde zu sehen, alle im Lauf des Jahres 1934 entstanden, die merkwürdige Figuren, Torsi, Larven und Gespenster zeigen, beispielsweise *Prometheus* (Abb. 241) und die verschiedenen Versionen von *Hlas lesa* (*Stimme des Waldes*, Kat. 235–237). Die Ausstellung wurde ein Erfolg. Breton, zur Eröffnung eingeladen, kam später, im März, zu Besuch, gemeinsam mit seiner

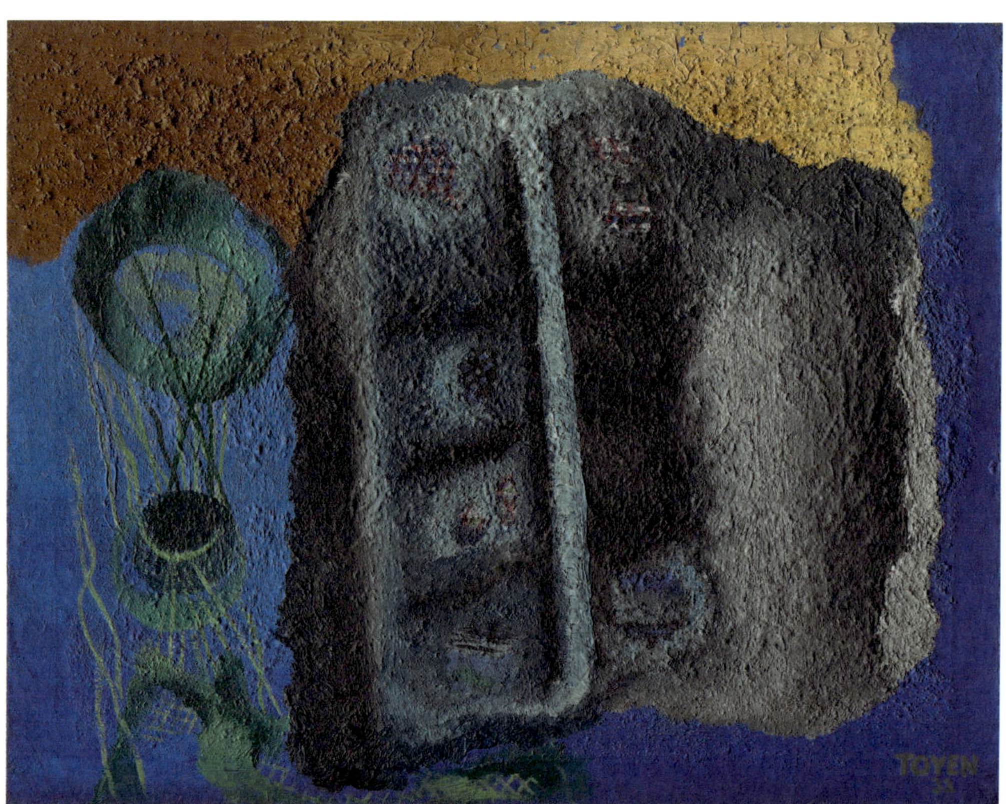

Abb. 205 ***Obraz / Gemälde***, 1932
Öl auf Leinwand, 46 × 61 cm
Galerie der schönen Künste in Ostrava

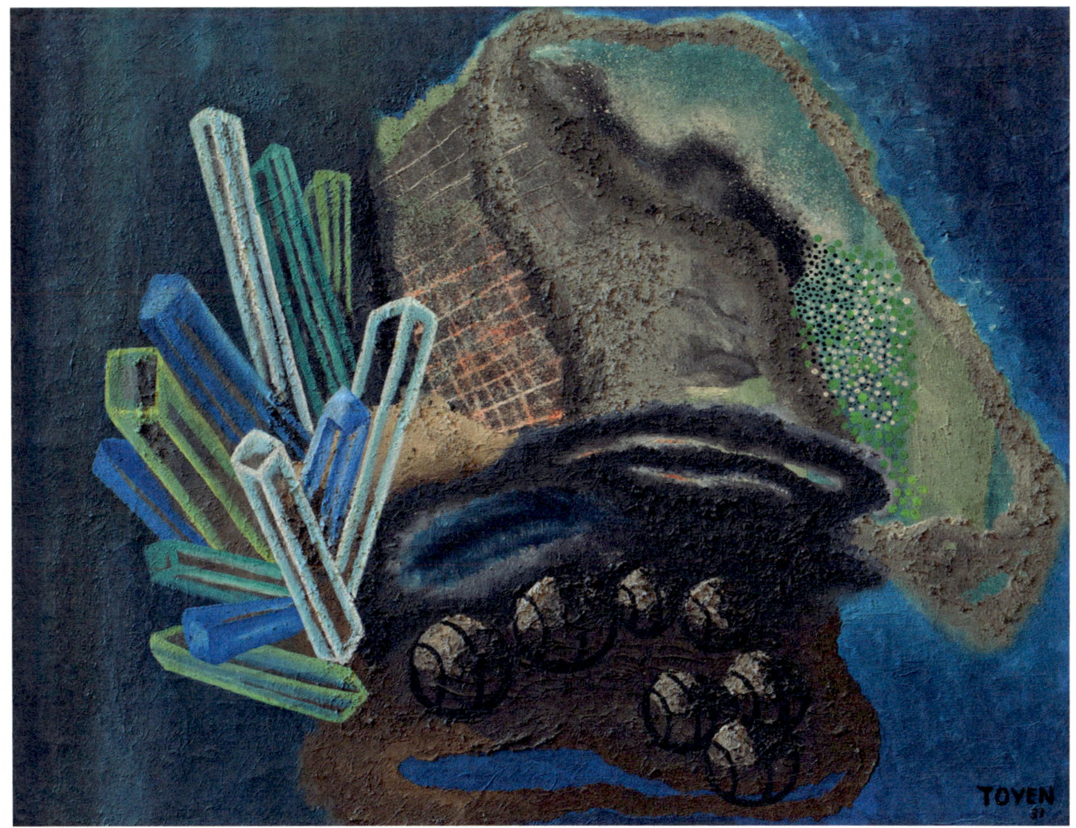

Kat. 206 ***Mořské sasanky / Seeanemonen***, 1931
Öl auf Leinwand, 65 × 85 cm
Aleš Südböhmische Galerie, Frauenberg an der Moldau

damaligen Ehefrau Jacqueline, Eluard und Šíma. In den Räumlichkeiten des S.V.U. Mánes hielt er einen Vortrag mit dem Titel *Die surrealistische Situation des Objekts oder Surrealismus in Dichtung und Malerei*, in dem er ausführlich seine Auffassung zu Kunst und Poesie darlegt, sich dabei auf Hegels Ästhetik beruft und die Harmonie mit den tschechischen Freunden beschwört: »Mit Männern wie Vítězslav Nezval und Karel Teige, die mir die Ehre ihres Vertrauens und ihrer Freundschaft erweisen, befinde ich mich im völligen Gleichklang der Ideen [...]. Deshalb sind es vor allem Freunde und Gefährten, die ich in diesem Saal in der Person von Toyen, Štyrský, Biebl, Makovský, Brouk, Honzl und Ježek begrüße.«[20]

Breton kehrte nach Paris mit Toyens Gemälde *Prometheus*[21] zurück und Eluard mit einer Version der *Stimme des Waldes*, von Toyen jeweils mit einer Widmung versehen.[22] Die beiden Gemälde wurden später mehrfach auf Ausstellungen der Surrealisten, insbesondere in London (Juni bis Juli 1936, Abb. 216) und in Paris (Januar bis Februar 1938) bei den Internationalen Surrealismus-Ausstellungen gezeigt.

1 Zu diesem Aspekt ihrer Persönlichkeit s. Karel Srp, Contours d'un nom, in: *Toyen, une femme surréaliste*, Ausst.-Kat. Saint-Étienne, Musée d'art moderne, Lyon 2002, S. 26–32.
2 S. Anna Pravdová, L'annonce du surréalisme à Prague: l'exposition »Poesie 1932« et le rôle de la Société des artistes plasticiens Mánes, in: Julia Drost, Fabrice Flahutez, Martin Schieder (Hg.), *Le Surréalisme et l'Argent*, Paris/Heidelberg 2021, S. 193–211.
3 Zum Verzeichnis der Werke und der Leihgeber s. ebd.
4 Später allerdings gilt *Poesie 1932* als erste gemeinsame Ausstellung der tschechischen und französischen Surrealisten und erhält einen eigenen Artikel in: Adam Biro, René Passeron (Hg.), *Dictionnaire général du surréalisme et de ses environs*, Paris/Fribourg 1982, S. 338.
5 Manifest des Poetismus, in: *ReD*, Prag, Nr. 9, 1928.
6 André Breton, Die Gesänge des Maldoror, in: ders., *Die verlorenen Schritte. Essays, Glossen, Manifeste*, Berlin 1989, S. 61–64, hier S. 61.
7 André Breton, *Die Manifeste des Surrealismus*, Reinbek bei Hamburg 1968, S. 21. Das im Originaltext unterstrichene Wort »praktizieren« betont den Unterschied zur traditionellen Dichtung.
8 Vortrag vom 29. März 1935, veröffentlicht unter dem Titel *Situation surréaliste de l'objet. Situation de l'objet surréaliste*, in: André Breton, *Position politique du surréalisme*, Paris 1935 (deutsche Übersetzung nach: Comte de Lautréamont, *Werke. Die Gesänge des Maldoror. Dichtungen. Briefe*, Berlin 1986, S. 407). Die Formulierung findet sich auch im Eintrag »Poésie« des *Dictionnaire abrégé du surréalisme* wieder, das Breton 1938 in Paris gemeinsam mit Paul Eluard herausgab.
9 *ReD*, Prag, Nr. 1, 1927, S. 28–30.
10 Ein Gedanke, den er am 29. März 1935 in Prag wiederholen wird; s. André Breton, *Œuvres complètes*, Bd. 1, Paris 1988, S. 472, Fußnote 9.
11 Vortrag über den Artifizialismus, n.d., in: Jindřich Štyrský, *Každý z nás stopuje svoji ropuchu. Texty 1923–1940* (*Jeder von uns ist seiner Kröte auf der Spur. Texte 1923–1940*), hg. von Karel Srp, Prag 1996, S. 33.
12 Siehe hierzu den Beitrag von Annabelle Görgen-Lammers, *Auftritt der Erscheinungen – zwischen Faltungen und Rissen in Raum und Bild* im vorliegenden Katalog, S. 139ff.
13 Co je poesie?, veröffentlicht in: *Volné směry*, Zeitschrift des Vereins der bildenden Künstler Mánes, Jg. 29, Prag, 1932–1933, S. 197–206.
14 *Rozpravy Aventina* (*Debatten des Aventinum*), Zeitschrift für Kunst und Literatur, Prag, 10. November 1932.
15 B. S. Urban, Dvě surrealistické výstavy, in: *Národní listy* (*Nationalzeitung*) LXXII, Nr. 220, 11. November 1932, S. 4.
16 *Lidové noviny* (*Volkszeitung*), 40. Jg., Nr. 569, 11. November 1932.
17 *Čin* (*Action*), 21. November 1932.
18 Vítězslav Nezval, V čem se poetismus stýkal se surrealismem (Worin die Berührungspunkte des Poetismus mit dem Surrealismus bestanden), in: *Surrealismus*, 1936, Nr. 2, S. 41–43, zit. nach: Vladimir Claude Fišera, Poétisme et surréalisme: leur parenté, in: *Cahiers du collectif Change*, Nr. 25, Dezember 1975, S. 43–46.
19 Weiterführend zu dem Kontext siehe den Beitrag von Annabelle Görgen-Lammers *Begegnungen von Theorien, Persönlichkeiten und Werken – Aspekte der Annäherungen an den Surrealismus* im vorliegenden Katalog S. 123ff.
20 Veröffentlicht unter dem Titel *Situation surréaliste de l'objet. Situation de l'objet surréaliste*, s. Breton 1988 (wie in Anm. 10), S. 473.
21 Das Werk wird manchmal auch unter dem Titel *Gefesselter Prometheus* geführt.
22 S. Karel Srp, *Toyen*, Ausst.-Kat. Galerie der Hauptstadt Prag – Argo, Prag 2000, S. 310.

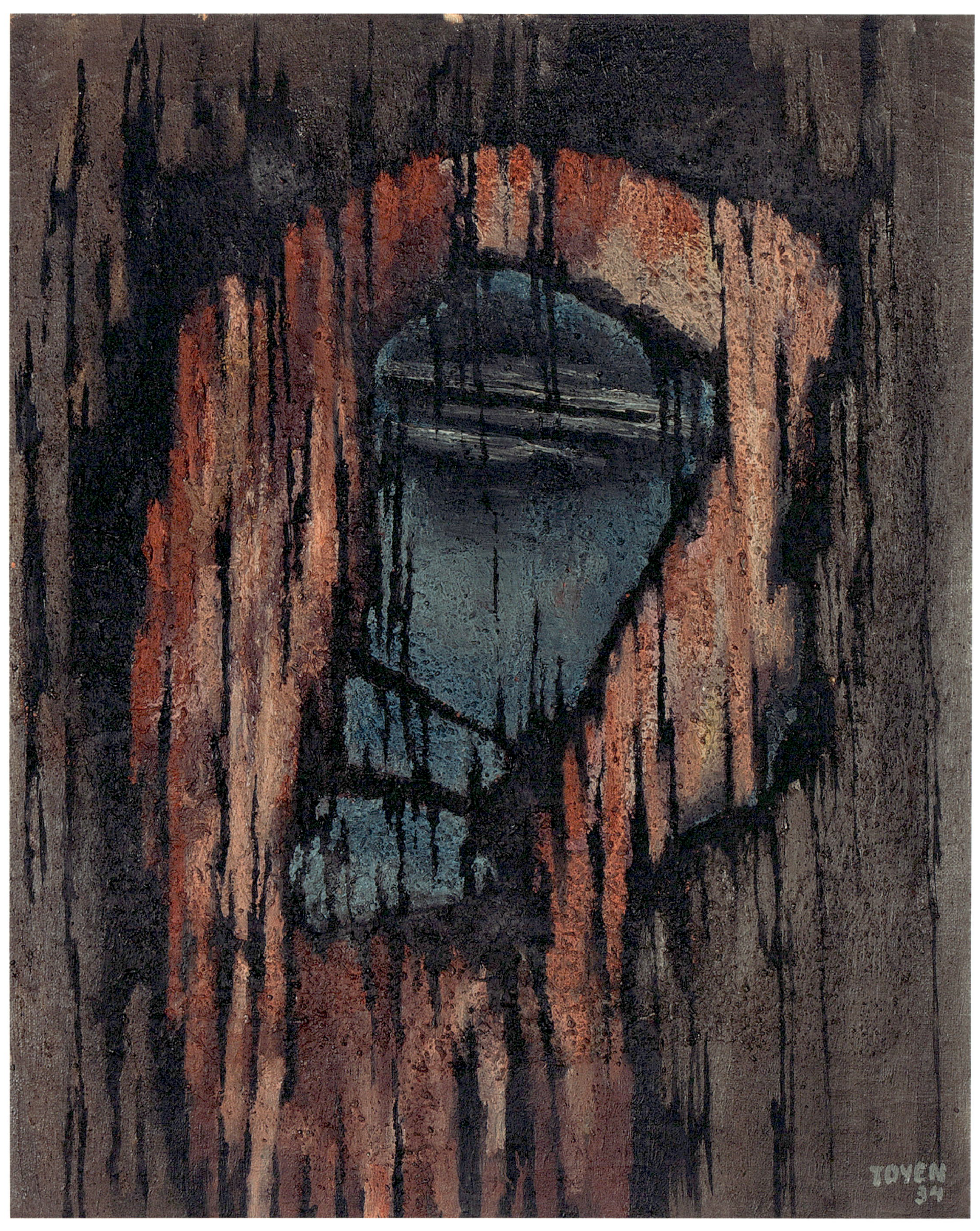

Kat. 207 ***Touha / Verlangen***, 1934
Öl auf Leinwand, 60 × 50 cm
Aleš Südböhmische Galerie, Frauenberg an der Moldau

Annabelle Görgen-Lammers

Begegnungen von Theorien, Persönlichkeiten und Werken – Aspekte der Annäherungen an den Surrealismus

Im »offenen Gegensatz zum Surrealismus« stehe der 1926 von Toyen und Jindřich Štyrský proklamierte »Artifizialismus«, da die Surrealisten »den freien Akt bewußter Konstruktion« verleugnen:[1] Dies war 1928 die Sicht von Karel Teige, neben dem Dichter Vítězslav Nezval der führende Theoretiker der Avantgarde-Bewegungen Devětsil und Poetismus. Toyen und Štyrský teilten in den 1920er Jahren in ihren offiziellen Verlautbarungen diese Ablehnung des Surrealismus durch die tschechische Avantgarde, auch sie grenzten sich 1927 von der »formal historisierenden Malerei«[2] der Surrealisten ab, vor allem wegen des bei diesen zunächst zentralen Konzepts des psychischen Automatismus. Der Dichter Philippe Soupault, der Toyens und Štyrskýs Ausstellung 1927 in Paris eröffnete – und nach einem Besuch in Prag im gleichen Jahr, der ihn begeistert hatte, zu einer Art Botschafter Frankreichs in der Tschechoslowakei werden sollte –, war selbst seit Ende 1926 ein »Abtrünniger« der Gruppe; auch Toyens seit 1922 in Paris lebender Landsmann Josef Šíma, ab 1927 aktiv in der Gruppe Le Grand Jeu (Das Große Spiel), hielt sich abseits der Surrealisten.[3]

Es ist daher naheliegend, dass Toyen und Štyrský während ihres 1925 beginnenden dreijährigen Aufenthalts in Paris noch keinen direkten Austausch mit den Surrealisten gesucht haben. Sie konnten allerdings 1925 in der Schau *L'Art d'aujourd'hui*, auf der sie selbst vertreten waren, Werke unter anderem von Max Ernst, Paul Klee, André Masson und Joan Miró sehen, und sie besuchten kurz vorher die erste Gruppenausstellung der Surrealisten, *La peinture surréaliste,* in der Galerie Pierre (Kat. 595).[4] Ob sie auch die in diesem Jahr stattfindenden wegweisenden Einzelausstellungen von Ernst oder Klee und 1927 Yves Tanguys erste Einzelausstellung wahrgenommen haben,[5] ist wahrscheinlich, doch bislang noch nicht zu belegen.

Haltungen – schrittweise Annäherungen

Spätestens kurz nachdem Toyen Anfang 1929 die französische Hauptstadt verlassen hatte, schien sich die Grundhaltung der tschechischen Avantgarde der Pariser Surrealisten-Gruppe gegenüber ansatzweise zu verändern. Wurden vorher die trennenden Elemente betont – etwa eine andere Sicht auf die Politik, auf die Rolle des Proletariats und der sozialen Revolution – konnten nun verbindende Themen in den Vordergrund treten. Hierzu gehören der Anspruch, Kunst zum kritischen Korrektiv der Gesellschaft zu erheben, die zentrale Bedeutung des Traums, der Poesie, des Kollektivs mit seinen ästhetischen Prozessen sowie den daraus folgenden Infragestellungen der herkömmlichen Werkkategorien wie etwa Malerei, Poesie oder angewandte Kunst.

Dies hing zum einen damit zusammen, dass sich Devětsil angesichts einer veränderten politischen Lage neu ausrichtete.[6] Zum anderen war es darin begründet, dass sich auch die Surrealisten-Gruppe 1929 in einer Umbruchsituation befand angesichts der internen Auseinandersetzungen um politische Fragen. Georges Bataille hatte mit einer Dissidentengruppe die Zeitschrift *Documents* gegründet, die mit dem Konzept des »Informe« in Prag durchaus Einfluss bekommen sollte, so auch auf Štyrský.[7] Mit seinem *Zweiten Surrealistischen Manifest*[8] (Kat. 592) reagierte Breton nicht nur auf Bataille, sondern bekannte sich vor allem explizit zum dialektischen Materialismus, zum Marxismus und zur Zusammenarbeit mit der Kommunistischen Partei. Damit wurde der grundlegende politische Vorbehalt der tschechischen Künstler gegen die Surrealisten entkräftet. Zudem betonte Breton die Wichtigkeit gemeinsamer Projekte wie das der Objektkunst. Schließlich gab der 1929 neu in die Gruppe gekommene Salvador Dalí neue Impulse, nicht nur für die auch Toyens Werk anregende Diskussion um die Rolle des surrealistischen Objektes;[9] in direktem Zusammenhang damit wich ein eher passives einem aktiveren Produktionsverständnis. Mit der paranoisch-kritischen Methode suchte Dalí grundlegend »die Verwirrung zum System [zu] erheben«,[10] so vertrat er mit René Magritte und Yves Tanguy bald bildgewaltig den veristischen Surrealismus.

Die Annäherung zwischen Prag und Paris erfolgte kontinuierlich; zunächst, teils schon Mitte der 1920er Jahre, angeregt durch die Vielfalt der technischen Neuerungen, welche Toyen und Štyrský an den Werken der Surrealisten beobachten konnten, dann im künstlerischen Ausdruck. Erst danach wurde die Annäherung von den Prager Künstlern schrittweise auch theoretisch begründet, wobei zeitweise widersprüchliche Stellungnahmen abgegeben wurden. So gründete Nezval, mit dem Toyen und Štyrský seit ihrer Zeit bei Devětsil in engem Austausch standen, 1930 die Zeitschrift *Zvěrokruh* (*Tierkreis*), welche die Verbindung von Poetismus und Surrealismus proklamierte und Bretons *Zweites Manifest* abdruckte.[11] Zur selben Zeit tat Teige die Pariser Bewegung noch als romantischen Anarchismus ab.[12] Bedeutsam schien die Frage nach einer möglichen Verankerung des Surrealismus in der tschechischen Kultur,[13] man versuchte im Blick darauf, eine parallele – tschechische –

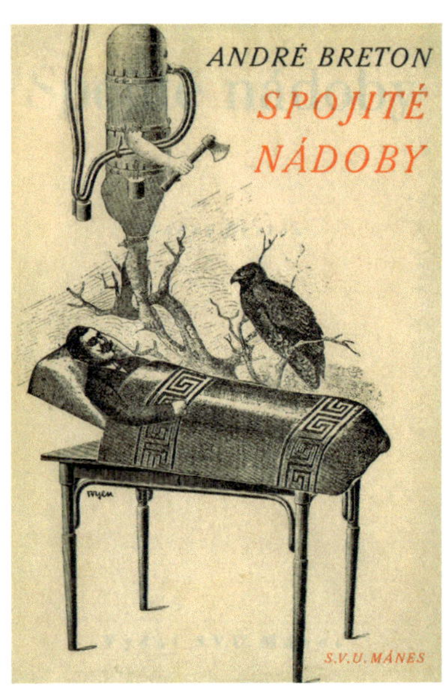

Kat. 208 Toyen, Buchumschlag für: André Breton (1896–1966), *Spojité nádoby / Die kommunizierenden Röhren*, S.V.U. (Spolek výtvarných umělců / Verein der bildenden Künstler) Mánes, Prag 1934 | 194 x 154 mm Privatsammlung

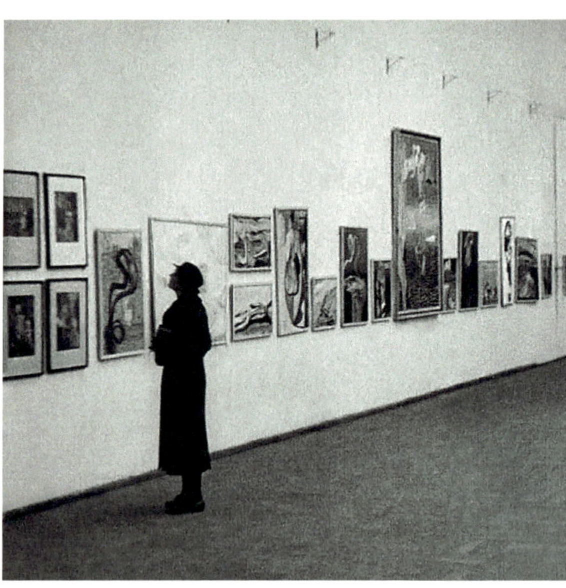

Genealogie zu entwerfen, und stellte ab Mitte der 1930er Jahre die künstlerische Entwicklung der 1920er Jahre als eine Folge von selbst initiierten und eigenständig gegangenen Schritten auf diesem Weg dar. Nezval sprach rückblickend von einem »latenten Surrealismus«.[14]

Diese Parallelisierung wurde dadurch erleichtert, dass sich die Poetisten auf französische Referenzfiguren bezogen, insbesondere auf Charles Baudelaire, Arthur Rimbaud, Guillaume Apollinaire, den Marquis de Sade und Comte de Lautréamont, die Breton schon im *Ersten Manifest des Surrealismus* erwähnt hatte. Als erster Künstler überhaupt, gefolgt von vielen, unter anderem Dalí (Kat. 581), hatte Štyrský bereits 1929 Lautréamonts *Les Chants de Maldoror* (*Die Gesänge des Maldoror*) in Teiges und Soupaults Übersetzung illustriert, wenngleich die Form der Illustrationen noch dem Artifizialismus verpflichtet war.[15] Im selben Jahr publizierte Toyen eine Zeichnung zu Rimbauds *Le Bateau ivre* (*Das trunkene Schiff*);[16] für die tschechische Übersetzung von *Justine ou les Malheurs de la vertu* (*Justine oder vom Missgeschick der Tugend*) des Marquis de Sade schuf sie 1932 in der von Štyrský herausgegebenen Serie *Edice 69*[17] einzigartige Illustrationen, deren Radikalität im Surrealismus ihresgleichen suchen (vgl. Abb. 560, 565, 568).[18]

Es ist nicht bekannt, ob Toyen während ihrer kurzen Paris-Aufenthalte im Sommer 1930 und Juli 1932 originale surrealistische Werke sah, aber sicherlich besuchte sie die 1931 von Paris nach Prag gebrachten Ausstellungen zur zeitgenössischen französischen Kunst, *Umění současné Francie* (*Kunst des gegenwärtigen Frankreichs*), mit Werken von Miró und Masson, sowie zur *École de Paris*, bei der Arbeiten von Tanguy, Ernst, Hans Arp, Miró, Giorgio de Chirico, Wolfgang Paalen und anderen gezeigt wurden.[19] Darüber hinaus erhielt die »Schatzsuchende«[20] zwischen 1929 und 1932 Kenntnis von Werken und Texten der französischen Surrealisten, vermittelt über tschechische wie französische Kunstzeitschriften. Während ihres kurzen Aufenthalts in Paris im Juli 1932 hatte sie wahrscheinlich kaum Ausstellungen ansehen können.

Die erste Möglichkeit, einen umfassenden Überblick über surrealistische Werke zu erhalten und sie in direkter Gegenüberstellung zu eigenen Arbeiten zu betrachten, bot die Schau *Poesie 1932* im Oktober 1932.[21] Auch wenn die bis dahin wahrscheinlich größte Ausstellung surrealistischer Kunst im internationalen Rahmen[22] als Schritt zur Gründung der tschechoslowakischen Surrealisten-Gruppe angesehen werden kann, scheint Toyen ihre Eindrücke malerisch zunächst nur mittelbar verarbeitet zu haben, konzentrierte sie sich 1932/33 doch auf erotische Zeichnungen und Illustrationen; außerdem reiste sie viel und beteiligte sich an zahlreichen Ausstellungen.[23] Derweil erfolgte eine weitere theoretische Annäherung anlässlich der Begegnung Nezvals und des Theaterregisseurs Jindřich Honzls mit Breton in Paris im Mai 1933. Im Anschluss übergab Nezval Breton im Namen von Devětsil einen Brief, in dem er die ideologischen Ähnlichkeiten aufführt und der surrealistischen Bewegung die Zusammenarbeit anbietet. Breton publizierte diesen Brief umgehend in *Le Surréalisme au service de la révolution*.[24]

Scheint Toyens Übergang vom Artifizialismus zum Surrealismus spätestens 1932 vollzogen zu sein,[25] hatten doch Vorbereitungstreffen und die Gründung der *Skupina surrealistů v ČSR* (*Gruppe der Surrealisten in der Tschechoslowakei*) am 21. März 1934 mit dem von Toyen, Štyrský, dem Bildhauer Makovský und weiteren acht Mitgliedern[26] unterzeichneten Manifest sie sicher auf ihrem künstlerischen Weg bestärkt. Den Ausblick auf eine größere internationale Gemeinschaft, die Perspektive einer bedeutsamen Zusammenarbeit mit den französischen Surrealisten wird sie, die schon in jungen Jahren viel gereist war, geschätzt haben. Eine weitere Motivation, in dieser Zeit neben ihrer Teilnahme an Ausstellungen[27] nicht nur intensiv als Malerin tätig zu sein, sondern auch zahlreiche Buchillustrationen zu schaffen, wird die Aussicht auf eine erste Präsentation der Gruppe geboten haben. Diese war zunächst als gemeinsame Schau mit internationalen Positionen des Surrealismus in Prag geplant.[28] Aus finanziellen Gründen ließ sich jedoch schließlich weder dieser Plan einer großen Gemeinschaftsausstellung realisieren, noch erfüllte sich Nezvals Hoffnung, Breton schon im Herbst oder Winter 1934 in die Tschechoslowakei einladen zu können.[29] Immerhin fertigte Nezval, der seit Juni mit Breton in freundschaftlichem Briefaustausch stand,[30] mit Honzl die erste tschechische Übersetzung einer von Bretons Schriften an: Herausgegeben wurde *Spojité nádoby* (*Die kommunizierenden Röhren*) 1935 vom Kunstverein Mánes, Toyen entwarf den Buchumschlag (Kat. 208). Die xylographische Collage scheint von Max Ernsts teilweise früh auch in tschechischen Zeitschriften publiziertem[31] Collage-Roman *La femme 100 têtes* (*Die hundertköpfige Frau*) angeregt worden zu sein. Breton bezeichnete Toyens Gestaltung im Dezember 1934 Nezval gegenüber als »hervorragend inspirierend«.[32] In seiner Antwort versicherte Nezval Breton nochmals: »Sie müssen wissen, dass hier alle unsere Freunde ihre Augen auf Sie gerichtet haben.«[33]

Die erste Ausstellung der Surrealisten der ČSR fand Mitte Januar bis Mitte Februar 1935 in Mánes statt,[34] sie konzentrierte

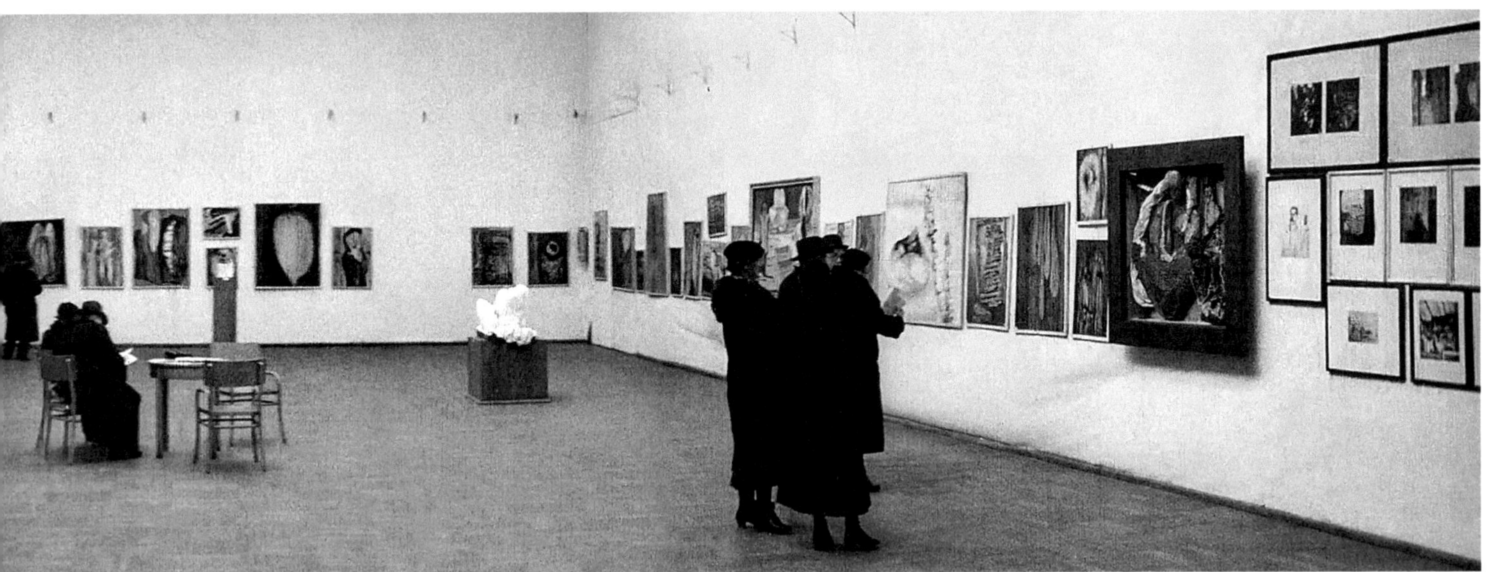

Abb. 209 Installationsansicht ***První výstava skupiny surrealistů v ČSR / Erste Ausstellung der surrealistischen Gruppe der Tschechoslowakei,*** Ausstellungssaal der S.V.U. Mánes, Prag 1935; es wurden neben 22 Gemälden sowie weiteren Collagen und Fotografien von Jindřich Štyrský (1899–1942) und 5 Skulpturen von Vincenc Makovský (1900–1966) 24 Gemälde von Toyen gezeigt, hier zu sehen, von der Mitte aus nach rechts: *Obraz / Gemälde, Růžový spektr / Rosa Gespenst, Magnetová žena / Magnetische Frau, Hlas lesa I / Stimme des Waldes I, Larva I / Larve I* [?], *Samotář / Der Einzelgänger,* [Werk nicht identifiziert], *Touha / Verlangen, Prometheus, Larva II / Larve II, Hlas lesa II / Stimme des Waldes II, Stisk ruky / Handschlag, Ztroskotání ve snu / Stranden im Traum, Žlutý spektr / Gelbes Gespenst, Menhiry / Menhire, Zbytek noci / Reste der Nacht, Muž z klihu / Mann aus Klebstoff, Přezimování / Winterschlaf, Jatky v neděli / Schlachthof am Sonntag,* [Werk nicht identifiziert], *Hlas lesa III / Stimme des Waldes III, Pohled do prázdna / Blick ins Leere,* alle 1934

sich ganz auf Werke von Štyrský, Makovský und Toyen, die hier 24 Gemälde ausschließlich von 1934 präsentierte (Abb. 209). Teige betonte in seiner Einführung: »Surrealismus ist nicht einfach eine künstlerische Schule; es ist eine bestimmte menschliche Haltung, welche das ganze Individuum umfasst (Guy Mangeot).«[35] Die Schau fand außerordentlichen Zuspruch, wie Nezval in einem Brief auch an Breton bestätigte.

Persönlichkeiten – Austausch, Wertschätzung und Freundschaft

Der Ankunft von André und Jacqueline Breton sowie Paul Eluard sah man in Prag mit großer Vorfreude entgegen – »Wir erwarten Sie mit einer fanatischen Begeisterung«.[36] Die drei trafen allerdings, anders als geplant, erst nach Ende der Schau, am 27. März, ein. Im Anschluss an den Besuch der Ateliers, auch desjenigen von Toyen, hielt Breton am 29. März im »überfüllten Ausstellungssaal des Mánes«[37] den eigens für diese Gelegenheit verfassten Vortrag *Die surrealistische Situation des Objekts – die Situation des surrealistischen Objekts.*[38] Seine Rede begann er mit einem Lob für die tschechischen Surrealisten. Illustriert durch die Projektion von 30 Diapositiven mit Werken von Dalí, Ernst, Tanguy, Man Ray, Valentine Hugo, Arp, Giacometti und weiteren Künstlern, erläuterte er dann die Transformation, welche der Surrealismus durchlaufen hatte. Er stellte ihn als Synthese von Hegelianischer Ästhetik, Psychoanalyse und Marxismus dar, erörterte die bewussten und unbewussten Anteile im Schaffensprozess und betonte, dass die Befreiung des Geistes als Ziel des Surrealismus auch die Befreiung des Individuums und damit die proletarische Revolution zur unerlässlichen Voraussetzung habe.

Am Tag nach seinem Vortrag schrieb Breton an Dalí: »Hier ein beachtlicher Erfolg. 700 Personen gestern auf der Konferenz zur surrealistischen Poesie und Kunst (mit Vorträgen und Bildprojektionen). Der Surrealismus ist hier in einer großartigen Situation, absolut außergewöhnlich. Eine triumphale Rezeption.«[39] Eluard bekräftigt dies auf dem Schreiben mit einem knappen »Ja, hier ist alles großartig«. Er war, wie die während des Aufenthalts an Toyen geschriebenen und hier erstmals publizierten Briefe zeigen (Abb. 217, S. 132–133), persönlich tief beeindruckt von der Malerin und schrieb seinerseits Gala gut eine Woche nach Bretons Brief: »Diese Reise ist eine Offenbarung. Es gibt hier ein paar sehr gute Leute: vor allem Nezval und Teige – zwei Maler: Štyrský und Toyen – eine sehr merkwürdige Frau – machen herrliche Bilder und Collagen [...]. [...] Photos in den Zeitungen, lobende Artikel in den kommunistischen Zeitungen, Interviews – ich glaube, Prag wird für uns das Tor nach Moskau sein.«[40]

Tatsächlich markiert dieser Besuch den Anfang der Internationalisierung des Surrealismus. Die erste zweisprachige Nummer des *Bulletin international du surréalisme*, erschienen offiziell am 9. April, tatsächlich am 20. April 1935 (Kat. 212), wurde gemeinsam von der tschechoslowakischen und französischen Surrealisten-Gruppe herausgegeben und besiegelte deren Verbundenheit und den durch viele gemeinsame Aktivitäten (Abb. 210, 211) untermauerten persönlichen Austausch. Auf diesen werden sich die Surrealisten immer wieder beziehen, um die Internationalität der Bewegung hervorzuheben. Demselben Zweck diente auch die bildliche Dokumentation der Treffen von Mitgliedern der surrealistischen Gruppen, so etwa durch den Abdruck eines vermutlich von Štyrský aufgenommenen Gruppenfotos in Karlsbad im *Dictionnaire abrégé* 1938 (Abb. 213). Im einleitenden Text des *Bulletin* wird auf die Dialektik der Einheit von äußerer und innerer Welt hingewiesen und die Bedeutung von Repräsentationen und Vorstellungen betont. Ausschnitte aus den Vorträgen, Reaktionen darauf sowie Auszüge aus einem Interview von Breton und Eluard unterstreichen die Internationalität des Surrealismus und seine Vereinbarkeit mit dem dialektischen Materialismus sowie der Philosophie von Marx und Lenin. Resümierend heißt es: »Die Poesie muss von allen gemacht werden, nicht von einem Einzelnen. Nur die proletarische Revolution lässt uns hoffen, dass dieser Ausspruch von Lautréamont Wirklichkeit werden wird.«[41] Der von hoher gegenseitiger Wertschätzung[42] und Sympathie zwischen Gästen und Gastgebern geprägte Besuch der »magischen Hauptstadt des alten Europas«[43]

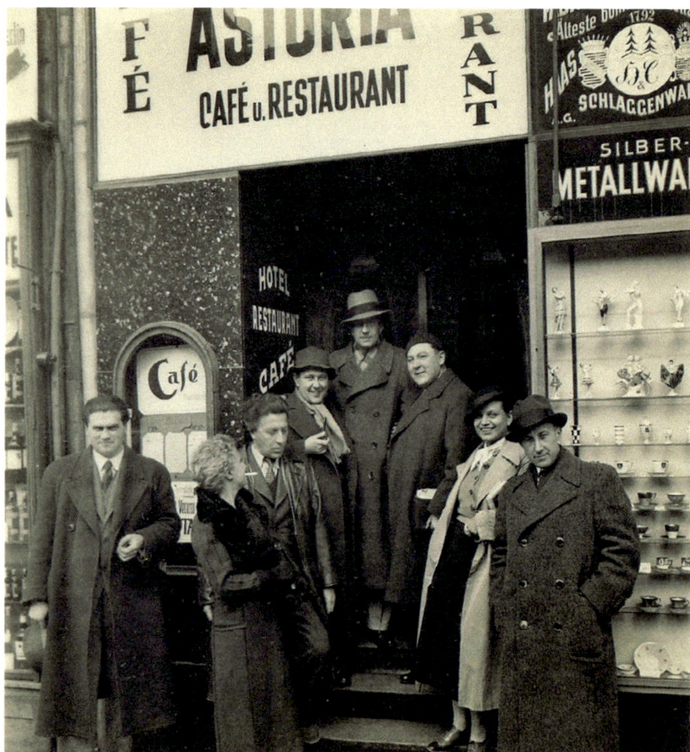

Abb. 210 Vincenc Makovský (1900–1966), Jacqueline Lamba (1910–1993), André Breton (1886–1966), Karel Teige (1900–1951), Paul Eluard (1895–1952), Vítězslav Nezval (1900–1958), Toyen, Jindřich Honzl (?, 1894–1953) (von links nach rechts) vor dem Café-Restaurant Astoria Karlsbad, 31. März 1935 (Foto: wahrscheinlich Jindřich Štyrský, 1899–1942) Privatsammlung, Paris

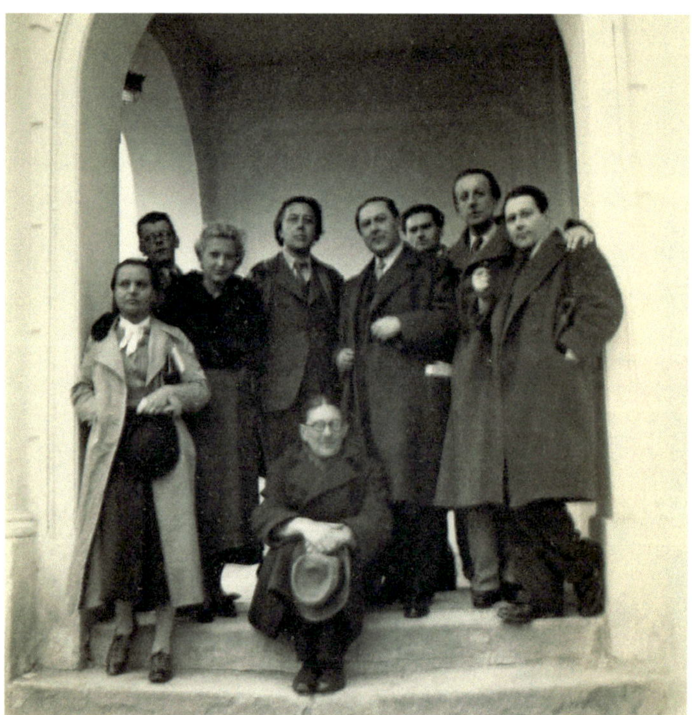

Abb. 211 Toyen, Bohuslav Brouk (1912–1978), Jacqueline Lamba, André Breton, Vítězslav Nezval, Vincenc Makovský, Paul Eluard, Karel Teige (von links nach rechts), im Vordergrund sitzend: Jindřich Štyrský, in Karlsbad, 31. (?) März 1935 | Privatsammlung, Paris

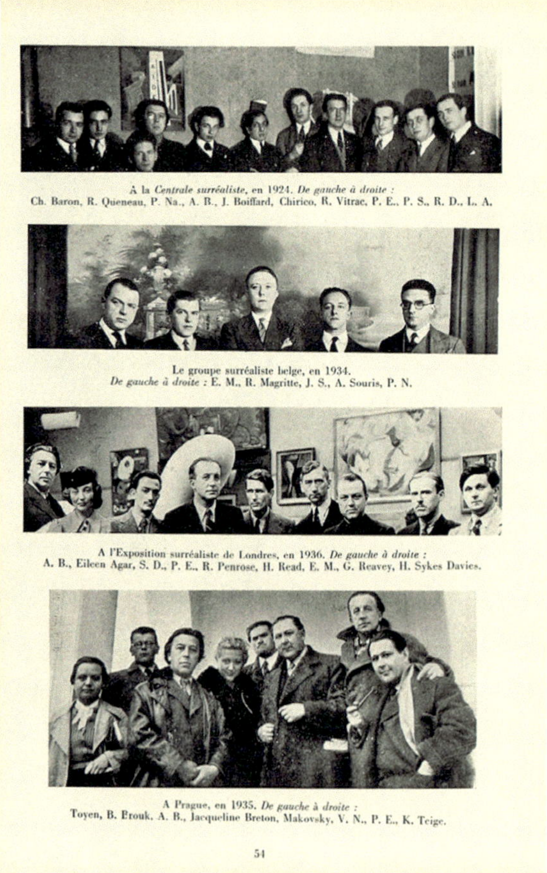

À la *Centrale surréaliste*, en 1924. *De gauche à droite :*
Ch. Baron, R. Queneau, P. Na., A. B., J. Boiffard, Chirico, R. Vitrac, P. E., P. S., R. D., L. A.

Le groupe surréaliste belge, en 1934.
De gauche à droite : E. M., R. Magritte, J. S., A. Souris, P. N.

A l'Exposition surréaliste de Londres, en 1936. *De gauche à droite :*
A. B., Eileen Agar, S. D., P. E., R. Penrose, H. Read, E. M., G. Reavey, H. Sykes Davies.

A Prague, en 1935. *De gauche à droite :*
Toyen, B. Brouk, A. B., Jacqueline Breton, Makovsky, V. N., P. E., K. Teige.

54

Abb. 213 Toyen, Bohuslav Brouk, André Breton, Jacqueline Lamba, Vítězslav Nezval, Vincenc Makovský, Paul Eluard, Karel Teige (von links nach rechts), Karlsbad, 31. (?) März 1935 (Foto: Jindřich Štyrský). Abgedruckt als letzte Abbildung der Seite in: *Dictionnaire abrégé du surréalisme,* Galerie des Beaux-Arts, Paris 1938, S. 54

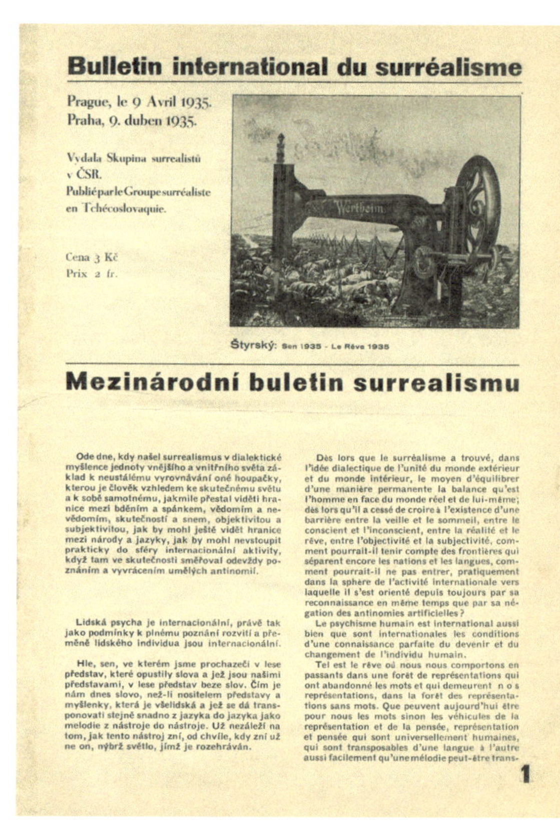

Bulletin international du surréalisme

Prague, le 9 Avril 1935.
Praha, 9. duben 1935.

Vydala Skupina surrealistů v ČSR.
Publié par le Groupe surréaliste en Tchécoslovaquie.

Cena 3 Kč
Prix 2 fr.

Štyrský: Sen 1935 - Le Rêve 1935

Mezinárodní buletin surrealismu

Ode dne, kdy našel surrealismus v dialektické myšlence jednoty vnějšího a vnitřního světa základ k neustálému vyrovnávání oné houpačky, kterou je člověk vzhledem ke skutečnému světu a k sobě samotnému, jakmile přestal viděti hranice mezi bděním a spánkem, vědomím a nevědomím, skutečností a snem, objektivitou a subjektivitou, jak by mohl ještě vidět hranice mezi národy a jazyky, jak by mohl nevstoupit prakticky do sféry internacionální aktivity, když tam ve skutečnosti směřoval odevždy poznáním a vyvrácením umělých antinomií.

Lidská psycha je internacionální, právě tak jako podmínky k plnému poznání rozvití a přeměně lidského individua jsou internacionální.

Hle, sen, ve kterém jsme prochazeči v lese představ, které opustily slova a jež jsou našimi představami, v lese představ beze slov. Čím je nám dnes slovo, než-li nositelem představy a myšlenky, která je všelidská a jež se dá transponovati stejně snadno z jazyka do jazyka jako melodie z nástroje do nástroje. Už nezáleží na tom, jak tento nástroj zní, od chvíle, kdy zní už ne on, nýbrž světlo, jímž je rozehráván.

Dès lors que le surréalisme a trouvé, dans l'idée dialectique de l'unité du monde extérieur et du monde intérieur, le moyen d'équilibrer d'une manière permanente la balance qu'est l'homme en face du monde réel et de lui-même; dès lors qu'il a cessé de croire à l'existence d'une barrière entre la veille et le sommeil, entre le conscient et l'inconscient, entre la réalité et le rêve, entre l'objectivité et la subjectivité, comment pourrait-il tenir compte des frontières qui séparent encore les nations et les langues, comment pourrait-il ne pas entrer, pratiquement dans la sphère de l'activité internationale vers laquelle il s'est orienté depuis toujours par sa reconnaissance en même temps que par sa négation des antinomies artificielles?

Le psychisme humain est international aussi bien que sont internationales les conditions d'une connaissance parfaite du devenir et du changement de l'individu humain.

Tel est le rêve où nous nous comportons en passants dans une forêt de représentations qui ont abandonné les mots et qui demeurent n o s représentations, dans la forêt des représentations sans mots. Que peuvent aujourd'hui être pour nous les mots sinon les véhicules de la représentation et de la pensée, représentation et pensée qui sont universellement humaines, qui sont transposables d'une langue à l'autre aussi facilement qu'une mélodie peut-être trans-

1

Kat. 212 ***Bulletin international du surréalisme*** Nr. 1, Prag, 9. April 1935, 12 Seiten, zweisprachig Tschechisch/Französisch, Collage auf der Titelseite: Jindřich Štyrský | Privatsammlung

wird Breton immer als besonderes Erlebnis im Gedächtnis bleiben, er schreibt Nezval: »Ich habe von dieser Stadt und von Ihnen eine der schönsten Erinnerungen meines Lebens mitgenommen«.[44] Noch 1936 plante er, mehrere Jahre in Prag zu verbringen.[45]

Am Tag der Abreise schenkte Toyen Eluard die zweite Fassung von *Hlas lesa* (*Stimme des Waldes*) und Breton *Prometheus* (Kat. 236, Abb. 241). Diese Gemälde sollten von nun an ihre vorrangig gezeigten auf den internationalen Surrealismus-Ausstellungen sein. Allerdings konnte zu Bretons großem Bedauern weder eines dieser Werke noch ein anderes von Toyen auf der im Anschluss an den Prager Aufenthalt veranstalteten Schau auf Teneriffa gezeigt werden, im Gegensatz zu Collagen Štyrskýs.[46]

Im Rahmen des Gegenbesuchs in Paris ab 14. Juni 1935, der mit Nezvals Teilnahme am Ersten Internationalen Schriftstellerkongress zur Verteidigung der Kultur zusammenfiel, begegneten Toyen, Štyrský und Nezval vielen der dort lebenden Surrealisten. Sie besuchten zahlreiche Ateliers[47] (Abb. 214) und trafen sich besonders häufig mit Breton, Eluard sowie Benjamin Péret und Tanguy. Letzteren begegnete Toyen zu diesem Anlass erstmals persönlich.

Schon am Tag nach ihrer Ankunft und dem ersten Kennenlernen Tanguys sah Toyen zusammen mit Breton, Eluard, Péret und Štyrský in dessen Ausstellung im Cahier d'Art die »ungewöhnlichen Landschaften aus Tierknochen, die sich gegen den Himmel abheben«.[48] Es folgten viele Treffen mit und bei Tanguy,[49] Zeichen einer schnell wachsenden Verbundenheit. Die Grundlagen einer »amitié sans partage«, einer uneingeschränkten Freundschaft, waren gelegt, wie sie Toyen gemäß einer Aussage von Radovan Ivšić mit keinem anderen bildenden Künstler pflegte und sonst nur noch, wie unter anderem die Korrespondenzen (S. 132f., 220f.) belegen, mit den Dichtern Péret und Eluard (bis zu dessen Hinwendung zum Kommunismus).[50]

Nezval schrieb 1936 über den Aufenthalt ein »Buch der Freundschaft«, das er mit seinen in Paris aufgenommenen Fotos illustrierte.[51] Er betonte darin, wie nah ihm bei der Abreise der Abschied gerade von Tanguy ging: »Yves Tanguy, dieser liebe Yves Tanguy drückte mir ein kleines Paket in die Hand. Es enthielt, wie ich zu meinem großen Erstaunen und meiner großen Freude entdeckte, eines seiner Aquarelle, die ich so liebte.«[52] Wahrscheinlich gestaltete sich Toyens Abschied von Tanguy am 24. Juli 1935 ähnlich emotional; sie bewahrte jedenfalls von dem Tag an[53] bis zu ihrem Tod ein winziges, hier erstmals publiziertes Ölgemälde von Tanguy (Kat. 219) auf.

Die folgenden Briefe Tanguys an Toyen lassen darauf schließen, wie eindrucksvoll die Begegnung für beide Künstler war, denen eine vergleichbare Zurückhaltung eigen war[54] und die viele weitere Gemeinsamkeiten zu besitzen schienen: von der hohen Wertschätzung für Péret und die Begeisterung, Bücher befreundeter Dichter zu illustrieren, bis hin zu einer beständigen, wenn auch eher stillen Teilnahme an den Unternehmungen der Surrealisten – dies jeder zu unterschiedlichen Phasen der Gruppe. Darüber hinaus teilten sie die Liebe zum Meer und zur bretonischen Felsenküste.[55] Auch die Aufmerksamkeit, welche sie in ihren Werken der Präsenz und Absenz von Wasser schenken, sollte sie verbinden.

Keinen Monat nach Toyens Abreise drückte Tanguy mit einer Karte von der Île de Sein seine Traurigkeit über diesen Abschied aus und äußerte die Hoffnung, Toyen mit Nezval und Štyrský bereits im Herbst in Paris wiederzusehen; »sehr sehr herzlich« bedankte er sich noch für »Ihren so netten Brief«.[56] Vom Sommerurlaub frisch nach Paris zurückgekehrt, betonte er in einem Brief, den ein kleiner Scherenschnitt ziert (Kat. 218): »Auf Wiedersehen, liebe Toyen – Kommen Sie bald wieder. Wir lieben Sie und bewundern Sie sehr, sehr. Ihr Freund Yves Tanguy«.[57]

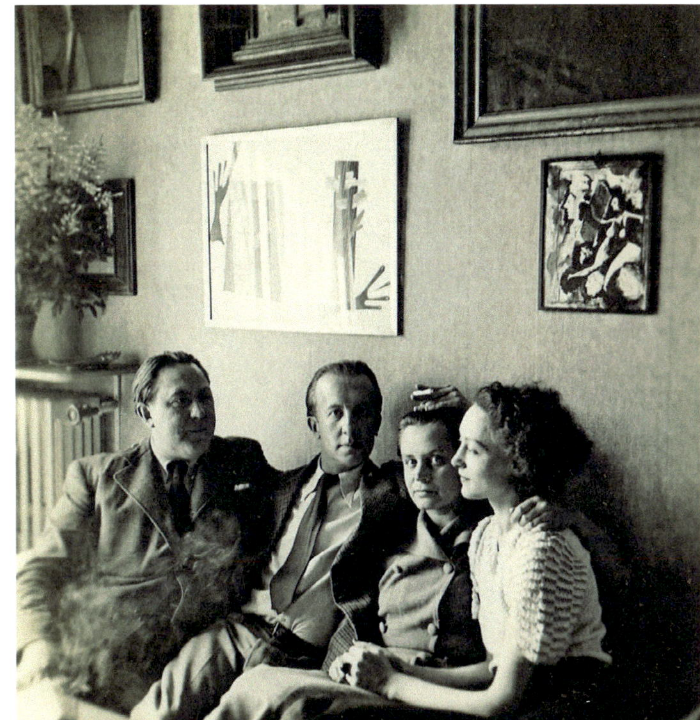

Abb. 214 Vítězslav Nezval, Paul Eluard, Toyen und Nusch Eluard in der Wohnung von Nusch und Paul Eluard am 16. oder 20. Juni 1935; unter Werken aus Eluards Sammlung sitzend, unter anderem von Max Ernst (1891–1976), *Loplop présente / Loplop stellt vor*, Collage, Aquarell, Frottage, Bleistift auf Papier, 1932 (Foto: Jindřich Štyrský) | Privatsammlung, Paris

Werke – Ausstellungen und Zeitschriften als Bühnen

Anders als geplant kehrte Toyen nicht im Herbst zurück. Aber ihre Werke waren von nun an im surrealistischen Paris präsent. So publizierte Nezval im Herbst 1935 in *Cahiers d'Art* unter anderem einen Aufsatz zu ihr und Štyrský,[58] illustriert mit ihrem Gemälde *Žlutý spektr* (*Gelbes Gespenst*). Im Dezember war sie neben Dalí, Tanguy, Ernst und anderen als einzige tschechische Künstlerin auf einer Schau surrealistischer Zeichnungen vertreten.[59]

In Prag bereitete 1936 die – erste und letzte – Ausgabe der von Nezval herausgegebenen Zeitschrift *Surrealismus* (Abb. 215) die Bühne, auf der sich Werke und Anschauungen begegnen konnten.[60] Die Ausgabe enthält unter anderem eine Auswahl tschechischer literarischer Arbeiten, Übersetzungen aus Werken der Pariser Surrealisten, Rezensionen und Aufsätze, welche die gemeinschaftlichen Aktivitäten und die einheitliche Haltung der Surrealisten betonen, einen Nachruf auf René Crevel, der Selbstmord beging, als die tschechische Gruppe sich gerade in Paris aufhielt, sowie Abbildungen ausgewählter Werke von Arp, Hans Bellmer, Breton, Dalí, Óscar Domínguez, Marcel Duchamp, Ernst, Alberto Giacometti, René Magritte, Man Ray, Pablo Picasso und Tanguy sowie von Štyrský, Makovský und Emil Filla und nicht zuletzt von Toyen, auch hier wiederum ausschließlich Gemälde von 1934.

1936 war Toyen auf keiner Ausstellung in Paris vertreten, auch nicht auf der *Exposition surréaliste d'objets* in der Galerie Ratton. Allerdings erscheinen ihre Werke in Publikationen, so gestaltete sie das Frontispiz der französischen Ausgabe von Nezvals Gedichtsammlung *Antilyrique* – die Übersetzung stammt von Péret – und war dafür unter anderem in Kontakt mit Péret.[61] In London wurden ihre Gemälde aus Bretons und Eluards Sammlungen prominent auf der *International surrealist exhibition* präsentiert (Abb. 216),[62] welche Breton, Eluard, Georges Hugnet unter anderem mit Roland

Penrose organisiert hatten. Letzterer sollte im August 1938 fast die gesamte Sammlung Eluards und dabei als Bestandteil des Konvoluts auch Toyens Gemälde *Stimme des Waldes II* erwerben.[63] Alfred Barr, der für seine New Yorker MoMA-Ausstellung *Fantastic Art, Dada and Surrealism* 1936 zwar Werke Bretons und Eluards lieh, aber ohne Mitsprache der Surrealisten präsentierte, berücksichtigte Toyen hingegen nicht.

Auf einer 1937 durch Japan tourenden, von Eluard, Penrose und Hugnet mitorganisierten Schau wurde Toyens Werk *Touha* (*Verlangen*, Kat. 207) gezeigt und im Katalog abgebildet.[64] Zudem war sie im selben Jahr bei zwei Ausstellungen in Prag und einer Ausstellung tschechischer Kunst in Moskau, hier mit *Menhiry* (*Menhirs*), vertreten (Abb. 293).[65] Auf der Pariser *Exposition internationale du surréalisme* schließlich wurden im Januar 1938 wieder beide Leihgaben Bretons und Eluards - die Werke, die sie ihnen geschenkt hatte - ausgestellt (Kat. 263, Abb. 241);[66] zu der vom Umfang her reduzierten zweiten Station der Pariser Ausstellung in Amsterdam reiste Toyens *Prometheus*, wie auch alle anderen Leihgaben Bretons, nicht mit. Im begleitenden *Dictionnaire abrégé du surréalisme* wurde nicht nur in programmatischer Absicht das bereits erwähnte, wahrscheinlich von Štyrský während Bretons und Eluards Besuch in Karlsbad 1935 aufgenommene Foto der Gruppe abgedruckt (Abb. 213); zudem fanden sich hier statt der Exponate die Gemälde *Gelbes Gespenst* und *Spící* (*Schlafende*) reproduziert. Letzteres, an dessen Titelfindung Tanguy beteiligt gewesen sein soll,[67] muss die Künstlerin Kay Sage, die spätere Ehefrau von Tanguy, so begeistert haben, als sie es in Zusammenhang mit der Ausstellung sah, dass Tanguy Toyen noch 1946 in einem Brief von seinem neuen Wohnsitz in Connecticut aus dazu berichten kann, dass er und seine Frau, seitdem sie sich 1938 kennengelernt hatten, die Begeisterung dafür teilten und sie beide dieses Werk gerne in ihre Sammlung aufgenommen hätten.[68]

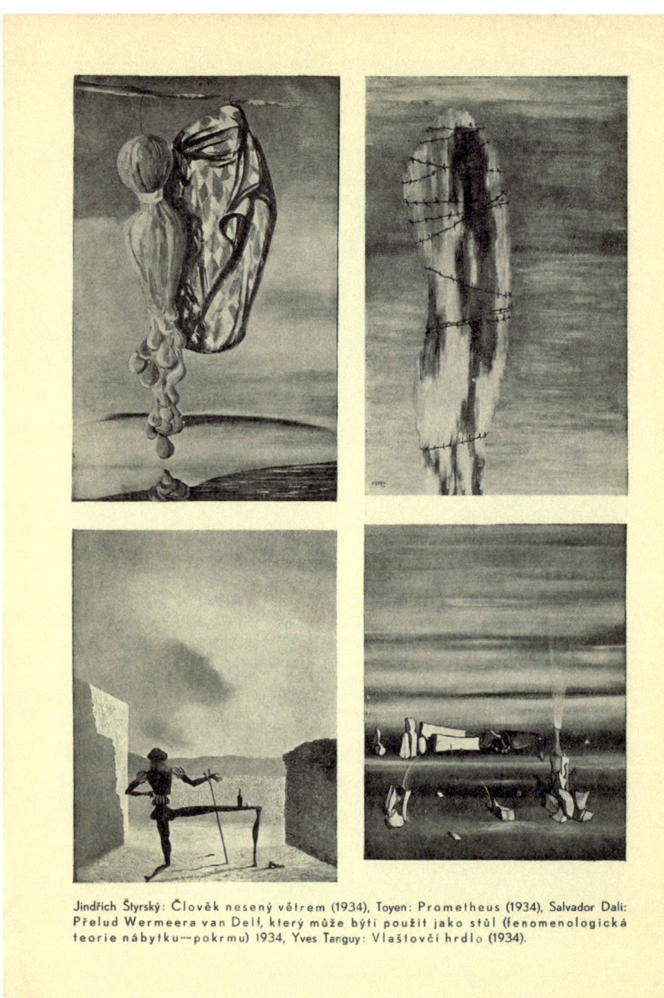
Jindřich Štyrský: Člověk nesený větrem (1934), Toyen: Prometheus (1934), Salvador Dali: Přelud Wermeera van Delf, který může býti použit jako stůl (fenomenologická teorie nábytku—pokrmu) 1934, Yves Tanguy: Vlaštovčí hrdlo (1934).

Abb. 215 Vítězslav Nezval (Hg.), *Surrealismus*, Josef Janda, Prag 1936, 58 Seiten, S. 56. Mit Reproduktionen von: Jindřich Štýrský, *Člověk nesený větrem / Mensch vom Wind getragen*, 1934; Toyen, *Prometheus*, 1934; Salvador Dalí (1904–1989), *Le Spectre de Vermeer de Delft pouvant être utilisé comme table (théorie phénoménologique du »meuble-aliment«) / Als Tisch geeignetes Gespenst Vermeers van Delft (phänomenologische Theorie der »Speisekammer«)*, 1934; Yves Tanguy (1900–1955), *Le Col de l'hirondelle / Der Schwalbenpass*, 1934

Anfang 1938 fand auch das nächste große Ausstellungsprojekt von Toyen und Štyrský in Prag statt, mit weiteren Stationen in Brünn (Brno) und Bratislava; Anfang des Jahres erschien die monographische Darstellung zum Werk beider.[69] In seinem Einführungstext für den Ausstellungskatalog erläutert Teige die malerische Poesie und objektive Realität der neuartigen »surrealistischen Bild-Objekte«, welche weitere Entdeckungen auf dem Weg der »ersten reichen Funde« seien, die Toyen und Štyrský 1935 gemacht hatten. Davor jedoch nimmt er Stellung zu den aktuellen Konflikten der Kunst mit der offiziellen Ideologie: »Es besteht kein Zweifel, dass die Werke von Toyen und Štyrský, beurteilt nach den Maßstäben Hitlers, der Sowjetunion und der tschechoslowakischen reaktionären *Kulturträger* [auf Deutsch], entartete Kunst sind.«[70] Und er zitiert aus einigen den Surrealismus abwertenden, »die Polemik Goebbels [...] nachäffende[n]« Zeitungskritiken.

Tatsächlich polemisierte das nationalsozialistische sudetendeutsche Blatt *Die Zeit* im Februar 1938 anlässlich der Rückkehr der auf der Weltausstellung in Paris (*Exposition Internationale des Arts et Techniques dans la Vie Moderne*) gezeigten tschechoslowakischen Werke gegen die »Pariser Filialkunst in Prag«: »Auch in Paris konnte man wieder diese lächerlichen Produkte eines phantasielosen Kulturbolschewismus ausgebreitet sehen. Sie sind bei den Tschechen besonders an die Namen Tichy, Filla, Makovsky, Štyrský, Tojen [sic!] u. a. geknüpft. Unter der tschechischen Kunstjournalistik findet sich sogar ein Herr Teige, der in seinem Buche ›Štyrský a Tojen‹ mit dem verzwickten Aufwande einer dialektischen Begriffsakrobatik die Surrealisten über den grünen Klee als die Bringer einer Zukunftskunst lobt.«[71]

Die Frage nach der Positionierung der Kunst angesichts der aktuellen politischen Entwicklungen führte zu immer massiveren Konflikten mit Nezval, der im März 1938 versuchte, die Gruppe aufzulösen. Er begründete dies Breton gegenüber unter anderem damit, »dass die theoretische Aktivität, welche Grundlage der kollektiven Zusammenarbeit sein sollte, von den meisten Mitgliedern der Gruppe vernachlässigt wurde und [...] fast ausschließlich von meiner Arbeit und Initiative abhing«.[72] Vergeblich berief sich Breton auf ihre Freundschaft und beschwor Nezval, einzulenken und die Gruppe weiterbestehen zu lassen, stellte jedoch zugleich klar: »ich bin gegen [...] die Wiederaufnahme der surrealistischen Aktivitäten unter Umständen, die meine Freunde Toyen, Teige, Štyrský, Honzl, Brouk, Biebl ausschließen würden, und zähle darauf, dass Sie eine solche Absicht in keinster Weise verfolgen«.[73] Derweil versicherte die Gruppe Breton, dass sie sich ihrerseits von Nezval distanziere und dass sie fortbestehen werde, was Teige im April, die Differenzen mit Nezval erklärend, nochmals Breton gegenüber[74] und im Mai dann öffentlich bekräftigte. Kurze Zeit später stieß mit dem Dichter Jindřich Heisler ein neues Mitglied zur Gruppe der Surrealisten in der Tschechoslowakei, in der Zusammenarbeit mit ihm sollte Toyen wiederum neue Wege beschreiten.

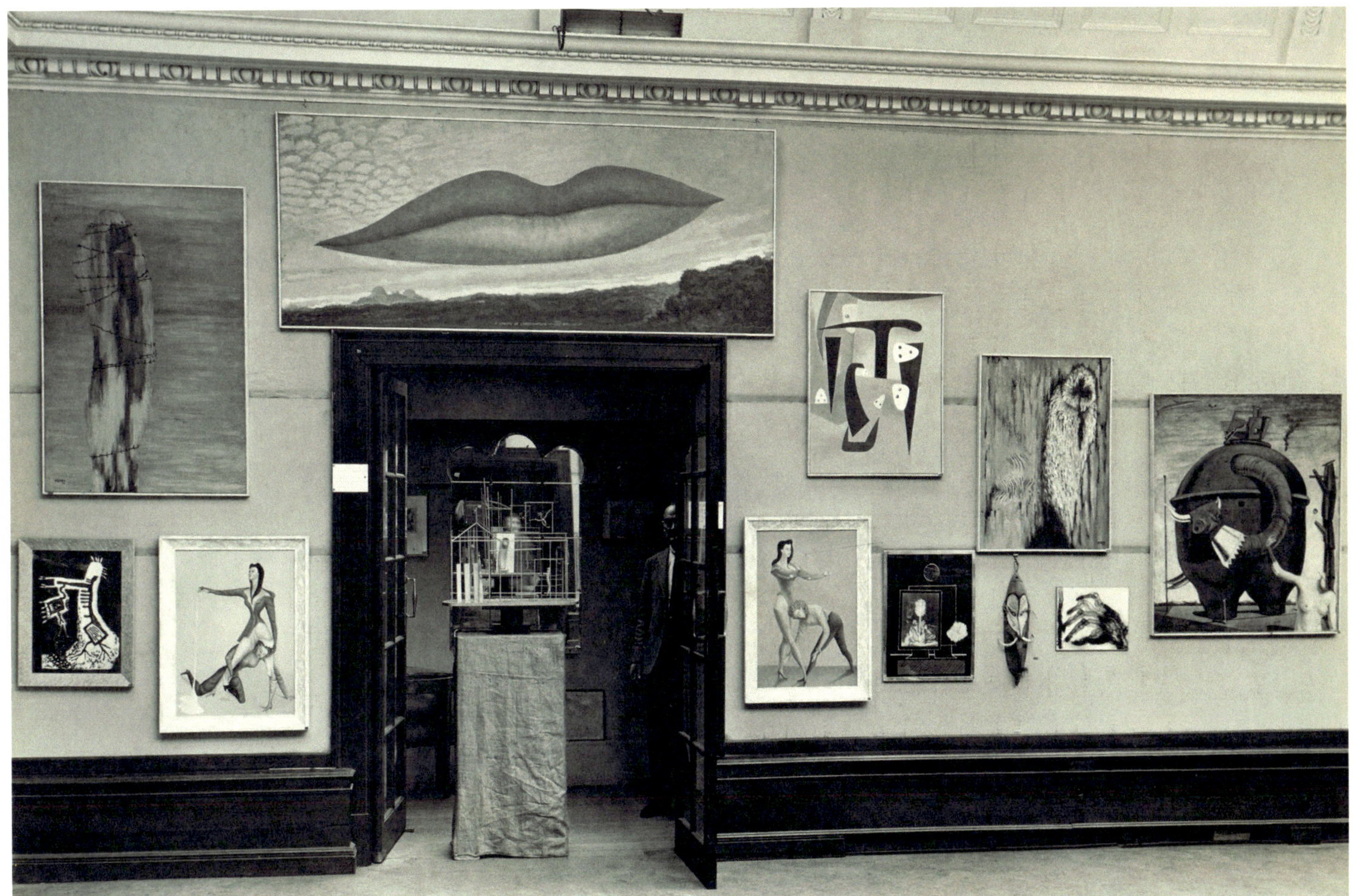

Abb. 216 Installationsansicht ***The International Surrealist Exhibition***, New Burlington Galleries London, 11. Juni – 4. Juli 1936, mit der von Roland Penrose und E. T. L. Mesens verantworteten Hängung von u. a. Toyens *Prometheus* und *Hlas lesa II / Stimme des Waldes II* (von links nach rechts, bezeichnet gemäß den im begleitenden Katalog gegebenen Titeln und Katalognummern): Toyen, *Prometheus,* 1934 (cat. no. 360, oil); Len Lye (1901–1980), *Self Planting at Night / Selbstbegrünung bei Nacht,* 1930 (cat. no. 164, Photogram); Leonor Fini (1907–1996), *Game of Legs / Spiel der Beine*, 1935 (cat. no. 105, oil); Man Ray (1890–1976), *Observatory Time: The Lovers / Sternwartenzeit: Die Liebenden,* 1932–1934 (cat. no. 311, oil); Alberto Giacometti (1901–1966), *The Palace at 4 a.m. / Der Palast um 4 Uhr früh.,* 1933 (cat. no. 123, wood); Wolfgang Paalen (1905–1959), *Antarctic Landscape / Antarktische Landschaft*, 1936 (cat. no. 269, oil); Toyen, *Voice of the Forest / Stimme des Waldes*, 1934 (cat. no. 359, oil); Max Ernst, *The Elephant Celebes / Der Elefant von Sulawesi*, 1923 (lent by Mons. Paul Eluard, Paris, cat. no. 93, oil); darunter: Leonor Fini, *The white weapon / Die blanke Waffe*, 1936 (cat. no. 106, oil); Max Ernst, *Les télégraphes / Die Telegraphen*, ca. 1932 (nicht im Katalog, heute verschollen, Collage auf Karton, ca. 650 x 500 mm); *Mask Mandated Territory of New Guinea / Maske Mandatsgebiet von Neuguinea* (cat. no. 366); Wolfgang Paalen, *Dictated by a candle / Diktiert von einer Kerze*, 1936 (cat. no. 275, drawing) | National Galleries of Scotland

Nachwort

Toyen und Tanguy fuhren auch nach dem Krieg fort, einander ihre neuesten Publikationen zu senden.[75] Tanguys Verhältnis zu Toyen kühlte sich allerdings in den Jahren 1951/52 ab, wie seinen Briefen an Marcel Jean zu entnehmen ist; ausgelöst wurde dies vermutlich durch seine ab 1949 aufkommenden und 1951 ihrem Höhepunkt zustrebenden Streitigkeiten mit Breton, während Toyen zeitlebens solidarisch zu dem Gründer des Surrealismus stand. Tanguy, dessen Werke im Februar 1953 mit Arbeiten Toyens auf einer Gruppenausstellung in der Galerie A l'étoile scellée präsentiert wurden, traf sie vielleicht im April 1953 wieder: Anlässlich seiner Einzelausstellung[76] besuchte er Paris, Breton wollte er allerdings nicht sehen, worüber dieser sich später sehr enttäuscht zeigte.[77]

Nach Tanguys überraschendem Tod im Januar 1955 wurde Toyen am 23. Mai von der Galerie Rive Gauche um einen Beitrag gebeten für eine für den 7. Juni geplante »Ausstellung ›Hommage à Yves Tanguy‹ von seinen Freunden, an der folgende Künstler teilnehmen: Arp, Brauner, Coutaud, Max Ernst, Labisse, Miró, Matta, Tanning«.[78] Auch sie möge ein Gemälde einreichen, präzisierte der Organisator R. A. Augustinci, »das sich dem Geist des Œuvres von Tanguy so weit wie möglich annähere«. Welches Werk Toyen hierfür vorgeschlagen haben mag?

Wahrscheinlich kam es dann doch nicht zu einer Beteiligung Toyens an der Ausstellung, für welche sie in der Ankündigung allerdings noch als Teilnehmende aufgeführt ist. Ein dringendes Treffen, um welches der Galerist Toyen am 8. Juni wegen »eines unerfreulichen Rückschlags« bat,[79] legt nahe, dass es Unstimmigkeiten unter den angefragten Künstlern gab. Schließlich schilderte Breton Ende Juni 1955 Tanguys Schwester seine Sicht der Dinge und erläuterte die Konsequenz, die er gezogen hatte. Diese verdeutlicht, welche Bedeutung die Weggefährten den Begegnungen ihrer Werke auf Ausstellungen zugemessen haben, und gibt zudem Aufschluss über ihre besonderen Verhältnisse zueinander: »Die ›Hommage‹ [...] ist meiner Ansicht nach nicht das, was wünschenswert gewesen wäre: [...] ein ›Veto‹ von Max Ernst, das meine Freundin Toyen als ›Feindin von Tanguy‹ aus der Ausstellung geworfen hat, obwohl sie doch eine seiner besten Freundinnen war, war der Grund, dass ich mich gezwungen sah, zwei Gemälde von Yves, die ich geliehen hatte, von der Wand zu nehmen.«[80]

1 Karel Teige, Abstraktivismus, Surrealismus, NADREALISMUS! Artificialismus, in: *Kmen II*, 1928, Nr. 6, gekürzt in: Rita Bischof, *Toyen. Das malerische Werk*, Frankfurt a. M. 1987, S. 125–126, hier S. 125.

2 Jindřich Štyrský und Toyen, Artifizielisme (Artifizialismus), in: *ReD* 1, Prag 1927/28, S. 28–30.

3 S. Anna Pravdová, Petr Ingerle (Hg.), *Josef Síma, the road to le Grand Jeu*, Ausst.-Kat. Nationalgalerie Prag, Prag 1999.

4 Vgl. Vítězslav Neval, *Řetěz štěstí* (*Glückskette*), Prag 1936, S. 8.

5 *Aquarelle Paul Klee* (Galerie Vavin-Raspail, 21.10.–14.11.1925); zweite Einzelausstellung Klees ebendort, 16.–31.3.1927; *Yves Tanguy* (Salon de Araignée, 1925); *Yves Tanguy et Objets d'Amérique* (Galerie Surréaliste, 27.5.–15.6.1927); *Max Ernst* (Galerie Van Leer, 15.3.–3.4.1927, Galerie Bernheim, 1.2.–15.2.1928).

6 S. den Beitrag von Barbora Bartůňková in diesem Katalog, S. 177ff.

7 Dazu Lenka Bydžovská, »Vidíte něco?« zeptal se Poussin ...: Informe, Bataille a čeští surrealisté, in: *Umění* 45/5, 1997, S. 477- 488. Übersetzt in: dies., »Do You See Anything?« Asked Poussin: The Informe, Bataille and the Czech Surrealists, in: Beáta Hock, Klara Kemp-Welch, Jonathan Owen (Hg.), *A Reader in East-Central-European Modernism 1918–1956*, London 2019, S. 302–316.

8 André Breton, Zweites Manifest des Surrealismus, in: *La Révolution surréaliste*, Nr. 12, Paris, 15.12.1929, S. 1–17, Übersetzung in: ders., *Die Manifeste des Surrealismus*, Reinbek bei Hamburg 1986, S. 47–99.

9 S. den Text *Auftritt der Erscheinungen – zwischen Faltungen und Rissen in Raum und Bild* der Autorin im vorliegenden Katalog, S. 139ff.

10 Salvador Dalí, Interprétation paranoïaque-critique de l'image obsédante »L'Angelus« de Millet, in: *Minotaure* 1, 15.2.1933, Reprint: New York 1968, S. 65–67, übers. und zit. nach: Salvador Dalí, Unabhängigkeitserklärung der Phantasie und Erklärung der Rechte des Menschen auf seine Verrücktheit, in: *Gesammelte Schriften*, hg. von Axel Matthes, Tilbert Diego Stegmann, dt. von Brigitte Weidmann, München 1974, S. 196–203, hier S. 196.

11 *Zvěrokruh: měsíčník soudobého umění*, hg. von Vítězslav Nezval. Studentské knihkupectví, Praha. Die surrealistische Monatszeitschrift erschien in nur zwei Ausgaben Ende 1930.

12 Karel Teige, Nadrealismus a Vysoká hra, in: *ReD* 3, 1930, S. 249.

13 Vgl. Anja Tippner, *Die permanente Avantgarde? Surrealismus in Prag*, Köln [u. a.] 2009, S. 30ff.

14 Vítězslav Nezval in: *Surrealismus* 1, 1936, S. 41–43, hier S. 43.

15 Vgl. Lenka Bydžovská, Karel Srp, »The Lautréamont Case«, in: *Umění* XLIII, 1995/149.

16 *Bateau ivre*, 1929, in: *ReD* 2, 1928/29, S. 208; *Kresba k Rimbaudovi* (*Zeichnung für Rimbaud*), in: *Tvar*, Jg. III, 1929, Nr. 4.

17 Marquis de Sade, *Justine ou les Malheurs de la vertu*; Pietro Aretino, *La Vie des nonnes*, Edice 69, Prag 1932.

18 S. dazu Annie Le Brun im vorliegenden Katalog, S. 331ff.

19 *Umění současné Francie*, März–April 1931, Spolek výtvarných umělců (S.V.U.) Mánes, und *École de Paris*, Mai–Juli 1931, Gemeindehaus und Aleš-Halle des Prager Kunstvereins.

20 S. den Text *Auftritt der Erscheinungen – zwischen Faltungen und Rissen in Raum und Bild* der Autorin im vorliegenden Katalog, S. 139ff.

21 S. den Text *Toyens Weg zum Surrealismus – die Ausstellung* Poesie 1932 von Françoise Caille im vorliegenden Katalog, S. 115ff.

22 Die erste Ausstellung surrealistischer Kunst in den USA, *Newer Super-Realism*, Wadsworth Atheneum, November 1931, war halb so umfangreich.

23 Sie nahm an folgenden Ausstellungen teil: *Štyrský a Toyen*, 1.–30.3.1930, Aventinská Mansarda, Prag; *Štyrský a Toyen*, Eröffnung 21.6.1930, Kroměříž; *100 Jahre tschechische Kunst 1830–1930*, November-Dezember 1930, S.V.U. Mánes, Prag; *Štyrský a Toyen*, 18.11.–4.12.1931, Umělecká Beseda Praha; *Exposition d'art moderne*, April 1931, Palais des Beaux Arts, Brüssel; *Štyrský a Toyen*, 19.3.–10.4.1932, Galerie Vaněk, Brünn (Brno); *Poésie 1932*, S.V.U. Mánes, 27.10.–27.11.1932; *177. Výstava členská*, 19.10.–26.11.1933, S.V.U. Mánes, Prag; *XXXIII. Výstava Krásné Jizby Kresby Štyrského a Toyen*, 18.11.–22.12.1933.

24 *Le Surréalisme au service de la révolution* 5, 15.5.1933, S. 31.

25 Dies behauptete schon František Šmejkal, Štyrský et Toyen, in: Ausst.-Kat. *Štyrský, Toyen, Heisler*, Paris 1982, S. 21.

26 Unterzeichner des als Flugblatt veröffentlichten Manifests *Surrealismus v ČSR* sind Vítězslav Nezval, Konstantin Biebl, Bohuslav Brouk, Imre Forbath, Jindřich Honzl, Jaroslav Ježek, Katy King, Josef Kunstadt, Vincenc Makovský, Jindřich Štyrský, Toyen; Teige stößt kurze Zeit später dazu. Wiederabdruck des Manifests in: *Zvěrokruh* 1, 2, in: *Surrealismus v ČSR, Mezinárodní bulletin surrealismu, Surrealismus*, Prag 2004, S. 115–118. Dem Manifest wird Nezvals Brief an Breton vom Mai 1933 vorangestellt und ein zweiter Brief, gerichtet an die Agitprop-Abteilung der KSČ.

27 Ihre Werke werden 1934 präsentiert in: *55. Jahresausstellung moderne tschechoslowakische Kunst*, April–Juni 1934, Künstlerhaus Wien; *Výstava členská*, 12.10.–25.11.1934, S.V.U. Mánes, Prag; *Štyrský a Toyen*. Galerie na nové ulice (Galerie an der neuen Straße), Brünn 1934.

28 Nezvals Entwurf für seinen ersten Brief an Breton (undatiert): »Wir möchten Sie einladen, im Herbst oder Winter dieses Jahres zu kommen und bei uns eine Reihe von Vorträgen zu halten [...]. Wir möchten Sie und Ihre Freunde bitten, sich im Februar mit ihren Werken an einer großen Ausstellung zu beteiligen, die wir planen, und uns als legitime Sachwalter des Surrealismus anzuerkennen.« Breton antwortete: »Ich stehe Ihnen selbstverständlich gern zur Verfügung und werde mit Freude in Prag oder andernorts, wann immer Sie möchten, zu Ihnen sprechen. Am besten wäre es in der Tat im Rahmen einer Ausstellung, der wir *alle unsere Sorgfalt* angedeihen lassen würden, weshalb sie darauf vertrauen können, dass sie so vollständig und *sensationell* wie nur möglich sein würde.« Übers. von der Autorin nach: Jan Rubeš, La correspondance pragoise. Histoire et jalons en marge du surréalisme, in: *Courrier du Centre international d'études poétiques*, Brüssel, Nr. 123–128, November-Dezember 1978, S. 5–15, hier S. 7–8; die Briefe von Nezval an Breton befinden sich in der Bibliothèque littéraire Jacques Doucet.

29 S. Rubeš 1978 (wie in Anm. 28), S. 7; František Šmejkal, After Devětsil: Surralism in Czechoslovakia, in: Rostislav Švácha (Hg.), *Devětsil: The Czech Avant-Garde of the 1920s and 30s*, Ausst.-Kat. Museum of Modern Art Oxford [u.a.], London 1990, S. 88–93, hier S. 90.

30 S. Rubeš 1978 (wie in Anm. 28), S. 6: 15 Briefe, 1 Postkarte von Breton an Nezval und 8 »erste Versionen«, auf Tschechisch oder Französisch verfasst zur späteren Korrektur und Kopie von Nezval an Breton gerichtet, sind wohl nur ein Teil der Korrespondenz, deposit im Museum der Tschechischen Literatur in Prag; die Briefe von Nezval an Breton befinden sich in der Bibliothèque littéraire Jacques Doucet.

31 Einzelblätter waren u. a. abgedruckt in: *ReD*, Dezember 1929, *Varietés*, 1929, *Zvěrokruh*, November 1930. Man kann als mögliches Vorbild Toyens insbesondere das Blatt *Quietude*, 6. Kapitel ausmachen, vgl. Karel Srp, *Toyen*, Ausst.-Kat. Galerie der Hauptstadt Prag – Argo, Prag 2000, S. 125.

32 Vítězslav Nezval, *Depeše*, Prag 1981, S. 71. Die Übersetzung des 1932 verfassten Texts *Les Vases communicants* wurde 1935 herausgegeben vom Kunstverein Mánes.

33 Nezval an Breton, 20.12.1934, übers. von der Autorin nach Rubeš 1978 (wie in Anm. 28), S. 8.

34 15.1.–17.2.1935, Mánes Ausstellungshalle; der Katalog *První výstava skupiny surrealistů v ČSR*, S.V.U. Mánes, Prag 1935, mit einer Collage Štyrskýs auf dem Umschlag umfasst neben der Einführung von Teige einen Beitrag von Nezval, Systematické zkoumání skutečnosti rekonstrukcí objektu, halucinace a iluse, wiederabgedruckt in einer Übersetzung unter dem Titel: Systematic investigation of reality through the reconstruction of the object, hallucination and illusion, in: Lenka Bydžovská, Karel Srp (Hg.), *New formations. Czech avant-garde art and modern glass from the Roy and Mary Cullen collection*, Ausst.-Kat. Museum of Fine Arts Houston, New Haven 2011, S. 183–187.

35 Karel Teige, Surrealismus není uměleckou školou, in: *První výstava skupiny surrealistů v ČSR* 1935 (wie in Anm. 34), S. 180–182, hier S. 181.

36 Nezval an Breton, undatiert, übers. von der Autorin nach Rubeš 1978 (wie in Anm. 28), S. 9.

37 *Vorträge*, Prager Tageblatt, 30.3.1935.

38 Breton erarbeitete zwei neue Vorträge: Den ersten, den er am 29. März im Ausstellungssaal des Mánes gehalten hatte, wiederholte er am 5. April in Brünn (Brno), dann in Zürich. Er sollte erst 1937 auf Tschechisch erscheinen. Am 1. April hielt er den zweiten Vortrag mit dem Titel *Position politique de l'art d'aujourd'hui* in Prag auf Einladung der Linken Front; beide Vorträge wurden abgedruckt in: Breton, *Position Politique du Surréalisme* (1935), in: ders., *Oeuvres complètes*, Bd. 2, Paris 1988, S. 409–440; am 3. April brachte er den bereits bekannten Text *Qu'est-ce que le surréalisme* in der Karls-Universität zum Vortrag.

39 »ici succès considerable. 700 personnes hier à la conference sur la poésie et l'art surréalistes (avec lectures et projections). Le surréalisme est ici dans une situation magnifique, absolument exceptionelle. Reception triomphale.« »Oui tout est magnifique ici.« S. unpublizierte Manuskripte der Korrespondenz Breton/Dalí, Gabrielle Keiller Archive, Scottish National Gallery of Modern Art, Edinburgh, GMA A42/1/GKA008: 1 ms. Postkarte von Breton und Eluard aus Prag an M et Mme Dalí, Cadaqués, 30.3.; vorher hatte er Dalí bereits zweimal dazu geschrieben: 1 ms. Brief Breton an Dalí, Paris 2.3.1935 (1 Blatt, 1 Seite), Breton kündigt seine Reise nach Prag an; 1 ms. Postkarte Breton von Chateau de Poury Gers, an Dalí nach Cadaqués, abgesendet 10.3.1935 (?), auf Bildseite gestempelt in Cadaqués am 15.3., Breton kündigt die Reise und zwei Vorträge an. Ich danke Patrick Elliott und Kirstie Meehan für die Bereitstellung der Scans der Korrespondenz.

40 Eluard an Gala, (Prag), Montag, den 7. oder 8. (sic) April (1935), in: Paul Eluard, *Liebesbriefe an Gala*, München 1990, S. 241–242.

41 »[...] la poésie doit être faite par tous. Non par un. Seul, la révolution prolétarienne nous laisse espérer que cette parole de Lautréamont se réalisera.« In: *Bulletin international du surréalisme* 1, S. 8–10, hier S. 9. Das Interview wurde am 14. April 1935 publiziert in *Haló-noviny*.

42 Diese drückt sich auch darin aus, dass Bretons und Aragons Stück *Le trésor des jésuites* (1928) von dem Direktor des Nové Divadlo (Neues Theater), Jindřich Honzl, mit dem Bühnenbild von Štyrský am 17. Mai 1935 in Prag aufgeführt wurde.

43 André Breton, Surrealist Situation of the Object: Situation of the Surrealist Object, in: *Manifestoes of Surrealism*, Ann Abor 1972, S. 255.

44 Breton an Nezval, 14.4.1935, übers. von der Autorin nach Rubeš 1978 (wie in Anm. 28), S. 10.

45 »Da sich meine materielle Situation nicht bessert, ist die Rede davon, dass man mich für mehrere Jahre nach Prag sendet [...], damit ich dort Kurse gebe. Jedenfalls hat man mir das gestern im Außenministerium gesagt. Wäre es nicht schön, wenn wir uns für so lange Zeit wiedersehen könnten? Überflüssig zu erwähnen, dass ich sofort eingewilligt habe ...« Breton an Nezval, 25.8.1936, in: ebd., S. 11, übers. von der Autorin (s. auch Vítězslav Nezval, *Depeše z konce tisíciletí. Korespondence Vítězslava Nezvala*, Praha 1981, S. 95); s. auch Derek Sayer, André Breton and the magic capital: an agony in six fits, in: *Bohemia* 52, 2012, S. 55–75.

46 »Leider hatten wir nichts, was wir von Toyen hätten zeigen können«, Karte unterzeichnet von André und Jacqueline Breton, Péret, Eduardo Westerdahl, Pedro García Cabrera, Pérez Minik, Domingo López Torres, Agustín Espinoza; übers. von der Autorin nach Pavel Štěpánek, Pochmurná hra, in: *Ateliér* 1995, 18, S. 8.

47 Nezval, *Rue Git-le-Cœur* (1936), Avignon 1988; sie besuchen u. a. Man Ray am 14. Juni 1935, ebd., S. 22; Breton am 15. Juni, S. 24; Eluard am 16. und 20. Juni, S. 34, 68; am 19. Juni erfahren sie vom Freitod Crevels, S. 48; Max Ernst am 20. Juni, S. 60 f. Im Gegensatz zu den zahlreichen Fotos Štyrskýs von anderen Reisen scheint es von dieser kaum Aufnahmen von Personen zu geben. Zum einen ist dies seinem

Krankenhausaufenthalt geschuldet, zum anderen verwendeten er und Nezval viel Zeit auf eine Fotoserie, *Pařížské odpoledne* (*Un Après-midi parisien*), manche der Stadtaufnahmen sind in Nezvals Roman publiziert.

48 Am 14. Juni kamen Toyen, Štyrský und Nezval an, am 15. besuchten sie die vom 5. bis 18. Juni stattfindende Schau; vgl. Nezval 1988 (wie in Anm. 47), S. 28. Zu der Ausstellung gab es nur eine Einladungskarte (Kat. 593), keinen Ausstellungskatalog.

49 Am 2. Juli, ebd., S. 124.

50 »Et si, de leur côté, Jindřich Štyrský, Karel Teige, Jindřich Heisler, comme Yves Tanguy, Benjamin Péret, Paul Eluard (avant qu'il ne devienne stalinien), par la suite Robert Benayoun et Georges Goldfayn, lui vouèrent une amitié sans partage, je crois que pour un grand nombre des surrealistes [...], Toyen est au fond restée une inconnue et peut-être même une énigme.« Radovan Ivšić, Comme on fait son rêve, on fait sa vie, in: Ausst.-Kat. *Toyen*, Galerija Klovi´cevi dvori, 3.4.–19.5.2002, hg. von Annie Le Brun, Radovan Ivšić, Zagreb 2002, S. 38–56, hier S. 43.

51 Diese stehen in direkter Nachfolge von André Boiffards Fotos, mit welchen Breton seinen Roman *Nadja* illustrierte. Zu diesen Aufnahmen und den von Štyrský zu dem Anlass zusammengestellten Konvoluten mit Fotos von Pariser Orten und »objets trouvés«, in denen sich die beiden mit den Orten und literarischen Quellen des französischen Surrealismus identifizieren, s. Fedora Parkmann, Photographies parisiennes des surréalistes tchèques: des preuves à l'appui d'une mémoire partagée du surréalisme, in: *Marges. Revue d'art contemporain*, Herbst/Winter 2019, High & Low 29, Presses Universitaires de Vincennes, S. 84–103.

52 Am 5. Juli, übers. von der Autorin nach Nezval 1988 (wie in Anm. 47), S. 138f.

53 Ich danke Annie Le Brun sehr für ihre Auskunft, Toyen habe ihr erzählt, dass Tanguy ihr das Werk bei ihrer Abreise am Bahnhof gegeben habe (E-Mail an die Autorin, 24.9.2020).

54 Radovan Ivšić charakterisierte Toyen als stille, aufmerksame Beobachterin, »sauvage, solitaire, secrète«, in: ders., Comme on fait son rêve, on fait sa vie, in. Ausst.-Kat. Zagreb 2002 (wie in Anm. 50), S. 38–56, hier S. 43 ; André Thirion beschrieb Tanguy als »von bescheidenem, aber sicherem Auftreten [...], schweigsam«, in: ders., *Révolutionnaires sans Révolution*, Paris 1972, S. 97.

55 Tanguy reiste von Jugend an bis 1936 häufig in die Heimat seiner Mutter; Toyen kannte die Bretagne seit ihrem ersten Ausflug dorthin vor dem Krieg und suchte sie, insbesondere die Île de Sein, ab 1948 immer wieder auf.

56 »Bien triste de vous trouver partis, mais j'ai grand espoir de vous voir tous en automne à Paris. [...]«, »très très affectueusement à vous [...] votre si gentille lettre«. Die Vorderseite der Karte zeigt den Leuchtturm Phare d'Armen, Île de Sein; sie ist adressiert an: »Toyén, Komenshého 17 Prague XVI (Tchécoslovaquie)«, gestempelt »Finistère [?], 8.35«, Privatsammlung, Paris.

57 »Au revoir chère Toyen – Revenez vite nous vous aimons et vous admirons, beaucoup, beaucoup. Votre ami Yves Tanguy«. Nach seiner Rückkehr in Paris verfasst (51 bis rue de Moulin Vert 14eme Paris als Adresse angegeben), Privatsammlung, Paris. Tanguy erwähnt ein Bild, für das er ihr und einem Freund von ihr danken möchte, außerdem legt er ihr wohl einen Dankesbrief bei, den sie ihrem Freund weiterreichen möge. Vgl. auch den Abdruck des Briefes in diesem Band auf S. 134.

58 *Cahiers d'Art*, Jg. 10, Nr. 5–6. Nezval bringt hier (wiederholt in: *Surrealismus* 1, 1936, S. 24 und in: Vítězslav Nezval, Karel Teige (Hg.), *Štyrský a Toyen*, Prag 1938, S. 14) die Idee der konvulsivischen Schönheit in Zusammenhang mit Toyens Gemälde *Hlas lesa*, von dem er selbst die erste Fassung besaß.

59 *Exposition de dessins surréalistes*, Au Quatre Chemins (13.12.–31.12.1935), mit Werken von Arp, Bellmer, Brauner, Gysin, de Chirico, Dalí, Domínguez, Duchamp, Ernst, Fernandez, Fini, Hayter, Henry, Hugo, Jean, Magritte, Miró, Oppenheim, Paalen, Picasso, Man Ray, Tanguy, Toyen.

60 https://monoskop.org/images/5/5c/Nezval_Vitezslav_ed_Surrealismus.pdf; als Beteiligte werden genannt: Hans Arp, Hans Bellmer, Konstantin Biebl, André Breton, Bohuslav Brouk, René Crevel, Salvador Dalí, Óscar Domínguez, Marcel Duchamp, Paul Eluard, Max Ernst, Emil Filla, Alberto Giacometti, Jindřich Honzl, Georges Hugnet, René Char, Jaroslav Ježek, Katy King, Josef Kunstadt, René Magritte, Vincenc Makovský, Leo Malet, E. L. T. Mesens, Vítězslav Nezval, Benjamin Péret, Pablo Picasso, Gisèle Prassinos, Man Ray, Jindřich Štyrský, Yves Tanguy, Karel Teige, Toyen, Robert Valancay, Pierre Yoyotte.

61 Péret schreibt an Toyen: »Ici on me réclame d'urgence le dessin que vous devez faire pour le poème de Nezval ›Antilyrique‹. Le poème est à l'impression et l'éditeur n'a pas de dessin.« Darüber hinaus fragt er u. a. nach der Möglichkeit einer Reise nach Prag; undatierter Brief Péret (Juni/Juli [?] 1936), Privatsammlung, Paris.

62 11.6.–4.7.1936, New Burlington Galleries, London. Im November 1936 war Toyen zudem beteiligt an der Mitgliederausstellung des S.V.U. Mánes.

63 »Collection Paul Eluard, bought Aug. 1938«, von Eluard handgeschriebene, von Penrose annotierte Liste der im August 1938 verkauften Werke, Roland Penrose Archive, Scottish National Gallery of Modern Art, Edinburgh; vgl. *Surreale Begegnungen aus den Sammlungen Roland Penrose, Edward James, Gabrielle Keiller, Ulla und Heiner Pietzsch*, Ausst.-Kat. Hamburger Kunsthalle, hg. von Annabelle Görgen, Hubertus Gaßner, München 2016, S. 19.

64 *L'Échange surréaliste*, Tokyo, Kyoto, Osaka, Nagoya, hg. von Shuzo Takiguchi, Tiroux Yamanaka in Zusammenarbeit mit Paul Eluard, Georges Hugnet, Roland Penrose, Tokyo 1936; Toyen war in dem Jahr zudem u. a. vertreten in der Ausstellung *D 37 uvádí: Výstava Československé avantgardy*, Prag 8.–27.5.1937; ferner in: *III. Výstava dnešní Mánes (Oslavy 50 let Mánesa)* (*3. Ausstellung Manés*, [*Fest zum 50. Jubliäum*]), 12.10.–28.11.1937, S.V.U. Mánes.

65 S. den Text von Barbora Bartůňková im vorliegenden Katalog, S. 177ff.

66 17.1.–24.2.1938, Galerie Wildenstein; aufgeführt im Katalog als Nr. 223 *Prométhée* (1933), Collection A. Breton; Nr. 224 *La voix de la forêt* (1934), Collection P. Eluard. Sie wurden von der Galerie Wildenstein versichert für 3.000 bzw. 2.000 Francs; beide Werke finden sich weder auf den bislang bekannten Ausstellungsfotos noch in Pressebesprechungen wieder. Die reduzierte zweite Station war von März bis Juni 1938 die Galerie Robert, Amsterdam; vgl. Annabelle Görgen, *Exposition internationale du surréalisme, Paris 1938. Die Ausstellung als Werk*, München 2008.

67 Vgl. Srp 2000 (wie in Anm. 31), S. 135.

68 Tanguy hatte am selben Tag an Marcel Jean geschrieben: »Danke, dass Du Toyen meine Adresse gegeben hast. Ich glaube nicht, dass sie sich verändert hat, und sie war ein wirklich klasse Mädchen [une bien brave fille]. Ich hoffe, dass sie kommen wird.« Yves Tanguy, *Lettres de loin à Marcel Jean*, Paris 1993, S. 34/35, übers. von der Autorin; Tanguy an Toyen: Briefkopf »Town Farm Woodbury, Connecticut«, datiert »8 Septembre 1946«: »[...] Ma femme et moi [...] avons souvent parlé de vous car lorsque nous nous sommes connus en 1938 nous nous sommes découvert une mutuelle adoration pour votre toile ›La dormeuse‹ et nous regrettons bien de ne pas l'avoir dans notre collection.«, Privatsammlung, Paris. Tatsächlich hat sich zumindest zu diesem Zeitpunkt im Jahr 1963 kein Gemälde (mehr) von Toyen in der Sammlung Tanguy/Sage befunden. Ich danke Heinz Joachim Kummer für die Bestätigung dieses Sachverhalts auf Grundlage der von ihm hierzu konsultierten Inventarlisten von John S. Monagan und Pierre Matisse, Pierre Matisse Gallery Archive, The Morgan Library & Museum, sowie von Kay Sages Nachlass im MoMA, New York, und Dokumentationsfotos von Alexandra Darrow.

69 *3. Výstava: Štyrský a Toyen*, Topič Salon, Prag 14.1.–28.1.1938, Bratislava 3.3.–26.3.1938, Brünn April 1938; Nezval, Teige 1938 (wie in Anm. 58).

70 »Není pochyby, že díla Toyen a Štyrského, hodnocena podle měřítek hitlerovských, sovětských i československých reakčních kulturtrégerů, jsou uvrhlým uměním.«, in: *16. Výstava, Štyrský a Toyen*, Ausst.-Kat. Bratislavský umělecký Kabinet, Übersetzung von Alexandra Pietroch. »Připomínáme-li v katalogu výstavy Štyrského a Toyen tento teoriticky tak úpěnlivý Neumannův článek, který papouškuje Goebbelsovy a Keržencevovy polemiky proti umělecké avantgardě [...]«, in: *3. Výstava: Štyrský a Toyen*, Ausst.-Kat. Topič Salon Prag. In Auszügen übersetzt in: Jiří Ševčík, Peter Weibel (Hg.), *Utopien und Konflikte. Dokumente und Manifeste zur tschechischen Kunst 1938–1989*, Ostfildern 2007, S. 91–93, hier S. 92.

71 »›L'art moderne tchécoslovaque‹. Was in Paris die tschechische Kunst vertrat«, sign. »M.«, in: *Die Zeit*, 24.2.1938.

72 »[...] que l'activité théorique qui devait être base de sa coopération collective était négligée par la plupart des membres et elle dépendait [...] presque uniquement de mon travail et de mon initiative.« Nezval an Breton, 9.3.1938, übers. von der Autorin nach Rubeš 1978 (wie in Anm. 28), S. 12.

73 »Je suis opposé, est-il besoin de vous le dire aussi, à la reprise de l'activité surréaliste dans les cadres qui excluraient mes amis Toyen, Teige, Styrsky, Honzl, Brouk, Biebl et compte sur vous, de toute manière, pour ne donner aucune suite à ce projet.« Breton an Nezval, 18.3.1938, übers. von der Autorin nach ebd., S. 14.

74 Getippter achtseitiger Brief, Prag 17.3.1938, an Breton, adressiert an die »camarades surréalistes« von Paris, unterzeichnet von Biebl, Brouk, Teige, Štyrský, Toyen. Zudem handschriftlicher zweiseitiger Brief von Teige an Breton, Prag, 4.4.1938, zu den Differenzen mit Nezval; https://www.andrebreton.fr/en/view?rql=Teige+1938&_fromsearchbox=1&_fsb=1&subvid=tsearch [Aufruf: 8.9.2020].

75 Tanguy dankte Toyen 1946 für ihre Zusendung der »trois magnifiques livres que je ne connaissais pas encore [drei großartigen Bücher, die ich noch nicht kannte]« und kündigte ihr an, dass er ihr als Erste ein Buch, das Breton im Oktober über ihn herausgeben wird, senden will, Briefkopf: »Town Farm Woodbury, Connecticut«, dat. »8 Septembre 1946«, Privatsammlung, Paris. Nachdem er am 20. Juni 1947 zunächst Marcel Jean bat, »entschuldige mich bei Toyen, dass ich ihr noch nicht geantwortet und gedankt habe für ihr wundervolles Buch« (Tanguy 1993, wie in Anm. 68, S. 41), dankte er ihr am 9. Juli 1947 persönlich für die Zusendung ihres »großartigen Buches«, zu dem Breton ihr so ein »besonders schönes und wohlverdientes« Vorwort geschrieben habe (es handelt sich höchstwahrscheinlich um den Katalog zu ihrer Einzelausstellung des Jahres). Außerdem lud er sie erneut in die USA ein, Briefkopf: »Town Farm Woodbury, Connecticut«, dat. »9 Julliet 1947«, Privatsammlung, Paris.

76 Paris, Galerie Renou et Poyet, *Exposition Yves Tanguy, œuvres récentes*, März 1953.

77 Breton an Emilie Tanguy, 10.3.1955, zit. in: André Cariou, Conclusion, in: *Yves Tanguy. L'univers surréaliste*, Ausst.-Kat. Musée des Beaux-Arts de Quimper, Paris 2007, S. 216–218, hier S. 216.

78 »[...] exposition ›Hommage à Yves Tanguy‹ par ses amis à laquelle participent les peintre suivants: Arp, Brauner, Coutaud, Max Ernst, Labisse, Miró, Matta, Tanning« »qui plus se rapproche à l'esprit de l'œuvre de Tanguy«, schrieb R. A. Augustinci, Galerie Rive Gauche. Art moderne, an »Mme Toyen, 12, rue des Fosses St. Jacques, Paris 5« am 23. Mai 1955, Privatsammlung, Paris. Die Ausstellung sollte vom 15. Mai bis 15. August 1955 zu sehen sein. Es gibt keinen Katalog der Schau, der Flyer (Kat. 588) präzisiert das Datum der Vernissage: 10. Juni 1955, 16–20 Uhr, und erwähnt nur die Namen der beteiligten Künstler, »Arp, Brauner, Coutaud, Dubuffet, Max Ernst, Giacometti, Hantaï, Labisse, Man Ray, Matta, Miró, Tanning, Toyen«, doch nicht die Titel der Exponate. Ich danke Heinz Joachim Kummer sehr für die Bereitstellung des Flyers.

79 Diesmal von R. A. Augustinci adressiert an Madame Toyen, 68 Boul. Saint Germain, Paris 5, 8. Juni 1955: »Madame, un regrettable contretemps m'oblige de vous deranger pour vous demander d'urgence un rendez vous.«, Privatsammlung, Paris.

80 »›L'Hommage‹ [...] n'est pas, à mon sens, tel qu'il eût souhaitable: [...] un ›veto‹ de Max Ernst, écartant mon amie Toyen de l'exposition comme ›ennemie de Tanguy‹, alors qu'elle était de ses meilleurs amis, m'a forcé à retirer du mur les deux toiles d'Yves que j'avais prêtées.« Brief André Breton an Emilie Tanguy, 24.6.1955, Privatsammlung, zit. nach Cariou 2007 (wie in Anm. 77), S. 216–218, hier S. 217.

Paul Eluard

»Ich weiß so gut wie nichts über das Gefühl, das mich zu Ihnen hinzieht.«

Nach der Gründung einer tschechoslowakischen Surrealisten-Gruppe am 21. März 1934, an der sich Toyen und Jindřich Štyrský aktiv beteiligt hatten, wurden André Breton und Paul Eluard nach Prag eingeladen. Sie blieben dort vom 27. März bis 10. April 1935, um die Gründungsmitglieder der Gruppe kennenzulernen und eine Reihe von Vorträgen zu halten. Obwohl Toyen und Štyrský sich zuvor bereits mehrfach in Paris aufgehalten hatten, waren sie dort weder Breton noch Eluard persönlich begegnet.

Für Toyen war dies der Beginn zweier großer Freundschaften. Die Freundschaft mit Breton währte bis zu seinem Tod, die mit Eluard sollte 1946 ein Ende finden, als dieser - mit offizieller Einladung der tschechischen Kommunistischen Partei in Prag - Toyen aufsuchte, um ihr zu verkünden, dass er für den Stalinismus den Surrealismus aufgebe.

Auch wenn Toyen nur ihren engsten Freunden davon erzählte, war sie noch dreißig Jahre später zutiefst getroffen. Was kaum verwundert angesichts der Intensität dessen, was die beiden verbunden hatte von ihrer ersten Begegnung an.

Diese ersten drei Briefe Eluards an Toyen werfen ein Licht auf diese außergewöhnliche, leidenschaftliche Freundschaft.

Annie Le Brun

Dienstag Morgen

Toyen,

ich halte Sie nicht für kokett im schlechten Sinne des Wortes. Ich halte Sie für tiefsinnig und stark. Ihr Blick ist gestern Abend nicht von mir gewichen. Er hat mir außerordentlichen Halt gegeben. Das ist es, weshalb ich mir erlaube, das ist es, was mich dazu treibt, Ihnen zu schreiben.

Ich liebe keine Komödien und keine Lügen. Ich weiß so gut wie nichts über das Gefühl, das mich zu Ihnen hinzieht. Das große Rätsel, das wir uns selber sind, hindert mich, per definitionem, daran, etwas darüber zu wissen.

Wenn Sie nicht da sind, langweile ich mich. Wenn Sie da sind, möchte ich mich Ihnen nähern. Leider erlauben das die Regeln des Anstands nicht. Ich weiß rein gar nichts über Ihre Vorstellungen von der Beziehung zwischen Frau und Mann, darüber, was ihnen die Freundschaft erlaubt, darüber, wohin Zuneigung oder Begehren sie mitreißen können.

Verzeihen Sie mir bitte. Ich würde Ihnen nicht so schreiben, wenn ich Ihnen gegenüber nicht von Hochachtung, von höchstem Respekt erfüllt wäre. Sie haben ein Anrecht auf Offenheit. Ich bin mir im Übrigen sicher, dass Sie es mir nicht nachtragen werden. Zu einer Ungerechtigkeit sind Sie nicht fähig.

Ich bitte Sie: Bleiben Sie so lange wie möglich bei mir.

Ihr Freund
Paul Eluard

[Mit Tinte auf Florpostpapier geschrieben, von Toyen mit Bleistift auf den 4. April 1935 datiert.]

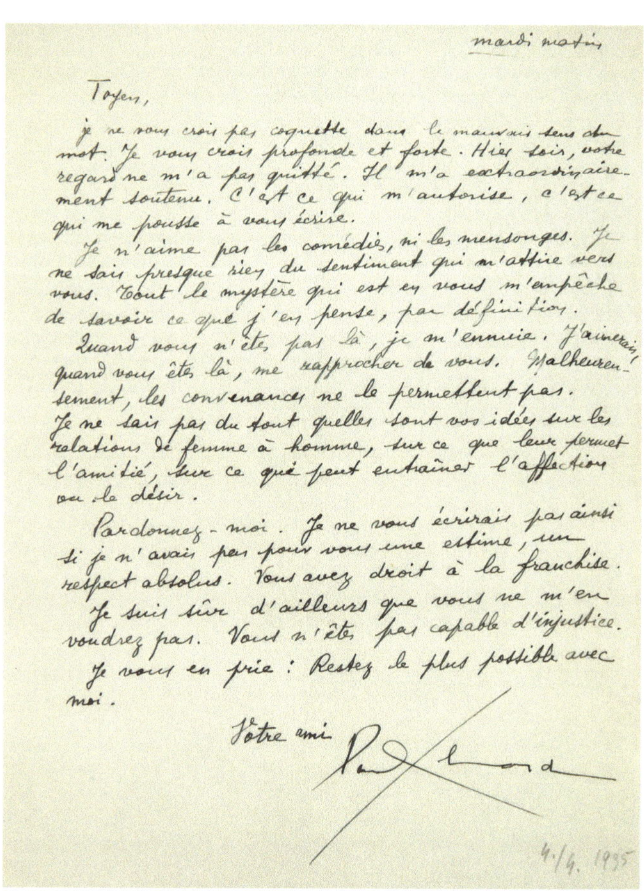

mardi matin

Toyen,

je ne vous crois pas coquette dans le mauvais sens du mot. Je vous crois profonde et forte. Hier soir, votre regard ne m'a pas quitté. Il m'a extraordinairement soutenu. C'est ce qui m'autorise, c'est ce qui me pousse à vous écrire.

Je n'aime pas les comédies, ni les mensonges. Je ne sais presque rien du sentiment qui m'attire vers vous. Tout le mystère qui est en vous m'empêche de savoir ce que j'en pense, par définition.

Quand vous n'êtes pas là, je m'ennuie. J'aimerais, quand vous êtes là, me rapprocher de vous. Malheureusement, les convenances ne le permettent pas.
Je ne sais pas du tout quelles sont vos idées sur les relations de femme à homme, sur ce que leur permet l'amitié, sur ce que peut entraîner l'affection ou le désir.

Pardonnez-moi. Je ne vous écrirais pas ainsi si je n'avais pas pour vous une estime, un respect absolus. Vous avez droit à la franchise.

Je suis sûr d'ailleurs que vous ne m'en voudrez pas. Vous n'êtes pas capable d'injustice.

Je vous en prie : Restez le plus possible avec moi.

Votre ami
Paul Eluard

4/4. 1935

Abb. 217 Brief von Paul Eluard (1895–1952) an Toyen, 4. April 1935
Privatsammlung, Paris

Dienstag, Mitternacht - Verzeihung, mir ist die Tinte ausgegangen

Meine liebe Toyen,

ich schlafe nicht. In aller Offenheit, warum sind Sie nicht bei mir, ruhig, vermittelnd, sanft und so unendlich ernst, Ihr Gesicht mir zugewandt, reglos oder auch lachend, mit diesem tiefen, lauten, alles hinwegfegenden Lachen? Ja, Toyen, in aller Schlichtheit, warum sind wir nicht frei in unserm Tun? Jeder Tag, der verstreicht, mindert und zerstört für mich das mögliche Glück, Dich ungehindert lange anzuschauen und sanft in die Arme zu schließen, wie ich es so häufig möchte.

Du wirkst manchmal wie ein Wesen, das bis ins Mark erschüttert ist. In Deiner Stimme hallen Abgründe nach. Wir sind aus demselben Holz geschnitzt.

Wie kannst Du glauben, dass ich so etwas sagen wollte: Du seist kokett. Alle Deine Eigenschaften beweisen das Gegenteil: die Besonderheit, das Geheimnis, die Intelligenz, die Phantasie, die Herzensgüte, die Unschuld, die Offenheit und vor allem der Mut, die schönste, größte aller Eigenschaften.

Lass uns Freunde sein, Toyen, aber wahre Freunde, die die Freuden ihrer Freundschaft bis zur Neige auskosten.

Sie ahnen nicht, welche Qualen es mir jeden Tag bereitet, Sie zu verlassen. Warum nicht mich morgen früh besuchen? Du wirst nicht kommen. Das empört mich. Ich sehne mich viel zu sehr danach, bei Dir zu sein, Dir ganz nahe zu sein. Aber wie alle anderen haben wir nicht den Mut, unser Verlangen zu befriedigen, uns der Freude hinzugeben, frei zu sein. Wie schlimm für uns.

Toyen, meine pessimistische Freundin, kleines reines, wildes Mädchen, schwören Sie mir, dass Sie nach Paris kommen werden. Ich möchte Sie nicht verlieren.

Paul

[Mit Bleistift auf Florpostpapier geschrieben, von Toyen mit Bleistift auf den 4. April 1935 datiert.]

Mittwoch Morgen

Du hättest allerdings einen guten Vorwand, um zu kommen (nämlich mir die Gemälde zu bringen), aber Du wirst nicht kommen. Nicht dass es Dir an Mut fehlen würde, sondern Du hast eben keine Lust zu kommen.

Ich sehne mich nach Dir. Die Zeit will nicht vergehen. Toyen, wundersame Frau, verzeih mir, ich kann einfach nicht dem Bedürfnis widerstehen, Dir zu schreiben. Geschieht mir ganz recht, wenn Du mir deswegen böse bist, ich bin ein Pessimist, auch ich.

Deine Natürlichkeit erscheint mir immens. Sie macht Dein Mysterium aus. Ich möchte gerne Deine zerzausten Haare liebkosen, an Deinem Hals träumen, Dir ganz nahe. Lange Stunden mit Dir allein sein.

[Mit Bleistift auf ein halbes Blatt Florpostpapier geschrieben, unten links angerissen.]

Meine kleine Toyen,

es freut mich wirklich sehr zu hören, dass Štyrský die Reise gut überstanden hat und dass es ihm besser geht.

Madame Cuevas de Vera hat mir für ihn 1000 Francs geschickt, die ich Euch über die Bank von May Ray habe zukommen lassen.

Schreib mir, was es an Neuigkeiten gibt bei all unseren Freunden. Es betrübt mich etwas, dass ich von Nezval nichts mehr gehört habe. Sag ihm das. Und Teige?

Wir vergessen Euch keinen Augenblick.

Nush umarmt Euch. Und ich auch,

Paul Eluard

[Mit Tinte auf ein Blatt aus einem Notizblock geschrieben, wahrscheinlich nach dem Aufenthalt Toyens und Štyrskýs in Paris vom 14. Juni bis zum 24. Juli 1935.]

Yves Tanguy

»Kommen Sie bald wieder«

Meine liebe Toyen,

wissen Sie, ich war sehr betrübt, als ich Sie nach meiner Rückkehr nach Paris nicht angetroffen habe. Auch habe ich viel getrunken und war am Abend total blau, was dazu geführt hat, dass ich ziemlich viel Unsinn gemacht habe. Wir sind jetzt endgültig wieder in Paris, tief gebräunt von der Sonne. Jeannette hat mir aufgetragen, Ihnen herzliche Grüße auszurichten. Sie ist sehr verärgert, weil Sie sie in Ihrem Brief so formell mit Madame Tanguy anreden und nicht einfach mit Jeannette.

Kommen Sie bald mit Štyrský und Nezval nach Paris zurück und versichern Sie Nezval bitte meiner aufrichtigen Freundschaft. Ich bin mir sicher, dass es Štyrský inzwischen sehr viel besser geht, oder etwa nicht? Wir wünschen uns das hier alle so sehr.

Ich danke Ihnen für Ihre große Liebenswürdigkeit wegen des Gemäldes. Dummerweise habe ich vergessen, die Adresse Ihres Freundes zu notieren, deshalb bitte ich Sie, ihm meinen Brief zu übermitteln und sich an meiner Stelle sehr herzlich bei ihm zu bedanken.

Auf Wiedersehen, liebe Toyen – Kommen Sie bald wieder
Wir lieben Sie und bewundern Sie sehr, sehr

Ihr Freund Yves Tanguy

52b, rue du Moulin Vert, Paris, 14. Arrondissement

Schreiben Sie uns, wenn es Ihnen nicht
zu viele Umstände macht.

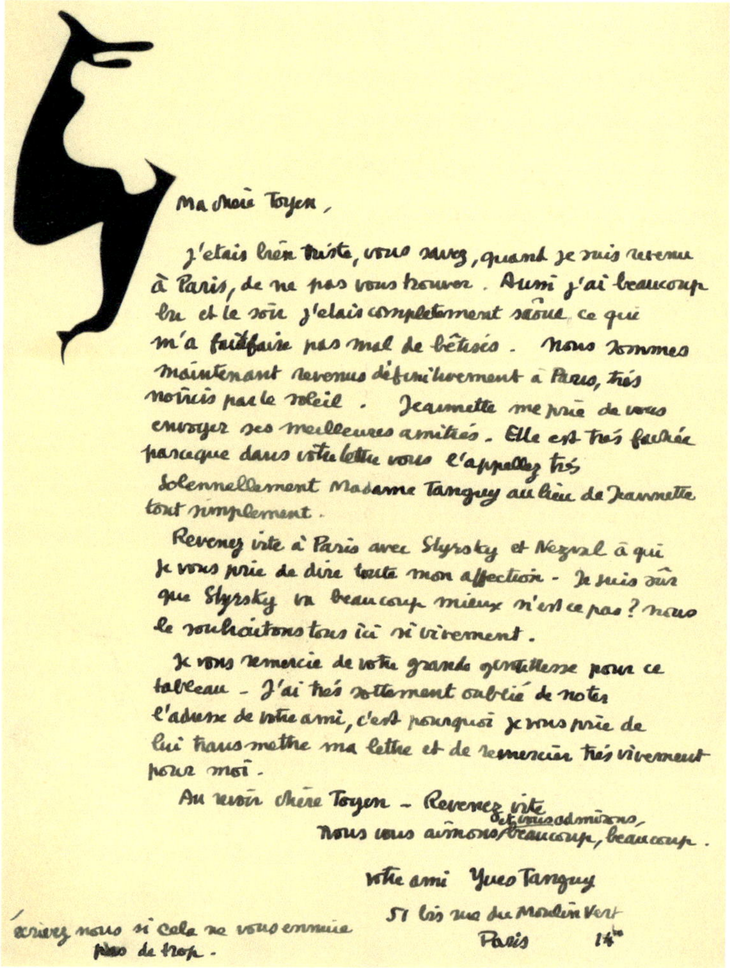

Kat. 218 Brief von Yves Tanguy (1900–1955) an Toyen, 1935
Privatsammlung, Paris

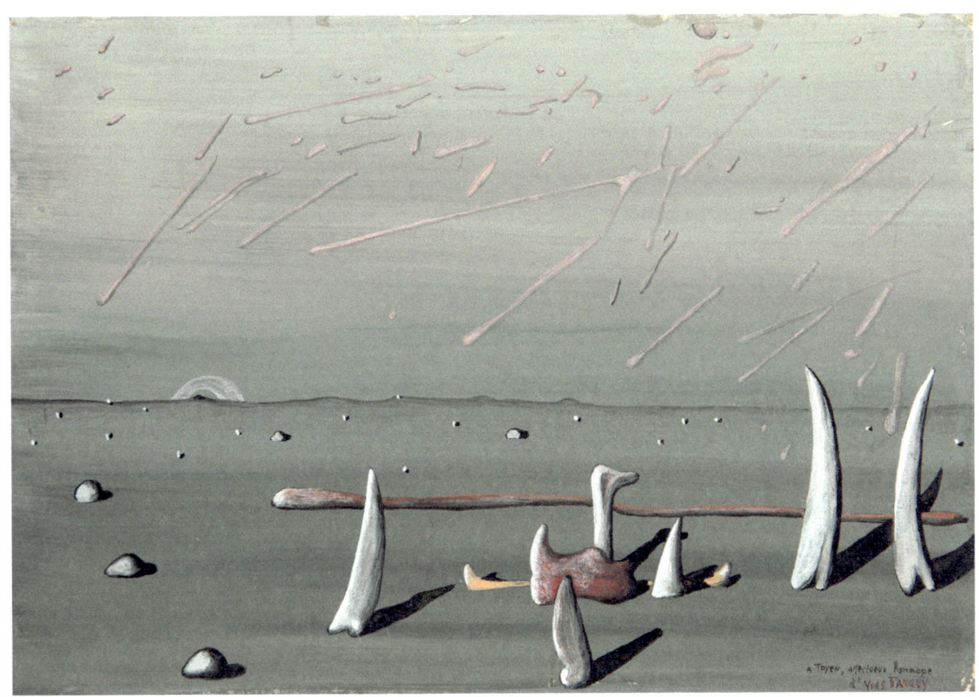

Kat. 219 Yves Tanguy, ***À Toyen, Affectueux hommage | Liebevolle Hommage an Toyen***, 1935
Öl auf Karton, 9 × 12,5 cm | Privatsammlung, Paris

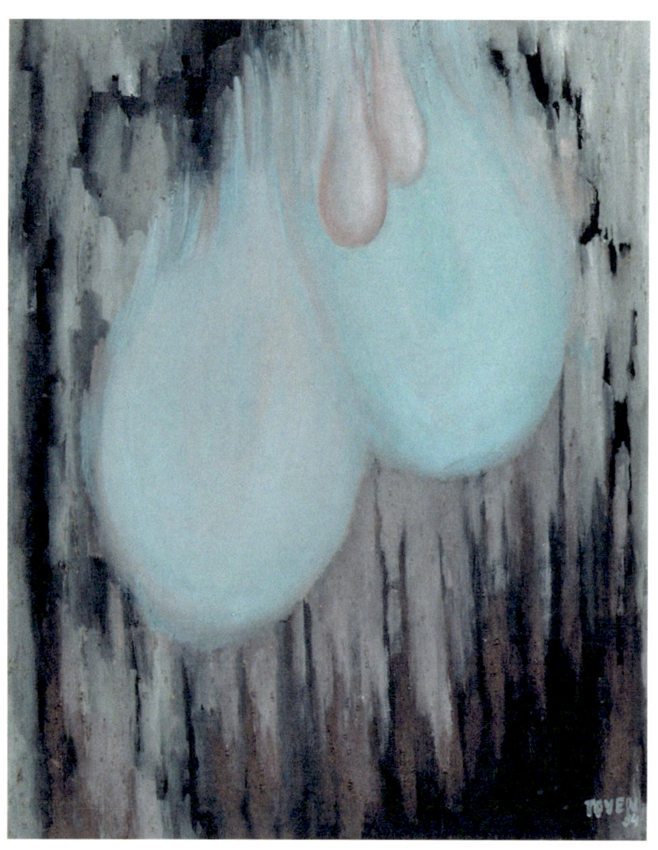

Kat. 220 ***Larva I / Larve I***, 1934
Öl auf Leinwand, 65 × 54 cm
Aleš Südböhmische Galerie, Frauenberg an der Moldau

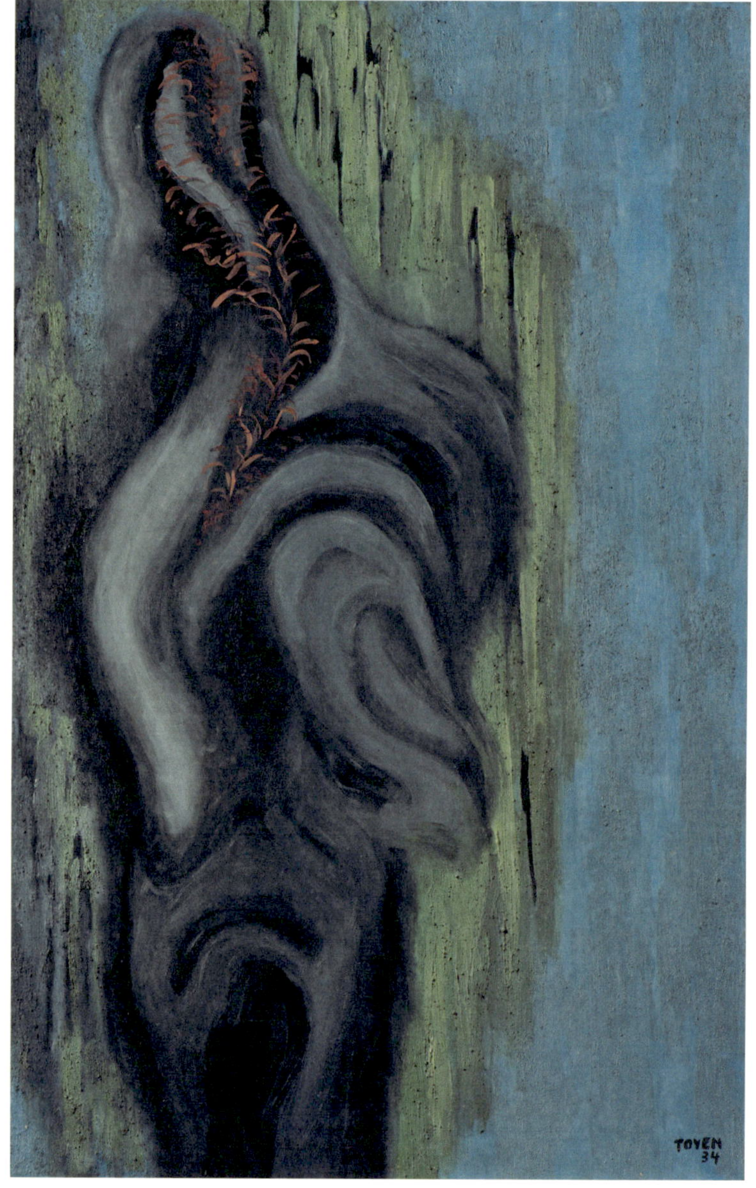

Abb. 221 ***Muž z klihu / Mann aus Klebstoff***, 1934
Öl auf Leinwand, 100 × 81 cm
Privatsammlung, Prag

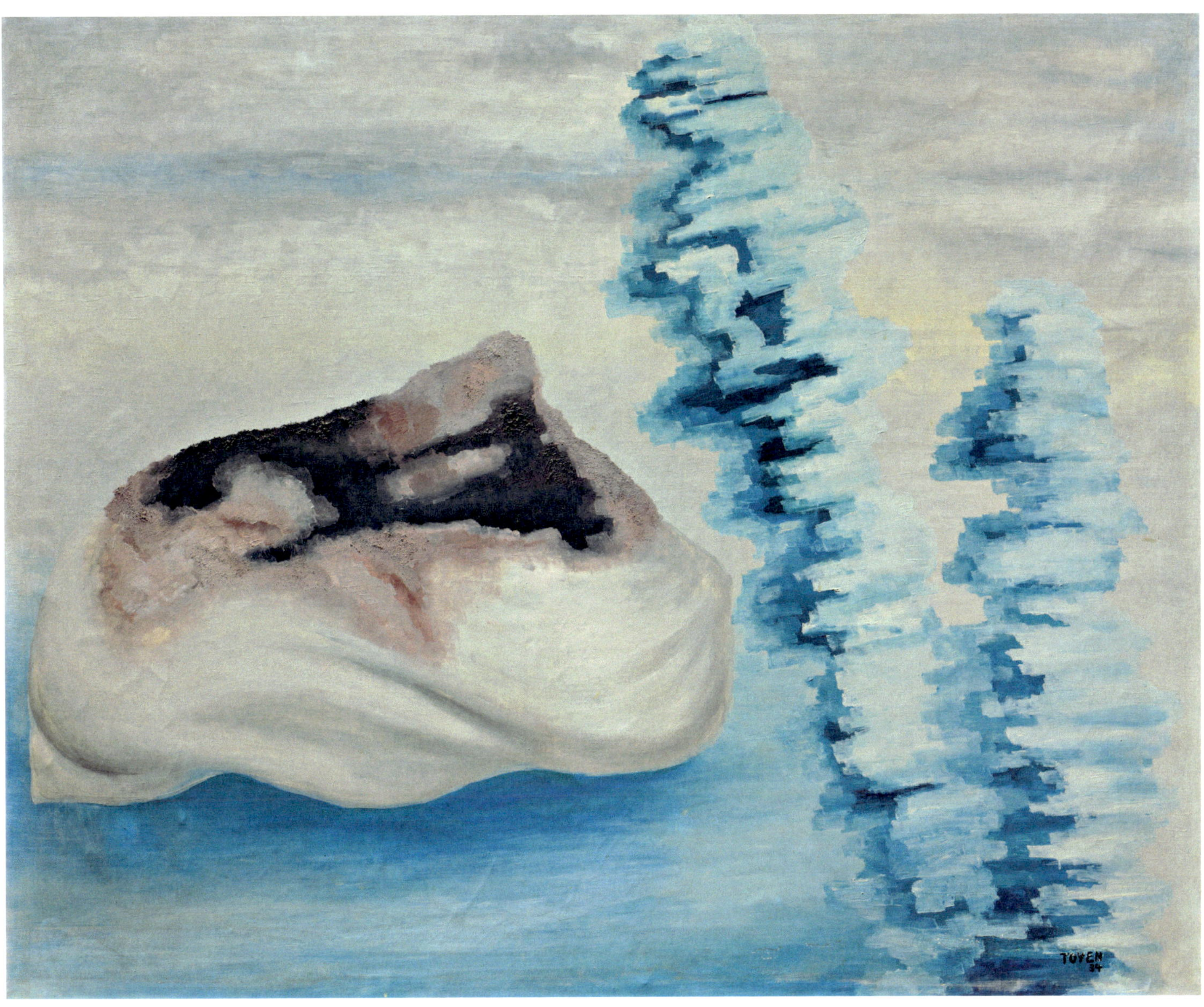

Kat. 222 ***Přezimování* / *Winterschlaf***, 1934
Öl auf Leinwand, 129 × 161 cm
Museum der tschechischen Literatur in Prag

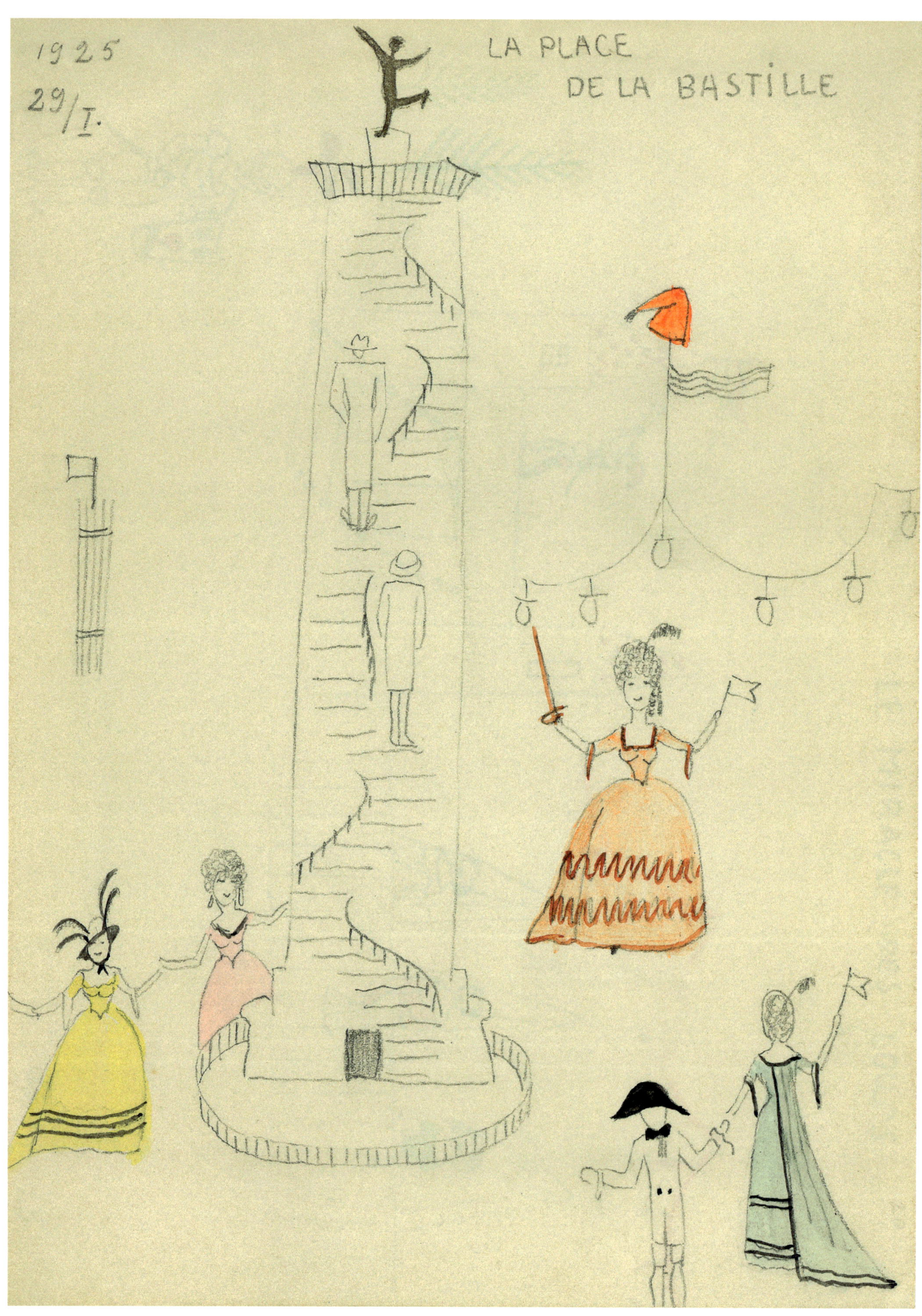

Kat. 223 Einzelblatt aus einem Skizzenbuch,
1924–1925, überschrieben »La Place de la Bastille 29.1.1925«
Tusche, Bleistift auf Papier, 130 × 170 mm
Privatsammlung, Paris

Annabelle Görgen-Lammers

Auftritt der Erscheinungen – zwischen Faltungen und Rissen in Raum und Bild

»Toyen hat sich ihre ganz eigene Jagdkunde von Erscheinungen erschaffen.« (André Breton, 1952)[1]

Stufe für Stufe steigen zwei Personen in der Julisäule auf der Place de la Bastille die schmale Wendeltreppe hoch (Kat. 223). Durch einen winzigen, dunklen Eingang müssen sie eingetreten sein, und es liegen noch viele Schritte vor ihnen, bis sie, das unterirdische Grab der Revolutionsgarden hinter sich lassend, den über allem thronenden goldenen Genius der Freiheit erreicht haben werden. Die vom Betrachter abgewandten, als Frau und Mann schablonenhaft angedeuteten Figuren im engen Inneren des Denkmals bilden einen eklatanten Gegensatz zu den in bunten Kostümen außen agierenden Herrschaften: Vier große Damen und ein kleiner Herr präsentieren sich bühnenreif und prächtig ausgestattet auf der weiten Place de la Bastille. Über ihnen ragt die große rote phrygische Mütze der Revolution, eine wehende Trikolore krönend, fast bis an den Genius der Freiheit heran: Geister einer großen Vergangenheit nehmen hier in den Imaginationen der beiden Aufsteigenden Gestalt an. Viel lebendiger und präsenter sind sie als die zwei farblosen Paris-Touristen Jindřich Štyrský und Marie Čermínová, die am 29. Januar 1925 das Denkmal der Revolution erklimmen.

Dieser Auftritt der Erscheinungen ist vermutlich zu einem Teil von Bildern angeregt, welche die Künstlerin kurz zuvor im der Geschichte von Paris gewidmeten Musée Carnavalet gesehen hat. Darauf lässt das vorausgehende Blatt in Toyens gebundenem Skizzenbuch schließen; Motive von diesem Blatt, so einen Trommler, übernimmt sie in Gemälden wie *Tři králové* (*Die drei Könige*, 1925, Kat. 61). Die Skizzen der 23-Jährigen lassen bereits fundamentale Fragen ihrer Kunst erahnen. Daher ist die erstaunliche formale und mediale Bandbreite von Toyens Œuvre aus 60 schöpferischen Jahren keineswegs, wie es auf den ersten Blick erscheinen mag, inkohärent. Tatsächlich stehen bestimmte, immer wiederkehrende Themen ebenso im Zentrum ihres Schaffens wie die immer neue, methodisch vielfältige Suche nach den Möglichkeiten des poetischen Bildens selbst. Toyen entwickelte unterschiedliche Präsentations- und Repräsentationskonzepte, um kompromisslos bis dahin für unverrückbar gehaltene Grenzen der künstlerischen Freiheit auszureizen: Was kann ein poetisches Bild sein? Wo ist es angesiedelt zwischen Präsentation – dem Vorzeigen und Gegenwärtigmachen eines künstlichen Aktes –, eigener Präsenz und Repräsentation – dem Darstellen einer Vorstellung, sei sie von einem inneren oder, woher auch immer stammenden, äußeren Bild angeregt? In dieser Suche zwischen Präsentation, Präsenz und Repräsentation[2] verbirgt sich auch die Frage, wie sich ein Bild dem letzten, existenziellen Geheimnis nähern kann: der Absenz und schließlich dem Nichts.

Präsentationen

Bietet das leere Blatt einen homogenen Raum für spektakuläre Präsentationen? Erlaubt es gar die Inszenierungen des Zur-Schau-Stellens selbst? Um 1925 eröffnet Toyen Blicke – wie – auf Bühnen. Sie präsentiert für ein Publikum aufbereitete, zum Bildbetrachter ausgerichtete Spektakel, seien sie real erlebt oder imaginiert, ereignen sie sich im Zirkus, Theater, am Schießstand oder im Bordell. Wie in diesen – von ihr dargestellten – Präsentationen geht es schon hier in ihrer Kunst nicht um Realität, sondern um das Präsentmachen von künstlicher wie künstlerischer Vorführung. Folgerichtig spielt in der Darstellung die Bedeutungsperspektive eine viel größere Rolle als die zentralperspektivische Simulation eines Tiefenraums; Toyens Bühnenraum wirkt flach.

Sie präsentiert ostentativ auch das, was verborgen wirken soll, aber zum Enthüllen lockt – so sind die Schleierröcke ihrer *Tři tanečnice* (*Drei Tänzerinnen*, 1925, Kat. 60) durchsichtig. Bereits hier denkt die Künstlerin in scheinbar paradoxalen Strukturen. Sie nutzt Chiffren des Zeigens wie des Verhüllens für die Präsentation des künstlerischen Vorführens wie Verbergens. Der halb geöffnete Vorhang, wie im Zirkus oder Bordell, spielt dabei eine große Rolle. Er betont die Besonderheit des vor ihm Gezeigten und macht neugierig auf das dahinter Liegende. Toyen fügt zudem Figuren in die Komposition ein, die stellvertretend für den Betrachter des Bildes, gleichsam als Imaginationsanreiz für ihn, *im Bild* die Szene betrachten. Sie stellt im Skizzenbuch schemenhaft auch sich selbst, Štyrský oder einladend leere Sitzplätze dar. Damit präsentiert – im Sinne von »vergegenwärtigt« – sie dem Bildbetrachter ebenfalls das Warten auf die Darbietungen und deren Wahrnehmung.

Präsenz

Um das Prozesshafte des Vorführens, Wahrnehmens und – in deren »Fortsetzung«[3] – Erinnerns geht es in ihrem Bildkonzept ab 1927/28. Die Ausgangsfrage lautet: Wie kann die materielle Präsenz eines Bildes diese Prozesse vergegenwärtigen, festhalten und neu auslösen? In ihrem »Artifizialismus« ist für Toyen die Bildfläche eine zu erstellende, teilende und strukturierende Grundgegebenheit, auf der sie Farb- und Strukturzonen ausbalanciert. Hier reizt sie sämtliche bis dahin geltende Grenzen der Ausdrucksmöglichkeiten des Farbauftrags aus. Von der pastos, wie in einzelnen Sedimentschichten

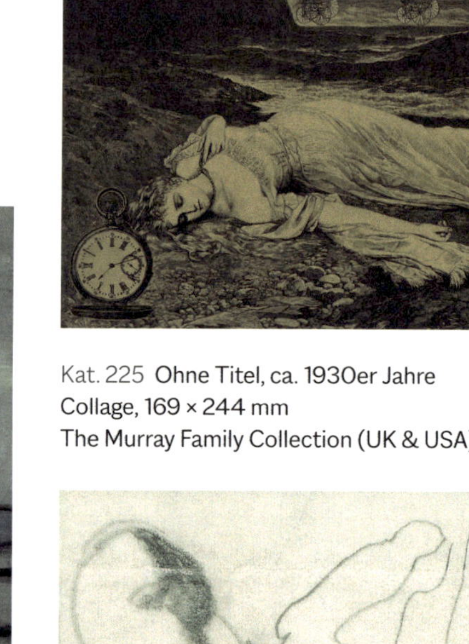

Kat. 225 Ohne Titel, ca. 1930er Jahre
Collage, 169 × 244 mm
The Murray Family Collection (UK & USA)

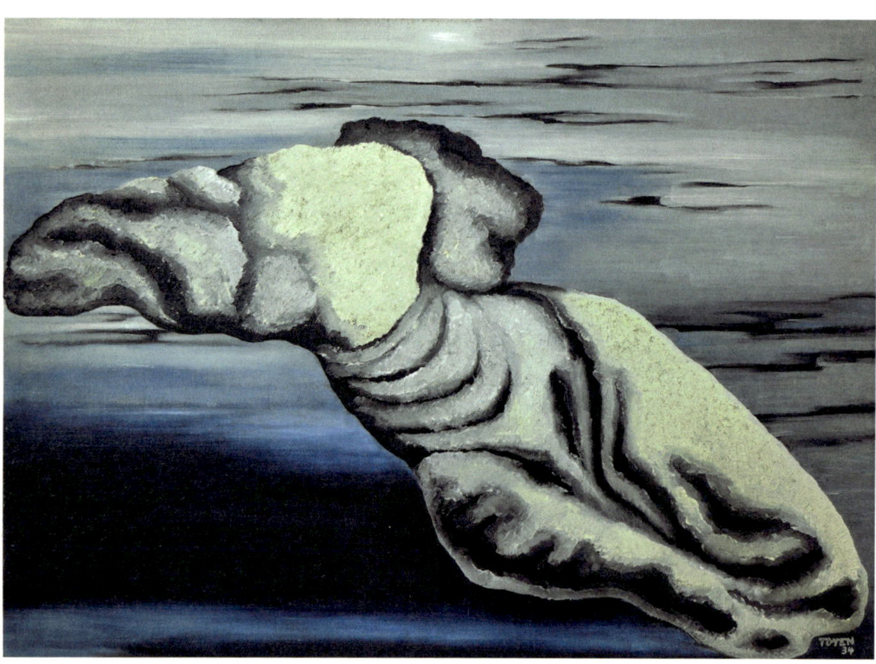

Kat. 224 ***Ztroskotání ve snu / Stranden im Traum,*** 1934
Öl auf Leinwand, 73 × 100 cm
Privatsammlung, Courtesy Galerie KODL

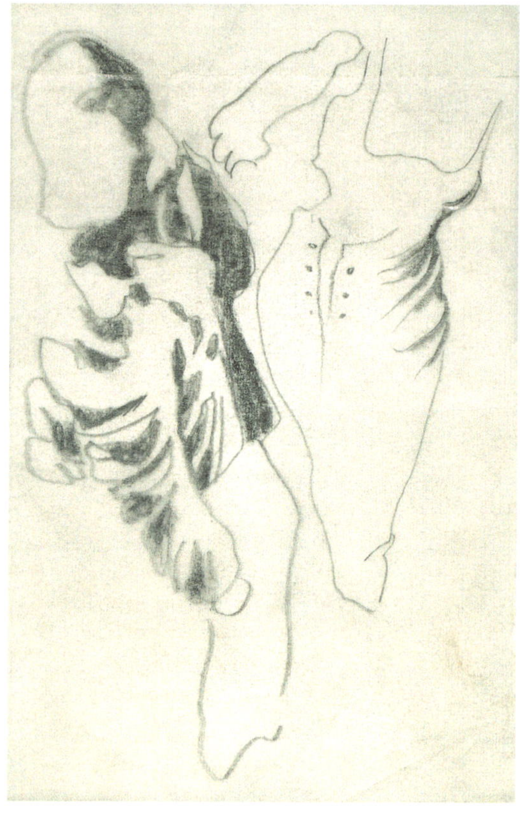

Abb. 226 Ohne Titel, 1957–1966
Calque (Zeichnung auf halbtransparentem Papier), ca. 80 × 150 mm
Centre Pompidou/MNAM-CCI/Bibliothèque Kandinsky, Fonds Toyen, hier TOY 33 (1957–1966)

aufgespachtelten, porös-sandigen Farbsubstanz über transparent gesprayte Oberflächen bis hin zur über die Leinwand geschütteten Farbe: Wie beim Alchemisten entstehen neue, sich zu verändern, selbst zu altern scheinende Strukturen. Zur Frage, worauf ihr Blick sich richtet, stellte Philippe Soupault schon 1927 fest: »Sie greift die Falten an, die einfachsten Linien des Lebens.«[4]

Die Farb- und Strukturzonen schichten und verschieben sich parallel zur Bildfläche und generieren ein bewegliches Geflecht von Flächen- und Tiefenwirkungen, welches die gesamte Bildfläche rhythmisiert. Der so neu entstandene, sich in alle Richtungen flach ausbreitende Bildraum spricht über das Auge auch die taktile Wahrnehmung an – bis hin zum Gleichgewichtssinn. Die begeisterte Schwimmerin Toyen setzt im Farbauftrag auch Erfahrungen mit dem flüssigen Medium um. Sie weckt in der Bildauffassung wie später auch ausdrücklich in den Werktiteln Assoziationen an die Durchdringung der Welt mit dem Element Wasser – ob in Seen, ozeanischen Tiefen oder im Schlamm.[5] Die zunächst praktizierte Vorführung von gesehenen oder imaginierten Spektakeln weicht einem neuen Prinzip, dem Präsentieren der Ursprünglichkeit der Materie und der Materie als Ursprung: Toyen fokussiert sich auf die materielle und poetische Präsenz des Gemäldes.

Schatzsuche

In Zeichnungen markiert die Künstlerin derweil Formen und Strukturen präzise durch lineare Umrisse; ihre Buchillustrationen sind bis auf wenige Ausnahmen figurativ.[6] Dabei zeigt sich früh eine Faszination für bereits vorhandenes Bildmaterial: Gleich einer Schatzsucherin erkundet sie dieses, sucht teilweise nur nach Details. Hat sie einzelne Strukturen oder figürliche Elemente aufgespürt, die für sie bedeutsam sind, löst sie diese aus ihrem Kontext, befreit sie von dem, was sie einmal repräsentierten. So kann sie dieses »visuelle Strandgut« in anderen Zeiten und Zusammenhängen als Anregung nutzen.

Eine solche verfremdende Aneignung könnte zunächst bei einem Porträtfoto von ihr selbst vorliegen, welches die Grundlage für die *Studie ženské hlavy* zu sein scheint (*Studie für einen Frauenkopf*, 1922, Abb. 9, Kat. 7). Später nutzt sie Aufnahmen von Štyrský, beispielsweise der Mauer von *Schloss La Coste* (*Château La Coste,* 1932, Privatsammlung, Paris, Abb. 348); hieraus entwickelt sie über ein Jahrzehnt danach *Na zámku La Coste* (*Im Schloss La Coste*, 1943, Kat. 349). Bereits ab 1925/26 arbeitet sie, anfangs zusammen mit Štyrský und nur im angewandten Bereich, mit dem Prinzip der Collage. Die für das Collagieren wesentliche Kombination von Vorgefundenem wird Toyen Mitte der 1930er Jahre bestärken auf ihrem Weg in den »veristischen Surrealismus«. Im weiteren Werkverlauf scheint Toyen das Ausschneiden und Sammeln von Details aus in allen möglichen populären Medien[7] abgedruckten Bildern immer wichtiger zu werden. Sie legt ganze Mappen von »Planches«, mit sortierten Ausschnitten beklebte DIN-A-4-Bögen, an – als Reservoirs von Fundstücken, die auf ihren Auftritt warten. Elemente daraus arbeitet sie ab 1946 auch in Ölgemälde ein.[8] Auf eine sich schon früh in ihren Werken zeigende und bis ins Alter anhaltende Leidenschaft für Details – besonders von fließend fallenden, zum Teil Damenkleidung suggerierenden Faltungen (Kat. 224, 225) – weist schließlich auch die beeindruckende Menge an »Calques« hin. Es handelt sich hierbei um Zeichnungen Toyens auf halbtransparenten Papieren verschiedener Formate, die man in ihrem Nachlass fand (Abb. 226).[9]

Vor dem Hintergrund dieses Interesses an der Aneignung gedruckter Bildelemente erscheint es naheliegend, dass Toyen, die ihre eigenen Werke schon ab 1927 hin und wieder neben denen von prominenten Kollegen, etwa 1929 Picasso, in der tschechischen Kunstzeitschrift *ReD* abgedruckt sehen konnte, auch Anregungen nicht nur von Werken anderer Künstler, sondern auch aus weiteren überraschend erscheinenden Bildquellen erhielt. Zu diesen mag beispielsweise eine 1928 in der *ReD* abgebildete Unterwasseraufnahme gehören, an die sich offensichtlich die von Toyen später gemalten »Tiefseelandschaften« wie in *Čedičové skály* (*Basaltfelsen*, 1929, Kat. 227) oder *Léto* (*Sommer*, 1931, Kat. 204) kompositorisch anlehnten. Die Ähnlichkeiten waren so groß, dass die *ReD* schon humorvoll die Frage stellte, ob es sich bei der Fotografie der Unterwasserwelt um ein Werk Toyens oder Štyrskýs handele (Abb. 228). Besonders für die Auseinandersetzung mit dem Surrealismus Anfang der 1930er Jahre sowie für die isolierte Zeit während des Zweiten Weltkriegs ist es vorstellbar, dass die Schatzsucherin von Bildern und Diskursen in den Journalen *La Révolution surréaliste*, *Le Surréalisme au service de la révolution* oder in der in Prag verbreiteten Zeitschrift *Minotaure*[10] inspiriert wurde. Eine dort 1933 reproduzierte ethnologische Aufnahme eines für einen Ritus in Blättern gekleideten Mannes[11] mag Toyen noch 1946 angeregt haben zur Figur in *Budoucnost svobody* (*Werden der Freiheit*, 1946). Auch weitere anonyme Bildquellen, wie zum Beispiel lehrbuchhafte Abbildungen zum Schattenspiel im illustrierten Wörterbuch Larousse,[12] können Pate gestanden haben für Details ihrer Gemälde, so für das Schattenspiel in der Projektion des Raubtiers in *Mýtus světla* (*Mythos des Lichts*, 1946, Kat. 412).

Repräsentationen

Auf der Grundlage der dargelegten Zielsetzungen und Verfahrensweisen sowie ausgehend von ihren Erfahrungen mit dem Präsentieren wie dem Inszenieren von Präsenz schlug Toyen ab 1929 einen neuen Weg ein. Er wird sie zu einem eigenen Konzept des Surrealismus

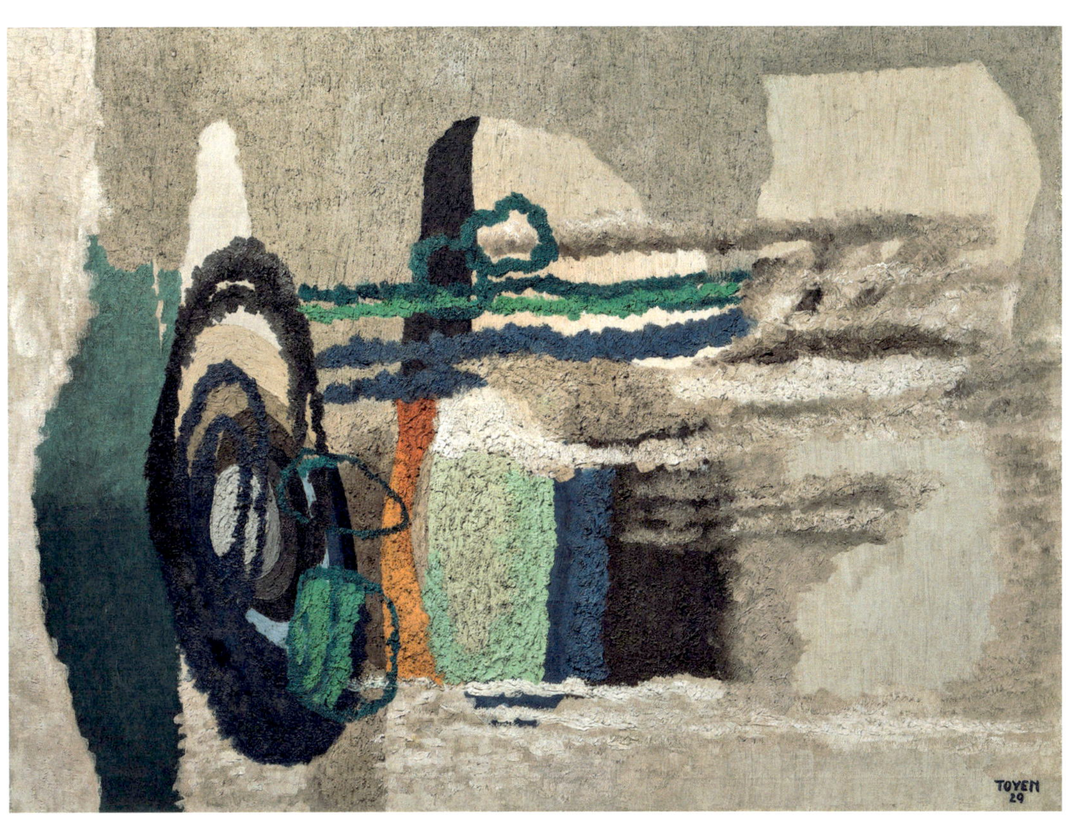

Kat. 227 ***Čedičové skály / Basaltfelsen***, 1929
Öl auf Leinwand, 73 × 99 cm
R2G Art Foundation

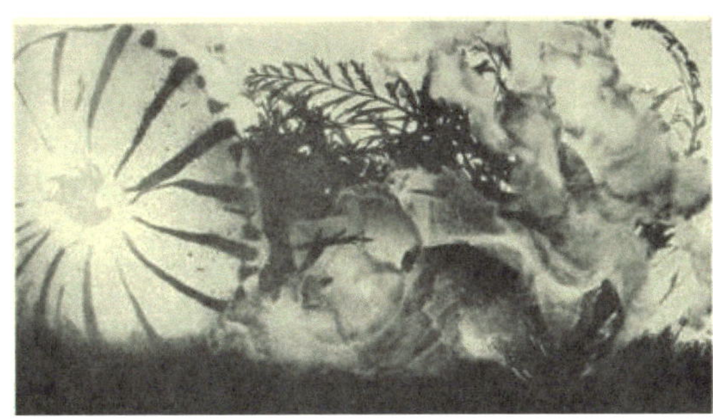

Kat. 228 ***Podmořská krajina – Paysage sousmarin – Tiefseelandschaft. ŠTYRSKÝ? TOYEN? Fotografie!***
Unterwasserfotografie mit Bildunterschrift, reproduziert in: *ReD* 6, März 1928, S. 215

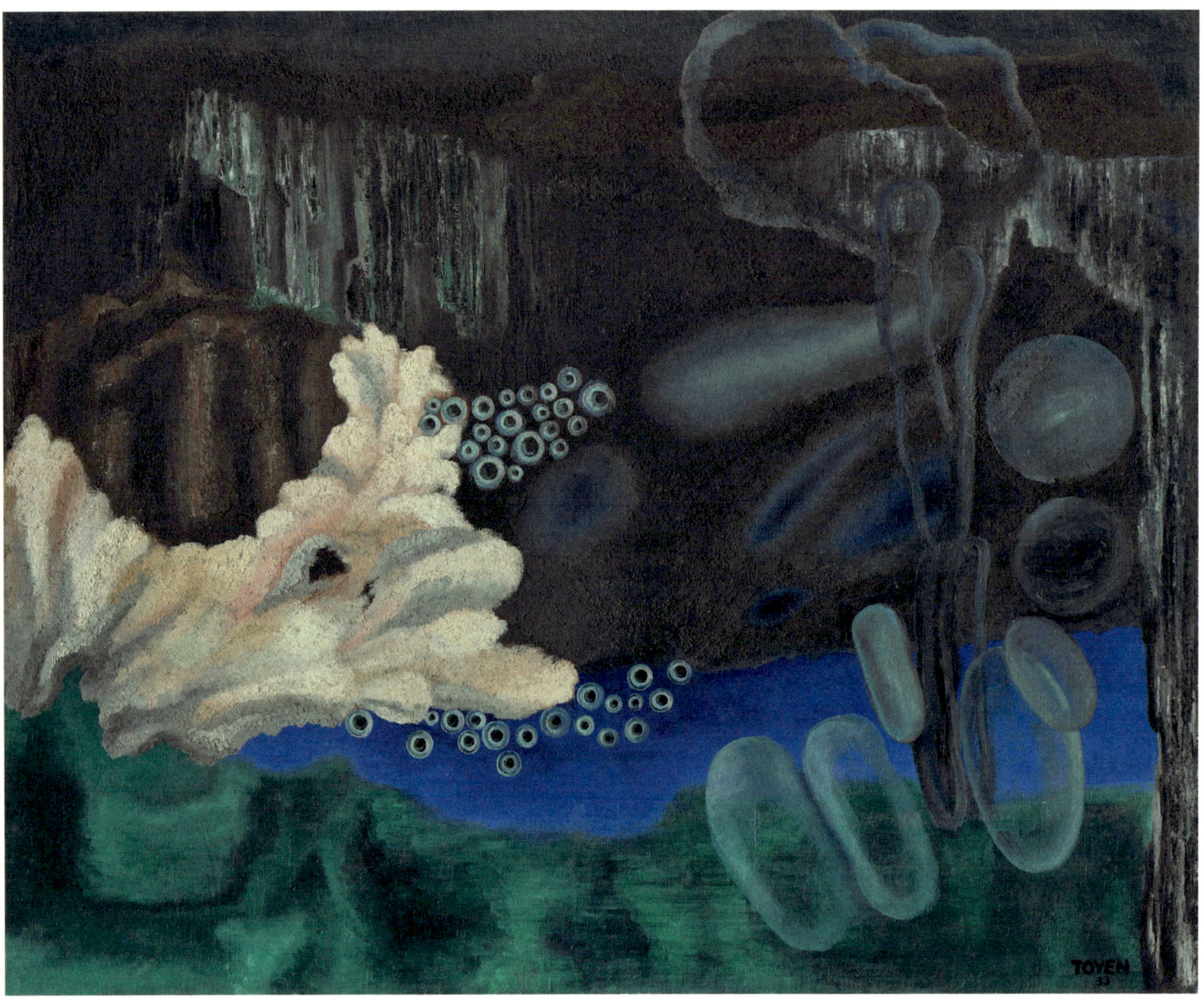

Kat. 229 ***Jezerní zahrada / Seegarten,*** 1933
Öl auf Leinwand, 130 × 161 cm
Slowakische Nationalgalerie, Bratislava

führen, das zugleich Ähnlichkeiten mit den internationalen Ausformungen dieser Bewegung aufwies. Dabei entwickelte sie bildnerische Fragestellungen und Ansätze, welche ihr gesamtes weiteres Werk bestimmen werden.

Aus den präsenten »Erinnerungen an Erinnerungen«[13] scheinen, wie aus einem metamorphotischen Urgrund, Form- und Raumanklänge an die Bildoberfläche aufzusteigen. Teile der sich bislang in alle Richtungen ausbreitenden Bildfläche verdichten sich, als schöbe sich die Leinwand in Partien zusammen. Faltungen entstehen, die zunächst an den frühen Zirkusvorhang erinnern wie in *Obraz* (*Gemälde,* 1931[14]), sich dann aber von dieser Bezugnahme auf die Präsentation bühnenreifer Spektakel emanzipieren. Durch ihre Struktur und Präsenz sprechen sie nun den visuellen wie auch den taktilen Sinn an und werden immer stärker selbst zum Ereignis des Bildes. Im bislang flachen, diffusen Raum gestaffelt verortet, tragen sie zugleich zur partienweisen Konkretisierung und Verdichtung des Raumes bei wie in dem Werk *Severní krajina* (*Nördliche Landschaft* 1931, Kat. 259). Außerdem kommt es zur Festlegung eines »oben« und »unten« im Bild, mit der Definition einer Horizontlinie verschiebt sich die Wahrnehmung wieder hin zum flachen illusionistischen Tiefenraum. Die immer mehr Felsen ähnelnden Faltungen evozieren Seelandschaften, so in *Jezerní zahrada* (*Seegarten,* 1933, Kat. 229). Bevor darin Formen an Schwere gewinnen, lassen gleichermaßen über und unter dem Horizont geltende Gesetzmäßigkeiten sie eine Zeit lang schweben, wie in Erinnerung an eine alle Bildebenen durchdringenden Unterwasserwelt: Toyen nutzt ihre Erfahrungen, die sie sowohl mit der Betonung der Präsenz der Materie als auch mit der inszenierten Positionierung von Formen im Raum gesammelt hat, um die Tiefenillusion in bestimmten Zonen innerhalb eines Gemäldes zu öffnen und zugleich partienweise zu brechen.

Entwickeln sich die Formungen zunächst organisch aus dem Malprozess, scheinen sie im weiteren Verlauf mehr und mehr in das Bild hineinprojiziert zu werden, als Reminiszenzen an außerhalb des Malens wahrgenommene Elemente, quasi an reale und mentale »Fundstücke«. Damit übernehmen nach den in den früheren Werkphasen dominierenden Prinzipien der Präsentation und Präsenz verstärkt Aspekte der Repräsentation die Bildregie, des Vergegenwärtigens bildlicher Vorstellungen der Innen- oder Außenwelt durch Stellvertreter. Entsprechend grenzen sich – punktuell – Blasen-, Ei- oder Augenformen klarer vom Bildgrund ab; sie sind zunächst noch unversehrt, doch öffnen sie sich in den Werken Toyens ab 1931 langsam, wie Muscheln unter Wasser, dem Raum. Sie entwickeln in sich ein eigenes außen und innen und lenken, wie zum Beispiel in *Gobi* (1931, Galerie der Modernen Kunst in Hradec Králové, vgl. Frontispiz), den Blick von der Fülle der Struktur-, Farb- und Formsensationen der Oberfläche auf das teils aktive, teils leere Innere der dargestellten Form. In die vorher wuchernde, bewegliche Gesamtstruktur kommt Festigkeit, und in einzelnen Bildpartien eröffnet sich eine neuartige Räumlichkeit.

Faltung - Riss, Formung - Leerung

Durch die von Toyen vorgenommene Aufteilung der Bildoberfläche in Zonen von flachem oder gefaltetem Grund und selbst eine tiefe Räumlichkeit eröffnender Form entstehen zunächst seeartige Landschaften, um 1933/34 folgt eine aufregende Phase, in der sie diese Aufteilung von Grund und Form oszillieren, uneindeutig erscheinen lässt: Ein Hauptmerkmal der in dieser Zeit, einem von ungeheurer Produktivität gekennzeichneten Jahr, entstandenen Werke sind die den Faltungen entstammenden, sich dann felsartig entwickelnden, nun immer stärker durch Austrocknung aufgebrochenen, zerklüftet scheinenden Strukturen wie in *V mlze* (*Im Nebel*, 1933, Kat. 230). Sie tauchen als Grund wie als Form auf und sind mal horizontal und mal vertikal von Spalten durchzogen: Tiefe Risse suggerieren Verfalls- und Übergangsprozesse[15] und werden zu Protagonisten der Bilder. Toyen untersucht sie zeitgleich auch in Tuschezeichnungen, die auf die Darstellung von Rissen fokussiert sind (Ohne Titel, 1933, Kat. 231).

Aus den Rissen können sich auch in ganz anderer Pinselführung gestaltete, wiederum immer monumentaler wirkende Einzelformationen herausschälen. Sie sind weiterhin - teils fast mimetisch - verbunden mit dem sie umgebenden Milieu, dem diffusen, flach und durch die Risse zugleich unendlich, unheimlich unbestimmt wirkenden Bildraum. Es verbinden sich hier auf merkwürdige Art Landschaftsassoziationen mit Objekthaftigkeit.

(Frauen-)Körper treten auf,[16] meist Torsi, die sich radikal mit dem Prozess der Leerung der (Körper-)Form selbst beschäftigen: In *Magnetová žena* (*Magnetische Frau*, 1934, Kat. 232) zeigt Toyen den scheinbar voluminösen Leib nur noch als ein Objekt, das sich selbst (?) aus dem Inneren heraus verzehrt und aushöhlt. Dies wird zusätzlich betont durch seine Konfrontation mit einer vitalen, in einer sich schlängelnden Linie hochwachsenden Form. Die von

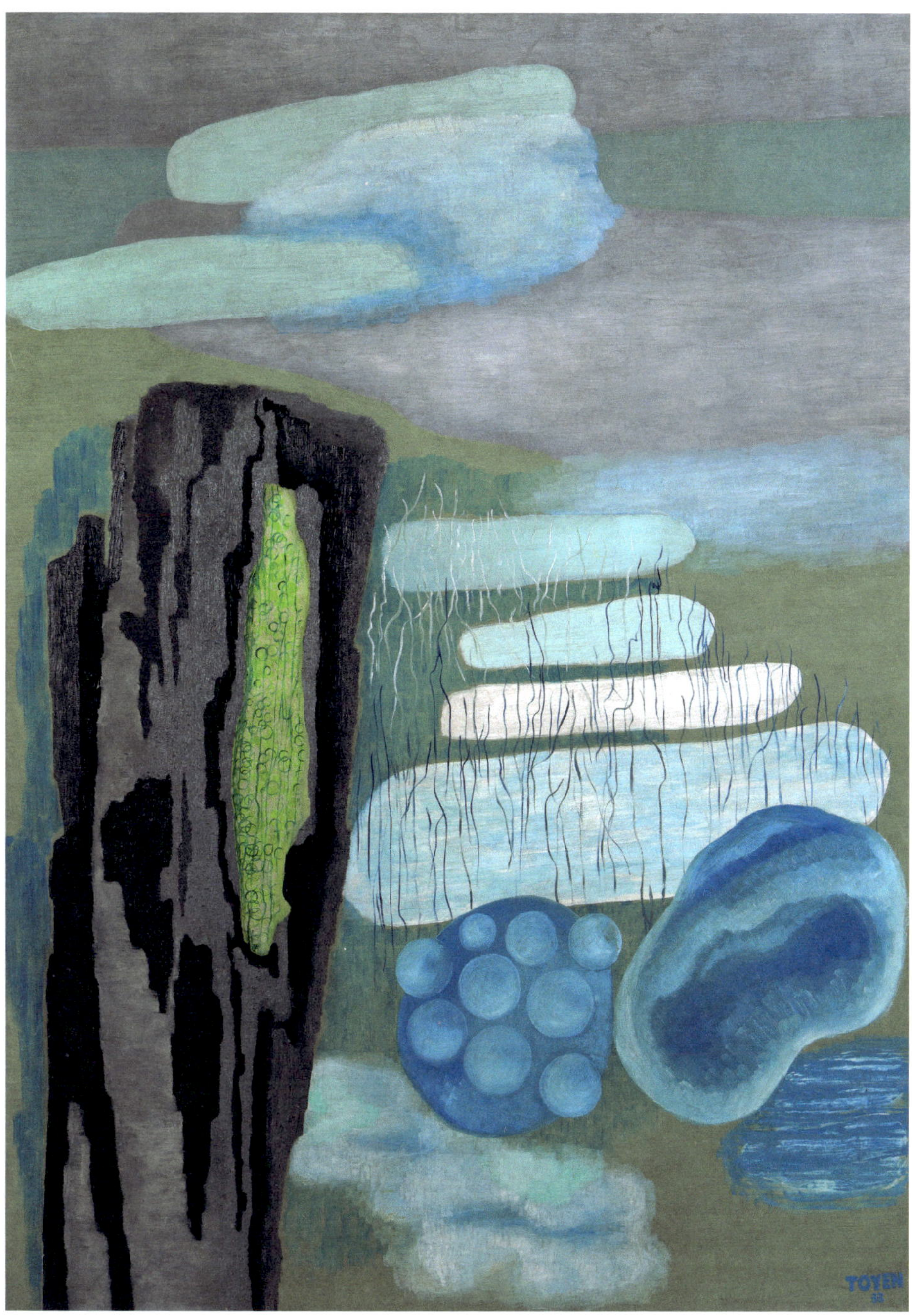

Kat. 230 ***V mlze / Im Nebel,*** 1933
Öl auf Leinwand, 129 × 96 cm
Galerie der Hauptstadt Prag

Kat. 231 Ohne Titel, 1933
Braune und schwarze Tinte, Aquarell auf Papier, 208 × 145 mm
Privatsammlung

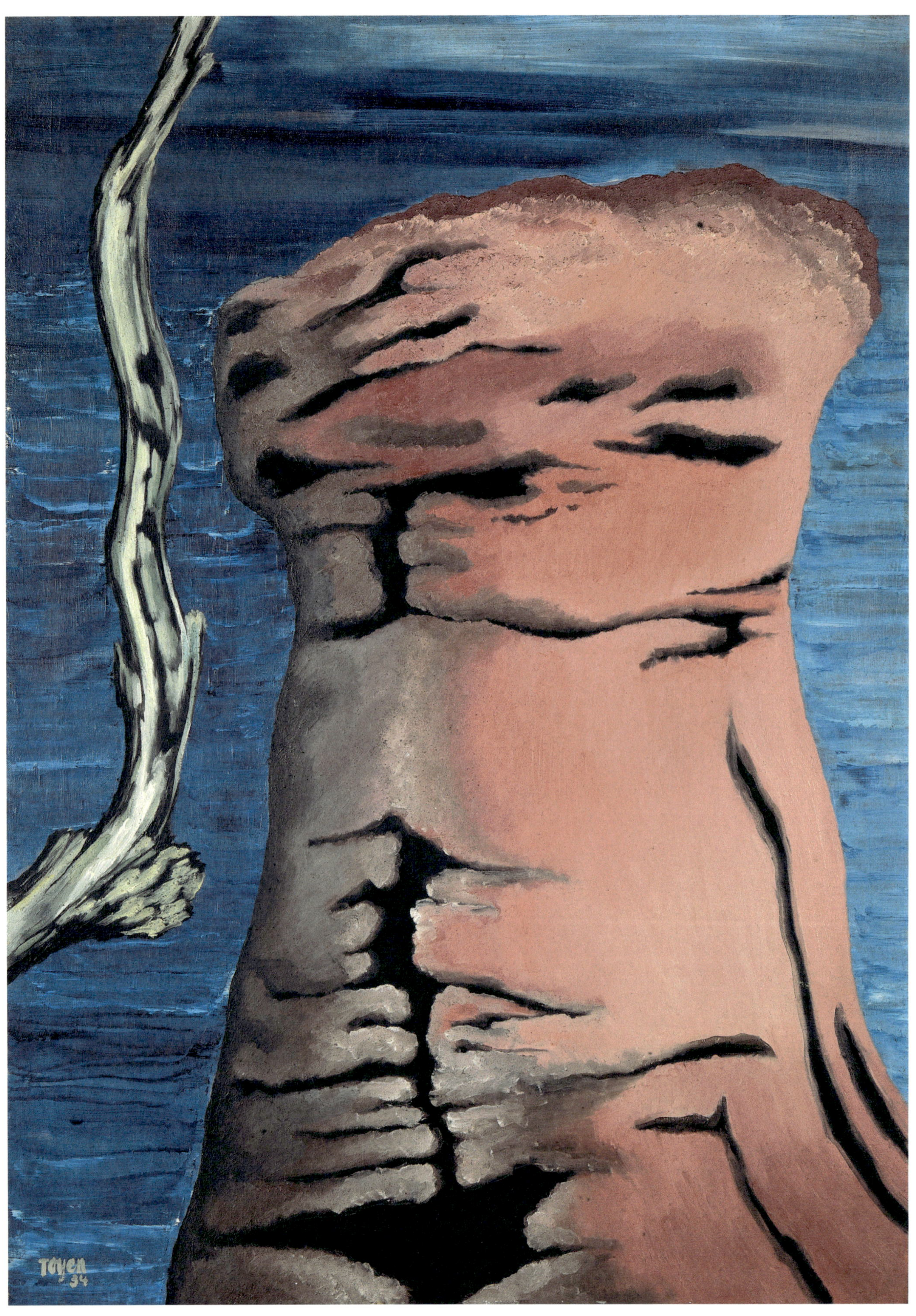

Kat. 232 ***Magnetová žena | Magnetische Frau***, 1934
Öl auf Leinwand, 100 × 73 cm
Sammlung Géraldine Galateau, Paris

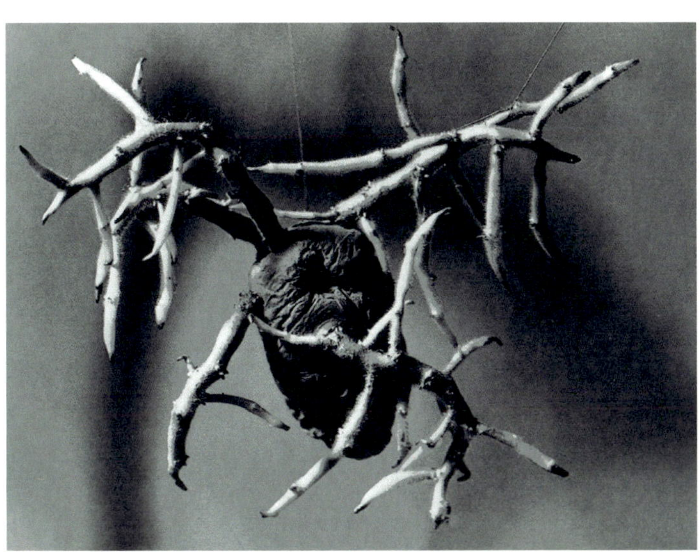

Abb. 233 Brassaï (1899–1984), *»Magique-circonstancielle«, Pomme de terre germée / »Magisch-umstandsbedingt«, gekeimte Kartoffel,* 1931, reproduziert in: *Minotaure* 5, 12.5.1934, S. 9–16, S. 16, zu: André Breton, *La beauté sera convulsive / Die Schönheit wird konvulsiv sein*

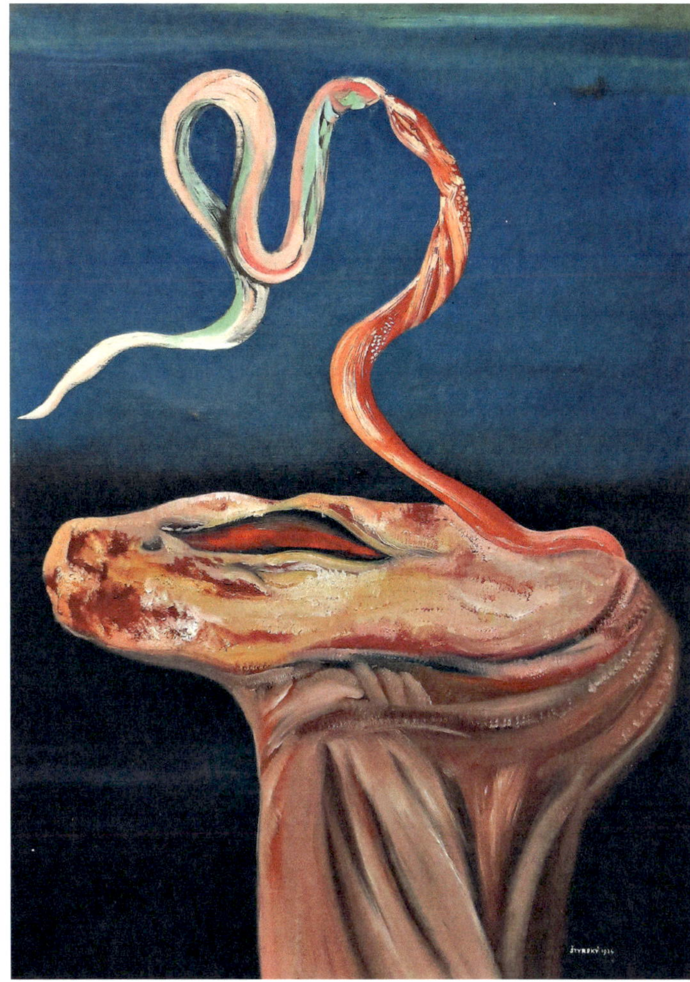

Kat. 234 Jindřich Štyrský (1899–1942), *Člověk sépie / Sepiamensch,* 1934
Öl auf Leinwand, 100 × 73 cm
Sammlung Géraldine Galateau, Paris

Brassaï monumental ins Bild gesetzte, sich im Keimen selbst konsumierende Kartoffel, welche in der Mai-Ausgabe des *Minotaure* von 1934 den programmatischen Text von Breton *La beauté sera convulsive* (*Die Schönheit wird konvulsiv sein*) begleitete (Abb. 233), wird Toyen gekannt haben. Darüber hinaus mögen sie weitere im *Minotaure* veröffentlichte Wurzelaufnahmen angeregt haben[17] sowie Štyrskýs Fotos von Wurzeln, welche diesen zum Zyklus *Kořeny* (*Wurzeln*, 1934) inspirierten;[18] schließlich besteht eine offensichtliche Verbindung zu seinem Gemälde *Člověk sépie* (*Sepiamensch*, 1934, Abb. 234). In ihrer malerischen Sondierung im Gemälde *Magnetische Frau* kann Toyen die Thematik jedoch potenzieren durch die Kontrastierung der sinnlich-plastischen Modellierung der roten Körperform mit der tiefen Schwärze des in den aufklaffenden Rissen sichtbaren Inneren. Die verstörende Wirkung wird nicht nur durch die weißschwarze, züngelnd-beweglich erscheinende, in linienhaft aufgetragener Farbe geschaffene Form verstärkt, welche Keim und wiederum zugleich Riss bedeuten kann. Entscheidend ist auch die Behandlung des Hintergrunds. Öffnet sich durch den blauen Farbwert eine weite Räumlichkeit, stoßen doch die pastos aufgetragenen, ihn erzeugenden Pinselstriche gegen und teils über die sich einer anderen, inneren Tiefe öffnenden Form. Gewalt und Verletzlichkeit, Beweglichkeit und Erstarrung, Präsenz und Leere werden auf verschiedenen sinnlichen Ebenen in dieser Stellvertreterform transportiert; die »Form«-ung bzw. »Leer«-ung spricht direkt, auf geradezu schmerzhafte Weise, das Körpergefühl der Betrachtenden an.

Absenz

In immer mehr Werken aus der Zeit um 1934 werden die partienweise plastisch ausformulierten und an anderen Stellen wie flache Schablonen von Rissen durchzogenen Formungen zu oszillierenden Objekten vor oszillierenden Gründen. Ihr Verhältnis zueinander ist nicht mehr klar zu fassen, Toyen spielt in der Darstellung der brüchig werdenden Formen und Gründe letztlich mit deren gebrochenem, ambivalentem Verhältnis zueinander. Dadurch verwirrt sie in mehrfacher Hinsicht die Wahrnehmung des Betrachters. So lädt in der Serie *Hlas lesa* (*Stimme des Waldes*, 1934, Kat. 235–237) das geplusterte »Gefieder« der an Eulen[19] erinnernden Formation dazu ein, mit der Hand sanft durch es zu streichen. Doch die in Hunderten von Pinselstrichen hervorgebrachte voluminöse Form erscheint bei näherer Betrachtung verdächtig, das dunkle Schwarz ihrer inneren Mitte wirkt auch hier als potenziell unendlich tiefe Öffnung, welche die Gestalt selbst und alles was sich ihr nähert, verschlingen kann – man befürchtet, beim Berühren der Federn nur in die Leere zu greifen. Die Betonung des in taktiler Hinsicht verführerischen Volumens verbirgt das darunter Liegende – wie voluminöse Stoffdrapierungen die hohle Schneiderbüste – und macht es unheimlich.

In den Werken *Růžový spektr* und *Žlutý spektr* (*Rosa Gespenst* und *Gelbes Gespenst,* 1934, Kat. 239, 240) geht die Künstlerin im ambivalenten Spiel zwischen Form und Grund noch einen Schritt weiter: Die partienweise voluminös, haptisch ansprechend gestaltete

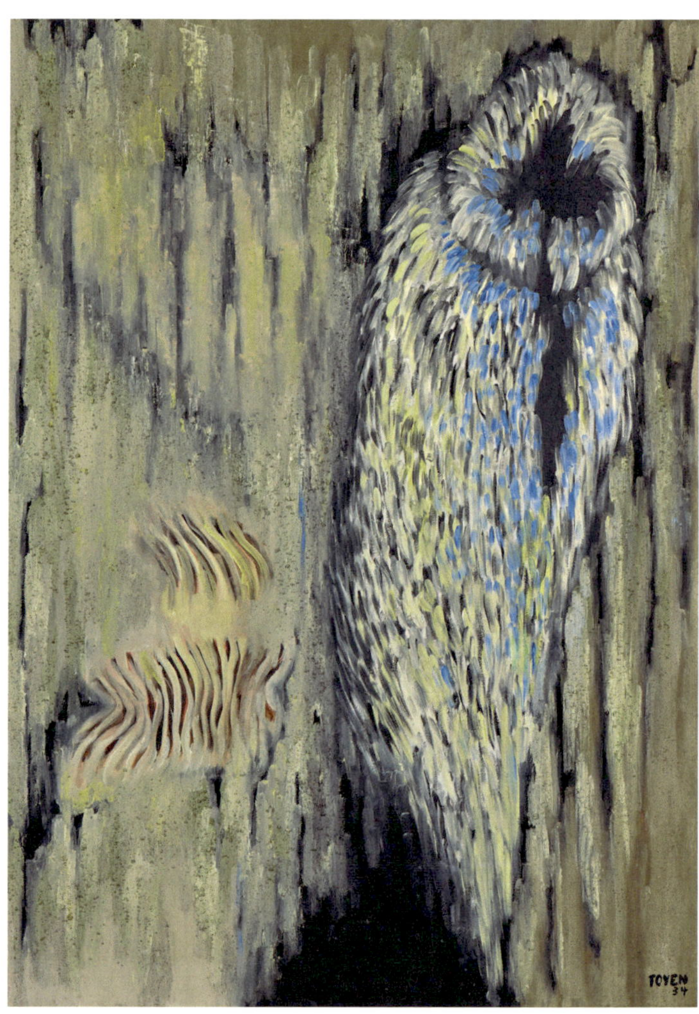

Kat. 236 ***Hlas lesa II | Stimme des Waldes II,*** 1934
Öl auf Leinwand, 100 × 72,5 cm
Œuvre du fonds départemental d'acquisitions de la Seine-Saint-Denis en dépôt au musée d'art et d'histoire Paul Eluard, Saint-Denis

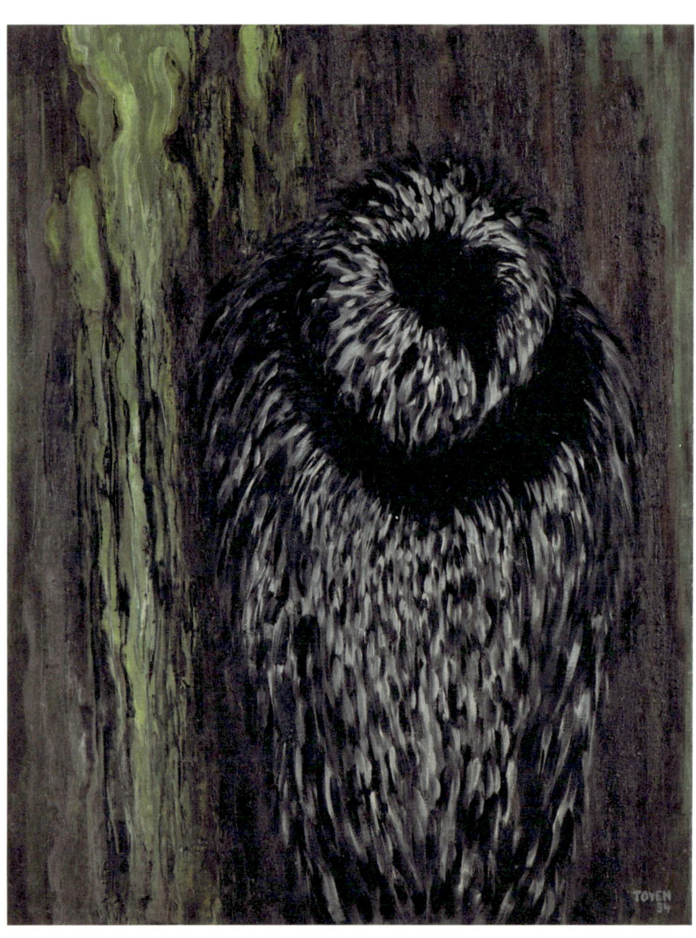

Kat. 235 ***Hlas lesa I | Stimme des Waldes I,*** 1934
Öl auf Leinwand, 92 × 72 cm
Mährische Galerie, Brünn

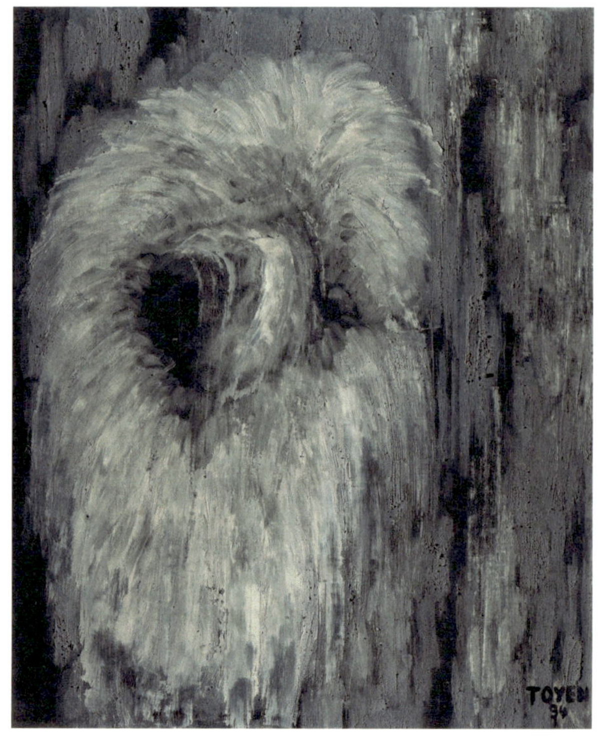

Kat. 237 ***Hlas lesa III | Stimme des Waldes III,*** 1934
Öl auf Leinwand, 54,5 × 46 cm
Nationalgalerie Prag

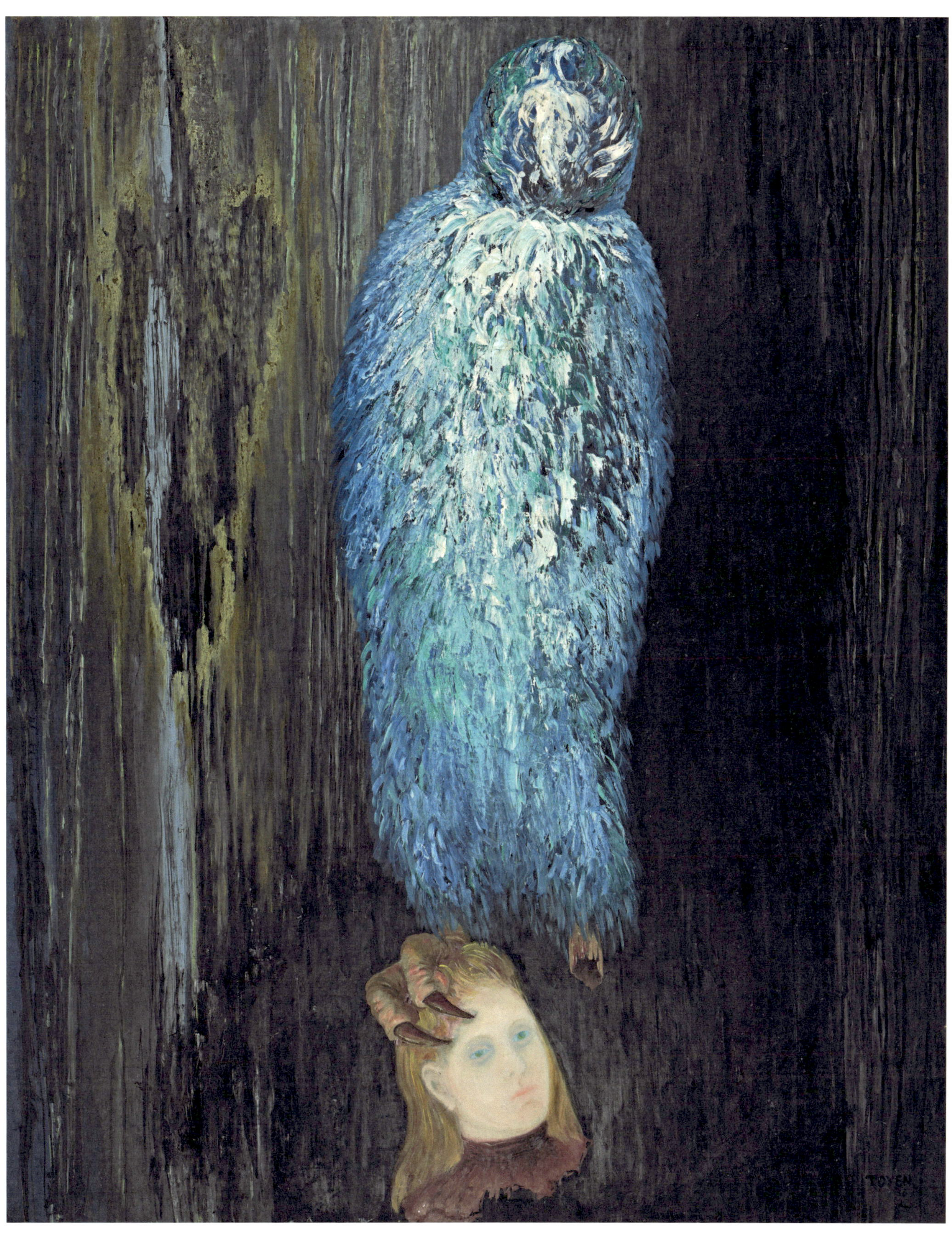

Abb. 238 ***Poselství lesa / Botschaft des Waldes,*** 1936
Öl auf Leinwand, 160 × 129 cm
National Galleries of Scotland, Edinburgh, erworben mit Unterstützung des Henry and Sula Walton Fund und des Art Fund, 2016

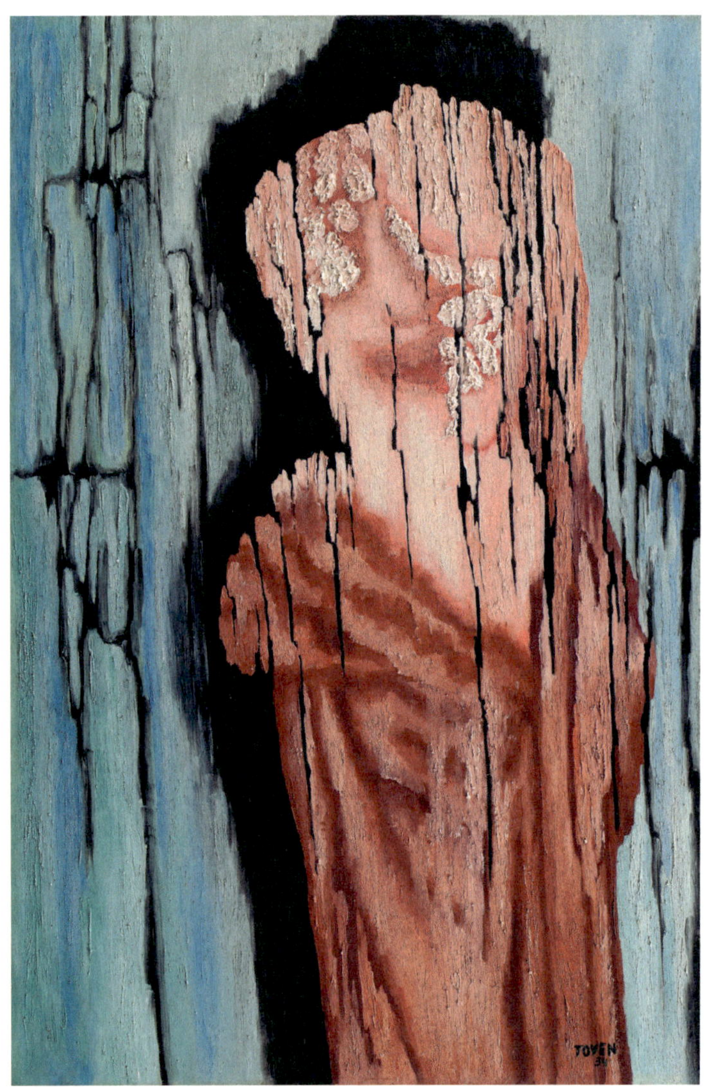

Kat. 239 ***Růžový spektr / Rosa Gespenst***, 1934
Öl auf Leinwand, 98 × 63 cm
Privatsammlung, Courtesy Galerie KODL

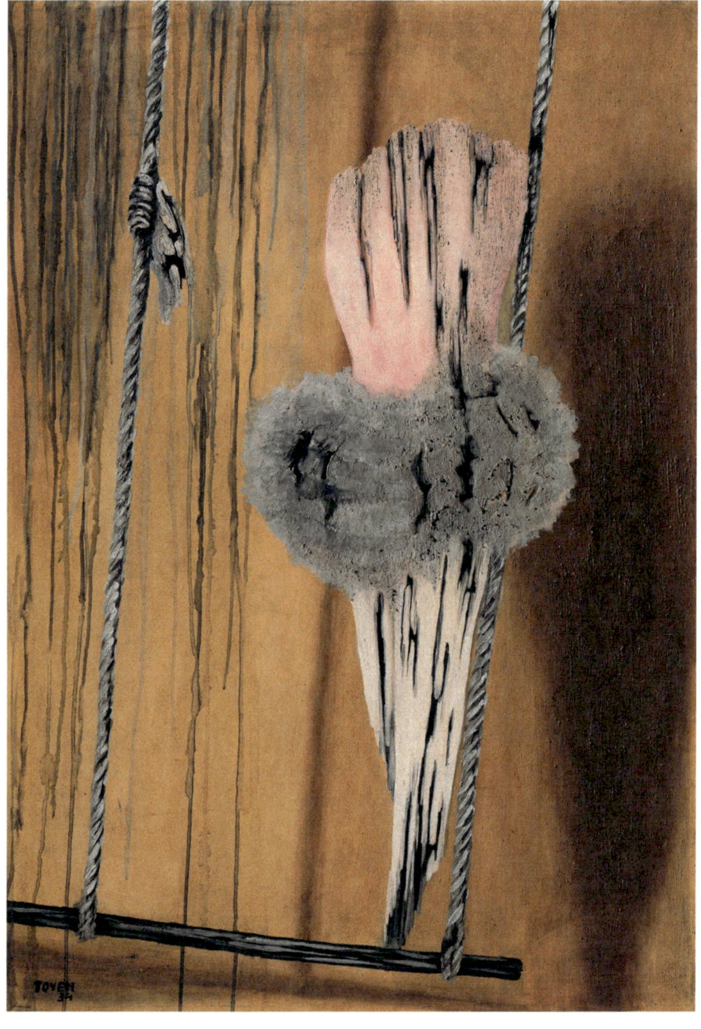

Kat. 240 ***Žlutý spektr / Gelbes Gespenst,*** 1934
Öl auf Leinwand, 92 × 65 cm
Privatsammlung

und sich zugleich in tiefen Rissen der Leere öffnende Form wirft auf den ebenfalls brüchigen Grund dem Anschein nach einen Schlagschatten. Dieses normalerweise Räumlichkeit verdichtende Element gibt vor, den sich dem Nichts öffnenden Körper vom jeweiligen Grund absetzen zu können, als befänden wir uns in einem flachen, überschaubaren Bildraum. Hierdurch – und in *Gelbes Gespenst* zudem durch das Detail einer realistisch gemalten, das Trapezseil haltenden Hand – versagen die räumlich-bildliche Vorstellungskraft des Betrachters und seine Annahme eines kohärenten Bildraumes endgültig: Das schwankende Trapez[20] gibt den Bühnenraum frei für die Risse als Ort des Auftritts der Geister!

Toyen sucht in den frühen 1930er Jahren mit ihrer »Jagdkunde von Erscheinungen« scheinbare Paradoxe zu imaginieren und bildnerisch festzuhalten: Wie kann die Präsentation – also das Gegenwärtigmachen – einer Hülle auf das Verhüllte, wie kann Objekthaftes auf ein Subjekt verweisen? Wie kann ein Bild mit Gezeigtem das Abwesende, mit Raum die Leere ahnen lassen?

Hüllen als Protagonisten

Durch veristischere Ausführungen und deutliche Unterscheidung von Himmels- und Erdzone verstärkt sich in den nach 1936 entstandenen Bildern Toyens der Eindruck illusionistischer Räumlichkeit, und es konkretisieren sich die Formen. *Poselství lesa* (*Botschaft des Waldes*, Abb. 238) ist ein Übergangsbild, in dem der sich oszillierend vom Hintergrund lösende Vogel noch auf der Serie *Stimme des Waldes* basiert. Er hat aber mit einer Kralle ein realistisches Detail hinzubekommen, welches an das dem Konzept der konvulsivischen Schönheit zugrunde liegende Diktum Lautréamonts erinnert: »Er [Mervyn] ist schön wie die Einziehbarkeit der Raubvogelkrallen.«[21] Dieses Detail wirkt, und ebenso der Frauenkopf, den die Kralle umfasst, wie aus einer anderen Welt hineincollagiert, mit ihm schnellt aus Toyens Werk wiederum eine neue Bildauffassung hervor: Im weiteren Werkverlauf lösen sich um 1937 die Formen immer stärker von der sie umgebenden, bald wüstenartig-weiten Landschaft, die mit einem immer unabsehbareren Horizont eindeutig einen Illusionsraum öffnet.

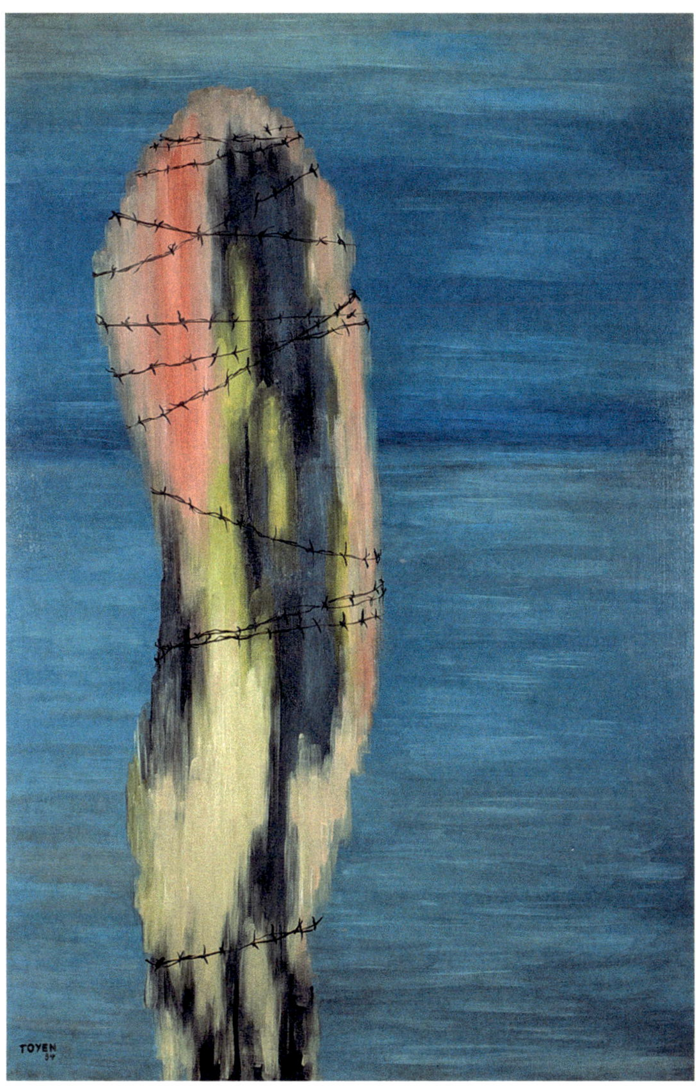

Abb. 241 ***Prometheus,*** 1934
Öl auf Leinwand, 144 × 96 cm
Privatsammlung

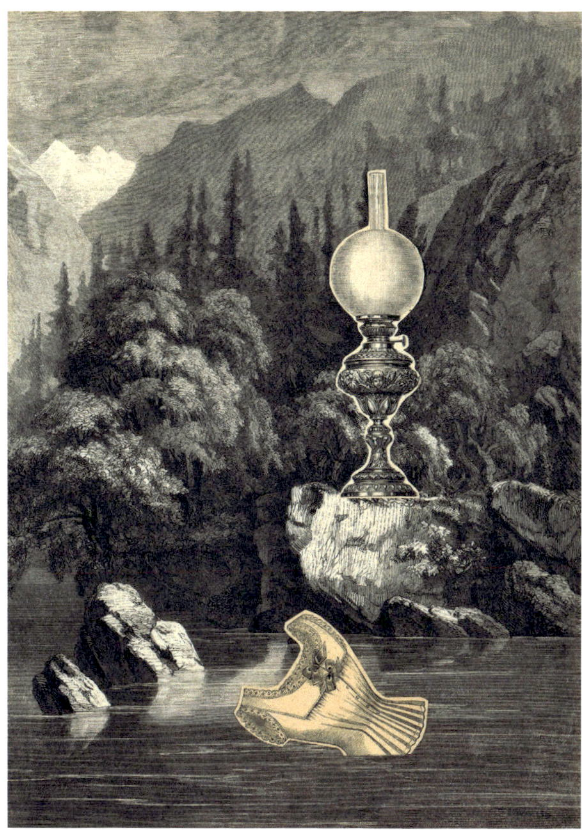

Abb. 242 ***Ani labuť ani lůna / Weder Schwan noch Mond,*** 1936
Collage, 296 × 213 mm | Nationalgalerie Prag

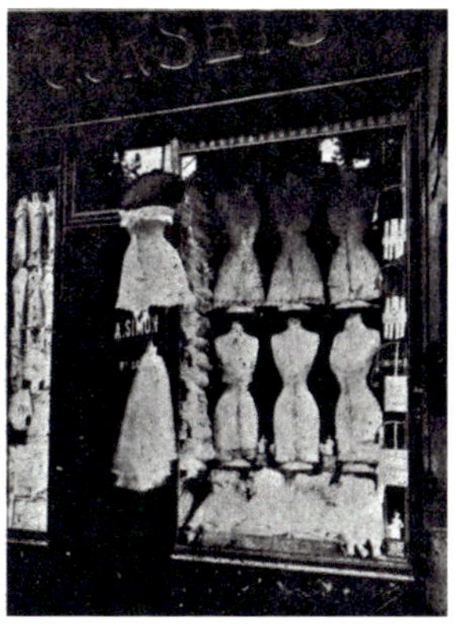

Kat. 243 Eugène Atget (1857–1927), **Boulevard de Strasbourg**, 1912, reproduziert in: *La Révolution surréaliste,* 15.6.1926, Nr. 7, S. 6

Dieser Weg in die größere illusionistische Darstellung von Form und Grund hatte sich schon 1934/35 angedeutet, so umriss Toyen ihre (Objekt-)Vorstellungen teilweise auch durch illusionistisch gemalte Details wie Tücher und Stacheldraht. Dabei verhüllen diese scheinbar darunter Liegendes, lassen nur noch dessen Grundform erahnen (*Menhiry / Menhire,* 1934, Abb. 293) oder umschlingen eine diffuse Farbzone wie in *Prometheus* (1934, Abb. 241). Toyen inszeniert das Verborgene als ungreifbar. Hatte sie um 1933 Übergänge von Faltungen in Risse sowie die Suggerierung von diffusen Volumen parallel auch in Tusch- und Federskizzen untersucht, erkundete sie ab 1935 in der wieder verstärkt genutzten Federzeichnung vor allem die entsprechenden veristischen Elemente, so den Stacheldraht in der ursprünglich *Fantomy* genannten Serie (*Phantome,* 1935, Abb. 294). Hier – und ebenso in den fast parallel entstehenden Illustrationen für das Kinderbuch *Anička skřítek a Slaměný Hubert* (*Annchen, das Heinzelmännchen und der Stroh-Hubert,* 1936, Kat. 576)[22] des Dichters Vítězslav Nezval, mit dem Toyen und Štyrský seit ihrer Zeit in Devětsil in engem Austausch standen – ersetzt sie die im Malerischen genutzten Kontraste durch die lineare Präzision des Strichs gegen tiefe Schwärze.

Dabei nutzt Toyen in der Serie *Phantome,* von welcher manche Blätter 1939 mit Gedichten Jindřich Heislers als *Přízraky pouště* (*Gespenster der Wüste,* Abb. 300) publiziert werden, statt des entleerten Körpers selbst nun verstärkt das Motiv der Kleidungsstücke, die für den weiblichen Körper zugeschnitten, jedoch leer sind und frei stehen. Sie wird es 1937 weiter entwickeln in *Opuštěné doupě* (*Verlassene Höhle,* 1937, Abb. 244), *Ranní setkání* (*Begegnung am Morgen,* 1937, Nationalgalerie Prag), *Sen* (*Traum,* 1937, Kat. 245, 246) und *Spící* (*Schlafende,* 1937, Abb. 247) und auch im malerischen Nachkriegswerk immer wieder aufgreifen. Damit präsentiert Toyen nicht zuletzt durch die Motivwahl die hervortretende Objekthaftigkeit selbst als ein ambivalentes Phänomen, eines, das Präsenz mit Absenz verbindet. In der Inzenierung und zugleich Hinterfragung des Objekts, in der Entwicklung der in sich brüchigen, Leere verkörpernden Formen, mögen für die Künstlerin Abbildungen in Kunstzeitschriften inspirierend gewesen sein: So kann für das schwebende Korsett in *Verlassene Höhle,* das sie als Motiv bereits 1936 in einer Collage für ihre Illustration zu K. H. Máchas *Ani labuť ani lůna* (*Weder Schwan noch Mond,* Abb. 242) verwendete, Atgets Foto von Damenkorsetten als Anregung gedient haben (Abb. 243).[23]

Dort, wo Toyen wieder die schemenhafte – weibliche – Rückenfigur beziehungsweise ihre so starr geformten Repräsentant(inn)en als Motiv einsetzt wie in *Schlafende* oder *Oblázky večera*

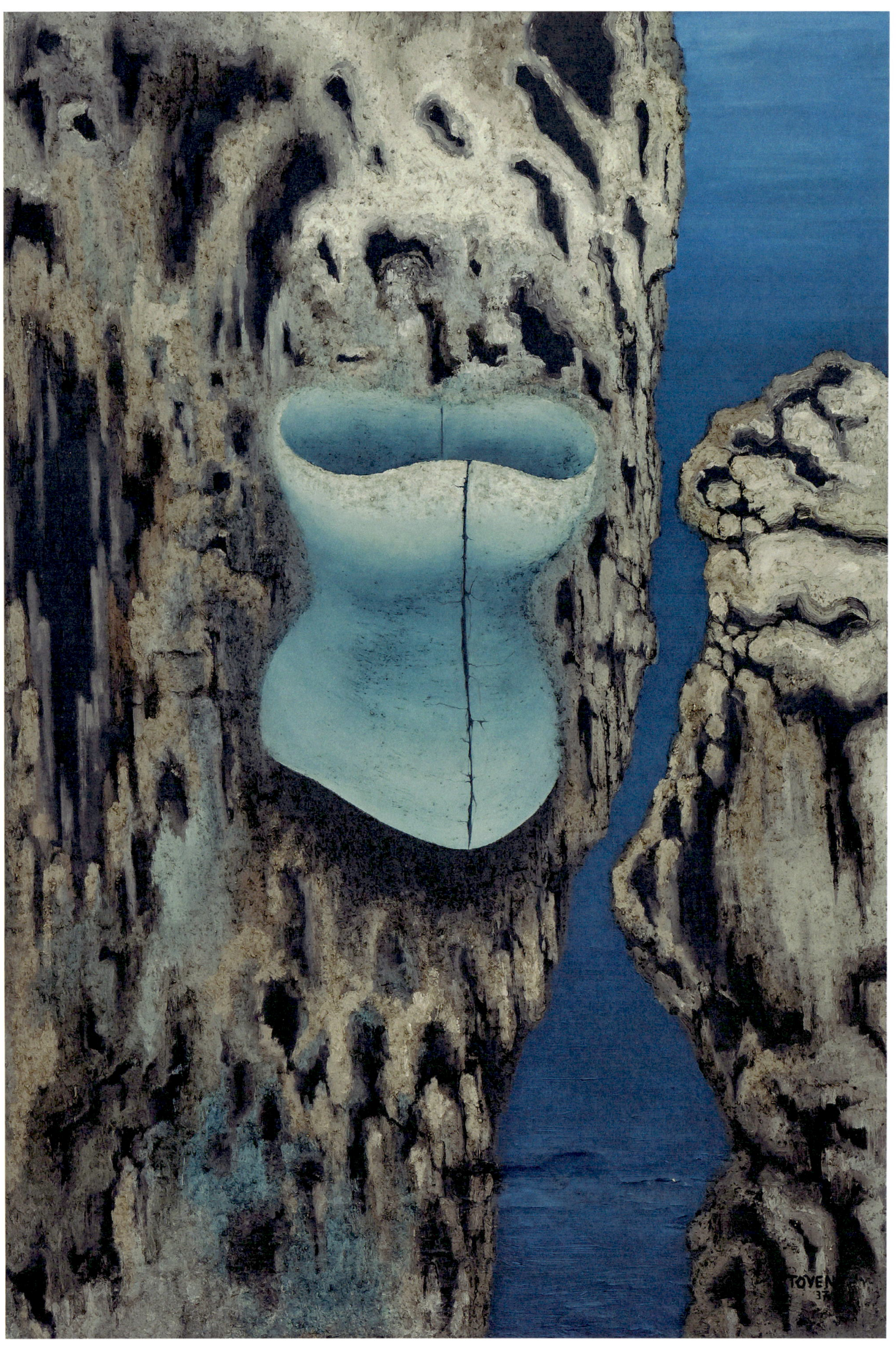

Abb. 244 ***Opuštěné doupě / Verlassene Höhle,*** 1937
Öl auf Leinwand, 113 × 77,5 cm
Galerie der schönen Künste in Cheb (GAVU Cheb)

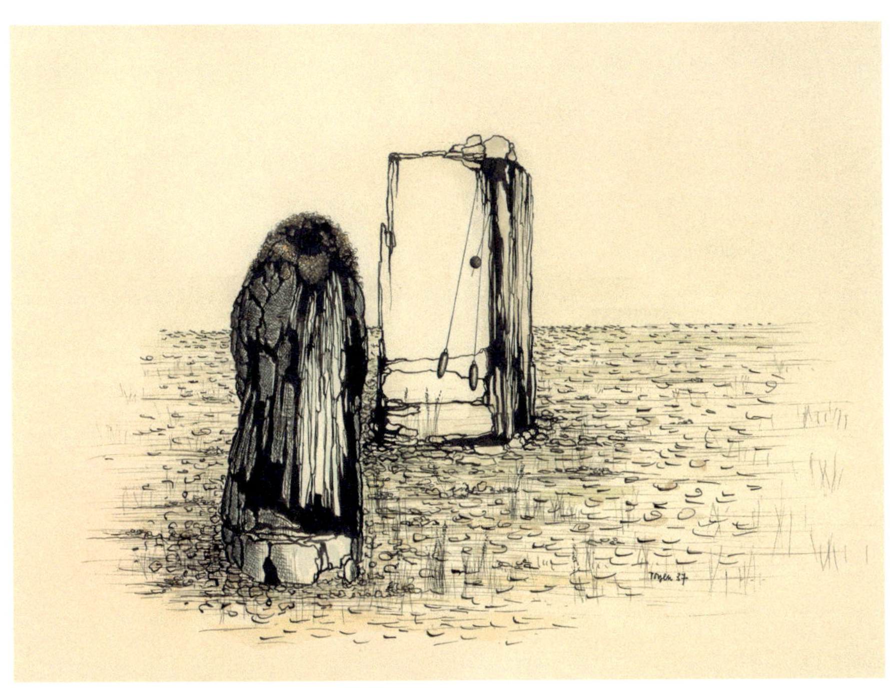

Kat. 245 ***Sen / Traum,*** Studie zum Gemälde, 1937
Tusche auf Papier, 350 × 505 mm
8smička Stiftungsfonds, Humpoletz

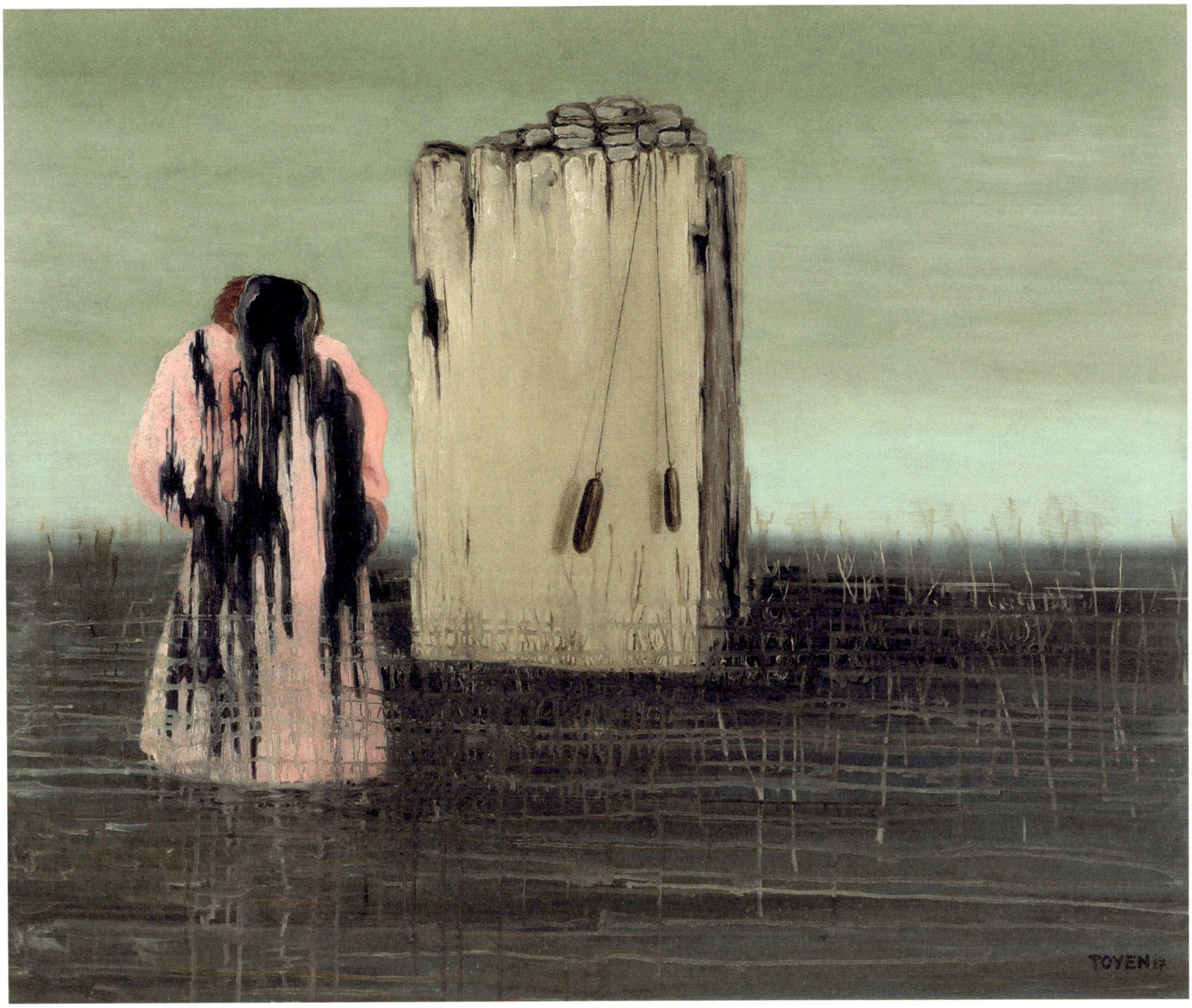

Kat. 246 ***Sen / Traum,*** 1937
Öl auf Leinwand, 81 × 99 cm
Kunsthalle Prag

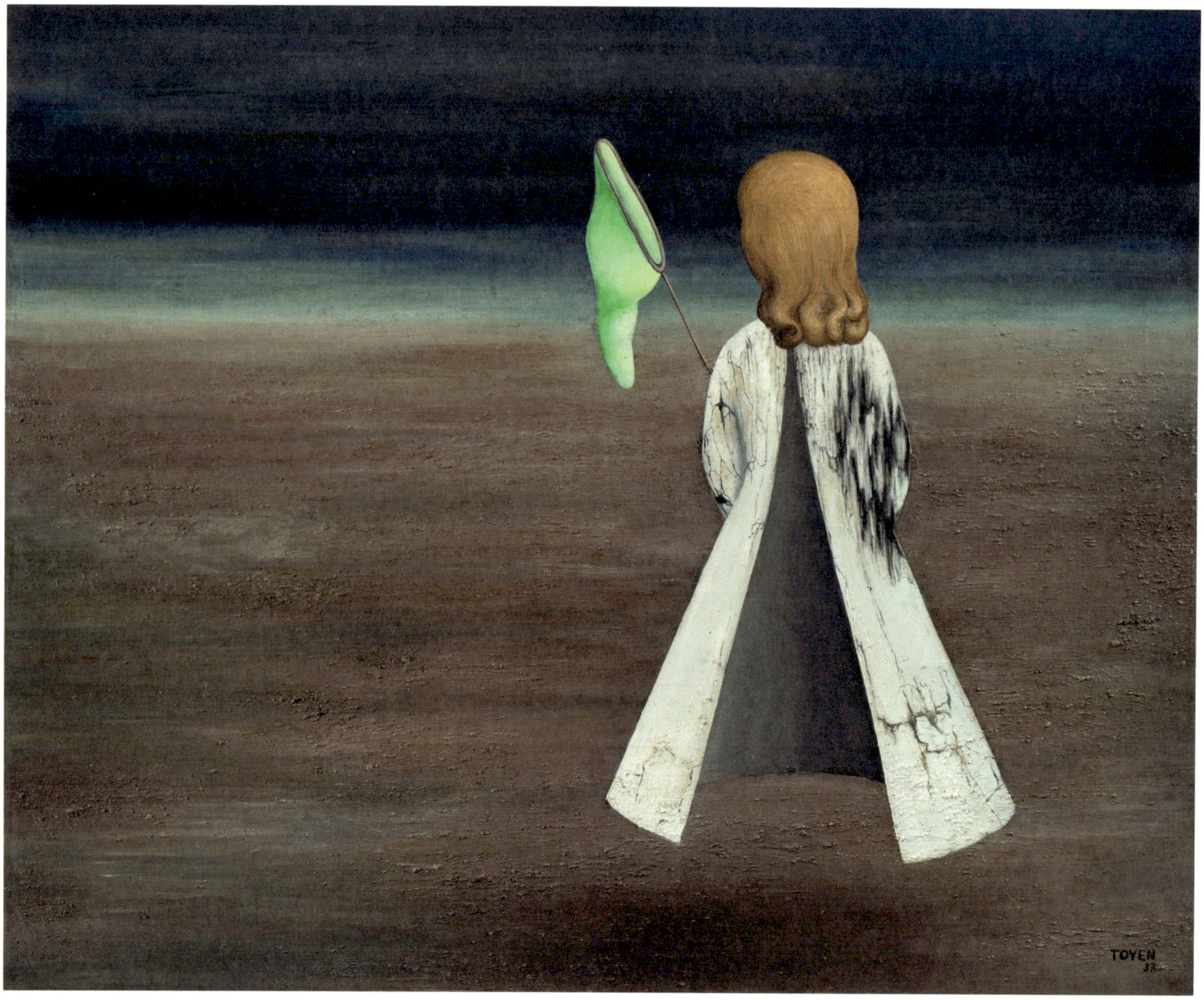

Abb. 247 ***Spící / Schlafende,*** 1937
Öl auf Leinwand, 55,5 × 61 cm
Privatsammlung

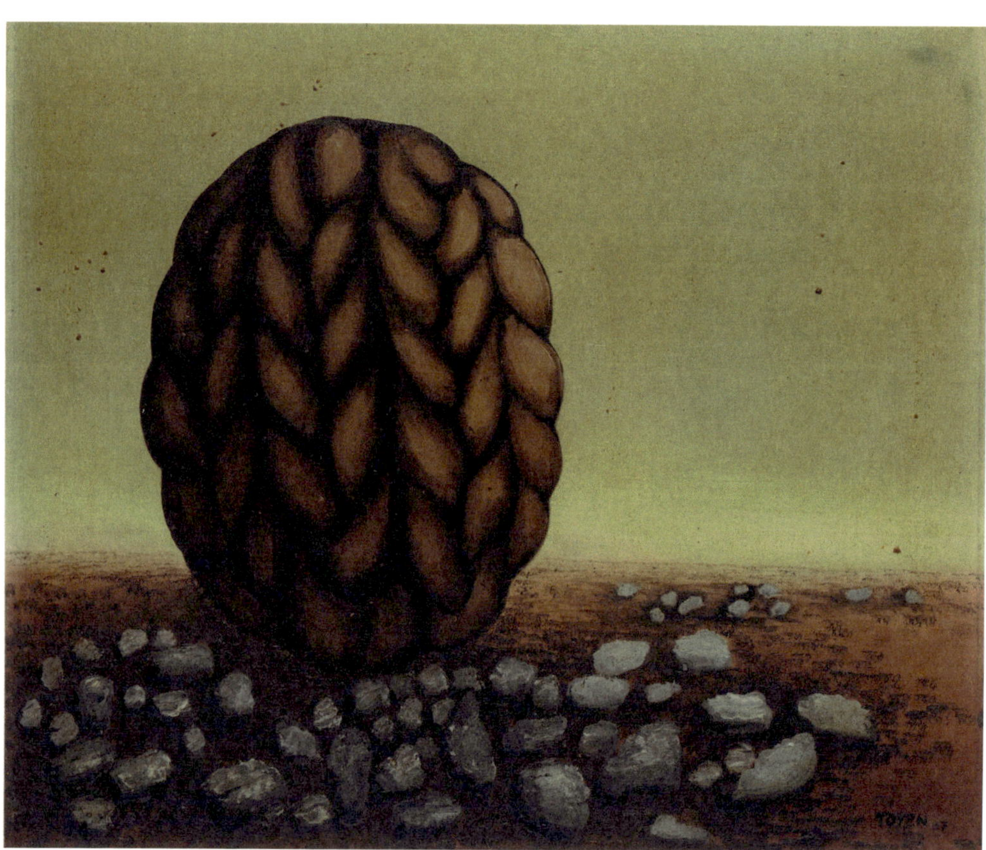

Abb. 248 ***Oblázky večera / Kieselsteine des Abends,*** 1937
Öl auf Leinwand, 50 × 60 cm
Die Westböhmische Galerie, Pilsen

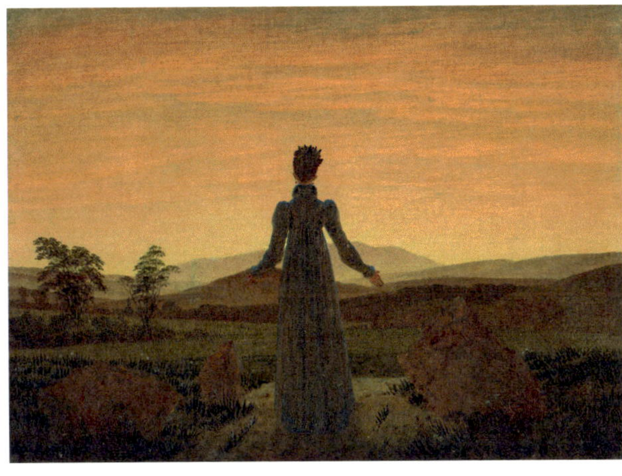

Abb. 249 Caspar David Friedrich (1774–1840), ***Frau vor der untergehenden Sonne***, um 1818
Öl auf Leinwand, 22 × 30 cm
Museum Folkwang Essen

(*Kieselsteine des Abends,* 1937, Die Westböhmische Galerie, Pilsen, Abb. 248), bezieht sie sich zurück auf die Tradition der deutschen Romantik. Wie die in sich versunkenen, mit den Geheimnissen des Universums konfrontierten Protagonisten bei Caspar David Friedrich (Abb. 249)[24] ziehen auch Toyens Rückenfiguren den Betrachter in das leere Bild, den nun illusionistisch angedeuteten weiten Raum. Im inszenierten Dialog mit der Natur geben auch sie vor, sein Naturerleben und seine emotionale Erfahrung des Werkes zu unterstützen. Doch Toyens Stellvertreter(innen) zeigen zugleich, dass sie keinen Kern mehr haben, in den sie versinken könnten. Gleich hohlen Relikten vergangener Handlungen und Erfahrungen verweisen sie in ihrer Erstarrung nur noch auf die Erinnerung an das Leben, das Erleben von Körperlichkeit, an Begehren, Natur oder Spektakel. Diese Erscheinungen lassen somit Verführerisches und zugleich Ungeheuerliches ahnen – vielleicht sogar das Ungeheuerliche im Verführerischen und das Verführerische im Ungeheuerlichen.

Das Objekt und seine befreiende Wirkung

Der historische, persönliche[25] und konzeptuelle Kontext für die Entwicklung in Toyens Werken vom Landschaftlichen zum vieldeutigen Objekt, für ihre »ganz eigene Jagdkunde von Erscheinungen«,[26] ist nicht nur bei den tschechischen Mitstreitern, allen voran Štyrský und Nezval, zu suchen. Auch einzelne surrealistische Positionen in Paris sowie deren just Anfang der 1930er Jahre aufflammende Diskussion um den Stellenwert des Objekts konnten sie auf ihrem Weg bestärken.

Der Theoretiker Karel Teige, der Mitte 1935 Bretons erst 1937 ins Tschechische übersetzten Prager Vortrag *Die surrealistische Situation des Objekts – die Situation des surrealistischen Objekts*[27] in einem Aufsatz zusammenfasste,[28] betonte 1938 im Rückblick die Bedeutung dieses Vortrages: Er hatte die Entwicklung Toyens und Štyrskýs »vom intuitiven Stadium des Surrealismus zu einer neuen Phase anregen« können, welche Teige als »objektive Überrealität« bezeichnet.[29] Auf den zentralen Aspekt in Bretons Vortrag, die Bedeutung des Objektes, wies auch die Presse hin: »Der Vortragende [...] ging davon aus, daß über den Begriff des surrealistischen Kunstwerks vielfach Unsicherheit bestände und daß man ihn am besten vom Objekt her genauer bestimmen könne.«[30]

Die surrealistischen Theorien des Objekts, welches, wie Nezval unterstrich,[31] ebenso in der Malerei behandelt werden könne, zielten von Anfang an auf eine dialektische Versöhnung von Wahrnehmung und Vorstellung, in der die Unterscheidung von real gegebenem und intuitiv entworfenem Objekt aufgehoben wird. Breton hatte dazu 1928 festgestellt, der Bildgegenstand könne nicht nur der äußeren Welt entnommen werden, sondern auch einem »inneren Modell«.[32] Dieses Konzept griff Jindrich Štyrský innerhalb der tschechischen Diskussion erstmals 1934 auf;[33] im Vorwort zu seiner 1940 zusammengestellten Sammlung *Sny* (*Träume*, 1925–1940) verwendete er »inneres Modell« synonym mit »Objekt-Phantom«.[34] Zwischen diesen Jahren setzten sich die tschechischen Surrealisten intensiv mit den entsprechenden Objekttheorien auseinander.

Dieser doppelten Ausrichtung des surrealistischen Zugriffs auf die Welt folgte auch Teige, der bereits in den frühen 1920er Jahren eine ähnliche Konzeption eines durch Traum und Imagination entstehenden inneren Bildes vertreten hatte.[35] Der Einfluss der Objekttheorie auf ihn, der 1937 mit Bezug auf Toyens Gemälde betonte, »die Welt der freien Vorstellungskraft erhält dieselbe überzeugende selbstverständliche und objektive Dichte wie die Welt der Alltagsrealität [...]«,[36] zeigt sich im selben Jahr auch in seiner Aussage, in den Bühnenbildern Honzls würden sich »so genau wie möglich Bilder und Ereignisse objektivieren [...], die in einem poetischen Traum [...] geboren werden. [...] [sie wollen] auf der Bühne [...] berührbar werden [...].«[37] Die – auf den Tastsinn ausgerichtete – Materialisierung konkreter Irrationalität im Objekt hat für Teige einen weiteren Aspekt, er versteht sie als Aktivität, welche die herrschende Klasse herausfordert.

Eine entsprechende politische Dimension hatte schon am Anfang der Objekttheorien gestanden. Die Besinnung auf Bretons ersten Aufruf von 1924, geträumte Objekte dreidimensional umzusetzen und zu verbreiten,[38] hatte ihren Grund in der politischen Krise der »Aragon-Affäre«,[39] entsprechend lag es für die Surrealisten nahe, das Objekt auch künftig als Vehikel für politische Ziele zu betrachten. So betonten sie in den 1930er Jahren, in der Phase einer allgemein stärker werdenden Tendenz zum Realismus und nach dem endgültigen Bruch mit der französischen kommunistischen Partei 1935, in vielen Stellungnahmen immer eindringlicher die befreiende, revolutionäre Wirkung ihrer »nutzlosen« Objekte angesichts der »brutalen Realitäten«.[40]

Die Idee des surrealistischen Objekts fügte sich zudem trefflich in die viel beschriebene Gruppenmythologie und die von Lautréamont geforderte »Demokratisierung«[41] ein. Auch in der künstlerischen Produktion der Surrealisten kam dem Objekt große Bedeutung zu: Dabei flossen häufig die in der Malerei gewonnenen methodischen Erfahrungen der Kombinatorik und Metamorphose ein, Fundstücke wurden scheinbar widersinnig zusammengefügt, um Kausalketten zu durchbrechen. Dieses Erproben von Verknüpfungen bildete eine wesentliche Grundlage für das Erkennen von Analogien.

Die Versuche einer Definition des surrealistischen Objekts wurden schnell unübersichtlich[42] und verschoben sich mit dem veränderten Verhältnis der Surrealisten zum Automatismus um 1929. Es war Salvador Dalí, der dabei eine besondere Rolle spielen sollte

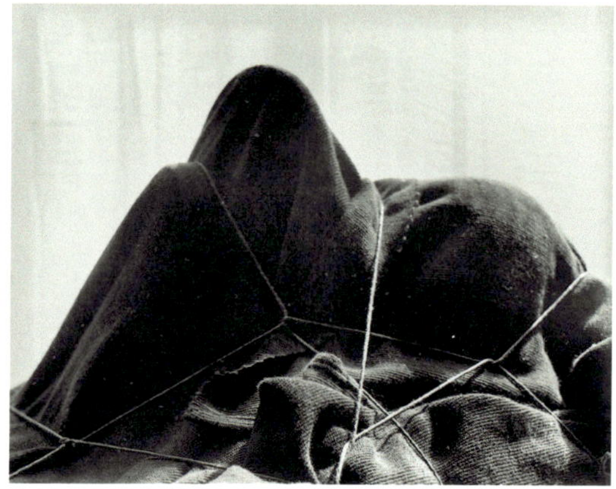

Kat. 250 Man Ray (1890–1976), ***L'Enigme d'Isidore Ducasse / Das Rätsel des Isidore Ducasse,*** 1920, reproduziert in: *La Révolution surréaliste* 1, 1.12.1924, Vorwort

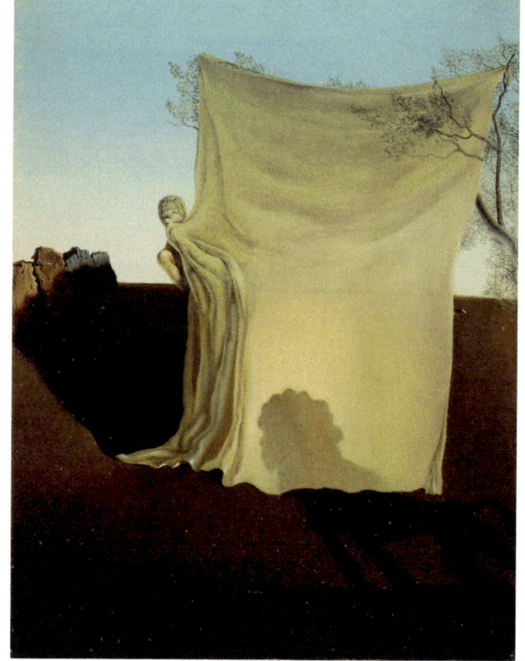

Abb. 251 Salvador Dalí (1904–1989), ***Le sentiment du devenir / Das Gefühl des Werdens,*** 1931
Öl auf Leinwand, 35,2 × 27,3 cm
Privatsammlung

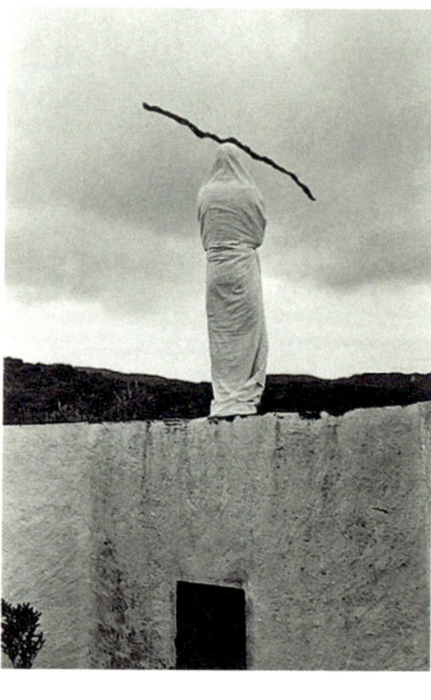

Kat. 252 Fotografie Man Ray, Illustration zu: Salvador Dalí, *Les nouvelles couleurs du sex appeal spectral / Der neue Anstrich des gespenstischen Sex Appeals*, in: *Minotaure* 5, 12.5.1934, S. 20

und bewirkte, dass das passivere einem aktiveren Produktionsverständnis wich; er brachte die paranoisch-kritische Methode sowie Erotisch-Suggestives in das surrealistische Selbstverständnis ein. Breton wies ihm zudem eine herausgehobene Position bei der Internationalisierung zu. So schrieb er ihm kurz vor seiner Abreise nach Prag aus Paris: » Ich muss mich [...] nach Prag begeben, dann auf die Kanaren (wo ich Sie sehr gerne wiedersehen würde).«[43]

Vom Objekt zum Phantom – Salvador Dalí

Dalí traf im April 1929 in Paris ein, seine erste Einzelausstellung fand Ende November 1929 statt. Toyen, die schon im Januar nach Prag zurückgekehrt war, kann sie nicht gesehen haben.[44] Doch die von nun an in den französischen Kunstzeitschriften vielfach abgedruckten Texte und Abbildungen seiner Werke waren ihr und der tschechischen Avantgarde zugänglich. 1931 war er in der Prager Szene bereits so präsent, dass eine Rezension zu *École de Paris* ihn erwähnte, obwohl gar keine Werke von ihm auf der Schau in Prag gezeigt wurden.[45] Er rief im selben Jahr in der Zeitschrift *Le Surréalisme au service de la révolution* dazu auf, sich intensiv mit surrealistischen Objekten zu befassen,[46] was Breton mit seinem Text *L'Objet fantôme* (*Das Phantomobjekt*), einem Auszug aus *Les Vases communicants* (*Die kommunizierenden Röhren,* Kat. 208), unterstützte. Der Autor, der mit seinem Roman *Nadja* schon 1928 ein Phantom-Konzept in die surrealistische Diskussion eingebracht hatte, betonte, dass es »poetische, künstlerische Konstruktionen [...] gibt, die sich, zumindest von außen gesehen, den natürlichen Existenzbedingungen aller übrigen Objekte zu entziehen scheinen«. Anhand von Beispielen wie Dalís *Visage du grand Mastubateur* (*Gesicht des großen Masturbators,* 1929, heute Museo Nacional Centro de Arte Reina Sofía, Madrid), Giorgio de Chiricos *Le Vaticinateur* (*Der Wahrsager,* 1914/15, heute The Museum of Modern Art, New York) oder Max Ernsts Collageroman *Femme 100 têtes* (*Die hunderköpfige Frau,* 1929) führt er aus, dass solcherart »Phantome« nach Sigmund Freud Ängsten entstammen, die mit der Sexualität in der Kindheit zusammenhängen.[47]

Bereits im September 1932 hob Dalí für die erste Phase der Beschäftigung mit dem surrealistischen Objekt, wohl im Rückbezug auf Man Rays *L'Enigme d'Isidore Ducasse* (*Das Rätsel des Isidore Ducasse*, 1920, reproduziert in *La Révolution surréaliste* 1924, Abb. 250), die beunruhigende Wirkung von »Einwicklungen«[48] hervor, die zum Tasten verführen, aber die Identifizierung des Objektes verhindern; zudem rühmte er Max Ernsts Gemälde *Pietà oder Die Revolution bei Nacht* (1923, Sammlung Paul Eluard, ab 1938 Roland Penrose, heute Tate, London) als Auftakt für die Karriere der Objekte im Surrealismus und stellte in Bezug auf die unheimliche Wirkung von Ernsts Gemälde eine Analogie mit einer populären Kriminalserie her: »Die ersten surrealistischen Experimentatoren sahen sich in die unterirdischen Gänge der ›Revolution bei Nacht‹ versetzt, in die Gänge, wo sich gerade *Die Geheimnisse von New York* abgespielt haben mußten.«[49] Eben dieses Werk sah Toyen im Oktober in der Ausstellung *Poesie 1932,*[50] bei der sich Nezval in seiner Eröffnungsrede bereits weitgehend an die Theorien Dalís anlehnte.[51] In der Ausstellung wurde von Dalí neben einer an Wüste und zugleich Unterwasserwelt erinnernden, wie aus einem anamorphotisch verzerrt dargestellten Schädel entstehenden Landschaft[52] wahrscheinlich *Le sentiment du devenir* (*Das Gefühl des Werdens,* 1931, Abb. 251) präsentiert.[53] Das letztere Werk stellt mit einem Schattenwurf auf ein Tuch, das sowohl als Verhüllung einer Figur wie als Projektionsfläche dient und in seinen Falten die Struktur der Felsen im Hintergrund aufnimmt, grundlegende Fragen

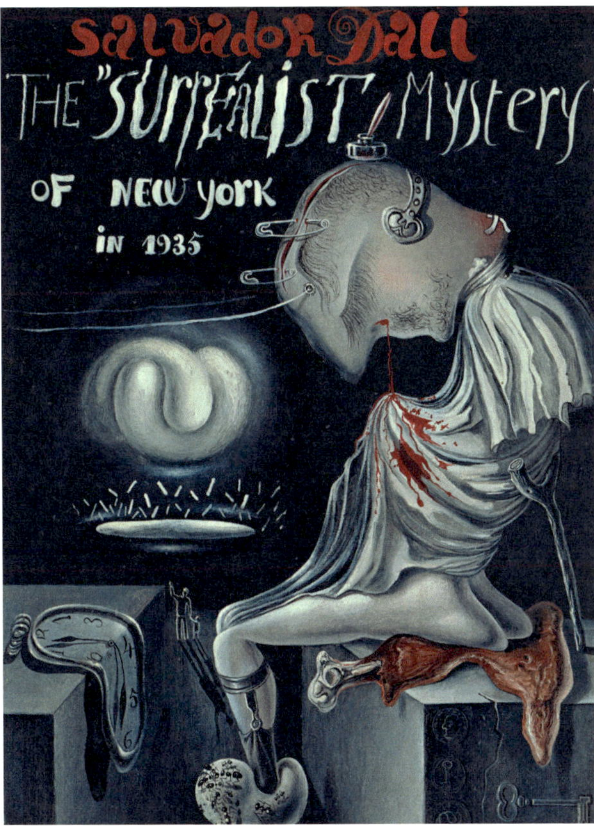

Kat. 253 Salvador Dalí, ***Couverture turbulente. The Surrealist Mystery of New York in 1935 / Turbulente Titelseite. Das surrealistische Geheimnis New Yorks im Jahre 1935,*** 1935
Ankündigung für ein unrealisiertes Filmprojekt | Öl auf Leinwand, 38 × 29 cm | Sammlung Ulla und Heiner Pietzsch, Berlin

zum Verhältnis von Hülle und Körper, Projektion, Präsenz und Repräsentation. Diese dürften Toyen sehr interessiert haben, 1946 formuliert sie in *Mythos des Lichts* (Kat. 412) auf eigene Weise verwandte Fragen.

Die Suggestivkraft des Verborgenen stellte Dalí in weiteren Konkretisierungen seiner Objekttheorie[54] immer deutlicher heraus. Seine Schrift *Les nouvelles couleurs du sex appeal spectral* (*Der neue Anstrich des gespenstischen Sex Appeals*) illustrierte er im Mai 1934 mit zwei Fotos von Man Ray, die eine in ein Falten werfendes Tuch eingehüllte Figur (Abb. 252) darstellen, und erläutert nun selbst den Begriff des »Phantoms«: Es materialisiere sich »durch das ›Wahnbild eines Volumens‹. – Das Wahnbild ist die Verhüllung. – Die Verhüllung verbirgt, schützt, verklärt, reizt, führt in Versuchung, [...] schafft Zweideutigkeit hinsichtlich des Volumens und macht es verdächtig [...] virtuell und beängstigend.«[55] Es handele sich um eine »metaphysische Angst«, welche im Phantom personifiziert werde.

Die Personifikation einer metaphysischen Angst

Toyen wird dieses eindrückliche, eventuell durch Nezval vermittelte Phantom-Konzept gekannt haben. Nachweislich wahrgenommen – und zwar auf eine sehr intensive Weise – hat sie das Gemälde *Couverture turbulente. The Surrealist Mystery of New York in 1935* (*Turbulente Titelseite. Das surrealistische Geheimnis New Yorks im Jahre 1935,* 1935, Kat. 253), in dem Dalí seine der Phantom-Theorie folgende Beschreibung einer männlichen Figur zu verbildlichen scheint: Diese Figur setze sich, so die Beschreibung, aus Elementen eines Phantoms wie auch eines – davon im Wortspiel Specter/Spectrum unterschiedenen – Gespensts zusammen, die enge Hose mache ihren Unterleib »spektral-zerlegbar«, während im Kontrast dazu die faltige Umhüllung des Oberkörpers ein »Phantomgehabe« anzeige.[56] Ein Foto dieses Plakatentwurfs für einen sich wiederum auf die oben genannte Krimiserie beziehenden Kinofilm[57] befand sich in Štyrskýs Prager Atelier. Breton hatte es Nezval für den Abdruck in seiner geplanten Zeitschrift gesendet.[58] Als Toyen während ihres Paris-Aufenthalts mit Eluard und Nezval am 24. Juni 1935, kurz nachdem sie Štyrský wegen einer Embolie ins Krankenhaus einliefern musste, Dalís Atelier besuchte, sah sie das Original: »[...] ich sah, wie Toyen sich von dem Gemälde abwandte. Sie gestand mir, dass sie es nicht länger betrachten könne: Es erinnere sie an den Moment, in dem Štyrský, kurz vor dem Höhepunkt seiner Embolie, sich aufgerichtet und aus unerfindlichem Grund mit gesenktem Kopf den Blick auf seine Uhr gerichtet habe.«[59] Vielleicht war es nicht nur, wie Nezval vermutet, die »verblüffende Übereinstimmung von Štyrskýs Haltung auf dem Höhepunkt seiner Embolie-Krise« mit der gemalten Figuration. Es mag auch eine Mischung gewesen sein aus ihrer Erinnerung an das Atelier, aktueller Ohnmachtserfahrung angesichts Štyrskýs existenziell bedrohlicher Krankheit und dem – auf eigenen Untersuchungen zu Trugbildern gründenden – Erleben der in Dalís Phantom-Spectre vergegenwärtigten »metaphysischen Angst«, die Toyen so reagieren ließ, wie es Nezval beschrieb: »Und wenn ich jemals Verzweiflung und grenzenlose Traurigkeit gesehen habe im Gesicht Toyens, die sich sonst immer dem Pessimismus verweigerte, dann war es auf Grund einer [dieser] irrationalen Situation [...]«.[60] 1936 reproduzierte Nezval Dalís Werk in seiner Zeitschrift *Surrealismus*, ebenso wie sechs Gemälde von Toyen von 1934, darunter *Stimme des Waldes* und *Rosa Gespenst*.[61] Die Ausgabe enthielt zudem, vielleicht in Anlehnung an eine 1929 schon in *La Révolution surréaliste* abgedruckte Umfrage unter dem Motto »Les vrais fantômes (Die wahren Phantome)«,[62] ein Frage-Antwort-Spiel zum Thema »Ist er/sie phantomartig?«. Toyen nahm an diesem Spiel nicht teil.

Der transformierende Blick

Tatsächlich schienen die tschechischen Surrealisten schon lange bevor sie Bretons Reden in Prag hörten oder Dalí im Juni 1935 persönlich kennenlernten, umfassend informiert gewesen zu sein über Dalís Werke und seine (Objekt-)Theorien. Gerade im für Toyen – bezüglich ihrer Hinwendung zum Objekt und zum Phantom wie Gespenst – wichtigen Jahr 1934 erwarteten sie ihn mit entsprechender Spannung. Štyrský schrieb Anfang August 1934: »Wir haben Kontakt mit der surrealistischen Gruppe im Ausland aufgenommen. Im Herbst kommt André Breton nach Prag. Es wird eine große Ausstellung (internationaler) surrealistischer Malerei organisiert, zu der auch Salvador Dalí eintrifft, um sie zu eröffnen.«[63] Aus finanziellen Gründen[64] konnten diese Pläne nicht umgesetzt werden, und so reisten nur André und Jacqueline Breton sowie Paul Eluard im Frühjahr 1935 nach Prag. Von hier konnte Letzterer Gala schreiben: »In Paris zeige ich Euch dann eine Menge Reproduktionen von Dalí und Artikel über ihn.«[65]

Nezval, der das Gründungsmanifest der Skupina surrealistu v ČSR, der surrealistischen Gruppe der Tschechoslowakei, im März 1934 in Anlehnung an Marx' and Engels' *Manifest der Kommunistischen Partei* mit dem Satz »Ein Gespenst geht um im revolutionären Europa ... das Gespenst des Faschismus«[66] eingeleitet hatte, war im selben Jahr an der Titelfindung – »specter (Gespenst)« – für die beiden Bilder Toyens beteiligt;[67] schon in der Erinnerung an seinen Besuch in ihrem Atelier zur Vorbereitung der Ausstellung betonte er, dass es das Trugbild sei, was die Künstlerin an Objekten am meisten interessiere.[68] Wenn er im Katalog der ersten Ausstellung der surrealistischen Gruppe 1935 schreibt,

»man kann die Theorie der surrealistischen Malerei nicht erklären, ohne die Objekttheorie zu erklären«,[69] referiert er vor allem Dalís Konzepte. Darauf aufbauend, legt er die Rolle von »Illusion und Halluzination« dar und grenzt verschiedene Kategorien von Objekten in Toyens Werk voneinander ab, so »*Phantom-Illusionen* von Gesichtern, die aus den skizzierten Anspielungen an Baumstämme hervortreten, und *halluzinatorische Gespenst-Objekte* mit fleischfarbener Kleidung«[70] sowie »*halluzinatorische Phantom-Objekte*« wie die Gruppe *Stimme des Waldes* (Kat. 235–237). Sein 1935 verfasstes Gedicht zur Serie, von der ihm eine Fassung gehörte (Kat. 235), betont: »Ein Vakuum, schrecklicher als eine Schusswunde.«[71] Im Nachhinein sieht er die Einlösung der »ungeheuren Perspektive«, die sich Toyen damit eröffnete »an der Schwelle zur Symbolwelt, die sie überwunden« habe,[72] in dem Gemälde *Botschaft des Waldes*. Hier evoziere Toyen laut Nezval »die objektiv zufällige Begegnung eines Frauenkopfes mit einem Phantom des Waldes«. Es gelinge ihr damit »der Beweis, dass das, was bisher als unvereinbar galt, nämlich subjektiver Malstil und objektive Idee mit Symbolwert, geradezu prädestiniert ist, in seiner Mesalliance das Konkret-Irrationale par excellence zu erschaffen: das Gespenst«.[73]

Toyen konnte sich tatsächlich schon früh auf ihrem Weg bestärkt fühlen von Dalís Erkundungen. Allerdings nahm sie diese auf eine andere, selbstständigere Weise auf als Nezval selbst, der sich bis in die Wortwahl hinein an Dalí orientierte.[74] Und auch anders als die übrigen tschechoslowakischen Surrealisten, die Ende November 1935 im S.V.U. Manés (Spolek výtvarných umělců, Vereinigung bildender Künstler) die Möglichkeit hatten, Dalís Illustrationen zu Lautréamonts *Les Chants de Maldoror* (*Die Gesänge des Maldoror,* 1934, Kat. 581) zu sehen,[75] und für die Dalís veristischer Ansatz von vorrangiger Bedeutung war, wie sich im Interesse für die Morphologie anatomischer Deformationen[76] oder in der Übernahme von Motiven, etwa der Krücken, zeigt.

Bei Toyen findet sich eher – und eben dies als Parallele zu Dalís Erforschungen – eine Faszination für das Vergegenwärtigen von Verborgenem durch die Schaffung von phantomartigen Formungen und damit ambivalenten Bildern: Dalí stellte 1935 zu seinem Artikel *Apparitions aérodynamiques des ›Êtres-objets‹* (*Stromlinienförmige Erscheinungen von ›Gegenstandswesen‹*)[77] ein Detail des Gemäldes *Die Gesandten* (1533, Abb. 261) von Hans Holbein dem Jüngeren; es entpuppt sich bei längerem Hinsehen als anamorphotisch verzerrte Darstellung eines Totenkopfes. In diesem Zusammenhang verweist es nicht mehr nur auf das Memento mori, sondern zugleich auf das anamorphotische Sehen selbst, welches ein transformierendes ist. Toyen sucht in ihren Werken ein ebensolches Sehen, das neben visuellen und taktilen auch psychische sowie spirituelle Funktionen anspricht, sie provoziert einen quasi »doppelten« Blick für koexistierende Realitäten:[78] Ein solches Sehen ist Grundlage und zugleich Beleg für das Erkennen von Analogien, durch welches mit Hilfe eines inneren Abstands zur Erscheinungswelt in einer Sache eine andere erkannt und somit als verbindlich angesehene Grenzziehungen in einer vermeintlich festgefügten Realität herausgefordert werden können. Es basiert auf der Annahme einer fundamentalen Einheit des Universums.[79] Eine solche Aufmerksamkeit für Koexistierendes lässt den Erkennenden einen intensiven Moment der Gegenwart erfahren, denn die Idee des Phantom- und Geisterhaften ist im analogen Denken in der Sterblichkeit und damit zugleich in der lebendigen Körperlichkeit, die wiederum Begehren wecken kann, begründet. Sie sieht in der Abwesenheit die Anwesenheit. So findet sich dort, wo zum Verlangen verführt wird und das Gefühl von Lebendigkeit besonders präsent ist, zugleich die Antizipation des Todes.[80] Sowohl die Mobilisierung des Verlangens als auch das Denken in Analogien und das Sehen von Analogien sind in ihrer subversiven Kraft zentrale Aspekte in Toyens Werk.[81]

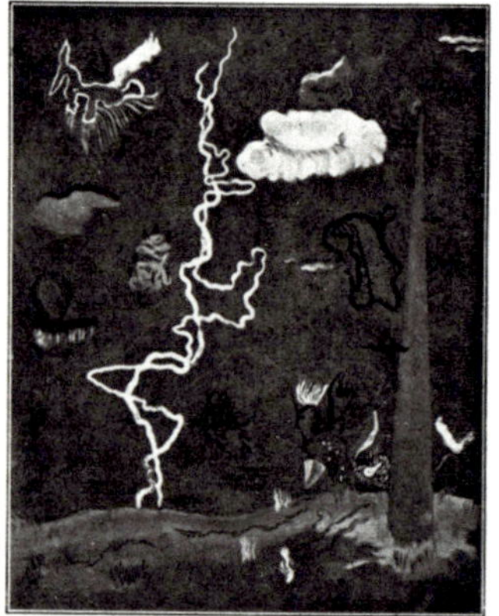

Kat. 254 Yves Tanguy (1900–1955), ***Second Message / Zweite Botschaft,*** 1926, reproduziert in: *La Révolution surréaliste*, 1927, S. 31

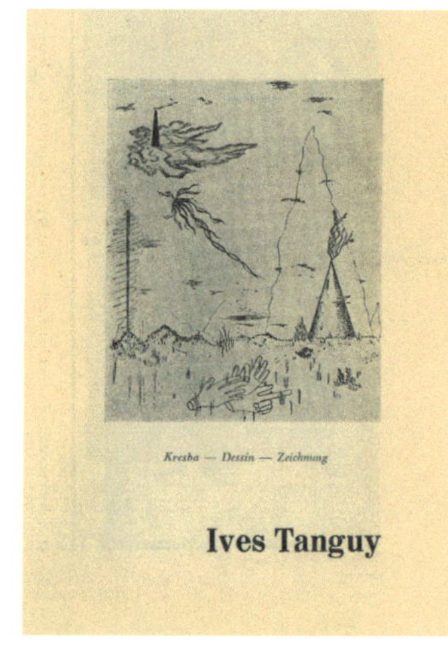

Abb. 255 Yves Tanguy, Zeichnung für Benjamin Péret, *Dormir dormir dans les pierres / Schlafen, schlafen in den Steinen*, Editions surréaliste, Paris 1927, reproduziert in: *ReD* 4, Januar 1928, S. 147

Eine Welt der Latenz – Tanguy

Die Parallelen in den künstlerischen Fragestellungen Toyens und Dalís reichen also weit hinaus über formale Aspekte wie den Übergang zum scheinbar illusionistischen Raum. Ähnlich verhält es sich mit den Bezügen zwischen den Werken von Toyen und Yves Tanguy.[82] Ob Toyen während ihres ersten Aufenthalts in Paris auf Gruppenschauen 1925 und 1928 gezeigte Werke Tanguys oder gar die erste Einzelausstellung des Autodidakten 1927[83] wahrgenommen hat, ist nicht belegt. In den französischen Kunstzeitschriften konnte sie ab 1926 Reproduktionen von zunächst noch naiv anmutenden, dann Figürliches und Abstraktes verbindenden Malereien sehen.[84] Darunter zeigt eine der ab 1927 in zunehmener Zahl produzierten mediumistischen »fumées«[85] das schwebende Detail eines – sich wie auf einer anderen Bildebene befindlichen – Schleifenbands (Kat. 254). Ein solches Element, figurativ ausgeformt, verwendete Toyen während des Krieges in *Přeji Vám mnoho zdraví* (*Ich wünsche Ihnen viel Gesundheit!,* 1943, Abb. 347) und spielt damit ähnlich wie Tanguy mit Repräsentationsebenen.

Mit Sicherheit sah sie 1928 den Abdruck einer Illustration Tanguys zu Pérets *Dormir dormir dans les pierres* (*Schlafen, schlafen in den Steinen*) in der Zeitschrift *ReD* (Abb. 255, vgl. Kat. 582). Die Traumlandschaft mit zeichenhaft dargestellten geologischen, pflanzlichen wie geometrischen Formen, die im Zwischenreich zwischen Erde, Himmel, Wasser schweben, zeigt im Vordergrund abgetrennte, erotisch aufgeladene Hände und vereint so bereits mehrere Kennzeichen seines Œuvres. Wird Tanguy später verstärkt, die Kontur betonend, Variationen von ähnlichen Formen zeichnen, erscheinen die Elemente in diesen Werken noch beweglich: Sein Kosmos ist in einer Metamorphose zwischen organischer und mineralischer Welt begriffen. Durch rhythmische Verdichtungen von Linien, die Haare oder Organe simulieren, spielt er auf den Tastsinn an. Hierin, bis hin zur Auffassung des leeren Blattes als tragender Fläche, ähneln sich Anfang der 1930er Jahre die zeichnerischen Herangehensweisen der beiden Künstler.

Ein originales Gemälde Tanguys konnte Toyen 1931 in der Ausstellung *École de Paris*[86] sehen, ein Jahr später vier weitere in

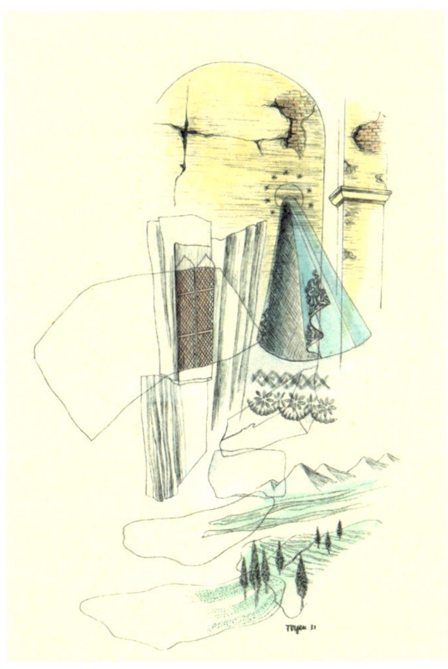

Kat. 256 Illustration für: Joseph Delteil, *Don Juanovi / Don Juan*, 1931
Aquarell, Tusche auf Papier, 380 × 275 mm
Galerie der Hauptstadt Prag

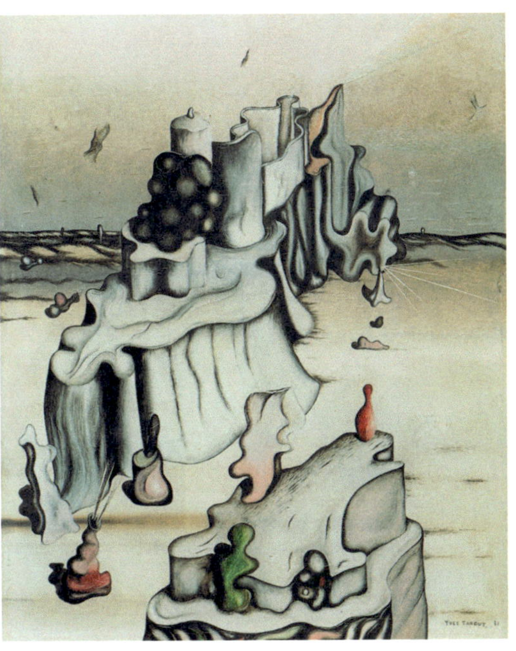

Abb. 257 Yves Tanguy, ***La Tour de l'ouest / Der Turm des Westens,*** 1931
Öl auf Leinwand, 27 × 21,5 cm
Museum Winterthur, Sammlung Erna und Curt Burgauer, reproduziert in: *Le Surréalisme au sérvice de la révolution* Nr. 4, 1932, S. 38

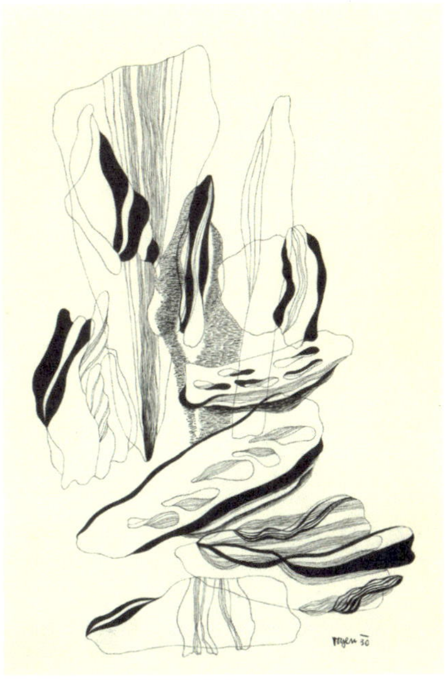

Kat. 258 ***Kompozice / Komposition***, 1930
Tusche auf Papier, 490 × 305 mm
Galerie der Hauptstadt Prag

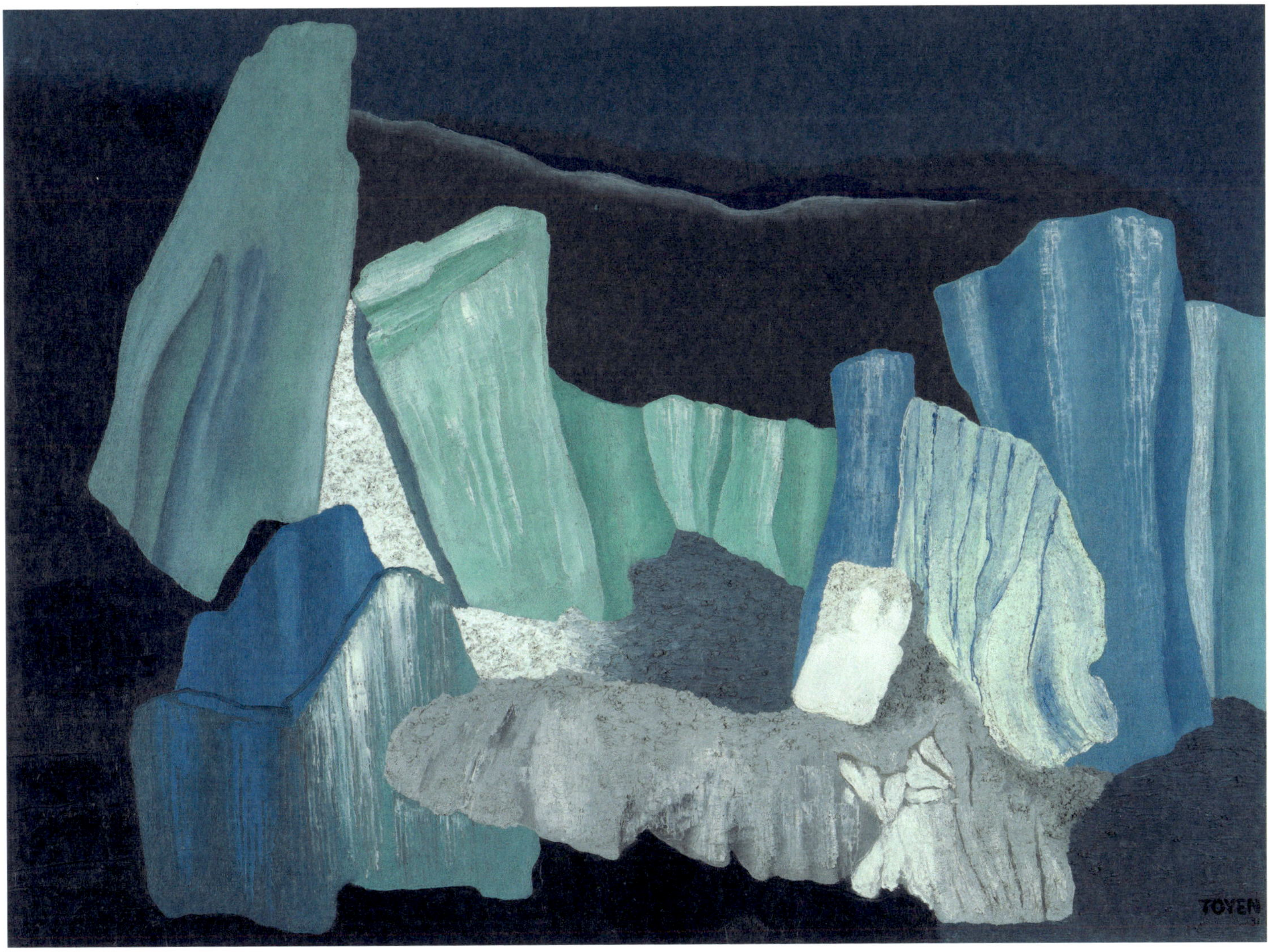

Kat. 259 ***Severní krajina / Nördliche Landschaft***, 1931
Öl auf Leinwand, 81 × 116 cm | Retro Gallery

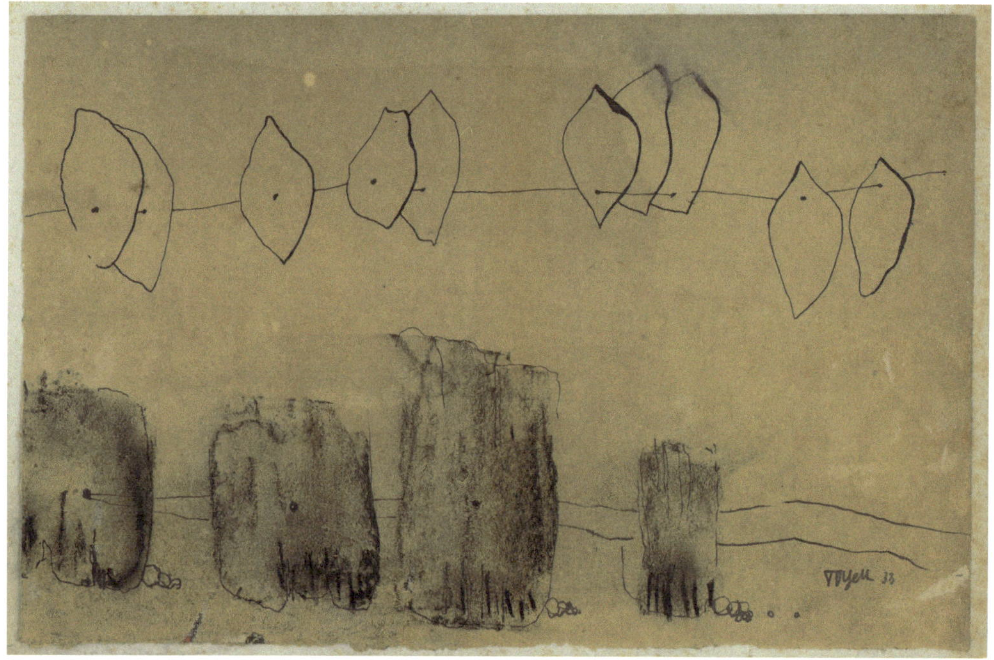

Kat. 260 ***Composition* / *Komposition***, 1933
Schwarzviolette Tinte, Kohle und Pastell auf Papier, 177 × 265 mm
Privatsammlung

Poésie 1932.[87] Darunter mögen sie besonders die transluziden Tafelberg-Bilder von 1930/31 beeindruckt haben, die plateauartige Felsformationen präsentieren (Abb. 257); in diesen Gemälden hatte Tanguy seine Eindrücke von einer Reise in das nordafrikanische Atlasgebirge verarbeitet. Aus Verwerfungen, gleichsam geologischen Faltenbildungen, schafft er räumliche Dichte und Tiefe zugleich: Die Faltungen und die Verspannung von Fläche und Raum, die Verdichtung von Form und Grund in einem organisch anmutenden Miteinander werden Toyen interessiert haben, untersuchte sie doch, unter anderem auch mit in *Poésie 1932* gezeigten Werken wie *Severní krajina* (*Nördliche Landschaft,* 1931, Kat. 259), parallel die Spannung zwischen Leere und raumverdichtenden Faltungen. Doch während Tanguys Gemälde immer transluzider werden und nur Motivanklänge den Tastsinn ansprechen, nutzt Toyen dafür die materielle Präsenz der Bildstrukturen selbst.

Die größere Detailgenauigkeit und Plastizität der Objekte in Tanguys Gemälden vom Anfang der 1930er Jahre mag mit seinen eigenen Reflexionen zum surrealistischen Objekt zusammenhängen. Hierbei untersuchte er mit biomorphen, sexuell suggestiven Formen die Frage von möglichen Grenzziehungen zwischen belebt und unbelebt.[88] Mit seinen aus Schichtungen der Gemälde wie Urformen auftauchenden »Être-objets« (»Gegenstandswesen«) stellt auch er Fragen nach der Identität, erscheinen diese doch – ähnlich wie bei Toyen durch ihren spezifischen Bezug zum umgebenden Raum – »verhüllt«: Jenseits eines Sehens, das die Dinge lediglich auf ihre »Nützlichkeit« taxiert, sind sie in ihrer Individualität noch nicht so weit ausgebildet, dass sie sich auch nur vom umgebenden Raumkontinuum absetzen könnten, doch ist ihr Potenzial für eine Weiterentwicklung zu ahnen. So provozieren auch sie einen »doppelten Blick«. Breton, der die latenten Kräfte in den surrealistischen Objekten in seiner Schrift *»Crise de l'objet«*[89] identifiziert hatte, betont im Hinblick auf Tanguy: »Mit ihm betreten wir das erste Mal eine Welt totaler Latenz …«[90]

Diese schwebende, transitorische Offenheit der Objekte in einer Welt der Verzögerung, des Verborgenen erinnert an Toyens beschriebene Übergänge von Landschaft zu Objekt, an ihre zwischen Auflösung und Formung, zwischen Präsentation und Repräsentation oszillierenden Bildstrategien der frühen 1930er Jahre.

Metamorphose und Erstarrung

Nutzt Toyen zu Beginn der 1930er Jahre die Präsentation der sich wie durch alchemistische Prozesse verändernden Materialität des Bildes, um mit dem Verhältnis von Form und Grund das von Präsenz und Absenz zu hinterfragen, verweist Tanguy auf alchemistische Prozesse mit der repräsentierenden Darstellung von Gerinnungsformen. Im Anschluss an die Beweglichkeit der Ausformungen seiner frühen Unterwasserwelten kommt mit den Tafelberg-Bildern fließend-kristalline Koagulation ins Bild; sie markieren den Übergang zu den klaren Kompositionen einer mittleren Phase, von denen der Künstler Toyen ein winziges Gemälde am Tag ihrer Abreise aus Paris 1935 schenkte (Kat. 219). Nach dieser Werkphase entwickelt er seine Bildstrategie weiter zur hyperpräzisen Realistik bei der Wiedergabe seiner surrealistischen Visionen, die späten Bilder wirken wie

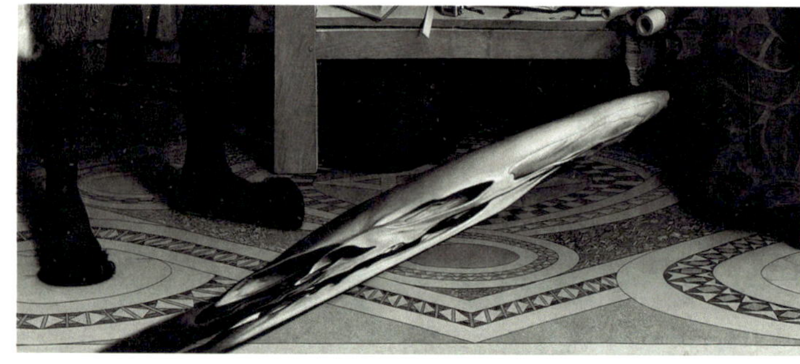

Kat. 261 Hans Holbein der Jüngere (1497–1543), ***Die Gesandten*** (Detail), 1533, reproduziert in: *Minotaure* 6, Winter 1935, S. 33, zu: Salvador Dalí, *Apparitions aérodynamiques des ›Êtres-objets‹ / Stromlinienförmige Erscheinungen von ›Gegenstandswesen‹*

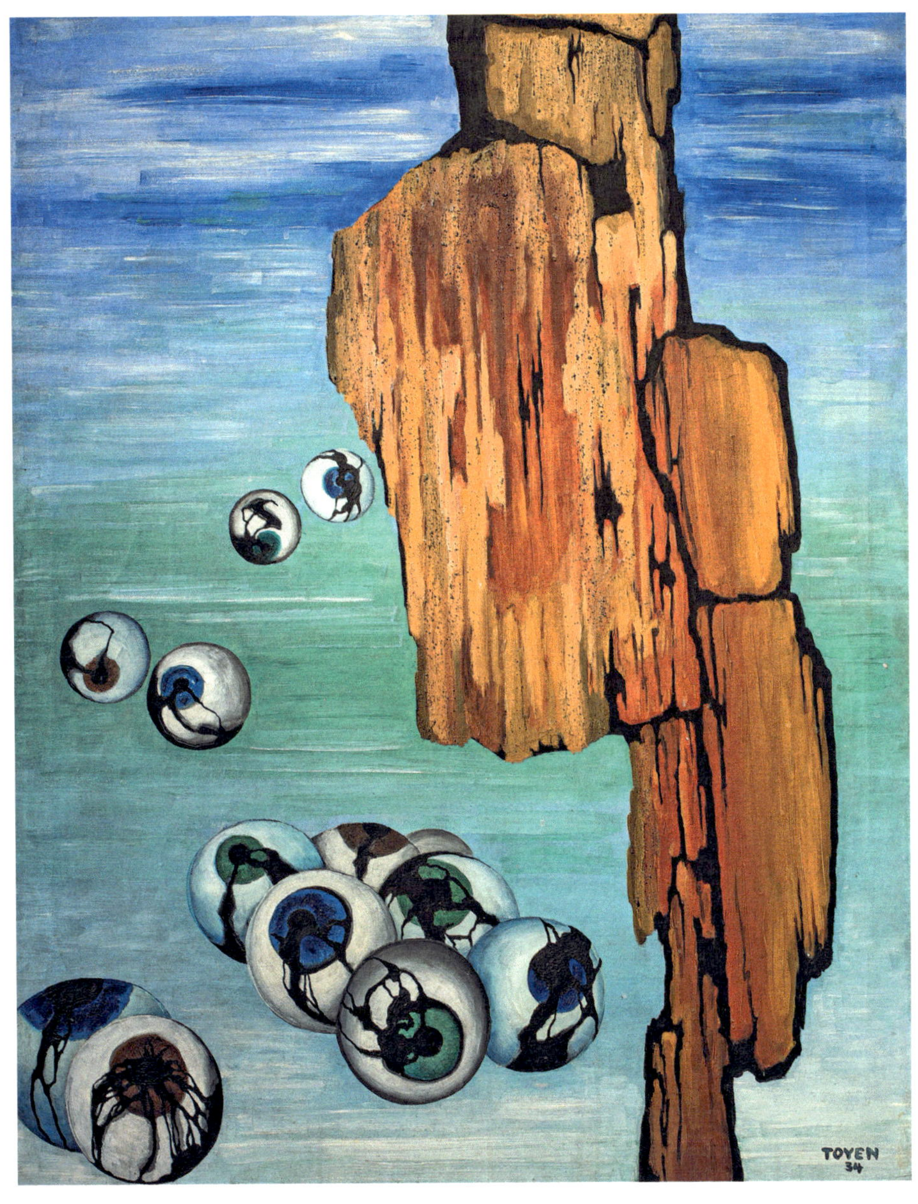

Kat. 262 ***Zbytek noci / Reste der Nacht***, 1934
Öl auf Leinwand,
91,5 × 72,5 cm
R2G Art Foundation

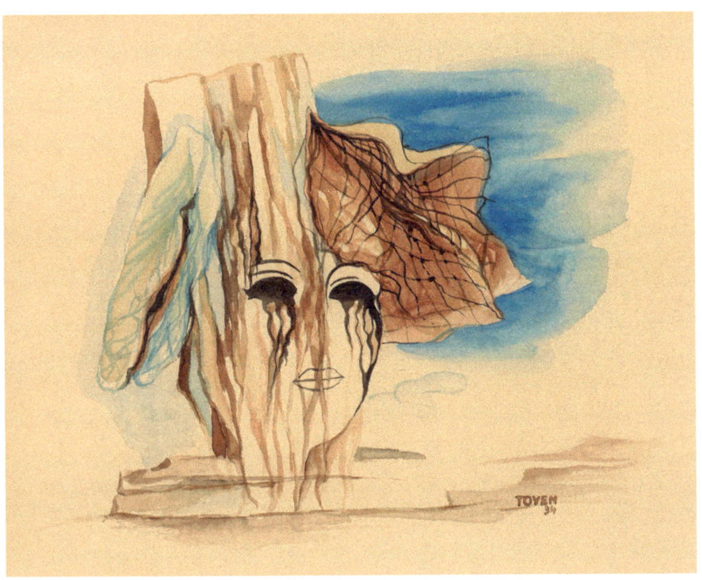

Kat. 263 ***Přelud / Trugbild,*** 1934
Tusche, Aquarell auf Papier, 350 × 280 mm
Privatsammlung

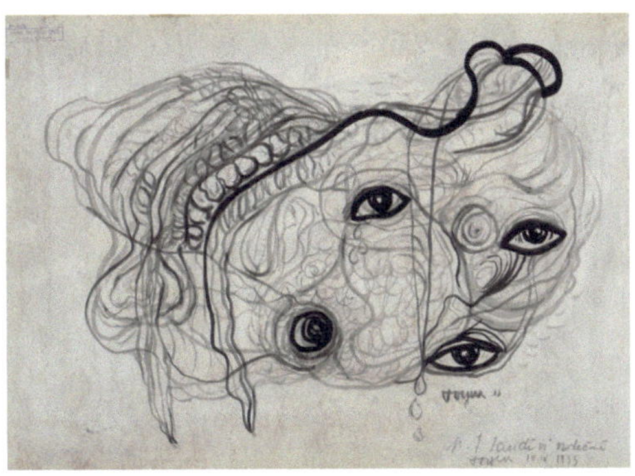

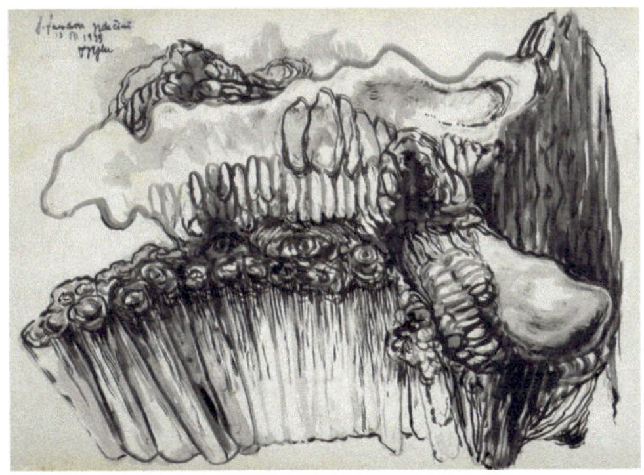

Kat. 264a, b ***Oči / Augen***, 1933 (recto/verso)
Mischtechnik auf Papier, 340 × 485 mm
Galerie der Modernen Kunst, Königgrätz

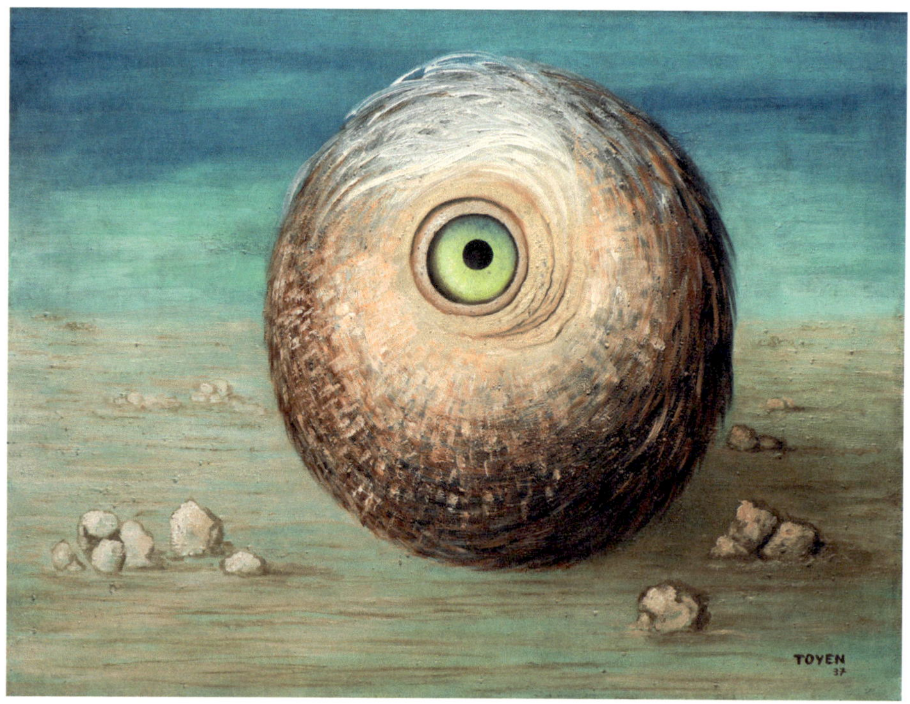

Kat. 265 ***Objekt-Fantom / Objekt-Phantom***, 1937
Öl auf Leinwand, 46 × 61 cm
Galerie Zlatá Husa

traumatische Steinwüsten: »Vom Flüssigen ging er zum Festen und Trockenen über, vom Unbestimmten zur Präzision der Miniaturmalerei.«[91]

Auch in Toyens späterem, besonders in dem zeichnerischen Werk der Kriegsjahre scheint das von ihr vorher als metamorphotisch inszenierte organische und mineralische Leben, überhaupt jeglicher Prozess, jede Entwicklung zum Stillstand gekommen zu sein; durch die Repetition gleicher Details oder Spiegelungen wirkt ihr Kosmos erstarrt. Als weite Fläche und weitgehend entleert gestaltet sie die Trug-Landschaft: Die Wüste wird zur Bühne der Reste eingefrorener Spektakel. Die Formen sind vom Grund gelöst, nur die ihrer Leere geschuldeten Durchblicke können den Hintergrund innerhalb der Form nach vorne bringen. Sie stehen am Ende der – auch von Tanguy thematisierten – universellen Entwicklung, als seien sie Relikte von vormals nützlichen Dingen, die mit ihrer eigenen Leere nur noch auf das Nichts[92] selbst verweisen.

Damit ist auch der von Toyen vorher evozierte begehrende, imaginierende, transformierende, lebendige Blick ausgehebelt, die Wahrnehmungskraft angegriffen, wie die Besatzungszeit selbst sie angriff.[93] Wie in Vorahnung dessen malte Toyen 1937 das Gemälde *Objekt-Phantom* (Kat. 265), über das Teige 1945 äußerte: »Es ist kein Zufall, daß eines dieser Bilder […] den Namen bekam: *Objekt-Phantom*; waren doch eigentlich alle diese Bilder Bild-Objekte, Spiegel phantastischer Objekte.«[94] In diesem »Spiegel« scheint Toyen die Blickbewegung umzudrehen und einzufrieren: Die Leere der tief schwarzen Pupille des Phantom-Bilds starrt zurück zum Betrachter.

Fallen des Bildes

Nezval betonte 1935, dass Toyens Werke den Surrealismus bereichern sowohl durch ihre originelle poetische Inspiration als auch durch ihre besonderen technischen Lösungen, »die in keiner Weise den Entdeckungen von Ernst, Tanguy, Dalí oder irgendeinem anderen Surrealisten geschuldet sind«.[95] Tatsächlich nicht nur in der Technik vollkommen unabhängig, scheinen manche von Toyens bildnerischen Fragestellungen gleichwohl ähnliche Ansätze wie die genannten Œuvres dort aufzuweisen, wo sie der Wahrnehmung und der fraglosen Prämisse von Identität Fallen stellen, wenngleich auf unterschiedliche Weisen.

Sowohl Dalís als auch Tanguys Werke eröffnen Parallelwelten, in denen ein ganzes Spektrum permanenter Veränderungsprozesse sichtbar wird. Dabei steht die Destabilisierung fester Formen im Zentrum, dies unter anderem erreicht durch deren oszillierenden Bezug zum Grund sowie durch den Übergang vom Festen ins Fließende und zurück. Beide Künstler entwickeln dabei einen, wenngleich als solchen nicht leicht erkennbaren, illusionistisch-repräsentativen Ansatz und provozieren einen transformierenden Blick. Damit können sie einen naiv verstandenen Realismus aufs Glatteis führen.

Ebendiese Fragen interessierten auch Toyen, die den surrealistischen, subversiven Umgang mit der Illusion auch nach dem Krieg weiterführen wird. Schon 1935 hielt Nezval zu Recht fest: »Toyen […] tischt die Realität in höchst latenter Art auf, und daher hat sie so tiefes Vertrauen in die Diskretion von Fallen, in welchen für sie die ganze alchemistische Wahrheit der Realität gefunden werden kann.«[96] Dabei stellt sie mit ihren Untersuchungen von Präsentation, Repräsentation, Präsenz und Absenz zudem und auf ganz eigene, stets neue Weise das Bilden selbst in Frage; statt neuartige, innerbildlich kohärente Gesetzmäßigkeiten nur zu entwickeln, hinterfragt und bricht sie diese immer wieder.

Breton resümierte im Rückblick: »Seit 1930/31, also am Vorabend des Hitler-Putsches, enthüllt sich bei Toyen ein Universum der Spalten und Risse, die anfangs von Eisbergen und dem Ei herkommen, dann aber ins Innere der Wälder dringen, wo der Baum, dem plötzlich alle Säfte entzogen sind, so weit zerfällt, daß er nur noch einer augenlosen Schleiereule Schutz bieten kann (1933/34). Eine reine Gespensterperiode entsteht hier, in der das *Entsetzen* (1937) seinen Lauf nimmt.«[97] Das, was den Schrecken in *Úděs* (*Entsetzen*, 1937, Kat. 266) auslöst, ist mehr als ein wiederum unheimliches, hier wie verletzt wirkendes Volumen eines ambiva-

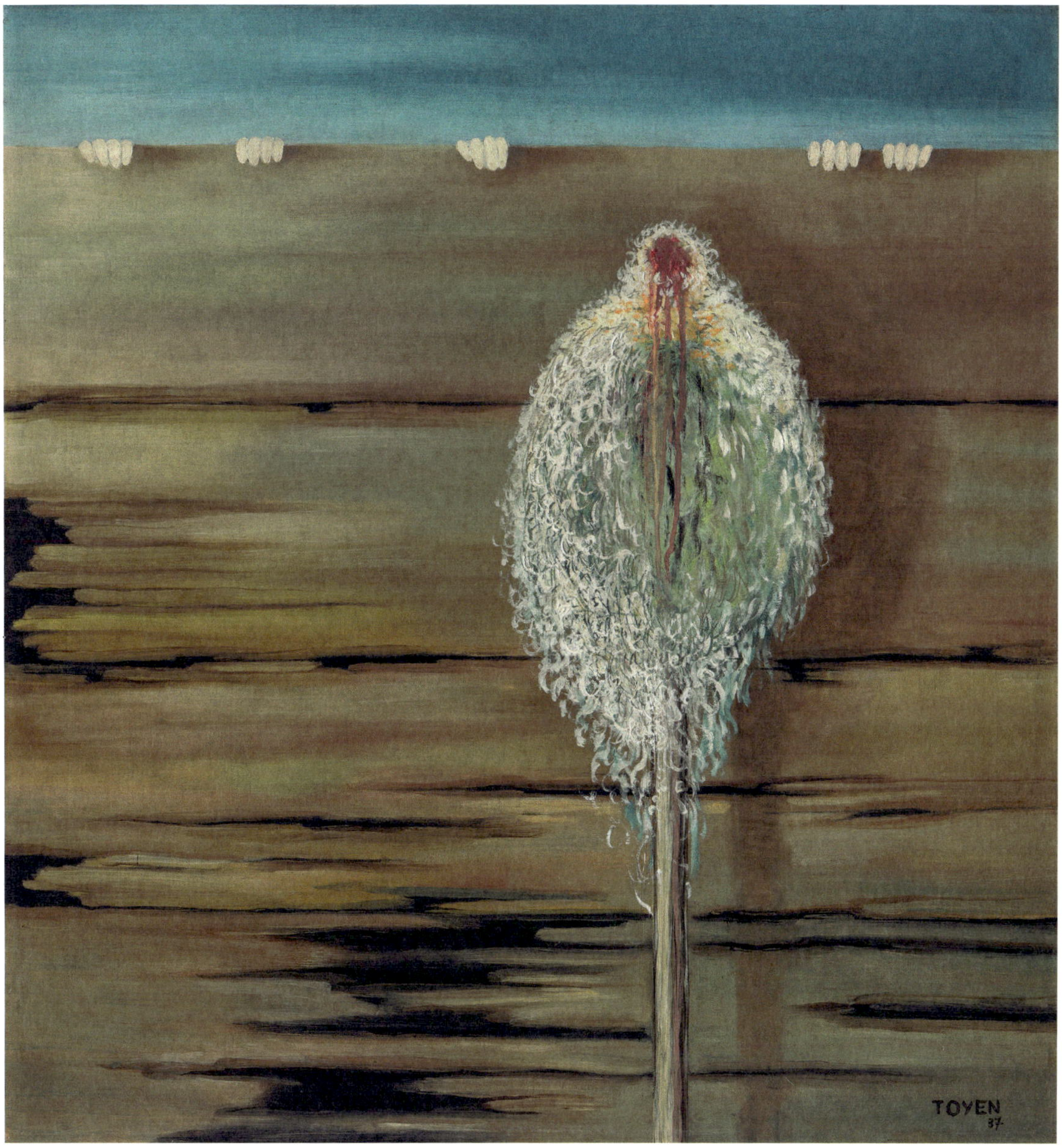

Kat. 266 ***Úděs / Entsetzen,*** 1937
Öl auf Leinwand, 77 × 74 cm
Nationalgalerie Prag

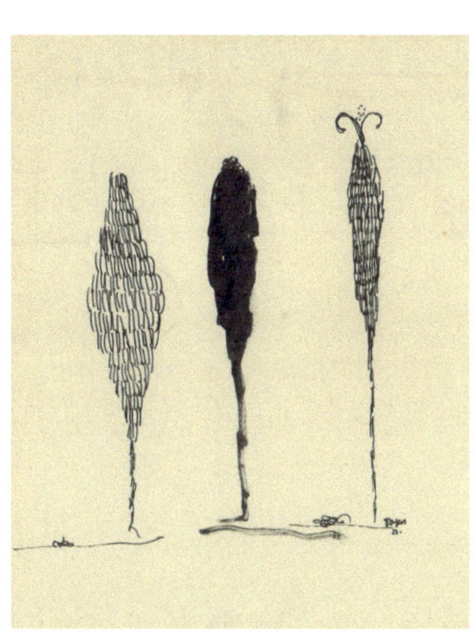

Kat. 267 Ohne Titel, 1933
Schwarze Tusche auf Papier,
275 × 225 mm | Privatsammlung

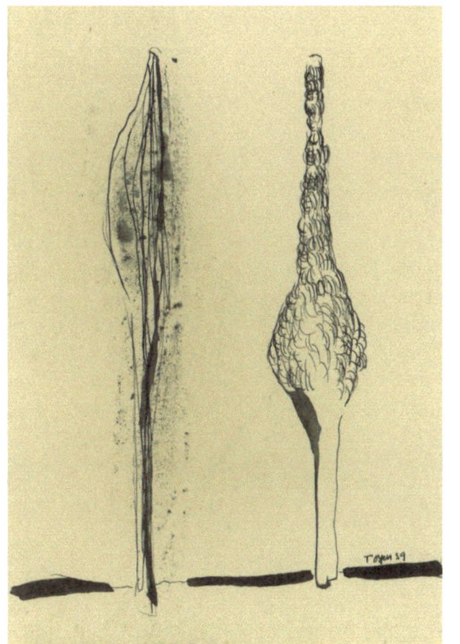

Kat. 268 ***Composition surréaliste / Surrealistische Komposition***, 1939
Schwarzviolette Tinte, Aquarell und aufgestreute Glitzerpartikel auf Papier (aus einem Skizzenbuch), 284 × 206 mm | Privatsammlung

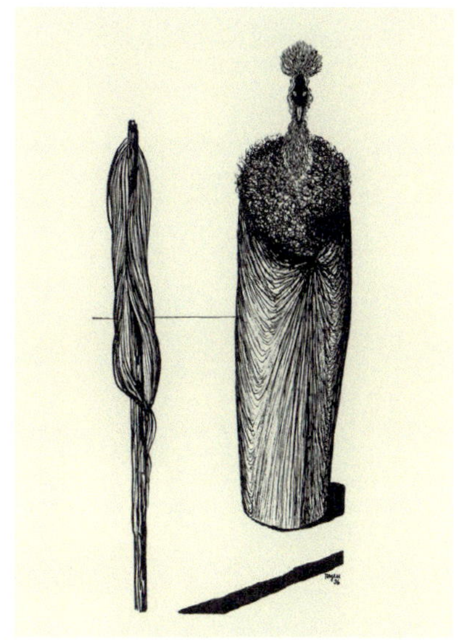

Kat. 269 ***Fantomy / Phantome,*** 1937,
reproduziert in: *Les Spectres du désert / Die Gespenster der Wüste,* Prag 1939

lent zum Grund stehenden Objekt-Phantoms, das Durchblicke in eine tiefe Leere gewährt. Eine scharfe horizontale Kante, welche den rissigen Grund im oberen Bereich von einer blauen Zone abtrennt, lässt jenen nun als Holzzaun vor dem Himmel über einem benachbarten Grundstück erscheinen. Realistisch gemalte Finger von fünf Händen verweisen auf Personen, die sich hinter der Bretterwand befinden, und so verbirgt sich im Bild selbst der Schrecken: Hinter dem bislang als amorphen, unendlichen Urgrund angenommenen Bildgrund eröffnet sich ein weiterer Raum. Mit ihrer immer wieder neuen, ganz eigenen »Jagdkunde von Erscheinungen«[98] regt Toyen die Wahrnehmung zu einer nochmals hinterfragenden doppelten Sicht an, sie verführt dazu, einen Ort hinter dem Nichts zu imaginieren. Und die sich an der Grenze festklammernden Hände lassen ihn als keinen guten erahnen.

Der Riss in Form und Grund und der Riss im Verhältnis von Form und Grund wichen 1937 einem erneuten, spektakulär wie konvulsiv zuckenden Riss innerhalb der bisherigen Bildauffassung selbst. Mit dem »Raum hinter dem Bild« erschließt sich Toyen einmal mehr eine neue Bildkonzeption. Doch auch diese setzt die Künstlerin, welche selbst verschiedenste politische und gesellschaftliche Modelle erlebt hat,[99] nicht absolut. Sie zeigt mit ihren Werken verschiedene bildnerische Modelle auf. Als solche können sie gleichzeitig existieren, gar einander bedingen: Ebenso erfordert die Realität für die Künstlerin (Re-)Präsentation, die Präsenz beinhaltet Absenz. Toyen schafft sich künstlerischen Freiraum und geht in ihrem revolutionären[100] Bilden einen weiteren Schritt die schmale Wendeltreppe herauf, Richtung güldenem Genius der Freiheit.

Ich danke herzlich Monika Wildner, Alexandra Pietroch, Ifee Tack für ihre Unterstützung bei der Literatursuche und Alexandra Pietroch zudem bei Übersetzungen.

1 »Toyen s'est crée, tout à fait à part, une cynegetique des apparitions«, André Breton, Entretiens avec André Parinaud, in: *Arts,* 7.3.1952.
2 Die Frage nach der Repräsentation des Geheimnisses und dem Geheimnis der Repräsentation, welche » den schmalen Grat ausmacht, auf dem sich Toyen bewegt«, hat Annie Le Brun erörtert in: dies., Toyen ou l'insurrection lyrique, in: *Toyen 1902–1980*, Ausst.-Kat. Galerija Klovićevi dvori, Zagreb 2002, hg. von Annie Le Brun, Radovan Ivšić, S. 6–36, hier S. 23–24.
3 »Erinnerung ist Fortsetzung von Wahrnehmung.« Jindřich Štyrský und Toyen, Artifizielisme (Artifizialismus), in: *ReD* 1, Prag 1927/28, S. 28–30, übers. in: Rita Bischof, *Toyen. Das malerische Werk,* Frankfurt a. M. 1987, S. 123–124, hier S. 124.
4 Philippe Soupault, *Styrsky et Toyen*, Vorwort zur Ausstellung *Styrsky et Toyen*, Galerie Vavin (30.12.1927–12.1.1928), Paris 1927, übers. in: Bischof 1987 (wie in Anm. 3), S. 122.
5 S. Lenka Bydžovská, »Do You See Anything?« Asked Poussin': The Informe, Bataille and the Czech Surrealists, in: Beáta Hock, Klara Kemp-Welch, Jonathan Owen (Hg.), *A Reader in East-Central-European Modernism 1918–1956*, London 2019, S. 302–316.
6 S. Lenka Bydžovská, Karel Srp (Hg.), *Knihy s Toyen,* Prag 2003.
7 Dazu gehören auch Mode- und Männermagazine wie *Lui. le magazine de l'homme moderne.* Dessen Gründer Daniel Filipacchi versicherte Toyen, er sei »très flatté d'apprendre que vous étiez une lectrice fidèle de notre magazine [sehr geschmeichelt zu erfahren, dass Sie eine treue Leserin unseres Magazins sind]«, und versprach, sie auf die Abonnentenliste zu setzen (Brief Filipacchi an Toyen, 30.11.1970, Centre Pompidou/MNAM-CCI/Bibliothèque Kandinsky, Fonds Toyen, TOY 5755.54).
8 Erstmals wohl in *Loi naturelle,* 1946 (Kat. 357).
9 Centre Pompidou/MNAM-CCI/Bibliothèque Kandinsky, Fonds Toyen, TOY 33 (1957–1966): Calques dessinés par Toyen. Ich danke Annie Le Brun für ihren Hinweis, dass Toyen diese ausschließlich als Erinnerungsstütze für Details nutzte (E-Mail an die Autorin, 24.9.2020). Die »Calques« belegen außerdem, wie vielfältig die Aneignungsprozesse Toyens waren, um das von ihr gesammelte Material präsent zu halten.
10 Breton schreibt Nezval am 20.12.1934: »Caillois sagte mir, dass der Minotaure in Prag sehr verbreitet sei«, in: *Vítězslav Nezval. Depeše z konce tisiciletí. Korrespondence Vítězslava Nezvala*, hg. von Marie Krulichová, Milena Vinařová, Lubomír Tomek, Prag 1981, S. 69–71, hier S. 70.
11 »Jeune Garcon dogon habillé de feuillage pour un rite saisonnier«, in: *Minotaure* 2, 15.4.1933, Illustration zu Marcel Griaule, »Introduction methodologique«, S. 7–8, hier S. 7.
12 Illustration »ombre«, *Larousse universell* (1922), S. 423.
13 »Das Äußere wird bestimmt durch [...] Erinnerungen an Erinnerungen.« Štyrský, Toyen 1927/28 (wie in Anm. 3), S. 28–30, übers. in: Bischof 1987 (wie in Anm. 3), S. 123–124, hier S. 123.
14 Wie reproduziert als Abb. 90 in Karel Srp, *Toyen*, Ausst.-Kat. Galerie hlavního města Prahy – Argo, Prag 2000, S. 90.
15 Rita Bischof beschreibt in der ersten deutschen Monographie zur Künstlerin schon den Riss als zentral, s. Bischof 1987 (wie in Anm. 3), S. 39; vgl. dies., *Souveränität und Subversion – Georges Batailles Theorie der Moderne*, München 1984.
16 Jindřich Toman beschreibt als Anfang dieser Gruppe die Zeichnung Mariens in den Illustrationen zu Joseph Delteils *Don Juan*; ders., The woman is hollow. Toyen's melancholy insights, in: *Umění: Časopis Ústavu Dějin Umění Akademie Věd České Republiky*, Bd. 66, 2018, Nr. 4, S. 283–295, hier S. 286.
17 S. u. a. Max Ernst, *Les Mystères de la Forêt* und Man Ray, *Énée portant sono père*, in: *Minotaure* 5, 1934, S. 6–7, S. 12. Vgl. auch Fotos von zerstörten Wurzelobjekten Wolfgang Paalens: *Objets faits avec des racines / Objet coulé,* 1933, Archiv der Wolfgang Paalen-Gesellschaft. Toyen wird züngelnde Wurzelformen auch später einsetzen, so in *Ospalé území,* 1937.
18 In den Wäldern von Černé jezero entstanden 1934 Arbeitsaufnahmen von Wurzeln, s. Lenka Bydžovská, Karel Srp, Halucinatorní, virtuální a mentální objekty. Jindřich Štyrský. Toyen. Karel Teige, in: *Český Surrealismus 1929–1953*, Ausst.-Kat. Prag 1996, S. 112–169, hier S. 117–118.
19 In der Ikonographie der Eulendarstellungen ist besonders Caspar David Friedrich hervorzuheben; s. auch Lenka Bydžovská, Hlas Lesa, in: *52. Bulletin Moravské galerie v Brně*, 1996, S. 88–92.
20 Die Formation ist auch als Schaukel interpretierbar, die eventuell angeregt sein könnte von einem Foto Štyrskýs, s. Lenka Bydžovská, Karel Srp (Hg.*), Krása bude křečovitá. Surrealismus v Československu 1933–1939*, Ausst.-Kat. Alšova jihočeská galerie, Frauenberg an der Moldau 2016, S. 70.
21 Compte de Lautréamont, *Das Gesamtwerk*, übers. von Ré Soupault, Reinbek bei Hamburg 1963, S. 143; eine vergleichbare Kralle nutzt Toyen in der Collage *...humanity's lost paradise*, 1936, für die Anthologie zu K. H. Mácha, vgl. Abb. 146 in Srp 2000 (wie in Anm. 14), S. 129.
22 Ausführlich Srp 2000 (wie in Anm. 14), S. 130.
23 Eugène Atget, *Boulevard de Strasbourg*, 1912, in *La Révolution surréaliste*, 15.6.1926, Nr. 7, S. 6; auf diesen Bezug machte schon Srp 2000 (wie in Anm. 14), S. 138, aufmerksam; die Fotografie wurde wiederabgedruckt in *Zvěrokruh* 1/2, 1930. Zur Bedeutung von Atgets Fotos für die tschechische Szene noch mehr als für die französische s. Anette Moussu, *Jindřich Štyrský, fotografické dílo. 1934–1935*, Prag 1982, und Matthew S. Witkovsky, *Foto: Modernity in Central Europe, 1918–1945*, Ausst.-Kat. Washington, National Gallery of Art 2007, London 2007, S. 122–126; auch beim Einband zu Bohuslav Brouk, *Manželství – sanatorium pro ménněcenné* (privat gedruckt in Prag 1938), verwendete Toyen das ebenso bei anderen Surrealisten beliebte Korsett-Motiv.
24 Toyens Bezug zur deutschen Romantik, insbesondere zu den Werken von Caspar David Friedrich und Philipp Otto Runge, wird von der Autorin an anderer Stelle ausgeführt werden.
25 S. den Beitrag der Autorin im vorliegenden Katalog: *Begegnungen von Theorien, Persönlichkeiten und Werken – Aspekte der Annäherungen an den Surrealismus*, S. 123ff.
26 André Breton, Entretiens avec André Parinaud, in: *Arts,* 7.3.1952.
27 S. André Breton, Position Politique du Surréalisme (1935), in: ders., *Œuvres complètes,* Bd. 2, 1988, S. 409–440.
28 Karel Teige, André Breton o surrealismu v poezii a v malířství, in: *Volné směry*, 31, Nr. 8–9, 14.5.1935.
29 Karel Teige, Nachwort, in: ders., Vítězslav Nezval, *Štyrský a Toyen,* Prag 1938, S. 195.
30 Anonym, Vorträge, in: *Prager Tageblatt*, 30.3.1935.
31 Vítězslav Nezval, Systematic investigation of reality through the reconstruction of the object, hallucination and illusion, in: Lenka Bydžovská, Karel Srp (Hg.), *New formations. Czech avant-garde art and modern glass from the Roy and Mary Cullen collection*, Ausst.-Kat. Museum of Fine Arts Houston, New Haven 2011, S. 183–187, hier S. 184.
32 André Breton, *Le Surréalisme et la peinture*, Paris 1928, in: ders., *Le Surréalisme et la peinture*, Paris 1965, S. 4.
33 Jindřich Štyrský, Surrealistické malířství (několik poznámek), in: ders., *Každý z nás stopuje svoji ropuchu. Texty 1923–1940*, hg. von Lenka Bydžovská, Karel Srp, Prag 1996, S. 107–111.
34 *Jindřich Štyrský. Sny,* hg. von František Šmejkal, Prag 2003, S. 9; vgl. dazu Anja Tippner, *Die permanente Avantgarde? Surrealismus in Prag*, Köln [u. a.] 2009, S. 170f.
35 Teige arbeitete den Begriff 1945 zu einem erkenntnistheoretischen Modell aus, in: ders., The inner model, in: Eric Dluhosch, Rostislav Švácha (Hg.), *Karel Teige 1900–1951: L'Enfant terrible of the Czech Modernist Avantgarde*, Cambridge, Mass./London 1999, S. 339–346; vgl. dazu Tippner 2009 (wie in Anm. 34), S. 148.

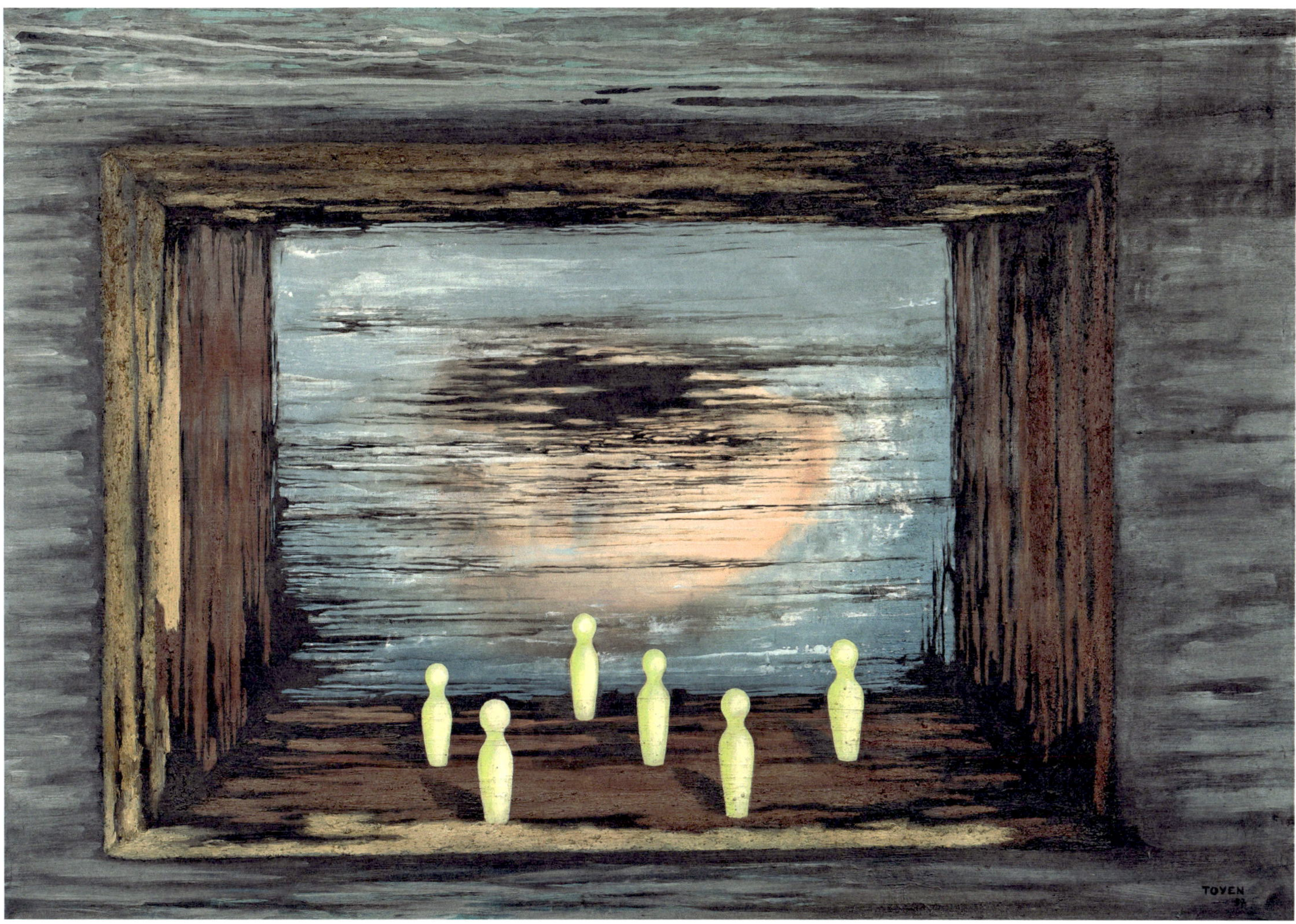

Kat. 270 ***Finis Terrae / Das Ende der Welt,*** 1937
Öl auf Leinwand, 77 × 110 cm
Privatsammlung, Courtesy Galerie KODL

36 »(…) svět svobodné imaginace nabývá téže přesvědčivé, samozřejmé a věcné hutnosti jako svět každodenní reality.« Karel Teige, Doslov (Epilog), in: Vítězslav Nezval, Karel Teige, *Štyrský a Toyen,* Prag 1938, S. 195.

37 Karel Teige, Poésie na divadle, in: Josef Träger (Hg.), *10 let osvobozeného divadlo, 1927–1937,* Prag/Borový 1937, S. 55–72, hier S. 70–71 ; zit. und übersetzt nach Toman 2018 (wie in Anm. 16), S. 283–295, hier S. 294.

38 Vgl. André Breton, *Introduction au discours sur un peu de réalité* [1924/25], Paris 1927; vgl. dazu André Thirion, *Révolutionnaires sans révolution*, Paris 1988, S. 314f.

39 1931 veröffentlichte Louis Aragon das Agitpropgedicht *Front rouge*, was zu einer Kontroverse unter anderem innerhalb der Bewegung führte und Aragon zwang, sich zwischen Surrealismus und Kommunismus zu entscheiden; vgl. André Breton, *Misère de la poésie – »L'affaire Aragon« devant l'opinion publique*, Paris 1932.

40 André Breton in seiner Rede in Brüssel, 1.6.1934, wiederabgedruckt in: Qu'est-ce que le Surréalisme? (1934), in: ders., *Œuvres complètes,* 3 Bde., hg. von Marguerite Bonnet in Zusammenarbeit mit Philippe Bernier, Etienne-Alain Hubert, José Pierre, Paris 1988–1999, Bd. 2, 1988, S. 223–262, besonders S. 254, 258. S. auch: André Breton, Crise de l'Objet, in: *Cahiers d'Art,* Nr. 1–2, Paris, Mai 1933.

41 »Die Dichtkunst muß von allen gemacht werden. Nicht von einem.« »Poésis«, in: Lautréamont, *Das Gesamtwerk,* aus dem Französischen mit Nachwort und Bibliographie von Ré Soupault, Hamburg 1963, S. 167–192, hier S. 186. Zum surrealistischen Objekt grundsätzlich s. Gerard Durozoi, *Histoire du mouvement surréaliste,* Paris 1997, S. 224–233.

42 Vgl. Emmanuel Guignon, *El Objeto Surrealista*, Valencia 1997; Haim N. Finkelstein, *Surrealism and the Crisis of the Object*, University Microfilms International Ann Arbor, Michigan 1979.

43 » Il me faut […] me rendre à Prague, puis au Canaries (où je souhaiterais très vivement vous retrouver).« Unpublizierter Brief von Breton an Gala und Salvador Dalí, Paris 2.3.1935 (1 Blatt, 1 Seite), in: Gabrielle Keiller Archive, Scottish National Gallery of Modern Art, Edinburgh, GMA A42/1/GKA008. Ich danke Patrick Elliott und Kirstie Meehan für die freundliche Bereitstellung der Scans.

44 Trotz anderslautender Behauptungen in Pavel Štěpánek, *»Československý malíř«. Salvador Dalí a jeho vliv na české umění*, Prag 2010, S. 40; Dalí, der 1926 nur kurz Paris besucht hatte, blieb bis Juni 1929 in Paris; auf der Ausstellung in der Galerie Goemans (20.11.–5.12.1929) zeigte er ausschließlich Werke von 1929.

45 František Žákavec, Výstava École de Paris v Praze, in: *Umění (Štenc)*, Bd. 4, 1931, S. 450–460, hier S. 460.

46 Salvador Dalí, Objets surréalistes, in: *Le surréalisme au service de la révolution* 3–4, 1931, S. 16–17, dt. in: *Als die Surrealisten noch recht hatten. Texte und Dokumente*, eingeleitet und hrsg. von Günther Metken, Stuttgart 1976, S. 358–361, hier S. 358.

47 André Breton, *Le surréalisme au service de la révolution* 3–4, 1931, S. 20–22.

48 »[…] ein eingewickeltes, verschnürtes Gebilde […], das nicht zu identifizieren war und deshalb offenbar auf einem Foto von Man Ray sehr beunruhigend wirkte (man dachte schon damals an andere eingewickelte Gegenstände, die man durch Betasten identifizieren wollte, schließlich stellte man fest, daß sie nicht zu identifizieren waren; ihre Erfindung erfolgte dann später).« Salvador Dalí, The Object as Revealed in Surrealist Experiment, in: *This Quarter* 5, Nr. 1, S. 197–207, dt. ders., »Der Gegenstand im Lichte surrealistischer Experimente«, in: Salvador Dalí, *Unabhängigkeitserklärung der Phantasie und Erklärung der Rechte des Menschen auf seine Verrücktheit. Gesammelte Schriften,* hg. von Axel Matthes, Tilbert Diego Stegmann, dt. von Brigitte Weidmann, München 1974, S. 163–173, hier S. 165.

49 Ebd., S. 163–173, hier S. 164. Max Ernst selbst fasste die Collage als originelle Form des surrealistischen Objekts auf, s. ders., Wie man die Inspiration herbeizwingt, erste und kürzere Fassung von Au-delà de la peinture, in: *Cahiers d'Art* XI, Nr. 6/7, Paris 1936, S. 149–184.

50 Zur *Poesie 1932* s. den Beitrag von Françoise Caille im vorliegenden Katalog, S. 115ff.

51 S. Ausst.-Kat. Alšova jihočeská galerie, Hluboka nad Vltavou 2016 (wie in Anm. 20), S. 141.

52 *Illusion diurne*, 1931, der Titel wurde von der bereitstellenden Galerie Pierre Colle Prag übermittelt, heute ist das Werk unter dem Titel *Fantasies diurnes* bekannt, https://www.salvador-Dalí.org/fr/oeuvre/catalogue-raisonne-peinture/resized_imatge.php?obra=294&imatge=0 [Aufruf: 8.8.2020].

53 Übermittelt wurde der Titel *Le devenir automatique*; das wahrscheinlich gemeinte Gemälde gehörte Pierre Colle, s. https://www.salvador-Dalí.org/fr/oeuvre/catalogue-raisonne-peinture/resized_imatge.php?obra=255&imatge=0 [Aufruf: 8.8.2020].

54 Salvador Dalí, Objets psycho-atmosphériques-anamorphiques, in: *Le Surréalisme au service de la révolution* 6, 1933, S. 45–48, übers. in ders., »Psycho-atmosphärisch-anamorphotische Objekte«, in: Dalí 1974 (wie in Anm. 48), S. 173–178. Vgl. auch Finkelstein 1979 (wie in Anm. 42), S. 82–85.

55 Salvador Dalí, »Les nouvelles couleurs du sex-appeal spectral«, in: *Minotaure* 5, 1934, S. 20–22, dt. in: Dalí 1974 (wie in Anm. 48), S. 235–238, hier S. 236.

56 »[...] der sensationelle Ahnherr der Gespenstermode, [wird] bis auf weiteres Napoleon sein [...] [dessen] Hose aus den superfeinen, zarten ineinander übergehenden Volumen [...] eine Augenweide [...] macht [...] dank der ›zerlegbaren‹ Faktoren, dem Unterleib und den Schenkeln, die, einzeln und isoliert, atmosphärisch und gespenstisch, superweiß gerahmt vom Schwarz und vom Phantomgehabe der Silhouette der übrigen Kleidung [...] jedermann wohlbekannt sind.« Ebd., S. 238–239.

57 Er wurde nicht realisiert. Vgl. Salvador Dalí, Los Misterios Surrealistas de Nueva York, in: Salvador Dalí, *Obra completa, vol. III: Poesía, prosa, teatro y cine*, Barcelona 2004, S. 1164.

58 Nezval sah eine physiognomische Ähnlichkeit zu Štyrský, vgl. Vítězslav Nezval, *Rue Gît-le-Cœur* (1936), Avignon 1988, S. 109; Nezval verfasste dieses »Buch der Freundschaft« kurz nach Štyrskýs, Toyens und Nezvals Aufenthalt in Paris, Originalausgabe: ders., *Ulice Gît-le-Cœur*, Prag 1936.

59 »[...] je voyais Toyen détourner les yeux de ce tableau, et m'avouer qu'elle ne pouvait le regarder plus longtemps: il lui rappelait l'instant où Štyrský, juste avant le point culminant de son embolie, s'était levé et pour une raison incomprehensible avait fixé le regard sur sa montre, la tête incline. [...] correspondence frappante entre l'attitude de Štyrský au paroxysme de sa crise d'embolie [...].« Nezval 1988 (wie in Anm. 58), S. 109. In der tschechischen Originalausgabe reproduziert er sogar – sicher wieder auf Grundlage der erwähnten, sich zeitweise in Štyrskýs Atelier befindlichen Fotovorlage – Dalís *The Surrealist Mystery of New York of 1935*, S. 113.

60 »Si un jour j'ai pu lire le désespoir et une immense tristesse sur le visage de Toyen, qui pourtant se refusait toujours au pessimisme, ce fut à cause d'une circonstance irrationnelle [...].« Nezval 1988 (wie in Anm. 58), S. 109.

61 In: *Surrealismus* 1936, s. https://monoskop.org/images/5/5c/Nezval_Vitezslav_ed_Surrealismus.pdf, S. 51 [Aufruf: 8.8.2020])

62 In der Einleitung zur Umfrage hieß es: »Nous vivons au milieu d'apparences.«, *La Révolution surréaliste* 1929, 12, 15.12.1929, S. 22.

63 Jindřich Štyrský an Karel Michl, in: Karel Michl, *Chvíle setkání, věčnost vzpomínky*, Hradec Králové 1976, S. 164: »[...] na podzim 1934 přijede André Breton do Prahy. Zorganizuje se rozsáhlá výstava (mezinárodní) surrealistické malby, jíž se zúčastní i Salvador Dalí a zahájí ji.«

64 S. František Šmejkal, After Devětsil: Surrealism in Czechoslovakia, in: Rostislav Švácha (Hg.), *Devětsil: The Czech Avant-Garde of the 1920s and 30s*, Ausst.-Kat. Museum of Modern Art Oxford [u.a.], London 1990, S. 88–93, hier S. 90.

65 Paul Eluard an Gala, [Prag], Montag, den 7. oder 8. [sic!] April [1935), in: ders., *Liebesbriefe an Gala*, München 1990, S. 241–242.

66 »Revoluční Evropou pobíhá strašidlo ... fašismu.« Nezval bezieht sich auf: »Ein Gespenst geht um in Europa – das Gespenst des Kommunismus.« Karl Marx, Friedrich Engels, *Manifest der Kommunistischen Partei*, London 1848. Das Flugblatt *Surrealismus v ČSR* (*Surrealismus in der Tschechoslowakei*) ist wiederabgedruckt in: *Zvěrokruh* 1/2, *Surrealismus v ČSR, Mezinárodní bulletin surrealismu, Surrealismus*, Prag 2004, S. 115–118, Zitat hier S. 115.

67 Ausst.-Kat. Alšova jihočeská galerie, Hluboká nad Vltavou 2016 (wie in Anm. 20), S. 141.

68 Vítězslav Nezval, Řetěz štěstí (Glückskette), in: *Dílo* XXXII, Prag 1980, S. 194.

69 Nezval, Systematic Investigation of Reality through the Reconstruction of the Object, Hallucination, and Illusion, in: Ausst.-Kat. Houston 2011 (wie in Anm. 31), S. 183–187, hier S. 184.

70 Ebd., S. 185.

71 »Vacuum strašnější než střelná rána«, Vítězslav Nezval, *Hlas Lesa*, Gedicht und Reproduktion in *Volné směry (Freie Richtungen)* 31, 1935, S. 202, nochmals abgedruckt in: ders., Teige 1938 (wie in Anm. 29), S. 107; engl. in: Ausst.-Kat. Houston 2011 (wie in Anm. 31), S. 178, S. 14. Nezval verfasste ein Libretto für die von Bohuslav Martinů im Frühjahr 1935 komponierte Oper *Hlas lesa*, die am 6.10.1935 im tschechoslowakischen Rundfunk uraufgeführt wurde.

72 Ebd. S. 17, zit. n. Ausst.-Kat. Houston 2011 (wie in Anm. 31), S. 155.

73 Vítězslav Nezval in ders., Teige 1938 (wie in Anm. 29), S. 17: »V 'Poselství lesa' objevuje Toyen svrchovaně plastickým způsobem, opřeným o mistrně zvládnutou optiku absolutní malby, konkrétně iracionální situaci, vyjadřující objektivní náhodu, která spočívá v náhodilém setkání ženské hlavy a lesního fantomu, aby nám dokázala, že to, co bylo dosud pokládáno za neslučitelné, subjektivně rukopisná malířská technika a objektivní představa, mající platnost symbolu, je jedinečně disponováno vytvořit svou mesaliancí konkrétně iracionální výplod par excellence, jímž je spektr.«

74 Dies nicht nur in seinem Buch *Absolutní hrobař* von 1937; er plante sogar, die paranoisch-kritische Methode für die Analyse der Vorstadtsituation und der Lage der Arbeiter in Anspruch zu nehmen. Vgl. zum Einfluss Dalís auf die tschechischen Surrealisten Štěpánek 2010 (wie in Anm. 44).

75 Gezeigt wurden 44 Radierungen im Rahmen der *Mezinárodní výstava* (*Internationalen Ausstellung*) I, 29.11.1935–2.1.1936 in der Spolek výtvarných umělců (künftig S.V.U.) Mánes, Prag.

76 Vgl. Štěpánek 2010 (wie in Anm. 44) und Miroslav Klivar, *Salvador Dalí a česká kultura*, Prag 2004.

77 *Minotaure* 6, Winter 1935, S. 33–34, auch in: Dalí 1974 (wie in Anm. 48), S. 261–265.

78 Katherine Conley beschreibt dieses Phänomen in: dies., *Surrealist Ghostliness*, London 2013, S. 12ff.

79 Zur universalen Einheit bei Toyen s. Annabelle Görgen-Lammers, »Je ne suis pas peintre«. Kosmos Toyen, in: Ingrid Pfeiffer (Hg.), *Fantastische Frauen. Surreale Welten von Meret Oppenheim bis Frida Kahlo*, Ausst.-Kat. Schirn Kunsthalle Frankfurt a. M. [u.a.], München 2020, S. 197–209. Toyen wird später intensiv das 1953 von Breton erdachte Spiel *L'un dans l'autre* praktizieren und sich auch im gleichnamigen Gemälde von 1965 (Abb. 468) darauf beziehen, vgl. André Breton, L'un dans l'autre, in: *Médium. Communication surréaliste*, Heft 2, Februar 1954, S. 17–19.

80 Conley 2013 (wie in Anm. 78), S. 83.

81 Zur »érotique de l'analogie« bei Toyen s. Le Brun, Ivšić (Hg.) 2002 (wie in Anm. 2), S. 28 sowie zur Analogie S. 28ff.

82 Zum besonderen Verhältnis von Toyen und Tanguy s. den Beitrag der Autorin *Begegnungen von Theorien, Persönlichkeiten und Werken – Aspekte der Annäherungen an den Surrealismus* im vorliegenden Katalog, S. 123ff.

83 Drei Zeichnungen Tanguys wurden 1925 erstmals ausgestellt im Salon de l'Araignée; weitere Ausstellungen, auf denen seine Werke zu sehen waren: *Yves Tanguy et objets d'Amérique*, Galerie surréaliste, Paris (27.5.–15.6.1927), der Katalog enthält ein Vorwort von André Breton*; Exposition surréaliste,* Galerie Sacre du Printemps, Paris (2.–15.4.1928) .

84 *La Révolution surréaliste* 1926, 7, 15.6.1926; zudem in *La Révolution surréaliste* 1927, 9–10, 1.10.1927; *Variétés, Le surréalisme en 1929*, Juni 1929 (Sondernummer der Zeitschrift); *Le Surréalisme au service de la révolution* 1930, 2, Oktober 1930, ebenso 1931, 4, Dezember 1931 und 1933, 6, 15. Mai 1933.

85 André Breton, Genèse et perspective artistiques du surréalisme, 1941, in: ders. 1965 (wie in Anm. 32), S. 49–82, hier S. 71.

86 *École de Paris*, Mai–Juli 1931, Gemeindehaus und Aleš-Halle des Prager Kunstvereins. Im Ausst.-Kat. geführt unter dem Titel *Tempête, 1928.*

87 *Seznam prací od Šímy* (opis) (fond S.V.U. Mánes, Archiv hlavního města Prahy), in: Štěpánka Wanieková, *Výstava Poesie 1932*, Brünn 2013, S. 196.

88 *Poids et couleurs*, in: *Le Surréalisme au service de la révolution* 3-4, Dezember 1931, S. 27; *Vie de l'objet*, in: *Le Surréalisme au service de la révolution* 6, 1933, S. 42.

89 André Breton, »Crise de l'Objet [Krise des Objekts]«, in: *Cahiers d'Art*, Mai 1933, S. 24.

90 »Avec lui nous entrons pour la première fois dans un monde de latence totale ...«. André Breton, Tanguy, 1942, in: ders. 1965 (wie in Anm. 32), S. 176–182, hier S. 178. Übersetzung der Autorin.

91 Robert Lebel, Il Surrealismo, in: *L'Arte moderna*, VII, 61, 1967, S. 245.

92 Zum Nichts in den Werken der Kriegsjahre s. Josef Vojvodík, Schovej se, Válko! Dějiny jako agonální hra: k obrazům a kresbám Toyen z let 1939–1945, in: Ivan Klimeš, Jan Wiendl (Hg.), *Kultura a Totalita II: Válka (Kultur und Totalitarismus, Bd. 2: Krieg)*, Prag 2014, S. 43–72, hier S. 47–48: »Místo ohraničeného horizontu jsme konfrontováni se znepokojivě vyprázdněným prostorem, s prázdnou ›krajinou světa‹. Tento prostor nikde nezačíná a nekončí, není zde žádné ohraničené ›zde‹ ani ›tam‹, podobně jako je čas těchto obrazů bez-cílný. [Anstatt mit dem begrenzten Horizont sind wir [...] konfrontiert mit dem beunruhigend entleerten Raum, mit der leeren ›Weltlandschaft‹. Dieser Raum beginnt und endet nirgends, hier ist weder ein abgrenzendes ›hier‹ noch ›dort‹, ähnlich wie die Zeit dieser Bilder ziellos ist.]« (Übers.: Alexandra Pietroch).

93 Heisler beschreibt 1941 »Augen, die zur Zielscheibe der Gespenster dieses Krieges wurden«, und verwendet zugleich die Metapher des »sehenden Revolvers«, Jindřich Heisler, Na jehlách těchto dní, in: František Šmejkal (Hg.), *Jindřich Heisler: Z kasemat spánku (1941)*, Prag 1999, S. 83–148, hier S. 122, S. 86; s. dazu Tippner 2009 (wie in Anm. 34), S. 203ff.

94 Karel Teige, in: *Toyen*, Ausst.-Kat. Topič Salon Prag, Prag 1945, o. S., übers. in: Bischof 1987 (wie in Anm. 3), S. 134.

95 Vítězslav Nezval, Systematic Investigation of Reality through the Reconstruction of the Object, Hallucination, and Illusion, in: Ausst.-Kat. Houston 2011 (wie in Anm. 31), S. 183–187, hier S. 186.

96 Vítězslav Nezval, Systematické zkoumání skutečnosti rekonstrukcí objektu, halucinace a iluse, in: *První výstava skupiny surrealistů ČSR*, Ausst.-Kat. Prag, Prag 1935, S. 8, engl. in: Ausst.-Kat. Houston 2011 (wie in Anm. 31), S. 183–187, hier S. 187.

97 »Une période purement spectrale prend ici naissance ou *l' Effroi* (1937) se donne libre cours [...]«, André Breton, Introduction à l'œuvre de Toyen, 1953, für die Monographie *Toyen* verfasst, wiederabgedruckt in: Breton 1965 (wie in Anm. 32), S. 207–214, S. 213; übers. in: Bischof 1987 (wie in Anm. 3), S. 137–140, hier S. 139.

98 Breton 1952 (wie in Anm. 1).

99 S. den Beitrag von Barbora Bartůňková in dem vorliegenden Katalog, S. 177ff.

100 Breton widmete Toyen um 1959, wahrscheinlich im Zusammenhang der Ausstellung EROS, eine Zeichnung eines weiblichen Kopfes mit roter phrygischer Mütze, »A Toyen humblement tendre [Für Toyen, sanftmütig], André«, Privatsammlung, Paris.

Stimme des Waldes Toyen

Vakuum schrecklicher als ein Schuss
Der Quell im Wald verbrannt vom Kugelblitz
Im kurzen Funkensprühen verglühenden Gefieders
Erscheint die Hexe aus der Höhle des Macbeth
Nicht Rauch und nicht Gefieder
Gefieder und Rauch
Auch alte Baumgiganten zerfurchte Urmenschzähne
Im rauchwirbelnden Heideland gefiederter Zyklonen
Die Stimme pfeifend im Zugwind weiter Blicke eines Waldes ohne Tür
Sie macht die Hirsche bang
Sterne wie Flaum vom Federrupfen
In diesem Hochgewölbe
Wo es nach Holzwurm riecht
Stimmen des Waldes die den Wind erstaunen
Nacht oder Liebe
Nicht Nacht nicht Liebe
Liebe und Nacht[1]

1 Toyens Gemälde *Hlas lesa / Stimme des Waldes* inspirierten Vítězslav Nezval zu dem gleichnamigen Gedicht, zuerst 1935 in der vom S.V.U. Mánes herausgegebenen Zeitschrift *Volné směry* (*Freie Richtungen*) 31, Nr. 8–9, 1935, S. 202, veröffentlicht. 1938 publizierte er es nochmals, zusammen mit weiteren poetischen Reaktionen auf Werke von Toyen und Štyrský, in der von ihm und Karel Teige verfassten Monographie *Štyrský a Toyen*, Prag 1938, S. 107.

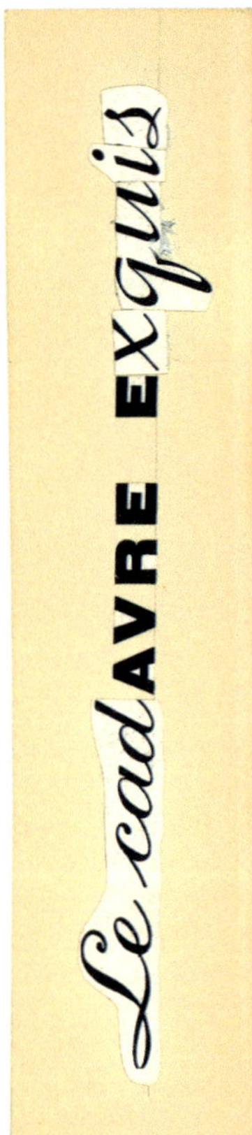

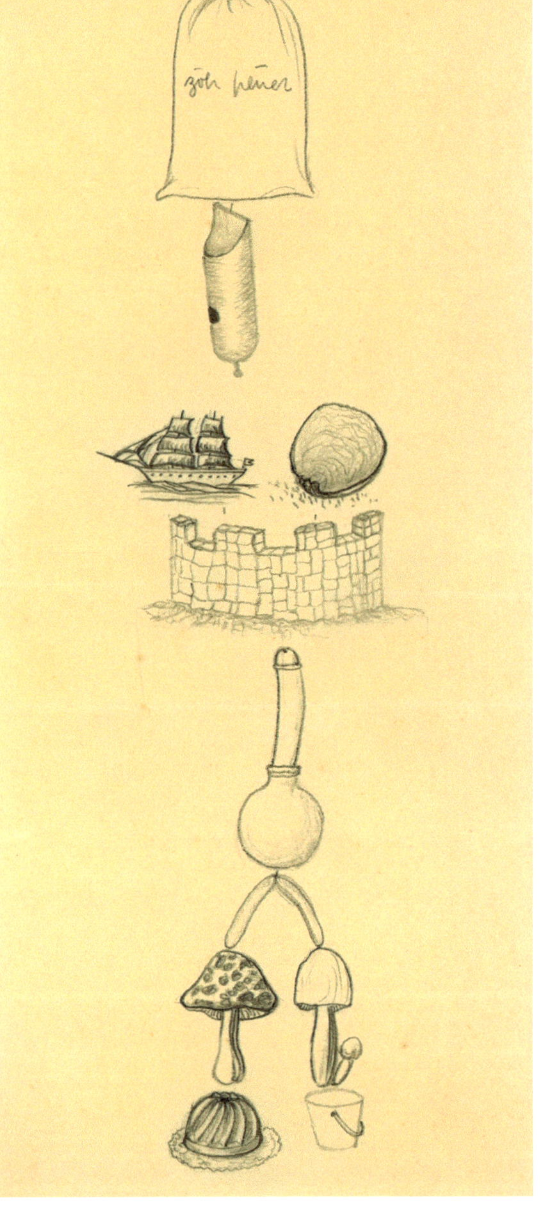

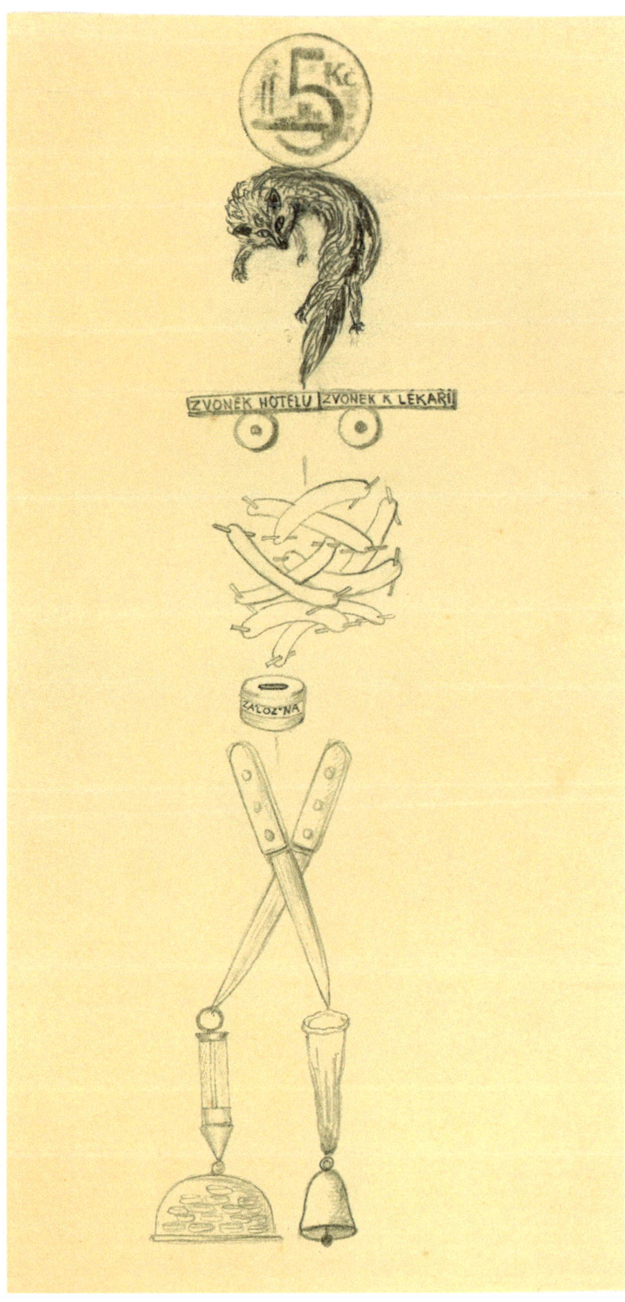

Kat. 271 Jindřich Štyrský (1899–1942) und Toyen
Cadavre exquis / Exquisiter Leichnam, ca. 1935
Bleistift auf Papier, 250 × 110 mm
Privatsammlung, Paris

Jindřich Toman

Nicht zu übersehen! Toyen und das Buch

Sehen wir Toyen in erster Linie als Malerin an, wird uns der Umfang ihres buchgestalterischen Werkes vielleicht überraschen – das Verzeichnis ihrer Arbeiten auf diesem Gebiet umfasst 570 Titel. Das wirft eine Reihe von Fragen auf: Wie ist dieses umfangreiche Œuvre einzuordnen? Handelt es sich lediglich um ein »kommerzielles« Nebengleis innerhalb ihres Gesamtwerks? Verändert sich dieses Schaffen im Laufe der Jahre? Steht es im Dialog mit ihrer »hohen Kunst«? Stellt es einen grundsätzlichen Beitrag zur Konzeption des modernen Buches als eines spezifischen Mediums dar? Auf einige dieser Fragen sei hier eine kurze Antwort versucht.[1]

Allein der Umfang von Toyens Schaffen als Buchgestalterin muss in Erstaunen versetzen, war doch selbst manch bedeutender Vertreter der reinen Buchgraphik nicht in vergleichbarer Weise produktiv. Den Ausgangspunkt unserer Überlegungen sollte aber nicht der Beruf des Graphikers im engeren Sinne bilden, sondern der zeitgenössische Status der Buchgestaltung. Am Ende des 19. und zu Beginn des 20. Jahrhunderts waren neue Buchkonzepte entstanden, die das Interesse der Künstler weckten: Das traditionelle bibliophile Buch bestand weiterhin (für den französisch-tschechischen Kontext wäre František Kupka zu nennen), neu hinzu kamen die futuristische Buch-Maschine (Fortunato Depero), das kinematographische Buch des Konstruktivismus (El Lissitzky) sowie die zahlreichen mit Fotografien versehenen Buchpublikationen und Zeitschriften der 1920er und 1930er Jahre. Toyen war mit ihren Arbeiten also ganz und gar auf modernem Stand, und schon von daher kann ihre Buchkunst nicht als nebensächlicher Teil ihres Werkes eingestuft werden. Im tschechischen Umfeld gab es damals viele Künstler mit vergleichbarem Profil und einem ähnlich modernen Selbstbewusstsein. Sie verstanden die Malerei nicht als ein spezielles Genre der Kunst, sondern als eine von vielen Möglichkeiten, die moderne Subjektivität zum Ausdruck zu bringen. Sie alle waren im

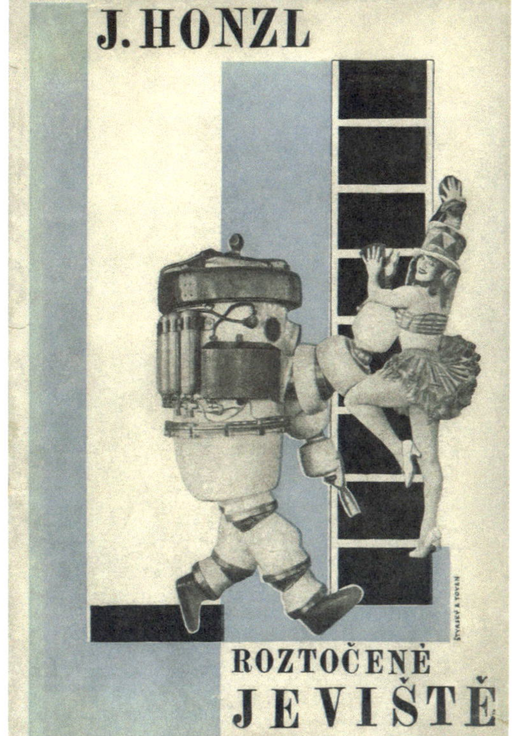

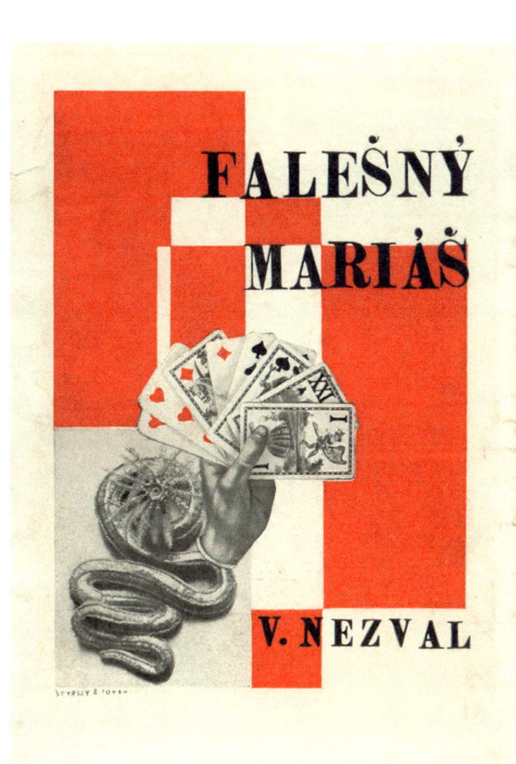

Abb. 272 Jindřich Štyrský (1899–1942) und Toyen, Buchumschlag für: Jindřich Honzl (1894–1953), *Roztočené jeviště: úvahy o novém divadle / Die aufgedrehte Bühne*: Überlegungen zu einem neuen Theater, Odeon, Prag 1925

Abb. 273 Jindřich Štyrský und Toyen, Buchumschlag für: Vítězslav Nezval (1900–1958), *Falešný mariáš / Falsche Mariage*, Odeon, Prag 1925

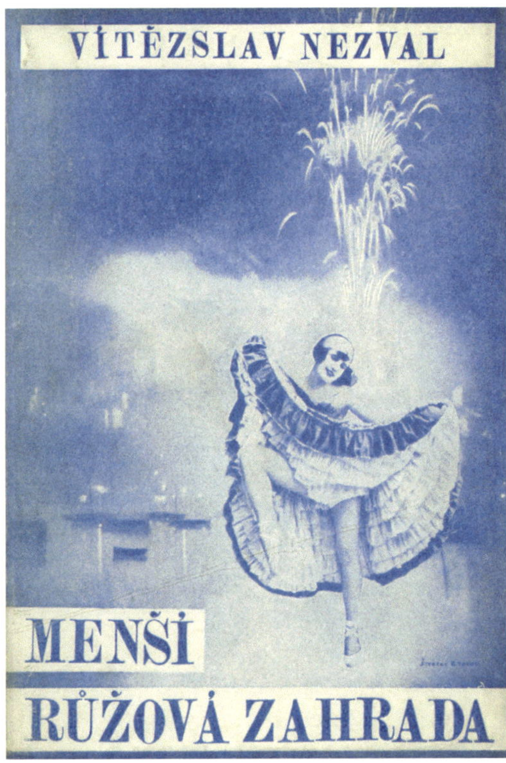

Abb. 274 Jindřich Štyrský und Toyen, Buchumschlag für: Vítězslav Nezval, *Menší růžová zahrada / Kleinerer Rosengarten*, Odeon, Prag 1926

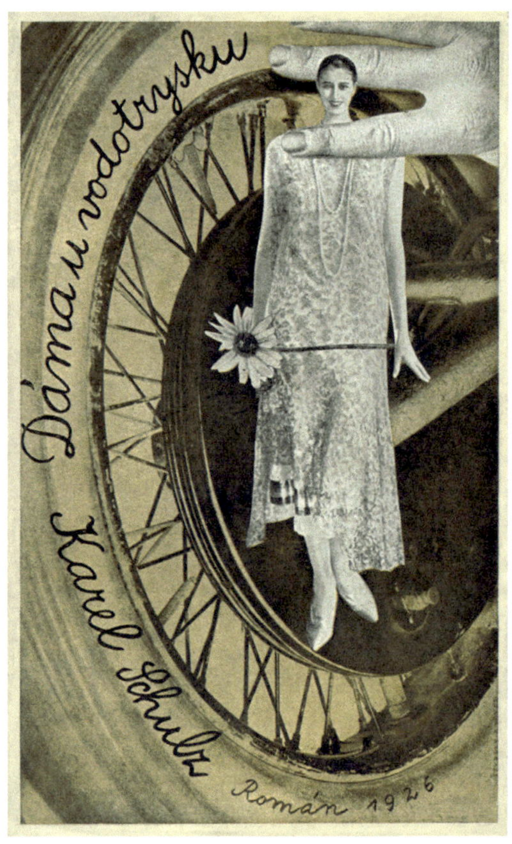

Abb. 275 Jindřich Štyrský und Toyen, Buchumschlag für: Karel Schulz (1899–1943), *Dáma u vodotrysku / Die Dame am Springbrunnen*, L. Kuncíř, Prag 1926

Grunde »Renaissance-Künstler« – sie malten, fotografierten, schrieben und waren auch in der Buchgestaltung tätig, wie etwa Josef Čapek, František Muzika oder Jindřich Štyrský. Dieser Künstlertypus hat die tschechoslowakische Kultur der Zwischenkriegsjahre ganz entscheidend geprägt. Toyen gehörte mit dazu.

Erste Entwürfe für Buchumschläge schuf Toyen in Zusammenarbeit mit Jindřich Štyrský schon während ihres gemeinsamen Frankreich-Aufenthaltes. Diese Umschläge der beiden Künstler für den Prager Verlag Odeon sind zu Ikonen der 1920er Jahre geworden (Abb. 273, 274). Sie stehen eher dem Dadaismus als dem Konstruktivismus nahe, am deutlichsten allerdings zeigt sich der Einfluss des Poetismus, also der tschechischen Avantgarde-Bewegung der 1920er Jahre. Die Entwürfe für Jindřich Honzls *Roztočené jeviště* (*Die aufgedrehte Bühne*, 1925, Abb. 272) oder Vítězslav Nezvals *Menší růžová zahrada* (*Kleinerer Rosengarten*, 1926, Abb. 274) sind graphische Höhepunkte dieser Richtung. Im europäischen Kontext gibt es wohl keine anderen Beispiele in jener Zeit von ähnlicher Bedeutung – allenfalls ließen sich hier Alexander Rodtschenkos Fotomontagen zu Majakowskis *Pro eto* (*Darum*, 1923) anführen. Die Bezüge zwischen Toyens Buchgraphik und ihren Gemälden sind dabei offensichtlich. Die erwähnten poetistischen Cover verweisen auf ihre Werke *Tři tanečnice* (*Drei Tänzerinnen*, 1925, Kat. 88) und *Cirque Conrado* (*Zirkus Conrado*, 1926, Kat. 60); dem Genre des Bildgedichts verpflichtet ist der Umschlag für Jan Bartošs *Plující ostrov* (*Die schwimmende Insel*, 1927, Abb. 276).

Nachdem Toyen aus Paris zurückgekehrt war, intensivierte sie ihre Beschäftigung mit dem Buch. Für die Dekade von 1929 bis 1938 führt Petr Ladman in seinem Werkverzeichnis nicht weniger als 337 Titel an. Ein Großteil von Toyens Entwürfen entstand also in den 1930er Jahren; allein für 1934 registriert Ladman 77 Arbeiten. Diese Explosion der Kreativität hing zu einem Teil mit dem Aufkommen standardisierter Editionsreihen zusammen. Toyen arbeitete nun auch für große, kommerziell ausgerichtete Verlagshäuser, vor allem für Melantrich; der Verlag betraute sie mit der Umschlaggestaltung für die Editionsreihen *Epika* (*Epik*) und *Úroda* (*Ernte*). Zudem war sie als Illustratorin tätig und bediente ein ungewöhnlich breit gefächertes Spektrum vom Kinderbuch bis hin zu privaten Erotika. Und nicht zuletzt gestaltete sie avantgardistische bibliophile Ausgaben, ein im Übrigen noch kaum erforschter Bereich der Buchproduktion.

Fast könnte man meinen, dass sich in Toyens Arbeiten für Melantrich der Bezug zu ihrem malerischen Werk verliert und das große Ideal der Zeit, die Standardisierung, dominiert. Doch der Sachverhalt ist komplizierter. Bei Melantrich oder auch dem Verlag Janda Sfinx, für den Štyrský arbeitete, wurden für die Umschläge größtenteils Filmmaterial oder seine Fotomontage- Bearbeitungen zugrunde gelegt. Weder das Bauhaus noch der Konstruktivismus waren hier richtungsweisend, vielmehr schöpfte man aus dem umfangreichen emotionsgeladenen Bildreservoir des Films. Die von Toyen entworfenen Umschläge geben eine neue Wahrnehmung des menschlichen und insbesondere des weiblichen Gesichts zu erkennen. Das sich darin äußernde Entsetzen und die Melancholie zeigen die Verbindung zu ihren Gemälden und zugleich zu den für die Surrealisten so zentralen Themen Gewalt und Emotion an.
Zu denken ist hier vor allem an die magische Faszination durch das menschliche Auge. In den 1940er Jahren warf Toyen mit ihren Umschlagentwürfen für eine Thriller-Reihe nicht einmal so subtile Sprengladungen dieser Imagination unter die Leserschaft. Zuvorgekommen war ihr in dieser Hinsicht lediglich Jindřich Štyrský mit seinen Entwürfen für die tschechische Übersetzung der französischen Trivialreihe *Fantomas* (1929–1930).

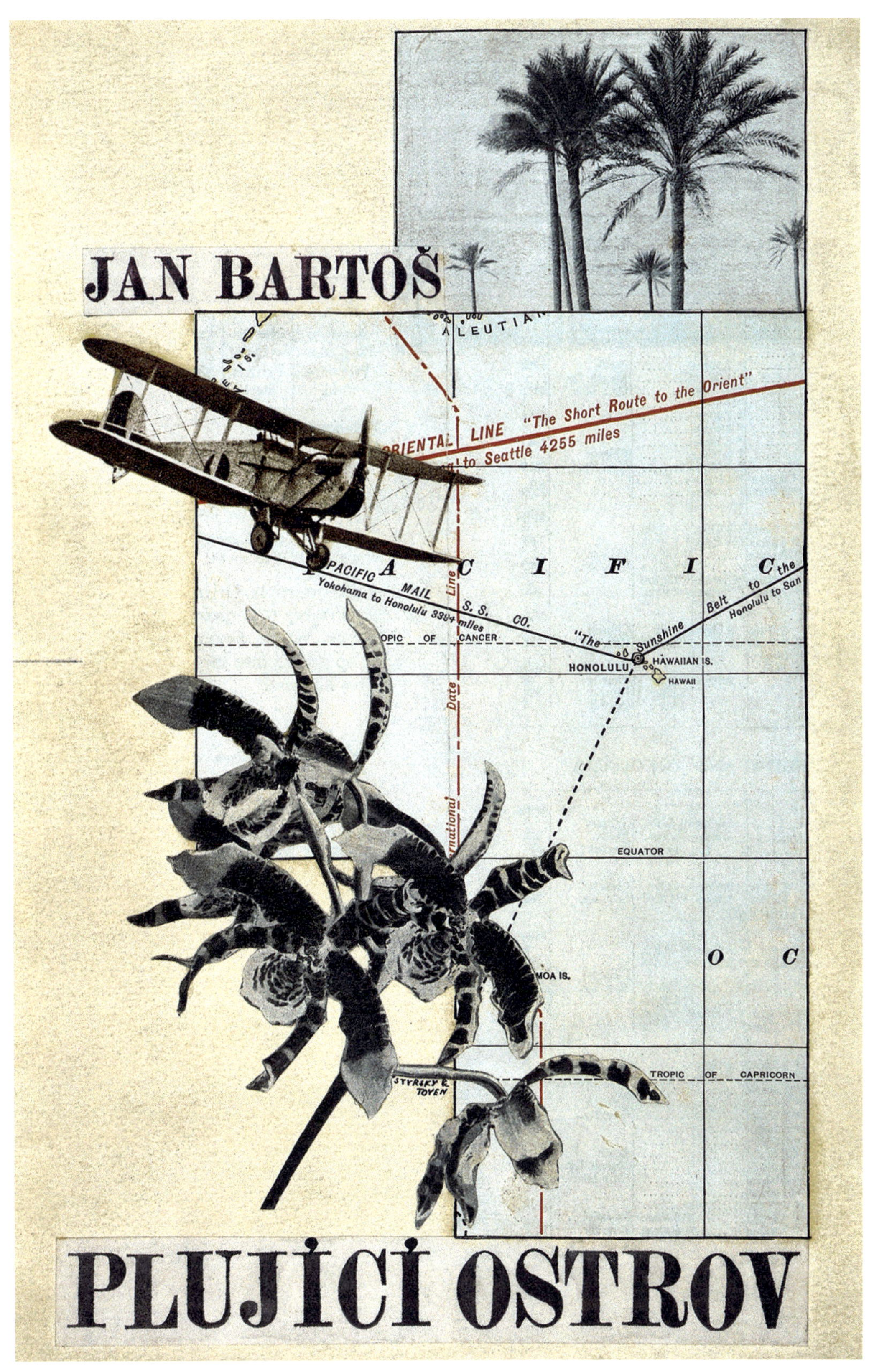

Abb. 276 Jindřich Štyrský und Toyen, Entwurf eines Buchumschlages für:
Jan Bartoš (1893–1946), *Plující ostrov / Die schwimmende Insel*, B. M. Klika, Prag 1927
Collage, 480 x 390 mm

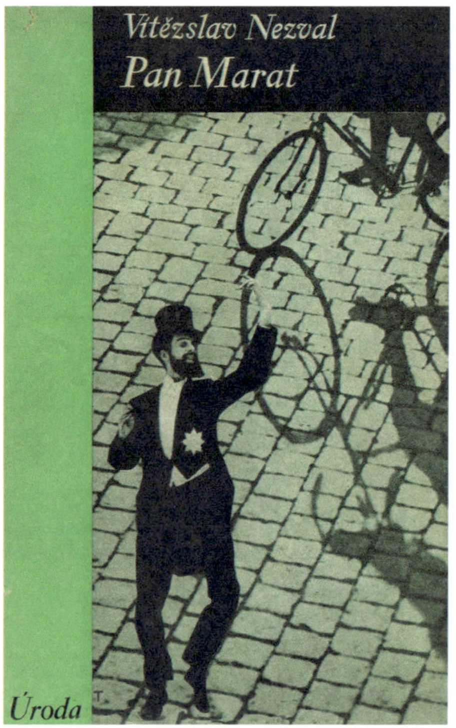

Abb. 277 Buchumschlag für: Vítězslav Nezval, *Pan Marat / Herr Marat*, Melantrich, Prag 1932

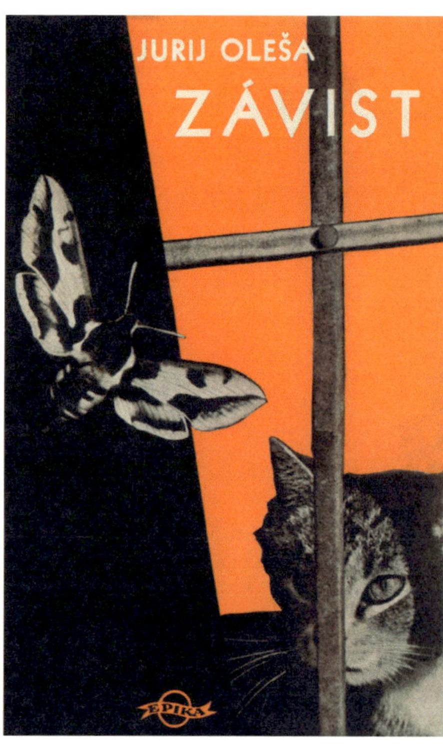

Abb. 278 Buchumschlag für: Jurij Oleša (1899–1960), *Závist / Neid*, Melantrich, Prag 1936

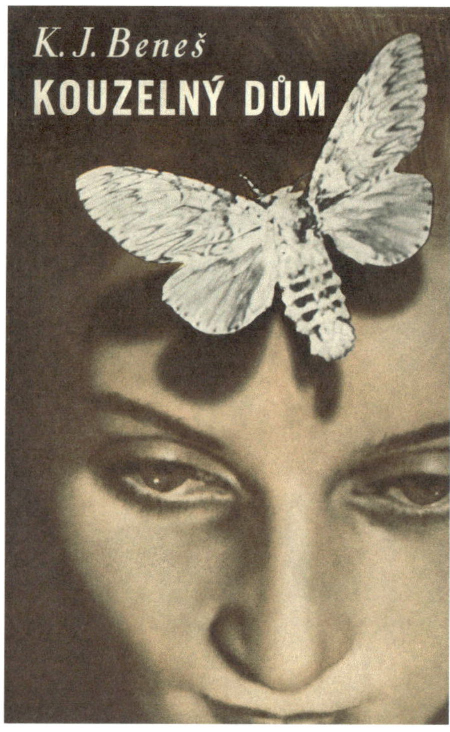

Abb. 279 Buchumschlag für: K. J. Beneš (1896–1969), *Kouzelný dům / Das magische Haus*, Melantrich, 9. Auflage, Prag 1939

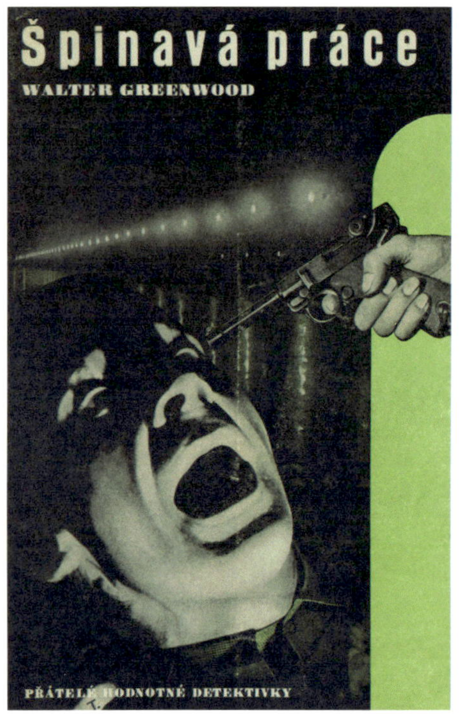

Abb. 280 Buchumschlag für: Walter Greenwood (1903–1974), *Špinavá práce / Schmutzarbeit*, R. Kmoch, Prag 1938

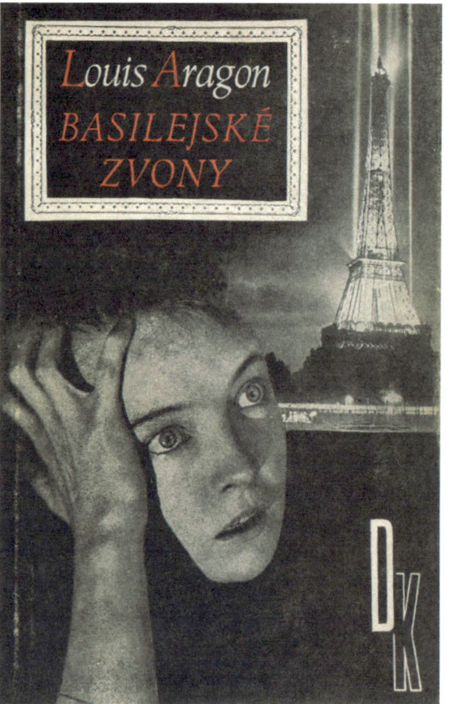

Abb. 281 Buchumschlag für: Louis Aragon (1897–1982), *Basilejské zvony / Die Glocken von Basel*, R. Schütz, Prag 1947

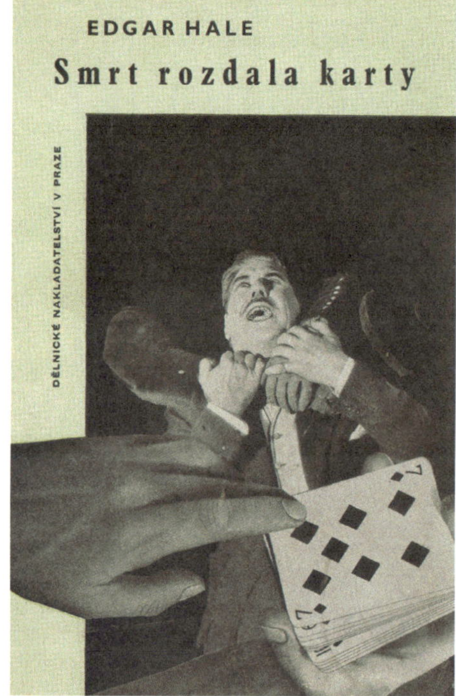

Abb. 282 Buchumschlag für: Edgar Hale, *Smrt rozdala karty / Der Tod hat die Karten ausgeteilt*, Dělnické nakladatelství / Arbeiter-Verlag, Prag 1948

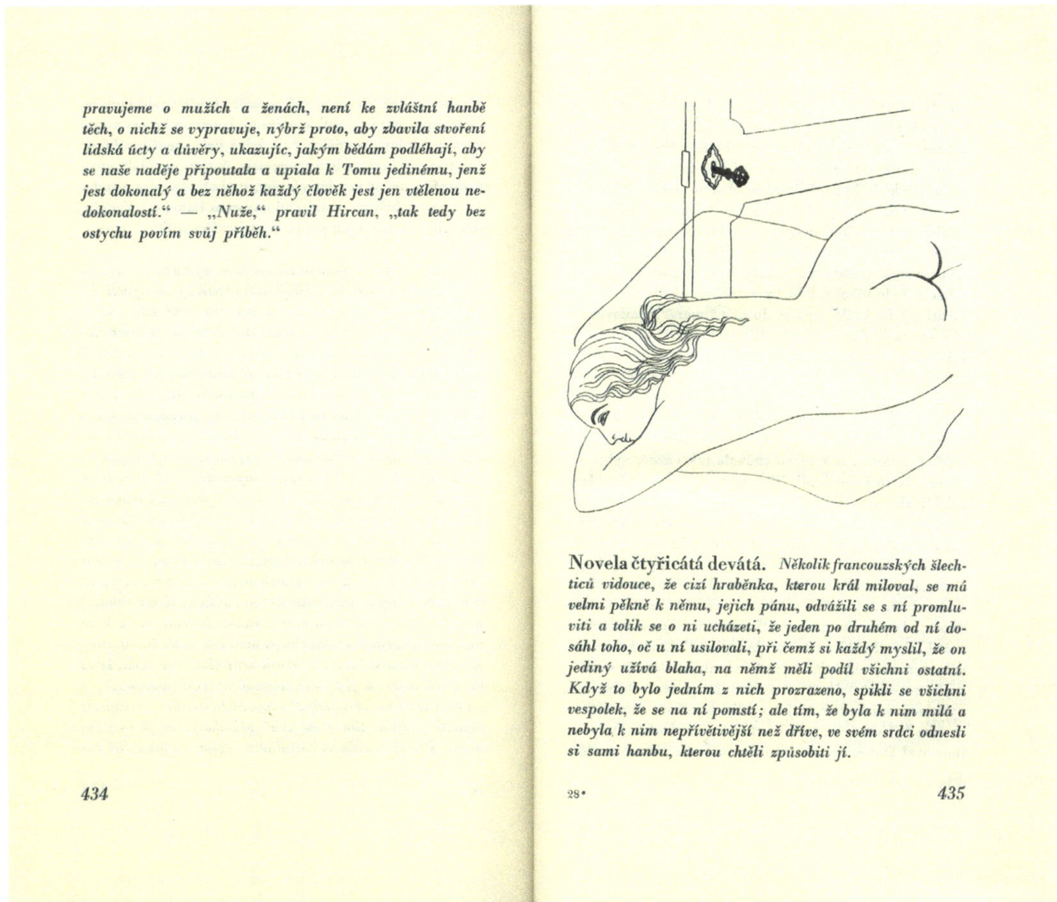

pravujeme o mužích a ženách, není ke zvláštní hanbě těch, o nichž se vypravuje, nýbrž proto, aby zbavila stvoření lidská úcty a důvěry, ukazujíc, jakým bědám podléhají, aby se naše naděje připoutala a upiala k Tomu jedinému, jenž jest dokonalý a bez něhož každý člověk jest jen vtělenou nedokonalostí." — „Nuže," pravil Hircan, „tak tedy bez ostychu povím svůj příběh."

434

Novela čtyřicátá devátá. *Několik francouzských šlechticů vidouce, že cizí hraběnka, kterou král miloval, se má velmi pěkně k němu, jejich pánu, odvážili se s ní promluviti a tolik se o ni ucházeti, že jeden po druhém od ní dosáhl toho, oč u ní usilovali, při čemž si každý myslil, že on jediný užívá blaha, na němž měli podíl všichni ostatní. Když to bylo jedním z nich prozrazeno, spikli se všichni vespolek, že se na ní pomstí; ale tím, že byla k nim milá a nebyla k nim nepřívětivější než dříve, ve svém srdci odnesli si sami hanbu, kterou chtěli způsobiti jí.*

28•

435

Kat. 283 Illustration für: *Heptameron novel převznešené a přeslavné princezny Markéty d'Angoulême, královny Navarské / Das Heptameron der Margarete, Königin von Navarra*, Družstevní práce / Genossenschaftsarbeit, Prag 1932

Toyens neue Rolle als Illustratorin hat Štyrský in seinem Essay *Inspirovaná ilustrátorka* (*Die inspirierte Illustratorin*) bereits 1932 skizziert. In der ihm eigenen poetischen Sprache beschreibt er, was Toyens Illustrationen auszeichnet: Sie habe einen modernen Typus der »erotischen« Illustration geschaffen. Er fasst zusammen: »In ihren Zeichnungen finden wir vor allem eine Vorliebe: die Vorliebe für eine weibliche Schönheit.« Und er fährt fort: »weibliche Torsi, Frauenaugen voll erotischer Langeweile, furchterregende, verdrehte Augen im Moment des Orgasmus.«[2] Štyrský wird nicht allzu konkret, er verweist lediglich auf die Illustrationen zu Joseph Delteils *Don Juan* (Kat. 256) und zum *Heptameron* der Königin Margarete von Navarra (Kat. 283); die beiden literarischen Werke waren 1932 in tschechischer Übersetzung erschienen. Zu dieser Zeit arbeitete Toyen bereits an Štyrskýs *Erotická revue* (*Erotische Revue*, 1930–1933), illustrierte aber auch andere Erotika. Im *Heptameron* wird eine gewisse Grenze noch nicht überschritten, die Illustrationen der privaten Editionen hingegen sprechen eine deutliche Sprache. Die erotische Imagination war allerdings von Anfang an wesentlicher Bestandteil ihres künstlerischen Schaffens – denken wir an *Polštář* (*Das Kissen*, Kat. 569) von 1922 oder an *Ráj černochů* (*Das Paradies der Schwarzen*, Kat. 146) von 1925, beide Bilder sind eine Art Enzyklopädie des Gruppensex – und sollte es bis in die späten Jahre bleiben.[3] So gesehen ist diese unverblümte Darstellung des Erotischen in den privaten Ausgaben also keine Überraschung; abgesehen davon wird hier einmal mehr der nicht immer einfache Dialog zwischen dem Öffentlichen und dem Privaten erkennbar.

Toyen illustrierte auch zahlreiche Kinderbücher. Ein Meilenstein auf diesem Gebiet ist *Náš svět* (*Unsere Welt*, 1934, Abb. 285), ein großformatiges Album mit Gedichten von Zdeňka Marčanová. Der Stil dieser Illustrationen mag verwundern. Toyen, in ihren Gemälden

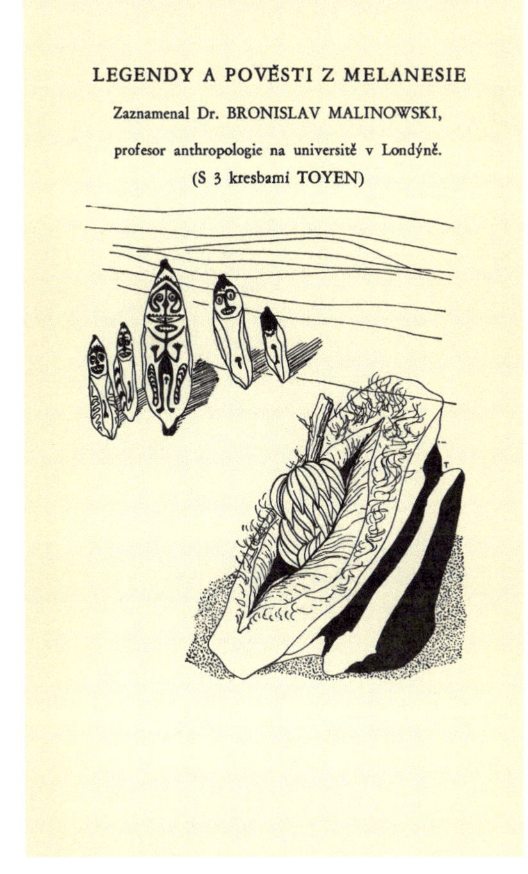

LEGENDY A POVĚSTI Z MELANESIE

Zaznamenal Dr. BRONISLAV MALINOWSKI,

profesor anthropologie na universitě v Londýně.

(S 3 kresbami TOYEN)

Abb. 284 Illustration für: *Erotická revue* III, 1933, S. 101

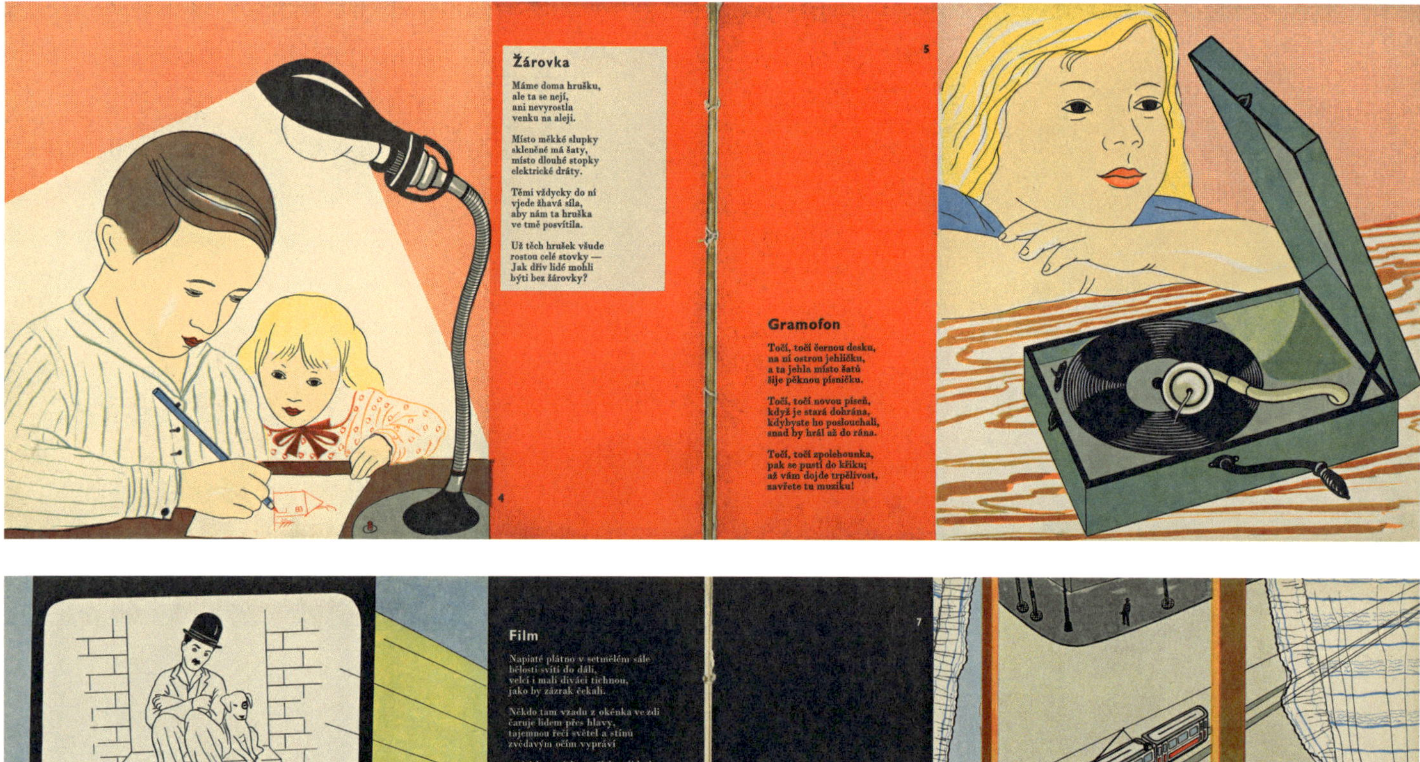

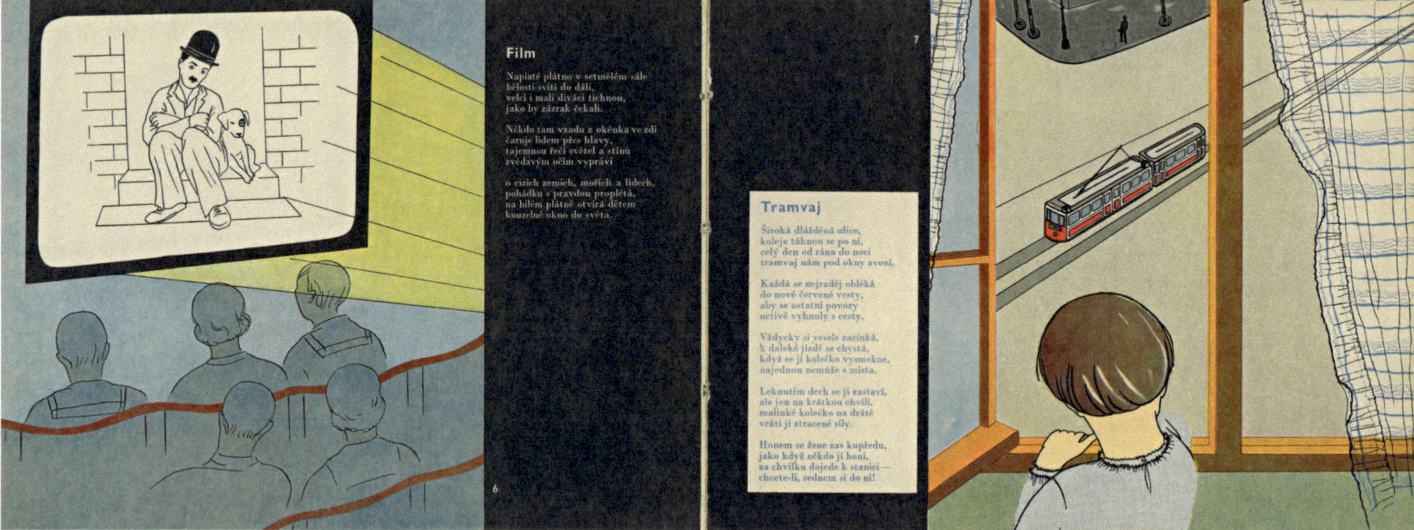

Abb. 285 Illustrationen für: Zdeňka Marčanová (1896–X), *Náš svět / Unsere Welt*, Družstevní práce / Kooperatives Werk, Prag 1934 (Graphik: Ladislav Sutnar)

bereits surrealistischen Phantomen auf der Spur, hat hier eine unproblematisch bequeme moderne Welt dargestellt: Autos, Kino, Grammophon ... Ein in kindgerechte Farbzeichnungen übersetztes Kaleidoskop modernen Lebens und auch ein Beleg dafür, dass Toyen diese Form der Moderne nicht fremd war.[4] Nicht zufällig ließ sie sich in einem geradezu konstruktivistischen Overall fotografieren und wohnte in einer sogenannten Garçonnière, wie sie etwa von Karel Teige als minimale Wohneinheit damals propagiert wurde. *Unsere Welt* entstand als Auftragsarbeit für den Verlag Družstevní práce (Kooperatives Werk) und die pädagogische Organisation Dědictví Komenského (Komenskýs Erbe). Bereits in der Ausschreibung dieses Buchprojekts hatte man angedeutet, dass amerikanische Kataloge und das sowjetische Kinderbuch die Richtung vorgeben sollten. Wie auch immer, geboren wurde ein neuer Typus von Kinderbuch, das seine kleinen Leserinnen und Leser nicht mehr in die Welt der Märchen entführt, sondern über die Gegenwart aufklärt.

Der Surrealismus ermöglichte einen neuen Blick auf das Buch, was sich besonders deutlich zeigte, als die moderne Kunst in der von der deutschen Wehrmacht besetzten Tschechoslowakei mehr und mehr aus dem öffentlichen Raum verdrängt wurde. Ein erstes Beispiel für die neue Rolle des Buches sind *Les Spectres du désert* (*Die Gespenster der Wüste*, 1939, Abb. 300, Kat. 386), ein Band mit Zeichnungen, der bereits während des Protektorats auf Französisch erschien – getarnt als Import aus der Werkstatt des Pariser Verlegers Albert Skira. Dies war Toyens erste Zusammenarbeit mit dem Dichter Jindřich Heisler. Der Band bot Toyen ein Forum für ihre Zeichnungen aus den Jahren 1937 und 1938, als die Thematik des zerfallenden weiblichen Körpers dem allgemeinen Entsetzen über den Zerfall der gesamten Realität weicht. Allerdings verschwindet der »zerschlagene« weibliche Körper auch während der Okkupationsjahre nicht völlig aus ihren Arbeiten. Weitere Zeichnungen mit dieser Thematik finden sich in Heislers *Jen poštolky chčí klidně na desatero* (*Nur die Turmfalken brunzen ruhig auf die 10 Gebote*, 1939, Kat. 288, 290, 291), einem Gedichtband mit deutlichem Protestcharakter. Die limitierte Edition wurde auch in einer deutschsprachigen Version publiziert – vielleicht mit der Absicht, die surrealistische Imagination unter die deutschen Okkupanten zu schmuggeln. Im Druckvermerk der tschechischen Edition heißt es: »Dieses Buch entstand in der erdrückenden Atmosphäre militärischer Befehle als Dokument surrealistischer Aktivität, die keine der reaktionären Mächte des mobilisierten Europa vernichten kann.« Als dritte Publikation ist das Bändchen *Z kasemat spánku: Realisované básně* (*Aus den Kasematten des Schlafs: Realisierte Gedichte*, 1940, Kat. 306, 318–322) zu nennen, entstanden wiederum in Zusammenarbeit mit Jindřich Heisler sowie den Fotografen Miro Bernát und Viktor Radnický. Hier lässt sich zweifellos von einer

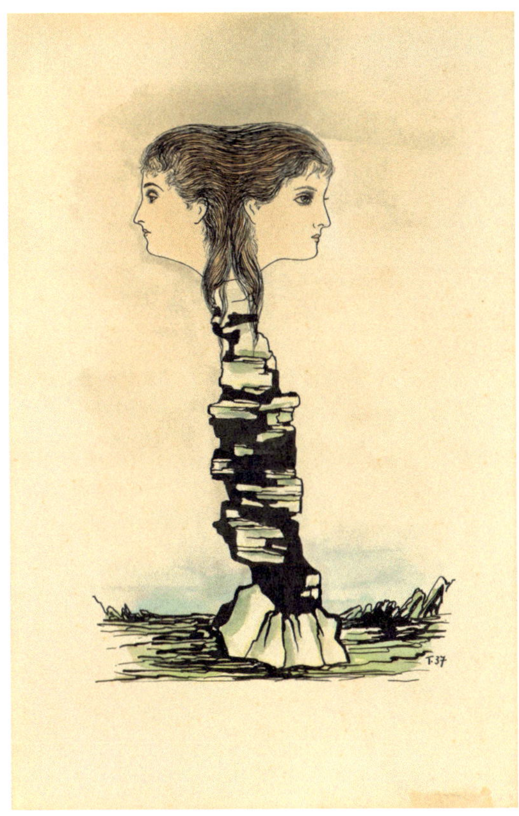

Kat. 286 ***Dvě hlavy / Zwei Köpfe,*** Illustration für:
A. Vošalík, *První sloupy / Die ersten Säulen*, 1937
Tinte, Aquarell auf Papier, 290 × 200 mm
COLLETT Prag/München

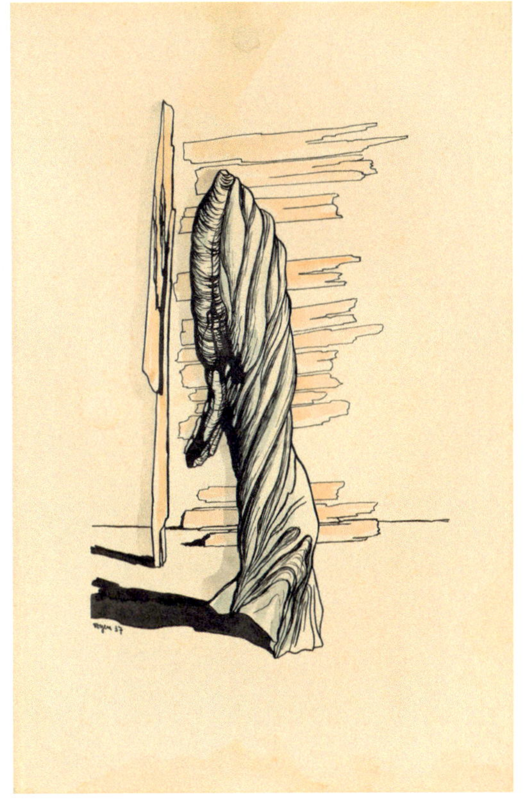

Kat. 287 ***Postava (Přízrak) / Figur (Gespenst)***,
Illustration für: A. Vošalík, *První sloupy / Die ersten Säulen*, 1937
Tinte, Aquarell auf Papier, 290 × 200 mm
COLLETT Prag/München

Art Dialog mit der Fotografie sprechen; die Aufnahmen der arrangierten Szenen sind im Grunde Fotografien einer »konkreten Irrationalität«, das heißt von materialisierten Träumen. Der Band huldigt damit dem surrealistischen Thema schlechthin – dem Traum. Obgleich die Namen der Autoren hier noch genannt werden, gehören die *Kasematten* bereits zum surrealistischen Samisdat (»Untergrundpresse«), also zu der Literatur, die in staatlich kontrollierten Verlagen nicht erscheinen durfte; insgesamt gab es nur 17 Exemplare. Eine Reaktion auf die Unfreiheit im Protektorat sind schließlich zwei Bände von 1946: *Střelnice* (*Der Schießplatz*, Kat. 323–325) und *Schovej se, válko!* (*Verstecke dich, Krieg!*, Kat. 340–345), beide mit Jindřich Heisler und erstmals auch mit Karel Teige zusammen geschaffen.

Zum Schluss die schwierigste Frage: Worin besteht Toyens Beitrag zum Konzept des Buches als spezifischem Medium? Je nach Definition dieses Mediums wird die Antwort variieren. Die Konstruktivisten hatten eine ziemlich klare Vorstellung von dem, was ein Buch sein soll, wenngleich die Praxis oft anders aussah. Der Poetismus hat zumindest mit Štyrskýs Gestaltung von Nezvals *Pantomima* (*Pantomime*, 1924, Abb. 56) seinen Tribut geleistet, und der französische Surrealismus wartet mit einer großen Bandbreite von Antworten auf, von Max Ernsts xylographischen »Nichtgeschichten« wie *Histoire naturelle* oder *Une Semaine de Bonté* (Kat. 141) bis hin zu Paul Eluards und Man Rays *Facile*. Das Medium Buch haben diese Künstler auf je eigene Weise definiert. Die Illustration steht generell in freiem Bezug zum Text, sie ist im Endeffekt »Kollustration«. Damit ist wohl der grundsätzliche Beitrag der Künstler bezeichnet, der nicht zuletzt auch im Prinzip der Koautorschaft seinen Ausdruck findet. In den *Kasematten des Schlafs* hat Toyen dieses Konzept der »Kollustration« am konsequentesten realisiert.

Das Buchwerk Toyens hat seinen festen Platz in den 1930er Jahren als ein wichtiger Bestandteil der tschechischen Moderne der Zwischenkriegszeit und der aufkommenden demokratischen Buchkultur; es spielt eine ebenso bedeutende Rolle während der Okkupation als Geste des Widerstands gegen den Freiheitsverlust. Und es behält seinen Stellenwert für sie auch nach 1947, wenngleich Toyen, inzwischen nach Paris übergesiedelt, nur noch Publikationen ihrer surrealistischen Freunde und seelenverwandter Autoren illustriert. Aber auch dann betrachtet sie das Medium Buch für sich weiterhin als schöpferischen Raum. Der Zyklus von zwölf Zeichnungen mit dem Titel *Débris de rêves* (*Traumtrümmer*, Kat. 483–494) in Radovan Ivšićs *Le puits dans la tour* (*Der Brunnen im Turm*, 1967) ist ein Musterbeispiel für das Prinzip der Kollustration, und die Fotomontagen in *Vis-à-vis* (Kat. 514–525), erschienen 1973 bei Éditions Maintenant,[5] bestätigen, dass Toyen »hohe« und »angewandte Kunst« stets als kommunizierende Röhren auffasste.

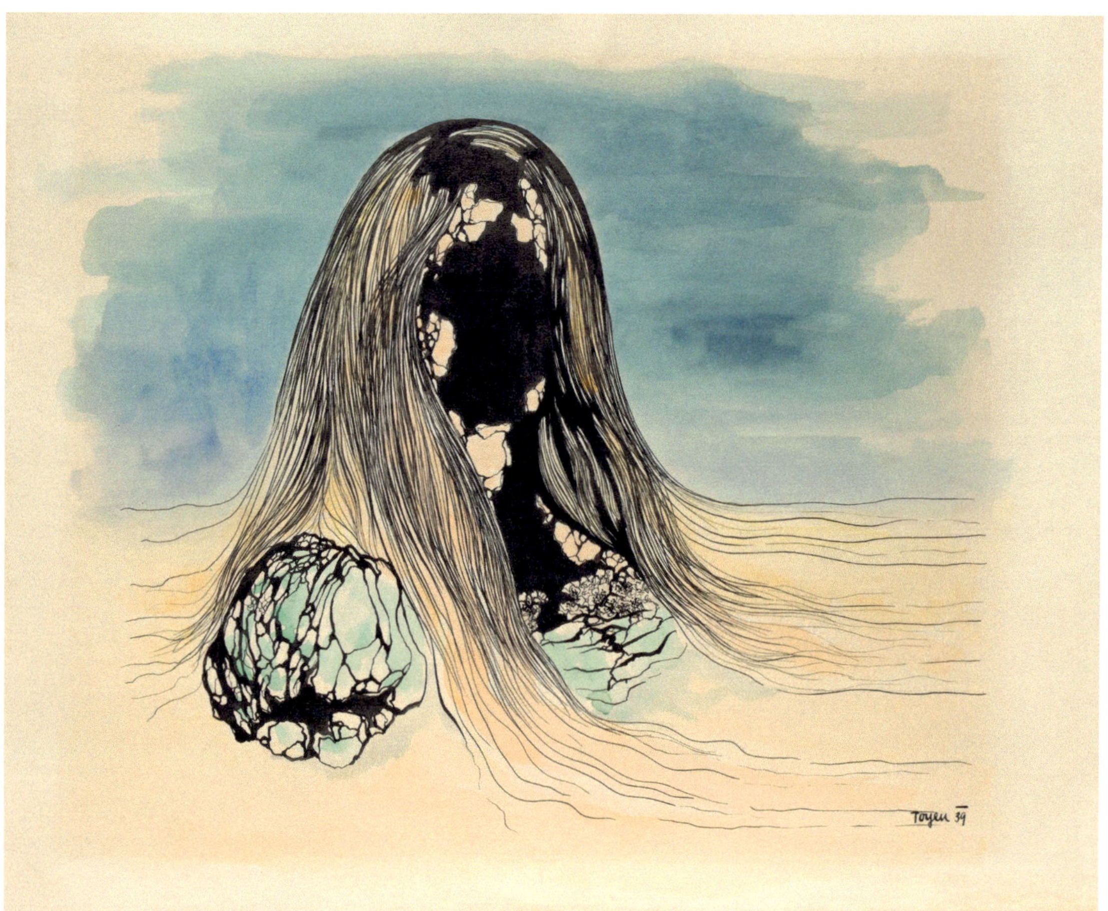

Kat. 288 Zeichnung für die Gedichtsammlung von Jindřich Heisler, *Jen poštolky chčí klidně na desatero / Nur die Turmfalken brunzen ruhig auf die 10 Gebote*, 1939
Tusche und Aquarell auf Papier, 305 × 380 mm
Privatsammlung, Prag

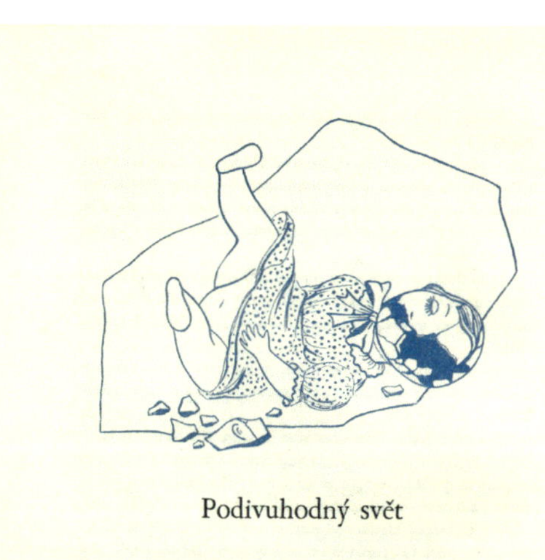

Podivuhodný svět

Kátěnka ležela den co den ve svém kočárku. Blaženka pobíhala po kuchyni a tisíckrát za den se běžela podívat, co se s dítětem děje. Když měla Káťa otevřené oči, dala na jevo, že maminku poznává. Po prvé, když k ní přistoupila služebná, Kátěnka se rozplakala, jakoby ji na nože bral. »To proto, že vás nezná,« tvrdila služce Blaženka. »Počkejte, až se vrátí pán, jak se nad ni nahne, Káťa ani nemukne.« Služebná nevěřila. »Tak malinké dítě, to nic nepozná.« Ale

34

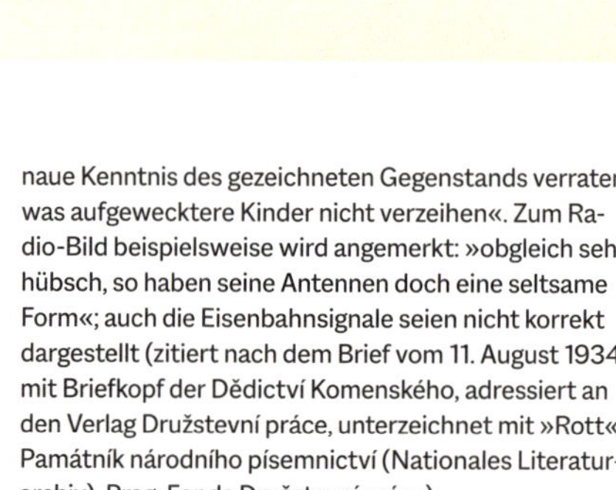

Abb. 289 Illustration für: Helena Hodačová (1916–1998), *Holčička Káťa / Die kleine Káť'a*, Českomoravský kompas / Böhmisch-Mährischer Kompass, Prag 1941

1 Zu Toyens Buchwerk vgl. die Monographie: Lenka Bydžovská, Karel Srp, *Knihy s Toyen* (*Bücher mit Toyen*), Prag 2003; darin enthalten ist das Verzeichnis von Toyens Bucharbeiten von Petr Ladman, S. 97–118. Weitere Aspekte zu diesem Thema werden behandelt in der Studie: Jindřich Toman, The Dream Factory Had a Fear Division: Štyrský's and Toyen's Psycho-covers of the 1930s, in: *Umění* XLVIII, 2000, S. 170–180, sowie in: Jindřich Toman, *Fotomontáž tiskem / Photomontage in Print*, Prag 2009.

2 Ursprünglich in *Almanach Kmen* 1932–1933, S. 71–74; nachgedruckt in: Jindřich Štyrský, *Každý z nás stopuje svoji ropuchu. Texty 1923–1924* (*Jeder von uns ist seiner Kröte auf der Spur. Texte 1923–1924*), hg. von Karel Srp, Prag 1996, S. 93–95.

3 Siehe dazu auch den Beitrag *Theater der Aura – Toyen und das Spektakel* von Annie Le Brun in diesem Band, S. 94ff.

4 Die Organisation Dědictví Komenského äußerte dennoch in Hinblick auf ihre »aufgeweckteren« Leser gewisse Bedenken. So meinte ihr Vertreter in einem Brief an die Redaktion des Verlags Družstevní práce, dass die bunten Bilder den Kindern zwar sicher gefallen werden, dass aber einige Zeichnungen »in den Details eine ungenaue Kenntnis des gezeichneten Gegenstands verraten, was aufgewecktere Kinder nicht verzeihen«. Zum Radio-Bild beispielsweise wird angemerkt: »obgleich sehr hübsch, so haben seine Antennen doch eine seltsame Form«; auch die Eisenbahnsignale seien nicht korrekt dargestellt (zitiert nach dem Brief vom 11. August 1934 mit Briefkopf der Dědictví Komenského, adressiert an den Verlag Družstevní práce, unterzeichnet mit »Rott«; Památník národního písemnictví (Nationales Literaturarchiv), Prag, Fonds Družstevní práce).

5 Siehe auch Anna Pravdová, *Seelenverwandte. Éditions Maintenant*, S. 317ff. in dieser Publikation.

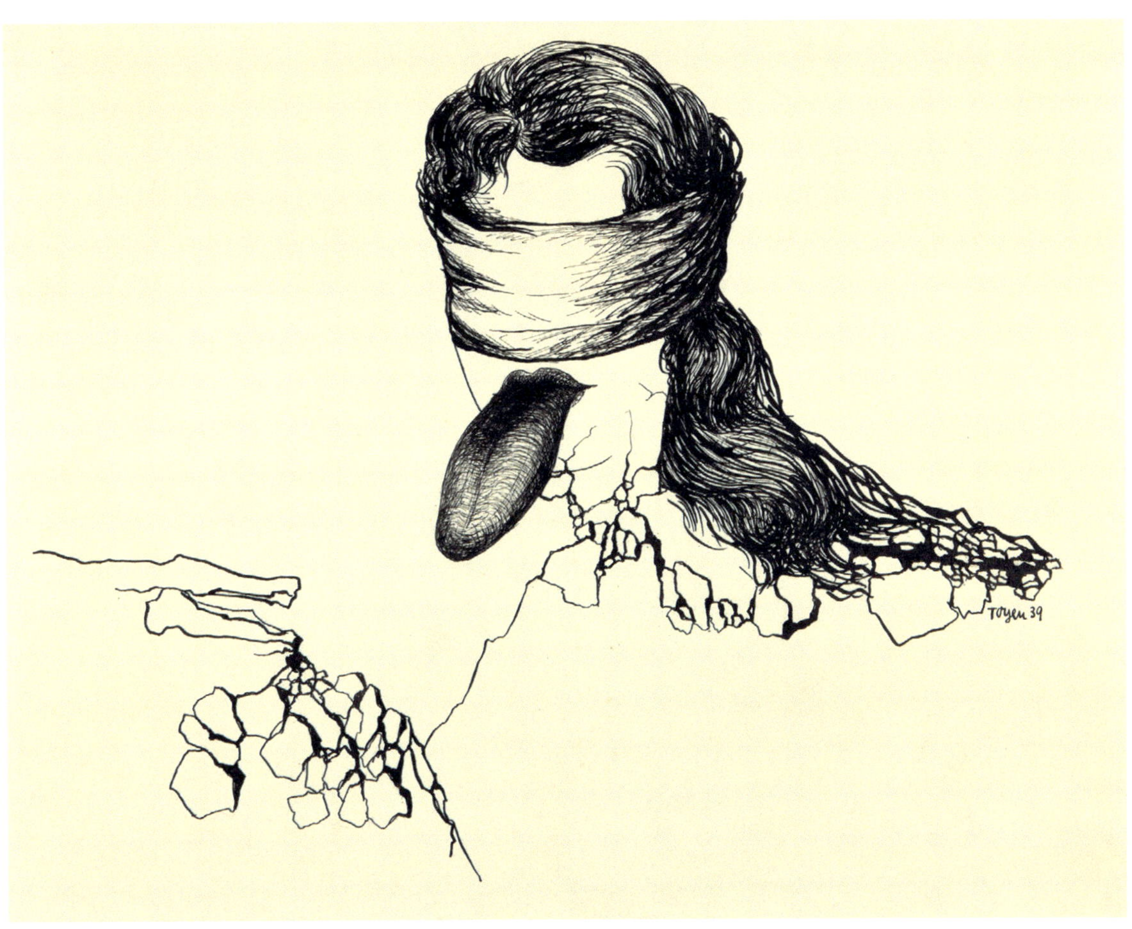

Kat. 290 Zeichnung für die Gedichtsammlung von Jindřich Heisler,
Jen poštolky chčí klidně na desatero / Nur die Turmfalken brunzen ruhig auf die 10 Gebote, 1939
Tusche auf Papier, 260 × 330 mm | Privatsammlung, Paris

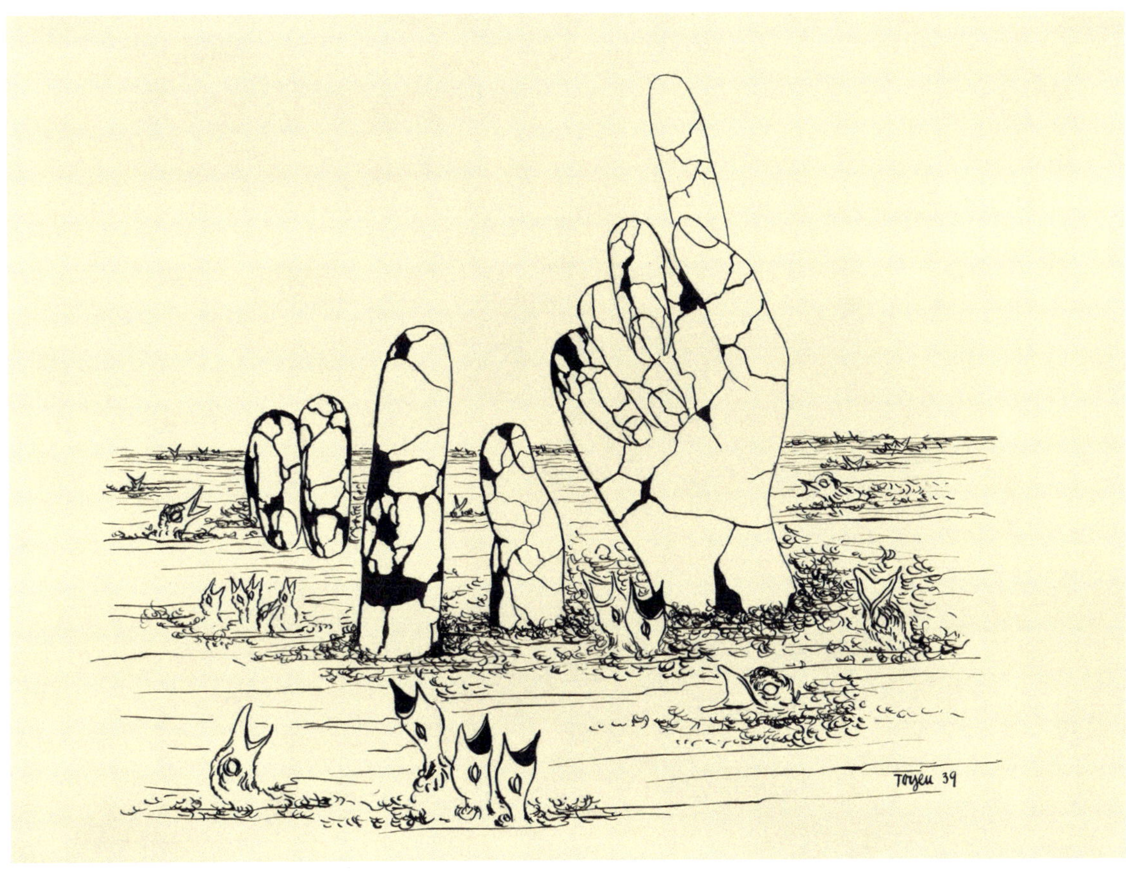

Kat. 291 Zeichnung für die Gedichtsammlung von Jindřich Heisler,
Jen poštolky chčí klidně na desatero / Nur die Turmfalken brunzen ruhig auf die 10 Gebote, 1939
Tusche auf Papier, 270 × 368 mm | Nationalgalerie Prag, Geschenk von Alena Žižková-Lind, 2010

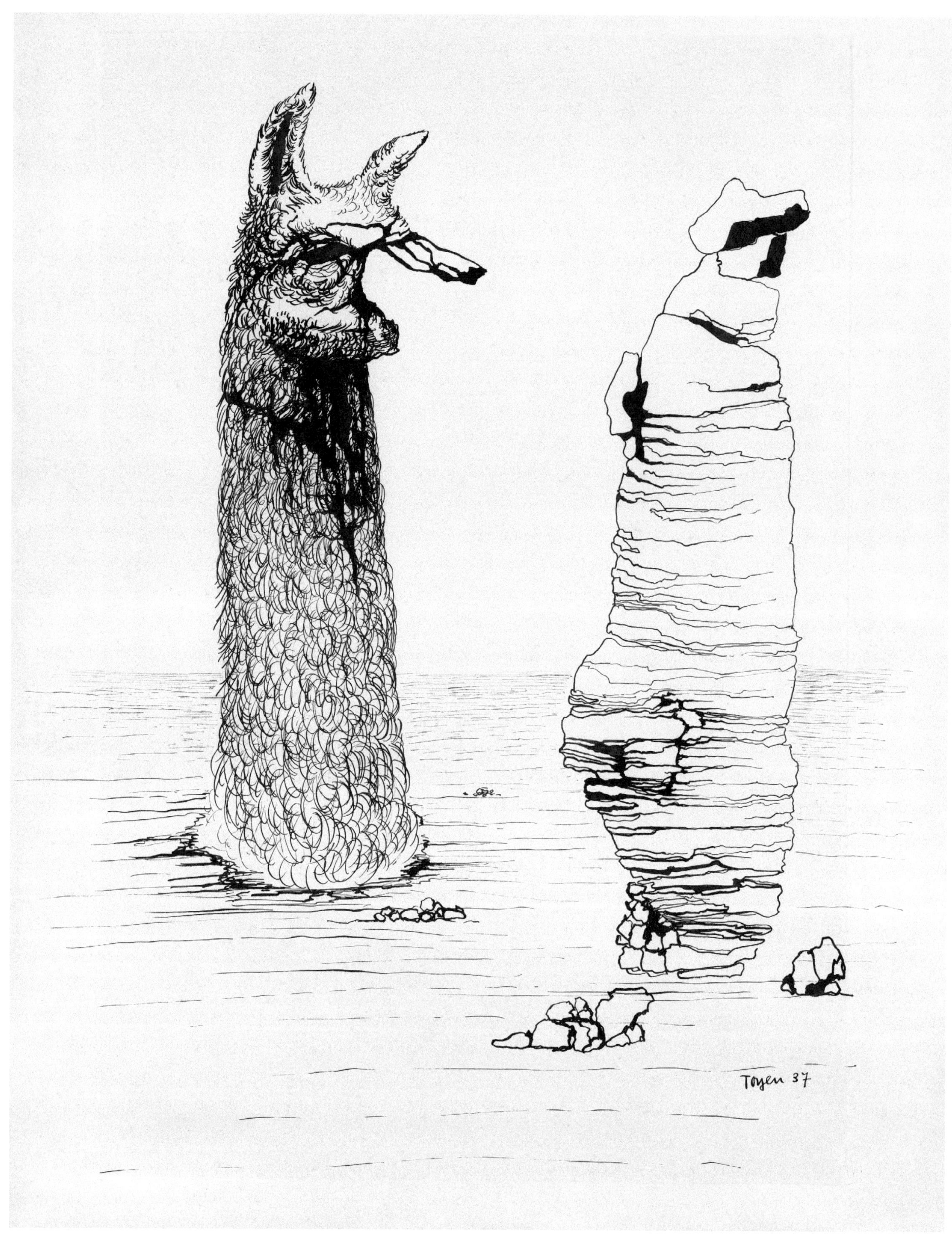

Abb. 292 ***Přízraky pouště / Gespenster der Wüste,*** 1937
Tusche und Feder auf Papier, 439 × 340 mm
Nationalgalerie Prag

Barbora Bartůňková

Ein Gespenst geht um in Europa zwischen den Kriegen ...

Während der Zwischenkriegsjahre war Toyens künstlerischer Weg eng mit den linksgerichteten Gruppen der tschechoslowakischen Avantgarde verknüpft. Kollegen aus diesem Umfeld, die rückblickend Toyen charakterisieren, erwähnen fast immer auch ihr politisches Engagement,[1] betonen etwa Toyens langjährige, weit in die Zeit vor ihrer Mitgliedschaft in den Künstlervereinigungen zurückreichende Kontakte zu anarchistischen und kommunistischen Kreisen. Karel Teige erinnert in seiner Monographie *Štyrský a Toyen* (Abb. 197) aus dem Jahr 1938 an die Umstände, unter denen die Malerin 1923 dem Devětsil beigetreten war: »Toyen, die wir vor einigen Jahren immer wieder auf den lautstarken Versammlungen anarchokommunistischer Gruppierungen gesehen hatten, machte uns erst jetzt mit ihren Bildern bekannt, mit denen sie auf der ersten Ausstellung des Devětsil debütierte.«[2] Nach dieser Aussage Teiges waren Toyen und er sich also aufgrund ihres politischen Engagements erstmals in radikalen politischen und nicht etwa in künstlerischen Kreisen begegnet. In seiner ebenfalls 1938 erschienenen Broschüre *Surrealismus proti proudu* (*Surrealismus gegen den Strom*) betont Teige Toyens schon immer bestehende Treue zu einer linksgerichteten Politik und behauptet, sie habe »von Anfang an der ersten Prager kommunistischen Gruppierung angehört, sich in einem anarchokommunistischen Umfeld bewegt und sich aktiv an den Streiks der Bergleute in den Jahren nach dem Umsturz und an den Dezemberunruhen beteiligt«.[3] Auch der Dichter Vítězslav Nezval äußert sich in seinen Memoiren aus dem Jahr 1957 hierzu unmissverständlich. Toyen sei in den 1920er Jahren »zwar eine Kommunistin ziemlich anarchistischer Prägung gewesen, aber eben doch eine Kommunistin«, außerdem erzähle man sich von ihr, dass sie ein kommunistisches Dokument zerrissen und aufgegessen habe, damit es bei ihr nicht gefunden würde.[4] Toyen trat jedoch offenbar, im Unterschied zu Nezval und anderen linksgerichteten Künstlern, in der Zwischenkriegszeit nicht in die Kommunistische Partei der Tschechoslowakei (KSČ) ein.[5]

Ende der 1920er Jahre kam es innerhalb des Devětsil zu gravierenden Differenzen, die letztlich zu seinem Zerfall führten. Die angespannte Situation in den linksgerichteten Kreisen verschärfte sich nach dem 5. Parteitag im Februar 1929 durch die Radikalisierung der KSČ unter Klement Gottwald weiter – die Partei »bolschewisierte« sich und schloss sich dem stalinistischen sowjetischen Modell an.[6] Im Oktober 1929 wurde von Karel Teige der Kulturverein Levá fronta (Linke Front) ins Leben gerufen, Toyen gehörte zu den Gründungsmitgliedern.[7] Die Organisation wollte eine gemeinsame Plattform für ein breites Spektrum linksgerichteter Kulturarbeiter bereitstellen, reklamierte dabei aber für sich selbst eine grundsätzlich apolitische Haltung – wohl um ihre Unabhängigkeit von jeder politischen Partei zu betonen und sich die Genehmigung der Behörden für ihre Aktivitäten zu sichern.[8] Dennoch geriet die Linke Front immer wieder ins Visier der Polizei, und ihre kulturelle Tätigkeit unterlag einer strengen Zensur. Der Staat schätzte sie offenbar als Bedrohung ein, da die Vereinigung sich ganz deutlich antifaschistisch positionierte und oft auch das kulturelle und politische Programm der UdSSR propagierte.

Im Januar 1933 wurde Adolf Hitler zum deutschen Reichskanzler ernannt; im März desselben Jahres organisierte die Linke Front eine öffentliche Kundgebung unter dem Motto *Soll die faschistische Barbarei die europäische Kultur vernichten?*[9] Aus diesem Anlass gab die Linke Front auch eine antifaschistische Sondernummer ihrer gleichnamigen Zeitschrift heraus. Es handelt sich um eine zweiseitige Broschüre mit Artikeln und gemeinschaftlichen Erklärungen, die zu einer geschlossenen Reaktion der Kulturarbeiter gegen den Faschismus aufrufen.[10] Die Broschüre enthielt außerdem das Manifest *Poezie v nebezpečí* (*Die Poesie in Gefahr*), das unter anderem auch von Toyen unterzeichnet wurde. Es verurteilt gleich in den ersten Sätzen die Entwicklung im nationalsozialistischen Deutschland aufs Schärfste: »Aus Mord und Unterdrückung erwächst in unserem Nachbarland eine Macht der Finsternis und Gewalt. Wir sehen, dass nicht nur Menschenleben in Gefahr sind, sondern auch die Hochkultur; die Poesie und Kunst des deutschen Volkes werden infolge einer unsinnigen und harschen militärischen Reaktion aus dem Wettstreit der Weltkulturen hinausgedrängt.«[11]

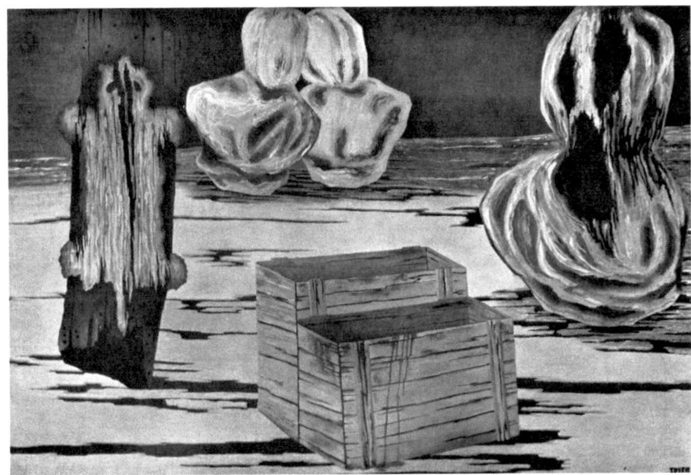

Abb. 293 ***Menhiry / Menhire***, 1934
Öl auf Leinwand, 130 x 194 cm | Privatsammlung
Reproduziert in: Vítězslav Nezval (1900–1958), Karel Teige (1900–1951), *Štyrský a Toyen*, Fr. Borový, Prag 1938
Tomáš Garrigue Masaryk-Bibliothek, sign. EB208

In den 1930er Jahren äußerte sich Toyens antifaschistisches Engagement auch in ihren künstlerischen Beiträgen zu gemeinschaftlichen Publikationen der politisch durchaus aktiven tschechoslowakischen Avantgarde. Die *Anthologie protifašistických umělců* (*Anthologie antifaschistischer Künstler*), 1936 herausgegeben von Bohumír Šmeral, einem Mitbegründer der KSČ, enthält Gedichte, Prosastücke, Musik und Zeichnungen führender tschechoslowakischer Künstler.[12] Anders als die antimilitaristischen und politischen Karikaturen von František Bidlo, Adolf Hoffmeiser oder Antonín Pelc handelt es sich bei den Zeichnungen Toyens und Štyrskýs in diesem Band um lyrischere Darstellungen körperlicher Demontage. Auf Toyens 1935 entstandener Zeichnung, die zu ihrem frühen surrealistischen Zyklus *Fantomy* (*Phantome*, Abb. 280) gehört, sind zwei hohle Objekte in Form von menschlichen Schädeln zu sehen, umwunden mit Stacheldraht und auf hölzerne, in nackte Erde gerammte Stangen gesteckt.[13] Die von Rissen durchzogenen Formen beschwören ein Gefühl der Fragmentierung und des Zerfalls, sie lassen, obwohl relativ abstrakt, an durchbohrte menschliche Köpfe denken und vermitteln den Eindruck einer abscheulichen Brutalität.

Im Jahr 1937 wählte Toyen wiederum eine Zeichnung aus ihrem Zyklus *Phantome* für die Gemeinschaftspublikation *Španělsku* (*Spanien gewidmet*, Abb. 295) aus. Vorbereitet wurde sie während des Spanischen Bürgerkriegs, der 1936 ausgebrochen war, vom Kommitee zur Unterstützung eines demokratischen Spanien.[14] Während die Mehrheit der daran beteiligten Künstler in ihren Arbeiten die Gewalt des Bürgerkriegs direkt thematisiert, um seinen Opfern damit ein Denkmal zu setzen, verweigern sich dagegen die schwebenden Objekte Toyens einer eindeutigen Interpretation.[15] Gerade in seiner formalen Gestaltung fordert das Werk nicht dazu auf, eine politische Aussage in ihm zu entdecken; bezeichnend ist, dass es dennoch in eine den antifaschistischen Kampf in Spanien unterstützende Publikation aufgenommen wurde. Das wirft ein Licht auf die Spannung zwischen dem von den Surrealisten proklamierten politischen Engagement und ihrer künstlerischen Formensprache, der die Kritiker immer wieder einen Mangel an politischer Klarheit und Eindeutigkeit vorwarfen.

Die Surrealistische Gruppe in der Tschechoslowakei hatte jedoch von Anfang an die politische Dimension des Surrealismus betont und auf die Bedrohung durch den Faschismus hingewiesen. Die auch von Toyen unterzeichnete Gründungserklärung leitete Nezval im März 1934 mit den Worten ein: »Ein Gespenst geht um im revolutionären Europa ... das Gespenst des Faschismus.«[16] Nezval nimmt hier Bezug auf die berühmten Eingangsworte des *Kommunistischen Manifestes* (1848) von Karl Marx und Friedrich Engels, gibt ihnen allerdings eine andere Zielrichtung.[17] Auf diese Weise erklärt er mit allem Nachdruck, dass man sich dem Faschismus entgegenstellen müsse, und zugleich erweist er dem Grundlagentext des dialektischen Materialismus und den revolutionären Ambitionen, die auch die tschechoslowakischen Surrealisten übernahmen, die Ehre. Anfangs war der Gruppe sehr an einer Anerkennung seitens der offiziellen kommunistischen Kreise gelegen; Nezval informierte sogar die Agitprop-Zentrale der KSČ brieflich über die Gründung der Gruppe, die sich mit dem proletarischen Klassenkampf identifiziere. Er stellte zugleich aber auch klar, dass die Gruppe unabhängig sei und sich allein der Notwendigkeit verpflichtet sähe, experimentelle künstlerische Methoden zu erproben.[18]

Mitte der 1930er Jahre wurde das Verhältnis zwischen dem Surrealismus und dem Kommunismus zum zentralen Thema der Debatten, und zwar nicht nur in der Tschechoslowakei, sondern insbesondere auch in Frankreich, wo sich die Surrealisten-Gruppe um André Breton immer mehr von der französischen kommunistischen Partei und den Entwicklungen in der Sowjetunion distanzierte.[19] Nezval erinnert sich, wie er in Paris kurz vor Beginn des Ersten Internationalen Schriftstellerkongresses zur Verteidigung der Kultur in Paris im Juni 1935 zusammen mit Toyen, Breton und Benjamin Péret in der Stadt unterwegs war, als Toyen Ilja Ehrenburg bemerkte, der aus dem Café La Closerie des Lilas trat.[20] Die Begegnung führte zum Eklat: Breton und Péret verabreichten Ehrenburg für die polemische Aburteilung der Surrealisten in seinem Artikel *Vus par un* écrivain *d'U.R.S.S.* (*Mit den Augen eines Schriftstellers aus der UdSSR*) mehrere Ohrfeigen.[21] Da Ehrenburg der sowjetischen Delegation auf dem Kongress angehörte, schlossen dessen Organisatoren Breton, der dort ebenso wie Nezval referieren sollte, nun aufgrund des Vorfalls von der Teilnahme aus. Erst nach dem tragischen Selbstmord des Schriftstellers René Crevel, der sich für die Surrealisten eingesetzt hatte, durfte Paul Eluard Bretons Beitrag spätabends vor halbleerem Saal verlesen. Nezval hingegen erhielt keine Gelegenheit, das Wort zu ergreifen.[22]

Bald nach dem Kongress veröffentlichte Breton seine Broschüre *Du temps que les surréalistes avaient raison* (*Als die Surrealisten noch Recht hatten*), in der er den Bruch zwischen der surrealistischen Gruppe und der französischen kommunistischen Partei definitiv besiegelte und den Stalinismus schärfstens kritisierte.[23] Breton hatte Toyen eine Kopie des Textes zur Weiterleitung an die tschechoslowakischen Surrealisten ausgehändigt und um deren Unterstützung und Unterschriften gebeten.[24] Toyen, zur Vermittlerin zwischen Paris und Prag geworden, machte deutlich, dass den französischen Surrealisten an einer einhelligen Solidaritätserklärung gelegen sei, auf die sich die tschechoslowakische Gruppe jedoch nicht einigen konnte. Toyen, Štyrský und Bohuslav Brouk waren zu einer Unterstützung bereit, Teige und Biebl nicht, sodass die Gruppe – ohne Nezval, der sich zu diesem Zeitpunkt in Brünn (Brno) aufhielt – beschloss, den Text nicht zu unterzeichnen.[25]

Weitaus schwerwiegendere Folgen für die Surrealisten und andere Künstler in der Tschechoslowakei hatten freilich die bald eintretenden radikalen Veränderungen in der kulturellen Landschaft der Sowjetunion, die ab 1934 zunehmend von umfangreichen stalinistischen Säuberungen betroffen war; auch wurde, zugunsten des offiziell inthronisierten sozialistischen Realismus, die avantgardistische Ästhetik als »formalistisch« abgelehnt. So sah sich die offizielle Ausstellung *Sovremennoe čechoslovackoje iskusstvo* (*Zeitgenössische tschechoslowakische Kunst*), die im Herbst und Winter 1937 erst in Moskau und dann im damaligen Leningrad gezeigt wurde, Eingriffen der Zensur ausgesetzt, und als ihr ursprünglicher Initiator und Organisator, Aleksandr Arosev, im Zuge der stalinistischen Säuberungen im Juli 1937 verhaftet worden war, mussten etliche Arbeiten aus der Schau entfernt werden.[26] Die Werke von Štyrský und Toyen (sie war vertreten mit dem surrealistischen Gemälde *Menhire* von 1934,[27] Abb. 293) sind zwar im Katalog angeführt, wurden aber in einem verschlossenen, nur für ausländische Korrespondenten zugänglichen Saal neben den Ausstellungsräumen untergebracht.[28]

Stalins Unrechts- und Gewaltregime und die von ihm veranlassten Säuberungen führten 1938 zu wachsenden Spannungen zwischen dem sich mit der Moskauer Linie der KSČ identifizierenden Nezval und anderen Mitgliedern der Surrealisten-Gruppe, darunter Toyen. Teige wies anlässlich der Ausstellung Toyens und Štyrskýs im Topič Salon im Januar und Februar desselben Jahres eindringlich auf Parallelen zwischen der Sowjetunion und Nazideutschland hin und verurteilte die groß angelegten gesellschaftlichen und politischen Verfolgungen sowie die propagandistische Vereinnahmung der Kunst in beiden Ländern in sehr klaren Worten.[29] Anfang März spitzte sich der Konflikt zwischen Nezval und den übrigen Surrealisten zu, bis schließlich Nezval der kommunistischen Presse mitteilte, er habe beschlossen, die Gruppe aufzulösen, wogegen die übrigen Mitglieder energisch protestierten.[30] Im April bezog Toyen erneut Stellung gegen die politische Verfolgung in Sowjetrussland: Sie unterzeichnete, wie

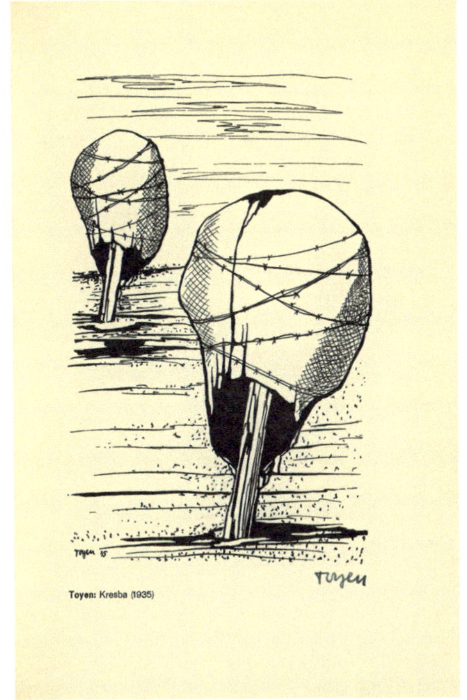

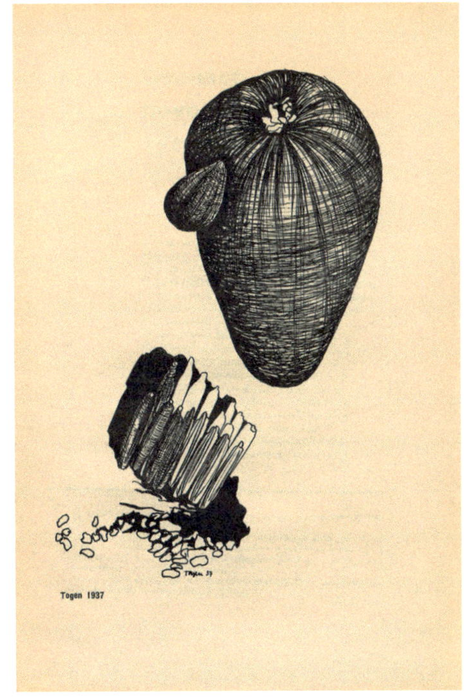

Abb. 294 Ohne Titel, aus dem Zyklus
Fantomy / Phantome, 1935
Reproduziert in: *Anthologie protifašistických umělců / Anthologie antifaschistischer Künstler*, Odeon, Jan Fromek, Pavel Prokop, Prag 1936
Museum der tschechischen Literatur in Prag, P 62, 11

Abb. 295 Ohne Titel, aus dem Zyklus
Fantomy / Phantome, 1935
Reproduziert in: *Španělsku / Spanien gewidmet*, Výbor pro pomoc demokratickému Španělsku | Komitee zur Unterstützung des demokratischen Spanien, Prag 1937, S. 37

Teige und weitere führende Persönlichkeiten der tschechoslowakischen Linken, die Proklamation *Protestujeme!* (*Wir prostestieren!*). Diese in der ersten Ausgabe von Zaviš Kalandras *Proletářské noviny* (*Proletarier-Zeitung*) erschienene Erklärung verurteilte den dritten und letzten der Moskauer Schauprozesse gegen ehemals hochrangige sowjetische Politiker.[31] Im Mai 1938 veröffentlichte die Prager surrealistische Gruppe Teiges Broschüre *Surrealismus gegen den Strom*; sie enthält eine Stellungnahme zu dem Bruch mit Nezval und eine Verteidigung des Surrealismus gegen die Angriffe der tschechoslowakischen und sowjetischen kommunistischen Presse. In diesem Zusammenhang hob Teige auch Toyens anfänglich großes Engagement für die politische Linke hervor, um Nezvals Behauptung zurückzuweisen, die Malerin habe sich vor ihrem Eintritt in die surrealistische Gruppe in Bezug auf den Klassenkampf und den Kommunismus indifferent gezeigt.[32] Die Broschüre bekräftigte überdies die Ablehnung des Stalinismus und der sowjetischen Kulturpolitik und kritisierte die Anbiederung der KSČ an Moskau.

Das Verhältnis Toyens zur offiziellen kommunistischen Politik blieb angespannt, mögen gewisse schriftliche Quellen auch nahelegen, dass sie die KSČ direkt nach dem Zweiten Weltkrieg für kurze Zeit unterstützte. Das Engagement der Kommunisten im Widerstand und die Rolle der Roten Armee beim Sieg über Nazideutschland hatten die Attraktivität dieser Partei erhöht, was die KSČ wiederum durch eine verstärkte Förderung des Kultursektors für sich zu nutzen suchte. Vor ihrem 8. Parteitag im März 1946 verschickte sie einen Fragebogen an führende Vertreter der Kultur, um deren Meinung zum Auftrag der Kulturarbeiter in der politischen Nachkriegsordnung einzuholen sowie ihre Einstellung gegenüber dem sogenannten wissenschaftlichen Sozialismus und der Partei zu eruieren.[33] In einem Begleitbrief zu dieser Befragung wurde versichert, dass die Ergebnisse der Befragung in einer gemeinsamen Veröffentlichung anlässlich des Parteitags zugänglich gemacht werden würden. Doch die Partei verwendete die Beiträge in einem für die Identitätsfindung der Nachkriegs-Tschechoslowakei entscheidenden Moment für eine breit angelegte politische Kampagne. Toyen trat sonst nicht mit selbstverfassten öffentlichen Erklärungen in Erscheinung, in *Kultura na prahu zítřka* (*Die Kultur an der Schwelle zum Morgen*) findet sich überraschenderweise aber ein längerer Beitrag unter ihrem Namen.[34] Darin erklärt sie ihre Unterstützung für den Gedanken einer künstlerischen Freiheit im Sozialismus, äußert sich aber auch lobend über die Kommunistische Partei der Tschechoslowakei, und zwar aufgrund ihrer Verdienste in den Kriegsjahren und der führenden Rolle der Kommunisten in der Nachkriegskoalition der Nationalen Front, unter deren Regie der Wiederaufbau des tschechoslowakischen Staates erfolgte.[35] Bemerkenswert ist, dass kurze Ausschnitte aus diesem Beitrag auch anderweitig für Propagandazwecke eingesetzt wurden – in einer Veröffentlichung, die ausschließlich auf das Verhältnis der Befragten zur KSČ einging, sowie in der kommunistischen Tageszeitung *Rudé právo* vom 26. Mai 1946, dem Tag der ersten Parlamentswahlen nach dem Krieg.[36] Die beiden gekürzten Versionen klammerten die Überlegungen zum Verhältnis von künstlerischer Freiheit und dialektischem Materialismus aus und bezogen sich lediglich auf die der Partei von Toyen zugesagte Unterstützung, die mit folgenden Worten begann: »Mein positives Verhältnis zur KSČ währt schon viel zu lange, als dass es nicht hinreichend bekannt wäre.«[37]

Kurz vor den Wahlen hatte Toyen zusammen mit über 800 weiteren Vertretern des kulturellen Lebens eine Unterstützungserklärung für die KSČ unterzeichnet, die unter dem Titel *Májové poselství kulturních pracovníků českému lidu* (*Mai-Botschaft der Kulturarbeiter an das tschechische Volk*) in der *Rudé právo* erschienen war.[38] Toyens Erklärung darf jedoch nicht isoliert betrachtet werden, sondern muss im Kontext ihres scharfen Protestes gegen die stalinistischen Schauprozesse, ihres Schulterschlusses mit Teige gegen Nezval 1938 und ihrer Ausreise nach Frankreich 1947 gesehen werden. Toyen emigrierte zusammen mit dem Dichter Jindřich Heisler; sie nahm ihre Werke mit, ihren gesamten Besitz und zudem den Nachlass Štyrkýs, der 1942 gestorben war.[39] Nach dem kommunistischen Umsturz in der Tschechoslowakei 1948 blieb sie für immer in Paris. Ihre politischen Ansichten näherten sich sehr stark denen der Surrealisten um Breton an, Toyen verurteilte in der Folge jedwede kommunistische Unterdrückung, sei es in der Tschechoslowakei oder in der Sowjetunion.

Ich danke Meghan Forbes und Sara Petrilli-Jones für ihre anregenden Kommentare zur ersten Version meines Essays sowie Anna Pravdová, Bertrand Schmitt und Jindřich Toman für ihre wertvollen Hinweise.

1 Karel Srp, *Toyen*, Prag 2000, S. 11.
2 Karel Teige, Doslov (Nachwort), in: Vítězslav Nezval, Karel Teige, *Štyrský a Toyen* (*Štyrský und Toyen*), Prag 1938, S. 190. Teige berichtet von der Ausstellung *Bazar moderního umění* (*Basar der modernen Kunst*), die im November und Dezember 1923 in der *Krasoumná jednota* (ursprüngliche deutsche Bezeichnung: *Kunstverein für Böhmen*) im Rudolfinum stattgefunden hatte.
3 Karel Teige, *Surrealismus proti proudu*, Prag 1938, S. 49. Zitiert auch in Srp 2000 (wie in Anm. 1), S. 11. Teige bezieht sich hier auf den im Grunde erfolglosen Generalstreik im Dezember 1920.
4 Vítězslav Nezval, *Z mého života* (*Aus meinem Leben*), 4. Auflage, Prag 1978, S. 152, 147.
5 Tschechisch: Komunistická strana Československa (KSČ). Die polizeiliche Untersuchung von 1937 kam zu dem Ergebnis, dass die »Genannte sich im Jahr 1920 mit Mitgliedern der kommunistischen Partei getroffen hat und unter dem Verdacht stand, Verbindungsfrau für die Kommunisten in Prag und der im Kreis Most (Brüx) gelegenen Stadt Lom (Bruch) zu sein. Doch konnte eine Tätigkeit oder Mitgliedschaft in dieser Partei nicht durch Fakten belegt werden.« Vgl. Bericht, 8. Juni 1937, C 824/18, Box 1262, Polizeidirektion Prag II - Generalregister 1941–1950, Nationalarchiv (NA), Prag. In dem Bericht wird das Jahr 1920 genannt, offiziell gegründet wurde die KSČ erst im Mai 1921, nachdem sich der radikalere Flügel der tschechoslowakischen sozialistischen Arbeiterpartei abgespalten und eine eigene politische Plattform geschaffen hatte.
6 Ausgewählte Primärquellen zu dem Konflikt innerhalb des Devětsil und in der linken Kultursphäre allgemein sind versammelt in: Štěpán Vlašín (Hg.), *Avantgarda známá neznámá III: Generační diskuse 1929–1931* (*Bekannte und unbekannte Avantgarde III: Die Generationen-Diskussion 1929–1931*), Prag 1970.
7 Anfangs wurde Toyen als »pořadatel vycházek« (»Exkursions-Organisator«) geführt. Vgl. Gabriela Veselá, K antifašistické činnosti Levé fronty (Zur antifaschistischen Tätigkeit der Linken Front), in: *Česká literatura*, Bd. 30, 1982, Nr. 3, S. 238, Anm. 4.
8 Die Gründungserklärung der Linken Front erschien in der Devětsil-Zeitschrift *ReD III*, 1929, Nr. 2, S. 48.
9 Die Versammlung fand am 10. März 1933 in Prag statt. Ein weitere wurde am 30. März von der örtlichen Zweigstelle der Linken Front in Brünn (Brno) organisiert.
10 Auszüge aus Einzel- oder Gemeinschafts-Erklärungen in dieser Nummer (*Levá fronta III*, 1933, Nr. 3a, 9.3.) abgedruckt in: Veselá 1982 (wie in Anm. 7), S. 239–243.
11 Unterzeichnet hatten unter anderem auch Emil Filla, Adolf Hoffmeister, František Janoušek, Vincenc Makovský, František Muzika, Bedřich Stefan, Josef Šíma, Jindřich Štyrský, Alois Wachsman, Hana Wichterlová, Kamil Novotný und Vladimír Novotný, ebd., S. 241.
12 *Anthologie protifašistických umělců* (*Anthologie antifaschistischer Künstler*), Prag 1936. Dieses von Karel Teige gestaltete Buch erschien in einer begrenzten Auflage von 565 Exemplaren mit den Unterschriften aller Beiträger. Die ersten fünfzehn auf handgeschöpftem holländischem Pannekoek-Papier gedruckten Exemplare waren mit einer handkolorierten Illustration von Toyen und Štyrský versehen.
13 In der Anthologie erscheint die Zeichnung unter einem allgemeinen beschreibenden Titel; die Monographie *Štyrský a Toyen* von 1938 (wie in Anm. 2) führt sie hingegen als Nr. 159 unter dem Titel *Fantomy* (*Phantome*).
14 *Španělsku*, hg. vom Kommitee zur Unterstützung des demokratischen Spanien, Prag 1937. Toyens Zeichnung wird in *Štyrský a Toyen* als Nr. 170 unter dem Titel *Phantome* angeführt.
15 Zu dieser Anthologie haben zahlreiche, sehr unterschiedliche Autoren beigetragen, sodass sie ein breites Spektrum von stilistischen Richtungen abbildet. Aufgenommen wurden Arbeiten von Josef Čapek, Karel Dvořák, Emil Filla, Otakar Mrkvička, Josef Novák, Jindřich Štyrský und Vojtěch Tittelbach, aber auch Werke von nichttschechischen Künstlern wie etwa dem Österreicher Oskar Kokoschka oder den beiden Spaniern Pablo Picasso und Ramón Gaya.
16 Am 28. März 1934 veröffentlichte der Psychoanalytiker und Schriftsteller Bohuslav Brouk das Manifest der tschechoslowakischen Surrealisten als Flugblatt, das auch eine an die Agitprop-Zentrale der KSČ adressierte Mitteilung über die Gründung der Gruppe enthielt sowie Nezvals Brief an Breton vom Mai 1933, in dem Nezval sich zum französischen Surrealismus und dessen Ausrichtung am dialektischen Materialismus bekennt. Ein Reprint des Flugblattes *Surrealismus in der ČSR* ist enthalten in *Zvěrokruh 1 / Zvěrokruh 2, Surrealismus v ČSR, Mezinárodní bulletin surrealismu, Surrealismus*, Prag 2004, S. 115–118.
17 Karl Marx, Friedrich Engels, *Manifest der Kommunistischen Partei*, London 1848. - »Ein Gespenst geht um in Europa - das Gespenst des Kommunismus.«
18 *Zvěrokruh 1* [...] 2004 (wie in Anm. 16), S. 115.
19 Eine Übersicht über die von der Linken Front initiierten Surrealismus-Debatten bieten Karel Teige, Ladislav Štoll (Hg.), *Surrealismus v diskusi* (*Der Surrealismus in der Diskussion*), Prag 1934. Zum Verhältnis des französischen Surrealismus zur Politik vgl. Carole Reynaud-Paligot, *Parcours politique des surréalistes: 1919–1969*, Paris 2010.
20 Vítězslav Nezval, *Ulice Gît-le-coeur*, Prag 1936, S. 14. Diese kritische Passage fehlt allerdings in der Neuauflage des Textes von 1958 im Rahmen der Trilogie *Neviditelná Moskva* (*Das unsichtbare Moskau*), *Ulice Gît-le-coeur* (*Die Straße Gît-le-coeur*) und *Pražský chodec* (*Der Prager Spaziergänger*). Vgl. Vítězslav Nezval, *Pražský chodec* (*Der Prager Spaziergänger*), Prag 1958, S. 147.
21 Ilya Ehrenbourg, *Vus par un écrivain d'U.R.S.S.*, Paris 1934.
22 Reynaud-Paligot 2010 (wie in Anm. 19), S. 143–144, und Nezval 1936 (wie in Anm. 20), S. 82–84.
23 André Breton, *Du temps que les surréalistes avaient raison*, Prag 1935.
24 Teige 1938 (wie in Anm. 3), S. 55.
25 Ebd., S. 56.
26 In seinem Bericht für das tschechoslowakische Ministerium für Schulwesen und Volkskultur führt Kamil Novotný, der seitens der Behörden für diese Ausstellung zuständige Kommissar, Werke und Namen der ausgeschlossenen Künstler an. Es handelte sich um insgesamt 38 der ursprünglich 178 zugelassenen Arbeiten. Aus politischen Gründen für unerwünscht erklärt wurden außerdem, wie Novotný vermerkt, die Fotografien der Bühnenbildentwürfe für E. F. Burians Theater D 37. Vgl. Kamil Novotný, *Zpráva pro Ministerstvo školství a národní osvěty* (*Bericht für das Ministerium für Schulwesen und Volksaufklärung*), 29. September 1937, Box 581, Výstavy v ČSR (Ruské umění) (Ausstellungen in der ČSR [Russische Kunst]), Fond: III. sekce - zpravodajská 1918–1939 (Sektion - Berichterstattung 1918–1939), Osvěta, Archiv Ministerstva zahraničních věcí (AMZV) (Aufklärung, Archiv des Außenministeriums), Prag.
27 Der Katalog datiert das Bild auf das Jahr 1930; hier liegt vermutlich ein Fehler vor. Vgl. *Sovremennoje čechoslovackoje iskusstvo: katalog vystavki* (*Zeitgenössische tschechoslowakische Kunst: Katalog zur Ausstellung*), Moskau/Leningrad 1937, S. 30.
28 Vgl. Jaromír Krejcar, Oficiální výstava čsl. umění v SSSR - censurována sovětskými úřady (Die offizielle Ausstellung tschechoslowakischer Kunst in der UdSSR - zensiert von den sowjetischen Behörden), in: *Přítomnost* XIV, 1937, Nr. 45, 10. 11., S. 709, sowie André Breton, Jindřich Heisler, Benjamin Péret, *Toyen*, Prag 1953, S. 100, Anm. 2.
29 Karel Teige, *Štyrský a Toyen*, Ausst.-Kat. Topič Salon, Prag 1938, unpag.
30 Zum Konflikt zwischen Nezval und der surrealistischen Gruppe vgl. z. B. Lenka Bydžovská, Karel Srp (Hg.), *Český surrealismus 1929–1953. Skupina surrealistů v ČSR: události, vztahy, inspirace* (*Der tschechische Surrealismus 1929–1953. Die surrealistische Gruppe in der ČSSR: Ereignisse, Beziehungen, Inspirationen*), Prag 1996, S. 92–93.
31 *Proletářské noviny*, 1938, Nr. 1, 15. 4., S. 1, erneut abgedruckt in: Karel Palek (Hg.), *Kritický sborník 1981–1989: Výbor ze samizdatových ročníků* (*Der Kritický sborník 1981–1989: Auswahl aus den Samisdat-Jahrgängen*), Prag 2009, S. 588. Der Kritiker und Journalist Záviš Kalandra war bereits aufgrund seiner scharfen Kritik an den ersten Moskauer Schauprozessen 1936 aus der KSČ ausgeschlossen worden.
32 Teige 1938 (wie in Anm. 3), S. 49. Nezval attestierte diese Indifferenz nicht nur Toyen, sondern auch Štyrský und Brouk.
33 Lumír Čivrný, Umfrage, *Můj vztah ke KSČ* (*Mein Verhältnis zur KSČ*), 12. Februar 1946, Box 14, Akte Zdeněk Nejedlý, Archiv Akademie věd české republiky (AV ČR) (Archiv der Akademie der Wissenschaften der ČR), abgedruckt in: Karel Vondrášek, *Sowjetisches Kulturmodell und das tschechische Theater 1945–1968: Zum Spannungsverhältnis zwischen tschechoslowakischer Kulturpolitik und tschechischem* Theater, Bd. II, Bochum 1999, S. 76–77.
34 Toyen, Socialismus - Nevídaný rozvoj tvorby (Sozialismus - Eine nie gesehene Entfaltung des Schaffens), in: *Kultura na prahu zítřka: kulturní pracovníci k výstavbě republiky* (*Die Kultur an der Schwelle zum Morgen: Kulturarbeiter zum Aufbau der Republik*), Prag 1946, S. 118–119. Mit Blick auf die Unklarheiten hinsichtlich der Verwendung schriftlicher Erklärungen in dieser Zeit bedarf es noch einer eingehenderen Untersuchung der Entstehungszusammenhänge dieses Textes.
35 Ebd.
36 Toyen, *Můj poměr ke KSČ: projevy z řad pracující inteligence* (*Mein Verhältnis zur KSČ: Stellungnahmen aus den Reihen der arbeitenden Intelligenz*), Kommunistische Partei der Tschechoslowakei, Prag 1946; Toyen, Obdiv ke KSČ (Bewunderung für die KSČ), in: *Rudé právo* XXVI, 1946, Nr. 123, 26.5., S. 5.
37 Ebd.
38 Toyen hatte die erste, am 1. Mai in dieser Zeitung abgedruckte Erklärung nicht unterschrieben (*Rudé právo* XXVI, 1946, Nr. 113, S. 1), sondern ihre Unterschrift einer längeren Liste in *Rudé právo* XXVI, 1946, Nr. 117, 19.5., S. 3, hinzugefügt.
39 Ich danke Jindřich Toman für die Hinweise im Zusammenhang mit Toyens Ausreise nach Frankreich, für die es mehrere Gründe gab, so etwa die Vorbereitung für eine Ausstellung ihrer Werke in Paris. In erster Linie jedoch handelte es sich um eine politische Emigration.

1939–1945

Verstecke dich, Krieg!

III

1939

15. MÄRZ Emil Hácha unterzeichnet unter starkem Druck Deutschlands einen Protektoratsvertrag für das verbliebene Gebiet der Tschechoslowakei. Toyen erlebt in Prag den Einmarsch der deutschen Wehrmacht und damit den ersten Tag des Protektorates Böhmen und Mähren, nach der Ablösung der Slowakei aus dem Vielvölkerstaat am Tag zuvor. Letztere wird als »Schutzstaat« des Deutschen Reiches eigenständig (bis 1945).

Als Endziele des Protektorats werden im Sommer 1940 vom ersten Reichsprotektor Freiherr Konstantin von Neurath und von Staatssekretär Karl Hermann Frank definiert: Der größere Teil der Tschechen könne durch »Umvolkung« assimiliert werden, »rassisch unbrauchbare« Tschechen sollen jedoch »abgestoßen«, »ausgesiedelt« bzw. einer »Sonderbehandlung« zugeführt werden. Auf Hitlers Anweisung solle gleichzeitig die »Verdeutschung des Raums« vorbereitet werden.

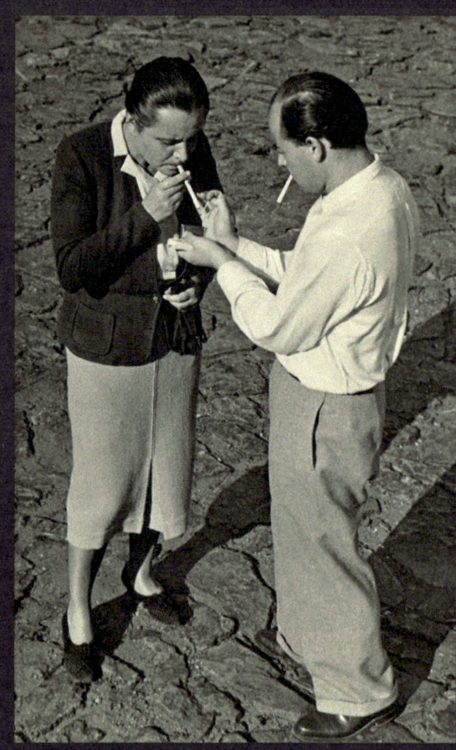

296 Mit Jindřich Heisler in Prag, 1939

Die offizielle Kulturpolitik des Protektorats stellt der einheimischen Bevölkerung Kulturautonomie in Aussicht. Tatsächlich aber wird mit dem Amt des Reichsprotektors eine deutsche Behörde eingerichtet, die unmittelbar in die Arbeit der tschechischen Institutionen eingreifen kann. Diese Behörde übt nicht nur Zensur aus, sondern veranlasst auch Verfolgungen und Deportationen.

Toyen und Štyrský erhalten Ausstellungsverbot, die Surrealisten verlieren jegliche offizielle Publikationsmöglichkeit. Die Künstlergruppe geht in den Untergrund.

1. JUNI Im New Yorker Museum of Non-Objective Painting (Vorläufer des Solomon R. Guggenheim Museums in Manhattan) eröffnet die Ausstellung *Art of Tomorrow*. Drei artifizialistische Aquarelle, eines von Toyen, zwei von Štyrský, werden neben Werken von Rudolf Bauer, Robert Delaunay, Albert Gleizes, Juan Gris, Wassily Kandinsky und Pablo Picasso präsentiert. Im Katalog heißt es, Toyen und Štyrský wären in Italien geboren und lebten in Paris. ☐ 297

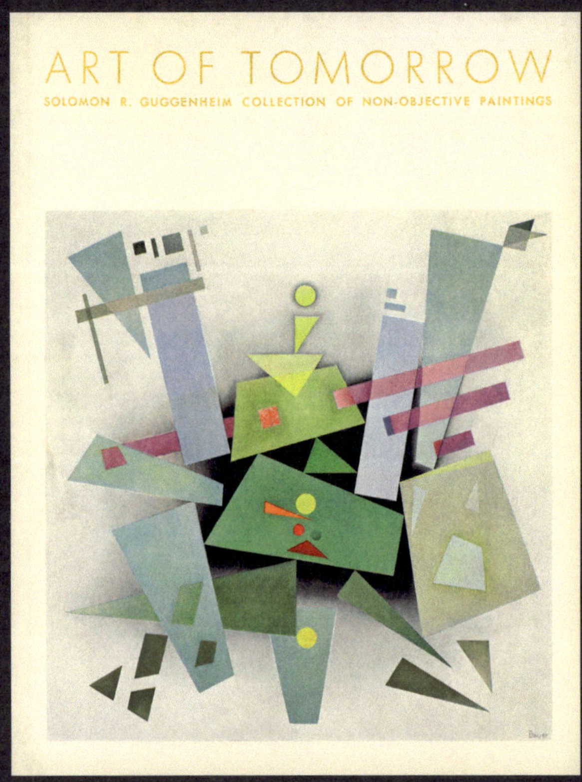

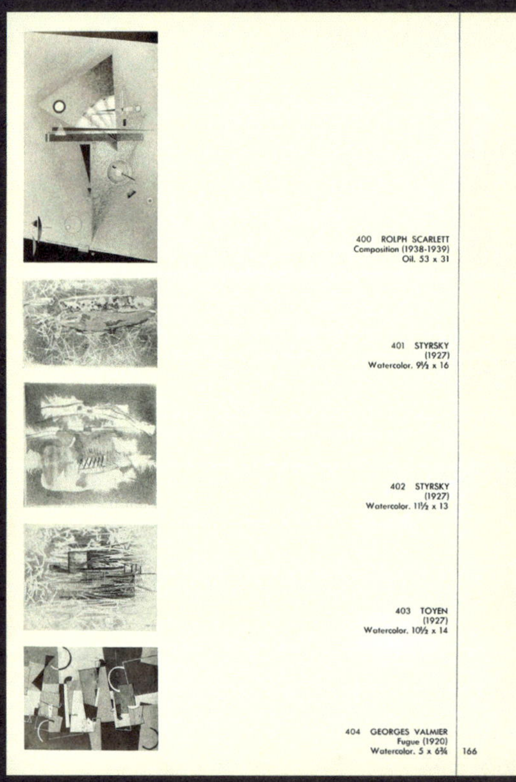

400 ROLPH SCARLETT
Composition (1938-1939)
Oil. 53 x 31

401 STYRSKY
(1927)
Watercolor. 9½ x 16

402 STYRSKY
(1927)
Watercolor. 11½ x 13

403 TOYEN
(1927)
Watercolor. 10½ x 14

404 GEORGES VALMIER
Fugue (1920)
Watercolor. 5 x 6¾

166

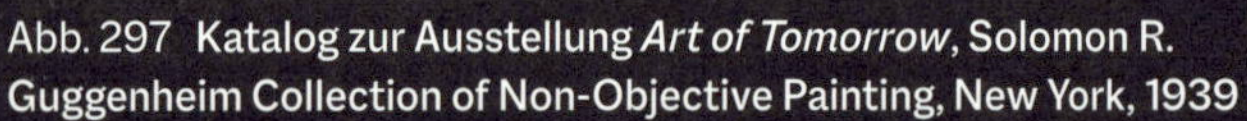

Abb. 297 Katalog zur Ausstellung *Art of Tomorrow*, Solomon R. Guggenheim Collection of Non-Objective Painting, New York, 1939

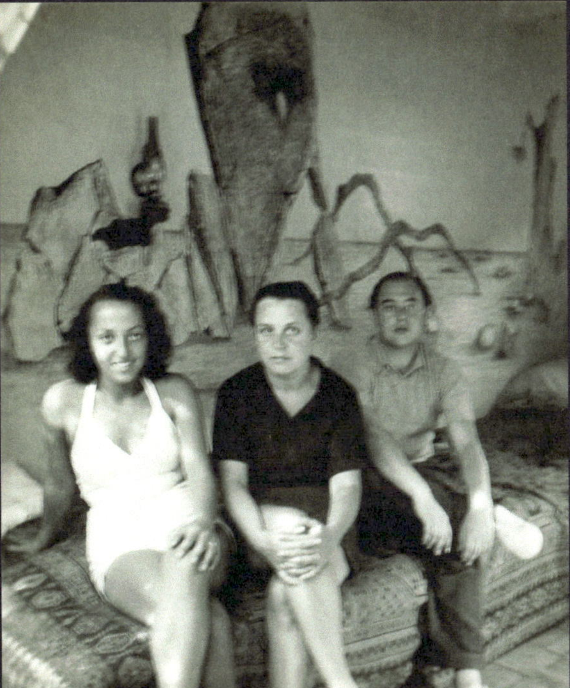

298 Mit Jindřich Heisler und seiner Schwester Anna Heislerová in Chrast, 1939
Die Wand hinter ihnen hat Toyen gestaltet.

Toyen
LES SPECTRES DU DÉSERT
ACCOMPAGNÉ DES TEXTES DE
Henri Heisler
EDITIONS ALBERT SKIRA
15, RUE DE SÈVRES
PARIS

Abb. 300 Jindřich Heisler und Toyen, *Les Spectres du Désert | Die Gespenster der Wüste*, 1939

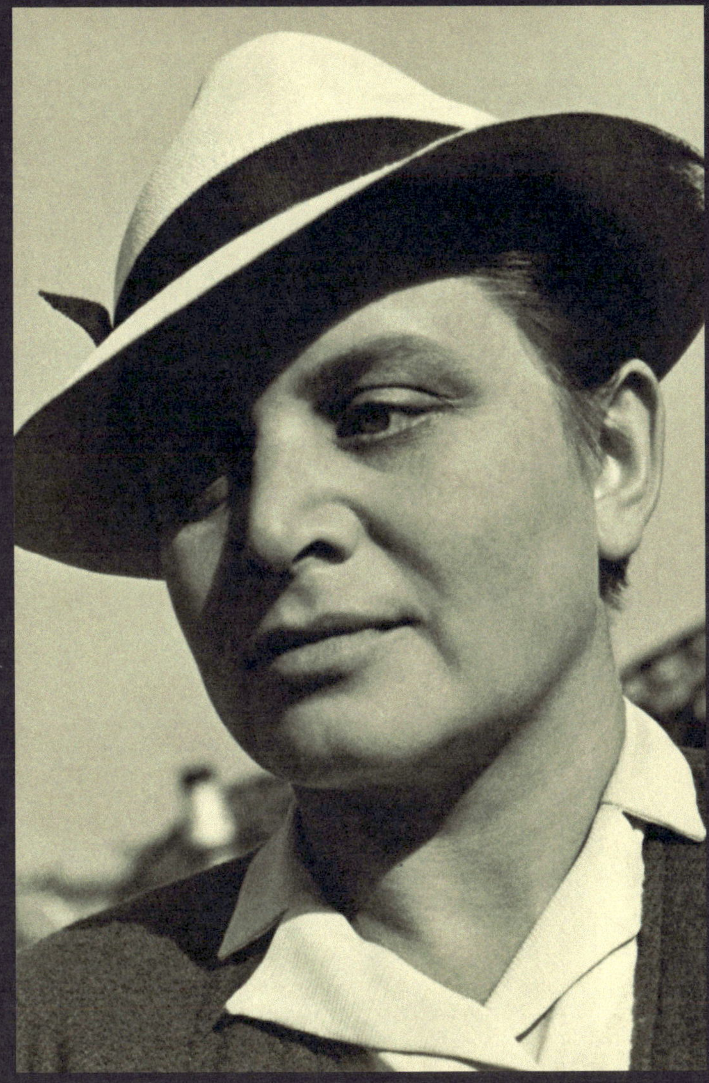

299 Prag, 1939

einem Zyklus mit dem französischen Titel *Les spectres du désert* (*Die Gespenster der Wüste*) zusammengefasst werden. Der Sammelband enthält zudem Heislers gleichnamiges Gedicht. Um der Zensur zu entgehen, wird die 300 Exemplare umfassende Auflage auf Vermittlung von Benjamin Péret als eine französische Ausgabe vom Verlag Albert Skira präsentiert. □ 292, 300, 386

Dalí wird endgültig aus der Surrealisten-Gruppe ausgeschlossen, Yves Tanguy, Roberto Matta, Kurt Seligmann emigrieren in die USA, Max Ernst und Hans Bellmer werden als »feindliche Ausländer« im Lager Les Milles, Aix-en-Provence, interniert; André Breton, Paul Eluard, Louis Aragon und Péret werden zum Militärdienst einberufen.

JULI Heisler und Toyen beginnen im Verborgenen mit der Arbeit an einer Sammlung von »realizované básně« (Realisierten Gedichten), auch »foto-básně« (Foto-Gedichte) genannt, die unter dem Titel *Z kasemat spánku* (*Aus den Kasematten des Schlafes*) in einer Kleinstauflage erscheint. Dafür entwerfen die beiden mit Spielzeug, Miniaturobjekten

HEINRICH HEISLER

Nur die Turmfalken brunzen ruhig auf die 10 Gebote

Gedichte

Zeichnungen von TOYEN

SURREALISTISCHE EDITION

Abb. 301 Deutsche Ausgabe der Gedichtsammlung *Nur die Turmfalken brunzen ruhig auf die 10 Gebote* von Jindřich Heisler, mit Zeichnung von Toyen, 1939

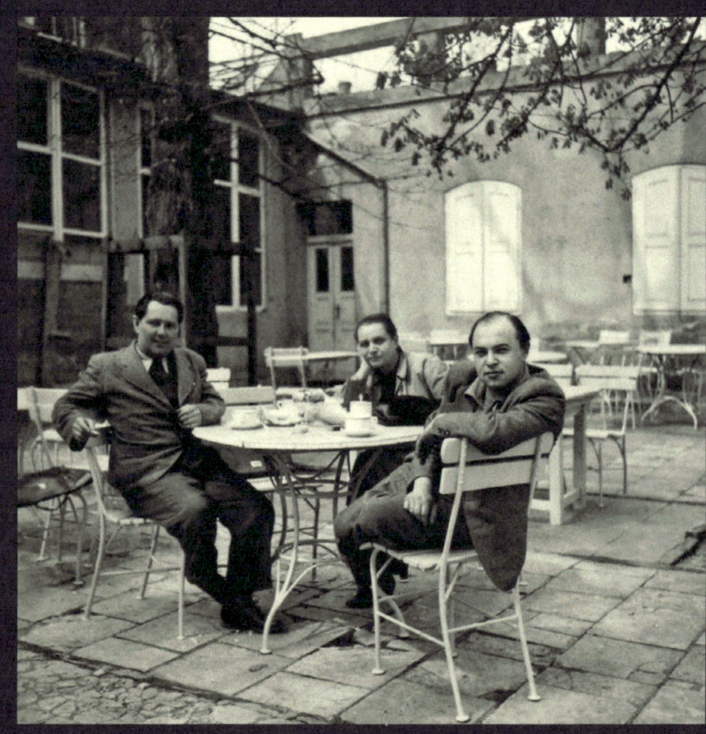

302 Karel Teige, Toyen und Jindřich Heisler, 1940

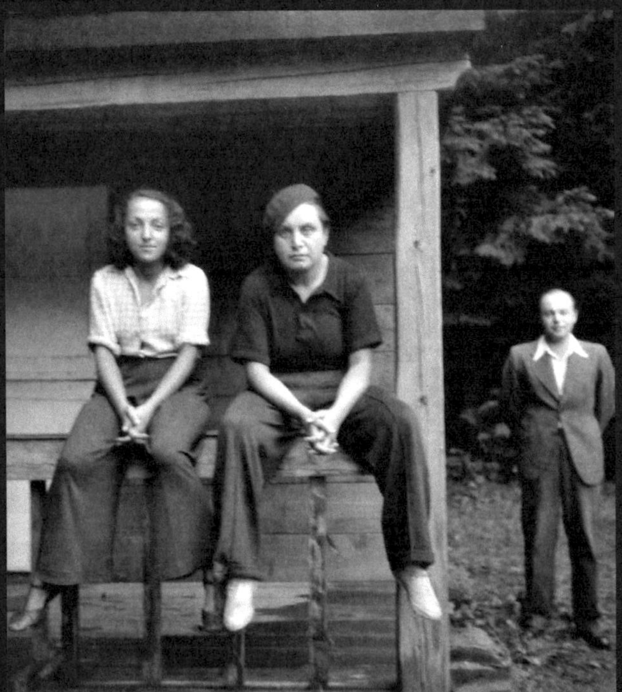

305 In Chrast mit Anna Heislerová und Jindřich Heisler, 1940

und Accessoires Assemblagen zu Heislers Gedichten. Die arrangierten Szenen werden dann von den Fotografen Miro Bernat (1910–1997) und Viktor Radnitzer (Victor Radnický; 1916–?) ausgeleuchtet und fotografiert. Als Veröffentlichungsjahr des Sammelbands wird von Edice surrealismu 1941 angegeben, die Widmung in einem Exemplar für Štyrský ist jedoch auf den 23. Juli 1940 datiert. ☐ 306, 318–322

SOMMER Erneuter Aufenthalt mit Heisler und Štyrský in Heislers Sommerhaus nahe Chrast.

Kat. 306 *Z kasemat spánku / Aus den Kasematten des Schlafes,* 1940

1941

Breton, Ernst und André Masson emigrieren in die USA, Péret geht nach Mexiko ins Exil.

WINTER Heisler weigert sich, den Judenstern zu tragen und dem Aufruf zur Meldung bei den Behörden Folge zu leisten, er entschließt sich, fortan im Untergrund zu leben. Zunächst taucht er unter bei Freunden (darunter Věra Saudková, eine Nichte von Franz Kafka, sowie Teige) und findet schließlich bis Kriegsende Zuflucht bei Toyen. Er versteckt sich im Badezimmer ihrer kleinen Garçonnière, Krásova Straße 2 im Prager Stadtviertel Žižkov, das er selten verlässt. Als die Gestapo im Jahr 1942 eine Razzia im Haus durchführt, kann er wie durch ein Wunder entkommen.

1942

21. MÄRZ Štyrský stirbt im Alter von 43 Jahren an einer Herzkrankheit in seiner Wohnung im Prager Stadtteil Smíchov. Toyen trifft sein Tod zutiefst. Sie malt *Smutný den* (*Trauriger Tag*) und gibt Štyrskýs Grab auf dem Friedhof Olšany in Prag in Auftrag; es wird 1944 vollendet. Štyrský hat ihr alle seine Kunstwerke, Gemälde, Collagen, Zeichnungen, Fotografien vermacht. Zusammen mit Teige wird Toyen eine posthume Retrospektive seines Schaffens im S.V.U. Mánes erarbeiten (4.–25. April 1946). Sie wird sein Œuvre 1947 mit nach Paris nehmen und für Ausstellungen zum internationalen Surrealismus in den 1950er und 1960er Jahren bereithalten. ☐ 346

JUNI Der stellvertretende Reichsprotektor von Böhmen und Mähren in Prag, Reinhard Heydrich, fällt einem Attentat zum Opfer, ausgeführt durch von der tschechoslowakischen Exilregierung entsandte Mitglieder der Exilarmee. Als »Vergeltungsmaßnahme« zerstören die Nationalsozialisten das Dorf Lidice, ermorden alle männlichen Dorfbewohner und verschleppen die Frauen ins Konzentrationslager Ravensbrück. Von den 98 abtransportierten Kindern werden am Ende des Krieges nur 16 überlebt haben. ☐ 334, 335

1942

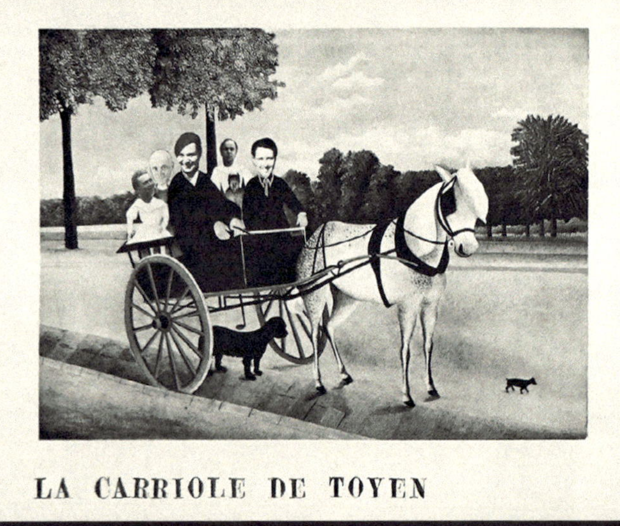

Abb. 307 Jindřich Heisler, *La Carriole de Toyen / Toyens Wagen*, 1942

Bretons *Prolegomena to a Third Manifesto of Surrealism or Else* erscheint in der in New York gegründeten, von David Hare herausgegebenen Zeitschrift *VVV*; sie besteht bis 1944.

14. OKTOBER – 7. NOVEMBER In New York findet die Ausstellung *First Papers of Surrealism* statt.

21. SEPTEMBER Zu Toyens Geburtstag stellt Heisler in Kooperation mit Teige und Jindřich Honzl ein Album mit dem Titel *Život začíná ve čtyřiceti* (*Das Leben beginnt mit vierzig*) zusammen. Die Samisdat-Ausgabe, das einzige Exemplar des Albums, enthält fünfzehn Collagen von Teige, Heisler und dem Prager Drehbuchautor und Schriftsteller Ludvík Toman (1920–1988) sowie Fotografien und einen Text von Teige. Heisler verwendet bei seiner Collage *La Carriole de Toyen* (*Toyens Wagen*), in der sie von ihren engsten Freunden umgeben ist, eine Reproduktion des von Toyen bewunderten Gemäldes *La Carriole du Père Junier* von Henri Rousseau (1844–1910). ☐ 307

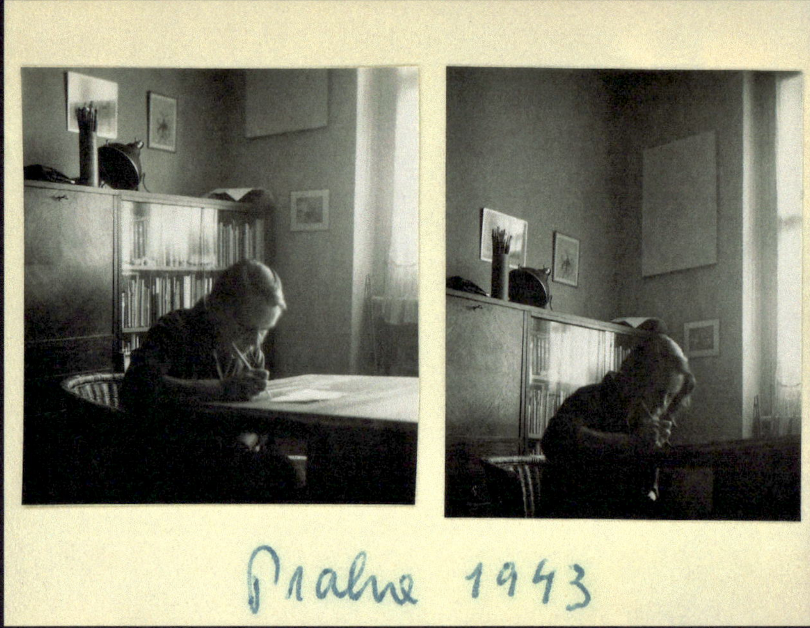

308 Toyen in ihrer Wohnung in der Krásova Straße, Prag, 1943

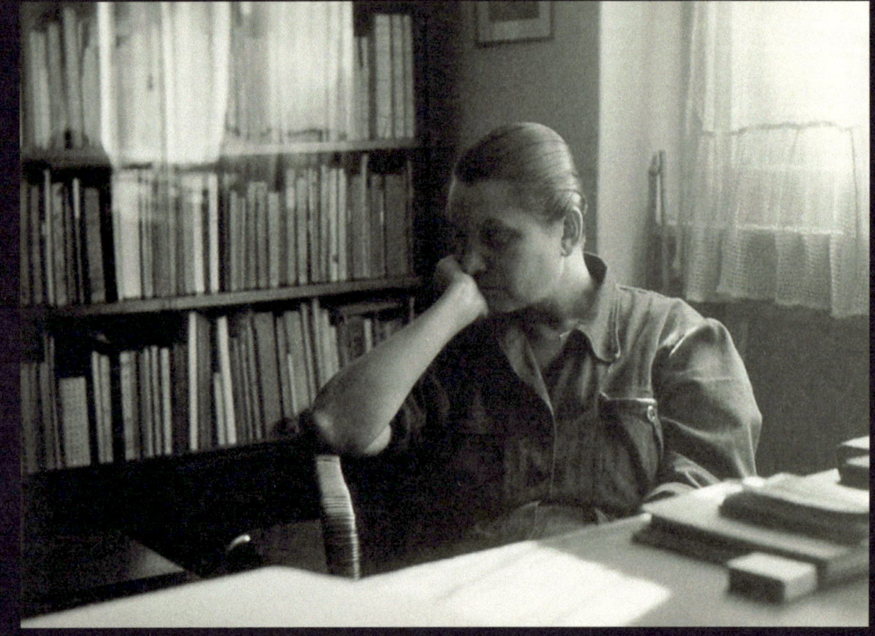
309 Toyen in ihrer Wohnung in der Krásova Straße, Prag, 1943

1943

Toyen beendet den 1940 begonnenen, neun Zeichnungen umfassenden Zyklus *Den a noc* (*Tag und Nacht*). In Erinnerung an den verlorenen Freund malt Toyen nach Štyrskýs Fotografien, die er 1932 in der ehemaligen Residenz des Marquis de Sade aufgenommen hatte, *Na zámku La Coste* (*Im Schloss La Coste*). ☐ 338, 339, 348, 349

12. DEZEMBER Beneš unterzeichnet einen tschechoslowakisch-sowjetischen Beistandsvertrag, der auch eine enge Zusammenarbeit mit Josef Stalin in der Nachkriegszeit vorsieht.

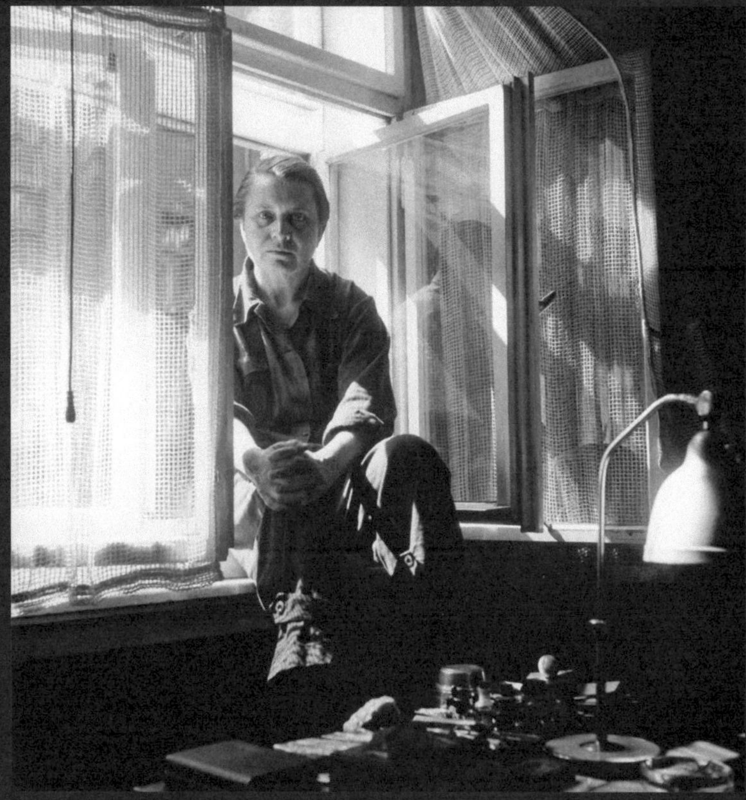

310 Toyen in ihrer Wohnung in der Krásova Straße, Prag, 1943

1944

In der Edice Surrealismu erscheinen in einer Auflage von 100 Exemplaren illegal *4 texty pro film / 4 Texte für den Film,* Filmskripte Ludvík Tomans, eines Freundes von Heisler und für kurze Zeit auch dessen Schwager. Toyen gestaltet das Buch und liefert, wie Heisler, Collagen zum Text.
Im Laufe des Jahres arbeitet sie an den Zeichnungen zur Serie *Schovej se, válko!* (*Verstecke dich, Krieg!*). ☐ 340–345

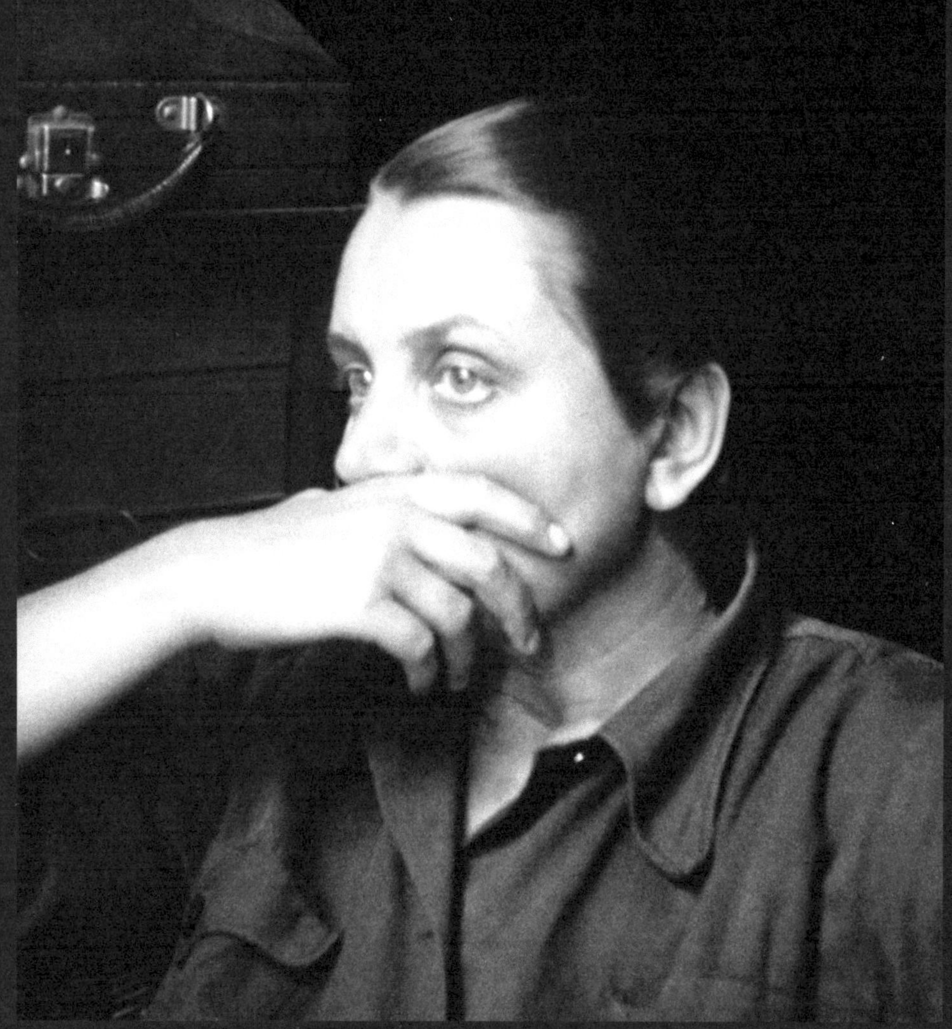

311 Prag, 1944

1945

5. APRIL Im bereits befreiten ostslowakischen Košice (Kaschau) bildet Beneš die Nachkriegsregierung. Es erfolgt die Wiedereingliederung an die Slowakei; die neue tschechoslowakische Regierung, zu deren Ministerpräsident Zdeněk Fierlinger ernannt wird, präsentiert mit dem »Kaschauer Programm« eine politische Grundsatzerklärung.

5.-8. MAI Im »Prager Aufstand« geht der tschechische Widerstand militärisch gegen die deutschen Besatzer vor. Die Erhebung endet mit einem Waffenstillstand sowie dem Abzug der deutschen Wehrmacht aus Prag.

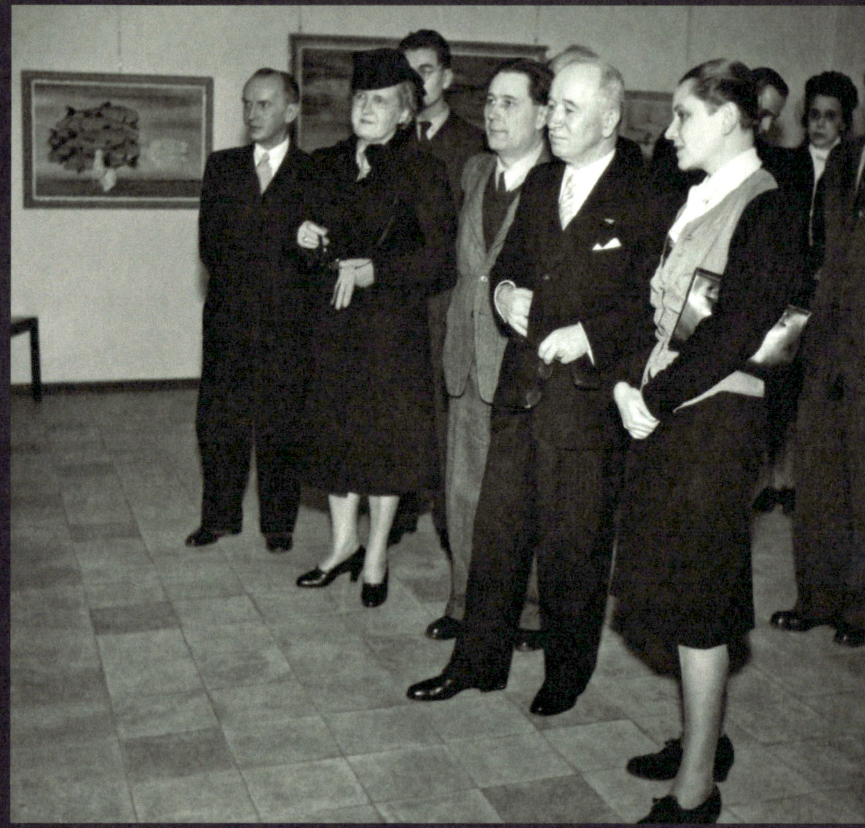

312 Karel Teige, Edvard Beneš und Toyen bei der Eröffnung der Ausstellung Toyens im Topič Salon, November 1945

TOPIČUV SALON
27. XI. – 31. XII. 1945
VÝSTAVA OBRAZŮ
A KRESEB
TOYEN

Abb. 313 Plakat für Toyens Ausstellung im Topič Salon, 1945

9. MAI Einzug der Roten Armee in Prag. Beneš erlässt Dekrete u. a. zur Abschiebung der deutschen Bevölkerung. Die Vertreibung der Sudetendeutschen beginnt.

Toyen und Heisler knüpfen Kontakte zu den jungen Mitgliedern der Gruppierung, die sich »die Surrealisten von Spořilov« nennt (Mitglieder sind Zbyněk Havlíček, Libor Fára, Robert Kalivoda, František Jůzek, Rudolf Altschul und Mikuláš Medek) und mit denen sich Karel Teige bereits im vorhergehenden Jahr getroffen hat.

NOVEMBER Toyen nimmt an den Aktivitäten des S.V.U. Mánes teil und ist auf der vom 19. November bis 16. Dezember anlässlich eines internationalen Studentenkongresses stattfindenden Ausstellung *Mánes 1907–1938* vertreten.

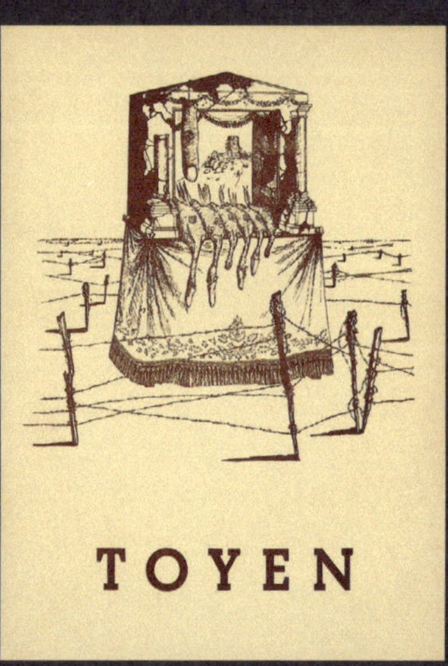

Kat. 314 Katalog zu Toyens Ausstellung im Topič Salon, 1945

DEZEMBER Toyen entwirft das Bühnenbild für die Nachkriegspremiere von Vladislav Vančuras Stück *Učitel a žák* (*Lehrer und Schüler*), inszeniert von Jindřich Honzl. Das Stück ist die erste Aufführung in dem von Honzl kurz zuvor gegründeten Studio ND. Vom 12. Dezember 1945 bis zum 1. Januar 1946 wird das Stück siebzehnmal gespielt. □ 149

Im Laufe des Jahres beendet Toyen den 1941 begonnenen, aus neun Zeichnungen bestehenden Zyklus *Zvířata spí* (*Die Tiere schlafen*).

27. NOVEMBER - 31. DEZEMBER Der Topič Salon zeigt eine große Retrospektive von Toyens Gemälden und Zeichnungen aus den Kriegsjahren. Es ist ihre erste Einzelausstellung und zugleich ihre erste Ausstellung nach dem Krieg. Die Eröffnungsrede hält der tschechische Literaturwissenschaftler und -theoretiker Jan Mukařovský (1891-1971, vgl. S. 216, 217). Der Ausstellungskatalog enthält ein Gedicht von Heisler mit dem Titel *Zase se střídají roční doby* (*Wieder wechseln die Jahreszeiten*), das Toyen und »ihren neuen Bildern« gewidmet ist, sowie einen Text Teiges. Der tschechoslowakische Präsident Beneš nimmt an der Eröffnung teil.

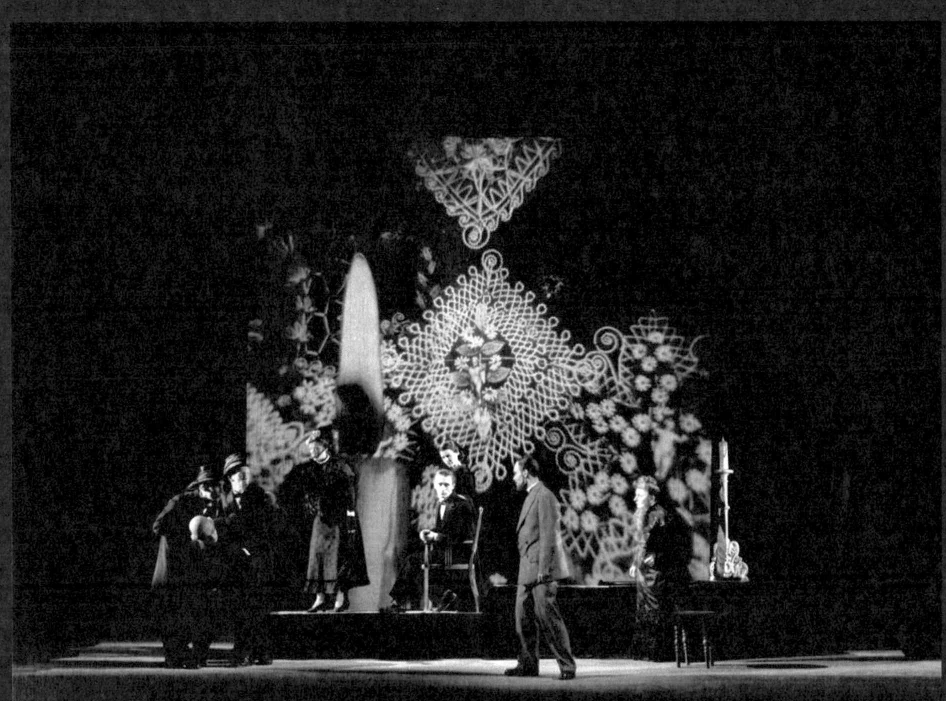

315 Das szenische Gedicht *Učitel a žák* / *Lehrer und Schüler* von Vladislav Vančura im Studio ND, 1945
Bühnenbild: Toyen, Regie: Jindřich Honzl

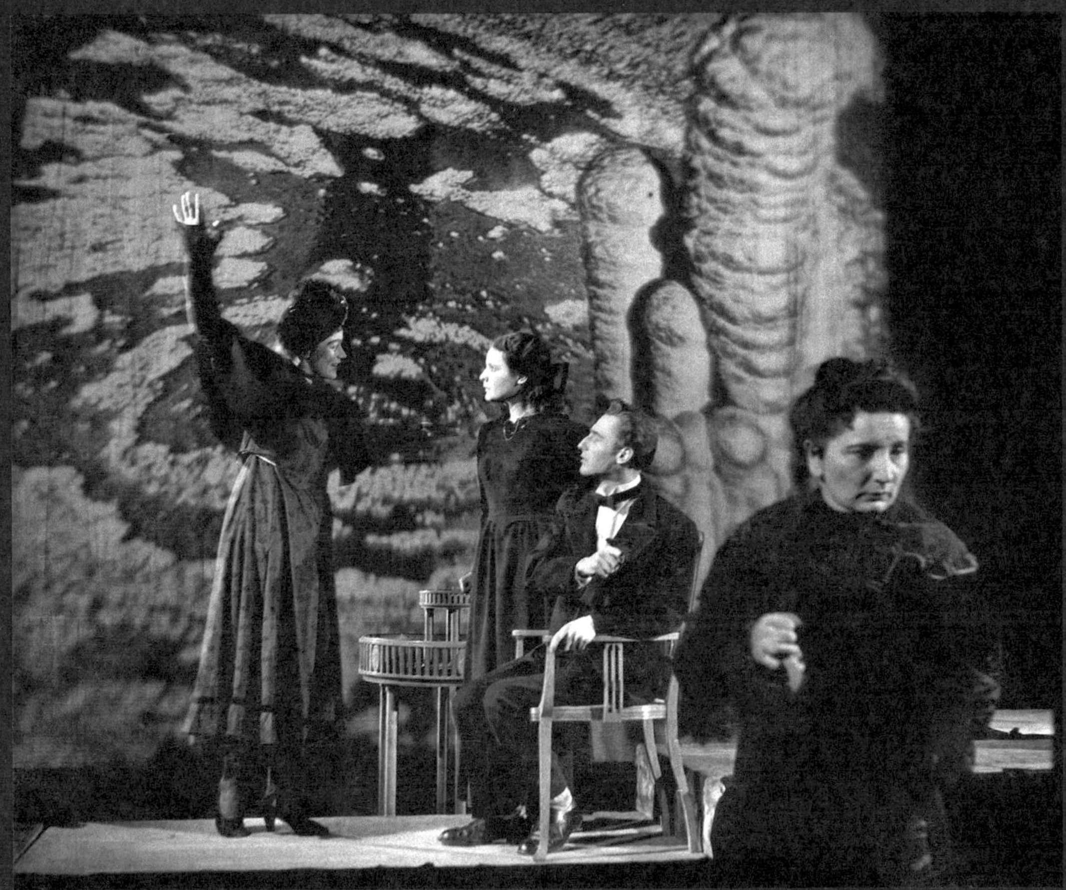

316 Das szenische Gedicht *Učitel a žák* / *Lehrer und Schüler* von Vladislav Vančura im Studio ND, 1945
Bühnenbild: Toyen, Regie: Jindřich Honzl

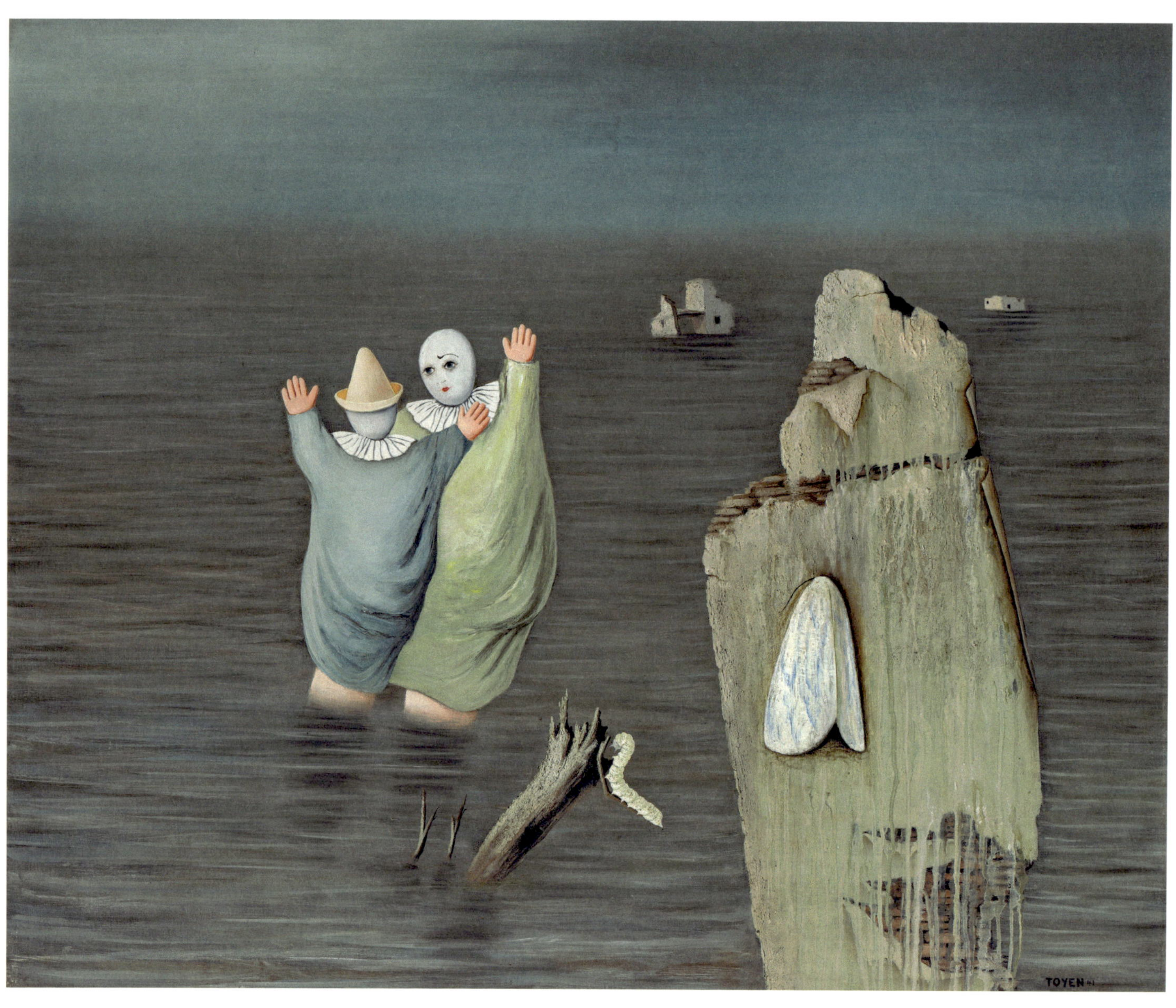

Kat. 317 ***Bramborové divadlo / Kartoffeltheater***, 1941
Öl auf Leinwand, 81,5 × 100,3 cm
Nationalgalerie Prag, Geschenk von Alena Žižková-Lind, 2010

Fabrice Hergott

Toyen und die Jahre des Krieges

Am 15. März 1939, dem Tag des Einmarschs deutscher Truppen in die Tschechoslowakei, befand sich Toyen wieder in Prag. Mit der Annexion, die auf das Münchner Abkommen von 1938 folgte, wurde das Land zum »Protektorat Böhmen und Mähren«, einem von den Nationalsozialisten gelenkten Marionettenstaat. Sechs Jahre lang waren Freiheitsberaubung, Verhaftungen, Erschießungen und Deportationen an der Tagesordnung. Die intellektuelle Elite des Landes wurde dezimiert, Widerstandsgruppen wurden regelmäßig liquidiert und die jüdische Bevölkerung sowie die dort lebenden Sinti und Roma fast vollständig ausgelöscht. Mit harter Hand verwaltete Reinhard Heydrich das »Protektorat«; er zählte zu den ranghöchsten NS-Funktionären und war enger Mitarbeiter des Reichsführers SS Heinrich Himmler, der Heydrichs besondere Fähigkeiten in der Organisation des Terrors schätzte. Auch die Erfindung der berüchtigten »Einsatzgruppen« an der Ostfront geht auf Heydrich zurück. Im Januar 1942 organisierte er die Berliner Wannseekonferenz, in der die »Endlösung der europäischen Judenfrage« beschlossen wurde, mit dem erklärten Ziel, die damals in den Ländern Europas lebenden 11 Millionen Juden zu töten. Die Erfahrungen, die Heydrich mit der Organisation des Holocausts im »Reichsprotektorat Böhmen und Mähren« machte, hätte er danach als Leiter der Militärverwaltung im deutsch besetzten Teil Frankreichs nutzen sollen, wäre er nicht im Mai 1942 von einem in England ausgebildeten Kommando tschechoslowakischer Widerstandskämpfer bei einem Attentat getötet worden. Dieses Monster trieb am selben Ort und zur selben Zeit sein Unwesen, als Toyen die Werke schuf, die wir heute kennen.

Während der Kriegsjahre lebte Toyen in ihrer Wohnung in Prag. Sie malte zwar weniger als zuvor, dafür entstanden mehrere Zyklen von Zeichnungen und wichtige Buchpublikationen, auch wenn diese nur heimlich gedruckt und verbreitet werden konnten. Ihre Bilder wurden »figurativ«. Sie widmet sich darin fast ausschließlich den Themen Gewalt, Krieg, Verstümmelung und Tod, und damit Bereichen, die für sie keineswegs neu waren. Niemand scheint so klar wie sie den Wirklichkeit gewordenen Albtraum dieser Jahre vorhergesehen und vorweggenommen zu haben. Ihre Werke zählen zu den Visionen mit der größten hypnotischen Kraft, die ein Künstler oder eine Künstlerin als Zeugnis dieser historischen Epoche hinterlassen hat. Oder wie Annie Le Brun schreibt: »Ihr bloßes Vorhandensein gleicht bereits einer Geisterbeschwörung.«[1]

Bis zur Okkupation durch Nazideutschland war Prag eine für sämtliche kulturellen Einflüsse und Strömungen offene Stadt. Es herrschte ein reges künstlerisches und kulturelles Leben, in dem sich alles spiegelte, was die damalige Zeit bewegte. Die wahre Hauptstadt Mitteleuropas in jenen Jahren war Prag. Alle künstlerischen Avantgarden und alle politischen Strömungen, die Europa in den davorliegenden zwanzig Jahren prägten, fanden sich dort wieder.

Toyens erste surrealistische Werke sind fröhliche und wagemutige erotische Zeichnungen von verstörendem Realismus, in denen sich Begehren, Traum, aber auch Erfahrung auf reizvolle Weise mischen. Ihre großartigen Illustrationen zu de Sades *Justine* von 1932 (Abb. 565, 568) stellen in ihrem künstlerischen Werdegang einen weiteren Schritt zu einem äußerst gewissenhaften Realismus dar. Auf ihre von frischer, humoristischer Erotik geprägten Zeichnungen folgen 1933 Gemälde mit ersten figürlichen Darstellungen, in Unterwasserlandschaften, die später zu Landschaftsdarstellungen werden, gestaltet aus Baumrinden, weiblichen Silhouetten und Nachtvögeln. *Poselství lesa* (*Botschaft des Waldes*, 1936, Abb. 238) zeigt einen großen Raubvogel, der zwischen den Klauen den abgerissenen Kopf einer blonden jungen Frau hält. Die Liebesträume sind zu einem Albtraum geworden, vielleicht existiert aber beides auch parallel, vielleicht gibt es bei Toyen ein doppeltes, paradoxes Universum, das unterteilt ist in eine für das Publikum zugängliche Welt, in der intime und einander entsprechende Sujets wie Liebe und Sex behandelt werden, und eine verschlossene, herbe und schroffe Welt, in welcher der Krieg und seine Verwüstungen geschildert werden. Zwei Welten, die in Wirklichkeit jedoch unterirdisch miteinander kommunizieren, als sei die größte Zärtlichkeit und Sanftheit stets nur einen Wimpernschlag vom Schrecken entfernt. Das sich aufdrängende Grauen wiederum scheint jederzeit ins Lächerliche umkippen, sich ins Nichts verlieren zu können, so unwahrscheinlich kommt es einem vor. Die Sehnsucht nach Liebe und die Furcht vor dem Krieg vereinen sich, denn beide sind gleichermaßen faszinierend, unvorhersehbar und besitzen die Fähigkeit zu zerstören. Nie sind bei Toyen das Öffentliche und das Intime so nahe beieinander wie in den Werken jener Jahre. Das Herz ist ein riesiges Schlachtfeld, in den Rahmen eines Gemäldes gefasst.

Durch die Wahl der Titel gelingt es Toyen immer wieder, die Spuren zu verwischen. Ein Gemälde wie *Sen* (*Der Traum*, Kat. 246) von 1937 könnte als prophetische Vision aufgefasst werden, doch ist viel wahrscheinlicher, dass es sich dabei um ein Echo des Spanischen Bürgerkriegs handelt, dessen Gewaltexzesse und nie dagewesene Angriffe auf Zivilisten damals die ganze Welt schockierten.

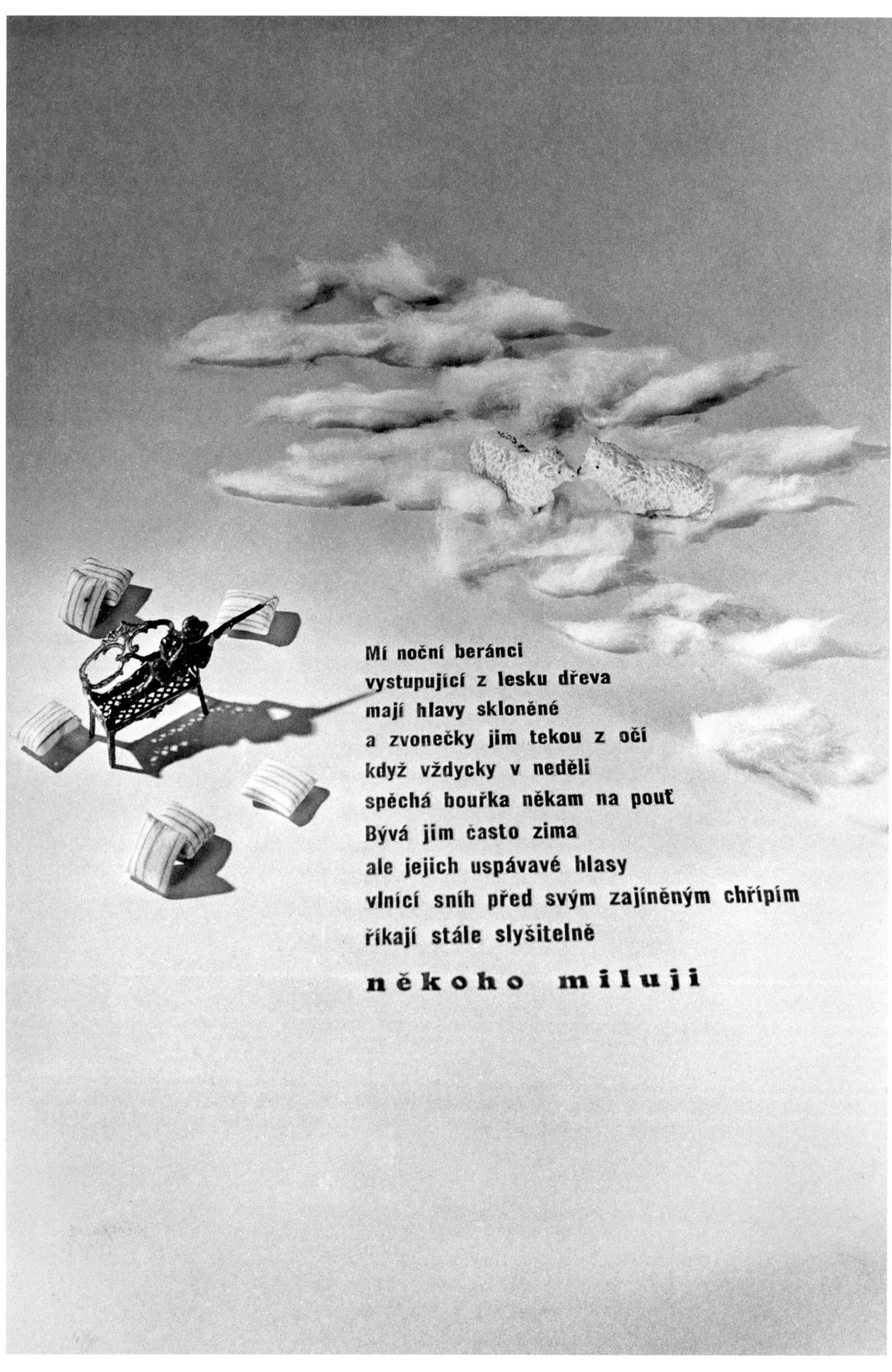

Kat. 318–322 Jindřich Heisler (1914–1953), Toyen,
Z kasemat spánku / Aus den Kasematten des Schlafs, 1941
Realisierte Gedichte, 160 × 140 mm
Mährische Galerie, Brünn

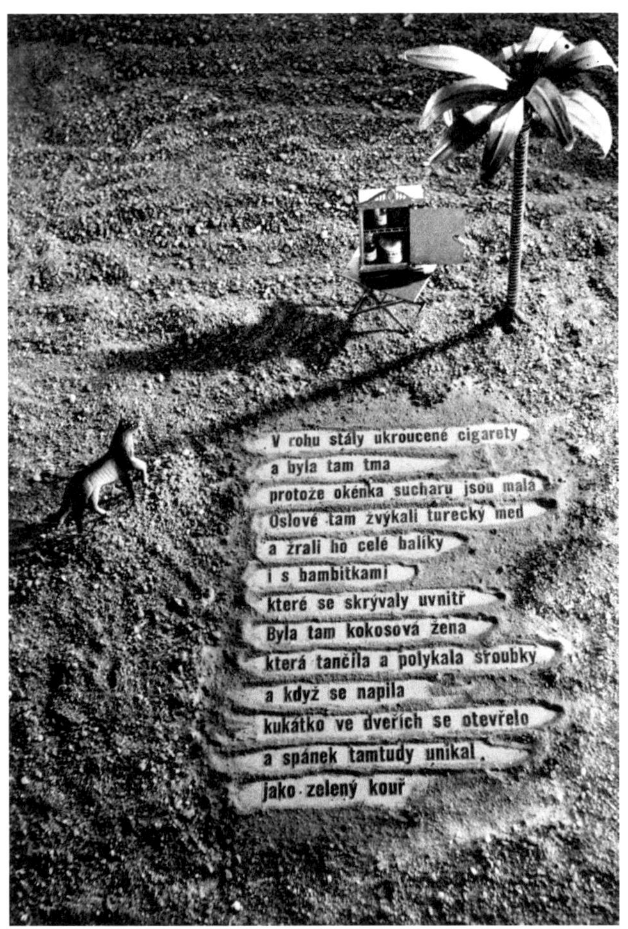
V rohu stály ukroucené cigarety
a byla tam tma
protože okénka sucharu jsou malá
Oslové tam žvýkali turecký med
a žrali ho celé balíky
i s bambitkami
které se skrývaly uvnitř
Byla tam kokosová žena
která tančila a polykala šroubky
a když se napila
kukátko ve dveřích se otevřelo
a spánek tamtudy unikal
jako zelený kouř

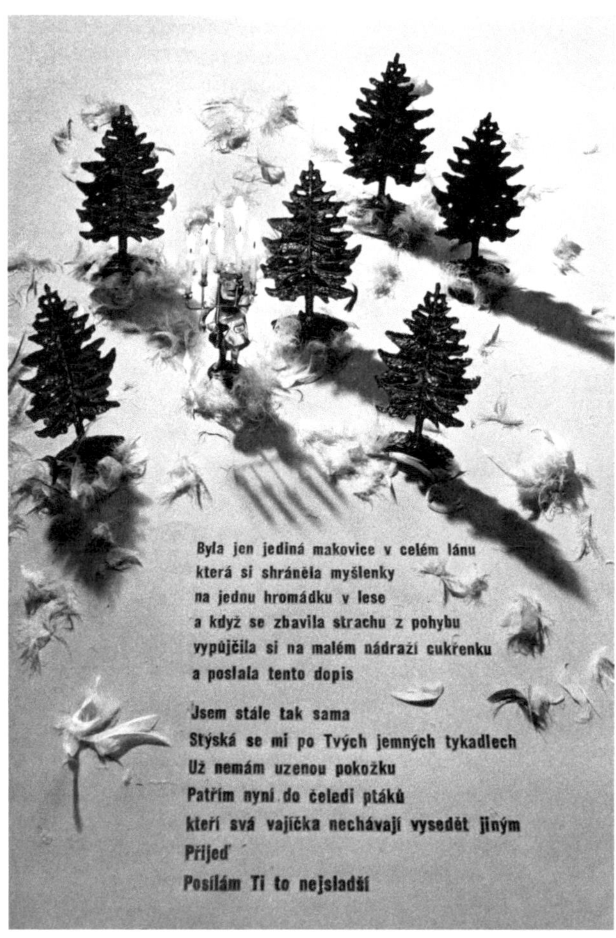
Byla jen jediná makovice v celém lánu
která si shráněla myšlenky
na jednu hromádku v lese
a když se zbavila strachu z pohybu
vypůjčila si na malém nádraží cukřenku
a poslala tento dopis
Jsem stále tak sama
Stýská se mi po Tvých jemných tykadlech
Už nemám uzenou pokožku
Patřím nyní do čeledi ptáků
kteří svá vajíčka nechávají vysedět jiným
Přijeď
Posílám Ti to nejsladší

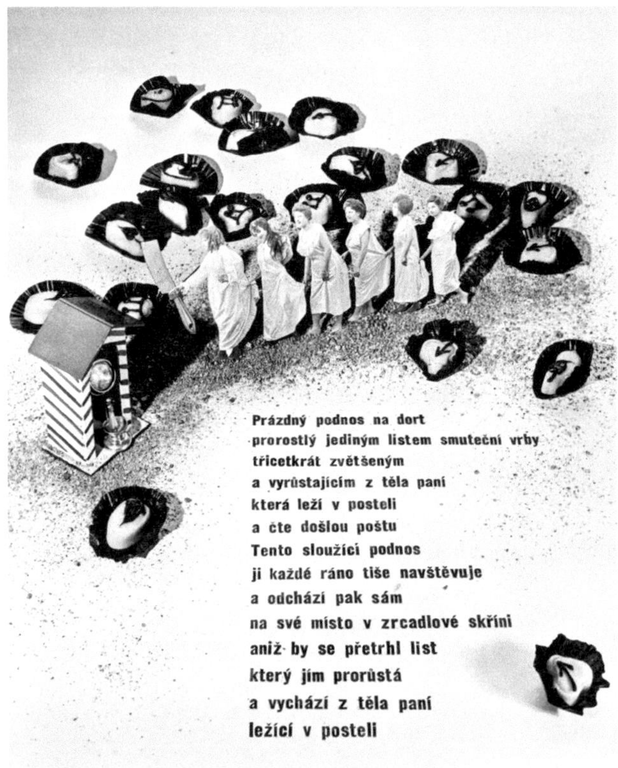
Prázdný podnos na dort
prorostlý jediným listem smuteční vrby
třicetkrát zvětšeným
a vyrůstajícím z těla paní
která leží v posteli
a čte došlou poštu
Tento sloužící podnos
ji každé ráno tiše navštěvuje
a odchází pak sám
na své místo v zrcadlové skříni
aniž by se přetrhl list
který jím prorůstá
a vychází z těla paní
ležící v posteli

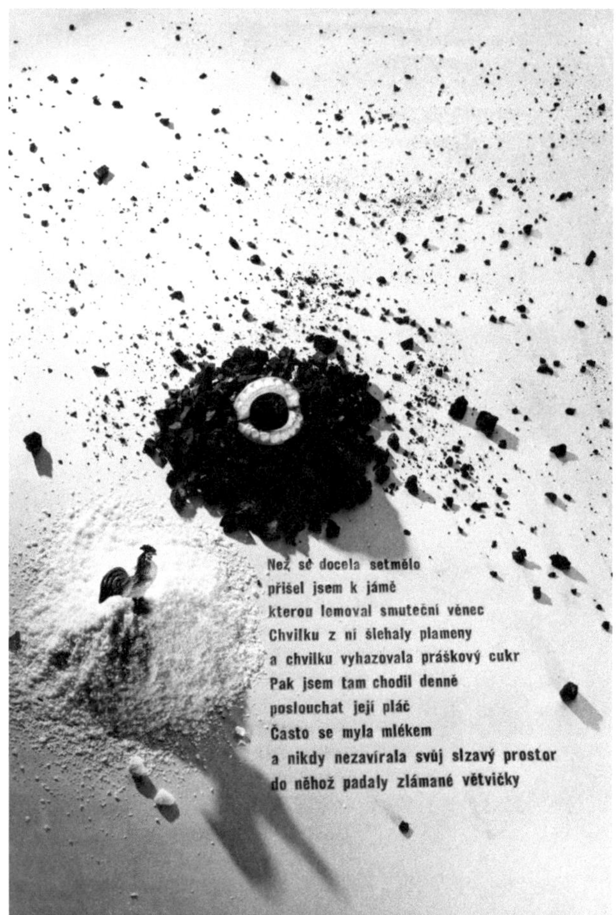
Než se docela setmělo
přišel jsem k jámě
kterou lemoval smuteční věnec
Chvilku z ní šlehaly plameny
a chvilku vyhazovala práškový cukr
Pak jsem tam chodil denně
poslouchat její pláč
Často se myla mlékem
a nikdy nezavírala svůj slzavý prostor
do něhož padaly zlámané větvičky

Das Bild zeigt eine verfallene Mauer, an der zwei schwingende Pendel zu sehen sind, die auf eine Uhr verweisen, von der Zifferblatt und Zeiger fehlen. Im Vordergrund steht ein rosafarbener Mantel, von schwarzen Ätzspuren bedeckt, die seinen Stoff zerstören. Dem Träger oder der Trägerin ist vermutlich Ähnliches widerfahren; wobei die geringe Größe des Mantels andeutet, dass es sich dabei um ein Kind gehandelt hat. Die ätzende Substanz, möglicherweise eine Mischung aus Asche und Säure, zersetzt nicht nur den Stoff des Kindermantels, sondern ist auch auf der Mauer und überall auf dem Gemälde zu sehen, dessen Oberfläche von den schwarzen Tropfspuren zerfressen wird. Handelt es sich um einen der Albträume aus Toyens Kindheit, die, wie die Handlung der *Schatzinsel*, des Lieblingsbuchs von Toyen, eine faszinierende, aber pessimistische Vorstellung vom Leben präsentieren, die unausweichlich auf Zerstörung und Tod hinausläuft - wie am schrecklichen, unauslöschlichen »schwarzen Fleck« erkennbar ist? Dasselbe Kleidungsstück, ebenfalls ohne Körper, aber ein Schmetterlingsnetz haltend, findet sich in *Spící* (*Schlafende*, Abb. 247) wieder, einem der berühmtesten Gemälde von Toyen, ebenfalls 1937 gemalt.

Auch wenn Toyens Werke prophetisch und magisch erscheinen - geschaffen, um Einfluss zu nehmen auf die Wirklichkeit -, leiten sie sich doch nur aus all dem her, was sie beobachtete und hörte. Die Besetzung Prags durch die Deutschen war das Ergebnis eines Prozesses, der schließlich dazu führte, dass in eine vor Lebendigkeit pulsierende Stadt in brutaler Weise das Böse und der Tod eindrangen. Toyen und die anderen Künstler der Avantgarde-Bewegungen wurden in den Untergrund gedrängt; was sie jedoch nicht daran hinderte, weiterzuarbeiten und ihre Werke von bestechender Originalität in sehr kleinen Auflagen weiterhin zu veröffentlichen.

Der Gedichtband *Z kasemat spánku* (*Aus den Kasematten des Schlafs*, Kat. 306, 318–322), den Toyen gemeinsam mit Jindřich Heisler 1941 herausgab, zeichnet sich durch eine einzigartige Gesamtkonzeption aus. Mit Hilfe eines professionellen Fotografen wurden Heislers Gedichte in eine Spielzeuglandschaft integriert und auf diese Weise bildlich in Szene gesetzt. Jedes Blatt weckt Erinnerungen an die Schaufensterdekorationen großer Kaufhäuser zur Weihnachtszeit, an das damit verbundene kindliche Staunen und Entzücken. Die rein geistigen »Kasematten« sind äußerst fragil - Traum und Schlaf haben ein Ende. In seiner perfekten Nachahmung der realen Welt ist das Buch so faszinierend wie verstörend. Die Werke Toyens, in denen das Grauen durch die in ihnen dargestellten Dinge ausgedrückt wird, sind vielleicht ihre eindrucksvollsten Arbeiten.

Innerhalb des gesamten Œuvres von Toyen sind die Zeichnungen und Gemälde aus den 1940er Jahren am stärksten dem Realismus verpflichtet.[2] Darin bildeten sie zweifellos ein Gegengewicht zur immer weiter um sich greifenden Gewalt. Als ob die Kunst sich mit all ihrer Kraft der Monstrosität entgegenstellen musste. Das Eigenartige an der Gewalt ist ja gerade, dass sie nicht vorstellbar ist - und die Nationalsozialisten wussten mit ihrem perversen Einfallsreichtum diesen blinden Fleck der Empfindsamkeit weidlich zu nutzen.

Střelnice (*Der Schießplatz*, Kat. 323–328) ist ein Zyklus von zwölf Zeichnungen, die von Toyen ab 1939 gefertigt und das erste Mal 1946 veröffentlicht wurden (Kat. 358, eine zweite Auflage brachte Toyen 1973 gemeinsam mit Radovan Ivšić heraus, Kat. 530, 531). Auf ihnen sind menschenleere Landschaften zu sehen, wie ein Strand bei Ebbe, der die Überreste eines Schiffswracks freigibt. Bei Ebbe am Strand entlangzuspazieren bereitete Toyen großes Vergnügen.[3] Aber die Dinge scheinen bei Toyen nie zufällig auf der Bildfläche verteilt zu sein. Sie vermitteln immer den Eindruck, als ob sie zueinander in Beziehung stünden, wie Figuren auf einem Schachbrett, die Hinterlassenschaften eines Spiels oder die Spuren eines Verbrechens. Die Vielfalt der möglichen Interpretationen steht im Gegensatz zur peinlich genauen Darstellung, wodurch eine eigentümliche Spannung zwischen dem Raum und den Figuren entsteht. Die Objekte sind rissig und brüchig, als würden sie sich unter den Einwirkungen einer unsichtbaren Drohung zersetzen.

Die Landschaften aus *Der Schießplatz* führen ein Universum vor Augen, das üblicherweise mit der Welt der Kindheit in Verbindung gebracht wird: Immer wieder taucht ein Mädchen auf, Spielzeug, kleine Tiere. Aber es genügt, nur etwas genauer hinzusehen, um zu begreifen, dass diese kindliche Welt in Trümmern liegt: Die Kinder oder Puppen sind beschädigt, die Tiere geköpft, ihre Köpfe zu blutigen Trophäen geworden. Der Titel des Zyklus ist als Verweis auf die von Toyen und Jindřich Štyrský innig geliebten Schießbuden auf Volksfesten und Jahrmärkten zu lesen; die zweite Auflage des Buchs ist im Übrigen mit der Darstellung einer Schießscheibe verziert. Folgt man Annie Le Brun, ist in dem Titel jedoch auch eine Anspielung auf den Schießstand enthalten, den die Deutschen praktisch unter den Fenstern von Toyens Prager Wohnung angelegt hatten. Wie so oft wird wohl beides zutreffen. Die Freude am Spiel vermischt sich mit der Aufgeregtheit derer, die in den Krieg ziehen. Alles ist möglich, was für die Jahrmarktsbude ebenso wie für den Schießstand gilt. Die Arbeiten zeigen die Wirkung des Schusses, die durch das Abfeuern erzeugte Druckwelle, den Rückstoß, die Explosion: unterschiedliche, verstreut umherliegende Objekte, als wäre eine Bombe zwischen das Warenlager eines Spielzeugladens und das Depot eines Bestattungsinstituts gefallen. Eine Anordnung, in der alles rätselhaft ist, bis auf die Gewissheit, dass es sich dabei um eine düstere Vorahnung handelt, das fröstelnd machende Spektakel eines Todes, der unpersönlich und gleichgültig sein Werk verrichtet. Die Szenen sind mit derselben Gewissenhaftigkeit und Genauigkeit gezeichnet, die Toyen auch auf ihre frechen, unbekümmerten erotischen Schilderungen von 1932 verwendet hatte. Sie zeigen große leere Räume unter freiem Himmel, gepflügte Äcker oder endlose Ebenen, die gespenstisch anmuten, wie nach einem Schock, einer plötzlichen Verwünschung, die den Niedergang noch beschleunigt hat. In diesen Bildern der Kargheit, mit dem im Stich gelassenen Spielzeug, ist es nicht die Gewalt selbst, die dargestellt wird, sondern deren Wirkung: Viele Objekte sind schartig, von Rissen durchzogen, zerbrochen oder unvollständig. Sie wirken so bedrohlich, als wären sie in der Lage, auch jene, die sich ihnen nähern, um sie zu betrachten, mit ihren Defekten zu infizieren und zu zerbrechen. Die Leere zwischen den Objekten verstärkt noch die angespannte Stimmung und den Eindruck einer diffusen Bedrohung.

Die Kriegsjahre sind erfüllt von Gewalttaten und Gräueln. In *Život s hvězdou* (*Leben mit dem Stern*)[4] erzählt Jiří Weil von den Schwierigkeiten, im Prag jener Zeit zu überleben. Sein Roman handelt vom Wandel in den zwischenmenschlichen Beziehungen und von der Willkür der Nationalsozialisten. Das Prager Stadtbild war während des Protektorats von den überall angebrachten NS-Emblemen und -Plakaten geprägt.

Bei *Nebezpečná hodina* (*Die gefährliche Stunde*, Abb. 330) von 1942 handelt es sich laut Karel Srp um das erste Gemälde Toyens, in dem »eine Symbiose von menschlicher und tierischer Gestalt«[5] erscheint. Man sieht darauf einen großen Adler mit halb ausgebreiteten Schwingen, der sich etwas schwerfällig auf einer mit spitzen Glasscherben bestückten Mauer niedergelassen hat. Statt Klauen hat der Raubvogel Hände, mit denen, über Kreuz gelegt, er sich auf dem Mauerrand mit den Scherben abstützt. Von den Nationalsozialisten wurde die heraldische Figur des Adlers mit Eichenkranz und Hakenkreuz in den Fängen als Symbol massenhaft verwendet. Anlässlich der pompösen Begräbnisfeierlichkeiten für Heydrich im Juni 1942 in Prag war auf dem Altstädter Ring vor der Teynkirche eine riesige Leinwand mit aufgemaltem »Reichsadler« errichtet worden.[6]

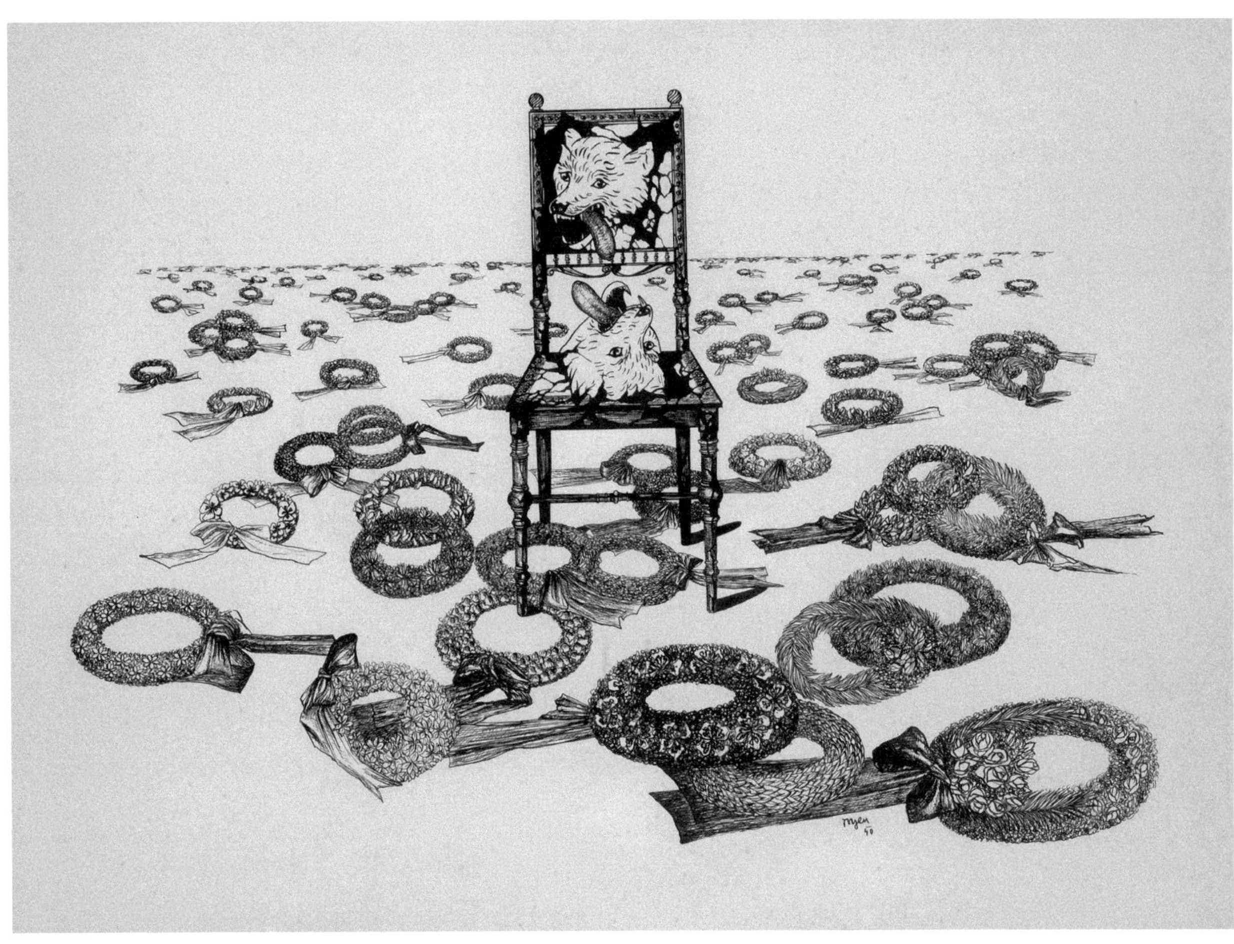

Kat. 323 Aus dem Zyklus ***Střelnice / Der Schießplatz***, 1939
Tusche auf Papier, 325 × 450 mm | Galerie Natalie Seroussi

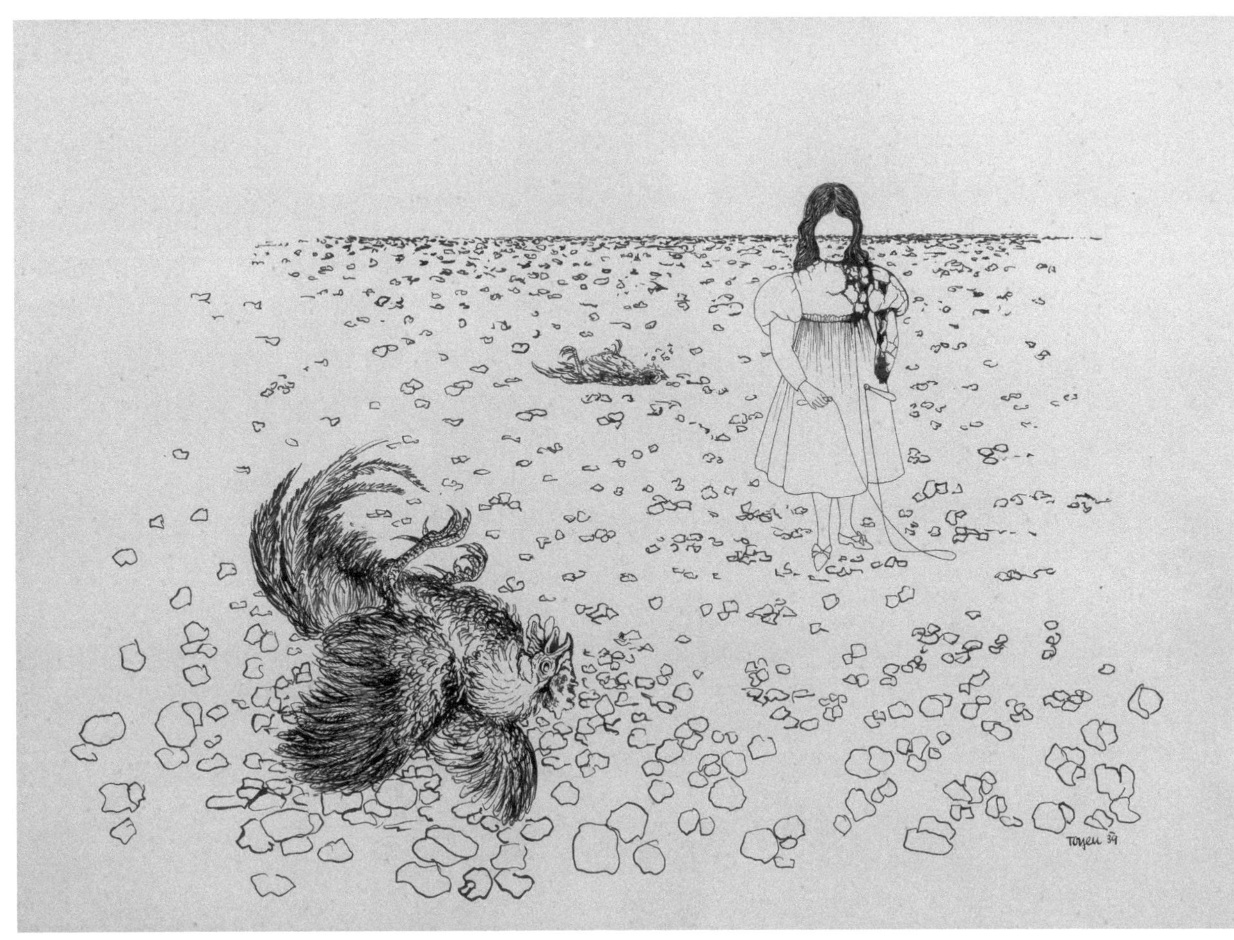

Kat. 324 Aus dem Zyklus ***Střelnice / Der Schießplatz***, 1939
Tusche auf Papier, 350 × 460 mm | Sammlung Ambroise Audoin, Paris

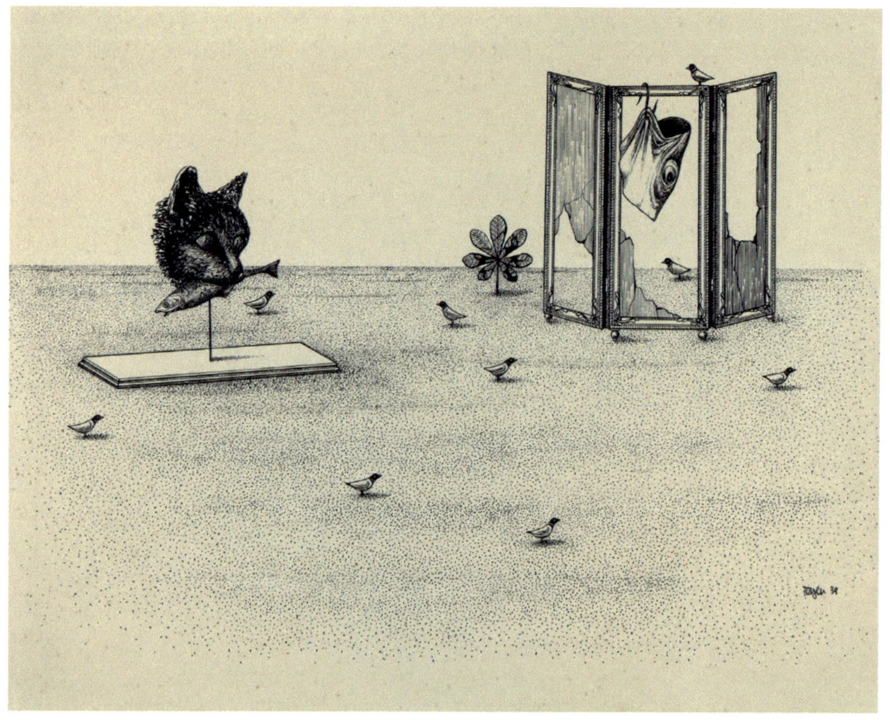

Kat. 325 Aus dem Zyklus ***Střelnice / Der Schießplatz***, 1939
Tusche auf Papier, 310 × 395 mm
Privatsammlung, Paris

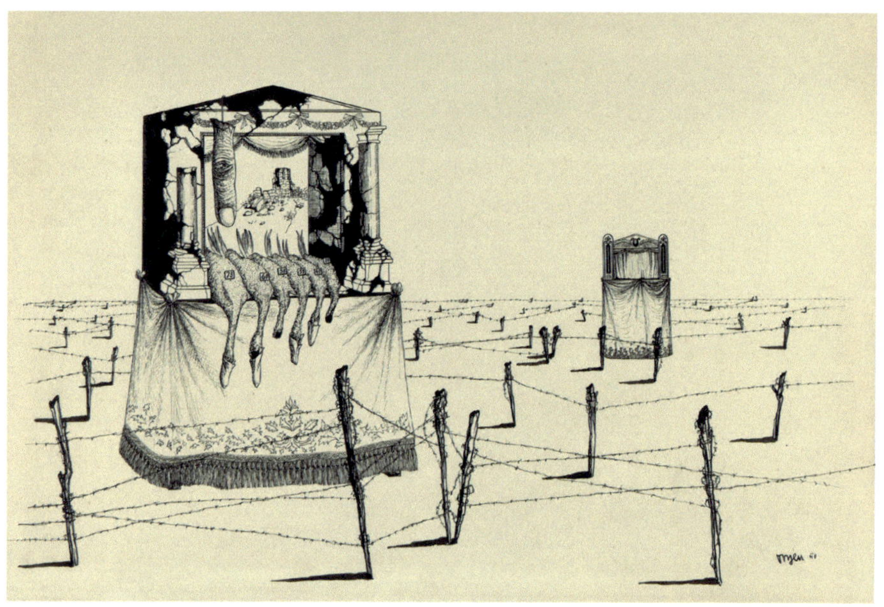

Kat. 326 Aus dem Zyklus ***Střelnice / Der Schießplatz***, 1939
Tusche auf Papier, 320 × 490 mm
Privatsammlung, Paris

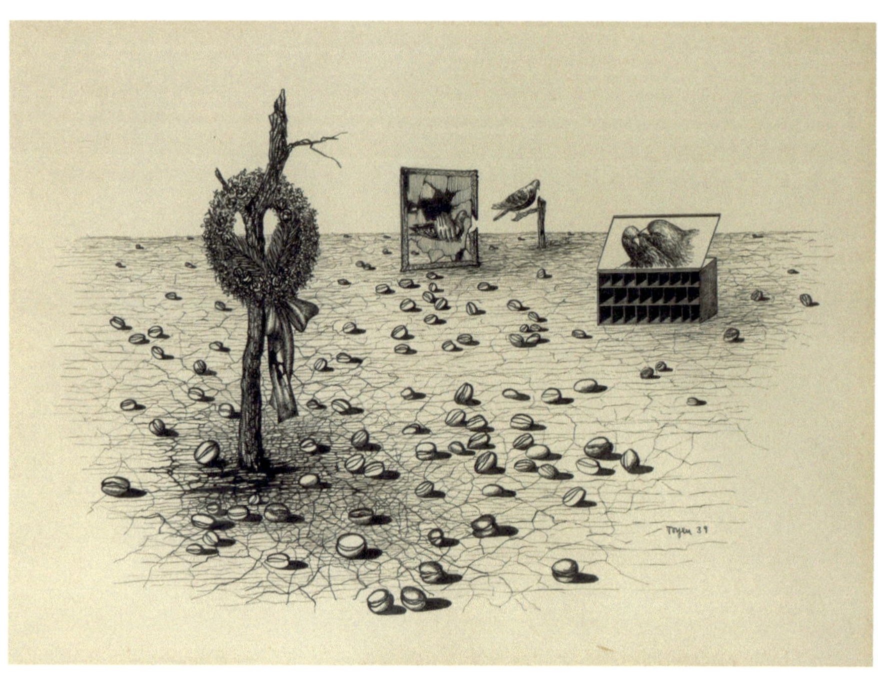

Kat. 327 Aus dem Zyklus ***Střelnice / Der Schießplatz***, 1939
Tusche auf Papier, 320 x 445 mm
Sammlung Klapheck

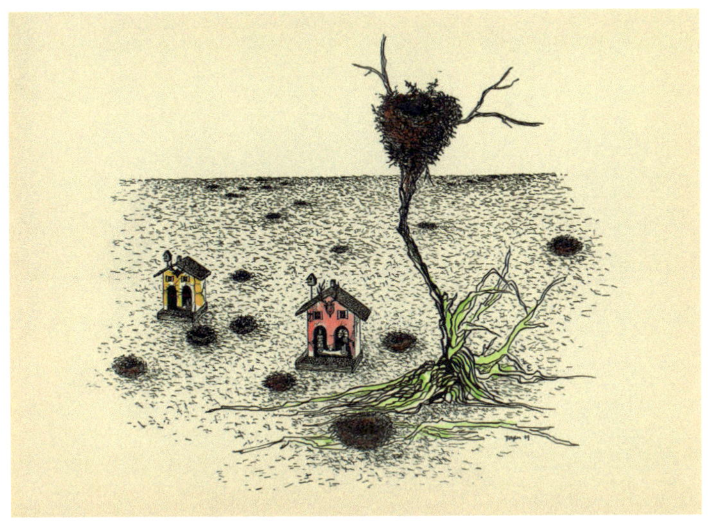

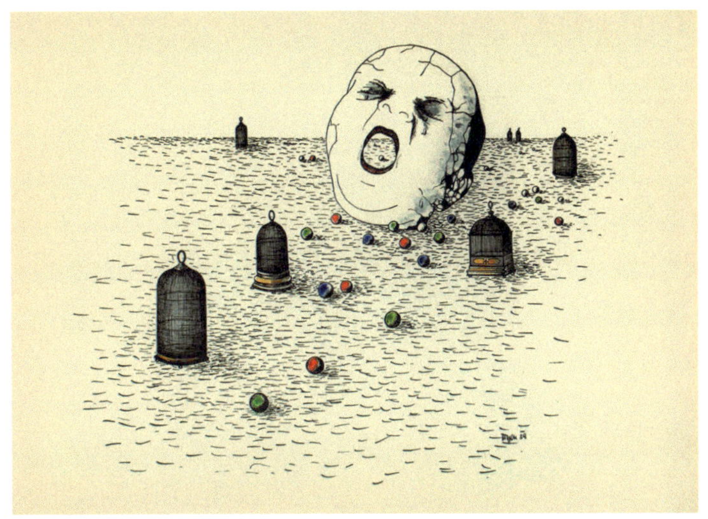

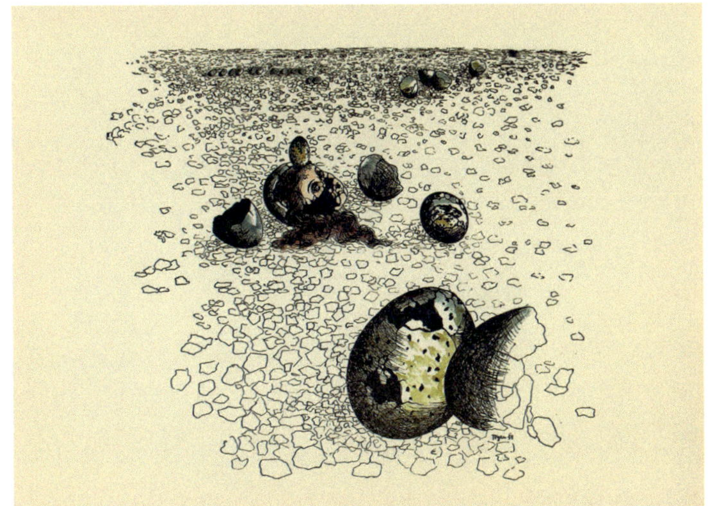

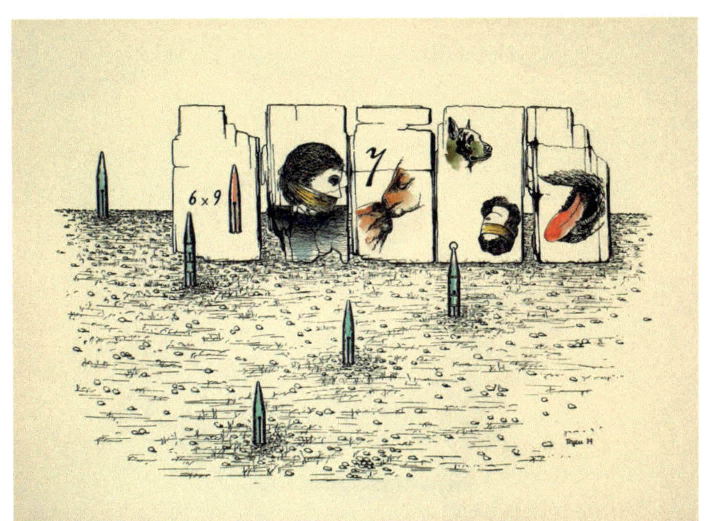

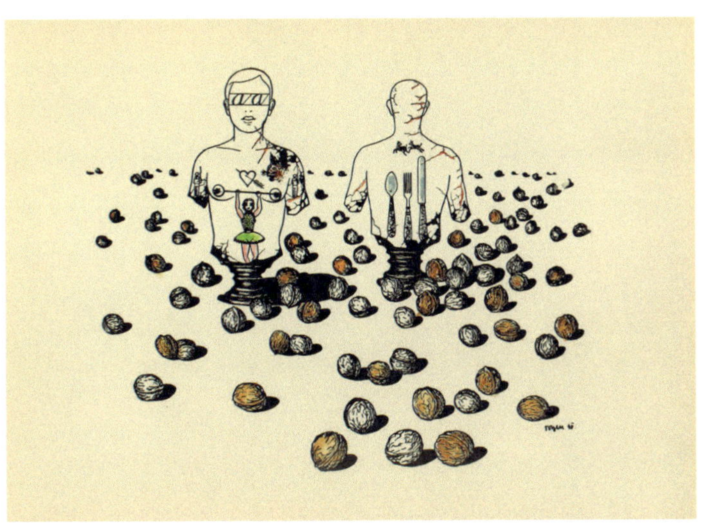

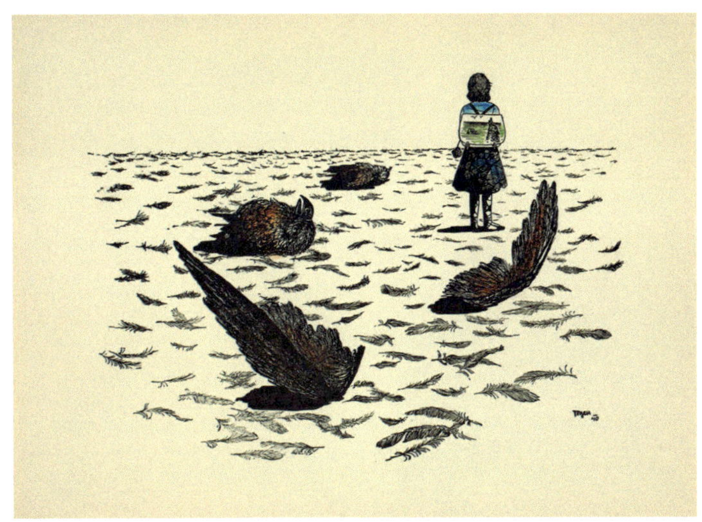

Abb. 329 Aus dem Zyklus ***Střelnice / Der Schießplatz***, 1939–1940
Eingefärbte Drucke, je 350 x 429 mm | Mährische Galerie, Brünn

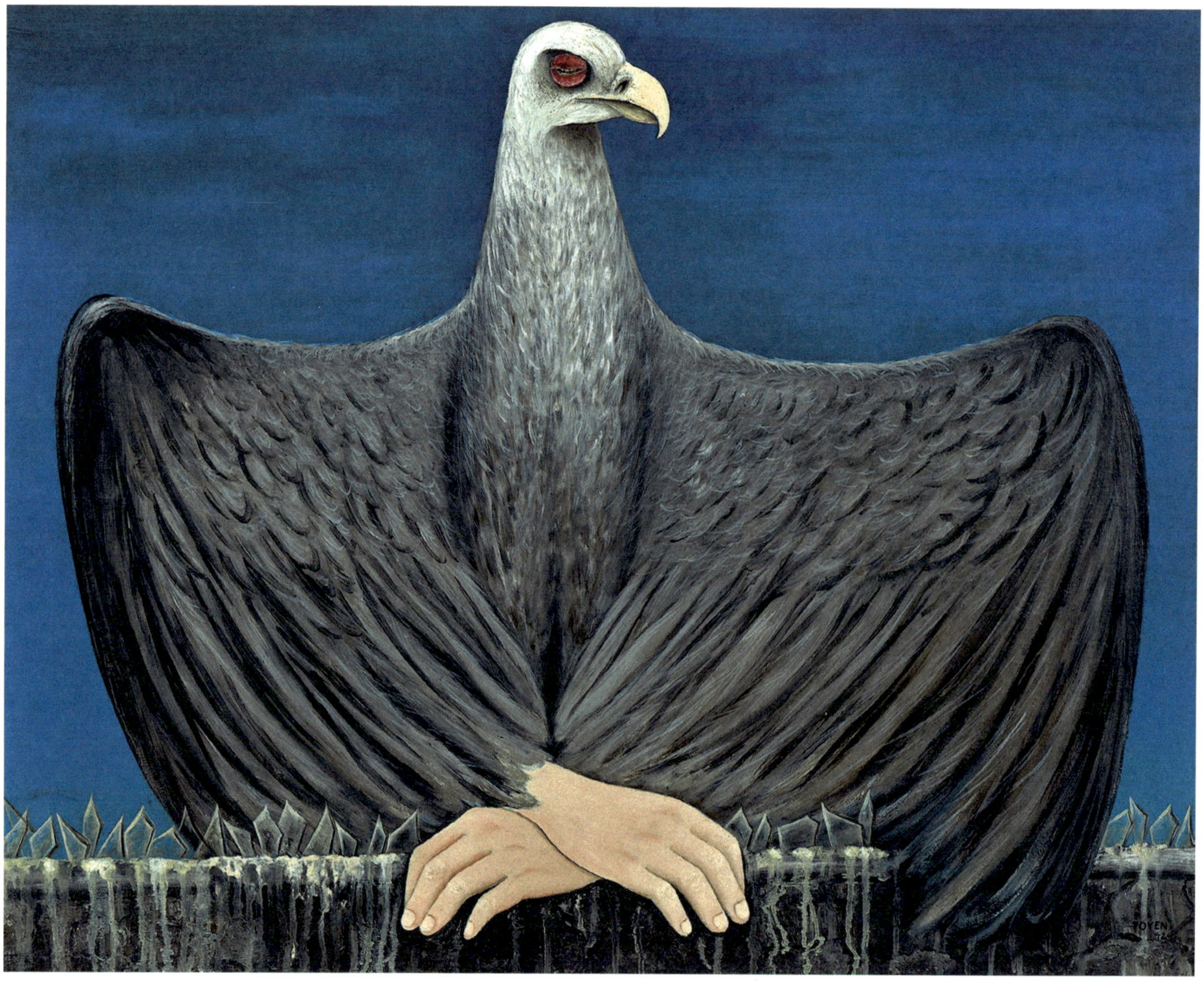

Abb. 330 ***Nebezpečná hodina / Die gefährliche Stunde***, 1942
Öl auf Leinwand, 73 × 92 cm | Privatsammlung

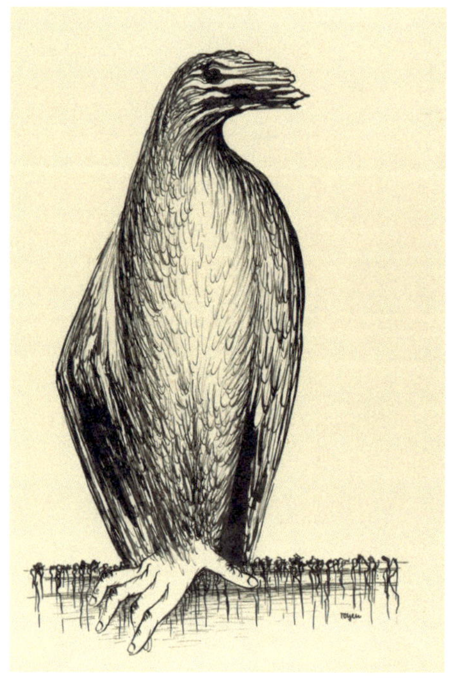

Kat. 331 ***Nebezpečná hodina / Die gefährliche Stunde***, 1942
Tinte auf Papier, 225 x 165 mm
Nationalgalerie Prag

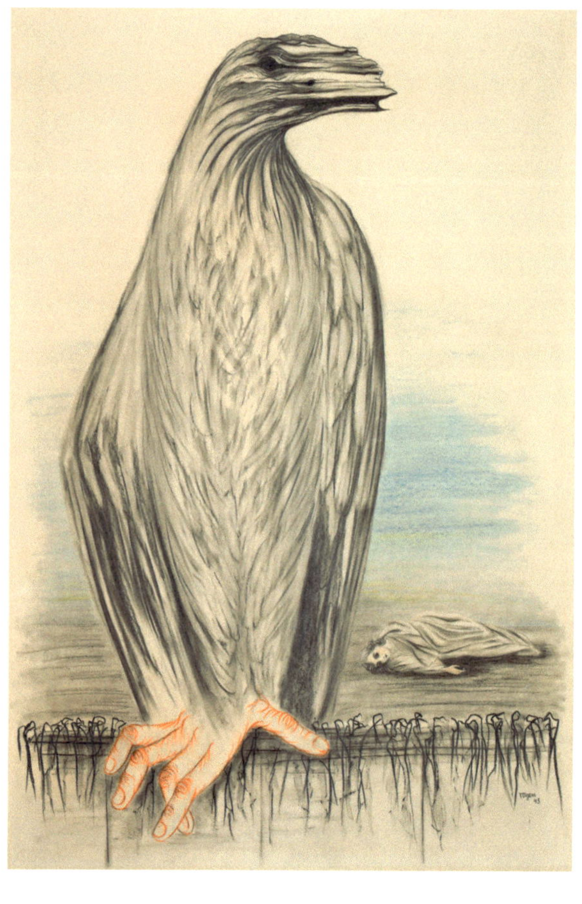

Kat. 332 ***Nebezpečná hodina / Die gefährliche Stunde***, 1943
Tusche und Pastell auf Papier, 605 × 408 mm
Privatsammlung, Prag

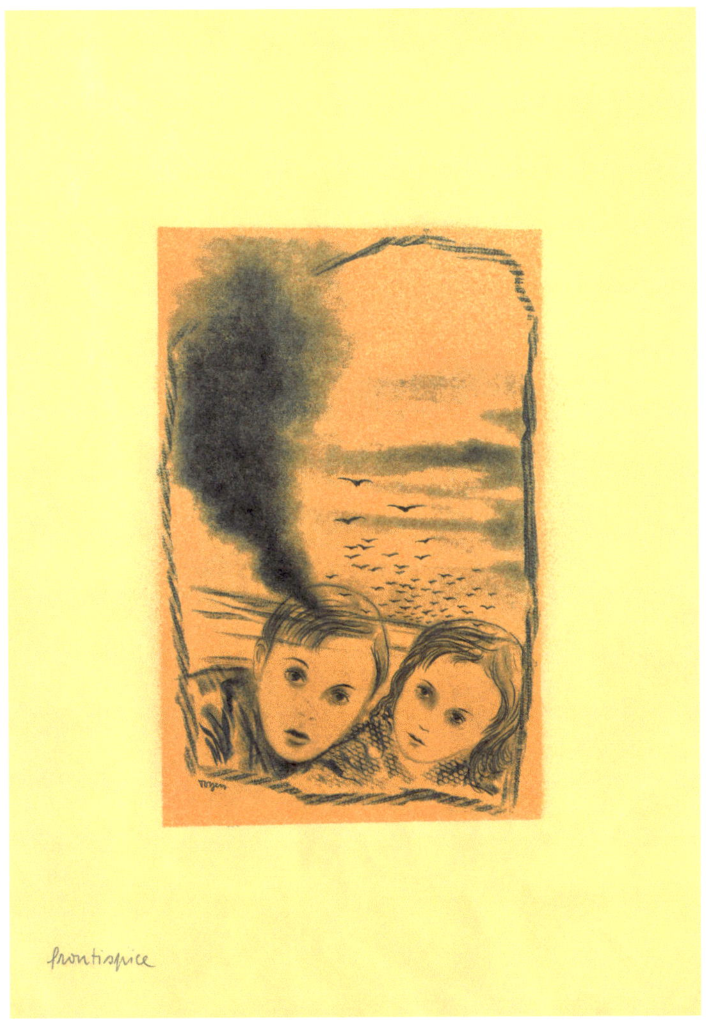

Abb. 334 ***Lidické děti: »Proč?!« / Die Kinder von Lidice: »Warum?!«***
Zeichnung für die Publikation *Lidice: čin krvavého teroru a porušení zákonů i zakladních lidských práv / Lidice: Blutiger Terrorakt und Verletzung von Gesetzen und grundlegenden Menschenrechten*, Prag 1945
Staatliches Gebietsarchiv Prag, Staatliches Kreisarchiv Kladno

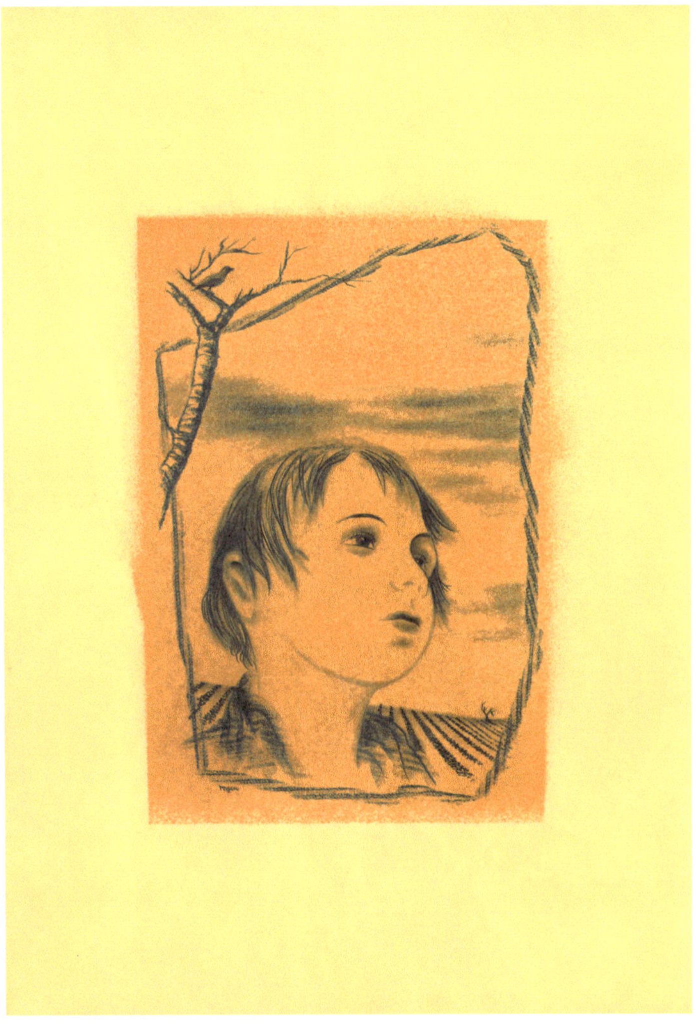

Abb. 335 ***Lidické děti: »Mámo!« / Die Kinder von Lidice: »Mama!«***
Zeichnung für die Publikation *Lidice: čin krvavého teroru a porušení zákonů i zakladních lidských práv / Lidice: Blutiger Terrorakt und Verletzung von Gesetzen und grundlegenden Menschenrechten*, Prag 1945
Staatliches Gebietsarchiv Prag, Staatliches Kreisarchiv Kladno

In *Die gefährliche Stunde* wird dieses Symbol der Macht vermenschlicht, gegen sich selbst gekehrt. Wer ist es, für den diese Stunde gefährlich ist? Die auf den Scherben abgelegten Hände bluten nicht, es entsteht der Eindruck, das Tier sei unverletzt.

Das halb geschlossene Auge ist blutrot, die Hände aber sind zart (vgl. Abb. 330, Kat. 331, 332). Indem Toyen in dem Tier Sanftheit und Gewalt vereinigt, mildert sie seine Gefährlichkeit ab. Das Gemälde entstand zu einer Zeit, in der Prag und Europa die härtesten Monate der Naziherrschaft durchlebten. Der Sommer 1942 war für die tschechische Bevölkerung eine der dramatischsten Phasen des Zweiten Weltkriegs – zweifellos die »gefährlichste Stunde«.

Zwei unlängst wiedergefundene Zeichnungen Toyens zeigen Kindergesichter vor einem trostlosen Hintergrund (Abb. 334, 335). Der Titel *Lidice* bezieht sich auf ein Ereignis, das die tschechische Öffentlichkeit zutiefst erschütterte: die Deportation und Ermordung der Kinder aus der wenige Kilometer westlich von Prag gelegenen Ortschaft Lidice. Auf ihrer fieberhaften Suche nach den Urhebern des Attentats auf Heydrich beschuldigten die Deutschen – ohne diese Anklage zu überprüfen – die Bewohner von Lidice, die Attentäter beherbergt zu haben. Der Befehl zu Vergeltungsmaßnahmen für das Attentat vom 27. Mai 1942 wurde direkt von Hitler erteilt, der die vollständige Zerstörung Lidices und die Vernichtung der Bevölkerung anordnete. Das Dorf wurde von deutschen Polizeikräften umstellt, alle Männer ab sechzehn Jahren erschossen, die Frauen in das Konzentrationslager Ravensbrück deportiert und die Kinder »geeigneten Erziehungseinrichtungen anvertraut«.[7] Tatsächlich wurden die Kinder in Vernichtungslager deportiert und vergast, bis auf rund zwanzig, die nach der Auffassung der SS die für eine »Germanisierung« erforderlichen rassischen Voraussetzungen erfüllten und in deutsche Kinderheime und zu deutschen Familien gegeben wurden.

In ihrer Zerstörungswut machten die Deutschen das Dorf buchstäblich dem Erdboden gleich, gruben sogar die Toten auf dem Friedhof aus und gaben dem Ort einen neuen Namen. Ziel dieser Maßnahmen war die Einschüchterung der tschechischen Bevölkerung, der Engländer, die als Auftraggeber des Attentats vermutet wurden, sowie des im Londoner Exil lebenden ehemaligen tschechoslowakischen Staatspräsidenten Edvard Beneš. Durch den Terror sollte jeder Widerstand gegen die Besatzung im Keim erstickt werden – und es war auch ein Vergeltungs- und Racheakt für das Attentat, das mitten ins Herz des NS-Regimes gezielt hatte. Hatte doch Hitler selbst Heydrich als den Mann »mit dem eisernen Herzen« und den »gefährlichste[n] Mann des Dritten Reiches«[8] bezeichnet. Wenige Monate später notierte der französische Schriftsteller und Diplomat Paul Morand in seinem *Journal de guerre* (*Kriegstagebuch*), dass die deutschen SS-Offiziere die Tränen unterdrücken mussten, sobald sie an Heydrich dachten.[9]

Die Zerstörung des Dorfes Lidice war für das NS-Regime propagandistisch ein Desaster. In seinem Kriegstagebuch äußert

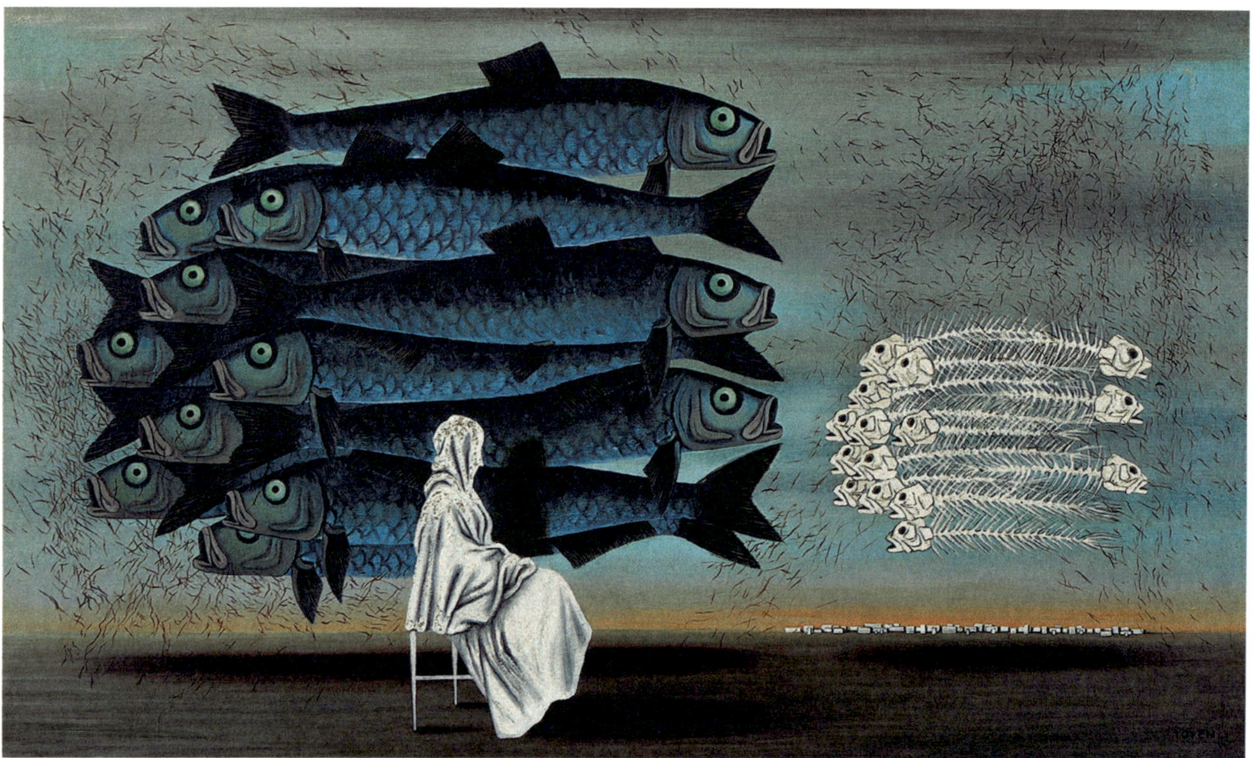

Abb. 336 ***Mezi dlouhými stíny | Zwischen den langen Schatten***, 1943
Öl auf Leinwand, 52 × 90 cm | Privatsammlung, New York

George Orwell, dass er nicht verwundert war, dass die Deutschen noch nicht einmal bemüht waren, dieses Massaker zu verheimlichen.[10] Es erscheint ihm so unwahrscheinlich, dass er die Radiomeldung im Wortlaut festhält. Lange vor dem Massaker am 10. Juni 1944 in dem französischen Dorf Oradour-sur-Glane und lange bevor das ganze Ausmaß des Mordens an der deutschen Ostfront und in den Vernichtungslagern bekannt wurde, war Lidice die erste nationalsozialistische Gräueltat, die weltweites Entsetzen hervorrief.[11]

Toyens Zeichnungen zu Lidice sind im Umfeld von stärker kommerziell ausgerichteten Werken entstanden, etwa den Illustrationen, die sie für die 1943 herausgegebene Sammlung von *Písně milostné* (*Liebesliedern*) des Komponisten Vilém Petrželka anfertigte. Vermutlich datieren die Zeichnungen aus demselben Zeitraum, in dem sie die idealisierten Frauengesichter der *Liebeslieder* schuf. Umgeben von einer Art Kartusche, die auch die Scherbe eines Spiegels sein kann, sind diese mit schraffierten Linien gezeichnet, die sie von der Papierumrandung der Zeichnung abheben. Sowohl die Gesichter der Frauen als auch die der Kinder stellen ein Idealbild dar, eine Unschuld, die im Gegensatz zur Gewalt steht.

Die zarte Genauigkeit dieser Zeichnungen greift den Stil von Toyens erotischen Zeichnungen der 1930er Jahre wieder auf. Dort findet sich bereits dasselbe Prinzip einer Isolation der Figur, so als befände sie sich hinter einer Glasscheibe oder wäre als Spiegelbild wiedergegeben. Will Toyen damit ausdrücken, dass das Bild, das man sieht, sich nicht an dem Ort befindet, an dem man es vermutet? Dass es sich dabei um die Übertragung einer Übertragung handelt, die letztlich den Menschen schützt und am Leben erhält? Nach Kriegsende kehrten ungefähr fünfzehn Kinder aus Lidice, die in deutschen Erziehungseinrichtungen untergebracht worden waren, nach Prag zurück. Sie wurden wie Wundererscheinungen empfangen.

Zu den persönlichsten Gemälden Toyens aus jenen Jahren zählt sicherlich *Mezi dlouhými stíny* (*Zwischen den langen Schatten*, 1943, Abb. 336): eine leere Landschaft, in der am glühenden, tief liegenden Horizont die Silhouette einer weißen Stadt zu erkennen ist. Im Vordergrund, ein wenig links von der Mitte, sitzt eine weiß gewandete Frau in Profilansicht auf einem Stuhl. Hinter ihr schweben riesengroße Sardinen, angeordnet wie in einer Dose, einige Meter über dem Boden. Rechts, weiter zum Horizont hin, schweben dieselben Fische noch einmal, doch diesmal als ausgeblichene Skelette. Das Sujet ist verstörend. Es assoziiert Hunger, Tod, Trauer, Massaker, Leichenberge, Entmenschlichung. Wie bei allen Werken Toyens gibt es auch hier nicht den einen Schlüssel zum Verständnis, sondern eine ganze Reihe möglicher Interpretationen. Vielleicht das erste Mal in ihrem Werk tauchen hier durch eine Landschaft irrende Skelette auf.

In Jiří Weils Roman *Leben mit dem Stern* erfahren wir, dass die Prager Bevölkerung sehr wohl darüber Bescheid wusste, was sich im Osten abspielte. Weil spricht von »Konvois gen Osten«, mit denen ganze Familien zu Hinrichtungen, wie deutlich gesagt wird, transportiert wurden.[12] Die Ermordung von über 33.000 Juden innerhalb zweier Tage Ende September 1941 durch deutsche Einsatztruppen in der Schlucht von Babyn Jar nahe Kiew sowie weitere Massenerschießungen, die zu Hunderten stattfanden, bis schließlich die Gaskammern in Betrieb genommen wurden, waren keineswegs geheim geblieben. Um die Erschießungen in Babyn Jar schneller und effizienter durchführen zu können, hatte einer der Verantwortlichen, der General der Waffen-SS Friedrich Jeckeln, die sogenannte Sardinenbüchsen-Methode erfunden. Dabei wurde den Opfern befohlen, sich zu entkleiden und auf die Leichen der zuvor Erschossenen zu legen, bevor sie dann ebenfalls mit einem Schuss in den Nacken hingerichtet wurden. Die Erschießungskommandos der SS rühmten sich dieser Methode und ließen sogar geladene »Gäste« an den Hinrichtungen wie an einem Spektakel teilnehmen. Die lange Zeit siegesgewissen Deutschen sahen offensichtlich keinen Grund, ihre Untaten zu verheimlichen.

Karel Srp merkt an, dass während der Kriegsjahre die figürliche Darstellung bei Toyen immer befremdlicher und mehrdeutiger wird, je mehr sie an zeichnerischer Bestimmtheit und Genauigkeit gewinnt.[13] Nur wenige Werke aus dieser Periode besitzen eine erotische oder auch nur sinnliche Präsenz. Das einzige Werk, das dieser Wirkung nahekommt, jedoch auf sehr zwiespältige Weise, ist *Po*

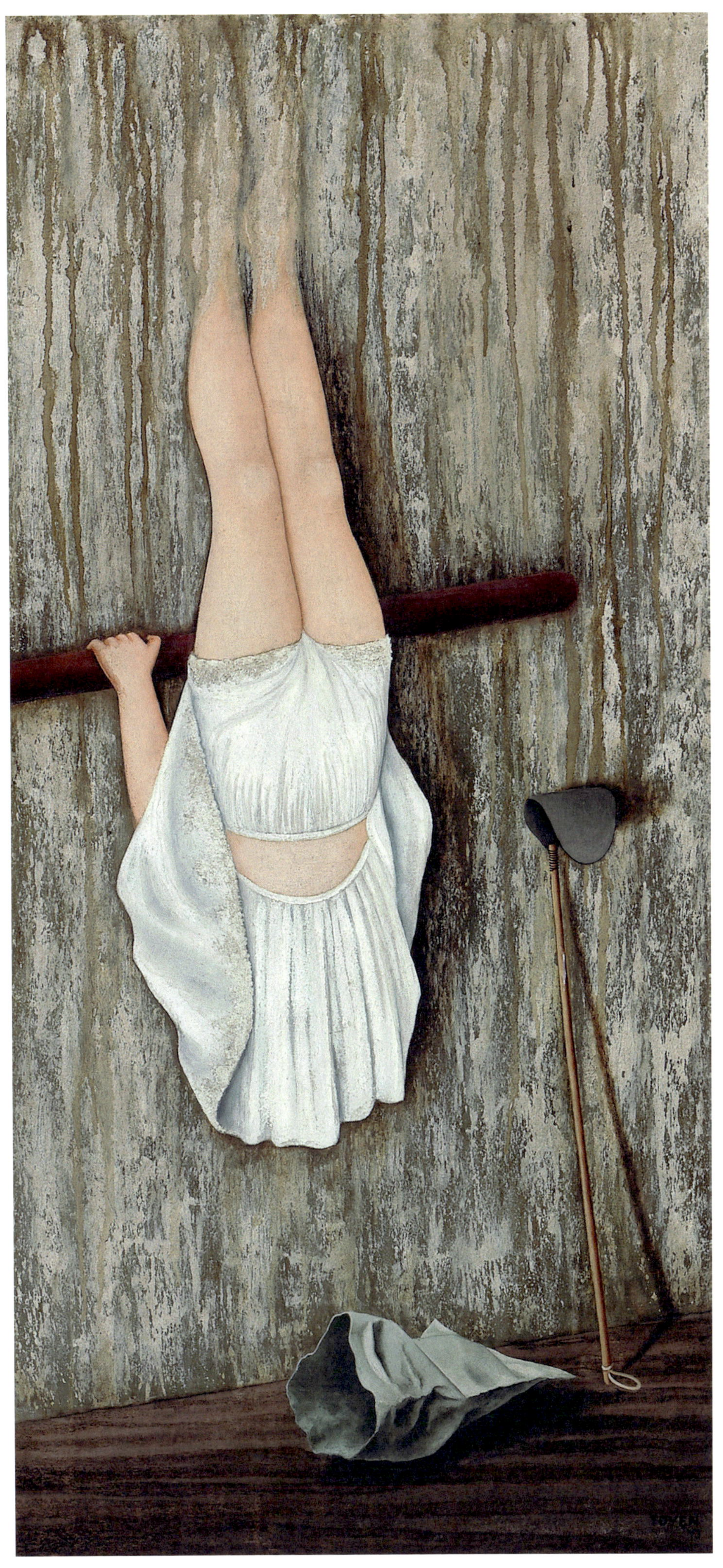

Kat. 337 ***Po představení / Nach der Vorstellung***, 1943
Öl auf Leinwand, 110 × 55 cm
Aleš Südböhmische Galerie,
Frauenberg an der Moldau

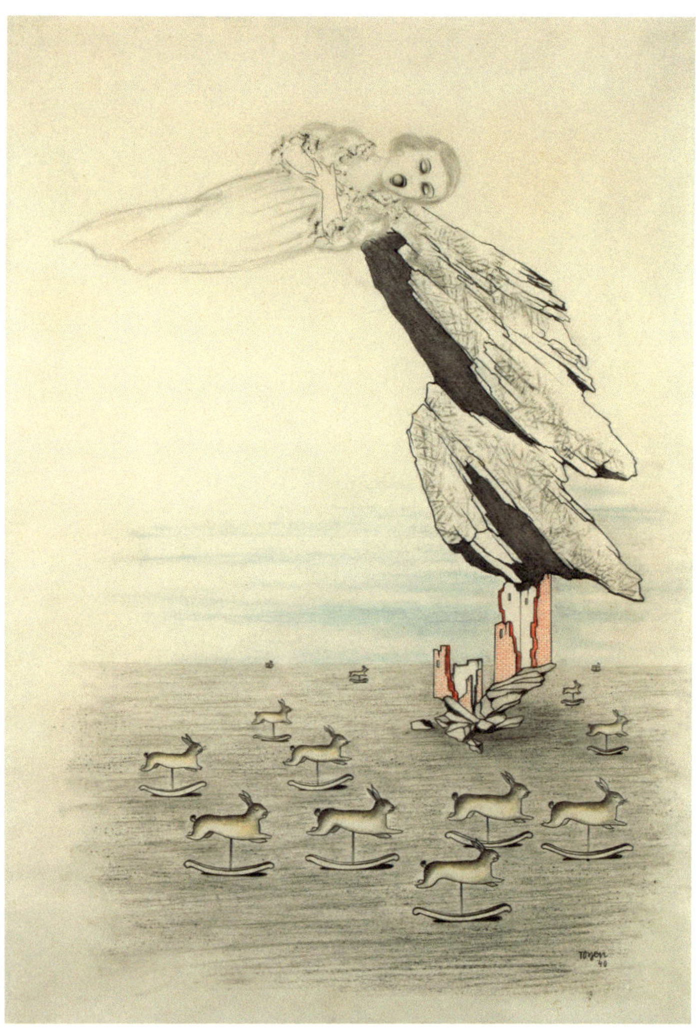

Kat. 338 Aus dem Zyklus ***Den a noc / Tag und Nacht***, 1943
Bleistift, Farbstift auf Papier, 560 × 400 mm | Privatsammlung, Prag

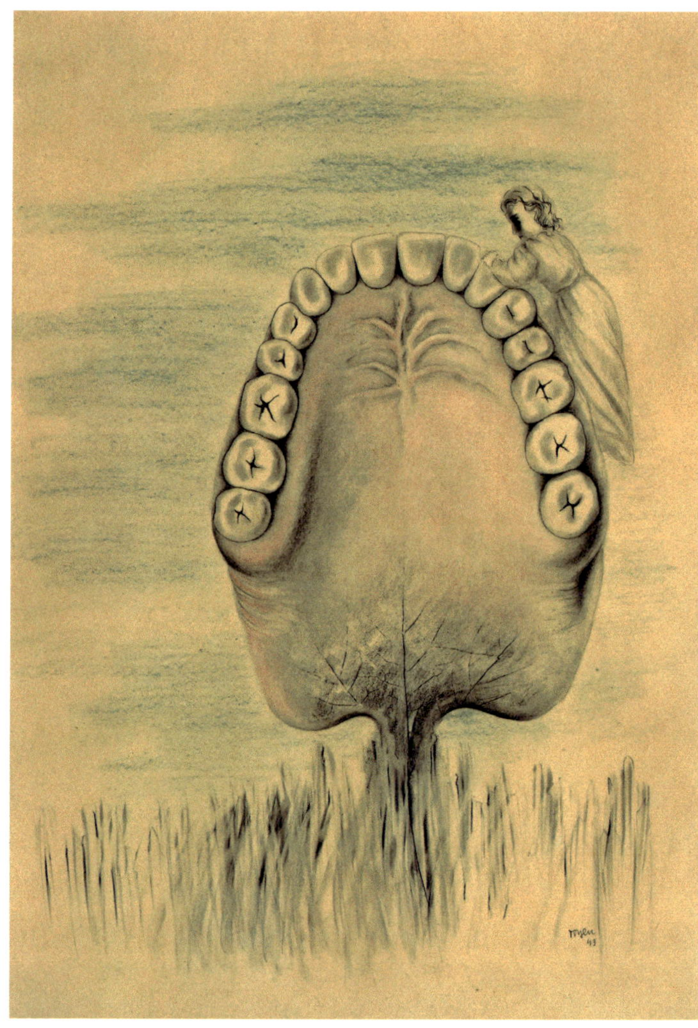

Kat. 339 Aus dem Zyklus ***Den a noc / Tag und Nacht***, 1943
Bleistift und Pastell auf Papier, 500 × 350 mm | Sammlung Klapheck

Představení (*Nach der Vorstellung*, auf Französisch: *Relâche,* Kat. 337), ein großes Gemälde im Hochformat, entstanden 1943.[14]

Darauf ist eine junge, weiß gekleidete Frau zu sehen, die, kopfüber hängend, sich mit der Hand an einer relativ hoch angebrachten Querstange festklammert, vor einer Wand, an der Blut hinunterfließt. Zahlreiche Elemente lenken die Aufmerksamkeit auf die Schwerkraft. Die langen Rinnsale auf der Wand laufen vom oberen Rand herab, das Gesicht der jungen Frau, sofern überhaupt vorhanden, wird von den Falten ihres umgestülpten Rocks verdeckt, der nach unten gerutscht ist und ihren nackten Bauch enthüllt. Vor der Wand liegt auf dem Boden ein halb geöffneter Sack aus grauem Leinen, rechts daneben lehnt eine Fliegenklatsche mit langem Stab senkrecht an der Wand, die breite Klatsche hängt ebenfalls vornüber. Die Szene ist voller Brutalität, dennoch hat Toyen sie nicht frontal ausgerichtet. Dadurch dass Wand und Boden leicht schräg zueinander stehen, wird der Standpunkt des Betrachters ein wenig nach links gerückt, sodass sich eine Perspektive ergibt, in der die beunruhigende Atmosphäre der Szenerie etwas abgemildert erscheint.

Bezieht sich der Titel des Gemäldes vielleicht auf René Clairs berühmten dadaistischen, ikonoklastischen Film *Entr'acte* (*Zwischenakt*) von 1924, der zwischen den beiden Akten des Balletts *Relâche* (*Pause / Keine Vorstellung*) gezeigt worden war?[15] Im Film sieht man Erik Satie und Francis Picabia mit einer Kanone schießen, Duchamp mit Man Ray Schach spielen, eine Trauergemeinde hinter einem Leichenwagen herlaufen und eine Ballerina im Tutu, Kiki de Montparnasse, von unten gefilmt auf einer Glasscheibe tanzen. Das Gesicht der Tänzerin ist dabei nicht zu sehen. Erst später taucht sie zuerst mit den Gesichtszügen eines bärtigen Mannes, dann, ganz unauffällig, mit ihren eigenen auf.

Auf Toyens Gemälde trägt die junge Frau ein Gewand, das große Ähnlichkeit mit dem Tutu der Ballerina im Film aufweist. Wie im Film ist ihr Kopf nicht zu sehen. Ihre nach oben ragenden Füße verschmelzen mit der Wand, die bedeckt ist mit Spuren einer Flüssigkeit, welche die Farbe von Blut hat. Stellt man das Bild in den Kontext des Zweiten Weltkriegs, kann es sich bei diesem Körper auch um die Darstellung eines an den Füßen aufgehängten Opfers handeln, einer besonders qualvollen Methode der Hinrichtung, häufig angewandt bei Geiseln oder Gefangenen, nachdem sie gefoltert worden waren – sofern ihre Henker in ihrer Ungeduld sie nicht bereits zuvor getötet hatten. In sowjetischen Archiven sind zahlreiche Fotografien von Partisanen überliefert, die während des Kriegs auf diese Weise gehenkt worden waren. Eine Praxis, die mindestens bis zum Vorabend des Waffenstillstands mit den kopfüber aufgehängten Leichen von Mussolini, seiner Geliebten und anderer Mitglieder seiner Entourage auf dem Mailänder Piazzale Loreto am 29. April 1945 fortgeführt wurde. Diese Zurschaustellung war eine Antwort auf die ein Jahr zuvor am selben Ort und auf dieselbe Weise erfolgte öffentliche Präsentation einer Gruppe von fünfzehn erschossenen Partisanen.

Obwohl die Frau auf dem Gemälde in bedrohlicher Weise preisgegeben ist, scheint sie dennoch die Situation zu beherrschen. Ihr Körper ist leicht vorgewölbt, die Hand umklammert die Holzstange, als wäre sie eine Akrobatin im entscheidenden Moment ihrer Darbietung, jederzeit scheint sie sich aus ihrer prekären Lage befreien

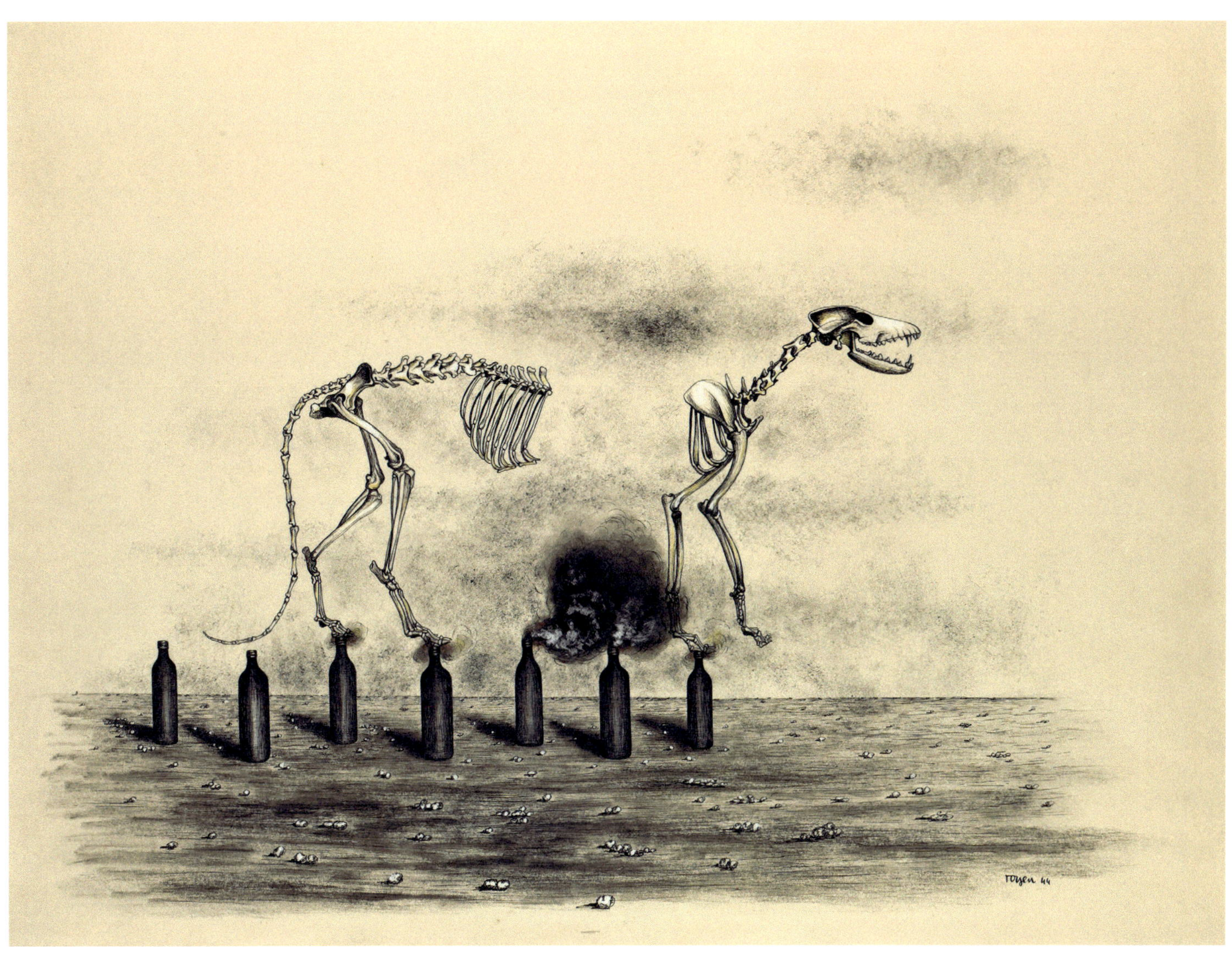

Abb. 340 Aus dem Zyklus ***Schovej se, válko! / Verstecke dich, Krieg!***, 1944
Tusche, weiße und farbige Kreiden auf Papier, 439 × 597 mm | Nationalgalerie Prag

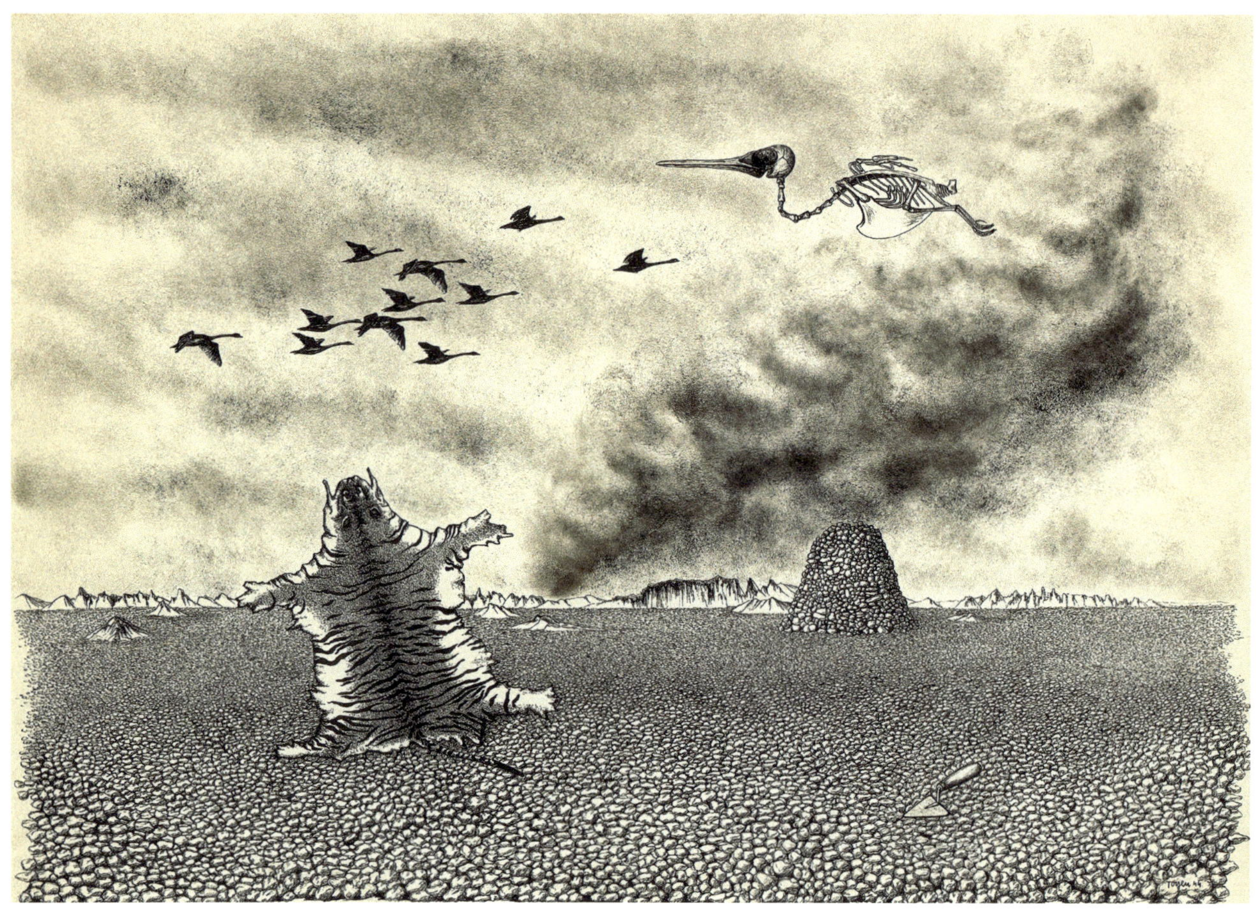

Kat. 341 Aus dem Zyklus ***Schovej se, válko! / Verstecke dich, Krieg!***, 1944
Tusche auf Papier, 400 × 590 mm | Privatsammlung

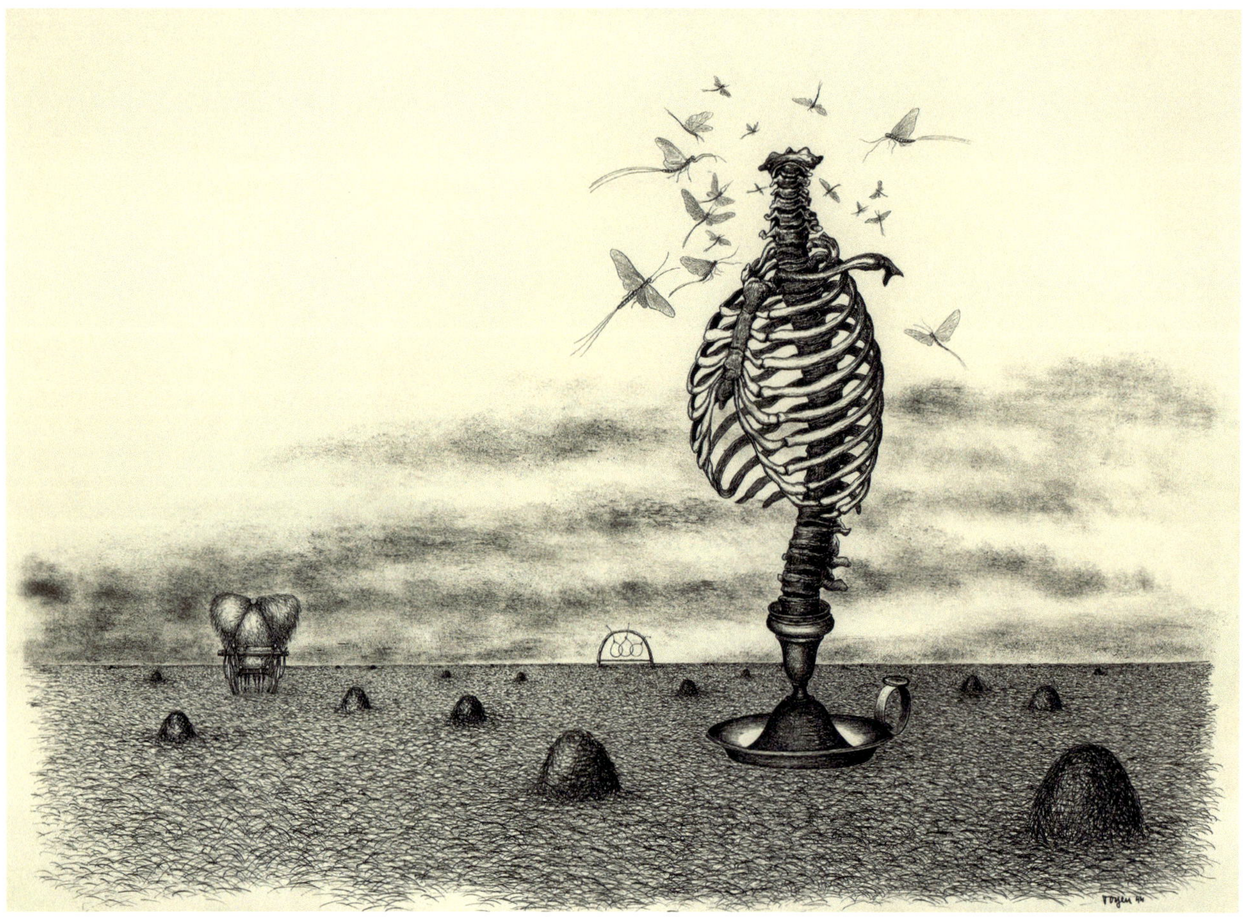

Kat. 342b Aus dem Zyklus ***Schovej se, válko! / Verstecke dich, Krieg!***, 1944
Tusche auf Papier, 410 × 580 mm | Galerie Natalie Seroussi

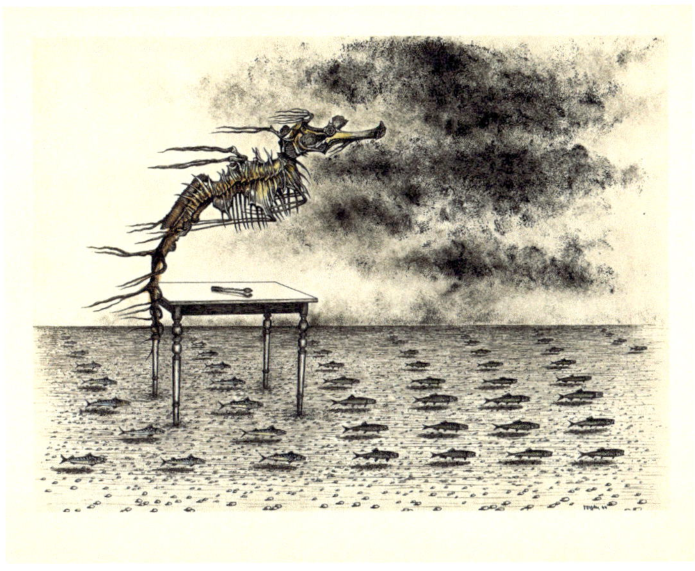

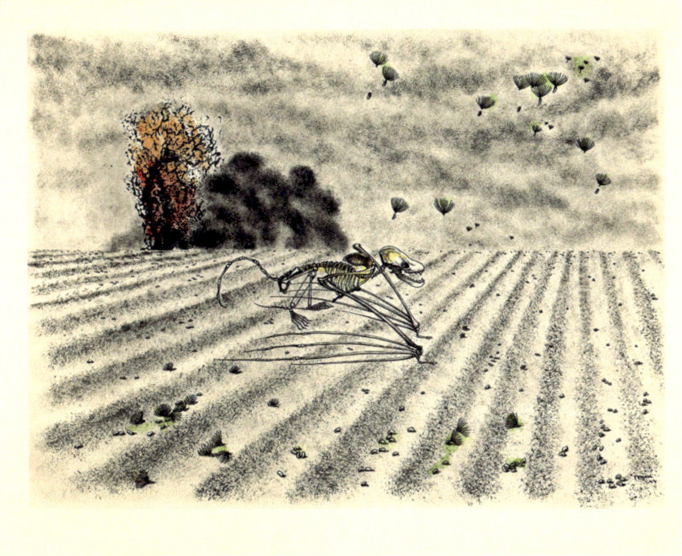

Abb. 343, 344 Aus dem Zyklus ***Schovej se, válko! / Verstecke dich, Krieg!***, 1944
Kolorierte Lithographien, 334 × 417 mm | Privatsammlung

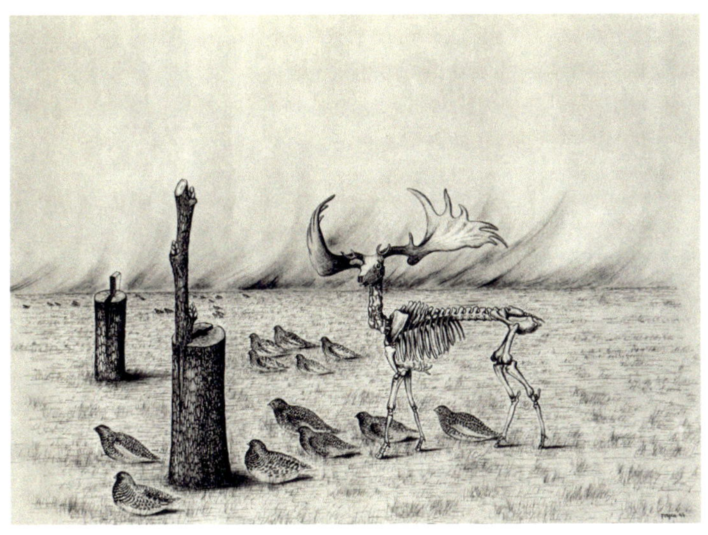

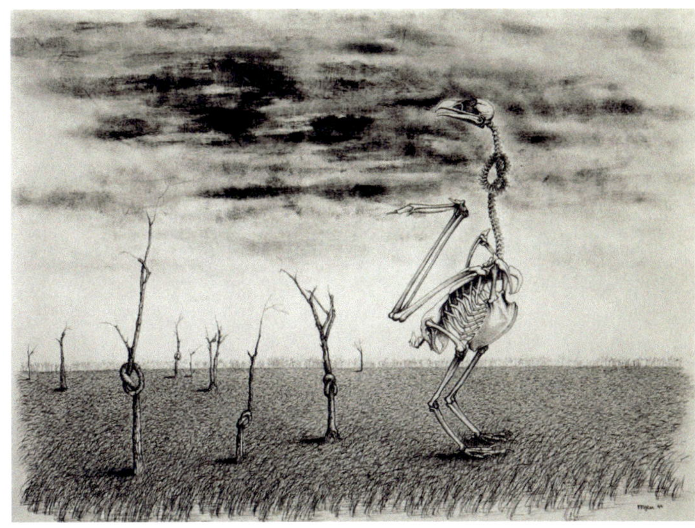

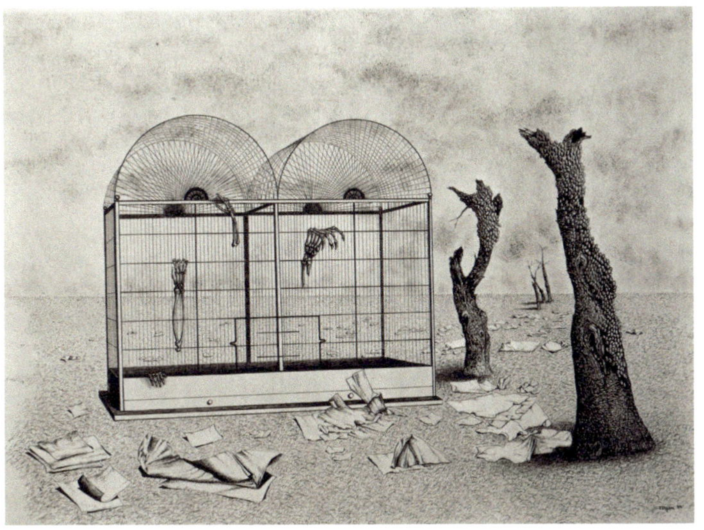

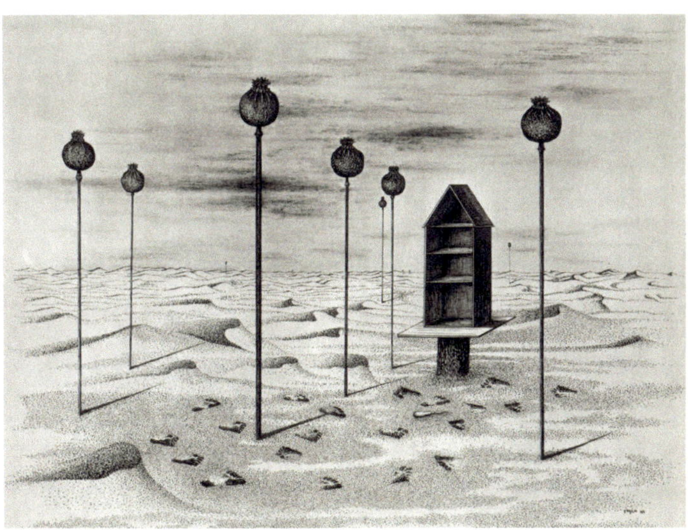

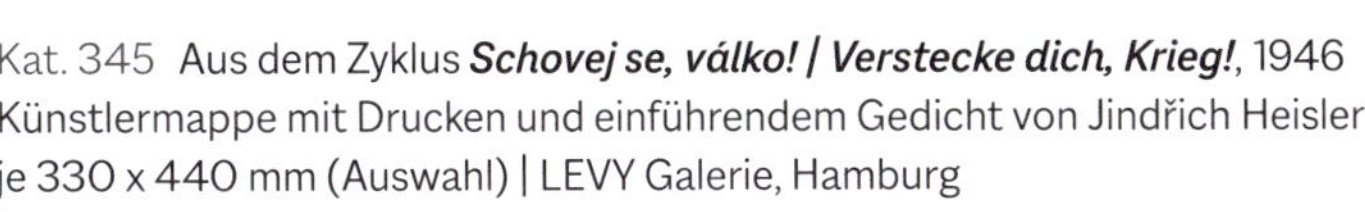

Kat. 345 Aus dem Zyklus ***Schovej se, válko! / Verstecke dich, Krieg!***, 1946
Künstlermappe mit Drucken und einführendem Gedicht von Jindřich Heisler
je 330 x 440 mm (Auswahl) | LEVY Galerie, Hamburg

zu können. Und hat sie nicht auch etwas von einem Vogel, der auf einem Ast sitzt, einem Nachtvogel oder einer großen Fledermaus, geblendet vom Blitzlicht eines Fotografen und plötzlich alle Farbe verlierend, kurz bevor sie sich wie eine schlecht fixierte analoge Aufnahme auflösen wird?

Mit dem Universum der Fotografie war Toyen durch Heisler, der damit unablässig experimentierte, sicherlich vertraut. Für Heisler war die Fotografie vor allem ein Mittel neuer visueller Erfahrungen, erzielt durch technische Verfahren, die er unablässig erprobte – was nicht nur seine eigene, sondern auch die künstlerische Praxis Toyens bereicherte. *Nach der Vorstellung*, das zu den realistischsten Gemälden der Künstlerin zählt, evoziert nicht nur das Universum der Fotografie, sondern bedient sich auch eines Teils ihrer Arbeitsmittel und -verfahren. Ist die ikonographische Quelle für die Ballerina nicht ein Film? Und sind nicht die Tänzerin, die Stange, die Nahsicht, die Verwendung der Diagonale, aber auch die Objekte – der Sack, der vermutlich zuvor über den Kopf gestülpt war und an das Tuch erinnert, unter dem die Fotografen früher verschwanden, um die Kameraeinstellungen vorzunehmen, vielleicht sogar die Fliegenklatsche, mit der eine plötzliche Bewegung verbunden wird – alles Elemente eines heterogenen und mehrdeutigen Vokabulars, die den Eindruck erwecken, dass diese Szene sich ebenso gut im Hinterzimmer eines Fotografen abspielen könnte, der die Kreuzigung des Heiligen Petrus mit dem umgedrehten Kreuz und den Passionswerkzeugen nachstellen lässt?

All diese Verweise, so unterschiedlich sie auch sein mögen, überlagern sich zwar in ihrer Mehrdeutigkeit, doch verlassen sie nicht den Umkreis von Gewalt und Krieg. Toyens erotischer, unbändiger Humor der 1920er und 1930er Jahre hat sich in eine ironisch, ja fast sarkastisch anmutende erotische Haltung verwandelt, die mit dem Blick, mit Macht und Gewalt spielt und deren Mechanismen ausstellt, unabhängig davon, ob es sich um privat oder staatlich ausgeübte Praktiken handelt.[16] Indem Toyen in ihrer bildlichen Darstellung Vergewaltigung und Folter wiederholt, entfaltet sie dank »ihrer wachsenden Kenntnis von de Sade« in diesem bedeutenden Gemälde, was sie »an verbrecherischer Energie spürt, die mit der Wildheit des Begehrens verbunden ist«.[17]

Das im Titel suggerierte Innehalten zeigt lediglich die Pause zwischen zwei Gefechten oder Schlachten an, während der die Massaker und Vergewaltigungen andauern, nur in kleinerem Maßstab, im Hinterzimmer vor einer mit Blut bedeckten Wand – dem Blut, das unter den Klauen des Adlers in *Die gefährliche Stunde* fehlte.

Das Badezimmer, in dem Toyen in ihrer Prager Wohnung Heisler versteckte, diente möglicherweise auch als Dunkelkammer – wie sie Heisler für die Entwicklung der Arbeiten benötigte, die ihn schließlich zu den »fotografiky« (Fotografiken) von 1944 führten, das heißt zum Verzicht auf Fotoapparat und Objektiv zugunsten eines Verfahrens, bei dem er diverse Materialien, die von Pflanzenfragmenten bis zu hart gewordenem Klebstoff reichten, direkt auf die Glasplatten legte. Zwei Dutzend dieser ohne Apparat hergestellten Bilder wurden von ihm später unter dem Titel *Ze stejného těsta* (*Aus ein und demselben Stoff*) zusammengefasst. Auf ihnen ist ein ganzes Schattenuniversum von Tieren, Menschen und Ruinen zu sehen, die miteinander verschmolzen sind durch ein und dieselbe Katastrophe. Man fühlt sich an die Auswirkungen der großen Bombardierungen im Zweiten Weltkrieg erinnert, bis hin zu den Aufnahmen, die nach den Atombombenabwürfen auf Hiroshima und Nagasaki gemacht wurden.

Vor dem Krieg wie nach dem Krieg war Toyen stets über alles informiert. Von der »Sardinenbüchsen«-Methode des SS-Offiziers Jeckeln hatte sie vermutlich nicht gehört, aber die Gerüchte von den Massenerschießungen hatten sie sicherlich erreicht. Ihre geschärften Sinne hatten es ihr ermöglicht, sich eine Vorstellung davon zu machen, die sie dann in ihre Gemälde übersetzte. Das ers-

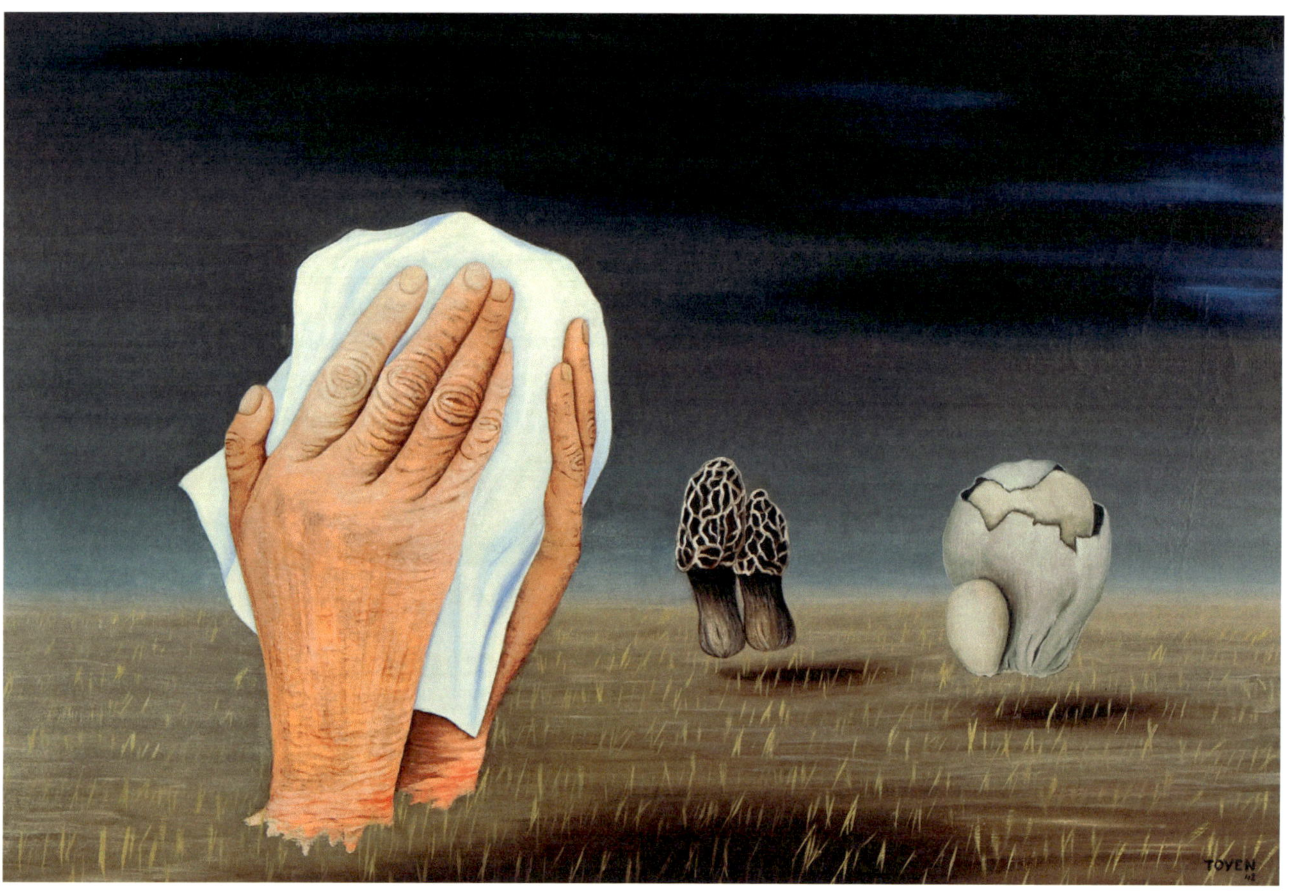

Kat. 346 ***Smutný den / Trauriger Tag***, 1942
Öl auf Leinwand, 60 × 92 cm | Privatsammlung

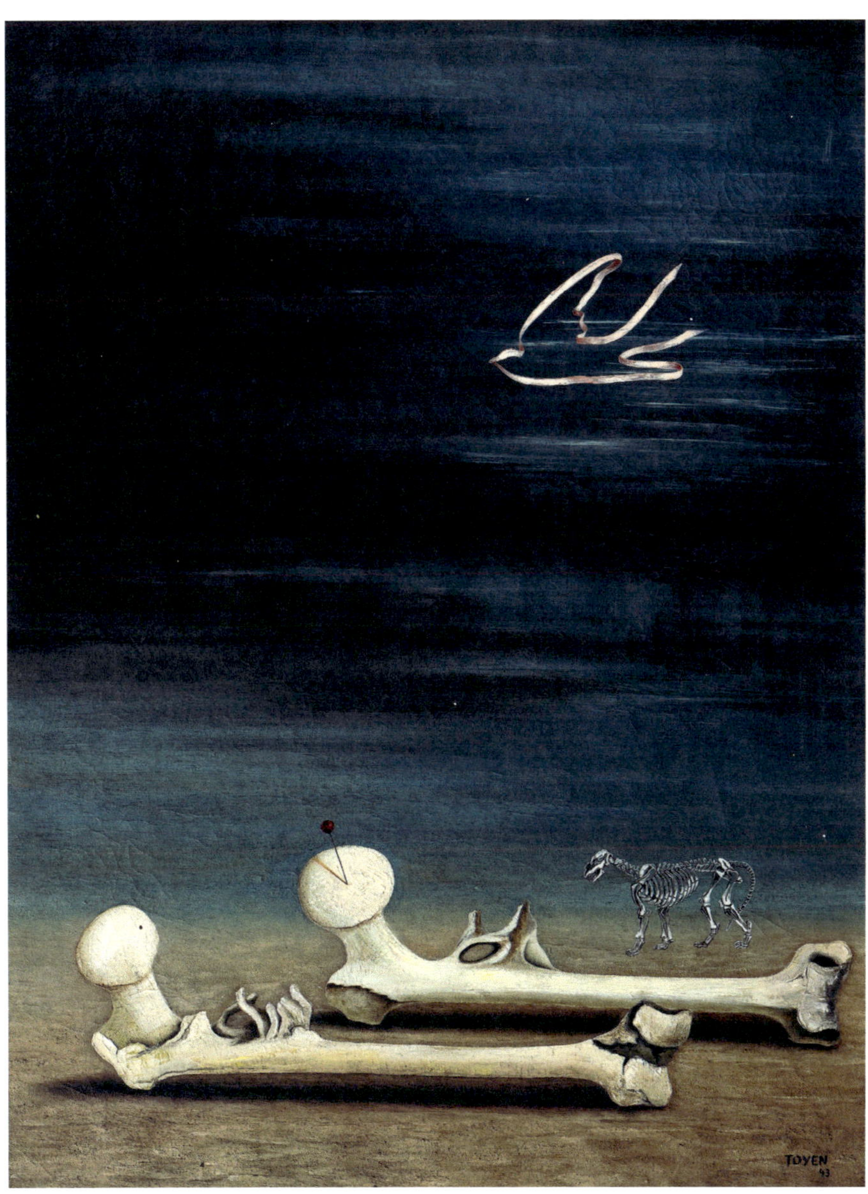

Abb. 347 ***Přeji Vám mnoho zdraví! / Ich wünsche Ihnen viel Gesundheit!,*** 1943
Öl auf Leinwand, 87 × 66 cm
Privatsammlung, Courtesy Galerie KODL

te dieser Werke verbindet eine verlassene Landschaft, ein *no man's land*, und Tierskelette miteinander. Toyens Bilder scheinen wie der Phantasie des Verfassers der *Chants de Maldoror* (*Die Gesänge des Maldoror*) entsprungen, die sie mit Begeisterung las. Als sie für ihren Zyklus von Zeichnungen aus dem Jahr 1945 den Titel *Schovej se, válko!* (*Verstecke dich, Krieg!*, Kat. 340–345) wählte, einen Ausruf, der auf den ersten Seiten der *Poésies II* (*Poesie II*) von Lautréamont steht, schloss sie ganz bewusst an diese andere Tradition der französischen Literatur- und Kunstgeschichte an.

Die *Poésies* (*Poesie*) *I* und *II*, welche die *Die Gesänge des Maldoror* ergänzen, wurden von Lautréamont im Frühjahr 1870 vollendet, kurz vor dem Ausbruch des Deutsch-Französischen Kriegs von 1870/71. Weist der Ausruf *Verstecke dich, Krieg!* auf die unmittelbar bevorstehenden Kämpfe zwischen Frankreich und Deutschland hin? Oder bezieht er sich in einer umfassenderen Rückschau auf das, was in den 1860er Jahren die Realität in Amerika war und eine Obsession in Europa?

Für Léon Bloy, der 1890 den ersten großen Artikel über Lautréamont veröffentlichte, handelte es sich bei dessen *Gesänge des Maldoror* »unbestreitbar um das Zeugnis eines großen Dichters, in dem sich eine prophetische, aus dem Unbewussten kommende Gabe äußert, die verstörende Fähigkeit, über Menschen und Zeiten hinweg unerhörte Sätze vorzutragen, um deren Wirkung er selbst nicht weiß«.[18] Der Zyklus *Verstecke dich, Krieg!* ist zweifellos das prophetischste Werk, das Toyen geschaffen hat. Eine Folge von Landschaften, wo überall der Tod ist, friedlich, wie losgelöst von den Dingen und Lebewesen, die mit großer Genauigkeit und Klarheit dargestellt sind, als wären sie von einem künstlichen Licht grell ausgeleuchtet. Die Zeichnung des Skeletts einer über Flaschen, aus denen Rauch aufsteigt, spazierenden Großkatze würde vielleicht weniger befremden, wäre das Skelett nicht in der Mitte unterteilt, wäre es nicht vollkommen parallel zur Bildebene der Zeichnung ausgerichtet, wäre der Boden nicht von Wind oder Meer umgepflügt worden und würden die Steine im Vordergrund, mutmaßlich die Überreste eines zersplitterten Felsens, nicht wie ein Echo des Skeletts wirken (Abb. 340). Aus der endlosen Weite dieser kahlen Räume scheint der Krieg selbst geflohen zu sein, um nichts als Leere und Tod zu hinterlassen. Auf einer der Zeichnungen ist ein menschlicher Brustkorb ohne Schultern und Arme zu sehen, von einem Schwarm Nachtfalter umgeben; auf einer anderen zieht eine Gruppe Wachteln fröhlich einem Elchskelett voraus (Kat. 342b, 345).

Verstecke dich, Krieg! erinnert an Piranesis *Villa-Adriana*-Zyklus, bei dem die Eindringlichkeit der Perspektive wie bei Toyen von der Nähe zum Theater herrührt. Piranesi hatte bei den Brüdern Zucchi gelernt, die eine bedeutsame Rolle bei der Revolution des Opernbühnenbilds im 18. Jahrhundert spielten. Man begegnet dort demselben halluzinatorischen Grundton, derselben Faszination und demselben Missbehagen sowie einer prophetischen Anwesenheit von Gewalt. Die Künstler vor der Französischen Revolution besaßen ebenfalls diesen prophetischen Blick, mit dem sie die kommenden

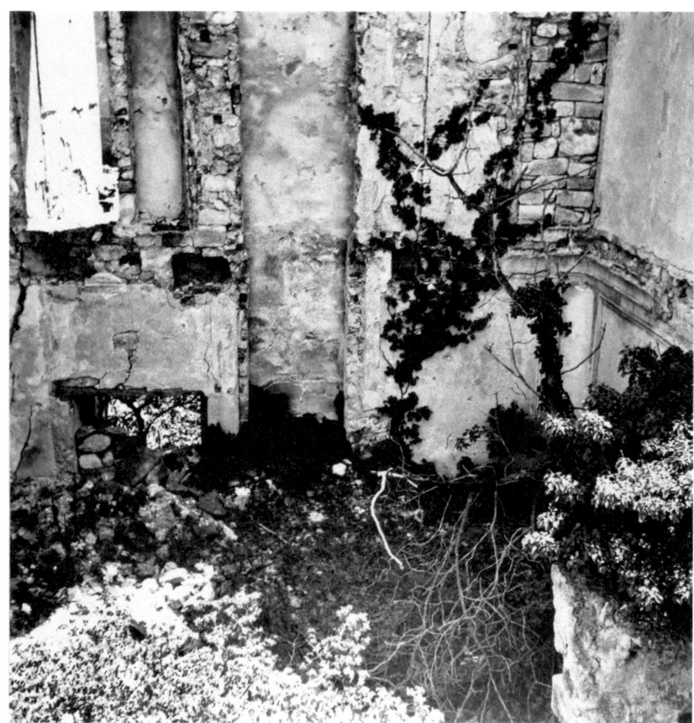

Abb. 348 Jindřich Štyrský (1899–1942),
Zámek La Coste / Schloss La Coste, 1932
Fotografie | Privatsammlung

Kriege und Gewaltexzesse voraussahen, die ein bis dahin nicht gekanntes Ausmaß erreichen sollten. Wenige Jahrzehnte später wurden die düsteren Visionen Piranesis von Goya in seiner *Tauromaquia (Stierkampfkunst,* 1816), in den *Desastres de la Guerra* (*Die Schrecken des Krieges,* 1810–1814) und *Los Caprichos (Einfälle,* 1799) aufgegriffen und fortgesetzt. Bei Toyen finden sich dieselben Schwärme von Vögeln und anderen Flugwesen als Ausdruck des Wahnsinns und seiner Folgen. Als Goya die Napoleonischen Kriege in ihrer Grausamkeit und Maßlosigkeit darstellen wollte, entschied er sich für das erbärmliche Antlitz des Henkers, der sich auf die gefesselten Körper seiner Opfer stürzt. Bei Goya ist zum ersten Mal die Verschiebung in der Größenordnung zu sehen, die Gewalt, Schmerz, Groll und Wahnsinn verursachen. Über ein Jahrhundert später führt uns dies auch Toyen in *Verstecke dich, Krieg!* vor Augen, etwa mit dem Menschenkiefer-Baum inmitten einer Wiese aus der Sammlung Konrad Klapheck oder dem Skelett eines überdimensionalen Seepferdchens, das eine Armee von Fischen kommandiert (Abb. 343).

In Toyens letztem großen Zyklus jener Jahre tauchen keine Körper und keine Henker mehr auf, es bleiben nur noch Skelette und Knochen, Käfige und Gitterstäbe, verirrte Tiere. In einer Umkehrung der Werte, wie sie für Toyen charakteristisch ist, platziert sie in ihren Zeichnungen diese Überbleibsel in eine nackte, kahle Umgebung, in der das Leben, ein anderes Leben, sich seinen Platz zurückerobert, während die Überreste, die verstümmelten Skelette anscheinend noch nicht ganz sterben können. Ein Teil der ikonographischen Elemente zählt zum wissenschaftlichen, künstlerischen und kaufmännischen Inventar ihrer Zeit. Toyen kehrt deren emotionale Wirkung um, wodurch sie ihnen eine unerwartete Dichte und Ausstrahlung verleiht. Sie geht von den vertrauten Eigenschaften der Objekte aus und verkehrt sie ins Gegenteil, indem sie sie ihrer üblichen Funktion beraubt. Die Motive befinden sich nicht dort, wo sie der Verstand erwarten würde. Ihre Darstellung ist realistisch. Als Vorlage dienen Toyen ihre Sammlungen von Bildern, die sie aus Veröffentlichungen aller Art ausgeschnitten hat, eine Arbeitsmethode, die offensichtlich bis in die 1920er Jahre zurückreicht. Die von ihr angelegten regelrechten Bildregistraturen wurden sorgfältig in Rubriken eingeteilt und ständig von ihr erweitert. Sie sollte daraus während ihres gesamten künstlerischen Schaffens schöpfen.

Ohne genau verstehen zu können, warum es so ist, spiegeln diese »realistischen« Zeichnungen, die wirken, als seien sie wie Collagen zusammengesetzt, eindrucksvoll die Wirklichkeit ihrer Zeit. Nicht die Wirklichkeit, wie man sie abbilden kann, sondern wie sie in der Vorstellung existiert; eine Wirklichkeit, die nicht mit dem Realen und Alltäglichen übereinstimmt, selbst in Kriegszeiten nicht.

Die Prozession der über dem Boden schwebenden Fische erinnert an das schlafwandlerische Vordringen mechanisierter Armeen zu einer Front, an der, so weit das Auge reicht, Schlachten toben. Tausende von Panzern oder Bombenflugzeugen, die sich von Horizont zu Horizont erstrecken, sind für Zeugen des Kriegsgeschehens unauslöschliche Erinnerungen. Im Sommer 1943 waren die unendlichen Ebenen im Osten von Panzern bedeckt, die zu den Schlachtfeldern um Kursk und anderswo vorrückten. Im Februar 1945 überflogen Bomber der Alliierten, in dichter Formation unterwegs nach Dresden, auch Prag.

Das Drama der Überlebenden bestand darin, dass sie ihre Erfahrungen nicht vermitteln konnten. Toyens Zeichnungszyklus liefert eine minutiöse Beschreibung dieser Unmöglichkeit. Toyen gelingt es, das Kriegsgrauen heraufzubeschwören und der Darstellung zugleich etwas Friedliches, Sinnliches und Zartes gerade dort beizufügen, wo man es am wenigsten erwarten würde, was das Grauen vielleicht sogar noch steigert.

Ihr düsterstes Gemälde aus dem Jahr 1945 – *Předjaří* (*Vorfrühling*, Kat. 350) – stellt eine Uminterpretation des berühmten Gemäldes *Le Rêve* (*Der Traum*, 1888) von Édouard Detaille dar, das durch Kopien und Reproduktionen weit verbreitet war. Dieses Werk greift ein militärisches, patriotisches Sujet auf und stellt ein Biwak französischer Soldaten dar, die sich auf einem Feld zum Schlafen hingelegt haben. Ihre in Dreiergarben aufgepflanzten Gewehre bilden eine sich nach links erstreckende perspektivische Fluchtlinie. Im Himmel über ihnen zeigt sich ihr »Traum«, vorwärtsstürmende französische Truppen aus vergangenen Zeiten, von den Revolutionskriegen bis zum Krieg von 1870/71. Das Gemälde wurde allgemein als Aufruf zur Revanche für die erlittenen Niederlagen interpretiert. Toyen deutet die Vorlage in ihrem Werk um. Sie wandelt das Sujet ab, ersetzt die Nacht durch das Morgengrauen, das Biwak der Soldaten durch frische Gräber und den Traum von Ruhm und Ehre durch einen leeren, bleiernen Himmel. Das Immaterielle wird durch seltsame weiße Schmetterlinge verkörpert, die sich auf den Erdklumpen der Grabhügel niedergelassen haben, um sich dort an den letzten Tautropfen zu laben.[19]

Der vom 19. ins 20. Jahrhundert zurückgelegte Weg entspricht dem vom Ersten zum Zweiten Weltkrieg. Er berechnet sich nach Millionen und Abermillionen von Toten, in der Zivilbevölkerung genauso wie beim Militär. Keine der kriegführenden Parteien im Zweiten Weltkrieg zögerte, die Zivilbevölkerung zu massakrieren, wenn dies möglich oder zweckdienlich erschien. Überall sind die Gräber zu finden. Ein Gemälde wie Toyens *Válka, Polní strašák* (*Der Krieg, Die Vogelscheuche*, Kat. 353) dürfte kaum zum Lachen gereizt haben, als es das erste Mal gezeigt wurde. Die an Werke von Arcimboldo erinnernde Gestalt – halb zerfleddertes Aas, halb Vogelscheuche, mit ihren Mullbinden, dem blutigen Fleisch und dem Kopf aus einem Bienenschwarm,[20] aufgestellt vor einer Landschaft voller verstreuter, in Vergessenheit geratener Büsten – entsprach genau dem, was die Überlebenden erfahren hatten, all dem gesteigerten, unvorhersehbaren, anachronistischen Grauen. Eine bitterere Vision des Krieges ist nicht vorstellbar. Als Titel hatte Toyen ursprünglich *Der Krieg, Die Vogelscheuche* vorgesehen, doch André Breton schlug ihr später vor, ihn auf *Der Krieg* zu verkürzen. Eine Vogelscheuche ist nichts, wovor man sich allzu sehr erschrecken müsste.

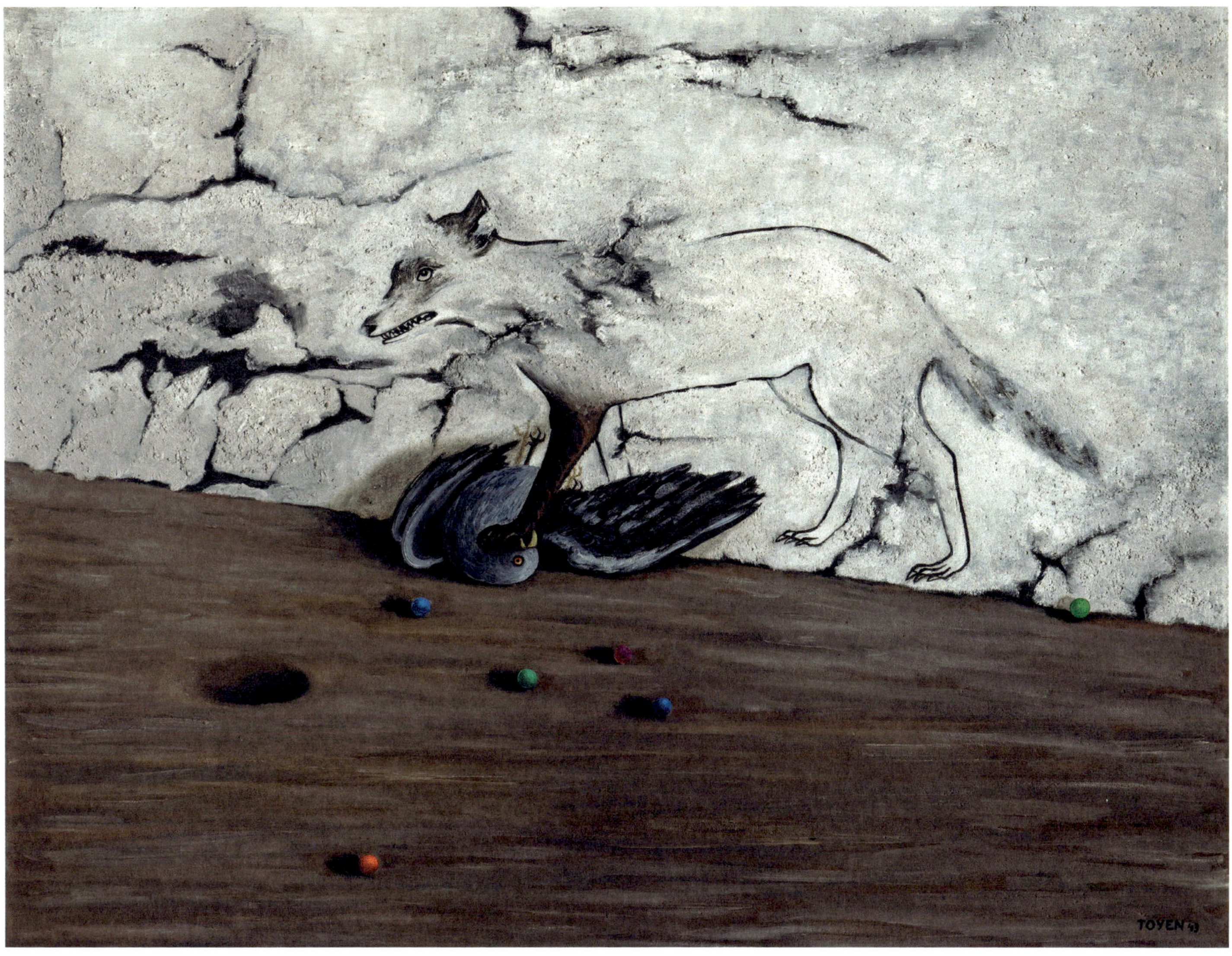

Kat. 349 ***Na zámku La Coste / Im Schloss La Coste***, 1943
Öl auf Leinwand, 65 × 87 cm
Nationalgalerie Prag, Geschenk von Alena Žižková-Lind, 2010

Im Sommer 1945 hatte Toyen den Krieg überlebt. Sie schrieb an Paul Eluard, ihren Freund aus Vorkriegstagen, erhielt jedoch keine Antwort. Im April 1946 schrieb sie einen weiteren Brief, diesmal an Benjamin Péret. In diesem Brief vom 22. April 1946, den wir hier im Katalog vollständig abdrucken (S. 221), berichtet sie von allem Möglichen, sie macht eine Art Bestandsaufnahme, liefert ein Resümee der Situation in Prag. Toyen kommt kurz auf ihre heimliche künstlerische Tätigkeit zu sprechen, erwähnt den Tod von Štyrský, erwähnt auch Heisler, den sie als Dichter vorstellt, nimmt Stellung zu ihren Freunden und deren Entwicklung, schreibt von ihren Befürchtungen. Sie macht regelrecht Inventur, listet auf, was nach dem Untergang geblieben ist. Von Eluard spricht sie merkwürdigerweise nicht. Möglicherweise hat sie den Brief nach dem unerwarteten Besuch geschrieben, den dieser ihr kurz zuvor abgestattet hatte.

Im April 1946 organisierte Eluard, der seit 1942 der Kommunistischen Partei angehörte, in mehreren Ländern des sowjetischen Einflussbereichs eine Reihe von Konferenzen, beginnend in Prag. Begleitet von Vertretern der neuen Machthaber stattet er Toyen einen Besuch ab, mit dem bekannten desaströsen Ergebnis: Er verlangt von ihr, sich der Partei anzuschließen, dem Programm des sozialistischen Realismus, »die Rose ist die Rose«. Toyen weigert sich, Eluard bedroht sie – die beiden werden sich nie mehr wiedersehen. Sie bleibt weiter dem Surrealismus und der Gruppe der Surrealisten um André Breton treu, in ihren politischen und künstlerischen Überzeugungen ist sie näher bei Pérets *Déshonneur des poètes* (*Die Schande der Dichter*) als bei der *Ode à Staline* (*Ode an Stalin*), die Eluard und Vítězslav Nezval verfassen. Der Artifizialismus, der die augenscheinliche Wirklichkeit der Dinge in Zweifel zog, erwies sich bei ihr als wirksames Mittel gegen die Verlockungen aller Arten von Totalitarismus. Wie auch Prag insgesamt davor gefeit war, in seiner ganzen Geschichte vom Golem bis zu den Totentänzen, vom Barock bis zu Kafka, mit all seinem quirligen, lebendigen Treiben in der Altstadt, in der die Surrealisten »genauso wie ihre Pariser Geistesverwandten die verstaubten Fetische der Flohmärkte vergötterten. Alte Automaten mit tanzenden Puppen, Kristallkugeln, Schießscheiben und Bildtafeln vom Jahrmarkt, die Schaubilder von Handleserinnen mit der Lebenskurve, Masken, blinde Spiegel, Bruchstücke von Statuetten«.[21]

Lange vor dem Krieg hatte Toyen begriffen, dass der Realismus nicht mehr imstande war, eine Wirklichkeit wiederzugeben, die immer stärker zum Albtraum wurde, genau wie es Barnett Newman 1946 rückblickend feststellte, als er über die surrealistischen Gemälde, die er 1935 in einer Ausstellung des New Yorker Museum of Modern Art gesehen hatte, sowie über die Reaktionen des Publikums schrieb: »Das Werk der Surrealisten hatte etwas Prophetisches. Denn der Schrecken, den sie auslösten, und der Schock, in den sie die Leute versetzten, waren nicht einfach nur die Träume verrückter Leute; ihre Bilder waren prophetisch in dem Sinne, dass

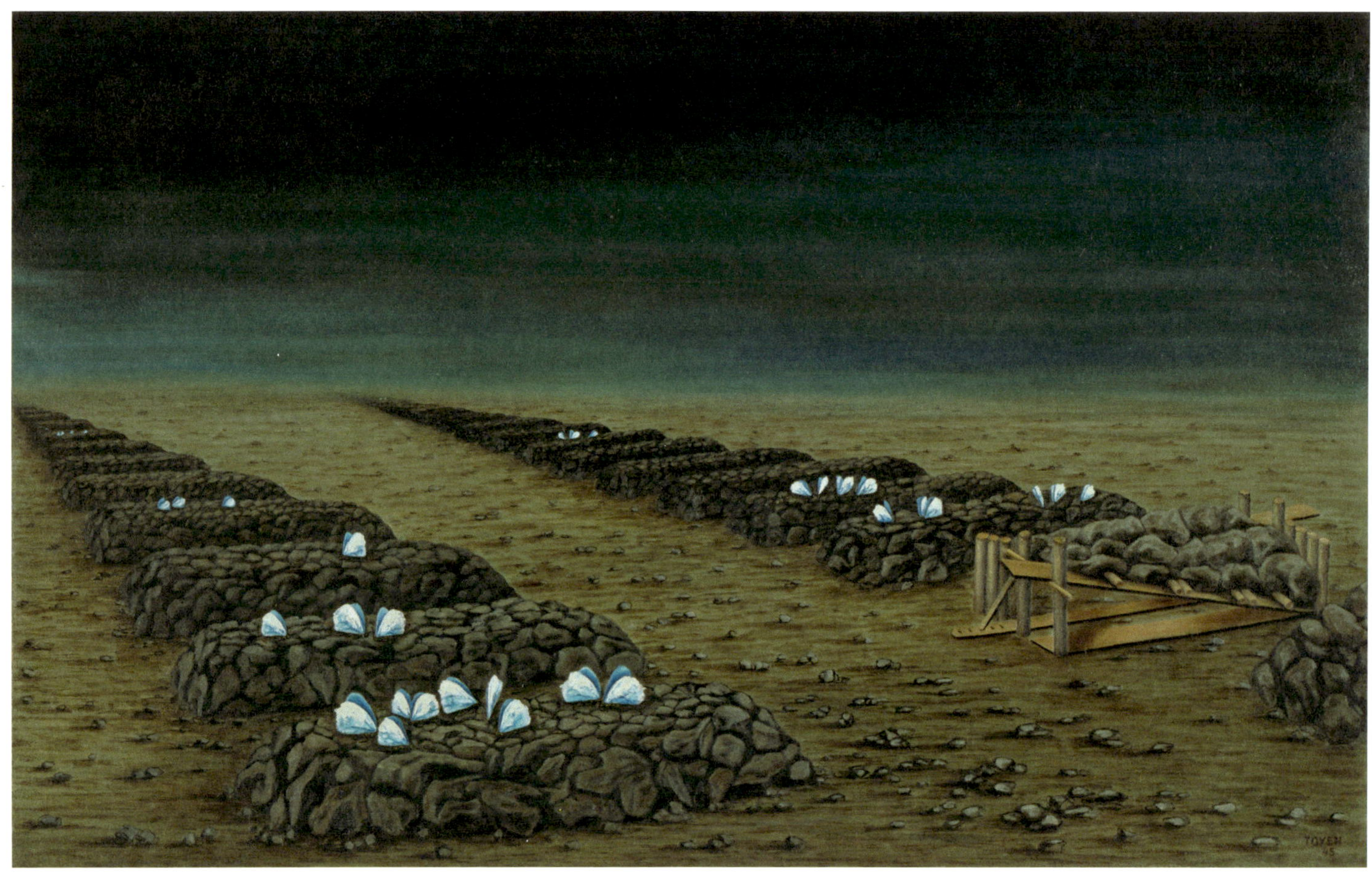

Kat. 350 ***Předjaří / Vorfrühling***, 1945
Öl auf Leinwand, 89 × 146 cm
Centre Pompidou, Musée national d'art moderne – Centre de création industrielle, Paris, erworben 1982

sie zeigten, was die Welt in Wirklichkeit zu sehen bekommen sollte. Sie zeigten uns die Schrecken des Krieges; und hätte man die Surrealisten nicht ausgelacht und sie wirklich verstanden, dann hätte es überhaupt keinen Krieg gegeben.«[22] Doch die deutsche Besatzung und der Krieg waren schlimmer als alles, was man sich hatte vorstellen können. Allein was sich in der Tschechoslowakei ereignete – zwischen dem deutschen Einmarsch, der Ernennung Heydrichs zum Stellvertretenden Reichsprotektor in Böhmen und Mähren, dem Attentat auf ihn und seinen Folgen –, überstieg die menschliche Vorstellungskraft. Und dieses Übermaß des Bösen, das zuvor ungekannte Dimensionen erreichte, wurde wenig später noch durch die Industrialisierung des Massenmords in den Vernichtungslagern übertroffen, welche die Entmenschlichung des Menschen vollendeten. Von all dem berichten Toyens Werke, und sie gehen zugleich noch weiter, als hätte sie das Verschwinden des Menschen, in »prometheischer Scham« vom Gefühl der eigenen Minderwertigkeit und Jämmerlichkeit erfüllt, vorweggenommen, von dem Günther Anders 1956 nach der Erfindung der Atombombe und den Abwürfen dieser Bombe über Hiroshima und Nagasaki schrieb.[23]

Na zámku La Coste (*Im Schloss La Coste*, 1946, vgl. Kat. 349) ist das Schlüsselwerk am Kriegsende, das den Ausgangspunkt für das gesamte restliche Werk von Toyen bildet.[24] Es handelt sich dabei, wie könnte es anders sein, um eine Hommage an de Sade, für die sie als Vorlagen von Štyrský im Lubéron aufgenommene Fotografien verwendete. Das Gemälde zeigt auf eine Mauer gezeichnet die Silhouette eines Wolfs – oder eines Mischwesens aus Fuchs und Wolf –, der mit seiner aus dem Verputz herausragenden Pfote einer auf dem Rücken liegenden zuckenden Taube die Luft abdrückt. Das Gemälde ist nach demselben Prinzip konstruiert wie *Nach der Vorstellung*, nur spiegelverkehrt, mit derselben Diagonale der Kante, die entsteht durch das Aufeinandertreffen von Mauer und Boden, auf dem dieses Mal mehrere Murmeln verstreut sind. Aus den Mauerritzen wuchern Pilze der Gattung Lackporling hervor. Sind solche Lackporlinge an Bäumen zu finden, bedeutet dies, dass sie abgestorben sind.

Die menschliche Gestalt ist in den Werken Toyens nicht nur zu einer Nebensache geworden, sie wird auch nur noch als Skelett oder Aas dargestellt. Der Mensch ist lediglich in diffuser Weise noch vorhanden, hat sich buchstäblich ins Vegetabilische, Mineralische aufgelöst, ist zugleich im zur Beute gewordenen Vogel und im Raubtier mit seinem eher beunruhigten als beunruhigenden Blick anwesend. Im Lauf der Kriegsjahre verschwindet die menschliche Gestalt aus Toyens Bildern mehr und mehr, zugunsten von Figuren, die – halb Mensch, halb Tier – in eine mit Gespenstern bevölkerte Welt vordringen, für immer und ewig auf der Suche nach Frieden und nach Poesie, die dringlicher ist als je zuvor.

Während der Kriegsjahre wird der beschwörende Charakter von Toyens Werken immer ausgeprägter. In ihnen teilt sich eine genaue Beobachtung der damals allgegenwärtigen Verheerungen mit, während zugleich alle möglichen Listen ersonnen werden, um die zerstörerischen Kräfte abzuwehren – »mit luziferischer Heiterkeit« sich dem Schauerlichen nähernd, durch das »die Lemuren Entsetzen verbreiten wollen«, wie Ernst Jünger in seinem *Ersten Pariser Journal* weniger als eine Woche vor dem Attentat auf Heydrich schreibt.[25] Es gibt kein Zeugnis dieses gesamten Krieges, das in seiner Aussagekraft den Werken Toyens gleichkäme, denen es auf einzigartige Weise gelingt, die stattgefundene Verwandlung – und wohin diese führte – zu erfassen. Kein anderes Œuvre beschreibt so sorgfältig und genau, worin die große Umwertung aller Werte des vergangenen Jahrhunderts bestand.

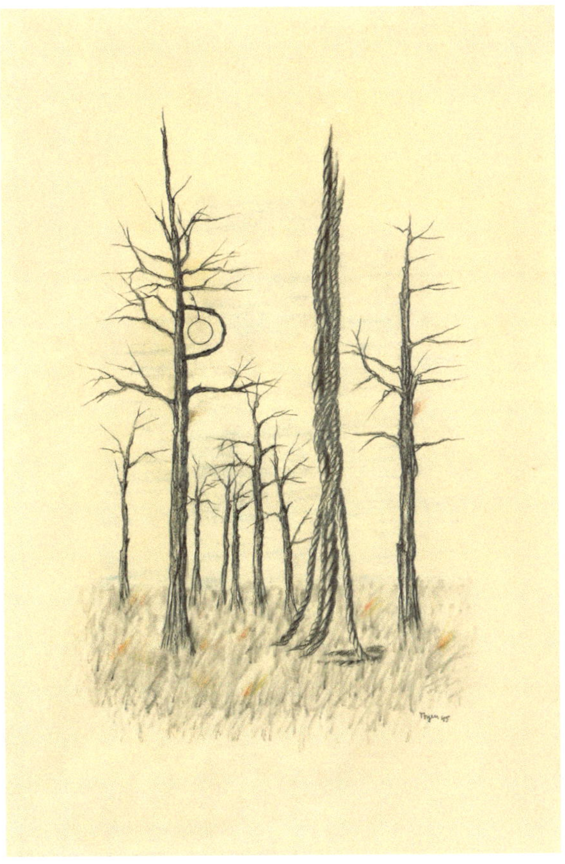

Abb. 351 ***Na pokraji / Am Waldrand***, 1945
Kohle und Pastell auf Papier, 575 × 390 mm
Kunsthalle Prag

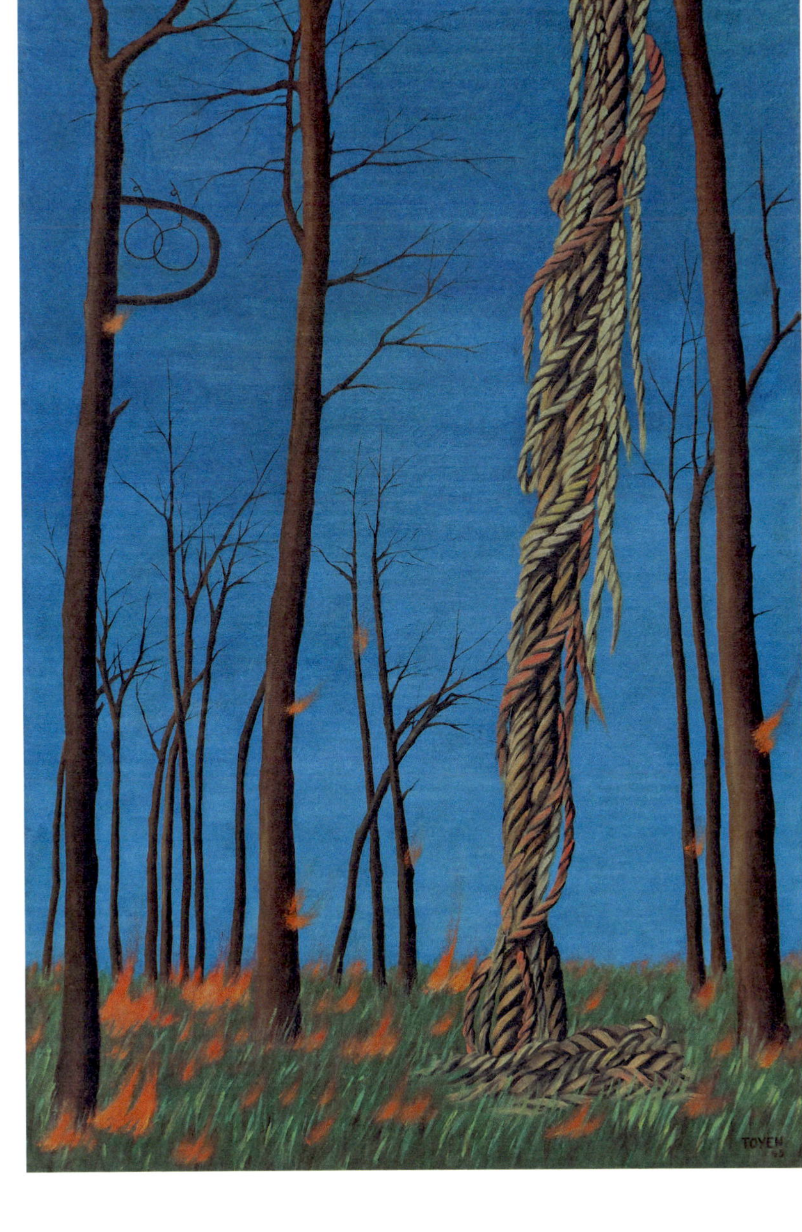

Kat. 352 ***Na pokraji / Am Waldrand***, 1945
Öl auf Leinwand, 107 × 71 cm
Kunstmuseum Bochum

1 Annie Le Brun, Toyen ou l'insurrection lyrique, in: dies., *Un espace inobjectif. Entre les mots et les images*, Paris 2019, S. 128.
2 Karel Srp, Chronique du temps de l'anxiété, in: *Toyen, une femme surréaliste*, Ausst.-Kat. Saint-Étienne, Musée d'Art moderne, Lyon 2002, S. 144.
3 Dominique und Julien Ferrandou, *Toyen. L'origine de la vérité*, Film DVD, Éditions TFV, Aube Elléouët-Breton, Saché, 2015.
4 Jiří Weil, *Život s hvězdou*, Prag 1948, dt. Ausgabe: *Leben mit dem Stern*, aus dem Tschechischen von Gustav Just, München/Stuttgart 2000.
5 Srp 2002 (wie in Anm. 2), S. 152.
6 Siehe die ersten Bilder des Wochenschaubeitrags der UFA, *Begräbnisfeierlichkeiten Reinhard Heydrich*, Juni 1942, ohne Ton, https://www.youtube.com/watch?v=VOtXIGerj7I [Aufruf: 12.3.2021].
7 George Orwell, *Diaries*, https://orwelldiaries.wordpress.com/2012/06/11/11-6-42/ [Aufruf: 10.7.2021].
8 S. Laurent Binet, *HHhH, Himmlers Hirn heißt Heydrich*, Reinbek 2011, S. 357.
9 29. August 1942, Paul Morand, *Journal de guerre. Londres, Paris, Vichy* (*1939–1943*), Paris 2020, S. 496.
10 George Orwell, *Diaries*, https://orwelldiaries.wordpress.com/2012/06/11/11-6-42/ [Aufruf: 12.4.2021].
11 Das Attentat und das anschließende Massaker lösten solche Empörung aus, dass Hollywood unmittelbar darauf zwei Spielfilme darüber drehte, einen mit Douglas Sirk als Regisseur, *Hitler's Madman* (1943) – Sirks erster amerikanischer Film –, den anderen unter der Regie von Fritz Lang, *Hangmen Also Die!* (*Auch Henker sterben*, 1943), an dessen Drehbuch auch Bertolt Brecht mitgearbeitet hatte. Beide Filme bildeten nur den Anfang einer langen Reihe von Filmen und Büchern, die sich mit den Ereignissen befassten, zuletzt Binet 2011 (wie in Anm. 8, französische Originalausgabe 2007), das 2017 als Vorlage für den gleichnamigen Film *HHhH* (dt. *Die Macht des Bösen*) diente.
12 Weil 2000 (wie in Anm. 4).
13 Srp 2002 (wie in Anm. 2), S. 145.
14 Anna Pravdová verdanke ich den Hinweis, dass der tschechische Originaltitel durch den französischen Titel *Relâche* nur ungenau wiedergegeben wird.
15 Ballett von Jean Börlin und Francis Picabia, am 4. Dezember 1924 aufgeführt am Théâtre des Champs-Élysées. René Clairs Film ist einzusehen unter https://vimeo.com/29091457 [Aufruf: 12.4.2021].
16 Annie Le Brun, *À l'instant du silence des lois*, in: *Štyrský, Toyen, Heisler*, Ausst.-Kat. Paris, Musée national d'art moderne/Centre Georges Pompidou, Paris 1982, S. 58.
17 Le Brun 2019 (wie in Anm. 1), S. 125.
18 Léon Bloy, Le Cabanon de Prométhée, in: *La Plume*, 1.12.1890, aufgenommen in: Belluaires et porchers, in: ders., *Œuvres*, Paris 1964, Bd. 2, S. 186–196.
19 Anna Pravdová verdanke ich den Hinweis, dass eine Collage Štyrskýs von 1935 denselben Titel – *Sen* (*Der Traum*) – trägt. Die Abbildung einer riesigen Nähmaschine der Marke Wertheim ist dort in eine Reproduktion des Gemäldes *Le Rêve* (*Der Traum*) von Detaille geklebt, sodass das Biwak der schlafenden Soldaten von einem Bogen überwölbt wird. Die Collage bildete das Titelblatt der ersten Nummer des *Bulletin international du surréalisme*, 1935 auf Tschechisch und Französisch in Prag erschienen (Kat. 212); Štyrský schenkte sie anschließend Breton.
20 Pierre Huyghe verwendete dieses Motiv in seiner Installation *Untitled, 2011–12* auf der Documenta 13, indem er einer Statue als Kopf einen Bienenkorb mitsamt Bienen aufsetzte.
21 Angelo Maria Ripellino, *Magisches Prag*, Tübingen 1982, S. 278/79.
22 Barnett Newman, Surrealismus und der Krieg, in: *Barnett Newman. Schriften und Interviews 1925–1970*, hg. von John O'Neil, Bern 1996, S. 101–104, hier S. 103.
23 Günther Anders, *Die Antiquiertheit des Menschen. Bd. 1: Über die Seele im Zeitalter der zweiten industriellen Revolution*, München 2018, S. 39.
24 Von dem Gemälde existieren zwei Versionen (1943, Kat. 349, und 1946).
25 21. Mai 1942, Ernst Jünger, Das erste Pariser Tagebuch, in: *Strahlungen I*, München 1998, S. 330/331.

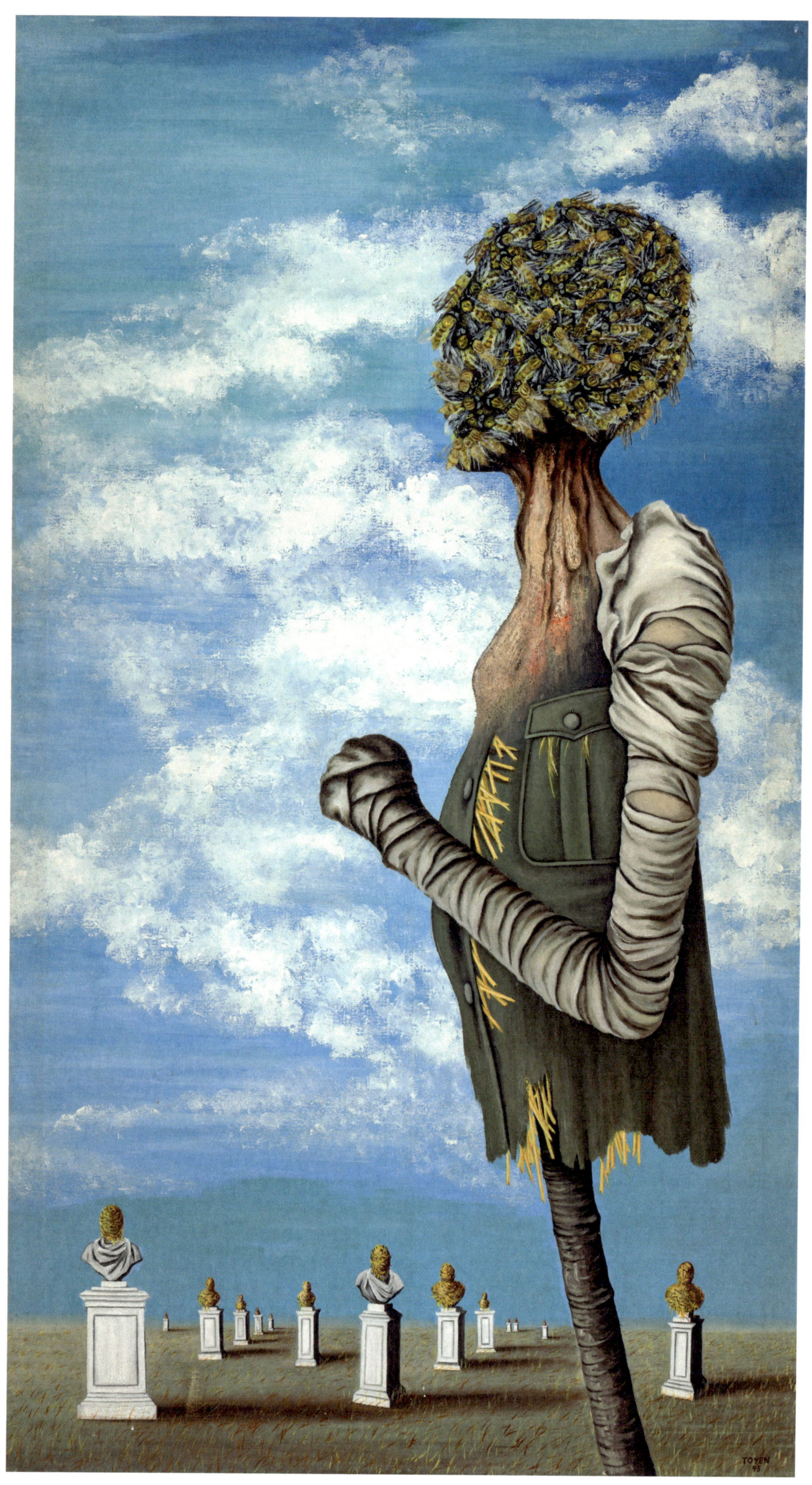

Kat. 353 ***Válka (Polní strašák) / Der Krieg (Die Vogelscheuche)***, 1945
Öl auf Leinwand, 193 × 110 cm
8smička Stiftungsfonds, Humpoletz

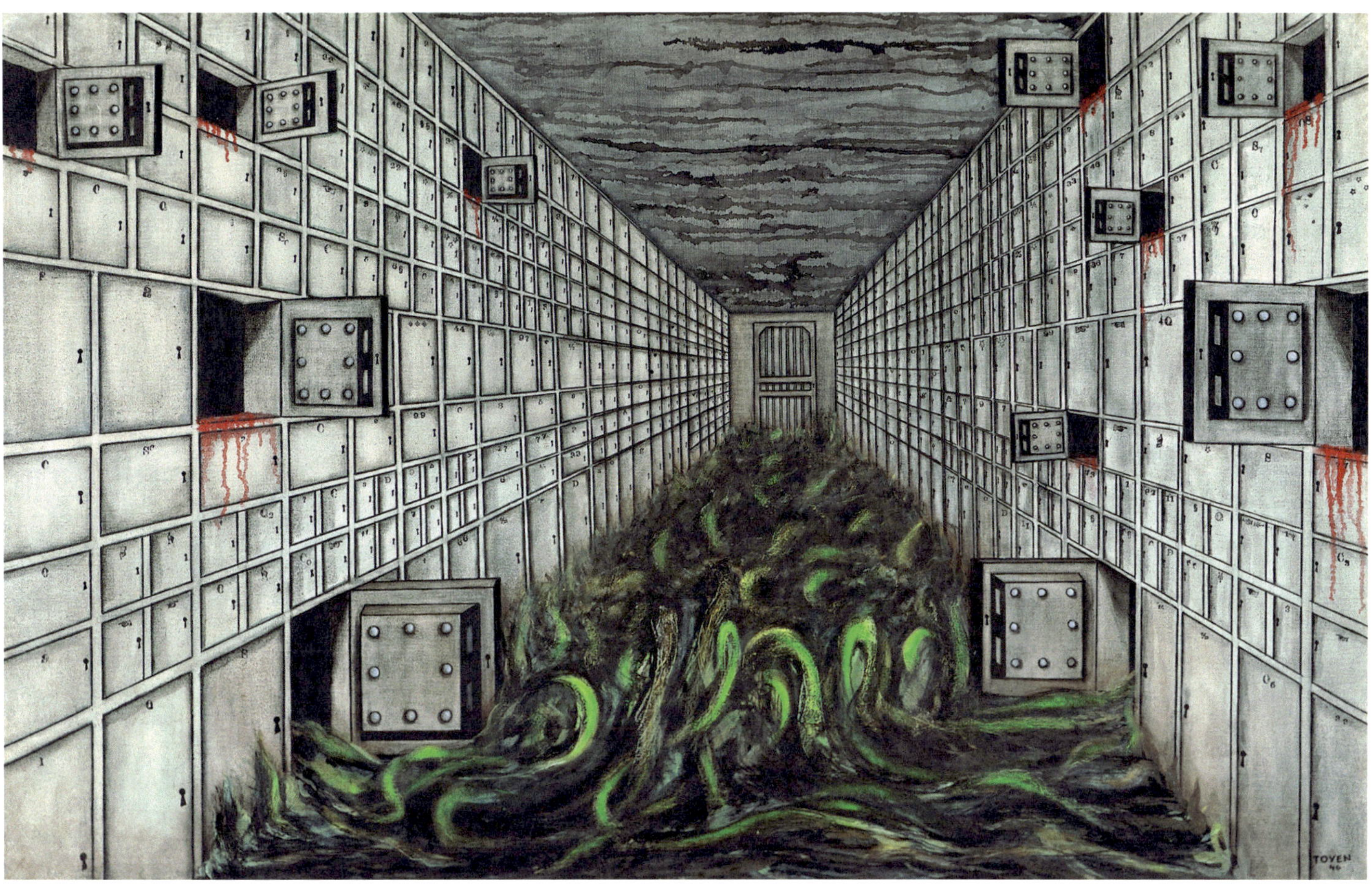

Kat. 354 ***Sejfy / Die Safes***, 1946
Öl auf Leinwand, 76 × 121 cm
Sammlung Géraldine Galateau, Paris

Karel Teige

Toyens neue Bilder

Anlässlich Toyens erster Einzelausstellung kurz nach dem Krieg im Prager Topič Salon (27. November – 30. Dezember 1945) wurde in der Begleitbroschüre neben einem Gedicht Jindřich Heislers folgender, hier in Auszügen zitierter Text Teiges zu Toyens Œuvre der Kriegsjahre (1939–1945) abgedruckt. [1]

Toyens Bilder und Zeichnungen aus den letzten zehn Jahren – jene, die Anfang 1938 gemeinsam mit den Werken Jindřich Štyrskýs auf der zweiten Ausstellung der Surrealistischen Gruppe in Prag, Brünn und in Preßburg zu sehen waren, wie auch diejenigen, die die heutige Ausstellung versammelt – tendieren mehr und mehr dazu, das *innere Modell* möglichst konkret und real zum Ausdruck zu bringen. Die Auswahl, die Toyen für die Ausstellung zu Beginn des Jahres 38 zusammengestellt hatte, enthielt einen graphischen Zyklus, der später, begleitet von Gedichten Jindřich Heislers, als Buch herausgegeben wurde: *Die Gespenster der Wüste* [Abb. 300, Kat. 386]. Eine Wüste voller Phantome, Leiden, sadistischer Martern, voll von Hunger, Verfolgung, fahlem Schrecken, Blut, Zerstörung und Tod: Sieben schwarze, wütende Kriegs- und Hakenkreuzjahre, in deren Verlauf jeder freie Gedanke für immer erstickt wurde und alle Fenster, die einst dem frischen Wind der weiten Welt und dem hellen Licht der internationalen geistigen Zusammenarbeit und Solidarität offenstanden, luftdicht verschlossen und wie in einem Kerker vergittert worden sind. Im unheimlichsten dieser Jahre, im März 1942, ist Jindřich Štyrský gestorben. [...]
Die mundtot gemachte, verurteilte und verdammte *entartete Kunst* spricht heute mit einer mächtigen, gewinnenden und überzeugenden Stimme. Toyens neue Bilder sind Zeugnisse einer weiteren Etappe in der erstaunlich logischen schöpferischen Entwicklung dieser Malerin, einer Entwicklung, deren Hauptlinie jetzt auf eine immer deutlichere Konkretisierung und einen immer kompakteren Realitätsbezug der dichterischen Idee zusteuert. [...]

Es ist kein Zufall, daß eines der Bilder der damaligen Kollektion [aus den Jahren 1936 und 1937] den Namen bekam: *Objekt-Phantom* [Kat. 265]; waren doch eigentlich alle diese Bilder Bild-Objekte, Spiegel phantastischer Objekte. Sobald eine Vorstellung der Phantasie, deren Wörterbuch eine Sammlung von Elementen ist, die durchweg aus der sichtbaren Wirklichkeit stammen, durch Abbildung so konkret und anschaulich wie möglich objektiviert worden ist, haben die Dinge der empirischen Welt, aus ihren gewöhnlichen Zusammenhängen gerissen und miteinander auf der Projektionsebene des Bildes konfrontiert, die Fähigkeit erlangt, jene psychischen Kräfte zum Ausdruck zu bringen, die für Traumbilder und Phantasievorstellungen verantwortlich sind. Der Zyklus *Die Gespenster der Wüste* reiht unter Gegenstände, die von der Phantasie zwar ersonnen, den wirklichen Dingen aber nicht ganz unähnlich sind, unter all die Insektenpuppen, Vögel und Tierköpfe, auch Dinge, die uns aus dem wirklichen Leben bekannt sind: Nicht nur zerbrochene Löwenstatuen und weggeworfene Puppen, die die Zerstörung ja nur als halbwirklich erscheinen lassen, sondern auch eine sehr reale Kralle; in einer anderen Zeichnung findet vor einem Wandschirm die Begegnung eines leeren altmodischen Damenkleides mit einem Phantom statt, das nichts Bekanntem ähnelt.

In dem Zyklus *Der Schießplatz* [Kat. 323–328], in den einige ähnliche Motive aufgenommen wurden, setzt die Phantasie ihre Gegenstände nicht mehr aus realen Elementen zusammen, sondern erzeugt das phantastische Bild durch Kombination realer Objekte, die mit einer imitativen, an Abbildungen eines Lehrbuchs gemahnenden Federstrichtechnik peinlichst genau gezeichnet sind. In den Zeichnungen *Tag und Nacht* und *Schlafende Tiere* [Kat. 338–339] sowie im Zyklus *Verstecke dich, Krieg!* [Kat. 340–345] – (hier wurde ein Aufruf Lautréamonts zum Titel gewählt) – stellen wir eine unbestreitbare Realität aller Gegenstände und Figuren fest. Auf dem Bild *Im Schloß La Coste* [Kat. 349] würgt ein Schakal, der auf einer wirklichen Mauer gezeichnet ist, mit einer wirklichen Pranke, in die die Zeichnung übergeht, eine wirkliche Taube, die auf einem wirklichen Boden liegt. In der Oszillation an der Grenze zwischen Bild und Realität hat sich die Waagschale unter dem Gewicht der wirklichen Dinge tief geneigt. Lebende Skelette, herumliegende Knochen, das Gerippe eines Löwen und eine Schwalbe aus einem rosa Band in dem Bild *Ich wünsche Ihnen viel Gesundheit* [Abb. 347], schwebende Modelle und Fischskelette und davor sitzend eine weißverhüllte Gestalt in *Zwischen langen Schatten*, eine Allee aus Steingräbern mit Weißlingen und eine Tierfalle im *Vorfrühling* 1945 [Kat. 350], Truthähne, Billardkugeln und ein Haus aus einem Ausschneidebogen für Kinder im *Am grünen Tisch*, eine blutige *Vogelscheuche* aus Stroh und mit Fetzen einer Uniform bekleidet – all diese Motive werden künstlerisch als wirkliche und häufig auch alltägliche Dinge dargestellt. Viele davon sind Requisiten aus dem Kinderparadies, andere wiederum sind entsetzliche Monster aus jenem Angsttraum, in dessen Gefangenschaft wir jahrelang kaum zu atmen wagten.

Der lebendige Angsttraum ist der *Krieg* [aus dem Zyklus *Der Schießplatz*, Kat. 326]. Die Schießbude ist eine Jahrmarktattraktion, doch die Puppentheater stehen mitten zwischen Stacheldrahtverhau, und auf ihrer Bühne liegt wie in einer Markthalle kahlgerupftes Geflügel mit durchschnittenen Kehlen, die wie kraftlose, abgeschnittene Finger herabhängen: die Preisschilder deuten an, daß man auch an den Blutbädern der Geschichte verdienen kann. Zerstörte Häuser aus einem Kinderbaukasten im Gras, Ruinen bombardierter Städte und mitten im Spiel getötete Kinder; abgerissene Vogelfittiche von abgeschossenen Flugzeugen; kaputte Puppen, eine Schülerin, die irgendwo hinterm Horizont verschwindet; Totenkränze, die, als Paris fiel, rund um einen schäbigen Stuhl gestreut worden sind; menschenleere Landschaften mit Skeletten und Explosionen, Mohnköpfen, einem Bienenstock und einem Käfig, Fallschirmspringertruppen als Flugsamen, Bilder, die gegen Vernichtung und Tod Spuren eines neu keimenden Lebens setzen. Auch eine detaillierte semiologische und psychologische Analyse kann nicht alles erfassen, was in der komplizierten Bedeutungsstruktur der Bilder enthalten ist, in denen so wirkliche Dinge einander begegnen wie die Nähmaschine und der Regenschirm auf einem Seziertisch bei Lautréamont; und dennoch werden wir mit Gewalt in diesen Zauberkreis gerissen, wo die bekannten und alltäglichen Dinge zu Zeichen von Verzweiflung und Hoffnung werden. Die abgebildeten Dinge, mit vieldeutigen Bedeutungen und Symbolen des persönlichen und kollektiven Schicksals behaftet, die im Zuschauer vielfältige Vorstellungs-, Gedanken- und Affektverbindungen wecken, münden schließlich - mag auch der latente Sinn, der sie dazu angehalten hat, in diesen Bildern zusammentreffen, viel umfassender sein als die Macht der Worte und Begriffe, ihn auszudrücken - in einem Protest, der von allen ausgesprochen und vernommen werden muß: *nie wieder Krieg!*

Kritik und Kunsttheorie helfen sich manchmal mit Vergleichen und Gleichnissen aus, wenn sie ein neues und unbekanntes Faktum charakterisieren wollen: sie setzen es dann je nach Verwandtschaft, Abhängigkeit oder Gegensätzlichkeit mit anderen, relativ gesichert bestimmten und gewürdigten Erscheinungen und bekannten Autoren in Beziehung.

Vor den neuen Werken Toyens, die, dank ihrer Einmaligkeit mit nichts vergleichbar, was wir im Bereich der modernen Kunst bisher kennengelernt haben, eine neue Phase und eine Fundgrube für den Surrealismus bedeuten, versagt die Hilfe solcher Vergleiche. Nur ein einziger, weit entfernter Zaubername mag da vor dem inneren Auge des Zuschauers auftauchen: Diese Bilder und Zeichnungen, in denen die Schreckens- und Angstgespenster all der Mordjahre verbluten, haben für uns eine ähnliche Bedeutung, wie sie für seine Zeit Goya hatte. Der Goya der Zyklen »Desastres«, »Caprichos« und »Sueños«, der Goya der bizarren, rätselhaften und quälenden Visionen aus Quinta del Sordo.

1 Auszüge aus: Karel Teige, Toyen, k jejím novým obrazům, in: *Toyen*, Ausst.-Kat. Topič Salon Prag, Prag 1945, o. S., Übersetzung zit. nach: Rita Bischof, *Toyen. Das malerische Werk*, Frankfurt a. M. 1987, S. 132–136.

Jan Mukařovský

Toyen während des Krieges

Diese Eröffnungsrede hielt der tschechoslowakische Literaturwissenschaftler anlässlich Toyens erster Einzelausstellung 1945, sie wurde erstmals abgedruckt in: *Doba I*, 1946.[1]

Vor sieben Jahren eröffnete an diesem Ort [Topič Salon] eine Ausstellung mit Werken von Štyrský und Toyen. Die Bilder, die damals gezeigt wurden, waren denen, die Sie heute hier sehen, sehr ähnlich. Aus ihnen strömte und strömt auch jetzt die Atmosphäre einer Kunst, die weiß, was sie will, und ihr Ziel unbeirrt verfolgt. Damals freilich war diese Atmosphäre etwas Selbstverständliches, heute – nach all den langen Jahren, in denen sie als Verbrechen galt – tauchen wir zaghaft und mit durch Verzicht geschärften Sinnen in diese Atmosphäre ein. Sieben Jahre sind eine lange Zeit, in der sich vieles vergessen lässt; eine Ausstellungseröffnung ist kein so weltbewegendes Ereignis, dass es nicht aus dem Gedächtnis schwinden könnte. Die Eröffnung der Ausstellung von Štyrský und Toyen aber war eine der letzten Manifestationen geistiger Freiheit in der Kunst [...].

Dann kam der Krieg, der anders war als alle bisherigen Kriege. Krieg geführt wurde überall, nicht nur in den Schützengräben. Und auch die Art und Weise der Kriegsführung war eine andere. Auf einem Schlachtfeld folgt nichts den Regeln der Legalität. Jetzt aber war das so, und zwar mechanischer als irgendwo sonst. Die Gewalt trug die Maske des Gesetzes; sie versah ihre Taten mit einem Aktenzeichen und ordnete sie in Kartotheken ein. Und auch wenn die Mörder sich gegenseitig ermordeten, achteten sie darauf, dass ihre Opfer ein Staatsbegräbnis mit Ehrensalve bekamen. Aus diesem unauflöslichen Amalgam von Recht und Gewalt ergaben sich völlig neue Situationen. Das Surreale wurde nun offizielle Realität. Ein Lineal auf dem Schreibtisch verwandelte sich in einen Revolver, wenn die Gestapo es für ihre Beweisführung brauchte. [...] Das Wort »Winkel« konnte auf einmal Verschwörung bedeuten, das Wort »Weg« Revolution. Nicht verwunderlich in einer Welt, die das Wort »Ehre« mit »Sicherheit« übersetzte, das Wort »Pflicht« mit »Bereitschaft zum Verbrechen«, das Wort »Arbeit« mit »Sklaverei«. Aus dem Radio haben wir erfahren, dass in den besetzten Gebieten ein an die Mauer gelehntes Fahrrad oder ein auf der Treppe liegender Schuh bei geringster Bewegung zur Explosion werden kann. Dann kamen die Luftangriffe, und in den Straßen der Stadt zeigten sich weitaus gespenstischere Arrangements als Lautréamonts Zusammentreffen von Nähmaschine und Regenschirm auf dem Seziertisch. Angesichts dieser Verhältnisse und Ereignisse erwies sich die Kunst einmal mehr in der Menschheitsgeschichte nicht als Spiegel, sondern als Prophetin der Wirklichkeit. Freilich nicht jede Kunst. Während der Okkupation haben wir Bilder mit friedlichen Landschaften und schmucken Häuschen gesehen, Bilder, die die fruchtbare Feldarbeit feierten oder vom Winteridyll leicht rot gefrorene Nasen zeigten. Auf den Ausstellungen jener Tage haben wir nach Werken von Toyen vergeblich gesucht; das konnte auch gar nicht anders sein – sie waren viel zu unmissverständlich. Erst heute stehen wir vor ihnen.

[...]

Wie also soll man sich Toyens Werk aus den Kriegsjahren nähern? Was macht es aus? Was ist geblieben von ihrem Schaffen aus den Vorkriegsjahren? Was hat sich verändert? Das wären die Fragen. Unsere Antwort darauf ist vor allem, dass weiterhin gilt, was Karel Teige im Nachwort seiner noch vor dem Krieg entstandenen Monographie *Štyrský und Toyen* schreibt: »Wir haben sie am Kaffeehaus-Tischchen auf ein Pseudonym getauft, das sich genauso wenig beugen ließ wie ihre Kunst.« Und auch die Kriegsjahre vermochten diese Kunst nicht zu beugen. Wir denken hier nicht nur daran, dass sie, wie es in einer Kritikerphrase heißt, sie selbst geblieben ist. Künstlerisch man selbst zu bleiben ist auf verschiedene Weise möglich. Zum Beispiel, indem man sich endlos wiederholt – ein sehr beliebtes Verfahren. Bei Toyen ist das anders; ihre heutigen Bilder sind keine Wiederholung ihres Schaffens aus den Vorkriegsjahren. Toyen reagierte während des Krieges mit ihrem Werk nicht nur unmittelbar auf die allgemeine Stimmung der Zeit, sondern auch auf einzelne Augenblicke. Im Falle der Kriegsbilder Toyens ist eine Datierung, die uns sonst bisweilen von rein kunstgeschichtlichem Interesse zu sein scheint, für den Betrachter unerlässlich. Konnte das Bild *Bramborové divadlo* [*Kartoffeltheater*, Kat. 317] zu einem anderen Zeitpunkt entstehen als in den Nöten der ersten Kriegszeit, als es – nach dem Fall Frankreichs, der ersten und zugleich letzten bezwungenen Großmacht – so aussah, als ob die letzten Inselchen der Freiheit und Kultur in den Fluten einer unabwendbaren Sintflut untergehen würden? Konnte das Bild *Přeji Vám mnoho zdraví* [*Ich wünsche Ihnen viel Gesundheit!*, Abb. 347] in einem anderen Moment entstehen als dem des Umbruchs, in dem das Zusammentreffen von Gebein und Schwalben-Band im Gemälde Toyens die emotionale Ambivalenz der Stimmung so einzigartig in Symbole fasste? Konnte die wütend ironische *Vogelscheuche* [Kat. 353] oder der leidenschaftliche Revolutionsruf des Bildes *Na pokraji* [*Am Waldrand*, Kat. 352] ein anderes Datum tragen als gerade den 5. Mai des Jahres 1945?

Das Kriegsœuvre Toyens ist ein direkter Dialog mit der Zeit und unterscheidet sich schon allein deswegen von ihrem Schaffen aus den Vorkriegsjahren, das (wenn auch ebenso engagiert) auf ganz andere Geschehnisse reagierte. Es unterscheidet sich aber auch in künstlerischer Hinsicht. Neue Symbole treten auf den Plan, die Maltechnik hat sich weiterentwickelt. Bei meiner Erwähnung Štyrskýs habe ich bereits, wenn auch nur flüchtig, angedeutet, dass die neue Stellung Toyens in der tschechischen Kunstszene, die sein

Tod mit sich brachte, ihre Entwicklung vorantrieb. Natürlich gab es auch entscheidende Anstöße durch die neuen Aufgaben der Zeit. Toyens Bilder erreichen in Kontur und Raumentwurf (siehe zum Beispiel die Knochen auf dem Gemälde *Ich wünsche Ihnen viel Gesundheit!*) etwas Monumentales und verzichten dennoch nicht auf die harmonische Farbgebung und die zeichnerische Präzision, mit denen Toyen seit ihrer artifizialistischen Phase so konkurrenzlos das Feld beherrscht. Mit rein malerischen Mitteln findet sie zu neuem Pathos, einem Pathos, das nicht mehr nur für sie allein spricht, sondern für das nationale Kollektiv. Nun gut, wenn Toyen während der Kriegsjahre Schritt für Schritt die Impulse des Zeitgeschehens aufgenommen und sich auch künstlerisch entwickelt und verändert hat, worin besteht dann dasjenige, was wir so hervorgehoben haben, nämlich: dass sie sie selbst geblieben ist? Es besteht darin, dass sie ihre bisherige Auffassung von Kunst unbeirrbar weiterverfolgt und kristallklar und konsequent ausgearbeitet hat. Darin, dass sie uns heute genau wie 1938 ein Muster reinster Arbeit vor Augen stellt. Mag jedes ihrer Kriegsgemälde, wie bereits angemerkt, auf einen anderen historischen Augenblick reagieren, und zwar adäquat, so spricht aus der Abfolge der Bilder dennoch eine innere künstlerische Logik. [...] Die Konsequenz, mit der die Künstlerin arbeitet, lässt aus all ihren Werken einen in der Tat schlüssigen Kosmos mit eigener Gesetzlichkeit entstehen. Das Vorbild, das uns Toyen damit gibt, sollte gerade heute, wo die Kunst, nachdem sie sechs Jahre in den Mühlen des Faschismus zu einem formlosen Brei zermahlen wurde, wieder nach Konsistenz und Differenzierung sucht, nach ihrem Ethos und ihrer Freiheit, nicht übersehen werden.

Noch etwas ist zu beachten, noch einem möglichen Missverständnis gilt es vorzubeugen. Wir haben versucht zu zeigen, dass Toyen mit ihren Bildern nicht nur unmittelbar auf die Wirklichkeit insgesamt reagiert hat, sondern auch auf einzelne Momente in der Entwicklung dieser Wirklichkeit, auf konkrete Augenblicke und Wendungen des Krieges. So könnte der Eindruck entstehen, dass die künstlerische Botschaft, der wir hier begegnen, ein allegorischer Zyklus mit dem Titel *Krieg* ist. Doch mit dieser Betrachtungsweise würden wir uns den Weg zur der in den Bildern angelegten Emotionalität hoffnungslos versperren. Hier haben wir es nicht mit einer Allegorie zu tun, sondern mit Symbolen. Wenn der Krieg von heute einmal historische Erinnerung sein wird, wenn die Datierung eines Gemäldes wie *Na pokraji* [*Am Waldrand*] in einem Betrachter, der kein Historiker ist, nichts mehr aufruft, dann - so hoffen wir - wird dieser Betrachter, der in irgendeiner Galerie vor dem Gemälde verweilt, dessen emotionale Wirkkraft um nichts schwächer empfinden als der Betrachter heute. Die Baumstämme, die sich vor dem blauen Himmel eines sonnigen Tages abzeichnen und sich an der Flamme entfachen, die aus ihrem Inneren lodert, die Bäume, deren Rinde sichtbar heiß ist, die Flammen treiben anstelle der Brandpilze des Frühlings, werden nicht mehr an Krieg erinnern. Wer weiß, woran sie erinnern, wer weiß, auf welche Frage sie antworten werden. Aber antworten werden sie. Und genau das können nur Symbole. Die Allegorie bleibt unauflöslich an das gebunden, was ihr zugrunde liegt. Wer diesen Bezugspunkt nicht kennt, kann ihre Mitteilung nicht verstehen. [...]

1 Übersetzung nach ders., *Studie z estetiky*, Prag 1966, S. 312–314.

Jindřich Heisler

Toyen

1902

Eine tiefe Wunde im Himmel öffnet eine tiefe Wunde in der Erde
In der Nacht inmitten der Wälder rauscht ein Flügel
streift die Bäume fliegt fort
und lässt die Geheimschrift des Rußes zurück
Die Botschaft die im Zeichen der Not und des Sieges steht

Im hohen Mittag über dem Hochwald
ein Raubvogel eingelegt in der Sonne
In der Luft aufgelöst Silberreiher voller Augen
und das geräuschlose Pulsieren gefleckter Eier

Im Herzen des Waldes kreist mit Macht das Wasser
es weht von den spitzen Wipfeln
und aus den ruhigen Fenstern
Es trägt seinen schneidenden Willen mit
der ihn zeichnet

1918

Ihr feierlicher Gang und ihre gespannten Stirnen
die Feste und die Stöcke
Durch die Lichter des Schlafes tritt das Meer ein
Die Funken reifen auf dem Laub der Apfelbäume
und die Wölfe erheben sich aus den welken Sträußen
um ihre schweren Lider zu ertränken
die auf den Grund der Augen sinken
die im Meer schlafen

1922

Im Kummer hier wie auf rostendem Öl
schwamm das Schloss aus Ansichtskarten
und alten Perron-Billets
Nur ich war nicht da
und doch erinnere ich mich wie fremd es mir war
schwimmen zu können

Der Retter spürt in sich noch den Nadelschmerz eines
feinen Strahles
der durch das Laub des Baumes schoss

1938

Auf dem Tisch die Hände auf dem Tisch die Augen wie Früchte
Der Rest fließt weiter brandig vor Langeweile
in Gegenwart einer wirklichen Granate
Als ob die ganze Freiheit auf diesem Tisch herumliefe
macht nichts an seinen Rändern halt
und aus ihren Spuren steigen
werdende Wesen

Außerhalb des Tisches?
keine Ritzen
keinen gesprungenen Bogen
durch den man hinausblicken könnte

Alles bildet wieder glatte Oberflächen
und Oberfläche an Oberfläche
eine legt sich auf die andere

Ein trauriges Feld voll trägen Rauches
Stiele die blühen und Ebenen
Weite Ebenen übersät mit Schnürschuhen eilig angezogen
und die ihre Füße verloren haben

1946

Ein Korallenstock muss immer allein bleiben
in seinem Abgrund öffnet sich mein Hafen
Magnet den Anemonen erleuchten

Prag, 1946[1]

1 Jindřich Heisler, Toyen, in: André Breton, Jindřich Heisler, Benjamin Péret, *Toyen*, Éditions Sokolova, Paris 1953, S. 19–21, deutsch in: Edgar Jené, Max Hölzer (Hg.), *Surrealistische Publikationen*, Heft 2, Éditions surréalistes, Paris 1953, S. 22–23.

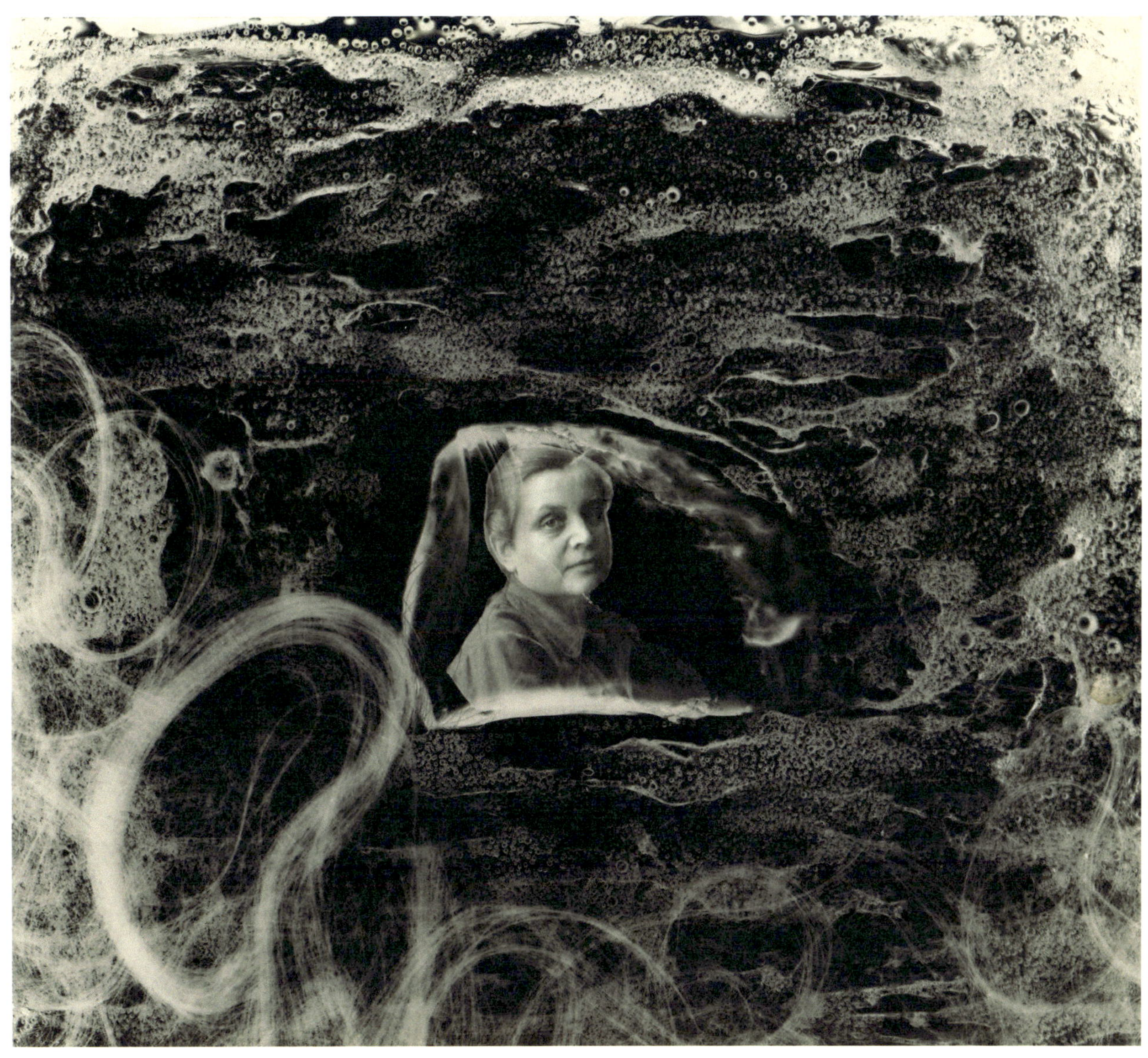

Kat. 355 Jindřich Heisler (1914–1953),
Toyen v Praze / Toyen in Prag, 1944
Mischtechnik, 145 × 165 mm
Privatsammlung, Paris

»Ich habe mich nicht im Geringsten verändert.«

Von 1939 bis 1946 hat Toyen keinerlei Kontakt zu ihren Pariser Freunden. Während der Kriegsjahre versteckt sie im Badezimmer ihrer Prager Wohnung den als Juden verfolgten jungen Dichter Jindřich Heisler (1914–1953). Beide setzen ihre künstlerische Arbeit fort, gemeinsam oder auch jeder für sich, wie die Übersendung des Lyrikbandes *Les Spectres du désert* (*Gespenster der Wüste*, Abb. 300, Kat. 386) mit einer Auswahl von Gedichten Heislers und zwölf Zeichnungen Toyens am 27. August 1945 an Eluard bezeugt. Sie hatten diesen Band heimlich in Prag auf Französisch unter dem Namen des Verlegers Albert Skira veröffentlicht, um »der Zensur der Zweiten Republik ein Schnippchen zu schlagen«, wie sie im beigefügten Brief verkünden. Dieser von Toyen, Heisler und Teige unterzeichnete Brief, in dem sie alle von den überstandenen schwierigen Zeiten berichten und sich besorgt nach ihren Pariser Freunden erkundigen, bleibt ohne Antwort – wie Nezval hat sich auch Eluard zum überzeugten Stalinisten gewandelt.

Toyen und ihre Prager Gefährten wussten nichts über die Lage in Paris, bis im April 1946 ein Brief von Benjamin Péret eintraf. Toyens Antwort vom 22. April 1946 ist ein ergreifendes Resümee der hinter ihnen liegenden sieben Jahre.

Dieser Brief allein vermittelt schon einen tiefen Eindruck von Toyens Entschlossenheit und Willenskraft. Wie sie Péret versichert, habe sie sich, genau wie er, »nicht im Geringsten verändert«.

Annie Le Brun

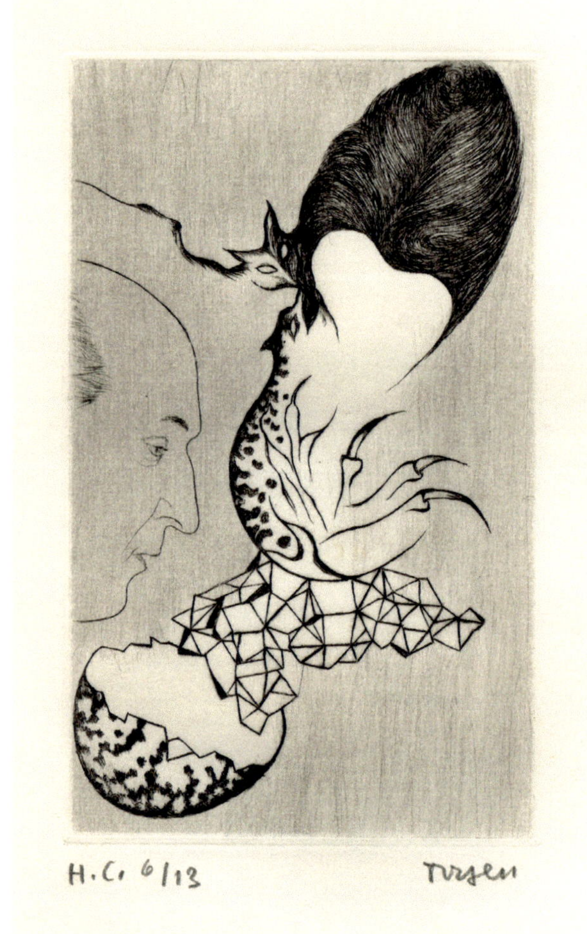

Abb. 356 ***Portrait de / Porträt von Benjamin Péret***, 1965
Titelbild für Claude Courtots *Introduction à la lecture de Benjamin Péret / Einführung in die Lektüre von Benjamin Péret*
Radierung, 175 × 105 mm
Privatsammlung

Prag, 22. April 1946

Mein hochgeschätzter Freund,

als ich Ihren Brief erhielt, erfüllte mich eine unbeschreibliche Freude. 1938 war es mir nicht möglich, die Tschechoslowakei zu verlassen, dennoch hatte ich Glück, auch wenn mein Leben ziemlich grässlich war und ich mich häufig verstecken musste. Wir haben oft an Sie gedacht und waren wegen Ihnen sehr in Sorge, denn in den Nachrichten aus Frankreich, die wir manchmal erhielten, hieß es, Sie seien verhaftet worden oder sogar tot. Aber ich habe mich geweigert zu glauben, dass ich Sie nie mehr wiedersehen würde.

Štyrský starb 1942 an den Folgen seiner Herzerkrankung, die Medikamente, die er brauchte, waren nicht mehr erhältlich.

Wie Sie wissen, habe ich 1938 mit Nezval gebrochen, und daran hat sich auch nichts geändert. Er ist jetzt Chef der Sektion für die Filmbranche und schreibt idiotische staatstragende Gedichte. Karel Teige war während der gesamten Kriegsjahre wie vom Erdboden verschluckt, und es ist ihm gelungen, all das Grauen zu überleben.

1938 machten wir die Bekanntschaft des Dichters Jindřich Heisler, der einen großen Teil des Kriegs im Untergrund lebte. Er ist der einzige Dichter, der hier in Erscheinung getreten ist. Sie erinnern sich bestimmt an ihn, denn ich habe Ihnen bereits in meinen Briefen von 1938 von ihm berichtet, im Zusammenhang mit dem Buch, das wir gemeinsam herausgebracht haben, »Die Gespenster der Wüste«, das 1939 erschien.

Unter den Jüngeren, die seither zu uns gestoßen sind, ist der Kunsttheoretiker und Soziologe Jiří Veltruský, mit ihm wird man noch rechnen müssen. In letzter Zeit sind auch noch ein paar Jüngere aufgetaucht, die sich dem Surrealismus zurechnen lassen, aber bis auf wenige Ausnahmen sind sie bloß Mittelmaß.

Genauso wie Sie habe ich mich nicht im Geringsten verändert.

Während des Kriegs war mir natürlich nicht erlaubt, meine Werke auszustellen, und ich hätte auch nichts ausstellen wollen. Was ich in dieser Zeit gemalt habe, musste unter Verschluss bleiben. Wir haben aber illegal einige Bücher verlegt.

Im Dezember 1945 hatte ich nach sieben Jahren meine erste Ausstellung, die ziemliches Aufsehen erregt hat, inmitten all des »sozialistischen Realismus«.

Heisler gibt die Édition des Lueurs heraus, in der eine Auswahl aus Ihren Gedichten erscheinen wird. Wenn Sie bitte so freundlich sein könnten, uns Ihre jüngsten Werke zu schicken, dann können wir die Ausgabe vervollständigen. Heisler wird Ihnen dazu noch einmal selbst alle Einzelheiten schreiben.

Wir haben bisher noch keine Adresse von André Breton, vielleicht könnten Sie sie mir liebenswürdigerweise zukommen lassen, ich würde so gern erfahren, ob er nach Frankreich zurückkehren will.

Im Herbst habe ich vor, nach Paris zu kommen, wo ich eine Ausstellung habe, und danach werde ich nach Amerika reisen. Ich hoffe, Sie bald wiederzusehen. Bitte schreiben Sie mir häufig, und wenn möglich schicken Sie mir surrealistische Veröffentlichungen.

Mit diesem Brief sende ich Ihnen einen Band mit meinen Zeichnungen, »Die Gespenster der Wüste«, erschienen 1939, und ein paar Fotografien meiner neuen Gemälde. Dazu schicke ich Ihnen noch einige Gedichte von Heisler und ein paar Fotografien seiner Objekte. Außerdem füge ich noch ein paar Fotografien der letzten Gemälde von Štyrský bei.

Ich schüttele Ihnen in großer freundschaftlicher Verbundenheit die Hand und freue mich sehr darauf, von Ihnen zu hören, und vor allem, Sie wiederzusehen.
[Der letzte Satz handschriftlich und in roter Tinte, genauso wie die Unterschrift]

Toyen

Toyen, Prag XI,
Krásova Straße 2.
Tschechoslowakei

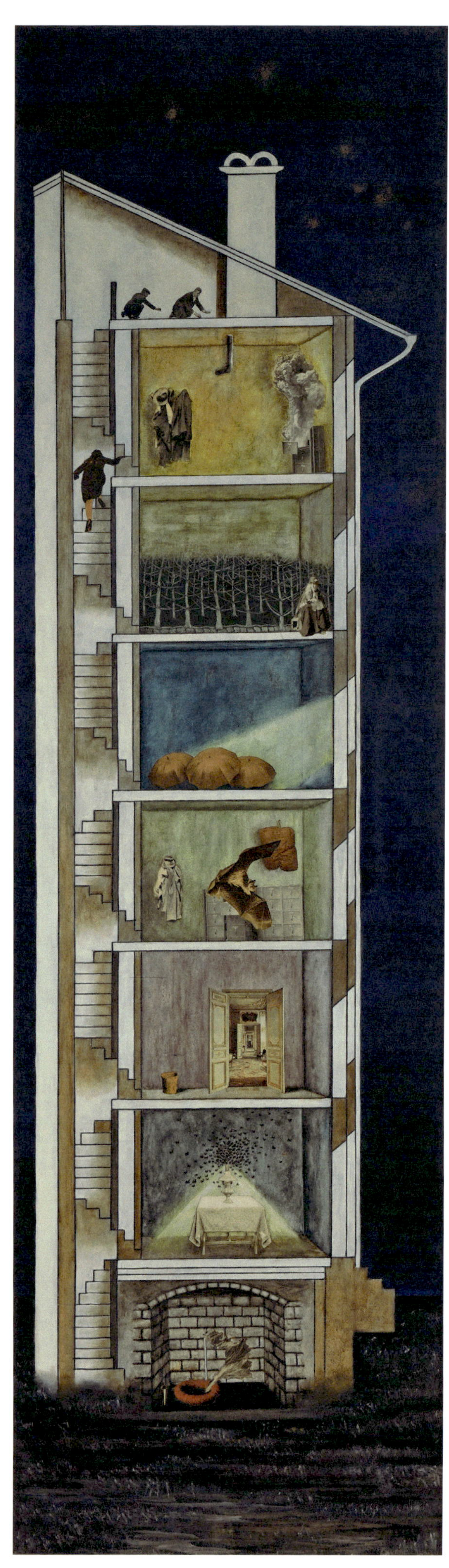

Kat. 357 ***Loi naturelle / Naturgesetz,*** 1946
Öl auf Leinwand, 195 × 56,5 cm
Galerie Natalie Seroussi

1946–1969

Alle Elemente

IV

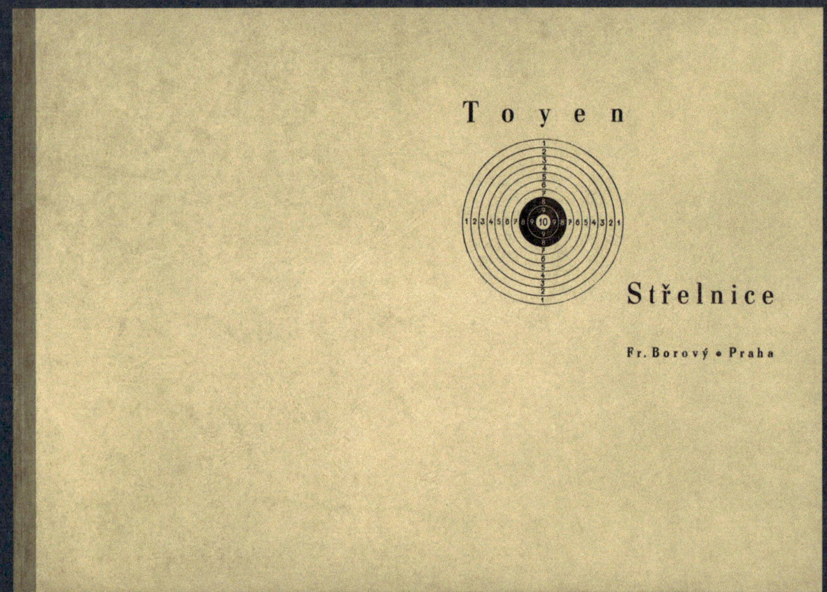

Kat. 358 *Střelnice / Der Schießplatz*, Fr. Borový, Prag 1946

1946

JANUAR Der tschechische Maler Mikuláš Medek (1926–1974) veröffentlicht eine kurze Rezension zur Ausstellung von Toyens Werken aus den Jahren 1939 bis 1943 im Magazin *Student 2*.

FEBRUAR Der Prager Verlag F. Borový veröffentlicht *Střelnice* (*Der Schießplatz*). Die gebundene Künstlermappe mit dem 1939/1940 entstandenen Zyklus von zwölf Zeichnungen enthält ein Gedicht von Jindřich Heisler, das Vorwort stammt von Karel Teige. □ 323–329

MÄRZ Toyen und Teige treffen den rumänischen Schriftsteller und Mitbegründer des Dadaismus Tristan Tzara (1896–1963), der nach Prag gekommen ist, um im S.V.U. Mánes einen Vortrag zu halten.

Toyen verkauft das von ihrer Schwester geerbte Elternhaus in Smíchov (Nr. 905). Ihr Vater, dem das Haus ursprünglich gehörte, war 1945 verstorben, ihre Schwester im Jahr darauf.

APRIL Teige und Toyen organisieren im Mánes-Gebäude eine Retrospektive zu Štyrskýs Werk. Paul Eluard, der nach dem Krieg der französischen Kommunistischen Partei beigetreten ist und für Vorträge nach Prag kommt, besucht Toyen. Das Wiedersehen ist für sie und Teige enttäuschend. Eluard stellt sie vor die Wahl, sich zwischen ihm und Breton zu entscheiden. Toyen spricht sich für Breton aus, und ihre Wege trennen sich.

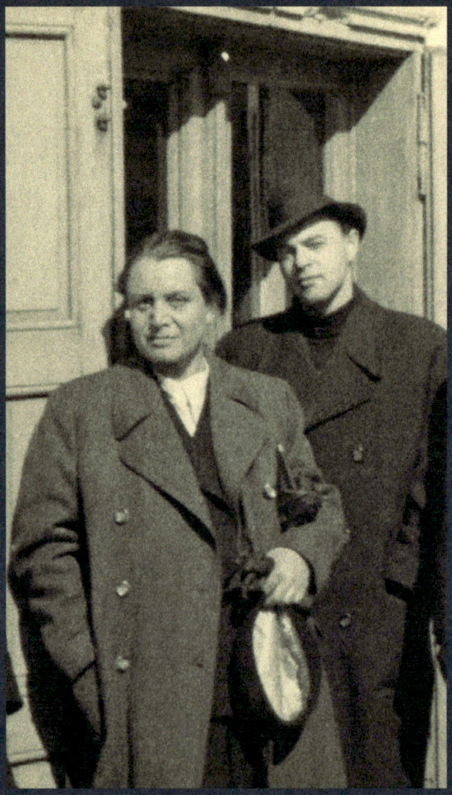

359 Toyen und Jindřich Heisler, Mělník, 1946

19. JUNI Edvard Beneš wird erneut Staatspräsident. Die tschechischen Kommunisten (KSČ) erreichen bei den Wahlen einen Stimmenanteil von 38 Prozent und bilden einen Teil der Regierung.

JUNI – JULI Toyen fährt nach Paris, um, wie sie es im Antrag für den Reisepass angibt, »ihre Pariser Ausstellung zu verhandeln«. Sie trifft sich dort mit dem gerade aus dem amerikanischen Exil zurückgekehrten Breton, mit Marcel Duchamp, Victor Brauner und anderen.

DEZEMBER Das Gemälde *Fjordy* (*Fjorde*) wird von der Nationalgalerie Prag angekauft. □ 133

Im Verlaufe des Jahres publiziert der Prager Verlag Fr. Borový Toyens *Schovej se, válko!* (*Verstecke dich, Krieg!*); das einführende Gedicht zu der Mappe mit dem Zyklus von neun Zeichnungen aus dem Jahr 1944 stammt von Heisler. □ 340–345

Toyen arbeitet in ihr Gemälde *Mýtus světla* (*Mythos des Lichts*) Heislers Schattenprofil ein. □ 412

Seit Anfang des Jahres werden Deutsche aus der Tschechoslowakei zwangsausgewiesen. Die Eisenbahntransporte in die unterschiedlichen Besatzungszonen der Alliierten sind im Oktober abgeschlossen. Von der Vertreibung betroffen sind deutschlandweit über 2,5 Millionen Sudetendeutsche.

1947

Der wachsende Einfluss der KSČ, die bei den Parlamentswahlen im März 1946 zur stärksten Kraft wird, hat zur Folge, dass die Mitglieder der Surrealisten-Gruppe und junge Künstler, mit denen sie während oder kurz nach dem Krieg in Kontakt kamen, zum Ziel von Angriffen der kommunistischen Presse sowie einiger Intellektueller werden. Angesichts der wachsenden Feindseligkeit beschließen Toyen und Heisler, die Tschechoslowakei zu verlassen und nach Paris zu ziehen, wo sie sich an den Aktivitäten der Surrealisten beteiligen wollen.

21. MÄRZ Toyen und Heisler treten mit einem befristeten Visum (7. Februar – 31. Juli) den Weg nach Paris an. Toyen nimmt ihre Möbel und Štyrskýs Nachlass mit. Sie mieten ein Atelier in einem Landhaus im Pariser Vorort Bois-Colombes, 23 rue Henry Litolff.

MAI Heisler gibt im Eigenverlag *Cache-toi guerre!*, eine französische Ausgabe des Zyklus *Verstecke dich, Krieg!* heraus. Sie enthält Toyens neun Zeichnungen sowie eine Übersetzung seines dazugehörigen Gedichts.

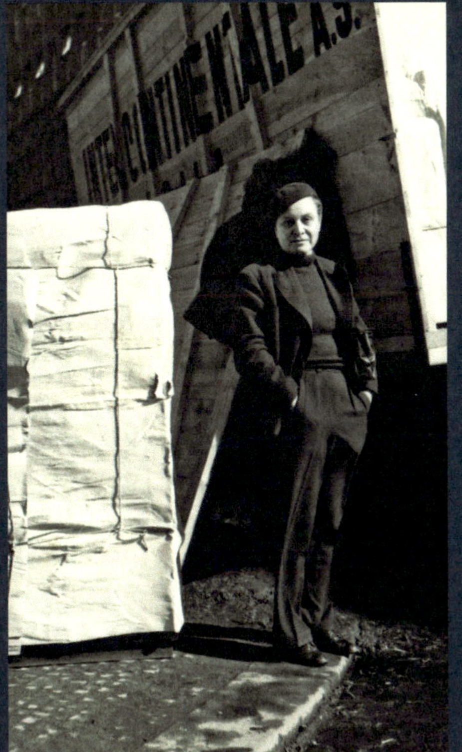

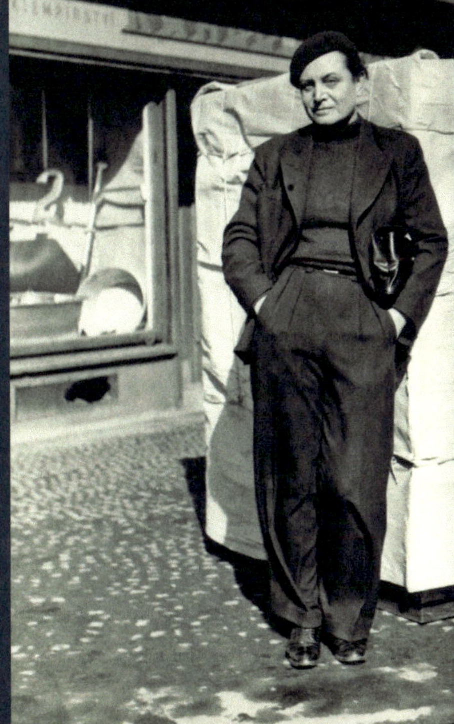

360 Toyen mit ihrem Gepäck vor der Abreise nach Paris, an der Ecke der Straßen Krásova und Dvořákova (heutige Kubelíkova) in Prag, März 1947

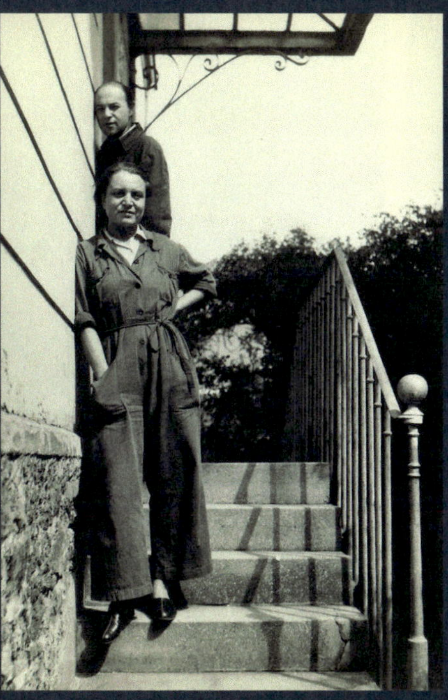

362 Toyen und Heisler vor ihrem Atelier in Bois-Colombes, Juli 1947

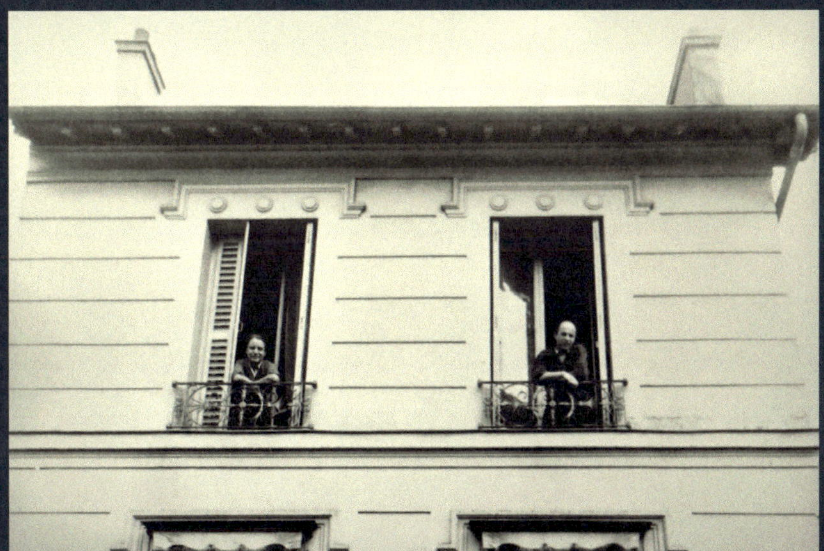

361 Toyen und Heisler an den Fenstern ihres Ateliers in Bois-Colombes, 1947

GALERIE DENISE RENÉ
124, RUE LA BOÉTIE, PARIS-VIII

EXPOSITION
TOYEN
PRÉFACE D'ANDRÉ BRETON

DU 13 JUIN AU 12 JUILLET 1947
VERNISSAGE LE 13 JUIN A 16 HEURES

INVITATION

Kat. 363 Katalog und Einladungskarte zu Toyens Ausstellung in der Pariser Galerie Denise René, 1947

13. JUNI – 12. JULI Toyen zeigt in ihrer Einzelausstellung im zweiten Stock der Pariser Galerie Denise René neunzehn Gemälde, entstanden von 1934 bis 1946, und Zeichnungen aus den Jahren 1939 bis 1944. Die Einführung im Ausstellungskatalog stammt von Breton.

21. JUNI Toyen gehört zu den 50 Unterzeichnern der von den Pariser Surrealisten verfassten Erklärung *Rupture inaugurale (Inaugurationsspaltung)*. Darin wird deren Unabhängigkeit von »jeglicher politischen Partei« betont sowie ihre Ablehnung der stalinistischen Politik der PCF. Außerdem bekennen sie sich erneut zur revolutionären Tradition der surrealistischen Bewegung und proklamieren die Suche nach einem neuen Mythos.

JULI Die Regierung in Prag signalisiert, der Pariser Konferenz zum Marshallplan beiwohnen zu wollen, Stalin stellt jedoch klar, dass eine Teilnahme der Tschechoslowakei die guten Beziehungen mit der Sowjetunion gefährden würden. Nach einer Unterredung mit Moskau folgt aus Prag die Absage für die Pariser Verhandlungen.

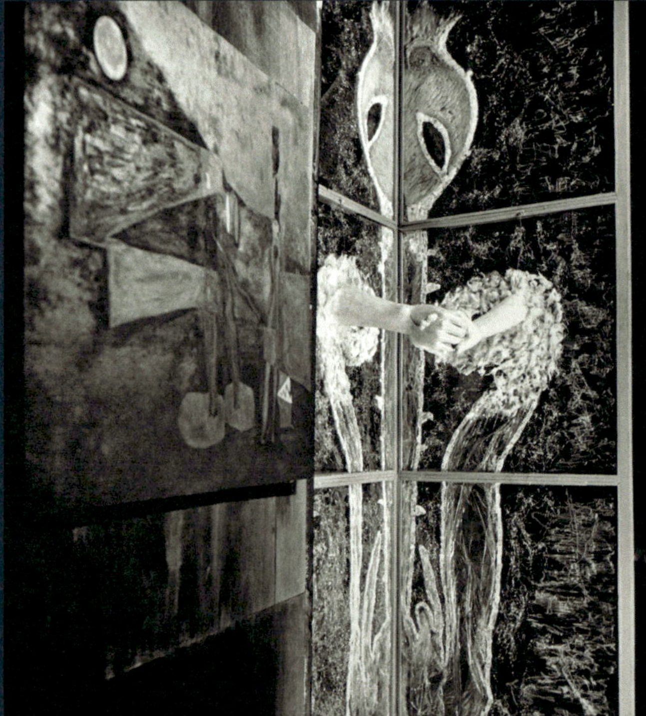

364 *La fenêtre de Magna Sed Apta | Das Fenster von Magna Sed Apta*, 1947, geschaffen für die Ausstellung *Surréalisme en 1947* in der Pariser Galerie Maeght (Foto: Denise Bellon)

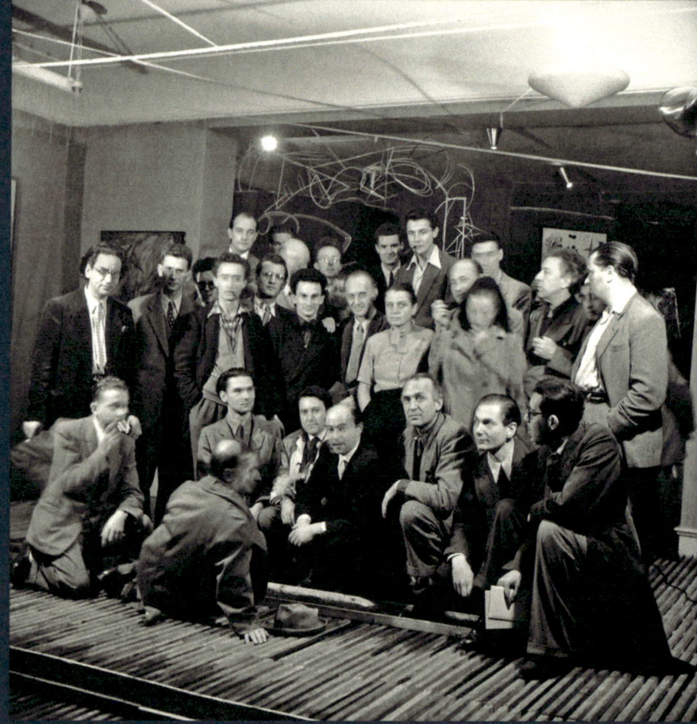

365 Die Surrealisten-Gruppe in der Galerie Maeght, 1947
Sitzend: Frédéric Delanglade, Frederick Kiesler (von hinten), Jerzy Kujawski?, Roberto Matta, Jindřich Heisler, Jacques Hérold, Henri Goetz, ? Stehend, von links nach rechts, erste Reihe: Maurice Baskine, Maurice Henry, Aimé Maeght?, ?, Sarane Alexandrian, Francis Bouvet?, Victor Brauner, Toyen, Hans Bellmer?, Nora Mitrani, André Breton, Henri Pastoureau; zweite Reihe: Enrico Donati, ?, Marcel Jean (von hinten), Jacques Kober, ?, Stanislas Rodanski, Gaston Criel (Foto: Denise Bellon)

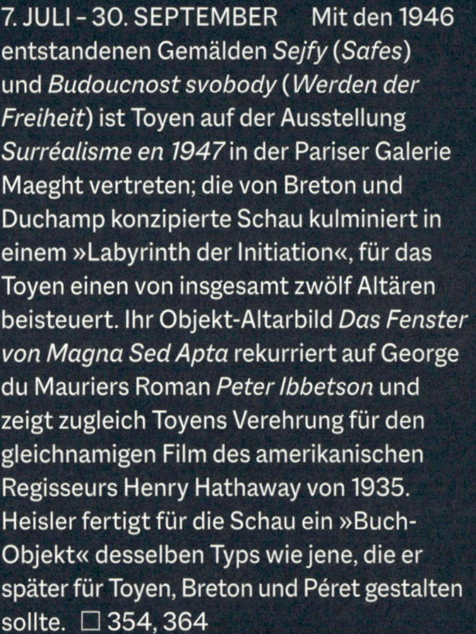

7. JULI – 30. SEPTEMBER Mit den 1946 entstandenen Gemälden *Sejfy* (*Safes*) und *Budoucnost svobody* (*Werden der Freiheit*) ist Toyen auf der Ausstellung *Surréalisme en 1947* in der Pariser Galerie Maeght vertreten; die von Breton und Duchamp konzipierte Schau kulminiert in einem »Labyrinth der Initiation«, für das Toyen einen von insgesamt zwölf Altären beisteuert. Ihr Objekt-Altarbild *Das Fenster von Magna Sed Apta* rekurriert auf George du Mauriers Roman *Peter Ibbetson* und zeigt zugleich Toyens Verehrung für den gleichnamigen Film des amerikanischen Regisseurs Henry Hathaway von 1935. Heisler fertigt für die Schau ein »Buch-Objekt« desselben Typs wie jene, die er später für Toyen, Breton und Péret gestalten sollte. □ 354, 364

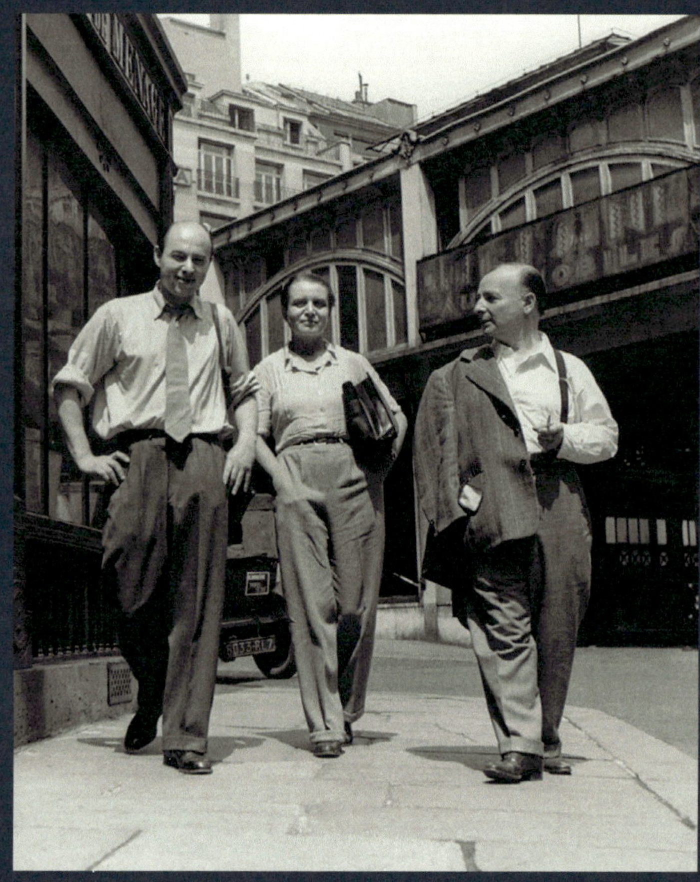

366 Heisler, Toyen und Frederick Kiesler vor der Galerie Maeght Paris, Juli 1947 (Foto: Denise Bellon)

4. NOVEMBER – 3. DEZEMBER
Auf Heislers Initiative hin wird im Prager Topič Salon eine Auswahl der Pariser Ausstellung unter dem Titel *Mezinárodní Surrealismus* (*Internationaler Surrealismus*) gezeigt, beide Gemälde von Toyen sind auch hier vertreten. Weder sie noch Heisler nehmen an der Eröffnung der Schau teil, in deren Rahmen am 2. Dezember unter Teiges Leitung ein Diskussionsabend zur surrealistischen Zielsetzung stattfindet. Ihm folgt die gemeinsame Unterzeichnung einer Erklärung mit der Forderung nach uneingeschränkter Freiheit der Kunst, Wissenschaft, Philosophie und Kritik.
☐ 370, 412

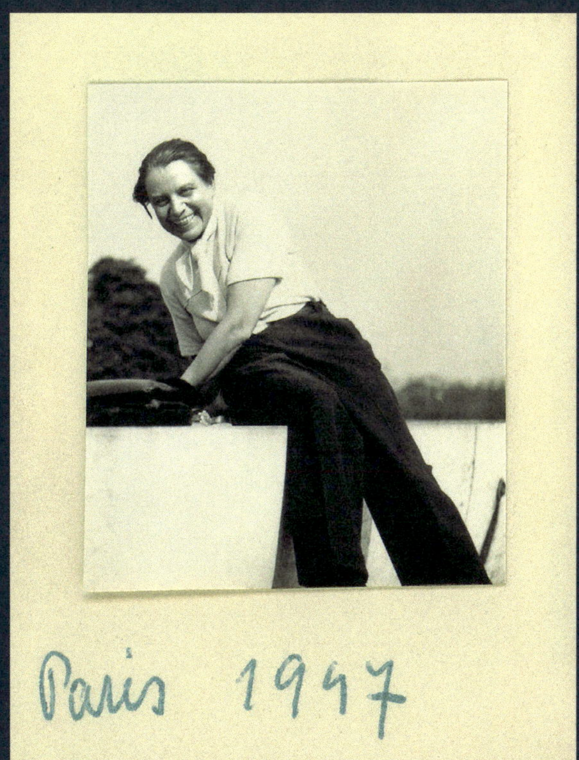

367 Paris, 1947

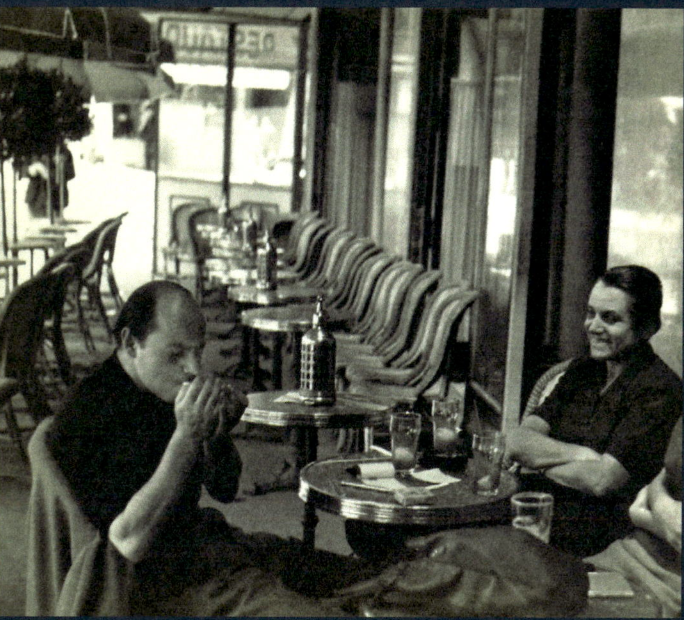

369 Heisler und Toyen in einem Pariser Café, Juli 1947

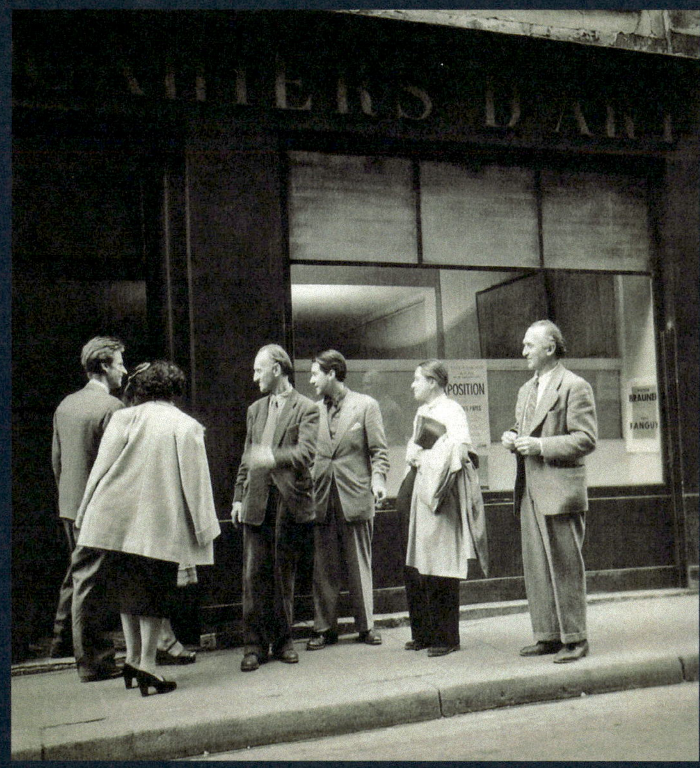

368 Victor Brauner (Mitte), Toyen, Jacques Hérold (rechts) und weitere Besucher vor der Pariser Buchhandlung-Galerie Cahiers d'Art anlässlich der Eröffnung einer Ausstellung mit Gouachen von Yves Tanguy und Skulpturen von Brauner, 15. Juli 1947

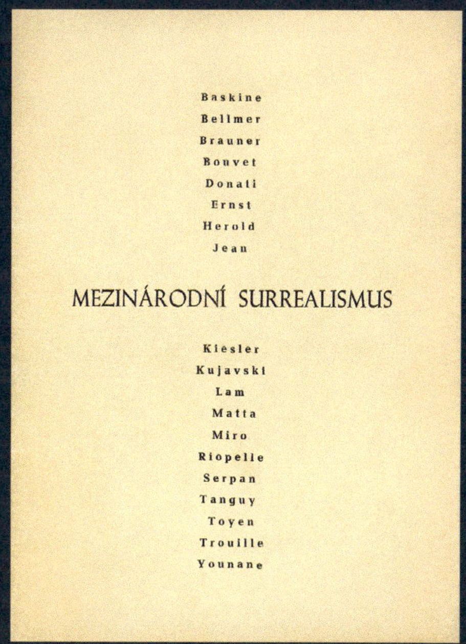

Baskine
Bellmer
Brauner
Bouvet
Donati
Ernst
Herold
Jean

MEZINÁRODNÍ SURREALISMUS

Kiesler
Kujavski
Lam
Matta
Miro
Riopelle
Serpan
Tanguy
Toyen
Trouille
Younane

Abb. 370 Katalog der Ausstellung *Mezinárodní Surrealismus / Internationaler Surrealismus*, Topič Salon, Prag 1947

1948

JANUAR Zeichnungen Toyens werden in der ersten Ausgabe von *Néon* veröffentlicht, einer neuen Zeitschrift der Pariser Surrealisten, deren Konzeption und Erscheinungsbild Heisler ausgearbeitet hat. Toyen wird an allen fünf Ausgaben mitarbeiten (Januar 1948 bis Frühjahr 1949).

25. FEBRUAR In der Tschechoslowakei kommt es mit dem »Februarumsturz« zur Machtübernahme der KSČ: Präsident Beneš unterzeichnet die Rücktrittserklärung mehrerer Minister und macht damit den Weg für eine neue kommunistische Regierung frei. Es folgen eine Verfassungsänderung und die Umgestaltung des Staates nach sowjetischem Vorbild. Dies bedeutet das Ende der Demokratie und des Mehrparteiensystems. Der Kommunismus wird das Land in den folgenden 41 Jahren beherrschen. Erster »Arbeiterpräsident« wird der vorherige Ministerpräsident Klement Gottwald. Gegner des neuen Regimes werden verfolgt oder emigrieren. Für Toyen und Heisler hat dies die Konfiszierung ihres in der Tschechoslowakei verbliebenen Eigentums zur Folge. Eine Rückkehr kommt nicht mehr infrage. Ihre wirtschaftliche Situation in Frankreich verschlechtert sich rapide.

14. JUNI Toyen und Heisler unterzeichnen mit 50 weiteren Personen das von der Pariser Surrealisten-Gruppe veröffentlichte Flugblatt *À la niche, les glapisseurs de dieu!* (*Ab in die Hundehütte, ihr Kläffer Gottes!*), in dem der Versuch einzelner christlicher Denker verurteilt wird, sich die surrealistische Bewegung zu eigen zu machen.

15. JUNI Bretons Essay *La lampe dans l'horloge* (*Die Lampe in der Uhr*) erscheint im Verlag Robert Marin. Den Umschlag gestaltet Toyen mit einer Collage, die von der astronomischen Uhr am Prager Rathaus inspiriert ist, der Vorzugsausgabe ist eine originale Lithographie von ihr beigefügt. ☐ 415

AUGUST – SEPTEMBER Mit André und Elisa Breton, Heisler und Benjamin Péret hält sich Toyen auf der Île de Sein in der Bretagne auf. Dort fertigt sie mehrere Skizzen und Zeichnungen an für den Zyklus *Ni ailes ni pierres, ailes et pierres* (*Weder Flügel noch Steine, Flügel und Steine*); darüber hinaus entstehen kleine graphische Kartoffeldrucke, von denen einige als Ziervignetten und Initialen im *Almanach surréaliste du demi-siècle* (*Surrealistischer Almanach des halben Jahrhunderts,* 1950) erscheinen werden. ☐ 424–427

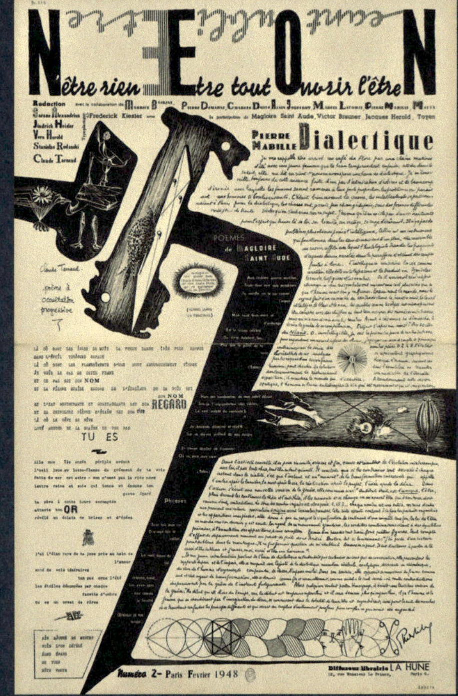
NÉON
N'être rien Etre tout Ouvrir l'être
Pierre Mabille Dialectique
Rédaction: Sarane Alexandrian, Jindrich Heisler, Vera Herold, Stanislas Rodanski, Claude Tarnaud
avec la participation de Magloire Saint Aude, Victor Brauner, Jacques Herold, Toyen
Frederick Kiesler
Poèmes de Magloire Saint Aude

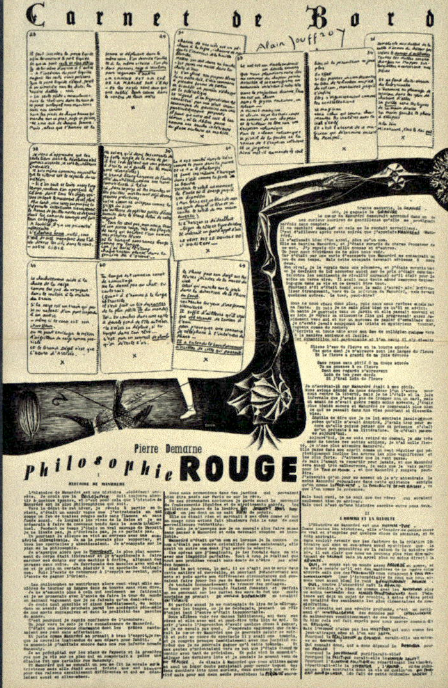
Carnet de Bord
Alain Jouffroy
Pierre Demarne
Philosophie Rouge

Abb. 371 Titelseite und Seite 2 der Zeitschrift *Néon*, Nr. 2, 1948, mit Zeichnungen von Toyen und Jacques Hérold

25. OKTOBER Toyen unterzeichnet eine Erklärung der Pariser Surrealisten-Gruppe zum Ausschluss von Roberto Matta.

8. NOVEMBER Sie unterzeichnet die Ankündigung, dass Victor Brauner, Sarane Alexandrian, Francis Bouvet, Alain Jouffroy, Stanislas Rodanski und Claude Tarnaud aufgrund ihrer »fraktionellen Aktivitäten« aus der Pariser Surrealisten-Gruppe ausgeschlossen werden.

4. DEZEMBER Toyen nimmt mit anderen Surrealisten (u. a. André und Elisa Breton, Péret, Heisler, Jacques Hérold) im Salle Pleyel an der Konferenz über Gary Davis teil, einen ehemaligen US-amerikanischen Piloten und ersten »Weltbürger«. Redner, darunter Albert Camus und Breton, appellieren an die UNO, sich mit der nuklearen Gefahr auseinanderzusetzen.

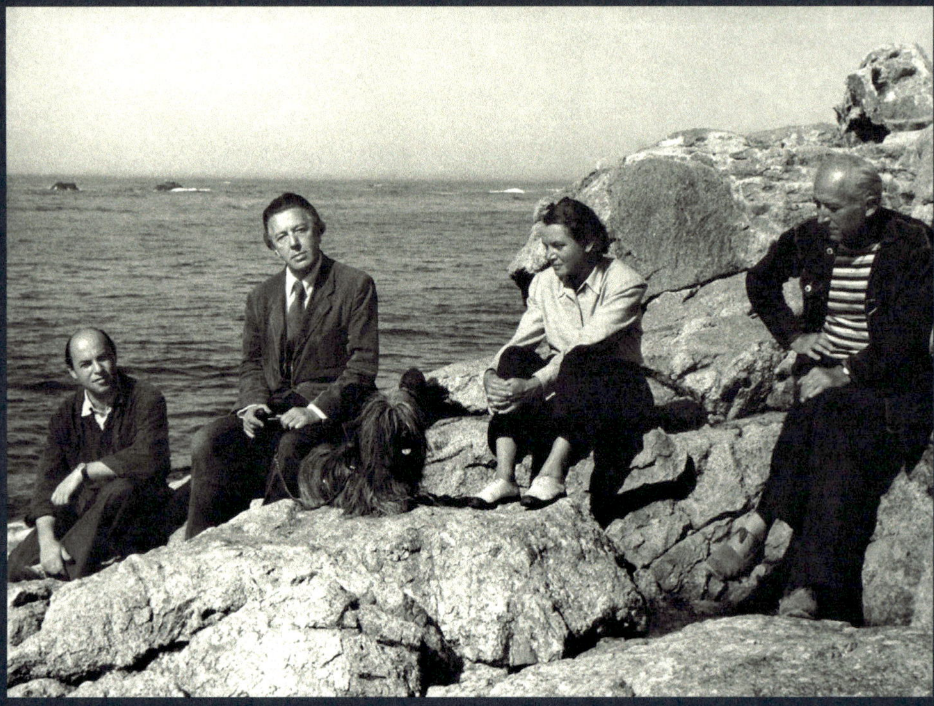

372 Jindřich Heisler, André Breton, Toyen, Benjamin Péret, Île de Sein, August 1948

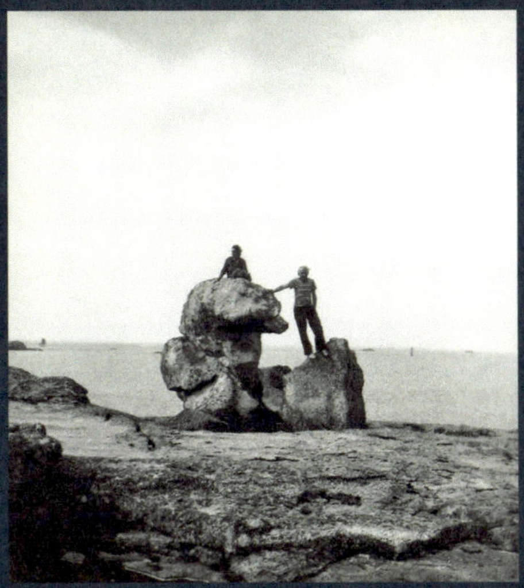

373 Toyen und Benjamin Péret, Île de Sein, 1948

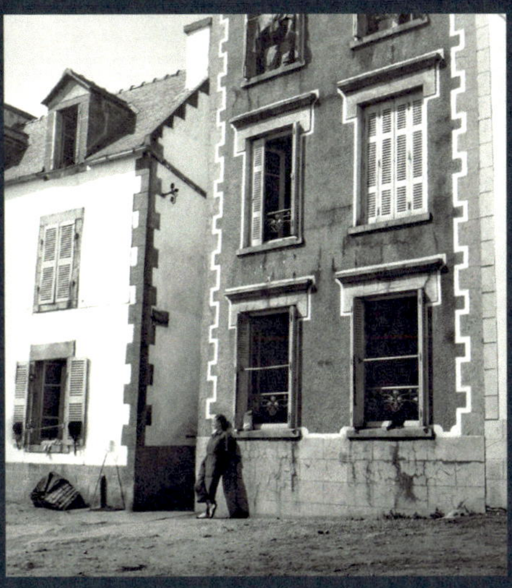

374 Toyen, Île de Sein, 1948

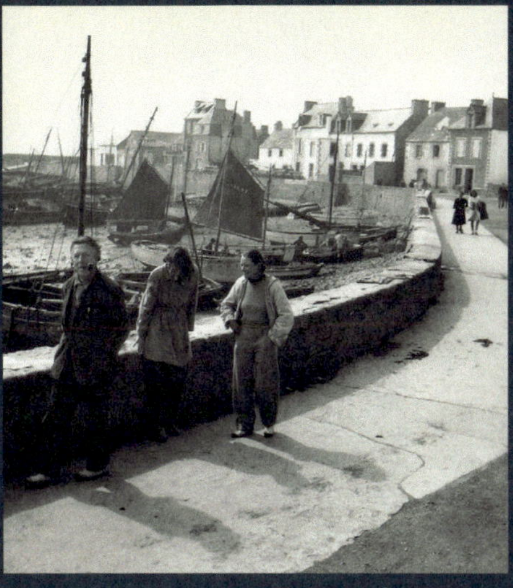

375 André und Elisa Breton, Toyen, Île de Sein, 1948

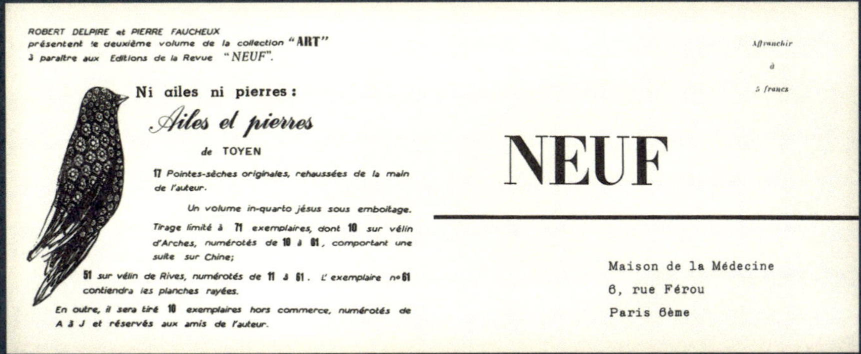

ROBERT DELPIRE et PIERRE FAUCHEUX
présentent le deuxième volume de la collection "ART"
à paraître aux Editions de la Revue "NEUF".

Affranchir
à
5 francs

Ni ailes ni pierres :
Ailes et pierres
de TOYEN

17 Pointes-sèches originales, rehaussées de la main de l'auteur.

Un volume in-quarto jésus sous emboitage.

Tirage limité à 71 exemplaires, dont 10 sur vélin d'Arches, numérotés de 10 à 61, comportant une suite sur Chine;

51 sur vélin de Rives, numérotés de 11 à 61. L'exemplaire n° 61 contiendra les planches rayées.

En outre, il sera tiré 10 exemplaires hors commerce, numérotés de A à J et réservés aux amis de l'auteur.

NEUF

Maison de la Médecine
6, rue Férou
Paris 6ème

Abb. 376 Ankündigung der Veröffentlichung des Zyklus *Ni ailes ni pierres, ailes et pierres* / *Weder Flügel noch Steine, Flügel und Steine* als Graphikalbum

1949

FEBRUAR Toyen unterzeichnet die gemeinschaftliche Erklärung *Les Surréalistes à Gary Davis* (*Die Surrealisten an Garry Davis*), in dem diese Gruppe ihre Unterstützung für die Weltbürgerbewegung erklärt, ihren Internationalismus bekräftigt und den Kalten Krieg als Vorwand für nukleare Aufrüstung verurteilt.

AUGUST - SEPTEMBER Zusammen mit André und Elisa Breton, Heisler und Péret verbringt Toyen den Sommer auf der Île de Sein. Nach der Abreise ihrer Freunde bleibt sie mit Heisler mittellos zurück; Heisler fährt nach Paris, um sich Geld für die Hotelrechnung und Toyens Rückreise zu leihen. Er lernt in Paris Drahomíra Rotterová (1919–1993) kennen, die seine Partnerin wird.

Der Verlag der Zeitschrift *NEUF* kündigt die Veröffentlichung von Toyens Zeichnungszyklus *Weder Flügel noch Steine, Flügel und Steine* an; das Projekt wird jedoch nicht verwirklicht. ☐ 376

1950

MÄRZ - APRIL Toyen, Heisler, Péret und Breton liefern Beiträge zum *Surrealistischen Almanach des halben Jahrhunderts*, einer Sonderausgabe des Magazins *La Nef*. Von Toyen sind es Zeichnungen - sie begleiten ein Gedicht von Georges Schehadé - und die Collage *Železná opona* (*Der eiserne Vorhang*); Štyrský steuert eine Fotografie von 1934 bei, die eine Drogerie namens »Materialista« zeigt, in die Aufnahme hat er nachträglich Stalins Kopf montiert. ☐ 587

Im ersten Heft der von Edgar Jené und Max Hölzer in Klagenfurt herausgegebenen österreichischen Zeitschrift *Surrealistische Publikationen* wird Toyens *Schlafende* abgebildet. Das zweite und letzte, in Paris veröffentlichte Heft von 1954 enthält Heislers Gedicht *Toyen*, das hier erstmals auf Deutsch publiziert wird, sowie eine Zeichnung aus *Les Spectres du désert*. Die Gestaltung des Umschlags lehnt sich an eine weitere Zeichnung aus diesem Zyklus an. ☐ 5

17. JUNI Der Literaturkritiker, Journalist und Freund der Prager Surrealisten-Gruppe Záviš Kalandra (1902–1950), der öffentlich die stalinistische Politik und die Moskauer Prozesse von 1936 kritisierte und dem nach dem Krieg vorgeworfen wurde, als Trotzkist das kommunistische Regime stürzen zu wollen, wird mit weiteren Oppositionellen am 8. Juni in einem politischen Prozess in der Tschechoslowakei zum Tode verurteilt. Toyen unterzeichnet mit mehreren Künstlern, Schriftstellern und Intellektuellen (Breton, Albert Camus, Simone de Beauvoir, Max Ernst, Julien Gracq, Maurice Merleau-Ponty, Jean Paulhan und Péret) ein in der Tageszeitung *Combat* veröffentlichtes Telegramm an den tschechoslowakischen Präsidenten Gottwald, in dem sie - vergebens - darum bitten, von der Vollstreckung des Urteils gegen Kalandra und seine Mitangeklagten abzusehen.

Heisler gestaltet ein »Buch-Objekt« für Toyen sowie zwei weitere für Breton und Péret.

Toyen besucht mit anderen Surrealisten regelmäßig die Vorführungen der Cinémathèque française, die sich anschließenden Diskussionen werden von Henri Langlois moderiert.

1951

MAI Toyen illustriert mit einer Zeichnung den Artikel des Schriftstellers und Drehbuchautors Jean Ferry *Der Fall Seznec*, er erscheint in der zweiten Ausgabe der Zeitschrift *Das Zeitalter des Kinos*. Herausgeber des Magazins sind drei Mitglieder der Pariser Surrealisten-Gruppe, Adonis Kyrou, Robert Benayoun und Georges Goldfayn, die Toyen »die drei Zeitalter« nennt, in Anlehnung an den Titel ihres Magazins und einen Film von Buster Keaton. Es entwickelt sich eine enge Freundschaft zwischen Toyen und Goldfayn, der mehreren Gemälden von Toyen Titel geben wird. □ 377

Am 24. Mai unterzeichnet Toyen das gemeinschaftliche Traktat *Haute fréquence* (*Hochfrequenz*), das sie mit gezeichneten ornamentalen Motiven illustriert. Die Autoren wollen »ein Minimum an Richtigstellungen und Präzisierungen« zum Surrealismus vornehmen und betonen, dass er keine Schule, sondern Abenteuer sei »im aggressivsten und absolutesten Sinne des Wortes«. □ 417

AUGUST Sie beteiligt sich an einer dem Surrealismus gewidmeten Sonderausgabe der Zeitschrift *Das Zeitalter des Kinos*.

1. OKTOBER Karel Teige stirbt an einem Herzinfarkt in Prag. Kurz nach seinem Tod begeht seine Lebensgefährtin Josefina Nevařilová Selbstmord, ebenso seine ehemalige Geliebte Eva Ebertová, nachdem sie einen Teil ihrer Korrespondenz verbrannt hat. Bald darauf veröffentlicht die kommunistische Zeitschrift *Tvorba* eine Artikelserie von Mojmír Grygar mit dem Titel *Teigovština – trockistická agentura v naší kultuře* (*Teigismus – eine trotzkistische Agentur in unserer Kultur*), in der Teige und die Surrealisten unterschiedslos attackiert werden. Aufgrund der dramatischen Umstände des Todes von Teiges zwei Geliebten, fehlender Informationen und der Angriffe einiger tschechoslowakischer Kommunisten gehen Toyen, Breton und die Pariser Surrealisten vorübergehend davon aus, dass Teige Selbstmord beging, um seiner Verhaftung zu entgehen. Breton erwähnt diese irrige Annahme 1953 in seiner *Einleitung zu Toyens Werk*.

1952

4. JANUAR Toyen unterzeichnet die kollektive Erklärung der Pariser Surrealisten *Bas les masques! Bas les pattes!* (*Nieder mit den Masken! Nieder mit den Pranken!*), die in der anarchistischen Zeitschrift *Le Libertaire* veröffentlicht wird, um gegen die Darstellung Alfred Jarrys als »katholischen Dichter« zu protestieren.

JUNI Toyen gestaltet den Umschlag der Ausgabe 5–6 des Marseiller Magazins *La Rue*, den ersten zehn Exemplaren ist eine Kaltnadelradierung beigefügt. Das Sonderheft mit dem Titel *Révolte sur mesure* (*Revolte nach Maß*) versammelt polemische Reaktionen mehrerer Pariser Surrealisten (Péret, Gérard Legrand, Adrien Dax, Jean Schuster, Jean-Louis Bédouin) auf Albert Camus' Ende 1951 veröffentlichte Schrift *L'Homme révolté* (*Der Mensch in der Revolte*). □ 416

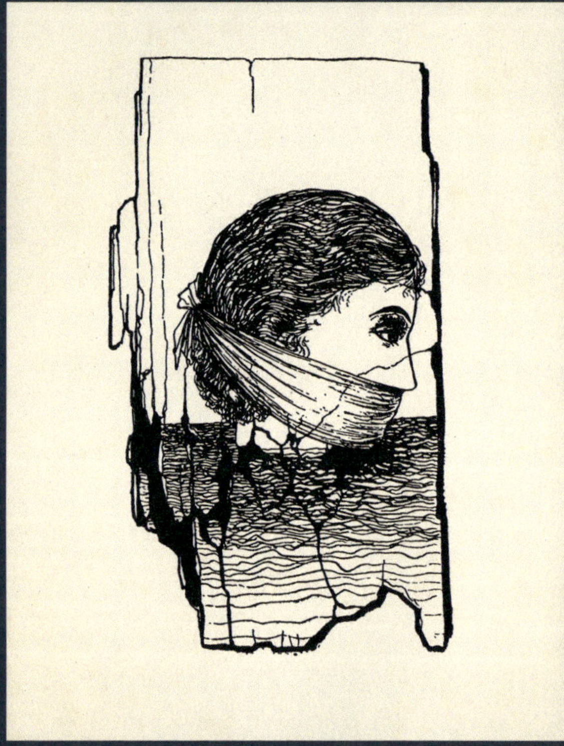

Abb. 377 Zeichnung für Jean Ferry, *L'Affaire Seznec / Der Fall Seznec*, in: *L'Âge du cinéma* (*Das Zeitalter des Kinos*), Nr. 2, Mai 1951, S. 7

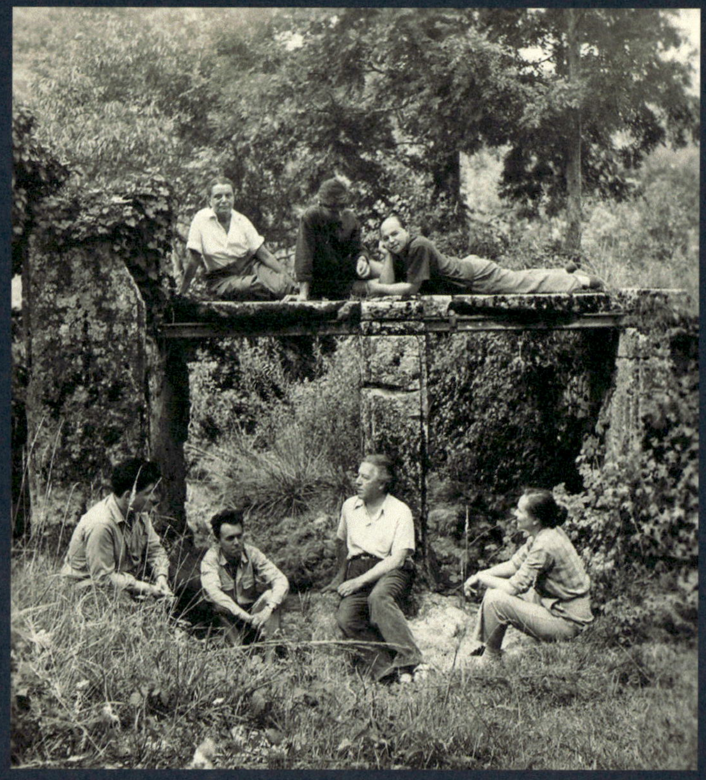

378 Saint-Cirq-Lapopie, August 1952
Obere Reihe von links nach rechts: Toyen, Guy-René Doumayrou, Jindřich Heisler; untere Reihe von links nach rechts: Georges Goldfayn, Bernard Roger, André Breton, Drahomíra Rotterová

14. JUNI – 6. JULI Von Toyen werden im Saarlandmuseum Saarbrücken in der Ausstellung *Surrealistische Malerei in Europa* vier neue Gemälde – *Nouent et renouent* (*Knüpfen und Verknüpfen*), *Ils se lèvent à la pointe du jour* (*Sie erheben sich bei Tagesanbruch*, beide 1950), *Je m'aperçois que ma page blanche est devenue verte* (*Ich stelle fest, dass mein weißes Blatt grün geworden ist*, 1951), *L'origine de la vérité* (*Der Ursprung der Wahrheit*, 1952) – und der Zeichnungszyklus *Verstecke dich, Krieg!* (1944) präsentiert. Die Schau ist von der diplomatischen Vertretung Frankreichs im Saarland organisiert worden. □ 340–345, 429, 434

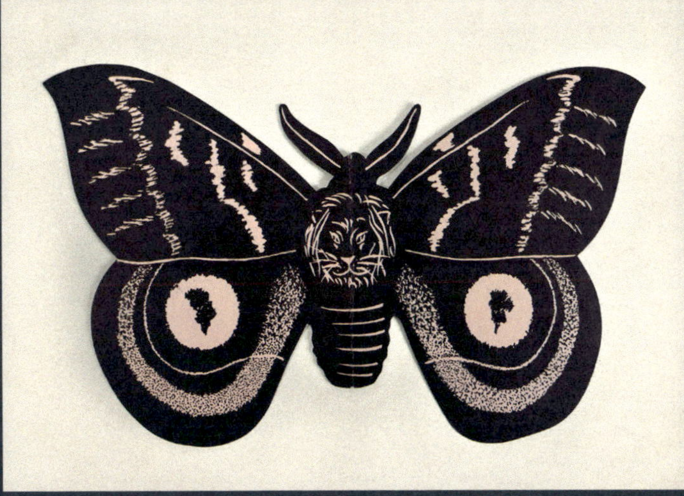

Abb. 381 Toyen, Einladungskarte zur ersten Ausstellung der Galerie À l'étoile scellée (Zum versiegelten Stern) in Paris, Dezember 1952

Von Oktober 1952 bis Januar 1953 besucht Toyen René Alleaus öffentliche Vorlesungen *Les textes classiques de l'Alchimie* (*Klassische Texte der Alchemie*).

5. DEZEMBER Toyen gestaltet die Einladungskarte für die Eröffnungsausstellung der Pariser Galerie À l'étoile scellée (11 rue du prés-aux-Clerc) in Form eines Schmetterlings. Eröffnet wird die Schau von der Galeristin Sophie Babet, die künstlerische Leitung hat Breton. □ 381

Im Laufe des Jahres fertigt Toyen eine Radierung nach Bretons Profil für die von Victor Crastre verfasste Biographie *André Breton*, die in den Éditions Arcanes erscheint.

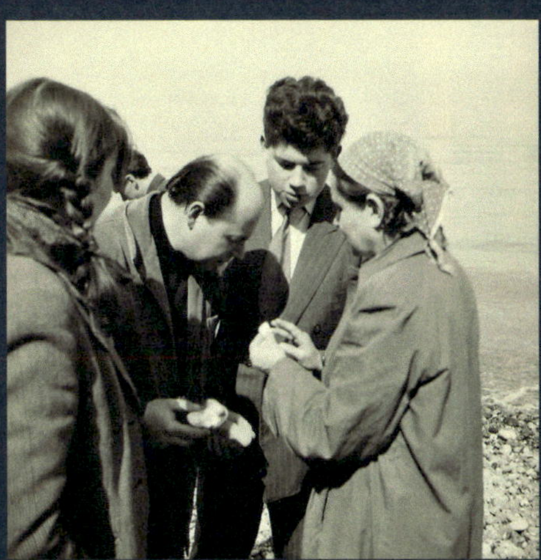

382 Jindřich Heisler, Georges Goldfayn und Toyen sammeln Kieselsteine in Dieppe, 1952

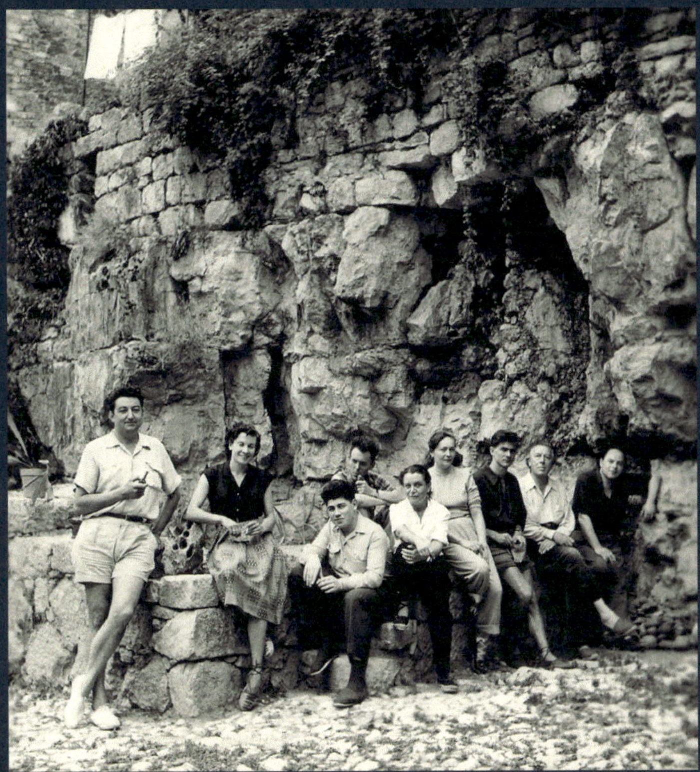

379 Saint-Cirq-Lapopie, August 1952
Von links nach rechts: Adrien Dax, Simone Dax, Georges Goldfayn, Bernard Roger, Toyen, Drahomíra Rotterová, Guy-René Doumayrou, André Breton, Jindřich Heisler

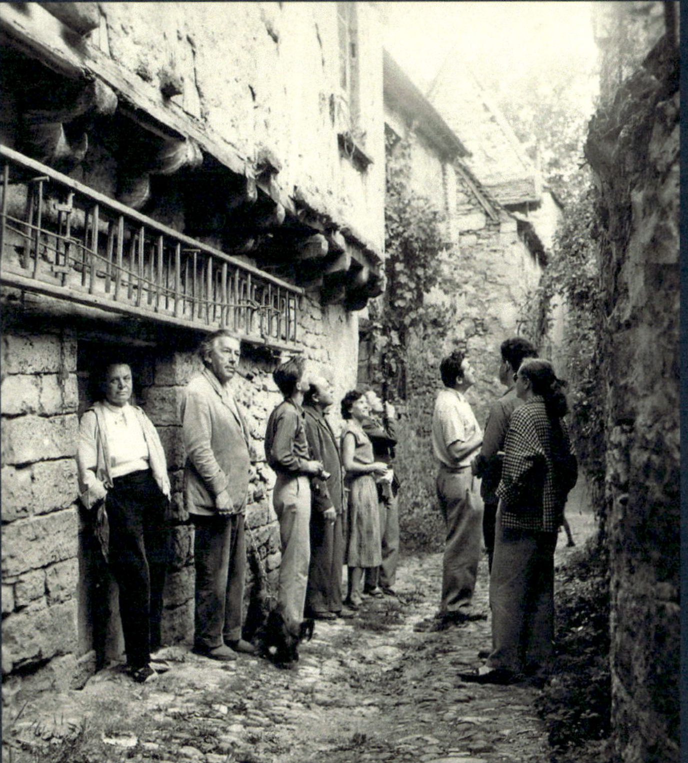

380 Saint-Cirq-Lapopie, August 1952
Von links nach rechts: Toyen, Breton, Doumayrou, Heisler, Simone Dax, Bernhard Roger, Adrien Dax, Georges Goldfayn und Drahomíra Rotterová

1953

3. JANUAR Jindřich Heisler, seit 1938 Toyens engster Weggefährte, stirbt im Alter von 39 Jahren an Herzversagen.

20. FEBRUAR - 5. MÄRZ Toyen nimmt an einer Gruppenausstellung in der Galerie À l'étoile scellée teil; gezeigt werden außerdem Werke von Yves Tanguy, Max Ernst, Man Ray, Alberto Giacometti, Wifredo Lam, René Magritte, Wolfgang Paalen, Simon Hantaï und Fred Deux.

MÄRZ In der Éditions Sokolova, einem Pariser Verlag der tschechischen Kunstmäzenin Meda Mládková (geb. Sokolová), erscheint die erste französischsprachige Monographie über Toyen. Sie enthält 40 Reproduktionen von Bildern, einen Aufsatz von Breton, eine Studie von Péret, ein Gedicht Heislers sowie eine biographische Notiz des Historikers und antistalinistischen linken Aktivisten Jiří Veltruský (1919-1994). Letzterer hatte sich schon vor dem Krieg den Prager Surrealisten angenähert, emigrierte 1948 nach Paris und blieb mit Toyen in engem Kontakt. □ 383

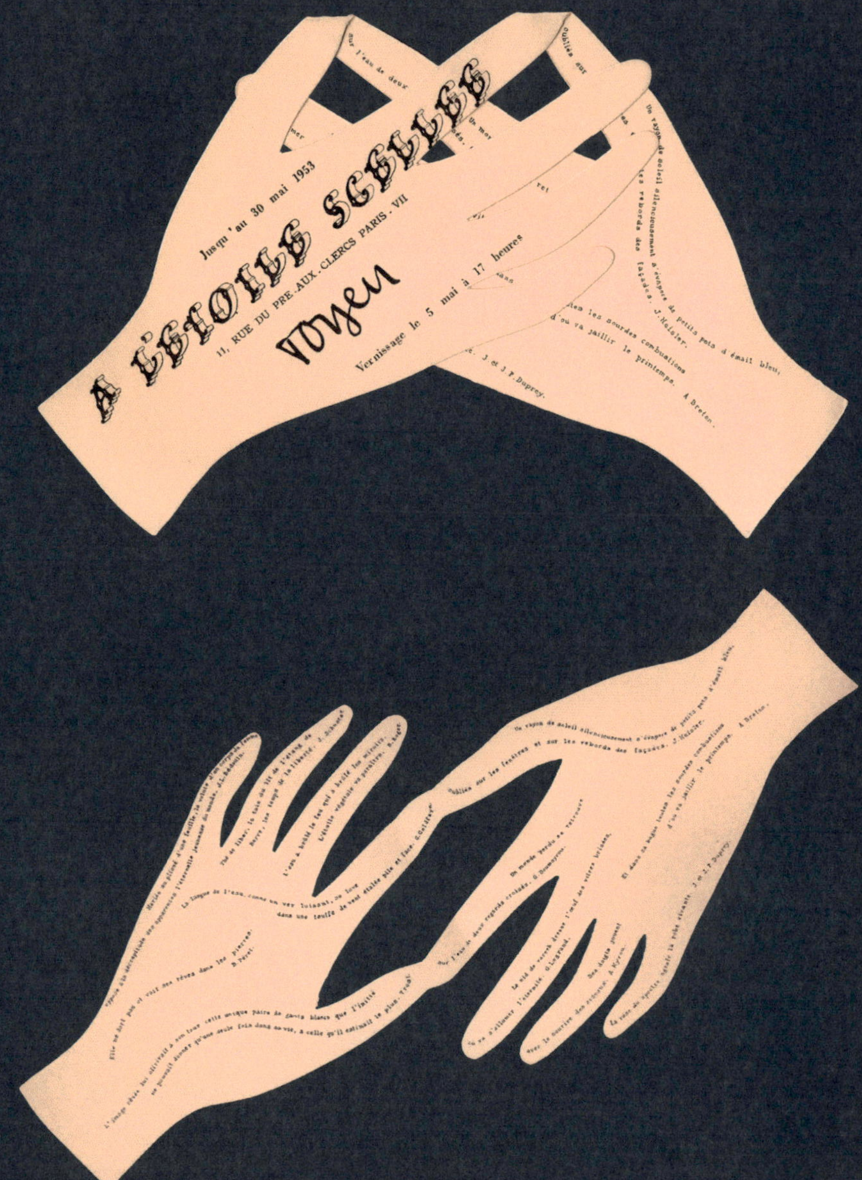

Abb. 384 Katalog und Einladungskarte zu Toyens Ausstellung in der Pariser Galerie À l'étoile scellée, 1953

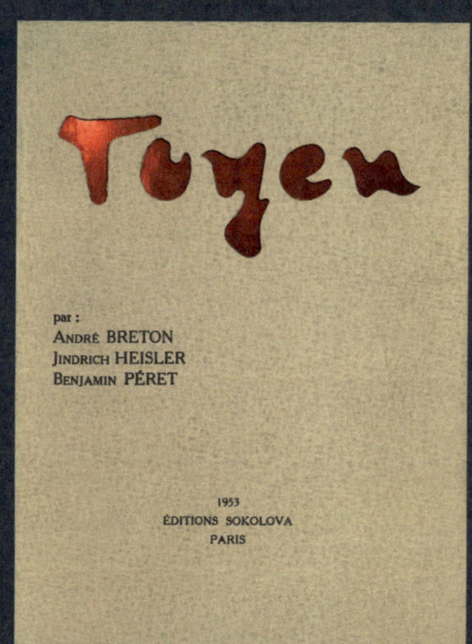

Kat. 383 Monographie *Toyen*, Éditions Sokolova, Paris 1953

Unter den Tschechen, die Toyen in Paris trifft, ist Lída Faucher (geb. Durdiková), die Kinderbuchautorin und ehemalige Assistentin des Pädagogen František Bakule. Die Ehefrau von Pierre Faucher, dem Begründer der *Albums du Père Castor* und Leiter der Abteilung für Jugendbücher im Verlag Flammarion, versorgt Toyen mit Reproduktionen von botanischen Tafeln, die die Künstlerin für ihre Werke verwendet.

Am 5. März stirbt Josef Stalin, am 14. März Klement Gottwald.

3. MAI - 30. MAI In einer Einzelausstellung in der Galerie À l'étoile scellée zeigt Toyen den Zeichnungszyklus *Weder Flügel noch Steine, Flügel und Steine* und vierzehn neuere Gemälde, einige davon sind von den Hausschildern in der Prager Altstadt inspiriert. Toyen entwirft den auch als Einladungskarte fungierenden Katalog in Form zweier Hände, deren Finger mit kurzen Gedichten ihrer surrealistischen Freunde beschrieben sind, so von Breton, Péret, Heisler, Goldfayn, Jean-Louis Bédouin, Jean Schuster, Gérard Legrand, Bernard Roger, Jean-Pierre Duprey und Dolfi Trost. □ 384, 424-427

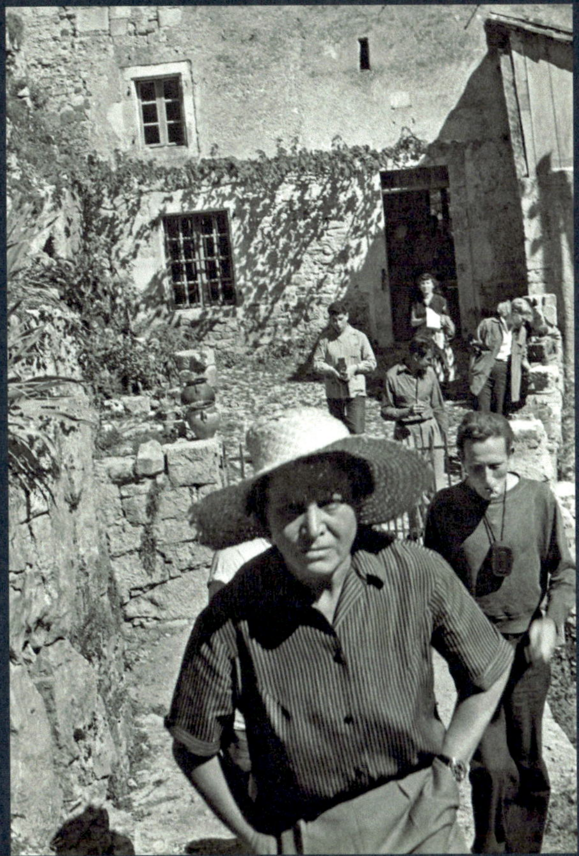

385 Saint-Cirq-Lapopie, 1953
Von vorne nach hinten: Toyen, Jean Schuster, Michel Zimbacca, Maryse Sandoz, Georges Goldfayn, Anne Seghers, Breton

JULI UND AUGUST Toyen hält sich in Saint-Cirq-Lapopie auf, wo Breton zwei Jahre zuvor ein Haus gekauft hat. Mit surrealistischen Freunden spielt sie *L'un dans l'autre* (*Das eine im anderen*), ein Spiel, welches auf einem Analogieprinzip gründet, gemäß dem »jeder Gegenstand in irgendeinem anderen enthalten sein kann«. Einige der im Spiel gegebenen Antworten Toyens werden in der zweiten und dritten Ausgabe der surrealistischen Zeitschrift *Médium. Communication surréaliste* veröffentlicht. Toyen wird 1965 eines ihrer Gemälde nach dem Spiel benennen.
☐ 468

NOVEMBER Im Verlag Arcanes wird der Zeichnungszyklus *Les Spectres du désert* (1936–1937) erneut veröffentlicht, zusammen mit einer französischen Übersetzung des Gedichts von Heisler. Die Publikation ist Karel Teige zum Gedenken gewidmet.
☐ 386

Toyen entwirft den Umschlag des Sammelbandes *Des pierres de mouvance* (*Steine der Bewegung*) von Gérard Legrand; 30 Vorzugsausgaben enthalten eine Kaltnadelradierung.

Nach Heislers Tod zieht Toyen in das kleine, günstige Hôtel de la Paix, Quai d'Anjou Nr. 29, auf der Île Saint-Louis, wo sie bis zum Frühjahr 1967 bleibt. Ihr Atelier befindet sich im 6. Stock des Gebäudes 68 Boulevard Saint-Germain.

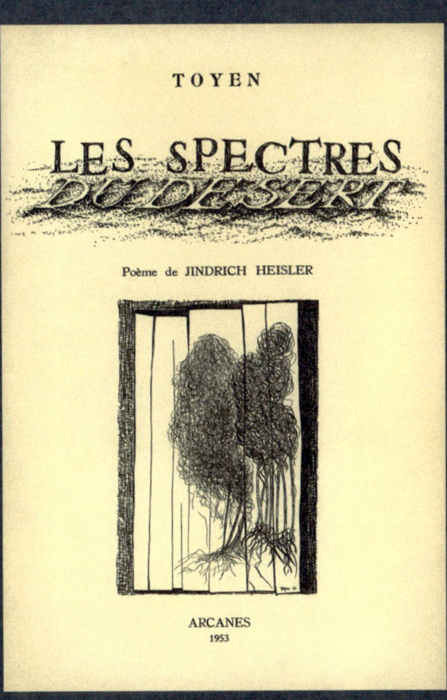
TOYEN

LES SPECTRES DU DÉSERT

Poème de JINDRICH HEISLER

ARCANES
1953

Kat. 386 Neuausgabe des Zyklus *Les Spectres du désert* / *Die Gespenster der Wüste*, Paris 1953

1954

SEPTEMBER Toyen unterzeichnet mit Mitgliedern der Pariser Surrealisten-Gruppe und der Lettristischen Internationale (Guy Debord, Michèle Bernstein, Mohamed Dahou, Jacques Fillon, Gil J. Wolman) die Erklärung *Ça commence bien!* (*Das fängt ja gut an!*). Sie soll während der Feierlichkeiten zum 100. Geburtstag Arthur Rimbauds in seinem Heimatort Charleville-Mézière verteilt werden, um gegen »die Inkompetenz der Gelehrten« zu protestieren, die ein Sonett von Paul Scaron Rimbaud zugeschrieben haben.

3. OKTOBER Mit anderen Surrealisten (Schuster, Legrand, Bédouin, Goldfayn, Hantaï) nimmt sie an einem Treffen der Lettristischen Internationale teil; es endet mit einem Streit zwischen beiden Gruppen.

13. OKTOBER Sie unterzeichnet die gemeinsame Erklärung *Familiers du Grand Truc* (*Sie kennen gut den Großen Trick*), welche das Ende der Zusammenarbeit der Pariser Surrealisten mit der Lettristischen Internationalen markiert.

NOVEMBER Der kroatische Dichter Radovan Ivšić (1921–2009) beginnt, an den Treffen der Surrealisten-Gruppe im Café Le Musset teilzunehmen, und lernt dort Toyen kennen. Es ist der Beginn einer lebenslangen Freundschaft, die noch vertieft wird durch ihre gemeinsame Leidenschaft für Bücher und eine starke Aversion gegen totalitäre Regime.

Toyen lädt zu den Treffen und Aktivitäten der Surrealisten auch den in Paris lebenden tschechischen Bildhauer Jan Křížek ein.

1955

JANUAR An der von dem Dichter und Kunstkritiker Charles Estienne und dem Kunsthistoriker und Surrealisten José Pierre zusammengestellten Umfrage *Situation de la peinture en 1954* (*Situation der Malerei im Jahr 1954*) nimmt Toyen mit 45 weiteren Künstlern teil, darunter Hans Arp, Giorgio de Chirico, Jean Degottex, Jan Křížek, Salvador Dalí, René Magritte, Meret Oppenheim und Antonio Saura. Ihre Antworten werden in der vierten Ausgabe von *Médium. Communication surréaliste* abgedruckt.

21. JANUAR Toyen nimmt an der Gruppenausstellung *Quelques feux dans le brouillard et objets des îles* (*Leuchtfeuer im Nebel und Gegenstände von den Inseln*) in der Galerie À l'étoile scellée teil, welche anlässlich der Veröffentlichung dieser Umfrage veranstaltet wird.

In derselben Ausgabe der Zeitschrift *Médium* erscheint die von Toyen mitunterzeichnete gemeinsame Erklärung *À son gré* (*Nach seinem Ermessen*), die das Ende jeglicher Zusammenarbeit zwischen der Pariser Surrealisten-Gruppe und Max Ernst verkündet, nachdem dieser den Großen Preis für Malerei auf der Biennale in Venedig angenommen hat.

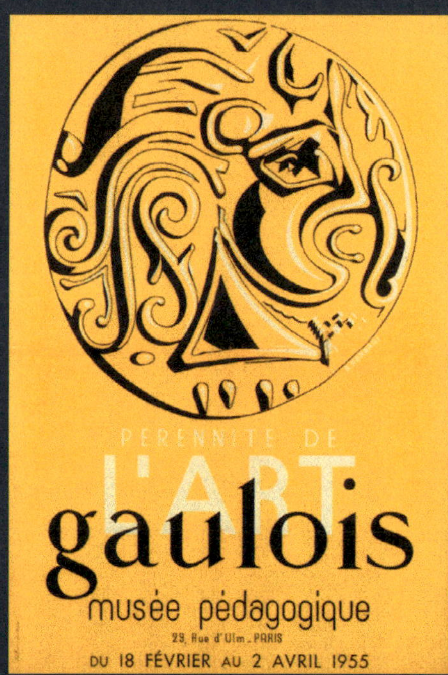

Abb. 388 Plakat zur Ausstellung *Pérennité de l'art gaulois / Fortdauer gallischer Kunst*, Musée pédagogique, Paris 1955

18. JANUAR - 2. MÄRZ Toyen ist im Musée pédagogique de Paris auf der von Lancelot Lengyel, Breton und Estienne organisierten Ausstellung *Pérennité de l'art gaulois* (*Fortdauer gallischer Kunst*) vertreten.

1. - 22. MÄRZ Werke von Toyen sind auf der von Estienne in der Galerie Klébert ausgerichteten Ausstellung *Alice in Wonderland* (*Alice im Wunderland*) zu sehen.

14. MAI Der »Warschauer Pakt«, das Beistandsbündnis des Ostblocks im Kalten Krieg, wird geschlossen, zu den Mitgliedern zählt neben der Sowjetunion, der DDR, Polen und anderen auch die Tschechoslowakei.

3. - 24. MAI Die Galerie À l'étoile scellée zeigt auf einer von Breton und Estienne organisierten Einzelausstellung vierzehn Gemälde Toyens aus der ersten Hälfte der 1950er Jahre. Für den Katalog schreibt Estienne den Text *Granit de la solitude* (*Granitfelsen der Einsamkeit*). ☐ 387

1956

13. MÄRZ - 15. APRIL Toyen nimmt an der Gruppenausstellung *L'Île de l'homme errant* (*Die Insel des wandernden Menschen*) teil, die von Estienne anlässlich der französischen Neuausgabe von Charles Maturins *Melmoth the Wanderer* (*Melmoth der Wanderer*) in der Galerie Klébert organisiert wird.

JULI Erneuter Aufenthalt Toyens in Saint-Cirq-Lapopie, wo sie sich regelmäßig mit André und Elisa Breton und weiteren Surrealisten trifft.

OKTOBER Für die neue Zeitschrift der Pariser Surrealisten-Gruppe *Le Surréalisme, même* fertigt Toyen einen unrealisierten Entwurf für einen Umschlag; ihre Zeichnung dazu wird anlässlich der Präsentation der Zeitschrift in der Galerie À l'étoile scellée ausgestellt.

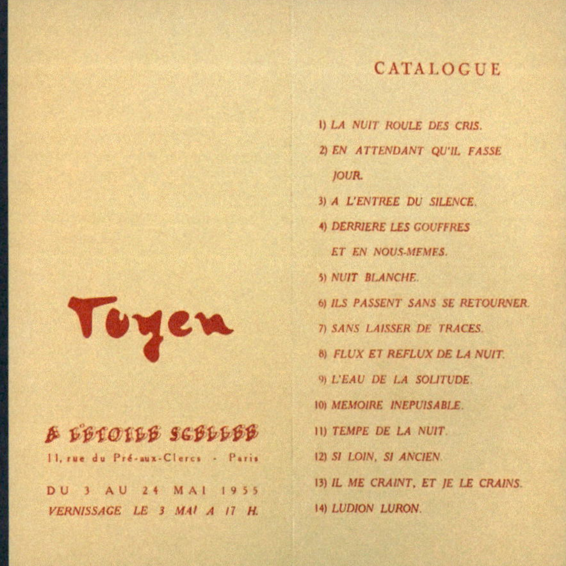

Toyen

A L'ETOILE SCELLEE
11, rue du Pré-aux-Clercs - Paris

DU 3 AU 24 MAI 1955
VERNISSAGE LE 3 MAI A 17 H.

CATALOGUE

1) LA NUIT ROULE DES CRIS.
2) EN ATTENDANT QU'IL FASSE JOUR.
3) A L'ENTREE DU SILENCE.
4) DERRIERE LES GOUFFRES ET EN NOUS-MEMES.
5) NUIT BLANCHE.
6) ILS PASSENT SANS SE RETOURNER.
7) SANS LAISSER DE TRACES.
8) FLUX ET REFLUX DE LA NUIT.
9) L'EAU DE LA SOLITUDE.
10) MEMOIRE INEPUISABLE.
11) TEMPE DE LA NUIT.
12) SI LOIN, SI ANCIEN.
13) IL ME CRAINT, ET JE LE CRAINS.
14) LUDION LURON.

Abb. 387 Katalog zu Toyens Einzelausstellung in der Pariser Galerie À l'étoile scellée, 1955

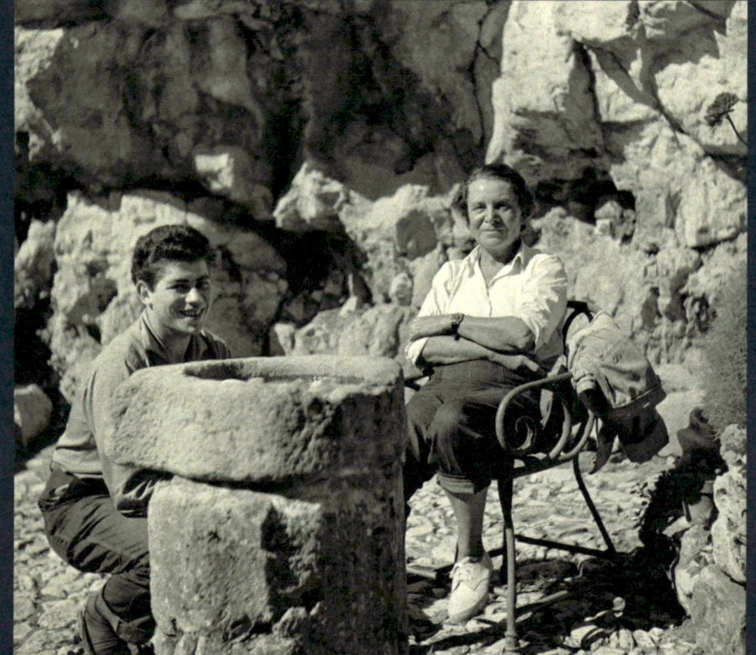

389 Georges Goldfayn und Toyen in Saint-Cirq-Lapopie, Juli 1956

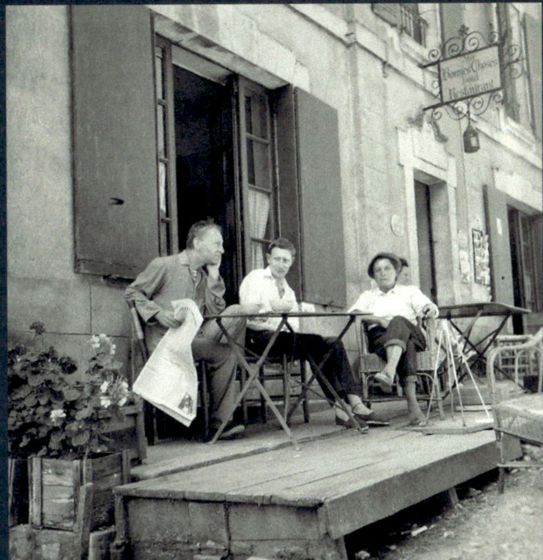

390 Charles Estienne, ? und Toyen auf der Terrasse des Restaurants Auberge aux bonnes choses in Saint-Cirq-Lapopie, Sommer 1956

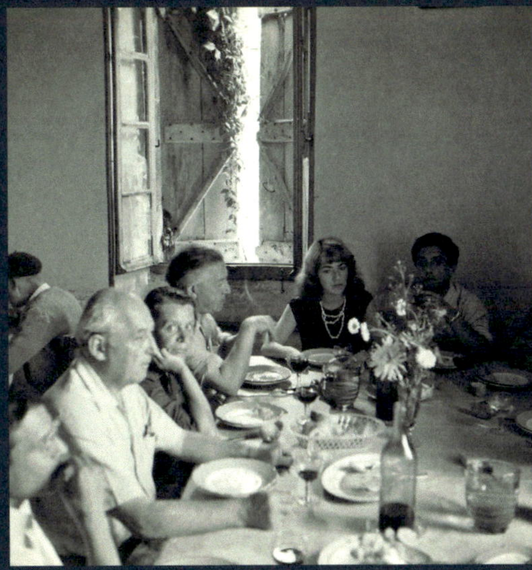

391 Saint-Cirq-Lapopie, Sommer 1956
Von links nach rechts: Robert Benayoun, Benjamin Péret, Toyen, André Breton, Aube Breton, Yves Elléouët

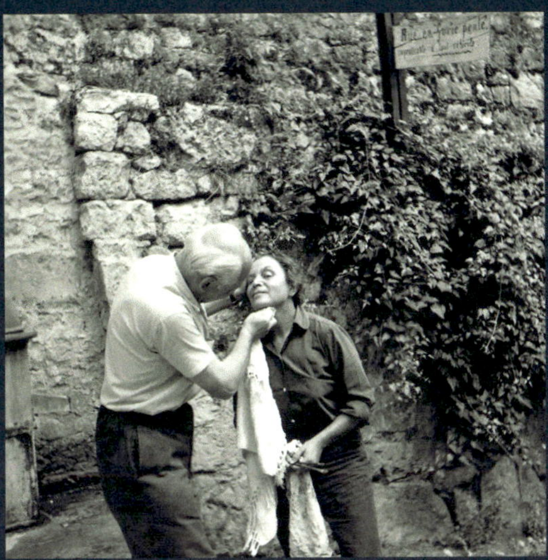

392 Benjamin Péret und Toyen in Saint-Cirq-Lapopie, 1956

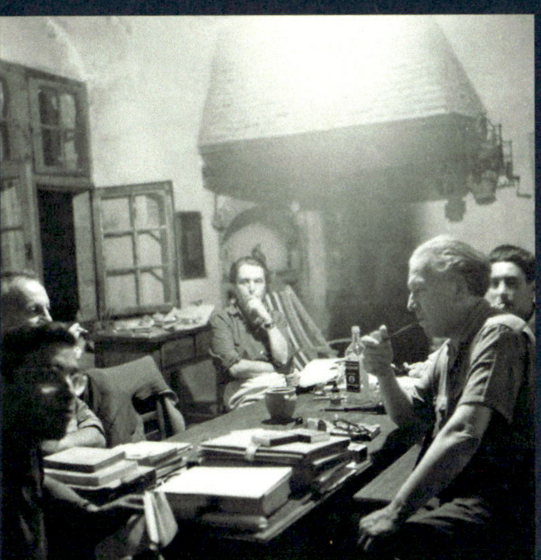

393 Saint-Cirq-Lapopie, 1956
Von links nach rechts: Robert Benayoun, Charles Estienne, Toyen, ? und André Breton

1957

FRÜHJAHR Toyens Gemälde *Tu t'évapores dans un buisson de cris* (*Du entschwindest in einem Strauch von Schreien*, 1956) wird in der zweiten Ausgabe von *Le surréalisme, même* abgedruckt. ☐ 451

25. MÄRZ Toyen gehört zu den 32 Unterzeichnern der von den Pariser Surrealisten verfassten Erklärung *Coup de semonce* (*Warnschuss*), die eine Reihe von »reaktionären Ereignissen zum Gedenken an die zweite Verurteilung von Siger von Brabant« anprangert. Die Erklärung wurde von den Malern Georges Mathieu und Simon Hantaï sowie dem Philosophen Stéphane Lupasco in der Galerie Kléber aus Anlass des 680. Jahrestages der Verurteilung des averroistischen Philosophen und Theologen durch die katholische Kirche organisiert.

MAI Der französische Buchklub (*Club français du livre*) publiziert *L'Art magique* (*Die magische Kunst*), eine umfangreiche Studie von Breton und dem surrealistischen Dichter Gérard Legrand über Magie und Kunst vom Paläolithikum bis in die Gegenwart. Darin wird Toyen mehrfach erwähnt, auch eine Reproduktion ihres Gemäldes *Im Schloss La Coste* von 1946 ist aufgenommen.

AUGUST Toyen verbringt den Sommer in Porspoder im nördlichen Finistère der Bretagne, der Heimat von Charles Estienne. Zusammen besuchen sie die Insel Ouessant, wo sie Breton, Péret, Legrand und den Dichter Élie-Charles Flamand treffen.

Im Laufe des Jahres produziert Toyen fünf Zeichnungen und eine Kaltnadelradierung für Flamands Sammlung *À un oiseau de houille perché sur la plus haute branche du feu* (*Für eine Tannenmeise, die auf dem höchsten Ast des Feuers hockt*), veröffentlicht im Verlag von Armand Henneuse in Lyon.

Für Pérets Sammelband *Le Gigot: sa vie et son œuvre* (*Le Gigot: Sein Leben und Werk*) steuert Toyen zwei Zeichnungen für den Umschlag und die Titelseite sowie eine Kaltnadelradierung bei.

1957

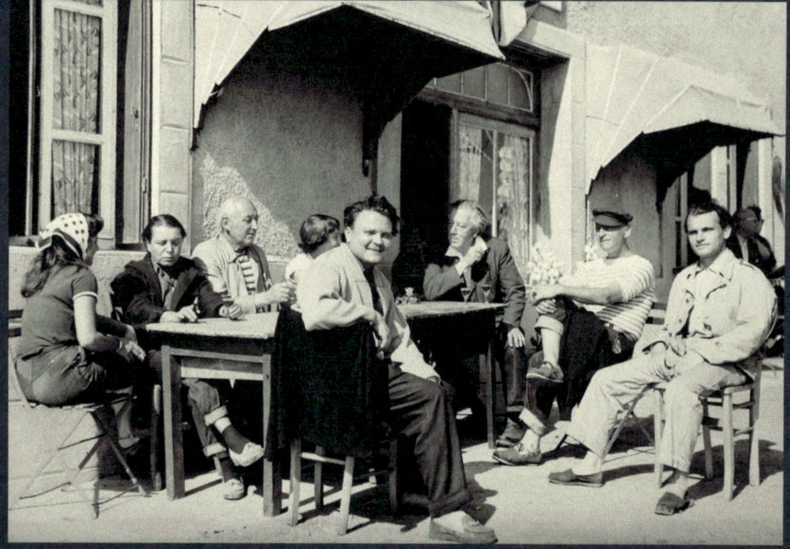

394 Auf der Insel Ouessant, August 1957
Von links nach rechts: Sophie M., Toyen, Péret, ?, Élie-Charles Flamand, Breton, Charles Estienne, Gérard Legrand

GALERIE FURSTENBERG
4, rue de Furstenberg, Paris-6e
Métro : St-Germain-des-Prés — Tél. : Danton 17-89

TOYEN

Du 30 Avril au 17 Mai 1958
Vernissage le mercredi 30 Avril de 17 à 20 heures

Abb. 395 Einladungskarte zu Toyens Einzelausstellung in der Galerie Furstenberg in Paris, 1958

1958

18. FEBRUAR Toyen gehört zu den 28 Unterzeichnern der surrealistischen Erklärung *Démasquez les physiciens. Videz les laboratoires!* (*Demaskiert die Physiker. Leert die Labore!*). Sie wird in Kooperation mit C.L.A.N.E. (Comité de Lutte Anti-Nucléaire [Komitee für den Kampf gegen Atomwaffen]) an der Sorbonne verteilt, um gegen Robert Oppenheimer, den »Vater der Atombombe«, der an der Universität einen Vortrag hält, zu protestieren und die »Erpresser des wissenschaftlichen Geistes« anzuprangern.

30. APRIL – 17. MAI Die Pariser Galerie Furstenberg zeigt in einer Einzelausstellung neben neueren Werken (1956–1957) den siebenteiligen Gemäldezyklus *Les 7 épées hors du fourreau* (*Die sieben gezogenen Schwerter*), der nach Guillaume Apollinaires Gedicht *Die sieben Schwerter* benannt ist. Für den Ausstellungskatalog verfassen sieben Mitglieder der Pariser Surrealisten-Gruppe je ein Gedicht zu einem Gemälde: Yves Elléouët (*La dame blanche / Die weiße Frau*), André Breton (*La somnambule / Die Schlafwandlerin*), Georges Goldfayn (*La chasseresse / Die Jägerin*), Édouard Léon Théodore Mesens (*La belle ouvreuse / Die schöne Platzanweiserin*), Benjamin Péret (*Mélusine*), Robert Benayoun (*La visiteuse vertige / Die schwindelerregende Besucherin*) und Jean-Claude Silbermann (*L'éveilleuse de tendresse / Die Erweckerin der Zärtlichkeit*). ☐ 395, 456–460

SEPTEMBER Sie reist mit Benayoun durch Griechenland und besucht Mykene und die Inseln Delos und Madouri.

Im Laufe des Jahres entstehen vier Zeichnungen für die Gedichtsammlung *Histoire naturelle* (*Naturgeschichte*) von Péret. Für die ersten 273 Exemplare des im Verlag Jehan Mayoux, Ussel, erschienenen Buches stellt Toyen außerdem eine Radierung her, *Le règne animal* (*Das Tierreich*). ☐ 398

Gemeinsam mit Adrien Dax, Yves Elléouët, Charles Estienne und Meret Oppenheim arbeitet Toyen an dem Gemeinschaftsobjekt *Raupenzuchtkasten*. ☐ 526

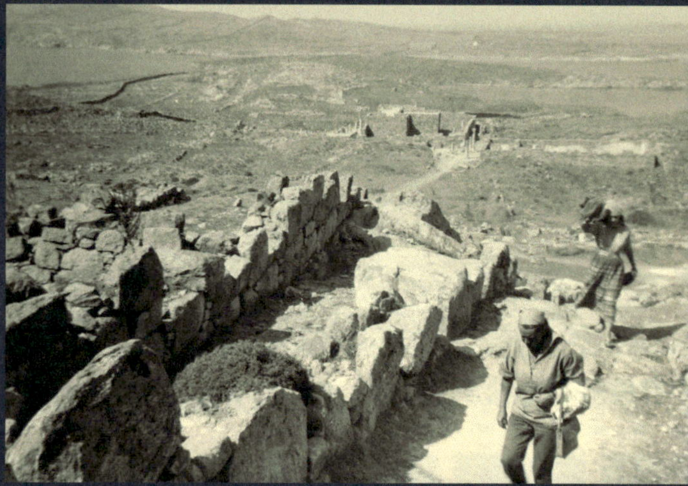

396 Auf der griechischen Insel Delos, September 1958

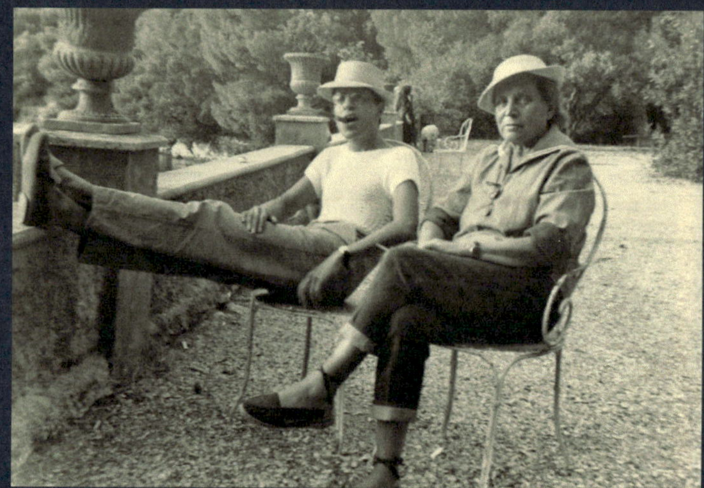

397 Robert Benayoun und Toyen auf der griechischen Insel Madouri, September 1958

1959

15. APRIL Eine Zeichnung Toyens wird in der 6. Ausgabe von *BIEF-Jonction surréaliste*, der neuen Zeitschrift der Surrealisten-Gruppe, veröffentlicht.

27. APRIL – 16. MAI Toyen ist auf der ersten *Mostra surrealista internazionale* (*Internationale Surrealisten-Ausstellung*) vertreten, die Jean-Jacques Lebel und Tristan Sauvage (alias Arturo Schwarz) in Schwarzs Buchhandlung in Mailand organisieren. Gezeigt werden u. a. Werke von Arp, Bellmer, Brauner, Breton, Dax, Domínguez, Duchamp, Giacometti, Gorki, Hérold, Matta, Paalen, Tanguy und Tanning. Anlässlich dieser Schau wird die Zeitschrift *Front unique* ins Leben gerufen.

SEPTEMBER Benjamin Péret stirbt in Paris.

4. DEZEMBER Toyen unterzeichnet mit Breton, Nora Mitrani, Jean-Louis Bédouin und Jean Schuster, die alle 1948 den Ausschluss Roberto Mattas befürwortet hatten, die Erklärung *Dernière heure* (*Letzte Stunde*), in der seine »totale Umbewertung« verkündet wird, weil er während Jean Benoîts Zeremonie *L'Exécution du testament du Marquis de Sade* (*Die Vollstreckung des Testaments des Marquis de Sade*) eine für die Surrealisten »beispielhafte Tat« vollbracht habe: Benoît und er hatten sich mit einem rotglühenden Eisen den Namen SADE in die Haut gebrannt. Der Text gibt zudem die Versöhnung mit Victor Brauner bekannt, der kurz nach Matta aus der Gruppe ausgeschlossen worden war.

15. DEZEMBER – 15. FEBRUAR 1960 Toyen nimmt mit ihrem Gemälde *Sillage dans un miroir* (*Kielspur im Spiegel*, 1959) an der *Exposition intERnatiOnal du Surréalisme (EROS)* in der Pariser Galerie Daniel Cordier teil, die »unter der Regie von André Breton und Marcel Duchamp« veranstaltet wird. Der Katalog enthält ein »Kurzes Wörterbuch des Erotismus«, in dem Toyens *Sie erheben sich bei Tagesanbruch* (1950) reproduziert ist.

In den 1950er Jahren entwirft sie auf Anregung von Goldfayn, der im Jazzclub *Storyville* arbeitete und Kontakte zu Jazz-Plattenfirmen hat, das Cover für ein Album des Hard-Bop-Vibraphonisten Milt Jackson, dessen Musik sie schätzt.

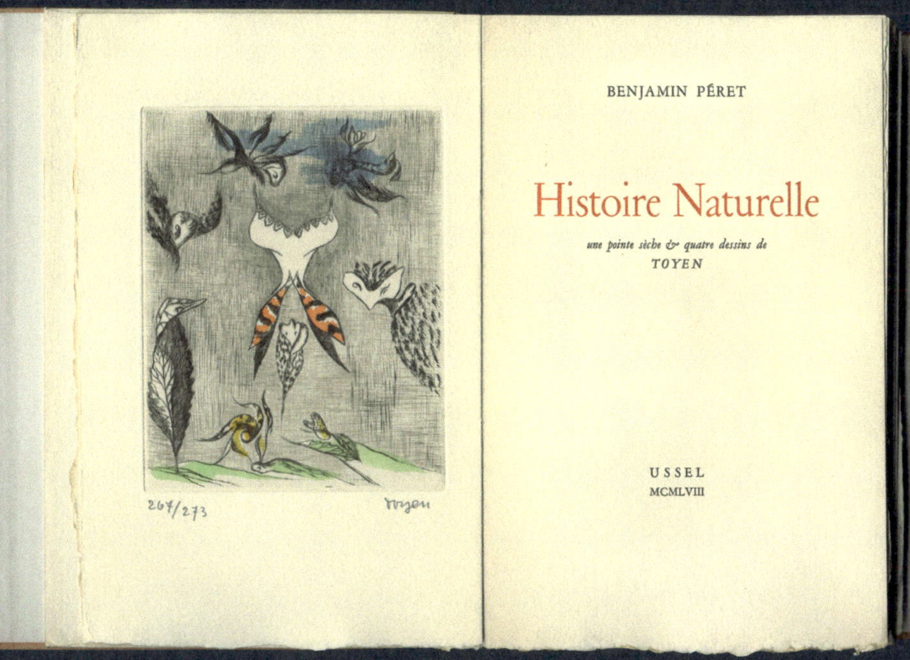

Abb. 398 Benjamin Péret, *Histoire Naturelle* / *Naturgeschichte*, Ussel 1958, Frontispiz von Toyen

1959 beginnt die Zusammenarbeit mit der Bewegung Phases des französischen Schriftstellers und Kritikers Édouard Jaguer (1924–2006). Werke von ihr werden wiederholt in der gleichnamigen Zeitschrift abgebildet (1960, Nr. 5/6, Januar; 1962, Nr. 7, Mai; 1963, Nr. 8, Januar; 1965, Nr. 10, September) und sind auf den Ausstellungen dieser Bewegung in Krakau, Warschau und Lublin vertreten.

1960

15. FEBRUAR 1960 Eine Zeichnung von Toyen wird in der Ausgabe Nr. 10-11 der *BIEF-Jonction surréaliste* veröffentlicht. ☐ 590

31. MÄRZ – 28. APRIL Die Galerie Raymond Cordier präsentiert die Einzelausstellung *Toyen, œuvres de 1939 à 1959*, kuratiert von Estienne, der auch für den Katalog die Einführung verfasst. Gezeigt werden 37 Gemälde und Zeichnungen aus der Zeit von 1939 bis 1959.

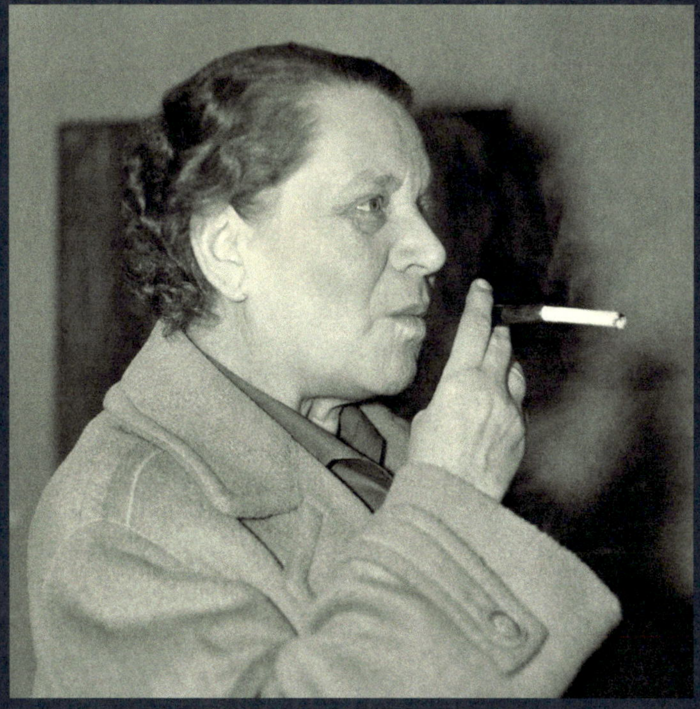

399 In der Pariser Galerie Raymond Cordier, April 1960

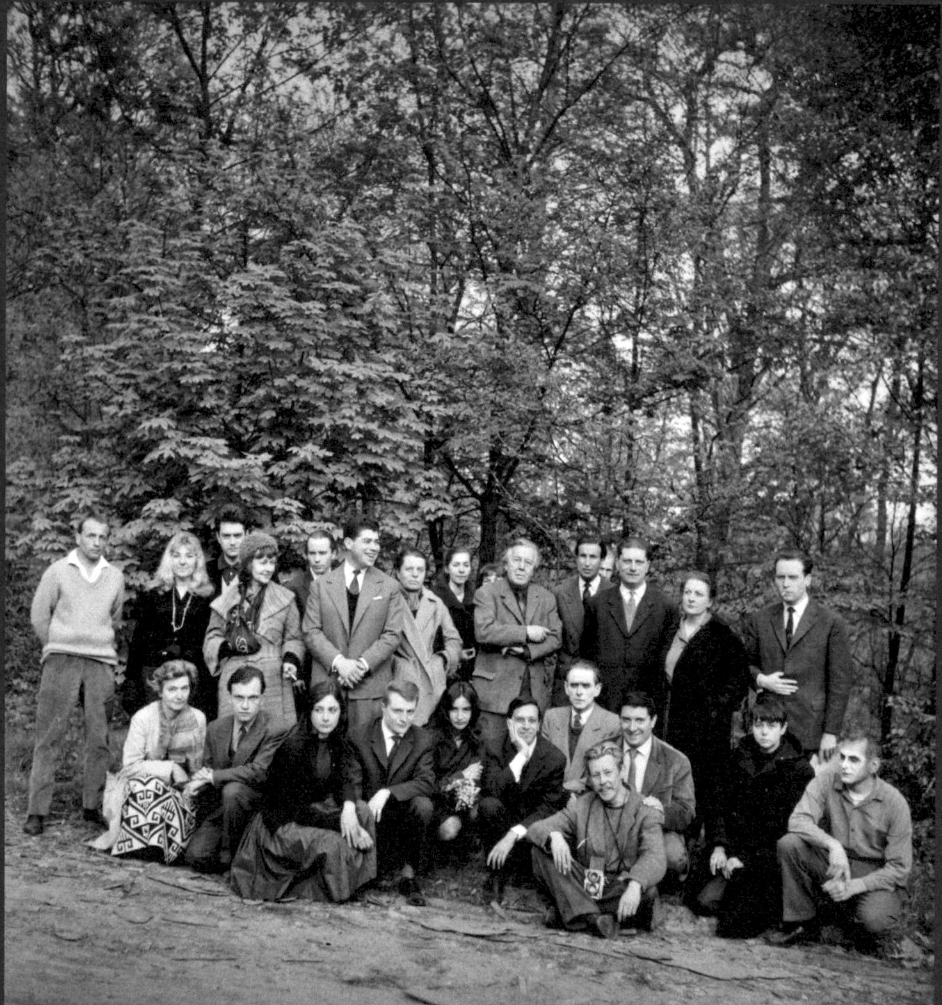

400 Ausflug in den Désert de Retz mit den Surrealisten, April 1960
Erste Reihe (sitzend): ?, Gérard Legrand, Nicole Espagnol, Alain Joubert, Joyce Mansour, Robert Benayoun, Radovan Ivšić, Roger Van Hecke (mit Kamera), José Pierre, Marianne Van Hirtum, Jean Benoît
Stehend, von links nach rechts: ?, Aube Breton-Elléouët, Yves Elléouët, Elisa Breton, Arsène Bonafous-Murat, Georges Goldfayn, Toyen, Mimi Parent, Micheline Bounoure (im Hintergrund), André Breton, Samir Mansour, Vincent Bounoure (im Hintergrund), Édouard Jaguer, Simone Jaguer, ?
(Foto: Denise Bellon)

APRIL Toyen besucht mit der Pariser Surrealisten-Gruppe den historischen Park Désert de Retz, der Ende des 18. Jahrhunderts von dem französischen Adligen François de Monville im Stil des *jardin anglo-chinois* bei Chambourcy angelegt wurde. Die den Surrealisten nahestehende Fotografin Denise Bellon macht mehrere Aufnahmen der Gruppe, wobei deren Mitglieder Masken tragen, vor den künstlich angelegten Ruinen und Bauten.

28. NOVEMBER – 14. JANUAR 1961 Zwei Gemälde Toyens, *Tu t'évapores dans un buisson de cris* (*Du entschwindest in einem Strauch von Schreien*, 1956) und *La nuit roule des cris* (*Die Nacht rollt Schreie*, 1955), werden auf der von Breton und Duchamp in Zusammenarbeit mit Édouard Jaguer und José Pierre vorbereiteten internationalen Surrealisten-Ausstellung *Surrealist Intrusion in the Enchanters's Domain* (*Surrealistisches Eindringen in die Welt des Zauberers*) in den D'Arcy Galleries in New York präsentiert. □ 451, 452

6. DEZEMBER Toyen unterzeichnet zusammen mit 25 anderen Mitgliedern der Pariser Surrealisten-Gruppe und der Phases-Bewegung die von Breton formulierte, auf Englisch und Französisch abgefasste Deklaration *We don't EAR it that way!* (*So hören wir es nicht!*). Mit ihr wird gegen die mit den Kuratoren nicht abgestimmte Aufnahme von Dalís Gemälde *L'oreille anti-matière. Madone* (*Die Sixtinische Madonna oder: Madonnen-Ohr*, 1958) in die Ausstellung *Surrealist Intrusion in the Enchanter's Domain* protestiert und gegen die große Aufmerksamkeit, die während der Vernissage »Hitlers ehemaligem Apologeten, [...] einem faschistischen, klerikalen und rassistischen Maler [...], Freund Francos [...]« geschenkt wurde.

Im Laufe des Jahres nimmt Toyen an Treffen teil, die der Vorbereitung der *Déclaration sur le droit à l'insoumission dans la guerre d'Algerie* (*Erklärung über das Recht auf Insubordination im Algerienkrieg*) dienen. Der als *Manifeste des 121* bekannt gewordene Aufruf protestiert gegen den Krieg in Algerien und fordert das Recht der französischen Soldaten ein, sich zu weigern, gegen das algerische Volk zu kämpfen. Als Ausländerin darf Toyen die Erklärung nicht unterschreiben.

1961

MÄRZ Robert Benayouns Artikel *Entre chien et loup, énigme et sortilèges de Toyen* (*Zwischen Hund und Wolf, Rätsel und Zaubereien von Toyen*), illustriert mit ihren Werken *Bažina* (*Sumpf*, 1928) und *Il y a un rossignol et une nuit* (*Eine Nachtigall und eine Nacht sind hier*, 1960), erscheint in der dritten Ausgabe der Zeitschrift *Edda* (*Cahier international de documentation sur la poésie et l'art d'avant-garde* [*Internationales Heft über Poesie und Avantgardekunst*]), geleitet von dem Maler Jacques Lacomblez, einem Vertreter der belgischen Sektion der Phases-Bewegung. 1963 wird eine weitere ihrer Zeichnungen in dem Magazin abgebildet werden.

MAI *L'Éveilleuse de tendresse* (*Die Erweckerin der Zärtlichkeit*, 1957) aus dem Zyklus *Die 7 gezogenen Schwerter* wird in der zweiten *Mostra internazionale del surrealismo* der Mailänder Galerie von Arturo Schwarz präsentiert. Der Katalog zur Ausstellung enthält neben einem Text von Breton Radierungen von zehn Künstlern: Jean Benoît, Yves Elléouët, Yves Laloy, E.L.T. Mesens, Johannes Moesman, Meret Oppenheim, Mimi Parent, Endre Rozsda, Max-Walter Svanberg und Toyen. □ 460

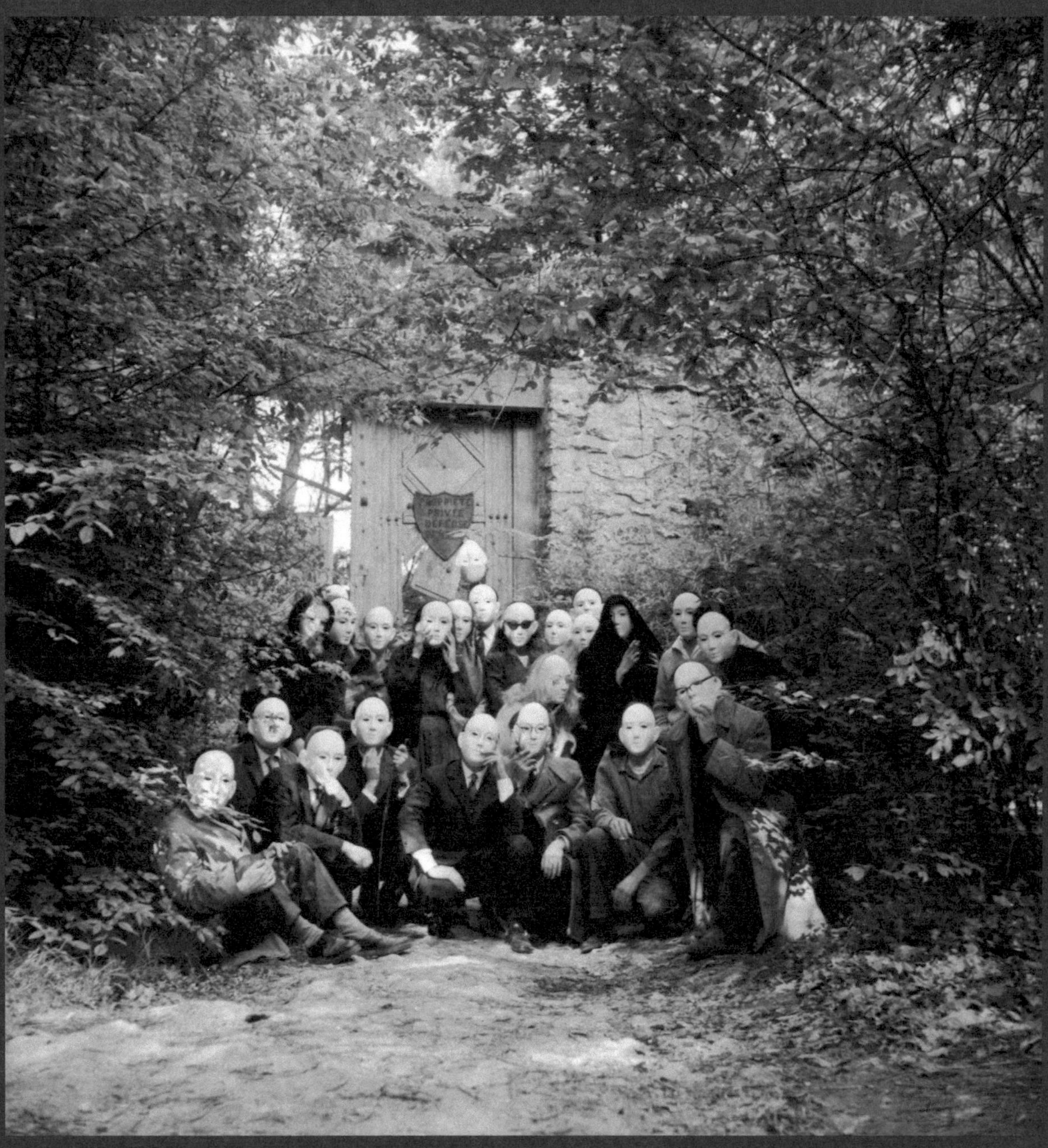

401 Surrealisten mit Masken bei einem Ausflug in den Désert de Retz, April 1960
(Foto: Denise Bellon)

24. MAI - 13. JUNI Sie nimmt teil an der von Jaguer und der Phases-Bewegung in der Galerie des Pariser Theater-Kinos Ranelagh veranstalteten Gruppenausstellung *Solstice de l'image* (*Sonnenwende des Bildes*).

OKTOBER Eine Zeichnung Toyens wird in der ersten Ausgabe von *La Brèche - Action surréaliste* veröffentlicht, dem neuen Magazin der Surrealisten-Gruppe. Darin finden sich künftig immer wieder Abbildungen ihrer aktuellen Werke (Mai 1962, Nr. 2; September 1962, Nr. 3; Oktober 1963, Nr. 5; Juni 1964, Nr. 6; Dezember 1964, Nr. 7; November 1965, Nr. 8).
Für Pierre Dhainauts Sammelband *Mon sommeil est un verger d'embruns* (*Mein Schlaf ist ein Obstgarten aus Gischt*), der vom surrealistischen Dichter Jehan Mayoux im Verlag Peralta in Ussel publiziert wird, steuert sie eine Radierung bei.

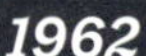

1962

1. - 20. MÄRZ Im tschechoslowakischen Pardubitz zeigt die Galerie mladých (Junge Galerie) Toyens Zeichnungszyklen *Der Schießplatz* (1939-1940) und *Verstecke dich, Krieg!* (1944). ☐ 323-329, 340-345

5. - 30. JUNI Die Pariser Galerie Raymond Cordier präsentiert auf einer Einzelausstellung zwanzig Gemälde Toyens aus den späten 1950er und frühen 1960er Jahren. Édouard Jaguer schreibt die Einleitung für den Katalog, in der *Eine Nachtigall und eine Nacht sind hier* (1960) und *J'ai cru voir une hirondelle* (*Ich dachte, ich hätte eine Schwalbe gesehen*, 1961) abgebildet sind. ☐ 402

Patrick Waldberg widmet Toyen einen eigenen Absatz in seinem Buch *Surrealism*.

Toyen ist auf den Pariser Gruppenausstellungen der Phases-Bewegung vertreten, so auf *La Cinquième saison* (*Die fünfte Jahreszeit*, 6. Juni - 6. August) in der Galerie Ranelagh und in der Galerie de L'Université (7. Oktober - 7. November).

14. DEZEMBER Bei einem Autounfall auf einer Reise nach Dieppe in der Normandie wird Toyen verletzt, sie muss über sechs Wochen in einem Krankenhaus in Pontoise verbringen. Mit ihr im Wagen saßen Jean Benoît, Mimi Parant, der kanadische Maler Léon Bellefleur und seine Frau.

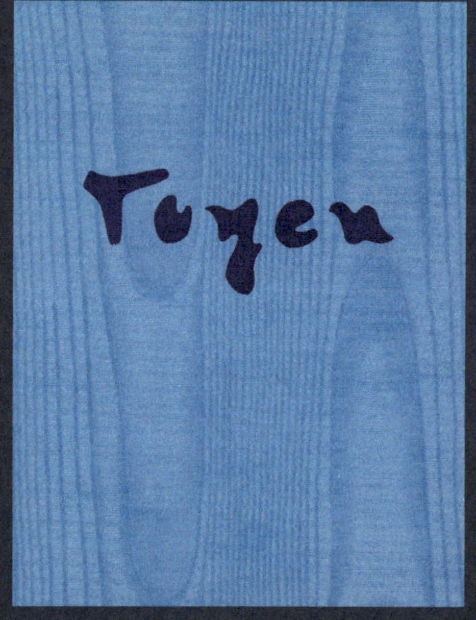

Kat. 402 **Katalog zu Toyens Einzelausstellung in der Pariser Galerie Raymond Cordier, 1962**

1963

30. JANUAR - 15. MÄRZ Sie nimmt an der von Jaguer und der Gruppe Phases organisierten Ausstellung *Vues imprenables* (*Atemberaubende Ansichten*) in der Pariser Galerie Ranelagh teil.

5. APRIL Toyen gehört zu den Mitunterzeichnern des *Lettre ouverte à messieurs Duhamel, Mauriac, Maurois, Paulhan, Rostand de l'Académie et quelques autres* (*Offener Brief an die Herren der Akademie Duhamel, Mauriac, Maurois, Paulhan, Rostand und einige andere*). In dem Brief wird der Aufruf dieser Schriftsteller zur Freilassung von David Alfaro Siqueiros verurteilt, einem mexikanischen Muralisten und stalinistischen Aktivisten, der für das - gescheiterte - Attentat auf Leo Trotzki am 24. Mai 1940 verantwortlich war.

19. JUNI - 30. JULI Sie beteiligt sich an der Gruppenausstellung *Phases-Dessins / Édouard Jaguer présente* in der Pariser Galerie Ranelagh. Gezeigt werden Zeichnungen.

28. JULI - 6. OKTOBER Im Castello Spagnolo in L'Aquila präsentiert der Kunsthistoriker Enrico Crispolti Arbeiten von Toyen und Štyrský neben Werken von Willi Baumeister, Hans Bellmer, Karl Otto Götz, Wolfgang Paalen, Alberto Savinio und anderen in der Sektion *Altri pionieri dell'arte attuale* (*Weitere Wegbereiter der aktuellen Kunst*) der Schau *Aspetti dell'arte contemporanea: rassegna internazionale architettura, pittura, scultura, grafica* (*Aspekte der zeitgenössischen Kunst: internationale Ausstellung der Architektur, Malerei, Skulptur, Graphik*).

OKTOBER - NOVEMBER Sie ist auf der von Julio Llinás und Jaguer organisierten Ausstellung der Phases-Bewegung im Museo Nacional de Bellas Artes in Buenos Aires vertreten.

1964

MÄRZ - APRIL Werke Toyens werden auf der von den Kunsthistorikern František Šmejkal und Věra Linhartová kuratierten Ausstellung *Imaginativní malířství 1930-1950* (*Imaginative Malerei 1930-1950*) in der Südböhmischen Galerie in Hluboká nad Vltavou ausgestellt. Es ist die erste öffentliche Schau seit 1947, die surrealistische Werke von Toyen und Štyrský, Teige, Heisler sowie anderen tschechischen Surrealisten zeigt.

13. APRIL Toyen gehört zu den 25 Unterzeichnern der Erklärung *Face aux liquidateurs* (*Gegen Liquidatoren*), veröffentlicht in der 108. Ausgabe der Zeitschrift *Combat Art*. Darin verurteilen die Pariser Surrealisten die Versuche, den Surrealismus - u. a. mit »mühsamen Pastiches von profanem Charakter« - »künstlerisch« zu missbrauchen; konkret richten sie sich damit gegen eine von Patrick Waldberg organisierte Ausstellung in der Galerie Charpentier.

JUNI - JULI Werke Toyens sind Teil der Ausstellung der Phases-Bewegung, die im Museu de Arte Contemporânea an der Universität von São Paulo (Brasilien) von Walter Zanini, dem Direktor des Museums, veranstaltet wird; die Schau wird ab August im Museu de Arte Moderna do Rio de Janeiro gezeigt. Im September sind Arbeiten von ihr im Rahmen einer von Jaguer und Zanini organisierten Schau zur Phases-Bewegung an der Universidade de Minas Gerais in Belo Horizonte (Brasilien) zu sehen.

JULI - AUGUST Sie verbringt mit Breton und anderen mehrere Wochen in Saint-Cirq-Lapopie; während des Aufenthalts filmen Jacques-Bernard Brunius und Robert Benayoun für eine geplante Dokumentation die Surrealisten bei der Suche nach Achaten im Fluss Lot und bei gemeinsamen Spielen.

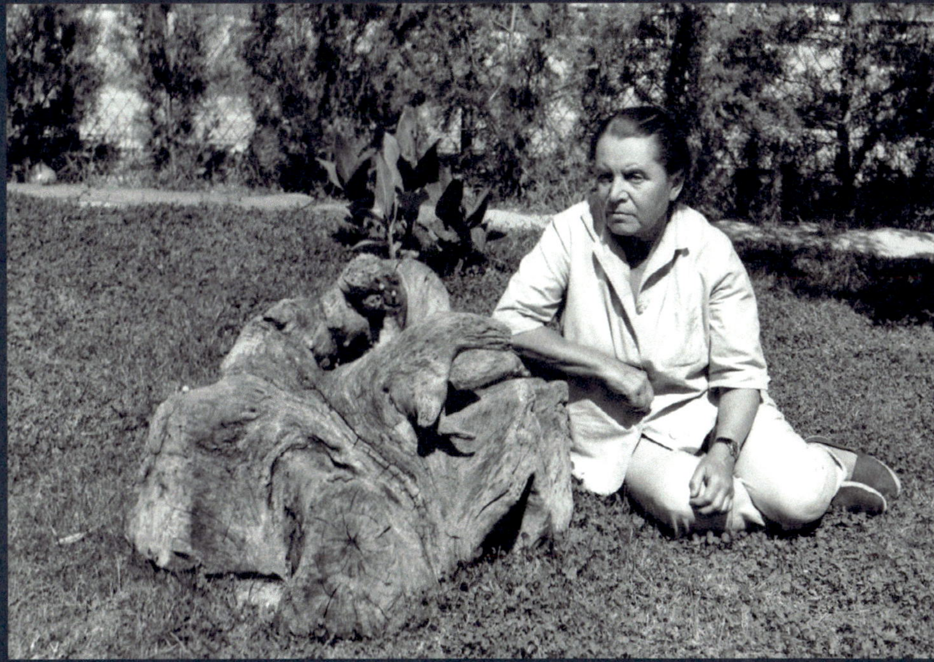

403 Montpellier, 1964

Die tschechoslowakische Zeitschrift *Dějiny a současnost* (*Geschichte und Gegenwart*) veröffentlicht in ihrer Ausgabe Nr. 12 zwei Gemälde Toyens zusammen mit einer Studie von František Šmejkal über ihr Werk. Im darauffolgenden Jahr wertet Radovan Ivšić in *La Brèche* (Nr. 8, November 1965) dies als »ein Zeichen der Öffnung der Tschechoslowakei«.

Die auf den Tod Stalins folgende Liberalisierung der Kultur in der Sowjetunion und in den Staaten des Ostblocks sowie die vorsichtigen Bemühungen um eine Entspannung des Ost-West-Konflikts (sogenannte »Tauwetter-Periode«) halten trotz der Entmachtung Nikita Chruschtschows im Oktober 1964 in der Tschechoslowakei noch bis 1968 an.

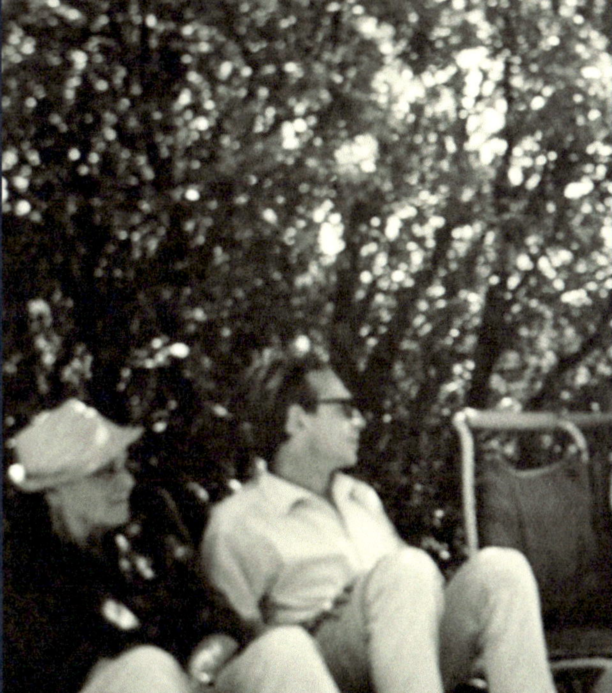

404 Mit Radovan Ivšić in Montpellier, 1964

1965

Toyen verbringt von 1965 bis 1978 viel Zeit in der Normandie, bei langen Strandspaziergängen sammelt sie versteinerte Chalzedonen und Seeigel.

4. SEPTEMBER - 28. NOVEMBER Toyen ist auf der VIII. Kunstbiennale von São Paulo in der Sektion *Surrealismo e arte fantástica* (*Surrealismus und phantastische Kunst*) vertreten, im Ausstellungskatalog ist *Hlas lesa III* (*Stimme des Waldes III*, 1934), Leihgabe aus der Nationalgalerie Prag, abgebildet. ☐ 237

6. OKTOBER Sie unterzeichnet die Erklärung *Troisième Degré de la Peinture* (*Dritte Stufe der Malerei*), die sich gegen die »in der Avantgarde verankerten jungen Maler« Gilles Aillaud, Eduardo Arroyo und Antonio Recalcati richtet. Diese hatten ihr »Polyptychon-Manifest der narrativen Figuration« *Vivre et laisser mourir ou la fin tragique de Marcel Duchamp* (*Leben und sterben lassen oder das tragische Ende von Marcel Duchamp*) ausgestellt und einen Text veröffentlicht, der Duchamp angreift und symbolisch tötet.

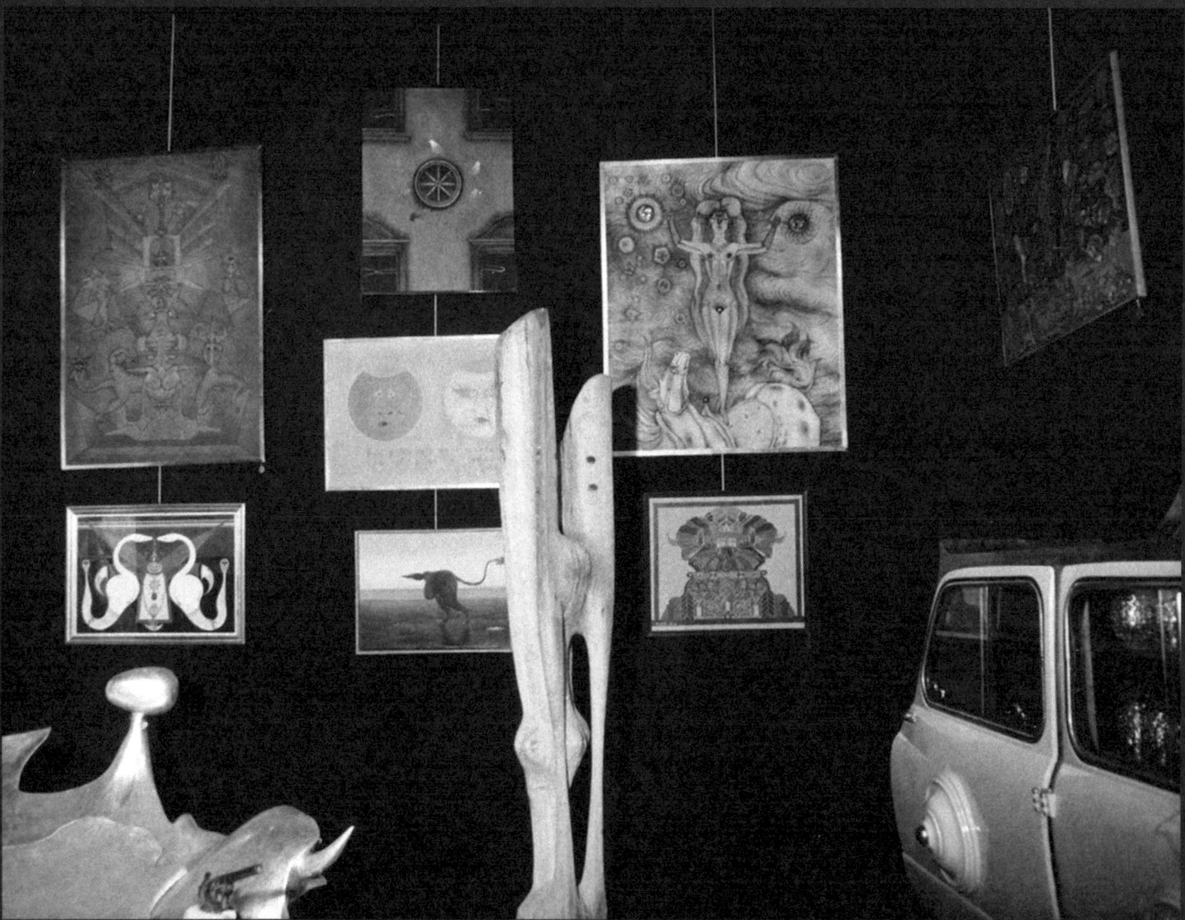

405 Ansicht der Ausstellung *L'Écart absolu / Die absolute Abweichung* in der Pariser Galerie L'Œil, 1965–1966

DEZEMBER Werke Toyens werden in der Pariser Galerie André François Petit gezeigt, in der Ausstellung *Hans Bellmer, Victor Brauner, Salvador Dalí, Max Ernst, Wifredo Lam, René Magritte, Pierre Roy, Alberto Savinio, Max Walter Svanberg, Yves Tanguy, Toyen.*

7. DEZEMBER – JANUAR 1966 Sie nimmt mit den Gemälden *À la roue d'or* (*Beim Goldenen Rad*, 1952) und *L'un dans l'autre* (*Das eine im anderen*, 1965, im Katalog reproduziert) an der elften internationalen Surrealisten-Ausstellung *L'Écart absolu* (*Die absolute Abweichung*) teil, die von Breton als Hommage an Charles Fourier in der Pariser Galerie der Zeitschrift *L'Œil* ausgerichtet wird.
Zur Eröffnung unterzeichnet Toyen mit 34 weiteren Personen die Erklärung *Tranchons-en!* (*Sagen wir es geradeheraus!*), die den offensiven, den »kämpferischen« Charakter dieser Ausstellung bekräftigt, »die direkt die unerträglichsten Aspekte der Gesellschaft, in der wir leben, angreift«.

Eine Péret darstellende Kaltnadelradierung dient als Frontispiz zu Claude Courtots *Introduction à la lecture de Benjamin Péret* (*Einführung in die Lektüre von Benjamin Péret*), welche gemeinsam vom Verlag Le Terrain vague und von der Association des amis de Benjamin Péret veröffentlicht wird. □ 356

Der Pariser Verlag Gallimard publiziert eine erweiterte Ausgabe von Bretons *Le Surréalisme et la peinture* (*Der Surrealismus und die Malerei*). Sie enthält seine erstmals 1953 veröffentlichte Einführung in Toyens Werk und ein zu Toyens gleichnamigem Gemälde aus dem Zyklus *Die sieben gezogenen Schwerter* verfasstes Gedicht *Die Schlafwandlerin* (1958). Neben zehn Gemälden werden mehrere Zeichnungen reproduziert.

Ab Mitte der 1960er Jahre spielt Annie Le Brun eine wichtige Rolle bei der Titelfindung für Toyens Gemälde.

1966

20. JULI Toyen bittet Ivšić um einen begleitenden Text zu ihrem zwölfteiligen Zeichnungszyklus *Débris de rêves* (*Traumtrümmer*). Der Dichter verfasst dazu das Prosagedicht *Le Puits dans la tour* (*Der Brunnen im Turm*). □ 478–481

AUGUST – SEPTEMBER Toyen verbringt mehrere Wochen in Saint-Cirq-Lapopie mit André und Elisa Breton und weiteren Surrealisten. Als die anderen abreisen, bleiben sie und Ivšić auf Wunsch von André Breton länger als geplant.

27. SEPTEMBER André Breton wird mit dem Krankenwagen in ein Pariser Krankenhaus gebracht. Toyen kehrt nach Paris zurück.

28. SEPTEMBER Breton stirbt im Krankenhaus Lariboisière. Toyen ist tief getroffen vom Tod ihres Freundes.

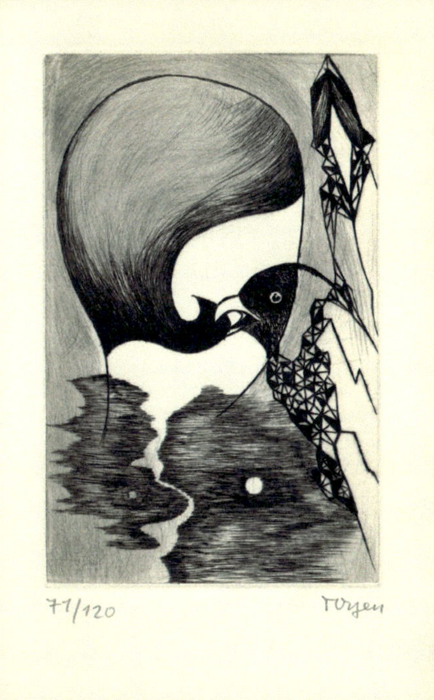

Kat. 406 **Radierung für André Bretons Buch *Sur la route de San Romano / Auf der Straße nach San Romano*, Ussel 1966**

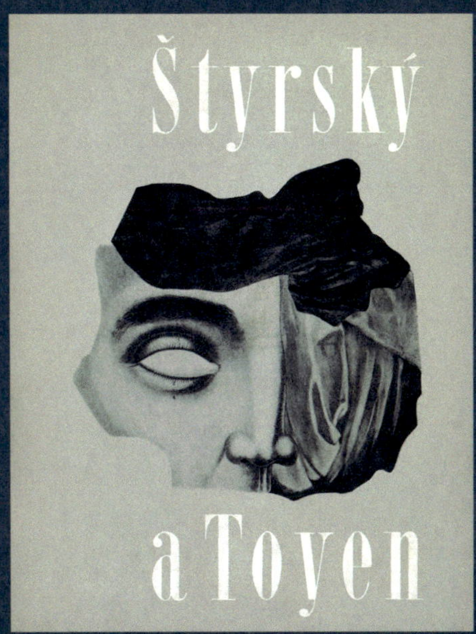

Abb. 407 **Katalog zur Ausstellung von Werken Štyrskýs und Toyens aus den Jahren 1921–1945 in der Mährischen Galerie in Brünn, 1966**

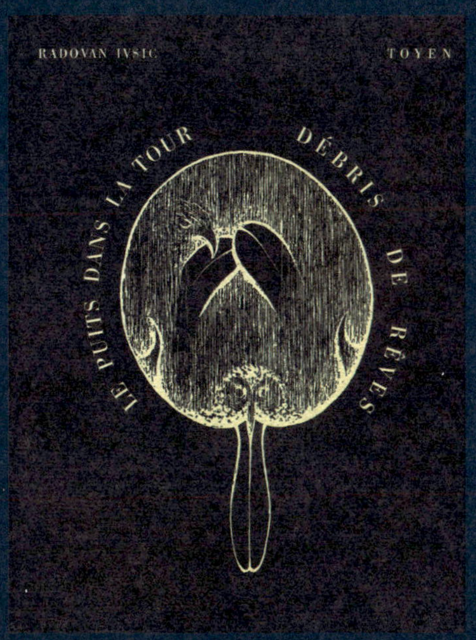

Kat. 408 **Radovan Ivšić, Toyen, *Le Puits dans la tour – Débris de rêves / Der Brunnen im Turm – Traumtrümmer*, 1967**

18. NOVEMBER – DEZEMBER Mit in der Tschechoslowakei verbliebenen Werken von Toyen und Štyrský präsentieren Linhartová und Šmejkal die Wanderausstellung *Štyrský – Toyen. Díla z let 1921–1945* (*Štyrský und Toyen. Werke aus den Jahren 1921–1945*) zuerst in der Mährischen Galerie Brünn. Es ist seit dem »Februarumsturz« 1948 die erste Retrospektive ihrer Arbeiten. □ 407

Zdeněk Kopáč dreht den essayistischen, von den Bildwelten Toyens inspirierten Kurzfilm *Úzkost* (*Angst*).

Bretons Gedicht *Sur la route de San Romano* (*Auf der Straße nach San Romano*) wird von Jehan Mayoux mit einer Gravur von Toyen in Ussel veröffentlicht. □ 406

1967

27. JANUAR Die Ausstellung *Štyrský und Toyen. Werke aus den Jahren 1921–1945* wird im Prager S.V.U. Mánes mit einer Rede Adolf Hoffmeisters eröffnet.

MÄRZ Nach Bretons Tod schlägt Elisa Breton Toyen vor, in dessen früheres Atelier im Haus 42 rue Fontaine zu ziehen, wo vorher, bis zu ihrem Umzug aufs Land, seine Tochter Aube mit ihrem Mann Yves Elléouët gewohnt hatte. Toyen bleibt dort bis zu ihrem Lebensende.

15. MÄRZ – 23. APRIL José Pierre organisiert in Zusammenarbeit mit l'ARC (Animation Recherche Confrontation) im Musée d'Art moderne de la Ville de Paris die Ausstellung *La fureur poétique* (*Die Poetische Raserei*). In ihr werden Arbeiten von Eugenio Barbieri, Jorge Camacho, Augustin Lesage, Matta, Niki de Saint-Phalle, Jean-Claude Silbermann, Hervé Télémaque, Toyen sowie Ursula und Adolf Wölfli gezeigt.

APRIL Die erste Ausgabe der neuen Surrealisten-Zeitschrift *L'Archibras* bewirbt Toyens Ausstellung *Entre chien et loup* (*Zwischen Hund und Wolf*), welche in der Pariser Galerie André François Petit stattfinden soll. In derselben Ausgabe sind Auszüge aus *Der Brunnen im Turm* von Ivšić mit zwei Zeichnungen aus Toyens Zyklus *Traumtrümmer* abgedruckt. □ 408

1. MAI Anlässlich des 81. Jahrestages des Chicagoer Arbeiteraufstandes unterzeichnet Toyen eine Unterstützungserklärung der Pariser Surrealisten für Franklin und Penelope Rosemont, die im Jahr zuvor die Chicagoer Surrealisten-Gruppe gegründet hatten.

MAI – AUGUST Werke Toyens werden in São Paulo auf der 13. Internationalen Surrealismus-Ausstellung *Exposição Surrealista tendo por temas a Mão Mágica e o Andrógino Primordial; Revista do Movimento Surrealista* (*Surrealistische Ausstellung zur Zauberhand und das ursprünglich Androgyne; Zeitschrift der surrealistischen Bewegung*) präsentiert, die von den brasilianischen Surrealisten Sergio a Leila Lima und Paulo Paranagua mit der Zeitschrift *A Phala* organisiert wird.

SEPTEMBER Die Éditions surréalistes veröffentlichen *Der Brunnen im Turm – Traumtrümmer* mit zwölf Zeichnungen Toyens und einem Gedicht von Radovan Ivšić, der auch für das Graphikdesign verantwortlich ist. Für die De-luxe-Ausgabe entwirft Toyen einen Schuber. Zur gleichen Zeit erscheint im selben Verlag *Sur-le-champ* (*Auf der Stelle*) von Annie Le Brun mit drei Kaltnadelradierungen und sechs Collagen auf rosa Löschpapier sowie einem besonderen Schuber von Toyen. □ 408, 478–494, 476–477

OKTOBER Die zweite Ausgabe von *L'Archibras* publiziert eine Collage von Toyen, entstanden nach einer Fotografie der Performance *Carte absolue* (*Absolute Karte*) der Pariser Surrealisten Giovanna und Jean-Michel Goutier. ☐ 409

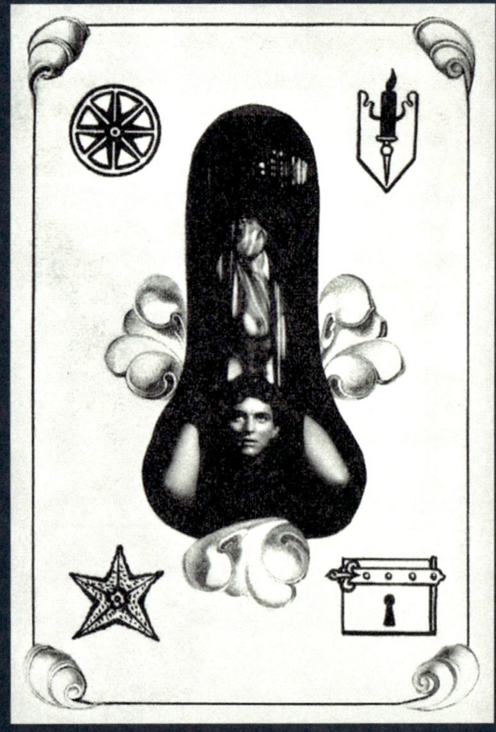

Abb. 409 ***Die Absolute Karte nach Toyen,*** **Toyens Interpretation einer Performance von Giovanna und Jean-Michel Goutier, in: *L'Archibras*, Nr. 2, 1967**

1968

18. FEBRUAR - MÄRZ Die internationale Surrealisten-Ausstellung *Princip slasti* (*Das Lustprinzip*) findet im Dům pánů z Kunštátu (Oberhaus von Kunštát) in Brünn statt; organisiert wird sie von der Pariser Surrealisten-Gruppe, namentlich von José Pierre sowie Vincent Bounoure und Claude Courtot, unter Beteiligung der U.D.S.-Gruppe (Stanislav Dvorský, Vratislav Effenberger, Petr Král). Im Katalog sind Toyens Gemälde *Das eine im anderen* (1965) und die Collage *Midi-minuit* (*Mittag-Mitternacht*, 1966) abgebildet. ☐ 468, 540

MÄRZ In der dritten Ausgabe von *L'Archibras* wird der Artikel *Dispersion préliminaire en vue de la confection d'une Ève future entrelacée par Toyen* (*Vorläufige Streuung für die Herstellung einer zukünftigen Eva, verflochten durch Toyen*) von Annie Le Brun mit zwei Collagen Toyens publiziert. ☐ 410

MÄRZ - APRIL - MAI Die Ausstellung *Das Lustprinzip* wird in der Nationalgalerie Prag, in der Prager Stadtbibliothek und im Anschluss daran in der Galerie mladých in Bratislava gezeigt.

15. MAI - 30. JUNI Mit *Loin dans le Nord* (*Weit im Norden*) und anderen Werken ist Toyen auf der in der Pariser Galerie Petit stattfindenden Gruppenausstellung *Obsessions et visions* (*Obsessionen und Visionen*) vertreten; neben ihr sind auch Bellmer, Brauner, de Chirico, Dalí, Domínguez, Ernst, Labisse, Magritte, Muzika und Tanguy beteiligt.

JULI - AUGUST Arbeiten Toyens sind in der Schau *Hommage à Savinio, Delvaux, Reggiani, Štyrský, Toyen, Alberto Viani, Hoehme, Vacchi, Cavalieri, Somaini, Klapheck* zu sehen, welche von Enrico Crispolti kuratiert wird und im Rahmen der *Alternative attuali 3: rassegna internazionale d'arte contemporanea* (*Aktuelle Alternativen 3: Internationale Ausstellung für zeitgenössische Kunst*) im Castello Spagnolo in L'Aquila stattfindet. Im Katalog wird Šmejkals Studie über Toyen wieder abgedruckt.

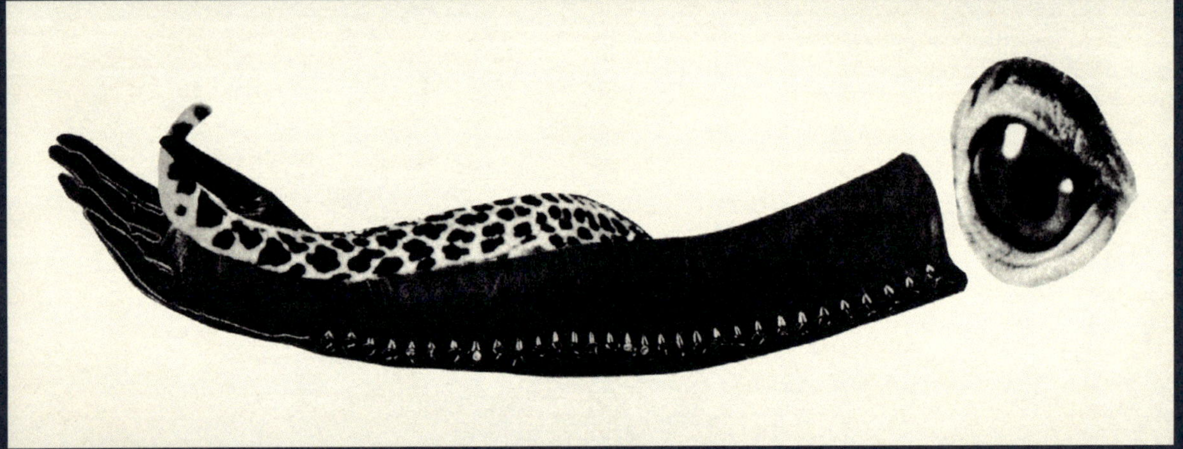

Abb. 410 **Collage für Annie Le Brun, *Dispersion préliminaire en vue de la confection d'une Ève future entrelacée par Toyen / Vorläufige Streuung für die Herstellung einer zukünftigen Eva, verflochten durch Toyen*, 1968**

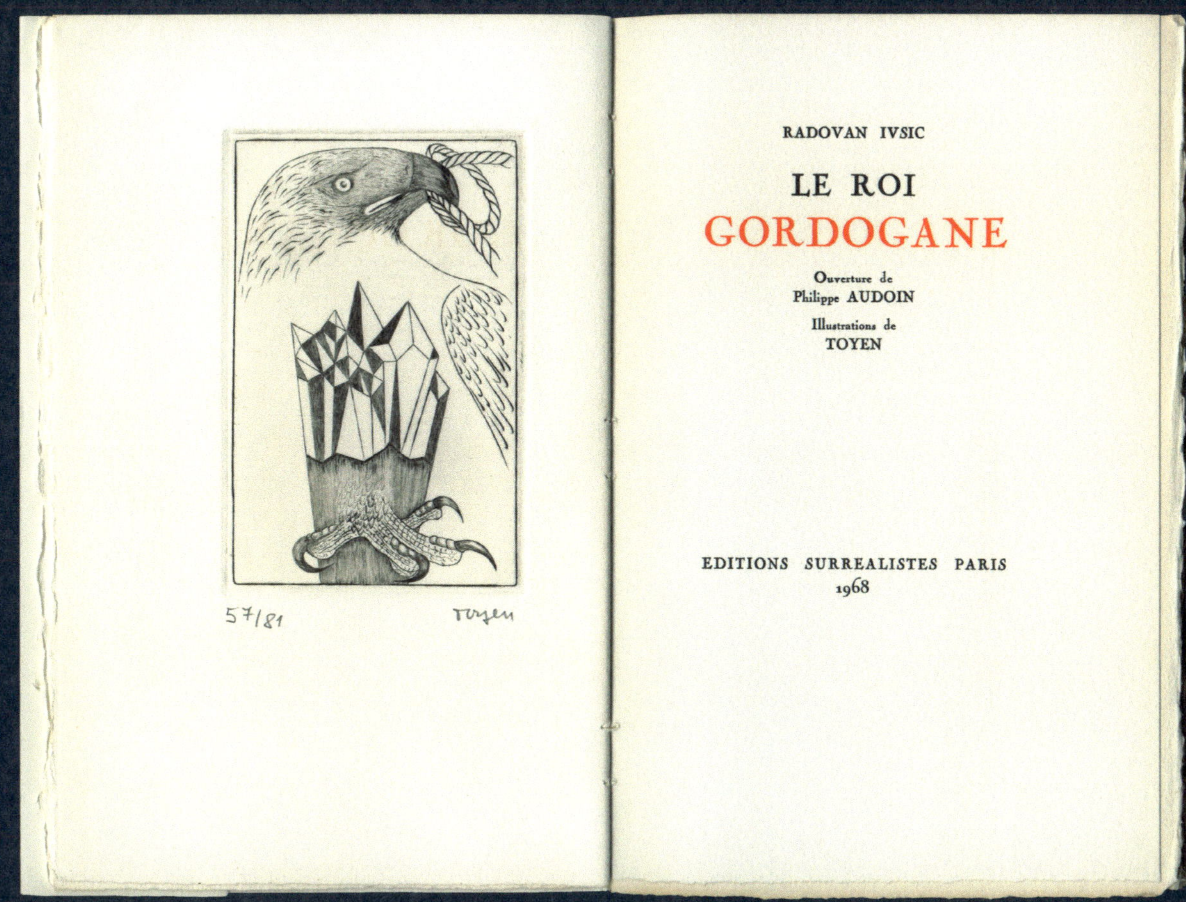

Kat. 411 **Radovan Ivšić, *Le Roi Gordogane* / *König Gordogan*, 1968, Frontispiz von Toyen**

AUGUST Die seit Beginn der 1960er Jahre zunehmende gesellschaftliche und politische Liberalisierung in der Tschechoslowakei löst in Moskau große Beunruhigung aus. Da sich die Reformer unter der Führung von Alexander Dubček nicht den Drohungen der Sowjetunion beugen, besetzen Truppen des Warschauer Paktes die Tschechoslowakei und schlagen den »Prager Frühling« gewaltsam nieder.

In Laufe des Jahres entwirft Toyen sechs Collagen in Form von Spielkarten für Radovan Ivšićs Theaterstück *König Gordogan*, das von Jehan Mayoux im Verlag Éditions Surréalistes in Ussel veröffentlicht wird; die ersten Exemplare der Ausgabe enthalten eine Kaltnadelradierung von Toyen. ☐ 411

1969

ENDE JANUAR Eine bereits länger schwelende Krise in der Pariser Surrealisten-Gruppe spitzt sich zu mit dem Weggang von Jean Schuster, Herausgeber von *L'Archibras*.

23. MÄRZ »Nach dem Entschluss einiger Mitglieder der Surrealisten, nicht länger an den Aktivitäten der Bewegung teilzunehmen«, unterzeichnen die 27 verbliebenen Surrealisten, darunter Toyen, die von Goldfayn und Alain Joubert entworfene *SAS*-Erklärung. Der Text verkündet den Beschluss, »alle Aktivitäten der Gruppe vom 8. Februar an« einzustellen, und erklärt, dass »heute niemand voraussagen kann, wie die surrealistischen Aktivitäten aussehen werden, deren zwangsläufige Erneuerung von jedem erwartet wird«.

11. APRIL – 26. MAI *Mythos des Lichts* (1946) und *Minuit, l'heure blasonée* (*Mitternacht, die gewappnete Stunde*, 1961) werden in der von dem Direktor Hans Platte kuratierten Ausstellung *Malerei des Surrealismus von den Anfängen bis heute* im Hamburger Kunstverein präsentiert. ☐ 412, 455b

4. OKTOBER *Le Monde* veröffentlicht Jean Schusters Erklärung *Le Quatrième chant* (*Der vierte Gesang*), in der er das »Ende des historischen Surrealismus« und zugleich die Gründung der neuen Zeitschrift *Coupure* ankündigt, die »sich weigert, das Wort Surrealismus als verlässliches Label zu verwenden«.

OKTOBER Die erste Ausgabe von *Coupure* erscheint; Toyen, Goldfayn, Ivšić und Le Brun stoßen zur Gruppe der Herausgeber dazu.

Im Laufe dieses Jahres erscheint der Sammelband *Odeurs d'amour* (*Düfte der Liebe*) von Guy Cabanel im Verlag Eric Losfeld. Das Buch enthält sieben graphische Blätter von Mitgliedern der Pariser Surrealisten-Gruppe: Robert Lagarde, Jean Benoît, Jorge Camacho, Mimi Parent, Toyen, Jean-Claude Silbermann und Adrien Dax.

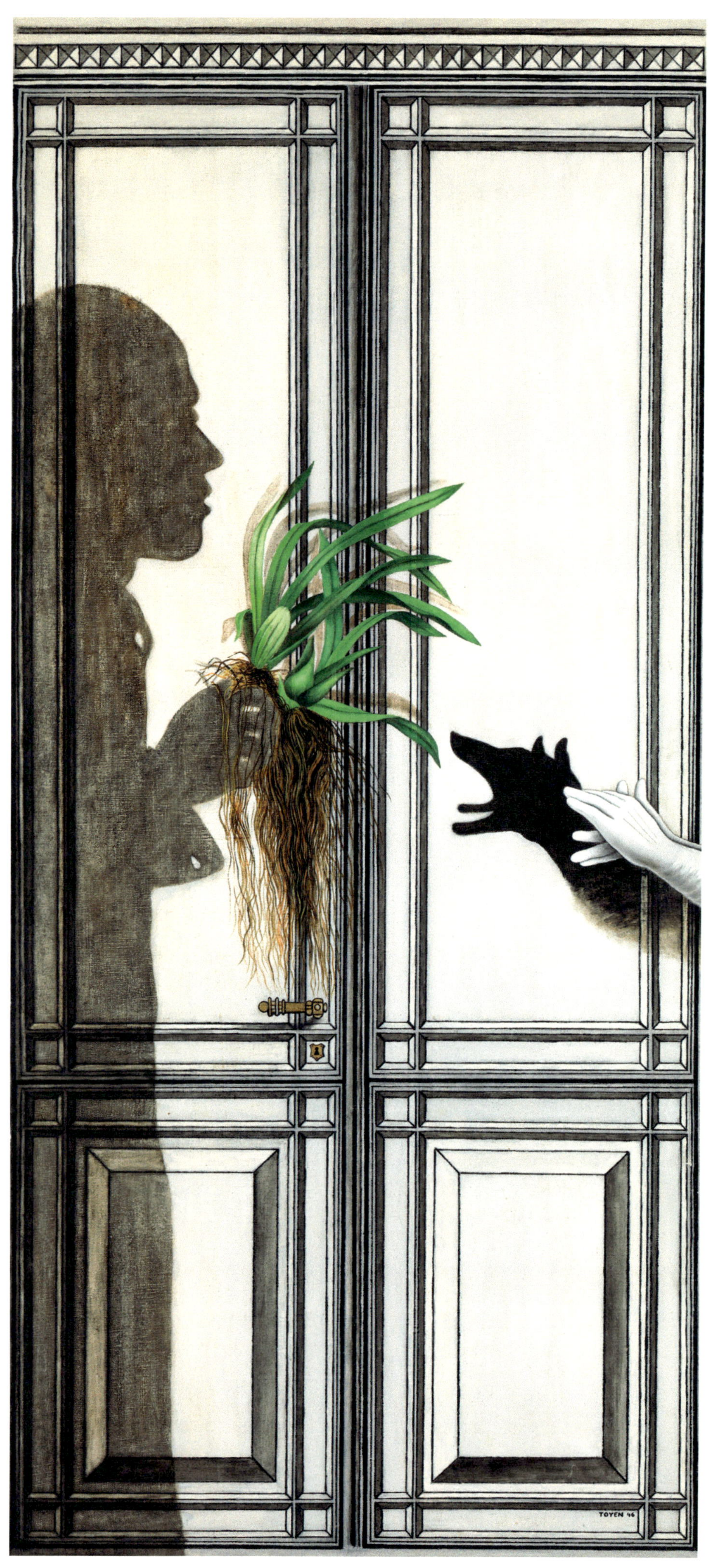

Kat. 412 ***Mýtus světla / Mythos des Lichts***, 1946
Öl auf Leinwand, 160 × 75 cm
Moderna Museet, Stockholm. Gift of the Friends of Moderna Museet, 1970

Bertrand Schmitt

Toyen und die Politik in der unmittelbaren Nachkriegszeit

Die Szene spielte sich im April 1946 ab, während eines Besuchs von Paul Eluard bei Toyen. Beide hatten sich in den 1930er Jahren sehr nahegestanden,[1] doch seit Eluard sich 1936 aus der Gruppe der Surrealisten zurückgezogen[2] und mit Louis Aragon versöhnt hatte,[3] um sich schließlich 1942 der Kommunistischen Partei Frankreichs anzuschließen, hatten sich ihre Lebenswege immer weiter voneinander entfernt. Radovan Ivšić berichtet, was er von Toyen selbst dazu erfahren hatte: »Den folgenden Dialog mit Eluard hat mir Toyen zwei, drei Mal erzählt, und ein letztes Mal in Anwesenheit von Annie Le Brun. Er hat sich mir fest eingegraben, und ich werde versuchen, ihn hier so wortgetreu wie möglich wiederzugeben:

Toyen: ... Und wo ist Breton?

Eluard: Weiß ich nicht genau, vielleicht in New York, und außerdem ist das auch völlig unwichtig. Jetzt gilt: Die Rose ist die Rose.

Toyen: Und was heißt das?

Eluard: Der Surrealismus ist zu Ende, jetzt ist die Rose die Rose. Mit Breton, das ist zu Ende. Du musst dich zwischen ihm und mir entscheiden.

Toyen: Es ist bereits entschieden.

Eluard: Dann werde ich alles tun, um euch fertig zu machen.«[4]

Dass Toyen sich für Breton und die Surrealisten entschieden hatte, ist nicht nur auf ihre Treue zu den Freunden zurückzuführen; sie spürte auch, wie viel Verzicht und Selbstverleugnung in Eluards Haltung lag, und ahnte wohl, zu welchen Abgründen das führen würde. Es dauerte nicht lange, bis die Tatsachen ihr recht gaben. Nach einem von sowjetischen Beratern organisierten Schauprozess wurden in Prag am 8. Juni 1950 mehrere Gegner des neuen tschechoslowakischen Regimes wegen angeblicher Spionage zum Tode verurteilt.[5] Unter ihnen befand sich auch der Journalist Záviš Kalandra, der 1936 nach seiner Kritik an den ersten stalinistischen Schauprozessen in Moskau von der Kommunistischen Partei ausgeschlossen worden war. Kalandra stand den tschechischen Surrealisten nahe und hatte Breton und Eluard während ihres Besuchs in Prag im Frühjahr 1935 kennengelernt. Man war sich sympathisch gewesen. In Frankreich erregte der Schauprozess Aufsehen. Am 13. Juni 1950, fünf Tage nachdem die Todesurteile verkündet worden waren, schrieb Breton einen offenen Brief an Eluard, in dem er ihn bat, sich für Kalandra einzusetzen, und ihn an ihre gemeinsame Reise nach Prag erinnerte: »Da ist ein Mann, der auf uns zukommt [...] der sich bemüht, uns zu verstehen. [...] Ich glaube, du erinnerst Dich noch an den Namen dieses Mannes: Er heißt – oder hieß – Záviš Kalandra. Ich schwanke bei der Zeitform des Verbs, weil die Zeitungen melden, dass er vergangenen Donnerstag durch das Prager Gericht zum Tode verurteilt worden ist [...]. Wie kannst Du es in deinem tiefsten Innern ertragen, dass ein Mensch so erniedrigt wird, zumal wenn es jemand ist, der sich als Dein Freund erwiesen hat?«[6] Eluards Antwort war kurz und bündig; sie sei hier vollständig zitiert: »Ich habe genug mit den Unschuldigen zu tun, die ihre Unschuld beteuern, um mich mit den Schuldigen zu befassen, die ihre Schuld beteuern.«[7] Bretons Brief war innerhalb das gesamten politischen Spektrums die deutlichste Reaktion in Frankreich auf das unwürdige Schauspiel dieser Parodie eines Gerichtsprozesses.[8] Breton und Albert Camus schickten außerdem noch ein Telegramm an den tschechoslowakischen Präsidenten Klement Gottwald, in dem sie ihn aufforderten, die Vollstreckung des Todesurteils gegen Kalandra und seine Mitangeklagten auszusetzen.[9] Das Schreiben war von 48 Dichtern, Schriftstellern, Intellektuellen und Malern unterzeichnet, darunter auch Toyen.[10] Sie hatte Kalandra gut gekannt und wusste, welche Methoden bei den politischen Prozessen in Prag angewendet wurden. Bereits 1938 hatte Toyen gegen die stalinistischen Schauprozesse in Moskau protestiert;[11] auf diese Weise Stellung zu beziehen war für sie selbstverständlich. Wie es auch ihr Aufbegehren gegen eine geteilte Welt war, die aus den Kriegsgräueln nichts gelernt zu haben schien. Die politische Erstarrung mit zwei sich feindlich gegenüberstehenden Blöcken, die atomare Bedrohung, die kolonialistischen Imperien, die das Bedürfnis nach Unabhängigkeit in den beherrschten Ländern im Blut erstickten, entwarfen das Bild einer düsteren Zukunft für die Menschheit, in der sich das Maß an Freiheit und Würde tragischerweise zu verringern schien.

Um die erkämpfte Freiheit und Würde zu bewahren und »das Unerträgliche abzuwenden«, hatte Toyen am 21. Juni 1947 kurz nach ihrer Ankunft in Frankreich gemeinsam mit Jindřich Heisler die Deklaration *Rupture inaugurale* (*Inaugurationsspaltung)* unterzeichnet, in der die Pariser Surrealisten-Gruppe ihre Verurteilung des Stalinismus und der »Ein-Parteien-Diktatur« sowie der Politik einer kommunistischen Partei, die sich jeden Tag mehr »von der revolutionären Tradition der Arbeiterbewegung« entfernte, bekräftigte.[12] Die Unterzeichnenden verkündeten zugleich ihren Abscheu gegenüber dem Kapitalismus als Form »politischer Unterdrückung durch die Bourgeoisie« und forderten zur »Zerstörung der christlichen Zivilisation« auf, die durch neue Mythen ersetzt werden solle. Der Text – grundlegend für die ethischen und politischen Positionen der Pariser Surrealisten-Gruppe in den folgenden Jahrzehnten sowie die Forderung nach »absoluter Abweichung«[13] von der Gesellschaft – kündigte bereits mögliche Übereinstimmungen zwischen dem Surrealismus und »anderen Bewegungen an, den Anarchismus

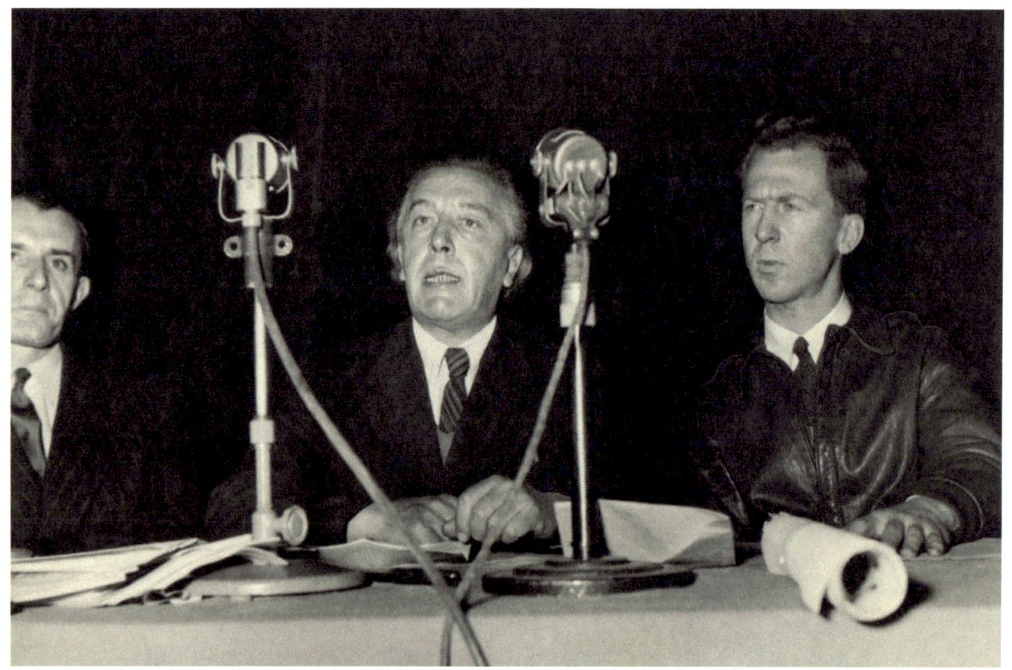

Abb. 413 Robert Sarrazac (1923–2006), André Breton (1896–1966) und Garry Davis (1921–2013, »Weltbürger Nr. 1«) bei einem Vortrag zur Unterstützung von Letzerem im Pariser Salle Pleyel, 4. Dezember 1948
Association Atelier André Breton

eingeschlossen«.[14] Diese Gemeinsamkeiten führten später zu – mehr oder weniger flüchtigen – Annäherungen an den Front humain und die Bewegung der Citoyens du monde (Weltbürgerbewegung), an gewisse Tendenzen der anarchistischen oder libertären Bewegung und sogar, wenn auch sehr kurz, an die Lettristische Internationale um Guy Debord.[15]

Toyen war bei allen wichtigen Begegnungen dabei. Am 4. Dezember 1948 nahm sie gemeinsam mit Elisa Breton, Benjamin Péret, Heisler, Jacques Hérold, Henri Pastoureau und anderen an einer Versammlung im Pariser Saal Pleyel teil, die von der Organisation Front humain um Robert Sarrazac[16] veranstaltet und bei der um Unterstützung für den ehemaligen amerikanischen Piloten Garry Davis, den »premier citoyen du monde (Weltbürger Nr. 1)«,[17] geworben wurde (Abb. 413, 414). In Begleitung von Sarrazac, Camus und Breton hatte Davis am 19. November 1948 die Generalversammlung der Vereinten Nationen im Palais de Chaillot in Paris gestört und »im Namen aller Völker der Welt« eine Weltregierung gefordert, die über den bisherigen nationalen und internationalen Instanzen stehen sollte. Die Polizei verwies ihn schließlich des Ortes.[18]

Am 4. Dezember 1948 hielt Breton eine Rede, in der er sich den Forderungen der Weltbürger anschloss. Von 1948 bis 1950 unterstützte er die Bewegung aktiv.[19] Der Kampf des Front humain und der Citoyens du monde deckte sich mit den Befürchtungen und Sorgen, die er selbst in mehreren Aufsätzen und Artikeln, insbesondere in *La Lampe dans l'horloge* (*Die Lampe in der Uhr*)[20] und *Comète surréaliste* (*Surrealistischer Komet*), formuliert hatte. »Wie können wir den Menschen retten?«, fragte er dort. »Ein Fluch will es, dass diese edelmütige Frage heute mehr als gestern die denkende Welt uneins sein lässt [...] in zwei feindliche Lager teilt, dass paradoxerweise alles auf einen neuen Kampf hinausläuft, der diesmal wirklich die totale Vernichtung bedeuten wird.«[21] Doch diese Fragen beschäftigten bei Weitem nicht nur Breton. Auch Toyen teilte die Ängste und Hoffnungen ihres Dichterfreundes, für den sie den Buchumschlag zu seinem Essay *Die Lampe in der Uhr* entwarf (Kat. 415). Um darauf hinzuweisen, dass auch in diesen finsteren Zeiten noch ein Licht leuchtete, das auf eine »Umkehrung der Zeichen« hoffen ließ, hatte sie eine Fotomontage geschaffen, auf der inmitten der Kreise der astronomischen Uhr am Prager Altstädter Rathaus eine Kugellampe leuchtete. So als wollte sie damit – im Juni 1948 – den fürchterlichen Orakeln, die seit Februar auf ihrer Geburtsstadt lasteten, die Stirn bieten. Was uns daran erinnert, dass man das Werk Toyens nicht von ihren politischen Stellungnahmen trennen kann und dass es falsch wäre, ihre künstlerische Arbeit allein unter einem bildnerischen Gesichtspunkt zu analysieren, ohne sie zugleich in ein ethisches und poetisches Gesamtkonzept einzuordnen.

Im Februar 1949 war Toyen außerdem an der Flugschrift *Die Surrealisten an Garry Davis* beteiligt, in der die Unterzeichnenden verkündeten: »Wir waren am 19. November des vergangenen Jahres auf Ihrer Seite, als Sie die Sitzung der Generalversammlung der Vereinten Nationen unterbrochen haben. Wir konnten nicht anders, als auf Ihrer Seite zu sein, da Sie an diesem Tag eine direkt aus den Vertretungen der Völker und nicht aus den falschen Vertretungen der Staaten hervorgegangene Weltregierung gefordert haben. Mit Ihnen glauben wir an das baldige Verschwinden dieser Staaten, mit Ihnen werden wir daran arbeiten.«[22]

In ihrem Misstrauen gegenüber den konstitutionellen Staaten und ihren »Regierenden« näherten sich die Pariser Surrealisten jenen Mitgliedern der Fédération anarchiste an, die zum Kreis um Georges Fontenis und die Zeitschrift *Le Libertaire* (*Der Libertär*) gehörten. Am 6. Juli 1951 veröffentlichte *Le Libertaire* das surrealistische Manifest *Haute fréquence* (*Hochfrequenz,* Abb. 417), das den »skandalösen Anblick« anprangert, »den die Welt bot infolge des Handelns ihrer Institutionen [...] und des Verfalls der traditionellen politischen Gebilde«.[23] Toyen hatte den Text nicht nur mitunterzeichnet, sondern auch das Ornamentband über dem Titel entworfen. Im Anschluss kam es, im Zeitraum vom 12. Oktober 1951 bis Januar 1953, zu einer regelmäßigen Zusammenarbeit mit *Le Libertaire*, in dem die »Billets«[24] veröffentlicht wurden. In einer »Vorankündigung« erklärten die Pariser Surrealisten: »Die Dreieinigkeit Staat – Arbeit – Religion erfüllt uns weiterhin mit demselben Abscheu, der uns bereits häufig mit unseren Kameraden von der Fédération anarchiste in Übereinstimmung gebracht hat.«[25] Die Beiträge Bretons und seiner Freunde in der Zeitschrift befassten sich vor allem mit Fragen, die unmittelbar die spezifischen Interessensgebiete der Surrealisten berührten, insbesondere die Poesie.[26] Das war etwa beim Manifest *Bas les masques! Bas les pattes!* (*Nieder mit den Masken! Nieder mit den Pranken!*)[27] der Fall, in dem gegen die Literaturkritiker polemisiert wurde, die Alfred Jarry als »christlichen Dichter« bezeichneten. In der Tat war auch Toyen mit ihrem Geist der Revolte die christliche Moral mit ihren Vorstellungen

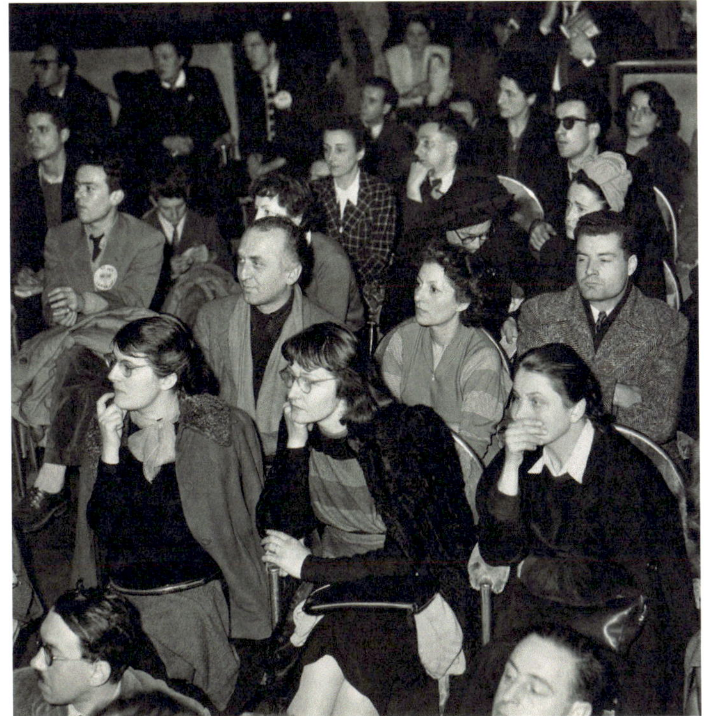

Abb. 414 Elisa Breton (1906-2000) und Toyen, dahinter Jacques Hérold (1920-1987), bei einem Vortrag zur Unterstützung von Garry Davis im Pariser Salle Pleyel, 4. Dezember 1948
Privatarchiv, Paris

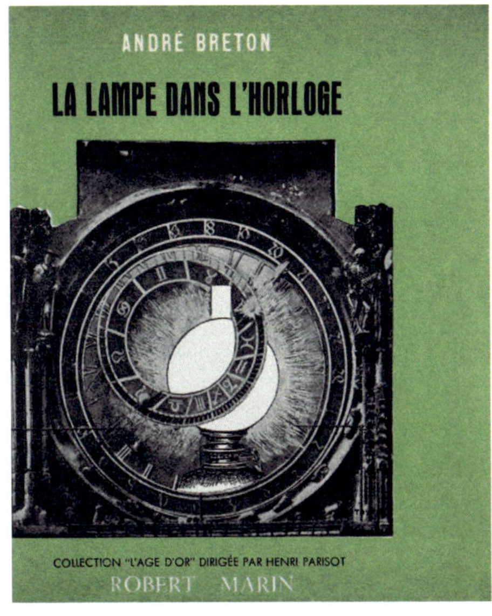

Kat. 415 Toyen, Buchumschlag für André Breton, *La Lampe dans l'horloge / Die Lampe in der Uhr*, Robert Martin, Paris 1948
Privatsammlung

von Schuld und Unterwerfung wesensfremd. Das hatte sie bereits 1948 öffentlich gemacht, indem sie ihre Unterschrift unter das Pamphlet *À la niche les glapisseur de Dieu* (*Ab in die Hundehütte, ihr Kläffer Gottes!*) setzte, in welchem die Surrealisten ihre »unüberwindliche Abneigung gegenüber jedem, der sein Knie beugt«, verkündeten.[28] Im März 1957 bekräftigte Toyen ihre atheistische und antiklerikale Haltung[29] durch die Unterzeichnung des gemeinsamen Manifests *Coup de semonce* (*Warnschuss*), in dem »der Kampf gegen das unwürdige Gespenst ›Gott‹, das seit Jahrhunderten das menschliche Selbstbewusstsein unterdrückt«, erneut als fundamental für den Surrealismus herausgestellt wird.[30]

Die Surrealisten und die Anarchisten von *Le Libertaire* bezogen jedoch ganz unterschiedliche Positionen, als es zum Streit zwischen Ersteren und Albert Camus kam und mehrere Surrealisten unter dem Titel *Révolte sur mesure* (*Revolte nach Maß*, Kat. 416) eine Sammlung von Texten als Sonderheft der Marseiller Zeitschrift *La Rue* veröffentlichten.[31] Das Titelblatt entwarf Toyen.[32] Die Surrealisten reagierten damit auf die Veröffentlichung der Essaysammlung *L'Homme révolté* (*Der Mensch in der Revolte*), in der Camus die »Vernichtungswut« in *Maldoror* anprangert und Lautréamont zum Propheten einer »Neigung zur geistigen Knechtschaft, die sich in unserer Welt entfaltet«,[33] erklärt. Camus belässt es aber nicht bei diesem Angriff auf Lautréamont, sondern geißelt als weiteres »Beispiel eines Einverständnisses mit dem schlimmsten Nihilismus«[34] Rimbaud sowie die Revolten de Sades und der Surrealisten mit ihrer »Verherrlichung der Mitternacht, dem hartnäckigen und angstvollen Kult des Gewitters«.[35] Ein solcher Angriff musste eine gemeinsame Erwiderung der Surrealisten nach sich ziehen, der sich auch Toyen anschloss.[36] Es ist bekannt, dass die Revolten de Sades[37] und Lautréamonts[38] sie beeinflusst haben. Ihre eigene Revolte verlor jedoch selbst in ihren düstersten Momenten, selbst angesichts ihrer Werke *Nebezpečná hodina* (*Gefährliche Stunde*, Abb. 330, Kat. 331, 332) oder *Přízraky pouště* (*Gespenster der Wüste*, Abb. 292, 294, 295) aus den widerwärtigen Kriegsjahren, nie etwas von dem Wunderbaren und dem Lichten, das in ihr war. Der »hartnäckige und angstvolle Kult des Gewitters«, den Camus in der surrealistischen Revolte auszumachen glaubte, lag ihr fern. Weder Ressentiment noch Frustration oder Rachsucht, wie von Camus kritisiert, finden sich bei ihr, sie rief vielmehr auf zum gemeinschaftlichen Nachdenken, zum Miteinander in der Revolte, in Zorn, Freude, Spiel und Begehren. Denn für Toyen wie für die anderen Surrealisten konnte sich die »metaphysische«, »existenzielle« Revolte, die Camus allein aus einem individuellen Blickwinkel behandelt (was sie dazu verurteilt, »absurd«[39] oder hoffnungslos zu sein), nur als gemeinsames Abenteuer der Menschen verwirklichen, was ihr, der Revolte, den gesellschaftlichen Sinn und die utopische Kraft verlieh und woraus für sie die Hoffnung erwuchs, das Leben und die Welt – trotz allem – verändern zu können. Zugleich erklärt das die Teilnahme Toyens an den Aktivitäten, Protestaufrufen und gemeinsamen Veranstaltungen, aber auch die offensichtliche Orientierung ihres Werks hin zum »Wunderbaren«, zum Sinnlichen und Erotischen nach 1948.

Toyen ließ in ihrer Wachsamkeit nie nach. Ihr politisches Engagement setzte sich in den 1960er und 1970er Jahren fort. 1965 nahm sie – selbstredend – an der Internationalen Surrealismus-Ausstellung teil, die den Titel *L'Écart absolu* (*Die absolute Abweichung*) trug und sich im Sinne Fouriers als »Kampfaufruf« gegen die zunehmende Verdinglichung der Lebensverhältnisse und die damit verbundene »spektakuläre« Unterwerfung der Massen richtete. Die gemeinsame Erklärung *Tranchons-en* (*Sagen wir es geradeheraus*), die von den Surrealisten anlässlich dieser Ausstellung veröffentlicht wurde, unterzeichnete sie ebenfalls.[40] Die Ereignisse des Prager Frühlings verfolgte Toyen mit ebenso großem Interesse wie die Pariser Studentenrevolte im Mai 1968. Ein Echo fanden die Hoffnungen dieser Zeit auch in der Ausstellung *Princip Slasti* (*Das Lust-Prinzip*), die von den Pariser Surrealisten gemeinsam mit ihren tschechischen und slowakischen Freunden organisiert wurde.[41] Nach dem Auseinanderbrechen und der Zersplitterung der Pariser Surrealisten-Gruppe im Jahr 1969 konzentrierte Toyen ihre Kräfte auf das neue Abenteuer der Éditions Maintenant.[42]

1 Zu den Gefühlen, die Paul Eluard für Toyen empfand, siehe die in diesem Band abgedruckten Briefe an sie aus dem Jahr 1935, S. 132, 133.

2 Und nicht »ausgeschlossen« wurde, wie manchmal zu lesen ist. Am 10. April 1936 kündigte Eluard in einem Brief an Breton seinen »Rückzug« aus der surrealistischen Gruppe an, nahm allerdings im Juni 1936 noch an der Internationalen Surrealismus-Ausstellung in London teil. S. dazu André Breton, Paul Eluard, *Correspondance, 1919–1938*, Paris 2020.

3 Hier besteht ein Widerspruch zu seinen vorherigen Äußerungen. 1932 verurteilte Eluard in seinem Pamphlet *Certificat* (*Zertifikat*) in aller Schärfe Aragons Parteinahme für Schdanow und Stalin und verwies auf die »Inkohärenz« und die »erbärmlichen Widersprüche« in Aragons Haltung. 1935 unterschrieb Eluard die Flugschrift *Du temps que les surréalistes avaient raison* (*Als die Surrealisten noch Recht hatten*) und schloss sich damit der Kritik der Surrealisten am »gegenwärtigen Regime der Sowjetunion« und am »allmächtigen *Chef*, unter dem das Regime sich ins Gegenteil dessen verkehrt, was es sein sollte«, an.

4 Radovan Ivšić, *Une illimitée passion d'être*, in: Lenka Bydžovská, Karel Srp (Hg.), *Český surrealismus 1929–1953*, Ausst.-Kat. Prag, Galerie hlavního města Prahy, 1996, zit. nach: Radovan Ivšić, *Cascades*, Paris 2006, S. 234/235. S. auch den in diesem Band abgedruckten Auszug aus dem Text (S. 302ff.).

5 »Prozess gegen die Organisatoren eines Sabotagekomplotts gegen die Republik. Horaková und Gefährten«. Die Hauptangeklagten Milada Horáková, Jan Buchal, Oldřich Pecl und Záviš Kalandra wurden alle zum Tod verurteilt und gehenkt. Die anderen Beschuldigten, Josef Nestával, Jiří Hejda, Františka Zemínová, František Přeučil, Antonie Kleinerová, Zdeněk Peška, Vojtěch Dundr, Bedřich Hostička und Jiří Křížek, wurden zu langen Haftstrafen verurteilt. Erst nach der Samtenen Revolution 1990 wurden sie rehabilitiert.

6 Lettre ouverte d'André Breton à Paul Eluard, in: *Combat*, 13. Juni 1950, zit. nach: André Breton, *Œuvres complètes*, Bd. 3, Paris 1999, S. 897.

7 Paul Eluard, in: *Action*, 19. Juni 1950.

8 Die kommunistische Presse, darunter *L'Humanité*, wiederholte die offiziellen Anklagepunkte und beschrieb die Beschuldigten als Verschwörer, Verräter, Saboteure und Spione im Dienst des Imperialismus oder eines »trotzkistischen« Komplotts. Die rechtsgerichteten oder bürgerlichen Zeitungen schenkten dem Prozess kaum Beachtung oder äußerten sich darüber ironisch; s. Bernard Legendre, Un procès de Prague vu de Paris. L'affaire Zavis Kalandra, in: *Esprit*, Nr. 2, Februar 1978, S. 65–74.

9 Télégramme au président de la République tchécoslovaque, in: *Combat*, 17./18. Juni 1950, zit. nach: José Pierre, *Tracts surréalistes et déclarations collectives*, Bd. 2, 1940–1969, Paris 1982, S. 50. Ein weiteres Telegramm Bretons an Gottwald ist im tschechischen Nationalarchiv aufbewahrt ; zit. in: Petr Koura, Pavlína Kourová, La campagne de propagande qui accompagna le procès politique de »Milada Horáková et Cie«, in: *Cahiers du CEFRES*, Prag, Centre français de recherche en sciences sociales, 2012, S. 59–103.

10 Sie war dabei die einzige Tschechin. Zu den Unterzeichnenden zählten Simone de Beauvoir, Georges Duhamel, Julien Gracq, Jean Hélion, Michel Leiris, Maurice Merleau-Ponty, Jules Monnerot, Jean Paulhan, Magdeleine Paz, André Pieyre de Mandiargues, Robert Sarrazac, Jean-Paul Sartre, Jules Supervielle, Charles Vildrac ... sowie neben Breton und Toyen mehrere Mitglieder der Pariser Surrealisten-Gruppe.

11 Durch Unterzeichnung des kollektiven Aufrufs *»Protestujeme!«* (*»Wir protestieren!«*) und ihre Stellungnahme gegen die Prozesse in Moskau sowie durch ihre Unterstützung für Karel Teige bei seiner Veröffentlichung von *Surrealismus proti proudu* (*Surrealismus gegen den Strom*), ebenfalls 1938.

12 *Cause. Rupture inaugurale*, Paris, Éditions surréalistes, Juni 1947, zit. nach: Pierre 1982 (wie in Anm. 9), S. 30.

13 Der Begriff, eingeführt durch den Utopisten Charles Fourier, spielte bei den Pariser Surrealisten und insbesondere bei Toyen eine wichtige Rolle; s. den Beitrag von Annie Le Brun *Toyen, die absolute Abweichung* in diesem Band, S. 16ff.

14 *Cause. Rupture inaugurale*, zit. nach: Pierre 1982 (wie in Anm. 9), S. 30.

15 Im Februar 1954 unterzeichnete Toyen mit mehreren Surrealisten und Vertretern der Lettristischen Internationale (Guy Debord, Michèle Bernstein, Mohamed Dahou, Jacques Fillon, Gill J. Volman) die Flugschrift *Ça commence bien!* (*Das fängt gut an!*), in der die Inkompetenz gewisser »gelehrter« Rimbaudkenner angeprangert wird; s. Pierre 1982 (wie in Anm. 9), S. 133/134. Im August 1954 taten die Surrealisten und Lettristen sich zusammen, um die Feierlichkeiten zum hundertsten Geburtstag Rimbauds in Charleville-Mézières zu »sabotieren«. Am 3. Oktober 1954 trafen sich Jean-Louis Bédouin, Georges Goldfayn, Simon Hantaï, Gérard Legrand, Jean Schuster und Toyen mit den Lettristen zu einer Versammlung, die mit einem Zerwürfnis endete. Siehe dazu die lettristische Flugschrift *Et ça finit mal* (*Und es geht schlecht aus*), 7. Oktober 1954, und den Text von Guy Debord, *Le réseau Breton et la chasse aux rouges* (*Das Netzwerk Bretons und die Jagd nach den Roten*), in: *Potlatch*, Nr. 13, 23. Oktober 1954, zit. nach: Guy Debord, *Œuvres*, Paris 2006, S. 106, sowie die surrealistische Flugschrift *Familiers du Grand Truc* (*Sie kennen gut den Großen Trick*), zit. nach: Pierre 1982 (wie in Anm. 9), S. 361/362.

16 Pazifistische und internationalistische Bewegung, während der Okkupation Frankreichs von mehreren Führern der Résistance gegründet. »Frei von jeder Ideologie, doch der Wahrheit der marxistischen Analyse verpflichtet«, geprägt vom Denken Denis de Rougemonts, versammelte sich im Front humain eine Anzahl linker Intellektueller, die internationalistisch, antimilitaristisch, antigaullistisch und antistalinistisch gesinnt waren. Ziel war eine Kritik an der Blockbildung des Kalten Kriegs und die Entlarvung der Ohnmacht der UNO, verbunden mit dem Aufruf zu einer gemeinsamen »pazifistischen revolutionären Tat«. Zu den aktivsten Mitgliedern zählten Robert Sarrazac, André Breton, Albert Camus, Emmanuel Mounier, Louis-Martin Chauffier und Jean Haslé, aber auch Vercors.

17 Garry Davis, ein ehemaliger Bomberpilot der amerikanischen Luftwaffe, hatte sich am 12. September 1948 auf das exterritoriale Gelände der Esplanade des Palais de Chaillot, in dem die Vereinten Nationen eine Vollversammlung abhielten, begeben und dort mehrere Tage kampiert, bevor er von der Polizei des Ortes verwiesen wurde. Am 25. Mai 1948 hatte er seinen Status als Bürger eines Nationalstaates aufgekündigt und seinen amerikanischen Pass zerrissen. Sein Protest galt dem Militarismus und dem Kalten Krieg. Anstelle der Nationalstaaten forderte er eine »Weltregierung der Völker«.

18 Zur Aktion vom 19. November 1948 vor den UN-Delegierten im Palais de Chaillot s. Michel Auvray, *L'apogée des Citoyens du monde. De Garry Davis à Cahors Mundi en pleine guerre froide*, Vortrag im Pariser Salle Victor Hugo, 19. November 2018, http://www.recim.org/stud/apogee.htm [Aufruf: 29. April 2021].

19 Vor allem durch mehrere Texte und Artikel, die er zwischen April 1948 und Februar 1949 veröffentlichte, wie *Allocution prononcée le 30 avril 1948, à la première réunion publique de ›Front humain‹* (*Rede, gehalten am 30. April 1948 auf der ersten öffentlichen Versammlung der Front humain*), *Un pour tous hormis quelques-uns* (*Einer für alle bis auf einige wenige*), *La paix par nous-mêmes* (*Frieden durch uns selbst*), *Ce grain merveilleux de l'aventure* (*Das wunderbare Körnchen des Abenteuers*), *La loi des gouvernés* (*Das Gesetz der Regierten*), *Égard (et gare) à l'impatience* (*Rücksicht [und Vorsicht] vor Ungeduld*) und *L'homme de nulle part, Garry Davis* (*Der Mann von nirgendwo, Garry Davis*), alle wieder abgedruckt in: Breton 1999 (wie in Anm. 6), S. 970–993. Seine Unterstützung für das Anliegen der Citoyens du monde unterstrich Breton auch in mehreren Interviews, insbesondere im *Interview de José M. Valverde*, September 1950, ebd., S. 626/627.

20 André Breton, *La Lampe dans l'horloge*, Paris 1948.

21 André Breton, *Comète surréaliste*, in: ders. 1999 (wie in Anm. 6), S. 756.

22 *Les surréalistes à Gary Davis*, Februar 1949, in: Pierre 1982 (wie in Anm. 9), S. 43. Die Übereinstimmung mit Davis währte bis zum Oktober 1949, als die Surrealisten und Breton den Persönlichkeitskult kritisierten, der sich um den ehemaligen amerikanischen Piloten und seine »konfusen Aktivitäten« entwickelt hatte. So trat er etwa gemeinsam mit Priestern auf, um die Kriegsdienstverweigerung zu rechtfertigen; s. André Breton, »Discours à la Mutualité«, in: *Le Libertaire*, 21. Oktober 1949, zit. nach: ders. 1999 (wie in Anm. 6), S. 995–1002.

23 *Haute fréquence*, 24.5.1951, in: Pierre 1982 (wie in Anm. 9), S. 107.

24 Zu dieser Zusammenarbeit s. Pietro Ferrua (Hg.), *Surréalisme et anarchie. Écrits pour débattre*, Lyon 1992.

25 Déclaration préalable, in: *Le Libertaire*, 12.10.1951, zit. nach: Pierre 1982 (wie in Anm. 9), S. 115. Der Text wurde in diesem Fall weder von Toyen noch von Heisler unterzeichnet, die sich als ausländische Flüchtlinge einer solchen politischen Erklärung nicht namentlich anschließen konnten. Ihre Zustimmung wurde jedoch mit der Formulierung »und ihre ausländischen, sich gegenwärtig in Paris aufhaltenden Kameraden« signalisiert, die der Liste der Unterzeichnenden hinzugefügt war.

26 Jedoch nicht ausschließlich. Benjamin Péret etwa veröffentlichte mehrere theoretische Texte zu politischen Themen, zum Imperialismus und Nationalismus, zur Revolution, zur Rolle der Gewerkschaften ...

27 Veröffentlicht in *Le Libertaire* am 4. Januar 1952 und von Toyen gemeinsam mit 21 weiteren Surrealisten unterzeichnet.

28 *À la niche les glapisseurs de Dieu*, 14.6.1948, in: Pierre 1982 (wie in Anm. 9), S. 38.

29 Zwar wurde Toyen nicht müde, ihre Ablehnung jeglicher Religion zu betonen, jedoch ist es falsch, ihr, wie es Karel Srp in: *Toyen*, Ausst.-Kat. Prag, Galerie hlavního města Prahy, 2000, S. 322, tut, das antireligiöse Plakat zuzuschreiben, auf dem eine schwangere Ratte mit Heiligenschein zu sehen ist, überschrieben mit: »Das göttliche Kind ist geboren.« Ideengeber für dieses anonyme Plakat, von den Éditions surréalistes kurz vor Weihnachten 1951 gedruckt und in Paris an Hausmauern geklebt, war Benjamin Péret. Für Konzept, Entwurf und Herstellung waren Guy-René Doumayrou und Bernard Roger verantwortlich (Mail von Bernard Roger an den Verfasser, 18.6.2020).

30 *Coup de semonce*, am 25. März 1957 von Toyen und 32 weiteren Mitgliedern oder Anhängern der Surrealisten-Gruppe um Breton unterzeichnet, in: Pierre 1982 (wie in Anm. 9), S. 164.

31 Texte von Gérard Legrand, Adrien Dax, Jean Schuster, Benjamin Péret und Jean-Louis Bédouin, in: *La Rue*, Marseille, Sonderheft 5/6, *Révolte sur mesure*, 1952.

32 Für die zehn ersten nummerierten Exemplare fertigte sie außerdem eine Kaltnadelradierung an.

33 Albert Camus, Lautréamont und die Banalität, in: ders., *Der Mensch in der Revolte*, Reinbek b. Hamburg 1969, S. 69, 73/74.

34 Ebd., S. 74.

35 Ebd., S. 82.

36 Vor dem Erscheinen von *Révolte sur mesure* hatte Breton in seinem Artikel *Sucre jaune* (*Gelber Zucker*), veröffentlicht in der Zeitschrift *Arts* am 12. Oktober 1952, Camus persönlich geantwortet: »Über Lautréamont ist nichts geschrieben worden, was so oberflächlich, so lächerlich wäre.« In dem Artikel widerspricht er entschieden der These des Verfassers von *Caligula*, »dass die ›absolute Revolte‹ nichts als ›geistige Knechtschaft‹ nach sich ziehen könne«; s. Breton 1999 (wie in Anm. 6), S. 913. Es handelte sich um den ersten Streit zwischen den beiden Männern, die seit ihrer ersten Begegnung in New York 1946 bis zu diesem Zeitpunkt stets derselben Meinung gewesen waren, in ihrer kritischen Haltung genauso wie in ihrem Engagement.

37 Toyen zählte zu den Ersten und zu den ganz wenigen, die de Sade in der Tschechoslowakei zu illustrieren wagten, so mit Zeichnungen von 1932 zu *Justina čili prokletí ctnosti* (*Justine oder vom Missgeschick der Tugend*), veröffentlicht in den von Jindřich Štyrský gegründeten *Edice 69*.

38 Die tschechische Ausgabe von *Les Chants de Maldoror* (*Die Gesänge des Maldoror*) erschien 1927 mit Illustrationen von Štyrský, wurde jedoch kurz darauf von der Zensur verboten.

39 Mit dem Essayband *Der Mensch in der Revolte* leitete Camus eine neue Werkphase ein, jene der »Revolte«, die den Zyklus des »Absurden« mit den Werken *L'Étranger* (*Der Fremde*, 1942), *Le Mythe de Sisyphe*

(*Der Mythos von Sisyphos*, 1942), *Caligula* (1944) und *Le Malentendu* (*Das Missverständnis*, 1944) ergänzte und fortführte.

40 Die Flugschrift *Tranchons-en* wurde anlässlich der Eröffnung der Internationalen Surrealismus-Ausstellung *L'Écart absolu* im Dezember 1965 gedruckt und verteilt, s. Pierre 1982 (wie in Anm. 9), S. 412.

41 Vgl. dazu die Chronik auf S. 244 dieses Bandes.

42 S. dazu Anna Pravdová, *Seelenverwandte. Éditions Maintenant*, S. 317ff. in diesem Band.

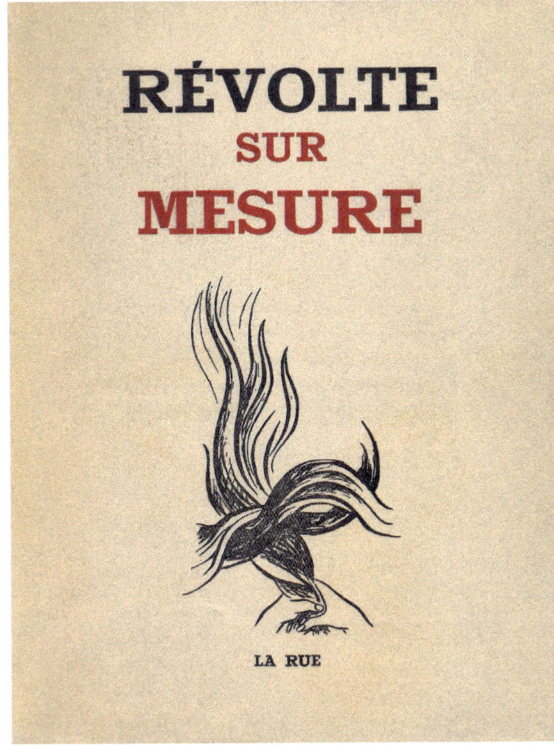

Kat. 416 Toyen, Buchumschlag für *Révolte sur mesure / Revolte nach Maß*, Sonderausgabe der Zeitschrift *La Rue*, 1952 | Privatsammlung

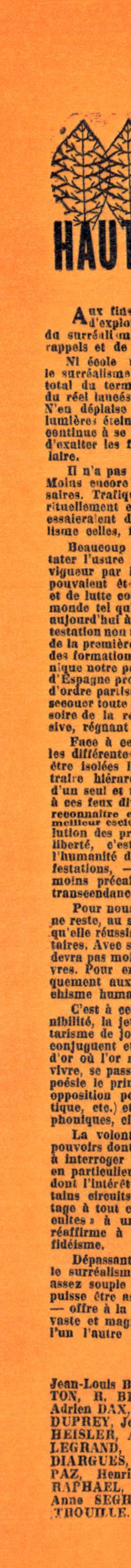

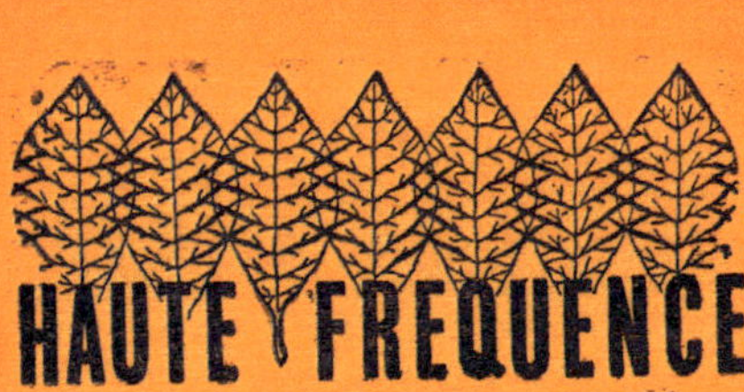

HAUTE FREQUENCE

Aux fins habituelles, une partie de la presse a tenté d'exploiter les récents incidents survenus au sein du surréalisme, ce qui nous entraîne à un minimum de rappels et de précisions.

Ni école ni chapelle, beaucoup plus qu'une attitude, le surréalisme est, dans le sens le plus agressif et le plus total du terme, une aventure. Aventure de l'homme et du réel lancés l'un par l'autre dans le même mouvement. N'en déplaise aux spirites de la critique attablés, toutes lumières éteintes, pour évoquer son ombre, le surréalisme continue à se définir par rapport à la vie dont il n'a cessé d'exalter les forces en s'attaquant à leur aliénation séculaire.

Il n'a pas à ressembler à la lettre de ce qu'il fut jadis. Moins encore à la caricature qu'en proposent ses adversaires. Trafiquant d'une version de son passé historique rituellement expurgée par leurs soins, c'est en vain qu'ils essaieraient de faire prendre pour les limites du surréalisme celles, fort étroites, de leur entendement.

Beaucoup se rassurent aujourd'hui en croyant constater l'usure de certaines formes de « scandale » mises en vigueur par le surréalisme, sans s'apercevoir qu'elles ne pouvaient être que des formes temporaires de résistance et de lutte contre le scandale que constitue le spectacle du monde tel qu'il résulte de ses institutions. Ce scandale est aujourd'hui à son comble et justifie de notre part une protestation non moins active quoique nécessairement différente de la première. A qui fera-t-on croire que la dégénérescence des formations politiques traditionnelles suffit à rendre platonique notre passion de la liberté. Les récents événements d'Espagne prouvent une fois de plus que l'absence de mots d'ordre partisans n'empêche pas le génie révolutionnaire de secouer toute servitude, à commencer par la sujétion provisoire de la revendication humaine à une idéologie régressive, régnant en despote sur les multitudes.

Face à ce fléau nous soutenons plus que jamais que les différentes manifestations de la révolte ne doivent pas être isolées les unes des autres ni soumises à une arbitraire hiérarchie, mais qu'elles constituent les facettes d'un seul et même prisme. Parce qu'il permet aujourd'hui à ces feux diversement colorés mais également intenses de reconnaître en lui leur foyer commun, le surréalisme, à meilleur escient encore que par le passé, se voue à la résolution des principaux conflits qui séparent l'homme de la liberté, c'est-à-dire du développement harmonieux de l'humanité dans son ensemble et ses innombrables manifestations, — de l'humanité enfin parvenue à un sens moins précaire de sa destinée, guérie de toute idée de transcendance, libérée de toute exploitation.

Pour nous, il va sans dire que la religion judéo-chrétienne reste, au sens propre, l'ennemie « acharnée » de l'homme, qu'elle réussisse ou non à s'incorporer aux idéologies totalitaires. Avec ses complices « travail-famille-patrie », elle n'en devra pas moins fermer sa fabrique d'estropiés et de cadavres. Pour en finir avec elle, nous en appelons systématiquement aux forces qu'elle tente d'étouffer dans le psychisme humain.

C'est à ces forces que s'allie, dans son éternelle disponibilité, la jeunesse avide de tout ce qui combat un utilitarisme de jour en jour plus aveugle. Ce sont elles qui se conjuguent et s'exaltent dans l'amour, annonçant un âge d'or où l'or n'aurait pas d'âge, où la fleur de l'âge, pour vivre, se passerait d'or. Ce sont elles encore qui font de la poésie le principe et la source de toute connaissance, en opposition permanente à la sottise (métaphysique, politique, etc.) et à ses manifestations journalistiques, radiophoniques, cinématographiques, etc.

La volonté du surréalisme de rendre à l'homme les pouvoirs dont il a été spolié n'a pas manqué de le conduire à interroger tous les aspects de la connaissance intuitive en particulier ceux qu'embrassent les doctrines ésotériques, dont l'intérêt est de dévoiler dans l'espace et le temps certains circuits ininterrompus. Il n'en répugne que davantage à tout ce qui peut apparenter certains systèmes « occultes » à un ensemble de recettes d'agenouillement et réaffirme à ce propos son irréductible hostilité à tout fidéisme.

Dépassant de loin la simple hypothèse de recherche, le surréalisme — dont l'existence organique est devenue assez souple pour qu'à l'esprit de la présente déclaration puisse être associé l'ensemble de nos camarades étrangers — offre à la prospection nouvelle un terrain suffisamment vaste et magnétique pour que désir et liberté s'y recréent l'un l'autre à perte de vue.

Paris, le 24 mai 1951.

Jean-Louis BEDOUIN, Robert BENAYOUN, André BRETON, R. BRUDIEUX, Jean BRUN, J.-B. BRUNIUS, Adrien DAX, G. DOUMAYROU, Jacqueline et Jean-Pierre DUPREY, Jean FERRY, Georges GOLDFAYN, Jindrich HEISLER, Adonis KYROU, Alain LEBRETON, Gérard LEGRAND, André LIBERATI, André Pieyre de MANDIARGUES, Jehan MAYOUX, Nora MITRANI, Octavio PAZ, Henri PARISOT, Benjamin PERET, Maurice RAPHAEL, Man RAY, Claude ROCHIN, B. ROGER, Anne SEGHERS, Jean SCHUSTER, TOYEN, Clovis TROUILLE, François VALORBE, Michel ZIMBACCA,

Abb. 417 Toyen, Zeichnung für das surrealistische Flugblatt *Haute fréquence / Hochfrequenz*, 1951

PORTRÄT VON TOYEN IN 22 FRAGEN

E	Tier	A	Maulwurf
A	Mineral	E	Hämatit
E	Epoche	A	11. Jahrhundert
A	Gemälde	E	Grünewald Die Versuchung des Heiligen Antonius
E	Ort	A	Schnee mit Spuren von großen Tieren
A	Straße in Paris	E	Rue de la Verrerie [Straße der Gläser]
E	Gebäude	A	Los Remedios (14 km von Mexiko entfernt)
A	Primitives Objekt	E	Eskimomaske (einfache Linien, ohne Attribute)
E	Spielkarte	A	Ritter der Kelche
A	Buch	E	Peer Gynt
E	Gebrauchs-gegenstand	A	Hocker
A	Planet	E	Neptun

E	Farbe	A	Heliotrop
A	Baum	E	Nussbaum
E	Substanz	A	Kirschgummi
A	Teil des Hauses	E	Turm
E	Spiel	A	Würfelpoker
A	Leuchtmittel	E	Grubenlampe
E	Verbrechen	A	Terroristin
A	Mythologische Figur	E	Der Vogel Garuda (Tibet)
E	Musikinstrument	A	Gong
A	Fortbewegungs-mittel	E	Floß AB Elisa April 1952

PORTRAIT DE TOYEN EN 22 QUESTIONS

E	Animal	A	Taupe
A	Minéral	E	Hématite
E	Epoque	A	XIe siècle
A	Tableau	E	Grünewald La Tentation de St Antoine
E	Site	A	De neige avec des empreintes de grands animaux
A	Rue de Paris	E	Rue de la Verrerie
E	Edifice	A	Los Remedios (à 14 Km de Mexico)
A	Objet primitif	E	Masque esquimau (simple de lignes, sans attributs)
E	Carte à jouer	A	Cavalier de coupe
A	Livre	E	Peer Gynt
E	Objet usuel	A	Tabouret
A	Planète	E	Neptune

E	Couleur	A	Héliotrope
A	Arbre	E	Noyer
E	Substance	A	Gomme de cerisier
A	Partie de la maison	E	Tour
E	Jeu	A	Poker d'as
A	Mode d'éclairage	E	Lampe de mineur
E	Crime	A	terroriste
A	Personnage mythologique	E	L'Oiseau Garuda (Thibet)
E	Instrument de musique	A	Gong
A	Mode de locomotion	E	Radeau

AB
Elisa

Avril 1952

Kat. 418 André (1896–1966) und Elisa Breton (1906–2000), *Porträt von Toyen in 22 Fragen*, 1952
Privatsammlung, Paris

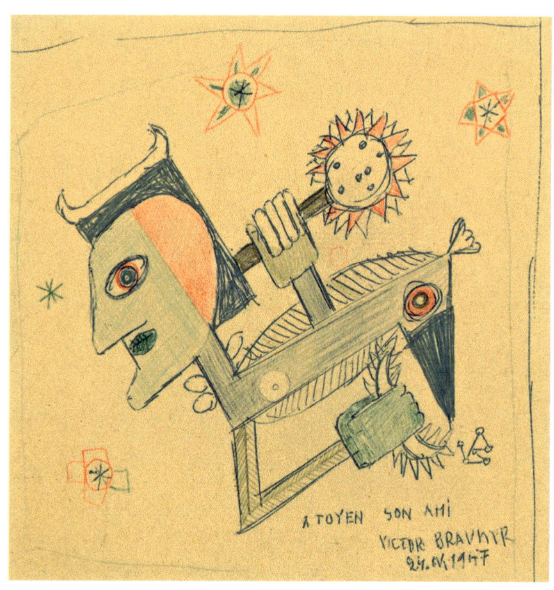

Kat. 419 Victor Brauner (1903–1966), Ohne Titel, 24. April 1947 | ***À TOYEN SON AMI VICTOR BRAUNER 24.IV 1947 / An Toyen Ihr Freund Victor Brauner 24. April 1947*** | Kugelschreiber und Pastell auf Papier, 155 × 154 mm | Privatsammlung, Paris

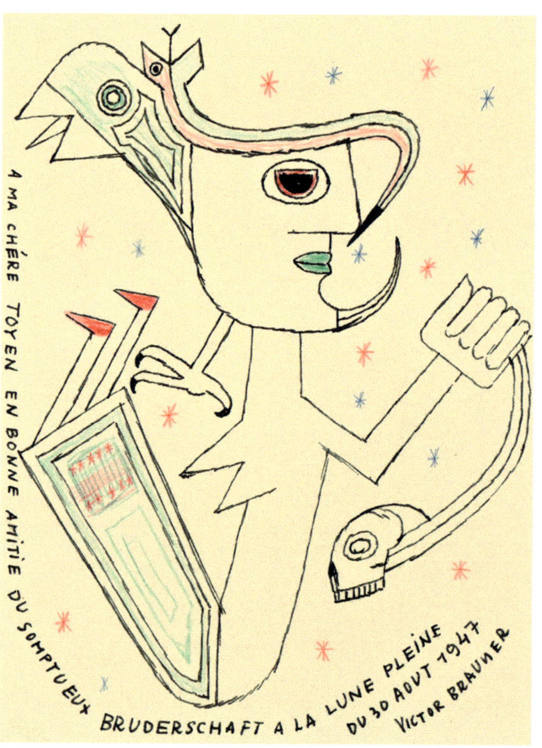

Kat. 420 Victor Brauner, Ohne Titel, 30. August 1947 ***À MA CHÈRE TOYEN EN BONNE AMITIE DU SOMPTUEUX BRUDERSCHAFT A LA LUNE PLEINE DU 30 AOUT 1947 VICTOR BRAUNER / An meine liebe Toyen in guter Freundschaft von der prächtigen Bruderschaft beim Vollmond des 30. August 1947 Victor Brauner*** Tusche und Farbstift auf Papier, 140 × 105 mm Privatsammlung, Paris

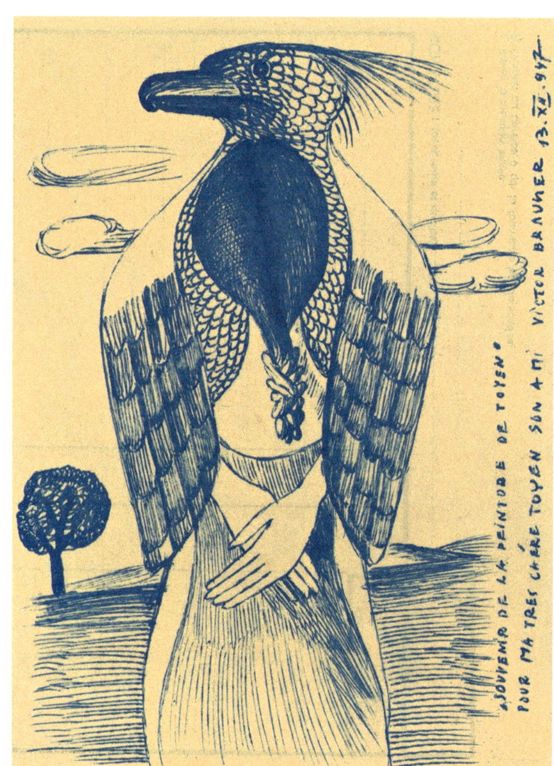

Kat. 421 Victor Brauner, ***SOUVENIR DE LA PEINTURE DE TOYEN / Erinnerung an das Gemälde von Toyen,*** 13. Dezember 1947 | ***POUR MA TRES CHÈRE TOYEN SON AMI VICTOR BRAUNER 13.XII. 1947 / Für meine liebste Toyen Ihr Freund Victor Brauner 13. Dezember 1947*** Tinte auf Papier, 190 × 140 mm | Privatsammlung, Paris

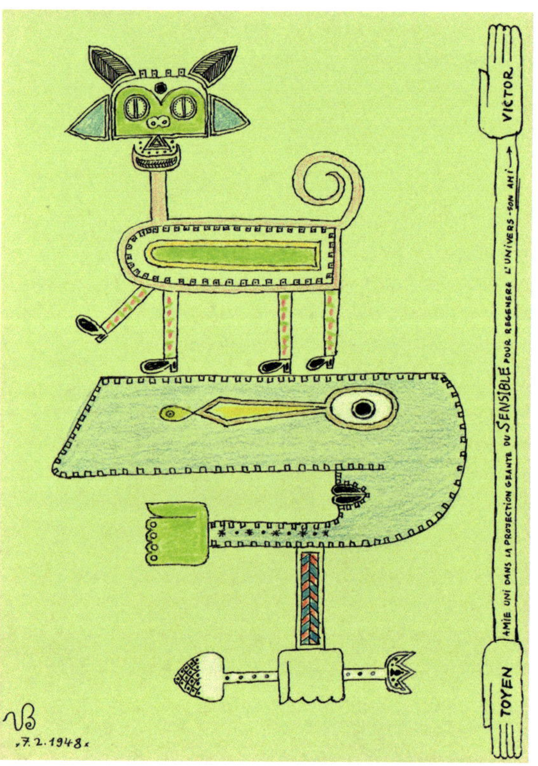

Kat. 422 Victor Brauner, Ohne Titel, 7. Februar 1948 ***TOYEN AMIE UNI DANS LA PROJECTION GEANTE DU SENSIBLE POUR REGENERE L'UNIVERS – SON AMI VICTOR 7.2.1948 / Toyen verbündete Freundin in der gigantischen Projektion des SENSIBLEN zur Regeneration des Universums – ihr Freund Victor 7.2.1948*** Tusche und Pastell auf farbigem Papier, 195 × 144 mm Privatsammlung, Paris

Bertrand Schmitt

Ein Freundschaftsarchipel – Toyen und die Pariser Surrealisten-Gruppe

Toyens weiterer Lebensweg nach ihrer Übersiedelung nach Frankreich Ende März 1947 ist nur zu verstehen, wenn man sich vor Augen hält, welche Bedeutung tiefe Freundschaft und die Treue zu ihren eigenen Ideen und zu ihren Freunden für sie hatten. Versuche, Toyen zu charakterisieren, verwendeten das Bild eines Granitfelsens, der in seiner großen Härte auch »den wütendsten Angriffen standhält«,[1] oder verglichen sie mit einem scharfäugigen Vogel. Das leere Getriebe des gesellschaftlichen Lebens mit seinen mondänen Zerstreuungen war Toyen ebenso fremd wie die »moderne Lust am Erfolg«[2] oder die Unbeständigkeit und die Eitelkeiten des Künstlermilieus. Alle Arten von Kompromissen, ob im Familiären, Sozialen oder Beruflichen, lehnte Toyen radikal ab, da sie das Leben nur verfälschten – das *wahre Leben*, von dem man seit Rimbaud weiß, dass es häufig *abwesend* ist, sich jedenfalls anderswo abspielt, jenseits der ausgetretenen Pfade. Toyens Geringschätzung eines oberflächlichen Aktionismus, ihr Rückzug aus einer auf Tricks und Täuschung setzenden Szene hatten zur Folge, dass sie manchmal als »Einzelgängerin« bezeichnet wurde.[3] Ein Bild, das sich nach dem Tod von zwei ihrer engsten Freunde und Mitstreiter – Jindřich Štyrský, gestorben in Prag 1942, und Jindřich Heisler, gestorben in Paris Anfang 1953 – noch verfestigte. Dennoch war Toyen, von André Breton einmal als »meine Freundin unter allen Frauen«[4] bezeichnet, mit vollem Einsatz beteiligt an dem kollektiven geistigen und freundschaftlichen Abenteuer der Pariser Surrealisten, vom ersten Tag ihres Umzugs nach Paris bis zur Krise 1969, die zum Auseinanderbrechen der Gruppe führte. Die Freundschaften, die sie dort schloss, waren nicht nur für die Entwicklung ihres Werks von großer Bedeutung, sondern auch für den Fortgang des Surrealismus insgesamt in der Nachkriegszeit.

Als Toyen sich 1947 endgültig gemeinsam mit dem Dichter Heisler in Paris niederließ,[5] war sie in der Tschechoslowakei eine anerkannte Künstlerin, deren Ruf über die Grenzen ihres Landes hinausreichte. Mehrere ihrer Werke waren bereits bei Internationalen Surrealismus-Ausstellungen in London (1936, Abb. 216), Tokio (1937), Paris und Amsterdam (1938) zu sehen gewesen, einige auch in ausländischen Zeitschriften und anderen Veröffentlichungen abgebildet worden. Obwohl durch die deutsche Besatzung Böhmens und Mährens ab März 1939 die Beziehungen zu internationalen Surrealisten-Gruppen unterbrochen waren und die Prager Surrealisten in den Untergrund gehen mussten, war Toyen für manche Künstler weiterhin ein wichtiger Bezugspunkt geblieben. Breton, mit Toyen seit ihrer ersten Begegnung in Prag im Jahr 1935 freundschaftlich verbunden und von der einzigartigen Kraft ihres Werks überzeugt, organisierte im Sommer 1947 für sie eine Einzelausstellung in der Galerie Denise René (Abb. 363). Während es für Breton eine Selbstverständlichkeit war, Toyen für eine solche Schau auszuwählen, stellte diese Entscheidung für die junge Galeristin Denise Bleibtreu durchaus ein Risiko dar. Denn Bleibtreu hatte zwar freundschaftliche Kontakte zu den Surrealisten geknüpft,[6] sich dann aber der Kunstströmung zugewandt, die in den Jahren nach dem Ende des Zweiten Weltkriegs en vogue und zur alles beherrschenden »Norm« werden sollte: die abstrakte, geometrische, informelle oder »lyrische« Malerei. Als ob »nach Auschwitz den Menschen zu malen« unmöglich geworden war. Und nicht nur »den Menschen«, sondern auch seinen Körper, die Natur und die Träume sowie die Spannungen, die sich aus diesem ganzen Geflecht ergeben. Eine solche Abkehr stellte, wie man sich denken kann, das genaue Gegenteil zum Schaffen Toyens dar, die in ihren erotisch inspirierten Werken den Körper in seinen tiefen und verwandtschaftlichen Bezügen zur Natur erforschte.

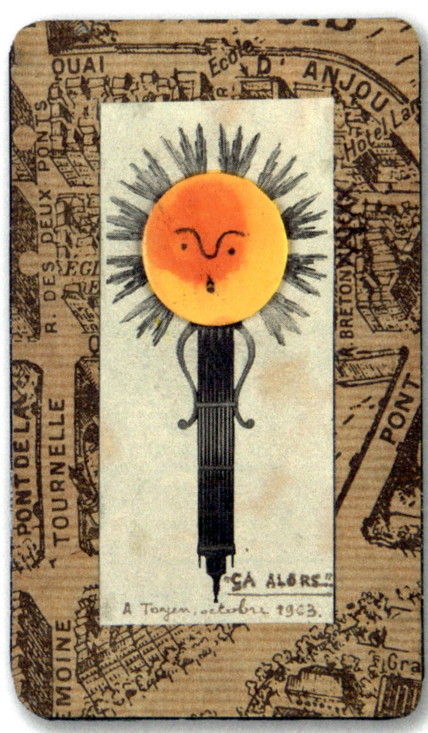

Kat. 423 André Breton (1896–1966), *»Ça alors ...« / »Na, so was ...«*, 1963
Collage auf Papier, 128 × 78 mm
Privatsammlung, Paris

Bei Toyens und Heislers Ankunft in Paris nahm die Gruppe der Surrealisten, die sich wieder um Breton versammelt hatte, in der von der abstrakten Kunst beherrschten Kulturszene eine Randstellung ein. Oder wie Breton ein paar Jahre später kommentierte: »Die Selbstbehauptung des Surrealismus als einer nach wie vor lebendigen Bewegung sieht sich den vereinten Kräften einer mächtigen organisierten Verschwörung gegenüber. [...] Der authentische Neuerer in der Kunst, dem der Kunstmarkt und die Kritiker aus Modegründen jeden anderen Weg als den des Nichtfigürlichen versperren, hat wenig Chancen, sich durchzusetzen.«[7] Um die Aktivitäten der Surrealisten-Gruppe stärker ins öffentliche Bewusstsein zu rücken und die durch den Krieg unterbrochenen Beziehungen wiederaufleben zu lassen, wurde eine Surrealismus-Ausstellung mit internationaler Beteiligung ins Auge gefasst, an deren Vorbereitung sich auch Heisler und Toyen beteiligten. Die Ausstellung *Le Surréalisme en 1947*, eröffnet am 7. Juli 1947 in der Galerie Maeght (Abb. 364–366), markierte die Rückkehr des Internationalen Surrealismus und stand unter dem Zeichen der Suche nach einem neuen kollektiven »Mythos«. Zugleich bot sich dadurch die Gelegenheit, bei öffentlichen Veranstaltungen die politischen und ethischen Positionen der Surrealisten erneut zu bekräftigen. Dies erfolgte durch die programmatische Verkündung einer »Inaugurationsspaltung«,[8] einem offiziellen Bruch mit der antirevolutionären und stalinistischen Politik, wie sie von den kommunistischen Parteien in Frankreich genauso wie in der Tschechoslowakei betrieben wurde. Die Ausstellung in der Galerie Denise René sowie die Teilnahme an der Internationalen Surrealismus-Ausstellung waren für Toyen und Heisler vermutlich der äußere Anlass, um im Frühjahr 1947 nach Paris zu kommen. Doch beiden war bewusst, dass es für sie ein endgültiger Abschied von Prag war.[9] Die politische Situation in der Tschechoslowakei nach den Wahlen im März 1946, aus denen die Kommunisten als stärkste Partei hervorgegangen waren, hatte den Druck auf die kleine Prager Surrealisten-Gruppe, die bereits unter der deutschen Besatzung schwer gelitten hatte, zusätzlich erhöht. Durch die eindeutige Verurteilung der Moskauer Schauprozesse im Jahr 1938 und den von den tschechischen Surrealisten ebenfalls 1938 vollzogenen Bruch mit Vítězslav Nezval – der 1934 die Prager Surrealisten-Gruppe gegründet hatte, sich nach dem Zweiten Weltkrieg den Kommunisten anschloss und die Schdanow'sche Linie einer strikten Kontrolle des künstlerischen Schaffens durch die Partei vertrat – gerieten Toyen, Heisler und ihr Freund Karel Teige unter heftigen Beschuss der kommunistischen Presse. Die Ankunft in Paris war für Toyen und Heisler deshalb eine Befreiung. Sich öffentlich an den Aktivitäten der Gruppe zu beteiligen, in vollkommener Freiheit die eigene künstlerische Suche fortsetzen zu können, all das glich die materiellen Schwierigkeiten aus, mit denen Toyen und Heisler nach dem »Februarumsturz« 1948 in Prag, der anschließenden kommunistischen Alleinherrschaft und der Beschlagnahmung ihres in der Tschechoslowakei verbliebenen Besitzes zu kämpfen hatten. Toyen lebte fortan in schwierigen finanziellen Verhältnissen, wohnte zunächst in einem Haus in Bois-Colombes (Abb. 361, 362), dann in einem kleinen möblierten Zimmer im Hôtel de la Paix, Quai d'Anjou, und konnte nicht mehr reisen, wie sie es in der Zwischenkriegszeit so gern getan hatte. Dennoch opferte sie niemals ihre Freiheit oder Unabhängigkeit oder rückte von ihren Überzeugungen ab, um sich etwas mehr materiellen Komfort zu verschaffen. »Toyen bedauerte es nie, sich für diese Randexistenz entschieden zu haben«, so der Dichter Radovan Ivšić, später einer ihrer engsten Freunde, »denn das ermöglichte ihr eine Freiheit, die ihr wichtiger als alles andere war. Für sie war diese Freiheit unabdingbar für ihre Integrität und ihr ureigenstes Gefühl von Revolte, das sie in dieser Form vielleicht nur mit Benjamin Péret teilte.«[10]

Kurz nach ihrer Ankunft in Paris, als sie noch über Ersparnisse verfügte, beteiligte Toyen sich an der Finanzierung der 1948 von der surrealistischen Gruppe gemeinsam herausgegebenen Zeitschrift Néon (Abb. 371). Bei diesem Projekt, zu großen Teilen von Heisler konzipiert, redaktionell betreut und graphisch umgesetzt,[11] handelte es sich um die erste Zeitschrift der Pariser Surrealisten seit der Einstellung von *Le Surréalisme au service de la révolution* (*Der Surrealismus im Dienst der Revolution*) im Mai 1933. Toyen lieferte für mehrere Nummern Illustrationen. In der Folge arbeitete sie bei allen Zeitschriften der Pariser Surrealisten mit, von *Médium. Communication surréaliste* (*Medium. Surrealistische Kommunikation*, November 1953 bis Januar 1955) bis zu *L'Archibras* (April 1967 bis März 1969). Sie steuerte Zeichnungen und Collagen bei (Abb. 409), aber auch Antworten auf Umfragen (Kat. 418), sie nahm an Spielen teil und setzte ihre Unterschrift unter gemeinsame Erklärungen. Tatsächlich lässt sich Toyens Engagement bei den Pariser Surrealisten nicht auf künstlerische Aspekte beschränken. Sie weigerte sich auch stets, als »Malerin« bezeichnet zu werden, das heißt als Spezialistin, deren professionelle Tätigkeit, losgelöst vom Rest des Lebens, ausschließlich auf formale, ästhetische oder künstlerische Fragen gerichtet ist. Sie verschrieb sich im Gegenteil ganz und gar dem surrealistischen Projekt, nicht nur in poetischer, philosophischer, moralischer und politischer Hinsicht, sondern auch im Alltag. Ihre tägliche – und manchmal mehrmals am Tag stattfindende – Teilnahme an den Treffen der Surrealisten im Café an der Place Blanche, im Café Le Musset, später im La Promenade de Vénus war für sie das Elixir, das sie benötigte, um ihre eigene künstlerische Suche durch den Austausch mit anderen zu befeuern; und ihre Präsenz, wenngleich unaufdringlich, »sagt viel darüber aus, welchen Wert sie allem beimaß, was zum Projekt einer Vergemeinschaftung des Denkens beitragen konnte«.[12]

In Prag hatte Toyen ihren Lebensunterhalt noch damit verdient, dass sie Illustrationen zu Texten anfertigte, die manchmal wenig mit ihren eigenen Interessen und Forschungen zu tun hatten. In Paris ließ sie sich auf keine Kompromisse mehr ein,[13] sie entwarf ausschließlich Illustrationen zu poetischen Texten, deren Verfasser zur Gruppe der Surrealisten gehörten oder der Gruppe nahestanden:[14] von André Breton (Kat. 406) bis Benjamin Péret (Abb. 398), von Gérard Legrand bis zu Jean-Pierre Duprey (Kat. 504–510), von Jehan Mayoux bis zu Élie-Charles Flamand, von Pierre Dhainaut bis zu Guy Cabanel, von Radovan Ivšić (Kat. 478–481, 483–494) bis zu Annie Le Brun (Kat. 503, 511, 527). Die wenigen Illustrationen, die sie zu »nichtpoetischen« Texten schuf, waren Essays beigefügt, die ihren Dichterfreunden gewidmet waren,[15] oder schmückten von der Pariser Surrealisten-Gruppe verfasste Aufrufe und Flugschriften (Abb. 417).[16] Der Austausch zwischen Toyen und ihren Dichterfreunden reichte aber noch weiter: Sie verdankte ihnen auch die Titel mehrerer Gemälde, die sie nach dem Krieg malte und die auf diese Weise eine Reminiszenz an gemeinsame Erlebnisse darstellen. So regten sie beispielsweise die Aufenthalte mit Breton, Heisler und Péret auf der Île de Sein im August 1948 und 1949 zu mehreren Zeichnungen und Gemälden an (Abb. 372–375). Eine mit Georges Goldfayn diskutierend und auf und ab wandernd am Strand von Dieppe verbrachte Nacht führte zu ihrem Gemälde *À l'affût de la pensée* (*Dem Denken auflauernd*, 1956). Aus der Erinnerung an ein auf Vorschlag von Breton – im Sommer 1953 im Dorf Saint-Cirq-Lapopie (Abb. 378–380), in dem der Dichter ein Haus gekauft hatte – gemeinsam gespieltes Spiel mit Assoziationsketten ergab sich später das Sujet von *L'un dans l'autre* (*Das eine im anderen*, 1965, Abb. 468).[17] Das gemeinschaftliche Suchen und Sammeln von Achaten zwischen den Flusskieseln des Lot inspirierte sie zu dem Motiv der geschmolzenen Chalzedone auf dem Gemälde *Ils passent sans se retourner* (*Sie gehen vorbei, ohne sich umzuwenden*, 1955, Kat. 445). Andere Titel – vorgeschlagen von Annie Le Brun, Georges Goldfayn und weiteren Freunden – beziehen sich auf literarische Texte wie *Gaspard de la nuit* (*Schatzhüter der Nacht*, 1842) von Aloysius Bertrand (wie bei dem Gemälde *Minuit, l'heure blasonée* [*Mitternacht, die gewappnete Stunde*], 1961, Kat. 455b) oder

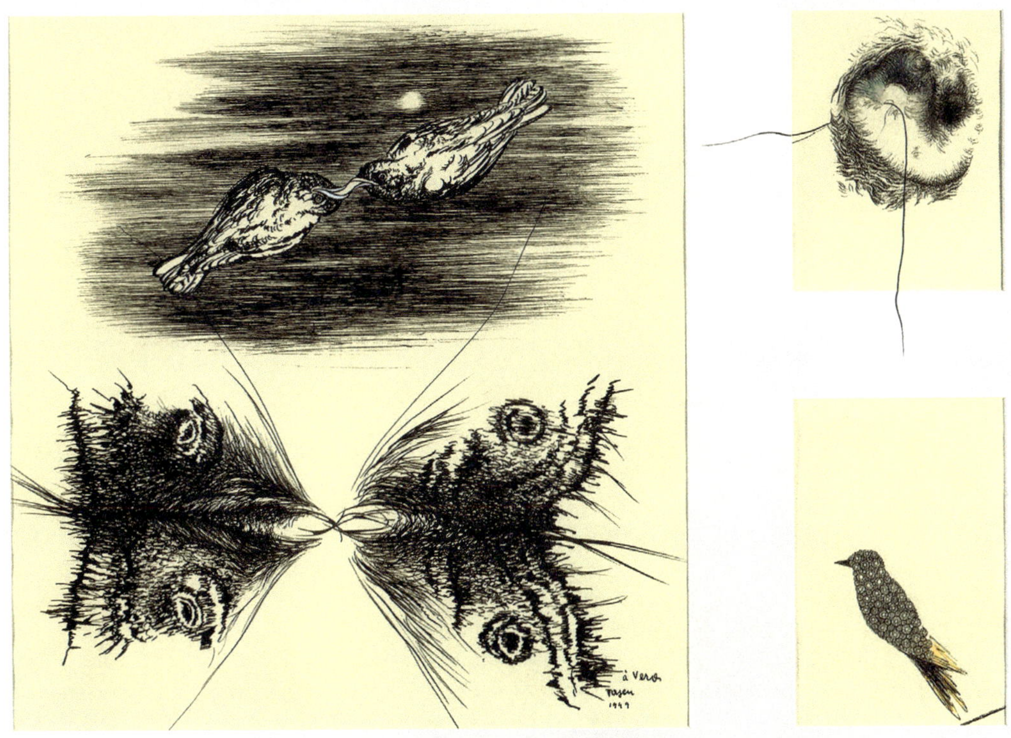

Kat. 424 Ohne Titel, 1949
Aus dem Zyklus ***Ni ailes ni pierres, ailes et pierres* / *Weder Flügel noch Steine, Flügel und Steine***
Tusche auf Papier, 420 × 420 mm, 180 × 140 mm, 200 × 140 mm
Sammlung Dominique Rabourdin

Le Cent Vingt Journées de Sodome (*Die 120 Tage von Sodom*) des Marquis de Sade (*Au château de Silling* [*Im Schloss Silling*], 1969), die den geistigen Horizont des Surrealismus aufleuchten lassen. Der Titel *Le Nouveau Monde amoureux* (*Die neue Liebeswelt*, 1968) wiederum - angeregt durch Annie Le Brun - verweist auf einen für die Surrealisten-Gruppe grundlegenden Text von Charles Fourier, der 1816 verfasst worden war, unveröffentlicht blieb und erst 1967 von der Philosophin Simone Debout-Oleszkiewcz wiederentdeckt und publiziert wurde.[18] Die Nähe zum utopischen Denken Fouriers ist alles andere als zufällig. Vor allem Fouriers Begriff der »absoluten Abweichung«, auf den sich die Surrealisten bereits im Dezember 1965 in ihrer Internationalen Ausstellung *L'Écart absolu* in der Galerie L'Œil bezogen hatten (Abb. 405), ist dabei von zentraler Bedeutung. Es ist dieselbe absolute Abweichung, dieselbe Weigerung, sich auf ausgetretenen geistigen Pfaden zu bewegen oder die bekannten, bereits kartographierten Routen über die Meere zu nehmen, die Kolumbus die Neue Welt hatte entdecken lassen, die Fourier zu seiner »Neugründung« der Sozial- und Liebesbeziehungen motivierte und die Toyen bei ihrer Suche antrieb. Auch Péret hatte dies erkannt, als er seine Studie zu Toyens Werk mit »Haus zur Neuen Welt - gegründet von Toyen«[19] überschrieb. Denn Toyen häufte nicht Gemälde, Zeichnungen und Collagen an, um ein »künstlerisches Œuvre« zu schaffen, es ging ihr vielmehr darum, die Fäden einer »Neuen Welt« zu knüpfen, eines sinnlichen und geistigen Universums, das mit dem ihrer Freunde verwoben ist - was auch Titel wie *Nouent et renouent* (*Knüpfen und Verknüpfen*, 1950, Kat. 429) oder *Pleins et creux entrelacés* (*Fülle und Hohlformen, ineinander verschränkt,* 1952) andeuten.

Von der Neugründung der Welt zur alchemistischen Suche

Gemeinsam mit den anderen Mitgliedern der Pariser Surrealisten-Gruppe betrieb Toyen das Projekt einer Verwandlung der Welt unter dem Signum eines sich unablässig aus sich selbst heraus erneuernden Begehrens, das sich zugleich aus der Resonanz der verwandten Geister und Mitstreiter um sie herum nährte. Was auch Péret vollkommen bewusst war, als er schrieb: »[...] Toyen, die niemals Befriedigte! Die Welt bleibt in ihren Augen unbestimmt perfektibel, und ein noch so geringer Ansporn genügt, damit sie sich wie in den ersten Zeiten in Bewegung setzt [...]. Das ganze Werk Toyens will nichts anderes als die Welt nach Maßgabe eines Wunsches verbessern, der sich von seiner eigenen Befriedigung nährt und durch sie wächst.«[20] Bemerkenswert dabei ist, wie sehr diese »Neugründung« der Welt durch Toyen, angebahnt aus einer Perspektive, die für alle unverwechselbar die ihre ist, gleichwohl mit den Recherchen übereinstimmt, die andere Pariser Surrealisten zur selben Zeit unternommen haben. So wirkt ihr Zyklus von Zeichnungen *Ni ailes ni pierres: ailes et pierres* (*Weder Flügel noch Steine: Flügel und Steine*, Kat. 424-427) - begonnen im Sommer 1948 in der Bretagne, während der auf der Île de Sein verbrachten Ferien[21] - mit seiner Darstellung der Flüchtigkeit der Elemente und damit der von Toyen immer wieder beschworenen und von Péret beschriebenen unablässigen Metamorphose zugleich wie ein Echo auf die Beschäftigung von Mitgliedern der Pariser Surrealisten-Gruppe mit der Alchemie. Der Titel des Zyklus lässt sich als Hinweis auf die alchemistische Verwandlung und den »Stein der Weisen« lesen. Der geflügelte Stein, auf den angespielt wird, könnte eine Illustration

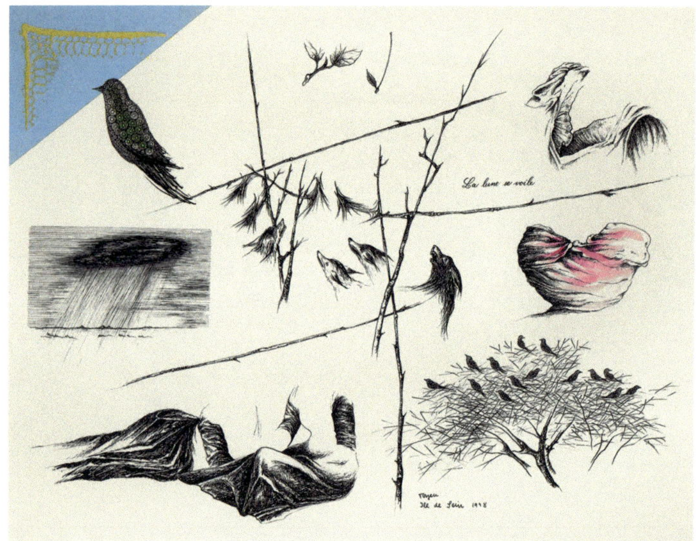

Kat. 425 ***La lune se voile / Der Mond verhüllt sich***, 1948 | Aus dem Zyklus ***Ni ailes ni pierres, ailes et pierres / Weder Flügel noch Steine, Flügel und Steine*** | Tusche und Aquarell auf Papier, 450 × 590 mm | Privatsammlung, Paris

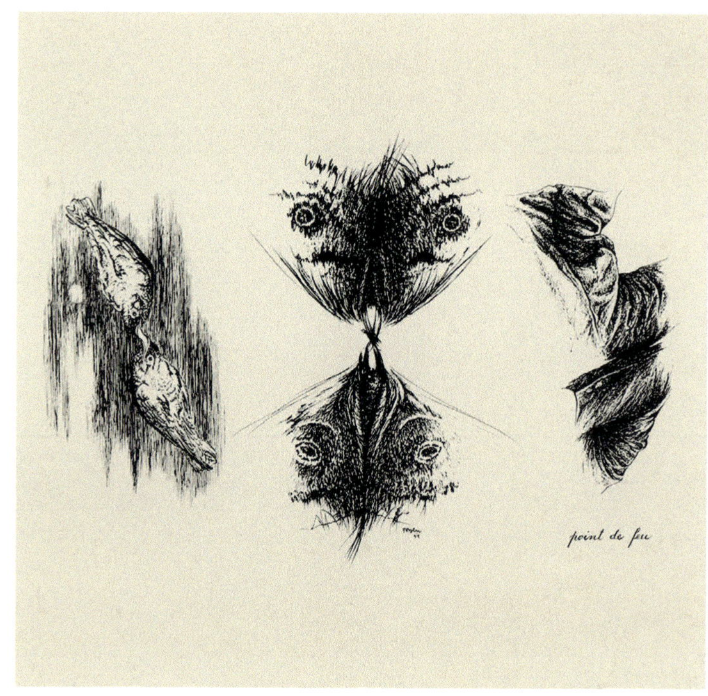

Kat. 426 ***Point de feu, Île-de-Sein / Feuerpunkt, Île de Sein,*** 1948 | Aus dem Zyklus ***Ni ailes ni pierres, ailes et pierres / Weder Flügel noch Steine, Flügel und Steine*** | Tusche auf Papier, 435 × 585 mm | Privatsammlung, Paris

sein zu einer Passage des *Liber Morieni de compositione alchemiae* (*Das Buch des Morienus über die alchemistische Zusammenstellung*), die in der Nicolas Flamel zugeschriebenen Schrift *Thrésor de philosophie ou Original du désir désiré* (*Das Kleinod der Philosophie oder das Original der Begierde*) zitiert wird: »Dieser Stein, kein Stein, ist belebt und besitzt das Vermögen, zu zeugen und sich fortzupflanzen. Dieser Stein ist Vogel und weder Stein noch Vogel.«[22] In seiner grammatikalischen Konstruktion – zwei aufeinanderfolgende Negationen, die in eine sie übersteigende, die Einzelelemente verbindende Affirmation verwandelt wird – bildet der Titel von Toyens Zyklus gleichsam die Methode des alchemistischen Prozesses ab, der von der Zurückweisung getrennter Zustände (weder Flügel noch Steine) über die Auflösung gegensätzlicher Zustände (Flügel und Steine) die Universalität und Totalität der Materie beglaubigt. Diese Logik, die in ihrem Dreischritt (doppelte Negation, die zur Synthese führt) an die Aufhebung der Gegensätze in der Dialektik erinnert, kam bei den Surrealisten vor allem in der Suche nach einem »höchsten Punkt« zum Ausdruck, jenem berühmten »geistigen Standort [...], von dem aus Leben und Tod, Reales und Imaginäres, Vergangenes und Zukünftiges, Mitteilbares und Nicht-Mitteilbares, Oben und Unten nicht mehr als widersprüchlich empfunden werden«.[23] Auch die tschechoslowakischen Surrealisten hatten in Titeln oder Gedichten bereits mehrfach diesen Denktopos verwendet, etwa im Titel des Gemeinschaftswerks *Ani labuť, ani lůna* (*Weder Schwan noch Mond*, Abb. 242), von der Gruppe 1936 zu Ehren des tschechischen romantischen Dichters Karel Hynek Mácha veröffentlicht. Toyen hatte dazu vier Collagen beigesteuert. Und man findet ihn, noch expliziter, auch im Gedicht *Hlas lesa* (*Die Stimme des Waldes*), das Vítězslav Nezval ausgehend von den drei Gemälden Toyens *Die Stimme des Waldes I*, *II* und *III* (1934, Kat. 235–237) geschrieben und seiner Freundin gewidmet hatte: »[...] Die Hexe taucht aus Macbeths Höhle auf / weder Rauch noch Federn / Federn und Rauch / [...].«[24]

Die Surrealisten legten deshalb so großen Wert auf Symbole, die auch von der Alchemie verwendet wurden, weil diese Symbole, indem sie den ständigen Wandel thematisieren, der alle Objekte mit Leben erfüllt und die Zustände der Materie dirigiert, auf die Macht einer analogen und poetischen *réécriture*, einer Neuformulierung der Welt verweisen. Die figürlichen Elemente in den Zeichnungen des Zyklus *Weder Flügel noch Steine* – Federn, Kieselsteine, Felsen, ein Vogelschnabel, das Profil eines Menschen (genauer: das von Breton) – befinden sich in ständiger Verwandlung von einem in ein anderes, in stetiger Transmutation (Kat. 428). Die weißen Flächen, die sie trennen und in denen manchmal Wörter oder Fragmente von Sätzen zu lesen sind, schaffen eine Spannung, eine unablässige Bewegung (des Windes, der Wellen, der Schreie der Möwen auf den Felsen): So entsteht eine »spannungsgeladene Beziehung zwischen poetischem Bild und visuellem Bild«,[25] die jedem Werk von Toyen zugrunde liegt und dessen Kern ausmacht, eine »Erotik der Analogie«,[26] wie Annie Le Brun erläutert. Zwischen den Fragmenten einander gegenübergestellter Objekte eröffnet sich ein Feld der Anziehung und Abstoßung, eine »nichtobjektive Spannung der Nichtwidersprüchlichkeit«.[27] Die natürlichen Elemente, Lebewesen und Gegenstände, die in Toyens Werken aufeinanderstoßen, offenbaren die erotische Spannung, die sich zwischen ihnen immer mehr verdichtet, eine Spannung, die dem Leben, dem Tod, aller Materie und aller Energie innewohnt – ein Pan-erotismus, der das gesamte Universum erfüllt. Die Elemente, im Moment der Transformation abgebildet, sind in einem Zustand der Wachsamkeit, in dem sich auch die Skelette und Tiere des Zyklus von Zeichnungen befinden, die Toyen kurz vor und während der Okkupation der Tschechoslowakei schuf: *Les Spectres du désert* (*Die Gespenster der Wüste*, Kat. 292, 386); *Střelnice* (*Der Schießplatz*, Kat. 323–329); *Cache-toi guerre!* (*Verstecke dich, Krieg!*, Kat. 340–345); *Les animaux dorment* (*Die Tiere schlafen*). Während sie dort jedoch wie erstarrt vor einem leeren Horizont verharren, sind sie hier wieder hineingerissen in das unbezähmbare Brodeln des

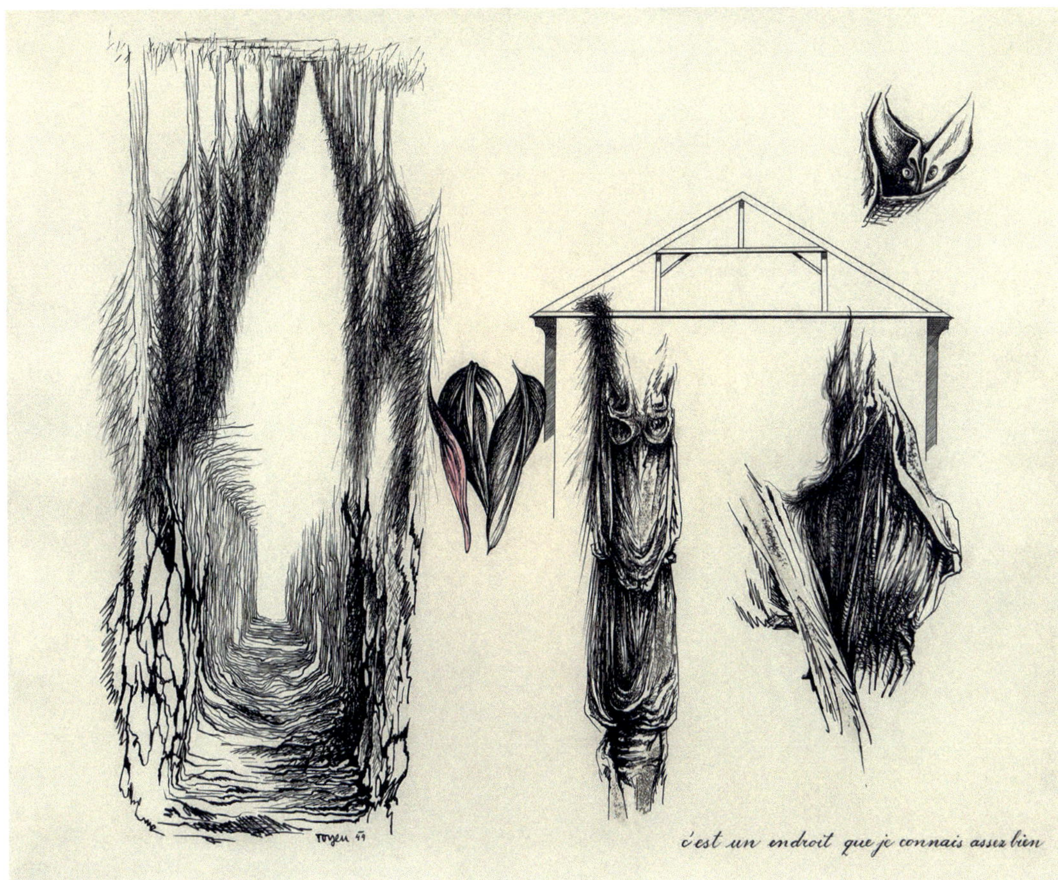

Kat. 427 ***C'est un endroit que je connais assez bien / Das ist ein Ort, den ich gut kenne***, 1949 | Aus dem Zyklus ***Ni ailes ni pierres, ailes et pierres / Weder Flügel noch Steine, Flügel und Steine*** | Tusche, Aquarell und Silber auf Papier, 465 × 580 mm
Privatsammlung, Courtesy Galerie 1900–2000, Paris

Lebens und seiner Metamorphosen, was es Toyen erlaubt, eine neue, »aufsteigende« Phase ihres Werkes einzuleiten, die lichtvoller, kosmischer (wenngleich ebenso gewalttätig und grausam) ist als jener düstere, unterirdische Abschnitt während der 1930er Jahre und bis zum Ende des Zweiten Weltkriegs. Der Zyklus legt so Zeugnis ab »von der gewissenhaften Rückeroberung des Wunderbaren«,[28] vom vitalen Überschwang, der Toyen damals gemeinsam mit den anderen um Breton versammelten Surrealisten erfasste,[29] wie um die grassierenden todbringenden Mächte zu bannen, die nach dem Kriegsende noch lange nicht verschwunden waren. Auch in den Titeln ihrer Gemälde kommt dies zum Ausdruck – auf *Larva I* (1934, Kat. 220), *Spektr* (*Gespenst*, 1934, Kat. 239, 240), *Úděs* (*Entsetzen*, 1937, Kat. 266), *Válka* (*Polní strašák*) (*Der Krieg* [*Die Vogelscheuche*], 1945, Kat. 353) folgen *Budoucnost svobody* (*Werden der Freiheit*, 1946), *Mýtus světla* (*Mythos des Lichts*, 1946, Kat. 412), *Ils se lèvent à la pointe du jour* (*Sie erheben sich bei Tagesanbruch*, 1950), *En attendant qu'il fasse jour* (*In Erwartung des Tages*, 1954, Abb. 441). *Weder Flügel noch Steine* erweist sich in diesem Sinne als »neubegründendes«, einen Neubeginn markierendes Werk, das für Toyen von großer Bedeutung war für ihre sich unmittelbar anschließende Suche, wie Annie Le Brun hervorhob: »Über den Wert dieses Zyklus von Zeichnungen kann es keinen Zweifel geben. Von ihm nimmt das gesamte weitere Werk Toyens seinen Ausgang. Zunächst lässt sie, in den Gemälden der 1950er Jahre, die Erinnerung an die alten Prager Hauszeichen aufleuchten – *À l'arbre d'or* [*Zum goldenen Baum*, 1951, Kat. 435], *Au soleil noir* [*Zur schwarzen Sonne*, 1951, Abb. 436], *À la roue d'or* [*Zum goldenen Rad*, 1951] …, die ebenso wie *Tous les éléments* [*Alle Elemente*, 1950, Kat. 430] an die kosmischen Verflechtungen gemahnten.«[30]

Denn das Interesse Toyens für die Alchemie äußerte sich nicht nur in den Zeichnungen des Zyklus *Weder Flügel noch Steine*. Mehrere Gemälde vom Anfang der 1950er Jahre beschäftigen sich ebenfalls mit alchemistischen Sujets, wie die Motive der alten Hauszeichen aus der Malá Strana, der Prager Altstadt,[31] zeigen: Fraglos spiegelt sich in ihnen einerseits Toyens Sehnsucht nach ihrer Heimatstadt, in die zurückzukehren für sie unmöglich geworden war, andererseits jedoch stehen sie als Symbole für Entwicklung, Neuanfang und Verwandlung (Baum, Sonne, Rad, Gold). Das Gemälde *Alle Elemente* wiederum versammelt die unterschiedlichen Welten – das Mineral-, Pflanzen- und Tierreich – und die vier Elemente. Die Fläche, auf der die Bildelemente angeordnet sind, wird durch eine Trennlinie in eine Tag- und eine Nachtsphäre unterteilt, eine weitere Linie zeichnet möglicherweise den niedrigsten Wasserstand oder den Küstenverlauf der Île de Sein nach. Wie immer sind die Symbole bei Toyen nicht »schulbuchmäßig« abgemalt, sie folgen keiner Regel – und sei es eine des Okkultismus –, vielmehr setzt die Künstlerin sie stets auf eine neue Weise ein, dabei aus ihrem intimen Vokabular schöpfend, in dem der Vogel, das Auge, das Punktauge, der Fels, der Fisch, das Blatt, der Schnabel eine wichtige Rolle spielen. Auch in den Gemälden *Knüpfen und Verknüpfen*, *L'Origine de la vérité* (*Der Ursprung der Wahrheit*, 1952, Kat. 434), *Les Lavandières de nuit* (*Die Wäscherinnen der Nacht*, 1953, Kat. 433), *Et maintenant que passe le temps* (*Und jetzt, da die Zeit vergeht*, 1957, Abb. 461) bis hin zu *Le Festin analogique* (*Das Fest der Analogien*, 1970, Kat. 528) sind diese Motive zu finden. Als Ende 1952 der auf Alchemie spezialisierte Autor René Alleau im Salle de géographie, 184, Boulevard Saint-Germain eine sonntägliche Vortragsreihe zu den »klassischen Texten der Alchemie«[32] hielt, fand sich auch Toyen dort ein. Auch zahlreiche weitere Surrealisten zählten zu den begeisterten Zuhörern, darunter der Dichter und Architekt Bernard Roger sowie Heisler, der begonnen hatte, sich eingehend mit der Symbolik der Tarotkarten zu befassen.[33] Es sei einer Anregung René Alleaus zu verdanken gewesen, so Bernard Roger,[34] dass die neue Galerie in der Rue de Pré-aux-Clercs 11, die im Herbst 1952 eröffnete und bis Juni 1956 der wichtigste Ausstellungsort der Pariser Surrealisten-Gruppe war, den Namen

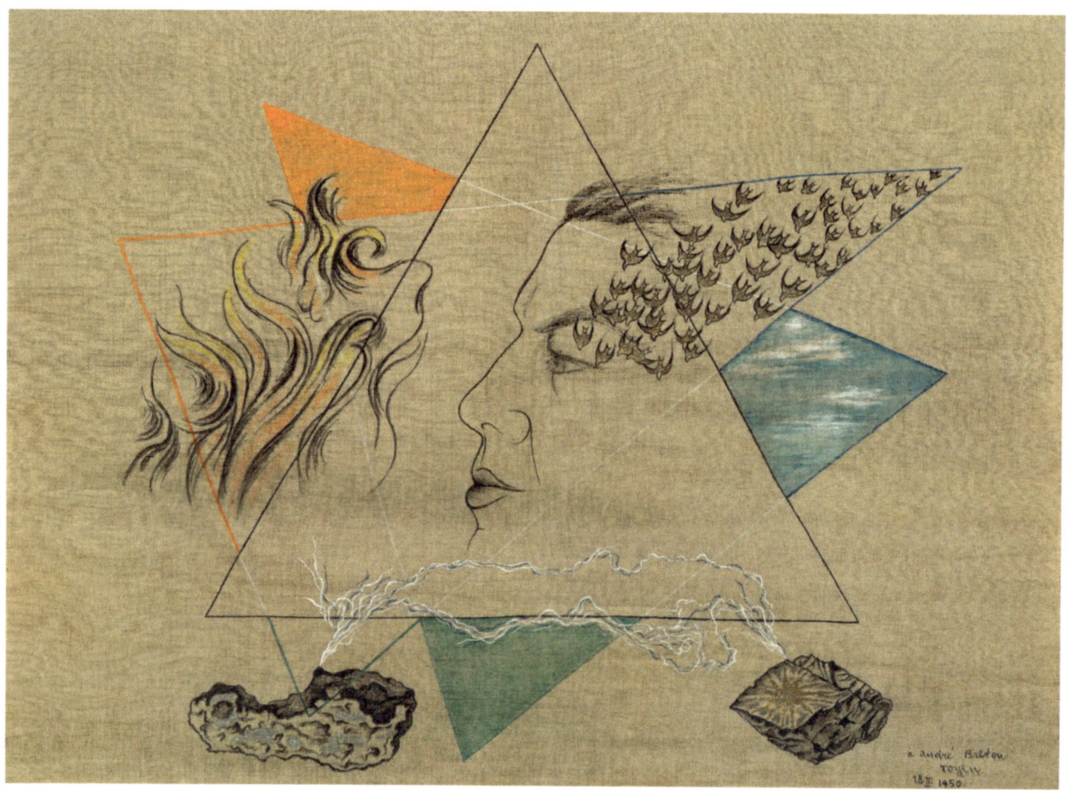

Kat. 428 ***Portrait d'André Breton / Porträt von André Breton***, 1950
Öl auf Leinwand, 50,5 × 67 cm
Privatsammlung, Courtesy Galerie KODL

À l'étoile scellée (Zum versiegelten Stern) erhielt. Sophie Babet, die Gründerin der Galerie,[35] hatte Breton gebeten, die künstlerische Leitung zu übernehmen.[36] Toyen wurde sofort in die Planung einbezogen[37] und entwarf eine Einladungskarte in Form eines Schmetterlings für die Gemeinschaftsausstellung, mit der die neue Galerie am 5. Dezember 1952 eröffnet wurde (Abb. 381). Der neue Ausstellungsort ermöglichte es den Pariser Surrealisten sowie einer Reihe von Künstlern, die der Gruppe nahe standen, fortan ihre Arbeiten innerhalb einer dem Surrealismus nach wie vor feindlich gesinnten Kunstszene öffentlich zu zeigen. Noch am 11. April 1952 schrieb Breton an den spanischen surrealistischen Maler Eugenio Fernández Granell: »Uns gelingt es nicht, als Surrealisten gemeinsam in Erscheinung zu treten. [...] Unserer Freundin Toyen gelingt es nicht einmal, ihre Werke auszustellen.«[38] Über Toyens Beteiligung an der Eröffnungsausstellung sowie an einer weiteren gemeinsamen Schau[39] vom 20. Februar bis 5. März 1953 hinaus organisierte Breton deshalb im Mai 1953 eine Einzelausstellung Toyens in der Galerie À l'étoile scellée, in der von ihr vierzehn Gemälde aus jüngerer Zeit sowie der gesamte Zeichnungszyklus *Weder Flügel noch Steine* gezeigt wurden. Die von Toyen entworfene und ausgeführte Einladungskarte, die zugleich der Katalog war, hatte die Form zweier Hände, die sich an den Fingerspitzen berühren, und symbolisierte die Übereinstimmung – eine enge Verbundenheit »wie die Finger einer Hand« – mit ihren surrealistischen Freunden, von denen jeder einen poetischen Satz mit Bezug zu ihrem Werk auf die Handflächen und die Finger schrieb (Abb. 384).[40] Das enge Band zu ihren Dichterfreunden findet seinen Ausdruck auch im Zyklus *Les 7 épées hors du fourreau* (*Die sieben gezogenen Schwerter,* Kat. 456–460), der fünf Jahre später in der Galerie Furstenberg ausgestellt wurde – einem der Meisterwerke Toyens, sieben Gemälde umfassend, für das sieben Dichterfreunde jeweils einen Text beisteuerten.[41]

In seinem Brief an Granell beklagte Breton die nach wie vor erdrückende Übermacht einer bestimmten Richtung der abstrakten Malerei. Es wäre jedoch falsch, daraus den Schluss zu ziehen, dass die Kritik der Pariser Surrealisten am »Abstraktivismus«[42] ästhetisch oder formal motiviert war. Es war im Gegenteil der rein aufs Formale und Ästhetische fokussierte Gestus einer dekorativen, blutleeren, zur intellektuellen Spekulation gewordenen Malerei – abgeschnitten vom Menschen, seinen Träumen, seinem Begehren und seinem Körper, sich dem Dialog entziehend, der ihn mit der Natur verbindet –, den die Surrealisten an der »dehydrierten Suppe«[43] und der »quadrierten Leere«[44] einer abstrakten, auf den rein visuellen Reiz reduzierten, dogmatisch geometrischen oder simpel informellen Kunst kritisierten. Das war auch der Grund dafür, dass die Ausstellungen und Veranstaltungen in der Galerie À l'étoile scellée zur Annäherung zwischen den Surrealisten und dem Dichter und Kritiker Charles Estienne führten, der sich nach anfänglicher Begeisterung für die Nouvelle École de Paris sowie für einige Künstler der geometrischen Abstraktion[45] von einer Malerei distanzierte, die er als anekdotisch, dekorativ und »kalt« bemängelte. Mit dem neuen »Akademismus«[46] der abstrakten Kunst und ihrer »stilvollen, ehrwürdigen, gepflegten, wohltemperierten Suche«[47] war er hart ins Gericht gegangen und hatte dagegen die »lyrischere«, poetischere und vor allem rebellischere *peinture automatique* und die gestische Malerei des Tachismus verteidigt, zu deren Fürsprecher er geworden war und die den »gemeinsamen Punkt« offenzulegen versuche, »an dem das Wesen des Menschen und der Kunst von derselben Sekante durchschnitten werden«.[48]

Es war deshalb nur natürlich, dass Estienne und Toyen zu Freunden wurden, denn ihre Anliegen, die aus demselben moralischen Anspruch resultierten, kreuzten sich ebenfalls an einem solchen gemeinsamen Punkt, wie Toyen in ihrer Antwort auf die von Charles Estienne und José Pierre initiierte Umfrage zur »Situation der Malerei 1954« klarstellte. »Eine gemeinsame Unternehmung mit einem nichtsurrealistischen Maler«, so Toyen, »ist durchaus möglich, wenn sie auf derselben Grundlage ruht wie ein Projekt mit einem surrealistischen Maler: auf einer moralischen Grundlage.«[49] Und sie fügte hinzu, dass die von ihr gemeinsam mit Štyrský um 1926 praktizierte artifizialistische Malerei sehr wohl ebenfalls als »lyrische Abstraktion« hätte bezeichnet werden können. Denn es war genau diese nicht ästhetische, sondern ethische Forderung gewesen – die nach einer »Identität des Malers und Dichters«,[50] wie

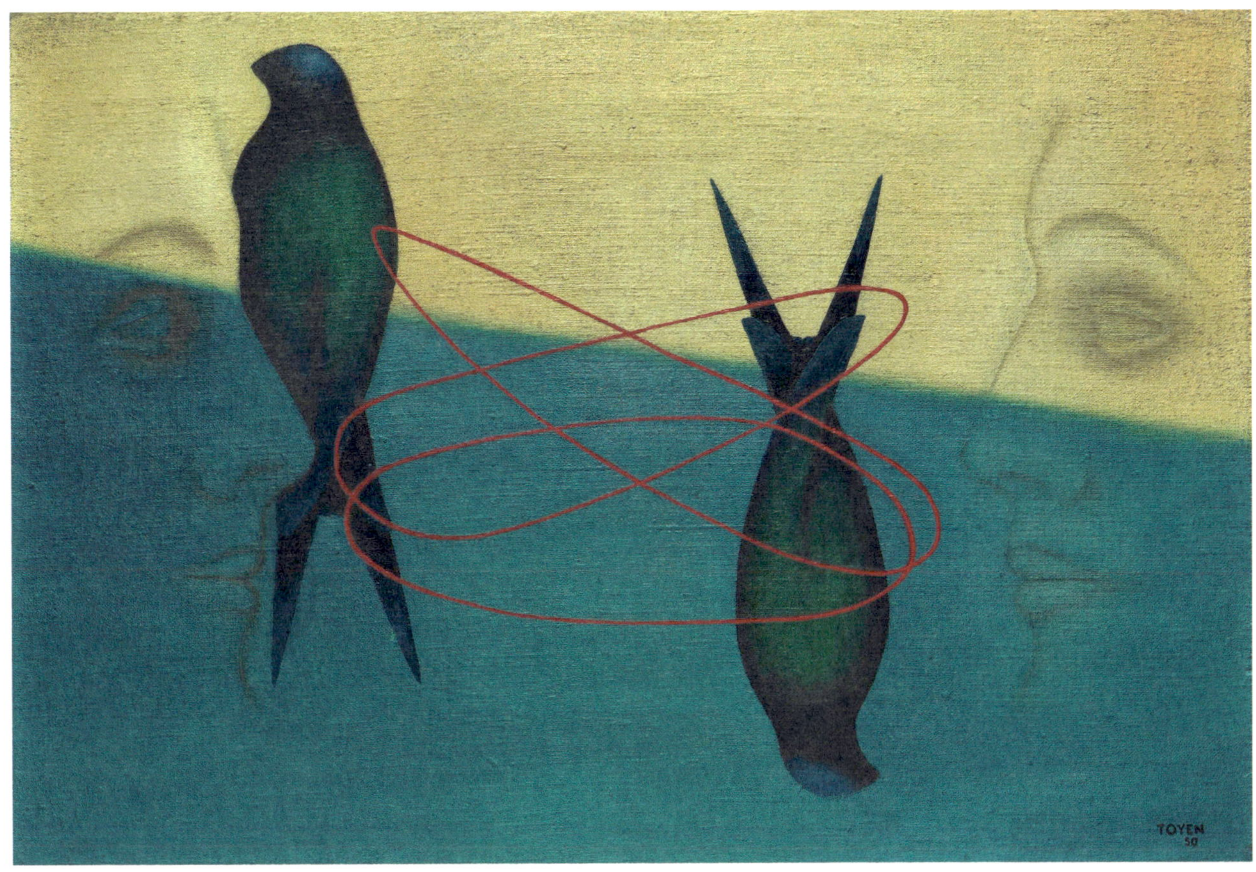

Kat. 429 ***Nouent et renouent / Knüpfen und Verknüpfen,*** 1950
Öl auf Leinwand, 43 × 65 cm
Privatsammlung, Courtesy Galerie KODL

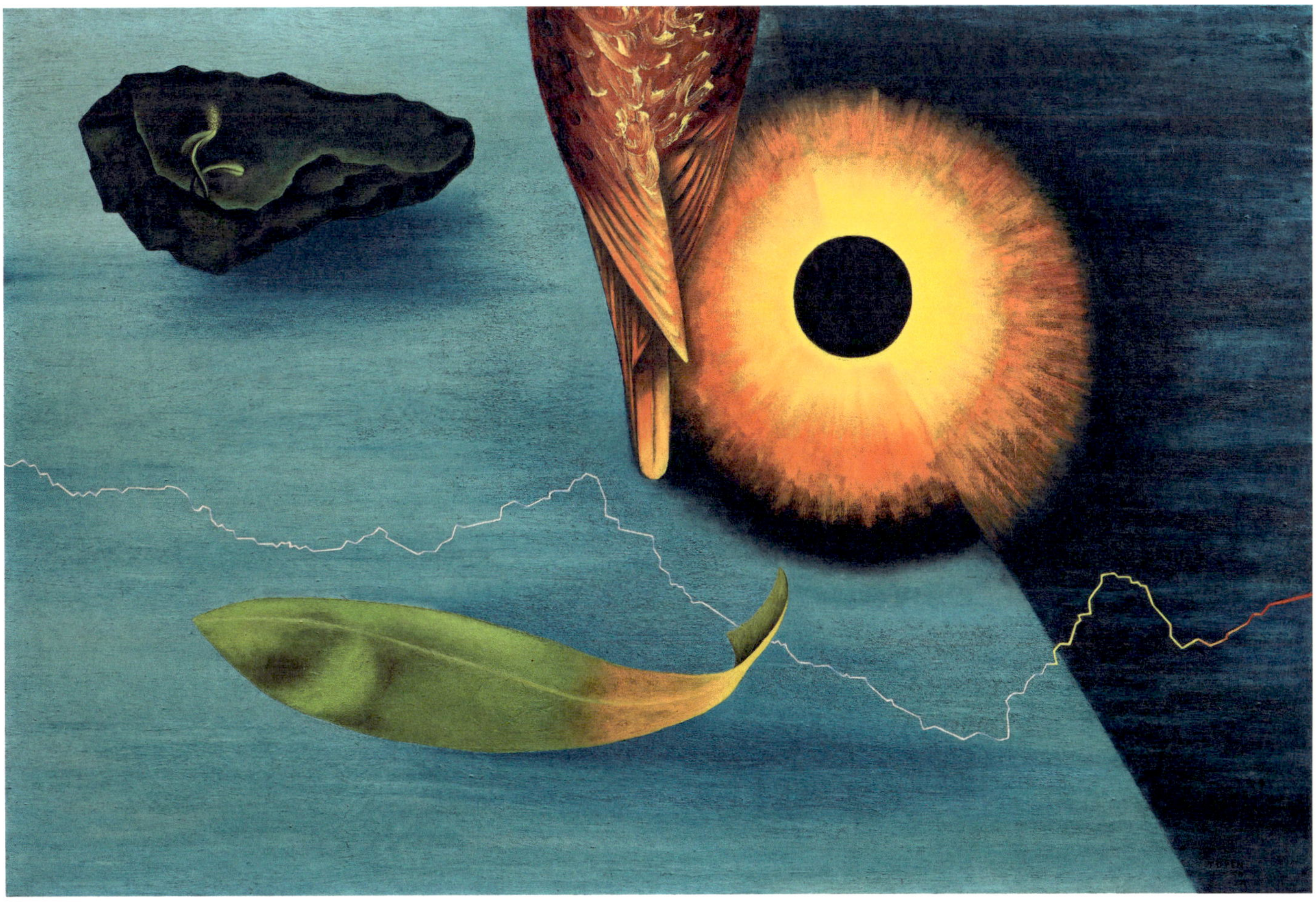

Kat. 430 ***Tous les éléments / Alle Elemente***, 1950
Öl auf Leinwand, 70 × 106 cm
Privatsammlung, Courtesy Galerie KODL

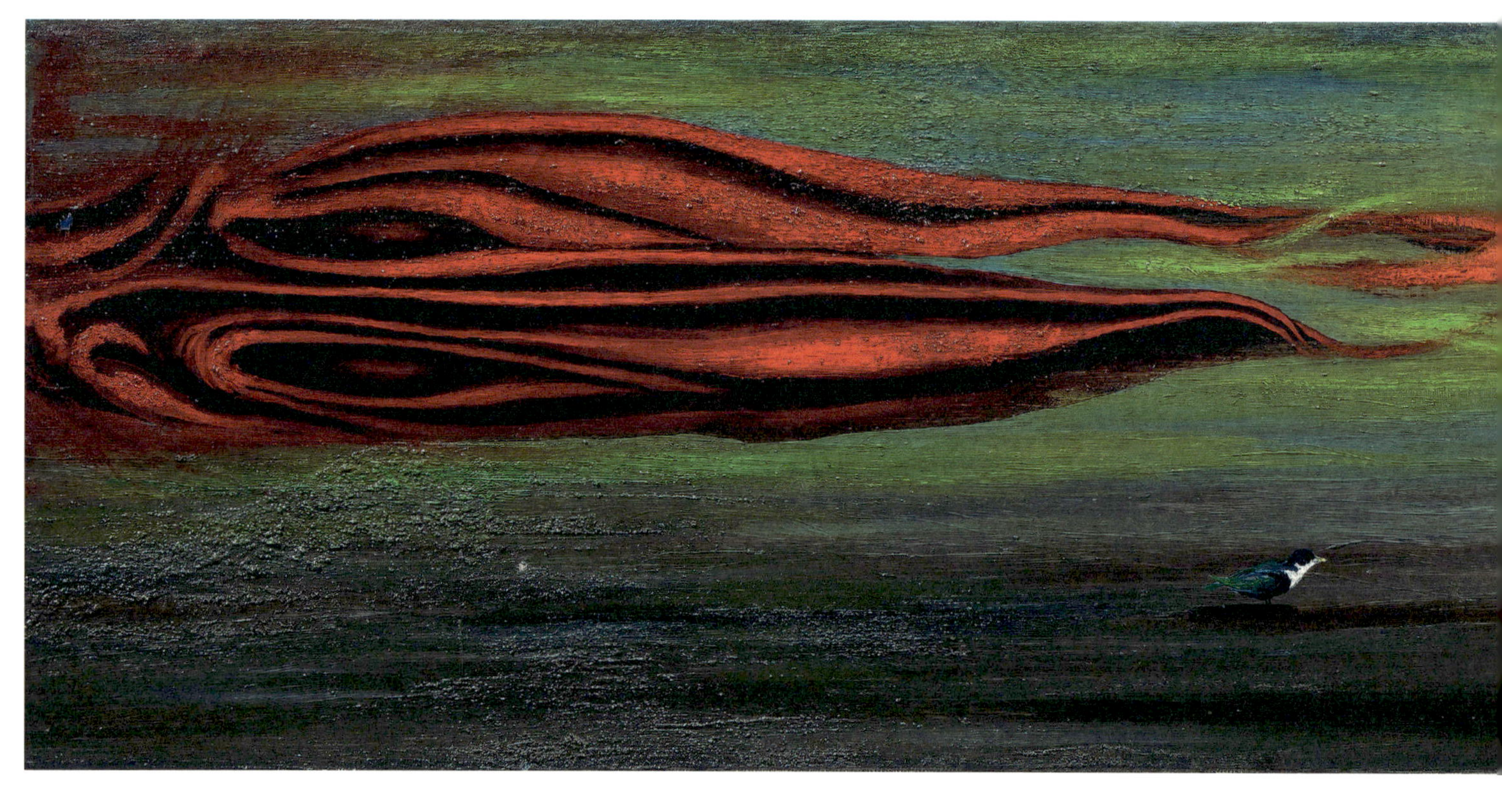

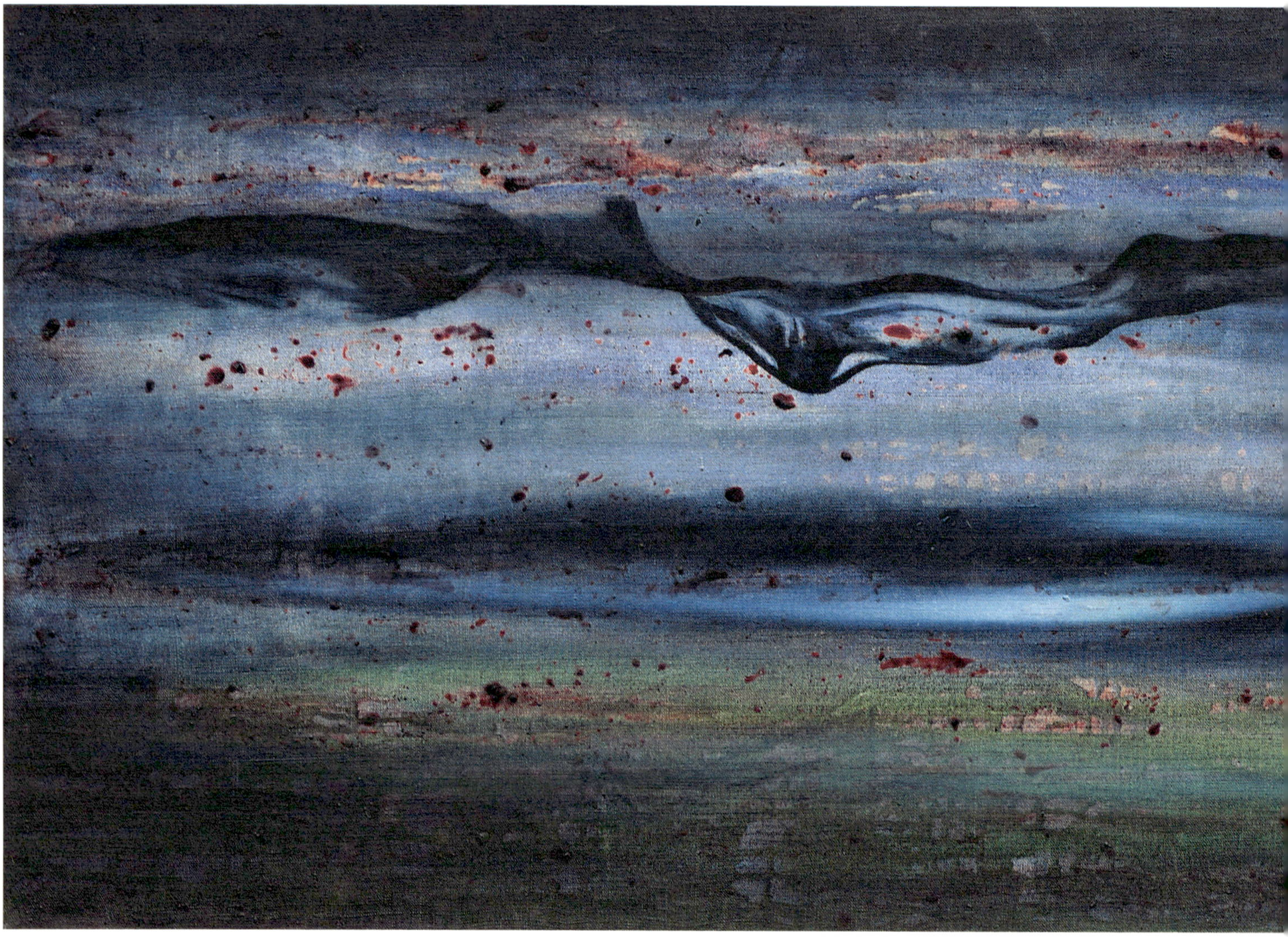

Kat. 432 ***Île de Sein***, 1950
Öl auf Leinwand, 50 × 150 cm
European Arts Investments

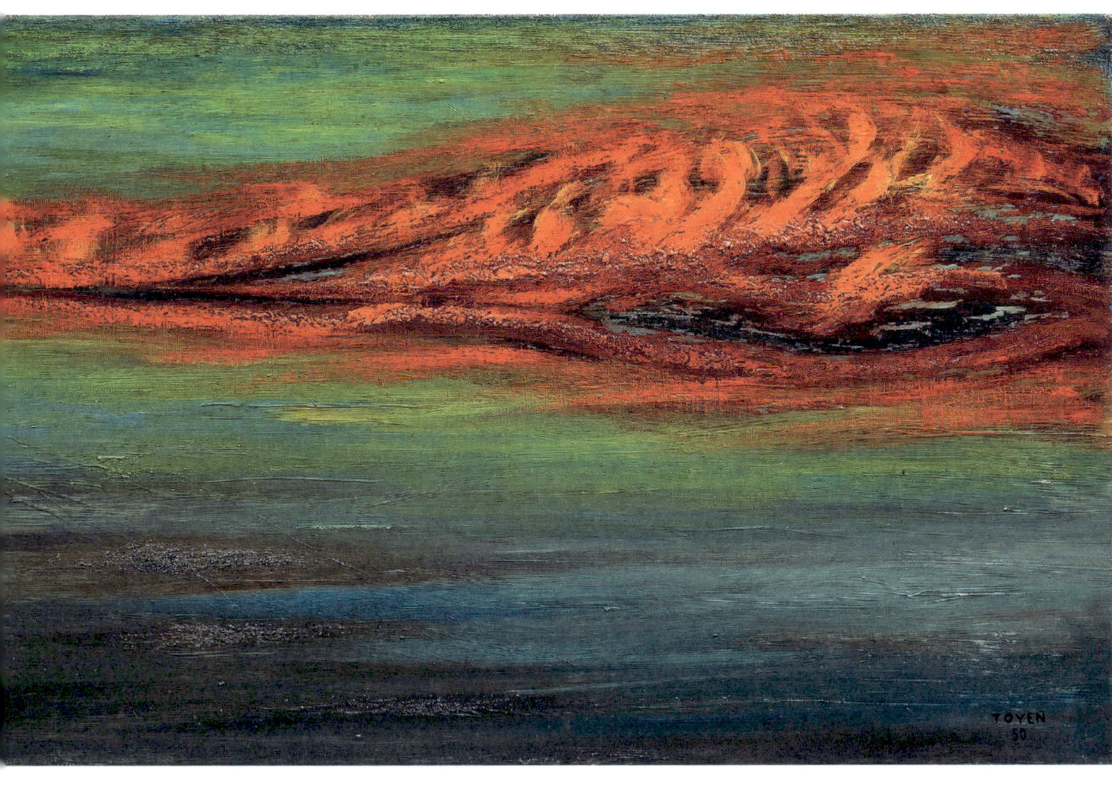

Kat. 431 ***Île de Sein***, 1950
Öl auf Leinwand, 32 × 120 cm
Privatsammlung, Courtesy Galerie KODL

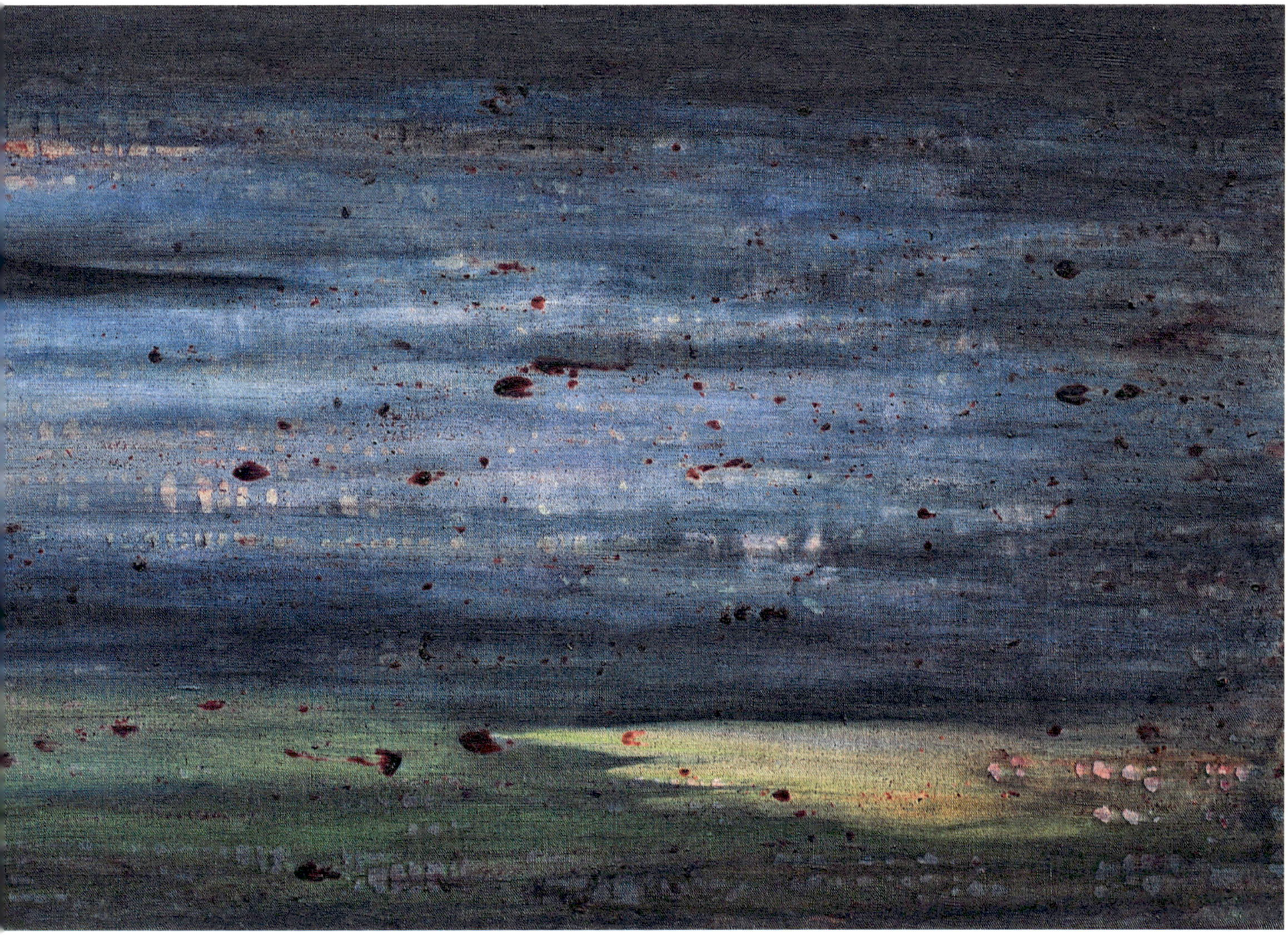

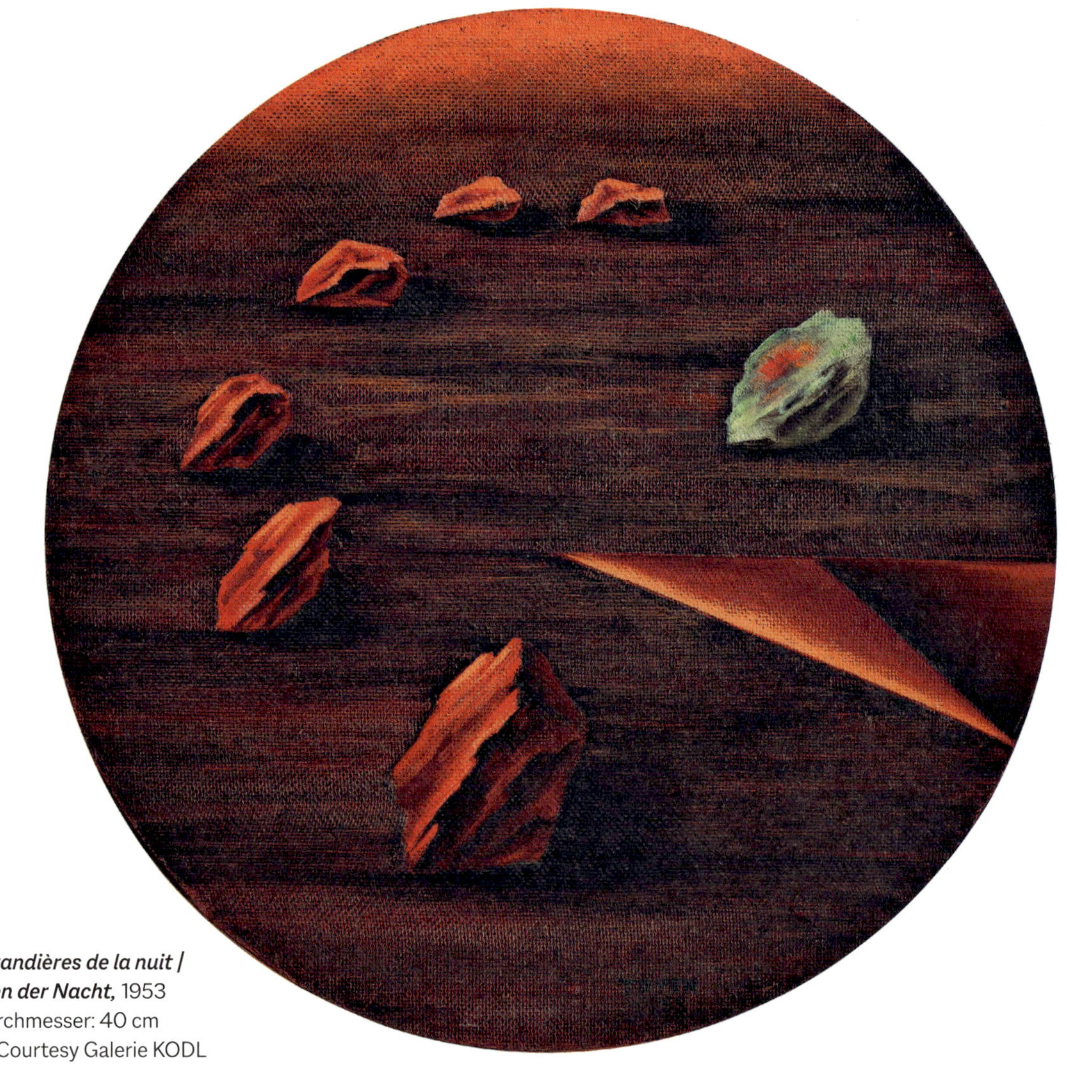

Kat. 433 ***Les Lavandières de la nuit / Die Wäscherinnen der Nacht,*** 1953
Öl auf Karton, Durchmesser: 40 cm
Privatsammlung, Courtesy Galerie KODL

sie Estienne zu Beginn der 1950er Jahre nun ebenfalls erhob –, die Štyrský und Toyen vom Artifizialismus zum Surrealismus geführt hatte. Estienne organisierte in der Folge mehrere Gemeinschaftsausstellungen, in denen Toyen einen wichtigen Platz einnahm mit diesen Werken: *Quelques feux dans le brouillard et objets des îles* (*Leuchtfeuer im Nebel und Gegenstände von den Inseln*, Galerie À l'étoile scellée, Januar 1955), *Pérennité de l'art gaulois* (*Fortdauer gallischer Kunst*, Musée pédagogique de Paris, Februar/März 1955, Abb. 388), *Alice in Wonderland* und *L'Île de l'homme errant* (*Die Insel des wandernden Menschen*, Galerie Kléber, März 1955, März/April 1956).[51] Außerdem war Estienne die treibende Kraft hinter einer Ausstellung von vierzehn Gemälden Toyens in der Galerie À l'étoile scellée im Mai 1955 (Abb. 439, 441, 446, Kat. 438, 440, 442, 445, 452). Für ihren Katalog verfasste er ein Vorwort, in dem er, dem Beispiel der Seeleute folgend, »eine Positionsbestimmung« des Werks von Toyen versuchte im Zusammenspiel »von Surrealismus, Abstraktion und Poesie« – in einem »Raum der Gefahren und Wagnisse, keinem rein abstrakten Raum bildkünstlerischer Probleme«.[52] Die Freundschaft zwischen beiden führte auch dazu, dass Estienne Toyen im August 1957 nach Porsporder, unweit von Argenton im Nordwesten der Bretagne, einlud, woher er stammte; sie trafen sich mit weiteren surrealistischen Freunden auf der Île d'Ouessant (Abb. 394). Bei etlichen seiner Veröffentlichungen nahm Estienne, Sohn eines bretonischen Admirals, im Titel Bezug auf eine Insel; ähnlich bedeutsam war dies auch für Toyen, ablesbar etwa an den Titeln ihrer Gemälde *Île de Sein* (1950, Kat. 431, 432) oder *Et une bouteille de rhum!* (*Und 'ne Buddel voll Rum!*, 1959), einem Zitat aus Stevensons *Die Schatzinsel*, einem ihrer Lieblingsbücher.[53]

Und so beginnt sich auch für Toyen und ihre Freunde das Bild von Inseln abzuzeichnen – fernab der eitlen Betriebsamkeit des Festlands, aber nie völlig isoliert vom offenen Meer, von Austausch, Strömungen und Passagen. Inseln in einem Archipel, eng verbunden, zugleich entschieden auf Abstand zu den großen Seewegen.

1 André Breton, Introduction à l'œuvre de Toyen, in: André Breton, Jindřich Heisler, Benjamin Péret, *Toyen*, Paris 1953, zit. nach: André Breton, *Le Surréalisme et la peinture*, Paris 1965, S. 210.
2 Charles Estienne, Granit de la solitude, in: *Toyen*, Ausst.-Kat. Paris, Galerie À l'étoile scellée, 3.–24.5.1955, o. S.
3 Siehe insbesondere Karel Srp, *Toyen, une femme surréaliste*, Ausst.-Kat. Saint-Étienne, Musée d'Art moderne, Lyon 2002, S. 32, 201, 208.
4 Widmung Bretons für Toyen, zit. in: Radovan Ivšić, Une illimitée passion d'être, in: Lenka Bydžovská, Karel Srp (Hg.), *Český surrealismus 1929–1953*, Ausst.-Kat. Prag, Galerie Hlavního města Prahy, Prag 1996, S. 452–457, zit. nach: Radovan Ivšić, *Cascades* (*Wasserfälle*), Paris 2006, S. 244, Auszüge im vorliegenden Band S. 302ff.
5 In der zweiten Hälfte der 1920er Jahre und in den 1930er Jahren unternahm Toyen zahlreiche Reisen nach Paris, entweder allein oder gemeinsam mit Jindřich Štyrský, die mit längeren Aufenthalten verbunden waren. Als es wieder möglich war, reiste sie im Sommer 1946 erneut für einen kurzen Aufenthalt nach Paris, wo sie André Breton, Victor Brauner und Man Ray wiedersah.
6 Insbesondere kurz vor und während der deutschen Okkupation zu mehreren Malern, die der surrealistischen Untergrundzeitschrift *La Main à plume* (*Die Hand der Feder*) nahestanden wie Gérard Vulliamy, Raoul Ubac, Camille Bryen, sowie zu Georges Hugnet

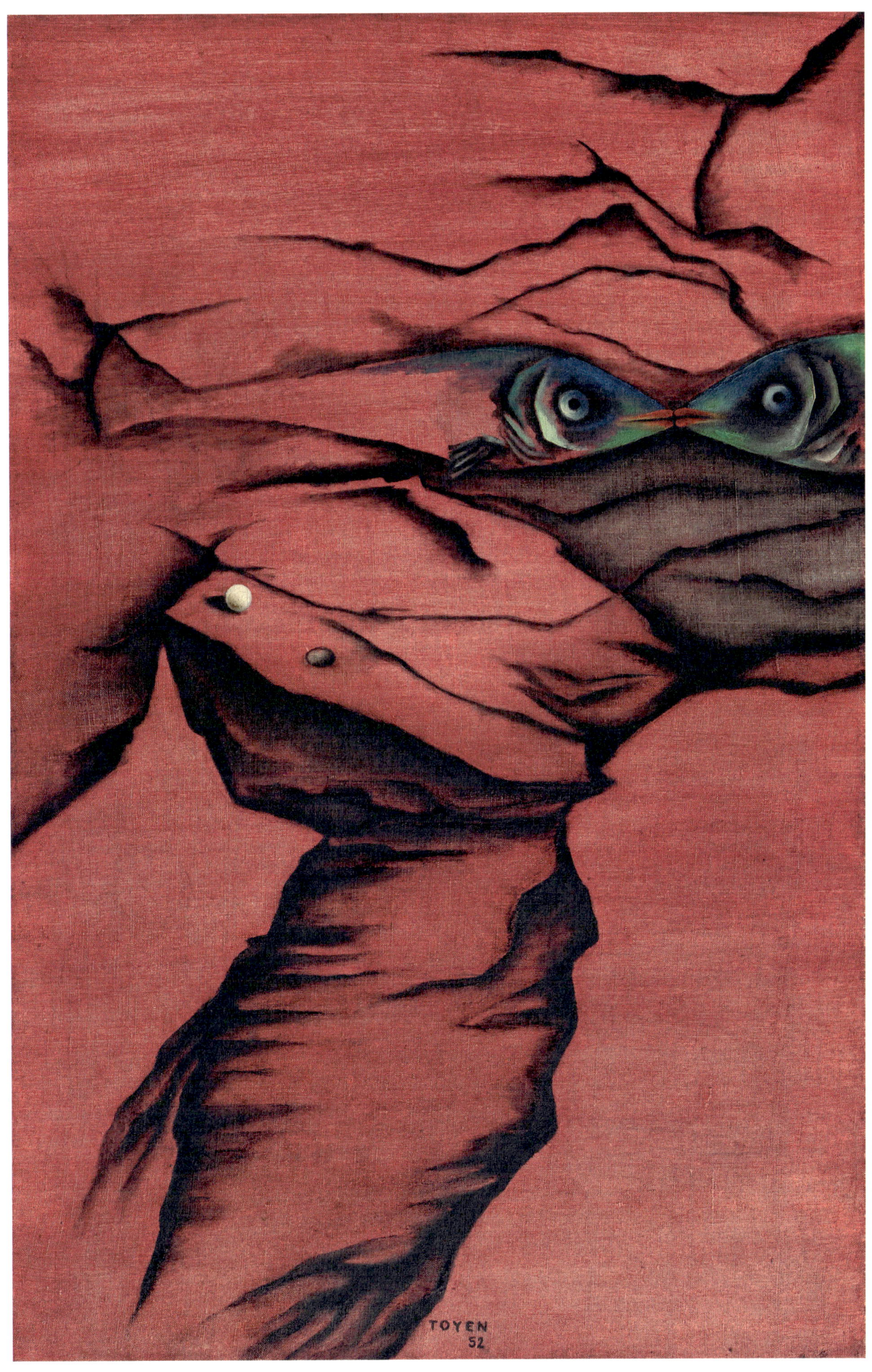

Kat. 434 ***L'Origine de la vérité | Der Ursprung der Wahrheit***, 1952
Öl auf Leinwand, 66 × 43 cm
Privatsammlung, Courtesy Galerie KODL

und Paul Eluard, der sich später der Kommunistischen Partei anschloss und sich von Breton und den Surrealisten lossagte.

7 André Breton im Gespräch mit André Parinaud, in: *Opéra*, 24.10.1951, aufgenommen in: André Breton, *Entretiens* (*Gespräche*), Paris 1969, S. 293/294.

8 Titel der »Gemeinsamen Erklärung der surrealistischen Gruppe in Frankreich vom 21. Juni 1947 mit dem Ziel, ihre Haltung im Hinblick auf jegliche Parteipolitik vorab zu definieren«, die auch von Toyen und Heisler unterzeichnet wurde.

9 Die im März 1947 in Prag erhaltenen Visa waren nur bis Ende Juli des Jahres gültig. Quelle: Archiv bezpečnostních složek [Archiv der Sicherheitsdienste], Prag, Dossier: Jindřich Heisler/karta imigrace. Jedoch ließen sie nach Paris Möbel spedieren, und Toyen bemühte sich, von ihrem früheren Werk und vom Werk Jindřich Štyrskýs, als dessen Erbin sie nach seinem Tod 1942 eingesetzt war, so viel wie möglich nach Paris mitzunehmen.

10 Ivšić 2006 (wie in Anm. 4), S. 244.

11 Heislers Beitrag zur optischen Gestaltung der Zeitschrift *Néon* (»N'être rien, être tout, ouvrir l'être N [Nichts zu sein, alles zu sein, alles zu öffnen N]«), von der bis 1949 fünf Hefte erschienen, wird häufig erwähnt, seine Rolle als Ideengeber, die bis hin zur Auswahl der Texte und Themen sowie der Einrichtung einer Redaktion reichte, bleibt jedoch häufig unberücksichtigt. Zu Heislers Rolle siehe den Briefwechsel zwischen Jindřich Heisler und Frederick Kiesler von Oktober 1947 bis August 1948, Getty Foundation, Letters received by Frederick Kiesler, 1937–1961, Serie 1.

12 Radovan Ivšić, *Toyen*, Paris 1974, S. 64.

13 Der einzige »kommerzielle« Auftrag, den sie nach 1947 ausführte, war der Entwurf für eine Plattenhülle des Jazz-Vibraphonisten Milt Jackson, wobei sie ganz ihrem eigenen Geschmack folgte. Vermittelt hatte ihr den Auftrag Georges Goldfayn, Dichterfreund aus der Gruppe der Surrealisten. Mit Goldfayn verfolgte sie auch das halb ernst gemeinte, halb phantastische, nie verwirklichte Projekt eines Gerüsts mit Werbeplakaten rings um den Löwen auf der Place Denfert-Rochereau in Paris (Gespräch des Verfassers und Anna Pravdovás mit Georges Goldfayn, Paris, November 1999). Von diesem »Projekt« erhalten ist lediglich die Zeichnung eines brüllenden Löwen auf einem von Gerüsten umgebenen Sockel.

14 Zwischen 1947 und den 1970er Jahren illustrierte Toyen nur Gedichte von Mitgliedern und ehemaligen Mitgliedern der Pariser Gruppe oder von Weggefährten des Surrealismus. Die einzige Ausnahme bildete der phantastische Roman *Alastor ou le visage de feu* (*Alastor oder das Antlitz aus Feuer*, 1952) des Romanschriftstellers und Drehbuchautors Jean-Louis Bouquet, der weder Surrealist war noch dieser Gruppierung nahestand. Der Roman hatte Benjamin Péret und André Breton begeistert, der darüber eine hymnische Kritik verfasste. Siehe dazu Bertrand Schmitt, Mezi slovem a obrazem ›Realizovaná‹ poezie Toyen (Zwischen Wort und Bild. Toyens »verwirklichte« Dichtung), in: *Naše Francie* (*Unser Frankreich*), Prag, Památník národního písemnictví (Museum für tschechische Literatur), 2018, S. 254–271.

15 So ein Kaltnadelporträt Bretons als Illustration zum Essay *André Breton* des Anarchisten Victor Crastre (1952) und ein Porträt Pérets zur *Introduction à la lecture de Benjamin Péret* (*Einführung in die Lektüre von Benjamin Péret*) des Surrealisten Claude Courtot (1965).

16 Von Toyen stammt etwa der Entwurf zum Einband des Gemeinschaftsessays *Révolte sur mesure* (*Revolte nach Maß*), veröffentlicht im Verlag der anarchistischen Zeitschrift *La Rue* (*Die Straße*), in der mehrere Texte ihrer surrealistischen Freunde abgedruckt waren, die sich gegen Albert Camus' Essay *L'Homme révolté* (*Der Mensch in der Revolte*) richteten. Außerdem illustrierte sie mit einem Ornamentband die Flugschrift *Haute fréquence* (*Hochfrequenz*) von 1951. Siehe dazu den Beitrag des Autors im vorliegenden Band, S. 247ff.

17 Toyens Antworten auf das Spiel *L'un dans l'autre* wurden in den Nummern 2 und 3 der Zeitschrift *Médium. Communication surréaliste* im Februar und Mai 1954 veröffentlicht.

18 Charles Fourier, *Le Nouveau Monde amoureux*, hg. v. Simone Debout-Oleszkiewicz, Paris 1967. Dem Buch beigefügt war eine Originalzeichnung von Roberto Matta.

19 Benjamin Péret, Haus zur Neuen Welt – gegründet von Toyen, in: Rita Bischof, *Toyen: Das malerische Werk*, Frankfurt a. M. 1987, S. 141–144.

20 Ebd., S. 144.

21 Toyen hielt sich zwei Mal, 1948 und 1949, im Sommer längere Zeit auf der Insel auf. Die Bretagne, in die sie bereits vor dem Krieg gereist war, hatte es ihr besonders angetan. Zu den Aufenthalten Toyens in der Bretagne siehe Anna Pravdová, Du symbolisme au surréalisme, in: Philippe Le Stum, Anna Pravdová, Kristyna Hochmuth (Hg.), *Artistes tchèques en Bretagne. De l'Art nouveau au surréalisme, 1850–1950*, Quimper 2018, insbesondere S. 60–67.

22 Dabei handelt es sich ursprünglich um einen auf Arabisch gegen Ende des 7. Jahrhunderts geführten Dialog über die griechische und koptische Alchemie sowie über Hermes zwischen einem christlichen ägyptischen Mönch namens Morienus und dem jungen Prinzen Khâlid ibn Yazîd, der 1144 von Robert de Ketton unter dem Titel *Liber de compositione alchimiae quam edidit Morienus Romanus Calid regi Aegyptiorum quem Robertus Castrensis de arabico in latinum transtulit* ins Lateinische übersetzt wurde.

23 André Breton, Zweites Manifest des Surrealismus (1930), in: ders., *Die Manifeste des Surrealismus*, Reinbek bei Hamburg 1977, S. 55.

24 Vítězslav Nezval, *Hlas Lesa*, in: *Volné směry* (*Freie Richtungen*), Bd. 31, 1935, Nr. 8/9, S. 202.

25 Radovan Ivšić, Toyen à perte de vue (Toyen soweit das Auge reicht), in: *Štyrský, Toyen, Heisler*, Ausst.-Kat. Paris, Musée national d'art moderne – Centre Georges Pompidou, Paris 1982, S. 44.

26 Annie Le Brun, *À l'instant du silence des lois* (*Der Augenblick, in dem die Gesetze schweigen*), in: ebd., S. 64, auch abgedruckt in: *À distance* (*Aus der Entfernung*), Paris 1984, S. 157.

27 Annie Le Brun, *Les Châteaux de la subversion* (*Die Schlösser der Subversion*), Paris 1982, S. 152.

28 Ivšić 1982 (wie in Anm. 25), S. 47.

29 Die von Breton in jenen Jahren veröffentlichten Essays – insbesondere *La lampe dans l'horloge* (*Die Lampe in der Uhr*, 1948) –, aber auch seine Artikel wie *Comète surréaliste* (*Surrealistischer Komet*, 1947), *Signe ascendant* (*Aszendent*, 1948), *Des taches solaires aux taches du soleil* (*Von Sommersprossen und Sonnenflecken*, 1948), *Ceinturer un monde forcené* (*Eine wildwütige Welt umklammern*, 1950) legen alle Rechenschaft von diesem »vitalen Schub« ab, den Breton und die Surrealisten unmittelbar nach dem Ende des Zweiten Weltkriegs und inmitten der neuen Blockbildungen des Kalten Kriegs den tödlichen Kräften der westlichen Wissenschaft und Zivilisation entgegenzusetzen versuchten.

30 Annie Le Brun, Toyen ou l'insurrection lyrique (Toyen oder Der lyrische Aufstand), in: *Toyen, 1902–1980*, Ausst.-Kat. Zagreb, Galerija Klovićevi dvori, Zagreb 2002, S. 25, auch aufgenommen in: dies., *Un espace inobjectif. Entre les mots et les images* (*Ein nichtobjektiver Raum. Zwischen Worten und Bildern*), Paris 2019, S. 131.

31 Die Hauszeichen, von denen Toyen sich inspirieren ließ, konnten von Karel Srp den Häusern in der Dlouhá třída Nr. 37 (*Zum goldenen Baum*), Celetná Nr. 8 (*Zur schwarzen Sonne*) und Nerudova Nr. 28 (*Zum goldenen Rad*) zugeordnet werden, in: Srp 2002 (wie in Anm. 3), S. 185.

32 André Breton, De la crème du lait de vierge (Sahne aus Jungfernmilch), in: *Médium. Informations surréalistes*, Nr. 1, November 1952, o. S.

33 Gespräch des Verfassers mit Bernard Roger, 26. Juni 2018.

34 Bernard Roger, *L'Étoile scellée*, htttp://davidnadeau.blogspot.cz/2012/05/bernard-roger-letoile-scellee.html [Aufruf: 2.5.2021].

35 Toyen und Sophie Babet waren danach befreundet. Toyen widmete und schenkte Sophie Babet am 22. Februar 1953 die Zeichnung *Visage* (*Gesicht*). Jahre später, im Mai 1977, eröffnete Sophie Babet als Geschäftspartnerin von Geo Dupin eine neue Galerie, Le Triskèle, 23, rue de Fleurus. Dort stellte sie auch Werke von Toyen aus, deren Gemälde *Les Affinités électives* (*Die Wahlverwandtschaften*) von einer Amerikanerin aus Kalifornien noch während der Ausstellung vorgemerkt wurde. Siehe den Briefwechsel zwischen Geo Dupin und Toyen, Centre Pompidou/MNAM-CCI/Bibliothèque Kandinsky, Fonds Toyen, 5855-11 und 5855-13.

36 Zur Geschichte der Galerie siehe Andrée Mabin, La galerie À l'étoile scellée, in: *Mélusine*, Nr. 27, Lausanne 2008, S. 295 und Bertrand Schmitt, Autour de la galerie À l'étoile scellée. Foyer de rayonnement et de diffusion du surréalisme, in: Julia Drost, Fabrice Flahutez, Martin Schieder (Hg.), *Le Surréalisme et l'Argent*, Paris 2021, S. 283–299.

37 Gespräch des Verfassers mit Georges Goldfayn, 16.8.2017.

38 Zit. und übersetzt nach: *Los Granell de André Breton*, Ausst.-Kat. Madrid, Galería Guillermo de Osma, Madrid 2009, S. 118.

39 Neben den Gemälden Toyens wurden dort Werke von Yves Tanguy, Max Ernst, Man Ray, Alberto Giacometti, Wifredo Lam, René Magritte, Wolfgang Paalen, Simon Hantaï und Fred Deux gezeigt.

40 Die Gedichte stammen von André Breton, Benjamin Péret, Jean-Louis Bédouin, Georges Goldfayn, Guy-René Doumayrou, Jacqueline et Jean-Pierre Duprey, Adonis Kyrou, Gérard Legrand, Bernard Roger, Jean Schuster, Dolfi Trost und Toyens engem Freund Jindřich Heisler, der kurz zuvor verstorben war.

41 Zu diesem Zyklus siehe den Beitrag des Verfassers *Zauber der Nacht – das malerische Werk zwischen 1957 und 1969*, S. 283ff. im vorliegenden Band.

42 Jean Schuster, La liberté a besoin de couleurs, in: *Médium. Informations surréalistes*, Nr. 2, Dezember 1952, o. S.

43 Titel eines Pamphlets von Péret gegen die abstrakte Kunst, erschienen 1950 in *L'Almanach surréaliste du demi-siècle*; siehe auch Benjamin Péret, *Œuvres complètes*, Bd. 6, Paris 1992, S. 312–319.

44 Jean Schuster, L'élévation du vide au carré, in: *Médium. Informations surréalistes*, Nr. 1, November 1952, o. S.

45 Während der Okkupation und kurz nach Kriegsende hatte sich Estienne für die Kunst von Jean Deyrolle, Jean Le Moal, Hans Hartung, Serge Poliakoff, Félix Del Marle, César Domela, Jean Dewasne, aber auch Victor Vasarely eingesetzt, distanzierte sich jedoch später davon; siehe insbesondere François Daniel, Charles Estienne, critique d'art et homme de mer, in: *L'Aventure de l'art abstrait. Charles Estienne, critique d'art des années 50*, Ausst.-Kat. Brest, Musée des Beaux-Arts, Brest 2011, S. 8–11.

46 Charles Estienne, *L'art abstrait est-il un académisme?*, Paris 1950.

47 Charles Estienne, in: *Combat*, 1.3.1954, abgedruckt in: José Pierre, Printemps d'octobre, in: *Médium. Communication surréaliste*, Nr. 3, 1954, S. 25.

48 Ebd.

49 José Pierre, Charles Estienne, Situation de la peinture en 1954, in: *Médium. Communication surréaliste*, Nr. 4, 1954, S. 49.

50 Jindřich Štyrský, Toyen, Artificielismus, in: *ReD*, Prag, Nr. 1, 1927/28, S. 28.

51 Ein weiterer tschechischer Exilant in Frankreich, der Bildhauer Jan Křížek, nahm ebenfalls an diesen Ausstellungen teil und wurde ein enger Freund Toyens, die ihn dann zu den Treffen der Surrealisten im Café und zu den Aktivitäten der Gruppe einlud; siehe Anna Pravdová, *Jan Křížek (1919–1985). »Chez moi l'homme ne doit jamais disparaître«*, Limoges/Prag 2015.

52 Estienne 1955 (wie in Anm. 2).

53 Le Brun 2002 (wie in Anm. 30), S. 119.

▷
Kat. 435 ***À l'arbre d'or / Zum goldenen Baum***, 1951
Öl auf Leinwand, 42 × 55 cm
Privatsammlung, Courtesy Galerie KODL

Abb. 436 ***Au soleil noir / Zur schwarzen Sonne***, 1951
Öl auf Leinwand, 40 × 50 cm
Privatsammlung, Courtesy Galerie KODL

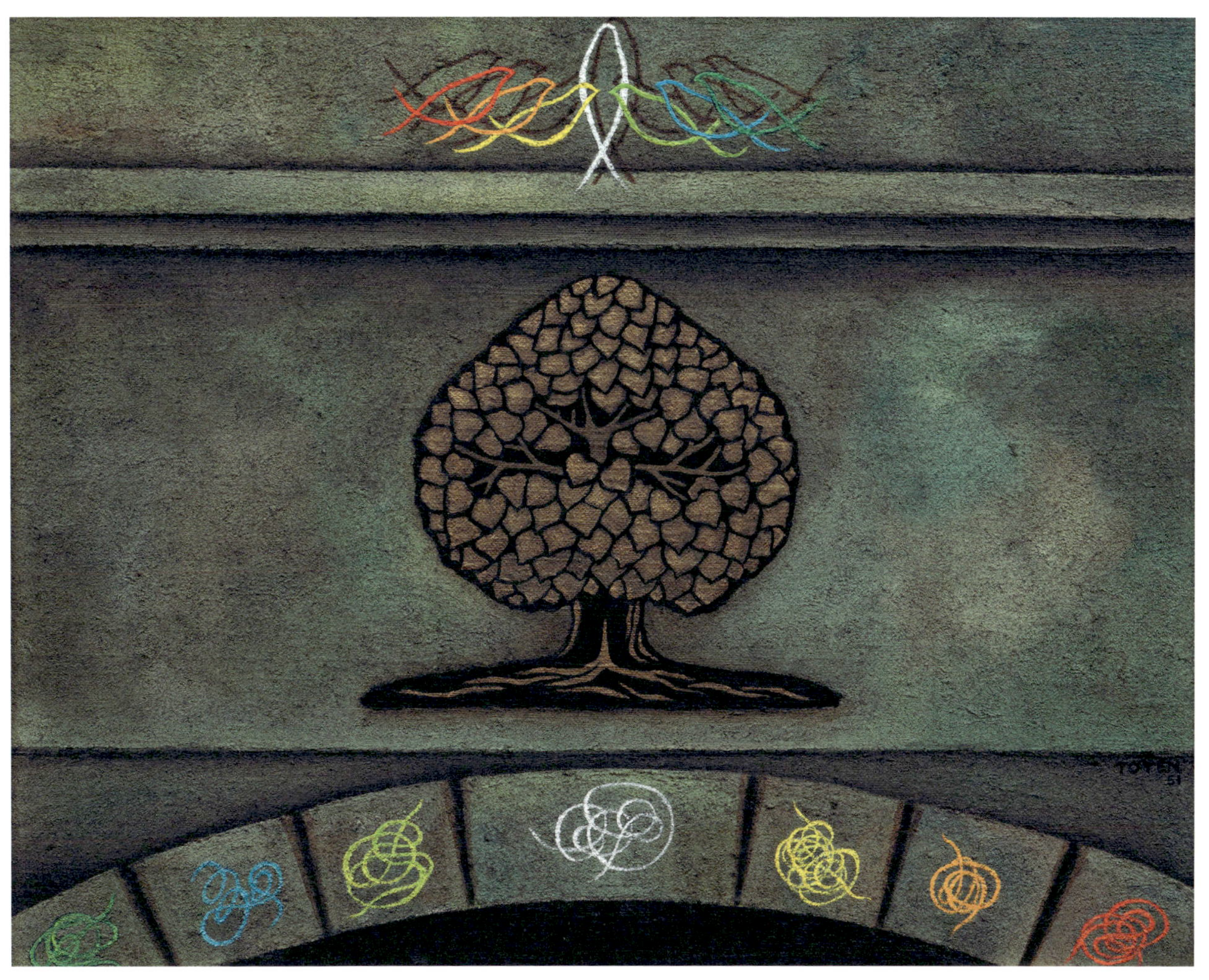
TOYEN
51

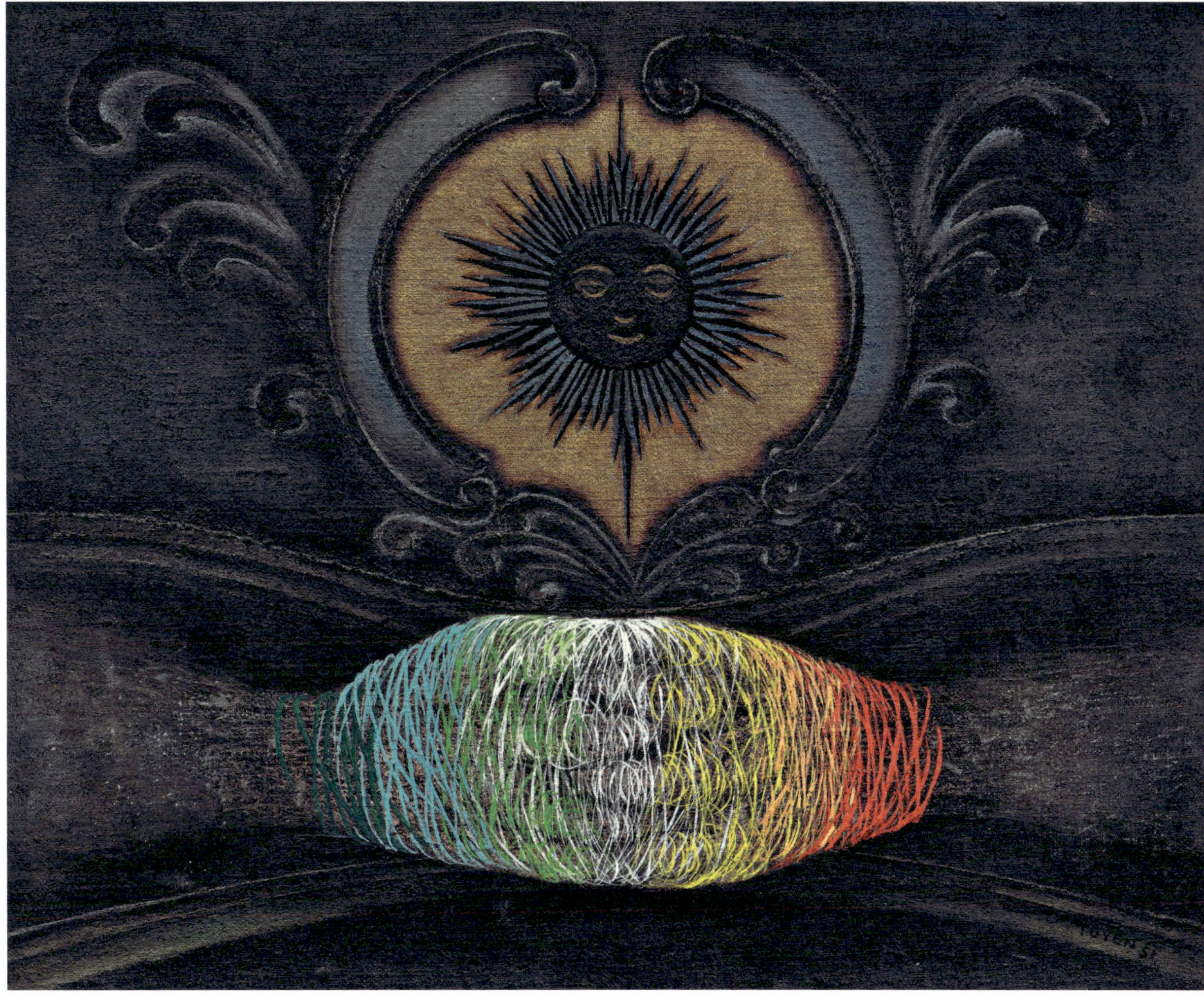
TOYEN 51

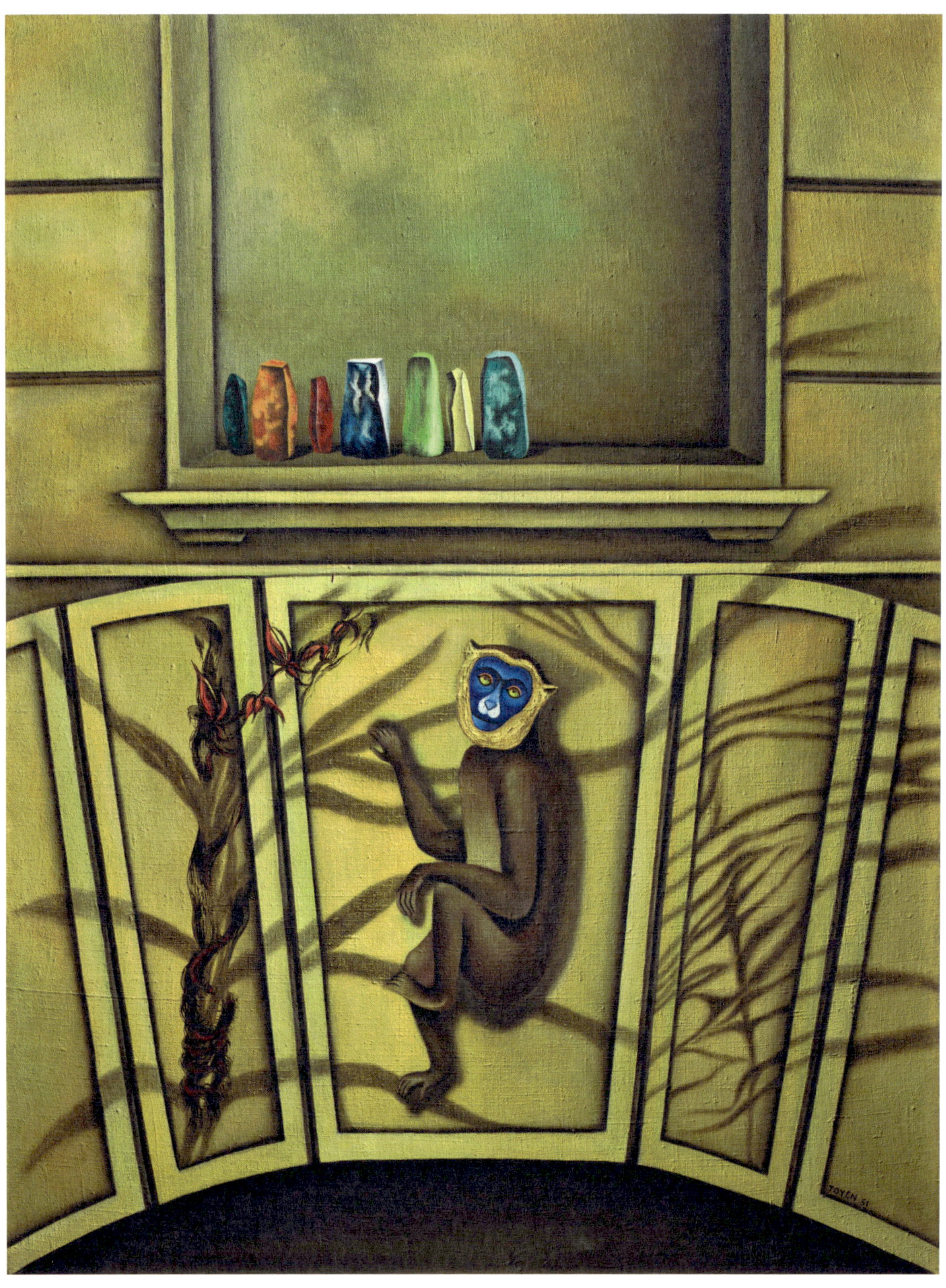

Kat. 437 ***Au visage bleu / Zum blauen Gesicht***, 1951
Öl auf Leinwand, 105 × 82 cm
Privatsammlung

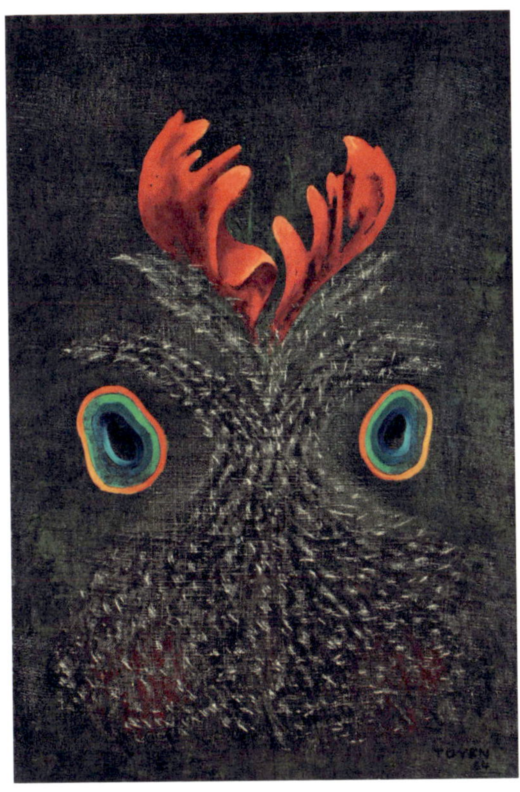

Kat. 438 ***Ludion Luron***, 1954
Öl auf Leinwand, 35 × 24 cm
Fonds de dotation Jean-Jacques Lebel

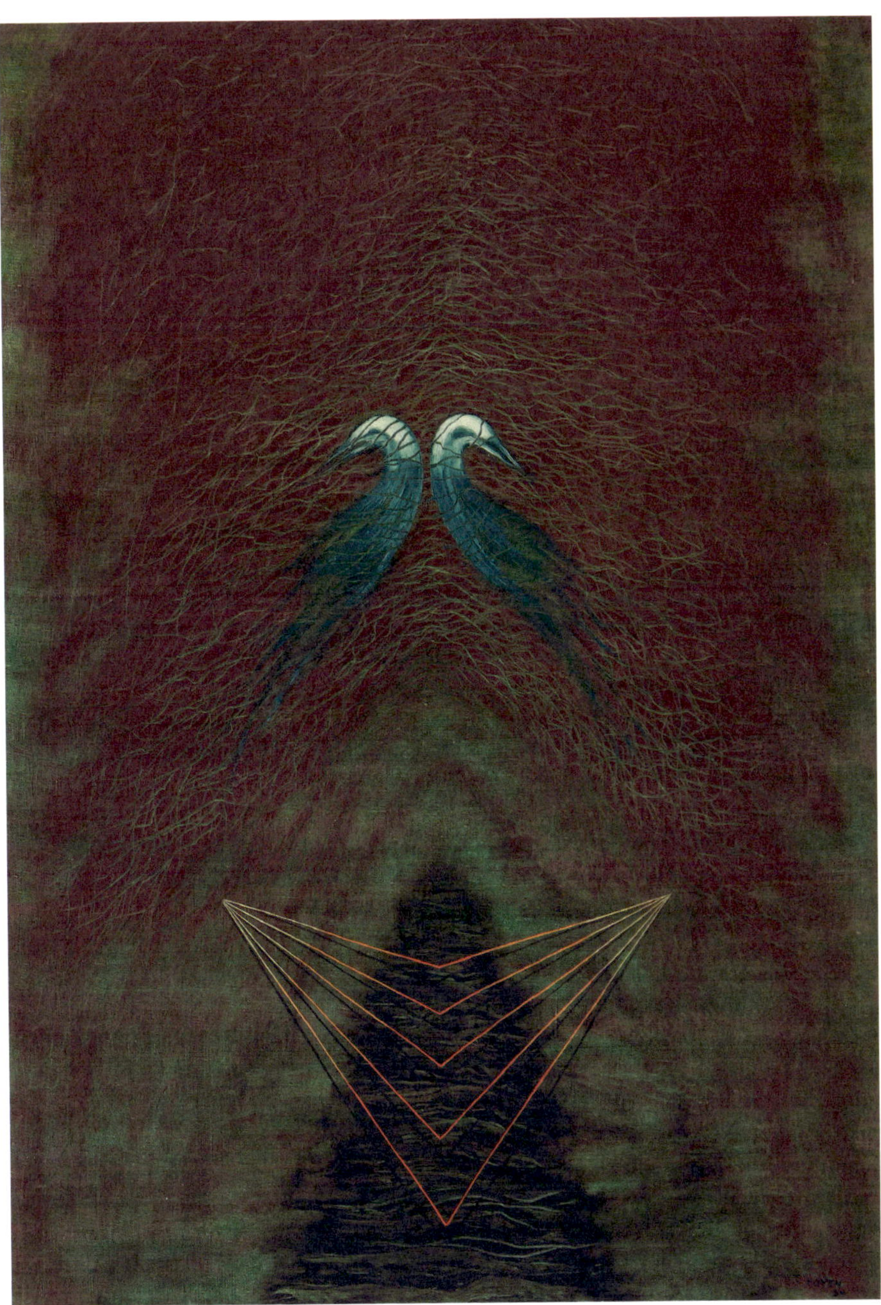

Abb. 439 ***À l'entrée du silence / Am Eingang der Stille***, 1954
Öl auf Leinwand, 72 × 55,5 cm
Privatsammlung

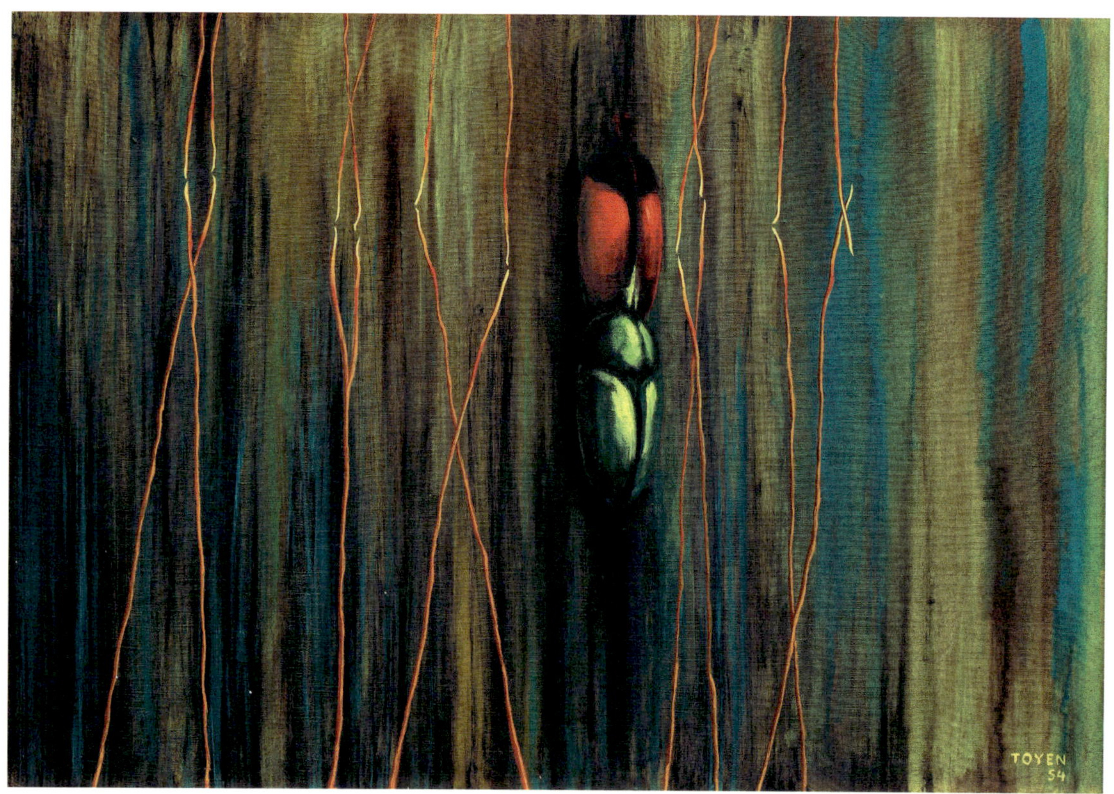

Kat. 440 ***Si loin, si ancien / So fern, so alt***, 1954
Öl auf Leinwand, 38 × 55 cm
Privatsammlung, Courtesy Galerie KODL

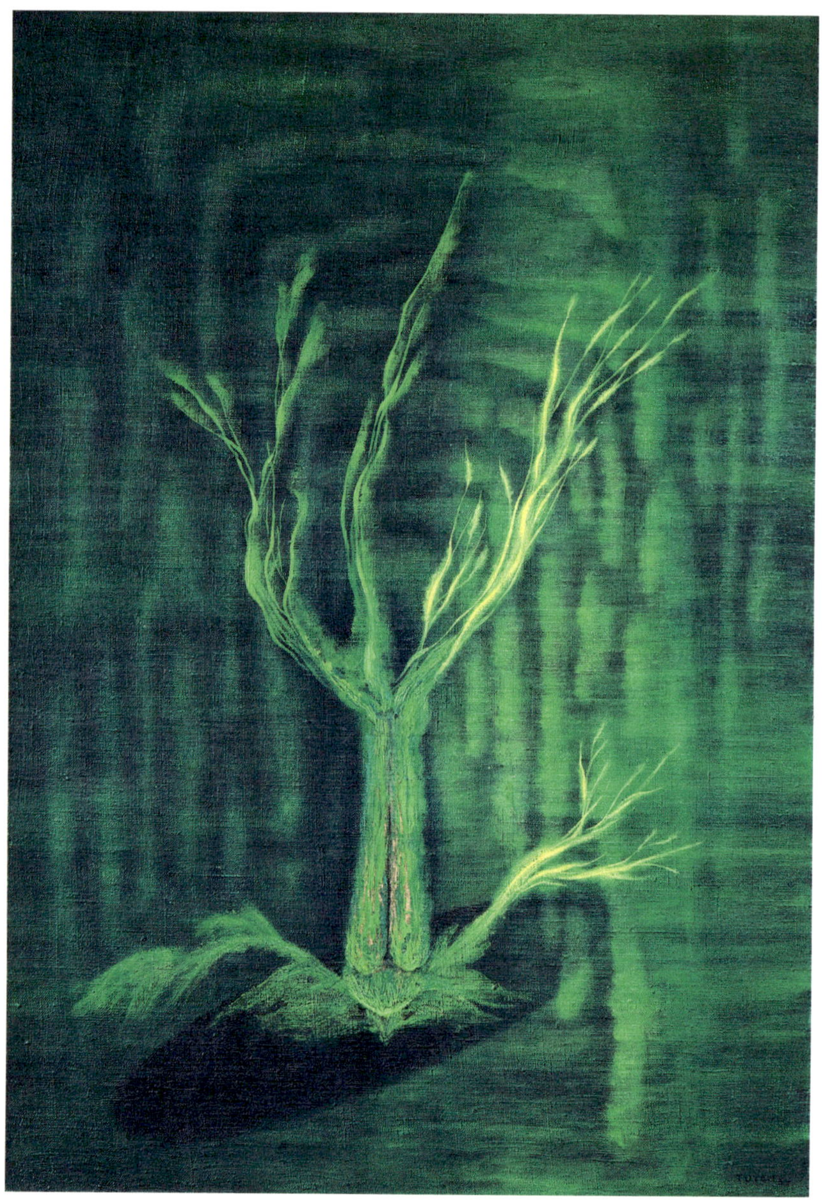

Abb. 441 ***En attendant qu'il fasse jour / In Erwartung des Tages***, 1954
Öl auf Leinwand, 91,5 × 64,5 cm
Privatsammlung

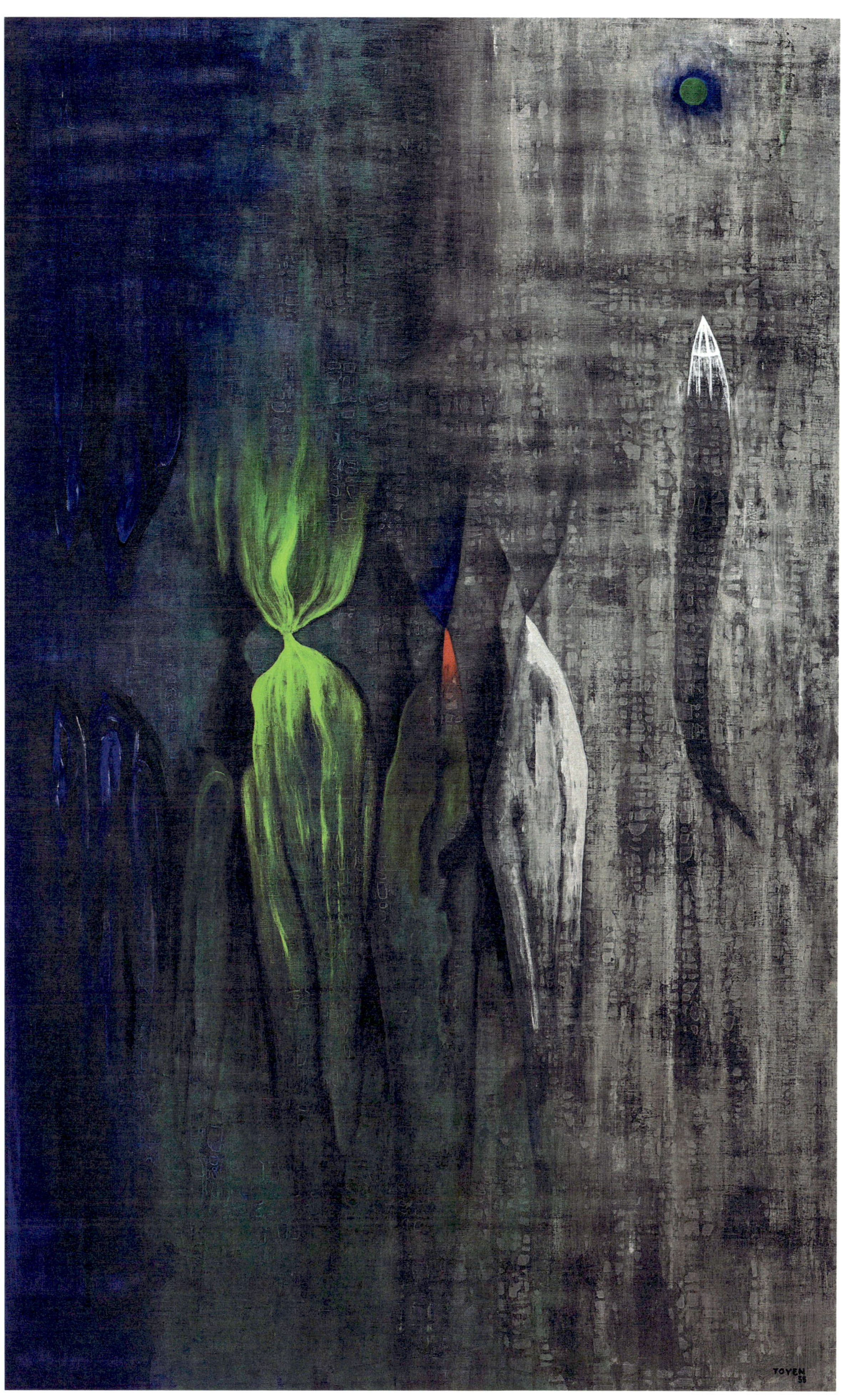

Kat. 442 ***L'eau de la solitude | Das Wasser der Einsamkeit***, 1955
Öl auf Leinwand, 116 × 73 cm
Privatsammlung, Courtesy Galerie KODL

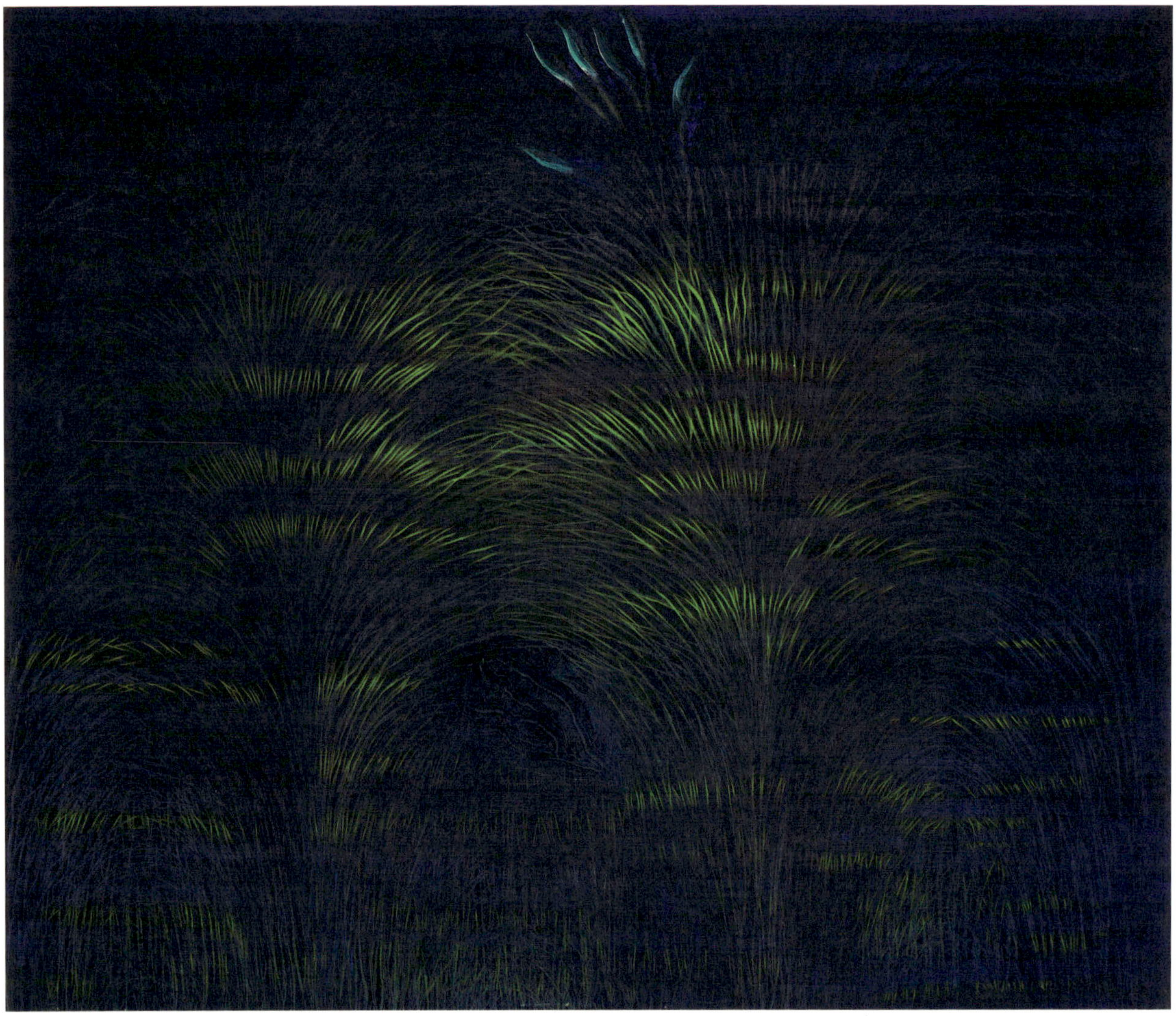

Abb. 443 ***Sans traces / Ohne Spuren***, 1955
Öl auf Leinwand, 78,6 x 93,6 cm
Kunsthalle Prag

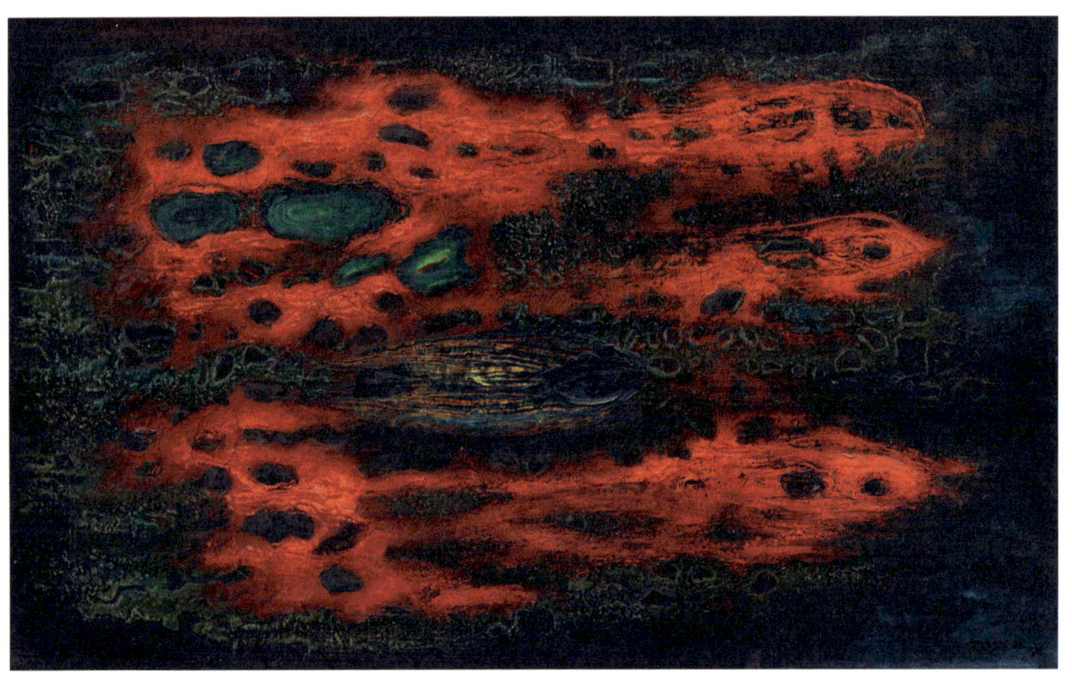

Abb. 444 ***Composition céleste / Himmlische Komposition***, 1955
Öl auf Leinwand, 27 × 46 cm
Privatsammlung

▷
Kat. 445 ***Ils passent sans se retourner / Sie gehen vorbei, ohne sich umzuwenden***, 1955
Öl auf Leinwand, 73 × 100 cm
Nationalgalerie Prag

Abb. 446 ***Nuit blanche / Schlaflose Nacht***, 1954
Öl auf Leinwand, 65 × 92 cm
Privatsammlung

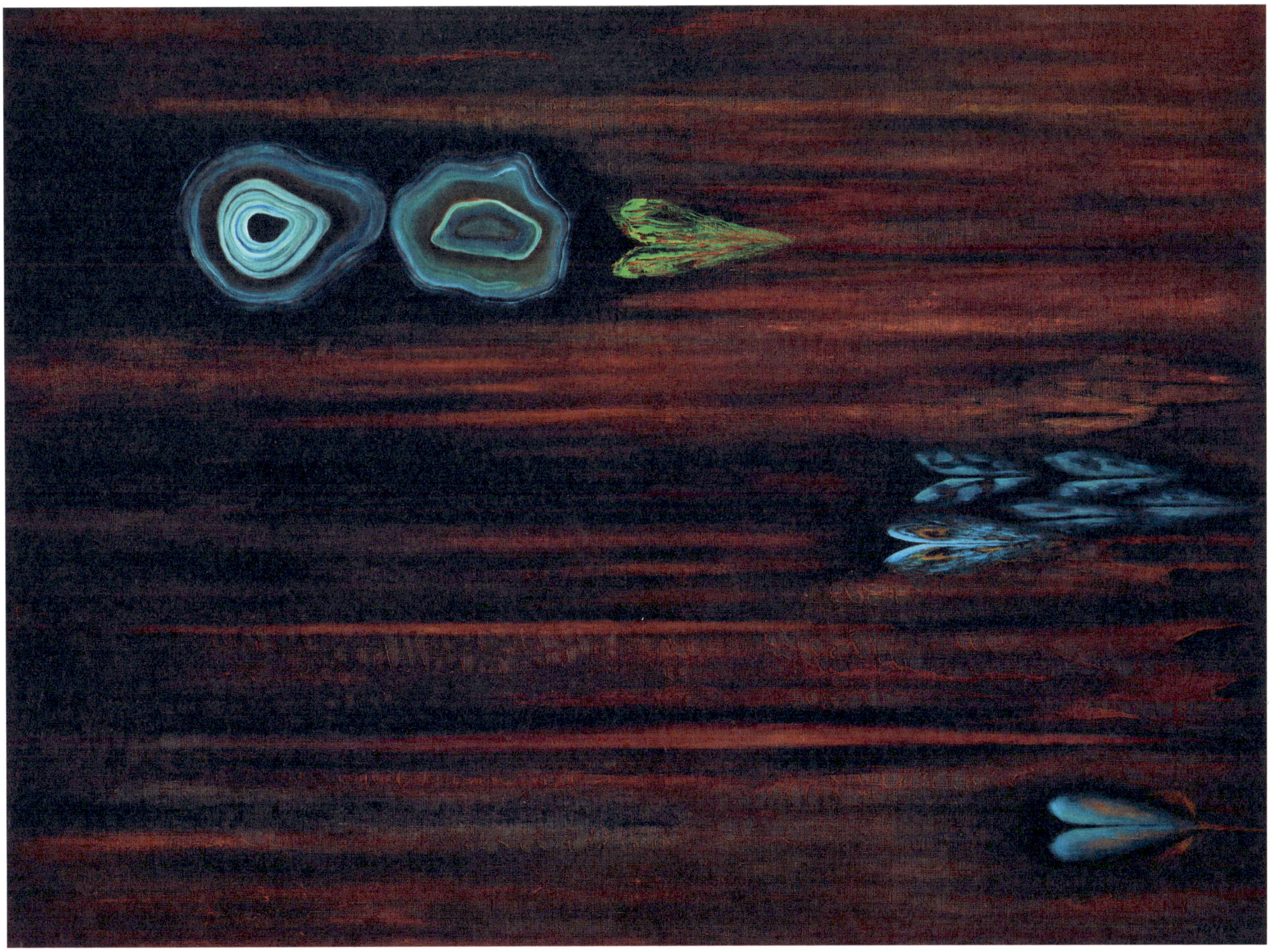

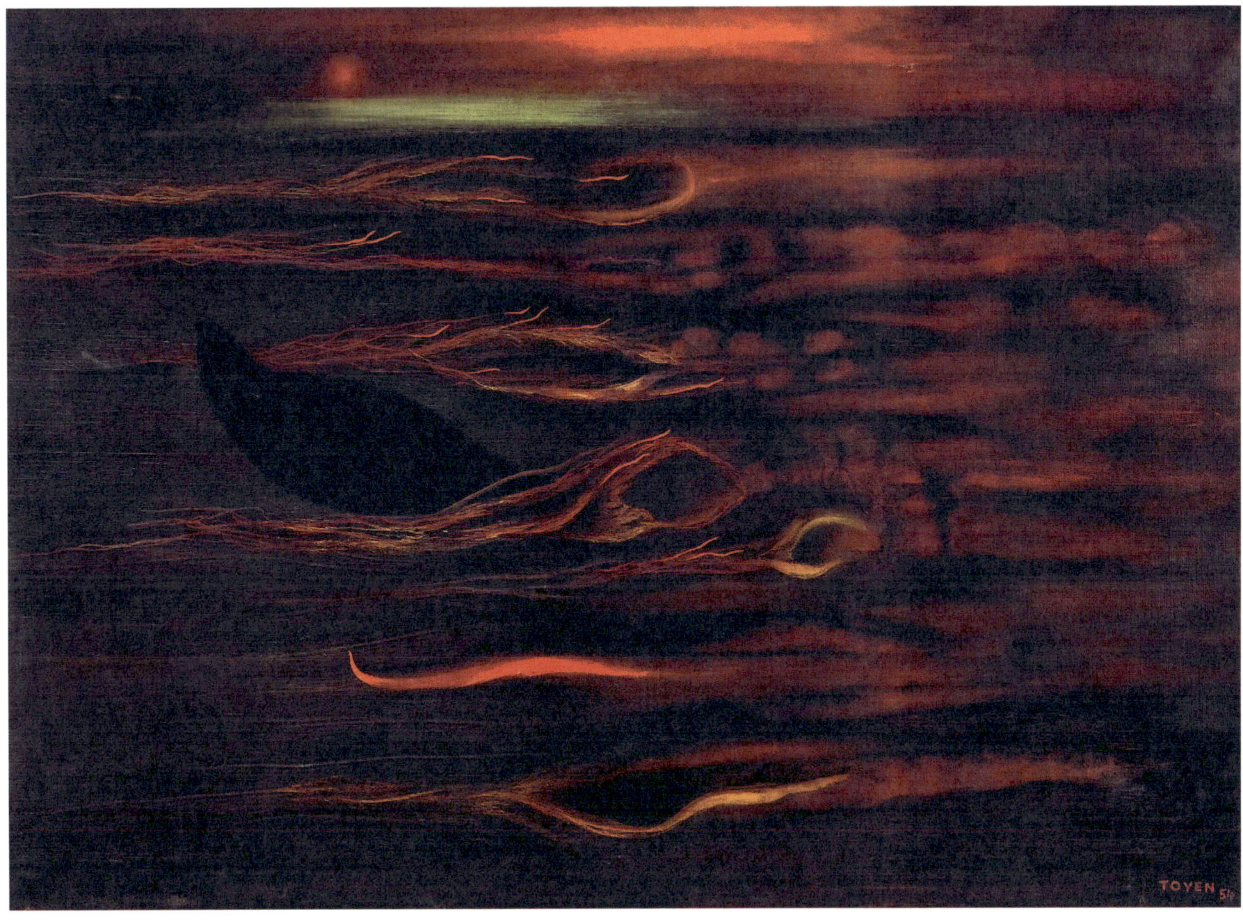

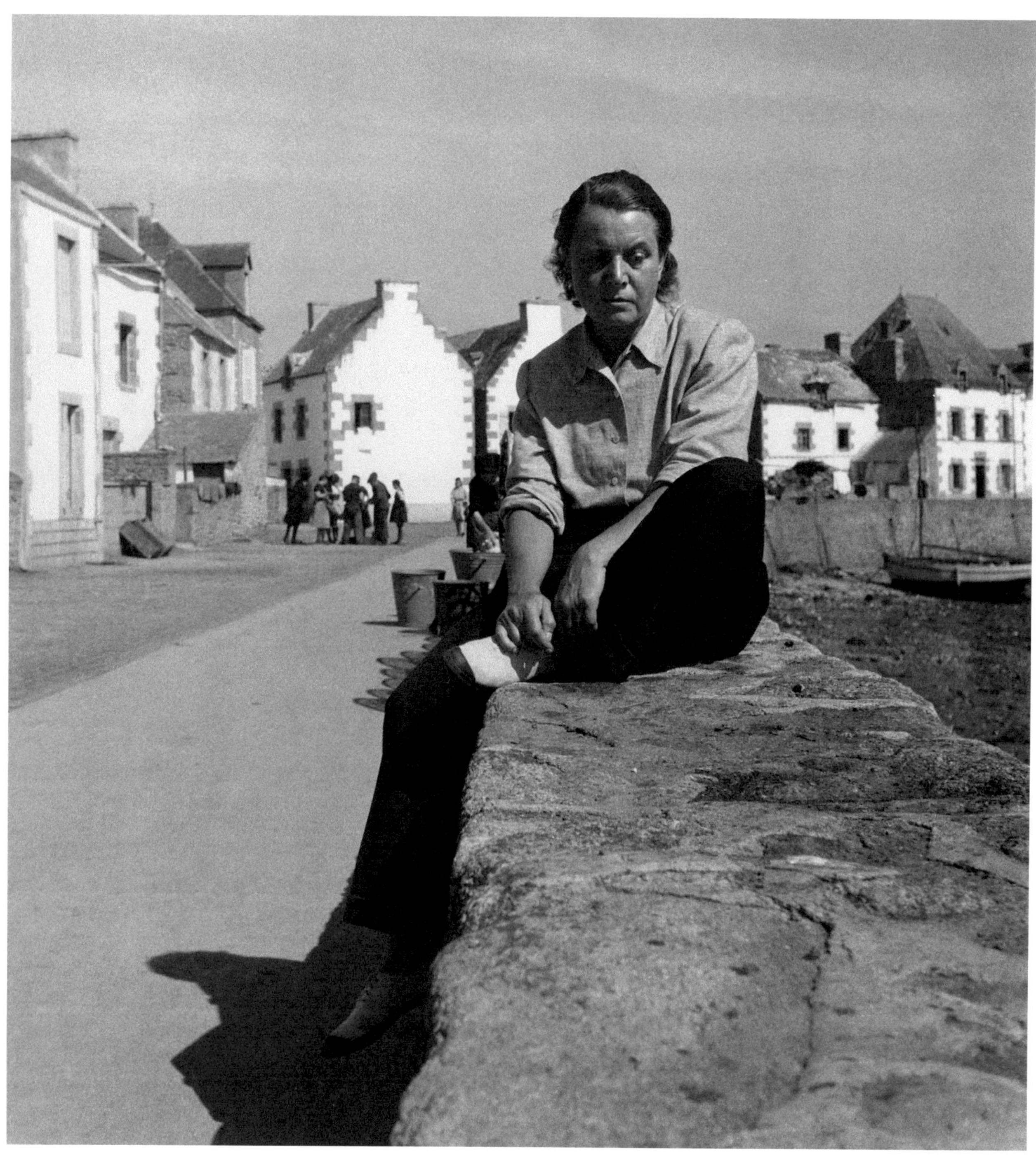

Abb. 447 Elisa Breton (?), Toyen, Île de Sein, 1948
Privatsammlung, Paris

Jean-Jacques Lebel

Voilà, die Baronin!

Wie sehr das Miteinander der Surrealisten durch eine außerordentlich enge Gefühlsbindung geprägt war, ist mir vor allem durch Toyen klar geworden, die von allen geliebt wurde, quer durch die Generationen. Die »Baronin«, wie wir sie liebevoll nannten, spielte für viele eine wichtige Rolle bei der Suche nach einer Lösung des Konflikts zwischen der (unabdingbaren) Autonomie einerseits und der (notwendigen) Zugehörigkeit zu einem Kollektiv andererseits. Toyen war es gelungen, einen Ausweg aus diesem Dilemma zu finden, deshalb stellte sie für uns Jüngere ein leuchtendes Beispiel dar: Kompromisslos, was die moralischen, politischen und künstlerischen Grundprinzipien der surrealistischen Aktion betraf, bestand sie zugleich unbeirrbar auf ihrer Unabhängigkeit bezüglich der Inhalte ihrer Malerei, hinsichtlich ihrer persönlichen Urteile und ihrer eigenen Lebensführung.

Während der fünf Jahre, die ich ab 1955 im direkten, herausfordernden, privilegierten und beinahe täglichen Kontakt mit André Breton, dem kultisch verehrten Gründer des Surrealismus, und den Mitgliedern des um ihn versammelten Kreises verbringen durfte, fiel mir immer wieder etwas auf, das ich ungewöhnlich fand: Wir waren zwar das, was man gemeinhin den Zusammenschluss einer Gruppe engagierter Menschen nennt, die sich einem künstlerischen, gesellschaftlichen und politischen Aufbegehren verschrieben hat; es war uns jedoch gleichzeitig wie durch ein Wunder gelungen, in unserem *modus operandi* etwas von einer »organisierten Bande« freiheitsliebender Gesetzloser zu bewahren oder auch von einer - in ihrem Charakter prähistorischen und präkapitalistischen - tierischen Gemeinschaft, etwa einem Rudel Wölfe, einer Gruppe wilder Elefanten, einer Herde Hirsche. In meiner jugendlichen Naivität erschien mir das damals eine plausible Erklärung dafür, warum seit 1924, seit dem *Ersten Manifest des Surrealismus,* alle surrealistischen Gruppen - in unterschiedlichen Graden - nach einer strikten Hierarchie organisiert waren. Allerdings war diese Hierarchie auf Charisma gegründet, hatte also nichts mit den Sozialgruppen von Tieren gemein, die einzig auf die körperliche Kraft des männlichen Alphatiers setzen. Das freiwillige, begeisterte Bekenntnis zu einer von allen geteilten Weltanschauung sowie zu einer Reihe unantastbarer ethischer Prinzipien bildete das Fundament unserer ideellen Gemeinschaft, die sich, und darin war sie einzigartig, aus einer Handvoll außergewöhnlicher Menschen von historischer Bedeutung zusammensetzte - und zu denen ohne jeden Zweifel auch Toyen gehörte. Seit Anbeginn der Welt hatte es, davon war ich damals überzeugt, keinen Zusammenschluss zu einer Gruppe oder Partei gegeben, hatte keine politisch, intellektuell oder religiös motivierte Vereinigung Gleichgesinnter sich gründen und längere Zeit überdauern können, ohne irgendeine Form ritualisierter Hierarchie zu entwickeln - und die Surrealisten bildeten da keine Ausnahme. Als aufmerksamem Leser von Michail Bakunins *Dieu et l'état* (*Gott und der Staat*, 1882) bereitete es mir dennoch von Anfang an Kopfschmerzen, dass eine solche Hierarchie - obwohl zutiefst unerwünscht, da ihrem Wesen nach eine Feudalstruktur - unvermeidlich zu sein schien. Das war der, gelinde gesagt, problematische und widersprüchliche Rahmen, in dem die Baronin sich auf ganz natürliche Weise zu bewegen wusste, woher auch das hohe Ansehen rührte, das sie in der Gruppe genoss. Ihre besondere Stellung verdankte sie der großen Qualität und Attraktivität ihres malerischen Werks, aber ebenso ihrer engen, langjährigen Beziehung zum Kern der

Gruppe; einer Verbindung, die bis zur berühmten Reise von Eluard, Breton und dessen damaliger Ehefrau Jacqueline Lamba 1935 nach Prag zurückreichte (Abb. 178–180). In einer seiner wortmächtigen und malerischen historischen Betrachtungen – *Einführung in das Werk von Toyen*, erschienen 1953 in den Éditions Sokolova als Teil der exzellenten Toyen-Monographie (Kat. 383), bei der auch Benjamin Péret und Jindřich Heisler mitgearbeitet hatten – beschreibt Breton prägnant, was die im Pariser Exil lebende Künstlerin für die Pariser Surrealisten damals verkörperte: »Von jenem Prag, das Apollinaire besungen hat, und von seiner wunderbaren Brücke mit den Spalier bildenden Statuen, der Brücke, die vom Vergangenen ins Ewige führte, von seinen innerlich leuchtenden und nicht äußerlich beleuchteten Häuserwappen – zur Schwarzen Sonne, Zum Goldenen Rad, Zum Goldenen Baum und viele andere –, von seiner Turmuhr, deren Zeiger aus dem Metall der Lust geschmiedet waren und sich im Gegensinn drehten, von seiner Alchemistenstraße und vor allem von den sprudelnden Ideen und Hoffnungen, die dort intensiver als irgendwo anders aufschäumten, von jenem leidenschaftlichen Austausch im Stil von Menschen, die nur die Verschmelzung von Poesie und Revolution suchen, während die Möwen die Moldau in alle Richtungen schaumig schlugen, um Sterne daraus aufsteigen zu lassen – was bleibt uns von all dem? Es bleibt uns Toyen.«[1]

In diesem für das Verständnis Toyens und ihres Werks grundlegenden Text, geschrieben und veröffentlicht 1953, mitten im Kalten Krieg, im Todesjahr des Tyrannen Stalin, als die sowjetische Besatzungsarmee die deutschen Besatzer abgelöst hatte und in Prag ein extrem repressives stalinistisches Regime herrschte, erinnert Breton an die einzigartige geistige Topographie der Stadt, aus der die Malerei Toyens erwuchs: ein nur sehr vage kartographiertes, rein mythisches Gelände, in dem Vergangenheit und Gegenwart eins sind. Oder anders gesagt und ungeachtet aller verbrecherischen Grausamkeiten und unermesslichen Verwüstungen durch die nationalsozialistischen und stalinistischen Besatzer: »Die Vergangenheit ist niemals tot, sie ist nicht einmal vergangen.«[2] Natürlich wusste Breton, als er die »rue des Alchimistes (Alchemistengasse)« – eigentlich »Goldenes Gässchen« – heraufbeschwor, dass dort auch Kafka gewohnt hatte, und auf dem Umweg über diesen polyglotten, vielschichtigen Denker erinnerte er an die Verbindung Toyens zum politisch-kulturellen Aufbruch der 1920er Jahre in Prag, an dem Toyen aktiv beteiligt gewesen war. Und hat man sich einmal in solche endlosen rhizomatischen Verzweigungen hineinbegeben, warum nicht dann auch durch die Jahrhunderte zurückgehen bis zu den Alchemisten, Gelehrten, Denkern, Mathematikern, Philosophen und Künstlern, die Arcimboldo 1562 in seinem meisterlichen Porträt *Il Bibliotecario* (*Der Bibliothekar*) darstellte? Als konzeptuelle, *a fortiori* zusammengesetzte Figur, die sinnbildlich für das Kollektivgedächtnis, den allumfassenden Speicher des Wissens steht, verkörpert dieser imaginäre Bibliothekar, dessen Gestalt ganz aus gelehrten Büchern aufgebaut ist, all jene, die Prag zu einem der bedeutendsten kulturellen Zentren der Renaissance gemacht hatten. Štyrský und Toyen wiederum – ihrerseits durch Apollinaires Verlagsreihe *Bibliothèque des Curieux* (*Bibliothek der Neugierigen*) angeregt – verfolgten ein Vorhaben ähnlicher Art.

Dem Beispiel Apollinaires folgend, der nicht nur den Roman *Les Onze Mille Verges* (*Die elftausend Ruten*, 1907) verfasst hatte, sondern auch Herausgeber der Buchreihe »Les Maîtres de l'amour« (*Die Meister der Liebe*) war, sollten in tschechischer Übersetzung die bedeutendsten Werke der erotischen Weltliteratur erscheinen. Ihre Illustrationen wurden in vielen Fällen Toyen anvertraut. Unter der Herausgeberschaft von Štyrský erschien zwischen 1930 und 1933 beim Verlag Edice 69 (Abb. 560) sowie in der *Erotická revue* eine Reihe erotischer Texte. Toyens freizügige Bebilderung, eine Attacke auf kleinbürgerliche Prüderie, verstieß in mehrfacher Hinsicht gegen den jüdisch-christlichen Moralkodex – insbesondere ihre Illustrationen zu de Sades *Justine* (Abb. 565, 568) und zu Pietro Aretinos *Die sündigen Klosterschwestern* (Kat. 566, 567) aus dessen *Ragionamenti* (*Vernünftige Gespräche*). Von den weiteren pornographischen Preziosen, die Toyen veröffentlichte, sei nur auf die neun Zeichnungen verwiesen, mit denen sie 1932 eine Übersetzung von Pierre Louÿs' *Pybrac* für die Edice Lotos (Edition Lotus) schmückte. 1939 fertigte sie die Illustrationen zu Heislers Gedichtband *Jen poštolky chčí klidně na desatero* (*Nur die Turmfalken brunzen ruhig auf die 10 Gebote*, Kat. 288, 290, 291), dessen axiomatischer Titel sicherlich auch von Georges Bataille gewürdigt worden wäre. Aufgrund der deutschen Besatzung konnte der Band 1939 nur im Untergrund publiziert werden. Im Verbund mit Štyrský lieferte Toyen essenzielle Beiträge zur präsurrealistischen oder surrealistischen Erotik, im Hinblick darauf ist sie in einem Atemzug mit Dalí, Picasso, Picabia, Masson, Bellmer, Tanguy und Molinier zu nennen. Toyens Illustrationen setzen sich mit dem Begriff des Obszönen kritisch auseinander, stellen ihn grundsätzlich in Frage. Auf wen oder auf was genau aber bezieht sich dieser Begriff? Sind damit aggressive, blutrünstige Nationalismen gemeint, der Hass auf das andere, Rassismen aller Art, Kolonialismus und Völkermord, deren todbringende Tradition sich bis ins 21. Jahrhundert fortsetzt? Oder vielmehr die vielgestaltigen schaurigen, zwangsläufig widersprüchlichen und disruptiven Repräsentationen des fleischlichen Begehrens, die seit Anbeginn der Zeiten das menschliche Unbewusste bevölkern? Toyen hat in der von ihr 1944 unter dem Titel *Cache-toi, guerre!* (*Verstecke dich, Krieg!*, Kat. 340–345) veröffentlichten Serie von Zeichnungen eine unmissverständliche Antwort gegeben. Mitten im Zweiten Weltkrieg erhebt sie darin Anklage gegen die Feinde der Menschheit, gegen sämtliche Avatare des Militarismus.

Wie kommt es aber, dass ein so wichtiger Teil von Toyens Werk, ihre erotischen Zeichnungen, auf so schmähliche Weise verschwiegen wurden? Obwohl es während der Ersten Tschechoslowakischen Republik (1918–1938) immerhin drei Jahre gab – 1930 bis 1933 –, in denen Toyen die von ihr angefertigten Zeichnungen und Illustrationen veröffentlichen konnte und auch die Texte dazu problemlos erscheinen konnten, beschlagnahmte sie die Polizei dann von einem Tag auf den anderen. Es wäre eine eigene Recherche wert herauszufinden, weshalb und mit welchen Methoden die Zensur diese zugleich poetisch und pornographisch inspirierten, von Toyen seit den 1920er Jahren geschaffenen Werke ins Visier nahm. Unica Zürn, Carol Rama, Leonora Carrington, Dorothea Tanning und weitere Frauen aus der surrealistischen Galaxie führten diese Richtung später fort, wobei jede von ihnen auf ihre Weise den Verboten trotzte, die rings um den privilegierten Bereich der »Wollust« errichtet worden waren. Um was ging es bei diesen Verboten? Um die Herrschaft des patriarchalischen Blicks? Drakonische Reglementierungen eines allein auf die kommerzielle und finanzielle Rentabilität ausgerichteten Kunstmarktes? Die Diktatur des »guten Geschmacks« und der Gleichmacherei? Um trotziges Beharren der Verteidiger einer »Erotik der Verhüllung«? Intellektuelle Feigheit der Verantwortlichen in den Museen oder auf den Lehrstühlen, die das Monopol auf eine angebliche »Wissenschaftlichkeit« der offiziellen Kunstgeschichtsschreibung zu besitzen glauben? Möge sich jeder darauf seinen eigenen Reim machen.

Es ist das große Verdienst Annie Le Bruns, der herausragenden Kennerin des Werkes von de Sade und Getreuesten unter den Getreuen der Baronin, dass dieser moralisch angeblich »anrüchige«, in Wirklichkeit jedoch von den Funktionären der Kulturindustrie nur zensierte Teil von Toyens Werk 1982 vor dem Vergessen gerettet und in seiner wahren Bedeutung erkannt wurde.[3] Zwar wurden auch in Prag nach 1989 bei mehreren Gelegenheiten erotische Zeichnungen und Illustrationen Toyens gezeigt, jedoch ohne deren fundamentale Bedeutung innerhalb des Werks dieser überragenden Künstlerin zu erkennen, die seit den 1920er Jahren bewies, dass sie sich vor nichts fürchtete. Toyen hatte sich nicht nur in ihrer Geburtsstadt Prag bereits mit siebzehn Jahren der libertären Bewegung angeschlossen, sie beteiligte sich auch an der ersten Ausstellung der Künstlergruppe Devětsil, in der sie mit Karel Teige und Jindřich Štyrský, einem Künstler und Intellektuellen ersten Ranges, einen äußerst dynamischen subversiven Kern bildete (Abb. 11). Insofern war es nur folgerichtig, dass Štyrský, Toyen, Nezval und Teige 1934 die Prager surrealistische Gruppe gründeten, der im Folgejahr Breton und Eluard einen Besuch abstatteten (Abb. 281–284). Die raumzeitliche »Schleife« des Möbiusbandes, das sich mit Arcimboldo und anderen Zeitgenossen Rudolfs II. zu drehen begonnen hatte, führte auf diese Weise in der ersten Hälfte des 20. Jahrhunderts erneut durch Prag, das einmal mehr zum »geometrischen Ort der künstlerischen Avantgarden« wurde, zu einem seinem Wesen nach flüchtigen und unsteten Konvergenzpunkt, an dem individuelle Impulse und kollektive Ströme des Aufbegehrens, aus denen seit je die großen Utopien entstehen, einander begegnen, aufeinander stoßen, sich gegenseitig verstärken.

Gewiss, Malerei, Dichtung, Philosophie, experimentelle Naturwissenschaften und revolutionäre Strömungen sind *a fortiori* nomadisch, nicht an feste Territorien gebunden – und dennoch erwachsen diese transgressiven Denkweisen aus einem Hier und Jetzt, was so unerwartet keineswegs ist, häufig ein Echo auf die ewige Wiederkehr des Exils darstellt. Die Millionen und Abermillionen politischer Exilanten, die vor, während oder nach dem Hitler-Stalin-Pakt und dem Zweiten Weltkrieg in die Flucht getrieben wurden, können ein Lied davon singen. Die Verbrechen gegen die Menschlichkeit, deren sich – nacheinander oder gleichzeitig – die nationalsozialistischen Massenmörder und die stalinistischen Henker schuldig gemacht haben, ließen auch Toyen und Heisler keine andere Wahl als das Exil. 1947 zogen beide nach Paris, wo sie von den Surrealisten mit offenen Armen empfangen wurden. Toyen stellte dort noch im selben Jahr in der Galerie Denise René (Abb. 363) aus. Anlässlich einer weiteren

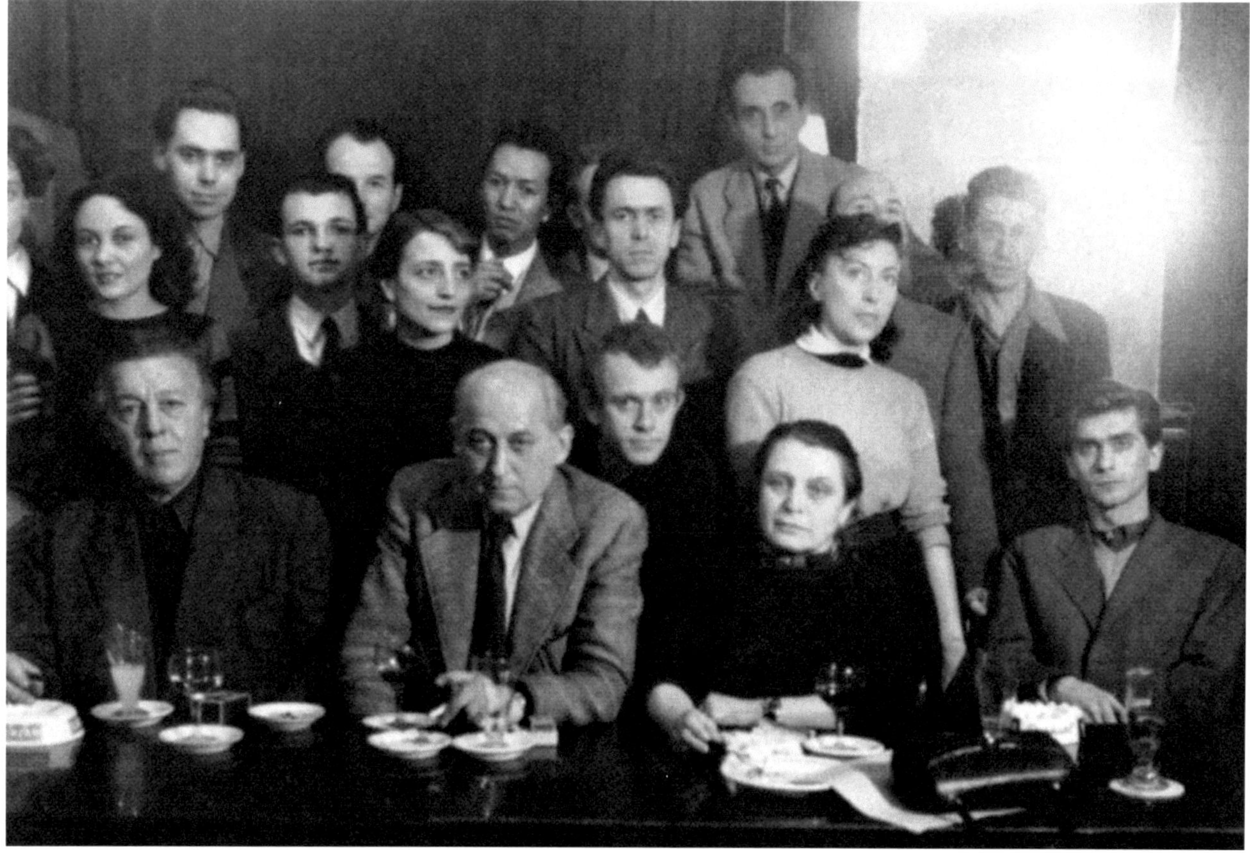

Abb. 448 Man Ray, Die Surrealisten in der Brasserie an der Place Blanche, 1953
Reihen von vorne nach hinten, Personen von links nach rechts:
1. André Breton, Benjamin Péret, Toyen, Jean Markale
2. Jean-Pierre (größtenteils verdeckt) und Jacqueline Duprey, Nora Mitrani, Simon Hantaï, Mirabelle Dors
3. Gérard Legrand, Bernard Roger, Maurice Rapin, Dolfi Trost
4. Ado Kyrou, Wolfgang Paalen, Wifredo Lam, ?
Archiv Jean-Jacques Lebel

Ausstellung, die ihr in der von Breton geleiteten Galerie À l'étoile scellée gewidmet wurde, veröffentlichten die Éditions Sokolova 1953 die bereits erwähnte, von Breton, Péret und Heisler verfasste Monographie (Kat. 383). Bereits das zweite Mal hielt Toyen durch das große Tor Einzug in die Geschichte des Surrealismus.

Es existieren mindestens zwei Gruppenfotos der Surrealisten von Anfang der 1950er Jahre, aufgenommen von Man Ray wahrscheinlich in der Brasserie an der Place Blanche, wo sich der Freundeskreis um Breton täglich traf. Die hierarchische Anordnung der Anwesenden, in absteigender Ordnung entsprechend ihrem Verhältnis zueinander, springt mit einer ebensolchen Deutlichkeit ins Auge wie auf einem geschnitzten Totempfahl der Kwakiutl in British Columbia oder einem Totempfahl der Tlingit in Südalaska. Breton, Péret und Toyen sitzen vorne in der ersten Reihe, den Blick in das Objektiv von Man Rays Kamera gerichtet (Abb. 448). Dahinter stehen dicht gedrängt und wirr durcheinander, mit dem Rücken zum Wandspiegel des Bistros, in mehreren Reihen die anderen. Ado Kyrou, Gérard Legrand, Nora Mitrani, Bernard Roger, Jacqueline und Jean-Pierre Duprey, Simon Hantaï, Wifredo Lam, Jean Markale sind zu erkennen, bei fünfzehn weiteren sind mir die Namen im Moment entfallen. Wenngleich horizontal angeordnet - anders als bei der strengen Vertikalität der Totempfähle -, ist die hierarchische Anordnung alles andere als zufällig. Mit großer Würde nimmt Toyen den ihr zugewiesenen Platz ein.

Gruppenfotos dieses Typs gibt es noch weitere, darunter eine Aufnahme vom März 1953, ebenfalls in der Brasserie an der Place Blanche entstanden, diesmal mit Jacques Cordonnier als Fotografen (Abb. 449). Auch hier sitzt Toyen in der ersten Reihe, gemeinsam mit Péret und Breton, daneben haben ausnahmsweise Giacometti, Max Ernst und Man Ray Platz genommen, dahinter stehen, in drei Reihen auf unterschiedlicher Höhe, Kyrou, Jean-Louis Bédouin, Jacqueline und Jean-Pierre Duprey, Nora Mitrani, Hantaï, Michel Zimbacca, Lam und mehr als ein Dutzend andere.
Die Teilnehmer und ihre Anzahl wechseln von einer Woche zur anderen, aber etwas bleibt stets gleich: die sich im Vordergrund präsentierenden Breton, Péret und Toyen.

Es mutet an wie die in Stein gemeißelte, unwandelbare Ordnung eines ägyptischen Reliefs in einem Tempel im Tal der Könige.

»Voilà, die Baronin!«, rief Péret jedes Mal schalkhaft, sobald er entdeckte, dass Toyen sich ihren Weg zu unserem Tisch an der Rückwand des Saals bahnte. Durch dieses Signal gab er uns - den Grünschnäbeln - zu verstehen, dass wir zusammenrücken sollten, damit sie sich neben ihn oder gegenüber von ihm, Breton oder Elisa setzen konnte, auf einen der Plätze, die für die historischen Heldinnen und Helden des Surrealismus reserviert waren.

Wie war es eigentlich zu diesem liebevollen Spitznamen gekommen, der ihr wie angegossen passte? Ich habe keine Ahnung, ich weiß nur, dass ihre stolze Haltung, ihre oft verschlossene Miene, ihr leicht slawischer Akzent, ihre Zigarettenspitze, ihre Frisur »à la garçonne«, der männliche Klang des von ihr gewählten Pseudonyms - »toyen«, dem französischen »citoyen« entnommen - und ihr etwas androgynes Aussehen zu allen möglichen Deutungsdelirien anregen konnten. Möglicherweise glaubte die erste Person, die sie so rief, in ihr die Reinkarnation einer legendären Persönlichkeit zu erkennen, zu lokalisieren irgendwo zwischen Flora Tristan und zwei europäischen Aristokratinnen von wahrhaft teuflischem Ruf - der »Blutgräfin« Erzsébet Báthory und der Gräfin von Geschwitz, einer der Hauptfiguren in Alban Bergs Oper *Lulu* (Uraufführung 1937) nach dem gleichnamigen Drama von Frank Wedekind. Breton verstieg sich zu solchen Spekulationen nicht, schrieb aber - in dem bereits zitierten Text - über Toyens Gesicht, es sei »von Noblesse geprägt«. Eine solche Noblesse strahlt auch das herrliche fotografische Porträt aus, das der Monographie von 1953 beigefügt ist und möglicherweise von Elisa Breton stammt (Abb. 447). Im Gegensatz zu den starren Körperhaltungen und verkrampften Mienen auf den Gruppenfotos von Man Ray ist die Baronin, allein auf einer halbhohen Mauer in der Sonne sitzend, hier von leicht schräg unten aufgenommen, ein Bein zu sich herangezogen,

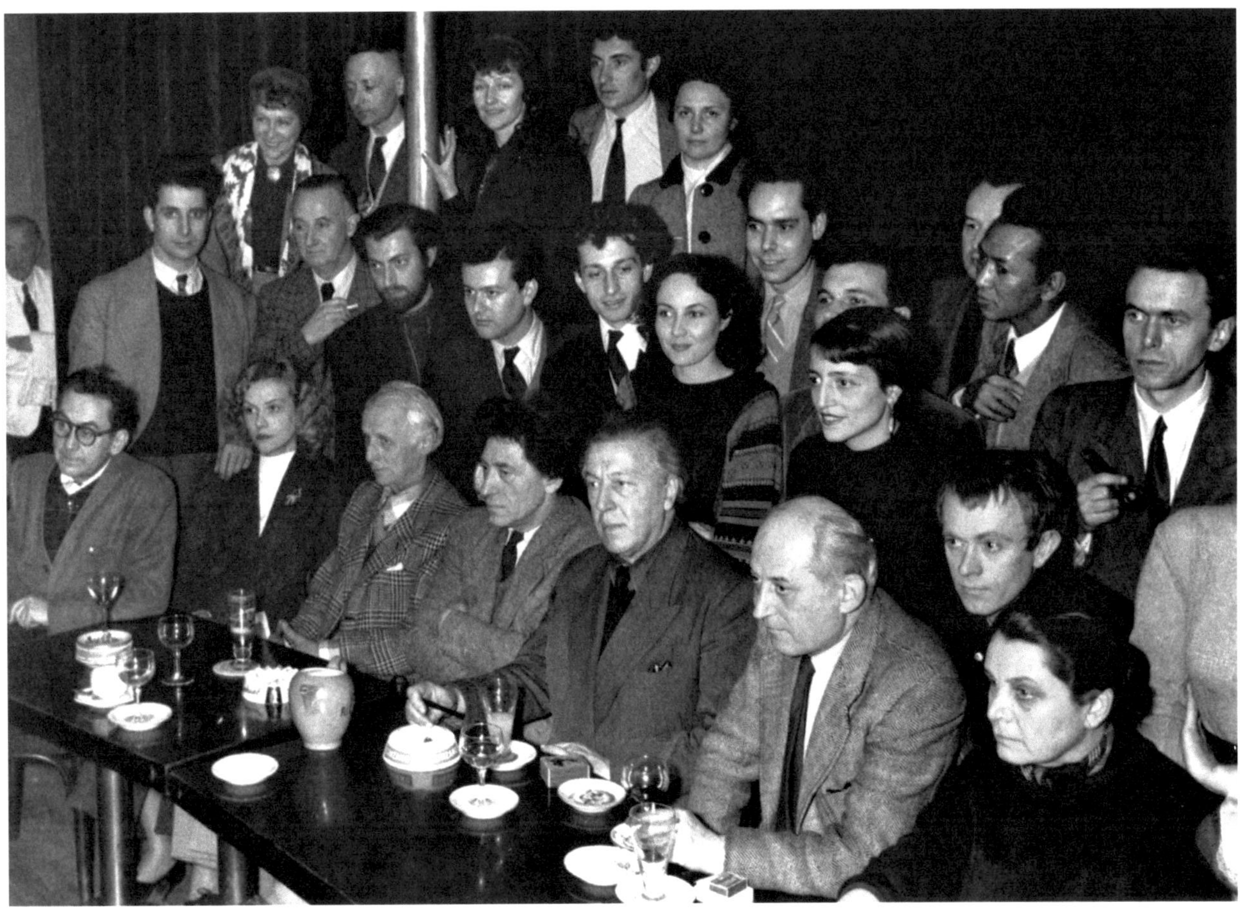

Abb. 449 Jacques Cordonnier, Die Surrealisten in der Brasserie an der Place Blanche, März 1953
Reihen von vorne nach hinten, Personen von links nach rechts:
1. Man Ray, Marise Sandoz, Max Ernst, Alberto Giacometti, André Breton, Benjamin Péret, Toyen
2. Michel Zimbacca, Clovis Trouille, Juan Andralis, Jean-Louis Bédouin, Jean-Pierre und Jacqueline Duprey, Gérard Legrand (teilweise verdeckt), Nora Mitrani, Simon Hantaï, Mirabelle Dors (Schulter)
3. Suzanne Cordonnier (Muzard), Julian Gracq, Elisa Breton, José Pierre, Sarah L., Ado Kyrou, Wolfgang Paalen (teilweise verdeckt), Wifredo Lam, Bernard Roger
Archiv Jean-Jacques Lebel

das andere herabbaumelnd, den Blick nach unten oder vielmehr nach innen gerichtet, ganz in Gedanken versunken. Sie strahlt Melancholie aus, wirkt, als wäre sie von einem machtvollen Spleen à la Baudelaire ergriffen.

Der Ort – es handelt sich um die Île de Sein – ist nicht ungewöhnlich, denn die Surrealisten hielten sich häufiger auf der bretonischen Insel auf (Abb. 372–375). In Toyens Ausstellung in der Galerie À l'étoile scellée war 1953 sogar ein Gemälde zu sehen, das den Titel *Île de Sein* (vgl. Kat. 431, 432) trug. Die sanfte Intensität im Wesen der Baronin kommt in diesem fotografischen Porträt hervorragend zum Ausdruck.

Ein weiteres ihrer wundervoll metaphorischen Gemälde ist *Na zámku La Coste* (*Im Schloss La Coste*, 1946, vgl. Kat. 349) betitelt, was als Hinweis auf ihre fortdauernde leidenschaftliche Beschäftigung mit de Sade verstanden werden kann.

Der Katalog von Toyens Ausstellung in der Galerie Furstenberg 1958 enthält neben zahlreichen Abbildungen sieben Texte, jeder durch eines der ausgestellten Gemälde inspiriert (Kat. 456–459). Die Verfasser sind Breton, Péret, Mesens, Elléouët, Silbermann und Goldfayn (von dem später noch die Rede sein wird). Von den surrealistischen Malerinnen und Malern jener Jahre brachte es nur die Baronin fertig, in einem Katalog zu ihrem Werk so viele unterschiedliche Sichtweisen zu versammeln.

Weiter oben habe ich bereits auf den widerspenstigen Geist der Baronin hingewiesen, auf ihren diskreten, aber hartnäckigen Widerstand gegen alle Orthodoxie. Er zeigte sich vor allem, aber nicht ausschließlich in ihrem Interesse für Musik. Dazu muss man wissen, dass die Musik unter den führenden Gestalten des Surrealismus so etwas wie ein Tabu war, ohne dass dies jemals offiziell so ausgesprochen worden wäre. Nicht die Musikalität Rimbauds oder die Fermaten bei Mallarmé sind damit gemeint, sondern die Musik als eigenständige Kunst, die im Surrealismus durch Abwesenheit glänzt. Es wäre vergebliche Liebesmüh, bei *Nadja* (1928, von André Breton), dem *Paysan de Paris* (*Der Pariser Bauer*, 1926, von Louis Aragon), der Erzählung *Gigot* (1957, obwohl Benjamin Péret, ihr Verfasser, sogar eine Zeitlang mit der brasilianischen Sängerin Elsie Houston verheiratet war), der *Danseuse espagnole* (*Spanische Tänzerin*, 1928, von Joan Miró), bei *Le Jeu lugubre* (*Das Finstere Spiel*, 1929, von Salvador Dalí), *Loplop* (von Max Ernst) oder *Le Vertige d'Éros* (*Der Schwindel des Eros*, 1944, von Roberto Matta) auch nur nach der geringsten Spur von Monteverdi, Mozart oder Monk zu suchen. Toyen hörte bei der Arbeit in der Einsamkeit ihres Ateliers aber nebenbei gerne Jazz, Flamenco oder *bel canto*, wie es damals sehr viele Künstlerinnen und Künstler taten.

So war es auch bei Victor Brauner, der ein glühender Fan von Thelonious Monk war und von ihm auch ein erstaunliches imaginäres Porträt schuf. Monk, genialer Pianist und Komponist, prägte durch seine *art de la schize* das experimentelle Denken in Dichtung und Malerei seiner Epoche. Bei Konzerten von Monk in der Salle Pleyel oder von Sonny Rollins im Olympia trafen wir uns stets in großer Künstlerrunde. Manche von uns – wie Konrad Klapheck, der Porträts von Billie Holiday, Lester Young und Count Basie malte – fuhren bis nach Rotterdam oder Berlin, um Ella Fitzgerald oder Sarah Vaughan singen zu hören. In Paris eilten wir zu den Mitternachtssessions im Le Tabou, um Miles Davis auftreten zu sehen, im Club Saint-Germain, um Bud Powell und Kenny Clarke denken und spielen zu hören, oder im Le Chat, um den schrillen, schizoiden Klängen von Éric Dolphy zu lauschen. Hin und wieder genehmigten wir uns danach noch eine Kleinigkeit im Gabby and Haynes auf dem Montmartre, einem authentischen *after hours joint*, das dem Vorbild ähnlicher Kneipen in Harlem nachempfunden war. Dort trafen sich die Jazzmusiker spätnachts nach ihren Konzerten. Toyen sprach kaum Englisch und verstand schon gar nicht den kreativen Slang afroamerikanischer Musiker, aber sie muss sich wie im siebten Himmel gefühlt haben.

Ohne jeden Zweifel war es Georges Goldfayn, der die Baronin mit dem Jazz jener Zeit vertraut machte. Goldfayn war zwar lupenreiner Surrealist, führte jedoch ein ausschweifendes Nachtleben, das wenig regelkonform war, es sei denn, man hätte sich den *Klub der Haschischesser* zum Vorbild genommen. Er zählte zu jenen, die nach dem Besuch der angesagten Hotspots des Bebop in New York – Minton's Playhouse und Apollo Theater in Harlem, Birdland, The Village Vanguard, Five Spot Café, The Blue Note und wie sie alle hießen – süchtig nach dieser Improvisationsmusik und dem damit verbundenen Lebensstil geworden waren. George war mit Duke Ellington, Count Basie und King Pleasure genauso gut bekannt wie mit dem Comte de Lautréamont, wahrlich eine schöne, bunte Mischung. Sogar eine riesige schwarze amerikanische Limousine hatte er sich zugelegt, einen Packard Sedan – weiß der Himmel, woher er den hatte –, in dem er mit so aufreizender Lässigkeit hinter dem Lenkrad saß, als drehte er für einen Schwarz-Weiß-Gangsterfilm mit Richard Widmark, Lee Marvin, Susan Hayward, Gene Tierney oder Veronica Lake gerade eine Szene an den Ufern des Hudson in Manhattan, in der South Side von Chicago oder in den Ghettos von Kansas City.

Ich erinnere mich noch daran, dass Georges und ich eine verblüffende Ähnlichkeit feststellten zwischen dem schwermütigen Blick der Baronin auf dem Foto von der Île de Sein und dem Blick Billie Holidays: Zu sehen, wie diese mit aller Kraft versucht, die schwarze Sonne der Melancholie zu bannen, zerreißt einem das Herz. Eine irritierende Wahlverwandtschaft zwischen der Surrealistin aus Mitteleuropa und der Nachfahrin von Sklaven, die zur größten Bluessängerin aller Zeiten wurde? Wer weiß? Sie haben nicht dieselbe Sprache gesprochen, aber sie haben etwas Wesentliches geteilt, den Blues.

Eines Abends im November 1958 waren die Baronin und ich mit Goldfayn verabredet, der uns in ein Konzert von Billie Holiday ins Olympia mitnehmen wollte. Zum vereinbarten Zeitpunkt holte er uns an der Place Blanche ab, und die Baronin ließ sich sogleich, majestätischer denn je, auf der geräumigen Rückbank des Packard nieder. Ich setzte mich auf den Klappsitz, auf halber Strecke zwischen der Baronin und ihrem großartigen Chauffeur, mit der Aufgabe betraut, zwischen uns dreien einen großen Joint hin und her zu reichen. Der marokkanische Kif sollte es uns leichter machen, die versteckten Botschaften in Billies Songs und Ansprachen besser zu entschlüsseln. Die Fahrt verlief ohne Zwischenfälle, und wir nahmen pünktlich unsere Plätze im dritten Rang ein, gegenüber der Bühne, nicht weit entfernt von der Stelle, wo wir gleich die große Sängerin hören würden. Kaum hatte der Vorhang sich gehoben, merkten wir, dass etwas nicht stimmte. Billies Begleiter, der Pianist Mal Waldron, und die Rhythmusgruppe spielten eine nicht enden wollende Einleitung und warfen dabei immer wieder unruhige Blicke in die Kulissen. Schließlich erschien Billie, schwankend und unsicher, sich am Mikrophon festklammernd. Vom ersten Lied an war klar, dass wir einen Schiffbruch der schlimmsten Sorte miterlebten. Es war ein schmerzlicher, herzzerreißender Auftritt. Billie Holiday war nicht mehr sie selbst, sie wirkte wie eine uralte Hexe, die all ihre magische Kraft verloren hatte. Sie verpasste den Einsatz des zweiten Lieds, ihr Stimme war brüchig, der Gesang farblos, flach, disharmonisch, ohne Tempo, Rhythmus, Swing und die verzaubernden Modulierungen, die sie früher wie keine andere beherrscht hatte. Die Baronin, Georges und ich hörten ihr mit bangem Herzen und Tränen in den Augen zu. Eine Gruppe stumpfsinniger französischer Spießer fing an, »Wir wollen unser Geld zurück! Wir wollen unser Geld zurück!« zu brüllen, und schleuderte Billie Holiday Beleidigungen entgegen, was alles nur noch schlimmer machte. Billie Holiday hatte sichtlich Mühe, sich auf den Beinen zu halten. Einer Ohnmacht nahe, hörte sie plötzlich zu singen auf, mitten im vierten oder fünften Lied, entschlossen, der Hölle, die sie dort in aller Öffentlichkeit durchlebte, ein Ende zu bereiten. Sie drehte sich um und stolperte von der Bühne, auf der Mal Waldron, der Schlagzeuger und der Bassist allein zurückblieben. Die stumpfsinnigen Spießer und ein großer Teil des Publikums schrien und tobten und warfen Gegenstände auf die Bühne. Hastig wurde der Vorhang zugezogen. Die Baronin, Georges und ich waren erschüttert und empfanden tiefstes Mitgefühl mit Billie Holiday, die vor unseren Augen diesen furchtbaren Zusammenbruch erlitten hatte. Georges fuhr uns nach Hause, und wortlos verabschiedeten wir uns voneinander. Billie Holiday, schwer gezeichnet nicht nur von ihrer Alkohol- und Drogensucht, trat am nächsten Tag ihre Rückreise nach New York an. Am Ende ihrer Kräfte, starb sie dort wenige Monate später.

Die Baronin, Goldfayn und ich hatten das letzte Pariser Konzert der Göttin des Blues erlebt. Wir haben diesen gemeinsam verbrachten tragischen Abend nie mehr erwähnt, als wäre der einzig angemessene Umgang damit das Schweigen. Als ich acht Jahre später, nach meinem Ausschluss oder auch meiner Emanzipation von der Gruppe der Surrealisten, in die Rue Fontaine 42 (in der außer der Baronin noch Elisa und André Breton lebten) zurückkehrte, um dort in den Theaterräumen im Erdgeschoss das dritte *Festival de la libre expression* (*Festival des Freien Ausdrucks*) zu organisieren und mein Happening *120 minutes dédiées au divin marquis* (*120 Minuten, dem göttlichen Marquis gewidmet*) aufzuführen, das mir einigen Ärger mit der Sittenpolizei einbrachte, ließ mir Toyen einen großen, kartonierten Umschlag zukommen, in dem die letzte Schallplatte steckte, die Billie Holiday aufgenommen hatte – als Zeichen der Freundschaft und Verbundenheit. Sie hatte wirklich große Klasse, die Baronin.

1 André Breton, Introduction à l'Œuvre de Toyen, in: André Breton, Jindřich Heisler, Benjamin Péret, *Toyen*, Paris 1953, S. 8/9, übers. in: Rita Bischof, *Toyen. Das malerische Werk*, Frankfurt a. M. 1987, S. 137–138.

2 William Faulkner, *Requiem für eine Nonne*, Frankfurt a. M. 1965, S. 44.

3 Annie Le Brun, À l'instant du silence des lois, in: *Štyrský, Toyen, Heisler*, Ausst.-Kat. Paris, Musée national d'art moderne – Centre Georges Pompidou, Paris 1982.

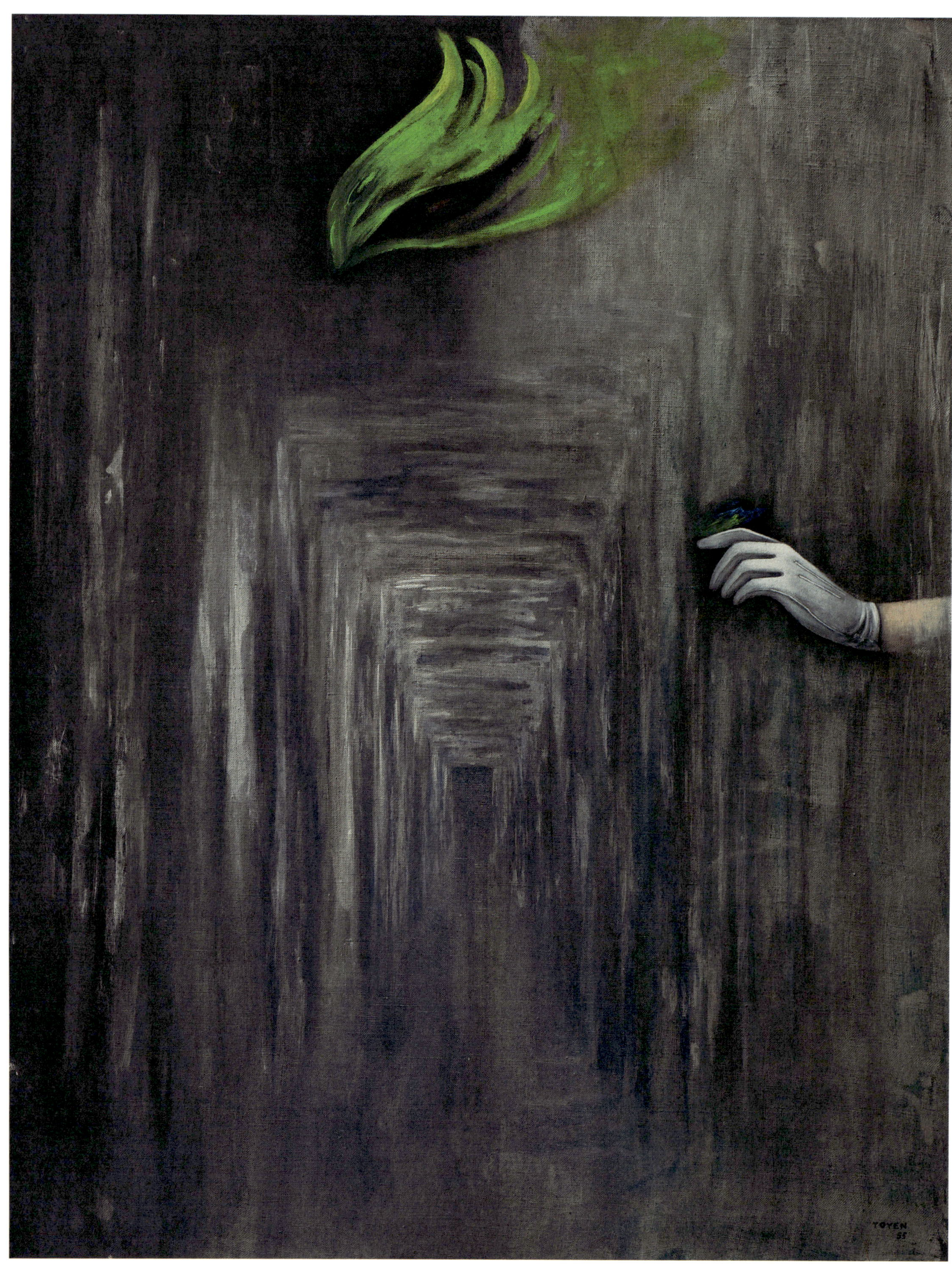

Kat. 450 ***On entend de loin un bruit de pas / In der Ferne hört man Schritte***, 1955
Öl auf Leinwand, 92 × 74 cm
Privatsammlung

Bertrand Schmitt

Zauber der Nacht – das malerische Werk zwischen 1957 und 1969

Vom 30. April bis zum 17. Mai 1958 wurden zwölf Gemälde Toyens in der Pariser Galerie Furstenberg gezeigt, von denen mehrere einen Zyklus bilden, der zu den ehrgeizigsten Projekten ihres künstlerischen Schaffens gehört (Abb. 395).[1] Es war nicht das erste Mal, dass die Galerie mit den Pariser Surrealisten zusammenarbeitete. Ein Jahr zuvor hatte André Breton dort eine Ausstellung der Gemälde, Gouachen und Zeichnungen des ungarischen Künstlers Endre Rozsda organisiert,[2] der nach der Niederschlagung des Ungarischen Volksaufstandes durch sowjetische Truppen in den Westen geflohen war. In seinem Vorwort zum Katalog von Rozdas Ausstellung berief sich Breton auf die grundlegende Spannung zwischen Eros und Thanatos, die in der Poesie – sei es in der Malerei oder in der Dichtung – symbolisch ausgetragen werde. In diesem Kampf, so Breton, sei eine Malerei notwendig, die ganz auf das Wunderbare setze und so die Kräfte der Zerstörung zu überwinden versuche: »Der einzig mögliche Ausweg zwischen Liebe und Tod bietet sich nach allen Richtungen unter dem Magma der schwarz werdenden Blätter und der zerbrochenen Flügel, damit Natur und Geist sich durch ein besonders verschwenderisches Opfer wieder erneuern, wie es der Frühling für seine Geburt fordert.«[3]

Toyens Ausstellung kam dieser Forderung nach. Die zwölf ausgewählten Werke – fünf Gemälde aus den Jahren 1956 und 1957[4] (vgl. Kat. 454) sowie die sieben Gemälde des Zyklus *Les 7 épées hors du fourreau* (*Die sieben gezogenen Schwerter*, Kat. 456–460)[5] – bereiten eine Bühne für den Kampf zwischen Tod und Leben, zwischen Mysterium und Enthüllung, Grausamkeit und Entzücken, der das tiefste und verwirrendste Merkmal der Erotik ist. Verschiedene Werke in der Ausstellung erforschten das Reich der Nacht und die Vieldeutigkeit der in ihr wohnenden Erscheinungen. *À l'affût de la pensée* (*Dem Denken auflauernd*), *En proie à leur regard* (*Ihrem Blick ausgeliefert*), *Ils me frôlent dans le sommeil* (*Sie streifen mich im Schlaf*) entführen die Betrachtenden in einen düsteren, von Schatten erfüllten geschlossenen Raum, in dem winzige Farbpartikel aufzuleuchten scheinen – schwache Lichter, rötlich schimmernde Glut, Glühwürmchen, erzitternde Blütenblätter oder Stempel, die von der nahenden Wiederkehr des Morgens künden. Die ersehnte Morgendämmerung wird im Titel eines Gemäldes sogar direkt angesprochen: *Chevelure du matin* (*Morgendliches Haar,* Kat. 462). In *Sie streifen mich im Schlaf* greift Toyen ein von ihr bereits verwendetes und auch später mehrfach wiederholtes Motiv auf: den Kopf einer Eule, körperlos vor einem in Dämmerlicht getauchten Hintergrund schwebend. Dieses Sinnbild, von Toyen Ende der 1950er Jahre in mehreren Werken variiert – *La nuit roule des cris* (*Die Nacht rollt Schreie*, 1955, Kat. 452), *La Respiration du sommeil* (*Der Atem des Schlafs*, 1958), *La Gelée blanche* (*Raureif*, 1958), *Cris et rires* (*Schreie und Lachen*, 1959, Abb. 453) –, findet sein Gegenstück im Kopf eines weiteren Nachttiers, der Fledermaus, die in den Gemälden *Souvent les draps défaits* (*Die Laken häufig zerwühlt*, 1959) und *Nuit après nuit* (*Nacht für Nacht*, 1960, Kat. 455a) auftaucht. Bereits in Toyens Werken vom Ende der 1930er Jahre, einer besonders düsteren und tragischen Phase, war die Eule zum vertrauten Bestandteil ihres Bestiariums geworden.[6] Vom Tier war dort stets nur der enthauptete Körper zu sehen, bei dem ein grauenerregender schwarzer Schlund an der Stelle klaffte, wo der Kopf hätte ansetzen sollen. Die Darstellung in den neueren Gemälden erscheint daher so, als würde in ihnen das Pendant geliefert, als hätte eine *Umkehr des Zeichens*[7] stattgefunden, von der destruktiven Abbildung des Körpers ohne Kopf zum Symbol »aufsteigender« Kraft im Bild eines Kopfes, der sich gewissermaßen selbst aus dem Schwarz herauszieht. Man sollte sich deshalb nicht täuschen lassen, was die Bedeutung und Symbolik der abgeschnittenen Köpfe angeht. Breton führte dazu 1947 anlässlich einer weiteren Ausstellung von Toyen aus: »Nur weil bei ihr abgehackte Köpfe von Hasen, Füchsen und Wölfen zu sehen sind, heißt das noch lange nicht, dass sie grausam ist. Das alles hat eine andere Bedeutung.«[8] Um dann im Anschluss, zur Verdeutlichung, ein zen-buddhistisches Koan zu zitieren: »Was ist das Wertvollste auf der Welt? – Es ist egal was, ein Kadaver, der Kopf einer toten Katze [...]. Denn wonach ließe sich der Wert bemessen?«[9] Als »aufsteigendes« Symbol einer Vorstellungskraft, die sich gegen die Kräfte der Zerstörung stellt, verweisen diese geflügelten, nächtlichen Köpfe auch auf das Unbewusste und den Traum, wie es die Überlagerung von Fledermauskopf und Kopfkissen in *Nacht für Nacht* oder die ins Kissen geschmiegte Fledermaus in *Die Laken häufig zerwühlt* andeuten. Die Flut nächtlicher Bilder ist ein häufig wiederkehrendes Sujet in Toyens Gemälden Ende der 1950er und Anfang der 1960er Jahre. In *Flux et reflux de la nuit* (*Strom und Rückstrom der Nacht*, 1955) ist das sanfte Schaukeln des Schlafs, symbolisiert im weißen Schaum einer das Kopfkissen herunterlaufenden Welle, in die tiefen Wasser der Nacht eingebettet, die durch lange marine- und ultramarinblauen Pinselstriche im Bildhintergrund wiedergegeben wird. Im Gemälde *Minuit, l'heure blasonée* (*Mitternacht, die gewappnete Stunde*, 1961, Kat. 455b), dessen Titel einem Gedicht von Aloysius Bertrand entliehen ist, gleiten Halluzinationen und Gespenster ins Halbbewusste des beginnenden Schlafs. Das beunruhigende Dekor erinnert dabei an ein »gotisches Zimmer«[10] oder auch den Blick aus der »Loge«[11] eines Theaters, wie Toyen selbst durch diesen provisorischen ersten Titel des Gemäldes angedeutet hatte. Prunk und

Magie des Theaters vermengen sich auf diese Weise mit dem Taumel des nächtlichen Traumspektakels.[12] Die Verschiebung vom Bett zur Loge erinnert nicht zufällig an die Inszenierungen und Fallstricke des Unbewussten, die Bertrand in seinen Phantasien zur »Nacht und ihren zauberischen Reizen«[13] erforschte. Bei Toyen bleiben die aus dem Schwarz aufsteigenden Formen und Bilder jedoch rätselhaft, sie entziehen sich, ganz wie es in Träumen der Fall ist. Weshalb Toyens Bilderwelt auch verwirrender und ungreifbarer ist als die Albträume, die Bertrand oder Füssli (in seinem Gemälde *Der Nachtmahr*) uns vorführen. Und auch wenn Toyen auf ihrem Bild die dunklen Farbtöne, die goldgetönten Bordüren und den Purpur aus den zwei Fassungen des berühmten Gemäldes von Füssli[14] - die eine Farbgebung und Beleuchtung haben, wie man sie auch aus dem Theater kennt - aufgreift, verzichtet sie auf dessen allegorische, zugleich realistische figürliche Darstellung, um sich den ungewissen, sich wandelnden, flüchtigen Umrissen von Traumerscheinungen zuzuwenden.

Ähnliche Erscheinungen, diesmal den Tiefen des Begehrens entstiegen, versammelt Toyen in ihrem Zyklus *Die sieben gezogenen Schwerter*. Den Titel hatte ihr Georges Goldfayn vorgeschlagen, der in den sieben länglichen Gemälden von identischem Format (150 x 50 cm)[15] die spitz zulaufenden, aufgerichteten Klingen von sieben Schwertern und zugleich sieben Frauenkörper sah. Wie andere Titel, die Toyen von ihren Dichterfreunden vorgeschlagen wurden, gibt es auch hier einen Bezug zu einem Gedicht: *Les Sept Épées* (*Die sieben Schwerter*), ein eigenständiger Einschub innerhalb des Langgedichts *La Chanson du mal-aimé* (*Das Lied des Ungeliebten*) von Guillaume Apollinaire. Wenngleich bereits mehrere Male eingehend analysiert,[16] hat sich das Gedicht bis heute als resistent gegen jeden Versuch einer klaren, eindeutigen Interpretation erwiesen. Apollinaire mischt darin historische, mythologische, esoterische und alchemistische Bezüge mit erotischen - oder vielmehr unverblümt pornographischen - Anspielungen, womit er einen unerwarteten poetischen Schockeffekt erzielt. Als gesichert kann gelten, dass der Titel durch die Ikonographie der »Sieben Schmerzen Mariä« angeregt war. Ende des 19. Jahrhunderts war es auf kitschigen Andachtsbildchen und bei Marienstatuen üblich geworden, die Muttergottes mit einem von sieben Schwertern durchbohrten Herzen zu zeigen. Den sieben Klingen (oder sieben Schmerzen) weist Apollinaire in seinem Gedicht sieben weibliche Vornamen zu - zweifellos ein Anklang an die Tradition des mittelalterlichen Rittertums, sagenumwobenen Schwertern weibliche Namen zu geben.[17] Bei Apollinaire, wie bei Toyen, stiftet die Zusammenführung von Waffe und Frau jedoch Verwirrung und Doppeldeutigkeit. Beide Male werden Gefahr (Schwert, Tod) und Begehren (der »kleine Tod«) assoziativ miteinander verbunden, werden Eros und Thanatos vermischt, ein Thema, dem sich die Pariser Surrealisten Mitte der 1950er Jahre wiederholt widmeten.[18]

Die »Schwerter-Frauen« auf Toyens Bildern sind so verführerisch wie verstörend. Als Erscheinungen »zwischen Licht und Schatten«[19] werden diese phantasmagorischen, aber auch gespenstischen Gestalten nur durch die sie umhüllenden Gewänder und Schleier oder durch die Schatten, die sie werfen, dargestellt. Die Körper selbst sind beinahe abwesend, können nur mittels weniger, gezielt aufgedeckter Details erahnt werden: die Spitze eines roten Schuhs in *La Somnambule* (*Die Schlafwandlerin*); der Finger einer Hand, der in *La Dame blanche* (*Die weiße Frau*, Kat. 456) aus einem Kleid hervorragt; die sich nach unten verjüngenden Umrisse zweier Hüften in *La belle ouvreuse* (*Die schöne Platzanweiserin*, Kat. 459). Diese Abwesenheit des sichtbaren Körpers steigert paradoxerweise die erotische Verwirrung. Ganz wie in einem Striptease die letzten Kleidungsstücke so stark erotisiert sind, dass sie gerade durch ihr Vorhandensein die Nacktheit des Körpers noch betonen. Nicht zufällig wurde in der Zeit, als die Ausstellung Toyens in der Galerie Furstenberg lief, von den Pariser Surrealisten in ihrer Zeitschrift *Le Surréalisme, même* eine »Umfrage zum Striptease« veröffentlicht.[20] Roland Barthes folgend, der in seinen 1957 erschienenen *Mythologies* (*Mythen des Alltags*) auf das dem Striptease innewohnende Paradox hinweist - »Der Striptease [...] beruht auf einem Widerspruch: die Frau in dem Augenblick zu desexualisieren, in dem man sie entkleidet.«[21] -, versuchte die Umfrage herauszufinden, ob der Striptease »trotz der wohlfeilen Proteste, die er hervorruft«, die Frau nicht entsexualisiert »und die erotische Vorstellungskraft ihrer Spontaneität und ihres Einfallsreichtums beraubt«.[22] Für Toyen konnte der Striptease, wie jedes andere erotische Ritual oder jede andere erotische Darstellung, diesem von Barthes benannten Widerspruch jedoch entkommen, indem er sich der »Erbärmlichkeit« der Ware verweigerte und die Armseligkeit der Repräsentation überwand.[23] Seine Macht lag demnach nicht in der Enthüllung, sondern in der Verhüllung der Körper, nicht im nackten Beweis und im rohen Zurschaustellen der Körper, sondern in der Anspannung der Vorstellungskraft. Ähnlich insistiert auch Toyen in ihrem Zyklus - gleichsam verkehrt herum - auf der Abwesenheit der Körper, ihrer Verbergung. Der französische Titel verkündet zwar, dass die unsichtbaren Schwerter-Körper »hors du fourreau« (herausgezogen) zu sehen sind, doch werden im Gegenteil auf den Gemälden gerade die Futterale, die Scheiden, also die Verhüllungen gezeigt. Ein spannungsvolles, die Imagination anregendes Spiel mit Doppeldeutigkeiten und Widersprüchen wird inszeniert. Denn auch das französische Wort »fourreau« - Scheide, Futteral oder auch Etui - im Titel ist in seiner Mehrdeutigkeit bewusst gewählt. Auf einer Bedeutungsebene könnte es sich dabei um einen spielerischen Hinweis auf die modischen »Etuikleider« handeln, getragen von den Schauspielerinnen der Hollywoodfilme, auf die Toyen geradezu versessen war.[24] Auf einer anderen Ebene aber sicherlich auch um eine direkte sexuelle Anspielung auf das (männliche) Schwert, das in die (weibliche) Scheide[25] gesteckt wird - eine Assoziation, wie sie bereits Apollinaire in seinem Gedicht herstellt.[26] Trotz der offenkundigen Abwesenheit der Körper nähert sich Toyen in ihrem Zyklus der Erotik nicht nur in ihrer Erhabenheit und Rätselhaftigkeit, sondern auch in ihrer höchst sinnlich-lustvollen Wirklichkeit. Deshalb lässt sich der Zyklus, entgegen den Ausführungen in der 2000 in Prag erschienen Toyen-Monographie, auch nicht mit den dekorativen Zeichnungen und Plakaten von Alfons Mucha oder mit den floralen Musen des Art Nouveau vergleichen.[27] Es ist schwer vorstellbar, dass Toyen, die die ästhetischen Spielereien des Jugendstils stets ablehnte, sich an Muchas leicht verkitschten, gefälligen und konventionellen Frauendarstellungen orientiert haben soll. Durch ihre düstere Atmosphäre und nervöse Spannung strahlen *Die sieben gezogenen Schwerter* eine Grausamkeit und bedrohlich nachtdunkle Stimmung aus, die geradezu das Gegenteil der lichterfüllten, taghellen Bildnisse bei Mucha sind. Wer nach Vorläufern dieses Zyklus' sucht, sollte dies am besten im Œuvre von Toyen selbst tun. So findet sich etwa beim Gemälde *Dans les veines le feu couve* (*In den Adern gärt das Blut*, 1955), zwei Jahre vor *Die sieben gezogenen Schwerter* gemalt, dasselbe auffällige Hochformat. Auch der durch einen Faltenwurf oder eine dunkelgrüne Hülse angedeutete weibliche Körper erinnert an die späteren Werke sowie der an der intimsten Stelle des Körpers erkennbare Schlitz, der auch eine Schwertklinge sein könnte. Für das einzige Gemälde des Zyklus, das anders als die anderen ein gelängtes Querformat aufweist, sind ebenfalls mögliche Vorbilder auszumachen. In *L'éveilleuse de tendresse* (*Die Erweckerin der Zärtlichkeit*, Abb. 460) ist die weibliche Gestalt nicht mehr aufgerichtet, sondern ruht träge ausgestreckt auf einem unsichtbaren Diwan. Über der Ruhenden ist der Schatten eines Raubtiers mit hellen Streifen zu erahnen. Die Verbindung von liegender Frau, die hier lediglich

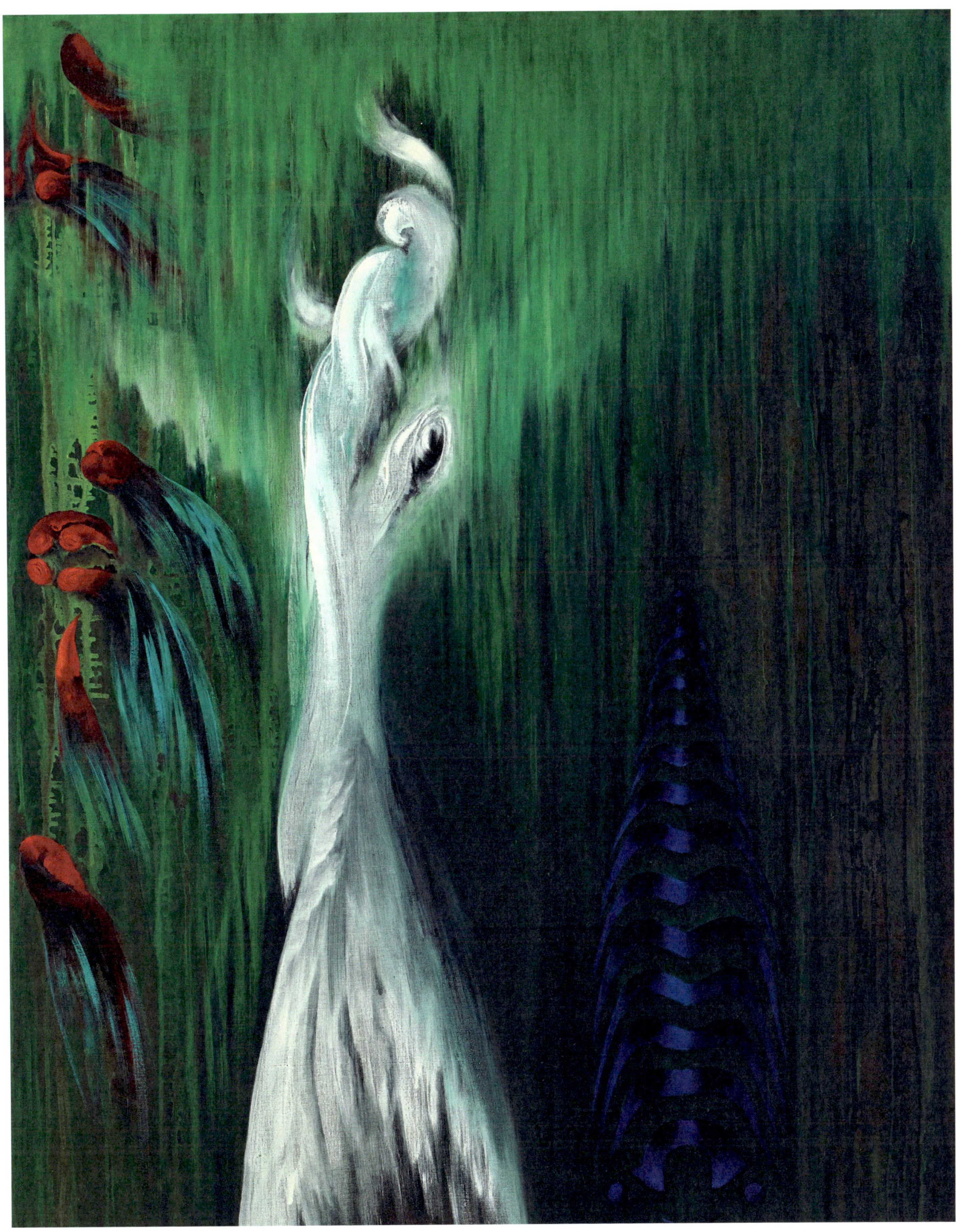

Kat. 451 ***Tu t'évapores dans un buisson de cris /***
Du entschwindest in einem Strauch von Schreien, 1956
Öl auf Leinwand, 120 × 85 cm
Privatsammlung

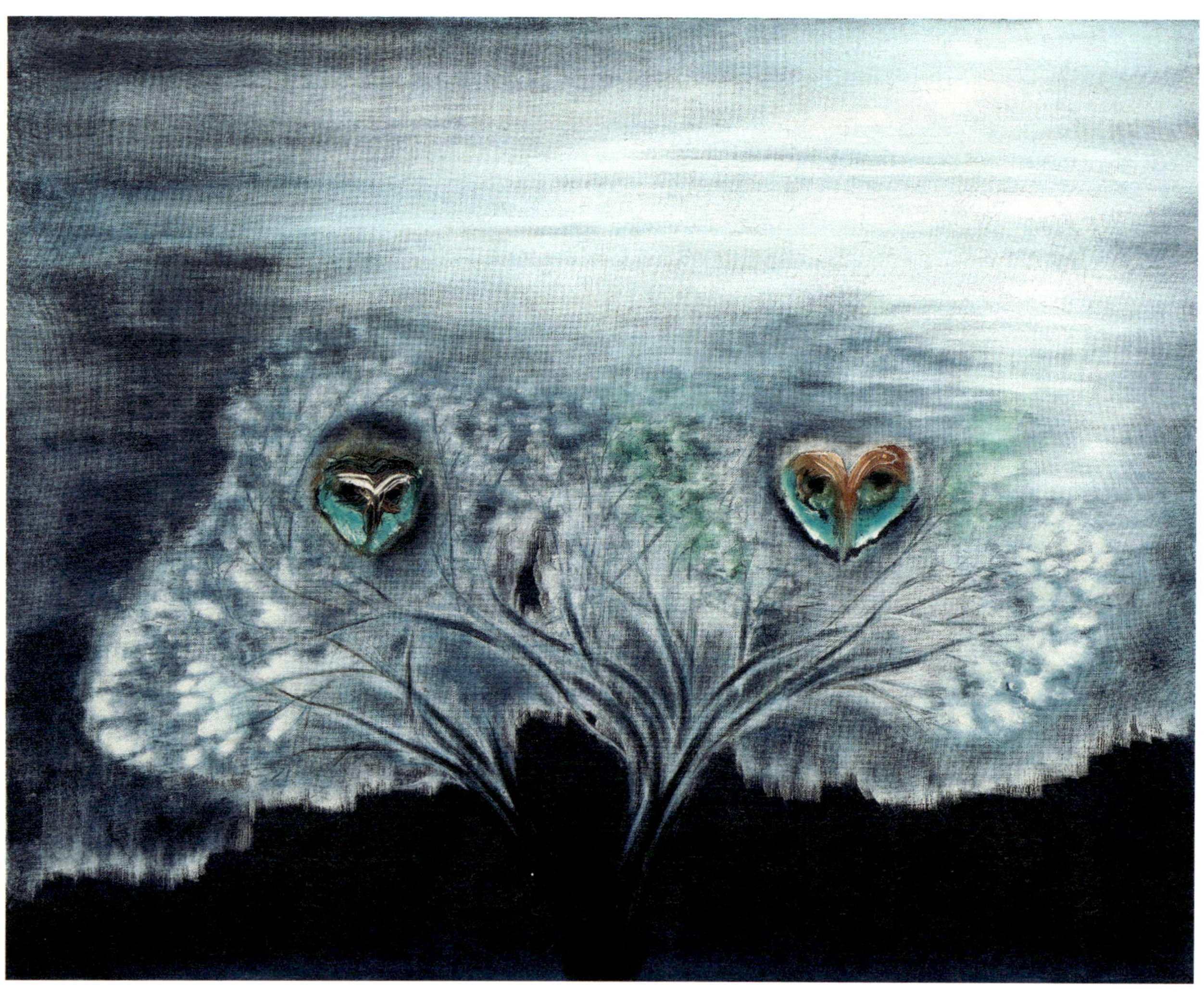

Kat. 452 ***La nuit roule des cris / Die Nacht rollt Schreie***, 1955
Öl auf Leinwand, 77,5 × 98 cm
Privatsammlung, Courtesy Galerie KODL

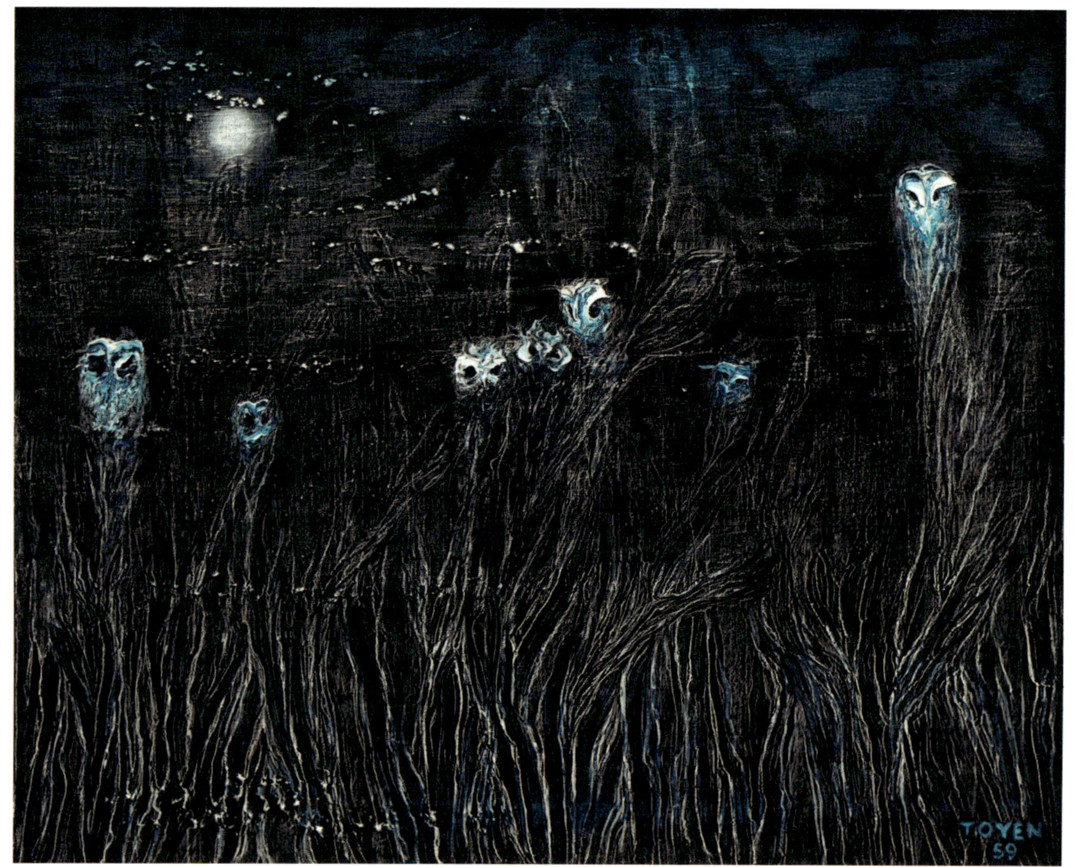

Abb. 453 ***Cris et rires / Schreie und Lachen***, 1959
Öl auf Leinwand, 40 × 50 cm
Privatsammlung, Courtesy Galerie KODL

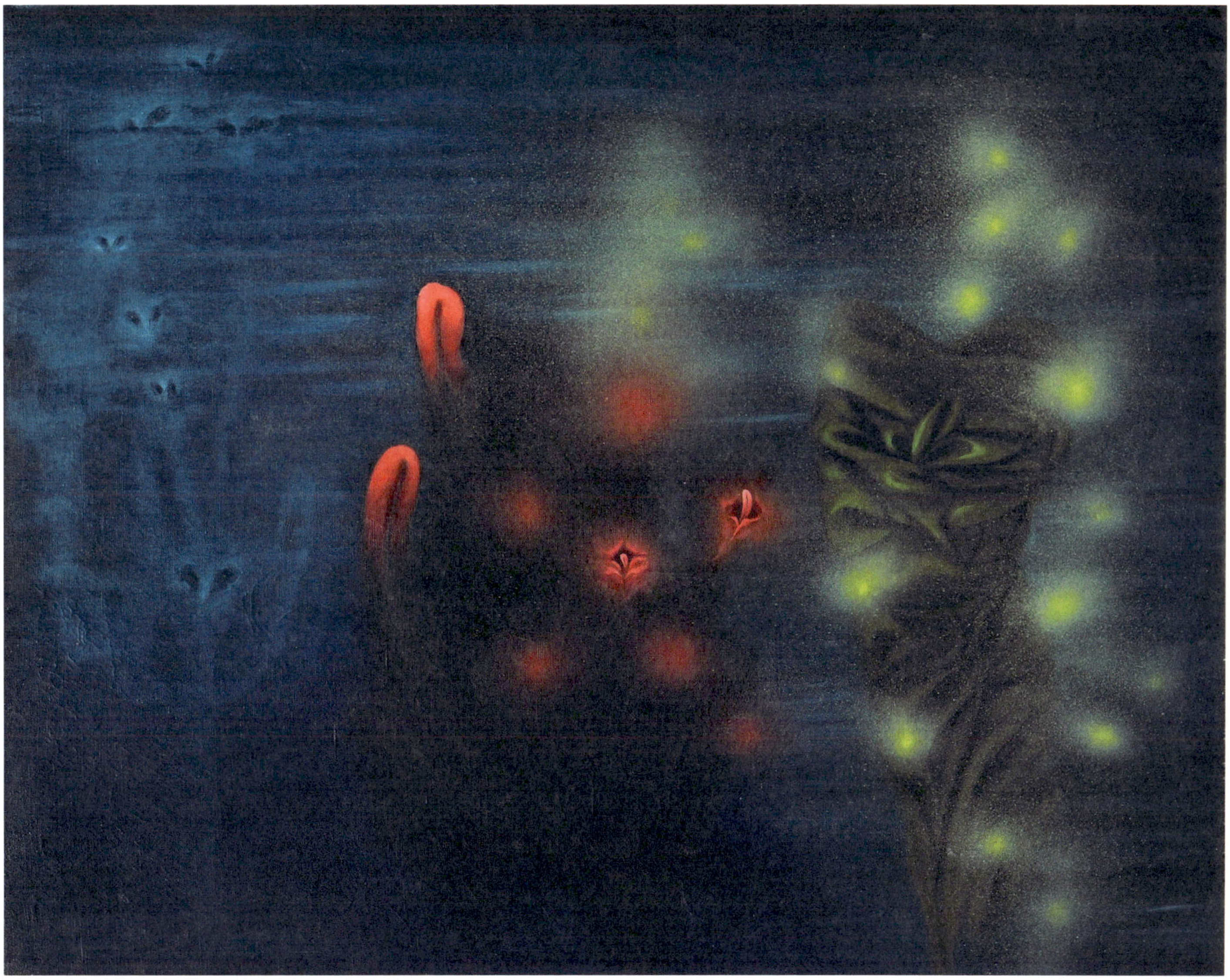

Kat. 454 ***Ils me frôlent dans le sommeil / Sie streifen mich im Schlaf***, 1957
Öl auf Leinwand, 89 × 116 cm
Privatsammlung, Courtesy Galerie 1900–2000, Paris

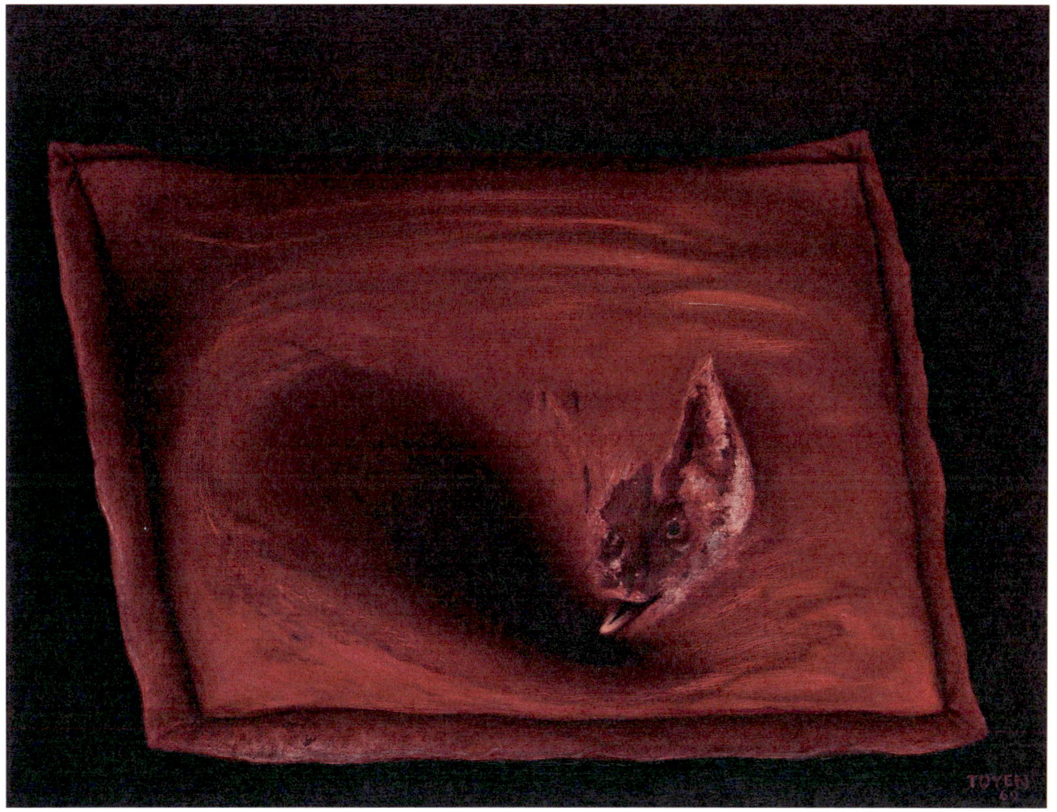

Kat. 455a ***Nuit après Nuit / Nacht für Nacht***, 1960
Öl auf Leinwand, 46 × 61 cm
COLLETT Prag | München

angedeutet wird, und unsichtbarem Raubtier erinnert, wie Karel Srp hervorhebt, an das Gemälde *La Bohémienne endormie* (*Die schlafende Zigeunerin*) des Zöllners Rousseau.[28] Es ließen sich jedoch auch andere Werke des französischen Malers nennen, an erster Stelle *Le Rêve* (*Der Traum*, 1910), auf dem eine unbekleidete Frau auf einem Diwan ausgestreckt ist, zwei Raubtiere an der Seite. Dieser Bezug auf Rousseau erscheint umso plausibler, als bekannt ist, wie sehr Toyen dessen Malerei schätzte.[29] Die Verknüpfung der Körper (oder Schatten) von Frau und Raubtier findet sich im Übrigen in mehreren weiteren Werken Toyens: *Le Rêve* (*Der Traum*, 1964, Kat. 466), dessen Titel ein direkter Verweis auf Rousseau zu sein scheint, *L'un dans l'autre* (*Das eine im anderen*, 1965, Abb. 468), *Le Paravent* (*Der Paravent*, 1966, Kat. 469) sowie *À l'instant du silence des lois* (*Der Augenblick, in dem die Gesetze schweigen*, 1969).

Auch Toyens Dichterfreunde erkannten die Bedeutung ihres Zyklus *Die sieben gezogenen Schwerter*. Sieben von ihnen verfassten jeweils ein Gedicht zu einem Gemälde und erneuerten auf diese Weise die »Gemeinschaftlichkeit des Denkens«, die für die Spiele und Aktivitäten der Surrealisten charakteristisch war. Einige (André Breton, Benjamin Péret und Georges Goldfayn) hatten bereits über Toyens Werk geschrieben und sich mit Versen an einem weiteren gemeinsamen Projekt, dem schmalen Katalog zu ihrer Ausstellung von 1953, beteiligt.[30] Nun gesellten sich auch noch der Dichter Robert Benayoun, die Maler und Dichter Yves Elléouët und Jean-Claude Silbermann, allesamt Mitglieder der Pariser Surrealisten-Gruppe, sowie der belgische Surrealist E. L. T. Mesens hinzu. Ihre Gedichte nehmen direkten Bezug auf die Gemälde. So beschwört Breton in *Die Schlafwandlerin* die »kirschene Mule«, den roten Pantoffel, der am Fuß der von Toyen gemalten Erscheinung zu erahnen ist. In *Die weiße Frau* beschreibt Elléouët die »seltsamen Fumerolen« und die »diaphanen Zungen aus Gischt«, die vom Gemälde ausstrahlen. Goldfayn wiederum erkennt in den scharlachroten Funken und Blütenblättern des Gemäldes *La Chasseresse* (*Die Jägerin*) »eine Pfingstrose [...] einer Maske gleich vor dem Körper«. Doch sind die Texte weder Beschreibungen der Bilder noch poetische Paraphrasen. Sie begleiten die Gemälde Toyens in die verwirrenden Räume, die diese einen Spalt öffnen, und steigern die Verstörung noch. *Die Schlafwandlerin* (Breton), *Die weiße Frau* (Elléouët) und Benayouns *La visiteuse vertige* (*Die schwindelerregende Besucherin*, Kat. 458) verweisen auf die »nächtlichen Besucherinnen«, Gespenster, Sukkuben oder Geistererscheinungen, welche die Sagen und Gothic Novels bevölkern. Breton hatte schon früh eingestanden, welche erotische Aufregung solche Gestalten bei ihm auslösten.[31] Das Gedicht Pérets – *Mélusine* (*Melusine*) – bezieht sich ebenfalls auf eine Sage, die von der schönen Melusine, einem Mischwesen aus Frau, Fee und Schlange. Entsprechende Überlieferungen gibt es in Frankreich in der Gegend von Poitou,[32] in Luxemburg und in Deutschland. Breton hatte sich in *Arcane 17* ausführlich mit dieser Sage auseinandergesetzt und damit das Bild der Frau als Rätselwesen beschworen, aber auch das der *femme blessée*, des Opfers des männlichen Blicks und männlicher Gewalt, die sich aus ihrer Unterjochung mit dem Aufschrei zu befreien versucht: »[...] die verlorene Frau, die in der Phantasie des Mannes singt [...], muß sie auch die wiedergefundene Frau sein. Und als erstes muß die Frau sich selbst wiederfinden, muß sie lernen, sich inmitten jener Höllenqualen selbst zu erkennen, zu denen sie [...] der Blick verdammt, den der Mann gewöhnlich auf sie richtet.«[33] Dem Künstler, Maler, Dichter hatte Breton die Aufgabe übertragen, zu dieser wahrhaften Befreiung der Frau beizutragen, die zugleich, da sie auch die Beziehung von Mann und Frau betrifft, eine Befreiung des Mannes sein würde. »Vor allem ist es Aufgabe des Künstlers – und sei es nur als Protest gegen diesen empörenden Sachverhalt –, so weitgehend wie irgend möglich all dem Vorrang einzuräumen, was im Gegensatz zum männlichen dem weiblichen Weltverständnis angehört [...] alles zu verherrlichen, ja sich bis zur völligen Identifikation zu eigen zu machen, was sie hinsichtlich ihrer Art des Wertens und Wollens vom Mann unterscheidet.«[34]

Und es ist der Kraft von Toyen – nicht als Malerin und nicht einmal als Surrealistin,[35] sondern als freies Individuum – zu verdanken, dass sie sich jeder Kategorisierung zu entziehen und in ihrem gesamten Werk, insbesondere aber im Zyklus *Die sieben gezogenen Schwerter*, die Beziehungen zwischen Männern und Frauen zum Ausdruck zu bringen wusste: mit allem, was in diesen Beziehungen an Verwirrendem vorhanden ist, mit alldem, was sich wechselseitig ergänzt und vieldeutige Spannungen erzeugt, welche Frau und Mann in ihrer Gegensätzlichkeit dennoch zu einen und manchmal auch zu befreien vermögen. Das eine und das andere. Das eine durch das andere.

1 Die Adresse der Galerie war 4, rue Furstenberg, gelegen im 6. Pariser Arrondissement.

2 Ausstellung *Endre Rozsda (échappé de Hongrie)*, 25. Februar bis 9. März 1957, Paris, Galerie Furstenberg, Vorwort des Katalogs von André Breton.

3 André Breton, *Préface*, in: *Endre Rozsda*, Ausst.-Kat. Paris, Galerie Furstenberg, 1957, in deutscher Übersetzung in: ders., *Der Surrealismus und die Malerei*, Berlin 1967, S. 255.

4 *À l'affût de la pensée* (1956), *En proie à leur regard*, *Ils me frôlent dans le sommeil*, *Chevelure du matin*, *Et maintenant que passe le temps* (*Und jetzt, da die Zeit vergeht*, 1957).

5 *La Dame blanche*, *La Somnambule*, *La Chasseresse*, *La belle ouvreuse*, *Mélusine*, *La visiteuse vertige*, *L'éveilleuse de tendresse*, alle von 1957.

6 S. dazu den Beitrag von Annabelle Görgen-Lammers, *Auftritt der Erscheinungen – Zwischen Faltungen und Rissen in Raum und Bild*, S. 139ff. in diesem Band.

7 Der Begriff der »Umkehr des Zeichens« war von Breton nach dem Zweiten Weltkrieg in mehreren wichtigen Texten entwickelt worden wie *Comète surréaliste* (Juni 1947) und *Signe ascendant* (Januar 1948), aufgenommen in: André Breton, *Œuvres complètes*, Bd. 3, Paris 1999. Diese »Umkehr« (vergleichbar der Umkehrung der Fließrichtung des elektrischen Stroms vom Minuspol zum Pluspol) basierte nicht nur auf den Grundregeln der Dialektik, sondern machte auch Anleihen bei Charles Fourier, bei esoterischen Traditionen (Kabbala, Zen-Philosophie) sowie dem Begriff der »Umkehrung der Symbole«, wie er von René Guénon in seinem Werk *Le Règne de la quantité et les Signes des temps*, erschienen 1945 in Paris, ausgearbeitet wurde.

8 André Breton, Préface, in: *Toyen*, Ausst.-Kat. Paris, Galerie Denise René, 1947, aufgenommen in: ders. 1999, Bd. 3 (wie in Anm. 7), S. 964.

9 Ebd. Dieser Apolog-Dialog mit dem Zen-Meister Sozan Daishi erinnert an eine Passage in Bretons *Signe ascendant* – »Eine rote Libelle – reißt ihr die Flügel ab – eine Peperoni [...]. Eine Peperoni – legt ihr Flügel an – eine rote Libelle« –, mit der er illustrieren wollte, dass ein und dasselbe Bild mit einer »zerstörerischen/negativen« und einer »schöpferischen/positiven« Konnotation belegt sein konnte, je nach verwendetem Zeichen oder eingeschlagener Leserichtung; s. ebd., S. 769.

10 Der Titel *Minuit, l'heure blasonée* ist dem Gedicht *La Chambre gothique* von Aloysius Bertrand entnommen. Der mit phantastischen Motiven durchsetzte Text, dem das Motto »Nachts ist mein Zimmer voller Teufel« vorangestellt ist, beschreibt einen Zug grotesker Schauergestalten, die dem Erzähler kurz vor dem Einschlafen erscheinen. So sieht dieser den Geist eines Ahnen aus seinem Porträt herabsteigen und Scarbo, einen verkrüppelten blutdürstigen Zwerg, auf ihn zukommen, der ihn in den Hals beißen will.

11 So Toyens Arbeitstitel für das Gemälde laut einer Mail Annie Le Bruns an den Verfasser vom 20. Juli 2020.

12 Zur Faszination, die das Theater auf Toyen ausübte, siehe Annie Le Brun, *Theater der Aura – Toyen und das Spektakel*, S. 94ff. in diesem Band.

13 *La Nuit et ses prestiges* (*Zauber der Nacht*) lautet der Titel des *Troisième livre des fantaisies de Gaspard de la nuit* (*Drittes Buches der Phantasien von Gaspard de la nuit*) von Bertrand, das mit dem Gedicht *La Chambre gothique* beginnt.

14 *The Nightmare*, 1781; *Der Nachtmahr*, 1790 oder 1791.

15 Sechs der Gemälde sind Hochformate, *L'éveilleuse de tendresse* ist ein Querformat.

16 Insbesondere Françoise Diniman, Les Sept Épées, une alchimie du verbe?, in: *La Revue des lettres modernes*, Nr. 677–681, Paris 1983, S. 95–114; James R. Lawler, Apollinaire et *La Chanson du mal aimé*, in: *Australian Journal of French Studies*, September–Dezember 1964, S. 272–293; Madeleine Boisson, *Apollinaire et les mythologies antiques*, Paris 1989; Antoine Fongaro,

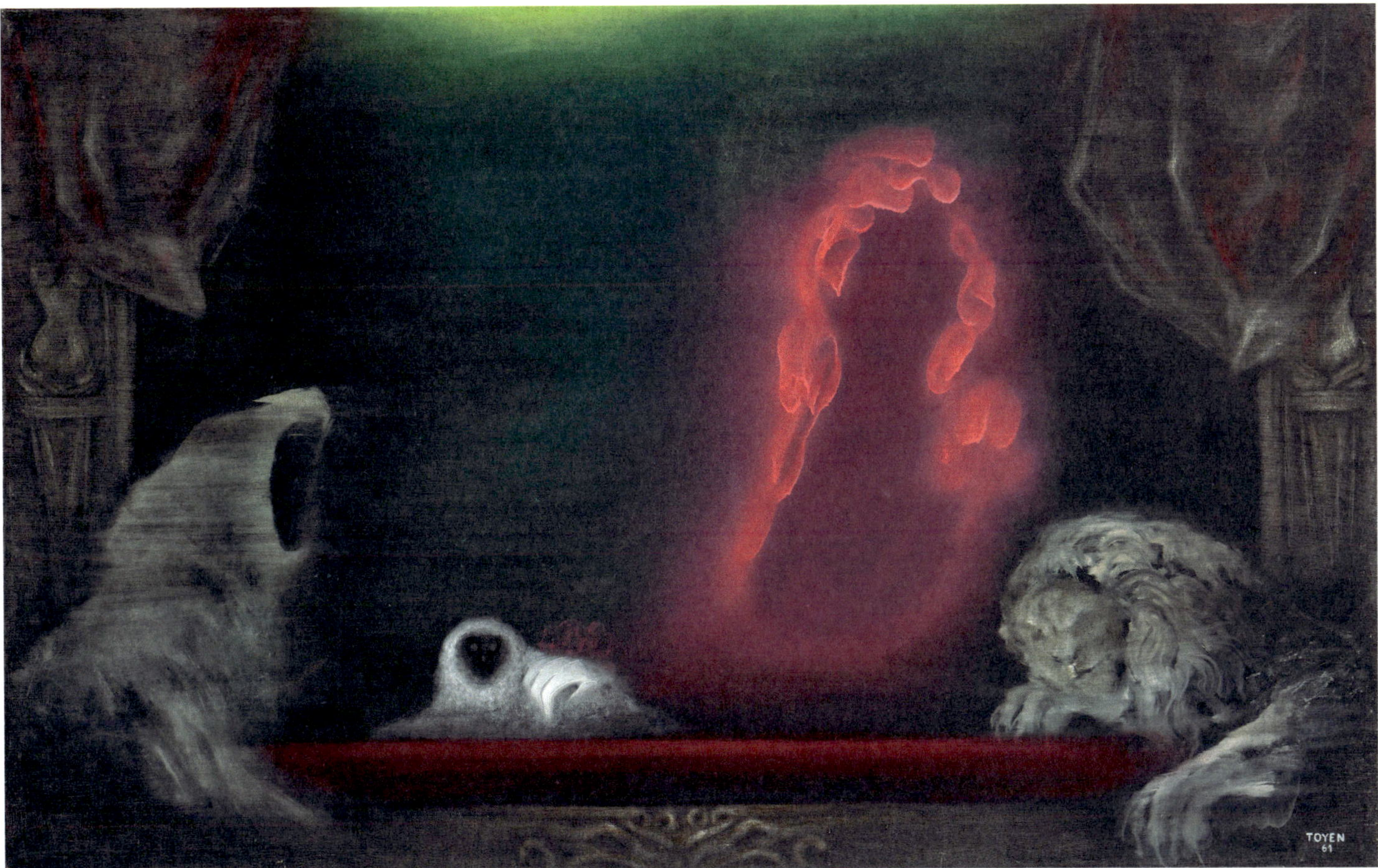

Kat. 455b ***Minuit, l'heure blasonée / Mitternacht, die gewappnete Stunde***, 1961
Öl auf Leinwand, 89 × 146 cm
Privatsammlung

Apollinaire et les Cabires, in: *Littératures*, Nr. 28, Frühjahr 1993, S. 167–177.

17 Von den Schwertern *Durandal*, *Almace* und *Hauteclaire*, als Schwerter Rolands und seiner Gefährten Turpin und Olivier im *Chanson de Roland*, und *Flamberge* von Renaud de Montauban bis hin zu *Excalibur* in der Artussage; aber auch das Schwert Karls des Großen trug einen – historisch verbürgten – weiblichen Namen: *Joyeuse*.

18 Insbesondere Jean-Louis Bédouin in *L'Éros et l'instinct de mort*, Suzanne Lilar gewidmet und veröffentlicht in: *Médium. Communication surréaliste*, Nr. 4, Neue Serie, Januar 1955, S. 23–26.

19 André Breton, *La Somnambule*, Gedicht für *Les Sept Épées hors du fourreau*, in: *Toyen*, Ausst.-Kat. Paris, Galerie Furstenberg, März 1958, o. S.

20 André Breton, Enquête sur le strip-tease, in: *Le Surréalisme, même*, Nr. 4, Frühjahr 1958, S. 56–65. Die Antworten stammten u. a. von Hans Bellmer, Roger Caillois, Ado Kyrou, Pierre Molinier, Edgar Morin sowie von mehreren Frauen: Joyce Mansour, Françoise de Ligneris, Nora Mitrani, Michèle Perrein, Monique Watteau. Das Thema des Striptease spielte auch ein Jahr später bei der Internationalen Surrealismus-Ausstellung eine Rolle, die vom Dezember 1959 bis Januar 1960 in der Pariser Galerie Cordier unter dem Titel *Eros* stattfand.

21 Roland Barthes, *Mythen des Alltags*, Berlin 2010, S. 191.

22 Breton 1958 (wie in Anm. 20), S. 56, 57.

23 Ihr Interesse für den Striptease hatte Toyen bereits zuvor mehrmals zum Ausdruck gebracht, und es sollte auch weiter bestehen. Am 4. März 1973 schrieb ihr der schwedische Maler, Kunsthistoriker und Museumskurator Ragnar von Holten in einem Brief: »Der Striptease macht mich sehr neugierig. Wann kommt das Buch heraus?«, Brief von Ragnar von Holten an Toyen, 4. März 1973, Centre Pompidou/MNAM-CCI/Bibliothèque Kandinsky, Fonds Toyen, 5858.2.

24 Ein Etuikleid taucht auch auf mehreren weiteren Gemälden Toyens auf, etwa *Le Silence des miroirs* (*Das Schweigen der Spiegel*), 1958.

25 Was umso naheliegender erscheint, als »fourreau« auf Tschechisch »pochva« heißt, was gleichzeitig »Vulva« bedeutet.

26 Siehe dazu die Analyse von Antoine Fongaro (1993, wie in Anm. 16), der auf mehrere erotisch anzügliche Schüttelreime in Apollinaires Gedicht hinweist, beispielsweise im ersten Vers: »La première est toute d'argent / Et son nom tremblant c'est Pâline« (Die erste ist ganz aus Silber / Und ihr zitternder Name lautet Pâline); Pâline als Anagramm gelesen auch: »la pine«, deutsch Schwanz. Auch weitere, direktere sexuelle Anspielungen führt Fongaro an: »La troisième, bleu féminin / N'en est pas moins un chibriape« (Die dritte, weiblich blau / ist trotzdem nicht weniger priapimmlisch); »chibriape« ist ein Neologismus Apollinaires, zusammengesetzt aus dem Namen des griechischen Gottes Priapus und dem Wort »chibre«, deutsch Schwanz.

27 Ein etwas gewagter Vergleich, der ursprünglich von Rita Bischof angestellt und von Karel Srp – wenn auch leicht relativiert – aufgegriffen wurde: »Der etwas voreilige Vergleich mit Mucha lässt sich trotzdem durch eine ähnliche Auffassung rechtfertigen [...]. Die Ideen des Art nouveau erwiesen sich als so mächtig, dass sie Toyen noch in den 1950er Jahren beeinflussten [...]«, Karel Srp, *Toyen*, Ausst.-Kat. Prag, Galerie hlavního města Prahy, Prag 2000, S. 229, auch in: *Toyen, une femme surréaliste*, Ausst-Kat. Saint-Étienne, Musée d'Art moderne, Lyon 2002, S. 200/201.

28 Ebd., S. 196.

29 Was auch der Grund war, weshalb Jindřich Heisler ihr 1942 zu ihrem 40. Geburtstag eine Collage mit dem Titel *La Carriole de Toyen* (*Toyens Wagen*) schenkte, die er in Anlehnung an Rousseaus Gemälde *La Carriole du père Junier* von 1908 gefertigt hatte (Abb. 307).

30 S. dazu den Beitrag des Verfassers, *Ein Freundschaftsarchipel – Toyen und die Pariser Surrealisten-Gruppe*, S. 255ff. dieses Bandes.

31 »Jede Nacht ließ ich die Tür meines Hotelzimmers weit offen stehen, in der Hoffnung, endlich neben einer Gefährtin zu erwachen, die ich nicht erwählt hatte.«, André Breton, La Confession dédaigneuse, in: *Les Pas perdus* (1922), Paris 1968, S. 12. Benayouns Gedicht *La Visiteuse vertige* spielt ebenfalls auf Lauenstein an: Der Vers »In Lauenstein zittert ein fein ziselierter Kristallkelch wie der Puls eines Sterbenden« bezieht sich auf das Schloss Lauenstein nahe Ludwigsstadt, das mit der Legende der blutenden Nonne verbunden ist, die Matthew Gregory Lewis zu seinem Roman *The Monk* angeregt hatte. Siehe Alice Mary Killen, *Le Roman terrifiant ou Roman noir, de Walpole à Anne Radcliffe, et son influence sur la littérature française jusqu'en 1884*, Genf 2000, S. 216.

32 Mit dem Epos von Jean d'Arras *La Noble histoire de Lusignan* (1392–1394).

33 André Breton, *Arkanum 17. Ergänzt durch Erhellungen*, München 1993, S. 58.

34 Ebd., S. 60.

35 Dazu sei hier bemerkt, wie unglücklich der Titel *Toyen, une femme surréaliste* für die 2002 im Musée d'Art moderne in Saint-Étienne gezeigte Retrospektive gewählt war.

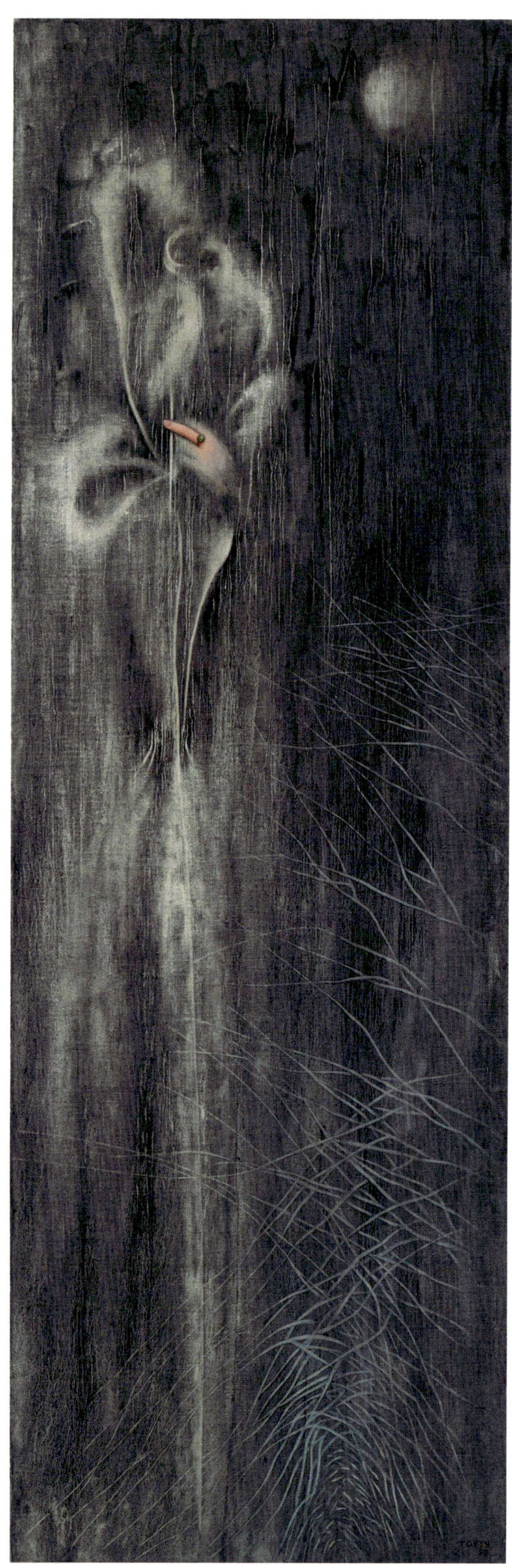

Kat. 456 ***La Dame Blanche / Die weiße Frau*** aus dem Zyklus ***Les 7 épées hors du fourreau / Die sieben gezogenen Schwerter***, 1957
Öl auf Leinwand, 150 × 50 cm
Privatsammlung

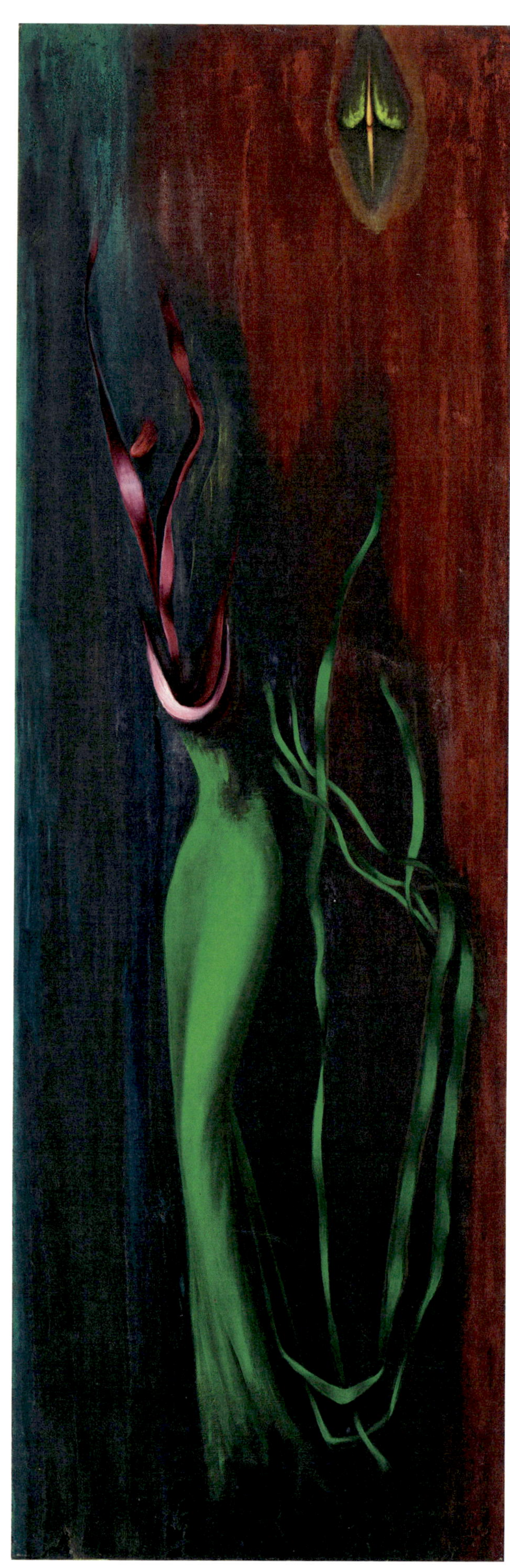

Kat. 457 ***Mélusine*** aus dem Zyklus ***Les 7 épées hors du fourreau / Die sieben gezogenen Schwerter***, 1957
Öl auf Leinwand, 150 × 50 cm
Privatsammlung

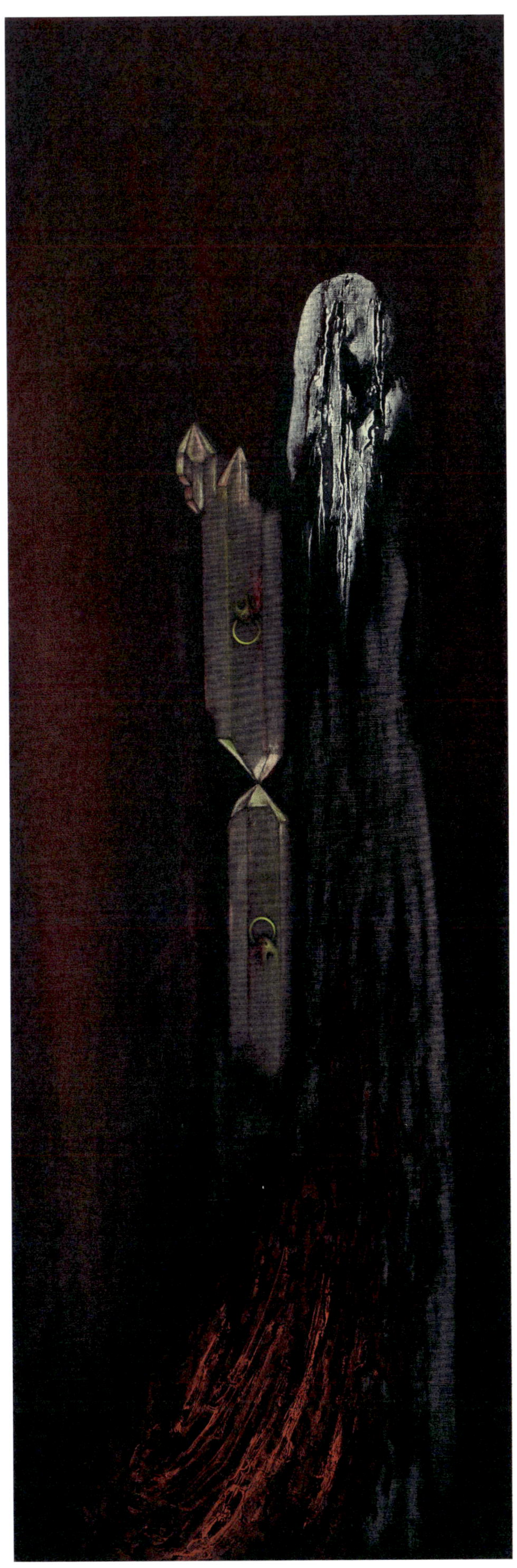

Kat. 458 ***La visiteuse vertige | Die schwindelerregende Besucherin*** aus dem Zyklus ***Les 7 épées hors du fourreau | Die sieben gezogenen Schwerter***, 1957
Öl auf Leinwand, 150 × 50 cm | Privatsammlung

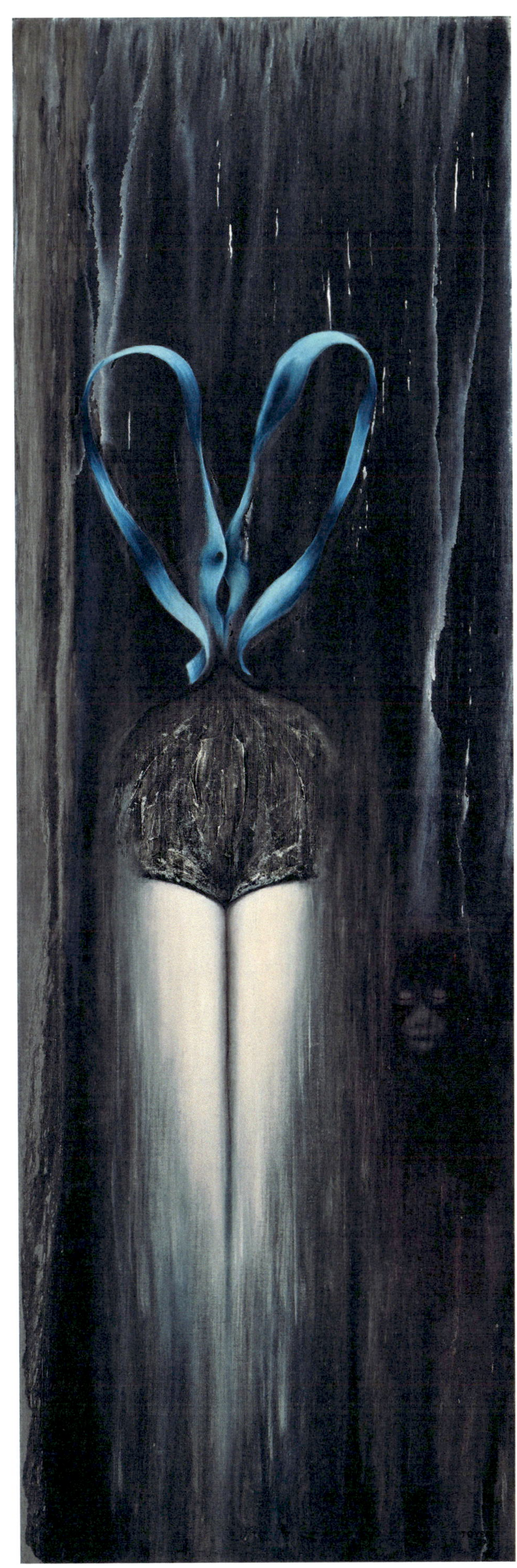

Kat. 459 ***La belle ouvreuse | Die schöne Platzanweiserin*** aus dem Zyklus ***Les 7 épées hors du fourreau | Die sieben gezogenen Schwerter***, 1957
Öl auf Leinwand, 150 × 50 cm | Privatsammlung

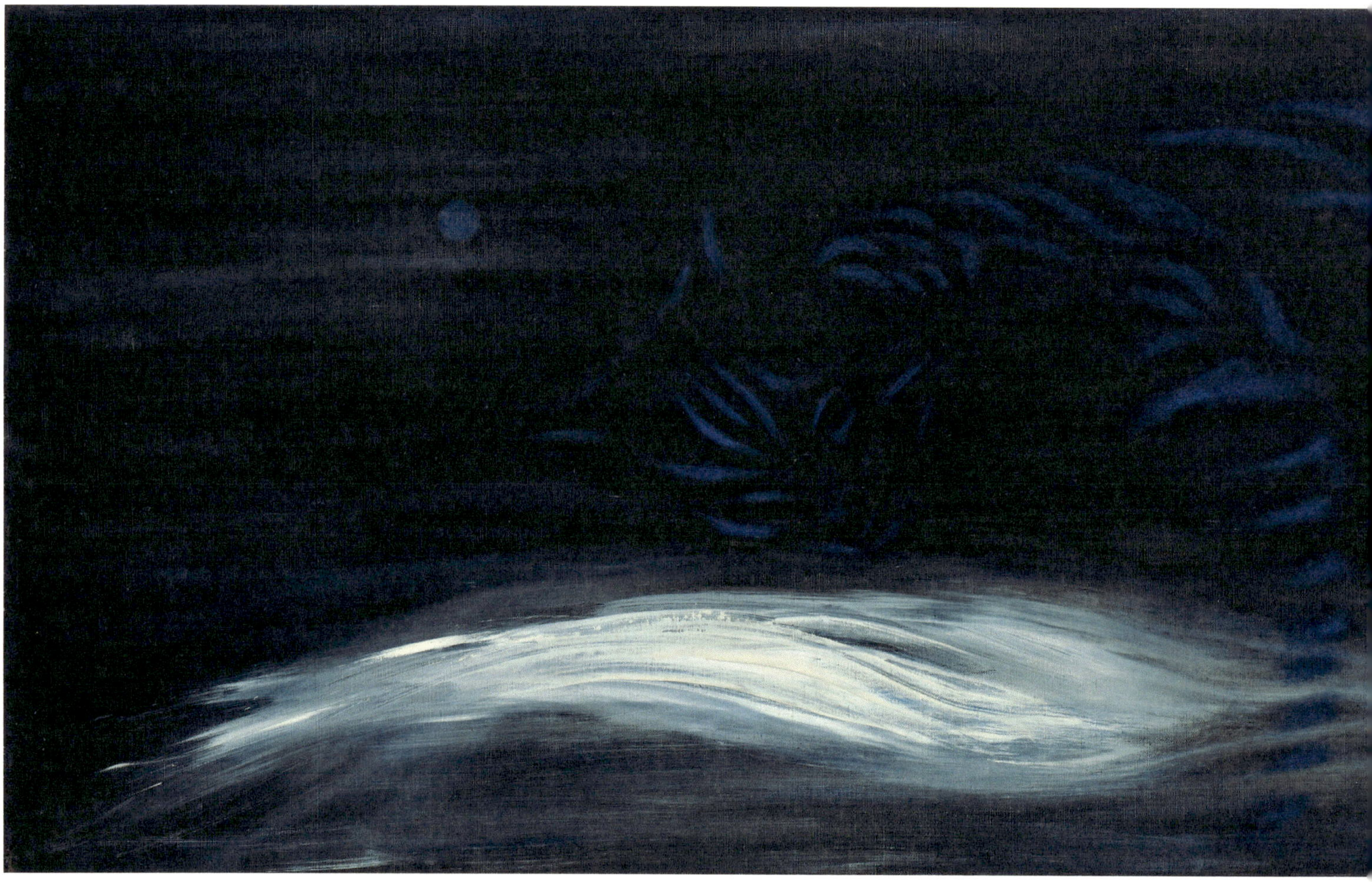

Abb. 460 ***L'éveilleuse de tendresse / Die Erweckerin der Zärtlichkeit*** aus dem Zyklus ***Les 7 épées hors du fourreau / Die sieben gezogenen Schwerter***, 1957
Öl auf Leinwand, 50 × 150 cm
Privatsammlung

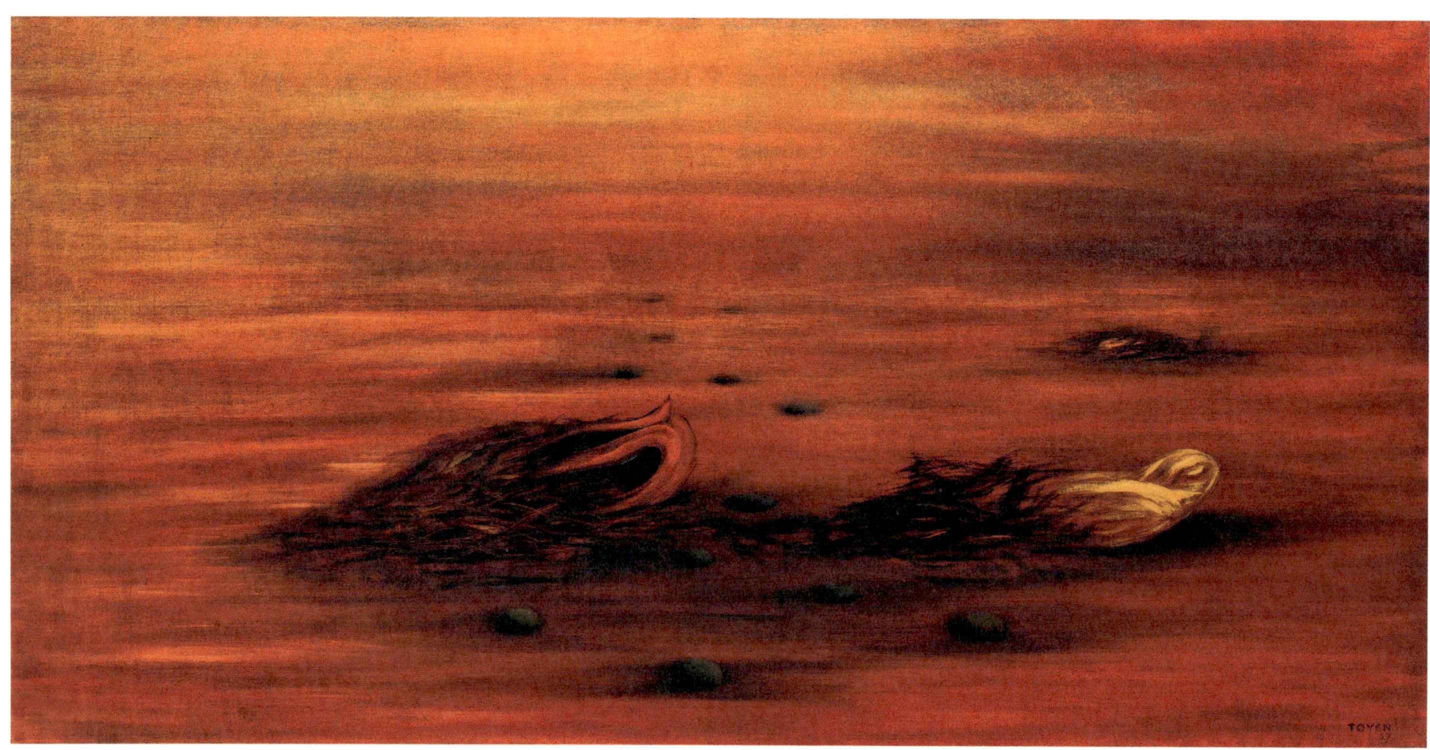

Abb. 461 ***Et maintenant que passe le temps / Und jetzt, da die Zeit vergeht,*** 1957
Öl auf Leinwand, 60 × 120 cm
Privatsammlung, Courtesy Galerie KODL

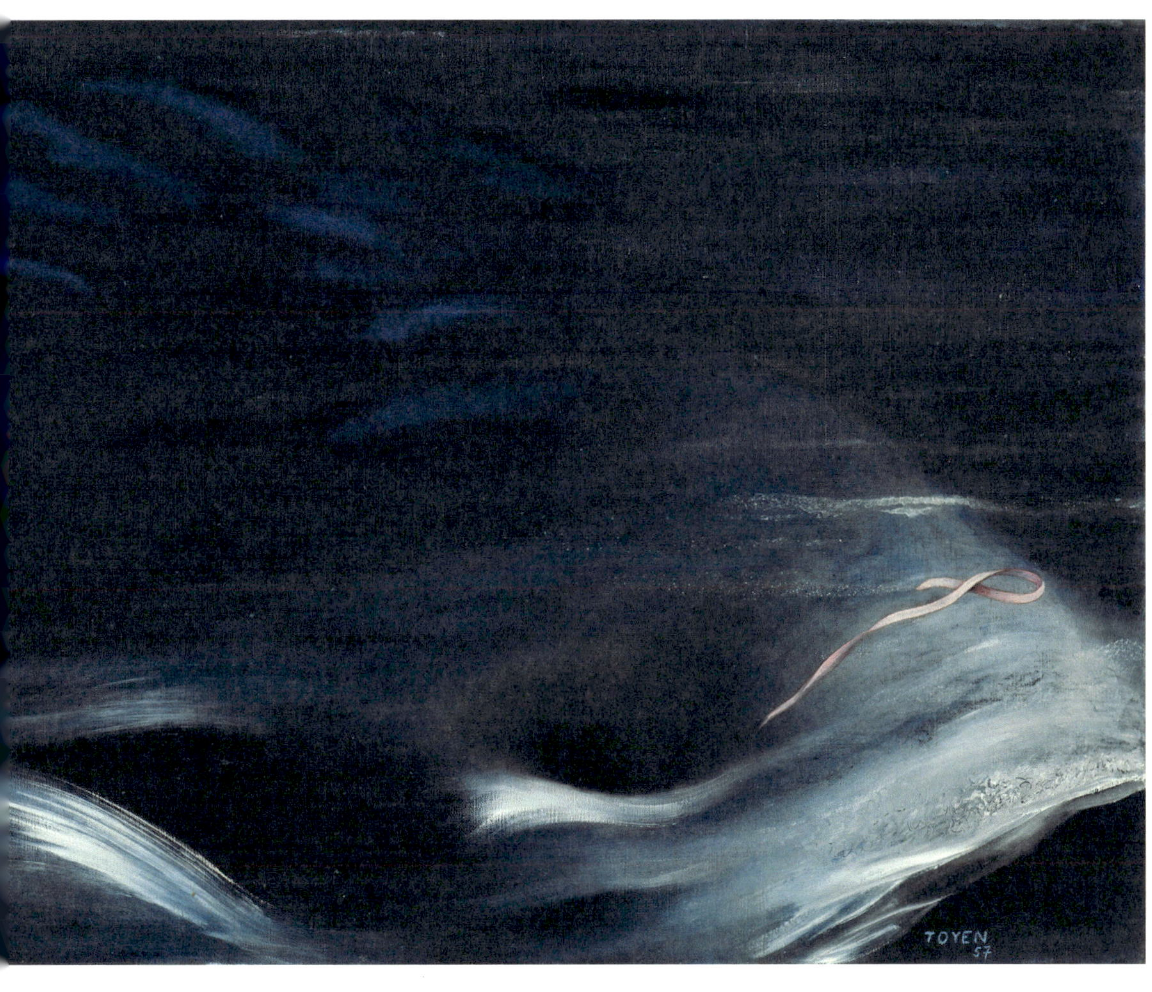

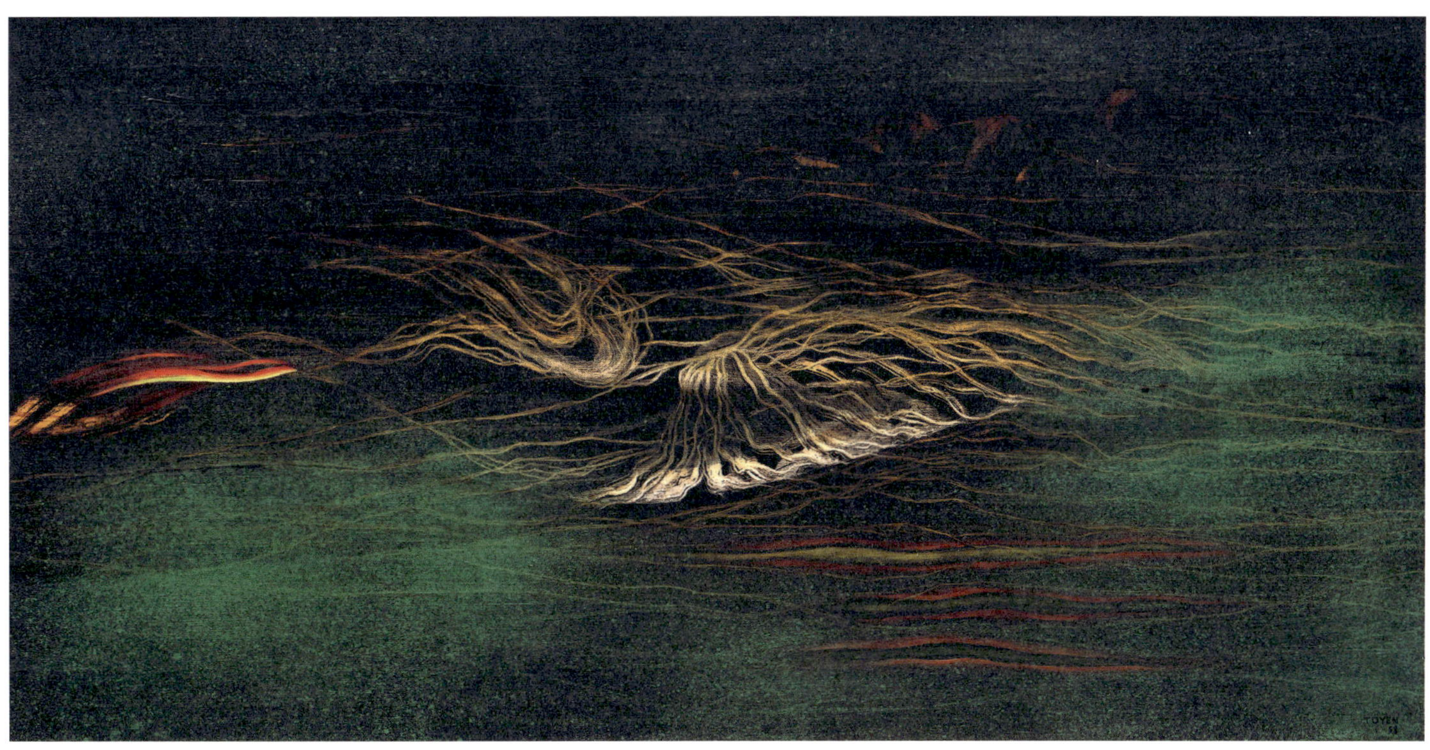

Kat. 462 ***Chevelure du matin*** | ***Morgendliches Haar***, 1958
Öl auf Leinwand, 60 × 120 cm
Privatsammlung, Courtesy Galerie KODL

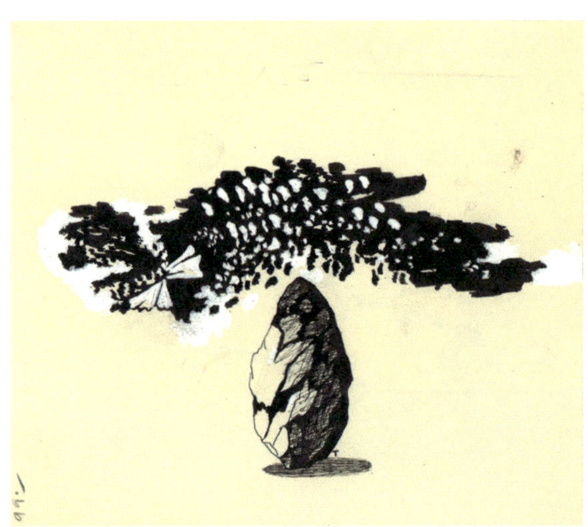

Kat. 463 ***Composition / Komposition***, 1959
Tusche mit Weißhöhungen auf Papier, 158 x 183 mm
Privatsammlung

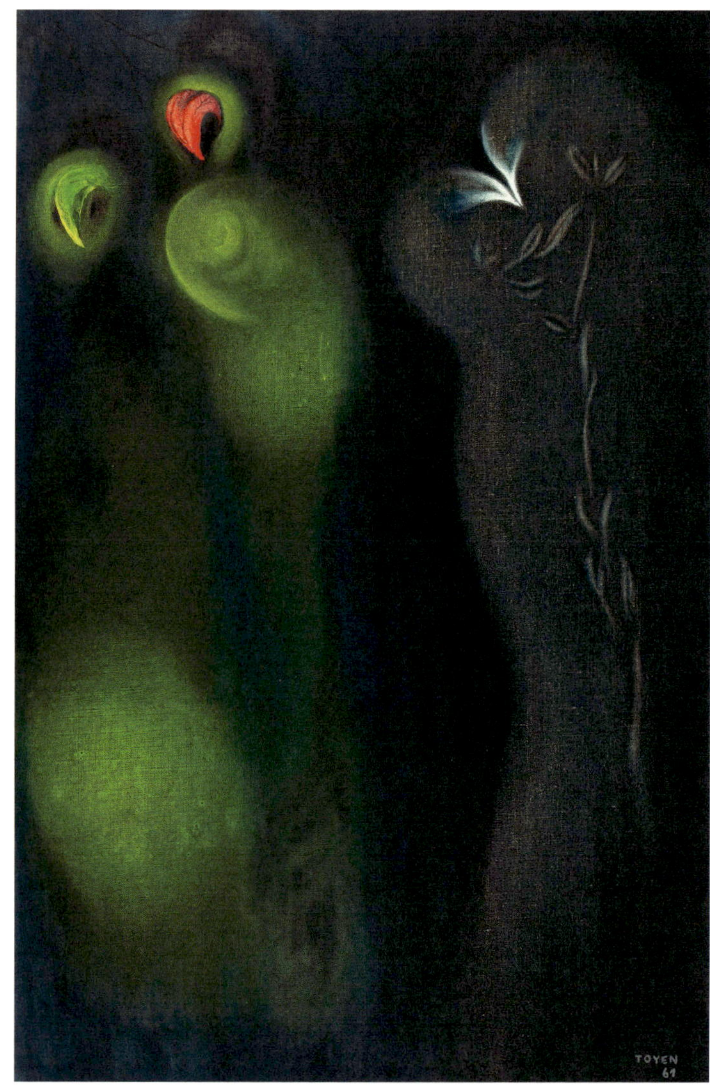

Kat. 464 ***Brumes de la solitude / Nebel der Einsamkeit***, 1961
Öl auf Leinwand, 92 × 60 cm
Privatsammlung, Paris

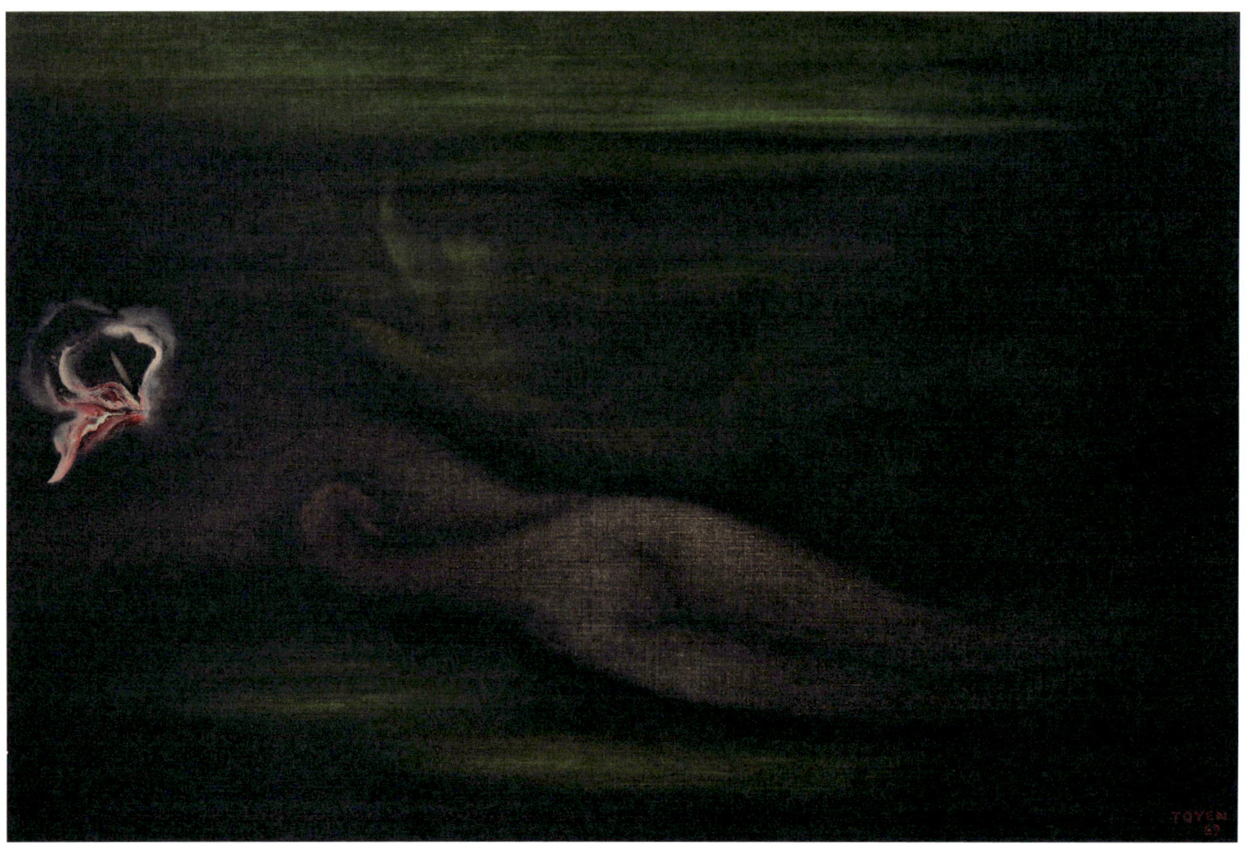

Kat. 465 ***La lisière de l'adolescence / Am Rande der Adoleszenz***, 1961
Öl auf Leinwand, 60 × 100 cm | Privatsammlung

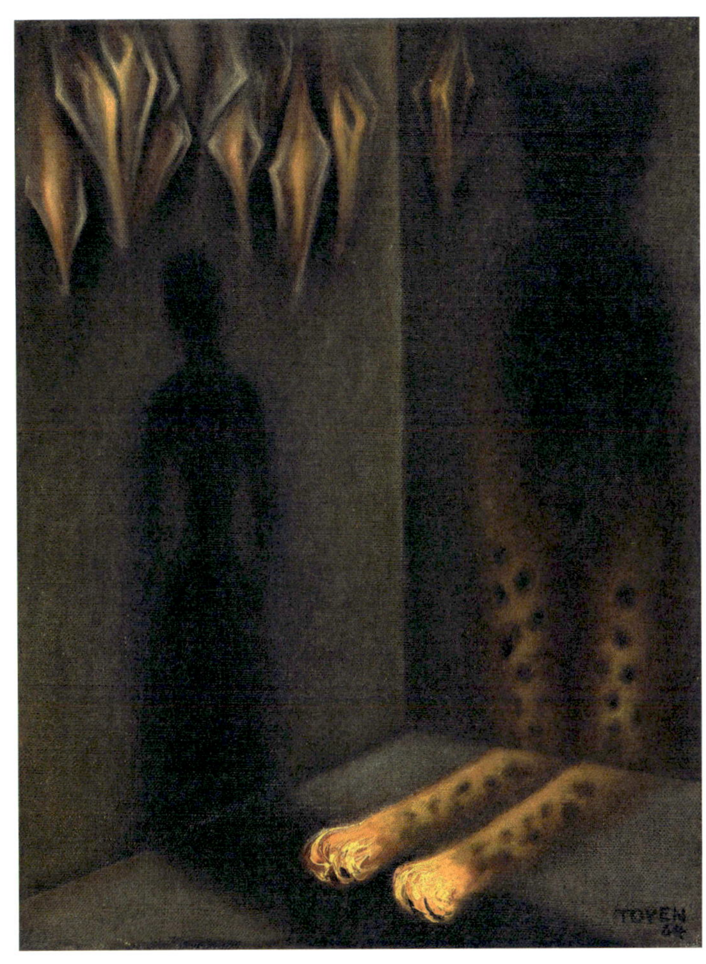

Kat. 466 ***Le Rêve | Der Traum***, 1964
Öl auf Leinwand, 35 × 27 cm
Privatsammlung, Paris

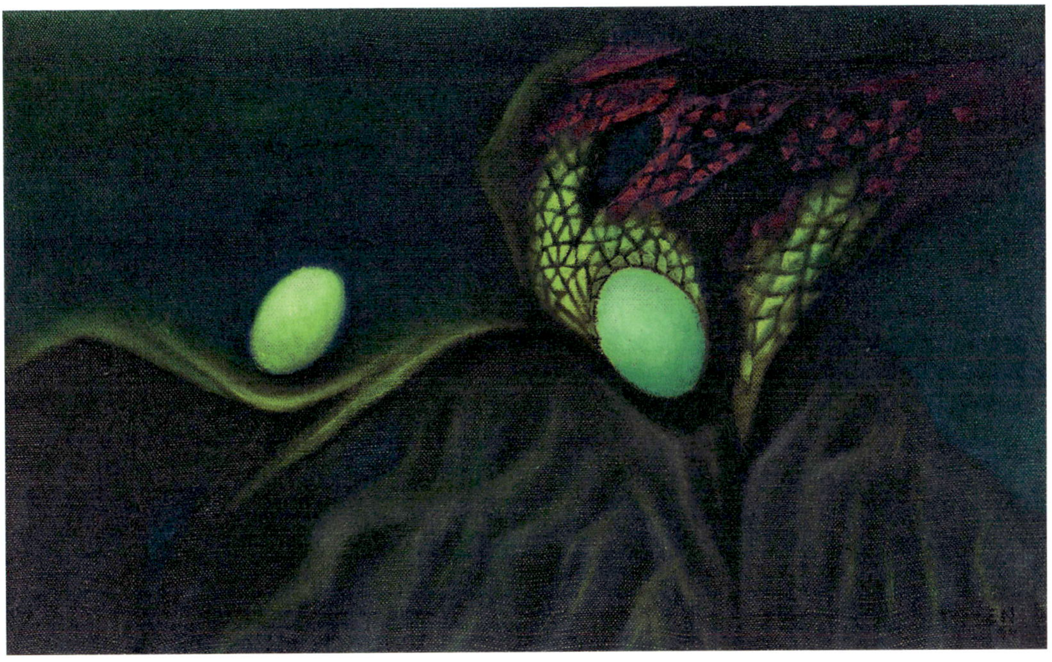

Kat. 467 ***Au creux d'une roche | In einer Felshöhle,*** 1964
Öl auf Leinwand, 25 × 42 cm | Privatsammlung, Paris

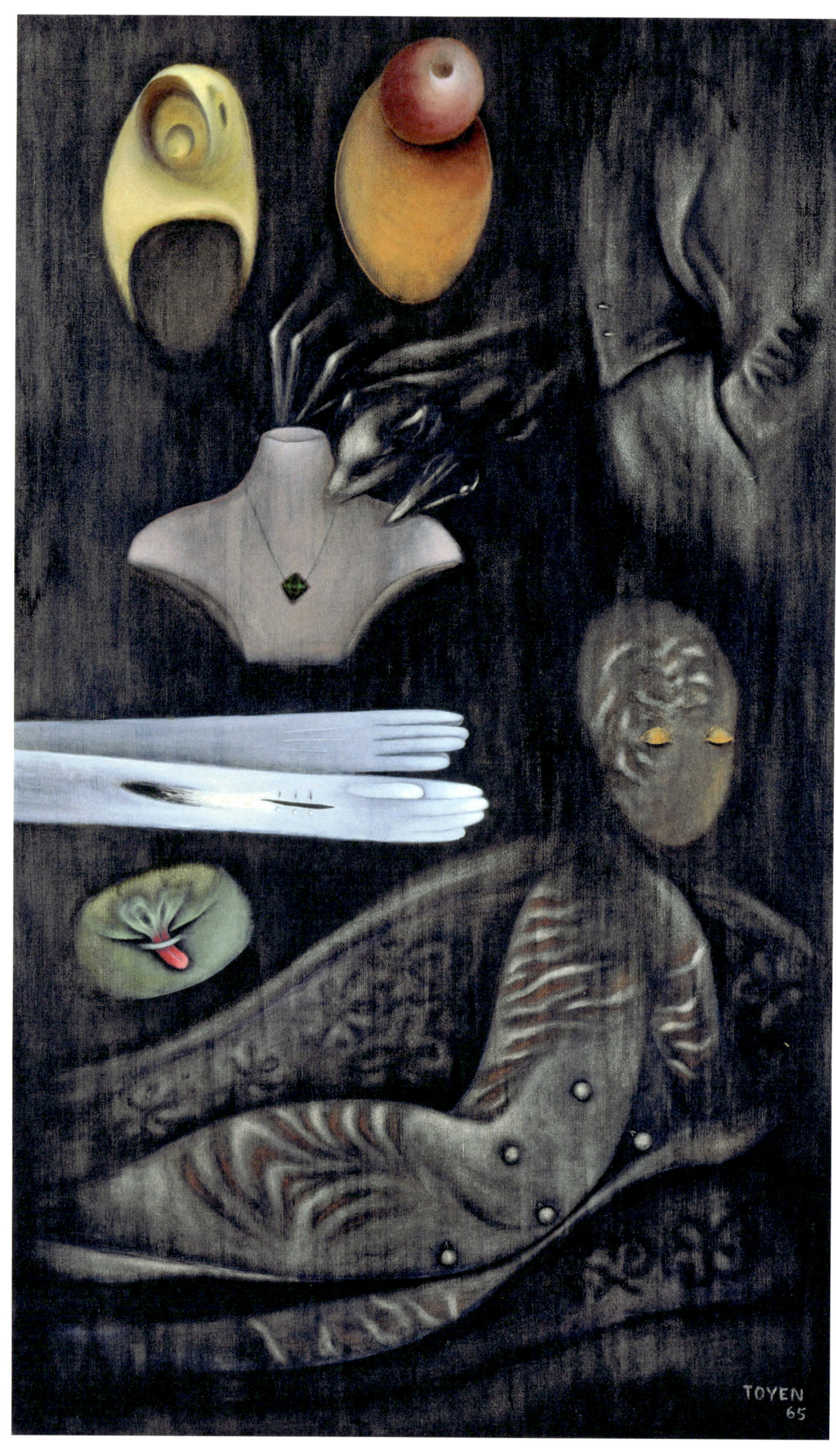

Abb. 468 ***L'un dans l'autre / Das eine im anderen***, 1965
Öl und Assemblage auf Leinwand, 145 × 88 cm
Centre Pompidou, Paris, Musée national d'art moderne – Centre de création industrielle, erworben 1968

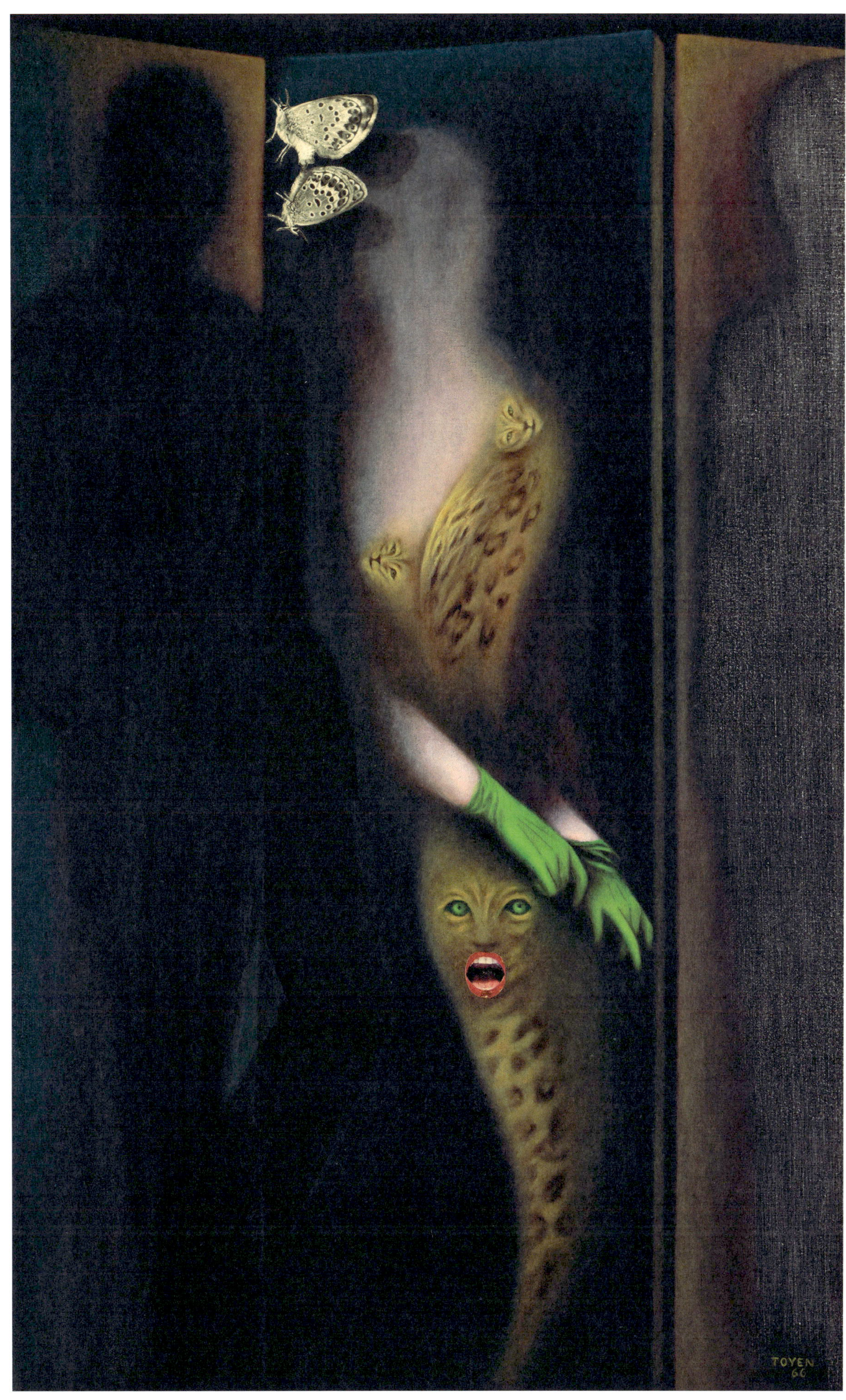

Kat. 469 ***Le Paravent / Der Paravent***, 1966
Öl und Collage auf Leinwand, 116 × 73 cm
Musée d'art Moderne de Paris, Paris Musées

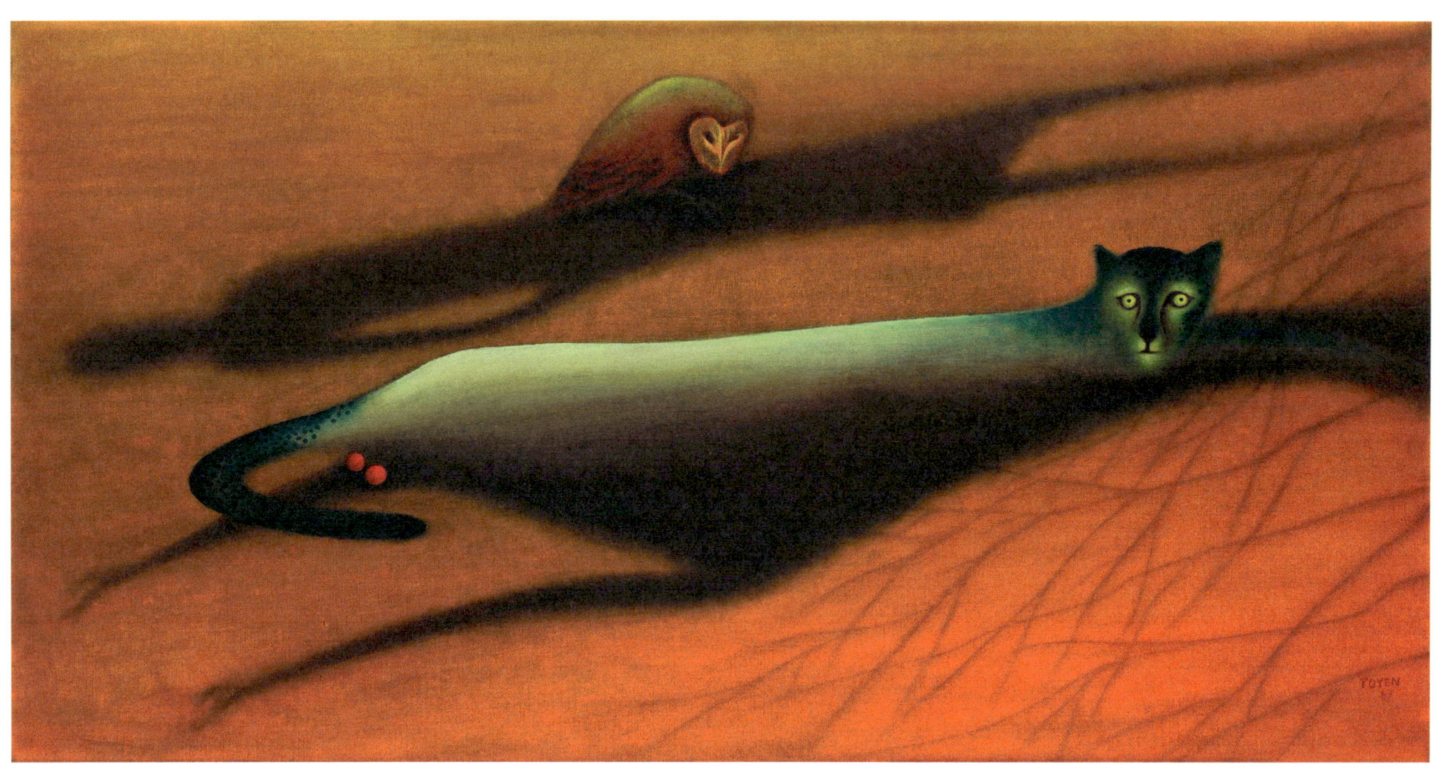

Kat. 470 ***Mirage / Wunder***, 1967
Öl auf Leinwand, 60 × 120 cm
Privatsammlung, Courtesy Cyrille de Gunzburg, Paris

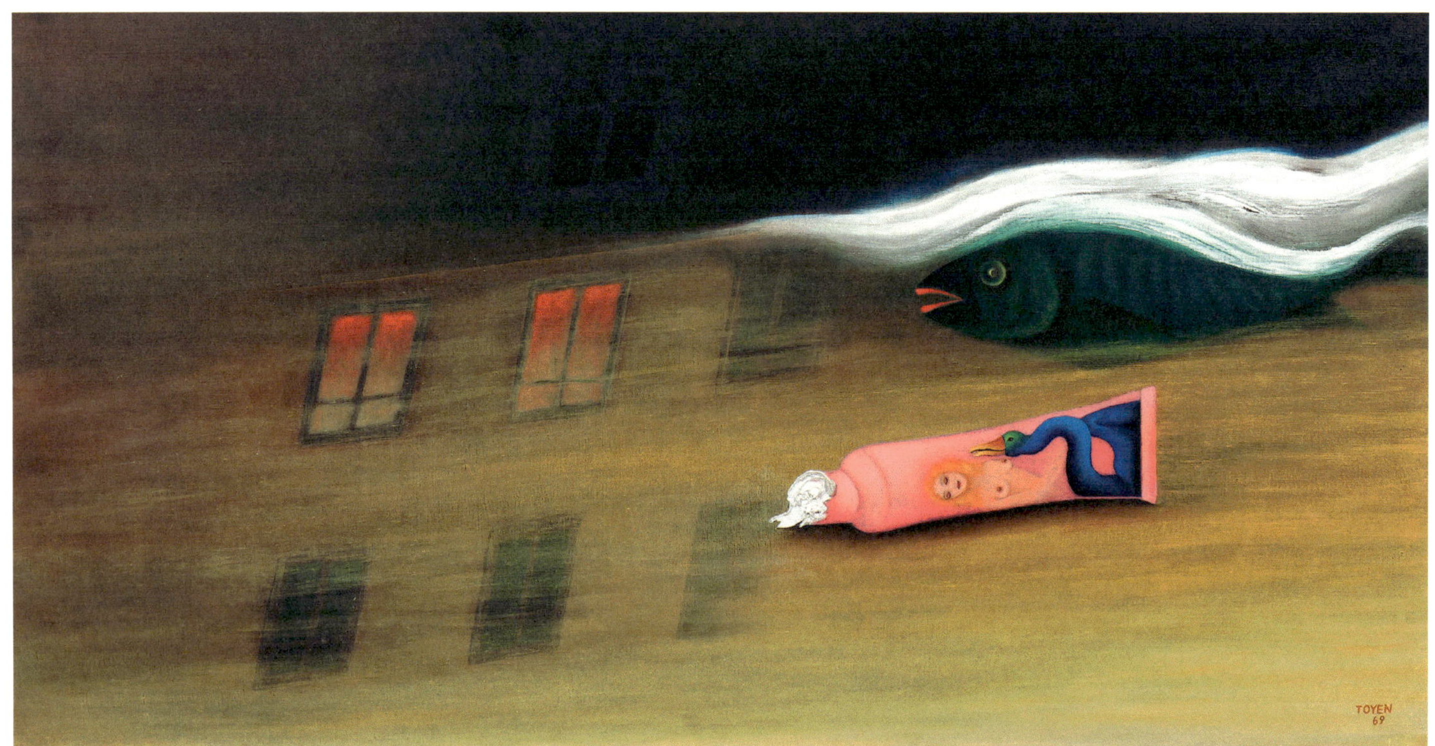

Kat. 471 ***Reflets à marée basse / Schimmer der Ebbe***, 1969
Öl auf Leinwand, 60 × 120 cm
Privatsammlung, Courtesy Galerie KODL

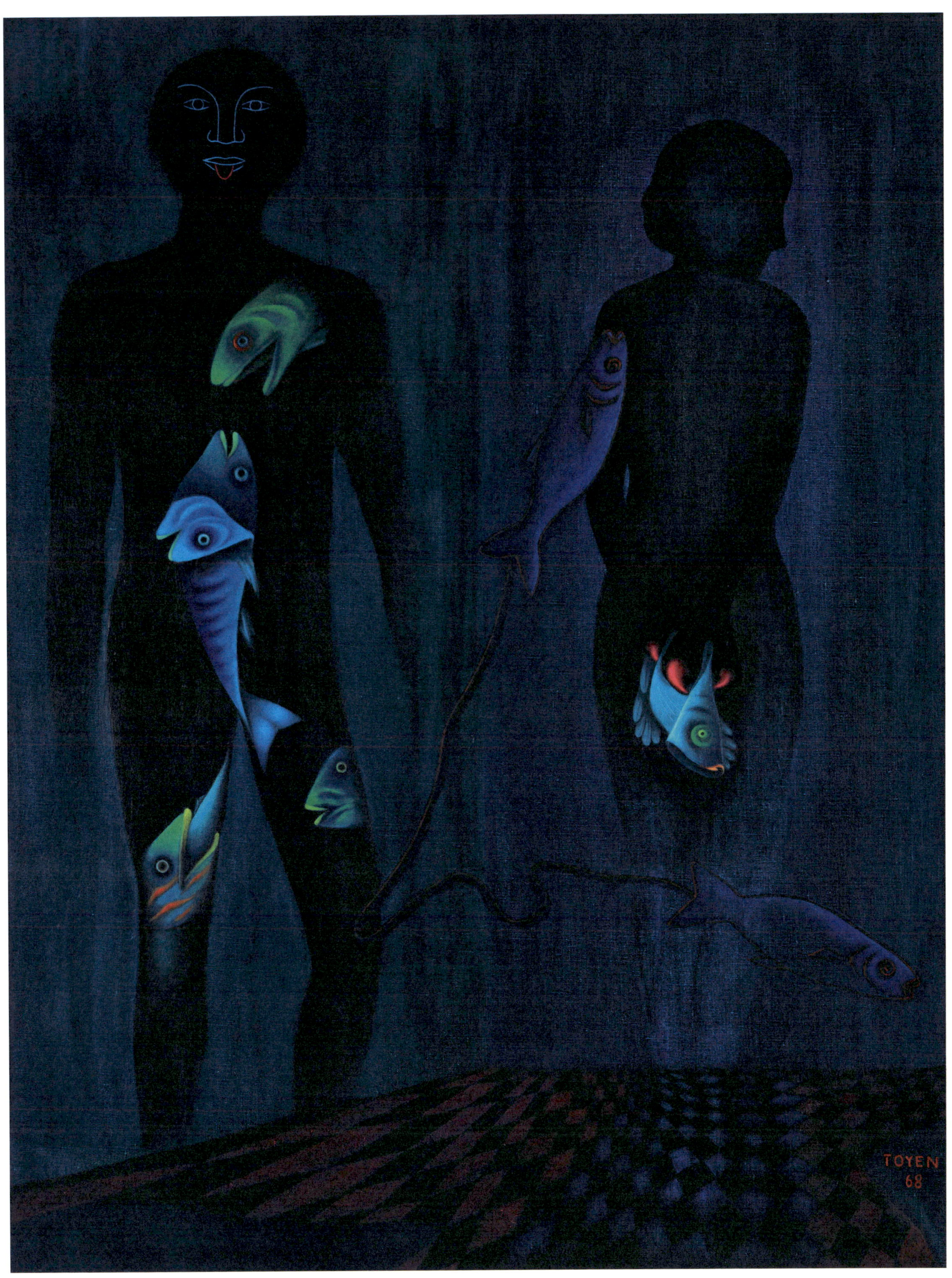

Kat. 472 ***Eclipse / Sonnenfinsternis***, 1968
Öl auf Leinwand, 116 × 89 cm
Privatsammlung

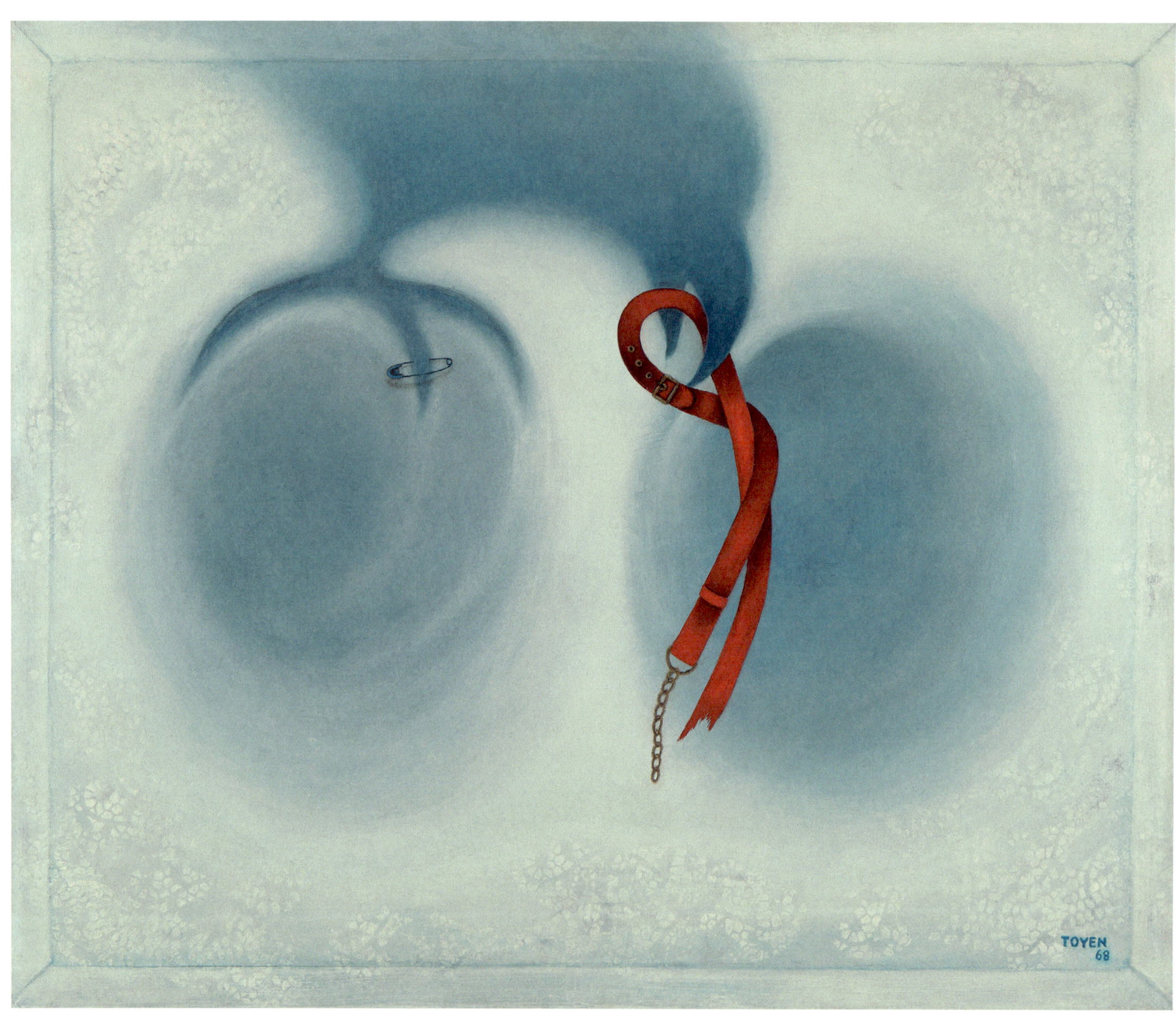

Kat. 473 ***Do not disturb! / Nicht stören!***, 1968
Öl auf Leinwand, 54 × 65 cm
Privatsammlung, Paris

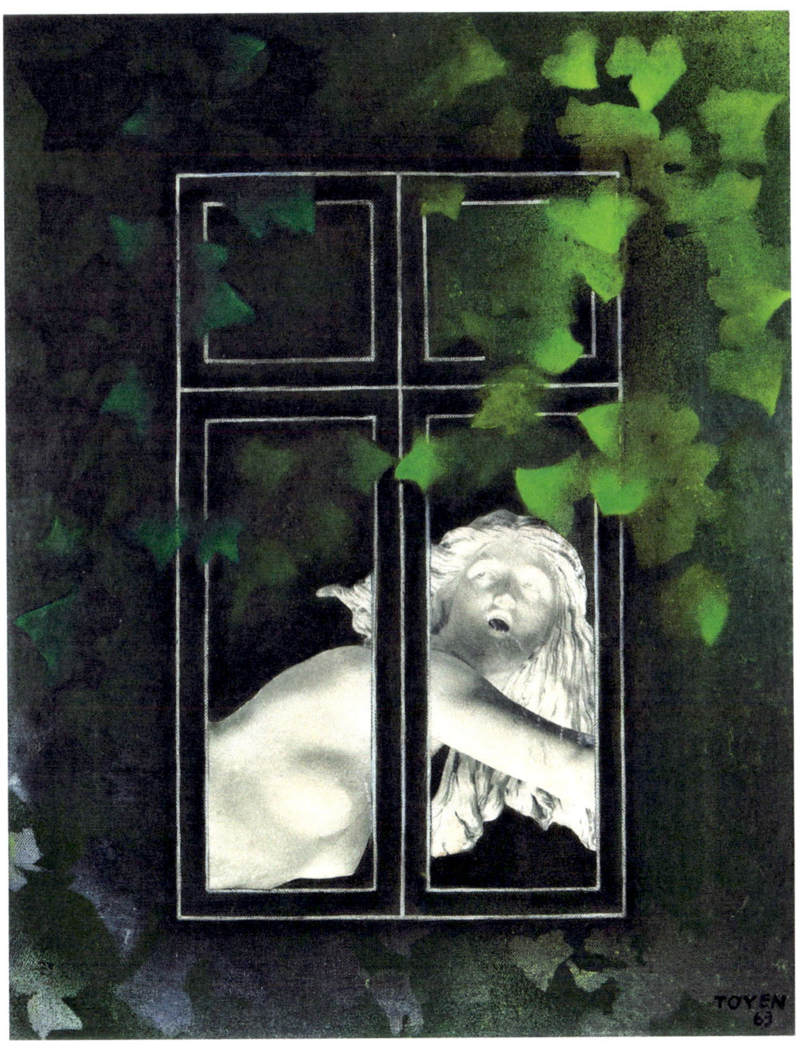

Kat. 474 ***À une certaine heure / Zu einer bestimmten Stunde***, 1963
Öl und Collage auf Leinwand, 49 × 39 cm
Privatsammlung, Courtesy Galerie 1900–2000, Paris

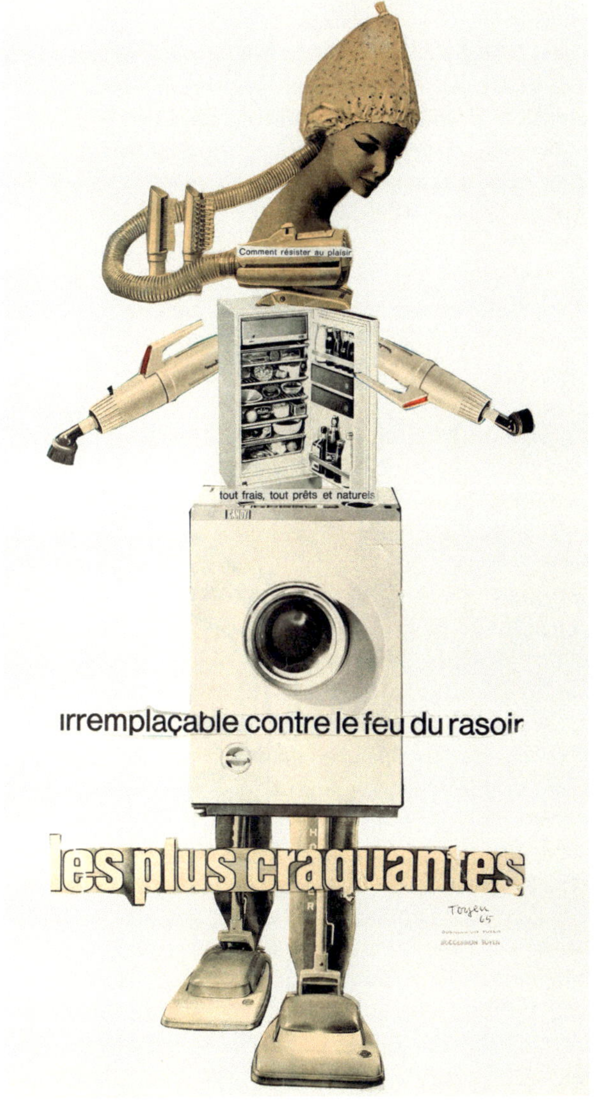

Kat. 475 ***Irremplaçable contre le feu du rasoir / Unersetzlich gegen Rasurbrand***, 1965
Collage auf Papier, 530 x 300 mm
Privatsammlung, Courtesy Galerie KODL

Radovan Ivšić

Eine grenzenlose Leidenschaft für das Leben

Im November 1954 lud mich André Breton zu den Treffen des surrealistischen Freundeskreises ins Café Le Musset ein. Wie konnte ich, der aus einem kommunistischen, von der Welt abgeschnittenen Land kam, ahnen, dass die Surrealisten noch immer diese auf Apollinaire zurückgehende Gewohnheit pflegten, täglich zusammenzukommen? Und noch weniger konnte ich mir nach Jahren unter der erdrückenden Last des sozialistischen Realismus vorstellen, dort Toyen anzutreffen, von der ich als Person überhaupt nichts wusste, deren Gemälde *Spící* (*Schlafende*, Abb. 247), das ich kurz vor dem Krieg – ich war damals siebzehn – in einer Publikation der Surrealisten entdeckt hatte, mich aber stärker beeindruckte als jedes andere. Aber da war sie, so wie sie alle Tage da sein würde, mit ihren Freunden André Breton und Benjamin Péret, sich stets ein wenig abseits haltend, als hätte sie es bewusst vermieden, sich in den Mittelpunkt zu stellen. Schweigend und aufmerksam saß sie da, wie ein Indianer, mit ihren bewundernswert blauen Augen, die dafür gemacht zu sein schienen, zu sehen, was die anderen nicht sahen.

Von den Professoren und Kunsthistorikern, die sich – ohne Verständnis für die tiefere Bedeutung des Surrealismus – bemühen, aus ihm eine Avantgarde-Bewegung wie alle anderen zu machen, wird ein ganz wesentlicher Aspekt stets übersehen: die Freundschaft. Ohne die Freundschaft hätte es vieles von dem, was den Surrealismus so funkeln und strahlen ließ, nie gegeben. Dabei stand nicht der Gedanke, Gemeinschaftswerke zu erschaffen, im Vordergrund. Vielmehr bot die Entdeckung von Wahlverwandtschaften so etwas wie einen Schutz vor dem Elend der Welt, und sie beflügelte zugleich jeden Einzelnen, sich in seiner unverwechselbaren Individualität zu entfalten. Wenn mit solcher Insistenz auf die Meinungsverschiedenheiten, Brüche und Ausschlüsse hingewiesen wurde, welche die Geschichte des Surrealismus begleitet haben, dann nur deshalb, weil die Leidenschaftlichkeit nicht wahrgenommen wurde, mit der alle geistigen Auseinandersetzungen geführt wurden, mögen sie einen glücklichen oder einen unglücklichen Ausgang genommen haben. Besser der Bruch mit der Gruppe als Lüge oder Verrat an den eigenen Ideen, das war sicherlich einer der Schlüsselgedanken der surrealistischen Utopie. Wie es eine »Noblesse der Liebe« gibt, von der Charles Fourier spricht, so gibt es auch eine *Noblesse der Freundschaft*, die unlösbar mit dem Surrealismus verbunden ist. Nicht ohne eine gewisse Ergriffenheit will ich versuchen, ein Porträt der Person zu zeichnen, die eine der leuchtendsten Gestalten dieses Kreises war. Aber auch nicht ganz ohne ein ängstliches Zögern, denn es ist schwer, im Nachhinein zu beschreiben, was Tag für Tag den zarten Faden einer Freundschaft knüpfte, die mit der Zeit immer enger wurde.

Von Anfang an hieß Toyen mich herzlich willkommen und lud mich sehr bald in ihr Atelier im 6. Stock, 68, Boulevard Saint-Germain ein. Dort sah ich das erste Mal einige ihrer erstaunlichen Gemälde aus jenen Jahren wie *Loi naturelle* (*Naturgesetz*, 1946, Kat. 357) oder *Mýtus světla* (*Mythos des Lichts*, 1946, Kat. 412). Sie zeigte mir auch ihre bedeutenden Zyklen *Střelnice* (*Der Schießstand*, Kat. 323–329), *Schovej se, válko!* (*Verstecke dich, Krieg!*, Kat. 340–345) und *Les Spectres du désert* (*Die Gespenster der Wüste*, Abb. 292). Diese Zeichnungen waren für mich eine Offenbarung – als würden aus der Finsternis, die sich in der jüngsten Vergangenheit über Europa gelegt hatte, die Gespenster hervortreten, deren monströse Komplexität und unheilvolle Vorbedeutung für unsere Zukunft bisher niemand so gut darzustellen vermocht hatte wie sie.

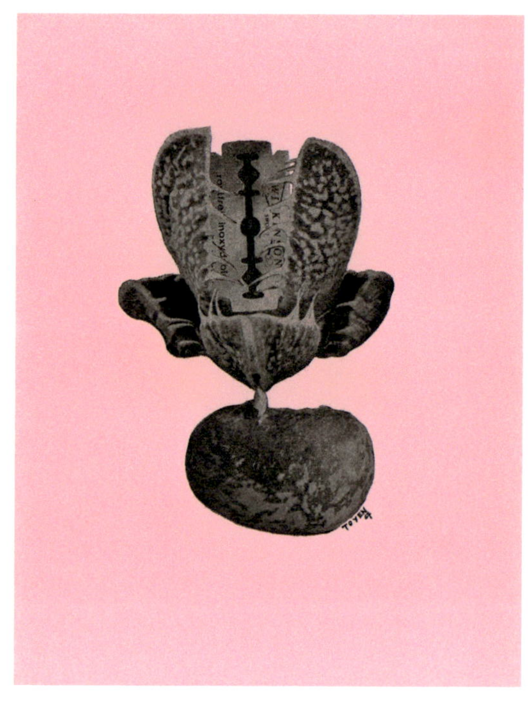

Abb. 476 Annie Le Brun, ***Sur le champ / Auf der Stelle***, 1967
Collage, 295 × 229 mm | Privatsammlung, Paris

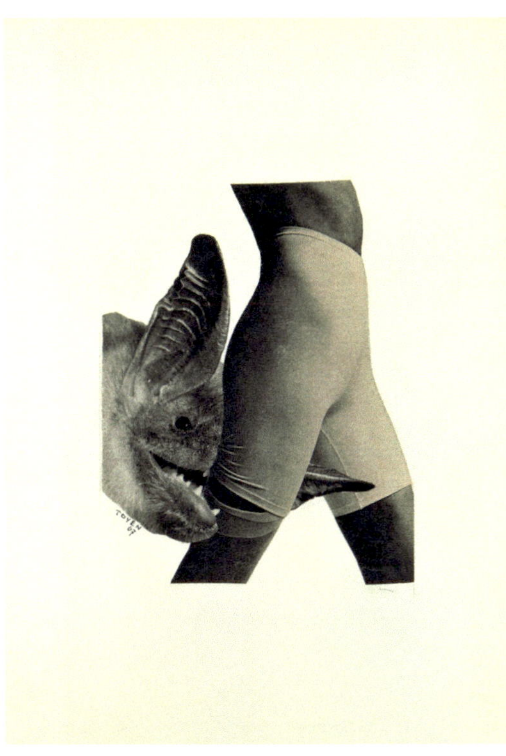

Kat. 477 Annie Le Brun, ***Sur le champ / Auf der Stelle***, 1967
Collage, 295 × 210 mm | Privatsammlung, Paris

Diese erste Begegnung, geprägt von einer Klarsichtigkeit an der Grenze zur Verzweiflung, war der Anfang unserer sehr langen Freundschaft. Ohne es recht zu bemerken, gewöhnten wir uns allmählich daran, auch nach den täglichen Zusammenkünften der Surrealisten, die von ungefähr 18 bis 20 Uhr in einem Café stattfanden, beisammenzubleiben. Und da Toyen nie gleich nach Hause ging, sondern immer erst ins Kino, ins Theater oder zu gemeinsamen Freunden, spielte es sich so ein, dass wir schließlich fast jeden Abend miteinander verbrachten, vor allem seit sie mir vorgeschlagen hatte, einen Text für ihren neuen Zyklus von Zeichnungen zu schreiben und daraus ein Buch zu machen. Auf diese Weise entstand als Gemeinschaftswerk *Le Puits dans la tour - Débris de rêves* (*Der Brunnen im Turm - Traumtrümmer*, Kat. 478–494) mit zwölf Kaltnadelradierungen und einer Kassette, veröffentlicht bei den Éditions surréalistes (Paris 1967, Kat. 482, Abb. 408). Die Zahl der 69 Exemplare dieser Edition spielte auf die Publikationsreihe Edice 69 an, in der Jindřich Štyrský von 1931 bis 1933 für einen exklusiven Kreis erotische Literatur verlegt hatte, zu der Toyen eine Vielzahl von Illustrationen beisteuerte. Unmittelbar nach diesem gemeinsamen Projekt schuf Toyen auf Bitte des Surrealisten Jehan Mayoux sechs Collagen und eine Kaltnadelradierung für die Originalausgabe meines Theaterstücks *Le Roi Gordogane* (*König Gordogan*, Paris 1968, Kat. 411).

Diese beiden gemeinsamen Projekte vertieften noch unsere Freundschaft, die auch durch meine Begegnung mit der sehr jungen Annie Le Brun, die sich damals der surrealistischen Bewegung anschloss, in keiner Weise beeinträchtigt wurde. Im Gegenteil, Toyen gefielen die Gedichte Annie Le Bruns sofort, und sie schlug vor, sie zu illustrieren. So entstanden drei kostbare Bücher: *Sur le champ* (*Auf der Stelle*, Éditions surréalistes, 1967, Kat. 476, 477, 578), *Tout près, les nomades* (*Ganz nah, die Nomaden*, Éditions Maintenant, 1972, Kat. 498, 527) und *Annulaire de lune* (*Mondring*, Éditions Maintenant, 1977, Kat. 503). Diese Bücher und Publikationen hatten auf ganz natürliche Weise Gestalt angenommen, sie waren wie eine Kristallisation dessen, was wir gemeinsam lebten. Diese Daten, diese Titel sind allerdings nur Wegmarken. Wegmarken, die mich daran erinnern - es fällt mir schwer, es in Worte zu fassen -, wie durch Toyens Leidenschaft und ihr Humor diese gemeinschaftlichen Arbeiten etwas zugleich Ernstes und Leichtes erhielten, den Spaziergängen vergleichbar, die sie so gerne durch Paris machte, nur ein klein wenig abenteuerlicher, oder wie eine ihrer Reisen, während deren sie darauf wartete, dass ein Zufall ihr das eigentliche Reiseziel offenbaren würde.

Wenn ich heute an diese Zeit und an diese Freundschaft zurückdenke - Toyen war neunzehn Jahre älter als ich -, fallen mir tausendundein Gründe ein, weshalb sich ein so lange währendes, in die Tiefen unserer Existenzen reichendes Einverständnis entsponnen hat. Mir scheint, dass jedoch zu Beginn unsere Annäherung dadurch begünstigt wurde, dass wir beide damals die einzigen Surrealisten waren, die aus Ländern hinter dem Eisernen Vorhang stammten, mithin die Einzigen, die den »realen Kommunismus« kennengelernt hatten - eine Erfahrung, die der jüngeren Generation Pariser Intellektueller um uns herum vollkommen fehlte. Was bedeutete, dass wir uns bei allen den Stalinismus betreffenden Fragen nahezu wortlos verstanden und in der Regel schnell zu anderen Themen wechselten, weil das Unverständnis vieler unserer Freunde Toyen zutiefst empörte. Und die Tatsache, dass mitten in der Chruschtschow-Ära die Nachricht einer möglichen Rehabilitation Trotzkis für manche Surrealisten einen Hoffnungsschimmer darstellte, versetzte sie in eine solche Verzweiflung und Wut, dass sie mir gegenüber einmal ausrief: »Sie werden es nie begreifen, niemals!«

[...]

Im Sommer 1946 kehrte Toyen nach Paris zurück und traf nach so vielen Jahren endlich ihre alten Freunde wieder. Marcel Duchamp, zur selben Zeit in der Stadt, verblüffte sie mit seinen genauen Nachfragen darüber, wie sie sich denn während der Besatzungszeit in Prag Grundnahrungsmittel wie Zucker, Brot und Butter beschafft habe. Später erkannte sie darin Duchamps ganz eigene Sicht auf die Welt wieder, nämlich sich weniger für intellektuelle Moden zu interessieren als dafür, was man sich *wirklich* ausdenken musste, um zu überleben. Über das rein Anekdotische hinaus frage ich mich, ob Toyen sich nach anfänglichem Erstaunen nicht selbst in dieser Haltung wiedererkannte, das Leben stets von den einfachsten, konkreten Dingen her anzugehen. Als ob der »unstillbare Durst nach dem Absoluten«, der sie antrieb, paradoxerweise nichts andere zur Grundlage haben konnte als die nackte Materialität der Lebewesen und Dinge.

[...]

Freundschaft war für Toyen der Garant unserer Freiheit, ihrer eigenen wie der der anderen. Ich würde sogar so weit gehen zu behaupten, dass für ihre geradezu exzeptionelle Unabhängigkeit die tiefen und festen Beziehungen, die sie zu einigen wenigen

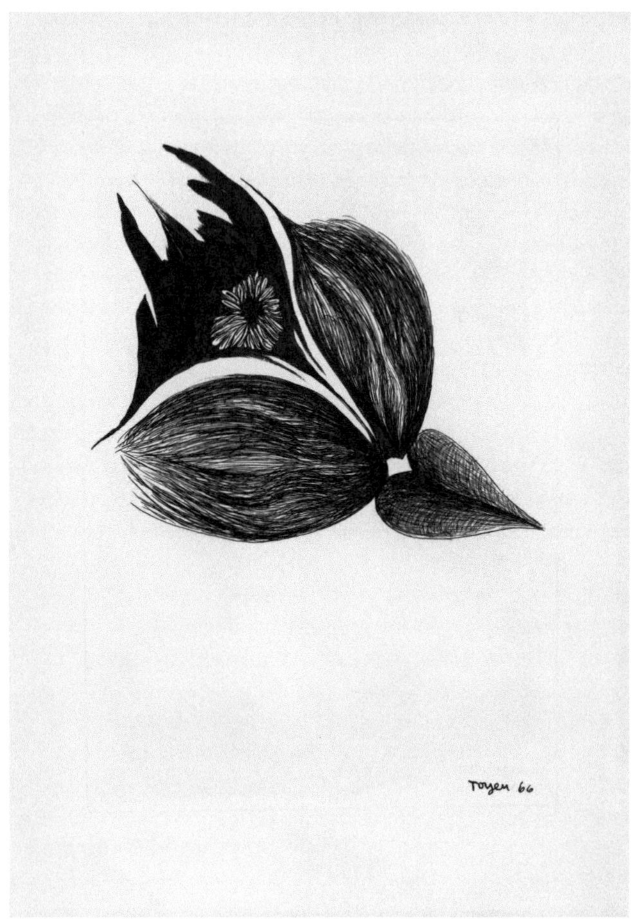

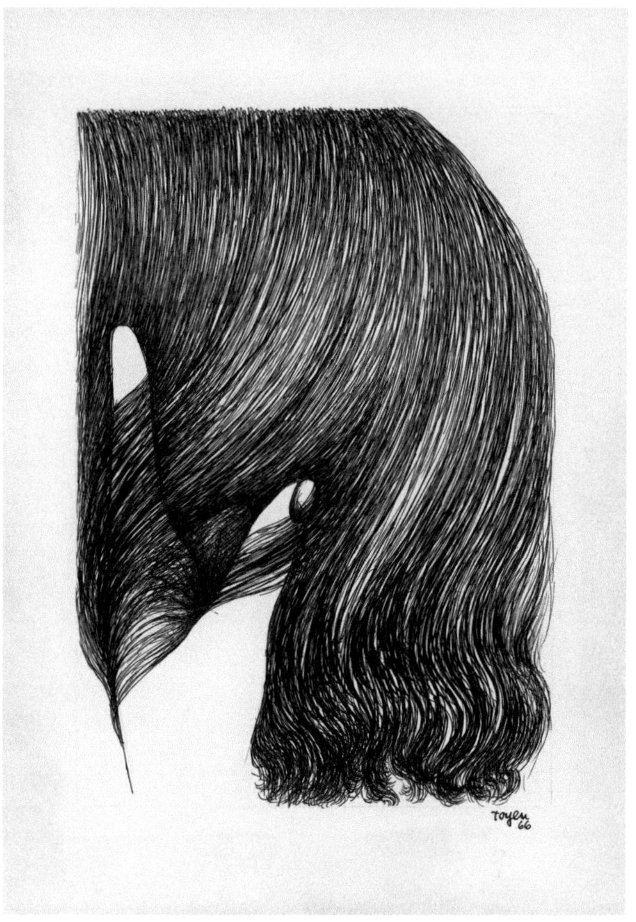

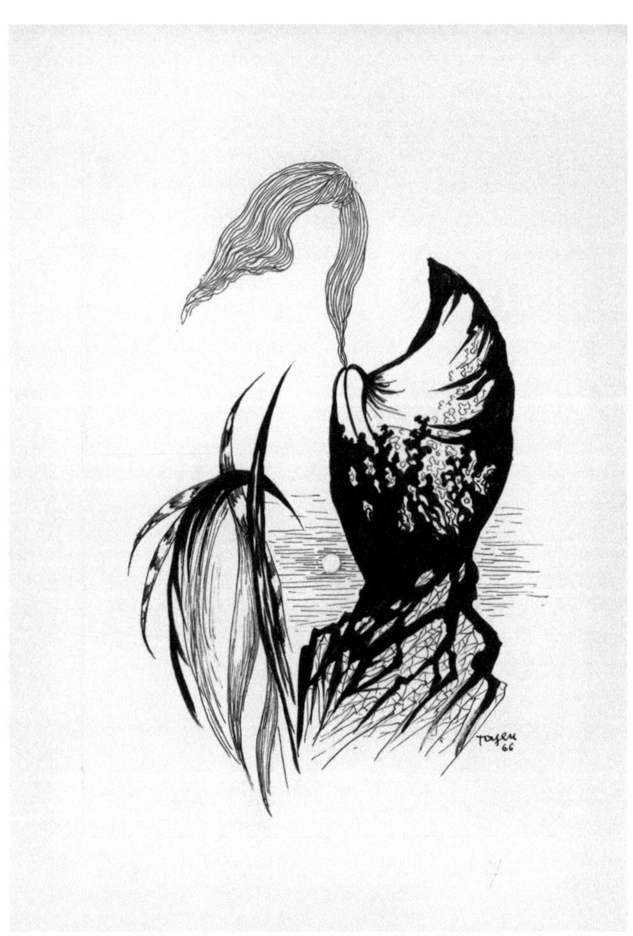

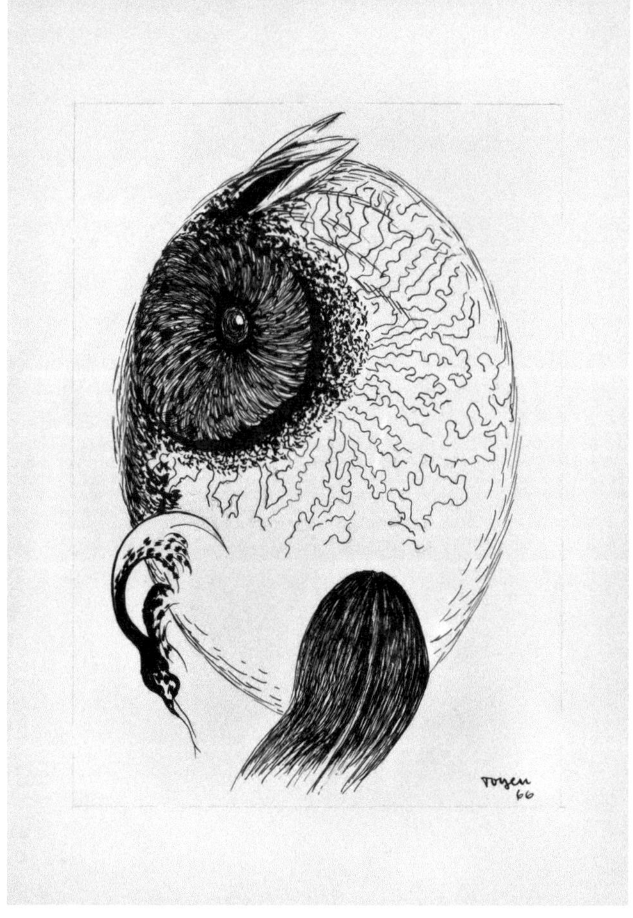

Kat. 478–481 ***Le Puits dans la tour – Débris de rêves / Der Brunnen im Turm – Traumtrümmer,*** 1966
Begleitet und ergänzt von den gleichnamigen Texten von Radovan Ivšić, Tusche auf Papier, je 300 × 210 mm
Privatsammlung, Paris

Menschen unterhielt, unabdingbar waren. Ihre engen Freundschaften mit Jindřich Štyrský, Jindřich Heisler, Jiří Veltruský, André Breton, Benjamin Péret, Georges Goldfayn und Annie Le Brun ermöglichten es ihr, ihre Freiheit auf das Heftigste zu verteidigen, selbst unter den schwierigsten moralischen oder materiellen Lebensumständen.

Als ich 1954 nach Paris kam, lebte Toyen wie die Mehrheit der Surrealisten in jenen Jahren in äußerst prekären Verhältnissen. Tonangebend waren damals in Intellektuellenkreisen die überzeugten Kommunisten oder die Anhänger Sartres. Hinzu kam die Mode einer verspäteten abstrakten Malerei, die alles verwarf, was in irgendeiner Weise mit dem Surrealismus zu tun hatte. Nach Heislers Tod lebte Toyen fast zwanzig Jahre lang in einem kleinen Hotel auf der Île Saint-Louis, bis es ihr schließlich mit Müh und Not gelang, das Atelier zu mieten, in dem André Breton vor dem Krieg das surrealistische Abenteuer eingeläutet hatte. Doch beklagte sie sich nie über diese Randexistenz, die noch verschärft wurde durch ihre Unabhängigkeit, auf die sie mehr Wert legte als auf alles andere. Diese war für sie untrennbar mit ihrer eigenen Integrität und einem Gefühl von Revolte verbunden, das sie in dieser reinen Form vielleicht nur mit Benjamin Péret teilte. Über die ungewöhnliche Freundschaft der beiden wäre viel zu sagen; ihr Humor vermochte es, dem gemeinsamen fanatischen Kampf gegen die Ordnung dieser Welt eine plötzliche Leichtigkeit zu verleihen.

Viel zu sagen gäbe es zweifellos zu jedem der Freunde Toyens. Durch ihre leidenschaftliche Freiheitsliebe berührte sie in den Menschen einen Punkt, in dem das Leben sich nur noch nach seinem Grad an Poesie bemisst. Darin gründete auch ihre bedingungslose Freundschaft zu André Breton, die manche ihr vorgeworfen haben, ohne zu wissen, worum es ihnen beiden ging: dass sie nämlich dieselbe wilde Entschlossenheit teilten, so zu leben, dass das »wahre Leben« nicht mehr irgendwo anders war.

Trotz aller widrigen Umstände sind weder Breton noch Toyen jemals, von der ersten Begegnung bis zu Bretons Tod im Jahr 1966, von ihrer Freundschaft abgerückt. Und unter den zahlreichen Huldigungen Bretons an Toyen – »Ich kann mir Toyens Gesicht, das so vornehm ist […], nie ohne innere Erregung vorstellen, […] dessen Augen Strände des Lichtes sind.«[1] – ist für mich am eindrucksvollsten die Widmung, die er ihr in die Originalausgabe des *Ersten Surrealistischen Manifests* geschrieben hat: »Für Toyen, meine Freundin unter allen Frauen.«[2]

Toyen hat die Freundschaft neu erfunden, so wie Rimbaud wollte, dass man die Liebe neu erfindet. Eines ihrer Lieblingsbücher war die *Schatzinsel*. Als langjähriger Freund, der sie bis in ihre letzten Lebenstage begleitet hat, glaube ich, dass die Schatzinsel vielleicht auch das Bild dafür sein kann, was sie in der Freundschaft suchte und auch schenkte: den Schatz einer grenzenlosen Leidenschaft für das Leben, zu der jedes ihrer Gemälde die sichtbaren und unsichtbaren Horizonte öffnet.

(April 1996)[3]

Kat. 482 Radovan Ivšić, Toyen,
Le Puits dans la tour – Débris de rêves / Der Brunnen im Turm – Traumtrümmer, 1967
Kassette, 355 × 282 mm
Privatsammlung, Paris

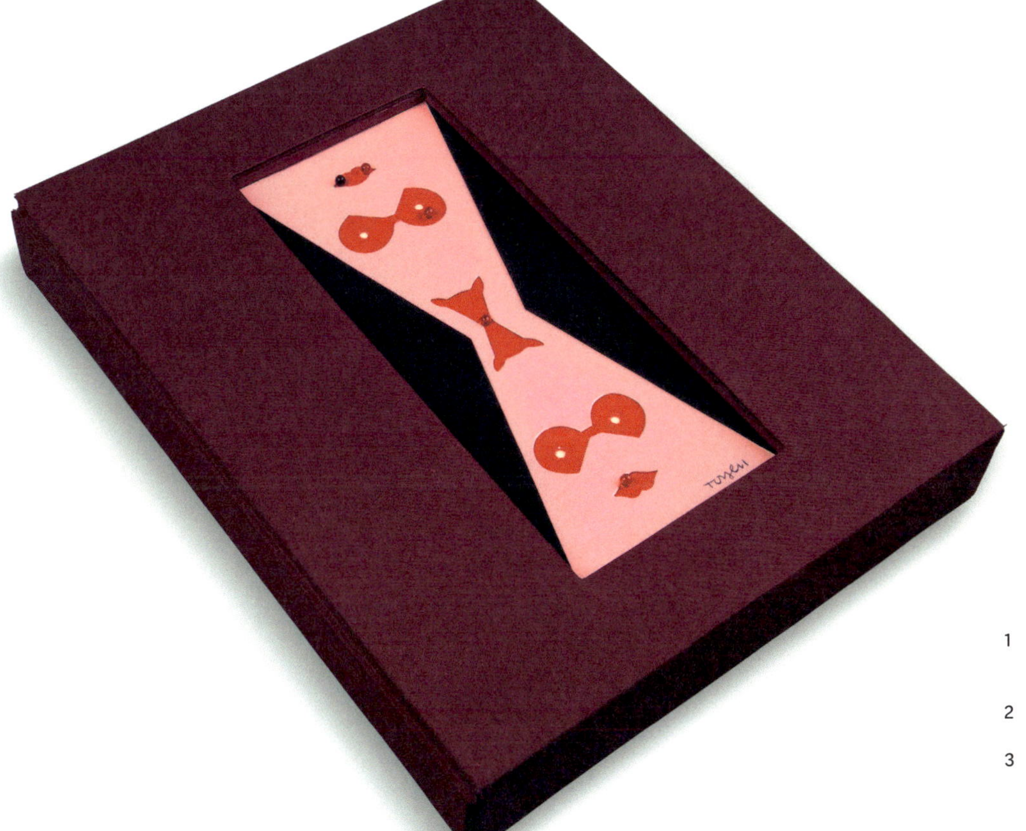

1 André Breton, Einführung in das Werk Toyens, in: Rita Bischof, *Toyen. Das malerische Werk*, Frankfurt a. M. 1987, S. 138.

2 »À Toyen, mon amie entre toutes les femmes.« Widmung von André Breton für Toyen, undatiert.

3 Übersetzt nach Radovan Ivšić, Une illimitée passion d'etre (Toyen) (1996), in: ders.,*Cascades*, Paris 2006, S. 225–245.

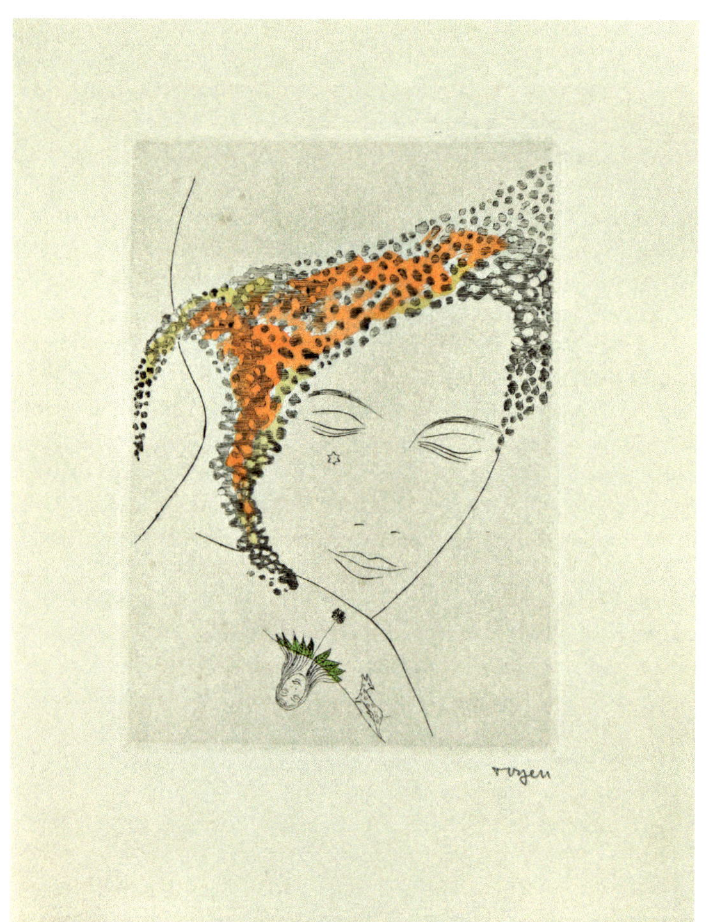

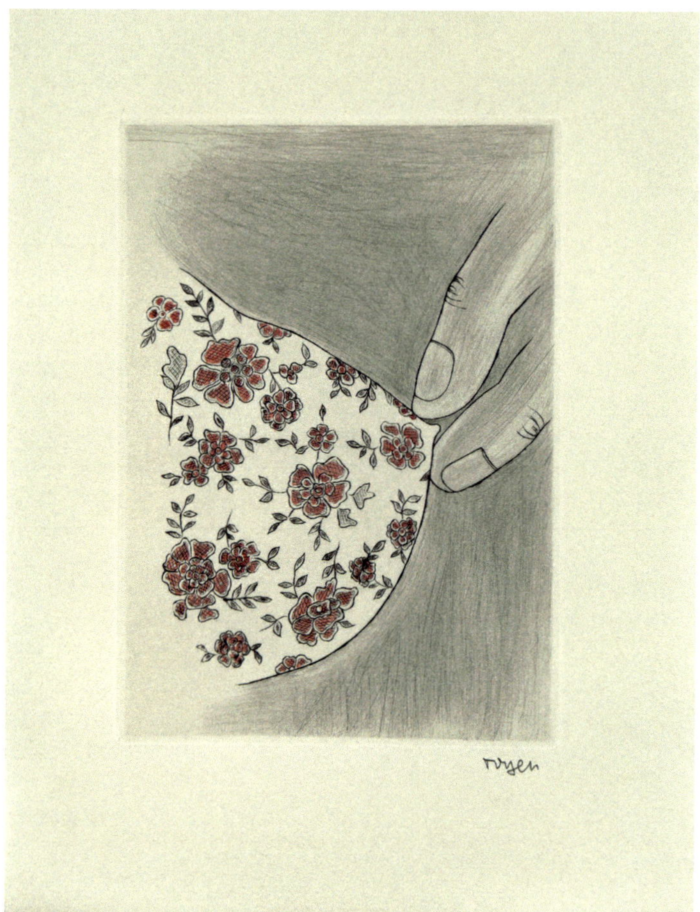

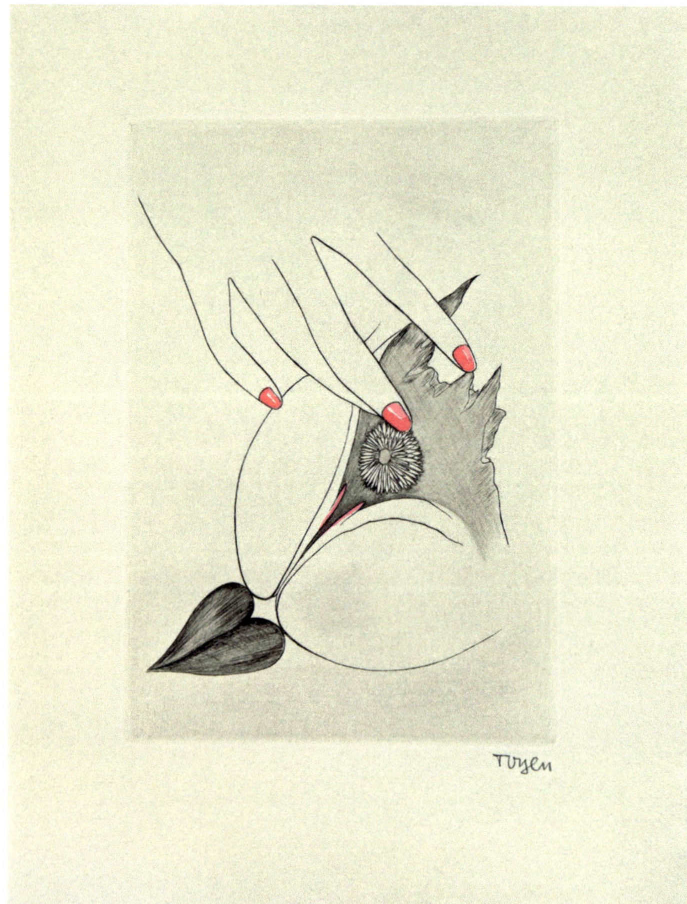

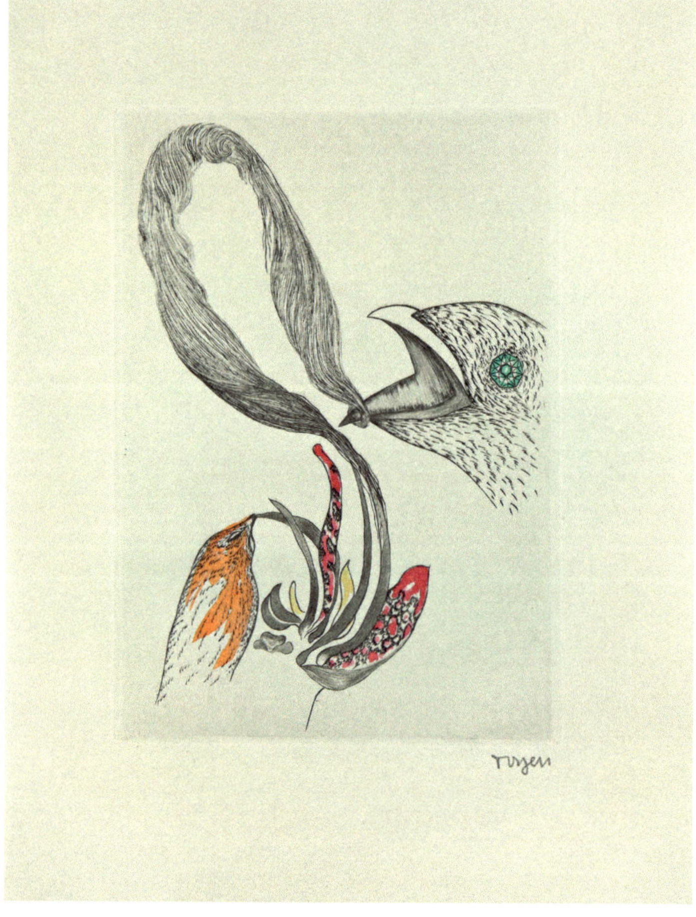

Kat. 483–490 ***Le Puits dans la tour – Débris de rêves / Der Brunnen im Turm – Traumtrümmer,*** 1966–1967
Begleitet und ergänzt von den gleichnamigen Texten von Radovan Ivšić, 12 Radierungen, handkoloriert, 325 × 255 mm
Privatsammlung, Paris

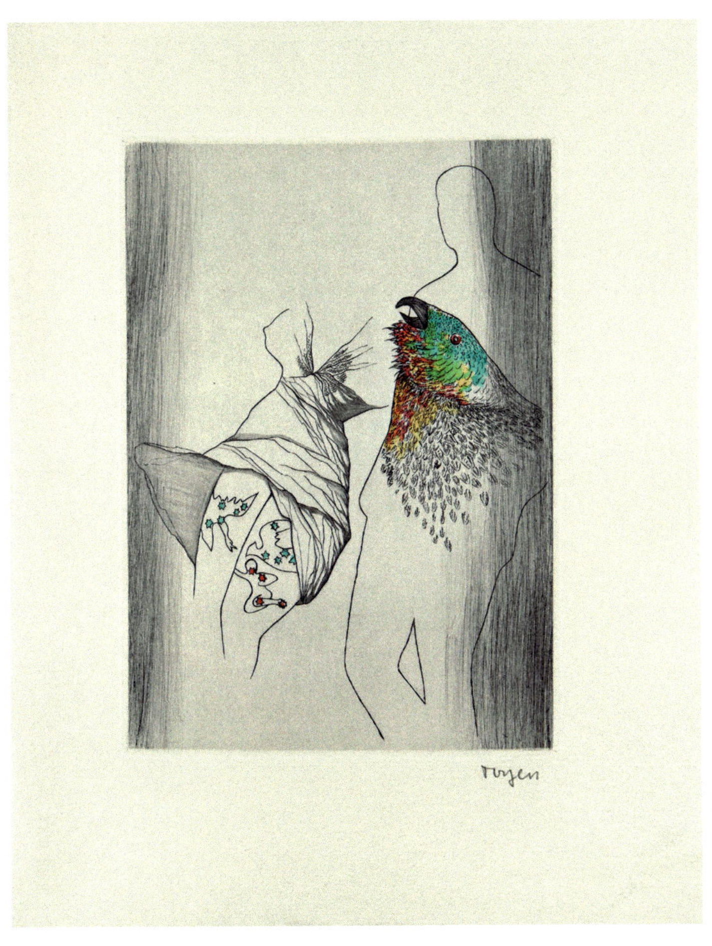
Toyen

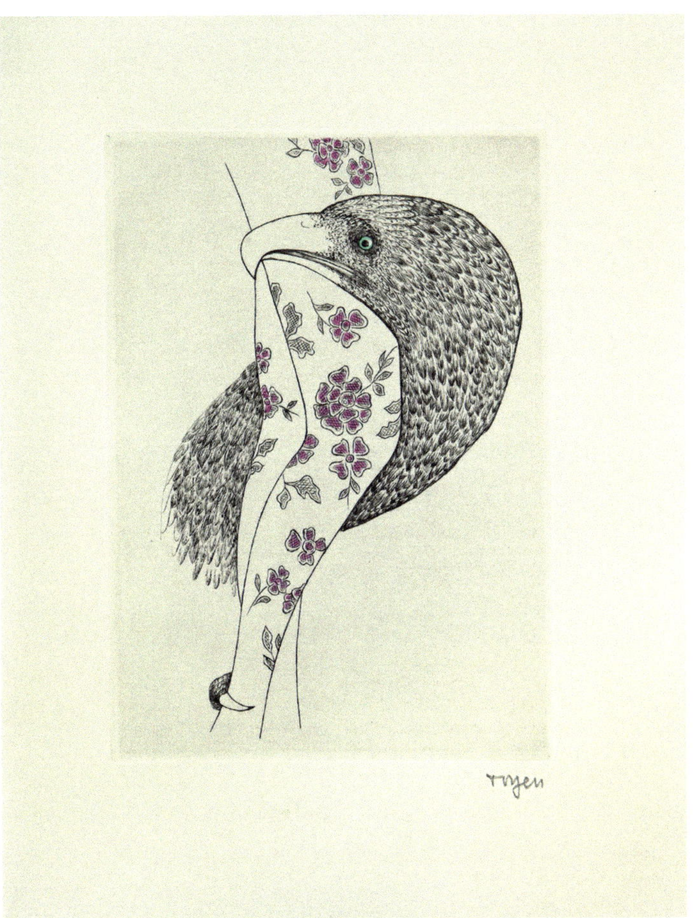
Toyen

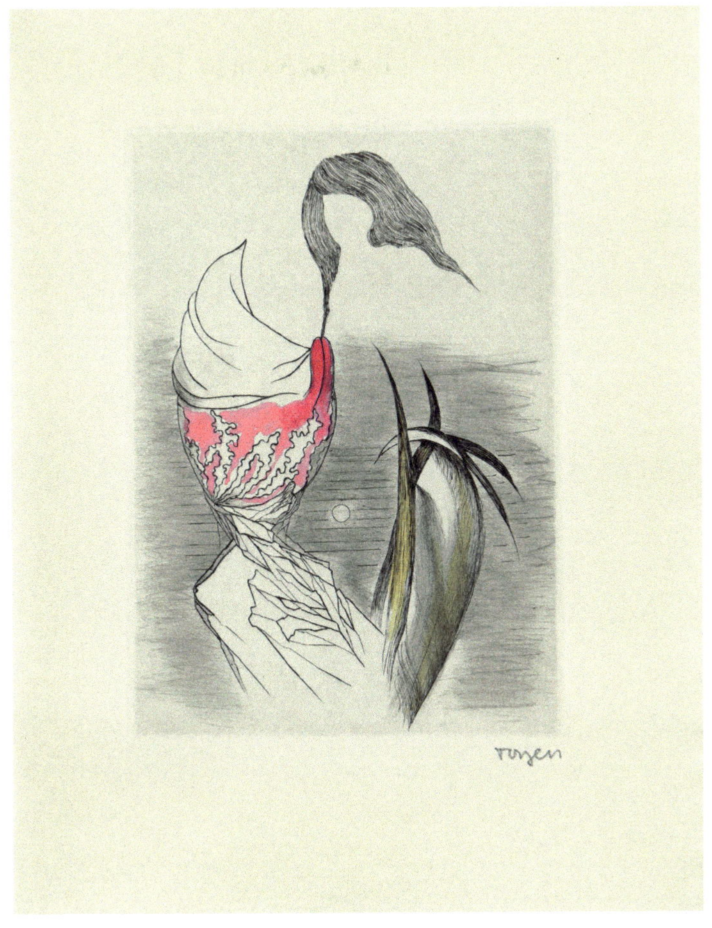
Toyen

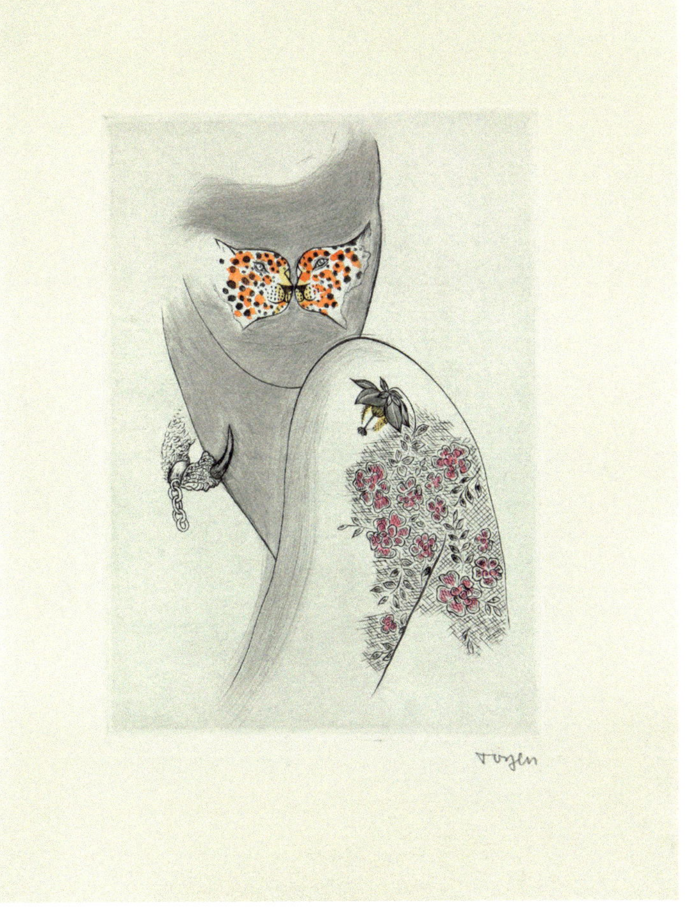
Toyen

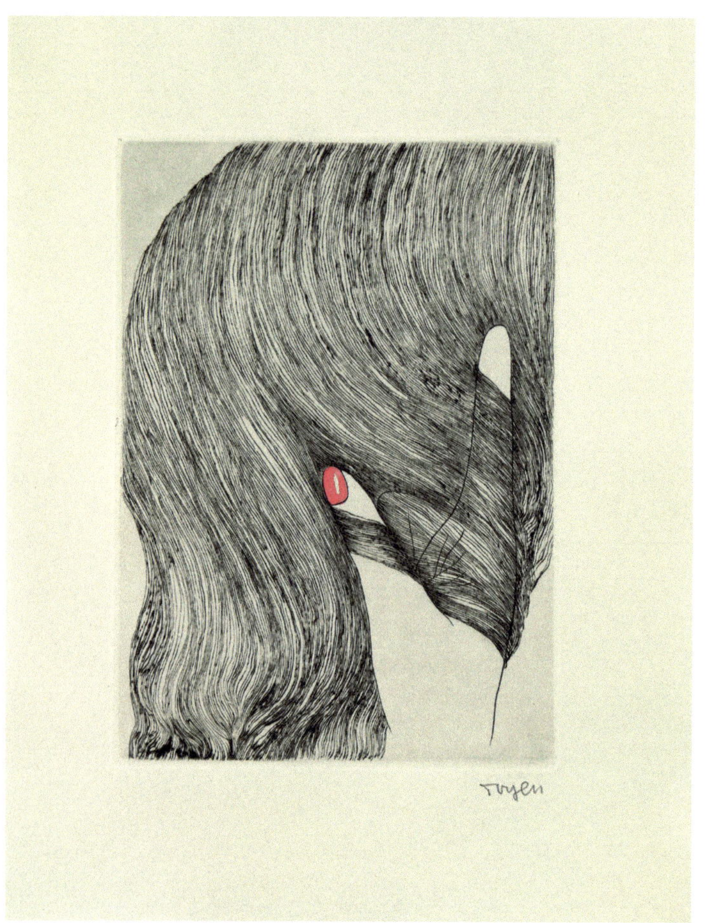

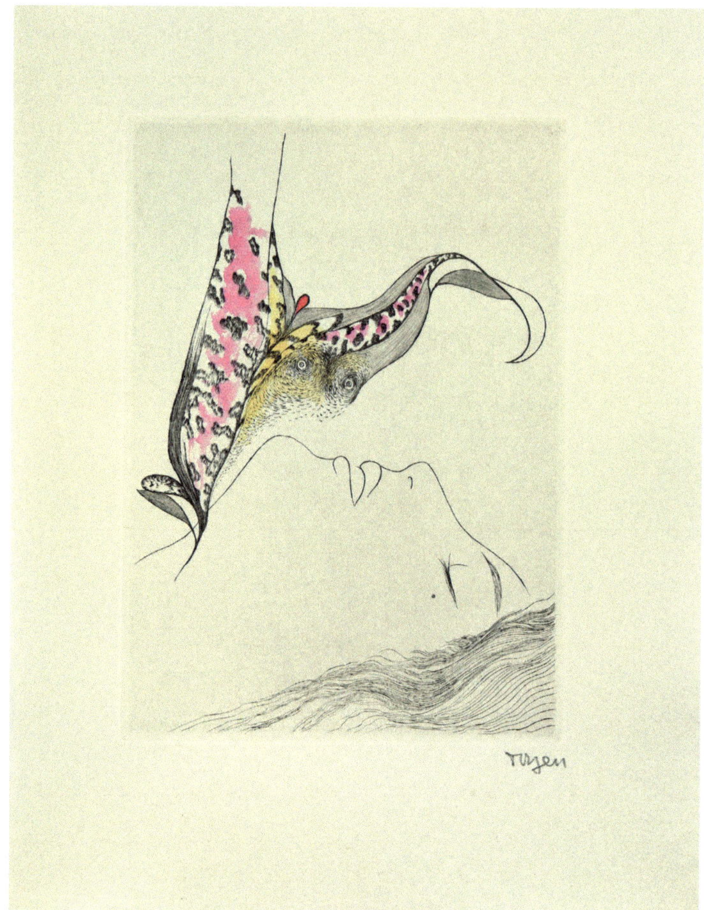

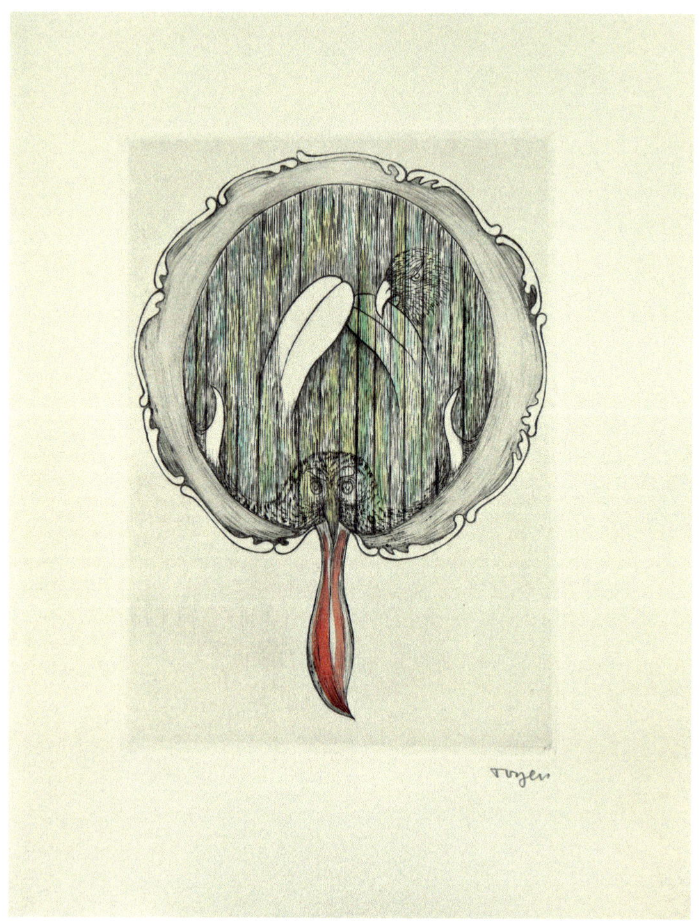

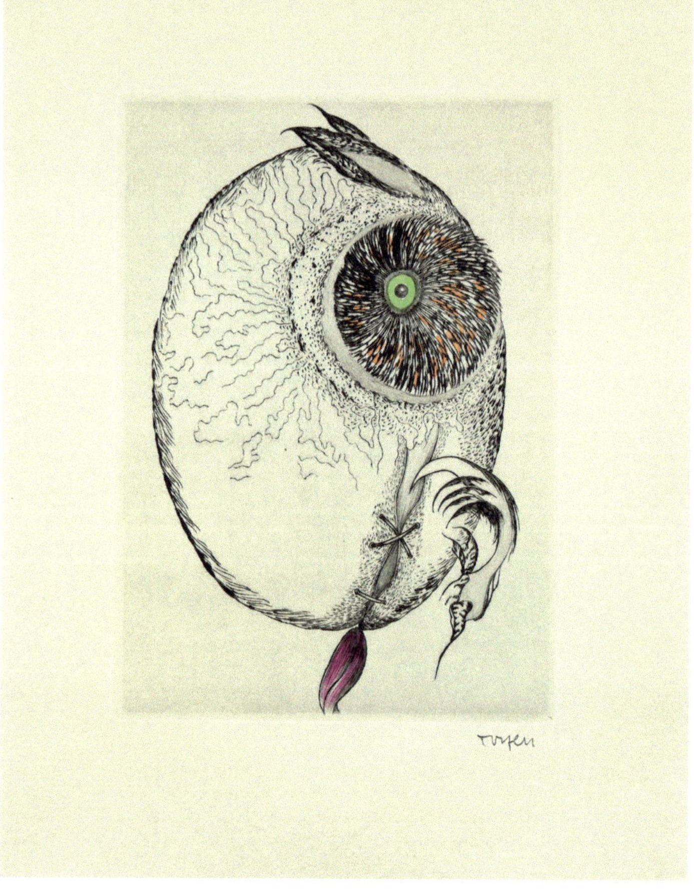

Kat. 491–494 ***Le Puits dans la tour – Débris de rêves / Der Brunnen im Turm – Traumtrümmer,*** 1966–1967
Begleitet und ergänzt von den gleichnamigen Texten von Radovan Ivšić, 12 Radierungen, handkoloriert, 325 × 255 mm
Privatsammlung, Paris

1970–1980

Die neue Welt der Liebe

V

1970

Im Pariser Verlag Le Soleil noir erscheint das Buch *La Fôret sacrilège* (*Der frevelhafte Wald*) von Jean-Pierre Duprey. 99 Exemplare enthalten sechs Kaltnadelradierungen von Toyen. ☐ 504–510

6. MÄRZ – 12. APRIL Die Gemälde *Mýtus světla* (*Mythos des Lichts*, 1946) und *Loin dans le Nord* (*Weit im Norden*, 1965), die Collage *Midi-minuit* (*Mittag-Mitternacht*, 1966) und der Zyklus *Střelnice* (*Der Schießplatz*) werden zusammen mit Collagen von Štyrský und Fotografien von Heisler im Moderna Museet Stockholm in der von Ragnar von Holten, José Pierre, Jean-Claude Silbermann und Hervé Télémaque kuratierten Gruppenausstellung *Surrealism?* gezeigt, in der Sektion »Cube R (Rêve)«, die dem Traum gewidmet ist. Die Schau wird im Anschluss in der Konsthall Göteborg (18. April – 10. Mai), im Sundsvalls Museum (16. Mai – 7. Juni) und im Malmö Museet (14.–30. Juni) präsentiert, danach erwirbt das Moderna Museet *Mythos des Lichts* für seine Sammlung. In *Coupure* Nr. 3 wird ein Foto der Installation »Cube R« mit Toyens Werken abgedruckt. ☐ 323–329, 412, 495, 540

JUNI Toyen arbeitet mit Radovan Ivšić, Annie Le Brun, Georges Goldfayn und dem jungen Dichter Pierre Peuchmaurd an der fünften Ausgabe von *Coupure*, die im November erscheint. ☐ 496, 497

12. JUNI Die Jacques Barush Gallery in Chicago schlägt Toyen eine Einzelausstellung mit 24 bis 30 Gemälden für November vor, Toyen lehnt das Angebot ab.

Den Sommer verbringt Toyen mit Elisa Breton und Freunden in Saint-Cirq-Lapopie.

1971

4. OKTOBER – 20. NOVEMBER Auf der Kölner Baukunst-Ausstellung *Der Geist des Surrealismus* ist Toyen vertreten mit *Seify* (*Safes*, 1946), *Sillage dans un miroir* (*Kielspur im Spiegel*, 1959) und *Weit im Norden* (1965). ☐ 354

Mit *Le piège de la réalité* (*Die Falle der Wirklichkeit*) malt Toyen ihr letztes Ölgemälde. Ihre weitere künstlerische Produktion umfasst Zeichnungen, Graphiken und Collagen. ☐ 529

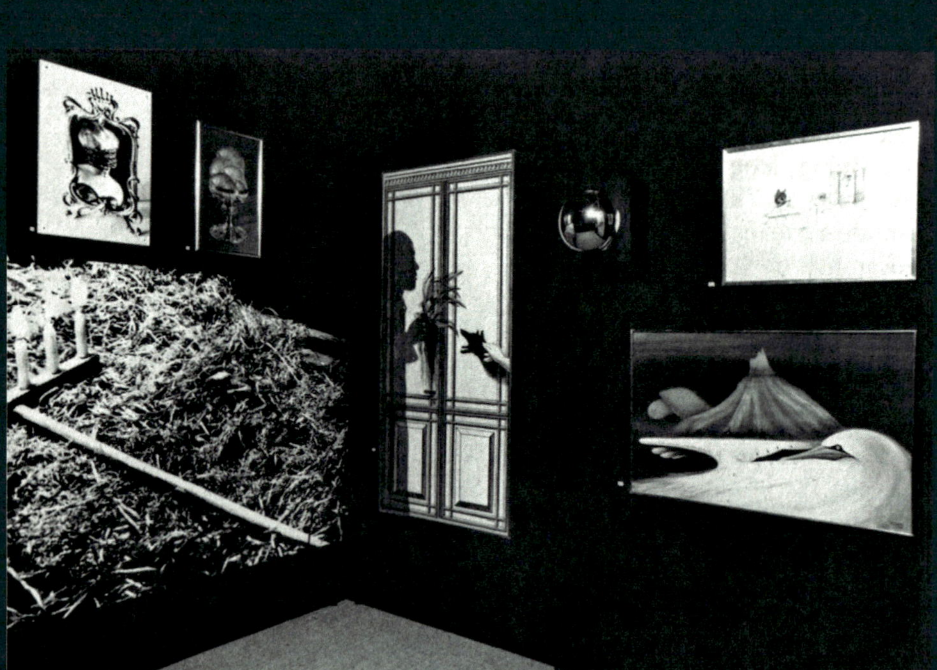

495 Ausstellungsansicht *Surrealism?*, Sektion »Cube R (Rêve)«, Moderna Museet Stockholm, Schweden, 1970

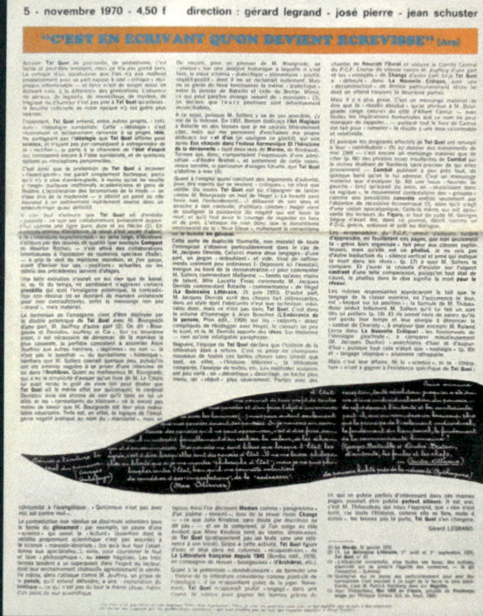

coupure

5 - novembre 1970 - 4,50 f direction : gérard legrand - josé pierre - jean schuster

"C'EST EN ECRIVANT QU'ON DEVIENT ECREVISSE" (Arp)

Abb. 496 Titelblatt von: *Coupure*, Nr. 5, 1970

1972

JANUAR Die Zeitschrift *Coupure* wird eingestellt. Toyen, Ivšić, Le Brun, Peuchmaurd, Goldfayn (und später auch Gérard Legrand) treffen sich regelmäßig und gründen die Éditions Maintenant. Der Verlagsname nimmt Bezug auf die Zeitschrift *Maintenant*, welche der Schweizer Dichter und Boxer Arthur Cravan (1887–1918) zwischen 1911 und 1915 herausgegeben hatte.

11. MÄRZ – 7. MAI Toyen ist mit *Oranžová kompozice* (*Orangene Komposition*, 1927), *Nebezpečná hodina* (*Die gefährliche Stunde*, 1942) und *Na zámku La Coste* (*Im Schloss La Coste*, 1946) sowie einer Zeichnung von 1948, die für *Néon* entstanden war, in der von Patrick Waldberg und Ingrid Krause kuratierten Ausstellung *Der Surrealismus 1922–1942* vertreten. Die Schau ist danach (ohne die Zeichnung) im Pariser Musée des Arts Décoratifs zu sehen (26. Mai – 23. Juli). ☐ 330, 349

Im Laufe des Jahres veröffentlicht der Mailänder Verlag Mazzotta Maurice Henrys *Antologia grafica del Surrealismo* (*Grafische Anthologie des Surrealismus*), die auch Reproduktionen von Werken Toyens enthält.

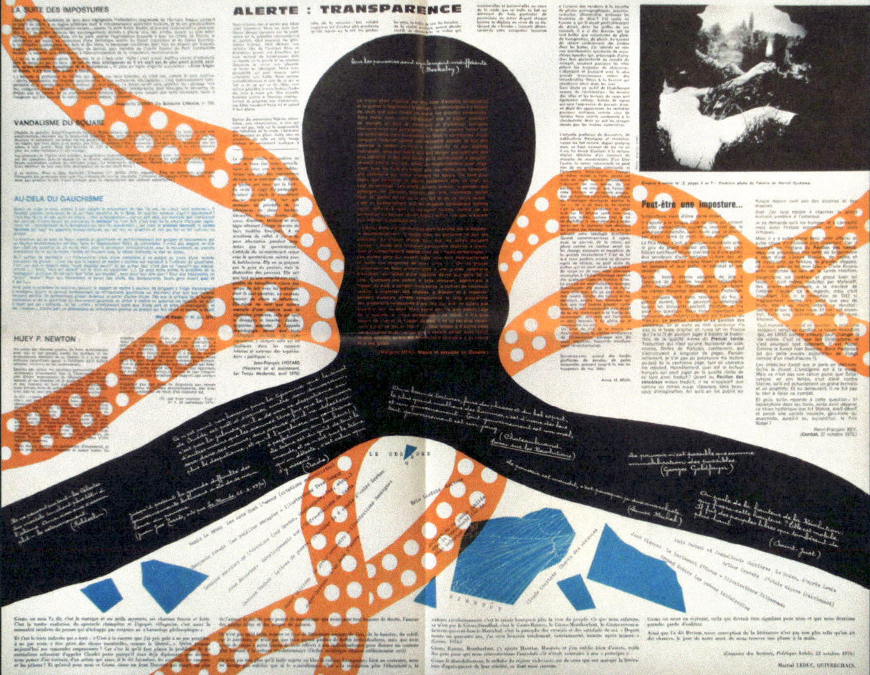

Abb. 497 *Coupure*, Nr. 5, 1970, mit einer Zeichnung von Toyen

In den Éditions Maintenant erscheint Annie Le Bruns Sammelband *Tout près, les nomades* (*Ganz nah, die Nomaden*) mit einer Kaltnadelradierung von Toyen, die außerdem einen Schuber für die Publikation entworfen hat. ☐ 498, 527

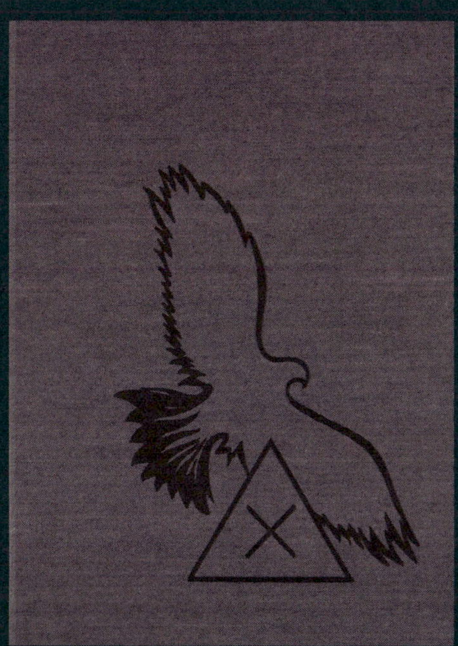

Kat. 498 Schuber für: Annie Le Brun, *Tout près, les nomades / Ganz nah, die Nomaden*, Éditions Maintenant, Paris 1972

1973

17. MÄRZ Toyen unterzeichnet mit Goldfayn, Ivšić, Le Brun, Legrand und Peuchmaurd die Erklärung *Le 17 Mars*. Sie erscheint 1973 in der S-Reihe der Éditions Maintenant, welche auch den ersten Teil des zwischen 1973 und 1976 in neun Teilen erscheinenden »theoretischen Feuilletons« *Il faut tenir compte de la distance* (*Der Abstand muss berücksichtigt werden*) enthält, das Le Brun, Legrand, Ivšić, Peuchmaurd und Toyen gemeinsam verfassen. ☐ 512

JUNI Die Éditions Maintenant veröffentlichen unter dem Titel *Tir* (*Der Schießplatz*) eine neue, erweiterte Ausgabe des Zeichnungszyklus *Střelnice* (1939–1940). Den 12 Lithographien sind zwei neue graphische Blätter von Toyen sowie Ivšićs Text *Les Grandes ténèbres du tir* (*Die große Dunkelheit des Schießens*) beigegeben. Die ersten Exemplare der Auflage sind von Toyen handkoloriert und werden in einem von Toyen und Ivšić entworfenen Schuber angeboten. ☐ 323–329, 530, 531

Anlässlich der Neuausgabe von *Der Schießplatz* stellt die Pariser Galerie Les Mains Libres Zeichnungen, Collagen, Druckgraphik und Illustrationen von Toyen aus.

In diesem Jahr erscheint in den Éditions Maintenant *Vis-à-Vis*, der neunte Band der S-Reihe, mit zwölf schwarz-weißen Collagen von Toyen; einigen Exemplaren wird zudem eine Kaltnadelradierung beigefügt. ☐ 513–525

11. DEZEMBER Mit dem Prager Vertrag erklären die BRD und die ČSSR gemeinsam das Münchner Abkommen vom 29. September 1938 für »nichtig«. Die Unverletzlichkeit der Grenze zwischen den Nachbarländern wird bekräftigt und, basierend auf der UN-Charta, der Gewaltverzicht seitens der beiden Staaten bestätigt.

1974

28. FEBRUAR Mit ihren Mitstreitern von den Éditions Maintenant veröffentlicht Toyen die Erklärung *Quand le surréalisme eut cinquante ans* (*Als der Surrealismus fünfzig Jahre wurde*), in welcher unter anderem die austauschbaren Interviews mit »Überlebenden« kritisiert werden sowie die »gegenwärtigen Konflikte zwischen den Surrealisten der letzten Phase 1966 bis 1969«. ☐ 499

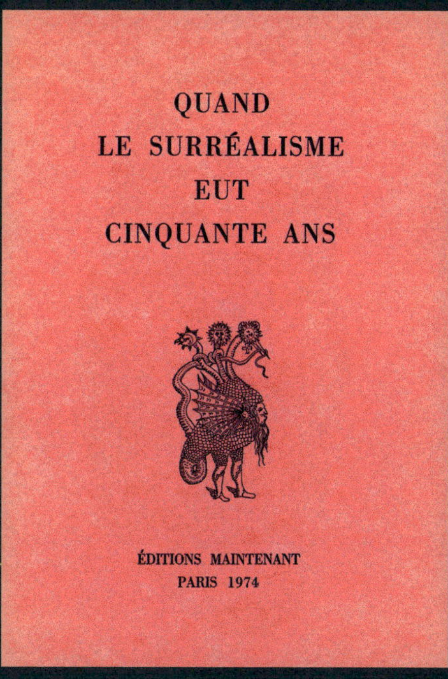

Kat. 499 Titelblatt von: Annie Le Brun, Radovan Ivšić, Georges Goldfayn, Pierre Peuchmaurd, Toyen, *Quand le Surréalisme eut cinquante ans / Als der Surrealismus fünfzig Jahre wurde*, Éditions Maintenant, Paris 1974

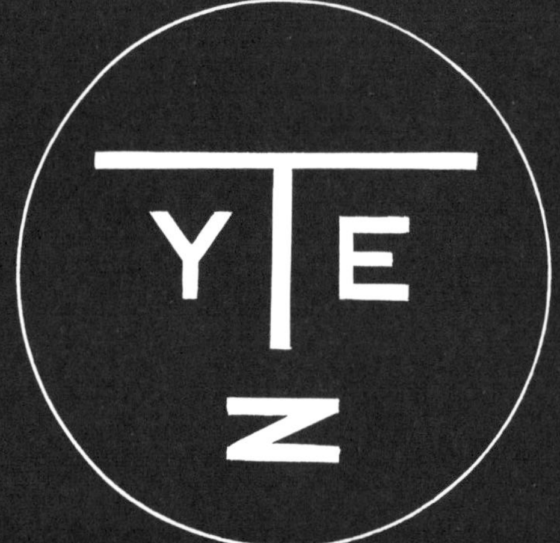

Abb. 500 Von Toyen entworfenes, aus den Buchstaben ihres Namens gebildetes Typogramm, 1970er Jahre

1974

Die Black Swan Press Chicago veröffentlicht den Beitrag *Toyen. Specters of the desert* (*Toyen. Die Gespenster der Wüste*) zusammen mit ihrem Zeichnungszyklus und einem Gedicht von Heisler in der *Surrealist Research and Development Monograph Series*.

Radovan Ivšić publiziert die Monographie *Toyen* in der Reihe *La Septième face du dé* (*Die siebte Seite des Würfels*) des Pariser Verlags Filipacchi; einige nummerierte Exemplare enthalten eine Originalgraphik der Künstlerin. Der Umschlag zeigt ein von Toyen aus ihrem Namen geschaffenes Typogramm, welches sie auch als Briefkopf verwendet.

1975

5. FEBRUAR – 6. MÄRZ Toyen ist auf der Ausstellung *Surrealism in Art* in der Knœdler Gallery in New York vertreten.

JULI – AUGUST Sie unternimmt mit Guy Flandre, einem Freund und Nachbarn aus der Rue Fontaine 42, eine einmonatige Autoreise durch England und besucht Cornwall, Devon, Wiltshire, London, die Megalithen von Stonehenge, die Ruinen von Tintagel Castle, der Burg König Arthurs, und einige Museen.

NOVEMBER In der fünften und letzten Ausgabe von *Phases* (zweite Serie der Zeitschrift) erscheint die Studie *Espace transmutés, envergure de Toyen* (*Transmutierter Raum, Reichweite von Toyen*) von Gérard Legrand.

1976

In diesem Jahr stellt Toyen elf Flachmasken im venezianischen Stil für die Inszenierung des Theaterstücks *Le Roi Gordogane* (*König Gordogan*) von Radovan Ivšić her. ☐ 532–539

Der Verlag Peralta in Ussel publiziert den ersten Band der gesammelten Schriften von Jehan Mayoux mit einer Kaltnadelradierung von Toyen.

Als 23. Band der Éditions Maintenant erscheint *Objets d'identité*. Darin definieren sich Toyen, Adrian M. Dax, Goldfayn, Georges Gronier, Ivšić, Le Brun, Legrand und Fabio De Sanctis im Rahmen des gleichnamigen surrealistischen Spiels anhand ihrer Lieblingsgegenstände. ☐ 501

ADRIEN M. DAX . GEORGES GOLDFAYN
GEORGES GRONIER . RADOVAN IVSIC
ANNIE LE BRUN . GÉRARD LEGRAND
FABIO DE SANCTIS . TOYEN

OBJETS D'IDENTITÉ

ÉDITIONS MAINTENANT
PARIS 1976

Kat. 501 Titelblatt von: *Objets d'identité / Objekte der Identität*, 23. Band der Éditions Maintenant, Paris 1976

Anlässlich der Ausstellung *Einblicke – Ausblicke. Fensterbilder von der Romantik bis heute* (14. Mai – 11. Juli) erhält Toyen von der Städtischen Kunsthalle in Recklinghausen eine Leihanfrage für *À une certaine heure* (*Zu einer bestimmten Stunde*). ☐ 474

16. DEZEMBER – 30. JANUAR 1977 Auf der Ausstellung *Boîtes* (*Schachteln*) im Pariser Musée d'Art Moderne ist Toyen mit ihrem Schuber vertreten, den sie für das gemeinsam mit Ivšić realisierte Projekt *Le Puits dans la tour – Débris de rêves* (*Der Brunnen im Turm – Traumtrümmer*) gestaltet hat. ☐ 482

1977

1. JANUAR Die *Charta 77*, das Gründungsdokument der gleichnamigen tschechischen Bürgerrechtsbewegung, wird in der internationalen Presse veröffentlicht. Die oppositionelle Gruppierung hat sich in Reaktion auf die im Vorjahr erfolgte Inhaftierung der tschechischen Rockband *Plastic People of the Universe* gebildet, ihr Anliegen ist, Missstände im Land aufzuzeigen. Zu ihren Mitgliedern gehört auch der Dramatiker und Essayist Václav Havel, der nach der »Samtenen Revolution« 1989 der erste nichtkommunistische Staatspräsident der Tschechoslowakei sowie 1993 erster Präsident der Tschechischen Republik werden wird.

12. JANUAR Toyen wird von der Jacques Baruch Gallery informiert, dass das Art Institute of Chicago eine ihrer Zeichnungen in einer Präsentation surrealistischer Graphik zeigt. Diese Schau ist Teil einer größeren Ausstellung, die dem für die Rezeption des Surrealismus in den USA wegweisenden Galeristen Julien Levy gewidmet ist: *Photographs from the Julien Levy Collection: Starting with Atget* (*Fotografien aus der Sammlung Julien Levy: Beginnend mit Atget*, 11. Dezember 1976 - 20. Februar 1977).

MAI - JUNI Toyens *Les affinités* électives (*Die Wahlverwandtschaften*, 1970) ist Teil der Eröffnungsausstellung der von Geo Dupin und Sophie Babet - der ehemaligen Besitzerin der in den 1950er Jahren geschlossenen Galerie À l'étoile scellée - gegründeten Galerie Le Triskèle. Das Gemälde wird von einem kalifornischen Sammler zum Kauf vorgemerkt, das Geschäft kommt jedoch nicht zustande. □ 573

Im Sommer erscheint in den Éditions Maintenant Annie Le Bruns Sammelband *Annulaire de Lune* (*Mondring*), zu dem Toyen sechs Zeichnungen und drei Radierungen beisteuert sowie, für die ersten 25 Exemplare, einen Schuber. □ 503

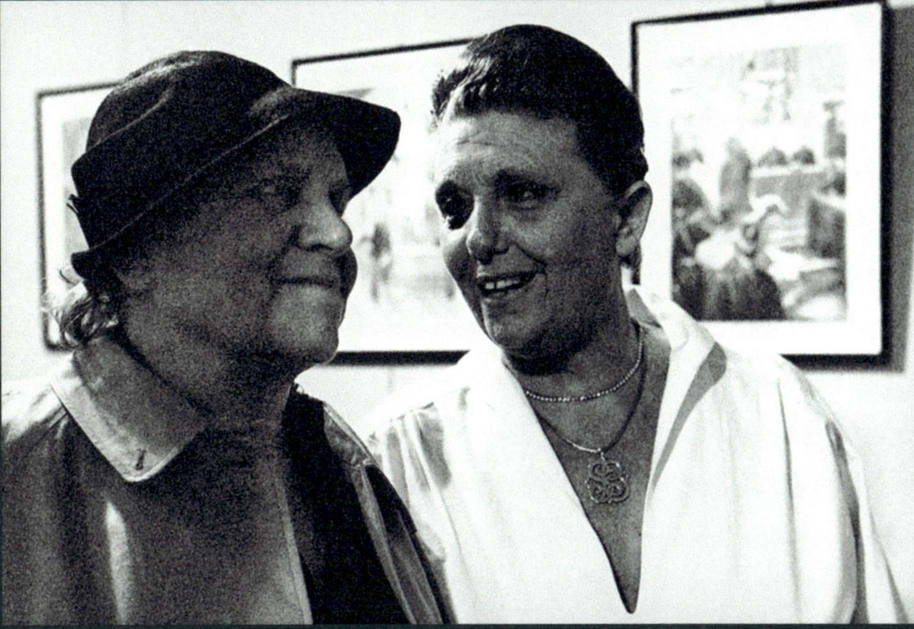
502 Toyen und die Galeristin Sophie Babet, 1977

1978

11. JANUAR - 27. MÄRZ Die von Dawn Ades kuratierte Ausstellung *Dada and Surrealism Reviewed* in der Londoner Hayward Gallery präsentiert Toyens Gemälde *Na zámku La Coste* (*Im Schloss La Coste*, 1946).

26. AUGUST - 8. OKTOBER In der von Heribert Becker und Milan Nápravník kuratierten Ausstellung *Imagination: Internationale Ausstellung Bildnerischer Poesie* im Kunstmuseum Bochum, die Werke von 71 noch lebenden imaginativen oder surrealistischen Künstlerinnen und Künstlern zeigt, ist Toyen mit *Na pokraji* (*Am Waldrand*, 1945) vertreten. Der Katalog enthält den ins Deutsche übersetzten, von Toyen mitunterzeichneten Text *Der 17. März* von 1973 sowie Werke und Texte weiterer ehemaliger Mitglieder der Pariser Surrealisten-Gruppe (Bédouin, Benayoun, Benoît, Breton, Camacho, Elléouët, Ernst, Goldfayn, Ivšić, Matta, Oppenheim, Péret, Silbermann), der Bewegung Phases (Charbonnel, Ethuin, Jaguer, Pérahim) und der Situationistischen Internationalen (Vanegeim). Noch vor der Ausstellung, im Dezember 1977, kaufte das seit 1972 von dem gebürtigen Tschechen Peter Spielmann geleitete Museum Toyens Gemälde *Am Waldrand* über die Pariser Galerie de Seine für seine Sammlung an; damit ist es das erste und bis heute einzige deutsche Museum, welches ein Werk der Künstlerin erworben hat. □ 352, 512

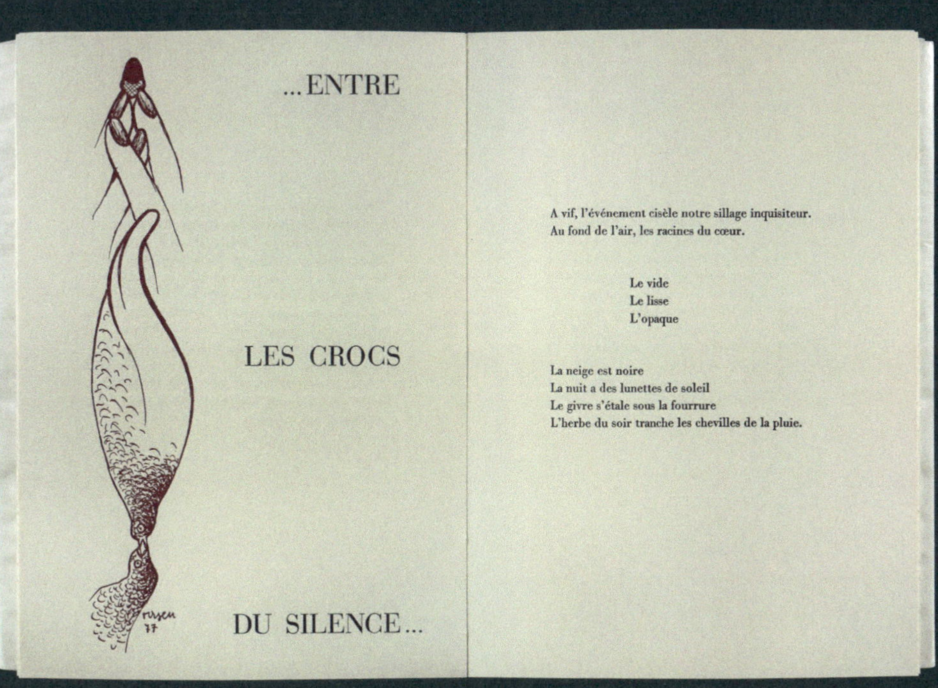
...ENTRE

LES CROCS

DU SILENCE...

A vif, l'événement cisèle notre sillage inquisiteur.
Au fond de l'air, les racines du cœur.

Le vide
Le lisse
L'opaque

La neige est noire
La nuit a des lunettes de soleil
Le givre s'étale sous la fourrure
L'herbe du soir tranche les chevilles de la pluie.

Kat. 503 Illustration für: Annie Le Brun, *Annulaire de Lune / Mondring*, Éditions Maintenant, Paris 1977

1980

9. NOVEMBER Toyen stirbt in Paris. Die Beerdigung findet am 13. November auf dem Pariser Friedhof Batignolles statt, auf dem auch Péret und Breton bestattet sind.

1982

FEBRUAR Eine von Jana Claverie und Germain Viatte kuratierte Ausstellung mit Werken von Toyen, Štyrský und Heisler wird im Centre Georges Pompidou eröffnet; der Katalog enthält Texte von František Šmejkal, Annie Le Brun, Radovan Ivšić und Věra Linhartová.

21. JUNI Toyens Nachlass, der ihre eigenen Werke sowie solche von Štyrský, Heisler und Teige umfasst, wird auf einer von Vincent F. Wapler organisierten Auktion im Hôtel Drouot in Paris versteigert.

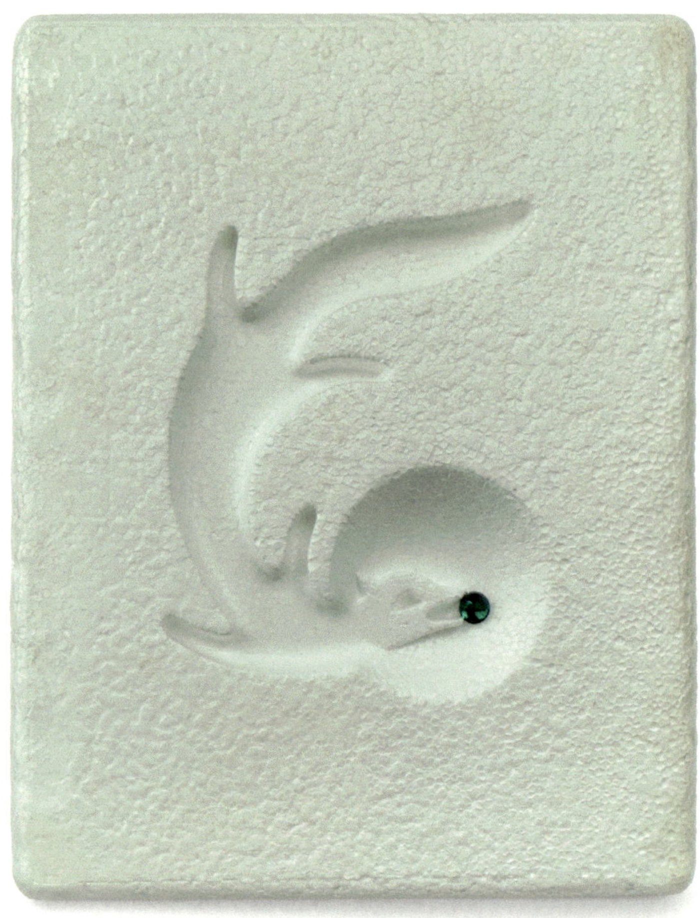

Abb. 504 Schuber für: Jean-Pierre Duprey, *La Forêt sacrilège/ Der frevelhafte Wald*, 1970
Styropor und Glas, 26,7 x 21,3 x 8,5 cm
Museum der tschechischen Literatur in Prag

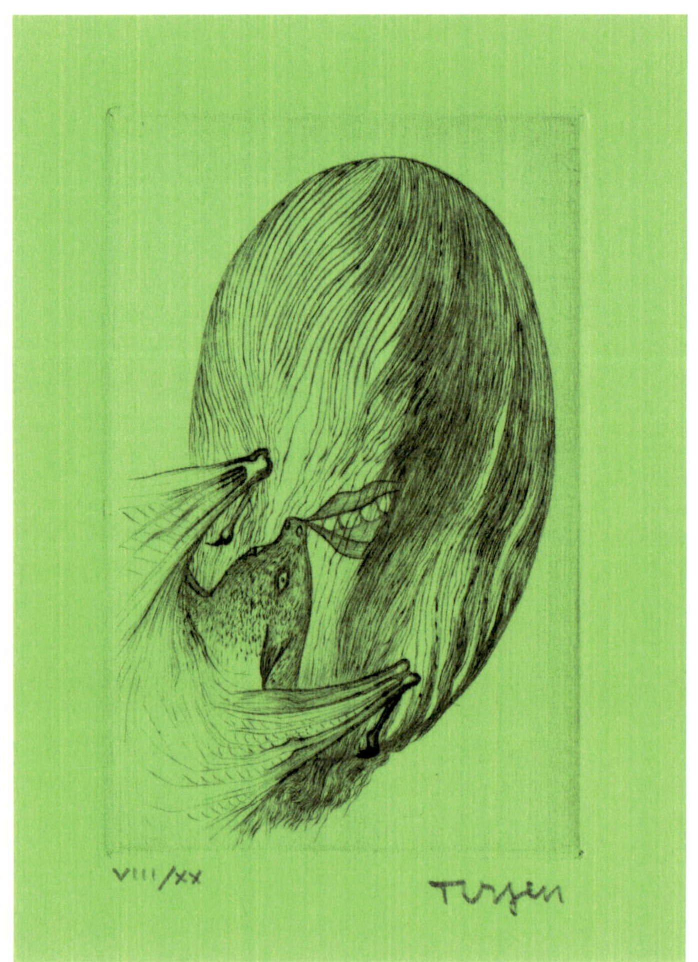

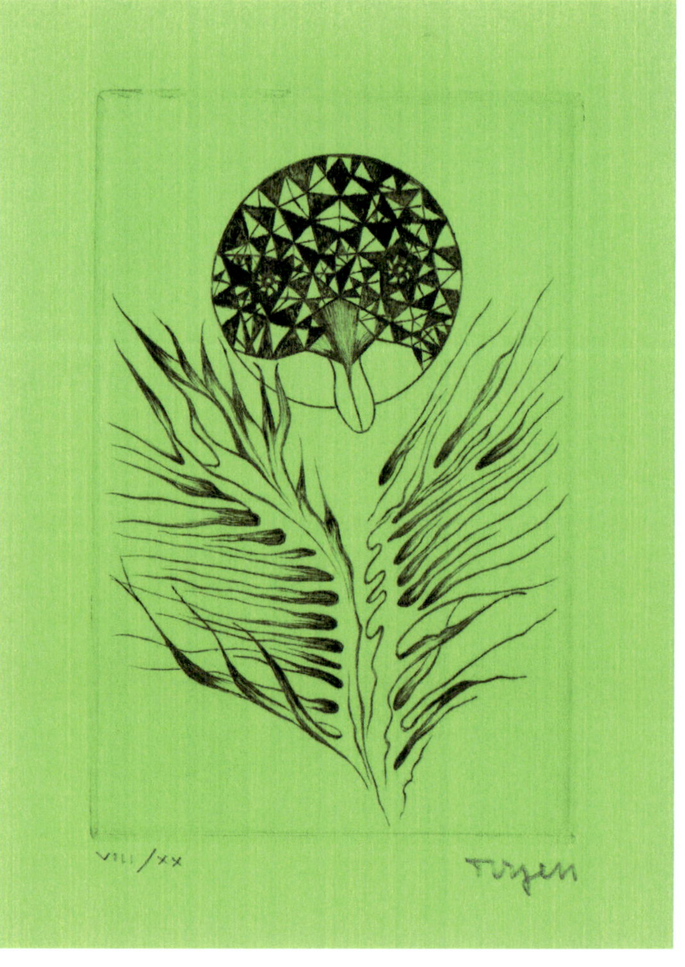

Kat. 505–510 Illustrationen für: Jean-Pierre Duprey, *La Forêt sacrilège/ Der frevelhafte Wald*, 1970
Kaltnadelradierung auf grünem Seidenpapier, je 197 × 148 mm | Privatsammlung

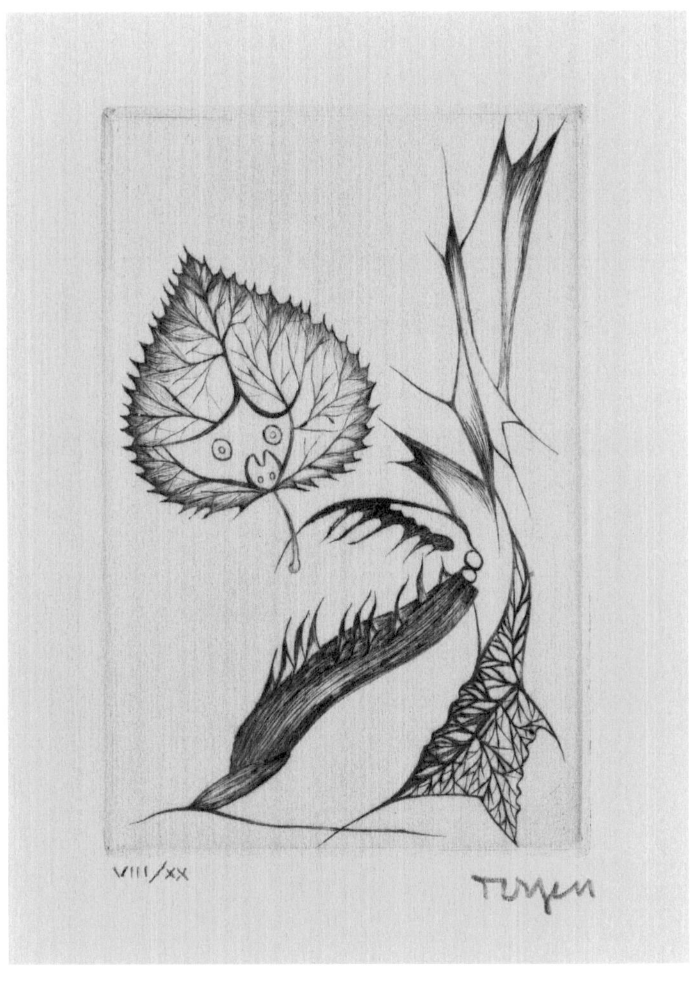
VIII/XX
Toyen

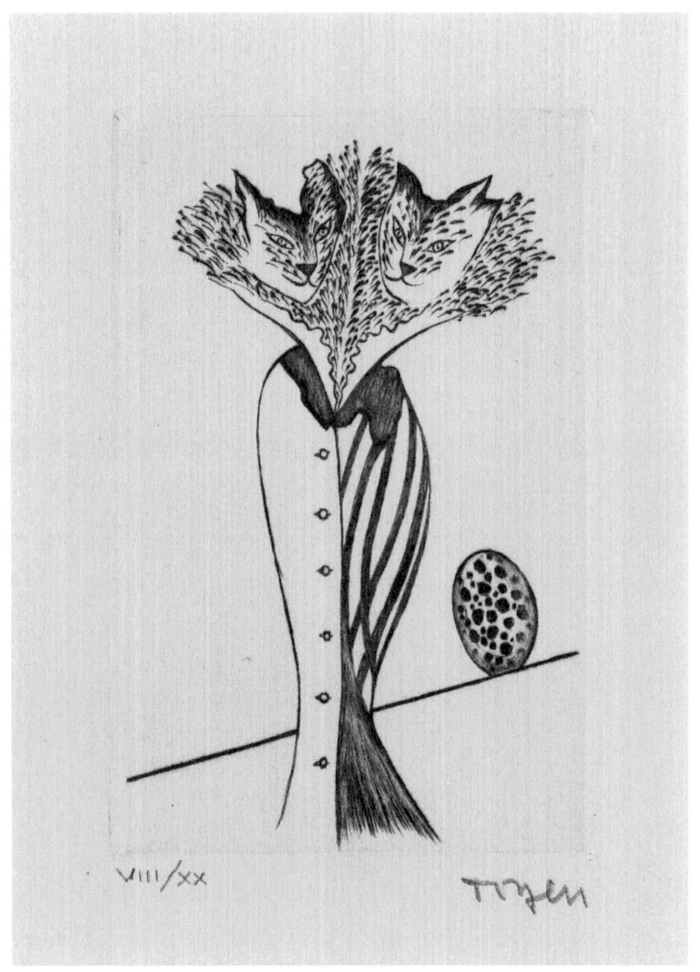
VIII/XX
Toyen

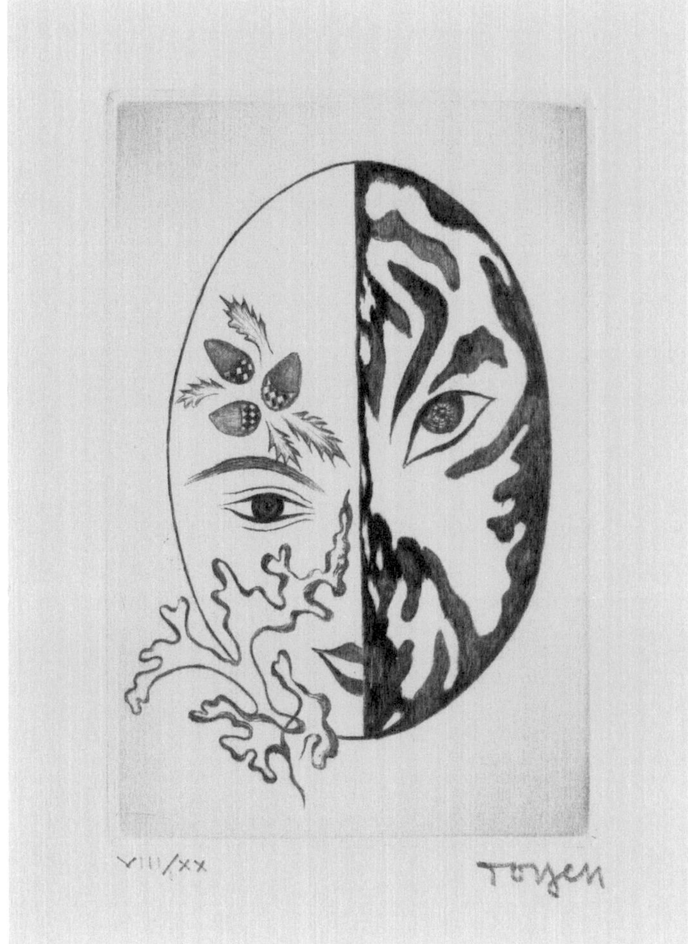
VIII/XX
Toyen

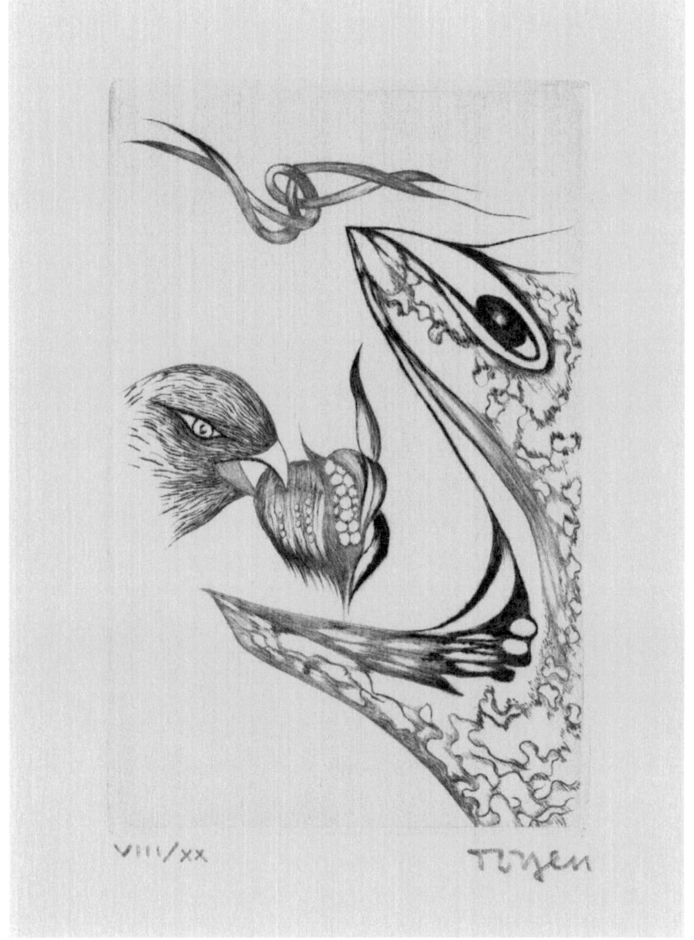
VIII/XX
Toyen

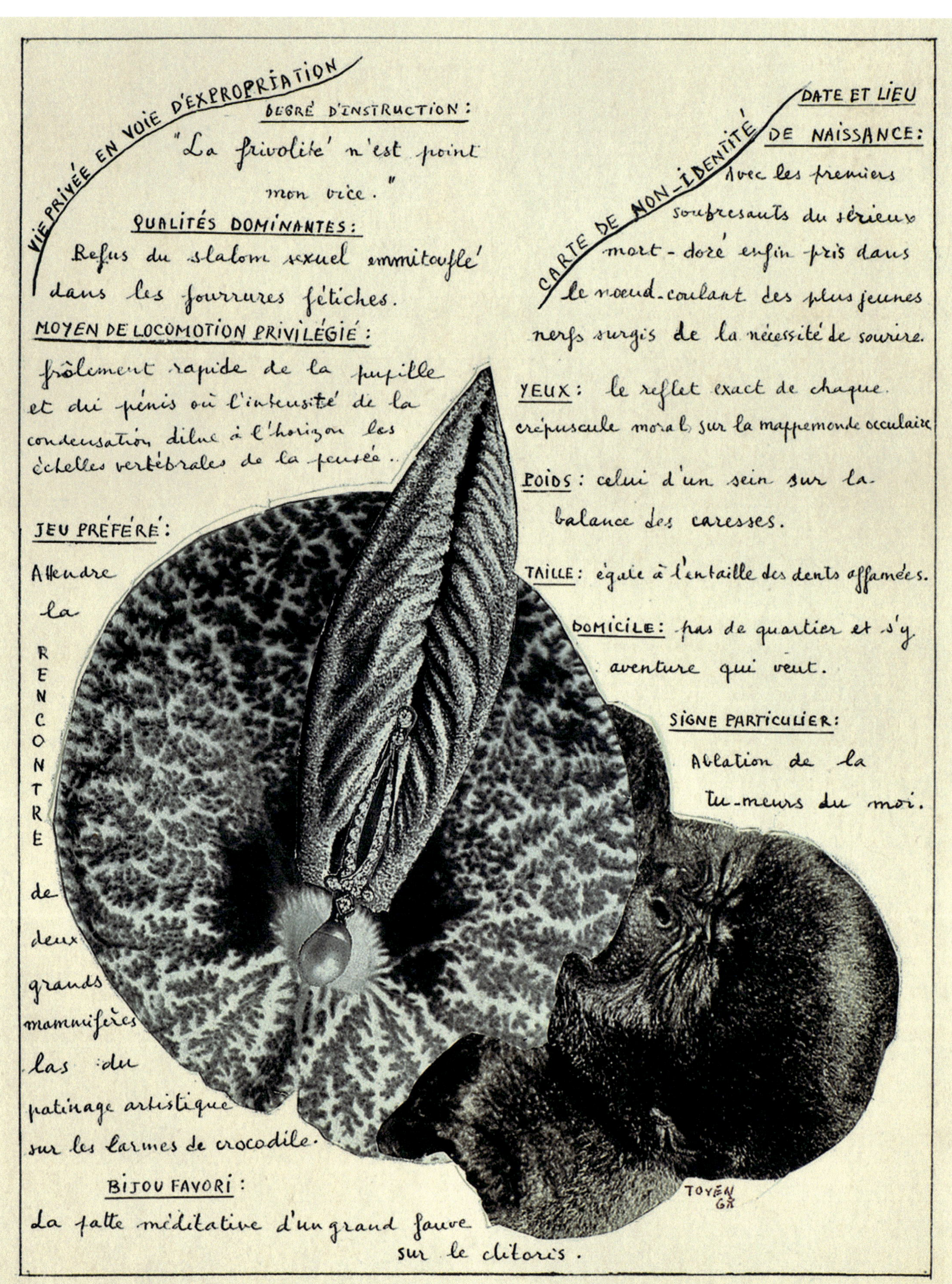

Abb. 511 Annie Le Brun, Toyen
Carte de non-identité / Nicht-Personalausweis
Tusche und Collage auf Papier, 275 × 215 mm
Privatsammlung, Paris

Anna Pravdová

Seelenverwandte. Éditions Maintenant

Drei Jahre nach dem Tod André Bretons und einer mehrmonatigen Krise in der Pariser Surrealisten-Gruppe[1] veröffentlichte Jean Schuster am 4. Oktober 1969 in der Tageszeitung *Le Monde* unter dem Titel *Le Quatrième chant* (*Der vierte Gesang*) einen Aufsatz, in dem er das »Ende des historischen Surrealismus« erklärte. Der frühere Chefredakteur verschiedener surrealistischer Zeitschriften (*Le Surréalisme, même*; *L´Archibras* …) kündigte zugleich das Erscheinen der Zeitschrift *Coupure* an, »einer Publikation, die auf einem besonderen, leicht perversen Umgang mit Information beruht«.[2] Herausgeben sollte er sie gemeinsam mit Gérard Legrand und José Pierre. Toyen fand sich mit weiteren Freunden aus der zerfallenen surrealistischen Gruppe bereit, sie dabei zu unterstützen.

Die Zeitschrift Coupure

Einige Monate zuvor, am 19. Mai 1969, hatte Jean Schuster »alle, die nach Bretons Tod im September 1966 das surrealistische Abenteuer weiterführen«, brieflich dazu eingeladen, auch in Zukunft »flexibel« zu kooperieren und sich an der Herausgabe der neuen Zeitschrift zu beteiligen; allerdings sollten sie diese »Bewegung, Gruppe, Tätigkeit …« nicht mehr als »surrealistisch« bezeichnen.[3] Ihm ging es um die Erneuerung der gemeinschaftlichen Aktivitäten, allerdings wollte er sich zugleich von bestimmten Klischees distanzieren und aktuellen Problemen und Fragen zuwenden.

Die Zeitschrift, deren Name (»Schnitt«, auch »Zeitungsausschnitt«) sich aus dem Verfahren herleitet, Ausschnitte aus anderen Zeitungen wieder abzudrucken, wurde einige Monate nach den Ereignissen des »Pariser Mai« 1968 ins Leben gerufen und betrachtete als ihre zentralen Themen die französische und internationale Politik.[4] Poesie, ob in sprachlicher oder bildlicher Form, rückte hingegen an den Rand. Eine der wenigen Ausnahmen ist eine Fotografie in der dritten Nummer vom Mai 1970. Sie zeigt die kubische Traum-Box aus der internationalen Ausstellung *Surrealismus?* im Moderna Museet Stockholm, in der Werke von Toyen, Jindřich Heisler, Jindřich Štyrský und Ragnar von Holten präsentiert wurden.[5]

In derselben Nummer findet sich eine Umfrage zur Freiheit in einer Gesellschaft, die unter Berufung auf Sicherheit und künftigen Wohlstand mit Zensur operiert und Autozensur herbeiführt. Fragen wie »Welche Freiheiten haben Sie sich gestern erlaubt und welche gönnen Sie sich morgen? Welche verschieben sie auf später?«[6] sollten den Einzelnen dazu anregen, möglichst konkret über seine persönliche Freiheit nachzudenken. Ausgearbeitet hatte den Fragebogen ein Freundeskreis innerhalb des *Coupure*-Kollektivs, namentlich Annie Le Brun, Radovan Ivšić, Georges Goldfayn, Toyen und Pierre Peuchmaurd. Letzerer war erst kurz zuvor in das *Coupure*-Kollektiv aufgenommen worden. Jean Schuster hatte sein Buch *Plus vivant que jamais* (*Lebendiger denn je*),[7] einen Augenzeugenbericht über die Ereignisse im Mai 1968, herausgegeben und ihn dann dazugeholt. All diese Autoren störten sich zunehmend an dem geringen Interesse ihrer Kollegen für Poesie und andere grundsätzliche Fragen abseits der Politik.[8] Ihre Umfrage löste eine polemische Debatte aus, und etliche Mitstreiter der *Coupure* lehnten eine Beantwortung ab, wobei sie geltend machten, dass man »irgendwie leben muss« und »die Revolte auch nicht mehr das sei, was sie mal war«.

Die fünfte Nummer der *Coupure*, die sich optisch von den vorangehenden unterscheidet und der Imagination wieder Raum verschaffen sollte, wurde von der oben erwähnten Gruppe gemeinsam konzipiert. Toyen war aktiv beteiligt: Anknüpfend an Heislers Entwürfe für die Zeitschrift *Néon* (1948–1949), schuf sie eine sich über die Seiten windende »Schlange« als Symbol einer »Macht«, die zu vernichten sei. Nach der Redaktionssitzung am 29. Juli 1970 schrieb Pierre Peuchmard an Annie Le Brun und Radovan Ivšić, die sich zu diesem Zeitpunkt nicht in Paris aufhielten: »Jean [Schuster] lehnt die Schlange ab; natürlich! … Die Nummer ist auf September verschoben. Und um den 10. September eine große Sitzung, auf der über das weitere Vorgehen entschieden wird (kurz der Wunsch nach Kontrolle). … Toyen hat also Recht behalten!«[9] Schließlich glätteten sich die Wogen, und die fünfte *Coupure* erschien im November 1970. Die Doppelseite in der Mitte zeigt eine Krake, auf deren orangefarbenen Fangarmen handschriftlich eingefügte Zitate zu sehen sind, darunter eines von Toyen mit Bezug auf George Berkeley: »Toutes les pouvoirs sont également indifférents.« (»Alle Mächte sind gleichermaßen indifferent.«) Mit diesem Diktum zielte sie durchaus auch in die eigenen Reihen. Die Gegensätze freilich bestanden nicht nur fort, sondern verschärften sich. Angekündigt hatten sie sich bereits in der vierten Nummer vom Juni 1970, die gänzlich aus zensierten Textausschnitten der von Jean-Paul Sartre herausgegebenen maoistischen Zeitschrift *La Cause du peuple* bestand. Natürlich erklärten sich alle mit dieser solidarischen, gegen die Zensur gerichteten Geste einverstanden, doch einigen wurde die *Coupure* dadurch zu marxistisch und militant.[10] Diese Unstimmigkeiten beschleunigten letztlich das Ende der Zeitschrift.[11]

Éditions Maintenant

Für Toyen und ihr Umfeld bedeutete das aber keineswegs das Ende ihrer gemeinschaftlichen Aktivitäten; man kam weiterhin zusammen, und nicht nur freundschaftlich, sondern auch im Bemühen um gemeinsame Projekte. Daran war Toyen, wie ihre Weggefährten berichten, sehr gelegen. Ihre und Radovan Ivšićs Entschlossenheit

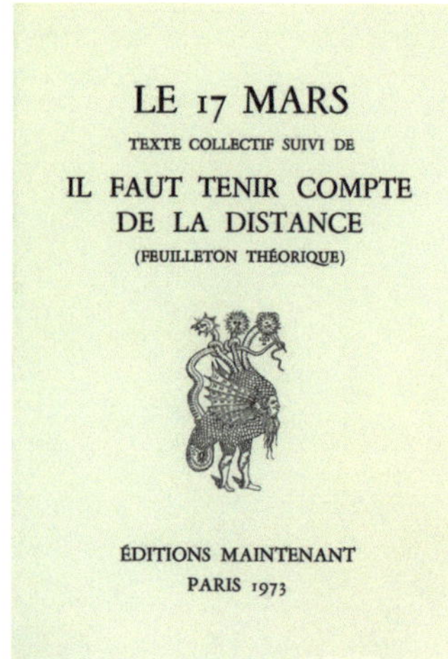

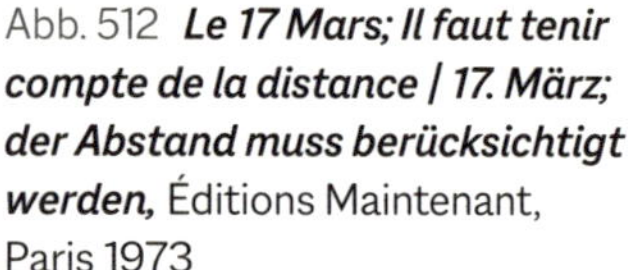

Abb. 512 ***Le 17 Mars; Il faut tenir compte de la distance / 17. März; der Abstand muss berücksichtigt werden,*** Éditions Maintenant, Paris 1973

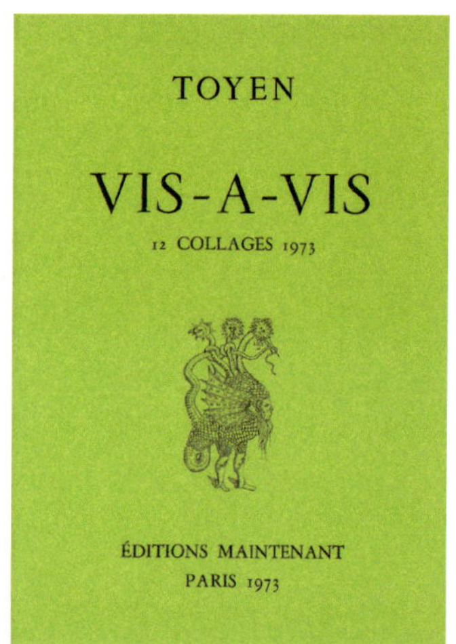

Kat. 513 **Umschlag *Vis-à-Vis*,** Éditions Maintenant, Paris 1973

war der entscheidende Impuls für die Entstehung eines kollektiv geführten Verlags.[12]

Radovan Ivšić (1921–2009) und Toyen waren seit Jahren miteinander verbunden. Ihre Freundschaft ging zurück auf das Jahr 1954, als der kroatische Dichter nach Frankreich übersiedelte und Kontakt zu den Surrealisten aufnahm.[13] Toyen und Ivšić hatten beide die Erfahrung totalitärer Regimes hinter sich, wie Annie Le Brun bemerkte: »Dass sie beide vom Faschismus und vom Stalinismus verfolgt worden waren, hatte sie einander sofort nahegebracht …; dass sie in beiden Regimen als Verteter einer ›entarteten Kunst‹ betrachtet wurden, hatte ihnen gezeigt, dass totalitäre Systeme im Namen scheinbar gegensätzlicher Ideologien identisch vorgehen und sich jederzeit ohne Weiteres eine neue Maske aufsetzen.«[14] Toyens Erfahrungen mit dem »realen Kommunismus« kollidierte mit der Naivität mancher ihrer Freunde in der Pariser Surrealisten-Gruppe, deren »Begriffsstutzigkeit … Toyen zutiefst verärgerte« und sie in »einen verzweifelten Zorn« versetzte.[15]

Als Ivšić 1963 Annie Le Brun kennenlernte, kam es sogleich auch zu einer Annäherung zwischen ihr und Toyen, die sich an die Energie ihrer eigenen Jugend und Revolte erinnert sah. Wie sie hatte auch Annie Le Brun im selben Alter eine radikale Wende vollzogen: »Mit sechzehn Jahren habe ich beschlossen, dass mein Leben nicht so sein wird, wie die anderen es sich vorstellten.«[16] Ein jugendlicher Geist und eine ähnlich rebellische Haltung waren im Übrigen das, was alle drei verband. »Toyen war 61 Jahre, Radovan 42 und ich 21. Aber bei Toyen, und auch bei Radovan, scherte die Revolte sich nicht um die Jahre, sondern behauptete allem zum Trotz die Freiheit des Seins. So nahm unsere wunderbare Freundschaft in den letzten Jahren der surrealistischen Bewegung ihren Anfang,«[17] erinnert sich Annie Le Brun, die einzige Frau, mit der Toyen je zusammengearbeitet hat. Beide lehnten es gleichermaßen ab, eine den Erwartungen entsprechende »weibliche« Rolle zu spielen, ebenso fremd war ihnen aber der »Neo-Feminismus«, der in ihren Augen jedes Revoltieren zur modischen Pose gemacht hatte oder sich als »Stalinismus in Röcken«[18] durchzusetzen versuchte. Auch vertrauten sie beide viel mehr Gefühlen und Emotionen als abstrakten Ideen und Ideologien.

Zu ihrem Kreis gehörte außerdem Georges Goldfayn (1933–2019), der 31 Jahre jünger war als Toyen und sich ihr seit Beginn der 1950er Jahre eng verbunden fühlte. Die tiefe Freundschaft der beiden beruhte auf einer gleichermaßen unstillbaren Neugierde in Hinblick auf Film, Jazz und Poesie. Der fünfte im Bunde war der bereits erwähnte Pierre Peuchmaurd. 1971 gesellten sich für kurze Zeit noch Henri-Alexis Baatsch und Jean-Christophe Bailly hinzu, zwei ehemalige Mitglieder der *Coupure*, die vom Surrealismus, der deutschen Romantik und dem Theater fasziniert waren.

Édition S

Die Zusammenkünfte in den Cafés oder in der Wohnung von Radovan Ivšić und Annie Le Brun erneuerten den intensiven und spontanen Gedanken- und Ideenaustausch, wie er den Beteiligten aus den Zeiten André Bretons vertraut war. Sie diskutierten nächtelang, und »über diese Nächte wachte Toyen, die am wenigsten Gesprächige, aber keineswegs am wenigsten Aufmerksame. Sie war einfach da, war von unglaublicher Präsenz und von höchst treffendem Humor. Keine verfahrene Debatte, die sie nicht durch ein einziges Wort (oder durch ihr Schweigen) wieder in Gang gebracht, keine Sackgasse, auf die sie nicht hingewiesen hätte. Keine Nacht ohne Sphinx. Toyen war Sphinx und Luchs. Umwerfend direkt«.[19] Radovan Ivšić, dem wie Toyen an der Herstellung und Publikation von Büchern gelegen war, machte den Vorschlag, gemeinsam Lyrik herauszugeben. Die Idee wurde aufgegriffen, der zukünftige Verlag erhielt einen Namen: Éditions Maintenant - eine Hommage an die Zeitschrift *Maintenant*, dessen fünf Nummern der Dichter und Boxer Arthur Cravan, ein Neffe Oscar Wildes, zwischen 1912 und 1915 geschrieben, produziert und veröffentlicht hatte. Der Verlagsname signalisiert aber auch, dass die Gruppe ihre Kräfte in einem Hier und Jetzt verbinden wollte, nicht für eine »strahlende Zukunft« in weiter Ferne. Um nicht Vorwürfe von Machtausübung oder Narzissmus zu riskieren, mit denen man bei den letzten surrealistischen Revuen und in der *Coupure* immer wieder konfrontiert war, sollte die Auswahl der publizierten Texte auf einstimmigen Beschluss hin erfolgen, nach vorangegangener Diskussion. In Hinblick auf die knapp bemessenen finanziellen Mittel entschied man sich für die Veröffentlichung kürzerer Texte; die einzelnen Bände sollten eine Reihe bilden. Und wieder war es Ivšić, der einen Vorschlag machte: Jedes dieser Bändchen solle aus zwei Blättern im Format Din A4 bestehen, doppelt gefaltet auf die Größe eines Kuverts.

Die Titelseite jedes Bandes schmückt eine aus einer alchemistischen Schrift übernommene Zeichnung, die einen Drachen zeigt, das Merkur-Symbol der Philosophen (Abb. 512). Seine drei Köpfe stehen für die Sonne (Sira), den Mond (Merkur) und das sie verbindende Prinzip (Salz der Philosophen). Ein Dreier-Prinzip, das zugleich auf die Synthese bzw. Überwindung von Gegensätzen verweist wie Traum und Wirklichkeit, Wachsein und Schlaf, die für Breton so bestimmend waren. Der Drache auf der gewählten Darstellung hat anstelle des Geschlechts einen menschlichen Kopf und versinnbildlicht so die unauflösliche Verbindung von surrealistischer Imagination und Erotik, Körper und Geist.

Seine Tätigkeit nahm der Verlag also mit der Publikation eigenständiger Broschüren unter dem Reihentitel *Édition S* auf.[20] Der Buchstabe S bedeutete sowohl kleines Format (small) als auch Surrealismus, wie Radovan Ivšić erläuterte: »Die *Édition S* wollte damit indirekt zum Ausdruck bringen, dass der Surrealismus für uns weiterlebte, auch wenn es uns nicht mehr möglich schien, von einem ›Surrealistischen Verlag‹ zu sprechen, nachdem die Tätigkeit der surrealistischen Bewegung ›eingestellt‹ worden war.«[21]

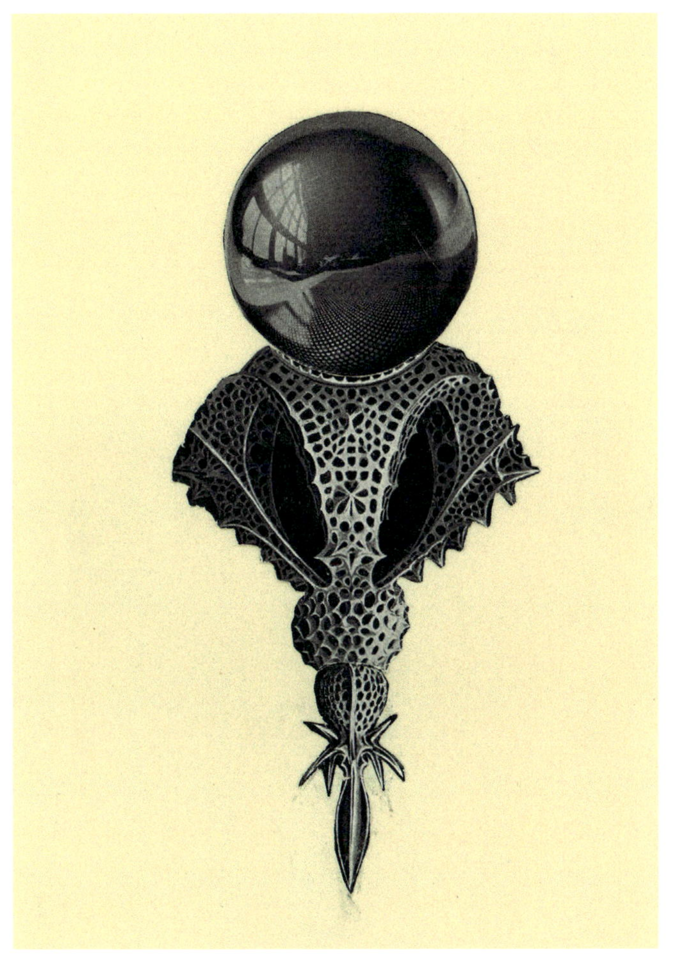

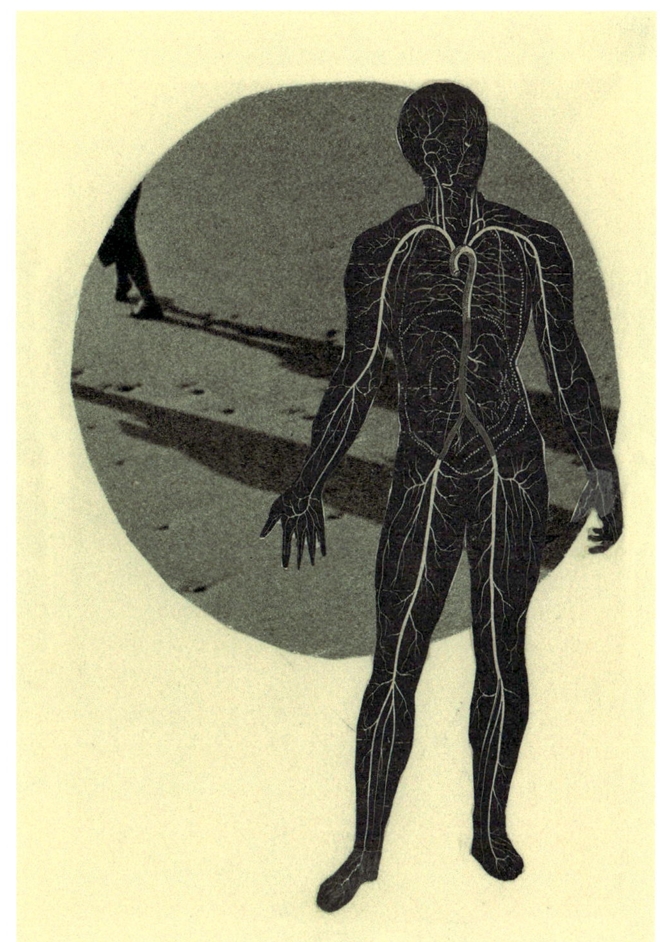

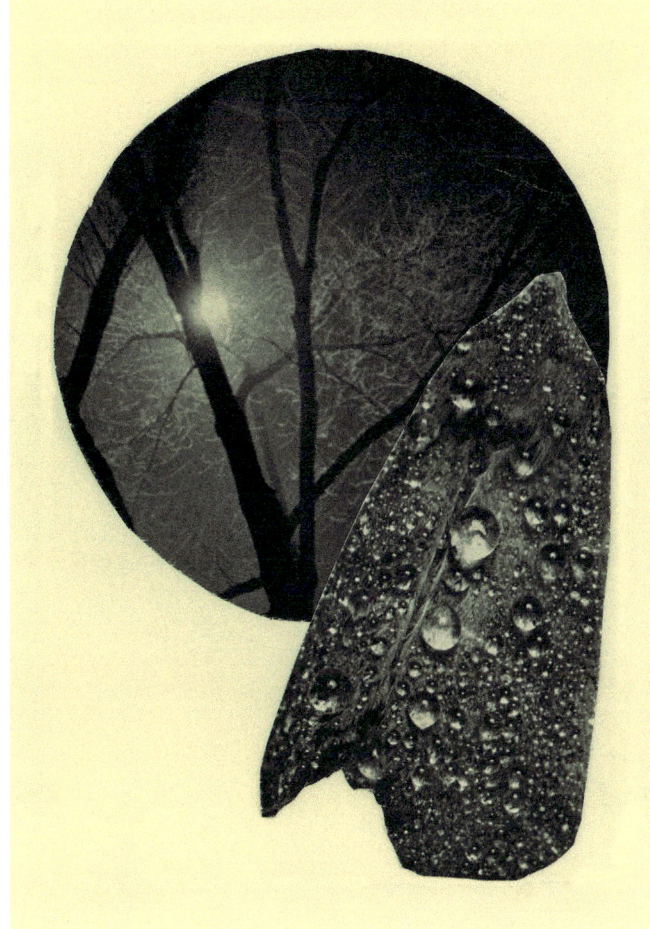

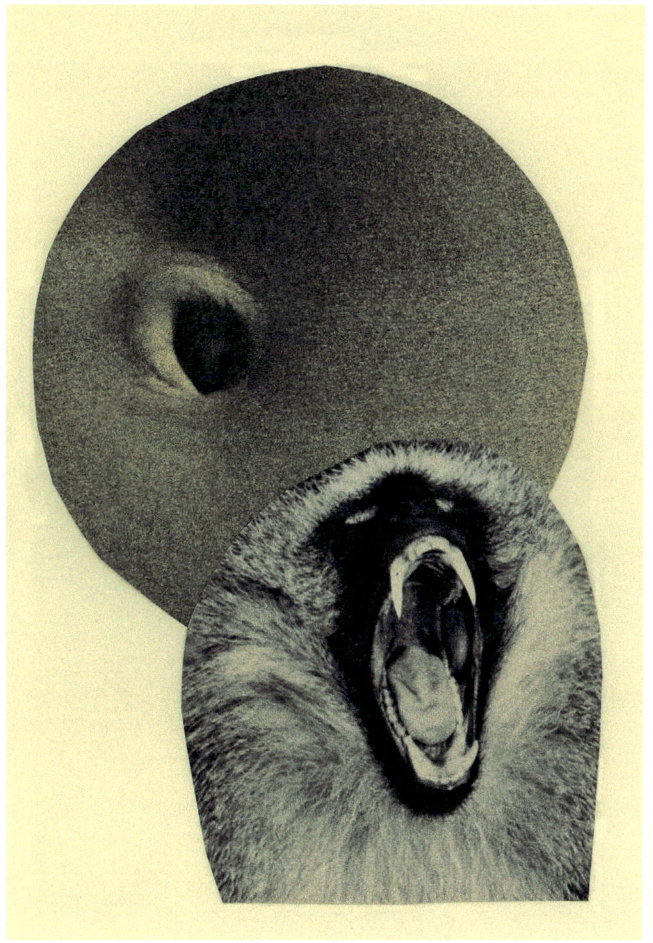

Kat. 514–517 ***Vis-à-Vis,*** 1973
Collagen auf Papier, je 298 x 210 mm
Privatsammlung, Paris

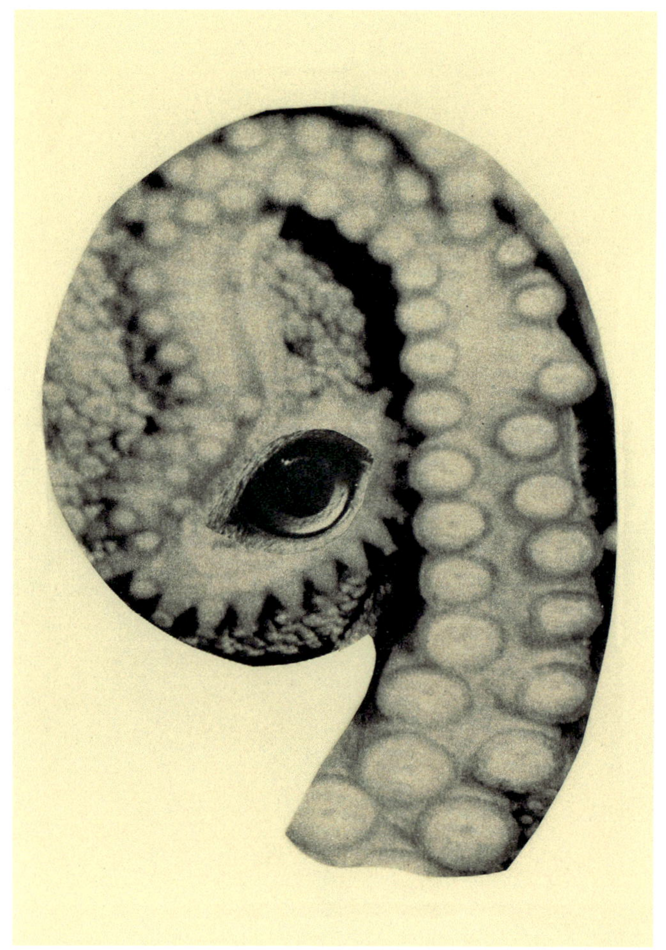

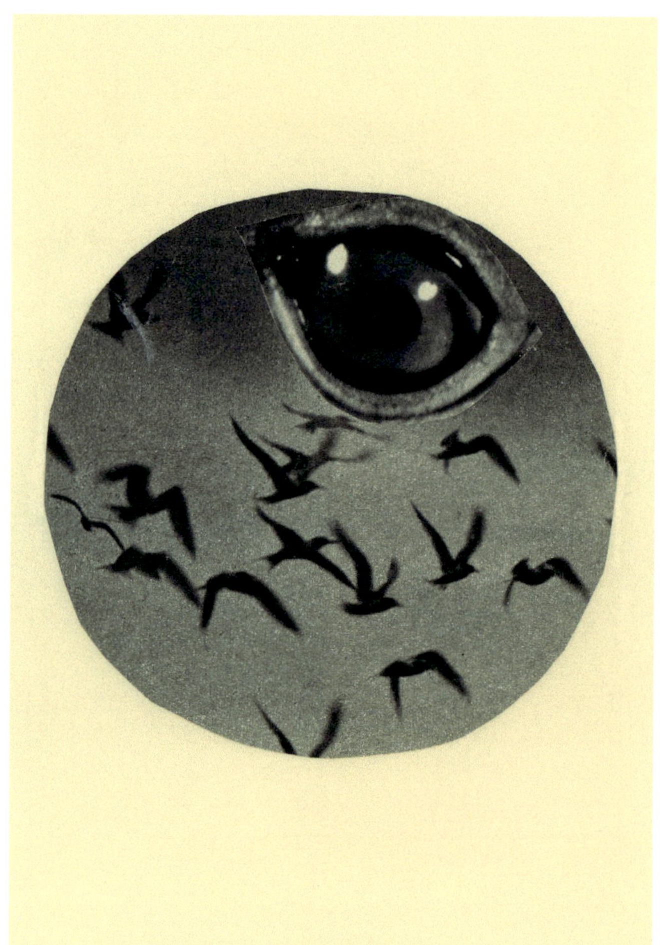

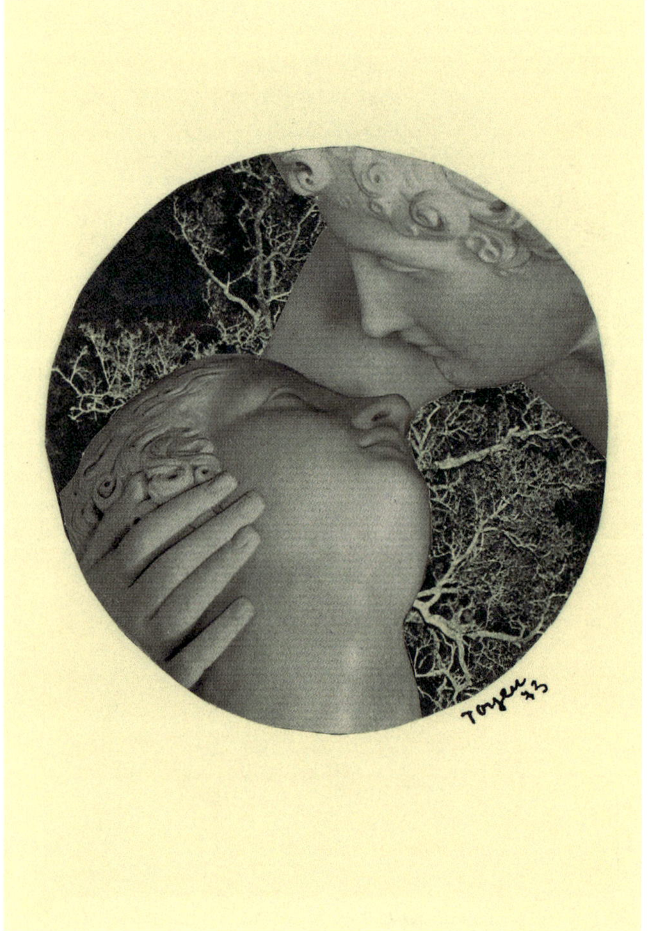

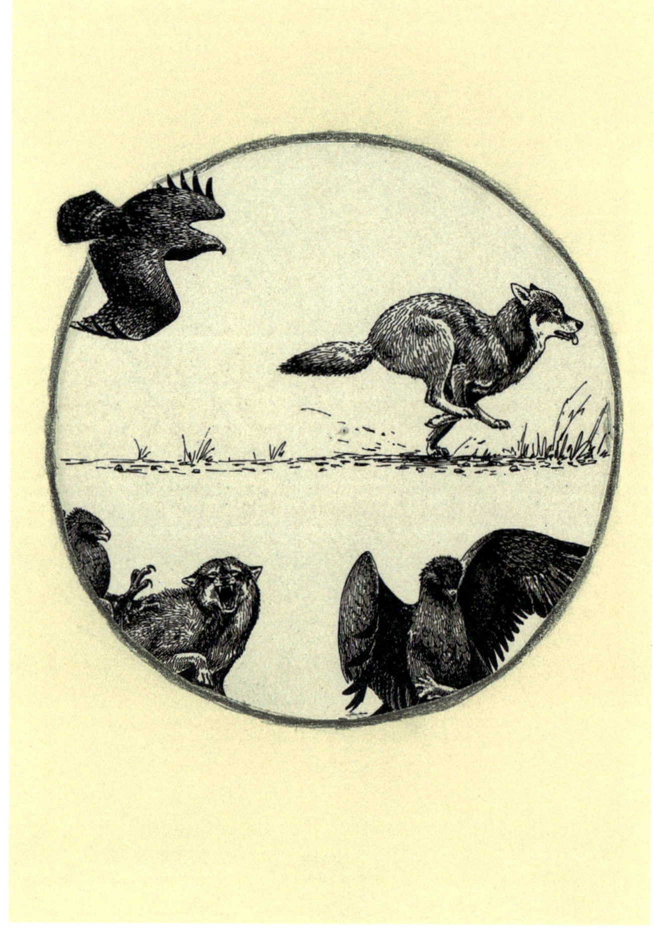

Kat. 518–525 ***Vis-à-Vis,*** 1973
Collagen auf Papier, je 298 x 210 mm
Privatsammlung, Paris

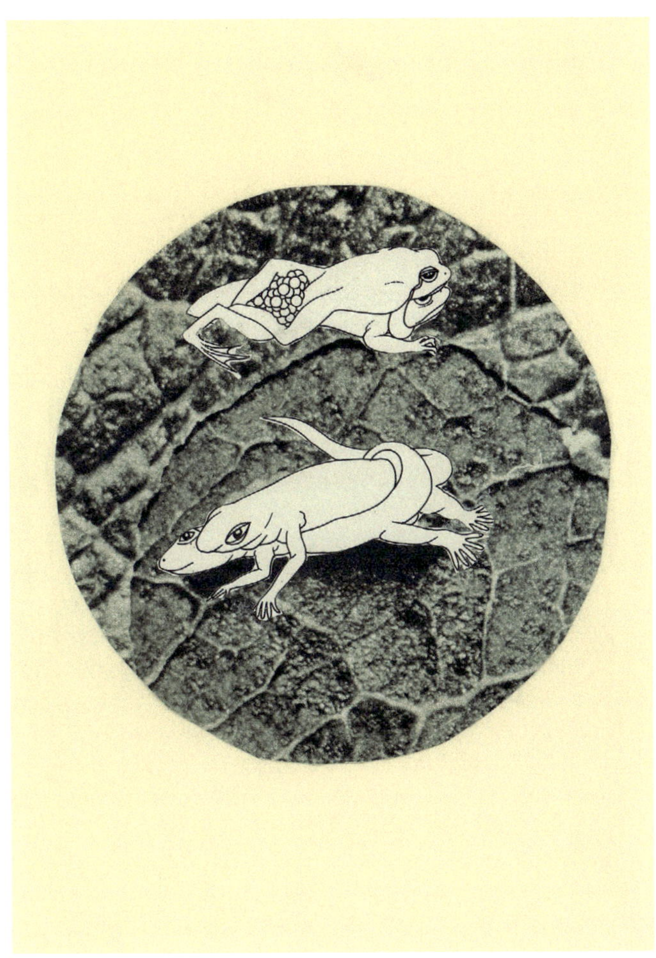

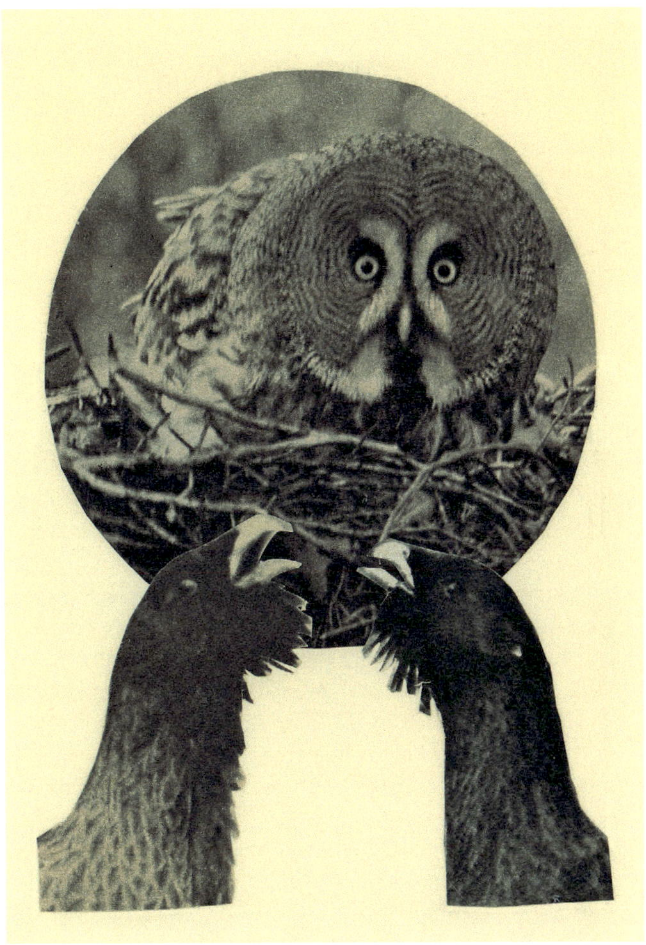

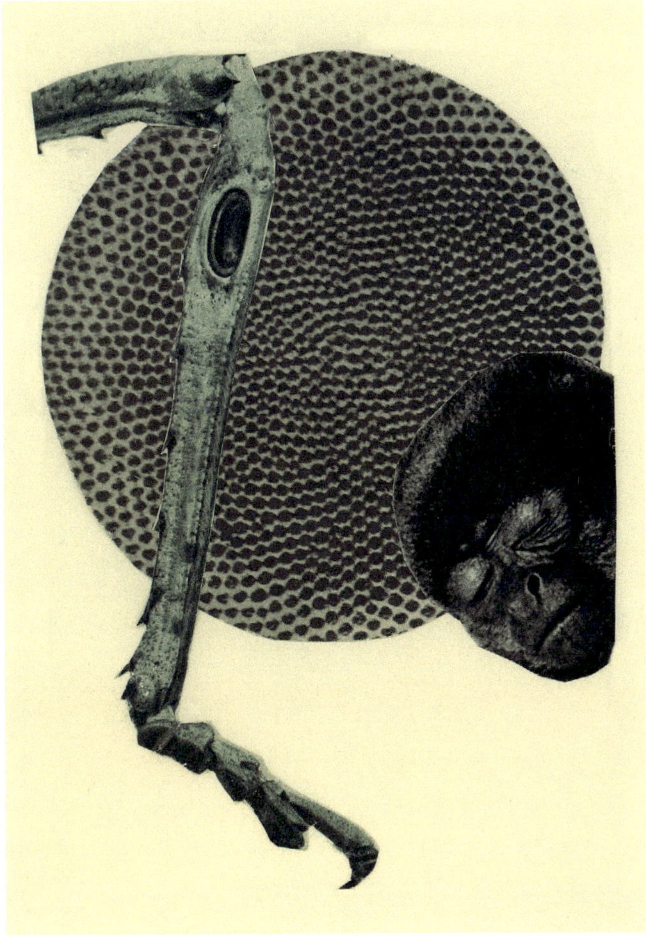

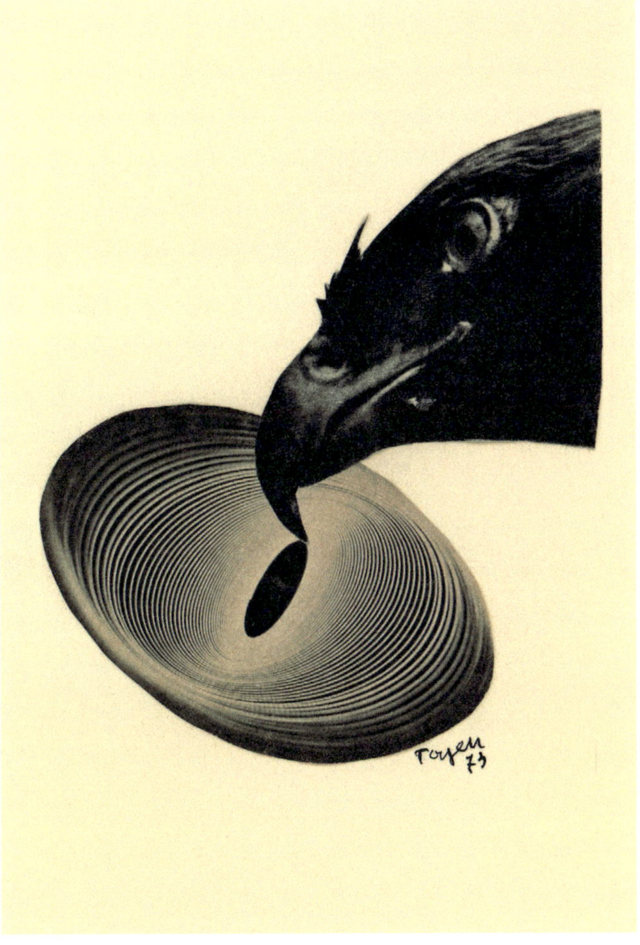
Toyen 73

Vis-à-vis

Zunächst sollte sich jeder Autor mit einem lyrischen Text präsentieren. Die erste Serie dieser Beiträge erschien im Frühling 1972, mit Gedichten von Radovan Ivšić (*Mavena*),[22] Annie Le Brun (*Les Pâles et fiévreux après-midi des villes / Die blassen und fiebrigen Nachmittage in den Städten*), Pierre Peuchmard (*L'Embellie roturière / Die gemeine Verschönerung*) und Georges Goldfayn (*Rien ne va plus / Nichts geht mehr*). Toyen entschied sich für visuelle Poesie, versprach einen Zyklus von Zeichnungen und lieferte schließlich einen Zyklus von Collagen,[23] die in nichts an Vorheriges erinnerten. Dieser einzige Band ohne Text mit dem Titel *Vis-à-vis* besteht aus zwölf Schwarz-Weiß-Collagen auf grünem Papier,[24] in denen Toyen ihre künstlerische Sprache auf ein Minimum reduziert (Kat. 513). Sie arbeitet mit zwei oder drei Elementen in einer Komposition, die meist von einem kreisförmigen Ausschnitt aus einer Reproduktion ausgeht und diesen assoziativ mit einem weiteren Element kombiniert. Ein Ausschnitt mit den Schatten zweier im Bild nicht anwesender Figuren verweist beispielsweise in Kombination mit einer anatomischen Abbildung des menschlichen Gefäßsystems assoziativ auf die verborgene Seite im Menschen (Kat. 515). In einer anderen Fotocollage stellt sie durch Zweige fallendes Mondlicht und die Detailansicht mehrerer Wassertropfen auf einem geäderten Nachtfalterflügel gegenüber (Kat. 516). Durch originelle Kombinationen von Mikroskopischem und Makroskopischem, von Detail- und Gesamtansicht verunsichert Toyen den Betrachter in seiner Perspektive.
Am deutlichsten offenbart sich dieses Prinzip im Falle des riesigen Auges, das auf die Silhouetten vorüberfliegender Vögel schaut, die im Vergleich zu ihm als Miniaturen erscheinen (Kat. 519). Das Augen-Motiv erscheint in diesem Zyklus übrigens mehrfach, und ebenso Fragmente von Menschen- und Tierkörpern, wie Toyen sie auch in früheren Jahren gern verwendet hat (Kat. 514–525).

Einige der Collagen beruhen ausschließlich auf einer symmetrischen Anordnung komplementärer oder gegenläufiger Elemente. Besonders augenfällig ist das bei den beiden Auerhuhnköpfen, die, im Profil einander gegenüber platziert, die Mittelachse der Komposition »rahmen«: den symmetrischen Kopf einer Eule in Frontalansicht (Kat. 523). Mitunter begnügt Toyen sich mit einem kreisförmigen Ausschnitt und ändert lediglich Details in dessen Innerem, zum Beispiel den Hintergrund. So kreiert sie eine Welt, die ganz eigenen Naturgesetzen folgt. Das Material für die Collagen entnahm sie Lehrbüchern der Biologie und Anatomie, Zeitschriften und Kunstbänden. So entstammen zum Beispiel die zwei Gesichter aus weißem Marmor einer Fotografie von Antonio Canovas berühmter Figurengruppe *Amor und Psyche*, die Toyen aus dem Louvre kannte (Kat. 520).

Mit Reproduktionen von Skulpturen hatte sie schon früher verschiedentlich gearbeitet, zum Beispiel bei ihrem Ölbild *À une certaine heure* (*Zu bestimmter Stunde*, 1963), in das sie ein Detail von Berninis *Apollon und Daphne* integrierte,[25] ebenso in den Werken *Chambre secrète sans serrure* (*Geheimzimmer ohne Schloss*, 1966) und *Au château de Silling (Auf Schloss Silling*, 1969). Die Skulpturen sind auf all diesen Bildern umgeben von üppigem Grün, ein effektvoller Kontrast, der an überwucherte neugotische Altane denken lässt, an die Ruinen aus den Landschaften der Gothic Novel oder an die Texte des Marquis de Sade, auf den die beiden letztgenannten Gemälde mit ihren Titeln Bezug nehmen.[26] Eine Vegetation, die in geschlossene Zimmer eindringt, veranschaulicht zugleich die Durchlässigkeit der Grenzen zwischen außen und innen, als würde das Exterieur zum Interieur und umgekehrt. Ähnlich verhält es sich auch im Zyklus *Vis-à-Vis*, in dem Toyen »das Verhältnis von innen und außen verkehrt wie zum Beweis und zur Illustration eines der wenigen Selbstzeugnisse, das sie drei Jahre später, 1976, notiert hat: ›Im Kinosaal des Lebens betrachte ich die Leinwand meines Gehirns.‹«.[27] In ähnlicher Weise lassen sich auch die kreisförmigen Ausschnitte ihrer Collagen verstehen: als Blicke auf die Welt durch das Objektiv der Imagination, hier scharfgestellt auf ein Detail, dort in die Ferne gerichtet, stets aber ein Blick, der in die Realität Spannung, Sehnsucht, Leidenschaft, Geheimnis und Poesie hineinträgt ... stellenweise auch Intimität und Voyeurismus, als würden wir die Wirklichkeit durch einen Türspion beobachten – insbesondere bei der Komposition mit der Brust und dem schreienden Vogel oder den kopulierndem Fröschen und anderen Lurchen (Kat. 522) – oder als würde sie durch das kreisrunde Objektiv einer zauberischen Laterna magica projiziert.

Das oben zitierte Zeugnis ist eine Antwort Toyens im Spiel *Objets d'identité*,[28] in dem jeder Teilnehmer und jede Teilnehmerin[29] sich durch seine Lieblingsobjekte charakterisieren sollte, denn diese »enthüllen einen grenzenlosen analogen Raum, in dem unser Denken beständig ... seine Formen, Farben und sein Schwerefeld findet ...«.[30] Zugleich sollten alle Beteiligten eine Definition ihrer Lieblingsobjekte geben. Nicht zufällig hat Toyen eine Projektionsleinwand gewählt, die für sie als Liebhaberin *aller* Arten von Filmen, die nahezu täglich ins Kino ging, eine immense Bedeutung hatte.

Für ihre »Identifikation« nannte sie als weitere vier Objekte Peitsche (»die Peitsche des Windes, den weder Herren noch Knechte je kennen werden«), Jalousie (»Helm der Nacht, der aufblitzende Leidenschaften im Dunkel der Provinzen verbirgt«), Koffer (»schwergeworden von meinen nie unternommenen Reisen«) und Nadelabsatz (»Raubvogel, auf Asphalthimmel kreisend«). Alle fünf Gegenstände zusammen erschaffen eine Art poetisches Selbstporträt von Toyen, das ihre elementaren Sehnsüchte und Ambitionen beinhaltet: Freiheit, Reisen, Nacht, Geheimnis, Erotik.

Die Antworten wurden in einem der Bände der *Édition S* veröffentlicht, versehen mit einem Vorwort von Annie Le Brun, in dem es heißt, dass »wir im Laufe dieses grundlegenden Spiels, bei dem unsere Eigenschaften die Eigenschaften von Objekten berühren, es wagen, aus uns selbst herauszutreten«.[31] Es ging um die Erforschung des »Dämons der Analogie«, wie bereits 1953 in dem von André Breton initiierten Spiel *L'un dans l'autre* (*Eins im anderen*)[32] oder auch in *Cartes d'analogies* (*Karten der Analogien*), die auf einer Klassifikation Charles Fouriers beruhten und in der fünften Nummer von *Le Surréalisme, même* im Frühling 1959 präsentiert wurden. Aber es ging auch um die Überwindung eines vereinfachenden Identitätsbegriffs und die Bestätigung von Rimbauds »Ich ist ein anderer«. In ähnlich subversivem Geist und mit dem Ziel, die Kriterien der polizeilichen Anthropometrie in Zweifel zu ziehen, erdachten Annie Le Brun und Toyen für die Revue *L'Archibras* gemeinsam die Textcollagen *Carte de non-identité* (*Nicht-Personalausweis*, Abb. 511),[33] die allerdings nie abgedruckt wurden.[34]

Theoretische Texte

Obwohl bei der publizistischen Tätigkeit der Éditions Maintenant die Poesie als »organische Notwendigkeit«[35] im Zentrum stand, griffen einige der Bände gemeinsame theoretische Überlegungen zu aktuellen Fragen auf. Als achter Band der *Édition S* erschien im Frühling 1973 ein Text mit dem Titel *Le 17 mars*[36] – nach dem Datum, an dem das Autorenkollektiv seine Arbeit daran beendete, aber auch als Verweis auf die von Studenten gegründete Bewegung des 22. März, die im Mai 1968 in radikale Proteste gemündet war.[37] Die Autoren verurteilen in ihrem Text die Kompromisse der Gesellschaft, die das wirkliche Leben – »das, warum wir leben, denken, träumen« – durch »fragmentarische und somit lügnerische Spiegelungen« neutralisiert. Diese wiederum führen zu einer »tragischen Regression, zu einem Rückfall in alte Muster, ob es um das Erstarken von Nationalismen geht, das Aufkommen eines orientalisch angehauchten Mystizismus oder die Reaktualisierung eines heute nicht mehr funktionsfähigen revolutionären Diskurses« ...[38] Die Autoren kritisieren de facto einen Neonominalismus, der zu Separierung führe, zu sehr aufs Detail ziele und kein Verständnis der Dinge in einem größeren Ganzen zulasse, was gerade der Aufnahme von Kunst und Poesie abträglich sei.

Der Text zieht ebenso gegen die zunehmende Spezialisierung sogenannter Fachleute zu Felde, gegen Kunsthistoriker, Professoren und Sammler zum Beispiel, an die folgende Worte gerichtet werden: »Nein, der überambitionierte Kunstkritiker, die Polygraphen aller Art, der Werbeagent, eine Handvoll halbwegs diplomierter Professoren, zwei, drei mondäne Frauen und irgendwelche Sammler brauchen uns nichts über Poesie zu erzählen.« Und der Beitrag schließt mit dem Satz: »Unsere Kühnheit ist viel zu groß, als dass wir dem Umstand, dass irgendwer sich vorgenommen hat, eine bestimmte *Rolle* zu spielen, auch nur die geringste Bedeutung beimessen würden.«[39] Revolte und Unbotmäßigkeit haben für Toyen, die sich schon in jungen Jahren jedem Kompromiss und jeder gesellschaftlichen Rolle verweigerte, offensichtlich nichts von ihrer ursprünglichen Kraft eingebüßt. Und auch ihre Erfahrungen mit den totalitären Systemen veranlassten sie keineswegs, gegenüber der westlichen Zivilisation, die im Text als »debil idyllisch«[40] charakterisiert wird, eine nachsichtig passive Position zu beziehen.

Die gemeinsame Erklärung brachte ihre Unterzeichner auf die Idee, eine Art »theoretisches Feuilleton in Fortsetzung« zu realisieren. Die erste der insgesamt neun Folgen unter dem Titel *Il faut tenir compte de la distance* (*Der Abstand muss berücksichtigt werden*) wurde bereits in demselben Band, in dem auch *Le 17 mars* enthalten war, abgedruckt, die letzte erschien 1976. Im Mittelpunkt der Überlegungen steht die Praxis gemeinschaftlicher Tätigkeit und der Gedankenaustausch. Schon ab der zweiten Folge geriet der Text zu einer Art feuilletonistischem Roman.[41] Der Figurendialog führt dabei die zuvor in den Diskussionsrunden der Autoren geäußerten Gedanken fort, wie Pierre Peuchmaurd berichtet: »Dieses Feuilleton ... ist in seiner Konzeption und in der kollektiven Autorschaft Beweis einer Denkentwicklung, die wir in langen, durchwachten Nächten ganz und gar geteilt haben und die, wie ich glaube, zu den am wenigsten schlechten Dingen gehört, die jeder von uns erlebt hat.«[42] Die Geschichte stellt eine Art Weg-Metapher dar, und von Episode zu Episode und von Kontinent zu Kontinent, den sie bereisen, kristisieren die Figuren die Fragmentarisierung der Gesellschaft, untersuchen das Prinzip der Analogie und den Begriff »des aszendierenden Zeichens«,[43] verurteilen die Suche nach Objektivität im künstlerischen Schaffen, lehnen es ab, das »Unbewusste für die Zwecke der Produktivität«[44] einzuspannen und wollen der »Poesie ihre Ungebundenheit«[45] zurückgeben. Schritt für Schritt entdeckt der Leser die Identität »der meisten an diesem Drama beteiligten Akteure«, die »keineswegs imaginäre Schöpfungen« sind, und sieht sich mit einem Mal in der Gesellschaft von »Sardanapal, des Unsichtbaren Mannes, des Otterngezüchts, des Reinen Auges, des Musketiers im Kloster und eines Bewohners der Faubourg de Saint Antoine«.[46] Dahinter verbergen sich Toyen (Unsichtbarer Mann),[47] Annie Le Brun (Otterngezücht),[48] Radovan Ivšić (Reines Auge) usw. Ein solches Spiel mit der Identität und mit Masken sollte die Langeweile in Zaum halten, mit der sich die Autorinnen und Autoren bei theoretischen Texten immer wieder konfrontiert sahen.[49] Für die Leserinnen und Leser aber ist die Erzählung dadurch stellenweise schwerer verständlich.

Das Kollektiv der Éditions Maintenant, deren Kern die oben erwähnten fünf Mitglieder bildeten – später stieß noch Gérard Legrand dazu –, lud verschiedentlich auch Gastautoren zu einer Veröffentlichung ein, darunter den Maler und Dichter Adrien Dax. Zwischen ihm und Toyen gab es noch eine Verbindung aus den Zeiten

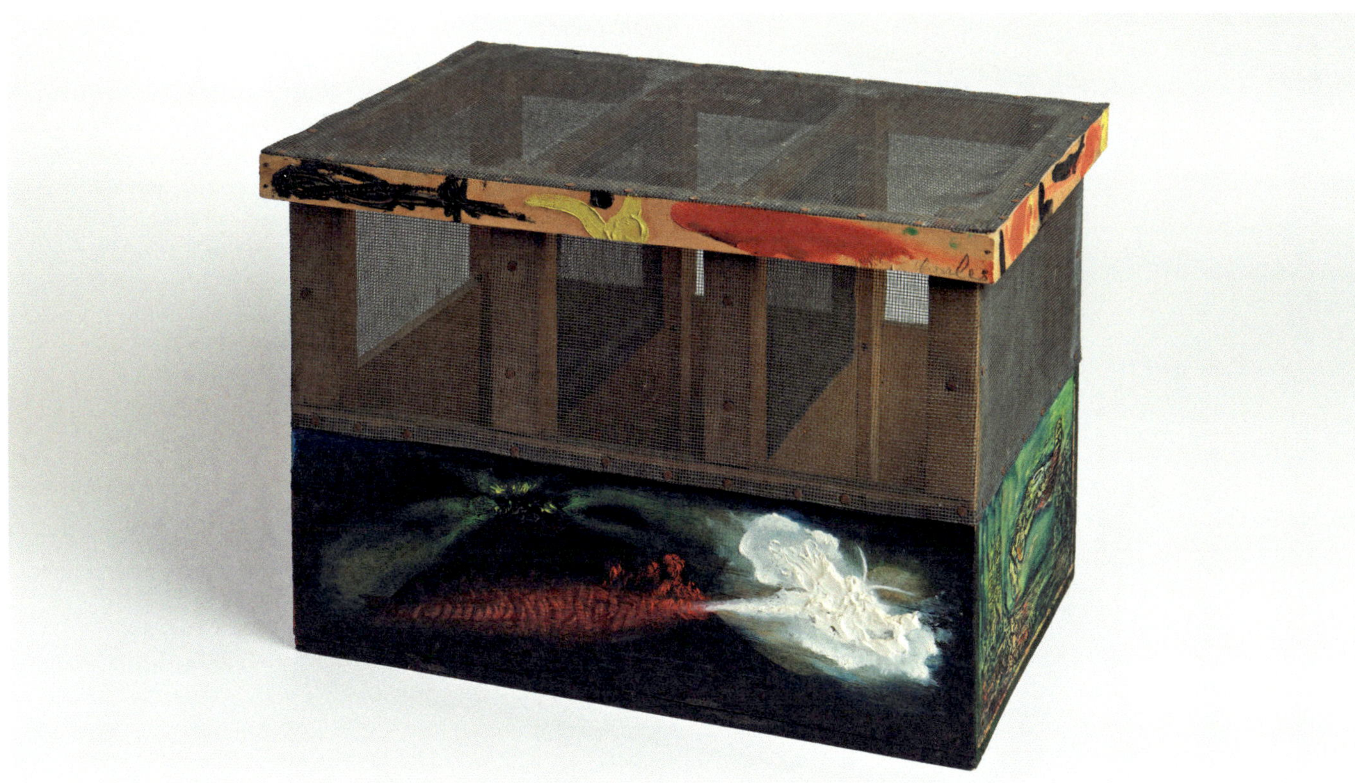

Kat. 526 Toyen, Charles Estienne, Adrien Dax, Meret Oppenheim, Yves Elléouët
Boîte d'élevage de chenilles / Raupenzuchtkasten, 1956–1958
Holz, Öl, Drahtgeflecht und Nägel, 27,7 × 39 × 25 cm | COLLETT Prag | München

der surrealistischen Gruppe, als sie gemeinsam mit Charles Estienne, Yves Elléouët und Meret Oppenheim an einem kollektiven Kunstprojekt gearbeitet hatten (Kat. 526).[50] Eingeladen wurden außerdem der belgische Dichter Georges Gronier und der italienische Bildhauer und Objektkünstler Fabio de Sanctis, der in den frühen 1960er Jahren Kontakt zu André Breton aufgenommen hatte und 1965 an der internationalen surrealistischen Ausstellung *L'Écart absolu* beteiligt war. De Sanctis verlieh dem Verlag Éditions Maintenant internationales Format, als er in Zusammenarbeit mit Radovan Ivšić und Annie Le Brun unter dem Reihentitel *Édition S* das Katalogbuch *La Traversata delli Alpi* (*Die Überquerung der Alpen*) herausgab.[51] Zwischen 1972 und 1976 erschienen insgesamt 24 Bände der *Édition S*.

Außer der Reihe

Auf Anregung von Toyen und Ivšić nahm der Verlag auch ambitioniertere Projekte in Angriff. »Toyen war immer zu etwas Neuem bereit. Und uns verband eine gemeinsame Leidenschaft: das Buch als etwas Notwendiges jenseits traditioneller Veröffentlichungen.«[52] So erschien 1972 zunächst Annie Le Bruns Gedichtband *Tout près, les Nomades (Ganz in der Nähe, die Nomaden*, Kat. 498), für den Toyen einen Originalschuber und eine Kaltnadelradierung schuf, die sie, als Beilage für die bibliophilen Exemplare, von Hand kolorierte (Kat. 527). Sie nahm dabei das Motiv des Tellers mit symbolischer Speise wieder auf. Sie hatte es bereits in ihrem Ölbild *Le Festin analogique* (*Das Fest der Analogien*, 1970, Kat. 528) verwendet,[53] das ursprünglich zu einem zwölfteiligen Zyklus gehören sollte.[54] Jetzt aber war die Komposition zusätzlich inspiriert durch einen weiteren Aspekt: dass man die Anordnung und Form von Kaffeesatz auf einer Untertasse interpretieren könne, ähnlich wie in dem volkstümlichen Brauch, aus dem Kaffeesatz die Zukunft zu lesen.

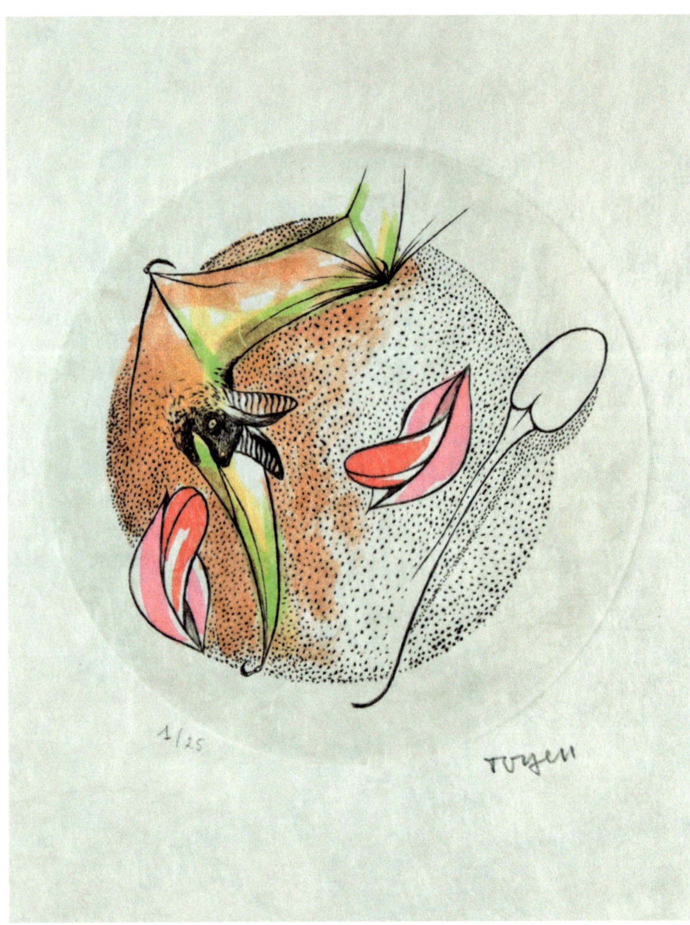

Kat. 527 Illustration zu Annie Le Brun ***Tout près, les Nomades / Ganz nah, die Nomaden,*** 1972
Kaltnadelradierung handkoloriert auf Papier, 240 × 170 mm
Privatsammlung, Paris

Im Jahr darauf schlug Toyen Ivšić vor, einen Zyklus von Zeichnungen aus den Jahren 1939 und 1940, der 1946 in Prag unter dem Titel *Střelnice* (*Der Schießplatz*) erschienen und nicht mehr verfügbar war, erneut aufzulegen (Kat. 323–329). Für dieses »im Hinblick auf den Umfang und unsere permanente Finanznot schlichtweg verrückte Unterfangen«[55] bat sie Ivšić um Gedichte und schuf selbst zwei neue Graphiken in Form einer Zielscheibe. Dem ersten Exemplar der Auflage sollten außerdem die Druckstöcke beigefügt werden, die Toyen, statt sie auf übliche Weise zu zerstören, wie eine Kirmes-Zielscheibe mit dem Revolver durchschießen wollte. Der Verleger ihrer Monographie und Bewunderer ihres Werkes Daniel Filipacchi sollte ihr dafür die Waffe leihen.[56] Diese symbolische Geste, würdig eines Alfred Jarry, wurde letztlich doch nicht ausgeführt, allerdings entspricht der Einfall durchaus der Kombination von Gewalt, Revolte und Kinderspielzeug, wie sie auch in Toyens Zeichnungen aus den Kriegsjahren häufig zu finden ist. In den beiden beigefügten Graphiken aktualisiert sie diese Kombination auf andere Weise, wie Radovan Ivšić hervorhebt: »In dieser Hinsicht sind die zwei Kaltnadelradierungen, die sie für die kürzlich erschienene Neuausgabe von *Der Schießplatz* geschaffen hat, beispielhaft: Nach 33 Jahren ist darin immer noch dieselbe Revolte präsent, als Teil eines um die leidenschaftlichen Beziehungen zwischen Mann und Frau kreisenden Kräftesystems, und dies bestätigt einmal mehr, dass ›Toyens gesamtes Schaffen auf nichts anderes zielt, als die äußere Welt zu verwandeln gemäß der Sehnsucht, die in Abhängigkeit von der eigenen Befriedigung wächst‹ (Benjamin Péret).«[57]

Als sich 1974 das Erscheinen des *Ersten Manifests des Surrealismus* zum 50. Mal jährte, hatte das eine Reihe von Feiern und Gedenkveranstaltungen zur Folge, auf die Annie Le Brun, Radovan Ivšić, Georges Goldfayn und Toyen mit der gemeinsam verfassten Polemik *Quand le Surréalisme eut cinquante ans* (*Als der Surrealismus fünfzig Jahre alt wurde*) reagierten. Darin kritisierten sie die vielfältigen Klischees, die Missinterpretationen und Aneignungen, ja, ein den Bogen überspannendes Ausschlachten des Surrealismus auch durch frühere Mitglieder der Bewegung. Ebenso prangerten sie die Verwirrtheit einer Zeit an, in der die von Breton vorübergehend erwogene Hinwendung des Surrealismus zum Okkulten »unbedingt zum Tagesprogramm (und nicht zum Nachtprogramm)« gehörte.[58] Um jedem Missverständnis vorzubeugen, erklärten sie, dass sie den Surrealismus weder »wiederbeleben noch erneuern wollen« und ihn »anderswo nur insoweit fortführen würden, wie diese Nachricht verschiedene Bequemlichkeiten und Unbequemlichkeiten verletzt«.[59]

Wegen Renovierung geschlossen

Der Verlag Maintenant stand und fiel mit der Anwesenheit und der Gesundheit von ein paar Freunden. Toyen erlitt Anfang 1976 einen Unfall[60] und musste ihr Arbeitspensum reduzieren. Bei Radovan Ivšić stellten sich gesundheitliche Probleme ein. Kurz darauf verließ Pierre Peuchmaurd Paris, und ideologische Differenzen führten zum Bruch mit Gérard Legrand.[61] Zuvor war noch in gemeinsamer Arbeit, allerdings schon ohne Pierre Pechmaurd, die letzte Folge des Feuilletons entstanden, in der die Figuren, »bevor sie sich nacheinander in Dunkel auflösen«, ein Schild mit der Aufschrift »Wegen Renovierung geschlossen« halten.[62]

In diesem Kontext ist auch die letzte Publikation des Verlags, der dritte Gedichtband von Annie Le Brun, *Annulaire de lune* (*Mondring*),

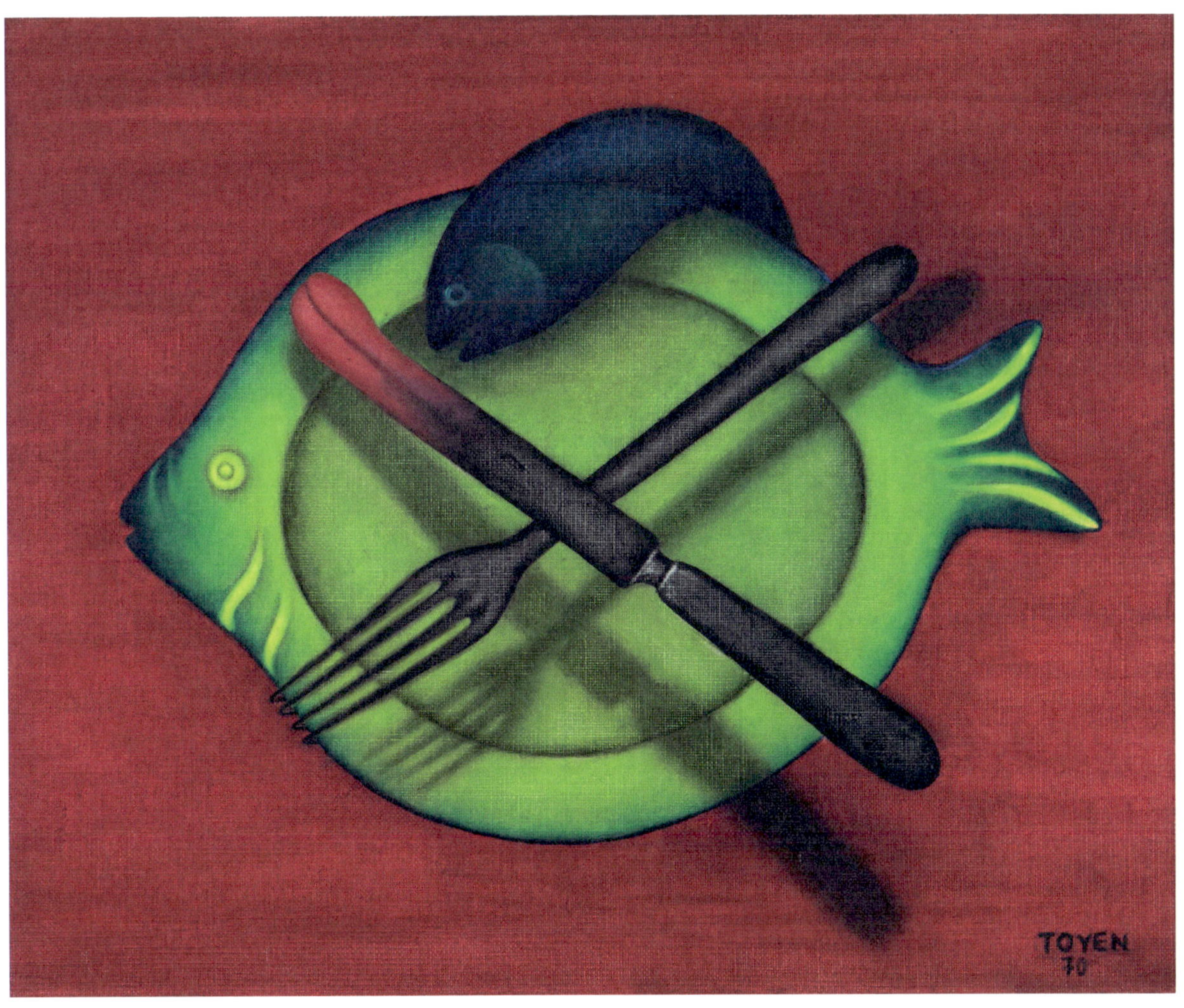

Kat. 528 ***Le Festin analogique | Das Fest der Analogien,*** 1970
Öl auf Leinwand, 33 × 41 cm
Privatsammlung, Paris

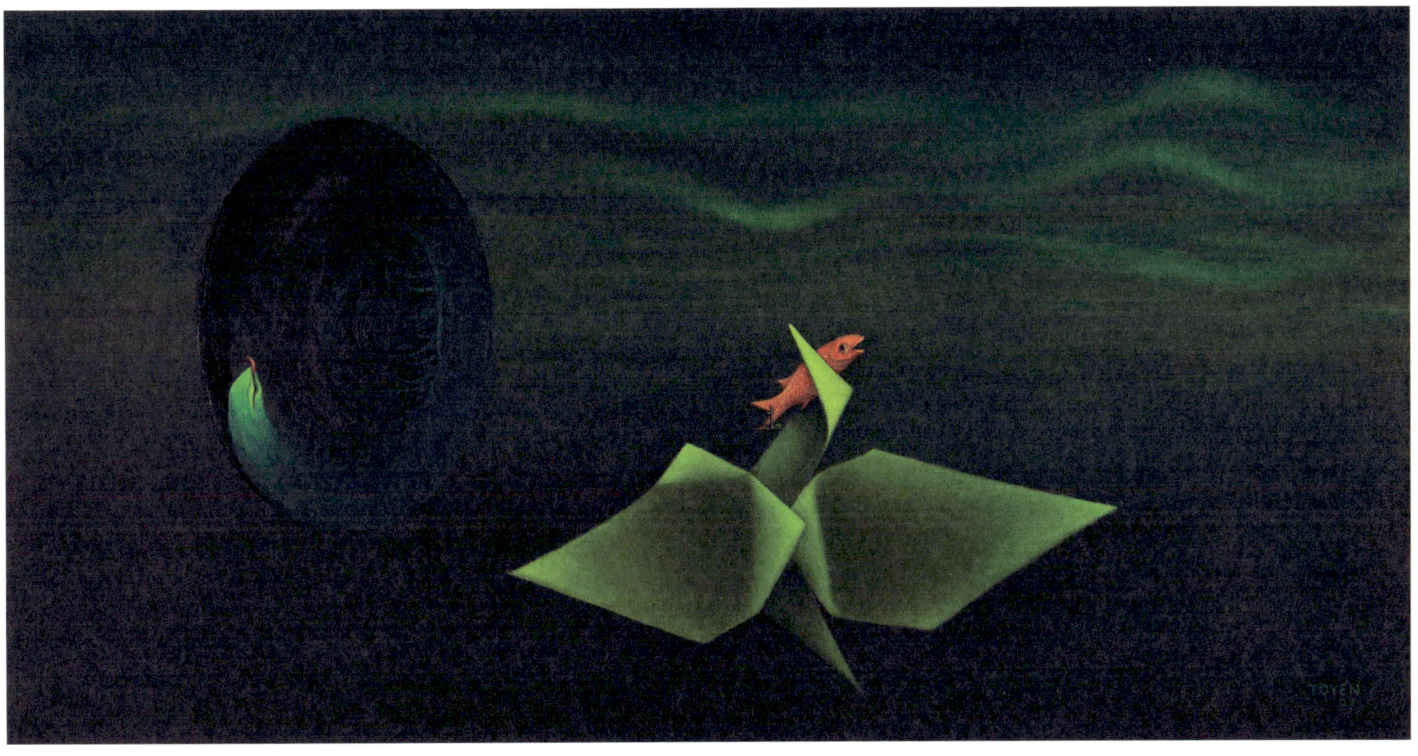

Kat. 529 ***Le piège de la réalité | Die Falle der Wirklichkeit,*** 1971
Öl auf Leinwand, 50 x 100 cm
Privatsammlung, Paris

zu sehen. Toyen entwarf den Schuber (Kat. 503)[63] und schuf für den Text drei Kaltnadelradierungen und sechs Zeichnungen im Hochformat. Darin kombiniert sie pflanzliche Elemente mit Vogelfragmenten und weiblichen Körperteilen und führt damit eine in ihrem ganzen bisherigen Schaffen verwendete Motivik fort.

Das Abenteuer Maintenant sollte fünf Jahre dauern. Nach der Krise in der Surrealisten-Gruppe bot Maintenant Toyen erneut einen Raum für die ihr so wichtige Botschaft – die Botschaft des *Denkens* und der *Poesie*. Gesundheitliche Probleme verwehrten ihr, so zu malen und zu zeichnen wie in früheren Jahren, dennoch entstanden während dieser Phase einige bedeutende Bilder, zum Beispiel *Le piège de la réalité* (*Die Falle der Wirklichkeit,* 1971, Kat. 529), vor allem aber das Ölbild *Les affinités électives* (*Die Wahlverwandtschaften,* 1970, Kat. 573), dessen Titel verrät, dass Toyen in Freundschaft und Zusammenarbeit eine wesentliche Voraussetzung für ihr eigenes künstlerisches Schaffen sah.

1 Zur Krise innerhalb der Gruppe um Breton zwischen Januar und Oktober 1969 s. Alain Joubert, *Le Mouvement des surréalistes, ou Le Fin mot de l'histoire*, Paris 2001, sowie aus ganz anderer Perspektive den Aufsatz von Jerôme Duwa, Du surréalisme historique au surréalisme éternel: remarques sur les revues *L'Archibras* et *Coupure* 1967–1972, in: *La Revue des revues*, 2003, Nr. 34, S. 23–46.
2 Jean Schuster, Le Quatrième chant, in: *Le Monde*, 4.10.1969.
3 Brief von Jean Schuster, zitiert bei Alain Joubert in ders. 2001 (wie in Anm. 1), S. 47.
4 Gleich die erste Nummer der *Coupure* vom Oktober 1969 druckte als Geste der Solidarität mit der Prager Gruppe U.D.S. den Umschlag der ersten Nummer der Zeitschrift *Analogon* ab, die den Titel trug: *Le gant au mufle du chien qui revient à Prague* (*Die Faust ins Maul dem Hund, der nach Prag zurückkehrt*). Die Bildunterschrift erläuterte: »Die tschechoslowakischen Surrealisten publizierten im Juni die erste Nummer ihrer Zeitschrift *Analogon*, eine Provokation der Bestie Stalin, die die Maschine des kontrarevolutionären Terrors in Gang setzt.« In dieser Nummer war außerdem der surrealistische Bilderzyklus *Šavlový ostrov* (*Säbelinsel*) von Martin Stejskal abgedruckt. Dieser Zyklus erfasst die einzelnen Phasen der Wahrnehmungsveränderung nach der Einnahme von LSD, sozusagen als Mitschnitt eines von dem Psychiater Ludvík Šváb durchgeführten Experiments zur Erforschung des Wechselverhältnisses von Halluzination und sensorischer Deprivation. *Coupure*, 1969, Nr. 1, Oktober, unpag.
5 Die Ausstellung wurde von Ragnar von Holten, José Pierre, Jean-Claude Silbermann und Hervé Télémaque organisiert und war vom 6.3. bis 12.4.1970 im Moderna Museet in Stockholm zu sehen; von dort wanderte sie weiter in die Kunsthalle Göteborg, in das Sundsvalls museum und ins Moderna Museet Malmö.
6 *Coupure*, 1970, Nr. 3, Mai, unpag.
7 Pierre Peuchmaurd, *Plus vivant que jamais*, Paris 1968.
8 Transkript eines Gesprächs von Anna Pravdová und Bertrand Schmitt mit Pierre Peuchmaurd in Brive-la-Gaillarde, 2.11.1999, Privatarchiv.
9 Brief Pierre Peuchmaurds an Radovan Ivšić und Annie Le Brun vom 29.7.1970. Annie Le Brun schickte eine Abschrift des Briefes an Toyen, Centre Pompidou/MNAM-CCI/Bibliothèque Kandinsky, Fonds Toyen, 58-48.
10 Transkript eines Gesprächs von Anna Pravdová und Bertrand Schmitt mit Georges Goldfayn, Paris, September 1999, Privatarchiv.
11 Die siebte und letzte Nummer erschien 1972.
12 Gespräch von Anna Pravdová mit Annie Le Brun, April 2020.
13 Radovan Ivšić beschreibt seine Begegnung und Freundschaft mit Toyen in: Bezmezná vášeň bytí (Grenzenlose Leidenschaft des Seins), in: Lenka Bydžovská, Karel Srp (Hg.), *Český surrealismus, 1929–1953*. Galerie der Hauptstadt Prag – Argo, Prag 1996, S. 452–457.
14 Annie Le Brun, Paris 1963: *Toyen, Radovan Ivšić*, ein Vortrag von Annie Le Brun im Museum of Fine Arts, Houston, anlässlich der Ausstellung *New Formations: Czech Avant-Garde Art and Modern Glass from the Roy and Mary Cullen Collection*, ebd., 5.11.2011–10.3.2012, Privatarchiv.
15 Radovan Ivšić 1996 (wie in Anm. 13), S. 453.
16 Annie Le Brun, Paris 1963: *Lâchez tout* (1977), wieder abgedruckt in: dies., *Vagit-prop, Lâchez tout et autres textes*, Paris 1990, S. 39.
17 Annie Le Brun, Paris 1963 (wie in Anm. 14).
18 Annie Le Brun erläutert ihre Position zu diesem Thema in: dies., Un stalinisme en jupons, in: *Le Nouvel Observateur*, 1978, Nr. 624, 27.2., wieder abgedruckt in: dies. 1990 (wie in Anm. 16), S. 219–223.
19 Pierre Peuchmaurd, Passage des caravanes (Maintenant, Toril, Myrddin), in: *La Révolte des chutes*, 1992, Nr. 6, S. 45–48.
20 Zum Teil waren sie von den Bänden inspiriert, die Guy Lévis Mano in den 1930er und 1940er Jahren im Verlag GLM publizierte.
21 Radovan Ivšić, Comme on fait son rêve, on fait sa vie, in: Annie Le Brun, Radovan Ivšić (Hg.), *Toyen*, Ausst.-Kat. Galerija Klovićevi dvori, Zagreb 2002, S. 53.
22 Diesen Text schrieb Radovan Ivšić 1940 in Zagreb; auf Französisch erschien er erstmals 1960 im Verlag Éditions surréalistes mit einer Lithographie von Juan Miró.
23 Transkript eines Gesprächs von Anna Pravdová und Bertrand Schmitt mit Radovan Ivšić und Annie Le Brun, 17.11.1999, Privatarchiv. Das könnte eine Erklärung für das verspätete Erscheinen des Bandes sein. Angekündigt war er für 1972 als fünfte Publikation der *Édition S*, tatsächlich erschien er aber erst 1973 als neunter Band.
24 Den bibliophilen Exemplaren der Ausgabe war eine Graphik von Toyen beigefügt.
25 Darauf hat bereits Karel Srp hingewiesen, in: ders., *Toyen*, Ausst.-Kat. Galerie hlavního města Prahy – Argo, Prag 2000.
26 Vgl. Annie Le Brun im Dokumentarfilm über Toyen: Dominique Ferrandou, Julien Ferrandou, *Toyen. L'origine de la vérité*, Éditions TFV, Aube Elléouët-Breton, Saché 2015. Zur »Befragung der Landschaft« im Roman noir und der Gothic Novel s. das gleichlautende Kapitel in: Annie Le Brun, *Les Châteaux de la subversion*, Paris 1982, insbesondere S. 95–120.
27 Annie Le Brun, Toyen ou l'insurrection lyrique, in: Annie Le Brun, Radovan Ivšić (Hg.) 2002 (wie in Anm. 21), S. 33. Le Brun zitiert Toyen in: *Objets d'identité*, Éditions Maintenant, Paris 1976, unpag.
28 In Analogie zu franz. *Carte d'identité*.
29 Adrien Dax, Georges Goldfayn, Georges Gronier, Radovan Ivšić, Annie Le Brun, Gérard Legrand, Fabio de Sanctis.
30 Annie Le Brun, *Objets d'identité*, Éditions Maintenant, Paris 1976, unpag.
31 Ebd.
32 Auch Toyen hatte sich an diesem Spiel beteiligt. Einige ihrer Antworten wurden Anfang 1964 in Nr. 2 und Nr. 3 der Zeitschrift *Médium. Communication surréaliste* abgedruckt.
33 Nicht *Carte d'identité (Personalausweis)*, wie Karel Srp irrtümlicherweise im Jahr 2000 in seiner Publikation *Toyen* (wie in Anm. 25), S. 370 angibt.
34 Annie Le Brun schrieb ihren Text zu Toyens Collagen und nicht umgekehrt, wie gemeinhin üblich.
35 *Il faut tenir compte de la distance V*, Éditions Maintenant, Paris 1974, unpag.
36 Georges Goldfayn, Radovan Ivšić, Annie Le Brun, Gérard Legrand, Pierre Peuchmaurd, Toyen, *Le 17 mars*, Éditions Maintenant, Paris 1973.
37 An diesen Protesten beteiligten sich auch einige Mitglieder der Éditions Maintenant. S. Jérome Duwa, *1968. Année surréaliste; Cuba, Prague, Paris*, Paris 2008.
38 Goldfayn u. a. 1973 (wie in Anm. 36).
39 Ebd.
40 Ebd.
41 *Il faut tenir compte de la distance II*, Éditions Maintenant, Paris 1973.
42 Peuchmaurd 1992 (wie in Anm. 19), S. 45–48.
43 Vgl. André Breton, Signe ascendant, *La clé des champs*, Paris 1953.
44 *Il faut tenir compte de la distance III* (*Au chien qui fume*), Éditions Maintenant, Paris 1973, unpag.
45 *Il faut tenir compte de la distance V* (*suite*), Éditions Maintenant, Paris 1973, unpag.
46 *Il faut tenir compte de la distance VII*, Éditions Maintenant, Paris 1974, unpag.
47 Nach der Hauptfigur in *The Invisible Man* von H. G. Wells, dessen *Tono-Bungay* Toyen in den 1920er Jahren illustriert hatte.
48 Einer der vielen Ausdrücke, mit denen Stalins Prokurator Andrej Vyšinskij in seiner Rede beim Moskauer Schauprozess 1936 die »Klassenfeinde« bedachte. In Frankreich war dieser Ausdruck bekannt, weil auch die französischen Kommunisten ihn in den 1950er Jahre gerne gebrauchten, z. B. in Bezug auf Jean-Paul Sartre.
49 Transkript des Gesprächs von Anna Pravdová und Bertrand Schmitt mit Radovan Ivšić und Annie Le Brun, 17.11.1999, Privatarchiv.
50 *Boîte d'élevage de chenilles* (*Raupenzuchtkasten*), 1956–1958, Objekt, Colett Prague | Munich.
51 Fabio de Sanctis, Radovan Ivšić, Annie Le Brun, *La traversata delle Alpi / La Traversée des Alpes*, Officina Undici, Roma, Éditions Maintenant, Paris 1972. Bei Éditions Maintenant erschienen noch einige weitere Texte von Autoren, die mit der Gruppe nichts zu tun hatten. So zum Beispiel der posthum herausgegebene Text *Dimanche* – Georges Gronier hatte ihn aus Port-au-Prince mitgebracht – des haitianischen Dichters Clément Magloire-Saint-Aude oder die Gedichte von Michel Gourtay, die der Autor dem Verlag mit der Post zugeschickt hatte.
52 Ivšić 2002 (wie in Anm. 21), S. 48.
53 Zu den Wechselbezügen zwischen ihrem freien und illustratorischen Werk siehe Bertrand Schmitt, Mezi slovem a obrazem. »Realizovaná« poezie Toyen (Zwischen Wort und Bild. Toyens »realisierte« Poesie), in: Antoine Marès, Tereza Riedlbauchová (Hg.), *Naše Francie*, Památník národního písemnictví (Nationales Literaturarchiv) Prag 2018, S. 269–270.
54 Transkript eines Gesprächs von Anna Pravdová und Bertrand Schmitt mit Radovan Ivšić und Annie Le Brun, 17.11.1999, Privatarchiv.
55 Ivšić 2002 (wie in Anm. 21), S. 55.
56 Ebd.
57 Radovan Ivšić, *Toyen*, Paris 1974, S. 47. Ivšić zitiert hier Benjamin Péret, s. ders., Au nouveau monde. Maison fondée par Toyen, in: André Breton, Jindřich Heisler, Benjamin Péret, *Toyen*, Paris 1953, S. 24.
58 Georges Goldfayn, Radovan Ivšić, Annie Le Brun, Gérard Legrand, Pierre Peuchmaurd, Toyen, *Quand le Surréalisme eut cinquante ans*, Éditions Maintenant, Paris 1974, unpag.
59 Ebd.
60 S. den Brief von Yvonne Mayoux an Toyen vom 20.2.1976, Centre Pompidou/MNAM-CCI/Bibliothèque Kandinsky, Fonds Toyen, 5855-75.
61 Der Bruch wurde verursacht durch Legrands Eintritt in die Sozialistische Partei und seine Unterstützung für Lionel Jospins politische Kampagne.
62 *Il faut tenir compte de la distance chapitre IX et dernier*, Éditions Maintenant, Paris 1976, unpag.
63 Für 95 Erstdrucke, von denen 75 nummeriert und 20 mit den Buchstaben A (Annie) und T (Toyen) versehen waren.

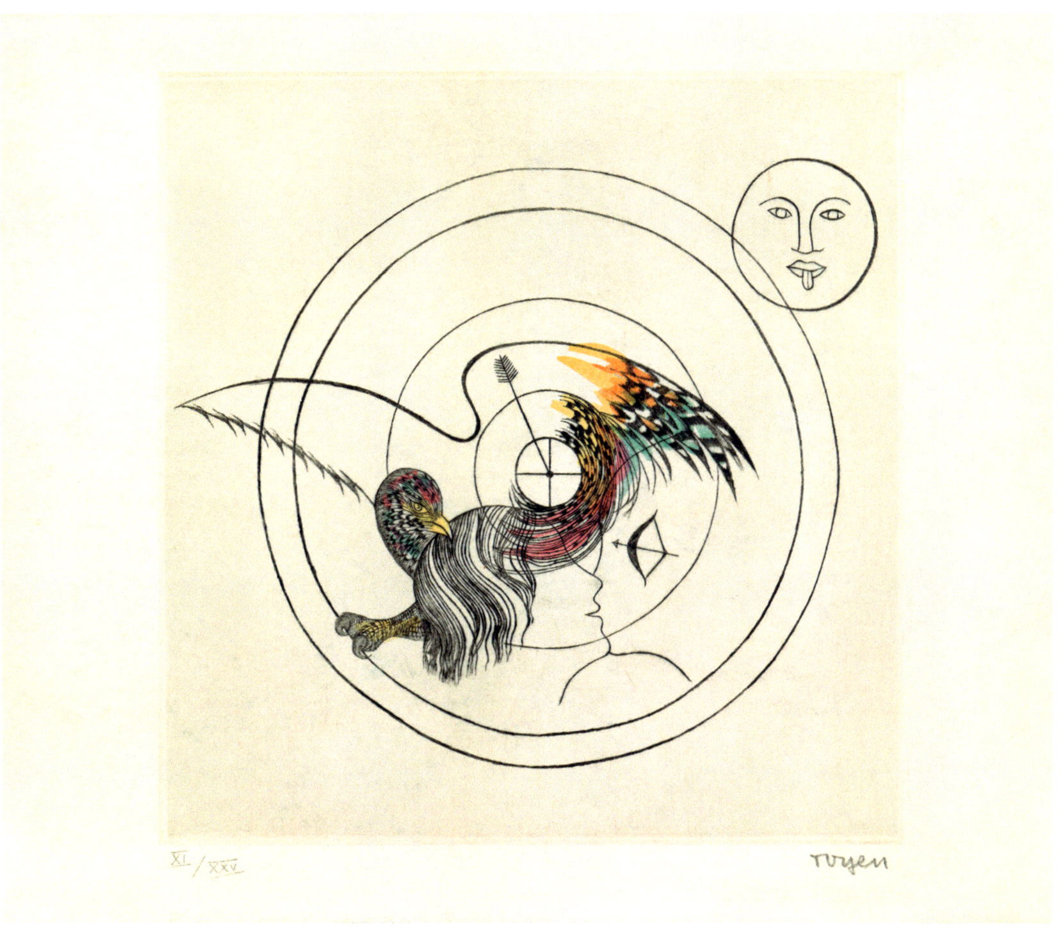

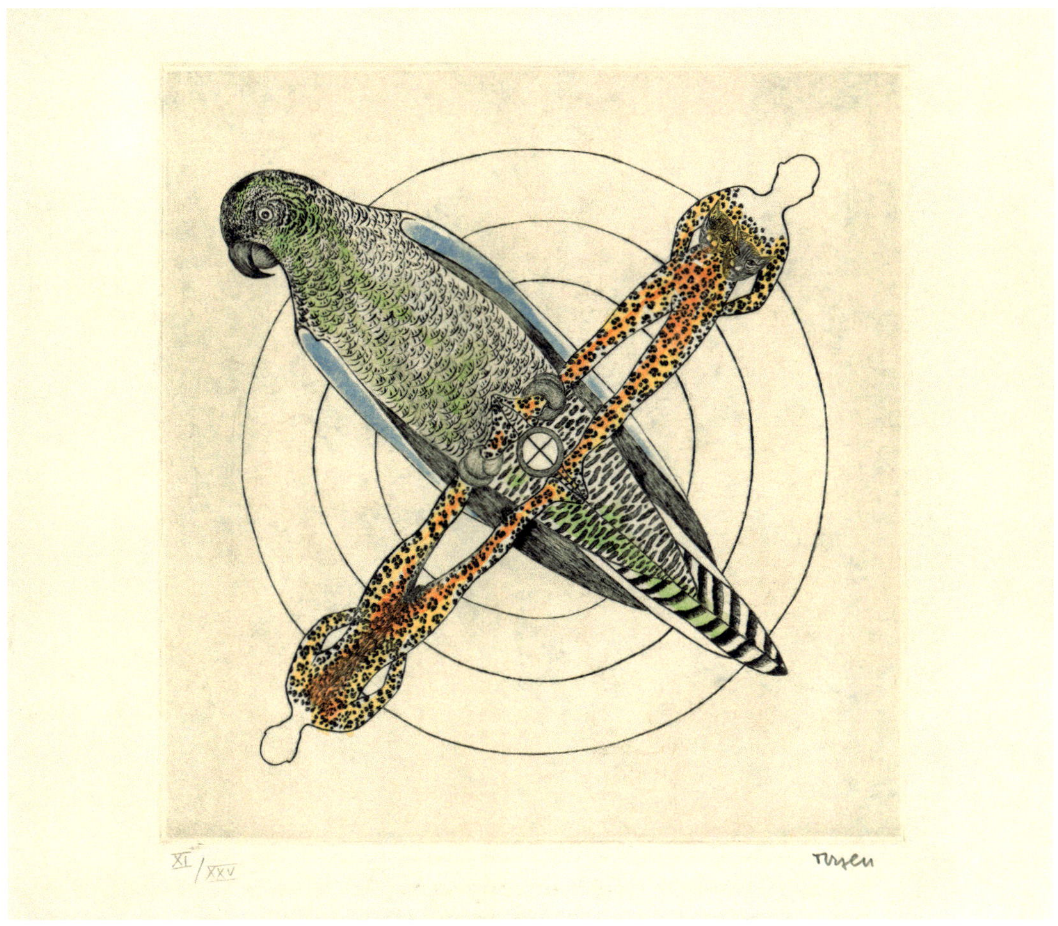

Abb. 530, 531 ***Tir /***
Der Schießplatz, 1973
Drucke für die Neuauflage des
Zyklus ***Střelnice***
Radierungen, je 338 × 444 mm
Privatsammlung, Paris

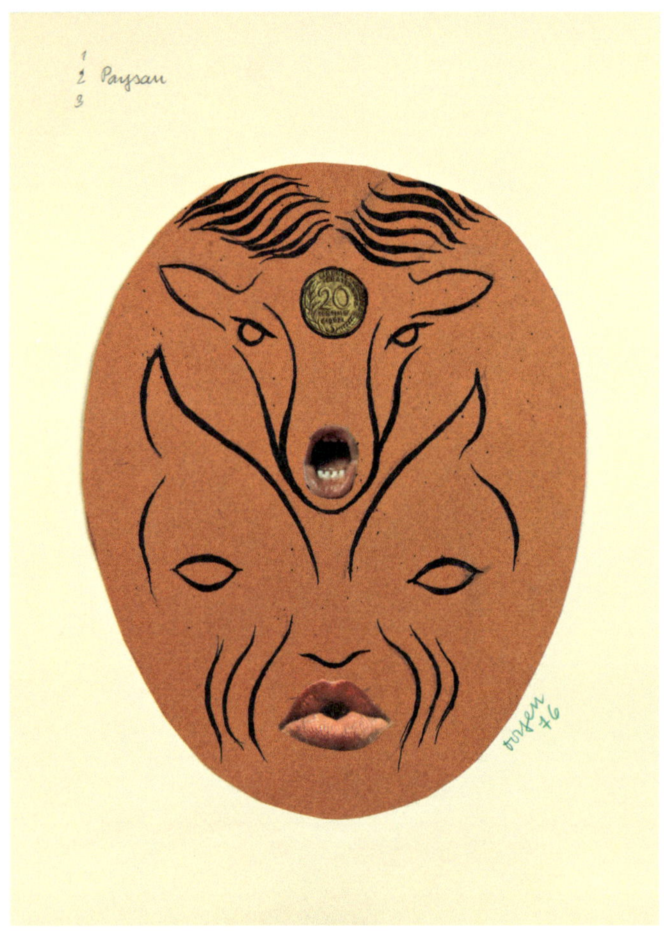

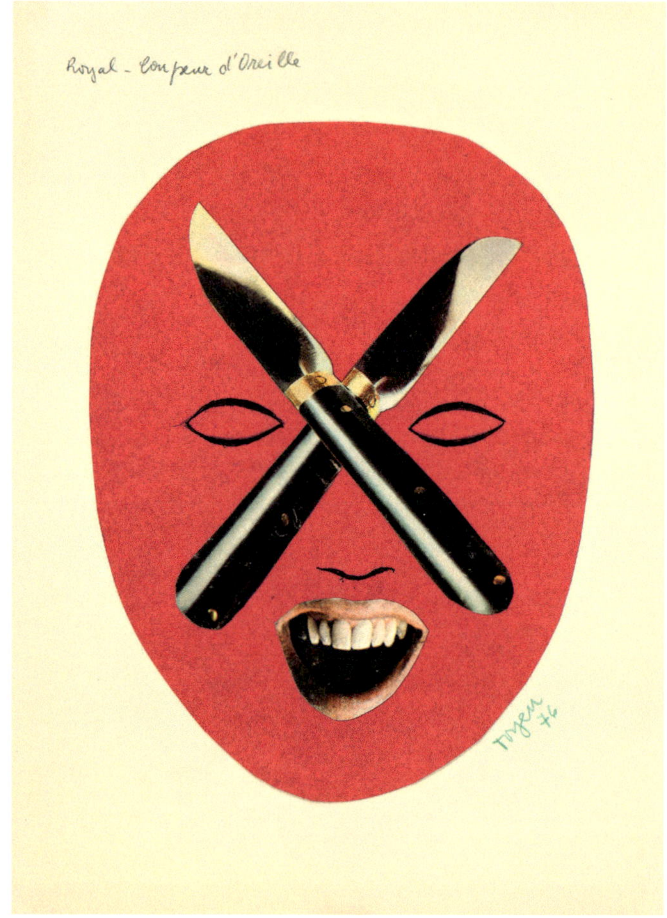

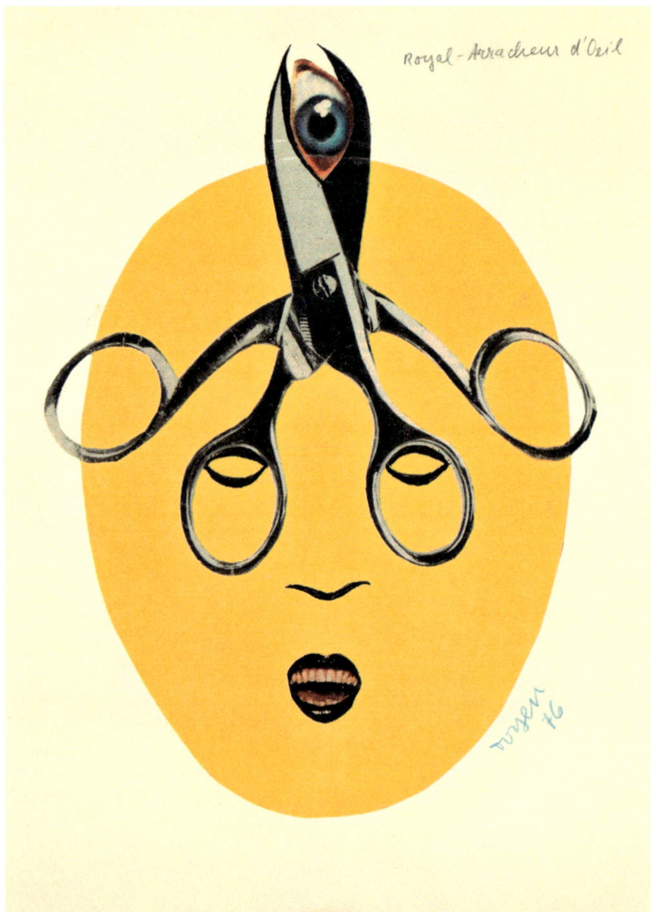

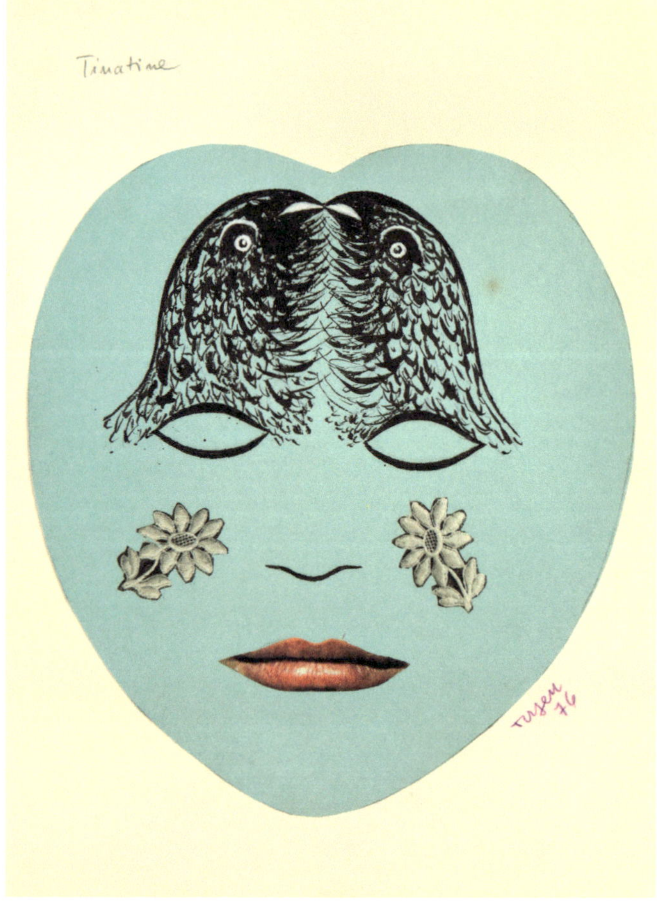

Kat. 532–539 **Masken für das Theaterstück von Radovan Ivšić *Le Roi Gordogane* | *König Gordogan*,** 1976
Collagen, 350 × 250 mm | Privatsammlung, Paris
Von links nach rechts, obere Reihe: ***Paysan* | *Bauer*, *Royal-Coupeur d'Oreille* | *Der Königliche Ohren-Abschneider***
Von links nach rechts, untere Reihe: ***Royal-Arracheur d'Oeil* | *Der Königliche Augen-Ausreißer*, *Tinatine* | *Tinatin***

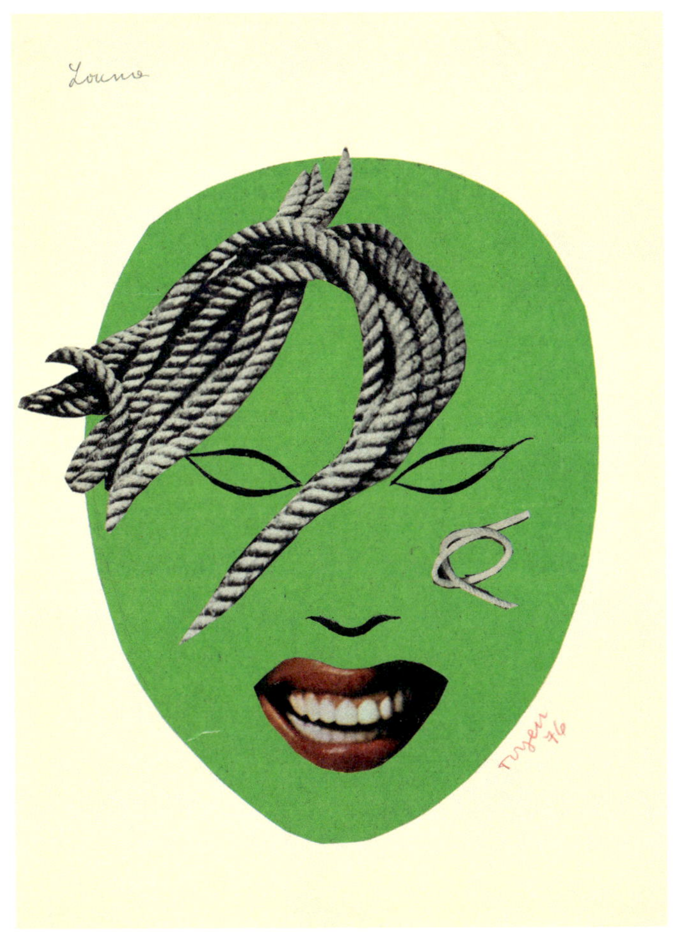

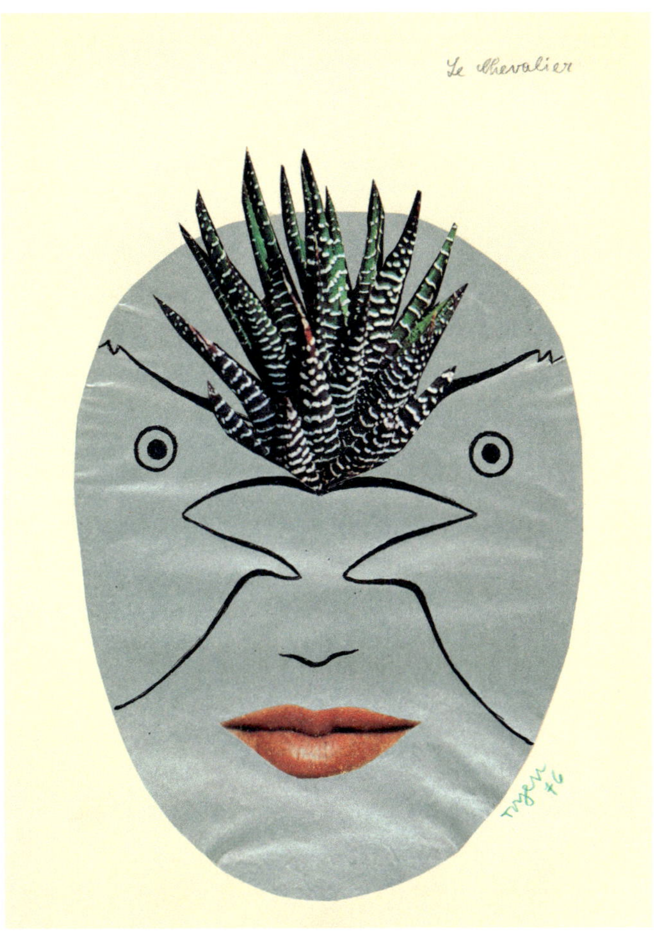

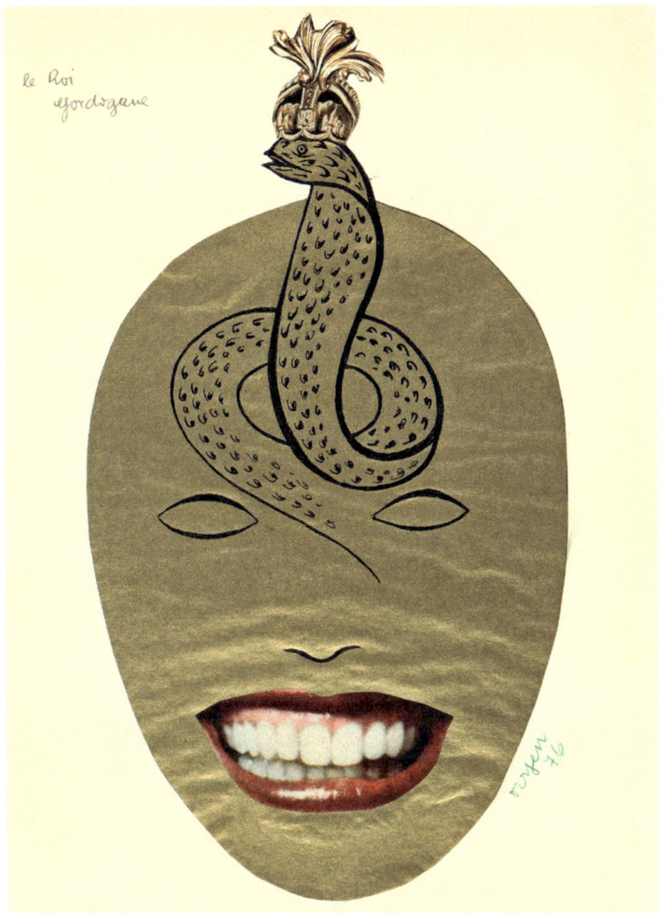

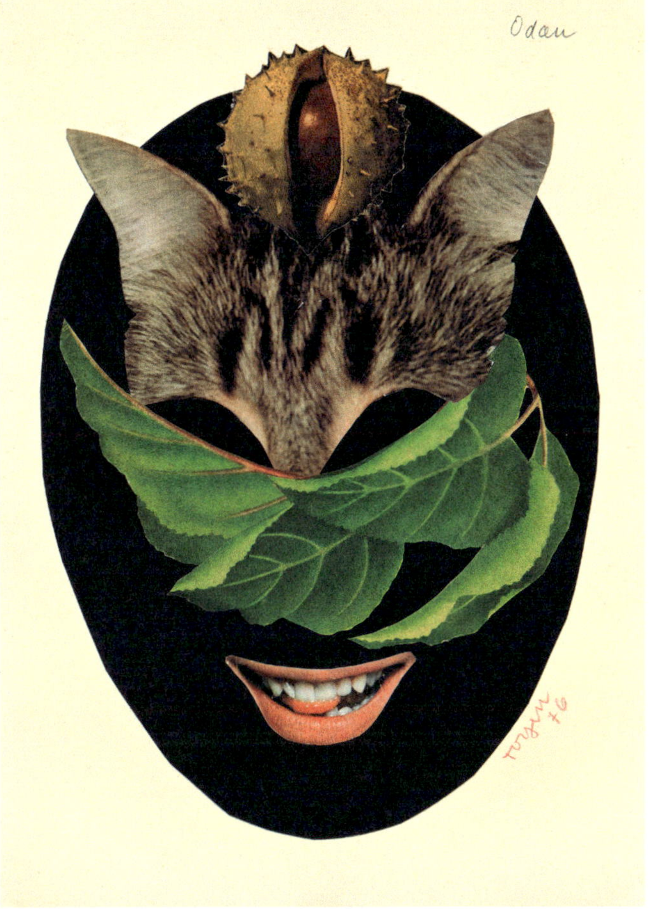

Von links nach rechts, obere Reihe: ***Louna* | *Luna, Le Chevalier* | *Der Ritter***
Von links nach rechts, untere Reihe: ***Le Roi Gordogane* | *König Gordogan, Odan* | *Odan***

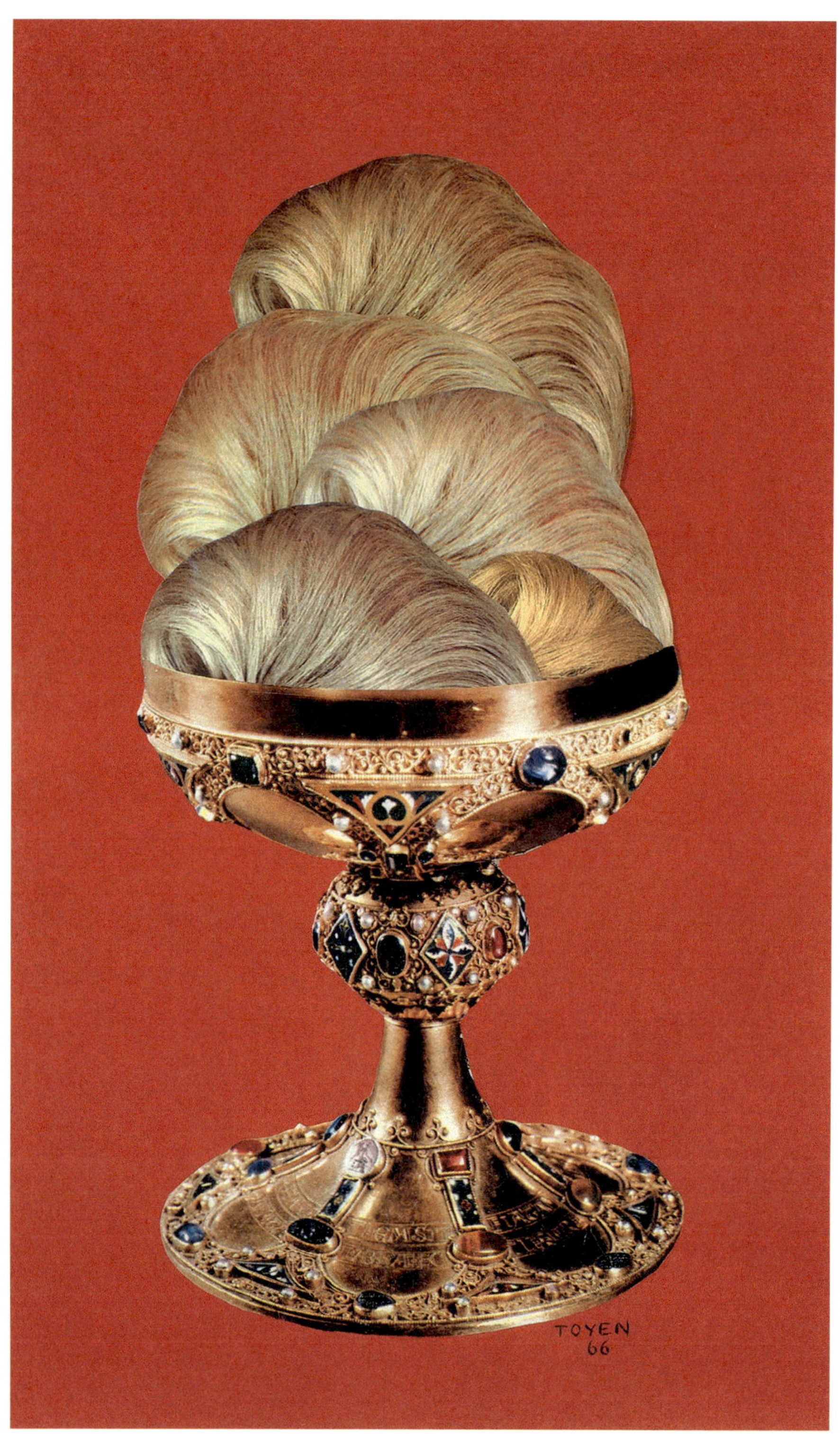

Kat. 540 ***Midi-minuit / Mittag-Mitternacht***, 1966
Collage auf Papier, 520 x 330 mm | Privatsammlung, Paris

Annie Le Brun

Luxus im wilden Zustand – Toyen und die Erotik

Manchmal stelle ich mir eine Kunstgeschichte vor, die sich nur darum kümmerte, wie die Maler sich der Frage der Erotik gewidmet haben. Eine solche Kunstgeschichte hätte den doppelten Vorteil, nicht nur die Anzahl der behandelten Künstler zu verringern, sondern auch die Qualität der studierten Werke zu garantieren. Unter den großen Malern gibt es nämlich kaum einen, der sich nicht mit der grundlegenden Frage befasst, wie sie sich bei der Darstellung von Liebesdingen stellt: nämlich wie etwas abzubilden ist, das sich eigentlich der Abbildbarkeit entzieht. Es ist bekannt, mit welcher Intensität, je nach Epoche heimlich oder nicht, sich die westliche Malerei von Rembrandt bis Duchamp – erwähnt seien hier nur Courbet, Degas, Klimt, Schiele, Picabia und Picasso – mit dieser Frage beschäftigte. Als ein weiteres eindrucksvolles Beispiel hierfür können die vor wenigen Jahren entdeckten »heimlichen Skizzenbücher« von William Turner dienen, die 108 Zeichnungen und Aquarelle enthalten, welche offensichtlich weit entfernt sind von den Werken, die ihn zu einem der beeindruckendsten Landschaftsmaler machten, und dennoch mit ihnen verbunden. Wobei es sich zweifellos nur um einen kleinen Teil des gesamten Konvoluts derartiger Zeichnungen handelt, der der Zerstörung entging, deren sich John Ruskin, Turners Testamentsvollstrecker, sogar noch rühmte. Mit Bleistift merkte er auf einem der Skizzenbücher an, es sei von ihm lediglich »als Beweis geistiger Umnachtung« aufbewahrt worden. Doch sind diese Zeichnungen, es mag Ruskin gefallen oder nicht, auch Beweis dafür, dass jenseits triebgesteuerter Schaulust der Wille zu künstlerischer Formgebung innigst mit dem Begehren verknüpft ist, die Formen des Begehrens zu begreifen. Man möge sich nur an die Tausende von Zeichnungen, Papierausschnitten und erotischen Aquarelle erinnern, die das bildhauerische Werk Rodins begleitet haben.

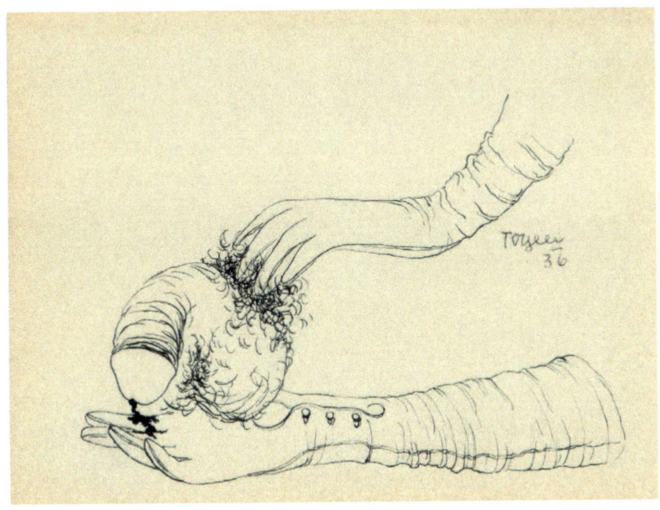

Kat. 541 ***Erotische Zeichnung***, 1936
Tusche auf Papier, 95 × 125 mm | Privatsammlung, Paris

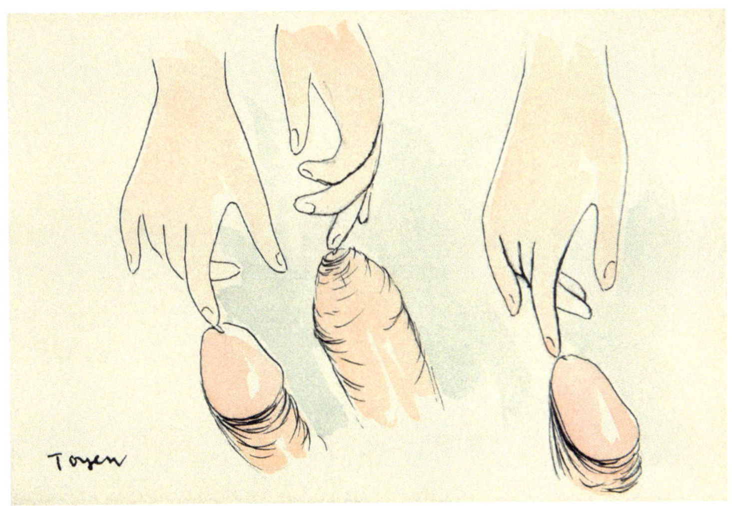

Kat. 542 ***Erotische Zeichnung***, 1937
Tusche auf Papier, 95 × 145 mm | Privatsammlung, Paris

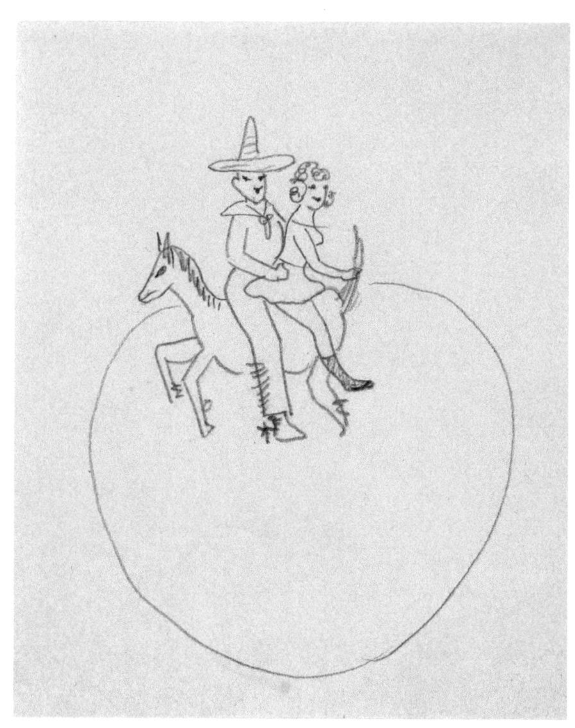

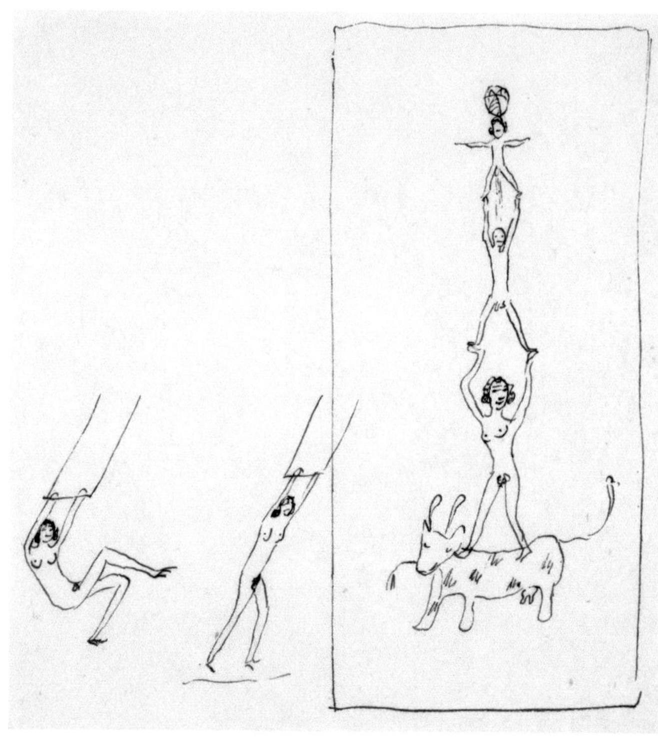

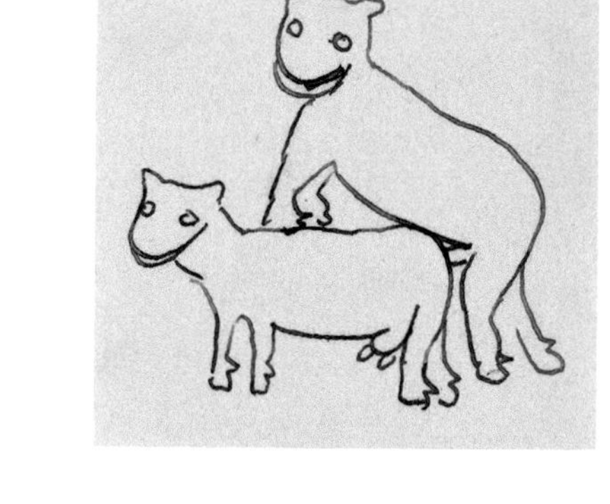

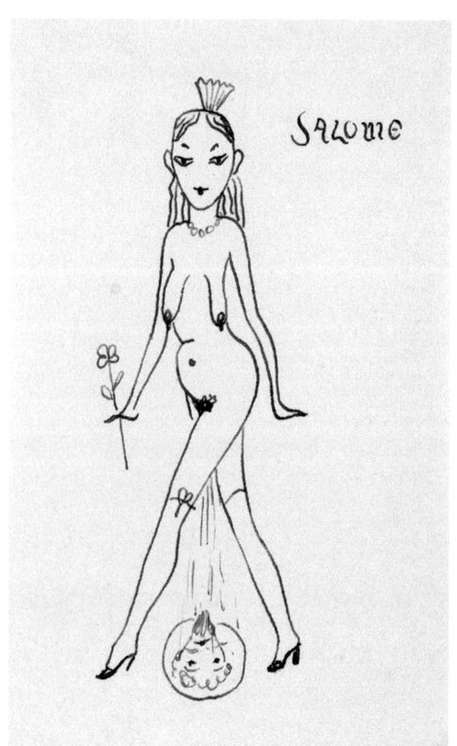

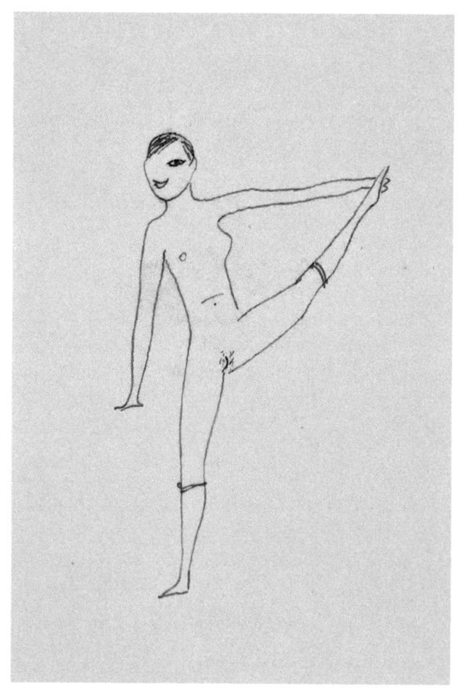

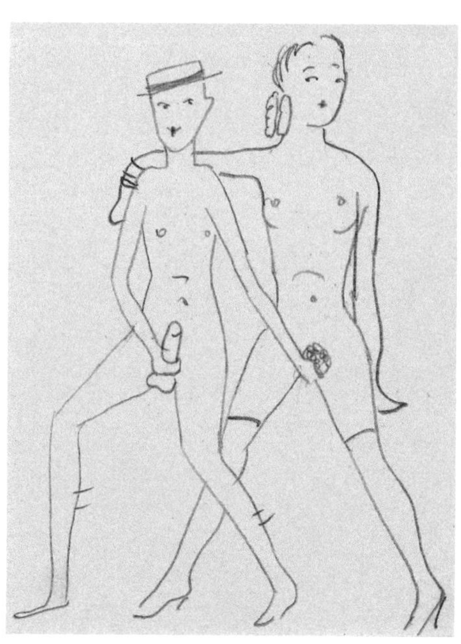

Kat. 543–556 Sammlung von erotischen Zeichnungen, 1920er Jahre
Tusche auf Papier, je ca. 50 × 120 mm | Privatsammlung, Paris

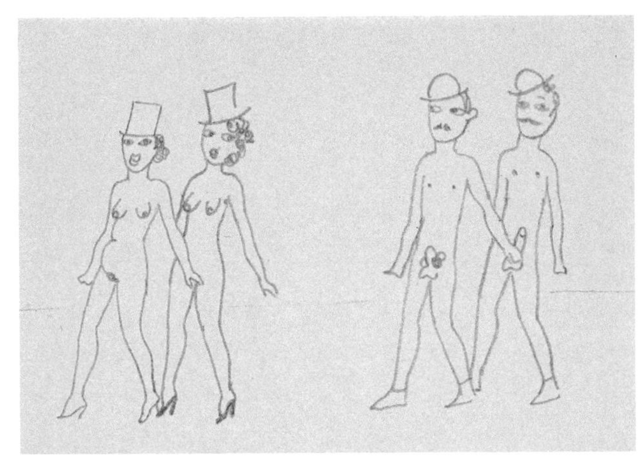

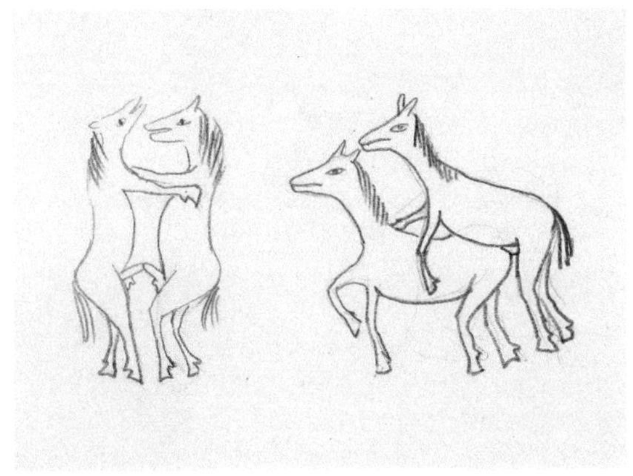

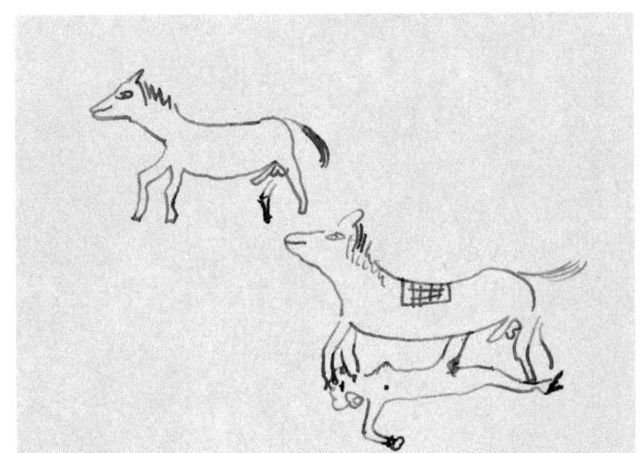

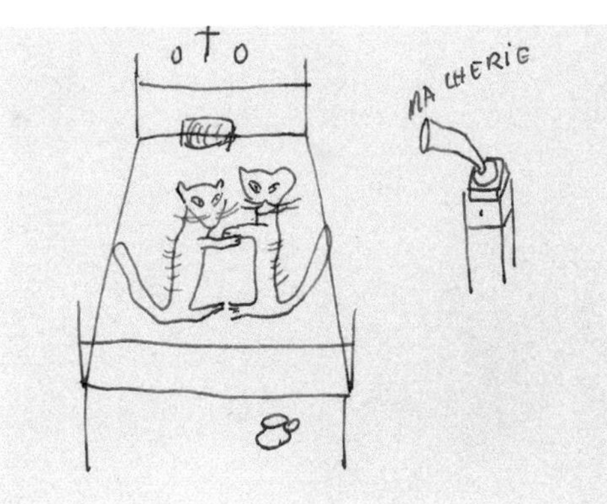
OTO
MA CHERIE

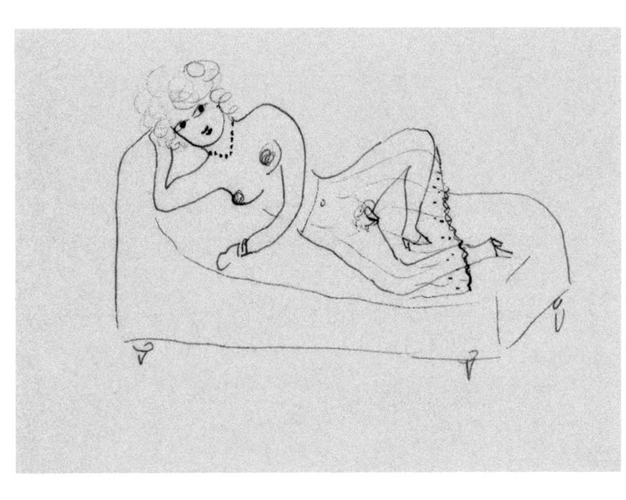

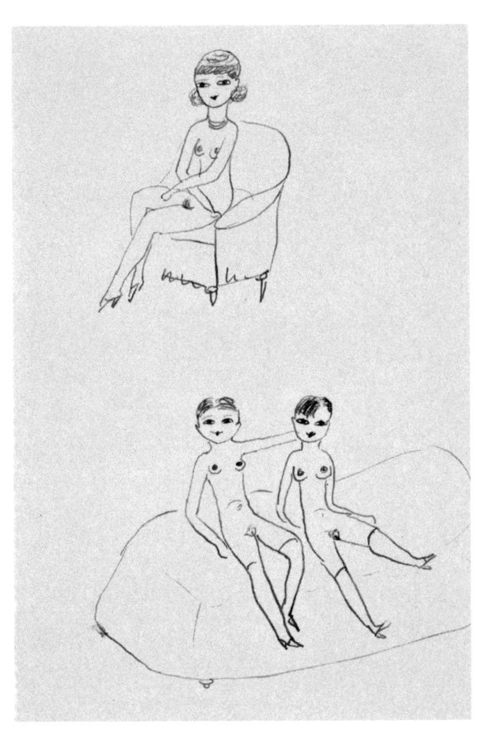

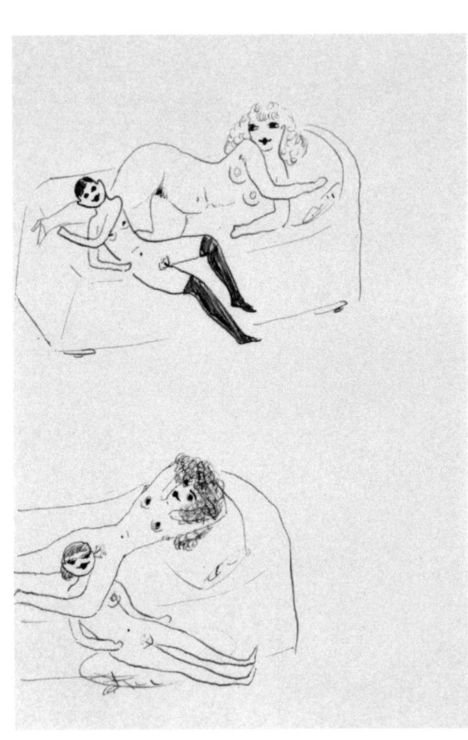

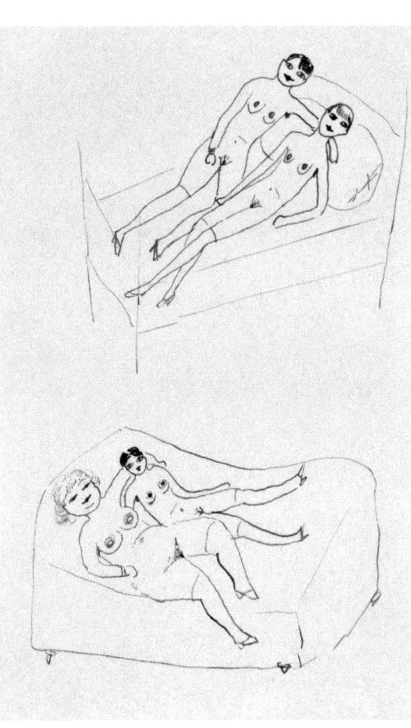

Bei Toyen verhält es sich nicht anders. Umso mehr, als eines ihrer ersten Gemälde mit dem Titel *Polštář* (*Das Kissen*, 1922, Kat. 569) – von dem es schon 1919, als Toyen erst siebzehn Jahre alt war, eine erste Version gegeben hatte – ein unvorstellbar riesiges Sitzkissen zeigt, auf dem sich in fröhlichster Weise eine Vielzahl kleiner Paare vergnügt. Es war der humorvolle Auftakt zu einem Werkteil, der sich bald zu einer wahren erotischen Zauberwelt entwickeln sollte, mit zahllosen Skizzen und Zeichnungen, die Toyen bis zum Zweiten Weltkrieg fast unablässig anfertigte. Sehr bald gesellen sich auch Katzen, Löwen, Pferde hinzu, gefolgt von Schmetterlingen, Früchten, Muscheln ... welche allesamt in eine Welt entführen, in der allein das Begehren herrscht. Ein weiteres Betätigungsfeld eröffnete sich ihr zwischen 1931 und 1933 mit der von Jindřich Štyrský gegründeten *Erotická revue*, in der erotische Texte unter anderem von Restif de la Bretonne, Byron, Baudelaire, Swinburne sowie tschechischen Autoren veröffentlicht wurden, zu denen Toyen Zeichnungen schuf; in ihnen entfaltet sich ihre Sicht auf die Erotik zwischen Spiel und Traum und zwischen Lachen und Melancholie. Zur gleichen Zeit entwarf Toyen für die Edice 69, ebenfalls von Štyrský geleitet, Titelblätter und Illustrationen, in denen es ihr mit bemerkenswerter poetischer Präzision gelingt, die Einzigartigkeit des erotischen Universums von Pietro Aretino oder Pierre Louÿs ins Bild zu setzen (Kat. 566, 567). Ähnlich meisterhaft, in einer Mischung aus einer Darstellung abgrundtiefer Gewalt und schwarzem Humor, illustriert sie 1932 die erste tschechische Übersetzung von de Sades *Justine* (Abb. 565, 568).

Zu all dem kam ganz unerwartet 1938 noch, als Höhepunkt, der Auftrag eines Freundes hinzu, des Psychoanalytikers Bohuslav Brouk, der sie um ein Hochzeitsgeschenk für seinen Bruder bat. Das Ergebnis war eine atemberaubende Blumenlese von 21 Aquarellen – manche davon entstanden in enger Anlehnung an Zeichnungen aus den vorangegangenen Jahren –, in denen Toyen eine breite Palette des Liebeslebens auffächert und zeigt, wie die Geschlechter ihre Spiele miteinander treiben – und zwar sexuelle Spiele aller Art, egal ob lustig, charmant oder grausam, welche die Menschen im Allgemeinen aus Prüderie für »ihr Schicksal« halten. Es liegt etwas zugleich Entwaffnendes und Unantastbares in der Darstellungsweise, die Toyen dafür erfunden hat und die zur seltenen Kategorie eines *erotischen Humors* zählt, der ohne das, was als ausgesprochen große Feinfühligkeit zu bezeichnen wäre, nicht zu erreichen ist.

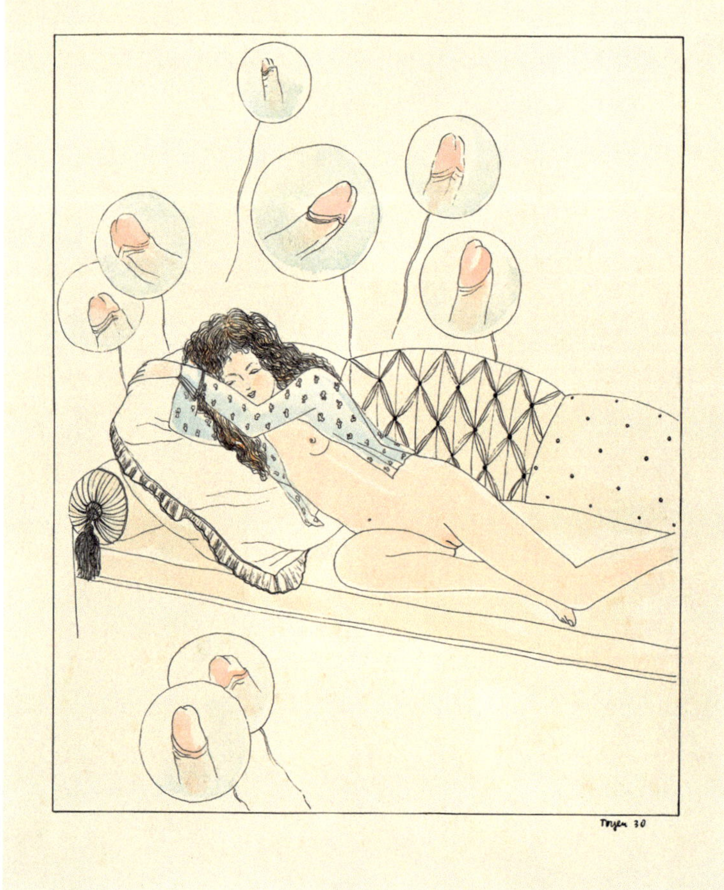

Kat. 557 Ohne Titel
(Snící dívka / Träumendes Mädchen), 1930
Tinte und Aquarell auf Papier, 250 × 210 mm
Sammlung MONY VIBESCU

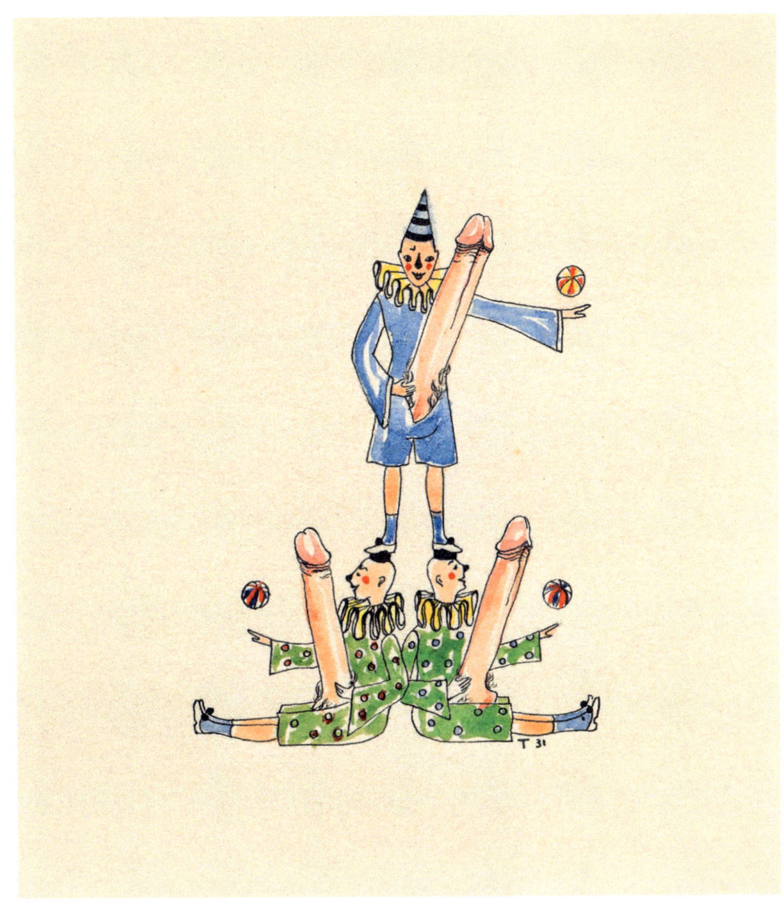

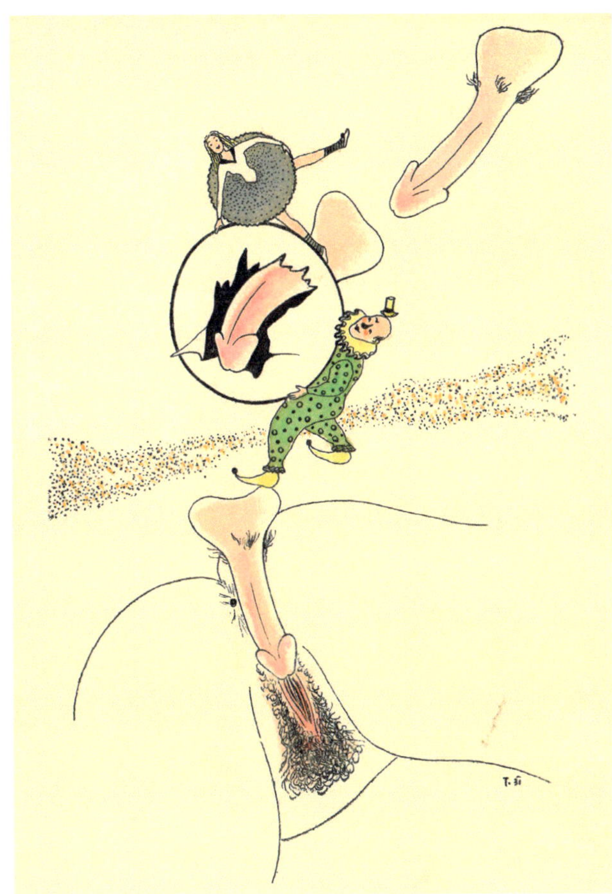

Kat. 558 Ohne Titel (***Tři klauni / Drei Clowns***), 1931
Tusche und Aquarell auf Papier, 130 × 110 mm
Sammlung MONY VIBESCU

Kat. 559 ***Erotisches Motiv***, 1931
Tusche und Aquarell auf Papier, 206 × 145 mm
Kunstmuseum Bochum

Deshalb ist es auch an der Zeit, ein für alle Mal mit der Vorstellung aufzuräumen, dass es sich bei dieser Beschäftigung mit der Erotik um eine Verirrung Toyens handele, der sie vor allem in der Jugend gefolgt sei. Ich kann bezeugen, dass sie bis zuletzt nicht aufgehört hat, sich der Sexualität mit dem größten Interesse zu widmen, sie unter allen möglichen Aspekten zu erforschen, egal ob bei Mensch oder Tier.

Dies ist umso mehr zu betonen, als Toyen nicht nur im künstlerischen Bereich überhaupt die erste Frau ist, die nie den Horizont des Begehrens aus den Augen verlor, sondern weil sie sich darin auch deutlich von den männlichen Malern unterscheidet, die ein ähnliches Interesse zeigten. Was sie von ihnen unterscheidet, ist die Vielfalt und Breite der Darstellungen, mit denen sie das gesamte Spektrum der Liebe erforscht, von der größten Gewalt der Begierde bis zu den feinsten Farben der Leidenschaft.

Der Ateliertradition, die häufig zu einer intimen Nähe zum Modell führte, stand Toyen fern, und sie verfolgte auch nicht, wie es die Mehrheit der anderen Künstler tat, auf nahezu obsessive Weise einen Weg, ohne jemals davon abzuweichen, wie beispielsweise Degas, der sorgfältigst darauf bedacht war, auch nur die geringsten Anzeichen animalischer sexueller Begierde in den Gesten und Haltungen der Abgebildeten auszublenden. Toyen dagegen entgeht keine erotische Äußerung, auf welche Weise immer diese sich kundtut, vom ausgelassensten Humor bis hin zur lyrischsten Bewegung. Wenn ich darüber nachdenke, fällt mir nur Picasso ein, der über eine ähnliche Offenheit des Blicks und zugleich über eine ähnliche Virtuosität verfügte, mit Leichtigkeit von einem Register ins andere zu wechseln, wie Toyen, und dies, ebenfalls wie sie, sein Leben lang. Man erinnere sich nur an das Erstaunen und den Skandal um seinen letzten Radierungszyklus *Raffael und La Fornarina*, 1968. Doch da ist es mit den Übereinstimmungen auch schon vorbei. Es findet sich bei Picasso eine erotische Brutalität, zur Geltung gebracht in der Figur des Minotaurus, mit der er sich ab den 1930er Jahren zu identifizieren scheint. Nicht dass Toyen diese Brutalität erschreckt hätte. Nur faszinierten sie weitaus mehr die Gewalt und Grausamkeit, selbst das Verbrechen, für die uns de Sade die Augen geöffnet hat. Wie er erkannte sie darin den beunruhigenden Schmelztiegel, aus dem der Sinn für das erotische Detail erwächst, das alles in Flammen zu versetzen vermag und schlicht der Ausdruck des Luxus im wilden Zustand ist.

Bezeichnend scheint mir darüber hinaus zu sein, dass die beiden Phasen ihres Lebens, in denen Toyen sich besonders stark mit de Sade beschäftigte – zu Beginn der 1930er Jahre und dann noch einmal Ende der 1960er Jahre –, mit den beiden entscheidenden Etappen der großen Bewegung zur Erotisierung der Welt korrespondieren, die auch ihre künstlerische Suche charakterisierte.

Tatsächlich drängt sich der Eindruck auf, dass Toyen, im Artifizialismus auf die Suche nach nicht-identifizierten Empfindungen gegangen, sich in immer tiefere, ungewissere Gewässer vorwagt, in denen immer zahlreicher Formen und Figuren auftauchen, die sich nach und nach mit ihrer sexuellen Energie aufdrängen. Man muss nichts anderes tun, als dabei zuzusehen, wie deren uranfängliche Unbestimmtheit zu einem Anschwellen, Zerplatzen, Zerfließen wird ... das schnell eine fatale Wendung vollzieht. Als wären wir nicht nur aufgefordert zu entdecken, welche unbändigen Kräfte die Welt beherrschen, sondern auch, dass diese unbändigen Kräfte in uns selbst wirken. Auf einem völlig anderen Weg als de Sade, für den die furiose Energie eines Vulkans sich nicht von der des menschlichen Begehrens unterscheidet, gelangt Toyen zur selben Gewissheit, nämlich dass die Gewalt, die in der Natur am Werk ist, dieselbe ist wie die, die tief im Innersten der Menschen wirkt. Mehr noch, sie erkennt darin eine unentwirrbare Verflechtung von Zeiten und widersprüchlichen Zuständen, die durch das unaufhaltsame Erschaffen von Formen alles noch komplizierter macht. Nichts, was lebt, entkommt dem. Larven, Gespenster tauchen auf und verschwinden wieder, jede Unterscheidung zwischen Tier-, Pflanzen- und Mineralienreich verwischt sich, Spuren verweisen auf nichts anderes mehr, werden reine Anwesenheit.

Es gibt nur noch Zustände von fragilem Gleichgewicht. So auch in dem Gemälde *Žlutý spektr* (*Gelbes Gespenst*, 1934, Kat. 240), das in der Schwebe bleibt zwischen den konvulsivischen Torso-Bewegungen von *Magnetová žena* (*Magnetische Frau*, 1934, Kat. 232) und den verschiedenen Fassungen von *Hlas lesa* (*Stimme des Waldes*, 1934, Kat. 235–237), in deren Folge ein Wirbel von Schatten, weder Blätter noch Federn, allmählich die Form eines Uhu annimmt, des Vorboten drohenden Unheils. Die menschliche Gestalt, aller konventionellen Repräsentation beraubt, wird zum Gehäuse unwahrscheinlichster Metamorphosen, wie sie uns die fesselnde *Opuštěné doupě* (*Verlassene Höhle*, 1937, Abb. 244) und die verstörende *Spící* (*Schlafende*, 1937, Abb. 247) verheißen, die sich allein durch ihre Form gegen das Nichts behaupten.

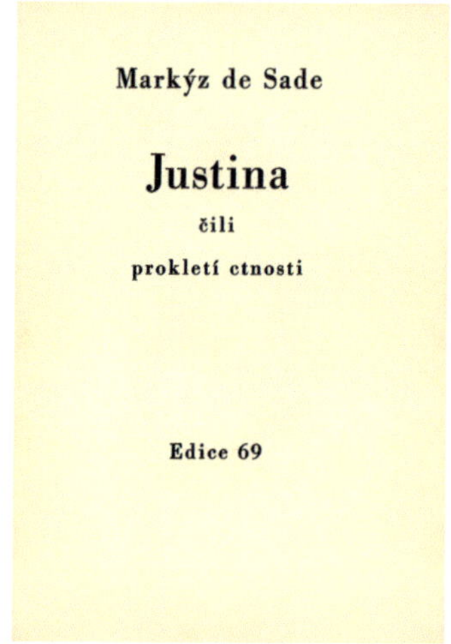
Markýz de Sade

Justina

čili

prokletí ctnosti

Edice 69

Abb. 560 Titelblatt von: Marquis de Sade, *Justina čili prokletí ctnosti / Justine oder Vom Missgeschick der Tugend*, Edice 69, Prag 1932
Retro Gallery

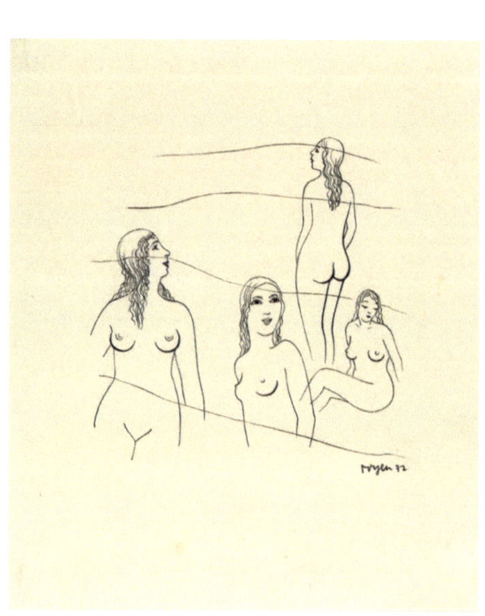

Kat. 561 ***Ženské akty / Weibliche Akte***, 1932
Bleistift auf Papier, 153 x 133 mm
Nationalgalerie Prag

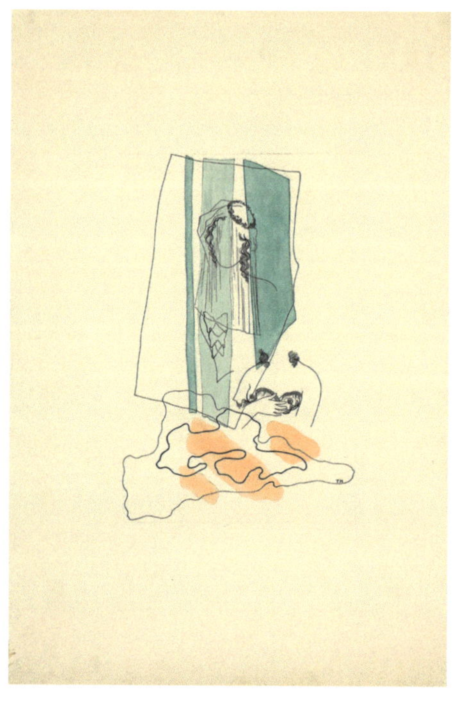

Kat. 562 ***Alegorie svatby / Hochzeitsallegorie***, 1932
Bleistift, Aquarell und Tusche auf Papier, 435 x 302 mm | Kunstgalerie Karlsbad

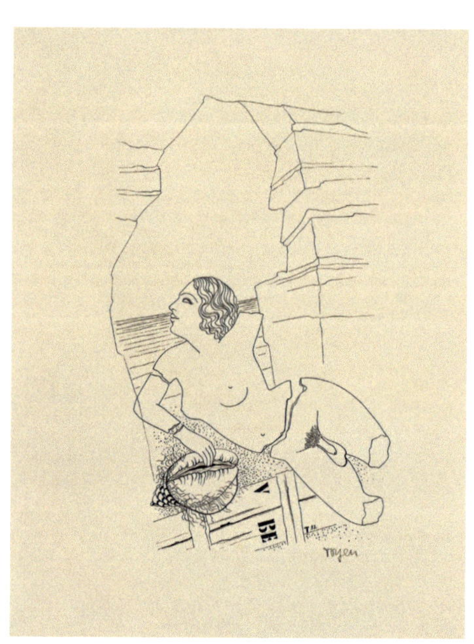

Kat. 563 Ohne Titel (***Hermafrodit s mušlí / Hermaphrodit mit Muschel***), 1932
Tusche auf Papier, 270 × 210 mm
Sammlung MONY VIBESCU

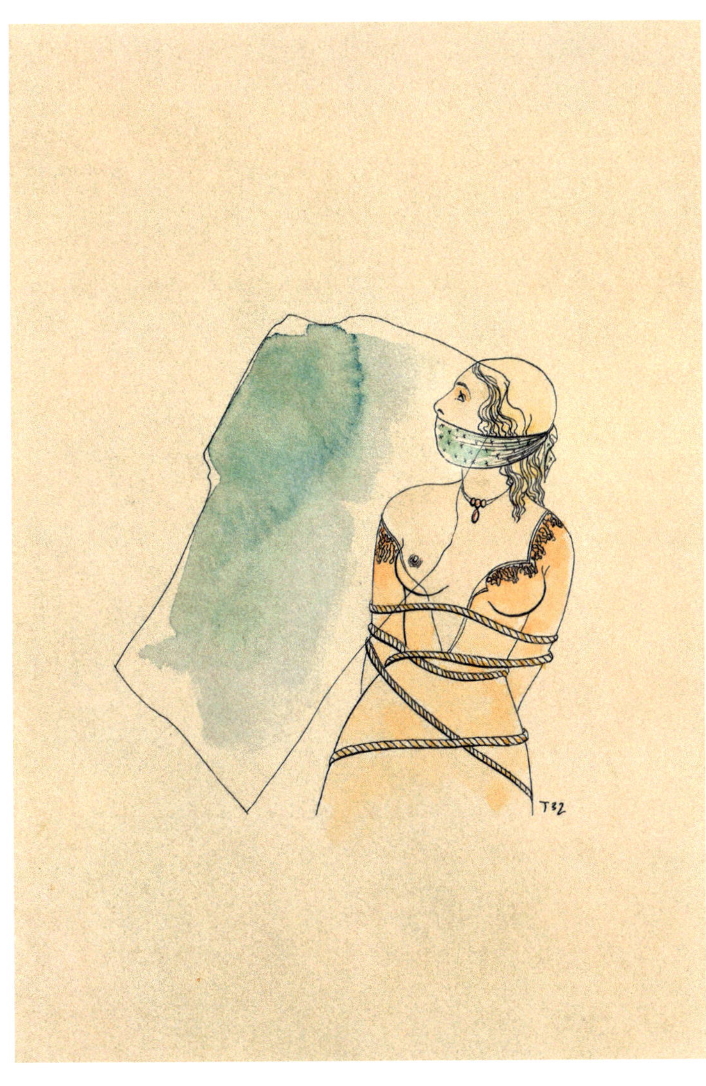

Kat. 564 ***Spoutaná žena s roubíkem / Frau, geknebelt und gefesselt***, ca. 1932
Tusche und Aquarell auf Papier, 270 × 210 mm
Sammlung MONY VIBESCU

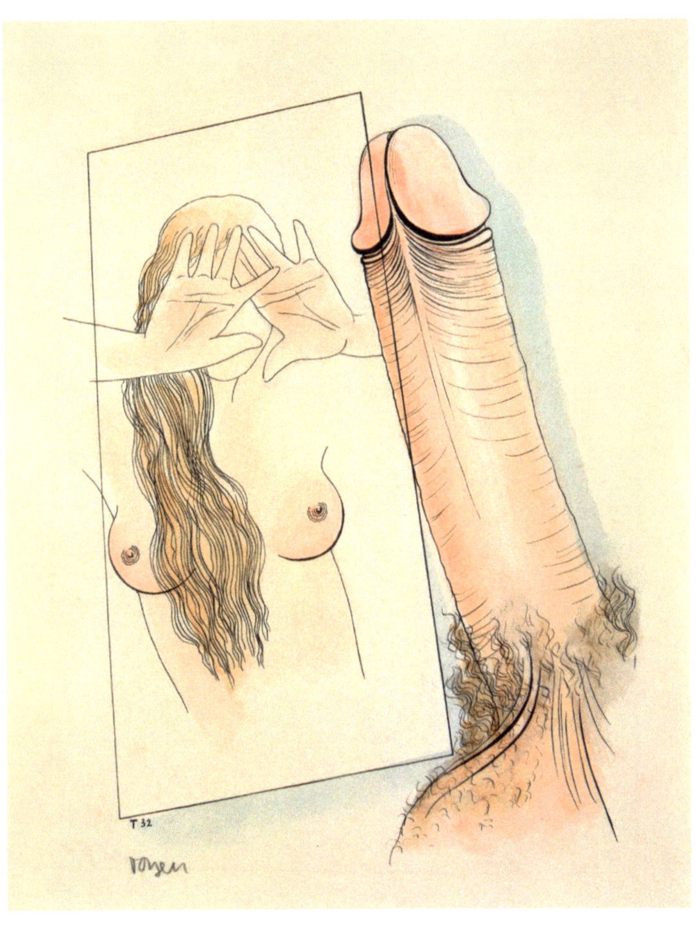

Abb. 565 Erotische Zeichnung für: Marquis de Sade, *Justina čili prokletí ctnosti / Justine oder Vom Missgeschick der Tugend*, 1932
Aquarell auf Papier, 210 × 140 mm
Fonds de dotation Jean-Jacques Lebel

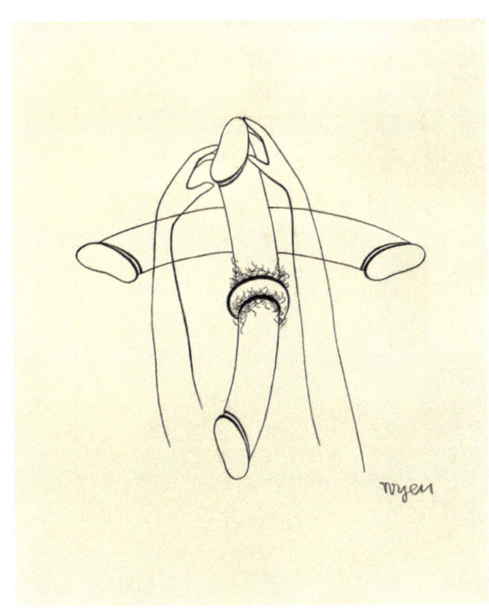

Kat. 566 Erotische Zeichnung für: Pietro Aretino, *Život kajícnic / Die sündigen Klosterschwestern*, 1932
Tusche auf Papier, 160 × 140 mm
Sammlung MONY VIBESCU

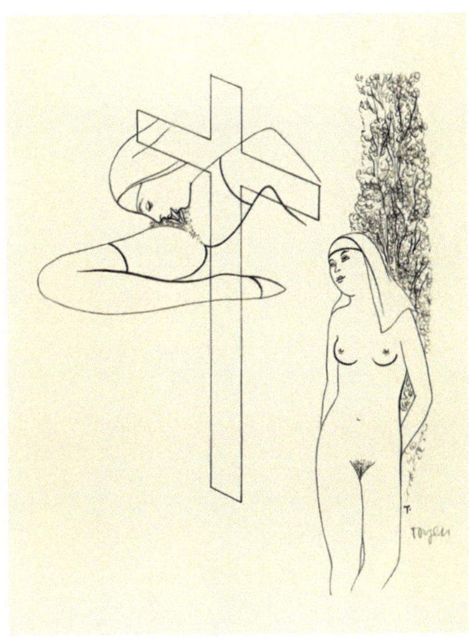

Kat. 567 Erotische Zeichnung für: Pietro Aretino, *Život kajícnic / Die sündigen Klosterschwestern,* 1932
Tusche auf Papier, 160 × 126 mm
Privatsammlung

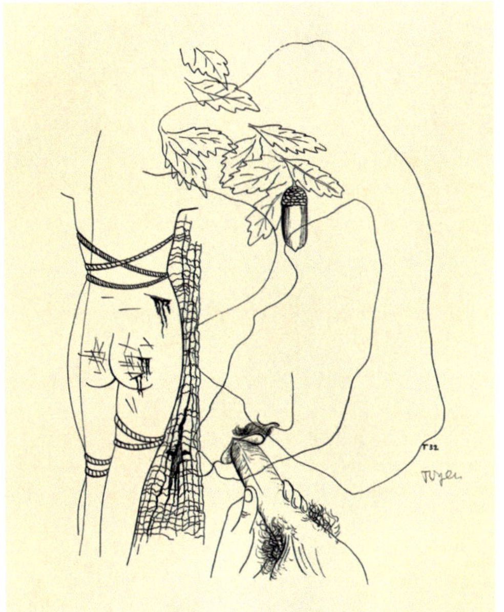

Abb. 568 Erotische Zeichnung für: Marquis de Sade, *Justina čili prokletí ctnosti / Justine oder Vom Missgeschick der Tugend*, 1932
Tusche auf Papier, 200 × 150 mm
Retro Gallery

Es ist etwas Unerbittliches in dieser Neubewertung der Welt am Werk, mit der Toyen fortan nicht mehr aufhören wird, stets bereit, unvorhersehbare Wege des Begehrens zu gehen, auf denen eine Fülle an luxuriösen Enthüllungen lauert. Und wenn sie sich, im Zuge ihrer Neubegründung des Blicks, die sie sich nach dem Krieg zum Ziel gesetzt hat, den vier Elementen zuwendet, so erlaubt ihr die strukturierende Kraft, die sie dort findet, nicht nur, ihre weite Reise auf hoher See fortzusetzen. Sie scheint ihr auch einen Überschuss an Energie zu verleihen und den Mut, Inseln anzusteuern, deren Urwald sie seit je faszinierte. Ein gefährlicher Dschungel, in dem Toyen, das Wagnis eingehend, sich zu verirren, eine der am schwersten zugänglichen Quellen der Schönheit entdeckt. Dort, wo der Tag sich nicht mehr von der Nacht unterscheidet, wird sie die unbekannten Pfade erforschen, an deren Ende der Mensch sich nicht mehr vom Tier unterscheidet. Und so erwächst in *Les 7 épées hors du fourreau* (*Die sieben gezogenen Schwerter*, 1957, Kat. 456–460) mit ihren Gestalten aus Taumel und Verwirrung die überwältigende Fülle einer von Begehren pulsierenden Schönheit, die keine so zu sehen vermochte wie Toyen. Und nur sie war imstande anzudeuten, wie sehr Glanz und Pracht, mit denen die Menschen sich umgeben, ihr Vorbild haben in den sexuellen Zurschaustellungen der Tiere und Pflanzen. Was de Sade wahrgenommen hatte, entdeckte Toyen dank eines erotischen Genies, das untrennbar ist vom exzessiven Prinzip des Begehrens, welches unablässig den Luxus der Natur und den Luxus der Künstlichkeit miteinander wetteifern lässt.

Die gesamte Welt der Liebe und Erotik erstrahlt in einem neuen Glanz, in dem Verfeinerung und Wildheit sich gegenseitig steigern und überbieten. Rückblickend wirkt die prätentiöse Modernität der hoch gehandelten Kunst der 1960er und 1970er Jahre blass neben dem Luxus der Leidenschaften, die Toyen damals Gemälde für Gemälde

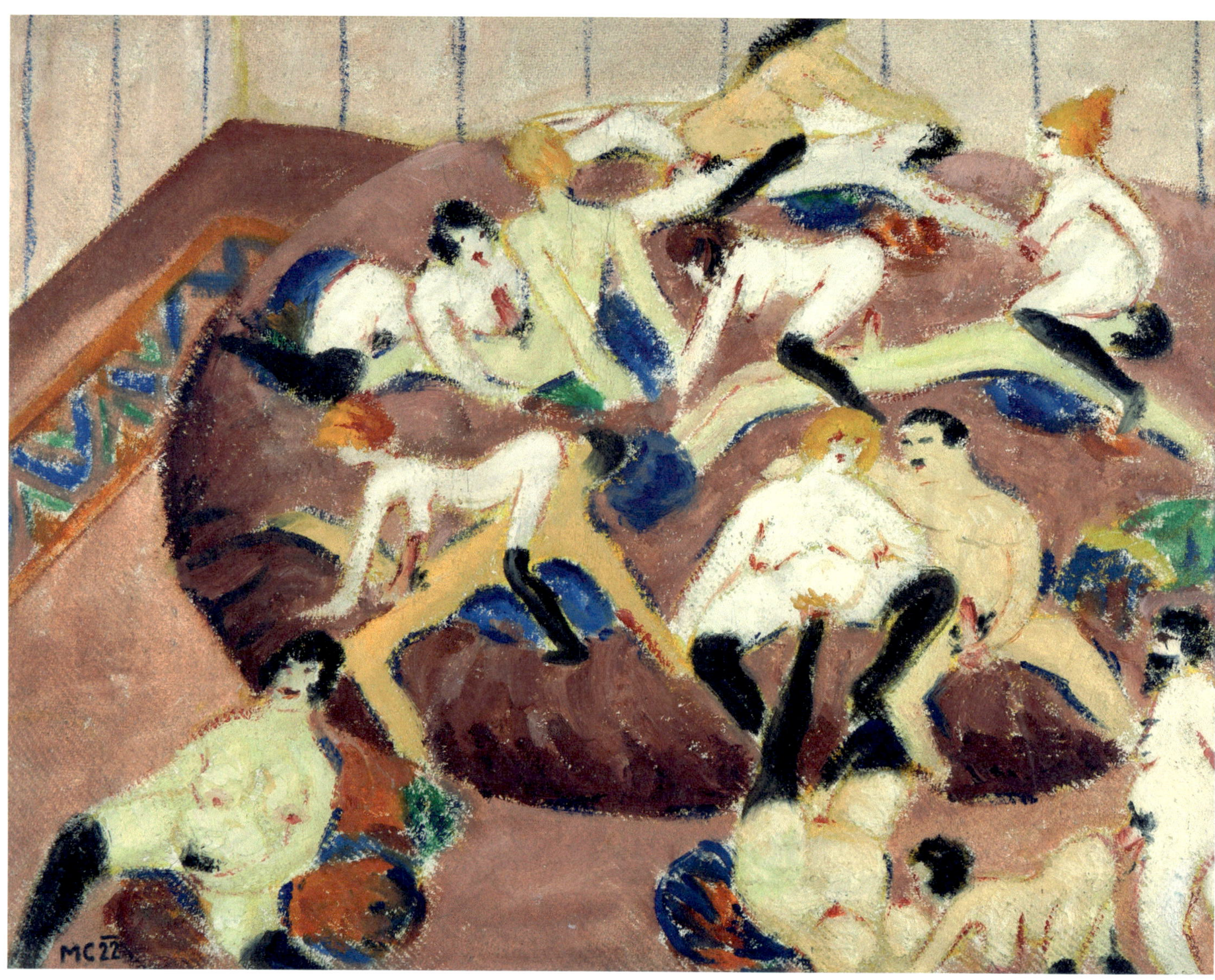

Kat. 569 ***Polštář / Das Kissen***, 1922
Öl auf Karton, 31 × 48 cm | Privatsammlung, Paris

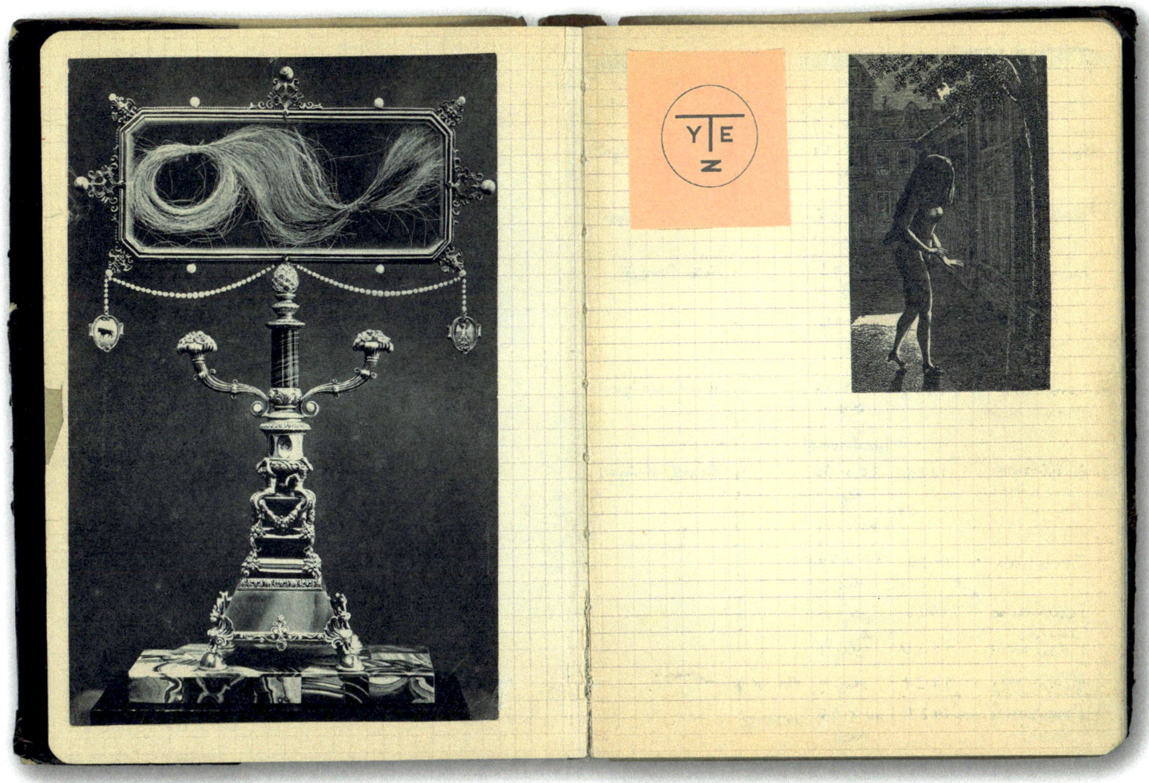

Abb. 570 Von Toyen in ein Notizbuch geklebte Abbildung der Haarsträhne von Lucrezia Borgia, die als Reliquie in der Biblioteca Ambrosiana in Mailand aufbewahrt wird.

zum Vorschein bringt. Nichts hält sie in ihrem Bestreben auf, eine »Erotik der Analogie«[1] genauer zu bestimmen, die sich wie der Taumel einer unablässigen Verwandlung und Rückverwandlung von Pelz und Haar, Sich-Entgegenwölben und Sich-Aufbäumen, von Haut und Feder, Rascheln und Streicheln, Schminke und Mimikry entfaltet ... Und wenn der Wind dazwischenfährt, verlieren sich die Bettlaken in den aufgewühlten Wellen. Kein Schaum, der nicht zum Schmuck wird ... So viele Schätze, die durch die Stürme des Herzens und des Leibes angeschwemmt wurden, so viele »Traumtrümmer«, dass Toyen gegen Ende des Sommers 1966 Radovan Ivšić den Vorschlag macht, aus all den Bruchstücken das Wappen eines neuen Liebeskörpers zu formen.

Ivšić ersinnt in jener Zeit das Bild eines »Brunnen im Turm«,[2] bei dem Höhe und Tiefe miteinander wettstreiten, einer Sanduhr der Leidenschaften gleich, die einer Zeit ohne Dauer das Maß gibt. Zeit der Liebesraserei, in der die Umkehrbarkeit von oben und unten, von Tag und Nacht, von draußen und drinnen ... zu jenem *Geheimen Zimmer ohne Schloss* (*Chambre secrète sans serrure*, 1966) führt, das Toyen nicht aufgehört hat zu bauen. Ich verstehe den Titel heute als eine eindrucksvolle Definition des Undefinierbaren, welches das Wesen der Liebe ist. Toyen hatte ihn sehr bewusst für eines der drei Gemälde gewählt, die sie während ihrer intensiven Beschäftigung mit de Sade schuf.

Wenn sie nun darauf zurückkommt, wie zu einem Leuchtfeuer, welches das Nichts erhellt, in dem wir uns vorantasten, dann weil sie sich de Sade in der Gewissheit verbunden fühlt, dass das Unendliche des Begehrens uns ermöglicht, unser Begehren nach dem Unendlichen leibhaftig werden zu lassen. Wir verdanken ihr, dass sie uns unermüdlich darauf hingewiesen hat, welch strahlende Flugbahnen aus dem winzig kleinen Nichts entstehen können, das die Unruhe gebiert. Und wir verdanken ihr auch, dass sie uns sehen gelehrt hat, wie diese Bahnen sich mit dem Weg vereinigen, auf dem sich, während man ihn geht, der Luxus als Folge des Begehrens offenbart. Wie könnten wir ihr nicht dankbar sein, dass sie uns dafür den tiefsten Grund vor Augen geführt hat, wo, denkbar weit entfernt von seiner uranfänglichen Wildheit, der Luxus sich als gleißende Umarmung von Materie und Geist erweist? Wie bei jenen »blonde[n] Strähnen, die durch zwei schwarze Bänder zusammengehalten werden, zwischen Dolchen, Jataganen und Petschaften aus roter Koralle«,[3] die Gustave Flauberts ganze Aufmerksamkeit fesselten am 13. Mai 1845 auf seiner *Italienischen Reise*. Dieses in der Mailänder Biblioteca Ambrosiana (Abb. 570) aufbewahrte Objekt zählte für Toyen zu den auf dieser Welt am meisten bewunderten Dingen, eine Phantasie, angeregt durch den Hauch eines Nichts, eine Haarlocke von Lucrezia Borgia ...

1 Das erste Mal von mir erwähnt in *Štyrský, Toyen, Heisler*, Ausst.-Kat. Musée national d'art moderne/ Centre Georges Pompidou, Paris 1982, S. 64.
2 Radovan Ivšić, Toyen, *Le Puits dans la tour. Débris de rêves*, Éditions surréalistes, Paris 1967.
3 Zit. nach Gustave Flaubert, *Die Reisetagebücher 1840–1847*, Leipzig 1919, S. 214.

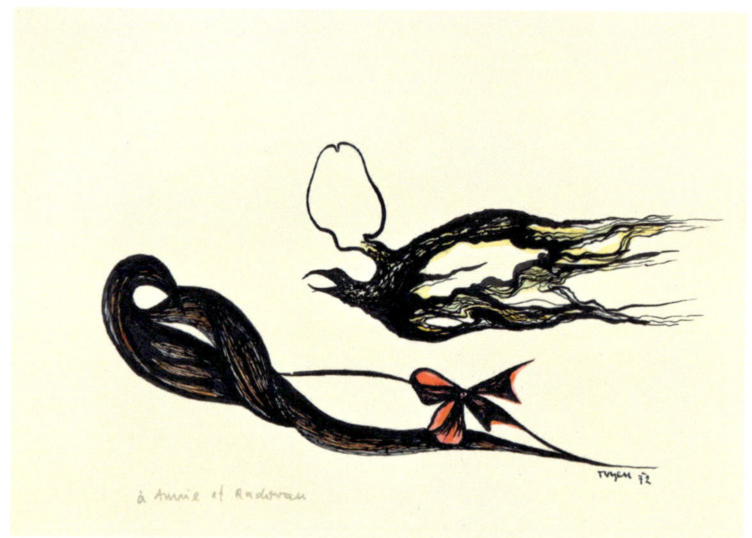

Kat. 571 ***Sans titre - double portrait d'Annie Le Brun et Radovan Ivšić / Ohne Titel - Doppelporträt Annie Le Brun und Radovan Ivšić,*** 1972
Tusche und Aquarell auf Papier, 250 × 340 mm
Privatsammlung, Paris

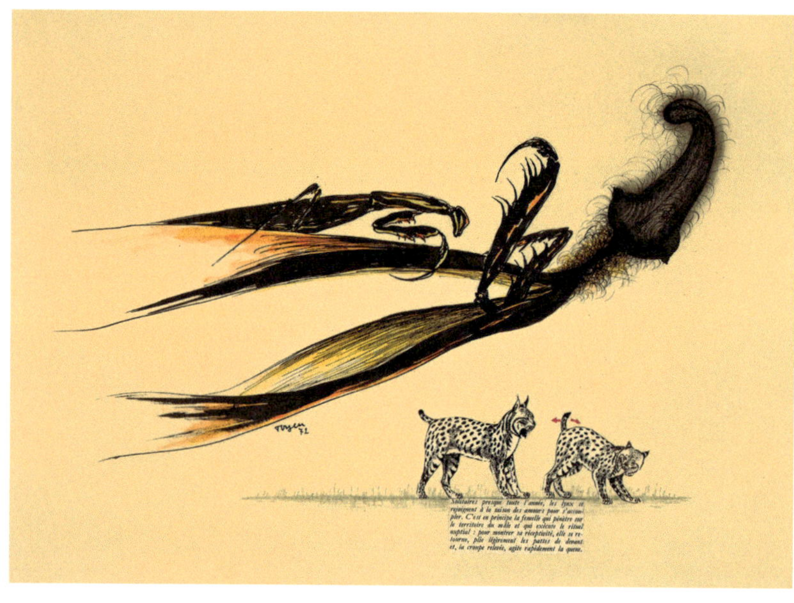

Kat. 572 Ohne Titel, 1972
Tusche, Aquarell und Collage auf Papier, 300 × 400 mm
Privatsammlung, Paris

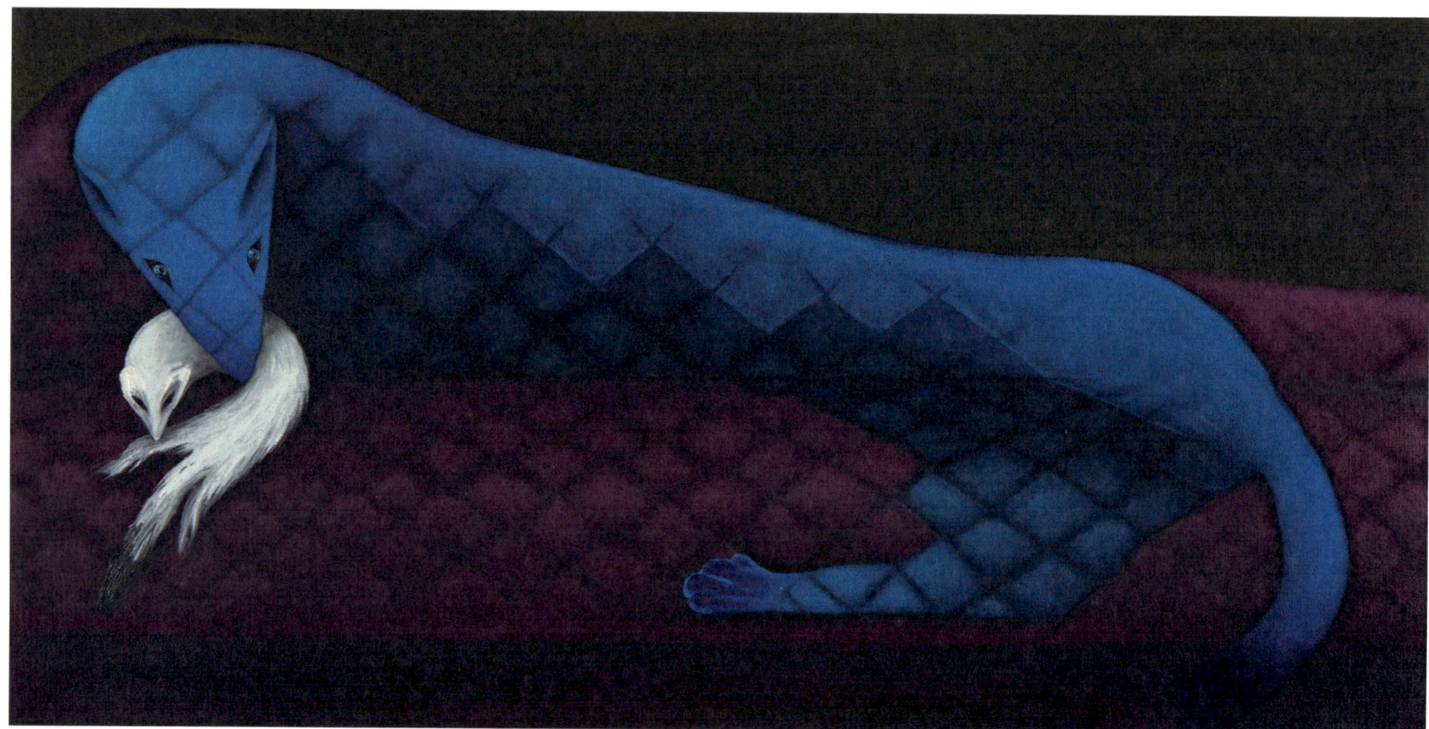

Kat. 573 ***Les affinités électives / Die Wahlverwandtschaften***, 1970
Öl auf Leinwand, 40 × 80 cm | Privatsammlung, Paris

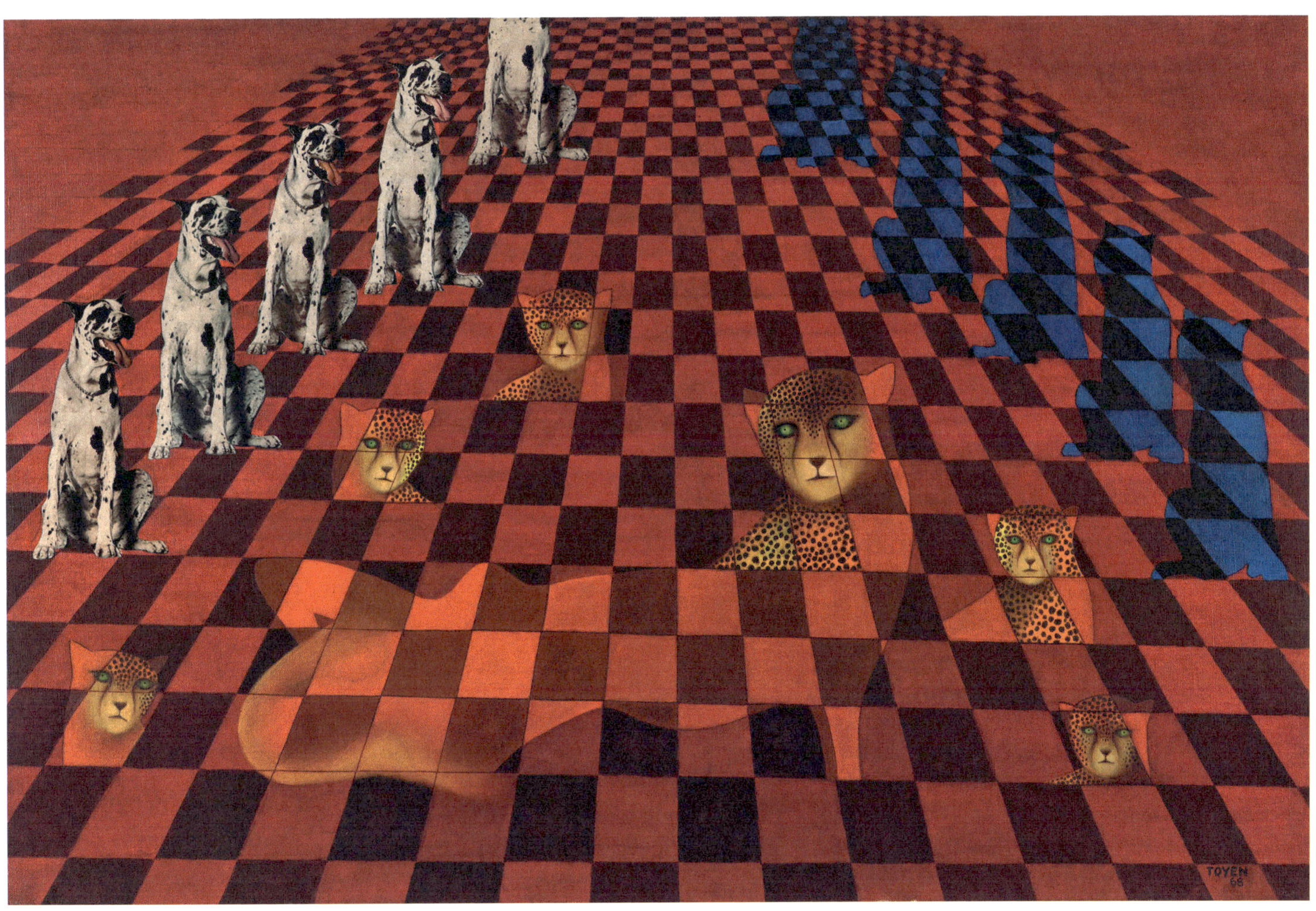

Kat. 574 ***Le Nouveau monde amoureux | Die neue Welt der Liebenden***, 1968
Öl und Collage auf Papier, 600 × 920 mm | Privatsammlung, Paris

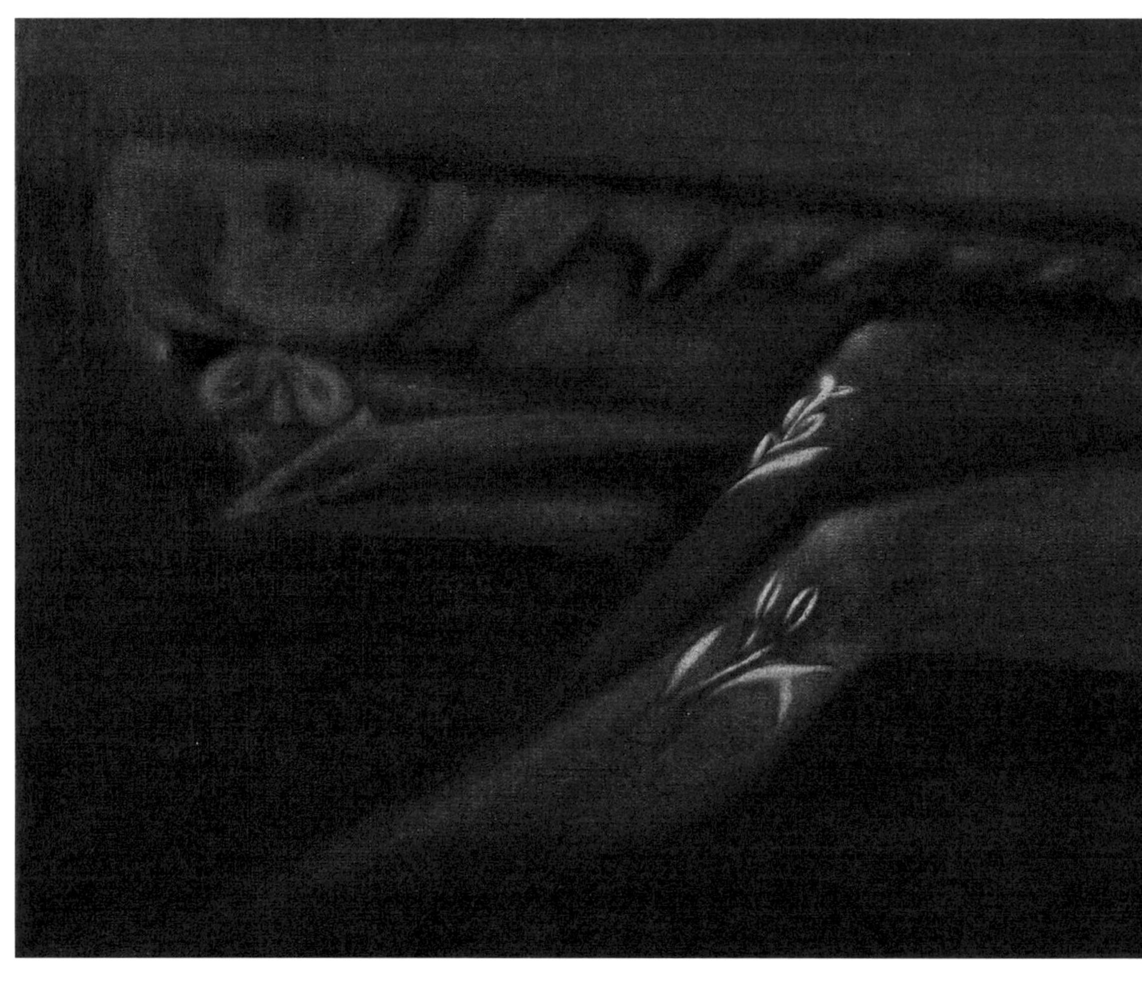

Abb. 575 ***Coulée dans le lointain / Entfernter Strom***, 1962
Öl auf Leinwand, 50 × 150 cm | Privatsammlung

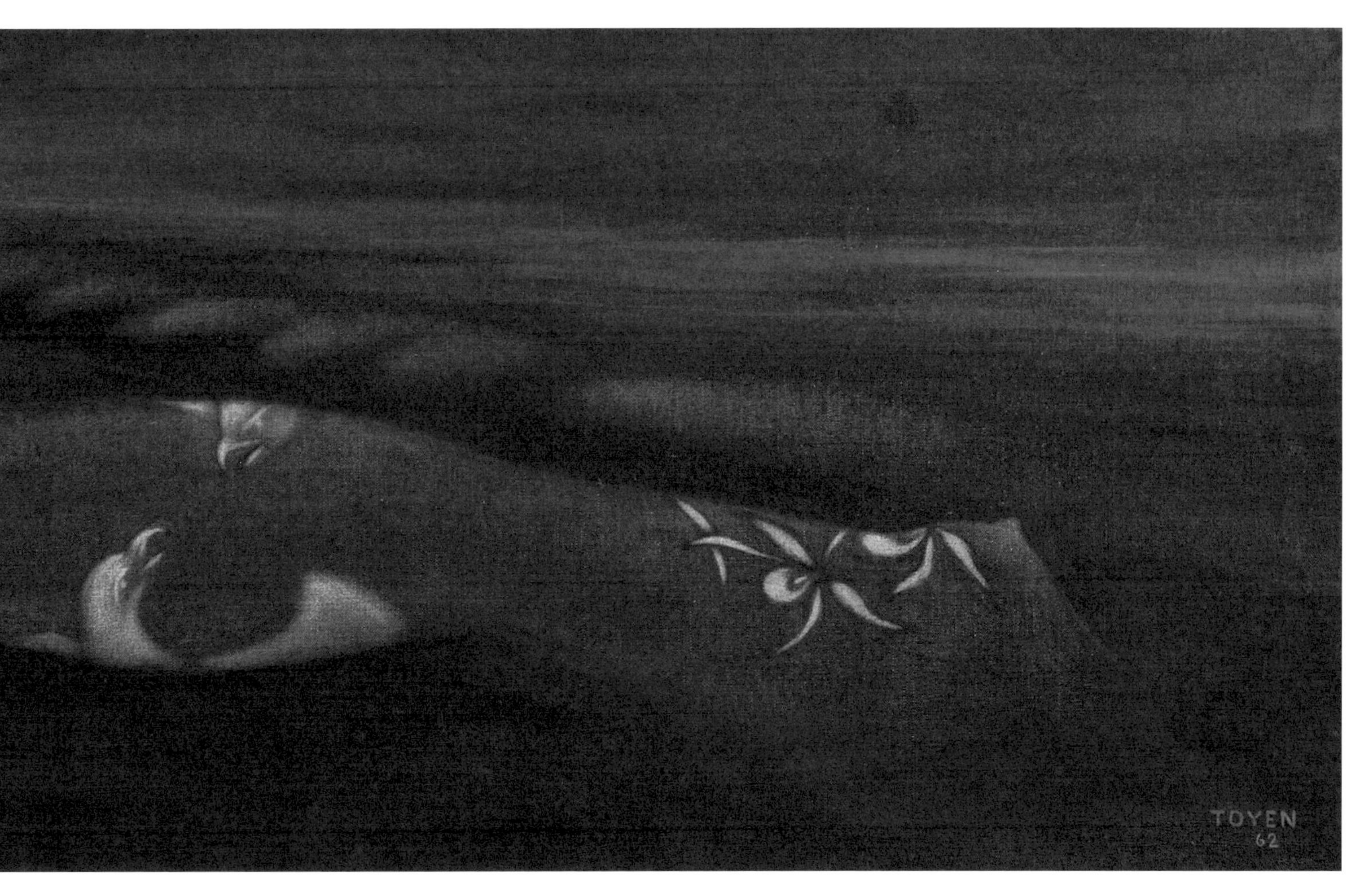
TOYEN
62

*»Je m'aperçois
que ma page blanche
est devenue verte«*

Toyen, 1952

»Ich stelle fest,
dass mein weißes Blatt
grün geworden ist«

Verzeichnis der ausgestellten Werke

Bei den im Folgenden aufgelisteten Exponaten werden zunächst die Originaltitel genannt, für die ersten Jahre in Tschechisch, dann ab 1947, dem Jahr von Toyens Übersiedlung nach Paris, in Französisch. Danach folgt die Übersetzung des Titels ins Deutsche; wir danken Annie Le Brun, die viele Jahre eng mit Toyen zusammenarbeitete, für ihren Rat bei einzelnen Fällen der Übertragung »poetischer« Titel ins Deutsche. Manche der aus heutiger Sicht unangemessen erscheinenden Begriffe in Titeln und Zitaten sind im jeweiligen Zeitkontext zu sehen.

Toyens Werke sind im folgenden Verzeichnis nach künstlerischen Techniken gegliedert und in den einzelnen Rubriken in chronologischer Reihenfolge verzeichnet. Es folgen die Exponate weiterer Künstler, diese sind alphabetisch geordnet, ihre Werke in chronologischer Folge.

Die Werkmaße sind für Gemälde in Zentimeter, für Graphik in Millimeter angegeben; bei den Werken gilt die Reihenfolge Höhe vor Breite, bei Publikationen wie Bücher und Zeitschriften ist es umgekehrt.

In den Bildunterschriften innerhalb der Aufsätze und der Abschnitte der Chronologie werden die Exponate mit »Kat.« (für »Katalognummer«) bezeichnet, die sogenannten Vergleichsabbildungen, die nicht in der Ausstellung gezeigt werden, hingegen mit »Abb.« (für »Abbildungsnummer«).

Die folgenden tschechischen Institutionen werden im Verzeichnis in deutscher Übersetzung genannt:
Alšova jihočeská galerie, Hluboká nad Vltavou / Aleš Südböhmische Galerie, Frauenberg an der Moldau
Galerie hlavního města Prahy / Galerie der Hauptstadt Prag
Galerie moderního umění v Roudnici nad Labem / Galerie der Modernen Kunst, Raudnitz an der Elbe
Galerie umění Karlovy Vary / Kunstgalerie Karlsbad
Galerie výtvarného umění v Chebu / Galerie der schönen Künste in Cheb
Galerie výtvarného umění v Ostravě / Galerie der schönen Künste in Ostrava
GASK - Galerie Středočeského kraje, Kutná Hora / GASK - Galerie der mittelböhmischen Region, Kuttenberg
Krajská galerie výtvarného umění ve Zlíně / Regionalgalerie der schönen Künste, Zlín
Kunsthalle Praha / Kunsthalle Prag
Moravská galerie v Brně / Mährische Galerie, Brünn
Muzeum umění Olomouc / Kunstmuseum Olmütz
Nadační fond 8smička, Humpolec / 8smička Stiftungsfonds, Humpoletz
Národní galerie Praha / Nationalgalerie Prag
Oblastní galerie Liberec / Regionalgalerie Liberec
Památník národního písemnictví / Museum der tschechischen Literatur in Prag
Slovenská národná galéria, Bratislava / Slowakische Nationalgalerie, Bratislava

TOYEN (Prag 1902 - Paris 1980)

GEMÄLDE

Bárky v Dubrovníku, Čluny v přístavu / Schiffe im Hafen von Dubrovnik, 1922
Öl auf Leinwand, 40 × 60 cm
Sammlung Dominique Rabourdin
☐ 48, S. 42

Dalmácie / Dalmatien, 1922
Öl auf Leinwand, 51 × 61 cm
Mährische Galerie, Brünn
☐ 50, S. 44

Kavárna / Café, um 1922
Öl auf Leinwand, 52 × 42 cm
Privatsammlung, Paris
☐ 52, S.45

Polštář / Das Kissen, 1922
Öl auf Karton, 31 × 48 cm
Privatsammlung, Paris
☐ 569, S. 338

Zátiší (Zmrzlina) / Stillleben (Eiscreme), 1923
Öl auf Leinwand, 57 × 40 cm
Privatsammlung, Courtesy Galerie KODL
☐ 55, S. 47

Jaro v horách / Der Frühling in den Bergen, 1925
Öl auf Leinwand, 52,5 x 56 cm
Privatsammlung, Courtesy Galerie KODL

Tři tanečnice / Drei Tänzerinnen, 1925
Öl auf Leinwand, 77 × 69,5 cm
Nationalgalerie Prag
☐ 60, S. 52

Tři králové / Die drei Könige, 1925
Öl auf Leinwand, 59 × 49 cm
Privatsammlung, Courtesy Galerie KODL
☐ 61, S. 53

Cirque Conrado / Zirkus Conrado, 1925
Öl auf Leinwand, 70 × 45,5 cm
Privatsammlung
☐ 88, S. 62

Polykači mečů / Die Schwertschlucker, 1925
Öl auf Leinwand, 44 x 61 cm
Galerie Zlatá Husa
☐ 62, S. 56

Ráj černochů / Das Paradies der Schwarzen, 1925
Öl auf Leinwand, 49 × 69 cm
Privatsammlung, Courtesy Galerie KODL
☐ 146, S. 96

Pláž / Strand, 1926
Öl auf Leinwand, 46,5 × 58 cm
GASK - Galerie der mittelböhmischen Region, Kuttenberg
☐ 91, S. 64

Fata Morgana, 1926
Öl auf Leinwand, 100 × 73 cm
Aleš Südböhmische Galerie, Frauenberg an der Moldau
☐ 95, S. 68

Potápěč / Der Taucher, 1926
Öl auf Leinwand, 86 × 64 cm
Kunsthalle Prag
☐ 94, S. 67

Čínská čajovna / Chinesisches Teehaus, 1927
Öl auf Leinwand, 54,5 × 73 cm
Aleš Südböhmische Galerie, Frauenberg an der Moldau
☐ 108, S. 74

Obraz / Gemälde, 1927
Öl, Mischtechnik auf Leinwand, 35 x 65 cm
Galerie der Modernen Kunst, Raudnitz an der Elbe
☐ 104, S. 73

Fjordy / Fjorde, 1928
Öl auf Leinwand, 100 × 81 cm
Nationalgalerie Prag
☐ 133, S. 82

Čedičové skály / Basaltfelsen, 1929
Öl auf Leinwand, 73 × 99 cm
R2G Art Foundation
☐ 227, S. 228

Oáza / Oase, 1929
Öl auf Leinwand, 65 × 92,5 cm
Privatsammlung
☐ 136, S. 85

Jezerní krajina / Seenlandschaft, 1929
Öl auf Leinwand, 81 × 100 cm
Galerie der schönen Künste in Ostrava
☐ 135, S. 85

V parku / Im Park, 1929
Öl auf Leinwand, 81 × 65 cm
Galerie der Hauptstadt Prag
☐ 139, S.88

Lago di Como / Comer See, 1929
Öl auf Leinwand, 73 × 92 cm
Privatsammlung
☐ 137, S. 86

Šero v pralese / Zwielicht im Urwald, 1929
Öl auf Leinwand, 114 × 89 cm
Privatsammlung, Courtesy Galerie KODL
☐ 140, S. 89

Léto / Sommer, 1931
Öl auf Leinwand, 73 × 100 cm
Nationalgalerie Prag
☐ 204, S. 119

Jitro / Früher Morgen, 1931
Öl auf Leinwand, 89 × 116 cm
Mährische Galerie, Brünn
☐ 201, S. 117

Květena spánku / Schlaf-Flora, 1931
Öl auf Leinwand, 116 × 81 cm
Kunstmuseum Olmütz
☐ 202, S. 118

Z jižních moří / Aus südlichen Meeren, 1931
Öl auf Leinwand, 79 × 98,5 cm
GASK - Galerie der mittelböhmischen Region, Kuttenberg
☐ 203, S. 119

Noc v Oceánii / Eine Nacht in Ozeanien, 1931
Öl auf Leinwand, 86,5 × 129,5 cm
Regionalgalerie der schönen Künste, Zlín
☐ 200, S. 116

Mořské sasanky / Seeanemonen, 1931
Öl auf Leinwand, 65 × 85 cm
Aleš Südböhmische Galerie, Frauenberg an der Moldau
☐ 206, S. 121

Severní krajina / Nördliche Landschaft, 1931
Öl auf Leinwand, 81 x 116 cm
Retro Gallery
☐ 259, S. 157

Jezerní zahrada / Seegarten, 1933
Öl auf Leinwand, 130 × 161 cm
Slowakische Nationalgalerie, Bratislava
☐ 229, S. 142

V mlze / Im Nebel, 1933
Öl auf Leinwand, 129 x 96 cm
Galerie der Hauptstadt Prag
☐ 230, S. 143

Larva I / Larve I, 1934
Öl auf Leinwand, 65 × 54 cm
Aleš Südböhmische Galerie, Frauenberg an der Moldau
☐ 220, S. 136

Touha / Verlangen, 1934
Öl auf Leinwand, 60 × 50 cm
Aleš Südböhmische Galerie, Frauenberg an der Moldau
☐ 207, S. 122

Růžový spektr / Rosa Gespenst, 1934
Öl auf Leinwand, 98 × 63 cm
Privatsammlung, Courtesy Galerie KODL
☐ 239, S. 148

Žlutý spektr / Gelbes Gespenst, 1934
Öl auf Leinwand, 92 × 65 cm
Privatsammlung
☐ 240, S. 148

Magnetová žena / Magnetische Frau, 1934
Öl auf Leinwand, 100 x 73 cm
Sammlung Géraldine Galateau, Paris
☐ 232, S. 144

Zbytek noci / Reste der Nacht, 1934
Öl auf Leinwand, 91,5 × 72,5 cm
R2G Art Foundation
☐ 262, S. 159

Ztroskotání ve snu / Stranden im Traum, 1934
Öl auf Leinwand, 73 × 100 cm
Privatsammlung, Courtesy Galerie KODL
☐ 224, S. 140

Hlas lesa I / Stimme des Waldes I, 1934
Öl auf Leinwand, 92 × 72 cm
Mährische Galerie, Brünn
☐ 235, S. 146

Hlas lesa II / Stimme des Waldes II, 1934
Öl auf Leinwand, 100 × 72,5 cm
Œuvre du fonds départemental d'acquisitions de la Seine-Saint-Denis en dépôt au musée d'art et d'histoire Paul Eluard, Saint-Denis
☐ 236, S. 146

Hlas lesa III / Stimme des Waldes III, 1934
Öl auf Leinwand, 54,5 × 46 cm
Nationalgalerie Prag
☐ 237, S. 146

Přezimování / Winterschlaf, 1934
Öl auf Leinwand, 129 × 161 cm
Museum der tschechischen Literatur in Prag
☐ 222, S. 137

Finis Terrae / Das Ende der Welt, 1937
Öl auf Leinwand, 77 × 110 cm
Privatsammlung, Courtesy Galerie KODL
☐ 270, S. 163

Sen / Traum, 1937
Öl auf Leinwand, 81 × 99 cm
Kunsthalle Prag
☐ 246, S. 151

Objekt-Fantom / Objekt-Phantom, 1937
Öl auf Leinwand, 46 x 61 cm
Galerie Zlatá Husa
☐ 265, S. 160

Úděs / Entsetzen, 1937
Öl auf Leinwand, 77 × 74 cm
Nationalgalerie Prag
☐ 266, S. 161

Bramborové divadlo / Kartoffeltheater, 1941
Öl auf Leinwand, 81,5 × 100,3 cm
Nationalgalerie Prag, Geschenk von Alena Žižková-Lind, 2010
☐ 317, S. 190

Smutný den / Trauriger Tag, 1942
Öl auf Leinwand, 60 × 92 cm
Privatsammlung
☐ 346, S. 206

Na zámku La Coste / Im Schloss La Coste, 1943
Öl auf Leinwand, 65 × 87 cm
Nationalgalerie Prag, Geschenk von Alena Žižková-Lind, 2010
☐ 349, S. 209

Po představení / Nach der Vorstellung, 1943
Öl auf Leinwand, 110 × 55 cm
Aleš Südböhmische Galerie, Frauenberg an der Moldau
☐ 337, S. 201

Na pokraji / Am Waldrand, 1945
Öl auf Leinwand, 107 × 71 cm
Kunstmuseum Bochum
☐ 352, S. 211

Předjaří / Vorfrühling, 1945
Öl auf Leinwand, 89 × 146 cm
Centre Pompidou, Musée national d'art modern - Centre de création industrielle, Paris, erworben 1982
☐ 350, S. 210

Válka (Polní strašák) / Der Krieg (Die Vogelscheuche), 1945
Öl auf Leinwand, 193 × 110 cm
8smička Stiftungsfonds, Humpoletz
☐ 353, S. 212

Sejfy / Die Safes, 1946
Öl auf Leinwand, 76 × 121 cm
Sammlung Géraldine Galateau, Paris
☐ 354, S. 213

Loi naturelle / Naturgesetz, 1946
Öl auf Leinwand, 195 × 56,5 cm
Galerie Natalie Seroussi
☐ 357, S. 222

Mýtus světla / Mythos des Lichts, 1946
Öl auf Leinwand, 160 × 75 cm
Moderna Museet, Stockholm. Donation 1970 from The Friends of Moderna Museet
☐ 412, S. 246

Île de Sein, 1950
Öl auf Leinwand, 32 × 120 cm
Privatsammlung, Courtesy Galerie KODL
☐ 431, S. 263

Île de Sein, 1950
Öl auf Leinwand, 50 × 150 cm
European Arts Investments
☐ 432, S. 263

Portrait d'André Breton / Porträt von André Breton, 1950
Öl auf Leinwand, 50,5 × 67 cm
Privatsammlung, Courtesy Galerie KODL
☐ 428, S. 260

Nouent et renouent / Knüpfen und Verknüpfen, 1950
Öl auf Leinwand, 43 × 65 cm
Privatsammlung, Courtesy Galerie KODL
☐ 429, S. 261

Tous les éléments / Alle Elemente, 1950
Öl auf Leinwand, 70 × 106 cm
Privatsammlung, Courtesy Galerie KODL
☐ 430, S. 261

Au visage bleu / Zum blauen Gesicht, 1951
Öl auf Leinwand, 105 × 82 cm
Privatsammlung
☐ 437, S. 268

À l'arbre d'or / Zum goldenen Baum, 1951
Öl auf Leinwand, 42 × 55 cm
Privatsammlung, Courtesy Galerie KODL
☐ 435, S. 267

L'Origine de la vérité / Der Ursprung der Wahrheit, 1952
Öl auf Leinwand, 66 × 43 cm
Privatsammlung, Courtesy Galerie KODL
☐ 434, S. 265

Les Lavandières de la nuit / Die Wäscherinnen der Nacht, 1953
Öl auf Karton, Durchmesser: 40 cm
Privatsammlung, Courtesy Galerie KODL
☐ 433, S. 264

Si Loin, si ancien / So fern, so alt, 1954
Öl auf Leinwand, 38 × 55 cm
Privatsammlung, Courtesy Galerie KODL
☐ 440, S. 270

Ludion Luron, 1954
Öl auf Leinwand, 35 × 24 cm
Fonds de dotation Jean-Jacques Lebel
☐ 438, S. 269

La nuit roule des cris / Die Nacht rollt Schreie, 1955
Öl auf Leinwand, 77,5 × 98 cm
Privatsammlung, Courtesy Galerie KODL
☐ 452, S. 286

L'eau de la solitude / Das Wasser der Einsamkeit, 1955
Öl auf Leinwand, 116 × 73 cm
Privatsammlung, Courtesy Galerie KODL
☐ 442, S. 271

Ils passent sans se retourner / Sie gehen vorbei, ohne sich umzuwenden, 1955
Öl auf Leinwand, 73 × 100 cm
Nationalgalerie Prag
☐ 445, S. 273

On entend de loin un bruit de pas / In der Ferne hört man Schritte, 1955
Öl auf Leinwand, 92 × 74 cm
Privatsammlung
☐ 450, S. 282

Tu t'évapores dans un buisson de cris / Du entschwindest in einem Strauch von Schreien, 1956
Öl auf Leinwand, 120 × 85 cm
Privatsammlung
☐ 451, S. 285

La Dame Blanche / Die weiße Frau aus dem Zyklus *Les 7 épées hors du fourreau / Die sieben gezogenen Schwerter*, 1957
Öl auf Leinwand, 150 × 50 cm
Privatsammlung
☐ 456, S. 290

La visiteuse vertige / Die schwindelerregende Besucherin aus dem Zyklus *Les 7 épées hors du fourreau / Die sieben gezogenen Schwerter*, 1957
Öl auf Leinwand, 150 × 50 cm
Privatsammlung
☐ 458, S. 291

La belle ouvreuse / Die schöne Platzanweiserin aus dem Zyklus *Les 7 épées hors du fourreau / Die sieben gezogenen Schwerter*, 1957
Öl auf Leinwand, 150 × 50 cm
Privatsammlung
☐ 459, S. 291

Mélusine aus dem Zyklus *Les 7 épées hors du fourreau / Die sieben gezogenen Schwerter*, 1957
Öl auf Leinwand, 150 × 50 cm
Privatsammlung
☐ 457, S. 290

Ils me frôlent dans le sommeil / Sie streifen mich im Schlaf, 1957
Öl auf Leinwand, 89 × 116 cm
Privatsammlung, Courtesy Galerie 1900-2000, Paris
☐ 454, S. 287

Chevelure du matin / Morgendliches Haar, 1958
Öl auf Leinwand, 60 × 120 cm
Privatsammlung, Courtesy Galerie KODL
☐ 462, S. 293

Nuit après Nuit / Nacht für Nacht, 1960
Öl auf Leinwand, 46 × 61 cm
COLLETT Prag | München
☐ 455a, S. 287

Brumes de la solitude / Nebel der Einsamkeit, 1961
Öl auf Leinwand, 92 × 60 cm
Privatsammlung, Paris
☐ 464, S. 294

Minuit, l'heure blasonée / Mitternacht, die gewappnete Stunde, 1961
Öl auf Leinwand, 89 × 146 cm
Privatsammlung
☐ 455b, S. 289

La lisière de l'adolescence / Am Rande der Adoleszenz, 1961
Öl auf Leinwand, 60 × 100 cm
Privatsammlung
☐ 465, S. 294

Coulée dans le lointain / Entfernter Strom, 1962
Öl auf Leinwand, 50 × 150 cm
Privatsammlung
☐ 575, S. 342, 343

À une certaine heure / Zu einer bestimmten Stunde, 1963
Öl und Collage auf Leinwand, 49 × 39 cm
Privatsammlung, Courtesy Galerie 1900-2000, Paris
☐ 474, S. 301

Le Rêve / Der Traum, 1964
Öl auf Leinwand, 35 × 27 cm
Privatsammlung, Paris
☐ 466, S. 295

Au creux d'une roche / In einer Felshöhle, 1964
Öl auf Leinwand, 25 × 42 cm
Privatsammlung, Paris
☐ 467, S. 295

Le Paravent / Der Paravent, 1966
Öl und Collage auf Leinwand, 116 × 73 cm
Musée d'Art Moderne de Paris, Paris Musées
☐ 469, S. 297

Mirage / Wunder, 1967
Öl auf Leinwand, 60 × 120 cm
Privatsammlung, Frankreich, Courtesy Cyrille de Gunzburg, Paris
☐ 470, S. 298

Eclipse / Sonnenfinsternis, 1968
Öl auf Leinwand, 116 × 89 cm
Privatsammlung
☐ 472, S. 299

Do not disturb! / Nicht stören!, 1968
Öl auf Leinwand, 54 × 65 cm
Privatsammlung, Paris
☐ 473, S. 300

Le nouveau monde amoureux / Die neue Welt der Liebenden, 1968
Öl und Collage auf Papier, 60 × 92 cm
Privatsammlung, Paris
☐ 574, S. 341

Reflets à marée basse / Schimmer der Ebbe, 1969
Öl auf Leinwand, 60 × 120 cm
Privatsammlung, Courtesy Galerie KODL
☐ 471, S. 298

Les affinités électives / Die Wahlverwandtschaften, 1970
Öl auf Leinwand, 40 × 80 cm
Privatsammlung, Paris
☐ 573, S. 340

Le Festin analogique / Das Fest der Analogien, 1970
Öl auf Leinwand, 33 × 41 cm
Privatsammlung, Paris
☐ 528, S. 325

Le piège de la réalité / Die Falle der Wirklichkeit, 1971
Öl auf Leinwand, 50 x 100 cm
Privatsammlung, Paris
☐ 529, S. 325

GRAPHIKEN UND COLLAGEN

Studie ženské hlavy / Studie eines Frauenkopfes, 1922
Bleistift auf Papier, 350 x 286 mm
Nationalgalerie Prag
☐ 7, S. 30

Skizzenbuch, 1924–1925
Tusche, Bleistift und Aquarell auf Papier, 130 × 170 mm
Privatsammlung, Paris
☐ 23, 63–77, 145, 223, S. 57–59, 95, 138

Fünf Skizzen von einer Reise durch Frankreich, 1924–1925
Bleistift, Tusche auf Papier, diverse Maße
Privatsammlung, Paris
☐ aus: 78–87, S. 60, 61

Acht erotische Zeichnungen, 1920er Jahre
Tusche auf Papier, je ca. 50 × 120 mm
Privatsammlung, Paris
☐ 543-550, S. 332, 333

Skizzenbuch, 1927
Tusche, Collage auf Papier, 105 x 150 mm
Privatsammlung, Paris
☐ 109–124, S. 75–77, 94

Ohne Titel, ca. 1930er Jahre
Collage, 169 x 244 mm
The Murray Family Collection (UK & USA)
☐ 225, S. 140

Dívčí hlava / Mädchenkopf, ca. 1930er Jahre
Bleistift auf Karton, 407 x 507 mm
Regionalgalerie Liberec

Ohne Titel (*Snící dívka / Träumendes Mädchen*), 1930
Tinte und Aquarell auf Papier, 250 × 210 mm
Sammlung MONY VIBESCU
☐ 557, S. 334

Kompozice / Komposition, 1930
Tusche auf Papier, 490 x 305 mm
Galerie der Hauptstadt Prag
☐ 258, S. 157

Ilustrace k Donu Juanovi / Illustration für Don Juan, 1931
Aquarell und Tusche auf Papier, 377 x 273 mm
Galerie der Hauptstadt Prag
☐ 256, S. 157

Erotisches Motiv, 1931
Tusche und Aquarell auf Papier, 206 × 145 mm
Kunstmuseum Bochum
☐ 559, S. 335

Ohne Titel (*Tři klauni / Drei Clowns*), 1931
Zeichnung und Aquarelle auf Papier, 130 × 110 mm
Sammlung MONY VIBESCU
☐ 558, S. 335

Ohne Titel (*Hermafrodit s mušlí / Hermaphrodit mit Muschel*), 1932
Tusche auf Papier, 270 × 210 mm
Sammlung MONY VIBESCU
☐ 563, S. 336

Erotische Zeichnung für: Pietro Aretino, *Život kajícnic / Die sündigen Klosterschwestern,* 1932
Tusche auf Papier, 160 × 140 mm
Sammlung MONY VIBESCU
☐ 566, S. 337

Erotische Zeichnung für: Pietro Aretino, *Život kajícnic / Die sündigen Klosterschwestern*, 1932
Tusche auf Papier, 160 × 126 mm
Privatsammlung, Prag
☐ 567, S. 337

Spoutaná žena s roubíkem / Frau, geknebelt und gefesselt, ca. 1932
Tusche und Aquarell auf Papier, 270 × 210 mm
Sammlung MONY VIBESCU
☐ 564, S. 337

Alegorie svatby / Hochzeitsallegorie, 1932
Bleistift, Aquarell und Tusche auf Papier, 435 x 302 mm
Kunstgalerie Karlsbad
☐ 562, S. 336

Ženské akty / Weibliche Akte, 1932
Bleistift auf Papier, 153 x 133 mm
Nationalgalerie Prag
☐ 561, S. 336

Oči / Augen, 1933 (recto/verso)
Mischtechnik auf Papier, 340 x 48,05 mm
Galerie der Modernen Kunst, Königgrätz
☐ 264, S. 159

Composition / Komposition, 1933
Schwarzviolette Tinte, Kohle und Pastell auf Papier, 177 x 265 mm
Privatsammlung
☐ 260, S. 158

Ohne Titel, 1933
Schwarze Tusche auf Papier, 275 x 225 mm
Privatsammlung
☐ 267, S. 161

Ohne Titel, 1933
Braune und schwarze Tinte, Aquarell auf Papier, 208 x 145 mm
Privatsammlung
☐ 231, S. 143

Obraz / Gemälde, 1933
Tusche, Aquarell auf Papier, 280 x 360 mm
Galerie der schönen Künste in Cheb

Přelud / Trugbild, 1934
Tusche, Aquarell auf Papier, 350 × 280 mm
Privatsammlung
☐ 263, S. 159

mit Jindřich Štyrský
Cadavre exquis / Exquisiter Leichnam, ca. 1935
Bleistift auf Papier, 250 × 110 mm
Privatsammlung, Paris
☐ 271, S. 166

Deník na cestu do Itálie / Tagebuch 1834/1835. Reise nach Italien (Karel Hynek Mácha), 1936
Collage auf Papier, 193 x 172 mm
Galerie der schönen Künste in Cheb
☐ 594, ohne Abb.

Erotische Zeichnung, 1936
Tusche auf Papier, 95 × 125 mm
Privatsammlung, Paris
☐ 541, S. 331

Erotische Zeichnung, 1937
Tusche auf Papier, 95 × 145 mm
Privatsammlung, Paris
☐ 542, S. 331

Dvě hlavy / Zwei Köpfe, Illustration für: Antonín Vošalík, *První sloupy / Die ersten Säulen,* 1937
Tinte, Aquarell auf Papier, 290 × 200 mm
COLLETT Prag | München
☐ 286, S. 173

Postava (Přízrak) / Figur (Gespenst), Illustration für: Antonín Vošalík, *První sloupy / Die ersten Säulen*, 1937
Tinte, Aquarell auf Papier, 290 × 200 mm
COLLETT Prag | München
☐ 287, S. 173

Sen / Traum, Studie zum Gemälde, 1937
Tusche auf Papier, 350 x 505 mm
8smička Stiftungsfonds, Humpoletz
☐ 245, S. 151

Composition surréaliste / Surrealistische Komposition, 1939
Schwarzviolette Tinte, Aquarell und aufgestreute Glitzerpartikel auf Papier (aus einem Skizzenbuch), 284 x 206 mm
Privatsammlung
☐ 268, S. 161

Zeichnung für: Jindřich Heisler, *Jen poštolky chčí klidně na desatero / Nur die Turmfalken brunzen ruhig auf die 10 Gebote,* 1939
Tusche und Aquarell auf Papier, 305 × 380 mm
Privatsammlung, Prag
☐ 288, S. 174

Zeichnung für: Jindřich Heisler, *Jen poštolky chčí klidně na desatero / Nur die Turmfalken brunzen ruhig auf die 10 Gebote,* 1939
Tusche auf Papier, 270 × 368 mm
Nationalgalerie Prag, Geschenk von Alena Žižková-Lind, 2010
☐ 291, S. 175

Zeichnung für: Jindřich Heisler, *Jen poštolky chčí klidně na desatero / Nur die Turmfalken brunzen ruhig auf die 10 Gebote,* 1939
Tusche auf Papier, 260 × 330 mm
Privatsammlung, Paris
☐ 290, S. 175

Zwei Zeichnungen aus dem Zyklus *Střelnice / Der Schießplatz*, 1939
Je Tusche auf Papier, 320 × 490 mm, 310 × 395 mm
Privatsammlung, Paris
☐ 325, 326, S. 196

Aus dem Zyklus *Střelnice / Der Schießplatz*, 1939
Tusche auf Papier, 350 x 400 mm
Mme Margarita Camacho-Gruger
☐ 328, S. ohne Abb.

Aus dem Zyklus *Střelnice / Der Schießplatz*, 1939
Tusche auf Papier, 350 × 460 mm
Sammlung Ambroise Audoin, Paris
☐ 324, S. 195

Aus dem Zyklus *Střelnice / Der Schießplatz*, 1939
Tusche auf Papier, 320 x 445 mm
Sammlung Klapheck
☐ 327, S. 196

Aus dem Zyklus *Střelnice / Der Schießplatz*, 1939
Tusche auf Papier, 325 × 450 mm
Galerie Natalie Seroussi
☐ 323, S. 195

Nebezpečná hodina / Die gefährliche Stunde, 1942
Tinte auf Papier, 225 x 165 mm
Nationalgalerie Prag
☐ 331, S. 198

Nebezpečná hodina / Die gefährliche Stunde, 1943
Tusche und Pastell auf Papier, 605 × 408 mm
Privatsammlung, Prag
☐ 332, S. 198

Aus dem Zyklus *Den a noc / Tag und Nacht*, 1943
Bleistift und Pastell auf Papier, 500 × 350 mm
Sammlung Klapheck
☐ 339, S. 202

Aus dem Zyklus *Den a noc / Tag und Nacht*, 1943
Bleistift, Farbstift auf Papier, 560 × 400 mm
Privatsammlung, Prag
☐ 338, S. 202

Aus dem Zyklus *Schovej se, válko! / Verstecke dich, Krieg!*, 1944
Tusche auf Papier, 420 x 570 mm
Privatsammlung, Paris
☐ 342a, ohne Abb.

Aus dem Zyklus *Schovej se, válko! / Verstecke dich, Krieg!*, 1944
Tusche auf Papier, 410 × 580 mm
Galerie Natalie Seroussi
☐ 342b, S. 204

Aus dem Zyklus *Schovej se, válko! / Verstecke dich, Krieg!*, 1944
Tusche auf Papier, 400 × 590 mm
Privatsammlung
☐ 341a, S. 204

Aus dem Zyklus *Schovej se, válko! / Verstecke dich, Krieg!*, 1944
Tusche auf Papier, 400 x 570 mm
Sammlung Klapheck
☐ 341b, ohne Abb.

Schovej se, válko! / Verstecke dich, Krieg!,
Fr. Borový, 1946
Künstlermappe mit neun losen Drucken und einführendem Gedicht von Jindřich Heisler,
je 330 x 440 mm
LEVY Galerie, Hamburg
☐ 345, S. 205

Střelnice / Der Schießplatz, 1946
Gebundene Künstlermappe mit zwölf Drucken,
280 x 410 mm
LEVY Galerie, Hamburg
☐ 358, ohne Abb.

La lune se voile / Der Mond verhüllt sich; *Point de feu, Île-de-Sein / Feuerpunkt, Île de Sein*, 1948
Je aus dem Zyklus ***Ni ailes ni pierres, ailes et pierres / Weder Flügel noch Steine, Flügel und Steine***
Tusche und Aquarell auf Papier, 450 × 590 mm;
Tusche auf Papier, 435 × 585 mm
Privatsammlung, Paris
☐ 425–426, S. 258

Ohne Titel, 1949
Aus dem Zyklus ***Ni ailes ni pierres, ailes et pierres / Weder Flügel noch Steine, Flügel und Steine***
Tusche auf Papier, 420 × 420 mm, 180 × 140 mm,
200 × 140 mm
Sammlung Dominique Rabourdin
☐ 424, S. 257

C'est un endroit que je connais assez bien / Das ist ein Ort, den ich gut kenne, 1949
Aus dem Zyklus ***Ni ailes ni pierres, ailes et pierres / Weder Flügel noch Steine, Flügel und Steine***
Tusche, Aquarell und Silber auf Papier,
465 × 580 mm
Privatsammlung, Courtesy Galerie 1900–2000, Paris
☐ 427, S. 259

Feuilles / Blätter, 1950er Jahre
Farblithographie, 245 x 170 mm
LEVY Galerie, Hamburg

Composition / Komposition, 1959
Tusche mit Weißhöhungen auf Papier,
158 x 183 mm
Privatsammlung
☐ 463, S. 294

Irremplaçable contre le feu du rasoir / Unersetzlich gegen Rasurbrand, 1965
Collage auf Papier, 530 x 300 mm
Privatsammlung, Courtesy Galerie KODL
☐ 475, S. 301

Dessin pour la toile ***Loin dans le nord*** / Zeichnung für das Gemälde ***Weit im Norden***, 1965
Tusche und Aquarell auf Papier, 360 x 500 mm
Privatsammlung, Paris

Midi-minuit / Mittag-Mitternacht, 1966
Collage auf Papier, 520 x 330 mm
Privatsammlung, Paris
☐ 540, S. 330

Le Puits dans la tour - Débris de rêves / Der Brunnen im Turm - Traumtrümmer, 1966
Begleitet und ergänzt von den gleichnamigen Texten von Radovan Ivšić
Vier Zeichnungen, Tusche auf Papier,
je 300 × 210 mm
Privatsammlung, Paris
☐ 478–481, S. 304

Le Puits dans la tour - Débris de rêves / Der Brunnen im Turm - Traumtrümmer, 1966–1967
Begleitet und ergänzt von den gleichnamigen Texten von Radovan Ivšić
Zwölf Radierungen, handkoloriert, 325 × 255 mm
Privatsammlung, Paris
☐ 483–494, S. 306–308

Collage für: Annie Le Brun, *Sur le champ / Auf der Stelle,* 1967
Collage, 295 × 210 mm
Privatsammlung, Paris
☐ 477, S. 303

Sechs Radierungen für: Jean-Pierre Duprey,
La Forêt sacrilège / Der frevelhafte Wald, 1970
Kaltnadelradierung auf grünem Seidenpapier,
197 x 148 mm
Privatsammlung
☐ 505–510, S. 314, 315

Zwei Originalzeichnungen für: Jean-Pierre Duprey,
La Forêt sacrilège / Der frevelhafte Wald, 1970
Tusche auf Papier, je 300 x 210 mm
Privatsammlung, Paris

Sans titre - double portrait d'Annie Le Brun et Radovan Ivšić / Ohne Titel - Doppelporträt Annie Le Brun und Radovan Ivšić, 1972
Tusche und Aquarell auf Papier, 250 × 340 mm
Privatsammlung, Paris
☐ 571, S. 340

Ohne Titel, 1972
Tusche, Aquarell und Collage auf Papier,
300 x 400 mm
Privatsammlung, Paris
☐ 572, S. 340

Vis-à-Vis, 1973
Zwölf Collagen auf Papier, je 298 x 210 mm
Privatsammlung, Paris
☐ 514–525, S. 318–321

Elf Masken für das Theaterstück von Radovan Ivšić
Le Roi Gordogane / König Gordogan, 1976
Collagen, 350 × 250 mm
Privatsammlung, Paris
☐ 532–539, S. 328, 329

Composition / Komposition, undatiert
Kaltnadelradierung, 128 x 80 mm
Privatsammlung

Erotische Zeichnung, undatiert
Tusche auf Papier, 95 × 140 mm
Privatsammlung, Paris

WEITERE MEDIEN

Rackové - závěsová látka / Möven - Vorhangstoff, 1938
Zweifarbig bedruckte Krepp-Seide
Privatsammlung, Paris

Toyen, Charles Estienne, Adrien Dax,
Meret Oppenheim, Yves Elléouët
Boîte d'élevage de chenilles / Raupenzuchtkasten, 1956–1958
Holz, Öl, Drahtgeflecht und Nägel,
27,7 × 39 × 25 cm
COLLETT Prag | München
☐ 526, S. 323

ILLUSTRIERTE BÜCHER

Margarete von Navarra, ***Heptameron novel převznešené a přeslavné princezny Markéty d'Angoulême, královny Navarské / Das Heptameron der Margarete, Königin von Navarra***, Prag 1932 (Illustrationen)
Privatsammlung
☐ 283, S. 171

André Breton, ***Spojité nádoby / Die kommunizierenden Röhren,*** S.V.U. Mánes, Prag 1934 (Umschlag)
☐ 208, S. 124
Louis Aragon (1897–1982), ***Basilejské Zvony / Die Glocken von Basel***, Prag 1935
(Umschlag und Frontispiz)
☐ 281, S. 170
Hermann Hesse (1877–1962), ***Siddhártha / Siddhartha***, Prag 1935
(Umschlag und Illustrationen)
Vítězslav Nezval (1900–1958), ***Anička skřítek a Slaměný Hubert / Annchen, das Heinzelmännchen und der Stroh-Hubert***, Prag 1936
(Frontispiz und Illustrationen)
☐ 576, ohne Abb.
Vítězslav Nezval, Guy Lévis Mano (Hg.), ***Antilyrique***, Paris 1936; mit Widmung »21.12.1968 pour Ivan Bonnefoy amicalement Toyen« (Nr. 44 von 70 nummerierten und vom Herausgeber Guy Lévis Mano im Juli 1936 signierten Exemplaren) (Illustrationen)
Vladislav Vančura (1891–1942), ***Der Bäcker Johann Marhoul***, Wien [u. a.] 1937 (Illustrationen)
☐ 577, ohne Abb.
Jaroslav Podroužek, Rudolf Kmoch (Hg.), ***Dětské písně z celého světa / Kinderlieder aus der ganzen Welt***, Prag 1941 (Illustrationen)
Rafael Kubelík (1914–1996), ***Veronika,*** Prag 1943 (Umschlag)
Alle: Privatsammlung

André Breton, ***La Lampe dans l'horloge / Die Lampe in der Uhr***, Paris 1948
(Umschlag und Frontispiz)
☐ 415, S. 249
André Breton, ***Sur la route de San Romano / Auf dem Weg nach San Romano***, Ussel 1948
(Sonderausgabe mit Originalradierung, signiert)
☐ 406, S. 243
Edgar Jené, Max Hölzer (Hg.), ***Surrealistische Publikationen***, Klagenfurt 1950/54 (Illustrationen)
☐ 5a, b, S. 25
Jean-Louis Bouquet (1900–1978), ***Alastor: Ou le Visage de feu,*** Paris 1951 (Umschlag)
Révolte sur mesure / Revolte nach Maß,
Sonderausgabe der Zeitschrift ***La Rue***, 1952
(Umschlag und Originalradierung)
☐ 416, S. 251

Jindřich Heisler, Toyen, ***Les Spectres du désert / Die Gespenster der Wüste***, Paris 1953 (limitierter Faksimiledruck, 2001) (Illustrationen)
☐ 386, S. 233
Élie-Charles Flamand (1928–2016), À un oiseau de houille perché sur la plus haute branche du feu / ***Für eine Tannenmeise, die auf dem höchsten Ast des Feuers hockt,*** Lyon 1957 (Illustrationen)
Alle: Privatsammlung

Annie Le Brun, ***Sur le champ / Auf der Stelle***, Éditions surréalistes, Paris 1967 (drei Kaltnadelradierungen, sechs Collagen und Kassette)
☐ 578, ohne Abb.
Radovan Ivšić, Toyen, ***Le Puits dans la tour – Débris de rêves / Der Brunnen im Turm – Traumtrümmer***, 1967 (Kassette, 35,5 × 28,2 cm) (Umschlaggestaltung und zwölf Illustrationen, nach Zeichnungen von 1966)
☐ 408, 482, S. 243, 305
Beide: Privatsammlung, Paris

Radovan Ivšić, ***Le Roi Gordogane / König Gordogan***, Paris 1968; mit Widmung von Radovan Ivšić (Illustrationen)
☐ 411, S. 245
Jean-Pierre Duprey, ***La Forêt sacrilège / Der frevelhafte Wald,*** Le Soleil Noir, Paris 1970 (Illustrationen)
☐ 579, ohne Abb.
Beide: Privatsammlung

Annie Le Brun, ***Tout près, les Nomades / Ganz nah, die Nomaden***, 1972 (Umschlag und Kaltnadelradierung auf Papier, 240 × 170 mm)
☐ 498, 527, S. 311, 324
Radovan Ivšić, Toyen, ***Tir / Schießplatz***, Éditions Maintenant, Paris 1973
☐ 530, 531, S. 327
Beide: Privatsammlung, Paris

Vis-à-Vis, Éditions Maintenant, Paris 1973 (Umschlag und Illustrationen nach zwölf Collagen)
☐ 513, S. 318
Annie Le Brun, Radovan Ivšić, Georges Goldfayn, Pierre Peuchmaurd, Toyen, ***Quand le Surréalisme eut cinquante ans / Als der Surrealismus fünfzig Jahre wurde,*** Éditions Maintenant, Paris 1974 (Umschlag)
☐ 499, S. 311
Objets d'identité / Objekte der Identität, Éditions Maintenant, Paris 1976 (Umschlag)
☐ 501, S. 312
Annie Le Brun, Toyen, ***Annulaire de Lune / Mondring,*** Éditions Maintenant, Paris 1977; signiert von Annie Le Brun (Kartonnage und drei Kaltnadelradierungen)
☐ 503, S. 313
Alle: Privatsammlung

JEAN BENOÎT (Québec 1922 – Paris 2010)

L'écart absolu c'est toi Toyen (En souvenir de la première sortie du Bouledogue de Maldoror) / Die absolute Abweichung, das bist Du, Toyen (In Erinnerung an die erste Ausgabe der Bulldogge des Maldoror), 1965
Leder, 16,5 x 12,5 x 4 cm
Privatsammlung, Paris

VICTOR BRAUNER (Piatra Neamț/Rumänien 1903 – Paris 1966)

Ohne Titel, 24. April 1947
À TOYEN SON AMI VICTOR BRAUNER 24.IV 1947 / An Toyen Ihr Freund Victor Brauner 24. April 1947
Kugelschreiber und Pastell auf Papier, 155 × 154 mm

Ohne Titel, 30. August 1947
A MA CHÉRE TOYEN EN BONNE AMITIE DU SOMPTUEUX BRUDERSCHAFT A LA LUNE PLEINE DU 30 AOUT 1947 VICTOR BRAUNER / An meine liebe Toyen in guter Freundschaft von der prächtigen Bruderschaft beim Vollmond des 30. August 1947 Victor Brauner
Tusche und Farbstift auf Papier, 140 × 105 mm

Ohne Titel, 13. Dezember 1947
SOUVENIR DE LA PEINTURE DE TOYEN / Erinnerung an das Gemälde von Toyen POUR MA TRES CHÉRE TOYEN SON AMI VICTOR BRAUNER 13.XII. 947 [sic!] ***/ Für meine liebste Toyen Ihr Freund Victor Brauner 13. Dezember 1947***
Tinte auf Papier, 190 × 140 mm

Ohne Titel, 7. Februar 1948
TOYEN AMIE UNI DANS LA PROJECTION GEANTE DU SENSIBLE POUR REGENERER L'UNIVERS – SON AMI VICTOR 7.2.1948 / Toyen verbündete Freundin in der gigantischen Projektion des SENSIBLEN zur Regeneration des Universums – ihr Freund Victor 7. Februar 1948
Tusche und Pastell auf farbigem Papier, 195 × 144 mm
☐ 419–422, S. 254
Alle: Privatsammlung, Paris

ANDRÉ BRETON (Tinchebray 1896 – Paris 1966)

Mille roses à Toyen, Paris 14. Juni 1935
Zwei Zeichnungen, etwa 80 x 50 mm
Privatsammlung, Paris

mit Elisa Breton, ***Portrait de Toyen en 22 questions / Porträt von Toyen in 22 Fragen***, 1952
Manuskript, 210 x 290 mm
Privatsammlung, Paris
☐ 418, S. 253

Introduction à l'oeuvre de Toyen / Einführung in das Werk von Toyen, 1953
Manuskript, vier Seiten
Privatsammlung, Paris
☐ 580, ohne Abb.

»Ça alors ...« / »Na, so was ...«, 1963
Collage auf Papier, 128 × 78 mm
Privatsammlung, Paris
☐ 423, S. 255

SALVADOR DALÍ (Figueres 1904 – Figueres 1989)

Die Geburt der flüssigen Ängste, 1932
Öl auf Leinwand, 54,8 x 38,4 cm
Hamburger Kunsthalle, Dauerleihgabe aus Privatbesitz in Verbundenheit zu Dieter Scharf, Inv. Nr. HK-200540

42 Illustrationen zu: Comte de Lautréamont, ***Les Chants de Maldoror / Die Gesänge des Maldoror***, 1934 (1. Edition)
Kaltnadelradierung, je ca. 322 x 250 mm
Privatsammlung, Courtesy der Heinz Joachim Kummer-Stiftung
☐ 581, ohne Abb.

Couverture turbulente. The Surrealist Mystery of New York in 1935 / Turbulente Titelseite. Das surrealistische Geheimnis New Yorks im Jahre 1935, 1935
Ankündigung für ein unrealisiertes Filmprojekt
Öl auf Leinwand, 38 x 29 cm
Sammlung Ulla und Heiner Pietzsch, Berlin
☐ 253, S. 155

MAX ERNST (Brühl 1891 – Paris 1976)

Grätenblumen / Fleurs arêtes, 1928
Öl auf Leinwand, 65 x 81 cm
Hamburger Kunsthalle, erworben 1963, Inv. Nr. HK-5081

plus agile que la lune / Flinker als der Mond, 1925
Bleistift auf Papier, 203 x 160 mm
Hamburger Kunsthalle, Kupferstichkabinett, Inv. Nr. 1966-300

Histoire naturelle / Naturgeschichte, Paris, 1926
Blätter 4, 5, 11, 26, 30, 34
Lichtdruck einer Bleistiftfrottage auf Velin, je 550 x 324 mm
Hamburger Kunsthalle, Kupferstichkabinett, Inv. Nr. kb-1964-217-4, kb-1964-217-5, kb-1964-217-11, kb-1964-217-26, kb-1964-217-30, kb-1964-217-34
☐ 141a–f, S. 90

Une semaine de bonté ou les sept éléments capitaux / Eine Woche der Güte oder Die sieben Hauptelemente, 1934
Lichtdrucke nach Collagen, 190 x 146 mm
Hamburger Kunsthalle, Bibliothek

JINDŘICH HEISLER (Chrast 1914 – Paris 1953)

mit Toyen
Z kasemat spánku / Aus den Kasematten des Schlafs, 1941
Realisierte Gedichte, je 160 × 140 mm
Mährische Galerie, Brünn
☐ 306, 318–322, S. 185, 192, 193

Toyen v Praze / Toyen in Prag, 1944
Mischtechnik, 145 × 165 mm
☐ 355, S. 219

mit Toyen, ***PF 1945***
Mischtechnik, ca. 210 x 150 mm, ca. 130 x 100 mm
alle: Privatsammlung, Paris

PAUL KLEE (Münchenbuchsee 1879 – Muralto 1940)

Akrobaten, 1919
Lithographie (mit rückseitigem Text), 272 x 215 mm
Hamburger Kunsthalle, Kupferstichkabinett, Inv. Nr. 1958-56

Die Heilige vom inneren Licht (Heilige), 1921
Farblithographie, 311 x 175 mm
Hamburger Kunsthalle, Kupferstichkabinett, Inv. Nr. 1955-59

Gedenkbild einer Wanderung, 1922
Öl, Aquarell und Tusche auf zwei Blatt Papier, zerschnitten und neu kombiniert, mit Gouache eingefasst, aufgezogen auf Karton, 33,7 x 19,1 cm
Hamburger Kunsthalle, Geschenk von Hanna Baronin von Brockdorff, Inv. Nr. HK-5086

Prophetisches Weib, 1923
Aquarell und Deckweiß auf Papier, mit Gouache und Feder eingefasst, unten Randstreifen mit Aquarell und Feder, auf Karton, 314 x 315 mm
Hamburger Kunsthalle, Kupferstichkabinett, Inv. Nr. 1952-162

Seiltänzer, 1923
Lithographie mit roter Tonplatte, 432 x 268 mm
Hamburger Kunsthalle, Kupferstichkabinett, Inv. Nr. 1949-58

Wege im Sand I (mit der Sonne), 1924
Aquarell, Feder und Kreide auf Kleistergrundierung auf Papier auf Karton auf zweitem Karton, 167 x 167 mm
Hamburger Kunsthalle, Kupferstichkabinett, Inv. Nr. 1955-84

Grotesken aus d. Cirkus V, 1925
Feder in Schwarz, Pinsel in Schwarz und Grau auf Briefpapier, aufgezogen auf Karton, 273 x 133 mm
Hamburger Kunsthalle, Kupferstichkabinett, erworben 2004. Dauerleihgabe der Stiftung Hamburger Kunstsammlungen, Inv. Nr. 2004-27

RENÉ MAGRITTE (Lessines 1898 – Brüssel 1967)

Blatt 1, 2, 12 aus: ***La Fidélité des images / Die truglosen Bilder***, 1928/1976, 1937/1976
Kassette mit 16 Fotografien (Titel von Louis Scutenaire)
Spätere Abzüge, je 238 x 178 mm
Hamburger Kunsthalle, Kupferstichkabinett, Inv. Nr. 1986-61-1, 1986-61-2, 1986-61-12

LÁSZLÓ MOHOLY-NAGY (Bácsborsód/Ungarn 1895 – Chicago 1946)

Sich schneidende Diagonalen auf hellem Grund, 1925
Radierung, 235 x 340 mm
Hamburger Kunsthalle, Kupferstichkabinett, Inv. Nr. 1980-99

MAN RAY (Philadelphia 1890 – Paris 1976)

Rayographien, 1921, 1922, 1923/1978
Rayographien, 298 x 243, 291 x 222, 294 x 224 mm
Alle: Hamburger Kunsthalle, Kupferstichkabinett, Inv. Nr. 1980-84, a-c

HENRI ROUSSEAU (Laval 1844 – Paris 1910)

Eva im irdischen Paradies, um 1906/07
Öl auf Leinwand, 62 x 46 cm
Hamburger Kunsthalle, Dauerleihgabe der Stiftung Hamburger Kunstsammlungen, erworben 1956, Inv. Nr. HK-2992

JINDŘICH ŠTYRSKÝ (Dolní Čermná 1899 – Prag 1942)

Akvárium / Aquarium, 1927
Öl auf Leinwand, 61 × 91 cm
Kunsthalle Prag
☐ 102, S. 72

Člověk sépie / Sepiamensch, 1934
Öl auf Leinwand, 100 x 73 cm
Sammlung Géraldine Galateau, Paris
☐ 234, S. 145

Korčula, 1922
Bleistift auf Papier, 250 x 330 mm
Privatsammlung, Paris
☐ 51, S. 44

Ohne Titel, 1931
Drei Zeichnungen für: Vítězslav Nezval, *Sexuální nocturno / Sexuelles Nachtstück*, Prag 1931
Zweimal Tusche und Collage auf Papier, einmal Tusche auf Papier, 200 x 150 mm, 185 x 140 mm, 160 x 145 mm
Sammlung MONY VIBESCU

YVES TANGUY (Paris 1900 – Woodbury 1955)

Ohne Titel, 1926
Tuschfeder auf Papier, 340 x 240 mm
Ohne Titel, 1926
Tuschfeder auf Papier, 310 x 245 mm
Ohne Titel, 1926/1927
Bleistift und Buntstift auf Papier, 460 x 370 mm
Handkolorierte Ausgabe von: Benjamin Péret, *Dormir dormir dans les pierres / Schlafen, Schlafen in den Steinen*, Éditions surréalistes, Paris 1927
Nr. 58, mit zwei Handkolorationen
☐ 582, alle ohne Abb.
Ohne Titel, ca. 1928
Tuschfeder auf Papier, 325 x 260 mm
alle:
Privatsammlung, Courtesy der Heinz Joachim Kummer-Stiftung

Ohne Titel, 1929
Tuschfeder in Schwarz auf Papier, 295 x 198 mm
Ohne Titel, um 1932
Tuschfeder auf Papier, 327 x 237 mm
Beide: Hamburger Kunsthalle, Kupferstichkabinett, Inv. Nr. 1975-79, 1987-11

Ohne Titel, 1935
Tuschfeder auf Papier, 235 x 160 mm
Privatsammlung, Courtesy der Heinz Joachim Kummer-Stiftung

À Toyen, Affectueux hommage / Liebevolle Hommage an Toyen, 1935
Öl auf Karton, 9 × 12,5 cm
☐ 219, S. 135

Brief an Toyen, 1935
Tinte auf Papier, 210 x 290 mm
Beide: Privatsammlung, Paris
☐ 218, S. 134

Ohne Titel (Zeichnung zur Illustration für: *Compte Lautréamont. Œuvres complètes*, GLM, Paris), 1938
Tuschfeder, 250 x 334 mm
Privatsammlung, Courtesy der Heinz Joachim Kummer-Stiftung

ARCHIVALIEN, AUSSTELLUNGSKATALOGE, ZEITSCHRIFTEN

G. Material zur elementaren Gestaltung, III, 1924
Reprint, München 1986
☐ 3, S. 22
La Revolution surréaliste, Éditions Gallimard, Paris 1924–1929, Nr. 1: 1924, 7: 1926
Reprint, Paris 1968
☐ 243, 250, 254, S. 149, 156
Beide: Hamburger Kunsthalle, Bibliothek

André Breton, ***La peinture surréaliste***, Galerie Pierre, Paris 1925
☐ 595, ohne Abb.
André Breton, ***Le Surréalisme et la peinture***, Paris 1928
Le Surréalisme en 1929, Sondernummer der Zeitschrift ***Variétés***
André Breton, ***Second manifeste du surréalisme***, Paris 1930
☐ 592, ohne Abb.
Minotaure. Revue artistique et littéraire, Paris 1933–1939, Nr. 1: 1933, 2: 1933, 5: 1934, 6: 1934
☐ 252, 261, S. 154, 158
Einladungskarte zur Ausstellung ***Tanguy***, Galerie Cahier d'Art, Paris 1935
Exposition de dessins surréalistes, Ausstellungskatalog Galerie des quatre chemins, Paris 1935
Vítězslav Nezval (Hg.), ***Surrealismus***, Prag 1935
☐ 593, 594, 215, S. 128
André Breton, ***Du temps que les surréalistes avaient raison***, Paris 1935
Contre-attaque, Paris 1935
La Conquête de l'irrationnel, Paris 1935
Alle: Privatsammlung, Courtesy der Heinz Joachim Kummer-Stiftung

André Breton, ***Position politique du surréalisme***, Paris 1935
Hamburger Kunsthalle, Bibliothek

Bulletin international du surréalisme Nr. 1, Prag, 9. April 1935
☐ 212, S. 126
Vítězslav Nezval, Jindřich Štyrský, ***Ulice Git-le-cœur***, Prag 1936
☐ 583, ohne Abb.
Beide: Privatsammlung

International Surrealist Exhibition, Ausstellungskatalog und Einladung Burlington Galleries, London 1936
☐ 189, S. 109
Internationale du surréalisme, Ausstellungskatalog Nippon Salon, Tokio 1937
Exposition internationale du surréalisme, Ausstellungskatalog Galerie Beaux-Arts, Paris 1938
☐ 584, ohne Abb.
Alle: Privatsammlung, Courtesy der Heinz Joachim Kummer-Stiftung

Toyen, Ausstellungskatalog Topič Salon, Prag 1945
☐ 314, S. 188
Exposition Toyen, Ausstellungskatalog Galerie Denis René, Paris 1947
☐ 363, S. 225
Beide: Privatsammlung

Le surréalisme en 1947: Exposition Internationale du surréalisme, Ausstellungskatalog Galerie Maeght, Paris 1947
Le cadavre exquis: son exaltation, Ausstellungskatalog Galerie Nina Dausset, Paris 1948
Beide: Hamburger Kunsthalle, Kupferstichkabinett
☐ 585, 586, ohne Abb.

Almanach surréaliste du demi-siècle, La Nef, Paris 1950
Privatsammlung, Courtesy der Heinz Joachim Kummer-Stiftung
☐ 587, ohne Abb.

André Breton, Benjamin Péret, Jindřich Heisler (Hg.), ***Toyen***, Ausstellungskatalog Éditions Sokolova, Paris 1953
Privatsammlung
☐ 383, S. 232

Hommage à Yves Tanguy, Ausstellungsankündigung Galerie Rive Gauche, Paris 1955
Privatsammlung, Courtesy der Heinz Joachim Kummer-Stiftung
☐ 588, ohne Abb.

Toyen, Ausstellungskatalog Galerie Furstenberg, Paris 1958
Privatsammlung, Paris
☐ 589, ohne Abb.

Gérard Legrand (Hg.), ***BIEF. Jonction surréaliste***, Nr. 6, April 1959
Surrealist Intrusion in the Enchanter's Domain, D'Arcy Galleries, hg. von André Breton, Marcel Duchamp, New York 1960
☐ 590, 591, beide ohne Abb.
Toyen, Ausstellungskatalog Galerie Raymond Cordier, Paris 1962
Jean Schuster (Hg.), ***L'Archibras 1, Le Surréalisme en Avril 1967***, Paris 1967 (Illustration)
☐ 402, S. 240
Alle: Privatsammlung

FOTOGRAFIEN

Automatenfotografien von Yves Tanguy, André Breton, ca. 1929
Vintage, diverse Maße
Privatsammlung, Courtesy der Heinz Joachim Kummer-Stiftung

Elisa Breton, André Breton, Toyen, Benjamin Péret, 1949
Vintage, 300 x 240 mm
Privatsammlung

Ausgewählte Literatur

MONOGRAPHIEN UND MONOGRAPHISCHE KATALOGE

Vítězslav Nezval, Karel Teige, *Štyrský a Toyen*, Prag 1938

André Breton, Jindřich Heisler, Benjamin Péret, *Toyen*, Paris 1953

Věra Linhartová, František Šmejkal (Hg.), *Štyrský a Toyen. Díla z let 1921–1945*, Ausst.-Kat. Moravská galerie Brno [u. a.], Brünn 1966

Radovan Ivšić, *Toyen*, Paris 1974

Jana Claverie (Hg.), *Štyrský, Toyen, Heisler*, Ausst.-Kat. Musée national d'art moderne/ Centre Georges Pompidou Paris, Paris 1982

Ragnar von Holten (Hg.), *Toyen. En surrealistik visionär*, Ausst.-Kat. Moderna Museet Stockholm, Köping 1984

Rita Bischof, *Toyen. Das malerische Werk*, Frankfurt a. M. 1987

Lenka Bydžovská, Karel Srp (Hg.), *Štyrský, Toyen. Artificialismus 1926–1931*, Ausst.-Kat. Středočeská galerie Praha, Prag 1992

Karel Srp (Hg.), *Toyen*, Ausst.-Kat. Galerie hlavního města Prahy, Prag 2000

Karel Srp (Hg.), *Toyen, Une femme surréaliste*, Ausst.-Kat. Musée d'Art moderne et contemporain de Saint-Étienne, Lyon 2002

Annie Le Brun, Radovan Ivšić (Hg.), *Toyen, 1902–1980*, Ausst.-Kat. Galerija Klovićeci dvori Zagreb, Zagreb 2002

Lenka Bydžovská, Karel Srp, *Knihy s Toyen*, Prag 2003

Karel Srp (Hg.), *Toyen. Vidím nebot' je noc / I see for it is night*, Ausst.-Kat. Museum Kampa Praha, Prag 2015

WEITERE PUBLIKATIONEN

Jindřich Štyrský, Toyen, Vincenc Nečas, *Průvodce Paříží*, Prag 1927–1928

André Breton, *Le Surréalisme et la peinture*, Paris 1965

Annick Lionel Marie (Hg.), *Eluard et ses amis peintres*, Ausst.-Kat. Musée national d'art moderne/Centre Georges Pompidou Paris, Paris 1982

Hans-Jurg Hunziker (Hg.), *Dessins tchèques du XXe siècle*, Ausst.-Kat. Musée national d'art moderne/Centre Georges Pompidou Paris, Paris 1983

František Šmejkal (Hg.), *Devětsil. Česká výtvarná avantgarda dvacátých let*, Ausst.-Kat. Galerie hlavního města Prahy, Prag 1986

Lenka Bydžovská, Karel Srp (Hg.), *Aventinská mansarda. Otakar Štorch Marien a výtvarné umění*, Ausst.-Kat. Galerie hlavního města Prahy, Prag 1990

Zdeněk Primus (Hg.), *Tschechische Avantgarde 1922–1940. Reflexe Europäischer Kunst und Fotografie in der Buchgestaltung*, Ausst.-Kat. Kunstverein Hamburg, Hamburg 1990

Rostislav Švácha (Hg.), *Devětsil: The Czech Avant-Garde of the 1920s and 1930s*, Ausst.-Kat. Museum of Modern Art Oxford [u. a.], London 1990

Jaroslav Anděl (Hg.), *El arte de la Vanguardia en Checoslovaquia 1918–1938*, Ausst.-Kat. Istituto Valenciano de Arte Moderno, Centre Julio Gonzales, Valencia 1993

Erotisme et surréalisme en Tchécoslovaquie, Ausst.-Kat. Galerie 1900–2000 Paris, Paris 1993

Cora van de Beek, John A. Vloemans, *Czech Avant-garde books 1922–1938*, Den Haag 1994

Lenka Bydžovská, Vojtěch Lahoda, Karel Srp (Hg.), *České moderní umění 1900–1960*, Ausst.-Kat. Národní galerie Praha, Prag 1995

Lenka Bydžovská, Karel Srp (Hg.), *Český surrealismus 1929–1953*, Ausst.-Kat. Galerie hlavního města Prahy, Prag 1996

Karel Srp (Hg.), *Jindřich Štyrský, Kazdý z nás stopuje svoji ropuchu. Texty 1923–1940*, Prag 1996

Vincent Gille (Hg.), *Le Surrealisme et l'amour*, Ausst.-Kat. Pavillon des Arts Paris, Paris 1997

Penelope Rosemont (Hg.), *Surrealist Women. An international Anthology*, Austin 1998

Alena Nadvorníková, *K Surrealismu*, Prag 1998

František Šmejkal (Hg.), *Jindřich Heisler: Z kasemat spánku (1941)*, Prag 1999

Karel Srp (Hg.), *Zvěrokruh 1/2, Surrealismus v ČSR. Mezinárodní bulletin surrealismu. Surrealismus*, Prag 2004

Josef Vojvodík, *Imagines Corporis. Tělo v české moderně a avantgardě*, Brünn 2006

Lenka Bydžovská, Karel Srp (Hg.), *Jindřich Štyrský*, Ausst.-Kat. Galerie hlavního města Prahy, Prag 2007

Jiří Ševčík, Peter Weibel (Hg.), *Utopien und Konflikte. Dokumente und Manifeste zur tschechischen Kunst 1938–1989*, Ostfildern 2007

Karoline Hille, *Spiele der Frauen. Künstlerinnen im Surrealismus*, Stuttgart 2009

Anja Tippner, *Die permanente Avantgarde? Surrealismus in Prag*, Köln [u. a.] 2009

Lenka Bydžovská, Karel Srp (Hg.), *New formations. Czech avant-garde art and modern glass from the Roy and Mary Cullen collection*, Ausst.-Kat. Museum of Fine Arts Houston, New Haven 2011

Lenka Bydžovská, Vojtěch Lahoda, Karel Srp (Hg.), *Černá slunce. Odvrácená strana modernity*, Ausst.-Kat. Galerie výtvarného umění v Ostravě, Reunitz 2012

Zuzana Novotná (Hg.), *Nečekané dědictví. Šíma, Štyrský, Toyen, Zrzavý*, Ausst.-Kat. Národní galerie Praha, Prag 2014

Lenka Bydžovská, Karel Srp (Hg.), *Krása bude křečovitá. Surrealismus v Československu 1933–1939*, Ausst.-Kat. Alšova jihočeská galerie Hluboka nad Vltavou, Reunitz [u. a.] 2016

Annie Le Brun, *Un espace inobjectif. Entre les mots et les images*, Paris 2020

AUFSÄTZE

Philippe Soupault, Štyrský et Toyen, in: *Štyrský et Toyen*, Galerie Vavin Paris (30.12.1927–12.1.1928), 1927

Jindřich Štyrský, Toyen, Artificielisme, in: *ReD* I, Nr. 1, Prag 1927/28, S. 28–30

Emanuel Siblík, Štyrský a Toyen, artificielisté. K jejich výstavě v galerii Vavin v Paříži, in: *Rozpravy Aventina* III, Prag 1927–1928, Nr. 11–12, S. 144–145

František Muzika, K výstavě Štyrského a Toyen v Aventinské mansardě, in: *Rozpravy Aventina* III, Prag 1927–1928, Nr. 20, S. 241–242

Vítězslav Nezval, Toyen, in: *Rozpravy Aventina* III, Prag 1927–1928, Nr. 20, S. 241

Karel Teige, Abstraktivismus, Surrealismus, NADREALISMUS! Artificialismus, in: *Kmen* II, Prag 1928, Nr. 6, S. 120–123

Karel Teige, Ultrafialové obrazy, čili artificielismus, in: *ReD* I, Nr. 9, Prag 1928, S. 315–317

Vítězslav Nezval, K výstavě Štyrského a Toyen, in: *Rozpravy Aventina* V, Prag 1929–1930, Nr. 24, S. 284

Vítězslav Nezval, Štyrský et Toyen, in: *Cahiers d'Art*, Paris 1935, Nr. 5–6, S. 135

Vítězslav Nezval, Systematické zkoumání skutečnosti, rekonstrukcí objektu, halucinace a iluze, in: *První výstava skupiny surrealistů v ČSR*, Ausst.-Kat. S.V.U. Mánes Praha, Prag 1935, S. 5–9

Karel Teige, Surrealismus není uměleckou školou, in: *První výstava skupiny surrealistů v ČSR*, Ausst.-Kat. S.V.U. Mánes Praha, Prag 1935, S. 3–5

Karel Teige, »Malířce Toyen ...«, in: *Blok* 2, 10.10.1947, Nr. 1, S. 30

František Šmejkal, Artificialismus, in: *Výtvarné umění* XVI, Prag 1966, Nr. 8, S. 381–391

Jan Mukařovský, Toyen za války, in: *Studie z estetiky*, Prag 1966, S. 312–314

Vratislav Effenberger, Le surréalisme dans l'œuvre de Jindřich Štyrský et Toyen, in: *Výtvarné umění* V, Prag 1967, S. 220–235

Annie Le Brun, Dispersion préliminaire en vue de la confection d'une Ève future entrelacée par Toyen, in: *L'Archibras*, Paris 1968, Nr. 3

Stanislav Dvorský, V pařížském ateliéru Toyen, in: *Analogon* I, Prag 1969, Nr. 1, S. 85

À propos de l'exposition de Styrsky et Toyen (Musaion 1929–1930), in: *Phases*, Paris 1970, Nr. 2

Gérard Legrand, Espaces transmutés envergure de Toyen, in: *Phases* V, Paris 1975, S. 50–55

Jiří Veltruský, Základní rysy malířského díla Toyen, in: *Proměny* XVIII, 1981, Nr. 4, S. 79–87

Leontine Zimiles, In Search of Toyen, in: Ladislav Matejka, Benjamin Stolz (Hg.), *Cross Currents. A Yearbook of Central European Culture*, University of Michigan 1983, S. 381–388

František Šmejkal, Mezi Erotem a Thanatem, in: *Výtvarné umění* VI, Prag 1991, S. 65–69

Jindřich Toman, O Heislerovi a Toyen, in: *Analogon*, Prag 1991, Nr. 4, S. 85

Françoise Caille, L'artificialisme de Štyrský et Toyen: affinités et divergences, in: *Histoire de l'art* XXV–XXVI, 1994, S. 79–86

Lenka Bydžovská, Hlas lesa, in: 52. *Bulletin Moravské galerie v Brně*, Brünn 1996, S. 88–92

Lenka Bydžovská, La voix de la forêt, in: *Prague 1900–1938. Capitale secréte des avant-gardes*, Ausst.-Kat. Musée des Beaux-Arts de Dijon, Dijon 1997, S. 259

Georges Goldfayn, Úlovky bdělých snů, in: *Ateliér* XIII, 2000, Nr. 9, S. 8

Jindřich Toman, The Dream Factory Had a Fear Division: Štyrský's and Toyen's Psycho-covers of the 1930s, in: *Umění* XLVIII, Prag 2000, S. 170–180

Martina Pachmanová, Reconstructing Toyen, in: *Art in America* LXXXIX, 2001, Nr. 4, S. 130–131

Radovan Ivšić, Une illimitée passion d'être (Toyen) (1996), in: ders., *Cascades*, Paris 2006, S. 225–245

Lenka Bydžovská, Toyen a Mnemosyne, in: *Umění* LV, Prag 2007, Nr. 6, S. 470–480

Karla Huebner, Fire Smoulders in the Veins: Toyen's Queer Desire and Its Roots in Prague Surrealism, in: *Papers of Surrealism*, 2010, Nr. 8, S. 1–22

Malynne Sternstein, This impossible Toyen, in: Renée M. Silverman (Hg.), *The Popular Avant-garde* (= Avant-garde Critical Studies, 25), Amsterdam [u. a.] 2010, S. 41–58

Josef Vojvodík, Schovej se, válko! Dějiny jako agonální hra: k obrazům a kresbám Toyen z let 1939–1945, in: Ivan Klimeš, Jan Wiendl (Hg.), *Kultura a totalita II: Válka*, Prag 2014, S. 43–72

Jindřich Toman, The woman is hollow. Toyen's melancholy insights, in: *Umění* LXVI, 2018, Nr. 4, S. 283–295

Bertrand Schmitt, Mezi slovem a obrazem, »Realizovaná« poesie Toyen, in: Antoine Marès, Tereza Riedlbauchová (Hg.), *Naše Francie*, Ausst.-Kat. Pamatník národního písemnictví Praha, Prag 2018, S. 254–271

Anna Pravdová, Bertrand Schmitt, Toyen, in: Michael Richardson (Hg.), *The International Encyclopedia of Surrealism*, London 2019, S. 333–341

Lenka Bydžovská, »Do you see anything? Asked Poussin.« The Informe, Bataille and the Czech Surrealists, in: Beáta Hock, Klara Kemp-Welch, Jonathan Owen (Hg.), *A Reader in East-Central-European Modernism 1918–1956*, London 2019, S. 301–316

Barbora Bartůňková, Surrealism Against the War: *The Shooting Gallery* and *Hide, War!* by the Czech Artist Toyen, in: *Post, Notes on Modern & Contemporary Art around the globe,* The Museum of Modern Art, New York, http://post.at.moma.org, veröffentlicht am 2. Oktober 2019

Annabelle Görgen-Lammers, »Je ne suis pas peintre«. Kosmos Toyen, in: Ingrid Pfeiffer (Hg.), *Fantastische Frauen. Surreale Welten von Meret Oppenheim bis Frida Kahlo*, Ausst.-Kat. Schirn Kunsthalle Frankfurt a. M. [u. a.], München 2020, S. 197–209

Autorinnen und Autoren

Barbora BARTŮŇKOVÁ. Die Kunsthistorikerin ist Doktorandin an der Yale University. Sie arbeitet zu europäischer Kunst und Fotografie sowie zum Film von der Moderne bis in die Gegenwart. Dabei liegen ihre Schwerpunkte in der Zwischenkriegszeit sowie in der Verbindung von Kunst und Politik und dem transnationalen Austausch.

André BRETON (Tinchebray 1896 - Paris 1966). Der Dichter, Schriftsteller und Theoretiker gilt als Kopf der surrealistischen Bewegung, deren *Erstes Manifest* er 1924 verfasste. Der Autor und Herausgeber surrealistischer Zeitschriften und Bücher emigrierte 1941 in die USA, wo er bis 1946 blieb. Mit Toyen verband ihn seit 1935 eine tiefe Freundschaft, die bis zu seinem Tod Bestand hatte.

Elisa BRETON (geb. Bindhoff, Viña del Mar/Chile 1906 - Le Kremlin-Bicêtre 2000). Sie kam Anfang der 1940er Jahre über André Breton zur surrealistischen Bewegung und beteiligte sich unter anderem an deren Veröffentlichungen. Sie war ab 1947 eng mit Toyen befreundet.

Françoise CAILLE. Die Kunsthistorikerin und Herausgeberin wurde 1999 an der Universität Paris 1, Panthéon-Sorbonne promoviert mit der Dissertation *Vom Artifizialismus zum Surrealismus. Štyrský und Toyen, 1926-1934*.

Paul ELUARD (Paris 1895 - Paris 1952). Der Schriftsteller und Poet war (Gründungs-)Mitglied der Surrealisten-Gruppe. Mit Breton und ab 1935 mit Toyen pflegte er enge Freundschaften, die 1938 mit seiner Hinwendung zum Stalinismus und der daraus resultierenden Abkehr vom Surrealismus zerbrachen.

Meghan FORBES. Die Kunsthistorikerin ist Postdoctoral Fellow am Leonard A. Lauder Research Center for Modern Art am Metropolitan Museum of Art in New York. Sie wurde an der University of Michigan, Ann Arbor, promoviert.

Annabelle GÖRGEN-LAMMERS. Die Kunsthistorikerin und Kuratorin der Hamburger Kunsthalle wurde mit einer Dissertation über die Ausstellungen der Surrealisten promoviert. Ihre Forschungsschwerpunkte liegen in der Moderne und im Surrealismus, hierzu konzipierte sie zahlreiche internationale Ausstellungen.

Jindřich HEISLER (Chrast 1914 - Paris 1953). Der Dichter und Fotograf schloss sich 1938 den tschechischen Surrealisten an. Während des Krieges arbeitete er eng mit Toyen zusammen, die ihn vor der Gestapo versteckte. 1947 zogen beide nach Paris, wo er sich bis zu seinem Tod federführend an den Aktivitäten der Surrealisten beteiligte.

Fabrice HERGOTT. Der Kunsthistoriker ist seit 2007 Direktor des Musée d'Art Moderne de Paris. Von 1985 bis 2000 war er Kurator am Musée national d'art moderne/Centre Georges Pompidou und von 2000 bis 2006 Direktor der Musées de Strasbourg.

Radovan IVŠIĆ (Zagreb 1921 - Paris 2009). Die Werke des kroatischen Dichters und Dramatikers waren in der Zeit der nationalsozialistischen Besatzung verboten, danach ebenfalls im Jugoslawien unter Tito. Ab 1954 in Paris lebend, nahm er an allen Veranstaltungen der Surrealisten teil. Mit Toyen verband ihn eine tiefe Freundschaft, die auch zu vielen gemeinsamen künstlerischen Projekten führte.

Jean-Jacques LEBEL. Der Künstler, Kunsttheoretiker, Kurator und Aktivist stand seit den 1950er Jahren in engem Kontakt mit Breton und nahm an verschiedenen Veranstaltungen der surrealistischen Gruppe teil. Er veranstaltete früh Happenings, in denen er Kunst und Politik miteinander verband.

Annie LE BRUN. Die Dichterin und Schriftstellerin stieß in den letzten Jahren der surrealistischen Bewegung über Radovan Ivšić zur französischen Surrealisten-Gruppe, der sie bis zu deren Auflösung angehörte. Hier lernte sie Toyen kennen, die ab 1967 alle ihre lyrischen Texte illustrierte.

Jan MUKAŘOVSKÝ (Písek 1891 - Prag 1975). Der Literaturwissenschaftler und Literaturtheoretiker war Teil der »Prager Schule« und gilt als Hauptvertreter des Prager literaturwissenschaftlichen Strukturalismus, zu dessen Etablierung er maßgeblich beigetragen hat.

Vítězslav NEZVAL (Biskoupky 1900 - Prag 1958). Der tschechische Dichter, Schriftsteller und Übersetzer war Mitbegründer des Poetismus und eine führende Persönlichkeit des tschechischen Surrealismus. 1938 löste er die tschechoslowakische Surrealisten-Gruppe auf. Nach dem Zweiten Weltkrieg erhielt er als aktiver Kommunist zahlreiche Preise für seine Arbeiten.

Benjamin PÉRET (Rezé 1899 - Paris 1959). Der ab 1935 mit Toyen befreundete Dichter war an der Gründung und Entwicklung der surrealistischen Bewegung in Paris aktiv beteiligt. 1936 bis 1939 kämpfte er im Spanischen Bürgerkrieg, von 1941 bis 1947 lebte er im Exil in Mexiko.

Anna PRAVDOVÁ. Die Kunsthistorikerin und Kuratorin der Nationalgalerie in Prag widmet sich in ihrer Forschungsarbeit insbesondere den tschechisch-französischen Beziehungen in Kunst und Kultur; dazu hat sie seit 2007 eine Reihe von Ausstellungen kuratiert.

Bertrand SCHMITT. Der Dichter, Dokumentarfilmer und Essayist schloss sich 1990 ehemaligen Mitgliedern der Gruppe um André Breton an und ist seit 1996 Mitglied der tschechischen und slowakischen Surrealisten. Er veröffentlicht regelmäßig in der Zeitschrift *Analogon*.

Karel SRP. Der Kunsthistoriker und Kurator forscht hauptsächlich zur Avantgarde, zur zeitgenössischen Kunst und zu Toyen. Er kuratierte deren erste Retrospektiven in Prag (2000) und Saint-Étienne (2002) und publizierte zu dem Anlass eine umfangreiche Monographie zur Künstlerin.

Yves TANGUY (Paris 1900 - Woodbury 1955). Der Maler und Zeichner wurde 1925 Mitglied der französischen Surrealisten-Gruppe und nahm bis zu seiner Emigration 1939 in die USA regelmäßig an ihren Aktivitäten teil. Anfang der 1950er Jahre kam es zum Bruch zwischen ihm und André Breton.

Karel TEIGE (Prag 1900 - Prag 1951). Der Maler, Graphiker und Kunsttheoretiker war Mitbegründer und Wortführer der tschechoslowakischen Künstlervereinigung Devětsil. 1924 verfasste er das erste Manifest des Poetismus; 1934 gründete er unter anderem mit Toyen, Jindrich Štyrský und Vítězslav Nezval die tschechoslowakische Surrealisten-Gruppe in Prag.

Jindřich TOMAN. Der Sprach- und Literaturwissenschaftler ist Professor für Slavistik an der University of Michigan. Seine Forschungsschwerpunkte sind die europäische Avantgarde der Zwischenkriegszeit, die Geschichte des modernen Buchdesigns sowie der Fotomontage.

HAMBURGER KUNSTHALLE

Vorstand:
Direktor: Alexander Klar
Kaufmännischer Geschäftsführer: Norbert Kölle
Referentinnen Direktor: Olga Fallmeier, Katharina Hoins
Referent Geschäftsführer: Oliver Scheid
Assistenz Vorstand: Victoria Lindlar, Katja Weiß

Wissenschaftliches Volontariat: Juliane Au, Selvi Göktepe, Martina Ingold, Jasper Warzecha

Personalreferentin:
Marion Blicke

Pressearbeit:
Leitung: Mira Forte; Petra Bassen, Julia Schmid

Engagement & Partnerschaften:
Leitung: Gesa-Thorid Huget; Saskia Helin, Sonia Mahnkopf, Miriam Runte

Sammlung:
Sprecherin: Petra Roettig; Alte Meister: Sandra Pisot, 19. Jahrhundert: Markus Bertsch, Klassische Moderne: Karin Schick, Kunst der Gegenwart: Brigitte Kölle, Petra Roettig, Ausstellungskuratorin sowie Münzen & Medaillen: Annabelle Görgen-Lammers, Provenienzforschung & Sammlungsgeschichte: Ute Haug, Kupferstichkabinett: Leitung: Andreas Stolzenburg
Digitalisierungsprojekt: David Klemm, Christoph Irrgang, Oliver Schweers
Projekte: Leona Marie Ahrens, Amelie Baader, Nadine Bauer, Sophia Colditz, Alexandra Pietroch, Ifee Tack, Anja Tiedemann
Sekretariat: Elisabeth Lutz-Bachmann, Ursula Trieloff

Bibliothek und Archiv:
Leitung: Katharina Gietkowski; Ursula Fischer, Monika Wildner, Benutzerservice: Michaela Pens

Restaurierung & Kunsttechnologie:
Leitung & Alte Meister: Silvia Castro; 19. Jahrhundert: Eva Keochakian, Klassische Moderne: Heike Schreiber, Nicoline Zornikau, Kunst der Gegenwart: Julia Langenbacher, Barbara Sommermeyer, Graphik & Fotografie: Sabine Zorn

Bildung & Vermittlung:
Leitung: Andrea Weniger; Melanie Fahden, Anja Gebauer, Ute Klapschuweit, Jessica Saitzek, Alke Vierck, Sophie Winckel und das Team der freien Kunstvermittler*innen

Registrarabteilung & Ausstellungskoordination:
Leitung: Meike Wenck; Registrare: Kazusa Haii, Konstanze Jäger, Elisabeth Lutz-Bachmann, Shannon Ort
Medientechnik: Tobias Boner
Art Handling: Leitung: Jochen Möhle; Ulugbek Ahmedov, Sebastian Conrad, Peter Hochkamer, Oliver Meier
Archiv Kupferstichkabinett: Sören Schubert, Ursula Sdunnus
Buchbinderei: Anja Zuschke

Veranstaltungsmanagement & Programmkoordination:
Christian Auffarth, Sina Fuhrmann

Besucherservice:
Malgorzata Tonak-Renka, Gerhard Kruse, Pauletta Piniane und Team

Kommunikation & Marketing:
Leitung: Jan Metzler; Anastasia Panagiotopulu
Digitale Medien: Leitung: Martina Gschwilm; Lea Ziegler
Besucherbüro: Leitung: Anna Schröder-Weisel; Anna-Lena Schumacher

Controlling & Finanzen:
Buchhaltung: Kathrin von Gönner, Oxana Königstuhl, Kassenkoordination: Jörg Reinholz

Gebäude & Technik:
Leitung: Ralf Suerbaum
IT & Systemadministration: Matthias Heine
Haustechnik: Andreas Horn, Florian Krause
Hausmeisterei: Volker Ruge, Carlos Leandro und das Team der Reinigungskräfte
Hausarbeit: Thomas Schmid

BILDNACHWEIS

Künstler*innenrechte:
© Toyen / VG Bild-Kunst Bonn, 2021; © Archív Ateliér Paul (Abb. 157); © Association Atelier André Breton 2005-2018 / VG Bild-Kunst Bonn, 2021 (Abb. 405, 413, Kat. 454); © Dalí - Fundació Gala-Salvador Dalí / VG Bild-Kunst Bonn, 2021 (Abb. 251, Kat. 253); © akg-images / Denise Bellon (Abb. 364-366, 400, 401); © ESTATE BRASSAÏ - RMN-Grand Palais (Abb. 233); © Josef Sudek - heirs (Abb. 199); © Man Ray 2015 Trust / VG Bild-Kunst Bonn, 2021 (Abb. 134, 448, Kat. 250, 252); © Marie Laurencin / Fondation Foujita / VG Bild-Kunst Bonn, 2021 (Abb. 58); © Max Ernst / VG Bild-Kunst Bonn, 2021 (Kat. 141c, Abb. 144); © Succession Paul Eluard (Abb. 217); © Victor Brauner / VG Bild-Kunst Bonn, 2021 (Kat. 419-422); © Yves Tanguy / VG Bild-Kunst Bonn, 2021 (Abb. 143, 255, 257, Kat. 218, 219)

Bild- und Fotorechte:
© Katrin Backes, Sylvain Tanquerel; © Christoph Irrgang; © Gilles Berquet; © Oto Palán; © Oliver Schweers; © David Stecker; © akg-images / Denise Bellon; © Alšova jihočeská galerie, Hluboká nad Vltavou; © Archív Ateliér Paul; © Archiv Národní galerie v Praze (Tomáš Hylmar); © Archive of The Gallery of Modern Art in Hradec Králové; © Archive Prague City Gallery © Archiv výtvarného umění; © Archives Jean-Jacques Lebel; © Association Atelier André Breton; © bpk / Sprengel Museum Hannover / Michael Herling / Benedikt Werner; © Centre Pompidou, MNAM-CCI, Dist. RMN-Grand Palais / Bertrand Prévost; Centre Pompidou, Bibliothèque Kandinsky; © COLLETT Prague | Munich / Oto Palán; DIGITAL IMAGE © 2021, The Museum of Modern Art/Scala, Florence; © Divadelní archiv Národního divadla v Praze / photo Josef Heinrich, photo Illek a Paul; © European Arts Investments / Miloš Svoboda; © Fotooddělení Národní galerie v Praze; © Galerie 1900-2000; © Galerie hlavního města Prahy; © Galerie umění Karlovy Vary / photo Jiří Wendler; © Galerie Kodl / Milan Havel; © Galerie LEVY, Hamburg; © Galerie moderního umění v Roudnici nad Labem, Foto: Oto Palán; © Galerie Natalie Seroussi; © Galerie Středočeského kraje, Kutná Hora; © Galerie výtvarného umění v Chebu; © Galerie výtvarného umění v Ostravě; © Galerie Zlatá Husa / photo Oto Palán; © Image courtesy Dallas Museum of Art; © Josef Sudek - heirs - Ústav dějin umění AV ČR, v. v. i.; © Knihovna Ústavu dějin umění Akademie věd ČR, v. v. i.; © Krajská galerie výtvarného umění ve Zlíně; © Kunsthalle Praha; © Kunstverein in Hamburg; © Moderna Museet, Stockholm; © Moravská galerie v Brně; © Musée d'art et d'histoire Paul Eluard Saint-Denis, © Irène Andréani; © Musée d'Art Moderne de Paris, Paris Musées / Julien Vidal / Parisienne de Photographie; © Museum Folkwang Essen - ARTOTHEK; © Museum Kampa - Nadace Jana a Medy Mládkových, Praha; © Muzeum umění Olomouc; © Muzeum Vysočiny Jihlava; © Nadační fond 8SMIČKA; © Nadační fond Jean-Jacques Lebel; © National Galleries of Scotland; © Oblastní galerie Liberec; © Památník národního písemnictví - Literární archiv a Umělecké sbírky; Photo © National Gallery Prague 2020; © Presseamt Stadt Bochum; © R2G Art Foundation; © Reprofoto Christoph Irrgang, Hamburger Kunsthalle; © Reprofoto Oliver Schweers, Hamburger Kunsthalle; © Retro Gallery; © Sammlung Klapheck, Foto: Studio Horst Ziegenfusz; © Sammlung Ulla und Heiner Pietzsch, Berlin, Foto: Jochen Littkemann, Berlin; © Slovenská národná galéria; © SOA - Státní okresní archiv Kladno, Společnost pro obnovu Lidic a Ležáků; © Succession Paul Eluard; © The Murray Family Collection, UK & USA, Foto: Chris Harrison Photography; © Tzv. profesorská knihovna T. G. Masaryka ve správě Masarykova ústavu a Archivu Akademie věd ČR; © Uměleckoprůmyslové museum v Praze; © Západočeská galerie v Plzni sowie Privatsammlungen und Privatarchive. Aus den folgenden Publikationen wurden Vergleichsabbildungen entnommen: Ragnar von Holten, *Toyen. En surrealistik visionär*, Köping 1984, S. 82; Karel Srp, *Toyen*, Ausst.-Kat. Galerie hlavního města Prahy, Prag 2000, S. 23, 109, 162, 166, 296; Lenka Bydžovská, Karel Srp (Hg.), *Jindřich Štyrský*, Ausst.-Kat. Galerie hlavního města Prahy, Prag 2007, S. 48. Soweit nicht anders angegeben, © für alle abgebildeten Werke bei den Leihgebern, © für alle historischen Fotos in den Chroniken: Privatsammlung, Paris

Trotz sorgfältiger Recherche war es nicht in allen Fällen möglich, die Rechteinhaber zu ermitteln. Berechtigte Ansprüche werden selbstverständlich im Rahmen der üblichen Vereinbarungen abgegolten. Die Geltendmachung der Ansprüche gem. § 60h UrhG für die Wiedergabe von Abbildungen der Exponate/Bestandswerke erfolgt durch die VG Bild-Kunst.

Diese Publikation erscheint anlässlich
der Ausstellung

TOYEN
1902–1980

herausgegeben von
Annabelle Görgen-Lammers,
Annie Le Brun, Anna Pravdová
für die Hamburger Kunsthalle

Die Ausstellung wurde konzipiert von der
Hamburger Kunsthalle
in Zusammenarbeit mit
der Nationalgalerie Prag und
dem Musée d'Art Moderne de Paris, Paris Musées.

Hamburger Kunsthalle,
24. September 2021 - 13. Februar 2022
Nationalgalerie Prag,
9. April - 15. August 2021
Musée d'Art Moderne de Paris, Paris Musées,
25. März - 24. Juli 2022

Hamburger Kunsthalle,
Stiftung öffentlichen Rechts
Glockengießerwall 5
20095 Hamburg
Deutschland/Germany
Tel. +49 (0)40 428131-200
www.hamburger-kunsthalle.de

HAMBURGER KUNSTHALLE

In Zusammenarbeit mit

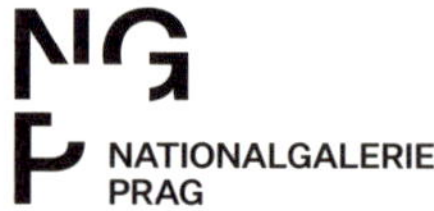

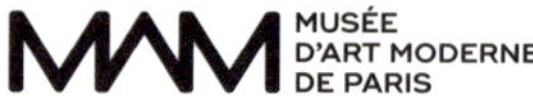

AUSSTELLUNG

Ausstellungskuratorin:
Annabelle Görgen-Lammers
in Zusammenarbeit mit
Annie Le Brun, Anna Pravdová

Projektleitung, Konzeption und Realisation Hamburger Kunsthalle:
Annabelle Görgen-Lammers

Wissenschaftliche Assistenz:
Ifee Tack, Alexandra Pietroch

Ausstellungskoordination & Registrar:
Meike Wenck, Elisabeth Lutz-Bachmann

Konservatorische Betreuung:
Nicoline Zornikau, Heike Schreiber, Georg Ihlenfeld (Gemälde), Sabine Zorn, Gerlinde Römer, Martina Ingold (Graphik)

Buchbinderin (Passepartoutarbeiten):
Anja Zuschke

Archiv Kupferstichkabinett:
Andreas Stolzenburg, Sören Schubert, Ursula Sdunnus

Bibliothek:
Katharina Gietkowski, Ursula Fischer, Monika Wildner

Art Handling:
Jochen Möhle, Ulugbek Ahmedov, Sebastian Conrad, Peter Hochkamer, Oliver Meier

Ausstellungsgestaltung:
m l W a A, Hamburg

Graphik:
Peter Nils Dorén, Berlin

Bauten & Ausstellungstechnik:
Gunther Maria Kolck und Team

Medientechnik:
Tobias Boner

Licht:
Heinrich Meyer

Gebäude & Technik:
Ralf Suerbaum und Team

Sekretariat:
Elisabeth Lutz-Bachmann, Ursula Trieloff

Bildung & Vermittlung:
Andrea Weniger und Team

Digital Guide:
Soundgarden Audioguidance GmbH, München

Engagement & Partnerschaften:
Gesa-Thorid Huget, Saskia Helin, Sonia Mahnkopf, Miriam Runte

Marketing:
Jan Metzler, Anastasia Panagiotopulu

Digitale Medien:
Martina Gschwilm, Lea Ziegler

Besucherbüro:
Anna Schröder-Weisel, Anna-Lena Schumacher

Presse & Öffentlichkeitarbeit:
Mira Forte, Petra Bassen

Veranstaltungsmanagement & Programmkoordination:
Christian Auffarth, Sina Fuhrmann

Controlling & Finanzen:
Oliver Scheid, Kathrin von Gönner, Oxana Königstuhl

Kassenkoordination:
Jörg Reinholz und Team

Besucherservice:
Malgorzata Tonak-Renka und Team

Kulturpartner
NDR kultur

Medienpartner
Hamburger Abendblatt

PUBLIKATION

TOYEN
1902–1980
herausgegeben von
Annabelle Görgen-Lammers,
Annie Le Brun, Anna Pravdová
für die Hamburger Kunsthalle

Konzeption, Redaktion und Realisation deutsche Fassung:
Annabelle Görgen-Lammers

Wissenschaftliche Assistenz Redaktion, Bildvorlagen, Realisation:
Ifee Tack, Alexandra Pietroch

Lektorat:
Diethelm Kaiser, Berlin

Übersetzungen:
aus dem Tschechischen:
Kristina Kallert (Beiträge Bartůňková, Pravdová, Srp, Toman), Assistenz Alexandra Pietroch
aus dem Englischen und Französischen:
Ursula Fethke, Köln (Beitrag Forbes), Bernadette Ott, München (Beiträge Caille, Eluard, Hergott, Ivšić, Lebel, Le Brun, Péret, Schmitt, Tanguy), Assistenz Ifee Tack

Graphik und Layout:
Peter Nils Dorén, Berlin

Bereitstellung von Bildvorlagen:
Andrea Bartáková, Marie Bergmanová, Zuzana Bolerazká, Annabelle Görgen-Lammers, Annie Le Brun, Ruth Peterová, Anna Pravdová, Jindřich Toman

Projektleitung Hirmer:
Kerstin Ludolph

Projektmanagement Hirmer:
Karen Angne

Produktion:
Peter Grassinger

Lithographie:
Reproline Genceller, München

Papier: Fly, 130 g/m²
Schrift: Macklin Sans, Macklin Slab

Druck und Bindung:
Printer Trento S.r.l., Trento

ISBN 978-3-7774-3694-4
www.hamburger-kunsthalle.de
www.hirmerverlag.de

Printed in Italy

Bibliographische Information der Deutschen Nationalbibliothek:
Die Deutsche Nationalbibliothek verzeichnet diese Publikation in der Deutschen Nationalbibliographie; detaillierte bibliographische Daten sind im Internet über http://www.dnb.de abrufbar.

Umschlag:
Vorderseite: Toyen (Marie Čermínová), um 1919 (Fotograf unbekannt)
Rückseite: Toyen, *Louna / Luna*, Maske für das Theaterstück von Radovan Ivšić, *Le Roi Gordogane / König Gordogan*, 1976, Collage, 350 x 250 mm (Kat. 536)
beide: Privatsammlung, Paris
Frontispiz:
Toyen, Galerie Vaněk, Brünn, vor ihrem Gemälde *Gobi*, 1931, Öl auf Leinwand, 114 × 147 cm (heute: Galerie Moderne Kunst, Hradec Králové), im März 1932

Herausgegeben für die Hamburger Kunsthalle, 2021, mit freundlicher Unterstützung des Deutsch-Tschechischen Zukunftsfonds

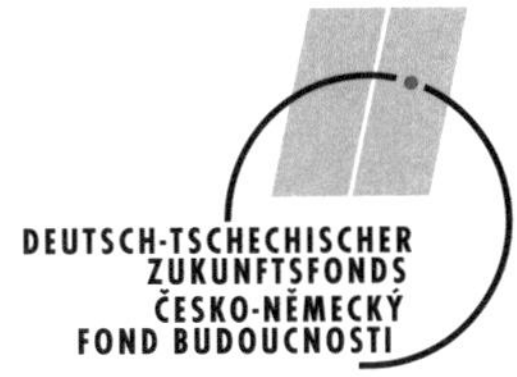